Die Juden in Hamburg
1590 bis 1990

Die Juden in Hamburg 1590 bis 1990

Wissenschaftliche Beiträge der Universität Hamburg zur Ausstellung »Vierhundert Jahre Juden in Hamburg«

Herausgegeben von Arno Herzig
in Zusammenarbeit mit Saskia Rohde

Dölling und Galitz Verlag

Die Deutsche Bibliothek – CIP-Einheitsaufnahme

Die **Geschichte der Juden in Hamburg**. – Hamburg
: Dölling und Galitz.
ISBN 3-926174-30-7

Bd. 2. Die Juden in Hamburg 1590 bis 1990. – 1. Aufl. – 1991

Die **Juden in Hamburg 1590 bis 1990** : wissenschaftliche Beiträge
der Universität Hamburg zur Ausstellung »Vierhundert Jahre Juden
in Hamburg« / hrsg. von Arno Herzig in Zusammenarbeit
mit Saskia Rohde. – 1. Aufl. – Hamburg : Dölling und Galitz, 1991
  (Die Geschichte der Juden in Hamburg 1590 – 1990 ; Bd. 2)
  ISBN 3-926174-25-0
NE: Herzig, Arno [Hrsg.]; Universität <Hamburg>

Impressum

Herausgegeben von Arno Herzig
  in Zusammenarbeit mit Saskia Rohde
© Copyright by Dölling und Galitz Verlag GmbH
  Alle Rechte vorbehalten
  1. Auflage Hamburg 1991
Verlagslektorat und Herstellung: Gerhard Peringer
  unter Mitarbeit von Ruth Johannsen
Gestaltung und Titelentwurf: Wilfried Gandras
Gesamtherstellung: Dölling und Galitz Verlag GmbH,
  Ehrenbergstraße 62, D-2000 Hamburg 50
Gesetzt aus der Sabon von Linotype
Satzbelichtung: CAP, Hanna Hoins, Hamburg
Druck und Bindung: WB-Druck, Rieden a.F.
  Printed in Germany
ISBN 3-926174-25-0

Inhalt

11 Vorworte

17 Einleitung

Historischer Überblick

Günter Böhm
21 Die Sephardim in Hamburg

Günter Marwedel
41 Die aschkenasischen Juden im Hamburger Raum (bis 1780)

Arno Herzig
61 Die Juden in Hamburg 1780 – 1860

Ina S. Lorenz
77 Die jüdische Gemeinde Hamburg 1860 – 1943
Kaiserreich – Weimarer Republik – NS-Staat

Raoul Wenzel Michalski
101 Die Jüdische Gemeinde in Hamburg seit den 50er Jahren

Ursula Randt
113 Zur Geschichte des jüdischen Schulwesens
in Hamburg (ca. 1780 – 1942)

Erika Hirsch
131 Jüdische Vereine in Hamburg

Saskia Rohde
143 Synagogen im Hamburger Raum 1680 – 1943

Gemeinde – Gemeindeleben

Peter Freimark
177 Das Oberrabbinat Altona – Hamburg – Wandsbek

Peter Kromminga
187 Duldung und Ausgrenzung. Schutzjuden und Betteljuden in Hamburg im 17. und 18. Jahrhundert

Michael A. Meyer
195 Die Gründung des Hamburger Tempels und seine Bedeutung für das Reformjudentum

Sybille Baumbach
209 Die jüdische Gemeinde in Hamburg und ihr Armenwesen

Jüdische Frauen

Andrea Misler
221 Glückel (von) Hameln

Eva J. Engel
227 Fromet Gugenheim

Maya Fassmann
237 Die Frauenrechtlerin Johanna Goldschmidt

Astrid Louven
249 »...ihm die Misere des Alltags fernzuhalten« Martha Freud – ein Lebensbild

Charlotte Ueckert
263 Über Margarete Susman: Annäherung an ein »Zentrum ohne Peripherie«

Emma Isler
275 Aus den »Erinnerungen« 1874

Kunst – Kultur – Wissenschaft

Hermann Simon
277 Ein von Moses Mendelssohn gespendeter Toravorhang in der Altonaer Synagoge

Michael Studemund-Halévy
283 Sprachverhalten und Assimilation der portugiesischen Juden in Hamburg

Peter Petersen
299 Juden im Musikleben Hamburgs

Stefan Wulf
311 Jüdische Künstler an der Hamburger Oper

Barbara Müller-Wesemann
323 »Mit der Freude zieht der Schmerz treulich durch die Zeiten«
Die jüdische Kulturgeschichte des Hauses Hartungstraße 9 – 11

Rolf Eigenwald
333 Loblied und Abgesang – Jüdische Autoren im Exil

Maike Bruhns
345 Jüdische Künstler im Nationalsozialismus

Christoph Daxelmüller
361 Die »Gesellschaft für jüdische Volkskunde in Hamburg«

Karen Michels
383 Erwin Panofsky und das Kunsthistorische Seminar

Claudia Naber
393 »...die Fackel deutsch-jüdischer Geistigkeit weitertragen«
Der Hamburger Kreis um Ernst Cassirer und Aby Warburg

Helmut E. Lück
407 »Noch ein weiterer Jude ist natürlich ausgeschlossen«
William Stern und das Psychologische Institut
der Universität Hamburg

Wirtschaft – Gesellschaft

Daniela Tiggemann
419 Familiensolidarität, Leistung und Luxus. Familien der
Hamburger jüdischen Oberschicht im 19. Jahrhundert

Werner E. Mosse
431 Drei Juden in der Wirtschaft Hamburgs:
Heine – Ballin – Warburg

Angela Schwarz
447 Jüdische Wohnstifte in Hamburg

Cornelia Östreich
459 Hamburg und die jüdische Auswanderung.
Teil I: Um die Mitte des 19. Jahrhunderts

Karin Schulz
467 Hamburg und die jüdische Auswanderung.
Teil II: Von 1881 bis 1914

Daniela Kasischke
475 Die antisemitische Bewegung in Hamburg während
des Kaiserreichs 1873 – 1918

Verfolgung – Vernichtung

Gaby Zürn
487 Forcierte Auswanderung und Enteignung 1933 bis 1941:
Beispiele Hamburger Juden

Uwe Lohalm
499 Hamburgs öffentliche Fürsorge und die Juden 1933 bis 1939

Frank Bajohr / Joachim Szodrzynski
515 »Keine jüdische Hautcreme mehr benutzen!« Die antisemitische
Kampagne gegen die Hamburger Firma Beiersdorf 1933/34

Christiane Pritzlaff
527 Schülerschicksale in Hamburg während der NS-Zeit,
z.B. Rolf Arno Baruch (1.6.1920 – 1945)

Beatrix Herlemann
537 »Euch rufe ich auf, deutsche Männer und Frauen!«
Der einsame Protest des Walter Gutmann

Detlef Garbe / Sabine Homann
545 Jüdische Gefangene in Hamburger Konzentrationslagern

Stadtteile

Astrid Louven
561 Juden in Wandsbek: Aspekte einer Nachbarschaft

Susanne Goldberg / Ulla Hinnenberg / Erika Hirsch
577 Die Verfolgung der Juden in Altona nach 1933 in den Berichten der Augenzeugen

Günter Hönicke
589 Der Untergang der jüdischen Gemeinde in Altona

Beate Meyer
601 Ausgrenzung, Vertreibung und Ermordung der Eimsbütteler Juden

Neuanfang nach 1945

Ursula Büttner
613 Rückkehr in ein normales Leben? Die Lage der Juden in Hamburg in den ersten Nachkriegsjahren

Ina S. Lorenz / Jörg Berkemann
633 Kriegsende und Neubeginn. Zur Entstehung der neuen Jüdischen Gemeinde in Hamburg 1945 – 1948

Günter Könke
657 Das Budge-Palais. Entziehung jüdischer Vermögen und Rückerstattung in Hamburg

Saskia Rohde
669 Synagoge und Gemeindezentrum der neuen Jüdischen Gemeinde in Hamburg

Anhang

679 Bibliographie

696 Glossar

700 Personenregister
Orts- und Länderregister
Sachregister

717 Kurzbiographien
Summaries
Bildnachweis

Baruch Zwi Ophir gewidmet

Vorwort

Das vorliegende Buch »Die Juden in Hamburg 1590 bis 1990« enthält wissenschaftliche Beiträge der Universität Hamburg zur Ausstellung »Vierhundert Jahre Juden in Hamburg«, die vom 8. November 1991 bis 29. März 1992 im Museum für Hamburgische Geschichte stattfindet. Das Buch, das – wie Arno Herzig in seiner Einleitung schreibt – im Kontext zu dieser Ausstellung steht, ist ein besonders anschauliches Beispiel für die Verbindung von Wissenschaft und Kultur – eine Verbindung, die die Geschichtswissenschaft seit jeher kennzeichnet, während in anderen Bereichen, z.B. dem der Politik, die Verbindung zur Kultur nur relativ langsam vorankommt. Das Stichwort »Politische Kultur« und seine Defizite sind bekannt. Mit politischer Kultur hat auch das Thema »Juden in Hamburg 1590 bis 1990« viel zu tun.

Die inhaltliche Breite der mehr als 40 Beiträge zu diesem Buch ist eindrucksvoll. In dem Abschnitt Kunst – Kultur – Wissenschaft –, um nur einen von insgesamt acht Abschnitten herauszugreifen, reicht diese Spannbreite von einem von Moses Mendelssohn gespendeten Toravorhang in der Altonaer Synagoge bis zu Sprachverhalten und Assimilation der portugiesischen Juden in Hamburg, vom Musikleben zum Theater und zur Literatur, von der Zeit vor dem Nationalsozialismus in die Zeit des Nationalsozialismus bis in die Situation jüdischer Autoren im Exil, von Erwin Panofsky und dem Kunsthistorischen Seminar in Hamburg bis zu William Stern und dem Psychologischen Institut der Universität Hamburg und zum Kreis jüdischer Intellektueller um Ernst Cassirer und Aby Warburg.

Inhaltlich beschränkt sind die Beiträge auf die Situation der Juden in Hamburg. In dieser Beschränkung liegt gewiß kein Anspruch eines »allgemein Besonderen« Hamburgs. Jüdische Gemeinden und Vereine, jüdisches Schulwesen und Synagogen, Duldung und Ausgrenzung, Antisemitismus und Verfolgung waren kein Hamburger Spezifikum. Aber die Besonderheit der Hafenstadt, der Hansestadt, des Stadtstaates und der zweitgrößten Stadt Deutschlands setzen Akzente. Die Präambel der Verfassung der Freien und Hansestadt Hamburg kleidet dies in die Sätze: »Die Freie und Hansestadt Hamburg hat als Welthafenstadt eine ihr durch Geschichte und Lage zugewiesene, besondere Aufgabe gegenüber dem deutschen Volke zu erfüllen. Sie will im Geiste des Friedens eine Mittlerin zwischen allen Erdteilen und Völkern der Welt sein.« Entkleidet man diese Sätze ihres Pathos (vom Jahr 1952), so bleibt als Kern die Selbstverpflichtung zu Toleranz und Respekt gegenüber anderen Nationalitäten, gegenüber anderen Religionen, gegenüber anderen Kulturen.

Das zeitlich kürzeste, aber folgenschwerste Kapitel in der vierhundertjährigen Geschichte der Juden in Hamburg war die Zeit von 1933 – 1945. Das vorliegende Werk behandelt diese Zeit des Unrechts, des Schreckens, der Deportation und des Mordens in den Abschnitten »Verfolgung – Vernichtung« und »Stadtteile« sowie die Zeit nach dem Ende des NS-Regimes im Abschnitt »Neuanfang nach 1945«. Das Erscheinungsjahr dieses Buches – 1991 – ist immer noch Neuanfang, nicht im Sinne von Bewältigung der NS-Vergangenheit (eine solche Bewältigung kann es nicht geben und darf es nicht geben), sondern ein Neuanfang im Sinne von ständiger Erinnerung, weiterer Erforschung und steter Verpflichtung. Die Stadt bemüht sich in diesem Sinne. Beispiele für dieses Bemühen sind:

- die jedes Jahr erfolgenden Einladungen an jüdische Bürger, die früher in Hamburg gelebt haben, Einladungen, die gern angenommen werden und zu menschlich ergreifenden, unvergeßlichen Gesprächen führen;
- die Erinnerung an die Stätten jüdischen Lebens in Hamburg und an die Stätten der Verfolgung und Ermordung (die von der Kulturbehörde für den Senat unter dem Titel »Kulturpolitisches Entwicklungskonzept für die Freie und Hansestadt Hamburg – Kulturkonzept '89« ausgearbeitete kulturpolitische Leitlinie enthält als einen von sechs Schwerpunkten Hamburger Kulturpolitik neben »Medien und Kultur«, »Internationalität und Kultur«, »Wissenschaft und Kultur«, »Generationen und Kultur«, »Privatinitiative und Kultur« auch den Schwerpunkt »Geschichte und Kultur«). In diesem Zusammenhang ist die Entscheidung des Senats vom 15. Juli 1989 zu begrüßen, die Justizvollzugsanstalt aus der Nachbarschaft der Gedenkstätte KZ Neuengamme auf ein anderes Gelände zu verlegen und eine Sachverständigenkommission mit der Ausarbeitung eines Gesamtkonzeptes zu beauftragen;
- die Errichtung einer Hamburgischen Stiftung für politisch Verfolgte;
- die finanzielle Unterstützung von Projekten zu »Forschung Hamburg und das Erbe des Dritten Reiches« aus einem dazu eingerichteten besonderen Haushaltstitel der Behörde für Wissenschaft und Forschung.

Wünsche an die Stadt könnten sein:
- Einladungen nicht nur an ehemalige jüdische Bürger Hamburgs, sondern ein breit angelegtes Austauschprogramm für Schüler und Studenten;
- der Ankauf des Aby Warburg-Hauses durch die Stadt und die Nutzung für eine zu errichtende Aby Warburg-Gastprofessur an der Universität Hamburg wie überhaupt eine großzügige Pflege dieses bedeutenden Kunsthistorikers und Kulturwissenschaftlers;
- Startunterstützung bei der Gründung einer Mendelssohn-Gesellschaft in Hamburg.

Das vorliegende Buch »Die Juden in Hamburg 1590 bis 1990« mag vielleicht diese Wünsche unterstützen oder andere Wünsche wecken. Jedenfalls gebührt Arno Herzig und allen Autoren und Autorinnen dieses Buches großer Dank für dieses so außerordentlich wichtige Werk.

Ingo von Münch

Vorwort

Der Ausgang des 16. Jahrhunderts gilt uns als der Beginn der jüdischen Existenzgeschichte in Hamburg, die das NS-Regime 350 Jahre später auch hier brutal beendete. Die Besinnung auf die weite historische Spanne von »Vierhundert Jahre Juden in Hamburg« wird uns erst möglich, wenn wir die Schreckensphase deutscher Geschichte nicht ausklammern, sondern uns Schuld und Versagen gegenüber den jüdischen Mitbürgern vergegenwärtigen. Der vorliegende Band schildert u.a. in mehreren Beiträgen die Schritte von der »Ausgrenzung« bis zur »Vernichtung«, wie sie auch in Hamburg begangen wurden, ohne auf nennenswerten Widerstand der Bevölkerungsmehrheit zu treffen:

»Die Emigrationsbemühungen scheiterten jedoch. Am 8. November 1941 wurden das Ehepaar und eine Tochter aus erster Ehe nach Minsk deportiert.« Diese Sätze aus Beate Meyers Beitrag zur »Ausgrenzung, Vertreibung und Ermordung der Eimsbütteler Juden« beschreiben das furchtbare Ende einer Familiengeschichte. Sie stehen für ein Menschheitsverbrechen, das für immer mit der Geschichte der Deutschen und der Geschichte ihrer Staatlichkeit verbunden bleiben wird.

Alle Versuche, nach nunmehr fünfzig Jahren – mittlerweile in einem »wiedervereinigten« deutschen Staat – die Zeit des »Dritten Reiches« zu einer abgeschlossenen und »bewältigten« Episode deutscher Geschichte zu erklären, zu einer »Normalisierung« des Verhältnisses der Deutschen zu ihrer Geschichte und ihrem Staat zu gelangen, werden auch zukünftig an dem Namen »Auschwitz« scheitern. Jede nationale Symbolik, von der Quadriga auf dem Brandenburger Tor, über die Grabstätte Friedrichs II. bis hin zum neuen Nationalfeiertag des 3. Oktober, wird die Male des ungeheuren Leids und der unabtragbaren Schuld gegenüber den Juden in Europa tragen.

Aus dieser »Last« ergibt sich die Pflicht zur Erinnerung als ständige, niemals abzuschließende Aufgabe. Unter dem Titel »Die Juden in Hamburg 1590 bis 1990« rückt der vorliegende Band den gesamten Zeitraum in den Blick, den das Verhältnis von jüdischer Minorität und christlicher Majorität in Hamburg umfaßt. Ein wechselvolles und spannungsreiches Verhältnis, dessen Beschreibung unter verschiedenen Aspekten stets deutlich macht, wie nachhaltig das NS-Regime unseren Zugang zur jüdischen Geschichte in Deutschland insgesamt verschüttet hat. Sich diesen Zugang wieder zu erarbeiten, sich der Mühsal der Spurensicherung zu unterziehen, hat keineswegs eine gefestigte Tradition, die bis auf den Mai 1945 zurückreicht. Denn dieser Zugang führte und führt notwendig durch die Thematisierung von Verstrickung und Schuld.

Erst seit Beginn der achtziger Jahre, mit öffentlichem Zuspruch und stiller Förderung des damaligen Ersten Bürgermeisters Klaus von Dohnanyi, stellen sich Wissenschaftler, Lehrer und interessierte Bürger in Hamburg der Zeit der NS-Herrschaft ihrer lokalen Geschichte in einer Breite, die ihrer schrecklichen Bedeutung angemessen erscheint. Auch die Universität Hamburg kann sich nicht rühmen, früher und entschiedener jenen »dunklen Jahren, durch die sie seit 1933 hat hindurchgehen müssen« – Rektor Emil Wolff benutzte diese Formulierung bei der Wiedereröffnung der Universität am 6. November 1945 – nachgespürt zu haben. Aber in diesem Frühjahr 1991 konnte sie in einem umfangreichen dreibändigen Werk den Ertrag mehrjähriger Forschung von 56 Hochschulangehörigen vorlegen, die sich die Aufgabe gestellt hatten, den Hochschulalltag der »dunklen Jahre« genau auszuleuchten. Und am 22. Februar 1991 konnte Ralf Dahrendorf mit einem Festvortrag die große Ausstellung »Enge Zeit« in der Universität eröffnen, mit der die Spuren der Verfolgten und Vertriebenen im eigenen Hause dokumentiert wurden. So konnte denn das Leid endlich in den einzelnen, durch Exil und Vernichtung zerrissenen und gewaltsam abgebrochenen Biographien »namhaft« gemacht werden.

Deutlich wurden dabei auch die hervorragenden wissenschaftlichen und kulturellen Impulse, die von den jüdischen Mitgliedern der Universität ausgegangen waren. Namen wie die von Ernst Cassirer, William Stern, Otto Stern, Erwin Panofsky, Agathe Lasch und vieler anderer standen auch für die fruchtbare, wenngleich hochkomplizierte Wechselbeziehung zwischen jüdischen und christlichen Traditionen in der Kultur der Deutschen. Der Beitrag von Helmut E. Lück zeigt dabei am Beispiel von William Stern, wie differenziert die Individuen ihre eigene Identität als »Jude« bildeten: Stern war kein »jüdischer« Wissenschaftler, seine Religionszugehörigkeit war für ihn kein bestimmendes Datum mehr, aber die Verleugnung seiner Herkunft und Religion hätte seine Würde verletzt und war ihm auch um den Preis eines Ordinariats in Berlin nicht abzuringen.

Die deutschen Hochschulen waren ein entscheidender Ausgangspunkt für die aggressivste Variante des Antisemitismus in Europa und der bekannten Geschichte überhaupt. Erst die Koppelung antisemitischer Vorurteile mit »rassebiologischen« Ideologemen und ihre demonstrative Akzeptanz im akademischen Bereich lieferte seit dem Ausgang des 19. Jahrhunderts die begrifflichen Voraussetzungen für die systematisch betriebene Verfolgung. Auf diese Weise wurde der Judenstern für den Einzelnen zum unentrinnbaren Schicksal, auch wenn sich die Bindungen an den jüdischen Kulturkreis in der einzelnen Familie längst verloren hatten.

Einem Hamburger Exponenten dieses akademischen Antisemitismus, der im Sommersemester 1927 eine Vorlesung über die »Rassenkunde des deutschen Volkes und der Juden« halten konnte, wurde noch am 26. Februar 1957 (!) von der Mathematisch-Naturwissenschaftlichen Fakultät der Universität Hamburg die Ehrendoktorwürde verliehen. Dieses heute kaum glaubliche Datum ist auch eine Folge des konsequenten Schweigens zur eigenen antisemitischen Tradition der akademischen Gemeinde und der Nichtbefassung mit dem Schicksal des jüdischen Volkes. Selbst im ersten Jahrgang der untadelig demokratischen und liberalen Studentenzeitung »Hamburger Akademische Rundschau« findet sich nur in einem einzigen Beitrag – dem Vortragstext eines britischen Gastes – ein expliziter Hinweis auf Verbrechen an deutschen Juden. Die »zweite Schuld« ist nicht zu leugnen, auch an sie wird fortwährend zu erinnern sein.

Fünfzig Jahre nach Beginn der Deportationen Hamburger Juden in die Vernichtungslager widmet die Stadt der vierhundertjährigen Geschichte der Juden in Hamburg und Altona eine große Ausstellung, deren wissenschaftliche Beiträge in diesem Band versammelt sind. Sie zeichnen das Bild der jüdischen Gemeinden, ihre besonderen Formen sozialen Zusammenhalts, ihre Rolle im Wirtschafts- und Geistesleben der Stadt. Es entsteht das differenzierte Bild einer Minorität, die sich mit ihren Synagogen sichtbare Zentren ihres Kulturkreises geschaffen hat und an ihrer Peripherie ein immer dichter werdendes Netz kultureller, politischer und sozialer Bezüge zur Majorität aufweist, in deren Webmaschen sich längst neue Identitäten zu bilden begonnen hatten. Aus diesem Beziehungsgeflecht hat die Hansestadt vielfachen Nutzen gezogen, der erforscht, gekannt und gewürdigt werden muß, weil jede sich als »deutsch« begreifende Kultur nunmehr den jüdischen Anteil an ihrer Tradition bewußt in sich aufnehmen muß, ohne ihre lebendigen Träger als ausgedehnten Kulturkreis unter sich zu wissen.

Den Autorinnen und Autoren, deren Beiträge auch in diesem Sinne zu lesen sind, gebührt Dank und Anerkennung. Der Gegenstand ihrer Anstrengung bürdet jedem, der sich ihm beschreibend nähert, zunächst Gefühle von Scham, Schmerz und Trauer auf, denen sich hinzugeben sie sich aber nicht gestatten dürfen, um den Leserinnen und Lesern ihrerseits diese Bürde nicht zu nehmen. Mein Dank gilt ebenso dem Herausgeber, meinem Kollegen Arno Herzig, der sich dieses Themenkreises seit vielen Jahren intensiv angenommen hat.

Einer der letzten jüdischen Doktoranden, der seine Promotion an der Hamburger Universität erfolgreich abschließen konnte, wenn auch schon unter unwürdigen Umständen, war Baruch Zwi Ophir, der heute in Israel lebt. In ihm ehren wir alle Mitglieder der Universität, denen unter dem NS-Regime Hilfe und Solidarität durch Studenten und Professoren verweigert wurden. Ihm sei dieser Band gewidmet.

Barbara Vogel
Vizepräsidentin
der Universität

Einleitung

Die wissenschaftlichen Beiträge des Bandes: »Die Juden in Hamburg 1590 bis 1990« beabsichtigen die vierhundertjährige Geschichte einer Minderheit in einem bedeutenden urbanen Zentrum Deutschlands darzustellen. Hamburgs jüdische Gemeinde war zu Beginn des 19. Jahrhunderts die größte Gemeinde in Deutschland; die 1945 neugegründete ist eine der bedeutendsten in der Bundesrepublik. Bis zu ihrem Untergang durch die Shoa prägten besondere innerjüdische Gemeindestrukturen die Hamburger Gemeinde. Das im Gemeindestatut von 1873 eingeführte sog. Hamburger System war eine in Deutschland einzigartige innerjüdische Toleranzverfassung. Mit anderen nordeuropäischen Küstenstädten verband Hamburg bis 1943 die Existenz zweier Gemeinden: einer sephardischen und einer aschkenasischen.

Bei der Betrachtung der Geschichte dieser Gemeinde ist bewußt von einem Minderheitenstatus der jüdischen Bewohner Hamburgs auszugehen. Ihre Integration in die Hamburger Gesellschaft gelang erst in der 2. Hälfte des 19. Jahrhunderts. Bis ins 18. Jahrhundert blieb ihre Duldung durch religiöse Intoleranz gefährdet. Letztlich siegte aber immer wieder die ökonomische Vernunft, die seit 1600 eine Niederlassung von Juden in Hamburg möglich machte. Im Gegensatz zu den meisten anderen deutschen Städten hatte Hamburg im Mittelalter keine jüdische Gemeinde.

Der Eintritt der Juden in die Geschichte Hamburgs erfolgte gleichsam durch die Hintertür. Die ersten, die sich hier niederließen, waren Marranen, zwangsgetaufte spanische bzw. portugiesische Juden, die zum Judentum zurückkehrten, aber dennoch in Hamburg wohnen bleiben durften. Nicht so gut gestellt wie diese Sephardim waren die deutschen Juden, die Aschkenasim, die im 17. Jahrhundert noch mehrmals aus der Stadt gewiesen wurden. Beiden jüdischen Gruppen war es verboten, ihre Religion öffentlich auszuüben. Noch 1789, zweihundert Jahre nach ihrer ersten Niederlassung, versuchten Hamburgs Oberalte – im Zeitalter der Spätaufklärung – den Bau der ersten Synagoge zu verhindern. Das Erbe Luthers warf einen langen Schatten. Der Hamburger Hauptpastor Johannes Müller veröffentlichte 1644 eine der schärfsten Kampfschriften des 17. Jahrhunderts gegen die Juden. Und wenn diese schon nicht verdrängt werden konnten, so sollten sie doch wenigstens getauft werden. Seit 1671 war die Hamburger Michaeliskirche unter dem Theologen und Orientalisten Esdras Edzard ein Zentrum für Judentaufen in Deutschland. Altona, oder richtiger gesagt, sein Stadt- und Landesherr, tat sich da leichter. In den großzügigen Privilegien des 17. Jahrhunderts wurde den Juden die öffentliche Religionsausübung zugestanden, und auch die Hamburger Juden durften hier ihre Toten begraben.

Doch die politische Kultur Hamburgs bestimmten nicht allein die rigiden Vorstellungen orthodoxer Lutheraner, sondern ebenso der nüchterne Kaufmannssinn, der früh erkannt hatte, welche Vorteile der Überseehandel der ehemals spanischen Juden und die Finanzerfahrungen der deutschen boten. Wenn es dabei auch nicht zu engen gesellschaftlichen Beziehungen kam und die Salons deshalb eine Berliner Erscheinung blieben, lebten die Juden in der Hamburger Gesellschaft zwar isoliert, aber ohne weitere Schikanen. An Akkulturations- und Integrationsbemühungen seitens der jüdischen Minderheit hat es seit der Aufklärung nicht gefehlt und sie haben das kulturelle, wirtschaftliche und politische

Leben dieser Stadt entscheidend mitgeprägt. Doch zog sich in Hamburg in der ersten Hälfte des 19. Jahrhunderts dieser Akkulturations- und Integrationsprozeß recht schwerfällig hin. Im Kaiserreich war er jedoch um so erfolgreicher, so daß Juden hier Positionen erreichten, die ihnen in Berlin noch lange vorenthalten wurden. Dieser hanseatisch-liberale Geist blieb auch dann erhalten, als im übrigen Deutschland der Antisemitismus die Ansätze einer liberalen politischen Kultur vernichtete. Gegen die Entwicklungen nach 1933 erwies er sich jedoch in keiner Weise resistent. Die Verfolgung und Vernichtung unter dem Nationalsozialismus war in Hamburg ebenso brutal wie in anderen deutschen Städten. Es gab keinen Hamburger Sonderweg.

Die Vielfalt des deutsch-jüdischen Beziehungsgeflechts in Hamburg und die Komplexheit sozialer und politischer Entwicklungen wird in dem Band in acht Aspekt-Kapiteln dargestellt, wobei sicher auch Lücken vorhanden sind, vor allem was die wirtschaftliche Bedeutung der Juden in Hamburg betrifft.

Das erste Kapitel versucht in einem historischen Überblick die Gesamtentwicklung von den Anfängen bis zur Gegenwart aufzuzeigen. Als Leitlinie gilt es, innere Entfaltung und Außenbeziehung bzw. die Haltung der Hamburger Öffentlichkeit in ihren Rückwirkungen auf die (nicht integrierte) Minderheit zu vermitteln. Dabei sollten sowohl die Binnendifferenziertheit (Sephardim – Aschkenasim, Orthodoxe – Reformer, Reiche – Arme) als auch die jüdische Identität sowie die Akkulturationsbemühungen dargestellt werden.

Die Abhandlungen zur Gemeinde und zum Gemeindeleben zeigen gleichsam die Innenseite. Überraschend ist, daß die im 18. Jahrhundert größte Gemeinde Deutschlands, die über ein hohes Maß an Autonomie verfügte, im innerjüdischen als auch öffentlichen Diskurs der Aufklärung fast überhaupt keine Rolle spielte. Letztlich mochte dies eine Folge des sogenannten Hamburger Amulettenstreits um die Mitte des 18. Jahrhunderts sein. Mit der Gründung der Tempelgemeinde übernahm Hamburg wieder eine führende Stellung in der deutschen Judenheit.

In den historischen Darstellungen ist bisher die Rolle der jüdischen Frauen Hamburgs noch nie zusammenhängend abgehandelt worden. Die hier angebotenen Beiträge bieten Einzeldarstellungen, die jedoch Rückschlüsse auf die Gesamtsituation zulassen. Das Selbstbewußtsein und die Leistungen einer Glückel von Hameln und Johanna Goldschmidt zeigen, daß bereits im 17. Jahrhundert, aber auch später, jüdische Frauen in ihrem Milieu (und darüber hinaus) viel unabhängiger agieren konnten, als dies für christliche (bzw. nicht-jüdische) Frauen möglich war. Andererseits rekonstruiert sich die Biographie einer Fromet Gugenheim und einer Martha Freud aus den Briefen ihrer Männer, wobei aber auch durchaus die »Eigenwilligkeiten« dieser Frauen erkennbar werden.

Der Bereich »Kunst – Kultur – Wissenschaft« kann ebenfalls nur überblicksmäßig die Fülle des Beitrags dieser Minderheit zur Hamburger Gesamtkultur aufzeigen. Deutlich wird die Ablehnung, schließlich die Vernichtung dieser Kulturleistung durch die Hamburger Gesellschaft. Trotz aller Akkulturationsbemühungen wird auch das Bewußtsein einer jüdischen Identität, zum Beispiel in der Gesellschaft für jüdische Volkskunde, sichtbar. Welch bedeutende Rolle jüdische Intellektuelle in der 1919 gegründeten Hamburger Universität gespielt haben, dokumentierte die in diesem Jahr gezeigte Ausstellung der Universität: »Enge Zeit« und zeigt das gleichzeitig erschienene dreibändige Werk: »Hochschulalltag im Dritten Reich«. Daß »die Fackel deutsch-jüdischer Geistigkeit« (Cassirer) nach 1933 erlosch, ist nicht zuletzt dem Versagen der Universität zuzuschreiben.

Die Rolle der Hamburger Juden in Wirtschaft und Gesellschaft hat dieser Stadt einen eigenen Stempel aufgedrückt. Die großen Namen jüdischer Familien sind aus der Hamburger Wirtschafts- und Gesellschaftsentwicklung nicht wegzudenken; sie sind aber auch durch ihr Profil für die innerjüdische Entwicklung von Bedeutung. Nimmt man den Antisemitismus als Maßstab, so ließe sich schließen, daß die Integration in Hamburg im 19. Jahrhundert problemfreier verlief, als dies in Berlin mit seinen Antisemitismus-Kampagnen der 1870er/1880er Jahre der Fall war.

Kapitel 6 und 7 versuchen Verfolgung und Vernichtung zu vermitteln, ohne freilich Antworten auf die weitreichenden Dimensionen dieses einmaligen Vorgangs geben zu können (was der Historie auch allgemein nicht gelungen ist). Verhaltensweisen aus dem Alltag, die hier sehr anschaulich geschildert werden, machen jedoch deutlich, warum letztlich die Solidarität fehlte, die vielleicht das Schlimmste hätte verhindern können.

Nicht alle Stadtteile sind hier berücksichtigt. So fehlt v.a. Harburg-Wilhelmsburg. Das Hamburger Museum für Archäologie und die Geschichte Harburgs (Helms-Museum) plant jedoch im Rahmen seiner stadtgeschichtlichen Abteilung im Oktober 1991 eine Ausstellung zur Geschichte der Juden in Harburg.

Der Aufbau nach 1945 verlief mit Schwierigkeiten, die heute schwer vorstellbar sind. Das gilt auch für die Frage der Wiedergutmachung.

Dieser Band kann in seinen unterschiedlichen Kapiteln nicht eine geschlossene, lückenlose Darstellung der vierhundertjährigen Geschichte bieten. Manche Aspekte mußten wegen der kurzen Vorbereitungszeit von einem Jahr, die für diesen Band zur Verfügung stand, offenbleiben. Auch will das Buch nicht die Studien der vorangegangenen Forschung zur deutsch-jüdischen Geschichte in Hamburg ersetzen. Die älteren Geschichtswerke von A. Cassuto, A. Feilchenfeld, M. Grunwald, M.M. Haarbleicher, aber auch die neueren Studien von M. Gillis-Carlebach, H.M. Graupe, W. Jochmann, H. Kellenbenz, H. Krohn, M. Zimmermann bieten die Basis vieler Beiträge in diesem Band. Auch wurde darauf verzichtet, auf die jüdischen Politiker Hamburgs ausführlicher einzugehen, über die bereits biographische Studien vorliegen. Das gilt für Riesser, Rée, Steinheim und Wolffson, aber auch für den Senator Max Mendel (1872-1942), der in Theresienstadt ermordet wurde.

Das Buch versteht sich als ein Beitrag der Universität Hamburg zur Erinnerung an die vierhundertjährige Geschichte der Juden in dieser Region. Es steht im Kontext zur Ausstellung »Vierhundert Jahre Juden in Hamburg«. Gewidmet ist es Dr. phil. Dr. phil. h.c. Baruch Zwi Ophir, Vorsitzendem des Vereins ehemaliger jüdischer Bürger Hamburgs, dem der Fachbereich Geschichtswissenschaft für seine Leistungen zur Geschichte der Juden in Hamburg die Ehrendoktorwürde verliehen hat.

Das Buch wäre nicht erschienen, hätte nicht 1990 Wissenschafts- und Kultursenator Prof. Ingo von Münch die Basis der Finanzierung sichergestellt. Ihm gilt ganz besonderer Dank. Zu danken ist auch der Karl H. Ditze-Stiftung und der Hamburgischen Wissenschaft-lichen Stiftung für ihre Druckkostenzuschüsse. Danken möchte ich allen Autor/inn/en, die sich unverzüglich zur Abfassung eines Beitrags bereit erklärt und ihn dann auch pünktlich geliefert haben. Desgleichen gilt mein Dank den Mitarbeiter/inne/n des Hamburger Staatsarchivs und der Jüdischen Gemeinde in Hamburg, die den Autor/inn/en bei der Material-beschaffung behilflich waren. Ferner Jörg Deventer und Eckart Krause für Hilfe bei den Korrekturen. Nicht zuletzt gilt Dank den Verlegern Dr. Peter Dölling und Dr. Robert Galitz, die das Buch recht unkonventionell auf den Weg brachten.

Um den Anmerkungsapparat zu entlasten, wurden alle Titel, die die Geschichte der Juden in Hamburg betreffen sowie die Titel, die in mehreren Beiträgen zitiert werden, in eine Gesamtbibliographie aufgenommen. Sie sind in den Anmerkungen nur mit Verfassername und Erscheinungsjahr zitiert. Die im Anschluß an jeden Beitrag aufgeführten Titel werden nur dort zitiert. Sie erscheinen in den Anmerkungen mit Verfassername und Kurztitel.

Arno Herzig

Historischer Überblick

Die Sephardim in Hamburg
Günter Böhm

»Sephardim« abgeleitet von »Sepharad« ist eine biblische Landbezeichnung, die man später mit Spanien identifizierte. Sie wird als Bezeichnung für die Nachkommen der spanischen und portugiesischen Juden benutzt, die wegen Verfolgung in und Ausweisung aus Spanien im Jahr 1492 und nach den Zwangstaufen 1497 in Portugal die iberische Halbinsel verließen.

Spürbare Feindseligkeit der christlichen Umwelt und das Pogrom, dem viele Neuchristen in Lissabon im Jahr 1506 zum Opfer fielen, verursachte eine weitere Auswanderungswelle nach Ländern, die ihnen nicht nur persönliche Sicherheit, sondern auch Aussichten für ihr kaufmännisches Unternehmertum boten. So bildeten sich in der zweiten Hälfte des 16. Jahrhunderts bereits Ansiedlungen spanisch-portugiesischer Scheinchristen[1] in Südfrankreich, Italien und den Niederlanden – zunächst in Brügge und Antwerpen und ab 1590 in Amsterdam, Emden und Hamburg.

Die Geschichte der Juden in Hamburg beginnt mit der Ankunft der ersten Portugiesen – jedoch nicht schon um 1577,[2] wie eine irrtümliche Auslegung einer Beschreibung im Reisetagebuch des kaiserlichen Gesandten in der Türkei, Stephan Gerlach, aus dieser Zeit anzunehmen scheint.[3]

Obwohl sich bereits in der zweiten Hälfte des 16. Jahrhunderts ausländische Kaufleute, vor allem Niederländer, englische »Merchant Adventurers« und Franzosen in der Hansestadt aufhielten, hört man erst in den achtziger Jahren von Portugiesen oder Spaniern, und um 1595 wohnt eine Anzahl von ihnen im angesehenen Kirchspiel St. Nikolai.[4] Sie erscheinen in Dokumenten als der »Portugiesischen Nation« (»*natio lusitana*«) angehörig, katholischen Glaubens und sind als wohlhabende Kaufleute bekannt. Unter ihnen befand sich auch der Arzt Dr. Rodrigo (Ruy) de Castro, der wohl schon um 1591 nach Hamburg übersiedelte[5] und sich durch seinen Einsatz bei der Bekämpfung der Pest im Jahr 1596 und wissenschaftliche Abhandlungen einen Namen machte.[6] Als Hofarzt von Königen, Adligen und hohen Geistlichen gab er sich zunächst als Katholik aus und erwarb sogar einen christlichen Grabplatz für seine im Jahr 1603 verstorbene Gattin. Zwei seiner Söhne waren am Hamburger Johanneum immatrikuliert, der erste Benedikt (Baruch Nehemias) de Castro, später Leibarzt der Königin Christine von Schweden, die dann auch nach ihrer Abdankung auf einer Reise in Hamburg in seinem Haus zu Gast weilte.

Chacham Jacob Sasportas

Historischer Überblick

Eine weitere, wenn auch auf eine kurze Zeitspanne beschränkte, erlaubte Auswanderung von Neuchristen aus Spanien und Portugal ab 1601 vergrößerte rapid die kleine Portugiesen-Ansiedlung in Hamburg.[7] So erscheint im Jahr 1603 zum ersten Mal eine offizielle Erwähnung von Juden in Hamburg, die sich wohl als Katholiken ausgaben, in Wirklichkeit insgeheim ihre Religion ausübten. So wird am 9. Dezember dieses Jahres der Senat von der Bürgerschaft darauf aufmerksam gemacht, daß »*die Portugiesen, so hier residiren, Handel und Wandel treiben, hier etwas Ansehnliches contribuiren; die aber jüdischen Glaubens seien, sollen gar nicht allhier geduldet werden*«.[8] Bereits am 4. März 1604 wird dieses Gesuch nochmals vorgetragen, denn »*man erfährt auch täglich, dass ohne Unterschied sich viele Portugiesen hereinbegeben [...] darunter auch rechte Juden, die aus Portugal und anderen Orten vertrieben sind*« und verlangt ihre Ausweisung.[9] Offiziell will der Senat von diesen »*rechten Juden*« nichts erfahren haben, aber schon zwei Jahre später ergeben seine Nachforschungen, daß sieben portugiesische Juden »*die allhier Feuer und Rauch haben*« (also 7 Familien) und zwei unvereidigte Makler in Hamburg ansässig waren.[10] Auch die Portugiesen versuchten ihre Anzahl recht niedrig zu halten, denn in einer Eingabe an den Senat, der sich mit den zu zahlenden Abgaben befaßt, heben sie hervor, daß sie »*deren alleine Sechse sein*«,[11] was keineswegs den Tatsachen entsprach.

So ersehen wir aus den ersten Senatslisten der niedergelassenen »portugiesischen« Kaufleute um 1610, daß ihre Anzahl schon hundert Personen überschreitet. Ein weiteres um 1612 entstandenes offizielles Verzeichnis, die »*Rolla der portugiesischen Nation*«, gibt Hinweise auf 125 Personen, unter ihnen 26 Ehepaare, und nennt sowohl ihre Namen wie auch die Gegend, in der sie in Hamburg ansässig waren.[12] So finden wir sie verteilt sowohl am »*Rödingsmarckt*«, an der »*Herrligkeidt*«, am »*Monneckedamm*« und vor allem »*Uffen Dreckwall*« (später Alter Wall), aber nur einen Portugiesen, Diogo (David Cohen) Carlos(?) mit seiner Familie »*Gegen dem Heyl. Geist über*«, und, als besondere Ausnahme, den berühmten Arzt Dr. Rodrigo de Castro mit seinen Angehörigen auf »*St. Nicolai Kerkhoff*«. Sein ebenfalls angesehener Kollege Dr. Henrique (Samuel Cohen) Rodrigues mußte sich jedenfalls mit einer Wohnung »*Uffen Dreckwall*« begnügen.[13] Aus diesen Jahren gibt es außerdem eine detaillierte Beschreibung des portugiesischen Neuchristen Hector Mendes Bravo, der in Venedig zum Judentum übertrat und dann als Renegat in Lissabon im Jahr 1619 beim Inquisitionstribunal Mitglieder der Amsterdamer wie auch der Hamburger Gemeinde denunzierte.[14] Unter den von ihm aufgeführten 60 Einzelpersonen befand sich auch die Witwe Guiomar (Abigail) Gomes, deren Mann im Jahr 1609 in Lissabon in einem Autodafé verbrannt wurde.[15] Auch erwähnt er außer den Doktoren Rodrigues und de Castro noch drei weitere, allerdings ohne Namensangabe. Ebenfalls beschreibt er seine Teilnahme am Gottesdienst in drei Beträumen, die sich in den Wohnungen von Rodrigo Pires Brandão, Alvaro Diniz und Ruy Fernandes Cardoso befanden.[16] Das Bestehen von drei Betstuben um 1612 bei der kleinen Anzahl von Portugiesen ist nur erklärlich, wenn man berücksichtigt, daß sie ihren Gottesdienst im geheimen durchführen mußten. So haben sich auch in diesen Jahren in Hamburg die drei Gemeinden »Keter Tora«, »Nevé Shalom« und »Talmud Tora« gebildet, die sich aber erst 1652 zu einer Einheitsgemeinde zusammenschlossen.[17]

Auch noch Jahre später, 1644, hat ein Hamburger Renegat, Diogo de Lima,[18] in Lissabon weitere Mitglieder der Portugiesen-Gemeinde denunziert, unter ihnen seinen Onkel Alvaro Dinis (alias Samuel Hyac oder Jachia). Von Bedeutung für die Geschichte dieser Hamburger Sephardim ist auch seine Erwähnung sowohl ihrer portugiesischen wie auch

jüdischen Namen, die öfters noch verdeutschte Fassungen erhielten, wohl um die Spione der Inquisition in die Irre zu führen.
Beide Renegatenaussagen geben Tatsachen wieder, die auch in Hamburger Dokumenten auftauchen. So versuchte bereits im Jahr 1617 die Geistlichkeit, die Gottesdienste der Portugiesen in ihren Privathäusern zu unterbinden, wenn auch ohne Erfolg.[19]

Einige Jahre zuvor mußte sich der Senat, um sich vor den Angriffen der Pastoren und der Bürgerschaft gegen das von ihm geduldete Niederlassungsrecht der Sephardim zu wehren, Gutachten verschiedener theologischer Fakultäten beschaffen, von denen das von Frankfurt a.d. Oder am 29. August 1611 wissen ließ, daß es *väterlich und christlich gewesen, die Portugiesischen Juden bisher geduldet zu haben, und daß es ebenso väterlich und christlich sei, sie ferner zu dulden«.*[20]

Damit konnte der Senat ein außenpolitisches Problem lösen, das schon seit einigen Jahren den hansischen Handel mit Spanien und Portugal zu beeinträchtigen drohte und durch die Portugiesen, die ja vielfach Faktoren der iberischen Kaufleute waren, gelöst wurde, allerdings gegen die Zusicherung, ihnen keine diskriminierenden Zollabgaben abzufordern. So wurde ihnen außerdem im Jahr 1612 für 5 Jahre nach Zahlung von 1.000 Mark lübisch jährlich das Niederlassungs- und Aufenthaltsrecht zugestanden. Religionsausübung wie gottesdienstliche Versammlungen waren ihnen aber versagt. Sie sollten sich »*friedlich und eingezogen verhalten*« wie auch »*aufrichtige, redliche Kaufmannshantierung, unseren Bürgern und anderen Einwohnern gleich, üben und treiben*«.[21]

Im letzten Absatz dieses Kontraktes wurde ihnen als einzige religiöse Konzession erlaubt, »*ihre Todten nach Altonahe oder anderswo hinfahren zu lassen*«. Dort hatten sie bereits ein Jahr zuvor, 1611, vom Grafen Ernst III. von Holstein-Schauenburg, dem Landesherrn von Altona, ein Stück Land auf dem damaligen Heuberg (jetzt Königstrasse) gekauft.[22] Außerdem genehmigte der Senat noch die Benutzung eines Binnenfriedhofes auf den Kohlhöfen, den sie bis 1633 in ihrem Besitz behielten, um dann die sterblichen Reste nach Altona zu überführen.[23] Der Altonaer Friedhof wurde bereits 1869 geschlossen, durfte allerdings in Ausnahmefällen noch bis 1877 benutzt werden. Viele der erhaltenen Grabplatten auf diesem ältesten noch bestehenden Hamburger Friedhof sind Meisterwerke der Steinmetzkunst, teilweise mit Darstellungen von menschlichen Gestalten, Bibelszenen und Familienwappen.[24]

Erst der Vertrag von 1617, in dem den Portugiesen für weitere 5 Jahre das Niederlassungsrecht, allerdings mit einer Verdoppelung des Schosses, der jährlichen Abgabe, zugestanden wurde, bedeutete für sie einige Erleichterungen – sowohl für die Ausübung ihrer religiösen Bräuche wie auch in ihrer Berufstätigkeit, brachte jedoch nicht die Möglichkeit des Erwerbes von Grundeigentum, mit Ausnahme des *»Doctori Rodorico de Castro, aus sonderbaren erheblichen Ursachen wegen dero allhier in der Gemeinde lange viele Jahre hero geleisteten treuen Dienste und Aufwartungen«* ein Haus auf der Wallstraße erwerben konnte.[25]

Unverändert blieb allerdings das Verbot »*Synagogen zu haben*«. In einem weiteren Kontrakt im Jahr 1623 wurde den Sephardim vor allem ihre persönliche Sicherheit garantiert,[26] da ihnen laut ihrer Klagen »*von dem gemeinen Pöbel eine Zeit hero allerhand Schmähungen und Injurien mit Ausschreitungen und andere thätlichen Beleidigungen angefügt worden*«. So wies der Senat an, daß sowohl Lehrer in den Schulen wie auch Geistliche auf ihren Kanzeln mit öffentlichen Verwarnungen gemeinen Angriffen entgegen wirken sollten, eine Vorschrift, die vor allem von der Geistlichkeit keineswegs eingehalten wurde.

Aus dem Text dieses Kontraktes ist außerdem noch zu ersehen, daß eine weitere Einwanderung von Sephardim nach Hamburg in diesen Jahren erfolgt war, die dem Hamburger Handel merkbare Vorteile, vor allem im Import von Rohzucker, Wein, Öl, Tabak, Pfeffer und anderen Gewürzen brachte.[27]

Diese tolerante Stellungnahme des Senats gegenüber der sich stetig vergrößernden Portugiesen-Gemeinde muß wohl eines ihrer Mitglieder, Eliau Aboab Cardoso, veranlaßt haben, einen Betraum in seinem Wohnhaus auf der »Herrlichkeit« einzurichten.[28] Möglicherweise hat dort der Chacham David Cohen de Lara als Rabbiner gelehrt. Das Bestehen dieser und anderer Betstuben war nicht nur den Behörden bekannt, sondern verursachte auch eine Beschwerde des Kaisers Ferdinand II., der sich in einem Schreiben vom 28. Juli 1627 an den Hamburger Senat wandte, in dem er seinen Mißmut zum Ausdruck brachte, daß man den Juden »*um der Handelschaft willen*« das Halten einer Synagoge gestattete, während man den Römisch-katholischen ihr »*Religions-Exercitium*« verweigerte.[29] Auch diese Bevorzugung der Sephardim hatte ihre Gründe, da der Senat die Bedeutung der kapitalkräftigen Portugiesen längst erkannt hatte, weil sie sich bereits einige Jahre zuvor an der 1619 gegründeten Bank beteiligt hatten. Bereits im Jahr 1623 besaßen dort 46 von ihnen 43 Konten; von ihnen stand der reiche Antonio Faleiro an neunter Stelle unter den größten Umsätzen.[30] Auch im internationalen Geldverkehr außerhalb der Bank hatten sie sich in Wechselverbindungen, vor allem nach der iberischen Halbinsel, nach Amsterdam und Antwerpen eingeschaltet. Ihr Beitrag zum Aufstieg Hamburgs auf dem internationalen Geldmarkt ist sicherlich auch einer der Gründe, daß man die drei kleinen Beträume weiterhin stillschweigend duldete. Für diese hatten die Portugiesen den gelehrten Chacham Isaac Athias und Chacham Abraham de Fonseca aus Glückstadt[31] kommen lassen, was der aufmerksamen Bürgerschaft nicht entgangen war, die auch daraufhin die Abschaffung dieser Bethäuser forderte. Einer Vorladung des Senats folgend, antworteten die Deputierten der Portugiesen sehr vorsichtig, daß ihre Zusammenkünfte

»*keine Synagogen* [seien]*, auch keine Uebung des jüdischen Gottesdienstes, zumal sie darin nicht lehrten, disputierten, predigten [...], sondern nur das Gesetz Mosis, die Psalmen Davids, die Propheten und andere Bücher des Alten Testaments lesen und beten und auch für die Obrigkeit und die Stadt bitten*«.[32]

Die Portugiesen-Gemeinde hatte in diesen Jahren stetig zugenommen. Sowohl die erneute Selbständigkeit von Portugal, das sich im Jahr 1640 von der spanischen Krone loslösen konnte, und die damit verschärften Maßnahmen der portugiesischen Inquisition gegen die »Neu-Christen« sowie neue Handelsabkommen der Hansestadt mit den beiden iberischen Königreichen verursachten eine weitere Abwanderung von Portugiesen nach Hamburg. So zählte man bereits um 1648 an die 100 Familien in der Stadt, eine Anzahl, die sich 15 Jahre später auf 120 vergrößert hatte,[33] so daß um 1663 an die 600 Sephardim in Hamburg lebten. Sowohl die Bevölkerung als auch die Geistlichkeit zeigte ihren Unwillen über diesen Zuwachs von Juden in der Stadt,[34] vor allem die letztere, die sich ihrerseits durch eine Veröffentlichung des Dr. Benjamin Dyonysius Mussaphia, bedeutendes Mitglied der Portugiesen-Gemeinde, angegriffen fühlte. So beschwerten sie sich beim Senat, daß »*die 'Sententias Sacro-Medicas' von Benjamin* [Mussaphia]*, ein Buch voll Lästerungen hier gedruckt und verbreitet sind, deshalb auch der Verfasser aus der Stadt gejagt worden*«. Außerdem, so klagten sie, nähmen die »*Judenmakler [...] den christlichen das Brot weg*«.[35]

Daher kam es dann bald zu Mißhandlungen von Portugiesen durch die Gymnasialjugend, Tätlichkeiten gegen einen der Brüder De Lima und seinen Sohn, der »*mit Steinen blutig geworfen und geschlagen worden«*[36] sowie gegen den 72jährigen Dr. De Castro, David Fidanque und Aron Senior, die auf offener Straße angegriffen wurden.[37]

Aufgewiegelt wurde die Bürgerschaft unter anderem durch die judenfeindliche Bewegung des Pastors von St. Petri, Senior Johannes Müller, der sich 1649 in einem theologischen Gutachten an Gehässigkeiten überbietet. So schreibt er: »*Es werden ihre Synagogen allhie mit silbernen, köstlichen Lampen gezieret, auf etliche 1000 Rthlr. an Werth, darin treiben sie gross Heulen, Plärren, Grunzen, blasen darin die (tubas) und die Hörner«*.[38]

Auch fehlt es darin nicht an weiteren, schon seit dem Mittelalter bekannten judenfeindlichen Argumenten: »*Sie halten christliche Ammen und Mägde in ihren Diensten und schänden sie und andere Christenweiber [...], ja sie gehen sogar in die Kirchen, bespeien und beschimpfen das Bild des gekreuzigten Christus und treiben auch sonsten in der Kirche Gezänk und dergleichen Geschrei«*. Daneben hört man auch andere Klagen: »*Sie speisen auf ihren Hochzeiten aus silbernen Gefässen und setzen dabei eine grosse Menge Schüssel und Confecte auf und endlich fahren sie in solchen Carossen, die nur hohen Standespersonen zustehen, und gebrauchen bei solchen Carossen noch oben darein vorreuter und ein grosses Comitat«*.

Senior Müllers Einfluß auf die Bevölkerung erreichte sogar, daß es in der Börse zu unerwarteten Vorfällen kam, in dem »*nicht allein der gemeine Pöbel, sondern auch andere Leute sich finden, die sie* [die Portugiesen] *zu beschimpfen keinen Scheu haben, massen denn am vergangenen Freitage sich zugetragen auf der Börse [...], dass sieben von ihrer Nation, in der öffentlichen Börsen Mittagszeit, die Mäntel tückischer und hinterlistiger Weise zerschnitten und schamsiret«*.[39]

Außerdem stellte Senior Müller noch die recht sonderbare Forderung, scheinbar um das Seelenheil der Portugiesen bemüht, daß auf deren Kosten ein »*'christlicher' Rabbi«* angestellt werden sollte, der dann diese zur Bekehrung vorbereiten sollte. Auf dieses Ansinnen ließ der Senat wissen, daß man niemanden auffinden könne, der nicht nur hebräisch und portugiesisch beherrsche, sondern sich außerdem noch genügend in der rabbinischen Theologie auskenne.[40]

Gleichzeitig warnte der Senat vor dem großen Schaden, den der Hamburger Handel durch den Wegzug der Portugiesen erleiden könnte, wenn man mit dieser Hetzkampagne nicht Schluß machen würde. Außerdem beschloß man, nach Erhalt der Universitätsgutachten von Jena und Altdorf[41] am 8. Juli 1650 ein neues »Reglement« für die »Portugiesische Nation« bekannt zu geben, welches in 21 Punkten ihrem religiösen Leben etwas größere Bewegungsfreiheit sichern sollte und dann von ihnen im September 1652 zu einer Neugestaltung und Konsolidierung ihrer Gemeindeverhältnisse genutzt wurde. Dennoch blieben viele Beschränkungen bestehen, wie »*Synagogen [...] halten [...], sollen in der Newstadt wohnen* [und] *wenn sie betens halben zusammen kommen, soll das in privat Häusern geschehen und nicht stercker den von 15 Familien sein und nicht über 4 oder 5 auf einmahl ausgehen«*.[42] Auch sollten sie sich in Kleidung und Hochzeitsordnungen an die in der Stadt vorgeschriebenen halten und »*sollen sie keine ärgerliche Uppigkeit treiben«*.

Die Vorschrift, sich ihre Häuser in der Neustadt zu suchen, war für sie kaum von Nachteil, denn in diesem Stadtteil, dessen Straßen auf den geschleiften Wällen neu angelegt worden waren, befanden sich sowohl die von ihnen gebrauchten Beträume – am Alten Wall (Dreckwall), in der Herrlichkeit und auf dem Mönkedamm als auch ihre Wohnungen – auf der Kehrtwiete, auf dem Brock, an der Mühlenbrücke und auf einem Teil des Rödingsmarktes.[43]

Historischer Überblick

Der Versuch, ein kleines, baufälliges zum Gottesdienst eingerichtetes Haus durch eine größere auf dem Dreckwall gelegene neue Synagoge zu ersetzen, wurde durch eine Petition der christlichen Bewohner der Straße und der Geistlichkeit wiederum vereitelt.[44] Auf weitere Bittgesuche der Portugiesen hin ließ der Senat das geistliche Ministerium wissen, daß er keine Bedenken gegen diesen Neubau hätte, denn »*die Juden können doch nicht wie das dumme Vieh ohne allen Gottesdienst und Religion in der Welt leben*«. Auch fügte er hinzu, der »*Senatus habe Vollmacht von der Bürgerschaft, daß ihnen Synagogen sollen vergönnt werden*«. Außerdem warnte er davor, daß die andauernden Schwierigkeiten, ein Gotteshaus zu bauen, die Portugiesen zwingen könnten, sich eine tolerantere Niederlassung zu suchen, zum Nachteil Hamburgs, was er in einem anderen Absatz zum Ausdruck bringt: »*Man will die Juden nur aus der Stadt hinausjagen und Hamburg zu einem Dorf machen*«, womit er auf ihre wirtschaftliche Bedeutung für den Handel der Hansestadt hinweisen wollte.[45] Diese Tatsache wurde noch in dem 1710 ausgearbeiteten »Reglement der Judenschafft in Hamburg«[46] hervorgehoben: »*Weil auch die Portugiesischen Juden bekandter massen den Hispanischen Handel in dieser Stadt grösten theils introduciret*« – worunter auch der mit den portugiesischen und spanischen Kolonien von Übersee zu verstehen ist.

Bereits Ende des 16. Jahrhunderts waren Mitglieder der Familie Ximenes und Manuel Alvares am Hamburger Brasilienhandel beteiligt und gehörte letzterer im Jahr 1599 zu den ersten Importeuren von Zucker aus Brasilien.[47] Dazu kamen später die portugiesischen Kaufleute Ruy Fernandes Cardoso, Alvaro Dines und Andres Faleiro, deren Geschäfte durch Verwandte, die in portugiesischen und holländischen Häfen ihre Niederlassungen hatten, ausgeführt wurden. Auch in den Jahren der holländischen Besetzung Nordbrasiliens rissen diese Handelsbeziehungen nicht ab; Hamburg erhielt als neutraler Hafen in den Jahren des niederländisch-spanischen Konfliktes sogar eine erhöhte Bedeutung. So finden wir Mitglieder der Familie des Duarte Nunes de Costa wie auch des Francisco Coutinho sowohl in Amsterdam als auch in Hamburg und sogar in Glückstadt, wo Francisco Coutinhos Bruder eine Zuckerraffinerie errichtete. Deren Verwandte, die Saraiva Coronel, waren im Handel mit Brasilien tätig, wo sich um 1636 bereits ein Duarte Saraiva eine Zeitlang niederließ. Der bereits erwähnte Dr. Dyonysius Mussaphia, ein Bruder von Alvaro Dinis, beteiligte sich ebenfalls an diesen Geschäften und lieferte außerdem wichtige Einzelheiten über die Lage in Holländisch-Brasilien an den gottorfischen Herzog.[48]

Eine Anzahl von Hamburger Sephardim hatte sich auch in diesen Jahren nach den holländischen und englischen Kolonien der Neuen Welt begeben. So unterschrieben zwei von ihnen die Statuten (»Ascamot«) der ersten in Amerika gegründeten Gemeinde »Zur Israel« in Recife, am 15. Kislev 5409 (30. November 1648) mit Angabe ihrer Herkunft. Einer von ihnen ließ sich als »*Moshe Namiaz de Amburgho*« nach der Rückeroberung von Nordbrasilien durch die Portugiesen als erster Jude im heutigen Staat Virginia (USA) nieder und verstarb 1672 in der englischen Kolonie Barbados.[49] Ein weiterer, »*Daniel de Crasto de Hamburgo*«, gibt mit seiner Unterschrift ebenfalls seine Herkunft an.

Wie die Schwestergemeinde in Amsterdam versuchte man auch in Hamburg bedürftige Familien und ledige Personen in Amerika anzusiedeln. So vermerkt eine Eintragung im ersten Protokollbuch:

»*Herr Abraham Senior Teixeira hat sich erboten, allen denjenigen, welche die Absicht haben nach Serepique (Essequibo), einem von den Holländern neu entdeckten Lande, auszuwandern, eine je nach Grösse der Familie zu bemessende Reiseunterstützung zu gewähren, unter der Bedingung, dass alle, welche von diesem Anerbieten Gebrauch* machen, eine Kaution dafür stellen, dass sie innerhalb dreier Jahre nicht wieder nach hiesiger Stadt zurückkehren«.[50]

Man erfährt auch von Witwen, die ihre erwachsenen Söhne nach Barbados oder Serinhao (Surinam) schicken wollen, damit sie dort ein Weiterkommen finden.[51] Es fehlt nicht an Vorschlägen des Vorstands, daß »*es wünschenswert ist, müssige Leute von hier fortzuschaffen*«.[52]

Nach Abzug der Holländer aus Nordbrasilien wird der bereits bestehende Tabakimport aus diesen Gebieten nicht unterbrochen; das Protokollbuch erwähnt wiederholt Hinweise auf die Verarbeitung, die vorwiegend in den Händen der Hamburger Sephardim lag.[53] Aus dem holländischen Surinam und dem englischen Barbados werden von den Zuckerplantagen der dort seßhaften Sephardim ebenfalls Importe nach Hamburg gemeldet.[54]

An den Handelsbeziehungen zum Mittelmeer und im Ostseeraum, die Hamburg bereits in der 2. Hälfte des 16. Jahrhunderts unterhielt, haben sich auch einige in der Hansestadt ansässige Portugiesen beteiligt.[55] So wurde aus den Ostseegebieten vor allem Getreide nach Italien verschifft. Wir finden unter den Hamburger Exporteuren die Namen von Fernando Ximenes und Fernando Salvador mit einer Sendung für den Herzog von Toskana, oder Alvaro Dines, der Getreide aus Polen exportierte und nach Lissabon versandte. Außerdem konnten aus diesen Ostgebieten Holz und anderes Material für den Schiffbau sowie Leder, Kupfer, Wachs und Pottasche bezogen werden. Die Portugiesen konnten ihrerseits Gewürze, Zucker, Wein und Öl nach diesen Gegenden absetzen.

So ist nicht verwunderlich, daß der rege Handel, der sich von Hamburg aus entwickelte, bereits in den vierziger Jahren des 17. Jahrhunderts eine Anzahl kapitalkräftiger Sephardim in die Hansestadt übersiedeln ließ. Jedoch wäre es ein Irrtum zu glauben, daß an diesem Wohlstand die ganze Gemeinde teilnahm. Man braucht nur eine Liste der Gemeindeabgaben aus diesen Jahren durchzusehen, um festzustellen, daß die Hälfte der dort genannten Portugiesen nur mit kleinen Beträgen aufgeführt ist. Man findet zwar den reichen Abraham Senior Teixeira mit einer Abgabe von 600 Mark, aber den Doutor (Doktor) Yzaque Pereira mit nur vier Mark und weitere wie Gabriel Luria, David de Oliveyra oder Abraham de Campos mit je einer Mark[56] – ein Zeichen, daß sich Mitte des 17. Jahrhunderts bereits starke soziale Unterschiede bei den Hamburger Sephardim gebildet hatten. Man muß allerdings dabei berücksichtigen, daß es unter ihnen eine Anzahl von Arbeitern und Handwerkern gab, die Berufe wie Schlachter für das rituelle Fleisch, Bäcker, Barbier, Koch, Tabakspinner, Hausangestellte, Goldschmied (»*Ourives*«), Küster (»*Samas*«) oder Steinschneider (»*Lapidaryo*«) ausübten.[57]

Bedeutend für die Hansestadt waren vor allem die wohlhabenden Portugiesen, die sich dem Warenhandel und dem Geldgeschäft widmeten. Ein sehr angesehener Beruf war der des Maklers, für den sowohl ihre Sprachkenntnisse als auch ihre ausländischen oft familiären Beziehungen von großem Nutzen waren und deren Nutzung ihnen ermöglichte, sich im Im- und Exporthandel zu betätigen. Öfters findet man sie als Faktoren iberischer Kaufleute. Ihr Einfluß bei den spanischen Behörden scheint so groß gewesen zu sein, daß sie beim Hamburger Senat mit Repressalien gegen die Kaufleute der Hansestadt drohen konnten, um gewisse, ihnen verbürgte Rechte durchzusetzen. Obwohl die Anzahl dieser portugiesischen Makler gesetzlich festgelegt war, konnte sie von ursprünglich 4 auf 16 im Jahr 1653 und 1692 bereits auf 20 Portugiesen bei nur 100 christlichen Maklern ansteigen, ein Prozentsatz, der bei den Sephardim in Amsterdam in diesen Jahren nicht erreicht wurde.[58]

Der Zuckerimport andererseits, an dem sie in der ersten Hälfte des 17. Jahrhundert maßgeblich beteiligt waren, bedeutete gleichzeitig die Begründung einiger Unternehmen,

Historischer Überblick

die sich mit ihrer Verarbeitung wie Zuckerraffinade oder -siederei[59] beschäftigte, und sowohl in Hamburg wie im dänischen Glückstadt eingerichtet wurden. Wir finden unter den Portugiesen auch einige Zuckerbäcker, so zwischen 1604 und 1611 einen Hinrich (Henricke) Nunes, einen »*Konfeckmacher*«, der sich »*mit sin frowe und 3 kinder*« in Hamburg niedergelassen hatte.[60]

Wie beliebt der feine Zucker und die Süßwaren bei den für die Hamburger Portugiesen einflußreichen Behörden waren, ersieht man aus dem ersten Protokollbuch der Gemeinde, in dem die recht häufigen Geschenke an diese verzeichnet sind. So berichtet das Protokoll vom 15. Elul 5413 (1653),[61] daß man beschlossen habe, dem Senator von Holten Senior »*im Namen der Gemeinde 24 Pfund weissen Zucker zu überreichen*«. Auch bei anderen Anlässen, vor allem um sich den Beistand oder die Hilfe von einflußreichen Persönlichkeiten zu sichern, wurden Süßigkeiten verschenkt. So wurde nach den Angriffen der Bevölkerung anläßlich der Beerdigung des Abraham Senior Teixeira beschlossen, dem Stadt-Kommandanten »*im Namen der Gemeinde 12 Stück vom besten Kandis-Zucker [...] nebst 40 Pfund vom besten weissen Puderzucker als Geschenk zu übersenden [...] als Dank dass er dafür Sorge trug, seine Soldaten zu schicken, um den Pöbel zur Ruhe zu bringen*«.

Bürgermeister Moller, dem man ebenfalls eine Supplik wegen dieser Angelegenheit übergab, ersuchte seinerseits den Vertreter der Portugiesen, daß man ihm »*für seine Rechnung*« vier Dosen Schokolade besorgen sollte. Diese wurden ihm allerdings »*als Geschenk*« überreicht.[62] Jahre später waren diese Süßwaren als Geschenk nicht mehr so gefragt. So erhielt Bürgermeister Jarre im Jahr 1666 als »Ehrengabe« einen Portugaleser von den Deputierten, »*da er in einigen die Gemeinde betreffenden Angelegenheiten sich dieser gewogen gezeigt hatte*«.[63]

Im September 1669 versuchte der Vorstand den amtierenden Bürgermeister für den Neubau einer Synagoge zu gewinnen. Da er wußte, daß die Geistlichkeit diesen unter keinen Umständen genehmigen würde, überreichte man ihm eine kunstvoll gearbeitete, mit Konfekt gefüllte Schale, deren Wert auf fast 300 Mark angesetzt wurde. Man ließ ihn außerdem wissen, daß dies »*nichts weiter als eine kleine Aufmerksamkeit und nicht etwa als Entgelt für die gemachte Zusage*« zu betrachten sei.[64] Diese konnte trotzdem nicht erreicht werden, denn als Antwort erhielt man nur den Bescheid: »*Wir sollen unsere Angelegenheit vorläufig ruhen lassen*«. Zu dieser Antwort vermerkt anschließend der amtierende Sekretär im Protokollbuch: »*Möge Gott uns beistehen!*«.

Diese und weitere wichtige Hinweise über das Gemeindewesen der Hamburger Portugiesen verdanken wir den wenigen Dokumenten, die bei dem Großen Brand 1842 aus der portugiesischen Synagoge gerettet werden konnten. Unter ihnen sind die beiden ältesten Protokollbücher[65] der Gemeinde »Bet Israel«,[66] von denen nur das erste (1652–1672) von Isaac Cassuto, einem Sohn des aus Amsterdam berufenen Vorbeters Jehuda Cassuto, zwischen 1897 und 1918 übersetzt und teilweise als Zusammenfassung veröffentlicht wurde.[67] Der Text ist mit Ausnahme des Jahres 1669/70, in dem es in Spanisch geführt wurde, in Portugiesisch abgefaßt[68] und gibt sogar sprachliche Hinweise auf den Zuzug holländischer Sephardim.[69]

Obwohl dieses erste Protokollbuch nur über eine Zeitspanne von kaum zwei Jahrzehnten Auskunft gibt, ermöglicht es uns nicht nur über die Gemeindeorganisation Einzelheiten zu erfahren. Es verzeichnet auch die ständigen Konflikte mit der christlichen Umwelt, erwähnt die Versuche, eine Synagoge zu bauen, die Berufe sowie ihre internen Gerichtsentscheide, denen sich alle Gemeindemitglieder unterwerfen mußten. Bereits am Anfang des Protokollbuches findet sich der Beschluß, daß neben der neugegründeten Einheitsgemeinde »Bet Israel« keine weitere entstehen dürfte und daß ihr Vorstand (Mahamad) *»unumschränkte Macht und volle Befugnis habe, um in allem das zu tun, zu bestimmen und anzuordnen, was nach ihrem Ermessen zur Förderung unseres heiligen Gemeindewesens und zu unserer Erhaltung das Zweckmässigste ist«.*[70]

So wurde bestimmt, wo gebetet werden durfte; der Mahamad stellte die dazu nötigen Rabbiner (Chachamin) und weitere für den Gottesdienst notwendige Personen sowie die Lehrkräfte für das religiöse Unterrichtsinstitut »Talmud-Tora« und den rituellen Schlachter an; er ernannte alle Personen, die mit der Gemeindeverwaltung, für die Wohltätigkeit, den Unterhalt des Friedhofes und die Beerdigungen zuständig waren.

Außerdem betraf seine Verantwortung das Betragen der Gemeindemitglieder. Wegen Schlägereien,[71] persönlichen Beschuldigungen, Denunzierung[72] oder schlechtem Lebenswandel[73] mußten die Betroffenen bestraft, in einigen Fällen ausgewiesen[74] oder sogar mit dem Bann belegt werden.[75]

Der Vorstand hatte ebenfalls dafür zu sorgen, daß Sitten, Gebräuche und Betragen der Hamburger Sephardim nicht zu Klagen des Senats oder zu Auschreitungen der Bevölkerung Anlaß gab. Daher wurden auch sogenannte »anstössige« Bücher, wie die des Amsterdamer Marranen-Dichters Manuel (Jacob) de Pina nicht nur eingezogen, sondern später auch verbrannt.[76] Bei einem anderen Text, »Dem Ende der Tage« (Fin de los días) des Gelehrten Mose Gideon Abudiente, mußte dieser zwar alle Exemplare seines Buches abliefern, durfte aber das Manuskript behalten. Der Vorstand beschloß, daß die Bücher alsdann verpackt und versiegelt im Kassenschrank der Gemeinde aufbewahrt werden sollten *»bis zu der Zeit, die wir erhoffen und welche Gott bald herannahen lasse! Dann werden wir sie ihm ausliefern«.*[77] In diesem Fall handelte es sich allerdings um ein Buch, das vor allem von christlichen Theologen beanstandet wurde. Daher beschloß man in der gleichen Sitzung, daß ohne vorherige Genehmigung kein Buch mehr in Hamburg gedruckt werden dürfe.

Auffallende, »anstössige« Mode wurde ebenfalls beanstandet,[78] Masken und Straßenumzüge waren untersagt,[79] große, luxuriöse Hochzeiten[80] und sogar das Schlittenfahren wurden nur mit Vorbehalt genehmigt,[81] um bei der christlichen Bevölkerung so wenig wie möglich aufzufallen.

Die ständige Angst vor Angriffen und Ausschreitungen der Volksmassen, die die Stadtprediger seit Jahren von den Kanzeln aufgehetzt hatten, spiegeln sich ebenfalls in den Gemeinde-Protokollen wider.[82] Schon aus diesem Grund hatten die Hamburger Portugiesen vorsorglich das um 1622 vom dänischen König Christian IV. angebotene Privileg, sich in Glückstadt niederzulassen, angenommen. Diese Stadt an der Niederelbe sollte dem Hamburger Handel Konkurrenz machen. Zu diesem Zweck wurden die Vertreter der »Portugiesischen Nation« in Amsterdam und Hamburg aufgefordert, dort Handel und Industrie aufzubauen. Privilegien bezüglich Religionsfreiheit, dem Besitz von Häusern, dem Bau von Synagoge und Schule sollten sie dazu verlocken. Ferner erhielten sie zwei Morgen Land für ihren Friedhof und die Erlaubnis, hebräische Bücher zu drucken.

So bekam zunächst Alvaro Dines im Jahr 1619 einen Schutzbrief, ebenso sein Schwager Ditrichsen-Dinis und bald darauf errichtete der Hamburger Portugiese Gonsalvo Lopes Coutinho eine Zuckerraffinerie, eine Ölmühle und eine Seifenfabrik. Die große Flut des Jahres 1625 und vor allem der lang andauernde dänisch-schwedische Krieg vereitelten jedoch den Versuch, eine größere Anzahl von Sephardim in Glückstadt anzusiedeln.[83] Daher sahen sich die Hamburger Portugiesen genötigt, für alle Kosten zur Erhaltung der dortigen Synagoge und die Gehälter der Gemeindeangestellten aufzukommen, *»damit jene*

Historischer Überblick

Gemeinde stets aufrecht erhalten bleibe, um, falls Umstände eintreten sollten, die Gott verhüten möge, als Zufluchtsstätte dienen zu können«.[84]

Als zwei Jahre später *»die Anzahl der Einwohner von unserer Nation in Glückstadt mit jedem Tage geringer wurde, so daß es den Anschein hat, als ob nicht ein einziger, der sich Portugiese nennt, dort übrig bleiben wird und [um] die den Angehörigen unserer Nation zustehenden Privilegien aufrecht zu erhalten,«* wählte man den dort ansässigen Vorbeter Daniel Jesurun, um: *»1.) Für die Synagoge Sorge zu tragen und sie täglich zu öffnen; 2.) Jeden Tag auch wenn er allein sein sollte, daselbst zu beten; 3.) An den Sephertagen*[85] *soll er selber zum Sepher rufen ohne dazu eines Dritten zu bedürfen«.*[86]

Damit glaubte man in Hamburg den regierenden Behörden in Glückstadt zu beweisen, daß es noch eine jüdische Gemeinschaft in der Stadt gab, um damit den dortigen Portugiesen weiter ihre Privilegien zu sichern.

Die Unsicherheit, in der die Hamburger Sephardim trotz allem materiellen Wohlstand lebten, sowie das Verbot des Synagogenbaus und öffentlicher Gottesdienste waren Anlaß genug, den Ruf des neuen, angekündigten Messias Sabbatai Zwi freudig aufzunehmen. Not und Verfolgung der Juden in Osteuropa sowie die mystische Hoffnung auf eine nahe Erlösung (im »messianischen« Jahr 1666) verbreitete die Bewegung des Sabbatismus über ganz Europa. *»Dank dem Herrn der Welt für die bestätigte Nachricht daß Er uns einen Profeten und einen gesalbten König in dem Chacham Robi Sabatay Seby gegeben habe, um Sein Volk aus dem Exil zu erlösen«*[87] verzeichnet der Gemeindevorstand im Protokollbuch.

Die Nachricht seiner baldigen Ankunft scheint in Hamburg durch ein Flugblatt bekannt geworden zu sein und schon fürchtete man Ausschreitungen der Volksmassen. Daher versuchte man beim Senat zu erreichen, weitere Veröffentlichungen über seine Ankunft zu unterbinden.[88] Auch wurde beschlossen, Gesandte nach Konstantinopel zu schicken, *»um unseren König Sabetay Seby die schuldige Huldigung darzubringen«*[89] – ein Plan, den man nachher wieder aufgab, da man befürchtete, daß die Zeit nicht ausreichen würde, um ihm nach Jerusalem nachzureisen. Während des Gottesdienstes wurde von *»8 Herren der von ihnen eingeübte Tanz zur Erhöhung der Festesfreude aufgeführt«.*[90] Die Zeitgenossin Glückel von Hameln schreibt dazu in ihren autobiographischen »Denkwürdigkeiten«:[91]

»Die portugiesischen jungen Gesellen haben sich allemal ihre besten Kleider angetan und sich grüne, breite Seidenbänder umgebunden – das war die Livrei von Sabbatai Zewi. So sind sie alle mit Pauken und Reigentänzen in ihre Synagoge gegangen. Manche haben Haus und Hof und alle Ihrige verkauft, da sie hofften jeden Tag erlöst zu werden«.

In Hamburg hatte der angesagte Messias allerdings einen großen Gegner in der Person des Chacham Jacob Sasportas, der wegen der in London grassierenden Pest seinen Rabbinerposten dort verlassen hatte, um sich für einige Jahre in der Hansestadt niederzulassen.[92] Bereits nach einigen Monaten tauchten zum ersten Mal Zweifel über das Wirken des angekündigten Messias auf, die aber sogleich vom Gemeindevorstand untersagt wurden.[93] Trotzdem mußten sich die Hamburger Sephardim bald davon überzeugen, daß ihre Hoffnung auf eine Rückkehr nach Jerusalem nicht erfüllt werden sollte und daß

»in Anbetracht des Nachteils, der unserer Ruhe, unserem Judentum und unserer Verwaltung aus dem hiesigen Aufenthalt des Bösewichts und Betrügers Rephael Sabetay erwachsen kann, welcher von Amsterdam hierher gekommen ist, von wo er, da er sich den Titel eines Propheten angemasst hatte, mit Hülfe der Gerichtsbehörden fortgeschafft worden war«. Gleichzeitig wurde angeordnet, daß es jedem Gemeindemitglied bei Strafe des Bannes untersagt sei, mit jenem *»Bösewicht«* zu sprechen.[94]

Diese große Enttäuschung verunsicherte die Lage der Hamburger Portugiesen um so mehr, als sich zu dieser Zeit noch weitere Ereignisse zutrugen, die ihren Aufenthalt in der Hansestadt erschweren sollten.

Nur wenige Monate vor der Entlarvung des falschen Messias verstarb das bedeutendste Mitglied ihrer Gemeinschaft, Diego Teixeira, der berühmte »*reiche Jude*«, wie man im Volksmund den alten Teixeira benannte. Was sich am Tag seines Begräbnisses auf der Straße abspielte, war schon ein böses Omen für die Zukunft. Das Protokollbuch registriert:

»*Fast alle das Gefolge bildende Mitglieder* [der Gemeinde] *wurden sowohl auf dem Weg nach dem Begräbnisplatz wie auf dem Heimwege vom Pöbel misshandelt und beschimpft. Man öffnete gewaltsam die Wagen und bewarf die darin befindlichen Personen gegen allen Respekt mit Schneebällen und Schmutz*«,[95]

auch seinen ebenso angesehenen Sohn Manuel. Der verstorbene Diego Teixeira de Sampayo, Sohn des portugiesischen Adligen Francisco de Melo und der Antonia de Silva Teixeira, 1581 in Lissabon geboren, siedelte sich 1646 in Hamburg an und bekehrte sich dort ein Jahr später zusammen mit seinen Söhnen zum Judentum. Bereits 1656 galten die Teixeiras als die wohlhabendsten und einflußreichsten Portugiesen der Stadt. Als Hofbankier der Königin Christine von Schweden, die ihn zu ihrem Residenten in Hamburg ernannt hatte, war es ihm sogar möglich, einen gegen ihn angestrengten Prozeß des kaiserlichen Hofes ständig zu verzögern – allerdings mit Hilfe des Hamburger Senats, der befürchtete, daß sein geplanter Umzug nach dem toleranteren Amsterdam der Wirtschaft der Hansestadt sehr schaden könnte. Sein vornehmer Lebensstil wurde auch von der christlichen Umwelt hervorgehoben. So schreibt der bekannte Gelehrte und Prediger Balthasar Schuppius, daß er einmal einer »*schönen, mit Sammet gefütterten Kutsche*« begegnete.

»*Neben der Kutschen lieff ein Diener in Liverey gekleidet. Und als der kutscher still hielte/ machte der Diener/ welcher/ ich höre/ ein Christ gewesen/ nach tiefer Reverenz die Kutschen auf/ und hob einen alten Mann heraus/ welcher einen langen seydenen Talar anhatte./Ich dachte, es müsse entweder der Bischoff/ oder ein abgelebter Fürst oder Graf seyn./Ich zohe meinen Huth ab so tieff/ als wenn es der Churfürst von Sachsen wäre/ und sagte zu einer Frauen/ wer ist doch der Herr?/ Die ehrliche fromme Frau antwortete mit lachendem Munde: Er ist ein Jude/ allein er wird genennet der reiche Jude./ Ich könte/ mich nicht genug darüber verwundern*«.[96]

Diego Teixeira, als Jude unter dem Namen Abraham Senior Teixeira bekannt, konnte der Gemeinde durch seinen Einfluß beim Hamburger Senat sehr nützlich sein und unterstützte diese auch finanziell, vor allem durch Spenden für den geplanten Synagogenbau. Sein Sohn Manuel (Ishack Senior) Teixeira betätigte sich ebenfalls im väterlichen Geschäft, und »*wohnte in einem fürtrefflichen Pallast, grosse Herren gaben ihm Visiten und spielten mit ihm*«.[97]

Auch er erfreute sich bei der Königin Christine von Schweden einer besonderen Vertrauensstellung als Bankier und Berater in ihren finanziellen Angelegenheiten. Bei einem Aufenthalt in Hamburg wohnte sie in seiner Residenz – so wie bereits vorher bei seinem Vater Diego. Dort kam es auch im Jahr 1667 zu dem bekannten Volksaufstand, als die zum katholischen Glauben übergetretene Königin dessen Haus mit einer glänzenden Illumination zu Ehren des neugewählten Papstes erleuchten ließ.[98] Als königlichem Residenten wurden Manuel Teixeira die gleichen Ehrenbezeugungen zuteil, wie den in Hamburg wohnenden christlichen Residenten. So berichtet sein Zeitgenosse Johann Jacob Schudt: »*Fuhr er über den grossen Neuen Marckt/ so stunde ihm die gantze Haupt-Wache im Gewehr!*«, ganz unverständlich für den Chronisten, denn, so kommentiert er: »*Wie*

Böhm
Die Sephardim
in Hamburg

Historischer
Überblick

herrlich die Portugiesischen Juden daselbst leben, sieht man mit Verwunderung«.[99] Ebenso wie schon vorher von seinem Vater, erhielt die Hamburger Portugiesen-Gemeinde auch von Ishack Senior Teixeira größere Beträge zum Ankauf von Häusern, die später als Synagoge benutzt werden sollten. Trotz aller Versuche, ein geeignetes Haus dafür herzurichten, mußte die Gemeinde sich noch um 1660 mit ihrer kleinen, sogenannten »*Hauptsynagoge*« am »*Dreckwall*« begnügen.[100] Ein Versuch, ein gekauftes Haus als Synagoge einzurichten, wurde durch den Widerstand der Nachbarn vereitelt, so daß man acht Jahre später beschloß, auf »*einem am Fluss liegenden Streifen Grund*«[101] ein Bethaus zu bauen. Obwohl fast alle Gemeindemitglieder für den Neubau dieses »*Gotteshauses*« (Caza de Oracâo) eintraten, war zumindest Ishack Senior Teixeira überzeugt, daß man bei diesem Bau mit großem Widerstand und sogar Unruhen rechnen müsse.[102]

Nach Unterredungen, die Teixeira sowohl mit dem Bürgermeister als auch dem Syndikus hatte, wurde der Bau genehmigt, allerdings unter der Bezeichnung »*Versammlungsort*«.[103] So konnte nun endlich eine Synagoge an einem Kanal errichtet werden,[104] die jedoch hinter einem Wohnhaus am »*Alten Wall*« gelegen war[105] und die noch bis Anfang der 30er Jahre des 19. Jahrhunderts im Gebrauch geblieben sein soll.[106] Um dieses Haus zu vergrößern, wurde dann noch auf Teixeiras Namen ein an diese Synagoge grenzendes Zusatzgelände angekauft und man versuchte, Anfang November 1672 im geheimen so schnell wie möglich ein an der Straße stehendes Gotteshaus zu bauen. Aber schon am 11. des Monats verlangte Pastor Gesius von St. Nikolai in einer Präsentation an den Senat und die Oberalten, daß dem Neubau dieser »*Satansschule*« Einhalt getan werden sollte.[107] Mit seinen Predigten wiegelte er das Volk gegen die Obrigkeit auf, so daß der Senat es nötig fand, in der Straße patrouillieren zu lassen und sich bald darauf gezwungen sah, Mitte Januar das halbfertige Haus abzubrechen. »*Herr Jesu, dir sei von uns Lob und Dank gesagt, dass du die Herzen unserer lieben Obrigkeit dahin gelenkt hast, daß sie diese Abgötterei abgethan*«[108] konnte danach der Senior in sein Protokoll eintragen.

Zu der Enttäuschung, daß ihr Lieblingswunsch, der Bau einer Synagoge, nicht durchführbar war, gesellte sich in diesen Jahren noch der Verlust angesehener Persönlichkeiten, die das geistige Gepräge der Gemeinde mitbestimmt hatten. So war der bedeutende Arzt und Astronom Jacob Rosales, bekannter unter dem Namen Manuel Bocarro Francês und noch bei der Gründung der Gemeinde »Bet Israel« in der Komission für die Neuordnung zuständig, bereits um 1662 verstorben;[109] ebenso die gelehrten Ärzte Benjamin Mussaphia und Benedict Nehemias sowie der Dichter Joseph Francês und der Grammatiker Moses Gideon Abudiente. Der bekannte Chacham Jacob Sasportas hatte während der 70er Jahre Hamburg verlassen. Verstorben waren auch bedeutende Gelehrte und Rabbiner wie Abraham da Fonseca, David Cohen de Lara und Abraham Cohen Pimentel, der 1691 auf dem Friedhof in Altona seine letzte Ruhe fand.

Zu diesen Verlusten gesellten sich noch weitere Unannehmlichkeiten, die für die Zukunft und das Weiterbestehen der Gemeinde »Bet Israel« schwerwiegende Folgen haben sollten.

Nach heftigen Debatten, die Senat und Bürgerschaft über die Vermögenssteuer führten, verlangte man im Jahr 1697, daß den Portugiesen eine Sonderabgabe von 20.000 Mark auferlegt werden sollte sowie eine jährliche Zahlung von 6.000 Mark für ihre Residenz. Außerdem wurde ihr Gottesdienst scharfen Einschränkungen unterworfen und andere Rechte durch neue »Revidirte Articuli« erheblich reduziert.[110]

Diese neuen Bestimmungen waren Anlaß, daß ein Teil der reichen und angesehenen Sephardim über Altona und Ottensen nach Amsterdam abwanderte, darunter Mitglieder

der Familien Teixeira, Nunes, Henriques, Soares und Bravo. Der Kapitalschwund, den die Hamburger Börse dadurch erlitt, war gewaltig und es dauerte viele Jahre, bis sie sich von diesem Krach wieder erholte.[111]

Innerhalb der Gemeinde »Bet Israel« kam es in diesen Jahren auch zu Streitigkeiten[112] zwischen verschiedenen einflußreichen Familien, die nicht nur Prozesse und Verfeindungen zur Folge hatten, sondern außerdem noch eine Spaltung der Gemeinde provozierten, als der polnische Ministerresident Jacob Abensur zusammen mit Angehörigen anderer Portugiesen in seinem Haus einen eigenen Gottesdienst abhielt. So mußte 1703 der Senat einschreiten und strengen »*Respect vor den Älteren*« anbefehlen.[113]

Erst im Jahr 1710 konnte dann eine kaiserliche Komission in einem von ihr ausgearbeiteten »Reglement der Judenschafft in Hamburg« den rechtlichen Rahmen für Leben und Anwesenheit der Portugiesen bestimmen.

Eine weitere Abwanderung nach dem toleranten, dänischen Altona verkleinerte nochmals die Gemeinde »Bet Israel«, die sich von diesen großen finanziellen und geistigen Verlusten nicht mehr erholen sollte. Bedeutung und Einfluß nahmen im 18. Jahrhundert immer mehr ab. Die finanziellen Auswirkungen lassen sich auch aus den Abgaben für den Fremdenschoß ersehen. Zahlte noch Ende des 17. Jahrhunderts allein die Teixeira-Gruppe 4.060 Mark, konnten im Jahr 1732 27 Haushaltungen nur 372 Mark aufbringen.[114]

Selbst Zugeständnisse des Senats, so eine Erhöhung der Anzahl der beeidigten portugiesischen Makler, konnten ihre wirtschaftliche Lage nicht verbessern, und so manchem muß es finanziell recht schlecht ergangen sein, wie der Fall des Juan d'Acosta beweist, der als Makler in Hamburg Pleite machte. Durch Vermittlung des russischen Residenten übersiedelte er im Jahr 1714 nach St. Petersburg, wo er seine Tage als Hofnarr Peters des Großen und der Zarin Anna beendigte.[115]

Über das Leben der Sephardim in Hamburg im 18. Jahrhundert haben wir nur spärliche Unterlagen. Protokollbücher und andere wichtige Dokumente, die sich mit dem Zeitraum von 1682 bis 1794 befassen, wurden beim Großen Brand 1842 ein Raub der Flammen. Aus den sonst noch erhaltenen Unterlagen ist ersichtlich, daß im Jahr 1732 ein Verzeichnis aller jüdischen »Schulen« (Synagogen) in Hamburg angelegt wurde, darunter ist die am »Dreckwall« bestehende große »*portugiesische Synagoge, welche hinter Musaphia und lange Jahre gewesen*«.[116] Diese wird auch vom protestantischen Theologen Johann Bodenschatz beschrieben: »*In Deutschland trifft man ziemlich schöne und grosse Synagogen, sonderlich in Hamburg, aber nur bey den Portugiesen*«.[117]

Auch im 18. Jahrhundert hörten die Streitigkeiten unter den Mitgliedern von »Bet Israel« über verschiedene religiöse Bestimmungen nicht auf. So mußte man aus Amsterdam den Vorbeter Jacob Cohen Belinfante im Jahr 1746 nach Hamburg berufen, um die Kultstreitigkeiten zu schlichten.[118]

Ein kleiner Druck, der 1756 in Hamburg erschien, dessen Herausgeber, Chacham Jacob de Bassan, eine Sammlung von Gebeten in spanischer Übersetzung anläßlich des großen Erdbebens in Lissabon in der portugiesischen Synagoge vorlesen ließ,[119] weist darauf hin, daß noch Mitte des 18. Jahrhunderts einige Hamburger Sephardim Beziehungen zu ihren in Portugal lebenden Familienangehörigen unterhielten.[120]

Auch das 19. Jahrhundert brachte keine Verbesserung der wirtschaftlichen Lage der Hamburger Sephardim. Die Anzahl ihrer Gemeindemitglieder war schon Anfang des Jahrhunderts auf 200 Seelen zurückgegangen. Laut einer im Jahr 1812 gedruckten »Erneute[n] Kirchen und Gemeinde-Verfassung« besaß die Gemeinde nur noch ein unbedeutendes Vermögen, das nicht einmal ausreichte, ihre Armen mit Proviant zu

Historischer
Überblick

versehen, als die Franzosen 1814 die Hansestadt besetzten. Bei dieser Gelegenheit befahl der General Davout, alle Einwohner ausweisen zu lassen, die dafür keine Mittel besaßen, so daß die Gemeinde Häuser und Wertsachen verkaufen mußte, um ihre bedürftigen Mitglieder vor einer Ausweisung zu schützen.[121]

Um 1827 war die Gemeinde schon so verarmt, daß sie, um ein Defizit zu decken, eine Anleihe aufnehmen mußte und sich nach weiteren Zahlungsschwierigkeiten im Jahr 1833 gezwungen sah, ihre Synagoge im Alten Wall ebenso wie sonstigen Grundbesitz zu verkaufen. Dank einer Kollekte, die der damalige Chasan Jehuda Cassuto in Amsterdam und London durchführte, und den der Gemeinde noch übriggebliebenen Geldern konnte dann eine neue Synagoge, unmittelbar neben der vorherigen gelegen, auf dem Alten Wall errichtet werden. Sie wurde am 12. Juni 1834 eingeweiht, aber schon acht Jahre später wurde dieser Neubau beim Großen Brand von 1842 mit ihrem wertvollen Archiv, Toraschmuck, Mobiliar und Gebetbüchern ein Raub der Flammen.[122] So gab es in den folgenden Jahren nur noch die portugiesische Synagoge in Altona, die im Jahr 1771 im Beisein des Magistrats eingeweiht worden war, aber ein Jahrhundert danach, 1882, mangels Gläubiger geschlossen wurde. Die in Altona bestehende Portugiesen-Gemeinde wurde 1887 förmlich aufgelöst.[123]

Ein neuer und letzter Bau einer Synagoge der Sephardim in Hamburg konnte erst am 9. August 1855 eingeweiht werden. Dazu mußte nicht nur der Senat eine Beihilfe von 6.000 Mark geben. Man wandte sich auch an alle bedeutenden portugiesischen Gemeinden der Welt, um diesen Neubau in der 2. Marktstraße (spätere Markusstraße) zu finanzieren.[124]

Den Mitgliedern der »Portugiesisch-Jüdischen Gemeinde« waren inzwischen durch die Emanzipationsverordnung von 1849 und durch eine weitere Ergänzung derselben im Jahre 1864 volle bürgerliche Rechte zugestanden worden.[125] Damit wurde die Zuständigkeit der jüdischen Gemeinden in Hamburg auf den Kultus beschränkt. Infolgedessen mußten die Statuten der Gemeinde abgeändert werden. Eine Neufassung, die ab Juni 1867 in Kraft trat, blieb bis 1907 in Gebrauch und bestand wenig verändert weiter.[126]

Verständlicherweise wurde dabei die »*Aufrechterhaltung des Gottesdienstes nach Portugiesisch-Jüdischen Ritus*«, sowie Pflege des Friedhofs, die Führung eines Gemeinderegisters und die Unterstützung der Bedürftigen in den Vordergrund gestellt. Auch hatte die Unkenntnis der portugiesischen und spanischen Sprache die Gemeinde in diesen Jahren gezwungen, diese nicht mehr in ihren Akten oder im Synagogendienst zu benutzen. Die 1872 auf nur noch 275 Mitglieder zusammengeschrumpfte Gemeinde zeigte bereits eine betonte Einordnung in ihre christlich-deutsche Umwelt,[127] ohne jedoch ihre streng orthodoxe Orientierung abzulegen.

Im 20. Jahrhundert und vor allem in den Jahren des Ersten Weltkrieges zeigten die Hamburger Sephardim sowohl in der Synagoge als auch in den Gemeindeprotokollen ihre patriotisch-deutsche Einstellung: »*heutzutage reden und denken wir deutsch, als treue Bürger unseres grossen deutschen Vaterlandes, für dessen Ehre und zu deren Verteidigung so viele unserer jüngeren Glaubensgenossen ihr Leben auf den Schlachtfeldern geopfert haben*«, vermerkt Isaac Cassuto im September 1918 in seinem Vorwort zum letzten noch von ihm herausgegebenen Abschnitt des ältesten Protokollbuchs seiner Gemeinde.[128]

In den Nachkriegsjahren verzeichnete die Gemeinde einen weiteren Rückgang ihrer Mitgliederzahl, die um 1927 nur noch 150 Erwachsene betrug. Finanziell hatte sich ihre Lage infolge der Inflationsjahre so verschlechtert, daß sie auf eine Feier aus Anlaß ihres 275jährigen Jubiläums im gleichen Jahr verzichten mußte. Nur eine von Alfonso Cassuto verfaßte »Gedenkschrift« wurde in 300 Exemplaren gedruckt, deren Herausgabe noch ein unangenehmes Nachspiel innerhalb des Vorstandes der Gemeinde als Folge hatte.[129] Auch die Anstellung eines Chacham war für die Sephardim finanziell nicht mehr tragbar. Daher wurde beschlossen, dem Oberrabbiner der Deutsch-Israelitischen Gemeinde in Hamburg diesen Posten zu übertragen. So wurde im Jahr 1936 als ihr letzter Chacham Dr. Joseph Carlebach in der ein Jahr vorher eingeweihten neuen Synagoge in der Innocentiastraße feierlich eingeführt.[130] Im Frühjahr 1935 hatte man den Umbau einer gemieteten Villa beendet, da man, infolge der Abwanderung der Gemeindemitglieder aus der Neustadt, die Synagoge in der Markusstraße an die Deutsch-Israelitische Gemeinde vermietet hatte.[131]

Die Einweihung dieser Synagoge war wohl das letzte freudige Ereignis in der Gemeinde »Bet Israel«. An ihr nahm auch der Chacham Dr. S. Rodrigues Pereira von der Portugiesischen Gemeinde im Haag teil, eine Gelegenheit, bei der »*zum erstenmal wieder seit längerer Zeit ein einer portugiesischen Gemeinde angehöriger Chacham auf der Kanzel der Hamburger Portugiesischen Gemeinde erschien*«.[132]

Die Verbundenheit der Hamburger Sephardim zu den holländischen Portugiesen-Gemeinden sollte aber nicht nur im religiösen und kulturellen Bereich bis in die letzten Jahre ihres Bestehens zum Ausdruck kommen, sondern auch in ihren Bittgesuchen, um ihre Auswanderung aus Deutschland zu beschleunigen. Dabei wurde sogar die Möglichkeit erwogen, sich in einer holländischen oder englischen Kolonie in Südamerika anzusiedeln, die aber durch den Widerstand der dortigen Behörden scheiterte.[133]

Zu denen, die Hamburg noch rechtzeitig verlassen konnten, gehörte auch eine kleine Zahl von Sephardim, die wie David Sealtiel bereits in den zwanziger Jahren nach Palästina ausgewandert waren. Dort hebräisierte er seinen Namen auf Shaltiel und kommandierte im Unabhängigkeitskrieg 1948 die Einheit des israelischen Heeres, die Jerusalem verteidigte.[134] Sein Bruder Joseph, einer der letzten Vorsteher der Gemeinde, konnte sich dagegen nicht mehr retten und wurde mit seiner Familie 1945 in Dachau ermordet.[135]

Über die nach 1945 nach Hamburg zurückgekehrten Sephardim gibt es keine Unterlagen. Ein altes Mitglied der ehemaligen Portugiesisch-Jüdischen Gemeinde, Isaac Andrade, verstarb Anfang Dezember 1946 in seiner ehemaligen Heimatstadt.[136] Von einem weiteren, Dr. Herbert Pardo, Vorsitzender zwischen 1927 – 1930, ist bekannt, daß er im Dezember 1947 als Justitiar der wiederentstandenen jüdischen Gemeinde in Hamburg berufen wurde.[137]

Die Geschichte der Sephardim in der Hansestadt hatte aber bereits vorher mit der Auflösung der Gemeinde und der Deportation nach den Vernichtungslagern ihr endgültiges Ende gefunden.

Anmerkungen

1 Die jüdische Welt kannte sie als »Anusim« (Gezwungene); die Spanier als »cristianos nuevos«; in Portugal als »cristãos novos«. Der Ausdruck »marrano«, wohl abzuleiten aus dem spanischen Wort für Schwein, ist kaum im iberischen Raum in dieser Zeitspanne angewandt worden und wurde erst später in Italien und anderen europäischen Ländern als Schimpfwort für getaufte Juden verwendet, Révah 1959/60, S. 29 – 77; Lewin, Los Marranos.

2 Reils 1847, S. 158. Stephan Gerlach: Stephan Gerlachs des Aelteren Tagebuch, Frankfurt 1674.

3 Cassuto 1930, S. 287, wiederholt diesen Bericht, der auch in neueren Abhandlungen über die Sephardim in Hamburg wieder auftaucht.

4 Bereits um 1584 lebte ein Portugiese, Heinrich Antonius, und im Jahr 1590 ein weiterer, Ayres Gonsalves, in Hamburg. Ob es sich in diesen Fällen um »Neu-Christen« handelt, ist nicht festzustellen, vgl. Kellenbenz 1958, S. 28, 200.

5 Kellenbenz 1958, S. 326.

Historischer Überblick

6 Seine Abhandlung über die Pest: »Tractatus brevis de Natura et Causis Pestis, quae hoc anno 1596 Hamburgensem Civitatem afflixit« wurde in Hamburg 1594 bei Jacob Lucius jr. gedruckt.

7 Aus Antwerpen, Amsterdam und Italien. So ist der Einfluß der Einwanderer aus Livorno im synagogalen Ritus der Hamburger Portugiesen nachzuweisen. Diese Gemeinde ist aber keinesfalls als Tochter-, sondern als Schwestergemeinde von der Amsterdamer zu betrachten.

8 Resolutio Civium, vom 9. Dezember 1603, zitiert nach Feilchenfeld 1898, S. 3.

9 Resolutio Civium, vom 4. März 1604. Diese Erwähnung zeigt eindeutig, daß diese Sephardim sich in Portugal und nicht, wie früher angenommen, über Amsterdam nach Hamburg einschifften. So auch ein Aktenstück des Senats von 1611: »Etliche vornehme portugiesische Kaufleute haben sich anhero aus Portugal cum familia begeben; der Rath war der Meinung, daß sie katholische Christen sein, erst nach geraumer Zeit hat er erfahren, daß sie der jüdischen Superstition zugethan«, Feilchenfeld 1898, S. 3.

10 Senatsbericht vom 18. Juni 1606, zitiert nach Reils 1847, S. 363.

11 Eingabe vom 1. Mai, 1607, zitiert nach Cassuto 1931, S. 61.

12 Reils 1847, S. 376 – 379; Cassuto 1931, S. 67 – 69, 70, 71.

13 Dr. Rodrigues war ein Verwandter von der ersten Frau des Dr. Rodrigo de Castro, vgl. Kellenbenz 1958, S. 326, 450.

14 Der Teil der Prozeß-Akten des Hector Mendes Bravo befindet sich im Arquivo Nacional da Torre do Tombo, Lissabon, Inquisição de Lisbōa, Processo No. 12; S. 493. Der Teil des Prozesses, der sich mit Hamburg befaßt, findet sich in Roth 1930, S. 228 – 236.

15 Ein Sohn, Paulo de Millão, in Hamburg auch bekannt als Paul Dirichsen; unter den Portugiesen als Moses Abensur. Der andere Sohn, Manuel Cardoso de Millão, nannte sich in seinen Geschäftsverbindungen Manuel Teixeira und wird öfters mit dem Sohn des Finanzmanns Diego Teixeira de Sampayo verwechselt, vgl. Kellenbenz 1958, S. 134.

16 »Elle declarante a cidade de Amburgo que he o primeiro porto de Alemanha a alta, estando nella por tempo de dous mezes em negocios que tinha na dita cidade, vio nella as pessoas que declara, que fazem as ceremonias da ley de Moyses e guardão em tres Synagogas [...] nas quaes casas se ajuntam e fezem todas as ceremonias de Judeus«, Arquivo Nacional da Torre do Tombo, Lissabon: Inquisição de Lisbōa. Processo No. 12, S. 493.

17 Cassuto 1908 – 1920, Bd. 1, S. 9; eine Eintragung aus dem Jahr 5412 (1652) gibt diesbezüglich einen Hinweis, da dabei erwähnt wird, daß Roby Jeuda Heim Leão bereits seit 40 Jahren das Amt eines »Samas« (Küster) bekleidet.

18 Azevedo 1910, S. 15 – 20, 185 – 198.

19 Petition vom 4. Dezember 1617 an Bürgermeister und Rat, zitiert nach Kellenbenz 1958, S. 37.

20 Feilchenfeld 1898, S. 4.

21 Reils 1847, S. 373 – 375.

22 Am 31. Mai 1611 wurde der Friedhof durch unwiderruflichen Erbkauf und im Namen und von wegen ihrer gesamten Nation von Andreas Falleiro, Ruy Fernandes Cardoso und Albertus Dines, in Vertretung der »Portugiesen« zu ewigem Eigentum erworben, Piza 1872. Ein Streit um den Besitz dieses Friedhofes zwischen den Hamburger und Altonaer »Portugiesen« wurde 1674 zugunsten der ersteren geschlichtet.

23 Einige Grabsteine vom ehemaligen Binnenfriedhof (»Bet Haym de dentro«) tragen daher die Inschrift: »De Bet Haym de Hamburgo« (vom Friedhof Hamburg) Grunwald 1902 (1), S. 73.

24 Freimark 1981, S. 118 – 120.

25 »Articuli, worauf die Handlung mit dero allhier residirenden Nation beschlossen wurde«, vom 8. Dezember 1617, zitiert nach Reils 1847 S. 381 – 387.

26 Kontrakt vom 30. Oktober 1623, zitiert nach Reils 1847, S. 389 – 393.

27 Kellenbenz 1958, S. 126 – 134.

28 Dieses Haus war noch Mitte des 18. Jahrhunderts zu sehen, Reils 1847, S. 394.

29 Feilchenfeld 1898, S. 8.

30 Kellenbenz 1958, S. 257, 258. Im Gründungsjahr 1619 hatten die Hamburger Portugiesen bereits 4,4 % des Gesamtumsatzes der Bank, ebd., S. 255, 256.

31 Noch Ostern 1623 ist er auf einer Liste von Portugiesen, die in Glückstadt ansässig waren, unter »Abrahamb de vonn Seca« aufgeführt, vgl. Kellenbenz 1958, S. 62.

32 Reils 1847, S. 395, 396.

33 »Sonsten weren ihrer 100 Familien«, Mitteilung des Senats vom 7. Januar 1646, zitiert nach Kellenbenz 1958, S. 41.
34 Hudtwalcker 1851, S. 140ff.
35 Gegen den Autor dieses Werkes, Benjamin Dionysius Mussaphia, veröffentlichte Johannes Müller 1644, sein »Judaismus oder Judenthumb«, dessen Inhalt sich vor allem gegen den »schwatzhaften Judenarzt allhier welcher ihm grosse Kunst einbildet« richtet. Mussaphia mußte tatsächlich Hamburg verlassen, zog vorübergehend nach Glückstadt und bald darauf nach Amsterdam, siehe Grunwald 1902 (1), S. 18.
36 Auch am 4. September 1649 hörte man von einer Beschwerde, daß die Portugiesen einen Anschlag der Studenten befürchteten, siehe Grunwald 1902 (1), S. 15; Kellenbenz 1958, S. 45.
37 Grunwald 1902 (1), S. 18.
38 Bedenken Herrn Johannis Mülleri, Theol. Dr. et Senioris Minist. Hamb., die Juden betreffend, vom 15. Oktober 1649, zitiert nach Feilchenfeld 1898, S. 9.
39 Eine Supplik der Deputierten der portugiesischen Nation an den Senat vom 4. Juni 1649, zitiert nach Reils 1847, S. 401.
40 Feilchenfeld 1898, S. 9.
41 Kellenbenz 1958, S. 47.
42 Die verschiedenen Punkte dieses »Reglements« bei Grunwald 1902 (1), S. 16, 17. Feilchenfeld 1898, gibt als Datum desselben den 8. Juni an, Grunwald den 6. März 1650.
43 Kellenbenz 1958, S. 47.
44 »Supplicando« an den Rat, 19. März 1660; an das Minsterium und dieses an den Senat, 1. Mai und 29. Juni 1660, siehe Reils 1847, S. 411.
45 Reils 1847, S. 412 gibt kein Datum dieser Senatsakte an, bezieht sich aber auf ein weiteres Dokument aus dem Jahr 1669.
46 Das Von Ihro Römischen Kayserl. Majestät Allergnädigst-Confirmirte, Und von Dero Hohen Commission Publicirte Neue-Reglement Der Judenschafft in Hamburg/So Portugiesisch – als Hochteutscher Nation, de Dato 7. Septemb. 1710. Hamburg«, I. Portugiesische Juden, Art. 21, in: Freimark/Herzig 1989, S. 316.
47 Kellenbenz, Brasilienhandel, S. 316ff.
48 Kellenbenz, Brasilienhandel, S. 326 – 328.
49 Verzeichnet als »Mosseh Haym Nahamyas«, 28. Elul 5432 (1672); Marcus, Jew,Bd. 1, S. 340, 341; Shilstone, Inscriptions, S. 92.
50 Cassuto 1908 – 1920, Bd. 8, S. 234, 235, 25. Nissan 5418 (1658). Unter diesem Angebot findet man die Unterschriften von Portugiesen, die bereit sind auszuwandern.

Böhm
Die Sephardim
in Hamburg

51 Cassuto 1908 – 1920, Bd. 11, S. 63, 4. Ab 5427 (1667).
52 Cassuto 1908 – 1920, Bd. 13, S. 79, 24. Tisri 5430 (1669),
53 So wird im Jahr 1657 »aus geheimen Gründen« verboten, im Haus eines Nicht-Israeliten Tabak zu spinnen, geschweige denn, ihnen Anleitung dazu zu geben. Es soll lediglich gestattet sein, den bei ihnen vorrätigen Tabak zu rollen oder zu bearbeiten, Cassuto 1908 – 1920, Bd. 7, S. 201, 202.
54 Cassuto 1908 – 1920, Bd. 8, S. 247.
55 Kellenbenz 1958, S. 134, 149 – 155.
56 Cassuto 1908 – 1920, Bd. 7, S. 182, 183.
57 Cassuto 1908 – 1920, Bd. 6, S. 17, 18.
58 Kellenbenz 1958, S. 201.
59 Am 15. Tebet 5417 (1657) bittet Jacob Ulloa bei den Herren Bürgermeistern um Befürwortung eines von ihm bei dem Senat eingereichten Gesuches um die Erlaubnis, das Gewerbe eines Zuckersieders auszuüben. Man beschließt, ihm dabei behilflich zu sein, »da die Sache in Zukunft der Allgemeinheit unserer Nation zum Vorteile gereichen kann«, Cassuto 1908 – 1920, Bd. 7, S. 193.
60 Cassuto 1931, S. 67.
61 Cassuto 1908 – 1920, Bd. 6, S. 32.
62 Cassuto 1908 – 1920, Bd. 11, S. 1, 2.
63 Cassuto 1908 – 1920, Bd. 11, S. 68.
64 Cassuto 1908 – 1920, Bd. 13, S. 75, 77, 78.
65 Von diesen führte zumindest die Gemeinde »Nevé Shalom« ein Protokollbuch, wie man aus einer Eintragung des ersten, noch erhaltenen Protokollbuchs entnehmen kann, Cassuto 1908 – 1920, Bd. 6, S. 39, 10. Nissan 5414 (1653),
66 Hervorgegangen aus der Vereinigung der vormals in Hamburg bestehenden Gemeinden, »Talmud Tora«, »Keter Tora« und »Nevé Shalom«, am 1. Tisri 5413 (1652).
67 Wie Cassuto 1908 – 1920 bereits im Vorwort (Bd. 6, S. 2) ausführt, »mußte ich mich darauf beschränken, eine ausführliche Übersetzung lediglich von denjenigen Eintragungen zu geben, welche wichtige Themata behandeln, während ich über alle anderen nur ihrem Inhalte nach kurz referiert habe«. Eine kritische Bemerkung zu dieser Veröffentlichung, allerdings ohne Hinweise auf die zu

Historischer Überblick

beanstandenden Stellen von Salomon 1970: »The Minutes have been partially and imperfectly translated into German by I. Cassuto« ist nachher von Stein 1984, S. 147 kopiert und erweitert worden: »Da in der Übersetzung von Cassuto mehrere Eintragungen zusammenfassend referiert werden, sind auch die von ihm angegeben Daten nicht zuverlässig«.

Zu Isaac Cassutos Herausgabe des ersten Protokollbuches (es fehlt das jüdische Kalenderjahr 5431, 1670/71) wird von ihm jedes Mal angegeben, ob es sich um eine »Übersetzung« oder »Referat« handelt (z.B. Cassuto 1908 – 1920, Bd. 7, S. 162, 164, 167, u. ö.; Bd. 11; S. 5). Auch fügt er öfters seiner Übersetzung den portugiesischen Originaltext bei (Cassuto 1908 – 1920, Bd. 10, S. 292, 293; Cassuto 1908 – 1920, Bd. 8, S. 233; Cassuto 1908 – 1920, Bd. 13, S. 57), so daß man daran auch die Genauigkeit seiner Übersetzung feststellen kann. Sogar fehlerhafter, portugiesischer Originaltext wird von ihm richtiggestellt (Cassuto 1908 – 1920, Bd. 6, S. 23). Ebenfalls wird von ihm auf vielen Seiten hinter seiner Übersetzung in Klammern das Wort oder der entsprechende Satz, der zu Mißverständnissen führen könnte, im Originaltext wiedergegeben. Auch Worte oder Ausdrücke, die für ihn nicht verständlich sind, werden von ihm als solche gekennzeichnet (Cassuto 1908 – 1920, Bd. 9, S. 351; Bd. 11, S. 39). Dasselbe gilt für Ortsangaben wie »Dreckwall« (Drecual; Dreq[al]) oder »Herrlichkeit« (Erlequeito), um nur ein paar Beispiele anzuführen.

Ebenso unzutreffend ist die Bemerkung, daß »oft mehrere Eintragungen zusammenfassend referiert werden«. Cassuto gibt jedes im Protokollbuch verzeichnete Datum an, meist mit dem dort nur angeführten jüdischen sowie dem selten genannten christlichen Kalendertag und Monat (Cassuto 1908–1920, Bd. 6, S. 51, 52), erwähnt auch das Fehlen eines Datums (Cassuto 1908 – 1920, Bd. 5, S. 27, 29) oder eine nicht zu erklärende, fast sechs Monate anhaltende Unterbrechung der Protokolle im Jahr 5413 (1653), (Cassuto 1908 – 1920, Bd. 6, S. 28).

Die Bedeutung von Isaac Cassuto als Historiker und bestem Kenner der Portugiesen-Gemeinde soll an dieser Stelle nochmals hervorgehoben werden. Unverständlich ist aber, daß man die Existenz des zweiten, nach dem Brand geretteten Protokollbuches öfters ignorierte: »hat sich im Besitz der hiesigen Gemeinde [...] noch ein altes Protokollbuch gefunden« (Feilchenfeld 1898, S. 2); »Aus den Anfängen der Gemeinde blieb lediglich ein 1652 begonnenes Protokollbuch erhalten« (Stein 1984, S. 28) oder »Das einzig erhaltene Protokollbuch ist von Isaac Cassuto [...] abgedruckt und übersetzt worden« (Koj 1988, S. 17).

68 Das zweite, noch nicht übersetzte Protokollbuch ist ebenfalls in beiden Sprachen geführt.

69 So ist im Protokollbuch (Cassuto 1908 – 1920, Bd. 7, S. 170) die Bezeichnung für eine »Besserungsanstalt« der Ausdruck »caza de rasphuis«, nach Cassutos Meinung dem niederländischem »Rasphuis« entlehnt, ursprünglich eine Anstalt in der Holz geraspelt wurde.

70 Cassuto 1908 – 1920, Bd. 6, S. 5.

71 Schlägerei in der Synagoge: Cassuto 1908 – 1920, Bd. 10, S. 227; Mißhandlung durch bezahlte Täter auf der Straße: ebd., Bd. 10, S. 244f.; Angriff mit einem Messer nach Beendigung des Gottesdienstes: ebd., Bd. 13, S. 67.

72 Bann gegen Denunzianten, die in bösartiger Absicht gegen ein Gemeindemitglied beim Senat oder bei Gerichtsbehörden Anzeige erstatten. Diese Strafe wegen Denunzierung (»Malsineria«, ein bei portugiesischen Juden gebrauchter Hebraismus) bezieht sich auch auf Fälle, in denen in den Inquisitionsgerichten in Spanien und Portugal, Namen von Marranen bekannt gegeben wurden, die sich in den verschiedenen Portugiesengemeinden wieder zum Judentum bekannten.

73 Betrunken in der Synagoge: Cassuto 1908 – 1920, Bd. 13, S. 79; leichtfertige Personen machen unerlaubte Geschäfte, nächtliche Störungen durch zügellose junge Leute, von denen einige verkleidet einhergehen, um nicht erkannt zu werden: ebd., Bd. 13, S. 81, 82.

74 Wegen anstößigen Lebenswandels und schlechter Sitte ausgewiesen: Cassuto 1908–1920, Bd. 10, S. 236; ebd., Bd. 13, S. 112, 113.

75 Wird wegen Bedrohung mit dem Messer der Bann verhängt: Cassuto 1908 – 1920, Bd. 7, S. 206.

76 Cassuto 1908 – 1920, Bd. 7, S. 181, 183.

77 Cassuto 1908 – 1920, Bd. 11, S. 27, 28. »Mit der Zeit, die wir erhoffen«, bezieht sich der Vorstand auf das Eintreffen des Sabbatai Zwi, der »von Gott, dem Gebenedeiten, erwählt, um Sein Volk aus dem Exil zu erlösen«: Bd. 10, S. 293.

78 »Die Damen dürfen keine Kleider aus gold- oder silbergewirkten Stoffen tragen [...] keine goldenen Ketten [...], auch keine Juwelen am Busen tragen«: Cassuto 1908 – 1920, Bd. 10, S. 288. Auch »nicht die Arme bis zum Ellenbogen entblösst tragen«: ebd., Bd. 11, S. 70.
79 Nicht in Maskenanzug oder Verkleidung die Straße zu betreten oder mit Musik oder Lärm durch die Straßen ziehen: Cassuto 1908 – 1920, Bd. 7, S. 162.
80 »Chacham Ishac Jesurun hat bei der kürzlich stattgehabten Verheiratung seiner Tochter gegen die Verordnung verstossen, welche verbietet, mehr als 20 männliche und 12 weibliche Personen einzuladen«: Cassuto 1908 – 1920, Bd. 10, S. 260.
81 »Einige junge Leute unserer Gemeinde sind dieser Tage in Schlitten gefahren, zum grossen Ärger einzelner hiesiger Bürger und unter grosser Gefahr für ihre eigene Person«: Cassuto 1908 – 1920, Bd. 10, S. 232.
82 »Man beschloss dem Hauptmann der Stadtwache Felipe Colin zwei Rt. zur Verteilung unter die Mannschaften der Ronde zu geben, damit dieselben [...] hier auf dem Drecval vigilieren, um Zusammenrottungen und Revolten gegen die Unsrigen zu unterdrücken«: Cassuto 1908 – 1920, Bd. 10, S. 295.
83 Cassuto 1930, S. 287 – 294; Kellenbenz 1958, S. 61 – 67; Köhn, Festung und Exulantenstadt Glückstadt, S. 127 – 151.
84 Cassuto 1908 – 1920, Bd. 11, S. 24, 25.
85 Bezieht sich auf den Sabbat oder sonstige Feiertage, wo in Anwesenheit von mindestens zehn Männern aus der Tora, den fünf Büchern Moses, öffentlich ein Abschnitt verlesen wird.
86 Cassuto 1908 – 1920, Bd. 11, S. 56.
87 Cassuto 1908 – 1920, Bd. 10, S. 293.
88 Cassuto 1908 – 1920, Bd. 10, S. 295.
89 Cassuto 1908 – 1920, Bd. 11, S. 5.
90 Cassuto 1908 – 1920, Bd. 11, S. 10.
91 Glückel von Hameln 1923/1987, S. 62.
92 Seine Sammlung von Dokumenten und Nachrichten über Sabbatai Zwi wurden, wenn auch nicht vollständig, unter dem Titel »Kizzur Zizat Novel Zevi« 1737 in Amsterdam veröffentlicht.
93 Cassuto 1908 – 1920, Bd. 11, S. 25.
94 Cassuto 1908 – 1920, Bd. 11, S. 47.
95 Cassuto 1908 – 1920, Bd. 11, S. 1.
96 Schudt 1714, S. 375.
97 Schudt 1714, S. 374f.
98 Feilchenfeld 1898, S. 12.
99 Schudt 1714, S. 374.

Böhm
Die Sephardim
in Hamburg

100 »Mit Rücksicht auf die beschränkten Raumverhältnisse in der Synagoge«: Cassuto 1908 – 1920, Bd. 10, S. 275; »Da man in unserer Synagoge sehr beengt sitzt«: ebd., Bd. 11, S. 35. Außerdem lag diese Synagoge im 2. Stock des Hauses, scheinbar um weniger Aufsehen bei den Nachbarn zu erregen: ebd., Bd. 10, S. 227.
101 Neben einer Synagoge wurde im allgemeinen das Ritualbad (Mikwe) gebaut, das Quell- oder Flußwasser oder gesammeltes Regenwasser enthalten mußte.
102 Cassuto 1908 – 1920, Bd. 11, S. 64, 66.
103 Cassuto 1908 – 1920, Bd. 13, S. 85, 86.
104 Cassuto 1908 – 1920, Bd. 13, S. 93.
105 Da der Text des letzten Jahres des ersten Protokollbuchs, 5431/32 (1670/71), wie auch das zweiten Protokollbuchs noch nicht übersetzt wurde, haben wir für diesen Synagogenbau als Unterlagen nur die Veröffentlichungen von Reils 1847 und Feilchenfeld 1898.
106 Feilchenfeld 1898, S. 12.
107 Reils 1847, S. 414, 423; Feilchenfeld 1898, S. 13.
108 Reils 1847, S. 418/419.
109 Cassuto 1908 – 1920, Bd. 6, S. 7. Im Juli 1650 ernannte ihn die spanische Krone zu ihrem Residenten in Hamburg, einem Posten, der ihn sein ganzes Vermögen kosten sollte, da man ihm nicht die in diesem Amt verausgabten 15.000 Ducaten zurückerstattete, vgl. Kellenbenz 1956, S. 345 – 354.
110 Reils 1847, S. 420 – 423.
111 Kellenbenz 1958, S. 53, 54, 299.
112 Kellenbenz 1958, S. 55; Cassuto 1927, S. 12.
113 Grunwald 1902 (1), S. 112.
114 Kellenbenz 1958, S. 318.
115 Geiseler 1979, S. 187 – 189.
116 Grunwald 1902 (1), S. 18.
117 Bodenschatz 1748, Teil 2, S. 35.
118 Für die Hamburger Portugiesen verfaßte er 1773 sein Buch über Synagogenbräuche, das dann von diesen als bindend anerkannt wurde, siehe Cassuto 1927, S. 14, 28. 119 »Horden den Rogativa y Petición, para orar y para rogar, al Senhor, para tiempo de teramoto, o tamblor de tierra [...], compuesto en Lengua Hebrea y traduzido en Lengua Espanhola por el H. H. R. Jehacob de Abraham Bassan, Rab. del K. K. Beth Israel, en Hamburgo [...]. Estampa-

do en Hamburgo en Caza de la Viuda de I. H. Spieringk, Anno 1756«.
120 Cassuto 1908 – 1920, Bd. 8, S. 278 – 280.
121 Cassuto 1927, S. 16.
122 Ebd., S. 18, 19; Stein 1984, S. 40, 41.
123 Marwedel 1982, S. 21.
124 Cassuto 1927, S. 20, 21; siehe dazu auch den Beitrag von Saskia Rohde in diesem Band.
125 Schwabacher, Geschichte, S. 64 – 67.
126 Heitmann 1988, Anhang, S. 97 – 100.
127 Heitmann 1988, S. 7; zum Sprachverhalten siehe auch den Beitrag von Michael Studemund-Halévy in diesem Band.
128 Cassuto 1908 – 1920, Bd. 13, S. 59.
129 Die Gemeinde hatte einen Druckkostenzuschuß von 300 Mark bewilligt, den Alfonso Cassuto zurückerstatten wollte, der aber von einem Vorstandsmitglied beanstandet wurde, was den Austritt des Vaters von Alfonso, Leon Cassuto, aus dem Vorstand zur Folge hatte, StAH Jüdische Gemeinden 993: Protokollbücher (1864 – 1937), 15. April 1928. Sein Nachfolger wurde dann für die nächsten zwei Jahre Dr. Herbert Pardo, siehe Heitmann 1988, S. 67, 107, 108.
130 Oberrabbiner Dr. Carlebach wurde, nach seiner Deportation, mit seiner Frau und drei seiner Kinder bei Riga im März 1942 ermordet.
131 Dieses Synagogengebäude wurde nicht beim Pogrom vom 9. November 1938 zerstört, aber »am 31.12.1939 aufgehoben und [...] zu Wohnzwecken hergerichtet«, Schreiben der Geheimen Staatspolizei an die Staatsverwaltung der Hansestadt Hamburg vom 19. Oktober 1939, in: StAH Staatsverwaltung E IV B 4: Verschiedene Synagogen 1938/39, zitiert nach Heitmann 1988, S. 80, Anm. 271.
132 Gemeindeblatt der Deutsch-Israelitischen Gemeinde zu Hamburg, 1935, No. 4, S. 4f., zitiert nach Heitmann 1988, S. 24.
133 Jüdisches Gemeindeblatt für das Gebiet der Hansestadt Hamburg, No. 6 vom 17. Juni 1938, S. 7; No. 7, 15. Juli 1938, S. 10, zitiert nach Heitmann 1988, S. 27, 28.
134 Encyclopaedia Judaica, Bd. 14, S. 1287, 1288.
135 Heitmann 1988, S. 11, stellt eine Liste von Opfern der Sephardim auf, die, wenn auch nicht alle Mitglieder der Gemeinde waren, deportiert und ermordet wurden.
136 Lamm 1960 (2), S. 139.
137 Ebd., S. 140.

Literatur

Kellenbenz, Hermann: Der Brasilienhandel der Hamburger »Portugiesen« zu Ende des 16. und in der ersten Hälfte des 17. Jahrhunderts. Münster 1960

Köhn, Gerhard: Die Bevölkerung der Residenz, Festung und Exulantenstadt Glückstadt von der Gründung 1616 bis zum Endausbau 1652. Neumünster 1974

Lewin, Boleslao: Los Marranos. Un Intendo de Definición. Buenos Aires 1946

Marcus, Jacob R.: The Colonial American Jew. Detroit 1970

Schwabacher, Isaac S.: Geschichte und rechtliche Gestaltung der Portugiesich-Jüdischen und Deutsch-Israelitischen Gemeinde zu Hamburg. Berlin 1914

Shilstone, E.M.: Monumental Inscriptions in the Burial Ground of the Synagogue at Bridgetown, Barbados. London 1956

Die aschkenasischen Juden im Hamburger Raum (bis 1780)

Günter Marwedel

Das Thema

Von der Frühgeschichte der aschkenasischen Juden im Hamburger Raum soll im folgenden die Rede sein, und es scheint zweckmäßig, zunächst die in der Überschrift erscheinenden Hauptbegriffe etwas näher zu erläutern.

Unter »Hamburger Raum« wird hier das Gebiet der Freien und Hansestadt Hamburg in seiner heutigen Ausdehnung verstanden. Das ist kein bloßer Anachronismus, obwohl Teile dieses Gebietes – zum Beispiel Altona, Wandsbek und Harburg – in der in Frage kommenden Zeit anderen Territorien zugehörten. Vielmehr ist die Geschichte der aschkenasischen Juden in Hamburg in älterer Zeit so eng mit der Geschichte der aschkenasischen Juden in Altona und der Geschichte der aschkenasischen Juden in Wandsbek verflochten, daß es sinnvoll und bis zu einem gewissen Grade sogar notwendig ist, die Geschichte der Aschkenasim an den genannten Orten als Einheit zu betrachten.[1]

Die »aschkenasischen Juden« (hebräisch: Aschkenasim) werden in zeitgenössischen Quellen meist als »hochdeutsche Juden« oder als »Juden hochdeutscher Nation« bezeichnet, während die »sephardischen Juden« (hebräisch: Sephardim) in zeitgenössischen Quellen gewöhnlich »portugiesische Juden« oder »Juden portugiesischer Nation« genannt werden. In diesen Bezeichnungen ist angedeutet, daß beide Gruppen unterschiedlicher Herkunft waren.[2]

Die Frühgeschichte der aschkenasischen Juden im Hamburger Raum beginnt gegen oder um 1600. Wann sie endet, läßt sich nicht eindeutig und ein für allemal feststellen. Es kommt darauf an, welche Ereignisse oder Prozesse man für »epochemachend« hält. Das hier gewählte Grenzjahr 1780 bedeutet in der Geschichte der Juden im Hamburger Raum keinen nennenswerten Einschnitt.[3] Es kann aber als runde Zahl für den Anfang der sogenannten Emanzipationszeit stehen und erlaubt es, die Geschichte der Juden im Hamburger Raum in drei etwa gleichgewichtige Abschnitte einzuteilen und diese mit den entsprechenden Abschnitten der deutsch-jüdischen Geschichte in anderen Territorien zu vergleichen.[4]

Die nachfolgende Darstellung muß sich aus naheliegenden Gründen auf einzelne wichtige Aspekte aus der sehr komplexen Geschichte der aschkenasischen Juden im Hamburger Raum beschränken und

Historischer Überblick

kommt ohne starke Raffung und Vereinfachung nicht aus. Ganz knapp oder gar nicht wird insbesondere dasjenige behandelt, was in anderen Aufsätzen des vorliegenden Bandes ausführlicher zur Sprache kommt.[5]

Die Quellen

Eine Quellenkunde zur Geschichte der Juden im Hamburger Raum fehlt.[6] Hier können nur vorläufige und sehr summarische Hinweise für den Berichtszeitraum gegeben werden. Vorweg sei bemerkt, daß die Quellenlage insgesamt trotz aller – durch Hamburger Brand, Bombenkrieg u. a. verursachten – Verluste vergleichsweise gut und vor allem dadurch gekennzeichnet ist, daß der weitaus größte Teil der Archive der jüdischen Gemeinden erhalten geblieben ist.

Sachgut: Ist nur spärlich erhalten, neben dem kürzlich wiederaufgefundenen (nicht mehr vollständigen) Leuchter aus der Altonaer Synagoge, ein wenig Toraschmuck und Kultgerät und einigen Porträts vor allem Grabsteine. Soweit dieses Sachgut Inschriften aufweist, ist es hinsichtlich dieser Texte der zweiten Quellengattung zuzuordnen, nämlich dem

Schriftgut: Diese Quellengattung, zu der der weitaus größte Teil der erhalten gebliebenen Quellen gehört, läßt sich nach Herkunft und Art gliedern wie folgt:

(1) Jüdische Quellen

Es handelt sich ganz überwiegend um die Archive der ehemaligen jüdischen Gemeinden, die jetzt – als Bestand »Jüdische Gemeinden« (JG) – im Staatsarchiv Hamburg (StAH) aufbewahrt werden und durch ein Bestandsverzeichnis erschlossen sind.[7] Außerdem sind erhalten fünf jiddische Briefe aus dem Jahre 1666,[8] siebzehn jiddische Briefe aus dem Jahre 1678,[9] die – ebenfalls in hebräischer Kursivschrift und jiddischer Sprache geschriebenen – sogenannten Memoiren der Glikl Hamel (Glückel von Hameln),[10] hebräische Notizen des Samuel Meir Heckscher sowie ein großer Teil der Grabinschriften.[11]

(2) Nicht-jüdische Quellen

Es handelt sich vor allem um sogenannte Judenakten, das heißt Juden betreffende Akten in den Archiven kommunaler und übergeordneter Behörden, die jetzt im Staatsarchiv Hamburg (StAH), im Niedersächsischen Staatsarchiv Hannover, im Landesarchiv Schleswig-Holstein in Schleswig (LASH) und im Rigsarkivet in Kopenhagen (RAK) aufbewahrt werden. Soweit sie eigene Bestände oder Bestandsabteilungen bilden, sind sie durch Bestandsverzeichnisse,[12] Judenakten der Deutschen Kanzlei zu Kopenhagen, die sich jetzt im RAK befinden, durch ein Findbuch erschlossen.[13] Anderes muß von Fall zu Fall gezielt gesucht werden, wobei die Kenntnis des Geschäftsganges der betreffenden Behörde wichtig ist.[14] Weiteres findet sich oft an Stellen, wo es nicht zu erwarten ist und ohne glücklichen Zufall der Forschung entzogen bleibt.

Neben der großen Menge des Aktenmaterials fallen gedruckte Quellen umfangmäßig kaum ins Gewicht. Es handelt sich dabei um amtliche Drucksachen, mit denen behördliche Anordnungen bekanntgemacht wurden,[15] um Flugschriften und einschlägige Texte in Zeitungen und Zeitschriften sowie um zeitgenössische stadtgeschichtliche beziehungsweise »judenkundliche« Publikationen, denen Quellenwert zukommt.[16]

Forschungsstand und Forschungsprobleme

Ein umfassender Forschungsbericht fehlt und kann durch die folgenden knappen und zwangsläufig unvollständigen Hinweise nicht ersetzt werden.[17] Der Forschungsstand ist durch gewisse Asymmetrien gekennzeichnet. So liegt eine neue Gesamtdarstellung, die mehr ist als eine Zusammenfassung der bisherigen Forschung, zunächst lediglich für Wandsbek vor.[18] Eine entsprechende Arbeit für Harburg reicht nur bis 1848.[19] Im übrigen stehen dem Interessenten, der nicht mit den Quellen selbst arbeiten will oder kann, lediglich zwei grundlegende Quelleneditionen, eine skizzenhafte Zusammenfassung der bisherigen Forschung,[20] ferner (meist nur Teilaspekte behandelnde) Einzeldarstellungen in Aufsatzform sowie die trotz ihrer Mängel nach wie vor unentbehrlichen älteren Werke von Haarbleicher, Grunwald, Victor und Duckesz zur Verfügung.[21] (Diese letzteren konnten sich teilweise auf Quellen stützen, die inzwischen verlorengegangen sind, genügen aber hinsichtlich Quellenangaben und Zuverlässigkeit nicht immer dem heutigen Standard historischer Forschung.)

Eine der oben erwähnten Editionen dokumentiert und kommentiert die »Privilegien der Juden in Altona«, erschließt also das Altonaer Judenrecht und damit die Voraussetzung und Grundlage der äußeren Geschichte der aschkenasischen Juden in Altona.[22] Die andere Edition macht die Statuten der aschkenasischen Gemeinden in Altona, Hamburg und Wandsbek im hebräischen (beziehungsweise jiddischen) Original und in deutscher Übersetzung zugänglich, ist also der inneren Geschichte der drei Gemeinden Altona, Hamburg und Wandsbek zuzuordnen.[23] Weitere, seit längerem in Gang befindliche, zum Teil sehr umfangreiche Arbeiten an den jüdischen Quellen in hebräischer und deutscher Sprache und an nicht-jüdischen Parallel- und Komplementärquellen haben sich in Veröffentlichungen noch kaum niedergeschlagen.[24]

Was die Forschungsprobleme betrifft, werde ich mich hier darauf beschränken, auf zwei für die Geschichtswissenschaft überhaupt wichtige Grundfragen aufmerksam zu machen. Auf Spezialprobleme dagegen wird, soweit möglich, unten bei den einzelnen Abschnitten hingewiesen.

<u>Das Problem des angemessenen Bezugsrahmens:</u> Geschichtsschreibung hat es nie mit Geschichte an sich zu tun, sondern immer mit Geschichte, vermittelt und gefärbt von der spezifischen Sichtweise des Geschichtsschreibers, der aus der Fülle des Überlieferten bestimmte Fakten und Vorgänge auswählt, sie in einen Bezugsrahmen hineinstellt und so einem größeren Zusammenhang einordnet. Damit stellt sich die Frage, ob dieser Rahmen angemessen, ob er sachgerecht ist. Prinzipiell gibt es mehr als einen sachgerechten Bezugsrahmen, ja man wird davon ausgehen müssen, daß der Pluralismus möglicher Bezugsrahmen, wie er im komplementären Nebeneinander von politischer Geschichte, Wirtschafts-, Sozial-, Geistes- und Mentalitätsgeschichte usw. zum Ausdruck kommt, der

Historischer Überblick

Komplexität von Geschichte noch am ehesten gerecht wird. Man wird aber jeden möglichen Bezugsrahmen nur dann für angemessen halten können, wenn er mehrdimensional ist, das heißt, wenn hinter dem, was jeweils im Vordergrund steht – zum Beispiel wirtschaftliche Abläufe und Zusammenhänge – alles andere, was demgegenüber in den Hintergrund getreten ist, zumindest implizit immer mitgedacht wird.

Das gilt auch für die Geschichte der Juden im Hamburger Raum und in Deutschland überhaupt, die einerseits ein Teil der jüdischen, andererseits ein Teil der deutschen Geschichte ist. In diesem doppelten Bezugsrahmen wird je nach Quelle und Fragestellung das eine im Vordergrund stehen und das andere in den Hintergrund treten. Aber es gehört immer beides zusammen.[25]

Für Altona, dessen Bevölkerungsstruktur im Berichtszeitraum durch das Nebeneinander von evangelisch-lutherischer Majorität und einer Vielzahl von religiösen (und zum Teil auch ethnischen) Minoritäten charakterisiert war, bietet sich darüber hinaus noch ein anderer Bezugsrahmen an, nämlich der einer vergleichenden Geschichte dieser Minderheiten. Die damit gegebene Chance ist allerdings noch kaum wahrgenommen, die damit gestellte Aufgabe ist noch nicht systematisch in Angriff genommen worden.

<u>Das Problem der Aktualität.</u> Die Frage nach der Aktualität der Vergangenheit und der Beschäftigung mit ihr führt den Historiker über die Grenzen seiner Wissenschaft hinaus. Trotzdem darf er ihr nicht ausweichen, am wenigsten dann, wenn er sich mit der deutsch-jüdischen Geschichte befaßt.[26]

Anfänge und judenrechtliche Rahmenbedingungen der aschkenasischen Niederlassungen im Hamburger Raum

Im Hamburger Raum gab es kein einheitliches Judenrecht. Er bildete ja, wie bereits angedeutet, im Berichtszeitraum keine territoriale Einheit: Altona und Ottensen gehörten zur Grafschaft Holstein-Schauenburg und innerhalb dieses Territoriums zum Amt Pinneberg, das 1640, nach dem Tod des letzten Schauenburger Grafen, als »Herrschaft Pinneberg« unter die Oberhoheit der dänischen Krone kam. Hamburg war ein vom Rat unter Mitwirkung verschiedener Bürger-Kollegien regierter Stadtstaat. Wandsbek war adeliges Gut, und Harburg unterstand dem Herzog von Braunschweig-Lüneburg. So unterschiedlich wie die territoriale Zugehörigkeit der genannten Gebietsteile waren auch die judenrechtlichen Rahmenbedingungen für die Niederlassung und das Leben aschkenasischer Juden in Altona, Hamburg, Wandsbek und Harburg.

Wann genau und wo die ersten aschkenasischen Juden mit ihren Familien sich im Hamburger Raum niederließen, läßt sich nicht mehr mit Bestimmtheit sagen. Die ältesten erhaltenen Judenakten stammen aus den achtziger Jahren des 16. Jahrhunderts und weisen auf Altona, Ottensen und Wandsbek als mögliche Orte der ersten aschkenasischen Niederlassung hin. Aber es ist unsicher, ob die Juden, die sich 1583 und 1584 um eine entsprechende Niederlassungserlaubnis bemühten, tatsächlich mit ihren Familien an einem der genannten Orte auf Dauer seßhaft wurden.[27] Die ununterbrochene Anwesenheit von aschkenasischen Juden ist zuerst für Harburg und für Altona sicher bezeugt, und zwar seit dem Jahre 1610 beziehungsweise 1611. Doch reicht die Ansässigkeit aschkenasischer Juden in Altona wahrscheinlich weiter zurück, denn in der auf uns gekommenen Niederlassungserlaubnis für zwei Juden aus dem Jahre 1611 ist erwähnt, daß damals bereits vier jüdische Familien in Altona wohnten.[28] 1622 gab es dann schon 30 aschkenasische Familien in Altona, die inzwischen auch eine regelrechte Gemeinde mit den dazu gehörenden Einrichtungen gegründet hatten. Schon zehn Jahre vorher war das Partikulargeleit – das heißt die jeweils einem oder einigen Juden erteilten Geleitbriefe (Schutzbriefe) – durch ein alle ortsansässigen aschkenasischen Juden umfassendes Generalgeleit (Generalprivileg) ersetzt worden. Dieses Generalprivileg galt nur für die Regierungszeit des Landesherrn, der es ausgestellt hatte, und mußte, wie andere Privilegien auch, nach seinem Tode beim Regierungsantritt seines Nachfolgers aufs neue »konfirmiert« (bestätigt) werden. So kommt es, daß das wohl bekannteste Generalprivileg der Juden in Altona, nämlich das Generalprivileg Christians IV. von Dänemark vom Jahre 1641, der Form nach nichts anderes war als eine Konfirmation des letzten Schauenburgischen Generalprivilegs. Das Generalprivileg wurde aber nicht nur auf diese Weise fortgeschrieben, sondern auf Antrag der Altonaer Aschkenasim auch wiederholt erweitert oder in einzelnen Punkten präzisiert.

Die Altonaer Aschkenasim waren vom Beginn ihrer Niederlassung bis weit in das 19. Jahrhundert hinein sogenannte Schutzjuden, denen der jeweilige Landesherr gegen die Zahlung eines sogenannten »Schutzgeldes« Wohnrecht, Religionsausübung, Erwerbstätigkeit und landesherrlichen Schutz zugestanden hatte.

Das Schutzgeld betrug in Altona anfangs 6 Reichstaler pro Haushalt und Jahr, wurde aber schon bald erhöht. Es war eine Sondersteuer, die zusätzlich zu den von allen Bewohnern des Ortes zu zahlenden Abgaben entrichtet werden mußte. Schon von 1620 an wurde das Schutzgeld als Pauschalsumme von der Gemeinde eingefordert und von dieser auf die einzelnen Haushalte umgelegt. Es gab noch weitere Sondersteuern, zum Beispiel die Viehakzise, an sich eine reguläre Abgabe auf Schlachtvieh, die aber von den Juden in doppelter Höhe entrichtet werden mußte. Auch das sogenannte »Don gratuit« gehört hierher. Ursprünglich ein Geschenk der Altonaer Aschkenasim an den neuen König anläßlich seiner Thronbesteigung, wurde es später von der Regierung als Pflichtabgabe angesehen und eingefordert. Andere Abgaben waren formal keine Sondersteuern, wirkten aber faktisch als solche. Ein Beispiel dafür ist das sogenannte Kirchengeld, eine Reallast, die am Grundbesitz haftete und auch von Juden bezahlt werden mußte, für die es eine zusätzliche Belastung war, da sie ja auch für ihre eigene Gemeinde und deren Institutionen aufkommen mußten. Neben den Sondersteuern mußten die Altonaer Aschkenasim alle Steuern und Abgaben entrichten, die allen Bewohnern der Stadt abverlangt wurden. Zu all dem kamen schließlich noch Geldgeschenke der aschkenasischen Gemeinde an obrigkeitliche Personen bei verschiedenen Gelegenheiten.

Die Frage, wie groß die zusätzliche finanzielle Belastung der aschkenasischen Gemeinde und ihrer Mitglieder alles in allem tatsächlich war, ist noch nicht untersucht worden.[29] Vorläufig läßt sich nur sagen, daß sich die Altonaer aschkenasische Gemeinde trotz der erwähnten Belastungen und trotz mancher Rückschläge infolge von Krieg, Pest und Brandschaden im Berichtszeitraum einigermaßen stetig entwickelte. Das wird nur zum Teil daran gelegen haben, daß das Schutzgeld – und möglicherweise die Belastung durch Steuern und Abgaben überhaupt – niedriger waren als anderswo, zum Beispiel in Preußen.[30] Der eigentliche Grund wird vielmehr in dem zu suchen sein, was Glikl Hamel (Glückel von Hameln) – nicht zuletzt im Kontrast zum Hamburger Judenrecht – »*gute Qiyyumim*« (Privilegien) nennt,[31] in judenrechtlichen Rahmenbedingungen also, welche der Entfaltung eines eigenständigen jüdischen Lebens in Altona weit weniger im Wege standen und auch die jüdische Wirtschaftstätigkeit weniger einengten als anderswo. Diese Rahmenbedingungen waren in ihren Grundzügen in den Privilegien festgelegt, umfaßten

Historischer Überblick

aber auch manches, was in den Privilegien nicht enthalten war, sondern sich aus anderen Bestimmungen ergab oder überhaupt nicht kodifiziert war.[32] Was Altona für aschkenasische Juden attraktiv machte, dürfte vor allem folgendes gewesen sein:

- Es gab keinen Numerus clausus, das heißt keine von der nicht-jüdischen Obrigkeit festgelegte Obergrenze für die Zahl der Juden beziehungsweise der jüdischen Familien (Haushalte).
- Grunderwerb durch Juden war weder zwingend vorgeschrieben noch verboten.[33]
- Die den Altonaer Juden zugesicherte Religionsfreiheit schloß die Zulassung der öffentlichen Religionsausübung und des Synagogenbaus ein.
- Die den Altonaer aschkenasischen Juden zugestandene Gemeindeautonomie ermöglichte es ihnen, ihr Leben nach den Traditionen und Grundsätzen des Judentums zu organisieren und Altona zu einem wichtigen Zentrum jüdischen Geisteslebens zu machen.[34]
- Die Schutzzusage wurde von der Regierung ernst genommen. Die Altonaer aschkenasischen Juden konnten sich gegebenenfalls mit Erfolg darauf berufen.
- Wenn Krieg der Landesregierung die Einhaltung der Schutzzusage unmöglich machte, konnten die aschkenasischen Juden in Altona der ihnen drohenden Gefahr durch Flucht in die benachbarte und im Gegensatz zu Altona befestigte Stadt Hamburg ausweichen; und die regionale Behörde handelte in solchen Ausnahmesituationen wiederholt wenigstens insofern in Übereinstimmung mit der landesherrlichen Schutzzusage, als sie auf Antrag der Juden den Hamburger Rat bat, den Flüchtlingen für die Dauer des Krieges Zuflucht zu gewähren.
- Die Nähe Hamburgs war auch in Friedenszeiten von Vorteil, da diese große Stadt als bedeutender Handelsplatz den im Groß- und Fernhandel und im Geldgeschäft Tätigen bessere Verdienstmöglichkeiten bot als Altona, das auch nach der Erhebung zur Stadt im Jahre 1664 mit Hamburg in dieser Hinsicht nicht konkurrieren konnte.

Das zuletzt erwähnte Faktum war auch ein Grund dafür, daß ein Teil der Altonaer aschkenasischen Juden in Hamburg wohnte. Darauf werde ich noch zurückkommen. Zunächst soll, der Vollständigkeit halber und um mögliche Mißverständnisse abzuwehren, noch auf zweierlei hingewiesen werden. Erstens: Einen lückenlosen präventiven Judenschutz gab es auch in Altona nicht. Das heißt, die Schutzzusage konnte die Altonaer aschkenasischen Juden nicht vor Judenfeindschaft und spontanen Übergriffen von einzelnen Gruppen bewahren, wenn auch die Regierung solche Übergriffe im Nachhinein scharf verurteilte und die Schuldigen, wenn sie überführt werden konnten, streng bestrafen ließ. Zweitens: Die jüdische Erwerbstätigkeit unterlag auch in Altona bestimmten Beschränkungen, von denen unten im Abschnitt »Berufs- und Sozialstruktur« noch die Rede sein wird.

Die Geschichte der Harburger »Schutzjuden« beginnt mit der Niederlassung von zwei Aschkenasim, denen Herzog Wilhelm von Braunschweig-Lüneburg am 9. März 1610 mit einem Schutzbrief den Zuzug nach Harburg gestattete. Auch später wohnten immer nur wenige jüdische Familien dort, und zwar stets auf Grund von Einzelschutzbriefen. Ein für alle ortsansässigen Juden geltendes Generalgeleit (Generalprivileg) gab es nicht. Die Schutzbriefe waren befristet, und ihre Verlängerung hing davon ab, ob die zuständige Behörde von dem fortdauernden Nutzen des Inhabers für die Stadt überzeugt war. War das nicht der Fall, wurde der Schutzbrief nicht verlängert und der Inhaber mit seiner Familie ausgewiesen. Die den Harburger Juden auferlegten Sondersteuern lassen sich schlecht mit denen in Altona vergleichen. Das Schutzgeld war in Harburg merklich höher als in Altona.

Außerdem mußte, anders als in Altona, in Harburg ein Zuzugsgeld, eine von allen Harburger Juden gemeinsam aufzubringende Abgabe für den jüdischen Friedhof und eine Gebühr für jede jüdische Beerdigung bezahlt werden. Von dem »Don gratuit« entsprechenden Sonderabgaben ist dagegen nichts bekannt, und die Harburger Juden waren, jedenfalls im Anfang, frei von bürgerlichen Lasten.

In Wandsbek sollen, Veröffentlichungen des 18. Jahrhunderts zufolge, aschkenasische Juden bereits im letzten Viertel des 16. Jahrhunderts Aufnahme gefunden haben. Das ist jedoch quellenmäßig nicht zu belegen. In zeitgenössischen Quellen bezeugt sind sie erst ab 1621. Die ihnen 1634 erteilten und 1671 bei der Übernahme des adeligen Guts durch einen neuen Eigentümer – und später aus gleichem Anlaß noch mehrmals – bestätigten und erweiterten Privilegien entsprechen inhaltlich weitgehend denen der Altonaer Juden. Allerdings war das Schutzgeld in Wandsbek niedriger und die Gemeindeautonomie weniger ausgeprägt als in Altona.

Sehr viel ungünstiger als in Altona und in Wandsbek waren die judenrechtlichen Rahmenbedingungen und ihre Handhabung durch die Stadtregierung in Hamburg. Das hängt damit zusammen, daß die Judenpolitik hier fast zwangsläufig ins Spannungsfeld der Interessengegensätze und des Machtkampfes zwischen Rat und Bürgerschaft geriet. Ersterer war der Niederlassung aschkenasischer Juden nicht grundsätzlich abgeneigt, letztere war, aus Furcht vor unerwünschter Konkurrenz und unter dem Einfluß der theologisch motivierten Judenfeindschaft der Geistlichkeit, strikt dagegen. Das hatte zur Folge, daß die Hamburger Judenpolitik im 17. Jahrhundert nicht so geradlinig war wie diejenige der Schauenburger Grafen und der dänischen Könige. Vielmehr glich sie eher einem Zickzack, das den jeweiligen Stand des Machtkampfes zwischen Rat und Bürgerschaft spiegelte. Ein chronologischer Abriß der äußeren Geschichte der aschkenasischen Juden in Hamburg im Berichtszeitraum mag das verdeutlichen.

Die ersten Aschkenasim, die in Hamburg wohnten, waren Mitglieder der Altonaer aschkenasischen Gemeinde. Sie sind in einer undatierten Liste bezeugt, die wahrscheinlich ins Jahr 1621 gehört.[35] Wie lange sie damals schon in Hamburg ansässig und welches die judenrechtlichen Rahmenbedingungen ihres Aufenthalts dort waren, wissen wir nicht. 1627 flohen Altonaer Aschkenasim vor Tillys Armee nach Hamburg, und ein Teil von ihnen blieb offenbar dauernd dort.[36] Eine eigentliche gesetzliche Grundlage für den Aufenthalt aschkenasischer Juden in Hamburg scheint es damals und in der ganzen ersten Hälfte des 17. Jahrhunderts (und möglicherweise darüber hinaus) nicht gegeben zu haben. Die Aschkenasim wohnten in der Hansestadt auf Grund von Privatabmachungen mit der Kämmerei und mit stillschweigender Duldung des Rats, doch unter Widerstand des geistlichen Ministeriums und der Bürgerschaft.[37] 1644 flohen abermals aschkenasische Juden aus Altona nach Hamburg, diesmal vor schwedischen Truppen. 1649 wurden die aschkenasischen Juden auf Drängen von Bürgerschaft und Geistlichkeit aus Hamburg ausgewiesen. Die meisten von ihnen gingen nach Altona, wo sie als königlich dänische Schutzjuden niederlassungsberechtigt waren und von wo aus sie ihrer Erwerbstätigkeit in Hamburg nachgehen konnten. Von der Vertreibung verschont blieben nur diejenigen Aschkenasim, die – tatsächlich oder zum Schein – *»Dienstboten der portugiesischen Nation«* und darum im Schutzkontrakt der sephardischen Gemeinde mit der Hansestadt inbegriffen waren. Im Winter 1657/58 mußten die aschkenasischen Juden in Altona nochmals vor schwedischen Truppen nach Hamburg fliehen, und einige von ihnen, die schon vor 1649 dort gewohnt hatten, konnten nach überstandener Gefahr in der Hansestadt bleiben. Diese Aschkenasim gehörten weiterhin zur Altonaer aschkenasischen

Historischer Überblick

Gemeinde. Außer ihnen und den bereits erwähnten »*Dienstboten der portugiesischen Nation*« gab es nach 1688 auch solche, die zur Wandsbeker aschkenasischen Gemeinde gehörten. Daß es in der zweiten Hälfte des 17. Jahrhunderts in Hamburg schriftlich fixierte judenrechtliche Bestimmungen gegeben hat, ist wahrscheinlich; sie sind jedoch in der Literatur kaum erwähnt und offenbar verlorengegangen.[38]

So läßt sich über die judenrechtlichen Rahmenbedingungen, die das Leben der aschkenasischen Juden in Hamburg im 17. Jahrhundert bestimmten, nur weniges mit Bestimmtheit sagen:
– Sie waren geprägt durch die oben angedeutete Unsicherheit.
– Die Sondersteuern, die den aschkenasischen Juden in Hamburg auferlegt wurden, waren zunächst vergleichsweise niedrig und beruhten auf einer individuellen Abmachung jedes Haushaltsvorstandes mit der Kämmerei.[39] Später wurde dieses Verfahren durch befristete Kontrakte der Stadt mit der aschkenasischen Judenschaft abgelöst, und die Abgabenlast wurde zunehmend schwerer und wegen unregelmäßig wiederkehrender Sonderabgaben kaum kalkulierbar.
– Öffentliche Ausübung der jüdischen Religion und Synagogen waren verboten. Gebetsversammlungen in Privathäusern wurden vom Rat geduldet, aber von Geistlichkeit und Bürgerschaft mit Argwohn beobachtet und nach Kräften be- oder verhindert.
– Außerdem kann im Hinblick auf die besser bezeugten Verhältnisse im 18. Jahrhundert mit Sicherheit angenommen werden, daß die aschkenasischen Juden im Hamburg des 17. Jahrhunderts den üblichen Beschränkungen der jüdischen Erwerbstätigkeit unterlagen.

Die das Leben der aschkenasischen Juden in Hamburg im 17. Jahrhundert prägende Rechtsunsicherheit wurde erst 1710 – wenn auch nicht vollständig – beseitigt: Auf Antrag der Hamburger Juden befaßte sich die kaiserliche Kommission, die mit der Schlichtung der Verfassungsstreitigkeiten in Hamburg beauftragt war, auch mit dem Hamburger Judenrecht. Das Ergebnis war das nach Entwürfen und Memoranden des Rats und der Sechziger von der Kommission ausgearbeitete »Neue-Reglement Der Judenschafft in Hamburg / So Portugiesisch- als Hochteutscher Nation«, das am 7. September 1710 vom Kaiser bestätigt und verkündet wurde.[40] Darin wurden die Aschkenasim den Sephardim rechtlich gleichgestellt. Die ersten sieben der insgesamt 23 Artikel dienen der Abwehr von – offenbar befürchteten – Beeinträchtigungen des christlichen Gottesdienstes und Lebens durch die Juden. In diesem Zusammenhang werden unter anderem auch Synagogen verboten und jüdischer Gottesdienst nur in Privathäusern gestattet. Weitere sieben Artikel betreffen die jüdische Erwerbstätigkeit, wobei die Unerlaubtes mit Strafe bedrohenden Bestimmungen überwiegen. Vier Artikel garantieren den Juden obrigkeitlichen Schutz gegen Störungen ihres Gottesdienstes und sonstige Übergriffe. Zwei Artikel greifen ins jüdische Recht ein, indem sie jüdische Ehescheidungen vom Urteil der christlichen Instanzen abhängig machen, jüdischen Waisen neben den jüdischen auch christliche Vormünder zu bestellen vorschreiben und die jüdische Jurisdiktion auf Ehe- und Erbschaftssachen einschränken. Zwei Artikel regeln die Besteuerung der Juden. Danach sollen die aschkenasischen Juden einerseits alle ordentlichen und außerordentlichen städtischen Steuern »*gleich denen Bürgern*« entrichten, andererseits je nach Vermögen zu der zwischen Stadt und Judenschaft vereinbarten jährlichen besonderen Abgabe beitragen.

Dieses Reglement war bis ins 19. Jahrhundert hinein die Grundlage des Hamburger Judenrechts und wurde im Berichtszeitraum nur selten durch weitere Bestimmungen modifiziert oder ergänzt. So wurde den aschkenasischen Juden in Hamburg 1721 eine eigene Gerichtsbarkeit in Steuer- und Disziplinarsachen zugestanden, die allerdings bald darauf wieder in Frage gestellt wurde; und 1734 schärfte ein Ratsdekret die Bestimmungen des Reglements von 1710 hinsichtlich der Jurisdiktion aufs neue ein, regelte (unter anderem) die Aufnahme in den Schutz und schrieb vor, jüdische »*Bettler und anderes Gesindel*« durch von den aschkenasischen Juden zu bestellende Aufpasser an den Stadttoren ab- und, »*was von dergleichen mit keiner redlichen Hanthierung sich nährende Leute bereits sich allhier befindet*«, auszuweisen.[41]

Die judenrechtlichen Rahmenbedingungen in Hamburg blieben auch im 18. Jahrhundert deutlich ungünstiger, als sie es in Altona waren. Allerdings darf man sie nicht allein anhand des Reglements von 1710 und der dieses modifizierenden oder ergänzenden Regelungen beurteilen, denn wie zu anderen Zeiten und an anderen Orten auch läßt sich die judenrechtliche Praxis in Hamburg nicht einfach aus dem schriftlich fixierten Judenrecht ableiten, und zwar aus zwei Gründen nicht:

(1) Das schriftlich fixierte Judenrecht war unvollständig. So regelte es zum Beispiel die Frage des – in Hamburg nur ausnahmsweise und konjunkturabhängig zugelassenen – jüdischen Grunderwerbs nicht.[42]

(2) Manche judenrechtlichen Vorschriften wurden nicht oder nur vorübergehend durchgeführt, andere, ob schriftlich fixiert oder nicht, wurden mit stillschweigender Duldung der Behörden nicht eingehalten oder umgangen. (So gab es ausschließlich Gemeindezwecken dienende Gebäude oder Wohnungen schon zu einer Zeit, als dies eigentlich verboten war.)[43]

Gemeindeverfassung und Gemeindegeschichte

Im Hamburger Raum hatten sich im 17. Jahrhundert insgesamt sechs aschkenasische Gemeinden gebildet: Die eine Doppelgemeinde bildenden Gemeinden der Altonaer Schutzjuden in Altona und der Altonaer Schutzjuden in Hamburg und die ebenfalls eine Doppelgemeinde darstellenden Gemeinden der Wandsbeker Schutzjuden in Wandsbek und der Wandsbeker Schutzjuden in Hamburg. Dazu kam als fünfte die »eigentliche« Hamburger Gemeinde, die sich in den sechziger Jahren des 17. Jahrhunderts aus der Gruppe der ursprünglich unter dem Protektorat der sephardischen Gemeinde stehenden, »*Tudescos*« genannten »*Dienstboten der portugiesischen Nation*« entwickelte. Die sechste schließlich war die kleine aschkenasische Gemeinde in Harburg, die nur über eine eher rudimentäre Gemeindeorganisation verfügte und im folgenden nicht weiter berücksichtigt wird.

Die Hamburger Gemeinde mußte ihre Selbständigkeit gegen den Widerstand der Altonaer Gemeinde durchsetzen. Dabei ging es vor allem um den Besitz des Friedhofes in Ottensen. Der Streit darüber zog sich jahrelang hin, wurde aber endlich durch einen Vergleich beigelegt, der den gemeinsamen Besitz und die gemeinsame Nutzung des Friedhofes in Ottensen zum Inhalt hatte und auch die Anerkennung der Hamburger Gemeinde durch die Altonaer Doppelgemeinde einschloß. Weitere Vereinbarungen über andere beide Gemeinden angehende Angelegenheiten folgten. Daraus entstand ein Gemeindeverband, dem auch die Wandsbeker Gemeinde beitrat. Er nannte sich »Schalosch kehillot AHU (AHW)« (»Die drei Gemeinden Altona, Hamburg, Wandsbek«; deutsche Kurzbezeichnung: Dreigemeinde), traf durch aus Delegierten der beteiligten Gemeinden bestehende Kommissionen Entscheidungen in strittigen Angelegenheiten oder Angelegen-

Historischer Überblick

heiten von überörtlichem Interesse, die für die Einzelgemeinden bindend waren, und wurde erst aufgelöst, als Napoleon Hamburg seinem Kaiserreich einverleibte und damit das Band zwischen den aschkenasischen Juden in Hamburg und den aschkenasischen Juden in Altona und Wandsbek zerrissen hatte.

Hauptort der Dreigemeinde war Altona. Die Altonaer Doppelgemeinde war die größte, sie war auch die bedeutendste innerhalb des Gemeindeverbandes, weil sie dank der ihr verliehenen Privilegien über ein größeres Maß an Autonomie und über mehr Institutionen verfügte als die Hamburger und die Wandsbeker Gemeinde. Sie war sehr wahrscheinlich auch die älteste voll ausgebaute aschkenasische Gemeinde der Region. Denn bereits 1622 sind »*Rabbi, vorsenger und schuldiener*« in Altona bezeugt;[44] und in ihrem Streit um die Friedhofskosten riefen die Harburger Juden schon 1614 »*ein jüdisches Kollegium in Altona*« als Schiedsinstanz an.[45] Vor allem aber hatten der Oberrabbiner und das jüdische Gericht, die für alle drei Gemeinden und später für alle aschkenasischen Juden in Schleswig-Holstein (außer Glückstadt) zuständig waren, ihren Sitz in Altona, das darüber hinaus, wie bereits angedeutet, auch eine bedeutsame Stätte jüdischer Gelehrsamkeit war. Entsprechend ihrem Gewicht verfügte die Altonaer Gemeinde in der gemeinsamen Kommission der Dreigemeinde und auch bei der Wahl eines neuen Oberrabbiners über die Mehrheit der Stimmen.

Die Leitung der Gemeinde lag in den Händen eines auf Zeit gewählten Vorstandes, der für die Selbstverwaltung der Gemeinde und was damit zusammenhing ebenso zuständig war wie für die Vertretung der Gemeinde gegenüber den nicht-jüdischen Behörden. Darüber hinaus nahm der Vorstand, vor allem in Altona, auch bestimmte obrigkeitliche Funktionen wahr. So war er zum Beispiel an der Zulassung oder Nichtzulassung aschkenasischer Zuwanderer beteiligt und übte in bestimmten Fällen die jüdische Jurisdiktion gemeinsam mit dem Oberrabbiner aus. Er war den Behörden gegenüber für die pünktliche und vollständige Ablieferung der den Juden auferlegten (Sonder-)Steuern verantwortlich. Dem Vorstand im weiteren Sinn gehörten auch die für die Steuererhebung und Finanzverwaltung zuständigen Kassenverwalter (Govim) und die für die Armenversorgung zuständigen Wohlfahrtsverwalter (Gabba'é sedaká) an.

Mit der schriftlichen Fixierung der Gemeindestatuten (Takkanot) war gegen Ende des 17. Jahrhunderts ein besonderes Gremium, die Statutenkommission, betraut worden. Diese Kommission wurde nach Abfassung der Statuten nicht aufgelöst, sondern blieb für die ständige Fortschreibung der Statuten durch Änderungen und Hinzufügungen zuständig, die meist auf entsprechende Beschlüsse des Gemeindevorstands zurückgingen. Die Statuten waren eine nur im Ansatz systematische Zusammenstellung von Vorschriften für die verschiedensten Bereiche des Gemeindealltags und des Lebens der Gemeindemitglieder. Sie enthielten Paragraphen, die den Gottesdienst betrafen, ebenso wie – unter anderem – Wahlordnungen, Kostenregelungen für bestimmte Fälle, Luxusverbote und Kleiderordnungen und Einschränkungen des Besuchs von Opernaufführungen und anderen kulturellen und Freizeitveranstaltungen der nicht-jüdischen Majorität.

Berufs- und Sozialstruktur

Die Frage nach der Berufs- und Sozialstruktur der aschkenasischen Juden im Hamburger Raum enthält mehrere Teilfragen. Die wichtigsten sind:
(1) Welche Berufe wurden in der Berichtszeit ausgeübt?

(2) Welcher Anteil der erwerbstätigen aschkenasischen Bevölkerung war in jedem dieser Berufe tätig?
(3) Wie verhielt sich das Berufsspektrum der aschkenasischen Juden zum Berufsspektrum der nicht-jüdischen Bevölkerung und/oder der Gesamtbevölkerung?

Marwedel
Die aschkenasischen Juden im Hamburger Raum (bis 1780)

Die beiden letzten Fragen können nicht oder nur teilweise beantwortet werden, da sich den Quellen nur in Ausnahmefällen und in der Regel nur für einzelne Berufe berufsstatistische Angaben entnehmen lassen und zuverlässige bevölkerungsstatistische Zahlen überhaupt fehlen.

Allerdings sind die Quellen in dieser Hinsicht noch keineswegs ausgeschöpft. So erwähnt Grunwald ohne genaue Quellenangabe ein »*aus der Mitte des 18. Jahrhunderts*« stammendes »*genaues Verzeichnis sämtlicher 68 Berufsarten der 858 deutsch-jüdischen Steuerzahler*«, nennt aber nur 14 der dort aufgeführten Berufe und ihre zahlenmäßige Besetzung: »*278 Kaufleute, 28 Schulmeister, 20 Gelehrte, 3 'Informatores', 2 Sprachmeister, 3 Musikanten, 4 Ärzte, 1 Briefträger, 1 Gewehrhändler, 1 Färber alter Hüte, 1 Thorwächter, 1 'Stock-Jude', 11 'so von Mitteln leben', aber nur einer, der Geld auf Pfänder leiht*«.[46]

Gonsiorowski gibt zwar die Archivsignaturen an, unter der dieses Verzeichnis (aus dem Jahre 1764) und eine andere berufsstatistische Liste aus dem Jahre 1720 zu finden sind. Aber auch er beschränkt sich darauf, den Inhalt der Listen selektiv – wenn auch weitaus vollständiger als Grunwald – in seine Darstellung einzubeziehen, ohne diese wichtigen Quellen ausführlich zu beschreiben und kritisch zu untersuchen.[47]

Wichtiges, noch nicht erschlossenes bevölkerungs- und berufsstatistisches Material für Altona enthalten die sogenannten Haushaltszettel, welche die Grundlage der Volkszählung von 1769 bildeten. Die Brauchbarkeit dieser Quelle für die Geschichte der aschkenasischen Juden in Altona ist allerdings durch zwei gravierende Mängel mehr oder weniger stark eingeschränkt: Erstens gehörte die Konfessionszugehörigkeit nicht zu den abgefragten Merkmalen, das heißt die Juden sind in den Haushaltszetteln nicht als solche bezeichnet und nur anhand der Namen aus der Gesamtmenge herauszufiltern, ein Verfahren, dessen Zuverlässigkeit kaum nachprüfbar ist; und zweitens sind die Haushaltszettel des Süderteils nicht erhalten, das heißt sie fehlen ausgerechnet für den Stadtteil, in dem die aschkenasische Synagoge lag und, wie anzunehmen ist, die meisten Aschkenasim wohnten. Es bleibt zu prüfen, ob die aus dem vorhandenen Material zu gewinnenden Teilmengen Rückschlüsse auf die Gesamtmenge und ihre berufs- und bevölkerungsstatistischen Charakteristika erlauben.

Trotz der unbefriedigenden Quellen- und Forschungslage sind einige allgemeine Feststellungen hinsichtlich der Berufsstruktur der aschkenasischen Juden im Hamburger Raum vor 1780 möglich:

(1) Bedingt durch die aus dem Mittelalter überkommenen Berufsbeschränkungen, welche die Juden vor allem vom zünftigen Handwerk ausschlossen – und, wo Kramerämter oder Kaufmannsgilden bestanden, auch vom Handel mit den diesen vorbehaltenen Waren –, lebte die Mehrzahl der erwerbstätigen aschkenasischen Juden im Hamburger Raum in der Berichtszeit (und darüber hinaus) vom Handel und/oder vom Geldgeschäft, wobei das Spektrum dieser Berufszweige vom Hausieren bis zum Groß- und Fernhandel und von der Pfandleihe bis zum Wechselgeschäft großen Stils reichte. Auch in Handel und Geldgeschäft tätige Makler hat es gegeben.

(2) Die Verteilung der im Handel Tätigen über das Spektrum und das Berufsspektrum dieses Bereichs selbst waren je nach den örtlichen Gegebenheiten unterschiedlich:

| Historischer
| Überblick

Hamburg war Hauptsitz des Groß- und Fernhandels, der demgegenüber in den drei anderen Orten zurücktrat oder überhaupt nicht vorhanden war. Außerdem war das Spektrum der Handelsberufe in Hamburg und Altona, der größeren Zahl der Aschkenasim entsprechend, reicher als in Harburg und Wandsbek.

(3) Auch aschkenasische Handwerker hat es im Berichtszeitraum gegeben. Für Hamburg sind sie nach Zahl und Art in der Berufsstatistik von 1764 aufgeführt. Für Altona ist ihr Vorhandensein bezeugt, aber nicht, in welchen Handwerken sie tätig waren.[48]

(4) Während die Tätigkeit in einzelnen Berufen – zum Beispiel Rabbiner, Chasan (Vorsänger, Vorbeter, Kantor), Schammasch (Synagogendiener, Gemeindediener), Lehrer, Drucker hebräischer Bücher, Pächter des Ritualbades – ganz auf den innerjüdischen Bereich beschränkt blieb, waren andere Teil der örtlichen Infrastruktur und als solche auch für die nicht-jüdische Bevölkerung wichtig oder sogar unentbehrlich. Das trifft zum Beispiel auf die jüdischen Schlachter in Harburg und wahrscheinlich auch auf die jüdischen Schlachter und die jüdischen Pfandleiher in Altona zu.

(5) Wie den Quellen zu entnehmen ist, übten manche aschkenasischen Juden im Hamburger Raum mehrere Berufe gleichzeitig aus. Das bekannteste Beispiel dafür ist Glikl Hamel (Glückel von Hameln), die nicht nur im Handel, sondern auch als Unternehmerin im produzierenden Gewerbe tätig war.[49]

(6) Ein weiteres Merkmal der Berufsstruktur ist die berufliche Mobilität eines in seinem Umfang nicht bekannten Teils der aschkenasischen Juden im Hamburger Raum in der Berichtszeit. (Solchem – zum Teil mehrfachen – Wechsel von einem Beruf zum anderen im Lauf eines individuellen Lebens steht in anderen Fällen eine generationenübergreifende berufliche Kontinuität innerhalb einzelner Familien – zum Beispiel bei Ärzten, Schlachtern und Petschierstechern – gegenüber.) Es bleibt noch zu untersuchen, ob diese berufliche Mobilität zeittypisch, schichtspezifisch oder ein charakteristisches Merkmal der aschkenasischen Berufsstruktur war.

(7) Aschkenasische Juden waren in der Berichtszeit in Hamburg, Altona und Harburg vereinzelt auch als Unternehmer im produzierenden Gewerbe und damit in mehr oder weniger großem Umfang als Arbeitgeber für Juden und teilweise auch für Christen tätig.

(8) Frauen waren nicht nur als mithelfende Familienangehörige oder, vereinzelt, als Hebammen, sondern, vor allem als Witwen, auch selbständig in Handel, Pfandleihe oder Heimindustrie (Spitzenklöppelei) – und, wie bereits erwähnt, mindestens in einem Fall auch als Unternehmerin im produzierenden Gewerbe – erwerbstätig. Ob und in welchem Umfang aschkenasische Frauen außer im Haushalt auch in anderen Erwerbszweigen als abhängig Beschäftigte ihren Unterhalt verdienten, bleibt noch zu untersuchen.

Was die Sozialstruktur der aschkenasischen Juden im Hamburger Raum in der Berichtszeit betrifft, so sind, wie bereits angedeutet, quantifizierende Aussagen darüber (noch) nicht möglich. Die Forschungslage erlaubt jedoch einige allgemeine Feststellungen und Hinweise. Die wichtigsten davon lassen sich zusammenfassen wie folgt:

(1) Kleinste sozioökonomische Einheit war der Haushalt, der nicht nur Wohn-, Konsum- und Reproduktionsgemeinschaft, sondern auch Erwerbsgemeinschaft war, sofern ihm neben dem Haushaltsvorstand/Familienoberhaupt und dem Hauspersonal noch weitere erwerbstätige Personen – mithelfende Familienangehörige und/oder abhängig Beschäftigte – angehörten.

(2) Inhaber von Judenschutz, Wohnrecht und Gemeindemitgliedschaft waren, von Ausnahmen abgesehen, die Haushaltsvorstände/Familienväter. Ehefrauen, unverheiratete

Familienangehörige und zum Haushalt gehörende abhängig Beschäftigte hatten nur als solche Anteil an Judenschutz und Wohnrecht.
(3) Als Träger des Gemeindelebens und Verantwortliche für die in ihrem Haushalt Wohnenden sind die Haushaltsvorstände/Familienväter in den erhaltenen Quellen relativ gut bezeugt.
(4) Noch besser bezeugt ist der sehr viel kleinere Kreis derer, die über das für das passive Wahlrecht erforderliche Mindestvermögen verfügten, in Gemeindeämter gewählt wurden und so an der Gestaltung des gemeindlichen Lebens aktiv beteiligt waren.
(5) Ähnliches gilt von den Gemeindebeamten und von denen, die ohne eigentliches Amt auf Grund ihrer Gelehrsamkeit einen hohen Sozialstatus hatten und zum Teil auch als Autoren zum jüdischen Geistesleben beitrugen.
(6) Ehefrauen, unverheiratete Familienangehörige und abhängig Beschäftigte, die zusammen die Mehrheit der aschkenasischen Bevölkerung ausmachten, kommen dagegen in den Quellen eher ausnahmsweise und meist nur aus bestimmtem Anlaß vor (Heirat, Tod, Verstoß gegen jüdische und/oder staatliche Vorschriften u. dgl.).[50]
(7) Auch die Schicht der am Rande des Existenzminimums Lebenden kommt in den Quellen kaum vor, mit Ausnahme derer, die als Insassen des Armen- und Krankenhauses (Hekdesch), als Unterstützungsempfänger oder als Rechtsbrecher aktenkundig wurden. (Die betreffenden Quellen sind allerdings nur zum Teil erhalten.)

Christen und Juden: Ein problematisches Verhältnis

Problemlos ist das Verhältnis der Bevölkerungsmehrheit zu einer Minderheit eigentlich nie, und schon gar nicht, wenn es sich bei der Minderheit um Juden handelt und die Mehrheit nicht nur die größere Zahl, sondern auch die Staatsmacht stellt und die öffentliche Meinung auf ihrer Seite hat. Dies war und blieb – obgleich mit gewissen örtlichen und zeitlichen Unterschieden – auch die Ausgangssituation im Hamburger Raum im 17. und 18. Jahrhundert. Mochte es unter dem bestimmenden Einfluß der beiderseitigen ökonomischen Interessen im Alltag noch so »normal« zwischen Juden und Christen zugehen: Belastet von der für die Juden schlimmen gemeinsamen Geschichte und unter dem fortwirkenden Einfluß des aus der Vergangenheit überkommenen religiösen Vorurteils, blieb ihr Verhältnis extrem störanfällig. Fremdenfurcht, die jederzeit in Fremdenhaß umschlagen konnte, religiöses Vorurteil und die das Leben am unteren Rand der gesellschaftlichen Pyramide prägenden ökonomischen Schwierigkeiten und sozialen Spannungen, das gab ein brisantes Gemisch, das nur eines Funkens bedurfte, um in judenfeindlichen Ausschreitungen zu explodieren.

Das geschah in Altona, soweit wir wissen, im Berichtszeitraum im ganzen viermal. Das Muster war fast immer das gleiche: Ein Anlaß, der eigentlich keiner war, aber als solcher genommen wurde, um Juden mit Schmähungen und Tätlichkeiten anzugreifen, ihnen die Fenster einzuwerfen, ihren Gottesdienst zu stören. So 1619, so wieder 1687 und so nochmals 1712.[51] Die Juden wußten sich zu wehren, sie hielten den Dienstweg ein und bekamen recht: Die Regierung reagierte scharf auf die Unruhen, ordnete strenge Untersuchung und unnachsichtige Bestrafung der Schuldigen an und drohte im Wiederholungsfalle mit harter Strafe. Die Wirkung war nicht von Dauer. Das tiefsitzende Mißtrauen blieb – und die Animosität auf beiden Seiten. Das zeigte sich 1749, beim letzten dieser Vorfälle. Ein Jude, der sich von einem Schneiderjungen beleidigt glaubte, gab diesem eine kräftige

Historischer
Überblick

Ohrfeige, worauf der Junge zu Boden stürzte und das Verhängnis seinen Lauf nahm: Der »Pöbel« nahm Rache für den Jungen, der einer Quelle zufolge tot, laut einer zweiten halbtot war, nach Meinung anderer die Folgen des Schlags nur simuliert hatte. Der »Pöbel« nahm das nicht so genau, er rächte die vermeintliche Untat, indem er die Häuser mehrerer Juden plünderte und die Fensterscheiben der Synagoge einwarf. Erst die Drohung des Stadtpräsidenten, Soldaten in die Stadt einrücken zu lassen – Altona war eine Stadt ohne Garnison – kühlte die Gemüter ab und stellte die öffentliche Ruhe und Ordnung wieder her.

Schlimmer war es, in mehr als einer Hinsicht, in Hamburg. Wie schnell die Lage dort brenzlig werden konnte, zeigten die Vorgänge, welche die Aufklärung zweier Judenmorde im letzten Viertel des 17. Jahrhunderts begleiteten. Glikl Hamel (Glückel von Hameln) hat das anschaulich geschildert, und andere Quellen haben ihren Bericht in dieser Hinsicht bestätigt.[52] Damals konnte ein Pogrom durch rechtzeitige Gegenmaßnahmen des Rats verhindert werden. 1730, als aus eher alltäglichem Anlaß und daher nicht vorhersehbar der sogenannte »Henkeltöpfchen-Tumult« losbrach, ließ sich die Wut des »Pöbels« nicht in gleicher Weise zügeln. Mehrere Tage lang kam es, trotz des zur Wiederherstellung und Aufrechterhaltung von Ruhe und Ordnung aufgebotenen Bürgermilitärs – das sich in einzelnen Fällen benahm wie der zum Gärtner gemachte Bock – in der Neustadt immer wieder zu Angriffen auf Häuser, in denen Juden wohnten. Die Juden flohen nach Altona oder auf die Dörfer, und die das nicht konnten oder wollten, igelten sich, so gut oder schlecht es ging, in ihren Häusern ein, bis das Unwetter sich verzogen hatte.

Dabei war es nicht der »Pöbel« allein, der den aschkenasischen Juden in Hamburg übel mitspielte. Es gab, wie oben bereits angedeutet, zumindest im 17. Jahrhundert obendrein eine unheilige Allianz zwischen Geistlichkeit und Bürgerschaft. Ihr stand freilich der Sinn nicht, wie dem »Pöbel«, nach roher Gewalt. Im Gegenteil, diese wurde als Bedrohung der herrschenden Ordnung empfunden. Aber die Juden dulden, diese Fremdgläubigen und unliebsamen Konkurrenten, das wollte diese Allianz auch nicht. Sie war für eine ordentliche und möglichst endgültige Lösung dessen, was später »die Judenfrage« genannt wurde. Mit andern Worten: Ihr ging es um nicht mehr und nicht weniger als um den Rausschmiß der aschkenasischen Juden aus der Stadt. Einmal, 1648/49, konnte sie dieses Ziel erreichen. Doch ihres Sieges froh werden konnte sie nicht. Die Vertriebenen gingen nach Altona und von dort aus weiter ihren Geschäften in Hamburg nach. Das heißt: Als Steuerzahler, als Mieter und als Konsumenten war man sie los, als Konkurrenten nicht. Und weniger als ein Jahrzehnt später waren sie wieder in Hamburg, als Flüchtlinge vor fremden Truppen, denen man aus außenpolitischen und anderen Gründen die Zuflucht in der festen Stadt nicht gut versagen konnte. Diesmal blieben sie auf Dauer. Denn ein neuerlicher Versuch, ihre Vertreibung durchzusetzen, schlug fehl. Aber man konnte ihnen mit Steuererhöhungen und Sonderabgaben und anderem von Amts wegen das Leben schwer machen; und das tat man, mal mehr, mal weniger, wie es das innenpolitische Tauziehen zwischen Rat und Bürgerschaft mit sich brachte und/oder die jeweilige Wirtschaftslage ratsam erscheinen ließ. Außerdem ließ man es sich angelegen sein, die Juden, die es mit dem Synagogenverbot so wenig genau nahmen wie der Rat, zu bespitzeln und als Übertreter judenrechtlicher Vorschriften anzuzeigen. Es liegt auf der Hand, daß das für den Stadtfrieden nicht gerade förderlich war und den Nährboden für Exzesse wie den Judentumult von 1730 bereiten half. Wie weit die Geistlichkeit daran auch im 18. Jahrhundert noch beteiligt war, müßte noch genauer untersucht werden. Daß sie während des »Henkeltöpfchen-Tumults« Ruhe und Gehorsam gegenüber der Obrigkeit als Christen- und Bürgerpflicht predigte, ist jedenfalls kein Gegenbeweis. Denn das tat sie nicht den Juden zuliebe, sondern aus Sorge um die Aufrechterhaltung der gottgegebenen Ordnung (oder dessen, was sie darunter verstand). Auch zeigte die lutherische Intoleranz der Hamburger Geistlichkeit sogar gegen Mitchristen anderer Konfession sich noch Anfang der siebziger Jahre des 18. Jahrhunderts darin, daß das Geistliche Ministerium den Rat veranlaßte, den Reformierten die erbetene Erlaubnis zur privaten Religionsausübung zu versagen.

In Altona war man da erheblich weiter. Dort hatten nicht nur Reformierte, sondern auch Mennoniten, Katholiken und Juden bereits seit Anfang des 17. Jahrhunderts das Recht zu öffentlichem Gottesdienst besessen; und seit 1771 trafen sich die evangelischen Geistlichen der verschiedenen Konfessionen mit einigen Ärzten und Gymnasialprofessoren regelmäßig zur gemeinsamen »*Gemüthserholung*«.[53] Auch hat es in Altona eine solche Allianz wie in Hamburg nicht gegeben (in Wandsbek und Harburg übrigens auch nicht). Zwar hatte ganz am Anfang der aschkenasischen Niederlassung in Altona ein Einheizer im Talar in der Ottensener Kirche, wohin die Altonaer damals noch eingepfarrt waren, gegen die Juden gepredigt. Aber die Schauenburgische Regierung nahm die den Altonaer Aschkenasim gegebene Schutzzusage ernst und ließ den Geistlichen durch seinen Vorgesetzten scharf maßregeln; weitere Vorfälle dieser Art sind nicht bekannt. Im Gegenteil, am Ende des Berichtszeitraums waren die Altonaer Geistlichen eher so etwas wie Vorreiter in die entgegengesetzte Richtung, auf dem Wege zu mehr Toleranz.[54] Folgen mochten ihnen freilich zunächst wohl nicht allzu viele. Daß auch Juden anständige Menschen nicht nur sein können, sondern, nicht mehr und nicht weniger als andere, tatsächlich sind, das wollte auch in Altona um 1780 noch immer vielen nicht in den Kopf. Zu zählebig war das alte Vorurteil, wurzelte es doch in einer Tiefe, in die vernünftige Argumente allein gar nicht und selbst im Verein mit einem lebendigem Vorbild nur selten hinabreichten.

Berührungsangst und Abwehr gab es nicht nur auf christlicher Seite. Manche Juden freilich fühlten sich von der Majoritätskultur angezogen, waren neugierig, wollten mittun, es den Christen gleichtun in Opernhaus, Schauspielhaus, Wirtshaus, auf dem Fecht- und Tanzboden. Aber Rabbiner und Gemeindevorstände hatten das nicht gern, sie sahen darin eine Gefahr für das feste Gefüge des ererbten Glaubens und seiner Lebensformen, fürchteten auch wohl, die solcherart Fremdgehenden könnten ihrer Autorität und Aufsicht entgleiten. Dem arbeiteten sie, wie bereits oben angedeutet, mit Verboten und einschränkenden Vorschriften nach Kräften entgegen. Ob es viel genützt hat, ist fraglich. Es war ja auch nicht nur die Freizeitkultur allein, die lockte. Wer bei der Entwicklung, dem Ausbau, der Anwendung moderner Formen des Wirtschaftens und der Produktion zur Avantgarde gehörte und als Unternehmer Macht und nicht wenige Menschen unter sich hatte – wie zum Beispiel der Altonaer Kattunfabrikant Israel Samson Popert, der mehr als 150 christliche Arbeitnehmer beschäftigte –, der mochte sich nicht mehr ins Joch zwängen lassen, fühlte sich auch wohl, wie eben dieser Popert, fremd in der eigenen Gemeinde und hielt sich lieber zu den Sephardim, deren Lebenszuschnitt dem seinen ähnlicher war als das, was er bei den tonangebenden Aschkenasim finden konnte.[55] Solche Ausreißer stellten natürlich eine potentielle Gefährdung des Status quo dar, und Gemeinde und Staat versuchten gegenzusteuern, so gut es ging. Allzu gut ging es wohl nicht. Denn der Staat mußte lavieren, weil sein ordnungspolitisches und sein wirtschaftspolitisches Interesse sich in diesem Fall nicht recht wollten zur Deckung bringen lassen; und Autorität und Ansehen des Rabbinats bröckelten gegen Ende des Berichtszeitraums zusehends ab. Es war allerdings nicht oder doch nur zum Teil die als so bedrohlich empfundene Majoritätskultur, die das bewirkte, sondern Erosionskräfte von innen: Die Autoritätskrise war hausgemacht und vor allem eine Folge des sogenannten Hamburger Rabbinerstreits zwischen Jakob Emden und Jonathan Eybeschütz, der in den fünfziger und sechziger Jahren des 18. Jahrhunderts nicht nur die Dreigemeinde spaltete und weite Teile der europäischen Judenheit in Mitleidenschaft zog, sondern auch die Behörden in Kopenhagen und Hamburg jahrelang beschäftigte.[56]

Am Ende des Berichtszeitraums zeichneten sich also der Verfall der rabbinischen Autorität und zentrifugale, auf die Teilnahme der aschkenasischen Juden an der Majoritätskultur zielende Tendenzen deutlich genug ab und gaben Anlaß einerseits zur Sorge um Fortdauer und Bestand des jüdischen Vätererbes, andererseits zur Hoffnung, die Juden würden endlich das Alte fahren lassen und in der Majorität aufgehen. Diese Hoffnung trog ebenso, wie jene Sorge sich als unbegründet erweisen sollte. Aber das konnte im Grenzjahr 1780 noch niemand wissen, es stellte sich erst sehr viel später heraus, gehört also nicht mehr hierher, sondern in eine andere Zeit und ist ein Kapitel für sich.

Anmerkungen

1 Vgl. Carlebach 1930, S. 1296; Marwedel 1982, S. 15f.; Freimark 1983 (2), S. 62.

2 »Aschkenasim«, abgeleitet von Aschkenas, das in der Bibel in der sogenannten »Völkertafel« erscheint (Gen. 10,2) und später mit Deutschland gleichgesetzt wurde, bezeichnet die Jiddisch sprechenden Juden in den deutschsprachigen Ländern und in Osteuropa, vgl. Jüdisches Lexikon. Bd 1, 1927, Sp. 496 – 498; Graupe 1969, S. 16; zur Geschichte der Sephardim in Hamburg vgl. den Aufsatz von Günter Böhm in diesem Band; zum Nebeneinander von Sephardim und Aschkenasim überhaupt Carlebach 1930, S. 1300 – 1302; Freimark 1983 (2), S. 63f., 65; ders. 1989 (1), S. 192. (Daß übrigens »Nation«, wenn es im Berichtszeitraum von den Juden gebraucht wird, etwas anderes bedeutet, als wir heute darunter verstehen, geht schon aus dem Nebeneinander zweier jüdischer »Nationen« hervor. Tatsächlich sind die Formulierungen »Juden hochdeutscher Nation« und »Juden portugiesischer Nation« nicht ethnisch gemeint, sondern bezeichnen Aschkenasim und Sephardim als je besondere Korporation, vgl. Marwedel 1982/1991, Anm. 58).

3 Daraus ergeben sich gewisse Probleme für die Darstellung, die manchmal, um Zusammengehöriges nicht auseinanderzureißen, über das Grenzjahr hinausgreifen muß. Die einleitenden Bemerkungen zur Quellen- und Forschungslage konnten aus einleuchtenden Gründen erst recht nicht auf den eigentlichen Berichtszeitraum beschränkt werden.

4 Leitbegriff der dieser Periodisierung zugrunde liegenden Geschichtsbetrachtung ist die Emanzipation (bürgerliche Gleichberechtigung): Die Emanzipationszeit, das heißt die Zeit des Kampfes um die Emanzipation der Juden bis zu deren endlicher Durchsetzung, ist dabei gleichsam die zentrale Epoche, auf die die beiden anderen Epochen als »Zeit davor« und »Zeit danach« positiv oder negativ bezogen werden.

5 Vgl. die Aufsätze von Peter Freimark, Peter Kromminga, Astrid Louven und Andrea Misler in diesem Band.

6 Vgl. vorläufig die allgemeinen Hinweise bei Freimark 1989 (1), S. 191, und für das Altonaer Judenrecht Marwedel 1976, S. 17 – 20 sowie für die Quellen zur Geschichte Hamburgs und Altonas die wichtigen Hinweise bei Kopitzsch 1990, S. 87ff.

7 Dieses archivinterne Bestandsverzeichnis kann selbstverständlich eine ausführliche Quellenkunde nicht ersetzen. Übrigens wurde der Bestand 1959 zwischen dem StAH und den Central Archives for the History of the Jewish People in Jerusalem geteilt, wobei jedes Archiv Mikrofilmaufnahmen der dort nicht vorhandenen Originale erhielt, vgl. Graupe 1973, Bd. 1, S. 7f. Einige wichtige Stücke aus den Gemeindearchiven waren schon vor deren Übergabe ans StAH von Emigranten mitgenommen worden und sind teils verschollen – so die Ausfertigung des Generalprivilegs von 1641 –, teils in andere Sammlungen gelangt – so das Memorbuch von 1739, das sich jetzt im Israel-Museum in Jeru-

salem, sowie ein Beschneidungsbuch (Mohelbuch) aus Hamburg aus dem Jahre 1763 und ein »Pinkas Altona« genanntes Memorialbuch aus der ersten Hälfte des 18. Jahrhunderts, die sich jetzt im Jewish Theological Seminary in New York befinden.

8 Riksarkivet Oslo, Danske Kancelli, skap 9, pk. 149. Vgl. zu diesen Briefen Mendelson, Jødene, Bd. 1, S. 20 – 23; Scholem, Sabbatai Sevi, S. 590f.

9 Rigsarkivet Kopenhagen, Privatarkiv 5967, Pk. 2. Vgl. zu dieser Briefsammlung Marwedel 1977.

10 Vgl. den Aufsatz von Andrea Misler in diesem Band.

11 Die Aufzeichnungen des Samuel Meir Heckscher sind abgedruckt bei Kaufmann 1896, S. 394 – 400, ihr Inhalt ist in deutscher Sprache wiedergegeben bei Grunwald 1904, S. 14 – 17. Über die jüdischen Friedhöfe im Hamburger Raum, ihre Geschichte und/oder die Erforschung der Grabinschriften vgl. Freimark 1981; Memorandum 1990; Zürn 1991.

12 StAH Bestandsverzeichnisse Jüdische Gemeinden und Senat Cl. VII Hf No. 5. LASH Verzeichnis der im Schleswig-Holsteinischen Landesarchiv befindlichen Quellen zur Geschichte des Judentums. Bearbeitet von Rolf Busch (Bd. 3: von Karsten Schröder und Konrad Wenn). 3 Bde. Schleswig 1963 – 1966 (Mit Orts- und Personenregister. Das Verzeichnis ist nicht ganz vollständig. Einige dort fehlende Akten-Nummern sind durch ein handschriftliches Verzeichnis von G. Marwedel erschlossen. Für die das Altonaer Oberrabbinat und vor allem den sogenannten Amulettenstreit zwischen Jakob Emden und Jonathan Eybeschütz betreffenden umfangreichen Akten steht ein solches Verzeichnis noch aus.) Alle diese Bestandsverzeichnisse liegen nicht gedruckt vor.

13 Julius Margolinsky: Judenakten im dänischen Reichsarchiv in Kopenhagen. Ausgearbeitet im Auftrag von The Jewish Historical General Archives [jetzt: Central Archives for the History of the Jewish People] Jerusalem. I. Tyske Kancelli, Inländische Abteilung. Patenten 1619 – 1770; Inländische Registratur 1640 – 1737. Kopenhagen 1956 – 1957. (Mehr nicht vorh.) Dieses Findbuch liegt nicht gedruckt, sondern nur maschinenschriftlich vor. Zu diesem Findbuch sind im Institut für die Geschichte der deutschen Juden in Hamburg zwei Register in Karteiform – Ortsregister, Namenregister der Altonaer Juden – ausgearbeitet worden.

14 Vgl. dazu Prange, Geschäftsgang; Marwedel 1976, S. 42 – 48.

Marwedel
Die aschkenasischen Juden im Hamburger Raum (bis 1780)

15 So wurden zum Beispiel die bei Marwedel 1976, S. 273 – 278 und S. 284f. abgedruckten Verordnungen auf königlichen Befehl durch Einzeldrucke bekanntgemacht, siehe ebd. S. 273, 278f., 283, 285 und vgl. auch das »PLACAT, daß kein Jude ohne Wissenschaft der Aeltesten und impetrirten Obrigkeitlichen Consens sich allhier wohnhaft niederlassen solle«, das ebd. S. 288 – 291 als Faksimile abgedruckt ist. (Es handelt sich nicht um ein Plakat im heutigen Sinn, sondern um ein auf allen vier Seiten bedrucktes Doppelblatt).

16 Vgl. zum Beispiel den bei Grunwald 1904, S. 17 erwähnten Bericht und die bei Kopitzsch 1990, S. 806 aufgeführten Flugschriften von A. F. Cranz, ferner die in den Literaturverzeichnissen bei Kopitzsch a. a. O. und/oder bei Marwedel 1976 aufgeführten Reiseberichte von J. Baggesen und J. H. Stoever, die Erinnerungen von G. F. Schumacher und die stadt- oder regionalgeschichtlichen Werke von J. A. Bolten, W. C. Matthäi, W. C. Praetorius und L. H. Schmid. Wichtig ist auch J. J. Schudt: Jüdische Merkwürdigkeiten [...] Frankfurt und Leipzig 1714. Über eine Altonaer Zeitung als judengeschichtliche Quelle handelt Marwedel 1989. (Ausführlicher über die gleiche Quelle künftig G. Marwedel: Die »Königlich privilegirte Altonaer Adreß-Comtoir-Nachrichten« und die Juden in Altona). Auch auswärtige Zeitungen und Zeitschriften kommen als Quellen für die Geschichte der Juden im Hamburger Raum in Frage, vgl. vorläufig Marwedel 1989.

17 Vgl. vorläufig die knappen Bemerkungen bei Freimark 1989 (1), S. 191f. Im Rahmen seiner besonderen Fragestellung sind die Arbeiten zur Geschichte der Juden im Hamburger Raum auch berücksichtigt und in den Rahmen der Stadtgeschichtsforschung hineingestellt bei Kopitzsch 1990, vgl. vor allem den Forschungsbericht ebd., S. 87ff.

18 Louven 1989.
19 Homann 1957.
20 Marwedel 1982.
21 Die von 1900 – 1980 erschienenen Arbeiten sind vollständig verzeichnet in: Bücherkunde 1939 – 1983.
22 Marwedel 1976.

Historischer Überblick

23 Graupe 1973. Ebenfalls der inneren Geschichte der Altonaer aschkenasischen Juden zuzurechnen sind die sechs hebräisch und in einem Fall zum Teil auch jiddisch geschriebenen, wirtschafts-, personen- und mentalitätsgeschichtlich interessanten Testamente, die [H.] M. Graupe mit Einleitungen und Anmerkungen 1973 in der hebräischen Zeitschrift »Michael« herausgegeben hat.

24 Diese Arbeiten galten (und gelten) den jiddischen Privatbriefen von 1678, den Steuerkontenbüchern der aschkenasischen Gemeinde Altona, den jüdischen Personenstandsnachrichten und anderen Judaica in den »Königlich privilegirten Altoner Adreß-Comtoir-Nachrichten« und den Grabinschriften auf dem aschkenasischen Friedhof in Altona, vgl. vorläufig Marwedel 1977; Marwedel 1983; Marwedel 1989; Zürn 1991 (Einleitung).

25 Vgl. hierzu auch die methodologischen Bemerkungen bei Zimmermann 1990, S. 35f.

26 Im Zeitalter nach Auschwitz liegt es besonders nahe, die Vergangenheit als bloße Vorstufe zu verstehen und sie durch das Denkmodell der Entwicklung (Ent-wicklung) mit dem Geschehen des 20. Jahrhunderts zu verbinden. Bei diesem Verfahren, Aktualität herzustellen, bleibt allerdings die Komplexität vergangener Geschichte und ihre prinzipielle Offenheit nach vorn auf der Strecke, vgl. Marwedel 1982, S. 7 – 9. Ein anderes Denkmodell, mit dessen Hilfe sich Aktualität herstellen läßt, ist das der strukturellen (Teil-)Identität. Wie zwei Blätter eines Baumes sich mehr oder weniger stark unterscheiden, aber doch in Form und Struktur übereinstimmen, so wird unter dem Einfluß dieses Denkmodells nach dem gefragt, was Vergangenheit und Gegenwart miteinander gemein haben. Im vorliegenden Fall könnte das beispielsweise die Minderheitenproblematik sein. Ein anderer möglicher Bezugsrahmen ist derjenige der Frauengeschichte, vgl. den vom Stadtteilarchiv Ottensen herausgegebenen und von der Frauengeschichtsgruppe dieses Archivs ausgearbeiteten Sammelband »Aufgeweckt«: Allen Beiträgen gemeinsam ist der auch im Untertitel erscheinende Bezugsrahmen »Frauenalltag«. (Dem jüdischen Frauenalltag vom 17. bis ins 20. Jahrhundert gewidmet ist der Beitrag »Viel Töchter halten sich tugendsam«. Jüdische Frauen aus Altona in vier Jahrhunderten von Ulla Hinnenberg und Erika Hirsch, ebd. S. 111 – 154).

27 Einiges spricht dafür, daß sie auf die Übersiedlung schließlich doch verzichteten oder nach relativ kurzer Zeit die Region wieder verließen. Ebenso ungewiß ist das weitere Schicksal des Arend Jakob von der Littau (wohl = Ahron Jakob aus Litauen) und des Grundbesitzes, den er 1582 in Ottensen erwarb: Über ihn selbst liegen keine weiteren Nachrichten vor, und was das Grundstück in Ottensen betrifft, so erwähnt Max Grunwald zwar, der Besitz dieses Anwesens sei den »Hamburger Juden« im Jahre 1614 »confirmiert« (bestätigt) und ihnen erlaubt worden, es als Friedhof zu nutzen. Aber da er seine Quelle nicht nennt und sie nicht mehr ausfindig gemacht werden konnte, kann diese Information weder für die Geschichte des Ottensener Friedhofs in Anspruch genommen werden noch als sicherer Beleg für das Vorhandensein einer aschkenasischen Niederlassung in Hamburg im Jahre 1614 gelten. (Bei Brilling 1931/32 ist diese Nachricht denn auch nicht erwähnt).

28 Das <u>könnten</u> die Familien der vier Juden sein, denen Graf Adolf XII. von Holstein-Schauenburg im Jahre 1584 die Niederlassung in Altona oder Ottensen erlaubte, siehe das Faksimile des Geleitbriefs bei Graupe 1973, Bd. 1, S. 20 – 24 und den Abdruck des Textes bei Marwedel 1976, S. 113f. Da aber für die dazwischenliegende Zeit jegliche weitere Nachricht fehlt, bleibt das ungewiß.

29 Eine solche Untersuchung wäre auch ein recht schwieriges Unterfangen, bei dem nicht von vornherein sicher wäre, daß die erhaltenen Quellen für eine zuverlässige Beantwortung ausreichen. Es würde ja nicht genügen, die Summe der finanziellen Belastung zu ermitteln. Es müßte außerdem untersucht werden, wie diese Last auf die einzelnen Gemeindemitglieder verteilt wurde und wie groß im Vergleich dazu die Belastung der nicht-jüdischen Einwohner durch Steuern und Abgaben war.

30 Vgl. Jersch-Wenzel 1983, S. 15, 19. – Es gab auch Orte – zum Beispiel Wandsbek –, an denen das Schutzgeld niedriger war als in Altona.

31 Kaufmann 1896, S. 24 (Jiddisch); Feilchenfeld 1923/1987, S. 14 (Deutsche Übersetzung).

32 So waren die Juden, weil sie nicht Stadtbürger werden konnten, dadurch wie andere Nicht-Bürger von allen Rechten und Aktivitäten ausgeschlossen, die den Bürgern vorbehalten wa-

ren; von Zünften und Gilden, die nur Söhne christlicher Eltern zuließen oder von ihren Mitgliedern einen christlichen Lebenswandel verlangten, waren die Juden ausgeschlossen, auch ohne daß sie in den Zunftartikeln explizit erwähnt sind.

33 In Fredericia waren Juden (und andere Neubürger) verpflichtet, ein Haus zu bauen oder zu kaufen, siehe Hartvig, Jøderne, S. 68, 112; Katz, Jøderne, S. 97f. Auch in Rendsburg gab es die Verpflichtung zum Hauskauf, vgl. Harck, Jøderne, Nr. 5, S. 5f. In Hamburg dagegen waren Juden, jedenfalls im Prinzip, vom Grunderwerb ausgeschlossen, siehe weiter unten und Anm. 42.
34 Vgl. Carlebach 1930, S. 1299f., S. 1312f.
35 Siehe Graupe 1973, Bd. 1, S. 15f.
36 Grunwald 1904, S. 8, 181f.; Graupe 1973, Bd. 1, S. 16, Anm. 12.
37 Siehe Graupe 1973, Bd. 1, S. 19.
38 Einziger impliziter Hinweis auf sie in den Quellen sind die »Revidirte Articuli, wornach sich die Hochteutsche Juden, so in dieser Stadt Schuz genommen, zu richten haben sollen« von 1697 (abgedruckt bei Grunwald 1904, S. 184f.), die nach Graupe 1973, Bd. 1, S. 25 nie Gesetzeskraft erlangten, aber durch ihre Bezeichnung als »Revidirte Articuli« auf andere, ältere »Articuli« zurückverweisen. Als expliziter Hinweis ist vielleicht die Bemerkung bei Haarbleicher 1886, S. 3 aufzufassen, wonach der Rat im Jahre 1650 ohne Zustimmung der Bürgerschaft einen »Juden-Contract« abgeschlossen habe. Das angegebene Datum kann allerdings kaum richtig sein, wenn es sich um einen Kontrakt mit Aschkenasim handelte. Denn diese waren 1649 aus der Stadt vertrieben worden und konnten erst sehr viel später dahin zurückkehren.
39 Vgl. die bei Marwedel 1982, S. 12f. in Feilchenfelds deutscher Übersetzung zitierte Stelle aus den Erinnerungen der Glikl Hamel (Glückel von Hameln). Es ist allerdings zu berücksichtigen, daß die zur Altonaer und die zur Wandsbeker Gemeinde gehörenden Hamburger Aschkenasim außerdem ihren Anteil an dem diesen Gemeinden abgeforderten Schutzgeld bezahlen mußten.
40 Siehe Augner, Kommission, S. 172f. und vgl. auch Grunwald 1904, S. 40f.
41 Haarbleicher 1886, S. 12f., vgl. Grunwald 1904, S. 205–208 und zum Ratsdekret von 1734 und zur Zuwandererkontrolle und Problematik der nichtseßhaften Juden überhaupt den Aufsatz von Peter Kromminga in diesem Band.

> Marwedel
> Die aschkenasischen Juden im Hamburger Raum (bis 1780)

42 Siehe Ellermeyer 1989 und vgl. auch Haarbleicher 1886, S. 12, 16. (Haarbleicher erwähnt ebd., S. 31, die Juden hätten auf Grund einer Abmachung zwischen dem Senat und dem Gremium der Sechziger seit 1752 in bestimmten Straßen auf einen entsprechenden Antrag hin die Erlaubnis zum Grundstückskauf erhalten können. Das ist nirgends sonst erwähnt und bedarf kritischer Nachprüfung).
43 Vgl. Stein 1984, S. 45f.; 60 (u. ö.)
44 Siehe Marwedel 1976, S. 131.
45 Siehe Homann 1957, S. 48.
46 Grunwald 1904, S. 60.
47 Gonsiorowski 1927, S. 40ff.
48 Daß ein Mieter in einem der gemeindeeigenen Häuser als »Schnitcher« bezeichnet wird, ist kein Beleg dafür, daß es in Altona einen jüdischen Tischler gab. Denn es ist unklar, ob der Betreffende Jude oder Christ war und ob »Schnitcher« in diesem Fall als Berufsbezeichnung oder als Eigenname aufzufassen ist.
49 Feilchenfeld 1923/1987, S. 191, 205 (vgl. auch S. 181–183).
50 Eine Ausnahme bilden die sogenannten Memoiren der Glikl Hamel (Glückel von Hameln) und die jiddischen Briefe, sofern sie von oder an Frauen geschrieben sind.
51 Marwedel 1982/1991.
52 Siehe Feilchenfeld 1923/1987, S. 210–225 sowie die a. a. O. in den Anmerkungen erwähnten weiteren Quellen.
53 Kopitzsch 1990, S. 776.
54 Vgl. Kopitzsch 1990, S. 758f.
55 Vgl. Marwedel 1976, S. 317–320.
56 Vgl. die Beiträge von Arno Herzig und Peter Freimark in diesem Band.

Literatur

Augner, Gerd: Die kaiserliche Kommission der Jahre 1708–1712. Hamburgs Beziehung zu Kaiser und Reich zu Anfang des 18. Jahrhunderts. Hamburg 1983

Harck, Ole: Om Jøderne i Hertugdømmet Slesvig. In: Flensborg Avis 103 (1972), Nr. 5, S. 5f., 14; Nr. 11, S. 5f.

Hartvig, Michael: Jøderne i Danmark i tiden 1600–1800. København 1951

Katz, Per: Jøderne i danmark i det 17. århundrede. København 1981
Mendelson, Oskar: Jødenes historie i Norge gjennom 300 år. Bd. 1. Oslo 1969
Prange, Wolfgang: Geschäftsgang und Registratur der Rentekammer zu Kopenhagen. In: ZSHG 93 (1968), S. 180 – 203
Scholem, Gershom: Sabbatai Sevi. The Mystical Messiah 1626 – 1676. London 1973

Die Juden in Hamburg 1780 – 1860

Arno Herzig

Die Hamburger Juden im Zeitalter der Aufklärung

Die Aufklärung und ihr jüdisches Pendant, die Haskala, haben für die Dreigemeinde Hamburg-Altona-Wandsbek nicht die Bedeutung wie das für Berlin der Fall ist.[1] Es fehlen Zirkel wie der Mendelssohn-Lessing-Kreis. Kontakte zwischen Juden und Nicht-Juden auf der auch gesellschaftlich verbindenden Basis einer aufgeklärten Philosophie sind kaum vorhanden, lediglich das Altonaer Christianeum bot den nach Bildung strebenden jungen Juden einen Zugang zu den allgemeinen Wissenschaften. Das Hamburger Johanneum folgte diesem Vorbild erst 1802 unter dem Rektor Gurlitt, der sich 1805 in der Programmschrift seines Gymnasiums für die Gleichstellung von Juden und Christen ausgesprochen hatte.[2] Doch scheint er nicht ganz frei von Bekehrungseifer gewesen zu sein, wie die Konversionen seiner Schüler zeigen.

Die Forderung nach einer bürgerlichen Verbesserung der Juden kam um 1780 aus Berlin, nicht aus Hamburg. Das Jahr 1780 bietet für die Juden in Hamburg keinen epochalen Einschnitt, eher schon die Auflösung der Dreigemeinde 1811 oder die Gründung der Tempelgemeinde 1817. Während der 60 Jahre zwischen dem Amulettenstreit und der Gründung der Reformgemeinde nahm die damals ca. 9.000 Seelen zählende und damit größte jüdische Gemeinde in Deutschland eher einen zweiten, wenn nicht dritten Rang ein. Erst in den 1820er/30er Jahren sollte die nach Auflösung der Dreigemeinde 1812 in Hamburg gegründete Deutsch-Israelitische Gemeinde wieder führend an den geistigen Auseinandersetzungen im deutschen Judentum, aber auch im Kampf um die politische Gleichstellung teilnehmen.

Der Amulettenstreit, der 1756 endete, hatte die unterschiedlichsten Konfliktlinien hervortreten lassen, so zwischen arm und reich, aber auch zwischen den Hamburger und Altonaer Gemeindemitgliedern.[3] Die Auseinandersetzung zwischen letzteren spielte insofern ins Politische hinein, als der Hamburger Senat bestrebt war, seine Juden der dänischen Oberhoheit zu entziehen. Ihr waren sie indirekt durch die Gerichtsbarkeit des Altonaer Rabbinats unterworfen. Der Streit wirkte sich in der Folgezeit lähmend auf das geistige Leben aus, zumal Eybeschütz' Nachfolger, der von 1776 bis 1799 amtierende Altonaer Oberrabbiner Raphael Cohen, keinen Sinn für moderne Entwicklungen hatte und 1799 nur deshalb zurücktrat, weil er nicht mehr

von oben nach unten:
Gabriel Riesser
Heinrich Heine
Salomon Ludwig Steinheim

vorbehaltlos den großen und kleinen Bann anwenden durfte. Die Staatsbehörden hatten ihm das verboten. Der Amulettenstreit hatte gezeigt, welch fatale Folgen gerade dieses Strafmittel nach sich zog, so daß sich Moses Mendelssohns Hauptangriff gegen rückständiges Rabbinertum vor allem gegen dessen Banngewalt richtete. Auch die kleine Gruppe der jüdischen Haskala-Anhänger in Hamburg und Altona, wie Moses Wessely, der unter den Initialen seines Freundes Johann Christian Unzer 1782 in Altona eine Replik auf Dohms Schrift »Über die bürgerliche Verbesserung der Juden« veröffentlichte, richtete sich gegen die Proklamationen in der Synagoge und ihren Teufelbannerstil. Dohm plädierte dagegen für die Beibehaltung der Banngewalt.

Während Jakob Emden (1697 – 1776), Eybeschütz' Konterpart im Amulettenstreit, bei den Berliner Aufklärern ob seines Rationalismus großes Ansehen genoß, war Raphael Cohen das ungenannte Antisymbol in Mendelssohns Schriften zur Reform des Judentums. Dessen Bibelübersetzung hat der Altonaer Oberrabbiner zwar nicht gebannt, aber immerhin erreicht, daß in Altona-Hamburg sie nur wenige Personen subskribierten.[4] Wie er den Aufklärern begegnete, schildert Salomon Maimon, der zwischen 1783 und 1785 das Altonaer Christianeum besuchte:

»'Sie tragen keinen Bart, kommen nicht in die Synagoge; ist das nicht der Religion zuwider?' Ich antwortete nein! und zeigte ihm aus dem Talmud, daß unter den Umständen, worin ich mich befände, dieses alles erlaubt sei. Wir gerieten hierüber in einen weitläufigen Disput, worin jeder von uns recht behielt«.

Doch auch bei Jakob Emden holte sich Maimon eine Abfuhr. Maimons Biographie zeigt, wie klein der Kreis der Haskalʼa-Anhänger in Altona-Hamburg war, obwohl es hier eine große Anzahl jüdischer Ärzte gab, die in anderen Gemeinden das intellektuelle Potential der Aufklärung bildeten. In Hamburg wirkte von 1782 bis 1797 der Arzt Gumpel Schnaber-Levison (1741 – 1797), der wie Moses Mendelssohn ein Schüler des Berliner Rabbiners David Fränkel war. Doch unterstützte Schnaber eher die orthodoxe Richtung.[5]

Fehlende Kontakte zwischen jüdischer und nicht-jüdischer Gesellschaft

Ganz anders als in Berlin, gab es in Hamburg kaum gesellschaftliche Kontakte zwischen Juden und Nicht-Juden, obgleich man geschäftlich ständig miteinander verkehrte. Die preußische Ständegesellschaft war hier viel offener als die angeblich republikanische Hamburgs. Der Literat A. F. Crantz, der als einer der ersten Hamburger Aufklärer 1791 in einer Schrift für die Besserstellung der Juden eintrat, schildert, wie »*ein sehr gebildetes berlinisches jüdisches Frauenzimmer, die (!) in ihrer Heimat in den Palästen des Zutritts gewohnt und die merveilles von Hamburg zu sehen, hierher gereist war, auf dem Baumhause* [einem Lokal] *abgewiesen*« wurde. Jüdische Salons, wie sie für Berlin typisch waren, konnten sich bei einem solchen sozialen Klima in Hamburg nur schwer herausbilden.[6] Esther Mendel, seit 1789 in Hamburg ansässig, zu dieser Zeit wohl die gebildetste unter den Jüdinnen Hamburgs, boten sich, obgleich mit Klopstock befreundet, hier kaum Möglichkeiten, wie sie Henriette Herz und Rahel Varnhagen in Berlin fanden. Der Kreis älterer und jüngerer Hamburger, den sie um sich sammelte, blieb relativ unbedeutend. Am ehesten gelang dies noch Fanny Hertz (1777 – 1829) und H. Heines Schwester Charlotte Embden (ca. 1803 – 1899).[7]

Vereinzelt gab es auch unter den Hamburger Aufklärern Stimmen, die das bedauerten. So schreibt 1802 ein anonymer Autor in der aufgeklärten Zeitschrift »Hamburg und Altona«:

»Jeder vernünftige Reisende bewundert in Berlin zum Beispiel die treffliche jüdische Kultur, wodurch sich ganze jüdische Familien bis zur edelsten Menschenwürde erheben. Hamburg giebt in diesen Stücken andern Städten Deutschlands nichts nach. Auch hier zeigen sich viele israelitische Abkömmlinge von der achtungswürdigsten Seite durch wissenschaftliche Kenntnisse und feine Sitte. Dem ohngeachtet findet man sie abgesondert von Christen ...«.[8]

Erst ein Vierteljahrhundert später überwand man langsam auch in Hamburg diese Absonderung. Die Schwester August Varnhagens von Ense, Rosa Maria, die 1796 als Erzieherin in einer jüdischen Familie nach Hamburg gekommen war, bildete mit ihrem Mann, dem jüdischen Arzt David Artur Assing, einen Salon, in dem 1826 auch Heine, die Schriftstellerin Amalie Schoppe, das Ehepaar Johanna und Salomon Ludwig Steinheim und andere verkehrten. Bei Steinheim selbst fanden Anfang der 1840er Jahre wiederum literarische Tees statt, bei denen sich die Autoren Gutzkow, Wihl, Wienbarg, Riesser, die Assing und ihre Töchter sowie Heinrich Zeise versammelten.

Neben Literatur-Lesungen wurden Konzerte aufgeführt, darunter vermutlich auch Hillers Oratorium »Die Zerstörung von Jerusalem«, dessen Textbuch Steinheim verfaßt hatte. Lesezirkel, bei denen u. a. auch griechische Tragödien im Originaltext mit verteilten Rollen vorgetragen wurden, veranstaltete in den 1840er Jahren der Hamburger Stadtbibliothekar Meyer Isler. Doch dergleichen kulturelle Ereignisse finden in Hamburg und Altona erst 50 Jahre nach den Berliner Salons statt.[9]

Das Hamburger Bürgertum zog sich mit seiner Ausschließungspolitik im 18. und beginnenden 19. Jahrhundert die Kritik der aufgeklärten Öffentlichkeit zu, vor allem was die jüdischen Wohnquartiere betraf. Es existierte in Hamburg zwar kein Ghetto wie in Frankfurt/Main, aber es gab den Juden zugebilligte Straßen, wobei diese weder verfassungsmäßig noch vertragsmäßig genau festgelegt waren. Es blieb bei der vagen, aber dafür konsequent eingehaltenen Bestimmung, daß die Juden sich zusammenzuhalten hätten, soweit möglich in den Straßen, in denen sie *»jetzt gemeiniglich wohnen«*. Als die bekannte Zeitschrift »Genius der Zeit« im September 1799 dies kritisierte, berief sich in einer Replik der aufgeklärte Senator Johann Arnold Günther auf *»Privatrechte«*. Jeder Bewohner der anderen Bezirke habe das Recht, sich keinen jüdischen Nachbarn wider seinen Willen aufdringen zu lassen, da *»die Bedürfnisse des religiösen Rituals der Juden noch manche Art von Belästigung mit sich führen«*.[10]

Die lutherische Orthodoxie hatte in dem Judenreglement von 1710 eine starke Einengung des jüdischen Kultus in der Öffentlichkeit erreicht und den Juden Gottesdienste nur in den Privathäusern zugestanden.[11] In Altona war ihnen dagegen bereits 1641 der Bau einer Synagoge gestattet worden.[12] Es fehlte von christlicher Seite nicht an Provokationen, vor allem aber nicht an Versuchen, Juden zu Christen zu bekehren.

Die besseren Aufstiegschancen, die sich gerade jungen Intellektuellen durch die Taufe boten, mochten manchen zu diesem Schritt bewogen haben. Einige dieser Hamburger Proselyten machten Karriere als Beamte oder aber als Theologieprofessoren wie der bekannte Kirchenhistoriker Neander, der als David Mendel unter Gurlitt das Johanneum besucht hatte. Andere wie Heinrich Heine, der auch zu dieser Gruppe zählt, blieben dennoch zeitlebens dem Judentum verbunden.[13]

Herzig
Die Juden
in Hamburg
1780 – 1860

Historischer Überblick

Soziale Differenzierung und jüdisches Armenwesen

Die latente Voreingenommenheit im religiösen Bereich leistete dem ökonomischen Neid der Handwerker und Krämer gegenüber den Juden Vorschub und führte bisweilen zu handfesten Auseinandersetzungen; diese fanden in der Pamphletliteratur besondere Aufmerksamkeit, so daß ihre Bedeutung in den meisten Fällen übertrieben wurde. In dergleichen Fällen zitierte vorbeugend der Senat den Vorstand der jüdischen Gemeinde zu sich und verbot, wie 1786, »*den Vorübergehenden die Passage* [zu] *verstellen oder durch Geschrei und Zusammenlauf* [zu] *molestiren*«.[14] Lief dabei die Politik des Senats darauf hinaus, in Konfliktfällen die jüdische Gemeinde möglichst aus der Öffentlichkeit auszugrenzen, so besaß diese dafür eine relativ große Autonomie. Sie durfte selbst bestimmen, wer in die Gemeinde aufgenommen, d.h. wer als Jude in Hamburg leben durfte. Verbunden war damit die Erwartung, daß »*nothdürftige Juden [...] sofort aus der Stadt geschaffet werden sollten*«.[15] Dennoch gab es in Hamburg und Altona eine starke soziale Differenzierung in der Judenschaft, auch wenn hier die Abgaben an den Staat nicht so hoch waren wie in Preußen zum Beispiel und vom Mittel der Sondersteuern nur selten Gebrauch gemacht wurde.[16] Der Hausier- und Straßenhandel, von dem viele lebten, garantierte weitgehend nur in wirtschaftlichen Prosperitätsphasen eine Subsistenzsicherung. Eine nachlassende Konjunktur führte sehr schnell zu einem Anwachsen der Armen, die entweder aus der jüdischen Armenkasse unterstützt wurden oder aber vom Straßenbettel leben mußten. Der größere Teil dieser Gemeindearmen lebte in Altona.[17] Als 1788 Mitglieder der Hamburger Patriotischen Gesellschaft durch ein Vorschußinstitut sowohl die strukturelle Armut als auch die Straßenbettler beseitigen wollten – letztere holten nun die Bettelvögte und ihre Gehilfen von der Straße –, kam auch die Dreigemeinde in Zugzwang, denn sie war für die jüdischen Armen verantwortlich. Um alle »*armen Glaubensgenossen*«, die »*dem Elende preisgegeben*«, worunter »*sowohl die zur Gemeinde gehörenden, als auch die hier schon längere Zeit sich aufhaltenden fremden jüdischen Armen*« zählten, nach dem Bettelverbot des Senats von der Straße zu verbannen, veranlaßte der Vorstand im November 1788 eine monatliche Abgabe eines jeden Gemeindemitglieds »*nach seinen Vermögens Umständen*« einzufordern. In einem Verzeichnis sollten »*Gabe und Geber*« festgehalten und so auch öffentlich gemacht werden.[18]

Im Gegensatz zur »Allgemeinen Armenanstalt« beließ es die jüdische Armenanstalt jedoch bei der bloßen Armenversorgung. Auf ein Vorschußinstitut, das ein eventuelles Absinken jüdischer Gewerbetreibender in die Armut verhindert hätte, verzichtete man zunächst.

Trotz der Armenanstalt gelang es jedoch auch in den folgenden Jahren nicht, die jüdischen Bettler von der Straße zu verbannen. Die Hamburger Obrigkeit ermahnte die Gemeinde immer wieder, dagegen einzuschreiten, und auch die Gemeindemitglieder weigerten sich, in die neue Armenkasse zu zahlen und dennoch weiterhin angebettelt zu werden.[19] Als Repressivmaßnahme drohten die jüdischen Armenvorsteher ihrer Klientel an, im Falle von Bettelei die bisherige Unterstützung zu entziehen und bei eventuellen Gefängnisstrafen sich nicht um den Betreffenden zu kümmern. Als nach den goldenen 1790er Jahren um 1800 in Hamburg eine Wirtschaftskrise einsetzte, kam auch die jüdische Armenanstalt in erhebliche Schwierigkeiten. Die Zahl der »*durchreisenden armen Juden*«, die man bisher von der Stadt fernhalten konnte, nahm zu und brachte die jüdische Gemeinde mit der Obrigkeit in Schwierigkeiten, die für alle Bettler ein halbes Jahr Zuchthaus androhte. Die Zahlungsmoral der begüterten Gemeindemitglieder ließ nach, so daß *»Unordnungen mit der Armensteuer entstanden«* und der Vorstand sich gezwungen sah, *»alle derartigen Rückstände als Schuld zur Gemeinde Steuer«* anzusehen und entsprechend einzutreiben.[20] Doch bekamen die Hamburger im Rahmen der Dreigemeinde das Armenwesen nicht in Griff. Trotz der politischen Gleichstellung unter der napoleonischen Herrschaft und der damit erreichten Ansprüche auf die bürgerlichen Institutionen hatte die Gemeinde die Armenanstalt beibehalten und die Armensteuer weiterhin mit der Gemeindesteuer eingezogen. Der Vorstand der neuentstandenen Deutsch-Israelitischen Gemeinde Hamburg beschloß am 2. Juni 1812, wöchentlich 1.300 Mark Banko aus der Gemeindekasse über das Armen-Kollegium an die Bedürftigen zu verteilen.[21] Dies erfolgte weitgehend als Lebensmittel- und Unterhaltsgütervergabe. So existierte eine eigene »Torf-Verteilungsgesellschaft« in der Gemeinde, die für Brennmaterial zu sorgen hatte.[22] Da die Lebensmittelpreise permanent anstiegen, beschloß der Vorstand, für ein Darlehen von 7.000 Franc ein Viktualien-Magazin einzurichten. Erneut sollten *»die Bedürfnisse der Armen genau untersuch[t]«* werden, *»damit die ganze Armenpflege mehr Einheit bekomme und auch so manches Einschleichen von Seiten der Armen verhindert würde, worunter der wahre Dürftige leidet«.*[23] Eine Neuordnung scheiterte jedoch, als im Mai 1813 nach der Wiedereroberung der Stadt durch die Franzosen ein Quasi-Kriegsrecht eingeführt wurde und viele begüterte Juden die Stadt verließen.[24] Die Unterstützung für die Armen wurde im Zuge der Einsparungen wegen *»der gänzlichen Erschöpfung aller Kassen«* auf monatlich 1.000 Mark zusammengestrichen. Als schließlich am 20. Dezember 1813 der Colonel Charlot allen Einwohnern, die sich für die Zeit bis zum 1. Juli 1814 nicht verproviantieren konnten, befahl, die Stadt zu verlassen, reichten die Mittel gerade noch, um *»den freiwillig Auswandernden [...] eine Geldunterstützung zur Abhelfung ihrer ersten Bedürfnisse auf einem fremden Ort zu reichen«.*[25] Wie hoch die Zahl der jüdischen Auswandernden war, bleibt offen, doch scheint die in der Literatur immer wieder angeführte Zahl von 3.000 jüdischen Flüchtlingen (unter den insgesamt 20.000 Hamburgern) zu hoch gegriffen.[26] Die »Unterstützung« der Gemeinde belief sich nämlich nur auf knapp 1.000 Mark, was angesichts einer solchen Zahl wohl kaum als »Unterstützung« hätte angesehen werden können.[27] 150 Mark dieser Summe steuerte die als »Freundschaftszirkel« bekannte »Gesellschaft jüdischer Individuen« bei.[28] Auch in Hamburg hatte sich also wie in Berlin, Königsberg und Breslau ein Kreis Haskala-Anhänger zusammengefunden, der sich vor allem für die Hilfe für arme Gemeindemitglieder verantwortlich fühlte.[29] Dieser »Freundschaftszirkel« stellte vermutlich 1817 den Kern des »Verein[s] der jungen israelitischen Armenfreunde zur Vertheilung von Brod und Suppe«. Seine Zielsetzung war es, die Straßenbettelei durch Unterstützung Hilfsbedürftiger zu beseitigen. Dieser Verein bildete eine der Wurzeln für die Reorganisation der Armenanstalt nach 1815, die nun den Schwerpunkt auf Präventivmaßnahmen legte und so verhinderte, daß temporäre Bedürftigkeit beim Tod des Ernährers zu einem endgültigen Abstieg der Familie in die Armut führte. In einer Phase, in der sich die Allgemeine Armenanstalt in Hamburg zu einem reinen Almosen-Insitut zurückentwickelte, zog die jüdische Armenanstalt die Konsequenz aus der Katastrophe von 1813 und etablierte ein umfangreiches Sozialwesen.

Krasse Schilderungen über die Armut in jüdischen Wohnquartieren, wie wir sie für Frankfurt/Main von Bettina v. Arnim und für Prag von Johann Nikolaus Becker besitzen, fehlen für Hamburg.[30] Lediglich Jakob Audorf d. Ä. schildert uns nicht ohne eine gewisse Voreingenommenheit gegenüber den »frommen« Juden in seinen Lebenserinnerungen seine Begegnung als Kind mit der jüdischen Unterschicht während der Franzosenzeit. Es war selbstverständlich, daß die Unterschichten, Juden und Nicht-Juden, eng zusammen

wohnten und sich gegenseitig aushalfen. Wie bei Johann Arnold Günther, der über die »*Unreinlichkeit [...] der niederen Stände der jüdischen Einwohner*« sich mokiert, findet sich auch bei Audorf derselbe Vorbehalt.[31]

So bietet uns wohl die gelungenste Darstellung des Alltagslebens jüdischer Unterschichten in Hamburg Heinrich Heine mit seiner fiktiven Figur des Moses Lümpchen, der »*die ganze Woche herum*[läuft], *in Wind und Wetter mit seinem Packen auf dem Rücken, um seine paar Mark zu verdienen*«, der aber am Freitagabend »*seinen Packen und seine Sorgen von sich*« legt, den Sabbat feiert und »*vergnügt in seiner Religion und seinem grünen Schlafrock, wie Diogenes in seiner Tonne* [sitzt] *und mit Rothschild nicht tauschen möchte*«.[32]

Heine neigt hier zu einer Idealisierung des traditionellen Judentums, das auch dem Ärmsten einen Halt und eine kulturelle Nische bietet, was freilich in der Realität kaum mehr zutraf.

Die Juden in der Hamburger Öffentlichkeit

Trotz der Vorbehalte der Judenordnung von 1710 und der sich ständig wiederholenden einschränkenden Bestimmungen des Senats nahm die jüdische Minderheit sehr rege am öffentlichen und kulturellen Leben der Stadt teil, was der Vorstand der Gemeinde allerdings zu unterbinden suchte. Schon 1685 und dann noch einmal 1726 verboten die Statuten »*Mann oder Frau*«, aber auch »*Jünglingen und Mädchen*« am Sabbat oder Feiertagen (nicht-jüdische) Wirtshäuser, Kegelbahnen, Komödien oder Fechtschulen aufzusuchen.[33] Frauen und Mädchen wurde vor allem der Besuch der Oper verboten. Das immer wieder auch von christlicher Seite ausgesprochene Verbot des Besuchs von Kaffeehäusern und Vergnügungslokalen für Juden wurde offensichtlich nur in den wenigsten Fällen beachtet.[34] Das Bestreben junger Juden, sich auch äußerlich zu akkulturieren, ist offenkundig. Gegen die Haar- und Kleidungsvorschriften des traditionellen Judentums verstieß zum Ärgernis des Oberrabbiners wohl nicht nur Salomon Maimon. 1790 verboten Vorsteher und Oberrabbiner den Frauen, das Haar offen zu tragen und hofften, daß »*diese Sünde unterlassen wird*«.[35] Ob auf die »*lockeren Sitten*«, über die in den Gemeindeproklamationen geklagt wird, die große Zahl unehelicher Geburten in den jüdischen Gemeinden zurückzuführen ist, muß bezweifelt werden. Diese hatten einen anderen Grund. Für die Erlaubnis zur Eheschließung verlangte die Gemeinde immens hohe Abgaben, so daß die jüdischen Unterschichten – wie die christlichen übrigens auch – sich eine Heirat kaum leisten konnten. Der Ausweg, den manches jüdische Paar fand, indem es sich auswärts trauen ließ, war riskant, da die Eheschließung von der Wedde den »Juden-Ältesten« gemeldet wurde, die ihrerseits die Ehe nicht akzeptierten, so daß wie 1786 im Fall des David Susemann und seiner Frau Gelke das Kind als unehelich galt. Die Wedde verurteilte in diesen Fällen die »Schuldigen« zur Zahlung der Gemeindegebühr von 150 Reichstalern, die für viele unerschwinglich war.[36]

Die öffentlichen Gerichte überließen in dergleichen Fällen die Regelung den jüdischen Gerichten, nur in schweren Fällen wurde öffentlich verhandelt, so 1792/93 der Prozeß gegen Debora Traub, der in der Öffentlichkeit großes Aufsehen erregte, wie die zahlreichen Druckschriften, die darüber erschienen, deutlich machen. Debora Traub, die geistesgestört war, hatte ihre Schwiegermutter und ihre Schwägerin, mit denen sie zusammenlebte, durch Gift umgebracht. Sie wurde am 4. Februar 1793 durch das Schwert hingerichtet. Ihre

Leiche wurde zur Strafe unter dem Galgen verscharrt, aber mit Erlaubnis des Prätors wieder ausgegraben und auf dem neuen jüdischen Friedhof am Dammtor beigesetzt. Dies geschah freilich heimlich »*wegen des Pöbels*«, wie der Küster der Beerdigungsgesellschaft berichtet.[37]

Bei den vereinzelten judenfeindlichen Aktionen, zu denen es in Hamburg kam, wird immer der »Pöbel« als der Träger herausgestellt; doch sowohl bei den Pogromen von 1730 wie 1819 oder 1830 und 1835 verbergen sich hinter derlei Aktionen Handwerker und Krämer, die so die jüdische Konkurrenz auszuschalten versuchten.[38] Schon bei Glückel von Hameln ist der »Pöbel«, wer immer sich hinter dieser ungenauen Bezeichnung verbarg, nicht schlechterdings judenfeindlich, sondern durchaus auch auf Seiten der Juden, wenn ein Verbrechen an ihnen verübt wurde. Im Jahr 1784 war ein 18jähriger jüdischer Junge »*von einem unmenschlichen christlichen Kerl*« heimtückisch unter Beihilfe von zwei Frauen in dessen Wohnung gelockt und ermordet worden. Dem Toten wurden die Schmuckwaren abgenommen. Der Mörder hatte sich zwar selbst umgebracht, aber die Leiche war dennoch »*exekutiert*« worden. »*Die Exekution*«, so heißt es in einem zeitgenössischen Bericht, »*vollzog sich unter gewaltigem Zulauf des Volkes, welches in seiner Erbitterung über den Mörder seine Leiche mit Steinen und Schmutz bewarf ...*«. Im »Pöbel« gab es durchaus so etwas wie einen Gerechtigkeitssinn, nicht nur schlicht Judenhaß.[39]

»Die aufsteigende Bahn«[40]

Schon in den 1790er Jahren zeigt sich das Bestreben der Hamburger Juden, stärker am öffentlichen Leben der Stadt, auch in kritischen Situationen, teilzunehmen. Als im August 1791 der Aufstand der Gesellen das gesamte Wirtschaftswesen der Stadt lahmzulegen drohte, bot eine Deputation der portugiesischen und der deutschen Juden dem Senat an, »*zur Vertheidigung dieser Stadt sich unter die Kompagnien ihres Districts zu stellen, und den Dienst gleich den christlichen Einwohnern ohne Rücksicht auf Sabbat und Festtage solange zu verrichten, als die Unruhen anhalten würden*«. Der Senat bedankte sich für diesen Beweis ihres »*patriotischen Eifers*«, »*lehnte aber dies Anerbieten um des willen ab, weil schon alle nöthigen Anstalten getroffen waren und sich bereits mehrere Einwohner unter den Wachen befanden, als man anfangs vermuthet hatte*«.[41] Bei diesem Angebot mochte sicher auch mitgespielt haben, daß die vermögenden Juden als Inhaber der Kattunmanufakturen von dem Aufstand mit betroffen waren. Insgesamt kann dieses Angebot jedoch als Zeichen dafür gesehen werden, daß sich die Mehrzahl der Hamburger Juden dem Verständnis der Aufklärung gemäß nicht mehr als Minderheit vom allgemeinen politischen Leben der Stadt abkapseln wollte.

So sehr die jüdische Minderheit von der Allgemeingesellschaft ausgegrenzt wurde, so wenig führte dies zu einer inneren Geschlossenheit der jüdischen Gemeinde. Die Differenzen beim Amulettenstreit waren ohne Rücksicht aufeinander ausgetragen worden und auch die Geschäftsauseinandersetzungen führte man bis zum Reichskammergericht in aller Öffentlichkeit aus. Am unerquicklichsten war darunter der Hertz-Popertsche Wechselstreit, bei dem 1796 der Handelsjude Lefmann Samson Hertz seinen Verwandten, den Bankier Meyer Wolf Popert, um mehrere 100.000 Mark betrogen hatte. Der Wechselprozeß fand seinen Niederschlag in zahlreichen gedruckten Darstellungen, die vor allem von Hertz ausgingen, da er der Schuldige, Popert aber auch in nicht-jüdischen Kreisen ein anerkannter und geachteter Bankier war. Alle großen jüdischen Bankiers Hamburgs,

| Historischer Überblick |

Marcus Abraham Heckscher, Salomon Heine, Marcus Samuel Warburg, Israel Heymann Heilbut und andere, sprachen für Popert. Hertz brachte nach mehreren in Hamburg verlorenen Prozessen die Sache vor das Reichskammergericht, wo sie nach Untergang des Alten Reiches 1806 jedoch nicht mehr entschieden wurde.[42]

Mit dem Untergang des Alten Reichs endete die Geschichte der Dreigemeinde und mit der beginnenden Napoleonischen Herrschaft auch die Lebensform des traditionellen Judentums. Es ist die Zeit einer Krise, die sich in Hamburg seit dem Amulettenstreit abzeichnete. Für die jüngere Generation verloren die tradierten Lebensformen an Überzeugungskraft, zumal der Oberrabbiner und die Dajanim wenig flexibel auf das neue Lebensgefühl, das die Aufklärung vermittelte, reagierten. Den Versuch einer Neubestimmung des Judentums, ohne dabei den Weg der Assimilanten zu gehen und die Gruppenidentität aufzugeben, zeigte noch am ehesten der Hamburger Arzt Mordechai Schnaber, der seit den 1770er Jahren sogar für eine Vermittlung der weltlichen Wissenschaften in hebräischer Sprache eintrat. Weltliche Wissenschaften und Tora sah er keineswegs in einem Widerspruch.[43] Außer Schnaber bemühten sich von Hamburg aus auch Herz Wessely und Moses Mendelson-Hamburg um eine Renaissance der hebräischen Sprache. Doch die junge jüdische Generation sah eher Deutsch als angemessene Sprache der Aufklärung an, der sie sich nun verstärkt zuwandte. Sie kam damit der recht intoleranten Forderung der Hamburger Aufklärer nach, die zwar die Versuche, »*die Kenntnis ihrer Nationalsprache zu erhalten*«, anerkannten, doch die Ausmerzung ihres »*Jargons*«, dieser »*äußerst auffallenden Mundart [...des] sogenannten Judendeutsch*« forderten. Die Hamburger Aufklärung brachte also nicht nur die Forderung nach Gleichstellung der Juden, sondern verlangte gleichzeitig wie schon im Hinblick auf die sprachlichen Eigentümlichkeiten von den Juden, »*ihre altjüdischen, von den Gesetzen independenten Gebräuche und Sitten [...], die dem herrschenden Geschmack allerdings anstößig sind*«, aufzugeben. Die Hamburger Aufklärer, die sich mit zwanzigjähriger Verspätung nach 1800 in die Emanzipationsdebatte einschalteten, waren allenfalls bereit, den einzelnen akkulturierten Juden, nicht aber die jüdische Gruppe mit ihrer spezifischen Kultur zu akzeptieren.[44]

In dieser Auffassung unterschieden sie sich kaum von den Ansichten des mit der Hamburger Aufklärungsszene eng verbundenen Freiherrn Knigge, der ja auch heftig gegen Sitte und Kultur der Juden polemisierte.[45] Die deutsche Aufklärung hatte zwar die Diskussion über die bürgerliche Verbesserung, vereinzelt sogar über die bürgerliche Gleichstellung der Juden in Gang gesetzt, aber nicht einmal in den eigenen Reihen überzeugen können. Als in den von Frankreich beherrschten Territorien für eine kurze Phase von allenfalls fünf Jahren die bürgerliche Gleichstellung der Juden herbeigeführt wurde, stieß das kaum auf Zustimmung. In der jüdischen Gemeinde waren davon wohl auch nur die Wohlhabenden angetan. Diese hofften, sich als Bürger zu etablieren und durften nun wie Moses Isaac Hertz und Jakob Oppenheimer in den 30 Personen umfassenden Munizipalrat eintreten.[46] Unter den 1.258 Antragstellern, die gemäß französischem Recht von 1811 bis 1814 mit dem Niederlassungsschein zu 4 Mark, 8 Schilling das Bürgerrecht in Hamburg erwarben, befanden sich nur 85 Juden (= 6,6%). Das war kaum mehr als der Anteil an der Gesamtbevölkerung. Unter den 85 Bewerbern kamen 35% aus Preußen, die sich hier in Hamburg niederlassen konnten. Die ca. 50 gebürtigen Hamburger Juden, die auf diese Weise das Bürgerrecht erwarben, drängte es stärker in die Öffentlichkeit.[47] Die übrigen verhielten sich abwartend, was wohl aus einer gewissen Skepsis über die Dauer der französischen Herrschaft resultierte. Die kurze Phase, in der der russische Oberst Tettenborn Hamburg »befreit« hatte (Ende März 1813 bis Ende Mai 1813), machte deutlich, daß der wieder eingesetzte alte Senat die Juden erneut unter Fremdenrecht zu stellen bestrebt war.

Die Franzosenzeit brachte keine grundlegende Umorientierung der Hamburger Juden, dafür war auch die Zeit zu kurz. Nur wenige machten von den neuen Rechten Gebrauch und kauften Häuser und Grundstücke in den bis dahin verbotenen Straßen oder handelten mit bis dato für sie verbotenen Artikeln. Unter den Franzosen erlebten Hamburgs Juden, durch die Kontinentalsperre bedingt, eine erhebliche Verschlechterung ihrer wirtschaftlichen Situation, auch wenn auf Hamburg, im Gegensatz zu anderen Städten, das »schändliche Dekret« nicht angewendet wurde.[48] Eine »Berufsumschichtung« für die vom Trödelhandel lebenden jüdischen Unterschichten, die die beiden Deputierten Hertz und Oppenheimer in einem »Memoire« in Aussicht stellten, blieb Wunschdenken.[49] Zeigt das »Memoire« noch den Optimismus der just Arrivierten, so brachte doch die Endphase der französischen Besatzung gerade den Juden erhebliche Repressalien bis hin zu dem Versuch des Generals Loison im Dezember 1812, den Hamburger Juden 500.000 Franc abzupressen.[50] Der Vorstand drückte sein Erstaunen darüber aus, daß »*man den jüdischen Religionsverwandten und deren Repräsentanten andere Pflichten auflegen wollte, als den Repräsentanten anderer Culten*«. Der Maire, der diese Erpressung mit schmeichelnden Worten abzufedern versuchte – »*der israelitischen Glaubensgenossen schönster Zug nächst der Wohltätigkeit war sonst Gehorsam*« –, hatte jedoch auch keinen Erfolg. Trotz aller Androhungen konnte sich die Gemeinde der Erpressung entziehen. Die Vertreibung der armen jüdischen Gemeindemitglieder im Winter 1813 und derlei Erpressungsversuche machen erklärlich, warum die Gemeinde trotz der bürgerlichen Gleichstellung die Vertreibung der Franzosen mit »*aufrichtiger Freude*« begrüßte und die Hanseatische Legion unterstützte.[51]

Die Neuordnung, die der wiedereingesetzte Senat anstrebte, sollte die Interessen der jüdischen Einwohner und die der anderen in Einklang bringen. Vorgesehen war eine Gleichstellung der Wohlbegüterten (Kapitalvermögen von mindestens 50.000 Mark). Sie sollten den übrigen reichen Bürgern nahezu gleichgestellt werden, die ärmeren aber durch eine längere Erziehungsemanzipation erst allmählich dahin gebracht werden. Doch selbst diese Lösung löste den Widerstand der Zunfthandwerker und Kleinhändler aus. Das Ersuchen Hardenbergs, in den Hansestädten den Status des preußischen Edikts von 1812 herzustellen, blieb ohne Erfolg. Die Hansestädte erreichten auf dem Wiener Kongreß eine Umformulierung des Artikels 16 der Bundesakte, der den Juden nur die von (nicht in) den Bundesstaaten erteilten Rechte garantierte. Der Bundesstaat Hamburg (nicht das französische Kaiserreich) hatte diese Rechte 1710 in seiner Judenordnung fixiert, deren Gültigkeit man nun in modifizierter Form wieder herstellte. Die Forderung nach Emanzipation, vor allem nach Abschaffung aller Berufseinschränkungen – so das Zunftrecht – bestimmte die politische Debatte in den nächsten dreißig Jahren.[52]

Die neue Blütezeit

Trotz dieser Restauration erlebte die am 26. April 1812 nach Auflösung der Dreigemeinde neugebildete Deutsch-Israelitische Gemeinde eine neue Blütezeit und befreite sich von ihrer Bedeutungslosigkeit, in der sie sich seit dem Amulettenstreit befunden hatte.[53] Eine vom Senat geforderte offene Gemeindestruktur ersparte nach anfänglichen Querelen Hamburg die Auseinandersetzungen zwischen Reformern und Neuorthodoxen, die das Leben in den meisten preußischen Gemeinden stark behinderten. So konnten sich in dem gemeinsamen

Haus spätestens seit 1821 sowohl die nach dem Vorbild des Jacobsonschen Tempels in Berlin 1815 in Hamburg gebildete Tempelgemeinde als auch die unter dem gelehrten und promovierten Chacham Dr. Isaac Bernays (1792 – 1849) reformierte Orthodoxie entfalten.[54] Bernays wählte bewußt diesen sephardischen Titel, da ihm die Bezeichnung Oberrabbiner zu korrumpiert erschien. Er führte die deutsche Predigt in den Gottesdienst ein, befreite diesen von Äußerlichkeiten und trug einen Ornat ähnlich dem der evangelischen Pastoren. So verband er sehr gelungen Modernität und Tradition. Eine Reform erfuhr auch das Schulwesen mit der Errichtung der 1815 gegründeten und privat finanzierten Israelitischen Freischule unter Eduard Kley, ferner der 1818 ins Leben gerufenen »Armen-Mädchen Schule« der Israelitischen Gemeinde, die die 1805 gegründete orthodoxe Talmud-Tora-Schule ergänzten.[55]

Reformiert und neu strukturiert wurde, wie bereits erwähnt, auch die Armenanstalt, die als Vorsorgeinstitut den um sich greifenden Verarmungsprozeß, wie er für das Zeitalter des Pauperismus typisch ist, verhinderte und sich neben der Darlehenvergabe auf die Versorgung der Altersarmut eingestellt hatte. Die Inanspruchnahme der Darlehen stieg von 29 im Jahr 1817 registrierten Fällen auf 868 Fälle 1854 an, ließ dann aber nach. Als direkte Arme waren 1848 368 Personen, 1861 262 Personen zu unterstützen.[56] Obwohl mit der bürgerlichen Gleichstellung die jüdischen Bürger einen Anspruch auf die städtische Armenfürsorge hatten, plädierte das Armenkollegium doch dafür, »*die Armenpflege als ein Gemeinde-Institut*« zu erhalten, da die jüdische Gemeinde als kleine Gemeinschaft individueller verfahren könne als der Staat. Die Mehrheit des Vorsteher-Kollegiums schloß sich dieser Argumentation an und etablierte damit das Armenwesen auch in der 1864/67 neu organisierten Gemeinde.[57]

Außer den Leistungen in der Schul- und Sozialpolitik entfaltete die Gemeinde mit ihren zahlreichen Vereinen ein reiches kulturelles Leben. Wie in Berlin und Breslau hatte sich auch in Hamburg bereits in den 1780er Jahren ein »Freundschaftszirkel« gebildet, der sich der Aufklärung verpflichtet fühlte und die jüdische Armenfürsorge unterstützte. Als in den 1820er Jahren in Folge der von den Aufklärern geforderten Sozialangleichung der Juden jüdische Intellektuelle Vereine zur Förderung der Handwerke unter den Juden bildeten, unterstützte 1823 der »Freundschaftszirkel« oder die »Gesellschaft« – beide Bezeichnungen finden sich – die Gründung eines »Verein[s] zur Beförderung der nützlichen Gewerbe unter den Israeliten« und zahlte dafür jährlich 400 bis 500 Mark crt. Die »Gesellschaft«, die sich 1839 auflöste, übertrug ihr Kapital von 10.000 Mark crt. auf den Verein.[58] Im Gegensatz zu den Verhältnissen in Preußen hatte dieser Verein in Hamburg noch mit dem Zunftverbot für jüdische Handwerker zu kämpfen, was zu zahlreichen Eingaben an den Senat führte, bis schließlich in den 1860er Jahren dieses Verbot aufgehoben wurde. Doch war damals die Forderung des Vereins bereits obsolet; es hatte sich gezeigt, daß die Forderung der Sozialangleichung eine typisch intellektuelle Forderung war, die an der Realität vorbeiging, da die sich immer stärker durchsetzende liberale Wirtschaftsordnung den tradierten Handelsberufen der jüdischen Minderheit bessere Aufstiegschancen ermöglichte, als dies die Handwerksberufe hätten tun können.

Akkulturation und Emanzipation

Nicht nur die bereits erwähnten Zirkel der Assing, Hertz, Steinheim und Isler zu Beginn des 19. Jahrhunderts und später zeigen das Bemühen um eine Akkulturation. Dieses Bemühen wurde getragen von der Überzeugung eines bedeutenden Beitrags der jüdischen »Aufklärungsaristokratie« zur europäischen Kultur, den besonders Steinheim betonte.[59] Vor allem unter den Jüdinnen war das Bemühen deutlich, aus der Isolation herauszukommen und gemeinsam mit den »*christlichen Schwestern*« sich für Emanzipation und bürgerliche Kultur einzusetzen.[60] Nach ersten Verständigungsansätzen, die 1842 in der Hamburger Presse erfolgten, kam es 1848 auf Initiative von Johanna Goldschmidt und Amalie Westendarp zur Gründung eines überkonfessionellen Frauenvereins, der 1849 in den »Allgemeinen Bildungsverein deutscher Frauen« umgewandelt wurde. Johanna Goldschmidt ist nicht nur die erste Pionierin der Frauenbewegung in Hamburg, sondern sie verband diese Bestrebungen auf der von ihr mitgegründeten »Hamburger Hochschule für das weibliche Geschlecht« mit der Absicht, durch die von ihr ausgebildeten Kindergärtnerinnen den Kindern des Kleinbürgertums und der Unterschichten bürgerliche Kultur zu vermitteln.[61]

Dergleichen Bestrebungen und ihre Erfolge zeigen, wie anachronistisch eigentlich die Emanzipationsdebatte war, die die Vertreter des Hamburger Judentums, allen voran Gabriel Riesser, Anton Rée und Salomon Ludwig Steinheim, seit den 1830er Jahren führen mußten, um endlich auch in Hamburg die bürgerliche Gleichstellung zu erreichen. Vor allem das Hamburger Kleinbürgertum mit seinen durch die Zunftverfassung geschützten Wirtschaftsprivilegien tat sich schwer, die Emanzipation der Juden zu akzeptieren. Es widersetzte sich dem sogar gewalttätig, wie die Hamburger Pogrome von 1819, 1830 und 1835 zeigen. Das Pogrom, das vom 21. bis 26. August 1819 sich in Hamburg abspielte, steht am Ende einer Welle, die am 2. August 1819, von Würzburg ausgehend, schließlich bis Hamburg reichte. Träger dieser sogenannten Hep-Hep-Krawalle von 1819 waren das zünftische Handwerk und die Kaufleute, nicht aber der »Pöbel«, der in der Presse dafür verantwortlich gemacht wurde.[62] Auch in Hamburg fand man Zettel mit der Aufschrift »*Hepp, hepp, Jude verreck*« oder: »*Hepp, Hepp, der Jude muß in'n Dreck*«.[63] Für die Hamburger Juden bedeutete dieses fünftägige Pogrom eine herbe Enttäuschung. Sie hatten gehofft, daß ihre Loyalität gegenüber der Stadt, die sie nicht nur beim Gesellenaufstand 1791, sondern vor allem während der französischen Besatzungszeit bewiesen hatten, dergleichen Aktionen unmöglich machten. Besonders enttäuschte die Haltung des Senats, der nach der Taktik verfuhr, die er schon im 18. Jahrhundert angewendet hatte, daß nämlich bei Angriffen gegen die Juden zuerst diesen befohlen wurde, »*durch ihr Betragen keine Veranlassung zu Zwistigkeiten zu geben*«.[64] Die Gemeinde protestierte gegen eine solche Unterstellung. Allerdings war es beim nächsten Mal wirklich das Verhalten junger Juden, das 1830 ein Pogrom auslöste. Interessanterweise störten sie Gäste des Alsterpavillons, die auf die Nachricht der Revolution in Frankreich die Marseillaise sangen. Die darauf einsetzenden Krawalle und die danach erfolgten Verhaftungen zeigen, daß wiederum Handwerker und Kaufleute beteiligt waren. Auch das Pogrom von 1835 ging vom Jungfernstieg aus und verweist auf dieselben sozio-ökonomischen Spannungen. Diesmal waren es nicht junge Juden, die Hamburger Bürger provozierten, sondern umgekehrt. Kaffeehausbesitzer versuchten, jüdischen Gästen den Zugang zum Alsterpavillon zu verwehren. Bei den darauffolgenden Demonstrationen wurden die Fenster an den Häusern jüdischer Besitzer eingeschlagen.[65]

Insgesamt verdeutlichen diese drei Hamburger Pogrome des Vormärz, daß das Hamburger Bürgertum nur sehr zögernd seine Ausgrenzungsstrategie aufzugeben bereit war. Der jüdische Händler wurde zum Antisymbol stilisiert. Er galt als der Zerstörer der alten Ordnung, die in Hamburg seit der Restauration nach 1815 die Basisphilosophie von Staat

Historischer Überblick

und Gesellschaft bildete. Die Anwälte einer Emanzipation der Juden wie Gabriel Riesser versuchten die Notwendigkeit eines Wandels plausibel zu machen und wiesen auf die Akkulturationsleistungen dieser Minderheit hin. Doch mußten sie erkennen, daß gerade die liberalen und nicht die »gemeinen«, d.h. nicht anpassungsfähigen Juden von den Judengegnern bekämpft wurden. Allerdings verkannte Riesser aus typisch bürgerlicher Sicht heraus die Situation, wenn er den »Pöbel« dabei als Schuldigen der Pogrome herausstellte. Wie seine Supplik von 1835 verdeutlicht, hoffte er auf die »*Einsicht gegen die Macht des Vorurteils*«, und das bedeutete die Überwindung eines durch seine ökonomischen Interessen bestimmten Vorurteils des Klein-, aber auch des Bürgertums gegenüber den Juden.[66]

Im Gegensatz zu Preußens Emanzipationsdebatte fehlte in Hamburg jedoch eine Ideologisierung in dieser Auseinandersetzung, auch wenn die Oberalten versuchten, die Emanzipationswünsche der Juden mit Verweis auf den christlichen Staat als Grundlage des deutschen Staatswesens abzuwimmeln. Die Vorbehalte saßen zwar tief, aber es war auch deutlich, daß alle ökonomischen Vorbehalte mit der Zeit obsolet wurden. Tatsächlich zeigte der Große Brand von 1842 dann auch, daß die Antisymbole durchaus austauschbar waren. Nicht gegen die Juden, sondern gegen die Engländer richteten sich diesmal die Aktionen. Wie unter den Hamburger Juden dieses für die Stadt und ihre politische Entwicklung wohl wichtigste Ereignis in der ersten Hälfte des 19. Jahrhunderts eingeschätzt wurde, zeigen die im Druck erschienenen Ansprachen der beiden Reformprediger Frankfurter und Salomon. Letzterer machte »*tiefen Eindruck*« auf den Mittelstand.[67]

Die endgültige bürgerliche Gleichstellung der Juden in Hamburg vollzog sich bis 1865 in mehreren Etappen. Die wichtigste Voraussetzung hatte die Revolution 1848/49 geschaffen, die in Hamburg freilich nicht so dramatische Ausmaße annahm wie in Berlin oder Wien. Am Parteileben, das nun langsam in Gang kam, beteiligten sich auch jüdische Intellektuelle wie Riesser, Rée, Cohen und Wolffson.[68]

Im Gegensatz zu den Aktionen von 1842 wurden im März 1848 wieder antijüdische Stimmen laut, und es kam auch zu Judentumulten.[69] Selbst die liberale »Reform«, die für die Emanzipation der Juden eintrat, glaubte nicht ohne antijüdische Karikaturen auskommen zu können. Riesser wurde zwar in Hamburg ins Frankfurter Vorparlament gewählt, unterlag aber bei der Wahl zur »konstituierenden deutschen Nationalversammlung«. Gewählt wurde in Hamburg neben Edgar Ross der Jurist Moritz Heckscher, der einer jüdischen Familie entstammte, aber getauft war. Riesser wurde allerdings für das Fürstentum Lauenburg in die Paulskirche gesandt und zum Vizepräsidenten gewählt. Sein dortiges Eintreten für die Emanzipation der Juden wirkte auf Hamburg zurück, wo mit der Annahme der Grundrechte, wie sie die Paulskirche definiert hatte, die Juden mit Wirkung vom 21. Februar 1849 die politische und wirtschaftliche Gleichberechtigung erhielten. Da Hamburg die Grundrechte durch seine Verfassungsorgane legitimiert hatte, konnten sie auch nicht aufgehoben werden, als der Frankfurter Bundestag 1851 dieselben liquidierte. Doch das volle Bürgerrecht war es auch jetzt noch nicht; das wurde aber auch den Anhängern der christlichen, nicht-lutherischen Religionsgemeinschaften vorenthalten. Die Zünfte wehrten sich nach wie vor, jüdische Lehrlinge und Meister zuzulassen. Sie mußten erst gerichtlich dazu gezwungen werden.[70]

Anders als 1811 setzte 1849 ein regelrechter Andrang nach dem Bürgerrecht ein: 397 Juden allein im Jahr 1849, wobei zu bedenken ist, daß der überwiegende Teil der Einwohner keineswegs das (käuflich zu erwerbende) Bürgerrecht besaß. Die letzten Barrieren, die in Hamburg durch die enge Verquickung von Kirche und Staat bedingt waren, beseitigte die Verfassung von 1860, die die Ausübung aller bürgerlichen und staatsbürgerlichen Rechte von der Religion unabhängig machte.[71]

Für die Juden in Altona zog sich der Gleichstellungsprozeß jedoch noch länger hin. In die erst 1840 einsetzende Emanzipationsdebatte hatte sich auch Salomon Ludwig Steinheim mit einem »Offenen Sendschreiben« eingeschaltet und im gleichen Jahr seine politischen Anschauungen in seiner Mendelssohn-Schrift dargelegt.[72] Er argumentierte, daß das Regiment einer allherrschenden Religion vorüber sei, daß die Holsteiner Juden ihre Heimat in Holstein (und nicht in Palästina) hätten und daß die Opposition gegen die Judenemanzipation ein Relikt des Mittelalters, vermischt mit modernen Entwicklungstendenzen, sei. Steinheims Argumente entstammten der Aufklärung und paßten nicht so recht in eine Diskussion, die stark nationalistisch, ja teilweise schon rassistisch bestimmt war. Die Repliken der Altonaer Öffentlichkeit waren entsprechend und zeigen den deutlichen Unterschied zu den ökonomisch bzw. gesellschaftlich bestimmten antijüdischen Widerständen in Hamburg. Die Altonaer Gegner der Emanzipation wiesen die Juden als »*Fremdlinge, Orientalen, Unterdrücker und sittenlose Leute*« ab.

Das Blatt hatte sich in den letzten vierzig Jahren entscheidend gewendet. Damals (1804) priesen die Hamburger Aufklärer die bürgerlichen und ökonomischen Rechte, die die Altonaer Juden im Gegensatz zu den Hamburger Juden besaßen.[73] Nun aber bedienten sich die Altonaer Wortführer in dieser Diskussion einer fast schon rassistischen Ausgrenzungsargumentation. Steinheim zog aus dieser unerquicklichen Debatte die Konsequenzen. Er verließ die politische Bühne wieder und widmete sich nun verstärkt der jüdischen »Theologie«. Die Argumente, die Steinheim von nicht-jüdischer Seite gegen die Emanzipation der Juden entgegengehalten wurden, machen deutlich, daß die Gesellschaft in Altona kaum als Promotor der Emanzipationsbewegung anzusehen ist. Die Emanzipation wurde deshalb 1863 von der dänischen Regierung für Holstein verordnet. Das Gesetz betreffend die Verhältnisse der Juden im Herzogtum Holstein vom 14. Juli 1863 gestand ihnen nun die Berufs- und Niederlassungsfreiheit, das aktive und passive Wahlrecht und den Erwerb von Haus- und Grundbesitz zu. Die jüdische Gemeinde verlor damit aber auch die Reste einer eigenen Rechtssprechung, die sie noch besaß, und behielt nur noch die Jurisdiktion in Religionssachen durch den Altonaer Oberrabbiner.[74]

Die achtzig Jahre von 1780 bis 1860 bedeuten eine lange Phase, in der die bürgerliche Gleichstellung der Juden durchgesetzt wurde. Sie sind zugleich aber auch die entscheidenden Jahre für die innere Entwicklung des Judentums, das nach dem Untergang des traditionellen Judentums, wie es aus dem Mittelalter überkommen war, ein neues Selbstverständnis entwickeln mußte.

Anmerkungen

1 Zur Bedeutung der Aufklärung für das Verhältnis von jüdischer Minderheit und Gesamtgesellschaft siehe: Graupe 1977, S. 79ff.; Katz 1986, S. 54ff.; Herzig 1988, S. 10ff.

2 Kopitzsch 1982 (1), S. 763ff.; Freimark 1979, S. 123–129.

3 Grunwald 1904, S. 90ff.

4 Freimark 1989 (2), S. 9–21; Shoham 1989, S. 22–40; Hayoun 1991, S. 222–236; siehe dazu den Beitrag von Peter Freimark in diesem Band.

5 Maimons Lebensgeschichte, S. 175; hier auch das Zitat; Grunwald 1904, S. 61ff.; Shoham 1989, S. 27; Graupe 1977, S. 89ff.; Merkel, Briefe, S. 36ff., 148f., 282ff.

6 Zitat bei Grunwald 1904, S. 58.

7 Hüttmann, Neander, S. 16; siehe dazu den Beitrag von Daniela Tiggemann in diesem Band.

8 Hamburg und Altona, 1802, S. 15.
9 Kruse 1972, S. 122ff.; zur Bedeutung Salomon Ludwig Steinheims für die Geistes- und Sozialgeschichte der Juden in Deutschland siehe den Tagungsband: Schoeps 1991. Darin v. a. die Beiträge von Joseph Kruse: Heine und Steinheim; Peter Gradenwitz: Steinheim als musischer Gesellschafter.
10 Ellermeyer 1989, S. 175–213; Herzig 1989 (2), S. 266.
11 Das [...] Neue Reglement Der Judenschaft in Hamburg/So Portugiesisch- als Hochteutscher Nation de Dato 7. Septemb. Anno 1710; abgedruckt in: Freimark/Herzig 1989, S. 312–323; Siehe dazu den Beitrag von Saskia Rohde in diesem Band.
12 Marwedel 1976, S. 134ff.
13 Hüttmann, Neander, S. 21ff.; Kopitzsch 1982 (1), S. 762ff.; Nordsiek, Immanuel, S. 103–121.
14 StAH Jüdische Gemeinden 281: Kopialbuch: Bekanntmachungen in [Hamburger] Synagogen 1788–1857, Nr. 68 vom 5.5.1790.
15 Reglement 1710, in: Freimark/Herzig 1989, S. 322.
16 StAH Jüdische Gemeinden 281 (wie Anm. 14), Nr. 78 vom 7.8.1790.
17 Ebd. Nr. 7 v. 8.1.1789.
18 Ebd. Nr. 2 v. 1.11.1788; Nr. 3 v. 3.11.1788.
19 Ebd. Nr. 79 v. 14.8.1790; Nr. 92 v. 4.12.1790; Nr. 133 v. 25.9.1791; Nr. 187 v. 10.11.1793; Nr. 192 v. 25.1.1794; Nr. 205 v. 21.9.1794.
20 Ebd. Nr. 361 v. 22.9.1800; Nr. 378 v. 25.1.1801; Nr. 393 v. 3.4.1802.
21 StAH Jüdische Gemeinden 2739: Protokollbuch der Jüdischen Gemeinde Hamburg, Bd. 1, v. 2.6.1812.
22 Ebd. v. 2.6.1812.
23 Ebd. v. 21.10.1812.
24 Ahrens 1982, S. 418ff.
25 StAH Jüdische Gemeinden 2739 (wie Anm. 21), Bd. 1, v. 7.12.1813; v. 19.12.1813; v. 20.12.1813; v. 24.12.1813.
26 Krohn 1967, S. 17.
27 StAH Jüdische Gemeinden 2739 (wie Anm. 21), Bd. 1, v. 24.12.1813.
28 Richter 1989, S. 238.
29 Offenburg, Judenheit, S. 38ff.
30 Dischner, Bettina, S. 161ff.; Becker, Fragmente, S. 95ff.
31 Audorf, Erlebnisse.
32 Heine 1972, Bd. 3, S. 273; Briegleb 1989, S. 99–128.
33 Graupe 1973, S. 86.
34 Grunwald 1904, S. 125.
35 StAH Jüdische Gemeinden 281 (wie Anm. 14).
36 StAH Wedde I, Nr. 24, v. 16.5.1786.
37 Grunwald 1904, S. 126; hier auch die Zitate.
38 Zimmermann 1983, S. 89–94.
39 Glückel von Hameln 1923/1987, S. 16, 220f.; Grunwald 1904, S. 187; hier auch das Zitat.
40 So bezeichnet Salomon Ludwig Steinheim in: Moses Mendelssohn, S. IX, diese Phase.
41 Herzig 1983 (2), S. 95–108; hier auch die Zitate.
42 Grunwald 1904, S. 213: Darstellung zugunsten Poperts: Getreue und aktenmäßige Darstellung des über den Juden Lefman Samson Hertz in Hamburg wegen Wechselverfälschung verfügten Inquisitions-Processes. Ein Gegenstück zu der abseiten des Hertzischen Anwaldes in Wetzlar in Druck gegebenen Supplica pro Mandato, o. O. 1800. Die Schriften zugunsten von Hertz: Vom bekannten Wechselstreit zwischen Hertz und Popert. Wehrhafte Aussagen und Vertheidigung des Hertz ..., o. O. 1797; Prüfung der sogenannten getreuen Darstellung den wegen einer angeblichen Wechselverfälschung verfügten Inquisitions-Proceß betreffend. Als Replik auf die abseiten des Falliten Meyer Wolf Popert herausgegebene Darstellung, Wetzlar 1800; Oeffentliche gerichtliche Defension des unglücklichen Kaufmanns Herrn Lefman Samson Hertz zu Hamburg. Von ihm selbst verfaßt o. O. 1801.
43 Shoham 1989, S. 33ff.
44 Hamburg und Altona, 1804, S. 130ff.; hier auch die Zitate. Zur Altonaer Aufklärungsdebatte siehe: Marwedel 1989, S. 129–155.
45 Katz 1986, S. 95f.
46 Krohn 1967, S. 16.
47 Streicher, Situation, S. 54ff.
48 Krohn 1967, S. 15.
49 Das Memoire ist abgedruckt in: Haarbleicher 1867, S. 71–77.
50 StAH Jüdische Gemeinden 2739 (wie Anm. 21), Bd. 1, v. 27.12.1813.
51 Ebd. 15.5.1814.
52 Krohn 1967, S. 21; Herzig 1989 (2), S. 270.
53 Zimmermann 1979, S. 21.
54 Siehe dazu den Beitrag von Michael A. Meyer in diesem Band.
55 Baumbach 1989, S. 214–233; siehe auch den Beitrag von Ursula Randt in diesem Band.

56 Richter 1989, S. 241; siehe dazu den Beitrag von Sybille Baumbach in diesem Band.
57 Krohn 1974, S. 58.
58 Richter 1989, S. 248, Anm. 40; siehe auch den Beitrag von Erika Hirsch in diesem Band.
59 Steinheim, Moses Mendelssohn, S. 39.
60 Michalski 1989, S. 162.
61 Siehe dazu den Beitrag von Maya Fassmann in diesem Band.
62 Zimmermann 1983, S. 89ff.
63 Krohn 1967, S. 24, 92.
64 Krohn 1967, S. 24; hier auch das Zitat.
65 Zimmermann 1983, S. 89ff.
66 Zimmermann 1979, S. 52ff.; Arnsberg 1991, S. 81 – 104.
67 Zimmermann 1979, S. 87; Salomons Rede ist abgedruckt in: Gotthold Salomon: Der gottgeweihete Tag in seiner dreifachen Bedeutung, Hamburg und Altona [1842].
68 Zimmermann 1979, S. 157.
69 Krohn 1967, S. 70.
70 Krohn 1967, S. 70ff.; Zimmermann 1979, S. 184, 186f.
71 Süß 1989, S. 286; Krohn 1967, S. 74.
72 Zimmermann 1979, S. 72ff.; Steinheim, Moses Mendelssohn, S. 40.
73 Hamburg u. Altona, 1804, S. 291 – 308.
74 Wulf 1988, S. 26; das Gesetz ist abgedruckt in: Freimark/Herzig 1989, S. 327ff.

Gymnasiums. In: Herzig Land und Leuten dienen. Ein Lesebuch zur Geschichte der Schule in Minden. Minden 1980, S. 103 – 121: Die Juden in Hamburg 1780 – 1860

Offenburg, Benno: Das Erwachen des deutschen Nationalbewußtseins in der preußischen Judenheit. Phil. Diss. Hamburg. Hamburg 1933

Steinheim, Salomon Lewi [= Ludwig]: Moses Mendelssohn und seine Schule in ihrer Beziehung zur Aufgabe des neuen Jahrhunderts der alten Zeitrechnung. Hamburg 1840

Streicher, Tatjana: Die Situation der Hamburger Juden während der Franzosenzeit. Wissenschaftliche Hausarbeit (Magister Artium). Universität Hamburg 1989

Literatur

Audorf, Jakob: Erlebnisse eines alten Hamburgers. II. Aus der Franzosenzeit. In: Bürger-Zeitung (Hamburg), Nr. 232 (3.10.1886)

Becker, Johann Nikolaus: Fragmente aus dem Tagebuche eines reisenden Neu-Franken. Nach der Erstausgabe von 1798 neu herausgeg. v. W. Griep. Bremen 1985

Dischner, Gisela: Bettina von Arnim. Eine weibliche Sozialbiographie aus dem 19. Jahrhundert. Berlin 1978

Hüttmann, Hilde: August Neander (David Mendel) in seiner Jugendentwicklung. Phil. Diss. Hamburg 1936

Salomon Maimons Lebensgeschichte. Von ihm selbst geschrieben. Ausgewählt und hg. v. O. Winkler. Berlin (DDR) 1988

Merkel, Garlieb: Briefe über einige der merkwürdigsten Städte im nördlichen Deutschland. Bd. 1. Leipzig 1801

Nordsiek, Marianne: Siegmund Imanuel (1790 – 1847) und die Reorganisation des Mindener

Historischer
Überblick

Die jüdische Gemeinde Hamburg 1860 – 1943 Kaiserreich – Weimarer Republik – NS-Staat

Ina S. Lorenz

I. Die neue jüdische Gemeinde (1864, 1867)

Hamburg erlebte 1860 eine grundlegende Reform seiner Staatsverfassung. In einem System getrennter legislativer, exekutiver und judikativer Gewalten verbürgte die neue Verfassung ihren Bürgern in erheblichem Umfange liberale Grundfreiheiten. Zu ihnen zählte, daß jedermann die volle Glaubens- und Gewissensfreiheit haben solle und daß durch das religiöse Bekenntnis bürgerliche und staatsbürgerliche Rechte weder bedingt noch beschränkt werden dürften. Die religiösen Gemeinschaften hätten ihre Angelegenheiten künftig selbständig zu verwalten; allerdings sollte es bei einer gewissen Oberaufsicht des Senates der Stadt verbleiben.

Auflösung der Zwangsgemeinde. Bis dahin galt in Hamburg wie in allen deutschen Bundesstaaten für Juden das Parochialsystem. Auch Hamburg hatte deshalb in seiner Gesetzgebung bestimmt, daß die in der Stadt wohnenden Juden der jüdischen Gemeinde angehörten. Eine derartige Zwangsmitgliedschaft wurde mit der aufkommenden Aufklärung zunehmend als problematisch empfunden, da sie den einzelnen Juden gleichsam unter die Vormundschaft seiner Gemeinde stellte. Die unter dem Gemeindezwang lebenden Juden bildeten keineswegs eine in sich geschlossene Gemeinschaft, mochte dies für die nicht–jüdische Umwelt vordergründig auch so erscheinen. Vor allem in einer jüdischen Großstadtgemeinde waren soziale und religiöse Spannungen kaum zu vermeiden.

Das Gemeindeleben hatte sich seit Anfang des 19. Jahrhunderts auch in Hamburg differenziert. Das war besonders augenfällig im religiösen Bereich. Innerhalb der Gemeinde unterschied man mit Billigung der staatlichen Aufsicht zwischen der Orthodoxie und dem Reformjudentum. Ein erheblicher Teil der Gemeindemitglieder verhielt sich mehr oder minder religiös indifferent. Überlagert wurde dies durch unterschiedliche politische Anschauungen. Dabei war liberales Gedankengut zumeist vorherrschend, stand aber in dauernder Auseinandersetzung mit der jüdischen Orthodoxie.

von oben nach unten:
Leo Lippmann
Joseph Carlebach
Max Plaut

Historischer
Überblick

Rechtliche Gleichstellung. Daß die Verfassungsreform von 1860 hier wesentliche Veränderungen erzwingen würde, dessen war man sich in der Gemeinde bewußt. Vor allem der Gemeindezwang war ein historischer Anachronismus. Die freie, durch keinen sozialen und ökonomischen Zwang motivierte Entscheidung, sich zu einer Glaubensgemeinschaft zu bekennen und ihr auch als Mitglied anzugehören, war das aufklärerische Ideal. Die damit verbundene vollkommene politische, bürgerliche und rechtliche Gleichstellung würde die Diskriminierung der Juden beenden. Aber man betrachtete eine derartige Entwicklung mit zwiespältigen Gefühlen, da man ein Auseinanderbrechen der jüdischen Gemeinde befürchtete. Dies würde wiederum die Gefahr zunehmender Assimilation erhöhen. So zögerte man in der jüdischen Gemeinde, sich den Konsequenzen zu stellen, die sich aus der Verfassungsreform ergeben mußten. Es waren daher zunächst nichtjüdische Kräfte, welche die politische Gleichstellung der Juden nahezu demonstrativ förderten. Im November 1860 bestimmte Hamburg Gabriel Riesser zum Richter am hamburgischen Obergericht; er war damit der erste jüdische Oberrichter in Deutschland. 1861 wurde Isaac Wolffson zum ersten jüdischen Präsidenten der Bürgerschaft und damit eines frei gewählten Parlaments gewählt. Im selben Jahr wurde – wiederum erstmals in Deutschland – ein Gesetz über die Zivilehe eingeführt.

Das waren sichtbare Zeichen der Integration der Juden in das soziale und öffentliche Leben der Stadt. In der Gemeinde fürchtete in erster Linie die Orthodoxie, daß jetzt – da das Ziel der endgültigen Gleichstellung in greifbare Nähe gerückt war – dies die bislang bewahrte jüdische Identität schwer beeinträchtigen, wenn nicht gar vernichten könnte. Die Assimilation werde nicht mehr aufzuhalten sein. So zögerte der Vorstand der Gemeinde, gegenüber dem Staat eigene Vorstellungen über eine Neuorganisation der Gemeinde zu entwickeln. Man verhandelte einige Jahre ohne greifbare Ergebnisse.

Das Hamburger System. Am 4. November 1864 wurde das »Gesetz, betreffend die Verhältnisse der hiesigen israelitischen Gemeinden« – es umfaßte die Deutsch-Israelitische und die Portugiesisch-Jüdische Gemeinde – verkündet und mit Wirkung vom 1. Februar 1865 in Kraft gesetzt. Alle Sonderregelungen wurden damit beseitigt. Das Gesetz hob die Zwangsmitgliedschaft ausdrücklich auf und eröffnete gleichzeitig die Möglichkeit zum Austritt aus der Gemeinde. Die bisher bestehende Pflicht der Gemeinde zur Armen- und Krankenpflege und zur Sorge für das Schulwesen wurde beseitigt. Ferner wurde dem Gemeindevorstand auferlegt, binnen kurzer Zeit im Zusammenwirken mit einem gewählten Kollegium von Gemeinderepräsentanten die künftigen Gemeindestatuten festzustellen und sie dem Senat zur Genehmigung vorzulegen.

Noch 1865 wurden die ersten Wahlen in der Geschichte der Gemeinde abgehalten. Der Wahlkampf war heftig, ja streitvoll, und für die Gemeinde ein zunächst ungewohntes Bild. Den 9 liberalen Repräsentanten standen 6 orthodoxe gegenüber. Die Gefahr eines Auseinanderbrechens der Gemeinde war also keineswegs unrealistisch. Die nunmehr aufgenommenen Verhandlungen erwiesen sich als langwierig. Man war gewiß mehrheitlich um die Einheit der Gemeinde bemüht, hoffte aber doch auf jeweils eigene Vorteile. Der Gemeindevorstand suchte nach Kompromissen, um die Einheit der Gemeinde zu bewahren. Endlich konnten nach jahrelangen Auseinandersetzungen am 3. November 1867 die »Statuten der Hamburger Deutsch-Israelitischen Gemeinde« (DIG) festgestellt und kurz darauf vom Senat genehmigt werden.

Innerjüdische Differenzierungen. Eine neue jüdische Gemeinde war gebildet worden. Ihren Statuten lag ein ehrgeiziges Konzept zugrunde, über dessen Erfolg man kaum Prognosen wagte. Das aus tiefgreifenden innerjüdischen Auseinandersetzungen geborene und als Kompromiß gedachte Modell blieb in Deutschland als Beispiel einer innerjüdischen Toleranzverfassung einzigartig. Es wurde für die jüdische Gemeinde bis zu ihrer Auflösung durch den NS-Staat im Jahre 1938 zur tragfähigen Grundlage ihrer Existenz. Das Hamburger System, wie das Modell später genannt wurde, war ein Konzept innergemeindlicher und innerjüdischer Toleranz. Unter dem Dach der Gemeinde sollte es zwei selbständige Kultusverbände geben, in denen die Orthodoxie und das Reformjudentum jeweils ihre religiösen Vorstellungen verwirklichen konnten und den Kultus wahrnehmen sollten. Das bedingte inhaltlich eine strenge Abgrenzung der gemeindlichen Aufgaben von der Zuständigkeit der Kultusverbände. Die Gemeinde hatte nach ihren Statuten das Schul- und Erziehungswesen, das allgemeine Wohlfahrtswesen und das Begräbniswesen selbständig mit eigener Beitragshoheit wahrzunehmen. Außerdem mußte die innergemeindliche Willensbildung möglichst integrativ ausgestaltet werden. Die vorhandenen innergemeindlichen Kräfte der Orthodoxie, des Reformjudentums, aber auch religiös indifferente Richtungen mußten in gemeindlichen Entscheidungsorganen zusammengeführt werden. Mit Vorstand und Repräsentanten-Kollegium wurde die Willensbildung gestuft und repräsentativ ausgestaltet. Daneben bestanden für einzelne Bereiche vielfach gestaltete Kommissionen, in denen die gemeindliche Meinungsbildung sowohl vorbereitet als auch einzelne gemeindliche Aufgaben selbständig wahrgenommen wurden. Das Modell zielte insgesamt darauf, eine innerjüdische Integration durch ein Verfahren von »checks and balances« zu erreichen.

Die eigentliche Kernaussage des Hamburger Systems lag in der rechtlichen, organisatorischen und sogar mitgliedschaftlichen Selbständigkeit der Kultusverbände. Es stand jedem Gemeindemitglied frei, sich einem der Kultusverbände anzuschließen; verpflichtet war es hierzu nicht. Rechtlich war nicht ausgeschlossen, daß man einem Kultusverband angehörte, ohne gleichzeitig Mitglied der Gemeinde zu sein. Das kam zwar nur selten vor, war aber doch für die Kultusverbände in ihrem Selbstverständnis so wichtig, daß sie auf diese Möglichkeit auch in den folgenden Jahrzehnten immer wieder aufmerksam machten. Daß man in nicht-religiöser Form Angehöriger einer jüdischen Gemeinde sein konnte, war ohne Frage eine kühne Idee.

Das neue Statut der Gemeinde erforderte die Bildung von Kultusverbänden. Es gab zu der Zeit nur den Tempelverband, dem die reformerisch eingestellten Gemeindemitglieder angehörten. Die Orthodoxie hatte 1868 einseitig einen Synagogenverband in Verbindung mit dem vorhandenen Oberrabbinat gegründet. Es kam zu schwierigen Auseinandersetzungen zwischen der Orthodoxie und den auf religiöse Neutralität bedachten Gemeindeorganen. Der Streit konnte erst 1873 unter schiedsrichterlicher Tätigkeit des Senates der Stadt beigelegt werden.

II. Das Leben in der Deutsch-Israelitischen Gemeinde im Kaiserreich

Die Befürchtung eher konservativer Kreise der jüdischen Gemeinde, die Aufhebung des Gemeindezwanges werde zu einer Austrittswelle und damit zu einer Minderung des Ansehens der Gemeinde führen, erwies sich als unbegründet. In den kommenden Jahren verließen nur etwa 1,2 % der Gemeindeangehörigen die Gemeinde. Ganz offenkundig konnten sich die Hamburger Juden mit der neuen Organisation ihrer Gemeinde identifizieren.

Historischer
Überblick

Die Umgestaltung der Gemeinde in einen fakultativen Religionsverband war das politische Ziel des liberalen Judentums. Die erreichte rechtliche Emanzipation verstärkte also als solche keineswegs die Gefahr einer Assimilation. Vielmehr entsprach es den Vorstellungen des liberalen Judentums, daß sich der einzelne bewußt für eine religiöse oder kultusbezogene Bindung sollte entscheiden können. Diese ethische und aufklärerische Freiheit sah die große Mehrheit der liberalen Juden in der nunmehr geschaffenen Gemeindestruktur als gewährleistet an.

Für den Fortbestand der Gemeinde sollte dieses Bekenntnis zum Judentum eine ganz wichtige Grundlage für die innerjüdische Bewährung des Hamburger Systems in den nachfolgenden Generationen werden. Zugleich stellte dieses Programm der innerjüdischen Integration eine wesentliche Voraussetzung dafür dar, daß in der jüdischen Orthodoxie sektiererische Tendenzen vermieden wurden, weil ein tragfähiger Ausgleich zwischen dem gemeindlichen Anspruch auf kulturelle Identität und jüdisch-tradierte Selbstbestimmung einerseits und religiöser Eigenständigkeit und kultusbezogener Glaubensgewißheit andererseits gefunden werden konnte. Das zwang auch der Orthodoxie ein Mindestmaß an »weltlicher« Toleranz ab. So wurde das Wilhelminische Kaiserreich für die neu gestaltete Gemeinde eine Phase der Stabilisierung und der gelungenen Bewährung.

1. Demographie und Veränderung der innerstädtischen Siedlungsstruktur.

Die demographische Entwicklung der Hamburger Juden wurde durch die klassischen Hauptfaktoren der Geburtenhäufigkeit, der Altersstruktur und der damit verbundenen Sterblichkeit sowie der Wanderungsbilanz bestimmt. Allerdings kann erst der Vergleich mit der Gesamtbevölkerung vorhandene Ähnlichkeiten oder Unterschiede verdeutlichen. Es ergibt sich hierzu folgendes statistisches Bild:

Jahr	Bevölkerung insgesamt	hiervon Juden absolut	prozentual
1811	132 007	6 429	4,87 %
1871	338 974	13 796	4,07 %
1910	1 014 664	18 932	1,87 %
1919	1 050 380	ca.18 500	ca.1,76 %
1925	1 152 523	19 904	1,73 %
1933	1 196 883	16 855	1,41 %

Diese Entwicklung legt die Frage nahe, aus welchen Gründen die demographische Entwicklung ab 1910 stagnierte. Bereits seit etwa 1895 ließ sich eine gleichmäßige Abnahme der Kinderhäufigkeit beobachten. Dieses Phänomen setzte in der Gesamtbevölkerung erst eine Generation später ein. Das war im wesentlichen Ausdruck großstädtischer Sozialisation, wie sie für eine stark erwerbsorientierte Mittel- und Oberschicht als typisch angesehen wird. Dies wurde vor allem durch eine geringere Kindersterblichkeit und durch eine durchschnittlich höhere Lebenserwartung der Hamburger Juden ausgeglichen.

Die Juden siedelten im hamburgischen Stadtgebiet nicht verstreut, sondern durchaus konzentriert, ohne dabei ein Ghetto zu bilden. Die innerstädtische Siedlungsweise wurde wesentlich durch die auf den Handel ausgerichtete Berufstätigkeit bestimmt. Im Jahre 1871 wohnten etwa 3/4 aller Hamburger Juden in der Altstadt oder in der Neustadt. Sie wurden nun von einer innerstädtischen Wanderungsbewegung erfaßt. Die jüdische Wohnbevölkerung verlagerte sich in die neuen Stadtviertel Rotherbaum, Harvestehude und Eimsbüttel. Um 1900 lebten in den vier Stadtteilen Innere Stadt, St. Pauli, Rotherbaum und Harvestehude bereits 83,6 % aller Juden. In der folgenden Generation veränderte sich die lokale Verteilung nochmals, wie die nachfolgende Übersicht für das Jahr 1925 verdeutlicht:

Jüdische Bevölkerung nach Stadtteilen (1925)

Stadtteil	Prozentsatz aller Juden	Prozentsatz der Juden an der Gesamtbevölkerung	nur städtische Wohnbevölkerung in % Juden	Gesamtbevölkerung
Rotherbaum	24,0	15,23	26,75	2,91
Harvestehude	23,6	15,89	26,31	2,74
Eppendorf	15,4	3,54	17,11	7,99
Zwischensumme	63,0	8,51	70,17	13,64
Innere Stadt	7,3	1,72	8,17	7,87
Eimsbüttel	6,7	1,03	7,50	12,06
Rest (Staat/Stadt)	23,0	0,35	14,16	65,89

Im Gebiet des Grindels entstand fast eine Art freiwilliges Ghetto, das häufig ironisch als »Klein-Jerusalem« bezeichnet wurde. Ergebnis der innerstädtischen Wanderungsbewegung, aber auch sichtbarer Ausdruck jüdischen Selbstbewußtseins war der Bau einer neuen Hauptsynagoge am Bornplatz (1906) und dicht daneben eines Schulgebäudes im Grindelhof (1911).

2. Der Kultus – Die Kultusverbände

Der orthodoxe Synagogenverband dürfte im Kaiserreich um 1.200 Mitglieder, der liberale Tempelverband um 600 bis 700 Mitglieder gehabt haben. Frauen und Kinder konnten weder »Mitglied« der Gemeinde noch der Kultusverbände sein. Die Mehrheit der männlichen Gemeindeangehörigen war jeweils keinem der beiden Kultusverbände zugeordnet. Gleichwohl konnte die Orthodoxie ihren Einfluß weitgehend wahren: Beschneidungen, Trauungen und Beerdigungen wurden zumeist im orthodoxen Ritus vorgenommen. Dies war auch dann möglich, wenn man dem Synagogenverband nicht angehörte. Die von der Gemeinde verwalteten Einrichtungen wie das gemeindliche Krankenhaus, die Schulen und die Armen-, Alters- und Waisenhäuser wurden nach den orthodoxen Anforderungen des Schulchan Aruch geführt. Auch die Hauptsynagoge mußte jedem Juden offenstehen.
Der Stabilität des Hamburger Systems kam es zugute, daß der Tempelverband während dieser Zeit durch die konservative Politik einer Art Rejudaisierung bestimmt wurde. Die zunächst begonnene Annäherung an protestantische Gottesdienstformen wurde zugunsten des üblichen polnischen Minhag zurückgenommen. Dem eher restaurativen Bewußtsein der Zeit entsprach es auch, daß man von der sephardischen wieder zur aschkenasischen Aussprache zurückkehrte. Dem inneren Frieden der Gemeinde war es andererseits förderlich, daß der Synagogenverband in seinen Oberrabbinern Anschel Stern (bis 1888) und Mordechai Amram Hirsch (bis 1909) Persönlichkeiten gefunden hatte, welche die Enge einer extremen Orthodoxie zugunsten religiöser Offenheit zu vermeiden wußten. Welche Bedeutung dies im Zusammenleben der Gemeinde hatte, läßt sich aus den

Historischer
Überblick

Schwierigkeiten ablesen, die sich in den 20er Jahren des 20. Jahrhunderts mit der Person des 1909 gewählten Oberrabiners Samuel Spitzer verbinden sollten.

Die Rejudaisierung des Tempelverbandes und die Verständnisbereitschaft des Synagogenverbandes verhinderten es nicht, daß 1894 ein weiterer Kultusverband gegründet wurde, der den Namen »Neue Dammtorsynagoge« erhielt und sein Gotteshaus vor dem Dammtor errichtete. Der neue Kultusverband folgte einem gemäßigt konservativen Ritus mit eigenem Rabbinat. Er wurde 1912 als ein privatrechtlicher Verein in das staatliche Vereinsregister eingetragen. In den folgenden Jahrzehnten versuchten Synagogenverband und Tempelverband wechselseitig vergeblich diesem dritten Kultusverband die Daseinsberechtigung abzusprechen und ihn in den eigenen Verband zu integrieren.

3. Schul- und Bildungswesen[1]

Das Schul- und Erziehungswesen verkörperte den Anspruch der jüdischen Gemeinschaft auf ein umfassendes Bildungswesen. Die Betonung religiös-kultureller Lebensführung und eine gezielte jüdische Bildungsarbeit waren dabei besonders geeignet, jüdische Selbstgewißheit in einer diasporalen Welt zu vermitteln und gegenüber der Gefahr der Assimilation das Bewußtsein kultureller und kollektiver jüdischer Identität zu stärken. Ein gewisses Maß gelehrter Bildung wurde daher für jeden Juden ebenso vorausgesetzt wie die Mißbilligung jener, die aus Unkenntnis der Schrift den religiösen Geboten nicht folgen konnten.

Das Interesse der orthodoxen Juden richtete sich daher vor allem auf die 1805 zunächst als Armenschule gegründete Talmud-Tora-Schule (TTS). In ihr sollte eine Verbindung zwischen weltlicher und jüdisch-religiöser Bildung gelingen. Man muß sich dazu vergegenwärtigen, daß im 19. Jahrhundert eine allgemeine Schulpflicht nicht bestand und die schulische Erziehung weitgehend den finanziellen Möglichkeiten der Eltern überlassen blieb. Auch dies war einer der Gründe gewesen, das Schulwesen zur Aufgabe der Gemeinde zu erklären. Oberrabbiner A. Stern konnte 1868 den Lehrstoff der Schule dem einer höheren Schule annähern. Das ehrgeizige Ziel war, die TTS als Realschule auf die Berechtigung zur Verleihung des sogenannten Einjährigenscheins vorzubereiten. Das zwang dazu, den Fächerkanon auszudehnen.

Der Schule war erheblicher Erfolg beschieden, da sie von etwa der Hälfte aller jüdischen Jungen besucht wurde. Sie wurde zur ältesten Realschule Hamburgs. Da sich die Hauptwohnorte der Juden – wie erwähnt – inzwischen verlagert hatten, lag es nahe, auch für die wichtigste Schule der Gemeinde einen neuen Standort zu suchen. 1911 konnte im Grindelhof das neue Schulgebäude neben der Hauptsynagoge eingeweiht werden. Die Entwicklung der jüdischen Mädchenschulen war weniger zielstrebig. Die Israelitische Töchterschule entsprach im wesentlichen dem Niveau einer Volksschule. Eine lyzeale Erziehung war in dem orthodox geführten, 1893 gegründeten und 1912 anerkannten Lyzeum Bieberstraße und in dem privaten liberalen Lyzeum Dr. Loewenberg möglich. Etwa die Hälfte der jüdischen Schüler und Schülerinnen besuchte hingegen staatliche Schulen und erhielt dort keinen jüdischen, vor allem keinen jüdischen Religionsunterricht. Die Kultusverbände versuchten dem mit eigenen Religionsschulen zu begegnen.

4. Jüdischer Friedhof Ohlsdorf

Lorenz
Die jüdische Gemeinde
Hamburg 1860 – 1943
Kaiserreich – Weimarer
Republik – NS-Staat

Die Gemeinde blieb von internen Auseinandersetzungen nicht verschont. Ein grundlegender Streit, der die Gefahr einer Spaltung als nicht mehr fernliegend erscheinen ließ, entzündete sich zweimal am Begräbniswesen. Die Gemeinde hatte den Angehörigen die Aufgabe, für einen Begräbnisplatz zu sorgen, seit jeher abgenommen, weil es ihr um vieles leichter fiel, sich in dieser Frage gegen städtische Interessen durchzusetzen. Man darf wohl auch in der Zuständigkeit der Gemeinde für das Begräbniswesen einen wichtigen Anreiz sehen, daß nur wenige Juden die Gemeinde verließen. Ganz uneigennützig war dies allerdings nicht, die Gemeinde besaß im Begräbniswesen eine wichtige Quelle ihrer Einnahmen.

Rabbinisches Recht verlangt, daß die Grabstätte ein beth olam ist und damit zu dauerndem Eigentum des Toten erworben wird. Als die Stadt es 1875 ablehnte, der Gemeinde auf dem neuen Zentralfriedhof Ohlsdorf ein Gelände zu Eigentum zu geben, stieß dies auf den erbitterten Widerstand der Orthodoxie. Unter Berufung auf rabbinische Gutachten verlangte sie von der Gemeinde, die Beachtung der religionsgesetzlichen Vorschriften durchzusetzen. Der Synagogenverband begann, auf preußischem Gebiet nach einem Gelände für einen eigenen Friedhof zu suchen. Das mußte letztlich die im Hamburger System der Gemeinde gegebenen Zuständigkeiten in Frage stellen.

In dieser Lage und nach mehrjährigen Verhandlungen entschloß sich der Senat der Stadt zu einer außergewöhnlichen Geste öffentlichen Wohlwollens. Die Deutsch-Israelitische und die Portugiesisch-Jüdische Gemeinde erhielten in einem konkordatsähnlichen Vertrag vom 1.6./26.7.1882 auf dem Gelände des Ohlsdorfer Friedhofs einen abgegrenzten Bereich »*zum Beerdigen ihrer Gemeindeangehörigen unter der Zusicherung eingeräumt, daß dieser Begräbnisplatz, auch nachdem das gesammte Terrain in Ohlsdorf aufgehört hat als Friedhof zu dienen, nur im Falle dringender Not und nur im Wege der Gesetzgebung, nicht aber durch Verwaltungsmaßregeln soll entzogen werden können*«. Die Gemeinden erhielten außerdem die Zusicherung, daß belegte Grabstellen weder geräumt noch neu belegt werden würden. Damit war eine Rechtslage geschaffen, die nach Meinung auch der überwiegenden Mehrheit der Orthodoxie einem beth olam in nichts nachstand.

Gegen Ende des 19. Jahrhunderts wurde es unter liberalen Juden üblich, zur Urnenbeisetzung überzugehen. Das widersprach entschieden den Ansichten des Oberrabbiners des Synagogenverbandes, der die Totenverbrennung für heidnisches Brauchtum erklärte. Es zeigt die Phantasie zur kompromißhaften Lösung, daß die Orthodoxie die Beisetzung der Aschenreste auf einem abgesonderten Platz zugestand. Allerdings lehnte die orthodoxe Beerdigungsbruderschaft auch dort jede Mitwirkung ab. Zwei schwere Krisen hatte man überstanden. – Auch heute noch steht der Jüdische Friedhof in Ohlsdorf in der eigenen Verwaltung der Gemeinde.

5. Antisemitismus und seine jüdischen Antworten[2]

Die sozialhistorische Forschung hat den Antisemitismus des ausgehenden 19. Jahrhunderts in seinen antiliberalen, nationalistischen und rassistischen Beweggründen differenzierend klassifiziert und seine Ursachen analysiert. Das kann hier nicht näher dargestellt werden. Vereinfachend wird man zwischen einem staatlichen, politischen, wirtschaftlichen und gesellschaftlichen Antisemitismus zu trennen haben.

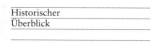
Historischer
Überblick

Der Vorkriegsantisemitismus. Im Wilhelminischen Kaiserreich gab es trotz rechtlicher Gleichstellung einen eindeutig staatlich geduldeten, teilweise sogar geförderten Antisemitismus. Das läßt sich für Hamburg kaum sagen. Die Bemühungen des Senates der Stadt um eine Neuordnung der jüdischen Gemeinde waren vor dem Hintergrund einer antisemitischen Politik kaum verständlich. Diskriminierungen lassen sich nicht feststellen. Hierin unterschied sich die Stadt von Preußen. Jüdische Beamte und Richter wurden angestellt und nach dem Leistungsprinzip befördert. Nur das Amt des Senators blieb den Juden vor dem Ersten Weltkrieg verschlossen. In der Oberschulbehörde und in der Hamburger Lehrerschaft schienen anfangs antisemitische Tendenzen vorhanden gewesen zu sein. Ihre Tragweite läßt sich nur schwer einschätzen.

Antisemitische Vorstellungen sind dagegen eher im politischen Bereich festzustellen. Bei den konservativen Parteien verstärkte sich im letzten Drittel des 19. Jahrhunderts ganz allgemein antisemitische Polemik. Daß die Hamburger Polizei bis 1890 alle Veranstaltungen mit antisemitischen Zielsetzungen untersagte, beweist zumindest die Existenz derartiger Gruppierungen. Ein politischer Antisemitismus wird vor allem in Hamburg 1895 mit der Gründung des Deutschnationalen Handlungsgehilfen-Verbandes (DHV) sichtbar. Bei der Reichstagswahl 1893 hatten 8.015 Wähler in Hamburg die antisemitische Deutsch-Soziale Partei des Hofpredigers Adolf Stoecker gewählt. Auch in einigen Bürgervereinen machten sich antisemitische Tendenzen bemerkbar.

Gesellschaftlicher Antisemitismus konnte sich jedoch immer wieder Gehör verschaffen. Hier mag der soziale und wirtschaftliche Aufstieg der Hamburger Juden ein auslösender Faktor gewesen sein. Eine Beurteilung erweist sich als schwierig, weil eine Ablehnung Gründe haben mochte, die einem Bündel von Motiven zuzurechnen war. Von großbürgerlichen Kreisen wurde der Antisemitismus zur »Privatsache« erklärt. Ähnliches galt für den wirtschaftlichen Antisemitismus. Die Hamburger Juden selbst empfanden einen derartigen Antisemitismus wohl allenfalls vereinzelt. Man wird insgesamt für Hamburg jedenfalls keinen ausgeprägten Vorkriegsantisemitismus feststellen können. Die Hamburger Juden wünschten ihrerseits die vollkommene Integration in die bestehende Gesellschaftsordnung mit dem Mittel der völligen sozialen und rechtlichen Gleichberechtigung. In diesem Sinne will man »deutscher« Jude sein, was Sehnsucht und Programm zugleich ist.

Jüdische Antworten. Als sich vor allem im Reich der kämpferische Antisemitismus nicht mehr übersehen ließ, gaben die Juden hierauf drei unterschiedliche Antworten: Zum einen wurde 1893 ein interkonfessioneller »Verein zur Abwehr des Antisemitismus« gegründet. Im selben Jahr wurde der »Centralverein deutscher Staatsbürger jüdischen Glaubens« (CV) geschaffen, der sich als Dachvereinigung aller deutschen Juden verstand. Seine Vorstellung war, durch ein betontes Deutschtum, das jeden Zweifel an der Wahrung deutscher Interessen ausschloß, dem Antisemitismus von vornherein jedwede Grundlage zu entziehen. Die Hamburger Juden waren während des Wilhelminischen Kaiserreiches davon zutiefst überzeugt, in einer Phase nationaler Erneuerung zu leben, die ihnen einen »deutsch-jüdischen« Weg zuwies. Eine ganz andere Art der Auseinandersetzung wollte die zionistische Bewegung verfolgen, die ihre endgültige satzungsgemäße Ordnung 1897 in der »Zionistischen Vereinigung für Deutschland« (ZVfD) erhielt. Man verfolgte eine offensive Politik. Auf der Grundlage des Baseler Programms (1897) wollten auch die Hamburger Zionisten, die sich aus einer 1899 in Altona gegründeten Ortsgruppe entwickelt hatten, für das jüdische Volk eine »*öffentlich-rechtlich gesicherte Heimstätte in Palästina*« zu erreichen suchen. Dem Zionismus gelang es in Hamburg nur langsam, sich neben der Orthodoxie und dem Reformliberalismus als neue dritte innerjüdische Kraft durchzusetzen. Noch 1909 lehnten die Gemeindeorgane eine Einladung ab, an dem in Hamburg tagenden IX. Zionistischen Kongress teilzunehmen oder auswärtige Delegierte überhaupt nur zu begrüßen.

Alle drei Gruppierungen waren in Hamburg vor dem Weltkrieg angesichts der Größe der Hamburger Gemeinde nur schwach repräsentiert. Das war gewiß von indizieller Bedeutung für die Tatsache zu werten, daß der Antisemitismus von den Hamburger Juden selbst kaum als ein schwerwiegendes Problem ihrer sozialen Integration wahrgenommen wurde.

6. Der Erste Weltkrieg

Jüdischer Patriotismus. Dem politischen Selbstverständnis der Hamburger Juden entsprach es, sich der Teilnahme am Weltkrieg nicht nur nicht zu verschließen, sondern sich von der allgemeinen Begeisterung mitreißen zu lassen. Der Vorsteher der Gemeinde sprach Mitte August 1914 das aus, was alle dachten: »*Russischer Übermut, welsche Eifersucht und englischer Neid haben einen Weltbrand entfesselt, in dessen Mittelpunkt unser geliebtes Vaterland steht. Wir wissen, daß unser erhabener Kaiser das äußerste getan hat, um den Frieden zu erhalten ...*«.

Jüdische Ideale, göttliche Ziele, Vaterlandsliebe und militärische Pflichten sollten in jener nationalistischen Einstellung verschmelzen, die nach Meinung der Juden Wilhelm II. mit dem von ihm verkündeten »Burgfrieden« auch von ihnen verlangt hatte. Als nunmehr Juden auch Offiziere werden konnten, sah man das allenthalben als den wirklichen Beginn der erhofften gesellschaftlichen Integration an. Jüdische Freiwillige meldeten sich in großer Zahl. Verläßliche jüdische Schätzungen geben an, daß es um 2.900 jüdische Hamburger Kriegsteilnehmer gab. Von ihnen fielen 457. Auch die Hamburger Juden waren bei Kriegsbeginn fest davon überzeugt, daß es nach dem Kriege einen Antisemitismus nicht mehr geben werde.

Die »Judenstatistik«. Zur großen Enttäuschung der Juden führte der preußische Kriegsminister 1916 eine Statistik über die Zahl der jüdischen Kriegsteilnehmer und eine Zählung der Reklamierten durch. Man behauptete, das Material werde gesammelt, um den Vorwürfen der jüdischen Drückebergerei wirksam entgegentreten zu können. Die Juden erhoben hingegen den Vorwurf, sie würden als Soldaten zweiter Klasse angesehen. Alte Vorurteile schienen sich erneut zu bestätigen. Man mußte einsehen, daß der preußische Antisemitismus konservativer Prägung keineswegs überwunden war. Die stolze Gewißheit der Juden, daß ihre deutsche Gesinnung im Kriege und danach von niemandem bestritten werde, blieb unerfüllt. Die Zeichnung von Kriegsanleihen und Spenden durch Juden ging spürbar zurück. Das löste den Vorwurf aus, die Juden stünden in einer Lage nationaler Not bewußt abseits.

Als Anfang 1919 etwa 70 bis 100 polnische Ostjuden, die während des Krieges auf Hamburger Werften gearbeitet hatten, kurzerhand abgeschoben werden sollten, gelang es Hamburger und Altonaer Juden dies zu verhindern. Daß dies die antisemitische Agitation noch verstärkte, wurde im Vorstand der Gemeinde nicht verkannt. Die Ostjuden waren bevorzugter Gegenstand des politischen Antisemitismus.

Historischer Überblick

III. Weimarer Zeit

Die vielfältigen sozialen, wirtschaftlichen und politischen Folgen des Weltkrieges betrafen die Hamburger Juden ebenso wie die übrigen Deutschen. Alte Strukturen waren zerbrochen und tradierte Werte hatten sich als fragwürdig erwiesen. In der Relativierung alter Wertvorstellungen und in dem Versuch der Weimarer Republik, neue und vor allem bessere soziale und ökonomische Sicherheiten zu geben und gleichzeitig liberale Freiheiten zu verbürgen, schien nicht wenigen ein unauflösbarer Widerspruch zu liegen.

Auch in der jüdischen Gemeinde spürte man allenthalben, daß eine neue Zeit angebrochen war. Gefahren und Chancen lagen hier dicht nebeneinander. Die Festigkeit der jüdischen Gemeinde bot in einer Zeit des Umbruchs jenen Sicherheit, die einer Orientierungslosigkeit zu entgehen suchten. Dies konnte zur inneren Stärke eines neuen Gemeindelebens führen. Gerade dieser Verweis auf überkommene Werte mochte dagegen anderen als ein kaum zeitgemäßes Beharren auf alten Vorstellungen erscheinen.

Die Gemeinde erlebte diese Gegensätze in vielfacher Weise, zudem verstärkt in einem Generationenwechsel, sie konnte ihnen aber fast stets in vermittelnden Lösungen antworten und sich darin für die Mehrheit integrativ überzeugend bewähren. Aus diesem Grunde ist die kurze Zeit der Weimarer Republik auch von vielen Hamburger Juden subjektiv als eine Blütezeit des deutschen Judentums erlebt worden. Das Leben der Juden auch in Hamburg war jedoch problematischer, als dies in der zeitlichen Distanz zur NS-Herrschaft erscheinen mag.

1. Demographische Strukturen

Wenn man von Hamburger Juden spricht, schließt man jene Juden ein, die in Hamburg geboren waren. 1910 war dies nur gut die Hälfte der in Hamburg lebenden Juden. Für die übrigen, in den vergangenen Jahrzehnten zugewanderten Juden hatte die Gemeinde mithin bereits in der Vergangenheit eine erhebliche Integrationsleistung zu erbringen. Obwohl gesicherte Angaben nicht vorliegen, darf man auch für die 20er Jahre annehmen, daß der ganz überwiegende Teil der Hamburger Juden als Glaubensjuden der Gemeinde angehörte.

Eine von der Gemeinde selbst geführte Aufstellung ergab 1926, daß ihr 20.749 Juden angehörten. Davon wurden rund 6.500 als männlicher und rund 3.200 als weiblicher »Haushaltungsvorstand« bezeichnet. Die Aufstellung weist ferner rund 3.700 Ehefrauen und rund 6.900 Kinder aus. Da man aus der amtlichen Volkszählung von 1925 wußte, wie viele Hamburger sich selbst glaubensmäßig als Juden bezeichnet hatten, ließ sich damit gut nachweisen, daß nahezu alle Glaubensjuden organisatorisch der Gemeinde angehörten. Diese äußerst hohe Organisationsdichte sprach nicht nur dafür, daß das Hamburger System tatsächlich von den Hamburger Juden als eine Toleranzverfassung erlebt wurde. Sie ermöglichte der Gemeinde auch, in legitimer Weise gegenüber der öffentlichen Hand für die Hamburger Juden in ihrer Gesamtheit zu sprechen. Andererseits zeigt die Berechnung natürlich nicht auf, wie hoch der Anteil der assimilierten Juden war, die auch als solche nicht mehr in Erscheinung treten wollten. Erst in der NS-Zeit wurden diese sogenannten Rassejuden statistisch und auch individuell erfaßt. Darauf wird noch einzugehen sein.

Gleichwohl war der Fortbestand der Gemeinde nur äußerlich demographisch gesichert. Eine nähere Analyse ergab nämlich, daß das Wachstum der jüdischen Bevölkerung seit einiger Zeit stagnierte. Die abnehmende Geburtenrate in den jüdischen Ehen war bislang bei geringer Kindersterblichkeit durch günstige Sterbezahlen ausgeglichen worden. Diese Kompensation wurde mit einer zunehmenden Verschiebung der Altersstruktur erkauft. So erfreulich es sein mochte, daß die Lebenserwartung der Hamburger Juden jene der Gesamtbevölkerung deutlich überstieg, so konnte eine Überalterung der Gemeinde besorgniserregend sein, wenn man die Zunahme der Mischehen und ihre assimilatorische Wirkung betrachtete. Die Geburtenrate war in den Mischehen zudem geringer als in den rein jüdischen Ehen.

2. Assimilation – Mischehe – Austritt

<u>Gefahr der Assimilation.</u> Das Hamburger System nahm mit seiner Tendenz zur partiellen Entkonfessionalisierung, mit seiner Möglichkeit, als Jude ein religiös indifferentes Leben zu führen, die Gefahr einer schleichenden Assimilierung der Gemeindeangehörigen bewußt in Kauf. Die Hamburger Juden beobachteten ihr soziales Umfeld mit jenem Grad an Aufmerksamkeit, der erforderlich war, um zwischen sektiererischer Enge und innerjüdischer Pluralität einen angemessenen Ausgleich zu finden, und um festzustellen, ob sich die stets befürchtete Assimilation unter Verlust religiöser und kultureller Identität verstärken werde. Neben der Zuordnung zu einem der Kultusverbände und dem Maß ihrer Offenheit gegenüber einem großstädtischen Leben ging es um sichtbare rituelle Handlungen wie etwa Beschneidung, Bar Mizwa oder Trauung in religiöser Form, den Besuch der Synagogen, die Zahl der dort gemieteten Plätze, den Verzehr koscherer Lebensmittel, wie sie in einzelnen Läden am Grindel zu kaufen waren, die Beachtung des »gewöhnlichen« Sabbats, aber auch um den Besuch der jüdischen Schulen oder der Religionsschulen der Kultusverbände, um die Beteiligung an den Gemeindewahlen, an jüdischen Vereinen, in der jüdischen Jugend- und Sportbewegung bis hin zu der Unterstützung der zahlreichen jüdischen Wohlfahrtseinrichtungen.

<u>Die gemischt-konfessionelle Ehe.</u> Vieles hiervon im Leben des einzelnen entzieht sich des genauen historischen Zugriffs und bleibt biographischen Zufälligkeiten überlassen. Zwei Merkmale waren jedoch gut nachprüfbare Indikatoren für eine fortschreitende Assimilation. Es war dies vor allem die seit 1851 bestehende Möglichkeit der interkonfessionellen Eheschließung. Diese wurde als Mischehe bezeichnet; das war abwertend und sorgevoll zugleich. Gegenüber der Zeit vor dem Ersten Weltkrieg ist eine steigende Zahl von Eheschließungen zwischen Juden und Nicht-Juden erkennbar. Zwischen 1925 und 1933 führte etwa jede zweite Ehe, an der ein Jude oder eine Jüdin beteiligt war, zu einer Mischehe. Das bedeutete, daß etwa ungefähr 1/4 der heiratswilligen jüdischen Jugend bereit war, sich der in der Mischehe liegenden Gefahr einer beginnenden Assimilation auszusetzen und sich aus dem Traditionszusammenhang zu lösen. Für den nicht-jüdischen Partner bedeutete die Akkulturation seines jüdischen Partners keine grundsätzliche Fragestellung der religiösen Zuordnung. Die Satzung der Gemeinde und jene der Kultusverbände reagierten auf die Mischehe übrigens unterschiedlich. Während der Tempelverband tendenziell die zumindest soziale Integration des nicht-jüdischen Partners anstrebte, verweigerte der Synagogenverband selbst dem jüdischen Mann einer Mischehe die Verbandszugehörigkeit. Trotz der Zunahme der Mischehe war die Zahl der aus der Gemeinde förmlich Austretenden in der Weimarer Zeit bemerkenswert gering, erhöhte sich erst ab 1932, wobei auch einige orthodoxe Juden die Gemeinde verließen, weil diese ihnen beispielsweise durch Einführung des Frauenwahlrechts zu liberal geworden war.

Historischer Überblick

3. Gemeindliche Führung – Innergemeindliche Willensbildung

<u>Der innergemeindliche Führungsanspruch.</u> Mit dem Hamburger System war zwar ein Grundkonsens zwischen liberalen und orthodoxen, später auch zionistisch eingestellten Juden geschaffen worden. Aber dies mußte durch eine genaue Aufgabenteilung ergänzt werden. So entstand in der Gemeinde ein breit gefächertes System von Zuständigkeiten geschriebener, aber auch ungeschriebener Art, das wiederum durch handelnde Personen mit Leben zu erfüllen war. In einer Balancierung der Kräfte galt es, innerjüdische Spannungen unter gleichzeitigem äußeren Druck großstädtischer Assimilierung auszuhalten. Die sachliche und die personelle Differenzierung erfolgte vor allem auf vier Ebenen, nämlich in einem innergemeindlichen Organisationssystem im Sinne einer Teilung der Interessengebiete und Funktionen, in einer politischen und interessenbezogenen Fraktionierung der kollektiven Entscheidungsträger, in der abgrenzenden gemeindlichen Zuständigkeit und der verbleibenden Selbständigkeit der Kultusverbände sowie in der gemeindlichen Haushaltspolitik, die sich in den 20er Jahren auf ein Ausgabenvolumen von rund 1 Million RM beziehen konnte.

Allein die satzungsrechtliche Ausgestaltung der Gemeinde band eine gemeindliche Funktionsträgerschaft von etwa 60 bis 70 Personen. Vorstand und das 21-köpfige Repräsentanten-Kollegium erforderten bereits 30 Personen. Für 16 ständige Kommissionen war weiterer Bedarf gegeben. Hinzu kamen entsprechende Funktionen in den drei Kultusverbänden und den zahlreichen jüdischen Vereinen. Das alles ergibt für die Gemeinde einen sehr hohen Grad an personeller Organisationsdichte und personeller Verflechtung, beides auch Ausdruck vielfältigen Engagements der Hamburger Juden für ihre Gemeinde und die zahlreichen Institutionen. Eine Vorstellung, die Gemeinde würde von wenigen und außerdem unter rabbinischer Einflußnahme geführt, wäre also gänzlich unzutreffend.

Zentrales Entscheidungsorgan war das Kollegium der 21 Repräsentanten, das den Vorstand zu bestimmen hatte und dessen Zustimmung der Vorstand in allen wesentlichen Fragen bedurfte. Auf seine Zusammensetzung richtete sich daher das Interesse. Umstritten waren das aktive und passive Wahlalter, die Fortsetzung des zensusgebundenen Wahlrechts und die Einführung einer reinen Verhältniswahl, wie sie vor allem von den Zionisten gefordert wurde. Dauerndem Streit unterlag das aktive und passive Frauenwahlrecht, dessen Einführung aus religionsgesetzlichen Gründen die Orthodoxie lebhaft bekämpfte. Erst anläßlich der Wahlen 1930 wurde das passive Frauenwahlrecht zum Kollegium mit dem Ergebnis eingeführt, daß erstmals drei Frauen gewählt wurden.

<u>Der »politische« Wahlkampf.</u> Man hat sich die Wahlen zum Repräsentanten-Kollegium als einen »echten« Wahlkampf vorzustellen, dem eine politische und religiöse Fraktionierung in der Form innerjüdischer Parteien vorausging. Der Wahlkampf, der eher heftig wirkte und an parteiischer Polemik keineswegs sparte, erreichte in den Gemeindewahlen von 1920 gleichwohl nur etwa 30 %, 1925 und in der letzten ordentlichen Wahl 1930 immerhin fast 50 % der jeweils Wahlberechtigten. Der ursprünglich liberalen Mehrheit erwuchs neben der Orthodoxie in den Zionisten eine neue Opposition, die streng demokratische Vorstellungen entwickelte. Letztlich war die Wahl jedoch Ausdruck der Willensbildung des kaufmännisch, des handwerklich-gewerblich und vor allem des freiberuflich und akademisch ausgerichteten Bürgertums, also der gehobenen Mittelschicht. Durch das Frauenwahlrecht und durch die Integration der Zionisten gelang es, auch die jüdische Jugend zur gemeindlichen Tätigkeit zu aktivieren und einen Bruch zwischen den Generationen weitgehend zu vermeiden.

4. Schulwesen[3]

Das Schul- und Erziehungswesen hatte in der sich entwickelnden Dienstleistungsgesellschaft mit einer Nachfrage an qualifizierten Fachkräften eine zentrale Bedeutung erhalten. Auch aus diesem Grunde unternahm die Gemeinde in den 20er Jahren nahezu jede Anstrengung, sich im staatlichen Schulsystem mit dessen berufsqualifizierenden Abschlußzeugnissen zu behaupten. Die Aufgabe der Gemeinde bezog sich auf etwa 2.000 Kinder, deren Eltern sehr unterschiedliche religiöse Einstellungen hatten. Bis zum Ende der Weimarer Zeit konnte die Gemeinde ein einheitliches jüdisches Schulsystem für alle gemeindeangehörigen Kinder allerdings nicht erreichen.

Das Interesse der Orthodoxie galt unverändert der Talmud-Tora-Realschule. Deren pädagogische Erfolge ließen es zu, daß die öffentliche Hand sich zu ihrer Subventionierung bereit fand. Das war nicht zuletzt der Tatkraft des Direktors der Schule, Dr. Joseph Carlebach, dem späteren Oberrabbiner von Altona und dann von Hamburg, zu verdanken. Aber auch die Oberschulbehörde förderte das gemeindliche Anliegen mit erheblichem Wohlwollen. Mit ihrer Hilfe wurde die Schule gegen Ende der 20er Jahre zunächst zu einer zusammengefaßten Volks-, Real- und Oberrealschule ausgebaut, um dann ab 1932 das Zeugnis der Hochschulreife vergeben zu können. Für die Hamburger Juden war ein lang erstrebtes Ziel erfüllt, weil sie damit endlich über eine eigene, das Hochschulstudium zulassende Bildungseinrichtung verfügten und dadurch die Abwanderung an staatliche Schulen zumindest aus Gründen der beruflichen Qualifikation beeinflussen konnten.

Die schulische Qualifikation der Mädchen war demgegenüber zunächst eher ungünstig. Die gemeindeeigene Mädchenschule konnte anfangs nur den Charakter einer qualifizierten Volksschule erreichen, um erst 1928 die staatliche Anerkennung für die Realschule mit dem Abschlußzeugnis der mittleren Reife zu erhalten. Die Gemeinde empfand dies angesichts des allgemeinen staatlichen Schulwesens jedoch als einen Erfolg. Erst als die beiden bestehenden privaten Lyzeen wegen finanzieller Schwierigkeiten geschlossen wurden, konnte die gemeindliche Mädchenschule 1930 den Status einer staatlich anerkannten Realschule mit der Berechtigung der Obersekundareife erreichen. Für diesen Zeitraum darf man annehmen, daß in beiden gemeindeeigenen Schulen etwa 1.200 Schüler unterrichtet wurden. Hierfür mußte die Gemeinde etwa 1/3 ihrer Einnahmen einsetzen.

5. Die Kultusverbände

<u>Die Organisationsdichte der Kultusverbände.</u> Die Zahl der Hamburger Juden, welche einem der drei Kultusverbände angehörten, läßt sich nicht verläßlich bestimmen, da das gesamte Quellenmaterial der Verbände als verloren gelten muß. An anderer Stelle ist näher dargelegt worden, daß etwa knapp 40 % der Gemeindeangehörigen einem Kultusverband angehörten. Hiervon gehörten etwa 70 % dem Synagogenverband an, dessen damit dominierende Stellung auch einen Führungsanspruch seines Oberrabbinates verständlich machte. Verallgemeinernd läßt sich sagen, daß ein Hamburger Jude, der in guten Einkommensverhältnissen lebte, eher dem Tempelverband als den beiden anderen Verbänden angehörte. Einiges spricht übrigens dafür, daß die religiös weniger gebundenen Gemeindeangehörigen eher der finanziell schwächeren Schicht zuzurechnen waren.

Trotz der verhältnismäßig geringen religiösen Organisationsdichte in der Gemeinde war die religiöse Eingebundenheit der gemeindlichen Mandatsträger von großer Bedeutung.

Historischer
Überblick

Die Funktionsliste der Gemeinde war keineswegs religiös indifferent, wie die nachfolgende Zusammenstellung zeigt:

Zusammensetzung des Repräsentanten-Kollegiums
nach Mitgliedschaft in den Kultusverbänden:

	1920	1925	1930
Synagogenverband	12	7	7
Tempelverband	6	9	6
Neue Dammtor-Synagoge	2	4	5
ohne Angabe	1	1	3
insgesamt	21	21	21

Der Deutsch-Israelitische Synagogenverband Hamburg. Der Synagogenverband hatte 1909 den ungarischen Rabbiner Dr. Samuel Spitzer zum Oberrabbiner gewählt. Dessen langjährige Amtsführung entwickelte nicht die gewünschte integrative Kraft. Vielmehr mußte der Verband mit gewisser Sorge betrachten, daß sich neben dem liberalen Tempelverband in der Neuen Dammtor-Synagoge ein gemäßigt orthodoxer Kultusverband zu festigen verstand und daß sich in dem Altonaer Oberrabbinat – seit 1925 unter Führung des Oberrabbiners Dr. Joseph Carlebach, ehemals Direktor der Talmud-Tora-Schule – eine Aufgeschlossenheit zeigte, die für viele gesetzestreue Hamburger Juden eine alternative Denkweise bot. Die Auseinandersetzungen innerhalb des Synagogenverbandes zwischen gemäßigten und streng Orthodoxen waren unerfreulich, weil sie auch in die Gemeindepolitik hineingetragen wurden. Gleichzeitig brach Mitte der 20er Jahre der Streit wieder auf, ob die Gemeinde zumindest formal eine satzungsrechtliche Aufsicht über die Kultusverbände habe. Der Streit konnte unter Bestätigung des gemeindlichen Führungsanspruches erst beendet werden, nachdem sich im Synagogenverband eine gemäßigte Richtung durchgesetzt hatte.

Mittelbare Abhängigkeiten. Die Kultusverbände waren rechtlich unabhängig; sie waren es auch finanziell, da sie gegenüber ihren Mitgliedern über eine eigene Beitragshoheit verfügten. Die finanzielle Autonomie der Verbände war faktisch indes nur begrenzt gegeben, was sie in gewisser Weise zum Kostgänger der Gemeindepolitik werden ließ. So mußte die Gemeinde sowohl den Synagogenverband als auch die Neue Dammtor-Synagoge in der Zeit der Wirtschaftskrise 1930/31 vor endgültiger Zahlungsunfähigkeit bewahren. Bemerkenswert ist, wie sehr die liberale Richtung des Tempelverbandes bereit war, durch erhebliche finanzielle Aufwendungen das Hamburger System insgesamt zu stützen. Gerade dies ermöglichte es der Gemeinde, sich im Schulwesen finanziell stark zu engagieren, obwohl dies wiederum eher der Orthodoxie zugute kam. Seinem Selbstverständnis entsprach es, daß der liberale Tempelverband – allerdings ebenfalls mit Unterstützung der Gemeinde – in der Oberstraße 1930/31 ein neues Gotteshaus und damit ein neues eigenes kulturelles Zentrum errichtete.

6. Wirtschaftskrise – Berufsumschichtung – Selbsthilfe

Der selbständige Mittelstand in Handel und Industrie stellte die ökonomische Grundlage der Hamburger Juden dar. Eindeutig bevorzugt mit mehr als der Hälfte aller Erwerbstätigkeiten wurden der Handel, darunter der Bereich des Waren- und Produktenhandels einschließlich des selbständigen Handwerks, der Geld- und Kredithandel, die Handelsvermittlung und die kommissionäre Tätigkeit. Juden waren ferner im freiberuflichen und im hauswirtschaftlichen Dienstleistungsbereich tätig. Die berufliche Tätigkeit der Hamburger Juden zentrierte sich damit auf einen Bereich, der für Hamburgs Stellung im Verhältnis zur gesamten Volkswirtschaft typisch war.

Für die Hamburger Juden war es kennzeichnend, daß sie die industrielle Arbeitswelt aus eigenem Erleben nicht oder doch nur mit Ausnahmen kannten. Sie besaßen einen unbezweifelbaren Hang zur beruflichen Selbständigkeit, so daß man von einem geradezu typischen Verhalten, ja von einer fast ideologischen Voreingenommenheit sprechen kann. Das Bewußtsein der aufstrebenden, teilweise bereits arrivierten Mittelschicht verarbeitete den sozialen Aufstieg der Elterngeneration der Vorkriegszeit. Die Hamburger Juden verfügten in ihrer großen Mehrheit über gesicherte Einkommen.

Die Abhängigkeit von der Wirtschaftsstruktur Hamburgs machte sich in der Inflation 1923 bemerkbar, wurde jedoch mit einer gewissen Gelassenheit bewältigt. Der Verlust vor allem des erheblichen Stiftungsvermögens wurde eher registrierend hingenommen. Die Äußerungen der jüdischen mittelständischen Gewerbetreibenden und selbständiger Handwerker vermittelten den Eindruck eines unveränderten wirtschaftlichen Optimismus. Das war im Vergleich zum Verhalten der Gemeinde und ihrer Angehörigen in der Not, wie sie die Weltwirtschaftskrise von 1929 bis 1933 auslöste, auffällig. Jetzt setzte die Gemeinde alles daran, mit den Mitteln der intensiven Berufsberatung, der Berufsvermittlung, der Hilfe zur Berufsumschichtung, der Selbsthilfe und der Lehrlingsvermittlung eine jüdische Solidarität zu konzipieren, deren tatsächliche und integrative Erfolge nach den vorhandenen Selbstzeugnissen beachtlich waren. Jüdische Selbsthilfe, seit jeher an einem hohen Bildungsstand ausgerichtet, galt auch jetzt als das vor allem taugliche Mittel, die krisenhafte Lage mit eigenen Kräften zu überwinden. Damit sollte zugleich eine Antwort auf den zunehmenden politischen, gesellschaftlichen und nun auch wirtschaftlichen Antisemitismus gegeben werden.

7. Antisemitismus – Straßenterror – Jüdischer Widerstand[4]

Der seit Ende der 20er Jahre verstärkt aufkommende Antisemitismus traf die Hamburger Juden nicht überraschend. Eine gewisse Entwicklung hatte sich abgezeichnet, als rechtsextreme Parteien auch in Hamburg zunehmend an Einfluß gewinnen konnten und die NSDAP innerhalb der sogenannten völkischen Bewegung eine hervorgehobene Stellung erreichte. Noch war man sich des Schutzes staatlicher Institutionen gewiß. Während der Weltwirtschaftskrise 1929/30 wurde die NSDAP jedoch zum Kristallisationspunkt eines weitverbreiteten Protestes und zur stärksten parteipolitischen Kraft. Ihr gelang es, die bisherige Enge eines auf Unterschichten bezogenen Rechtsradikalismus zu verlassen und in Anhänger- und Wählerschichten des Mittelstandes meinungsbildend vorzustoßen. In den Reichstagswahlen vom Herbst 1930 war es offenbar, daß die parlamentarische Demokratie der Weimarer Republik und die Werte, für die sie stand, keine Mehrheit mehr besaßen. In Hamburg war dies nicht anders, wie die Bürgerschaftswahlen von 1931 zeigten.

Die Hamburger Juden begannen, sich gegenüber dem erklärten Antisemitismus und dem Straßenterror auf einen Abwehrkampf einzustellen. Aber wirkliche, nach außen wirksame Gegenmittel fand man nicht. In der Gemeinde wurden zwar Strategiepapiere verfaßt und in einem besonderen Ausschuß Maßnahmen für eine gemeindeinterne Reaktion erörtert und beschlossen. Man wollte aber keine öffentliche Demonstration, wollte die

Gemeindeangehörigen nicht zusätzlich beunruhigen, so daß man im offiziösen Gemeindeblatt sich Erörterungen antisemitischer Fragen gänzlich enthielt.

Anfang 1931 wurde der Jüdische Friedhof am Grindel, im Sommer 1931 zum ersten Male eine Synagoge in Hamburg geschändet. Der Ernst der Lage ließ sich nun nicht mehr verheimlichen. Anfang 1932 wurde der Friedhof an der Rentzelstraße erneut geschändet. Die Hamburger Justiz war noch insoweit intakt, als es zu Bestrafungen kam. Seit dem Sommer 1932 war der Straßenterror gegen Juden oder solche, die man dafür hielt, keine Seltenheit mehr. Die Gemeinde mußte um Polizeischutz bitten und die Kultusverbände konnten nur noch empfehlen, sich nach dem Gottesdienst rasch und still zu entfernen und nicht – wie früher üblich – noch zu verweilen. Keine Gelegenheit zur Provokation, keine eigene Radikalisierung – das waren die Überlegungen der jüdischen Führung, nachdem die Staatsanwaltschaft seit 1932 begann, die Verfolgung antisemitischer Hetzereien abzulehnen.

Im August 1932 hob der Senat seinen »Radikalenerlaß« für die NSDAP auf. Für die Hamburger Juden mußte dies wie der Beginn eines staatlich tolerierten Antisemitismus erscheinen, auch wenn der Senat dies kaum beabsichtigt haben mochte. Unverändert lehnten die Gemeindeorgane jede Form eines aktiven Selbstschutzes ab, zu welchem etwa das sozialdemokratische Reichsbanner bereit war. Der unterhalb der offiziellen Gemeindepolitik vereinzelt geleistete Selbstschutz und der Widerstand jüdischer Jugendgruppen und einzelner zionistischer Unterorganisationen blieben Randerscheinungen; ihre Wirksamkeit verlor sich im Dunkel der kommenden Ereignisse. Den führenden Persönlichkeiten konnte nach den Erfahrungen in den Jahren 1930 bis 1932 nicht mehr zweifelhaft sein, was eine »Machtergreifung« der NSDAP für das Schicksal der Juden bedeutete.

IV. Jüdische Gemeinde und Juden im NS-Staat

Am 30. Januar 1933 wurde Adolf Hitler zum Reichskanzler ernannt. Kann man den Juden vorhalten, sie hätten zu diesem Zeitpunkt die politische Voraussicht über die Folgen haben müssen?

In Hamburg hatte der Verfall demokratischer Macht schon längst begonnen, ehe am 8. März 1933 nach der für Hitler im Reich erfolgreichen Reichtagswahl vom 5. März 1933 der Senat unter Einschluß der NSDAP neu gebildet wurde. Damit hatten auch die Hamburger Juden jede Hoffnung auf staatlichen Schutz endgültig verloren. Im Gegenteil: Der programmatische Antisemitismus der NSDAP war durch den NS-Staat selbst zur Staatsdoktrin geworden, ohne daß dies sofort als eine wirklich ernste staatliche Entscheidung betrachtet wurde.

1. Isolation und Ausgrenzung auf allen Ebenen[5]

<u>Der Boykott.</u> Die Juden waren nicht die einzigen, die der NS-Staat und die Gliederungen der NSDAP verfolgten. Aber sie waren der einzige Teil der Bevölkerung, für den ein bloßer Rückzug aus der Öffentlichkeit angesichts der Rassenideologie der NSDAP kein Ausweg zur angepaßten Verhaltensweise sein würde. Vielmehr mußte dies die beabsichtigte Isolierung nur beschleunigen. Der am 1. April 1933 auch in Hamburg organisierte und durchgeführte Boykott jüdischer Geschäfte durch die SA und vereinzelte Aktionen gegen

jüdische Ärzte und Juristen stellten mit der Diskriminierung eine erste Phase der Judenpolitik des NS-Regimes dar.

Lorenz
Die jüdische Gemeinde Hamburg 1860 – 1943
Kaiserreich – Weimarer Republik – NS-Staat

Die berufliche und soziale Ausgrenzung. Wenige Tage später wurde mit dem Gesetz zur Wiederherstellung des Berufsbeamtentums ein »Arierparagraph« geschaffen, der die vorläufige Beurlaubung, später die Entlassung jüdischer Beamter und Richter zur Folge hatte. Entsprechende Regelungen wurden in rascher Folge für Anwälte, Notare, Ärzte und Steuerberater erlassen. Berufsvereinigungen und Sportvereine schlossen sich dem an, indem sie den sogenannten Arierparagraphen in ihre Satzungen aufnahmen. In kürzester Zeit sahen sich die Juden nahezu aller beruflichen, wirtschaftlichen und sozialen Kontakte zur nicht-jüdischen Bevölkerung beraubt. Man war nun unter sich, bildete künftig ein sozial wirksames Ghetto. Von alldem gab es in Hamburg keine Ausnahmen. Jüdische Lehrer, jüdische Professoren und andere jüdische Beamte wurden arbeitslos. Große nicht-jüdische Unternehmen kündigten jüdischen Angestellten ohne erkennbare Rechtsgrundlage. Den Ärzten wurde die Zulassung zu den Krankenkassen entzogen.

Neben Berufsverboten wurden Ausbildungsverbote ausgesprochen. Bereits im April 1933 wurde für jüdische Schüler und Studenten ein numerus clausus eingeführt. Berichte jüdischer Schüler weisen auf, daß in den Hamburger Schulen eine persönliche Diskriminierung begann. Die jüdische Gemeinde versuchte daher bereits im Sommer 1933, alle Sextaner in ihren eigenen Schulen unterzubringen. Im Anschluß an den Novemberpogrom von 1938 verwies man endgültig jüdische Schüler von staatlichen Schulen. Die Talmud-Tora-Oberrealschule wurde zur einzigen Schule für jüdische Kinder.

Die sogenannten Nürnberger Gesetze. Im Sommer 1935 setzte eine neue Welle agitatorischer Aufrufe, gesteuerter Krawalle und wirtschaftlicher Boykottmaßnahmen gegen Juden ein. Vermutlich war es dem Eingreifen des Reichswirtschaftsministers Hjalmar Schacht zuzurechnen, daß die befürchteten Arisierungspläne im Wirtschaftsbereich zunächst ausblieben. Stattdessen ergingen am 15. September 1935 auf dem Parteitag der NSDAP die sogenannten Nürnberger Gesetze. Die Gesetze stuften die Juden zu Menschen zweiter Klasse herab und grenzten sie damit endgültig gegenüber der übrigen Bevölkerung aus. Die Gefahr, wegen »Rassenschande« verfolgt zu werden, war groß, weil der Vorwurf häufiger Gegenstand der Denunziation war. Die Juden sahen sich so nicht nur der Verfolgung des Staates und der NSDAP oder der Gestapo ausgesetzt, sondern auch der ihrer eigenen Mitbürger. Offensichtlich war die strafgerichtliche Praxis der »Rassenschande« in Hamburg besonders hart, nachdem eine Sonderstrafkammer eingerichtet worden war.

Phasen der »Arisierung«. Die Jahre 1934 bis etwa 1937 mögen von den Hamburger Juden als Phase einer gewissen Beruhigung erlebt worden sein, in der ein Arrangement noch möglich schien. In der Gemeinde hoffte man jedenfalls darauf. Der Prozeß der Isolierung setzte sich indes in kleinen Schritten unverändert und nachhaltig fort. Bereits jetzt – von der NSDAP als Schonzeit bezeichnet – begann die mehr oder minder freiwillige »Arisierung« wirtschaftlicher Betriebe. Diese war begünstigt durch die seit 1933 einsetzende Auswanderung und durch das 1934 getroffene »Haavara«-Abkommen, das es den deutschen Juden erlaubte, durch Ankauf von Waren Vermögen nach Palästina zu übertragen. Daß dem die Zielsetzung der verschärften Anwendung der Reichsfluchtsteuer widersprach, gehört zu den vielen Widersprüchlichkeiten des NS-Staates. Den Wendepunkt brachte spätestens die von Hermann Göring erlassene »Verordnung zur Ausschaltung der Juden aus dem deutschen Wirtschaftsleben« vom 12. November 1938. Nunmehr wurde die »Arisierung« mit allen Mitteln einschließlich der sogenannten Entjudung des Immobilien-

Historischer
Überblick

besitzes vorangetrieben. Am 2. Dezember 1938 berichtete das »Hamburger Tageblatt«, daß »*im Zuge der Maßnahmen des Reiches zur vollen Entjudung der deutschen Wirtschaft*« alle etwa 1.200 noch bestehenden jüdischen Gewerbebetriebe in Hamburg geschlossen oder in nicht-jüdische Hände überführt würden. Seit dem Sommer 1938 unterlagen die Juden einem besonderen Kennkartenzwang und hatten »jüdische Vornamen« zu führen.

2. Auswanderung – Flucht

Bislang sind gesicherte zahlenmäßige Angaben über die demographische Entwicklung der Hamburger Juden für die Jahre 1933 bis zur Auflösung der Gemeinde im Jahre 1943 nicht ermittelt worden. Die Gemeinde selbst hatte wenig Interesse, derartige Zahlen zu veröffentlichen. Den amtlichen Zahlen muß dagegen mit Skepsis begegnet werden. So können nur einige kursorische Hinweise gegeben werden.

Nach der amtlichen Volkszählung vom Juni 1933 war die Zahl der Juden, die sich zum Judentum als Glaubensrichtung bekannten (Glaubensjuden oder Religionsjuden), auf 16.885 gesunken. Die Altonaer Gemeinde verlor in derselben Zeit nahezu 1/3 ihrer Angehörigen. 1935 hatte sich die Zahl für Hamburg nach gemeindeinternen Berechnungen nochmals auf etwa 15.000 verringert, so daß die Gemeinde innerhalb von etwa zwei Jahren 1/4 ihrer Angehörigen verloren hatte. Nach dem Ergebnis der amtlichen Volkszählung vom Mai 1939 lebten in dem nunmehrigen Groß-Hamburg 8.438 Glaubensjuden (Religionsjuden) und weitere 1.505 Juden, die nach nationalsozialistischen Kriterien als »Rassejuden« bezeichnet wurden. Erfaßt wurden ferner 4.187 sogenannte Mischlinge 2. Grades. Innerhalb von knapp 4 Jahren hatten damit die Altonaer und die Hamburger Gemeinde insgesamt etwa eine weitere Hälfte ihrer Gemeindeangehörigen verloren. Für Ende 1940 gibt eine gemeindeinterne Aufstellung 7.088 Glaubensjuden (Religionsjuden) und weitere 897 sogenannte Rassejuden an.

Die Hamburger Gemeinde erlebte drei Auswanderungswellen, die sich in den angeführten Zahlen teilweise widerspiegeln, nämlich in der Zeit Anfang bis Sommer 1933, dann im Anschluß an die sogenannten Nürnberger Gesetze und schließlich mit dem Beginn der exzessiven Verfolgung nach dem Novemberpogrom 1938. Die Möglichkeiten und die näheren Motive der Auswanderung waren unterschiedlich und steigerten sich von überlegter Auswahl, die man noch als Emigration bezeichnete, bis hin zum bloßen Fluchtgedanken. Vielfach waren Verhaftungen durch die Gestapo üblich, um durch Androhung des Konzentrationslagers eine sofortige Auswanderung zu erreichen. Die Auswanderung führte alsbald zu einer Überalterung der Gemeinde und zunehmend zum Abbau der ursprünglichen innergemeindlichen Infrastruktur.

Die Haltung des Auslands bot mit Ausbruch des Krieges zusätzliche Schwierigkeiten. In Hamburg versuchte eine Außenstelle des Palästinaamtes der Jewish Agency (Berlin), die von der britischen Mandatsregierung für eine Auswanderung nach Palästina benötigten Zertifikate gerecht zuzuteilen. Da das Zuteilungssystem entweder einen Kapitaleinsatz oder eine bestimmte berufliche Qualifikation erforderte, sah die Gemeinde hier Möglichkeiten der Hilfe. Die versteckte Finanzierung übernahm in Hamburg zumeist die gemeindliche Beratungsstelle für jüdische Wirtschaftshilfe. Maßnahmen der Berufsumschichtung wurden ebenfalls in erster Linie von zionistischen Organisationen getragen. In Hamburg bestand die Besonderheit einer Seemanns-Hachschara. Daneben gab es auf Reichsebene den wirksamen Hilfsverein der deutschen Juden, an dessen Spitze der Hamburger Max Warburg stand, und die Hauptstelle für jüdische Wanderfürsorge.

Die Gemeinde selbst versuchte über Verbindungen ausgewanderter ehemaliger Gemeindeangehöriger weitere, zum Teil illegale Möglichkeiten zu schaffen. Über die Zahl der legalen und der illegalen Auswanderung gibt es keine verläßlichen Daten. Daten über illegale Auswanderungen wurden während der NS-Zeit selbstverständlich nicht festgehalten. Die Zahl der legalen Auswanderung aus dem Bereich Groß-Hamburg dürfte mindestens zwischen 9.000 bis 10.000 liegen. Derartige Schätzungen sind bei dem gegenwärtigen Forschungsstand nur mit großen Unsicherheiten möglich.

3. Selbstbehauptung und Selbsthilfe[6]

Berufsverbote, Abbruch der Ausbildung, Umschulung, Arbeitslosigkeit, Vermögensverluste, soziale und kulturelle Isolation und Ausschluß staatlicher Fürsorge stellten die Hamburger Juden vor ganz außerordentliche Probleme, die letztlich eine vollkommene Neuorganisation gemeindlicher Arbeit bedingten. Die gemeindliche Selbsthilfe als Ausdruck jüdischer Selbstbehauptung war bis 1938 noch in hinreichend geordneten Bahnen möglich, nahm dann aber zwangsläufig immer mehr den Charakter eines Provisoriums an.

<u>Die ökonomische Last.</u> Die jüdische Selbsthilfe erfaßte mit der wirtschaftlichen Selbsthilfe, der Wohlfahrtspflege, dem Schulwesen und der Organisation kulturellen Lebens vier zentrale Bereiche. Dabei waren die finanziellen, organisatorischen und personellen Verflechtungen mit entsprechenden jüdischen Einrichtungen auf Reichsebene vielfältig. Vieles blieb persönlichen, informellen Kontakten überlassen und mußte aus der Situation des Augenblicks erörtert und gelöst werden, da die Überwachung durch staatliche Behörden und vor allem durch die Gestapo allgegenwärtig war. Bei der beruflichen Hilfe bestanden anfangs erhebliche Meinungsverschiedenheiten über deren Zielsetzung. Darlehenskassen für gewerbliche Überbrückungskredite, Arbeitsnachweise und Umschulungen zielten zunächst auf rasche Integration in den innerjüdischen Wirtschaftskreislauf, der nach 1933 alsbald infolge zunehmender ökonomischer und beruflicher Ausgrenzung verstärkt entstand und dessen Autonomie es zugunster aller Juden aufrechtzuerhalten galt. Demgegenüber verfochten die Zionisten von Anfang an die Auffassung, daß die Auswanderung gezielt zu fördern sei und daß sich hieran letztlich alle Maßnahmen der jüdischen Selbsthilfe zu orientieren hätten.

<u>Die Jugend.</u> Als eine »schleichende«, weil mittelbare Judenverfolgung traf die jüdische Jugend die dauernde Verschlechterung der schulischen und berufsbezogenen Ausbildung. Nach dem Novemberpogrom war jüdischen Kindern der Besuch staatlicher Schulen ganz allgemein untersagt, aber auch zuvor gab es in Schulen einen ausgeprägten Antisemitismus, allerdings mit durchaus unterschiedlicher Intensität. Das traf insbesondere assimilierte Elternhäuser psychologisch schwer, weil ihnen für ihre Kinder nur die Alternative der jüdischen Gemeindeschulen blieb, deren religiöser Charakter satzungsrechtlich vorgeschrieben und ihnen in ihrer zunächst betonten »Jüdischkeit« fremd war. Zudem stellte sich die Frage, aus welchen Gründen eine höhere Schulbildung überhaupt noch anzustreben sei, da ein Studium an einer Hochschule ohnedies ausgeschlossen schien. Da nicht alle Eltern oder Jugendlichen sich anfangs für die zionistisch geprägte Hachschara entscheiden mochten, schuf die Gemeinde im äußeren Rahmen der Wohlfahrtstelle die »Organisation

für Hilfe und Aufbau«, die arbeitslose Jugendliche, aber auch Erwachsene umschulte, um durch das Erlernen handwerklicher Berufe die Chancen für eine spätere Auswanderung zu verbessern.

<u>Die kulturelle Isolation.</u> Die rechtliche und politische Ohnmacht ließ die Juden nach Wegen suchen, auf die ihnen aufgezwungene kollektive Ausgrenzung durch Mittel der geistigen und kulturellen Gemeinsamkeit zu antworten, um darin Identität zu erleben. In Hamburg konnte – sogar mit Unterstützung der Gestapo – im Dezember 1937 in der Hartungstraße (den heutigen »Kammerspielen«) ein jüdisches Kulturzentrum eingerichtet werden, nachdem der 1934 gegründete »Jüdische Kulturbund« zunächst im Convent-Garten Theateraufführungen hatte veranstalten können. Daß darin die Gefahr eines kulturellen Ghettos lag, nahm man bewußt hin. Als Anfang Oktober 1941 die Auswanderung untersagt wurde und gegen Ende desselben Monats die Deportationen einsetzten, hatte auch die kulturelle Arbeit von Juden für Juden jeden Sinn verloren.

4. Veränderte Gemeindestrukturen

<u>Verwaltungsreform.</u> Für die jüdische Gemeinde wurde es problematisch, die im Hamburger System vorausgesetzten institutionellen Verflechtungen, personellen Abhängigkeiten und eine innergemeindliche Öffentlichkeit unverändert aufrechtzuerhalten. Die schwierigen wirtschaftlichen Verhältnisse der Gemeindeangehörigen seit der Wirtschaftskrise 1929/30 und deren noch nicht überwundenen sozialen Folgen, die im ersten Halbjahr 1933 einsetzende erste Auswanderungswelle auch innerhalb der jüdischen Führungselite und der noch ungewohnte politische Druck von Staat und NSDAP ließ die Hamburger Juden zunächst ratlos werden. Für die Gemeinde war es daher ein Glücksfall, als Ende 1935 Dr. Leo Lippmann, ehemals Staatsrat der Hamburger Finanzdeputation, vom Repräsentanten-Kollegium in den Vorstand gewählt wurde. Lippmann gelang es rasch, den finanziellen Status der Gemeinde durch einen Sanierungsplan, durch drastische Erhöhung der Gemeindeabgaben und auch durch Veräußerung von Grundvermögen in geordnete Bahnen zu lenken, soweit dies angesichts des gestiegenen Finanzbedarfs eben möglich war. Ihm war es ferner zu verdanken, daß sich Vorstand und Repräsentanten-Kollegium auf eine durchgreifende Verwaltungsreform im Sinne strafferer Entscheidungsverfahren verständigten. Angesichts veränderter politischer Verhältnisse verzichtete man 1937 auf Neuwahlen des Kollegiums und verständigte sich darauf, daß ihm 7 Liberale, 5 Orthodoxe, 5 Zionisten und 4 Vertreter der Wirtschaftspartei angehören sollten.

<u>Die neue Gesamtgemeinde.</u> Als Anfang 1937 durch Reichsgesetz die preußischen Städte Altona, Wandsbek und Harburg-Wilhelmsburg nach Hamburg »eingemeindet« wurden, erkannte Lippmann die hierin liegende Chance, die jüdischen Gemeinden zu fusionieren. Die Gemeinde Altona erhielt den Status eines vierten Kultusverbandes, die beiden anderen jüdischen Gemeinden wurden aufgelöst. Zugleich übernahm die Hamburger Gemeinde in Absprache mit den Kultusverbänden formell Aufgaben des Kultus. Allerdings ließ der Reichsminister des Innern, dem die Fusionsverträge ebenso wie der Kultur- und Schulbehörde und der Hamburger Gestapo vorzulegen waren, nicht zu, daß die wiedervereinigte Gemeinde in ihrem Namen die Worte »deutsch«, »israelitisch« oder »Gemeinde« benutzte. Die Gemeinde nahm daraufhin auf behördliches Anraten notgedrungen den Namen »Jüdischer Religionsverband Hamburg« an, ohne daß man damit eine sachliche Änderung verband. In der modifizierten Fortsetzung des Hamburger Systems, wie sie am 1. Januar

1938 wirksam wurde, wird man die persönliche Leistung Lippmans zu sehen haben, galt es doch den Zuwachs orthodoxer Einflüsse, wie sie durch die Eingliederung der Altonaer Gemeinde zu erwarten waren, zum Vorteil aller zu kanalisieren und den Wünschen der Kultur- und Schulbehörde und der Gestapo durch eigene Maßnahmen Rechnung zu tragen.

Diese neue jüdische Gesamtgemeinde war ohne wirkliche Zukunft. Nach altem hamburgischen Recht galt die jüdische Gemeinde als eine Körperschaft des öffentlichen Rechts. Bereits im März 1938 wurde allen jüdischen Kultusvereinigungen durch Reichsgesetz diese Rechtsstellung entzogen. Die neue Gesamtgemeinde erhielt fortan den Status eines Vereins bürgerlichen Rechts. Damit verlor sie die Möglichkeit, die Mitgliedsbeiträge in Form von Zuschlägen zur staatlichen Einkommens- und Vermögenssteuer durch das Finanzamt einziehen zu lassen. In allen wichtigen Fragen wurden ihre Entscheidungen der Genehmigung durch die höhere Verwaltungsbehörde unterstellt.

<u>Das Ende des Hamburger Systems.</u> Mochte damit auch nur formell das geordnet werden, was ohnedies weitgehend Praxis geworden war, so griff eine weitere Maßnahme unmittelbar in die überkommene Gemeindestruktur ein. Im Zusammenhang mit der Pogromnacht am 9./10. November 1938 wurde die alte Gemeindeverfassung aufgehoben. Die segensreiche, auf Integration zielende Tätigkeit des Vorstandes und des Repräsentanten-Kollegiums wurde beendet. Mit Anordnung vom 2. Dezember 1938 bestimmte die Gestapo den bisherigen Syndikus der Gemeinde, Dr. Max Plaut, unter unmittelbarer Verantwortung gegenüber der Gestapo zum allein verantwortlichen Geschäftsführer. Die dem Führerprinzip nachempfundene Anordnung gab als Rechtsgrundlage § 1 der Verordnung zum Schutze von Volk und Staat vom 28. 2. 1933 an. Damit hatte die Gestapo schließlich das verwirklicht, was ihr ohnehin seit längerem vorschwebte: Die jüdische Gemeinde sollte eine zweckmäßige, nur den Interessen der staatlichen Verwaltung, insbesondere eine der Gestapo dienende Zusammenfassung der hamburgischen Juden sein.

<u>Die Auflösung.</u> Im Frühjahr 1939 beendeten die vier Kultusverbände ihre Tätigkeit. Im Juli 1939 gab die Gemeinde zugunsten der Reichsvereinigung der Juden in Deutschland, der das jüdische Schulwesen und die jüdische Wohlfahrtspflege zugeordnet wurden, weitgehend ihre verwaltungsmäßige Selbständigkeit auf. Im August 1942 wurde der »Jüdische Religionsverband Hamburg e.V.« formell in die Reichsvereinigung eingegliedert und verlor gegen Ende 1942 endgültig seinen rechtlichen Status. Die Reichsvereinigung wurde im Juni 1943 aufgelöst und die wenigen verbliebenen Hamburger Juden unter Polizeirecht gestellt.

5. Pogrom – Deportation – Vernichtung

Im Verlauf des Jahres 1938 hatte es bereits einige zentrale antisemitische Kampagnen gegeben, so beispielsweise die Verhaftung aller vorbestrafter Juden zur Einlieferung in Konzentrationslager im Juni 1938. Das konnte bedeuten, daß in der Zentrale der Gestapo und in den NS-Leitstellen die Vorstellung allmählich die Oberhand gewann, welche die bisherige Politik der forcierten Auswanderung beenden wollte. Auch etwa 100 Hamburger Juden waren davon betroffen; deren Freilassung konnte allerdings mit der Zusicherung sofortiger Auswanderung noch mühsam erreicht werden. Die Verhaftung aller polnischen Juden und ihre Abschiebung Ende Oktober 1938 verfolgte zugleich die Absicht, mit Polen in gewollte außenpolitische Verwicklungen zu geraten. Dies alles waren in der historischen

Historischer Überblick

Rückschau nur Vorläufer. Der Pogrom der Nacht vom 9. auf den 10. November 1938, in der Sprache der Zeit als »Reichskristallnacht« verharmlost, war die endgültige und für jedermann sichtbare und damit unbezweifelbare Aufgabe jeder aufklärerischen und humanitären Würde, welche die Idee der Emanzipation des Individuums getragen hatte.

Der befohlene Vandalismus, Zerstörungsrausch und Mordlust waren der nunmehr endgültige systematische Beginn der Vernichtung der deutschen Juden. Auch in Hamburg wurden jüdische Geschäfte zerstört und die Synagogen verwüstet, wenngleich entgegen einer verbreiteten Ansicht nicht angezündet. Dagegen wurden in Altona durch das Eingreifen von Beamten der Gestapo sämtliche jüdischen Einrichtungen vor größeren Übergriffen bewahrt. Etwa 1.200 verhaftete Juden wurden in das Konzentrationslager Sachsenhausen verbracht. Ihre Entlassung, soweit sie die Haft überlebten, konnte in den kommenden Monaten unter Zusicherung der sofortigen Auswanderung erreicht werden. Den Hamburger Juden war jetzt bewußt, daß die sogenannte Endlösung der Judenfrage begonnen hatte. Viele wählten in den kommenden Monaten den Freitod.

Im Juli 1941 wurde Heydrich beauftragt, alle erforderlichen Vorbereitungen *»in sachlicher und materieller Art zu treffen für eine Gesamtlösung der Judenfrage im deutschen Einflußgebiet in Europa«*. Die Hamburger Juden wurden zur Zwangsarbeit verpflichtet, aus der Zuweisung in sogenannte Judenhäuser entstand die Ghettoisierung als Vorstufe der Vernichtung, im Sommer 1941 wurde zunächst ein vorläufiges Auswanderungsverbot erlassen, das im November 1941 in ein endgültiges umgewandelt wurde. Seit Herbst 1941 bestand die Pflicht, den stigmatisierenden Judenstern zu tragen – es begann die organisierte Menschenjagd. Ende Oktober 1941 wurden auch für die Hamburger Juden erste Deportationen mit dem Ziel der physischen Vernichtung einschließlich der Ermordung angeordnet, in der Sprache der Zeit als »Abwanderung« bezeichnet.

Über die genaue Zahl der Hamburger Opfer der Massenvernichtung weiß man auch heute noch nichts Endgültiges. Der erste Transport am 25. Oktober 1941 ging nach Litzmannstadt (Lodz), weitere folgten am 8. und 18. November 1941 nach Minsk, am 6. Dezember 1941 nach Riga. Das Schicksal traf bis zum Ende 1941 insgesamt 3.198 Hamburger Juden. In der Gemeinde lebten jetzt nur noch etwa 4.051 Juden, davon 85 % älter als 40 Jahre und 55 % älter als 60 Jahre, was im Vergleich mit der Altersstruktur im Jahre 1940 darauf schließen läßt, daß die Deportationen im Jahre 1941 gezielt jüngere Juden erfassen sollten. Von den 4.051 Juden lebten 1.290 in Mischehe oder hatten in Mischehen gelebt. Im Jahre 1942 wurden am 11. Juli nach Auschwitz, am 15. Juli und am 19. Juli jeweils nach Theresienstadt insgesamt etwa 2.000 Hamburger Juden deportiert. Die in der Gemeinde geführte Kartei weist für den 31. Dezember 1942 nur noch 1.805 in Hamburg lebende Juden aus, von denen etwa die Hälfte in sogenannter privilegierter Mischehe lebte.

V. Das Ende

Am 10. Juni 1943 besetzte die Gestapo das Büro der inzwischen zur »Bezirksstelle« der Reichsvereinigung gewordenen Gemeinde und eröffnete, daß sämtliche jüdische Organisationen aufgelöst seien und die restlichen Juden in Hamburg in wenigen Tagen nach Theresienstadt deportiert würden. In der Tat folgten kurz darauf weitere Deportationen nach Theresienstadt, aber auch noch in den folgenden Jahren, der letzte am 14. Februar

1945. Lippmann wählte in der Nacht zum 11. Juni 1943 den Freitod. Plaut wurde in ein Internierungslager verbracht und gelangte 1944 nach Palästina. Beide Wege waren dem letzten Oberrabbiner Hamburgs, Joseph Carlebach, aus religiösen, humanitären und tatsächlichen Gründen verschlossen; er und Teile seiner Familie wurden zusammen mit anderen Hamburger Juden seiner Gemeinde nach Riga deportiert und dort am 26. März 1942 ermordet.

Lorenz
Die jüdische Gemeinde Hamburg 1860 – 1943
Kaiserreich – Weimarer Republik – NS-Staat

Anmerkungen

1. Siehe dazu den Beitrag von Ursula Randt in diesem Band.
2. Siehe dazu den Beitrag von Daniela Kasischke in diesem Band.
3. Siehe dazu den Beitrag von Ursula Randt in diesem Band.
4. Siehe dazu den Beitrag von Beatrix Herlemann in diesem Band.
5. Siehe dazu die Beiträge von Ursula Randt, Gaby Zürn, Uwe Lohalm, Frank Bajohr/Joachim Szodrzynski, Susanne Goldberg/Ulla Hinnenberg/Erika Hirsch, Beate Meyer in diesem Band.
6. Siehe dazu die Beiträge von Christiane Pritzlaff, Ursula Randt, Barbara Müller-Wesemann in diesem Band.

Von näheren Einzelnachweisen ist abgesehen worden, weil dies bei dem hier vorgelegten historischen Abriß für das Gesamtverständnis entbehrlich erschien. Die abgedruckten Statistiken sind der Einführung der Dokumentation von Ina Lorenz, Die Juden in Hamburg zur Zeit der Weimarer Republik, entnommen. Zusammenfassende und weiterführende Literatur wird nachfolgend jeweils abschnittsweise angegeben; die Literaturauswahl beschränkt sich dabei thematisch auf den Bereich der Hamburger Juden und der jüdischen Gemeinden.

Zu I und II:

Bergmann, Knut: Die Geschichte der Talmud-Tora-Schule in Hamburg 1805 – 1842. Unter besonderer Berücksichtigung des Gebäudes Grindelhof 30. Diplomarbeit (MS), Hamburg 1981; Freimark 1983 (2); Heitmann 1988; Kasischke, Daniela: Moderner Antisemitismus im Spiegel der Hamburger Presse nach dem Gründerkrach (1873 – 1882), Magisterarbeit (MS), Hamburg 1980; Krohn 1967; Krohn 1974; Loose 1991; Lorenz 1989; Lorenz 1991 (2); Louven 1989; Marwedel 1982; Randt 1984; Scheunert, Volker: Juden im Hamburger öffentlichen Dienst 1849 – 1914. Magisterarbeit (MS), Hamburg 1990; Stein 1984; Süß 1989; Zimmermann 1979.

Zu III:

Bauche 1989; Cassirer 1981; Domke, Eliezer: Hamburg's Jewry 1928 – 1933. A community at a time of crisis (hebr. summary 27 S.) Diss. (MS), Jerusalem 1990; Goral-Sternheim 1989 (1); Goral-Sternheim 1989 (2); Grimm, Fred: Antisemitismus als Normalität. Latenter Judenhaß in der Weimarer Republik am Beispiel Hamburg. Magisterarbeit (MS), Hamburg 1987; Krause, Thomas: Hamburg wird braun. Der Aufstieg der NSDAP 1921 – 1933. Hamburg 1987; Lorenz 1987 (1); Lorenz 1987 (2); Ophir 1983; Warburg Spinelli 1990; ergänzend: Büttner, Ursula: Hamburg in der Staats und Wirtschaftskrise 1928 – 1931. Hamburg 1982; dies.: Politische Gerechtigkeit und sozialer Geist. Hamburg zur Zeit der Weimarer Republik. Hamburg 1985.

Zu IV und V:

Feilchenfeld, Werner/Michaelis, Dolf/Pinner, Ludwig: Haavara-Transfer nach Palästina und Einwanderung deutscher Juden 1933 – 1939. Tübingen 1972; Gedenkbuch 1965; Gillis-Carlebach 1990 (1); Hönicke, Günter: Das Ende der jüdischen Gemeinde in Altona (1933 – 1942). Magisterarbeit (MS), Hamburg 1990; Johe 1986 (1); Kühl, Magrit: Die jüdische Gemeinde in Hamburg 1933 – 1938. Magisterarbeit (MS), Hamburg 1981; Lamm 1960 (1); Lippmann 1941; Lippmann 1943; Loewenberg 1989; Lorenz 1991 (1); Riecke 1973; Robinsohn, Hans: Justiz als politische Verfolgung. Die Rechtsprechung in »Rasseschandefällen« beim Landgericht Hamburg 1936 – 1943. Stuttgart 1977; Staatliche Pressestelle Ham-

Historischer
Überblick

burg (Hg.): Der Untergang der Hamburger Juden. Hamburg 1984; dies. (Hg.): Erinnern für die Zukunft. Zum 50. Jahrestag des November-Pogroms von 1938. Hamburg 1989; Uekötter 1986; Warburg Max M. 1952; Wolfsberg-Aviad 1960; Zürn 1991.

Die Jüdische Gemeinde in Hamburg seit den 50er Jahren
Raoul Wenzel Michalski

Die Einheitsgemeinde

Nach der Befreiung durch die Alliierten kamen in Hamburg rund 1.300 Juden verschiedenster Herkunft zusammen.[1] Sie waren Überlebende der Konzentrationslager, Untergetauchte, Rückkehrer aus dem Exil, »Displaced Persons« und Zugewanderte aus dem Ostblock. Unter ihnen befanden sich aschkenasische Orthodoxe und Liberale sowie ein paar Überlebende der alten »portugiesisch«-jüdischen Gemeinde, die Sephardim. Die Männer und Frauen, die sich in Hamburg eingefunden hatten, waren zu wenige, um jeweils eigene, ihrer Herkunft entsprechende Gemeinschaften zu bilden. Aber wenigstens zum Judentum wollten sie sich wieder offen bekennen. Und so gründeten sie gemeinsam die sogenannte Einheitsgemeinde.[2]

Es galt nun, unterschiedlichste Traditionen, Gebräuche und Interessen zu berücksichtigen und zusammenzuführen.[3] Die meisten waren nach Auskunft von Zeitzeugen eher liberal eingestellt. Trotzdem einigten sich die Gründer auf einen gemäßigten aschkenasisch-orthodoxen Kultus. Gemeindemitglieder erklären diese Entscheidung heute so: Die Liberalen können einen Kultus, der ihren Vorstellungen eigentlich nicht entspricht, leichter akzeptieren als die Orthodoxen. Es war ein schmerzhafter Kompromiß: Den einen nicht liberal, den anderen nicht orthodox genug. Doch sahen die in dieser Gemeinschaft zusammengeworfenen Juden darin die einzige Möglichkeit, ihre Religion und ihre Identität zu bewahren.

Unter den Folgen des »Dritten Reichs« hatten alle in Deutschland zu leiden. Aber die Christen besaßen immerhin funktionierende Kircheninstitutionen. Die Juden standen vor dem blanken Nichts. Von den ursprünglich 26.000 Mitgliedern der alten Gemeinde lebten in Hamburg nach dem Krieg gerade noch 300.[4] Der Vergleich zeigt das Entsetzliche: 26.000 Mitglieder im Jahre 1933 – 1.268 Mitglieder im Jahre 1947.[5] Und von diesen wagten es noch nicht einmal alle, sich offen zum Judentum zu bekennen – die Angst davor war geblieben.[6] Völlig desolat war die Situation der Sephardim. Der letzte »Portugiese« Jude starb am 9. Dezember 1946. Sein Name war Isaac Andrade.[7]

Viele, die in den ersten Jahren nach dem »Dritten Reich« Mitglieder der neuen Gemeinde geworden waren, wollten möglichst schnell fort aus Deutschland. Für sie war Hamburg lediglich eine Durchgangsstation nach Israel oder Amerika. 1952 zählte die Einheitsge-

von oben nach unten:
Nathan P. Levinson
Herbert Weichmann
Kantor Günter Singer

Historischer
Überblick

meinde nur noch 1.044 Mitglieder.[8] Doch in den Jahren von 1956 bis 1959 kam ein Einwanderungsschub.[9] Ehemalige Emigranten kehrten nach Hamburg zurück. Jüdische Zuwanderer aus dem Ostblock und aus dem Iran ließen sich in der Stadt nieder. Seitdem – und das bis heute – stabilisierte sich die Anzahl der Gemeindemitglieder zwischen 1.350 und 1.400.[10]

Über die Gründe der Rück- und Zuwanderer läßt sich nur spekulieren. Persönliche Motive spielten sicherlich eine Rolle. Die Immigranten aus dem Ostblock kamen aus ideologischen Gründen und wegen des dort wuchernden Antisemitismus. Iranische Juden reizte das »Wirtschaftswunder« in der Bundesrepublik. In Hamburg sahen sie aufgrund des Hafens einen geeigneten Standort für ihren Handel. Aufschluß über die Motive einiger Rückkehrer aus Israel und Südamerika gibt ein Auszug des Geschäftsberichts der Jüdischen Gemeinde für die Jahre 1956 bis 1958: *»Es muß [...] ausdrücklich davor gewarnt werden, die zu erwartenden Wiedergutmachungsleistungen zum Anlaß für die Rückkehr in die Bundesrepublik zu nehmen«.*[11]

Trotz der Zuwanderung – die Jüdische Gemeinde in Hamburg ist klein geblieben. Das fällt besonders auf im Verhältnis zur Bedeutung und Einwohnerzahl der Stadt. Nach Berlin, Frankfurt, München und Düsseldorf steht Hamburg an fünfter Stelle in der Größenordnung der deutschen jüdischen Gemeinden. Es teilt sich diesen Platz mit Köln. 1.347 Mitglieder zählte die Gemeinde im März 1991.[12] Davon waren etwa 300 iranischer Abstammung. Sie sind die neuen Sephardim Hamburgs.

Die Konsolidierung der Gemeinde

Nichts hatten sie mehr, die Juden in Deutschland nach der Zerschlagung des »Dritten Reichs«. Freunde und Verwandte waren tot. Die Vermögen hatten die Nazis konfisziert. In Hamburg besaßen viele der Juden, die aus den Konzentrationslagern kamen, nicht einmal eine Erinnerung an diese Stadt. Sie waren in Polen geboren. Und die anderen, die Hamburg kannten, sahen Lücken auch dort, wo vor der nationalsozialistischen Vernichtung acht Synagogen und vier Betsäle gestanden hatten.[13]

Aber eines war ihnen doch geblieben: Ihre Religion. Provisorisch richtete die neue Gemeinde eine Synagoge an der Kielortallee ein. In den ersten beiden Jahren war die geistliche Betreuung ein Problem. Emigrierte Rabbiner kamen nach Hamburg, aber nur zeitweise.[14] Von 1947 an gab es zwar ständige Rabbiner – Helfgott, Holzer, Salomonowicz und Grünewald[15] – doch die Juden in Hamburg hatten noch kein Zentrum, keinen festen Ort, der besagte: Hier ist unsere Gemeinde zu Hause. Kulturveranstaltungen fanden die ersten 15 Jahre in Räumen an der Rothenbaumchaussee, an der Heimhuder Straße und im jüdischen Altenheim an der Sedanstraße statt.[16] Das war alles noch provisorisch.

Die Wende kam Ende der 50er Jahre, als endlich die Mittel aus der sogenannten Wiedergutmachung flossen. Jetzt begann die Gemeinde zu bauen. Am 18. Mai 1958 wird das neue Altenheim an der Schäferkampsallee eröffnet. Ein Jahr später ist Grundsteinlegung des Israelitischen Krankenhauses an der Alsterkrugchaussee.[17] Doch der Höhepunkt der Aufbau- und Aufschwungphase ist die Eröffnung der neuen Synagoge an der Hohen Weide am 4. September 1960.

Die Gemeinde finanzierte den Bau aus den Entschädigungsansprüchen für die in Hamburg zerstörten Synagogen. Er kostete 1,8 Millionen Mark.[18] Die neue Synagoge beförderte das Selbstwertgefühl der Gemeindemitglieder in hohem Maße. Das religiöse

Leben habe sich in einem »*erheblichen Umfang verstärkt*«, hieß es stolz in dem Bericht für die Geschäftsjahre 1959 und 1960.[19] In ihrem neuen Haus fanden die Mitglieder einen starken Halt. Das spiegelt sich auch in der Erklärung wider, »*aufkommenden antisemitischen Tendenzen rechtzeitig energisch entgegenzutreten*«.[20]

Michalski
Die Jüdische Gemeinde in Hamburg
seit den 50er Jahren

Jetzt hatte die Gemeinde ihr religiöses und kulturelles Zentrum. In dem großen Saal mit seinen rund 400 Plätzen[21] fanden in den folgenden Jahren Veranstaltungen statt, die ein breites Spektrum jüdischer Kultur umfaßten. Eine große Rolle spielten dabei Vorträge in- und ausländischer Judaistik-Experten. Sie referierten über religiöse Themen, wie Tora und Talmud, Messianismus und Chassidismus. In ihrem Gemeindesaal kamen die Mitglieder aber auch zusammen, um aktuelle Probleme zu diskutieren. Dabei standen Antisemitismus und Neonazismus im Brennpunkt. Weitere Diskussions- und Vortragsthemen waren zum Beispiel die Beziehungen zwischen Juden und Christen sowie die Rolle der Frau in der jüdischen Gesellschaft.[22]

Viel war in den Jahren 1958 bis 1960 auf die Gemeinde zugekommen: Bauwerke; die »*Wiedereinrichtung jüdischer, kultischer und ritueller Gepflogenheiten*« – im neuerrichteten Altenheim konnten fromme Mitglieder wieder koscheres Fleisch kaufen;[23] Kulturveranstaltungen mußten organisiert werden. Und außerdem hatte sich die Anzahl der Mitglieder wieder erhöht.

Der Aufschwung brachte auch Probleme mit sich – neue wirtschaftliche und soziale Aufgaben hatte die Gemeinde zu bewältigen. Vor allem die Integration der zurückgekehrten Emigranten aus Israel und Südamerika war offenbar schwierig. Unter den neuen Mitgliedern gab es wohl einige, deren Erwartungen enttäuscht worden waren; denn in einem Geschäftsbericht der Gemeinde steht warnend geschrieben:

»*Man kann nicht im Jahre 1958 fortsetzen, was in den Jahren 1933 bis 1938 abgebrochen wurde*«. Die Gemeinde sehe sich zwar selbstverständlich verpflichtet, »*allen Mitgliedern der jüdischen Gemeinschaft, die sich in Hamburg niederlassen, zu helfen, gleichgültig woher sie kommen und aus welchen Motiven. Andererseits haben wir es als unsere Aufgabe betrachtet, keine Propaganda für die Rückkehr nach Deutschland zu betreiben. Wir sind nicht befugt, eine Beeinflußung in positiver oder negativer Hinsicht vorzunehmen*«.[24]

Aus diesen Worten spricht eine merkwürdige Distanz zu den neuen Mitgliedern. Selbst einige Juden, die zwanzig oder dreißig Jahre nach der Einwanderungswelle der 50er nach Hamburg gezogen waren, berichten von einer gewissen Kälte, mit der die Gemeinde sie empfing. Auch das Verhältnis zur Außenwelt war distanziert. Was war der Grund? Man könnte in der Zurückhaltung eine der psychologischen Folgen des Massenmordes im »Dritten Reich« sehen. Doch in Frankfurt und Berlin nahmen die Gemeinden seit ihrer Neugründung sehr rege am kommunalen Leben teil. Die Jüdische Gemeinde in Hamburg hingegen betrieb ihren Aufbau in aller Stille. Man könnte aber auch in der Öffentlichkeitsscheu ein lokales Kolorit sehen, die »vornehme« Reserviertheit der Hanseaten. Allerdings waren die wenigsten Gemeindemitglieder alteingesessene Hamburger.

Der Hauptgrund der Distanziertheit nach außen und innen findet sich in der Persönlichkeitsstruktur eines Mannes, dem langjährigen Kantor und Geschäftsführer der Gemeinde, Günter Singer. In Deutschland prägen die führenden Köpfe der jüdischen Gemeinden das jeweilige Erscheinungsbild. Günter Singer war ein zurückhaltender Mensch, der die Öffentlichkeit mied. Geschäftsführer war er 1956 geworden. Bis zu seinem Tod im November 1989 hatte er die Gemeinde nachhaltig beeinflußt. Seine Introvertiertheit färbte auf die Gemeinschaft ab, berichten Zeitzeugen. Sie loben aber einhellig Singers unermüdliches Engagement für die Verwaltung der Gemeinde. Als er 60 Jahre alt wurde, schrieb der jüdische Journalist Ernst Cramer einen der wenigen Artikel über ihn:

>*»Günter Singer ist ein Mann, der Ruhe ausstrahlt, der sich nie nach vorne drängt, der im stillen seine Arbeit tut, als Kantor, als Lehrer, als Verwalter. Ohne Männer wie ihn wäre es unmöglich gewesen, nach Hitler in Deutschland wieder ein jüdisches Leben aufzubauen«.*[25]

Verglichen mit Singer ist Nathan P. Levinson weniger prägend für das Erscheinungsbild der Gemeinde gewesen. Denn der Landesrabbiner, seit 1962 im Amt, betreut gleichzeitig die Gemeinden von Baden. Manche nennen Levinson deswegen »*den fliegenden Rabbiner*«. Im Schnitt ist er einmal im Monat in der Hansestadt. Die Hamburger sind deshalb an den hohen Feiertagen hin und wieder auf Gastrabbiner angewiesen.[26] Fromme Mitglieder sind über diese Situation nach eigenen Angaben nicht glücklich. Sie wünschen sich einen in Hamburg ansässigen Gemeinderabbiner. Levinson aber wohnt in Heidelberg. Daß er für Hamburg und Baden zuständig ist, zeigt, wie groß der Mangel an Rabbinern in Deutschland ist. Die Gemeindemitglieder haben eine hohe Meinung von dem toleranten Levinson, orthodoxe genauso wie liberale. Er selbst gilt als liberal. Den Ritus hält er jedoch, den Anforderungen der Einheitsgemeinde entsprechend, auf orthodoxe Weise.

Auch wenn das Verhältnis der Gemeinde zur Außenwelt von Distanz geprägt ist – sie führt kein Dasein in der Isolation, die Gemeinde ist kein »Ghetto«. Es gibt Kulturveranstaltungen, Vorträge und Diskussionen, zu denen auch Nicht-Juden eingeladen werden. Schüler, Studenten, Lehrer und Wissenschaftler benutzen die Bibliothek der Gemeinde, um sich über jüdische Themen zu informieren.[27] Kirchengruppen, Jugendorganisationen und Schulklassen nehmen an Synagogen-Rundgängen teil.[28] Einmal im Jahr veranstaltet die Women's International Zionist Organization (WIZO) einen öffentlichen Wohltätigkeitsbasar. Und alle fünf Jahre lädt die Gemeinde Bürgermeister und Kirchenvertreter ein, um gemeinsam an den 9. November 1938 zu erinnern. Außerdem sitzen Mitglieder als Delegierte in nicht-jüdischen Organisationen, zum Beispiel im Rundfunkrat des NDR, im Verwaltungsausschuß für Wiedergutmachungsfragen, im Kuratorium des »Instituts für die Geschichte der deutschen Juden« und in der Stiftung »Hilfe für NS-Verfolgte«. In den Geschäftsberichten wird die Kooperation mit der »Notgemeinschaft der durch die Nürnberger Gesetze Betroffenen« und mit der »Arbeitsgemeinschaft ehemals verfolgter Sozialdemokraten« für »*eng und gut*« befunden.[29] Zeugen schließen sich dieser Bewertung an.

Heute ist die Jüdische Gemeinde in Hamburg ein fester Bestandteil der Stadt. Sie konsolidierte sich mit dem Bau der Synagoge im September 1960. Die Männer und Frauen der Aufbaujahre haben die Gemeinde aus einem Provisorium herausgeholt und sie wieder dauerhaft in Hamburg eingerichtet – kultisch, kulturell und sozial.

Herbert Weichmann: Der Wille zur Verständigung

Am 9. Juni 1965 wurde ein Mitglied der Jüdischen Gemeinde zum Ersten Bürgermeister der Freien und Hansestadt Hamburg gewählt. Sein Name: Herbert Weichmann. Sechs Jahre lang blieb der Sozialdemokrat im Amt. Am 23. Februar 1896 wurde er im schlesischen Landsberg geboren, am 9. Oktober 1983 starb er in Hamburg. Landesrabbiner Levinson sagte in seiner Trauerrede: »*Herbert Weichmann war Jude, weil er solidarisch sein wollte, weil er am eigenen Leib jüdisches Schicksal erfahren hatte und das nicht spurlos an ihm vorübergegangen war*«.[30]

Demonstrativ ging Weichmann an den hohen Feiertagen in die Synagoge, berichten Zeitgenossen. Sie erzählen auch, daß er in seiner Eigenschaft als Bürgermeister in der Gemeinde umstritten gewesen sein soll. Viele Mitglieder seien stolz darauf gewesen, daß einer, der sich offen zum Judentum bekannte, Regierungschef ihrer Stadt war. Andere aber waren der Ansicht, daß nach der Erfahrung der Hitlerzeit kein Jude in Deutschland ein öffentliches Amt bekleiden sollte.

Einer seiner Amtsvorgänger, Max Brauer, hatte den Verwaltungsexperten aus der Emigration geholt. Weichmann verließ sein New Yorker Exil 1948 und trat im zerstörten Hamburg seinen Dienst als Präsident des Rechnungshofes an. Neun Jahre später wurde er als Präses der Finanzbehörde Mitglied des Hamburger Senats. 1961 ging er in das Parlament der Hansestadt, die Bürgerschaft, der seine Frau Elsbeth seit 1957 angehörte.[31]

Warum war der Jude Weichmann, dessen Mutter und Schwester die Nationalsozialisten in Auschwitz ermordet hatten, nach Deutschland zurückgekommen?[32] Der Grund dafür geht aus einem Brief vom Mai 1946 hervor. Adressat war der Chefankläger bei den Nürnberger Prozessen, Robert W. Kempner. Aus Amerika schrieb Weichmann:

»Ich denke, daß niemand zurückkehren möchte, wenn seine Rückkehr nur gesehen wird als Ausdruck der Zuneigung oder des Mitleids mit dem deutschen Volk und nicht als Ausdruck des Willens, zum Nutzen aller Betroffenen wenigstens in einem Teil Deutschlands menschliche Würde, wirtschaftliche Genesung und demokratische Zusammenarbeit wiederherzustellen«.[33]

Er wollte, daß die Deutschen noch einmal eine Chance erhielten. Energisch appellierte Weichmann an ein neues Verständnis zwischen Juden und Nicht-Juden. Das zeigt auch eine Rede, die er im Januar 1966 vor der Jüdischen Gemeinde hielt:

»Wir sollten nicht danach trachten, das verständliche Wundgefühl der Opfer des Dritten Reiches bis in das dritte und vierte Geschlecht fortwirken zu lassen. Wir sollen gewiß nicht vergessen, und wir haben ja, als das wohl geschichtsbewußteste Volk, keinen Teil unserer Geschichte vergessen, aber wir müssen trotzdem eine neue Beziehung zu unseren Mitbürgern gewinnen, wie auch diese sich bemühen, sich in der Welt neu zurechtzufinden. Wir sollten nicht das offenbare Bemühen verkennen, mit dem sich die deutschen Mitbürger anstrengen, sich in der Welt und auch den Juden gegenüber neu zu orientieren«.[34]

Herbert Weichmann baute Brücken für den Weg zur Verständigung. Eine davon ist die jährliche Einladung des Senats an ehemalige jüdische Hamburger, die von den Nationalsozialisten vertrieben worden waren. 1964 veranlaßte Weichmann einen weltweiten Presseaufruf an die Ex-Hamburger. Dadurch ließen sich 1.900 Adressen ermitteln.[35] Seit 1967 haben jährlich etwa 60 Emigranten die Möglichkeit, eine Woche lang ihre alte Heimatstadt zu besuchen.[36] Die Besucher werden vom Senat und von der Jüdischen Gemeinde empfangen. Die Kosten trägt die Stadt. Erst im Mai 1990 stockte der Haushaltsausschuß der Bürgerschaft die Etatmittel auf, die für diese Einladungen bestimmt sind von 250.000 auf 500.000 Mark; – mit dem Geld sollen jährlich noch mehr ehemalige Hamburger Juden eingeladen werden; denn die Zeit drängt, die meisten Gäste haben mittlerweile ein hohes Alter erreicht.[37] Kritiker aber werfen dem Senat heute vor, diese Geste der Erinnerung und der Verständigung nicht wichtig genug zu nehmen und weisen auf Berlin und Frankfurt. Dort ließe man sich derartige Einladungen das Doppelte kosten.[38]

1971 wurde Herbert Weichmann Ehrenbürger der Stadt. Er war der Erste, der nach der Hitlerzeit die Reihe der großen jüdischen Persönlichkeiten in Hamburg fortsetzte, in der sich Namen wie Salomon Heine, Gabriel Riesser, Anton Rée, Albert Ballin und Max Warburg finden.

Historischer Überblick

Antisemitismus und Ignoranz

Die Gemeinde hatte sich seit 1960 konsolidiert, einer der ihren war Bürgermeister geworden. Doch lasten die psychologischen Folgen des »Dritten Reichs« noch heute schwer auf den Juden. Das geht auch aus den Worten hervor, die ein Gemeindemitglied 1985 schrieb: »*Es wird wohl keine Predigt in der Synagoge gehalten, in der nicht an jene Zeit zur Mahnung für Gegenwart und Zukunft erinnert wird. Es gibt kein jüdisches Leben ohne das Wissen um Auschwitz*«.[39]

Wie bitter muß dann gerade für die Überlebenden der Konzentrationslager der alltägliche Antisemitismus sein, mit solchen Sprüchen wie: »*Die Juden können nicht von uns Deutschen verlangen, daß wir andauernd und für immer das Büßerhemd tragen*«. Es gibt krassere Beispiele. Man hört sie beim Einkaufen, im Bus, im Büro unter den Kollegen. Die deutschen Juden stehen immer wieder vor der Frage: Können wir unseren Landsleuten vertrauen?

Viele fühlen sich hin- und hergerissen bei der Suche nach einer Antwort, so wie Rabbiner Levinson, der am 9. November 1978, 40 Jahre nach der Pogromnacht, in der Synagoge sagte: »*Ich muß gestehen, [...] daß ich mich in einer akuten Konfliktsituation befinde*«.[40] Selbst Levinson, der in seinen Reden für Ausgleich und Verständigung eintrat, wußte zeitweise nicht, wie er das Verhalten der nicht-jüdischen Deutschen beurteilen sollte.

Es war auch die häufige Ignoranz, die das Leben der Juden in Deutschland erschwerte, eine Ignoranz, wie sie in einem Zeitungsartikel anläßlich der Synagogeneröffnung im September 1960 zum Ausdruck kam. »*Mit der feierlichen Einweihung wird zweifelsohne ein Schlußstrich unter die Vergangenheit gezogen*«, schrieb der Journalist.[41] Dieser Ruf nach dem »*Schlußstrich*« fand in den folgenden Jahren immer breitere Zustimmung.

Seine Renaissance erlebte der Nazismus mit der Gründung der Nationaldemokratischen Partei Deutschlands (NPD) im Jahre 1964. Die NPD war ein Sammelbecken alter und neuer Nationalsozialisten. In den Jahren 1966 bis 1968 zog die Partei in sieben Landtage ein. Die Hamburger Bürgerschaft blieb von ihr verschont.[42] Aber Neonazismus und Antisemitismus haben sich auch in dieser Stadt breitgemacht. Die neuen Nazis besudelten das Gemeindehaus und schändeten auf dem jüdischen Friedhof die Gräber.[43] In den 70er Jahren häuften sich die Kundgebungen der alten und neuen Nationalsozialisten gegen die »Auschwitz-Lüge«. Vernichtungslager hätte es gar nicht gegeben, behaupteten sie.

Mit großer Aufmerksamkeit wurden solche Ereignisse in der Jüdischen Gemeinde verfolgt und diskutiert. Die Mitglieder ließen sich nicht entmutigen, weder von dem versteckten noch von dem militant-aggressiven Antisemitismus. So wurden beispielsweise für Jugendliche Gesprächszirkel eingerichtet, in denen sie über ihre Erfahrungen mit dem Antisemitismus in der Schule sprachen.[44] Einige Mitglieder betrachteten sogar die gesamte Arbeit und Präsenz der Gemeinde als Widerstand gegen Neonazismus und Antisemitismus.[45]

Der tiefe Wunsch der Hamburger Juden nach einer realistischen Beziehung zu ihren nicht-jüdischen Landsleuten wird in dem Vorwort einer Publikation der Gemeinde deutlich: »*Vielleicht ist jetzt, vierzig Jahre danach, die Zeit gekommen, wo man eine ehrliche Auseinandersetzung mit der Vergangenheit erwarten darf. Unser aller Zukunft hängt davon ab*«.[46] 1978 wurde dies geschrieben, in einer Zeit, in der das Geschäft mit »Nazi-Kitsch«, mit Militaria, florierte[47] und der Streit über die Ausstrahlung des amerikanischen Fernsehfilms »Holocaust« die Gemüter erhitzte. Viele Deutsche wollten nicht mehr an die Existenz der Vernichtungslager erinnert werden und waren gegen die Ausstrahlung des Films, der das Schicksal der Juden im »Dritten Reich« populär thematisierte.⁴⁸ Zehn Jahre später schien die Gelegenheit für eine »*ehrliche Auseinandersetzung mit der Vergangenheit*« gekommen zu sein. 1988 bereiteten sich Medien, Schulen, Gewerkschaften und Parteien auf den 50. Jahrestag der »Reichskristallnacht« vor und überboten einander mit Ausstellungen, Vorträgen und Artikelserien. Einige Gemeindemitglieder berichten, daß sie den Aufarbeitungseifer mit Skepsis beobachteten. In ihren Augen dienten die meisten Aktionen eher der Beruhigung des Gewissens. Mit dem Fall der Mauer ein Jahr später bekam der 9. November als Gedenktag Konkurrenz. Damit verblaßte zumindest vorerst die Erinnerung an die Zerstörung der Synagogen.

Michalski
Die Jüdische Gemeinde in Hamburg
seit den 50er Jahren

Aber etwas Bleibendes hinterließ der 50. Jahrestag des Novemberpogroms doch: Die Einweihung des »Joseph-Carlebach-Platzes«, auf dem noch Wochen zuvor Autos geparkt worden waren. An dieser Stelle, dem alten Bornplatz, hatte Hamburgs größte Synagoge gestanden. Jetzt ist dort eine Gedenkstätte, eine freie Fläche, in deren Steinplatten der Umriß des ehemaligen Synagogengewölbes gezeichnet ist.

1988 war auch das 40. Jahr der israelischen Staatsgründung. Die politische Linke, die schon seit den 70er Jahren viel Energie eingesetzt hatte, um Israel zu kritisieren, beschwor nun noch lautstärker ihre »Solidarität mit dem palästinensischen Volk«. An einer Häuserwand im Hafen prangte weithin sichtbar die Parole: »*Boykottiert Israel! Waren, Kibbuzim + Strände*«. Um diesem Spruch genügend Nachdruck zu verleihen, hatte jemand darüber das Symbol eines Kalaschnikow-Schnellfeuergewehrs gepinselt.⁴⁹ Der Senat sah sich aus Angst vor Ausschreitungen der militanten Hausbesetzer-Szene monatelang nicht in der Lage, die Parole übermalen zu lassen. Hamburger Juden fühlten sich tief verletzt. Und die CDU-Fraktion warf Bürgermeister Henning Voscherau vor: »*Während sich der Senat auf die Gedenkveranstaltungen zum 50. Jahrestag vorbereitet, unternimmt er nichts gegen die antijüdischen Vorkommnisse von heute*«.⁵⁰

Die antijüdische Haltung von links und rechts, die sich auch im allgemeinen Verhalten der Bevölkerung widerspiegelte, bereitete den Gemeindemitgliedern ernsthafte Sorgen.⁵¹

Aufgeschlossen: Das Verhältnis der Bürgermeister zur Jüdischen Gemeinde

Angesichts solcher Vorfälle war die Gemeinde auf Anteilnahme und Solidarität des offiziellen Hamburg angewiesen. Gemeindemitglieder bestätigen: Das Verhältnis der Hamburger Bürgermeister zur Jüdischen Gemeinde war und ist aufgeschlossen. Wie wichtig die Haltung der Bürgermeister für den Auf- und Ausbau der Gemeinde war, geht aus den Worten Werner Nachmanns hervor. Er sprach sie am 4. September 1985, dem 25. Jahrestag der Synagogeneröffnung, auch im Namen der Hamburger Gemeinde. In der Rede des Vorsitzenden des Zentralrats der Juden in Deutschland lag Pathos, als er sagte:

»*Der Mut der zurückgekehrten Juden allein hätte nicht ausgereicht, aus den zunächst nur notdürftig geschlagenen Zelten stabile Wohnungen werden zu lassen, wenn es nicht Partner für die Korrespondenz gegeben hätte, die den Verlust des Geistes nicht weniger beklagten [...] Hamburg ist ein herausragendes Beispiel für die heilende Wirkung befreiter Kräfte. In diese Stadt haben deutlicher als anderswo [...] Männer und Frauen zurückgefunden, um von vorne zu beginnen. Es ist mehr als vornehme Pflicht, an Max Brauer zu erinnern, und wir bleiben in Dankbarkeit und Stolz Herbert Weichmann verbunden [...]. Im Namen des Zentralrats der Juden in Deutschland danke ich Ihnen, Herr von Dohnanyi, für die Offenheit, mit der sie uns Juden in der Bundesrepublik begegnen, und wir vermerken anerkennend, daß wir bei Ihnen, wann immer wir darum gebeten haben, Hilfe*

Historischer Überblick

fanden. Wir danken den Vertretern der Bürgerschaft und wünschen uns allen eine Entwicklung des freien Geistes, wie er der Tradition dieser Stadt entspricht«.[52]

Auch Landesrabbiner Levinson erwähnte anerkennend die Frauen und Männer, »die ein anderes, ein besseres Deutschland vor Augen haben, die, sowohl was die hiesige jüdische Gemeinschaft betrifft, als auch den Staat Israel, eine konstruktive und hilfreiche Haltung an den Tag gelegt haben«. Und er sagte: »Wenn wir in dieser Synagoge an jedem Sabbat und an jedem Feiertag für das Wohl des Hauptes dieser Stadt beten, dann wissen wir, warum wir das tun«.[53]

Aus den Worten Nachmanns und Levinsons spricht weit mehr als die übliche Respektsbekundung in Feiertagsreden. Warum die Hamburger Bürgermeister ein derart hohes Ansehen genießen, zeigt ein Blick auf einige der Ansprachen, die sie vor der Jüdischen Gemeinde hielten.

Max Brauer, Bürgermeister von 1946 bis 1953 und von 1957 bis 1960, war mit dem von den Nationalsozialisten ermordeten letzten Hamburger und Altonaer Oberrabbiner Joseph Carlebach befreundet gewesen.[54] Im »Dritten Reich« mußte der Sozialdemokrat emigrieren. Den Aufbau und die Konsolidierung der Jüdischen Gemeinde betrachtete er mit Sympathie. Anläßlich der Grundsteinlegung für die Synagoge sagte er am 9. November 1958:

»Als Sie, meine Damen und Herren von der jüdischen Gemeinde, nach 1945 an die schwere Aufgabe herangingen, ihre so tragisch dezimierte Gemeinde wieder aufzubauen, fanden Sie noch mehr Gräber als Trümmer vor. Jeder Fortschritt im Wiederaufbau Ihrer Institutionen bewegte uns und fand auch im Hamburger Rathaus starke Anteilnahme [...]. Sie haben sich lange mit einem Provisorium behelfen müssen. Es war auch für uns schmerzlich [...]. Hamburg gibt sich selbst einen Teil der Würde zurück, wenn es sich mit seinen jüdischen Mitbürgern und der jüdischen Gemeinde verbindet«.[55]

Knapp zwei Jahre später, am 4. September 1960, sprach Brauer zur Eröffnung der Synagoge:

»Ein Haus errichtet man nicht für einen flüchtigen Aufenthalt. Ein dem Dienst am Höchsten gewidmetes Bauwerk schafft nur, wer den festen Willen zum Bleiben hat. Darüber sind wir froh [...]. Wir stehen in dieser Stunde an einem neuen Anfang. Wir können nicht einfach dort anknüpfen, wo wir vor dem Anbruch der Barbarei standen. Der Abgrund, der aufgerissen wurde, als in ganz Deutschland die Synagogen brannten, läßt sich nicht weglöschen. Wir können uns nur bemühen, über die Kluft hinweg Brücken zu schlagen, um langsam wieder zueinander zu finden«.[56]

Als die alten und neuen Nazis Ende der 70er Jahre offener in Erscheinung traten und breite Bevölkerungsteile die Zeit des »Dritten Reichs« immer verschwommener beurteilten, versprach Hans-Ulrich Klose, Bürgermeister von 1974 bis 1981, den Mitgliedern der Jüdischen Gemeinde Solidarität. Am 9. November 1978, dem 40. Jahrestag des Novemberpogroms, sagte er:

»Die Erinnerung an den 9. November 1938 wird bei aller Ehrfurcht vor den Opfern nur dann in Versöhnung und Hoffnung einmünden, wenn wir auch in Zukunft bereit sind, zu unserer Mitverantwortung zu stehen. Das allerdings schließt Solidarität, schließt friedenstiftende Partnerschaft zu den jüdischen Mitbürgern ein.

Es geht dabei nicht nur um die Solidarität mit der Jüdischen Gemeinde in unserer Stadt, deren tiefe Wurzeln auch die nationalsozialistische Gewalt nicht ausreißen konnte. In dieser Gemeinde wirkt bis heute eine Tradition fort, die Bürgersinn und Humanität zum Wohl aller in unserer Stadt verbindet und die mit vielen namhaften Persönlichkeiten in die

Geschicke Hamburgs eingewirkt hat und weiterhin einwirkt. Wenn von Solidarität die Rede ist, dann meine ich damit auch das Verhältnis unserer Stadt zu [...] Israel«.[57]

Klaus von Dohnanyi, Bürgermeister von 1981 bis 1988, ging in seinen Ansprachen vor der Gemeinde wiederholt darauf ein, daß die Präsenz der Juden die demokratische Entwicklung in der Bundesrepublik bestärke. Am 9. November 1983, dem 45. Jahrestag des Pogroms, sagte er:

»Den heutigen Tag möchte ich gerne zum Anlaß nehmen, um unseren jüdischen Bürgerinnen und Bürgern zu versichern, daß Hamburg froh ist über die Wiederkehr all derjenigen, die auf Dauer zurückgekommen sind in unsere Stadt [...] trotz all der Untaten, die ihnen oder ihren Verwandten und Freunden angetan wurden [...]. Ich bin der Jüdischen Gemeinde dankbar für diese Gedenkfeier«.[58]

Und im September 1985, am 25. Jahrestag der Synagogeneröffnung erklärte er: *»Das historische Bewußtsein müssen wir bewahren, und zwar auch um unser selbst willen. Denn wir selbst brauchen dieses Wissen über die Vergangenheit für eine offene und menschliche Zukunft«.*[59] Gleiches meinte auch sein Nachfolger Henning Voscherau, der am 50. Jahrestag des Novemberpogroms sprach: *»Wir dürfen nicht zulassen, daß mit dem historischen Abstand auch nur das geringste Detail zu verblassen beginnt«. Er forderte: »Wir sollten stolz sein auf die Geschichte der Juden in unserer Stadt«.*[60]

Die Ansprachen der Bürgermeister vor der Jüdischen Gemeinde in Hamburg waren einfühlsam. Sie waren geprägt vom Verständnis für das Schicksal und die Sorgen der Juden in Deutschland. Aber so nötig, so hilfreich die Solidarität einiger prominenter Politiker auch war – sie war nicht allein ausschlaggebend für die Entscheidung der Jüdischen Gemeinde, sich wieder dauerhaft einzurichten. Dazu gehörten vor allem drei Eigenschaften ihrer Mitglieder: Mut, Toleranz und Ausdauer.

Sinn und Aufgabe der Gemeinde

Die Männer und Frauen, die anfingen, 1945 in Deutschland wieder Gemeinden zu errichten, wollten ihre Identität als Juden verwirklichen und als solche auch Anerkennung erfahren.[61] Sie bauten die Synagogen vor allem für sich selbst. Und doch sind die neuen Synagogen, wie Werner Nachmann sagte, *»Zeugnisse des Geistes der Versöhnung, mit der Juden nach 1945 begannen, obwohl sie schlimmste Verfolgung erlitten hatten«.*[62] Nach der Befreiung durch die Alliierten sei es für sie ein *»unkalkulierbares Wagnis«* gewesen, sich in Deutschland niederzulassen. *»Es war das Risiko der geistigen Existenz und jüdischer Selbstachtung«.*[63]

Die Mehrheit der Juden in der Welt kann nicht verstehen, daß es trotz allem einige gibt, die – wieder oder noch – in diesem Land leben wollen. Deutsche Juden müssen den ausländischen Glaubensgenossen gegenüber ihre Anwesenheit in Deutschland rechtfertigen.[64] Und auch heute noch ist, wie gesagt, unter antisemitischen Landsleuten die Präsenz der Juden in der Bundesrepublik unerwünscht.

Deutsche Juden sehen sich also der Frage gegenübergestellt: *»Sollen wir in einem Staat leben und dort Synagogen bauen, in dem wir noch immer angefeindet werden? Ist das nicht würdelos?«* Darauf antwortete Landesrabbiner Levinson am 25. Jahrestag der Synagogeneröffnung: *»Sicherlich ist es auch heute noch nicht immer leicht, ein Jude in Deutschland zu sein. Aber man darf und soll es auch keinem verwehren«.*[65] Die Gründe für den Entschluß, hierzubleiben und sich auf Dauer niederzulassen, seien äußerst unterschiedlich und oft persönlich. Die meisten Gemeindemitglieder hätten sich bei ihrer Entscheidung nicht von Ideologien leiten lassen.[66]

Levinson zufolge hat die Synagoge drei Aufgaben: Identität bewahren, Wissen vermitteln, Religion ermöglichen.[67] Die Rolle der Synagoge ist demnach: »*Haus der Zusammenkunft, Haus des Lernens, Haus des Gebets*«.[68] Der Rabbiner bescheinigte der Hamburger Gemeinde auf allen drei Gebieten »Bemerkenswertes« geleistet zu haben.[69] Die Synagoge sei den Gemeindemitgliedern zur Heimat geworden. Ihnen und allen am Judentum Interessierten biete die Gemeinde außerdem eine reiche Palette an Vorträgen und kulturellen Veranstaltungen. Mittelpunkt aber sei der Gottesdienst:

»*Hier versuchen wir, jüdische Traditionen mit Weltoffenheit und dem reichen musikalischen Erbe der ehemaligen jüdischen Gemeinden dieses Landes zu verbinden [...]. Alle Feier- und Gedenktage werden hier nach den Vorschriften unserer geheiligten Tradition liebevoll und andachtsvoll begangen*«.

Besondere Beachtung schenkte Levinson den iranischen Gemeindemitgliedern:

»*So lange ich denken kann, gehörten sie zu den loyalen und aktiven Mitgliedern dieser Gemeinschaft [...]. Ohne ihren Beitrag, ihre Präsenz, wäre die Gemeinde nicht das, was sie heute ist*«.[70]

Zukunft: Die neue Generation

46 Jahre nach Gründung der Jüdischen Gemeinde in Hamburg trägt heute eine neue Generation die Verantwortung. Am 1. April 1991 trat ein junger Vorstand sein Amt an. Erstmalig ist auch eine Frau dabei. Seine fünf Mitglieder haben die Schrecken des »Dritten Reichs« nicht miterlebt. In der Wahl der Jüngeren in den Vorstand spiegelt sich das gesunkene Durchschnittsalter der Gemeindemitglieder wider: 1960 lag es bei 52,2 Jahren, 1985 nur noch bei 42,2.[71]

Der Vorstand repräsentiert das starke Selbstbewußtsein der jüdischen Nachkriegs-Generation. Er will den Zusammenhalt und die Kommunikation der Gemeindemitglieder untereinander ausbauen. Die Distanz, die das Verhältnis zur Außenwelt jahrzehntelang geprägt hatte, soll durchbrochen werden. Wenn es nach dem Vorsitzenden geht, wird die Gemeinde künftig eine größere Rolle im öffentlichen Leben der Stadt spielen. Eine vorrangige Aufgabe ist die Integration der 90 sowjetischen Juden, die seit Ende 1990 in Hamburg eingetroffen sind. Außerdem sucht der Vorstand einen Gemeinderabbiner mit Wohnsitz in Hamburg.

Die neuen Verantwortlichen beweisen aber auch Kontinuität: Sie treten dafür ein, daß der Kultus in Hamburg weiterhin orthodox bleibt – ganz im traditionellen Sinn der Einheitsgemeinde.

Anmerkungen:

1 Lamm 1960 (2), S. 137.
2 Levinson 1985, S. 30.
3 Sternheim-Goral 1985, S. 13.
4 Brauer 1989, S. 24.
5 Lamm 1960 (2), S. 137.
6 Siehe dazu den Beitrag von Ursula Büttner in diesem Band.
7 Lamm 1960 (2), S. 139.
8 Ebd., S. 137.
9 Ebd., S. 142.
10 Jüdische Gemeinde in Hamburg, Geschäftsberichte der für die Jahre 1959/60, 1974 bis 1977, 1978 bis 1981, 1982 bis 1985.
11 Jüdische Gemeinde in Hamburg, Geschäftsbericht 1956 bis 1958, S. 24.
12 Vierteljahresmeldung der Jüdischen Gemeinde

über den Mitgliederstand.
13 Dohnanyi 1985, S. 9.
14 Lamm 1960 (2), S. 139.
15 Ebd., S. 140ff.
16 Sternheim-Goral 1985, S. 15.
17 Lamm 1960 (2), S. 142ff.
18 Die Welt, 8.11.1958.
19 Jüdische Gemeinde in Hamburg, Geschäftsbericht 1959/60, S. 11f.
20 Ebd., S. 27.
21 Sternheim-Goral 1985, S. 15.
22 Ebd., S. 22ff.
23 Jüdische Gemeinde in Hamburg, Geschäftsbericht 1956 bis 1958, S. 10f.
24 Ebd., S. 24.
25 Die Welt, 13. 01. 1982.
26 Sternheim-Goral 1985, S. 49.
27 Ebd., S. 47.
28 Ebd., S. 56.
29 Siehe z.B. Jüdische Gemeinde in Hamburg, Geschäftsbericht 1956 bis 1958, S. 23.
30 Levinson 1983, S. 35.
31 Vogel 1974, S. 22.
32 Siehe Levinson 1983, S. 34.
33 Weichmann 1969 (1), S. 3.
34 Weichmann 1969 (2), S. 175ff.
35 Die Welt, 2.9.1988.
36 Hamburger Abendblatt, 10.12.1985.
37 Hamburger Abendblatt, 31.05.1990.
38 Die Welt, 12.12.1989.
39 Sternheim-Goral 1985, S. 57f.
40 Levinson 1979, S. 15.
41 Die Welt, 2. 09. 1960.
42 Siehe Meyers Taschenlexikon, S. 171.
43 Sternheim-Goral 1985, S. 57.
44 Ebd., S. 30.
45 Ebd., S. 57.
46 Jüdische Gemeinde 1979, Vorwort.
47 Klose 1979, S. 9.
48 Levinson 1979, S. 19.
49 Die Welt, 6.7.1988.
50 Die Welt, 8.7.1988.
51 Sternheim-Goral 1985, S. 57.
52 Nachmann 1985, S. 13f.
53 Levinson 1985, S. 23.
54 Schulz 1974, S. 7.
55 Brauer 1989, S. 24f.
56 Zitiert nach Dohnanyi 1985, S. 7.
57 Klose 1979, S. 10.
58 Dohnanyi 1984, S. 6f.
59 Dohnanyi 1985, S. 9f.
60 Voscherau 1989, S. 6ff.
61 Nachmann 1985, S. 16f.
62 Ebd., S. 17.
63 Ebd., S. 11f.
64 Levinson 1985, S. 19.
65 Ebd., S. 22.
66 Ebd., S. 20.
67 Ebd., S. 23ff.
68 Ebd., S. 29.
69 Ebd., S. 30.
70 Ebd., S. 30ff.
71 Siehe Jüdische Gemeinde in Hamburg, Geschäftsberichte.

Michalski
Die Jüdische Gemeinde
in Hamburg
seit den 50er Jahren

Historischer
Überblick

Zur Geschichte des jüdischen Schulwesens in Hamburg (ca. 1780 – 1942)

Ursula Randt

Lernen im »Cheder« (18. Jahrhundert)

In seinem Buch »*Portugiesengräber auf deutscher Erde*« zitiert Max Grunwald ein »*Schulen*«verzeichnis von 1732. Es beginnt so:
»*1) Dreckwall hinter Musaphia Portug. Kinderschule, informirt der Rabb. Moses Israel in Lesen und Gottesfurcht, gewesen 40 Jahr, 2) Mönckedam: Ecke Neue Brücke: Wwe. Luriens Portug. über 30 Jahre, informiert Mädchen 3 1/2 Jahr. Von Schulen der deutschen Juden werden genannt: 1) Dreckwall Zuckerbecker Hof-Schule in Hebr. Joseph Heinemann, vorher Kaufmann, 3 Jahre schon Schule, 2) Dreckw. im Keller: Jesajas David, ein Rabb., informiert Kinder in Ebr. Lesen, 2 1/2 Jahr, 3) Dreckw.: Preessgang: Jos. Alexander, Rabbiner, informiert in Ebr. Lesen, 12 Jahr*«.

So geht es weiter. Das Verzeichnis nennt insgesamt 39 derartige »*Schulen*« für deutsche Juden in Hamburg. Sie lagen nicht nur am »Dreckwall«, dem heutigen Alten Wall, sondern überall in der Neustadt in Straßen, Höfen und Gängen: In der Kleinen Elbstraße lehrte Rabbiner Lewin Emanuel die 5 Bücher Mosis, im Twernmachergang bei der Peterstraße unterrichtete der polnische Rabbiner Hirschel Scheye den Talmud, und der Rabbiner Simon Jacob unterhielt seine »Schule« in der Großen Elbstraße. Hier konnte man sich ebenfalls im Talmud unterweisen lassen.[1]

Die sonderbare Schullandschaft, die hier beschrieben wird, umfaßte die Welt der »Cheder« in Hamburg. Cheder ist das hebräische Wort für Zimmer. Es handelte sich also um schlichte einklassige »Schulen« im Zimmer eines Lehrers. Kinder im Alter von 5 bis 13 Jahren erhielten dort einen ausschließlich religiösen Unterricht. Ihre Lehrer sprachen gewöhnlich kein Hochdeutsch und hatten keine Allgemeinbildung. Sie lehrten hebräisch Lesen, traktierten den Pentateuch, also die fünf Bücher Mosis, im hebräischen Urtext und unterwiesen Fortgeschrittene im schwierigen Talmud. Die Lehrmethode bestand in Auswendiglernen. »Leiern«, das endlose Wiederholen eines Textes, stand im Mittelpunkt, und der eintönige Singsang der Schüler, die im Chor nachsprachen, mag so einen Cheder von morgens bis abends erfüllt haben.[2]

von oben nach unten:
Josef Feiner
Samson Raphael Hirsch
Jakob Löwenberg

| Historischer |
| Überblick |

Deutsche Sprache und weltliches Wissen wurden nicht gelehrt; die Lehrer verstanden ja selbst nichts davon. Üblich war nur die Unterweisung in einigen Grundrechenarten, wie man sie für den Handel brauchte. Westjiddisch, die Sprache der meisten Hamburger Juden im 18. Jahrhundert, konnte mit hebräischen Buchstaben geschrieben werden, und mit diesem »*Jüdischschreiben*« begnügte man sich.[3] Die lateinische Schrift der Christen, ob geschrieben oder gedruckt, blieb fast allen Juden unbekannt. Die Beschäftigung mit profanen Lehrgegenständen hielten die meisten für Zeitverschwendung. Religiöses Lernen – lebenslänglich – gehörte dagegen zu den unabdingbaren Pflichten eines frommen Juden von früher Kindheit an. Selbstverständlich mußten auch die Kinder der Armen am jüdischen Unterricht teilhaben. Jede jüdische Gemeinde hatte eine Talmud-Tora-Vereinigung, die dafür sorgte, daß alle Kinder – besonders die Knaben – einem Lehrer zugeführt wurden. Konnten die Eltern kein Schulgeld bezahlen, dann deckte die Gemeinde die Kosten.[4]

Der Wunsch nach weltlichem Wissen erwacht
(2. Hälfte 18. Jahrhundert)

Etwa um die Mitte des 18. Jahrhunderts erwachte bei vielen Juden das Verlangen, neben der traditionellen Bildung auch weltliche Kenntnisse zu erwerben. Wohlhabende jüdische Väter entschlossen sich, ihre Söhne auf christliche Schulen zu schicken – soweit diese jüdische Schüler zuließen. Im Altonaer Christianeum, das sich dem Geist der Toleranz und Aufklärung verpflichtet fühlte, wurden zwischen 1778 und 1815 mindestens 110 jüdische Schüler aufgenommen.[5] In der Matrikel des Akademischen Gymnasiums läßt sich der erste jüdische Schüler 1789 nachweisen, und seit 1802 durften Juden auch die Gelehrtenschule des Johanneums in Hamburg besuchen.[6]

Der Besuch eines Gymnasiums blieb jedoch einer verschwindend kleinen Minderheit vorbehalten. Viele jüdische Eltern vertrauten ihre Kinder privaten christlichen Schreib- und Rechenschulen an, die überall in der Stadt existierten, und schickten sie in ihrer freien Zeit zum Religionsunterricht bei einem Hebräischlehrer. Andere Eltern ließen ihre Söhne den ganzen Tag im Cheder lernen und waren zufrieden, wenn sie ihnen ab und zu einige Privatstunden bei einem christlichen Lehrer zukommen lassen konnten, damit sie nicht ganz ohne profanes Wissen blieben.[7]

Den zahlreichen Armen, die kein Schulgeld bezahlen konnten, waren alle diese Möglichkeiten verschlossen. Doch gerade die Juden der Unterschicht fielen durch ihre Sprache und ihr Verhalten besonders auf. Jüdische und christliche Befürworter einer Bildungsreform waren sehr interessiert daran, den Kindern der Armen Zugang zur deutschen Bildung zu verschaffen, denn solange man sie in ihrer sozialen und kulturellen Isolation beließ, war eine Verbesserung der rechtlichen Lage aller Juden nicht zu erwarten. In Berlin, dem Zentrum der jüdischen Aufklärungsbewegung, entstand 1778 die erste jüdische »Freischule«, eine schulgeldfreie Einrichtung also, der weitere Schulgründungen dieser Art folgten, u.a. in Breslau, Wolfenbüttel, Seesen, Dessau und Frankfurt.[8] Alle hatten das gleiche Ziel: religiöse Bildung durch weltliches Wissen zu erweitern und diese »Schulwohltat« auch den Kindern ärmerer Schichten zu erweisen. In Hamburg widmete sich Dr. Heinrich Würtzer, ein christlicher Gelehrter, »*mit großer Liebe und vielem Eifer*« diesen Kindern. Die Würtzersche Schule, Gründung einer Freimaurer-Loge, bestand von

1783 bis 1808. Sie sah ihre Aufgabe vor allem in der »*Beförderung der Cultur und Toleranz*«.[9] Zuerst wurden nur arme jüdische Knaben aufgenommen, dann auch christliche Schüler. Der Unterricht in Schreiben und Rechnen, Deutsch und Französisch, Geographie, Geschichte und Naturgeschichte war unentgeltlich. Religion wurde nicht unterrichtet. Arme jüdische Kinder konnten aber auch kostenlos christliche Kirchenschulen besuchen, da private jüdische Kreise dafür ein Kapital zur Verfügung gestellt hatten.[10] Rechnen, Schreiben und Lesen waren dort die Hauptfächer, vor allem kaufmännisches Rechnen und Schönschreiben, aber auch ein wenig Geschichte, Geographie und Naturwissenschaften wurden gelehrt. Einen großen Raum nahm der christliche Religionsunterricht ein, dem die jüdischen Schüler vermutlich fernblieben.[11]

Randt
Zur Geschichte des jüdischen Schulwesens in Hamburg
(ca. 1780 – 1942)

Gründung der Israelitischen Armenschule der Talmud-Tora (1805)

Nicht jeder begrüßte die Aufklärungsbewegung als einen willkommenen Fortschritt. Widerstand regte sich vor allem in der jüdischen Orthodoxie. Gesetzestreue Juden befürchteten eine Auflösung ihrer spezifisch jüdischen Kultur und eine Bedrohung der jüdischen Religion. Zu Beginn des 19. Jahrhunderts fand sich eine Anzahl frommer Männer der Gemeinde Altona in Hamburg zusammen, um eine Schule zu gründen, die sie »Israelitische Armenschule der Talmud-Tora« nannten und die sich gänzlich von den modernen jüdischen Schulgründungen jener Zeit unterschied.[12] Die 1807 in Altona erschienene Gründungsschrift ist in Hebräisch abgefaßt, in einer Sprache von hoher Poesie, die an Psalmen erinnert; und so ist das ganze Werk von tiefer Frömmigkeit durchdrungen. Die neue Schule sollte vor allem eine Pflanz- und Pflegestätte des gesetzestreuen Judentums sein; der Forderung nach säkularer Bildung machten die Gründer nur geringe Zugeständnisse.

»Liebliche Wege« ist die Gründungsschrift der Talmud-Tora überschrieben.[13] Der Titel bezieht sich auf das 3. Kapitel der Sprüche Salomos, in dem Gottesfurcht und Weisheit gepriesen werden. Einleitend heißt es:

»*Dies sind die Statuten und redlichen Vorschriften, die festgesetzt wurden zum Nutzen der Kinder der Armen unserer heiligen Gemeinde Altona in Hamburg – Gott soll sie schützen, amen – sie zu lehren und zu erziehen in der Gottesfurcht und sie schriftkundig zu machen in der schriftlichen und mündlichen Lehre Mosis. Beides sind Gottes lebendige Worte. Wer sie findet, findet das Leben. Ihre Wege sind liebliche Wege, alle ihre Pfade sind Frieden*«.

Oberrabbiner Zwi Hirsch Samoßt versah die Statuten mit seinem Segen.[14] Die Idee zur Gründung der Talmud-Tora war von Mendel Menachem Frankfurter ausgegangen.[15] Der Kaufmann und Talmud-Gelehrte wohnte am Neuen Steinweg, und dort hatte er die Armut und Unwissenheit der vielen jüdischen Hausierer und Kleinhändler, die Hamburgs Neustadt rings um die Elbstraße bevölkerten, täglich vor Augen. Als Mitglied der Talmud-Tora-Kommission der Gemeinde Altona in Hamburg bewegte ihn am meisten das Schicksal der Kinder. Unermüdlich warb Mendel Frankfurter bei den wohlhabenden Männern seiner Gemeinde um Spenden, die bald reichlich flossen. Ein »*Lehrhaus für Kinder*« sollte entstehen, das mehr bot als Unterricht: freundliche Aufsicht während des ganzen Tages, Anleitung zum Leben nach den Geboten der Tora, Nahrung und Kleidung. Drei wohlhabende Gemeindemitglieder stifteten ein geräumiges Schulgebäude an der Elbstraße 122. Am 31. März 1805 wurde die Schule feierlich eingeweiht.[16]

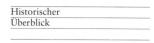

Historischer
Überblick

Der Andrang war groß. Voraussetzung für die Aufnahme war, daß ein Kind schon ein wenig hebräisch lesen konnte, was man im allgemeinen von Siebenjährigen erwartete. Es stellte sich heraus, daß auch viele ältere Kinder diese Voraussetzung nicht erfüllten und zurück zum Kleinkinderlehrer geschickt werden mußten, der die Aufgabe hatte, die Fünf- bis Siebenjährigen auf das eigentliche Lernen vorzubereiten.[17] 60 Schüler wurden aufgenommen und – ihrem jeweiligen Wissensstand entsprechend – einem der vier Lehrer anvertraut, die eingestellt worden waren: zwei Mikra-Lehrer, also Lehrer für Bibellesen, einer für Anfänger und einer für Fortgeschrittene, und zwei Talmud-Lehrer, ebenfalls für Anfänger und Fortgeschrittene. Jeder Lehrer hatte seine eigene Schulstube, in der er die Knaben um sich versammelte.[18] Drei Stunden am Tag kam ein weiterer Lehrer ins Haus, der ebenfalls seine eigene Stube hatte, der Schreib-Rechenlehrer, »*weil das Wissen vom Schreiben, Schriftlesen und Rechnen eine große Notwendigkeit für den Menschen in seiner Tätigkeit und für seinen Lebensunterhalt ist*«, wie es in den Statuten heißt. Dieser Lehrer sollte »*geschickt und im hebräischen und deutschen Schönschreiben geübt sein*«, außerdem »*erfahren im kaufmännischen Rechnen*«.[19] Das Schreiben und Rechnen durfte das religiöse Lernen möglichst wenig stören; in kleinen Gruppen kamen die Kinder zu festgesetzten Zeiten zum Schreib-Rechenlehrer.

Man lebte und lernte den ganzen Tag miteinander im Schulhaus. Da viele Kinder schwächlich und unterernährt waren, bekamen sie mittags kostenlos eine warme Mahlzeit. Gebete und Psalmenlernen gehörten zum Rhythmus des Tagesablaufs. Freie Tage oder gar Ferien waren unbekannt. Selbst am Sabbat traf man zusammen, und der Lehrer las den Schülern aus einem Moral- oder Kommentarbuch vor.[20]

Bereits im Frühjahr 1806 konnte die erste öffentliche Prüfung in der Synagoge in der Elbstraße stattfinden. Sie fiel zu allgemeiner Zufriedenheit aus. Neue Schüler wurden in die Talmud-Tora aufgenommen, weitere Lehrer eingestellt.[21]

Gründung der Israelitischen Freischule (1815)[22] und des Neuen Israelitischen Tempelvereins (1817)[23]

Die Israelitische Armenschule der Talmud-Tora entsprach nicht den Wünschen und Vorstellungen der Anhänger einer Reform des jüdischen Schul- und Erziehungswesens. Eine Schule ganz anderer Art stand ihnen vor Augen. Vielleicht lag es an den Wirren und der Not der Franzosenzeit in Hamburg, daß sie erst 1815 an die Verwirklichung ihrer Wünsche gehen konnten. Am 24. November jenes Jahres fand im Hause des Herrn Jacob Oppenheim eine Versammlung statt, zu der sechs angesehene Mitglieder der Deutsch-Israelitischen Gemeinde in Hamburg eingeladen worden waren.[24] Was sie alle bewegte, beschrieb Dr. Eduard Kley 1841 in seiner Jubiläumsschrift:

»*Israel betrachte sich nicht mehr isolirt auf europäischem Boden, sondern in europäischer Gesinnung und Gesittung, in deutscher Liebe und Treue, in vaterländischer Sprache, Lebensweise, Wissenschaft und Kunst fühle es sich mächtig hingezogen, der allgemeinen Bewegung, die nach Einigung und Einheit strebe, zu folgen und nach bester Kraft sich anzuschließen: es halte sich wenn auch noch nicht in der Leistung, doch seinem Streben nach, würdig zur Aufnahme in den Staatsverband*«.[25]

Alle waren überzeugt, »*nur aus der Veredelung des werdenden Geschlechtes überhaupt, der dürftigen Classen insbesondere, könne die Umbildung, welche die Zeit gebieterisch fordere [...] hervorgehen*«.[26] Nötig erschien »*[...] die Auslöschung aller Eigenthümlich-*

*keiten in Sitten, Sprache und äußerem Verhalten«.*²⁷ In der Versammlung erfuhr man, daß der aus Hamburg stammende Baruch Abraham Goldschmidt in London verstorben war und der Gemeinde testamentarisch eine bedeutende Summe vermacht hatte, die zur *»Stiftung einer Freischule für Kinder israelitischer Armer«* dienen sollte.

Randt
Zur Geschichte des jüdischen Schulwesens in Hamburg
(ca. 1780 – 1942)

Bald wurde ein schriftlicher Entwurf ausgearbeitet, der den Zweck der geplanten Anstalt umriß: »*die Kinder zu sittlich und religiös guten Menschen zu bilden, sie zu brauchbaren Gliedern der Gesellschaft zu machen, damit sie in ihrem künftigen Berufe geschickt und fleißig seien in guten Werken. [...] nichts Anderes soll das Streben dieser wohlthätigen Anstalt sein, als gute, brauchbare Dienst- und Gewerbsleute zu bilden, die, vermöge eines besseren Unterrichtes in ihrem künftigen Stande zufrieden mit Gott und ihrem Geschicke leben, und die Religion ihrer Väter durch treue Erfüllung ihrer Pflichten, durch ihre Liebe gegen Staat und Mitmenschen zu erkennen geben«.*²⁸

Als Fächer waren Religion, Lesen, deutsche Sprache, Schönschreiben und Rechnen vorgesehen, bald auch Geographie und Naturgeschichte. Auch Hebräisch wurde gelehrt; man war aber der Meinung, daß bisher *»zu viel Zeit darauf verwendet wurde«*. Auf den dogmatischen und zeremoniellen Teil der jüdischen Religion sollte weitgehend verzichtet werden; stattdessen wollte man die ethischen Grundprinzipien vermitteln.²⁹

Am 16. Juni 1816 wurde die Freischule mit 30 Schülern eröffnet. Ein Jahr später wurde Dr. Eduard Kley aus Berlin nach Hamburg eingeladen und zum Oberlehrer der Schule gewählt.³⁰ Dr. Kley gehörte zum Kreis der Reformer, die eine veränderte Liturgie im Gottesdienst anstrebten, deutsche Predigt, deutsche Gebete und deutsche Choräle einführen wollten und auch die in christlichen Kirchen übliche Orgelbegleitung wünschten. Gleichgesinnte schlossen sich 1817 zum Neuen Israelitischen Tempelverein zusammen. 65 Mitglieder der Deutsch-Israelitischen Gemeinde in Hamburg unterzeichneten das von Dr. Kley aufgesetzte Protokoll der Vereinigungsurkunde.³¹ Am 18. Oktober 1818, dem 5. Jahrestag der Völkerschlacht zu Leipzig, weihte Dr. Eduard Kley den ersten Hamburger »Tempel« in der Brunnenstraße, von manchen auch »deutsche Synagoge« genannt, feierlich ein.³² Freischule und Tempelverband waren eng miteinander verbunden: Kley war Prediger am Tempel und Oberlehrer der Freischule, Schüler seiner Schule bildeten den Knabenchor im Tempel, drei Gemeindemitglieder, die an der Gründungsversammlung der Freischule teilgenommen hatten, gehörten zu den Unterzeichnern der Vereinigungsurkunde des Tempelvereins.³³

Die Reform der Talmud-Tora-Schule unter Isaak Bernays und Adolph Embden (1822 – 1829)

Nun erwartete man auch von der gesetzestreu geführten Talmud-Tora-Schule Bereitschaft zur Reform. Im Gemeindevorstand war die Unzufriedenheit mit der orthodoxen Schulanstalt immer mehr gewachsen. Schon im Oktober 1815 war dort erklärt worden, daß *»ein Hochweiser Senat es wünsche, daß für die arme Jugend durch zweckmäßigen, dem Zeitgeiste angemessenen Unterricht gesorgt werde«*.³⁴ Ein Jahr später berichtete man, der *»rabbinische Unterricht für einzelne dazu taugliche Subjecte«* leiste zwar das Erforderliche, in allen anderen Bereichen entspreche das Institut nicht dem Zweck einer Unterrichtsanstalt.³⁵ Das öffentliche Examen im Januar 1817 bestätigte mangelhafte Leistungen *»im schreiben, rechnen und gemeinnützigen Kenntnissen«*.³⁶ Im Februar 1818 mußte man zur Kenntnis nehmen, daß die Schule von ihrem Jahresbudget von 8.800 M 8.000 M für den

Historischer Überblick

hebräischen Unterricht verwandt habe, aber nur 800 M für alles übrige.[37] Die Schulvorsteher versicherten zwar, sie seien einer Reform nicht abgeneigt, aber die Angelegenheit zog sich hin und stieß auf heftigen Widerstand aus orthodoxen Kreisen.

Um die Reform durchführen zu können, bedurfte es eines Mannes, der unbedingte Autorität besaß und dem die Reformer wie die Gesetzestreuen Vertrauen entgegenbrachten. Dieser Mann wurde gefunden: Isaak Bernays[38], ein Gelehrter aus Mainz, der 1821 zum Oberrabbiner der Deutsch-Israelitischen Gemeinde in Hamburg berufen wurde, »*einer der gelehrtesten, kenntnißreichsten und talentvollsten Männer unserer Zeit*«.[39] Isaak Bernays verband reiches talmudisches Wissen mit hoher weltlicher Bildung. Man hoffte, »*daß durch ihn die Einigkeit in der Gemeinde erhalten werde*«.[40] In seinem Bestallungsbrief wurde ihm u.a. aufgetragen,

»*über alle Zweige der Religion, es sey Cultus, Ritus, Volks- und Jugendlehranstalten [...] ordnend und lenkend zu walten, [...] die ehemals bei der Gemeinde Israels sanctionierte Volksschule in unserer jetzigen Volkssprache zu restaurieren, [...] an Fest- und Feiertagen öffentliche Reden in der Synagoge der Gemeinde in volksthümlicher Sprache zu halten, [...] die öffentlichen Jugend-Lehranstalten gewißenhaft und in Übereinstimmung mit dem Collegio der Gemeinde-Vorsteher zu leiten*«.[41]

Nachdem der neue Oberrabbiner (er nannte sich lieber »Chacham«, der Gelehrte, der Weise) Ende Oktober 1821 in Hamburg eingetroffen war, schritten die Vorbereitungen für die Reform der Israelitischen Armenschule Talmud-Tora schnell voran. Eine »*Kommission zur Verbesserung des Unterrichts in der Talmud-Tora*« erarbeitete einen Plan, den Bernays in einem umfangreichen Gutachten genehmigte.[42] Am 18. April 1822 nahm Isaak Bernays zum erstenmal im Schulhaus Elbstraße 122 an einer Sitzung der Schuldirektion teil.[43] Den Vorsitz führte Adolph Embden, den der Gemeindevorstand vier Monate zuvor zum Mit-Direktor der Schule ernannt hatte.[44] Embden war viele Jahre lang Mitglied im Gemeindevorstand gewesen. Er war ein leidenschaftlicher Anhänger der jüdischen Reformbewegung, gehörte zu den Initiatoren der Freischule von 1815 und bekannte sich als »*eifriger Anhänger*« des Tempelverbandes, dessen Gründungsurkunde er mit unterzeichnet hatte.[45]

Mit einer längeren Ansprache eröffnete Adolph Embden die Sitzung. Darin hieß es:
»*Wird nämlich in allen Civilisirten Staaten jetzt die Wohlthat, der ärmeren Jugend eine dem Zeitgeiste anpaßende Bildung zu verschaffen, auch auf die Israelitische ausgedehnt [...] darf die Direction es auch an Anstrengung nicht fehlen lassen dem zu entsprechen, was nunmehr mit so vielem Recht von ihr erwartet und gefordert wird. Vorurtheile, falsche Ansichten und Besorgnisse dürfen daher nicht länger in diesem Institute ein mit der Civilisirten Welt unverträgliches Isolirungssystem behaupten*«.[46]

Der neue Lehrplan sah vier aufsteigende Klassen vor. Unterste Klasse war die »Quarta« mit einem zweijährigen Lehrgang für die fünf- bis siebenjährigen Kinder. Ihr Pensum umfaßte deutsch und hebräisch Lesen. Hatten die Kleinen eine ausreichende Fertigkeit im Lesen beider Sprachen erreicht, sollten sie für die nächsten drei Jahre in die »Tertia« übergehen. Mikra, also Bibellesen, Rechnen, Deutsch, Schönschreiben (Kalligraphie), Orthographie und Elementarkenntnisse, nämlich etwas Geographie, Völker- und Naturkunde bestimmten ihren Stundenplan. Von den sieben Schulstunden täglich gehörten nur noch zwei dem Bibellesen, das vorher fast den ganzen Schultag ausgefüllt hatte. Danach begann das Lernen in der »Sekunda«. Die Fächer blieben die gleichen, aber die Anforderungen waren höher. Mit 13 Jahren endete die »Schulpflicht«. Besonders fähige Schüler sollten anschließend in die »Prima« aufsteigen und nun auch im Talmud unterrichtet werden.[47]

So sah die Theorie aus. Sie in die Praxis der Talmud-Tora-Schule umzusetzen, erwies sich als sehr schwierig. Wochenlang inspizierte Isaak Bernays alle Klassenstuben und prüfte jeden einzelnen Schüler. Das Ergebnis seiner Untersuchung war alles andere als ermutigend:

Randt
Zur Geschichte des jüdischen Schulwesens in Hamburg (ca. 1780 – 1942)

»*Der ununterbrochene, vieljährige in einer fortwährenden Wiederholung bestehende Unterricht der Mikra habe nicht bloß die Unwißenheit der Schüler veranlaßt, sondern ihre Stupidität nach Masgabe der Dauer dieses Unterrichts sogar vergrößert. Durch bedeutungslose Wiederholung sey das Denkvermögen aber so sehr eingeschläfert, als Disziplin und Sittlichkeit gestört*«.[48]

Kein Kind war für eine höhere Klasse als »Tertia« geeignet. Nachdem eine Anzahl ganz unfähiger Schüler entlassen worden war, blieben 185 Knaben, die auf »Quarta« und »Tertia« – natürlich in mehreren Abteilungen – verteilt wurden. Auch einige Lehrer mußten entlassen werden, weil sie den Anforderungen nicht genügten.[49] An Hebräischlehrern herrschte trotzdem kein Mangel. Großes Kopfzerbrechen aber bereitete die Frage: Wer sollte Deutsch unterrichten?

Alle waren sich einig, daß der Deutschunterricht besonders wichtig war. Schon die Jüngsten, so sagte Embden, brauchten einen Deutschlehrer mit reiner, klarer Aussprache, käme es doch darauf an, die Kinder von dem ihnen eigentümlichen »Jargon« zu befreien. Die Diskussion machte jedoch deutlich, daß es unter den Gesetzestreuen in der Gemeinde keinen Lehrer gab, der über ausreichende Deutschkenntnisse verfügte, und ein Anhänger des Tempelvereins kam aus religiösen Gründen für den Unterricht nicht in Frage.[50] Bernays begründete nun ausführlich einen ungewöhnlichen Vorschlag: Ein christlicher Lehrer sollte für Deutsch und Realien eingestellt werden. Von einem christlichen Lehrer seien bessere Lehrmethoden zu erwarten als von den bisher an der Talmud-Tora tätigen Lehrern. Außerdem werde einem ganz Fremden von den Schülern größerer Respekt entgegengebracht; die allzu vertraute Nähe und Bekanntschaft zwischen Lehrern und Schülern habe sich sehr nachteilig auf die Disziplin ausgewirkt. Der Vorschlag wurde mit 5 zu 2 Stimmen angenommen.[51] Zu Michaelis 1822 hielt August Kober, Kandidat der Theologie, Einzug im Schulhaus an der Elbstraße. Er bekam – entsprechend seiner Bedeutung für die Schule – den Titel »Oberlehrer« und ein Jahresgehalt von 1.000 M, das bei weitem höchste Gehalt, das einem Lehrer der Talmud-Tora gezahlt wurde. 1827 – nach Kobers plötzlichem Tod – kam Kandidat Lüders, begleitet von einem christlichen Unterlehrer. Lüders wurde 1829 von Kandidat Gottfried Jacob Jänisch abgelöst. Alle waren Söhne aus angesehenen Hamburger Familien und brachten sehr gute Empfehlungen von Dr. Willerding mit, dem Senior des geistlichen Ministeriums, Pastor zu St. Petri.[52] Christliche Lehrer waren auch später nicht mehr aus der Talmud-Tora wegzudenken; dagegen wurde niemals in der langen Geschichte der Schule ein jüdischer Lehrer eingestellt, der dem Tempelverband nahestand.

Die Verbesserung des Unterrichts in der Talmud-Tora zog sich trotz großer Anstrengungen jahrelang hin. Erst 1827 konnte Isaak Bernays mitteilen, die Neuorganisation sei abgeschlossen. Er erklärte,

»*daß die Basis der Schule nunmehr dahin festgestellt sey, daß darin ein für eine Volks-Schule paßender Unterricht ertheilt werde. Die jedem Geschäftsmann sowohl wie dem gebildeten Handwerker erforderliche Kenntnis der Mutter- oder Landes-Sprache werde hier hinlänglich in 3 Klassen der deutschen Sprache gelehrt, ebenso die erforderliche Kenntnis der Naturgeschichte und Geographie sowie der allgemeinen Weltgeschichte werde hier erlangt, und das jedem erforderliche Schreiben und Rechnen hinlänglich gelehrt. Zudem werde zum richtigen rein aufzufaßenden Religionsbegriff die unentbehr-*

liche hebräische Sprache unterrichtet, weil die Kenntnis der Sprache gegen die religiösen Mißgriffe und Mißverständnisse schütze, welche früher sich in unserer Religion eingeschlichen hätten«.

Talmud-Unterricht werde nur noch ganz wenigen, ausgezeichneten Schülern erteilt, die sich freiwillig dazu bereit erklärten. Die Schule sei eine Volksschule, wie der Staat es verlange, kein Seminar.[53]

Bis zu dem mit großem Aufwand durchgeführten Examen, das diesmal nicht mehr in der Synagoge stattfand, sondern im Lokal »Erholung«, dauerte es nochmals bis zum April 1829. Die Leistungen von Kindern und Lehrern waren durchaus befriedigend und wurden gelobt.[54] Unmittelbar danach bat Adolph Embden den Gemeindevorstand um seine Entlassung aus der Direktion der Talmud-Tora.[55] Damit endete das wohl einmalige Zusammenwirken zwischen einem gesetzestreuen Oberrabbiner und einem führenden Mitglied des Tempelverbandes in Hamburg, das der Schule mehr als 100 Jahre lang danach noch ihre unverwechselbare Prägung gab. *»Das Talmud-Tora-Institut bildet seine Zöglinge unter Berücksichtigung der zeitgemäßen Bildung nach den althergebrachten Religionsgesetzen der Juden«.* Diesem Prinzip blieb die Schule in ihrer weiteren Entwicklung unbeirrbar treu.[56]

Die Freischule unter Dr. Anton Rée (1848 – 1891) und ihre weitere Entwicklung bis 1933

Um 1830 entsprachen sowohl die Israelitische Freischule wie die Israelitische Armenschule Talmud-Tora mit ihren säkularen Bildungsprogrammen den Forderungen des »Zeitgeistes«. Beide waren Armenschulen für jüdische Knaben. Unter den weltlichen Fächern bildete Deutsch in beiden Schulen den Schwerpunkt. Es gab also viel Übereinstimmendes: eine Verbindung aber gab es nie. Stark, ja, unversöhnlich war der Gegensatz, der sich aus der unterschiedlichen religiösen Führung ergab.

Die Talmud-Tora war die Schule der gesetzestreuen Juden. In den »*Lehrgegenständen*« ihres Lehrplans, der um 1830 entworfen wurde, stand Hebräisch mit »*Bibel-resp. Religions-Sprachunterricht und Talmud*« nach wie vor an erster Stelle.[57] Auch der Tempelprediger und Oberlehrer der Freischule, Dr. Eduard Kley, legte Wert auf die religiöse Bildung seiner Schüler, doch natürlich im Sinne des religiös liberalen Tempelverbandes. In der 2. Hälfte des 19. Jahrhunderts verlor die Freischule ihren konfessionellen Charakter. Sie erhielt ihre stärkste Prägung durch Dr. Anton Rée.[58]

1838 war Dr. Anton Rée als Lehrer in das Kollegium der Freischule eingetreten und bewährte sich als hervorragender Pädagoge. Als Dr. Kley 1848 von der Leitung der Schule zurücktrat, wurden seine Funktionen auf Dr. Rée übertragen. Als Politiker trat Rée leidenschaftlich für die allgemeine, unkonfessionelle Volksschule ein, um soziale und konfessionelle Gegensätze zu überwinden. Die Freischule bot sich für Rée als »*pädagogische Versuchsstation*« an, in der er viele seiner Ideen verwirklichen konnte.[59] Daß Armenschüler durchaus imstande waren, höhere Bildungsziele zu erreichen und damit nicht verurteilt blieben, in ihrem Stande zu verharren, ließ sich in der Freischule leicht beweisen. Mit allen Kräften wandte sich Rée der Umwandlung seiner Schule in eine Simultanschule zu, um Juden und Christen einander näherzubringen und die Toleranz zu fördern. Voraussetzung war die Einschränkung des Hebräischunterrichts, der zu einem fakultativen Fach werden mußte. Nachdem Rée sich mit dieser Forderung durchgesetzt hatte, stand der Aufnahme christlicher Schüler nichts mehr im Wege. Nach weiteren Auseinandersetzungen wurde

1859 endgültig beschlossen, christliche Schüler aufzunehmen.⁶⁰ Gleichzeitig wurde der Lehrplan erweitert und dem einer »höheren Bürgerschule« angeglichen. Es bedeutete für Rée einen großen Erfolg, als die Freischule 1870 als eine der ersten Hamburger Schulen die Berechtigung zur Erteilung des einjährig-freiwilligen Zeugnisses erhielt und damit zu einer Realschule 2. Ordnung aufstieg.⁶¹ Ihre Beliebtheit nahm zu, die Schülerzahl wuchs. Waren es 1838 nur 120 gewesen, so zählte man 1891, als Rée starb, 750 Schüler. Um diese Zeit waren bereits 2/3 aller Schüler christlich, und daher war die Schule schon 1890 in »Stiftungsschule von 1815« umbenannt worden.⁶²

»*Dank der Begeisterungsfähigkeit und Tatkraft Anton Rées verwandelte sie sich von einer jüdischen Armenschule zur Heranbildung 'brauchbarer Dienst- und Gewerbsleute' (wie es im Statut hieß) in eine Schule für Arme und Reiche, Juden und Christen und Konfessionslose und schließlich in eine Schule auch für Farbige*«.⁶³

Doch auch hier war es so, daß das, was viele als glänzenden Fortschritt bewunderten, von anderen als ein Unglück beklagt wurde. 1917 schrieb der Syndikus der Gemeinde, Dr. N. M. Nathan, im »Hamburger Israelitischen Familienblatt« anläßlich der Hunderjahrfeier der Schule:

»*... Wir Juden jedenfalls können der Stiftungsschule von 1815, die einst zum Segen und zur Ehre des Judentums gegründet wurde, nicht ohne Bitterkeit gedenken. [...] Eine jüdische Schule hat nur ihre Berechtigung, wenn jüdischer Geist an ihr herrscht*«.⁶⁴

Um diese Zeit war die Erinnerung an den Ursprung der Schule schon fast verlorengegangen. 1920 wurde sie verstaatlicht und erhielt den Namen »Dr.-Anton-Rée-Realschule«. 1933 mußte sie wegen rückläufiger Schülerzahlen geschlossen werden. Jüdische Schüler gab es dort kaum noch.

Randt
Zur Geschichte des jüdischen Schulwesens in Hamburg
(ca. 1780 – 1942)

Die Talmud-Tora-Schule unter Anschel Stern (1851 – 1888) und ihre weitere Entwicklung bis 1933

1849 war Isaak Bernays gestorben. Zwei Jahre später wurde Anschel Stern zu seinem Nachfolger als Oberrabbiner der Deutsch-Israelitischen Gemeinde in Hamburg berufen.⁶⁵ Kurz danach trat er als neuer Ephorus in die Direktion der Talmud-Tora ein. In seinem Vorwort zu einem neuen Lehrplan bekräftigte er den jüdischen Charakter der Schule:

»*Wir beabsichtigen [...] dem Ganzen eine solche Richtung zu geben, daß die Schüler durch den Unterricht der jüdisch-religiösen Doctrinen wie der allgemeinen Wissenschaften nicht nur zu Juden und brauchbaren Mitgliedern der bürgerlichen Gesellschaft herangebildet werden, sondern es auch zugleich begreifen lernen, daß die jüdisch-religiösen Doctrinen mit ihren sämtlichen Hilfswissenschaften nicht als denen der Welt und der Gesellschaft gegenüberstehend zu betrachten seien, sondern so wie das Prädikat eines möglichst vollkommenen Juden das eines möglichst vollkommenen Menschen involvire, so auch die Tora, richtig aufgefaßt, den Geist ihnen gebe, der sie mit dem Leben nicht in Collision bringe, vielmehr es erst wahrhaft begreifen und weihen lehre*«.⁶⁶

Wie an der Freischule, so wurde auch an der Talmud-Tora der Lehrplan erheblich erweitert. Am 1. September 1869 reichte der Ephorus ein Gesuch um »*Befugnis zur Ausstellung von Berechtigungs-Zeugnissen für den einjährigen Militairdienst*« ein. Das Gesuch wurde Ende März 1870 bewilligt, und damit hatte auch die Talmud-Tora den Rang einer Realschule 2. Ordnung erreicht.⁶⁷ Eine »Armenschule« war sie nun nicht mehr, wenn sie sich auch weiterhin den sozial Schwachen der Gemeinde besonders verpflichtet fühlte.

Historischer Überblick

Auch wohlhabende jüdische Eltern schickten jetzt ihre Söhne gern zur Talmud-Tora-Schule. Arm und reich lernte gemeinsam. Selbst religiös liberal eingestellte Väter entschlossen sich nicht selten, ihre Kinder der orthodoxen Lehranstalt anzuvertrauen, die einen ausgezeichneten Ruf genoß. Voraussetzung für die Aufnahme blieb aber immer, daß die Knaben nach jüdischem Gesetz Juden waren.

Die Schülerzahlen waren auch an der Talmud-Tora ständig gestiegen. 1838 waren es 168 gewesen; 1857 waren 230 Schüler in das neue Schulhaus an den Kohlhöfen eingezogen; 1869 waren es schon 368, und 1887 konnte man 615 Schüler kaum noch unterbringen. Doch danach ging die Zahl ein wenig zurück und betrug 1905 noch 550.[68]

Nachfolger von Anschel Stern als Leiter der Schule wurde 1889 Dr. Joseph Goldschmidt, gesetzestreuer Jude und nationalbewußter Deutscher.[69] Gesetzestreue und Nationalbewußtsein prägten seine Amtsperiode, eine Zeit ruhiger Entwicklung, in die der 1. Weltkrieg einbrach. 122 Schüler und fünf Lehrer der Talmud-Tora zählten zu den »Gefallenen«. – Im Jahr 1921 trat Dr. Joseph Carlebach sein Amt als Direktor der Talmud-Tora-Realschule an.[70] Wie Bernays 100 Jahre zuvor war er ein Mann von umfassender talmudischer und allgemeiner Bildung. Es begann eine Zeit fast stürmischer pädagogischer Reformen, gekennzeichnet durch moderne Unterrichtsmethoden, besondere Pflege der musischen Fächer und des Sports, Ausflüge und Schulfahrten. Gleichzeitig wurden die vierjährige Grundschule und ein Volksschulzug neben der Realschule eingerichtet; dann wurde mit dem Aufbau von Oberrealschulklassen begonnen. Das waren organisatorische Neuerungen, die Direktor Arthur Spier fortsetzte, nachdem er Carlebach 1926 abgelöst hatte.[71] Ganz im Sinne Carlebachs wünschte auch Spier die Durchdringung der Schule mit jüdischem Geist. Von Arbeit ausgefüllte, glückliche Jahre folgten. 1932 war es soweit: Die Talmud-Tora wurde als prüfungsberechtigte Oberrealschule anerkannt. Für die mehr als 600 Schüler hieß das Bildungsziel:

»Entfaltung aller im Kind und Jugendlichen schlummernden Kräfte zur Heranbildung des bewußten jüdischen Menschen, dessen Weltanschauung fest verwurzelt ist in der jüdischen Tradition und den jüdischen Kulturgütern, der aber zugleich durch Einfühlung und Erfassen aller Werte deutscher Kultur und ihrer Beziehungen zu dem europäischen und allgemeinen Bildungsgut die Harmonie der Gesamtpersönlichkeit erstrebt«.[72]

Neun Abiturienten bestanden im Frühjahr 1932 die Reifeprüfung, und die nächsten acht Oberprimaner bereiteten sich auf das Abitur 1933 vor.[73] Grund zur Freude gab es genug, denn auch auf die benachbarte Mädchenschule der Gemeinde in der Carolinenstr. 35 konnte man mit Stolz blicken.

Zur Entwicklung des jüdischen Mädchenschulwesens in Hamburg[74]

Schon 1798 hatten private Stifter eine »Unterrichts-Anstalt für arme israelitische Mädchen« gegründet. Eine zweite Armenschule für jüdische Mädchen richtete 1818 die Deutsch-Israelitische Gemeinde in Hamburg ein. Beide Schulen wurden sorgfältig geführt, vermittelten aber nur bescheidene Kenntnisse. Töchter wohlhabender Eltern besuchten private, christliche Mädchenschulen mit anspruchsvollerem Bildungsangebot. Als die beiden ehemaligen Armenschulen 1884 im neuen Schulhause Carolinenstr. 35 zur »Israelitischen Töchterschule« vereinigt wurden, orientierte sich der Lehrplan an dem der Hamburger Volksschulen, sah aber außerdem Englisch, Französisch, etwas Hebräisch und einen Literaturunterricht vor, der jeder höheren Lehranstalt Ehre gemacht hätte. Unter der hervorragenden Leitung der Schulvorsteherin Mary Marcus[75] entwickelte sich die Schule stetig weiter und gewann hohes Ansehen. In den Jahren 1924 bis 1930 folgte unter der Leitung von Dr. Alberto Jonas eine Neuorganisation entsprechend den Erfordernissen einer modernen Mädchenbildung.[76] 1930 wurde die Israelitische Töchterschule als Realschule anerkannt und bekam den Namen »Mädchenschule der Deutsch-Israelitischen Gemeinde, Volks- und Realschule«. Sie nahm ausschließlich jüdische Mädchen auf und wurde religiös traditionell geführt.

Für Schülerinnen aus dem »*Kreis strenggläubiger und begüterter jüdischer Eltern, welche den Wunsch hegen, ihre Töchter in einer ausschließlich jüdischen Schule aufwachsen zu sehen*«,[77] wurde 1893 die private »Israelitische höhere Mädchenschule« gegründet, da die Israelitische Töchterschule weder die Bildungsansprüche noch die Standesinteressen der jüdischen Oberschicht befriedigte. 1899 zogen die Schülerinnen in die Villa Bieberstr. 4 ein. Mit Klugheit und Umsicht leitete Fanny Philip die Schule, die 1912 als Lyzeum anerkannt wurde.[78] Nach dem ersten Weltkrieg geriet sie zunehmend in finanzielle Schwierigkeiten und mußte 1931 aufgelöst werden. Fast alle Schülerinnen wechselten in die Carolinenstr. 35 über.

Eine weitere private höhere Töchterschule lag an der Johnsallee 33. Sie war 1863 als liberale jüdische Mädchenschule gegründet worden. 1892 wurde sie von dem Dichter und Pädagogen Dr. Jakob Loewenberg übernommen.[79] Er litt unter dem Antisemitismus und setzte alle seine Hoffnungen darauf, ihn durch Erziehung überwinden zu können. Jüdische und christliche Kinder besuchten gemeinsam die sehr beliebte »Loewenberg-Schule«, die ebenfalls 1912 als Lyzeum anerkannt wurde und 1931 schließen mußte, weil sie in wirtschaftliche Bedrängnis geraten war.

Das Ende der jüdischen Schulen in Hamburg (1933 – 1942)[80]

1933 konnten die beiden großen jüdischen Schulen Hamburgs, die Talmud-Tora-Oberrealschule am Grindelhof 30 und die Mädchen-Realschule in der Carolinenstr. 35, auf eine lange Geschichte stetigen Aufstiegs zurückblicken. Hamburg hatte ihnen die Bedingungen für ihr glückliches Gedeihen geboten, und sie hatten viel zum Ansehen der Stadt beigetragen. Mit dem 30. Juni 1942 endete die Geschichte des jüdischen Schulwesens in Hamburg. An diesem Tag mußten die letzten jüdischen Schulen im Reich schließen, wurde jeder Unterricht für jüdische Kinder verboten.

In den Jahren 1933 bis 1942 waren die jüdischen Schulen zur Zuflucht für jüdische Kinder geworden, zu einem Ort des geistigen Widerstandes und der Besinnung auf jüdische Identität. Sie bereiteten die Kinder auf ein Leben in der Fremde vor und waren für viele schließlich der letzte Fluchtweg in die Freiheit: 1938 und 1939 gelang es unter äußerster Anstrengung, Hunderte von Kindern ohne ihre Eltern mit Kindertransporten ins rettende Ausland zu bringen, vor allem nach England.

Der Leidensweg der Schulkinder und ihrer Lehrer in den Jahren der nationalsozialistischen Verfolgung spiegelt die beispiellose Eskalation der Gewalt wider, mit der eine der ältesten und größten jüdischen Gemeinden Deutschlands in kurzer Zeit zerschlagen und vernichtet wurde. Dieser Weg ist gekennzeichnet durch Entrechtung, Beraubung, Vertreibung und Ermordung. 343 Kinder wurden im Oktober 1941 noch in der letzten jüdischen Schule Hamburgs in der Carolinenstr. 35 gezählt. Für sie gab es kein Entkommen mehr. Auf fast alle warteten Deportation und gewaltsamer Tod. Mit ihnen und ihren Eltern starben

Historischer Überblick

ihre Lehrer und Lehrerinnen, Hausmeisterfamilie, Schulsekretärin und Reinmachefrauen. Erst Jahrzehnte nach dem Kriege begann man, sich ihrer zu erinnern ...

Unvergängliche Namen

Geblieben sind Namen von unvergänglichem Klang, die sich mit den ehemaligen jüdischen Schulen in Hamburg verbinden. Hier können nur einige – stellvertretend für viele – genannt werden.

Zur Talmud-Tora-Schule gehörten große Persönlichkeiten aus dem orthodoxen Judentum. Die Oberrabbiner Isaak Bernays, Anschel Stern und Dr. Joseph Carlebach waren von der Überzeugung durchdrungen, daß religiöses Lernen in keinem Gegensatz zu weltlicher Bildung stehe, daß vielmehr die Tora das Leben »*erst wahrhaft begreifen und weihen lehre*«. Aus diesem Geist widmeten sie sich der Schule mit ganzer Kraft. So konnten jüdische Gelehrte von einzigartiger geistiger Prägung aus der Talmud-Tora hervorgehen. Samson Raphael Hirsch (1808 – 1888), den Isaak Bernays selbst unterrichtet hat, ein Enkel von Mendel Frankfurter, war wohl der berühmteste aller Talmud-Tora-Schüler. Er hat die Möglichkeit einer Verbindung moderner Bildung mit streng gesetzestreuem Judentum zu einer harmonischen Einheit theoretisch begründet und wurde so zum Oberhaupt der Neo-Orthodoxie.[81] – Ein Wisssenschaftler von hohem Rang war Ahron Marcus (1843 – 1916). Anschel Stern hatte früh die außerordentliche Begabung des elternlosen Knaben erkannt und ihn besonders gefördert. Als junger Mann ging Ahron Marcus nach Krakau, begegnete dort dem Chassidismus und schrieb ein Werk darüber, das 1901 unter dem Pseudonym »Verus« erschien. U.a. fand auch »Barsilai«, Sprache als Schrift der Psyche, große Beachtung. Marcus setzt sich darin mit der hebräischen Sprache auseinander. Als einer der frühesten Anhänger Theodor Herzls vertrat Marcus den religiösen Zionismus.[82] – Der erste Talmud-Tora-Schüler, der nach abgeschlossenem Studium 1848 als Lehrer an seine geliebte Hamburger Schule zurückkehrte, war Dr. Samson Philip Nathan (1820 – 1905). Er hatte neben dem Doktordiplom auch die Rabbinatsapprobation erworben und hätte Karriere machen können, zog es aber vor, in kleinem Kreise zu wirken: 57 Jahre lang als Lehrer an der Talmud-Tora. Er konnte Latein und Griechisch, Hebräisch war ihm so geläufig wie Hochdeutsch – und Plattdeutsch. Sein scharfer Verstand befähigte ihn zu viel bewunderten mathematischen Leistungen. Unermüdlich war er neben der Schule in der Gemeinde tätig, arbeitete im Delegiertenkollegium des Synagogenverbandes mit und lehrte im religiösen Lernverein »Mekor Chajim«.[83] – Der letzte Talmud-Tora-Schüler, der später selbst Lehrer an der berühmten alten Schule wurde, war Bernhard Salomon Jacobson (1901 – 1975). Die gesamte Auflage seines Lehrbuchs »Volk und Tora« wurde 1937 auf Anordnung der Nationalsozialisten eingestampft. Im Dezember 1938 mußte »BS«, wie ihn seine Schüler nannten, nach qualvoller KZ-Haft aus Deutschland fliehen. Er hat ein umfangreiches wissenschaftliches Lebenswerk geschaffen, u.a. als Kommentator der Bibel, das er in Israel vollenden konnte.[84]

Untrennbar verbunden mit der Stiftungsschule von 1815 bleibt vor allem der Name des Politikers und Pädagogen Dr. Anton Rée, dessen Kampf um die Emanzipation der Juden zugleich ein Kampf um die Emanzipation aller Menschen war. Seine Forderung, »*die Freiheit als eine Freiheit aller zu betrachten*«, hat bis heute nichts von ihrer Aktualität verloren.[85] Auch der Tempelprediger und Oberlehrer der Freischule, Dr. Eduard Kley, hat der jüdischen Emanzipationsbewegung in Hamburg starke Impulse gegeben, ebenso Dr.

Immanuel Wohlwill (1800 – 1848), der von 1823 bis 1838 an der Israelitischen Freischule unterrichtete und dann als Direktor an die Jacobsonschule in Seesen berufen wurde, die erste Simultanschule unter den jüdischen Freischulen in Deutschland.[86] – Der letzte Lehrer an der Stiftungsschule, der u. a. jüdische Fächer unterrichtete, war Rektor Josef Feiner (1863 – 1938). Bekannt wurden vor allem seine Schriften über Gabriel Riesser und Anton Rée, die gleichzeitig etwas aussagen über »*den Menschen Josef Feiner [...], den vornehmen, gebildeten und doch begeisterten Kämpfer für den deutschen Idealismus und Humanismus*«. Josef Feiner nahm sich 1938 unter dem Druck der Verfolgung das Leben.[87]

Randt
Zur Geschichte des jüdischen Schulwesens in Hamburg
(ca. 1780 – 1942)

Bedeutende Namen verbinden sich auch mit den jüdischen Mädchenschulen in Hamburg. Die »Israelitische Töchterschule« kann nicht ohne ihre Vorsteherin gedacht werden, Mary Marcus, die Schwester von Ahron Marcus. Sie betrachtete es als ihre Lebensaufgabe, der Benachteiligung jüdischer Mädchen aus sozial schwachen Familien durch eine fundierte Schulbildung entgegenzuwirken. 56 Jahre lang stand sie im Dienst dieser Aufgabe, ohne müde zu werden.[88]

Für den Geist der Israelitischen höheren Mädchenschule in der Bieberstraße mag es bezeichnend sein, daß sich die Namen von zwei jüdischen Akademikerinnen, ehemaligen Bieberstraßen-Schülerinnen, wie von selbst einstellen: Cläre Wohlmann-Meyer, geb. 1904 in Hamburg, wurde als erste Hamburger Juristin 1931 in den Staatsdienst eingestellt. Sie lebt heute in Zürich. Die Wissenschaftlerin Hedwig Klein (1911 – 1942) studierte an der Hamburger Universität Islamwissenschaft, Semitistik und Englische Philologie. Trotz ihrer mit »ausgezeichnet« bewerteten Dissertation wurde ihr als Jüdin 1937 der Doktorbrief verweigert. Am 11. Juli 1942 wurde sie nach Auschwitz deportiert.[89]

1892 hatte der Dichter Jakob Loewenberg in seinem Gedichtband »Lieder eines Semiten« das Schicksal der Juden beschworen, rückblickend und zugleich voller quälender Vorahnungen.

»Und fahl am grauen Himmel steht die Sonne.
Und was in tiefer Nacht der Finsternis,
Der Knechtschaft war erzeugt und großgewachsen,
Der Menschheit grimme, gierige Bestien,
Die stets nach Beute spähn, das schwarze Hundert,
Schleicht jetzt hervor und stürzt mit Wutgeheul
Auf Judas Kinder sich, die freiheittrunkenen,
Und mordet, raubt und sengt in wilder Lust«.[90]

Waren das nicht Klänge aus längst vergangenen Zeiten, die sich niemals wiederholen würden? Dr. Jakob Loewenberg, Direktor der nach ihm benannten Mädchenschule, hoffte es selbst. Aus dem kulturellen Leben Hamburgs war er nicht fortzudenken. Gemeinsam mit Otto Ernst, Detlev v. Liliencron und Leon Goldschmidt hatte er die »Literarische Gesellschaft« gegründet, um einem breiteren Publikum Begegnungen mit Werken neuerer Literatur zu vermitteln. Als Herausgeber der in hoher Auflage erschienenen Gedicht-Anthologie »Vom goldnen Überfluß« war sein Name sehr vielen Menschen vertraut. Jakob Loewenberg war Jude und Deutscher, und so lebte er »Aus zwei Quellen«, wie der Titel seines autobiographischen Romans hieß. Als er 1929 starb, ließ der Hamburger Senat einen Lorbeerkranz auf seinem Sarg niederlegen und richtete ein Beileidsschreiben an seine Witwe:

Historischer Überblick

»*Ein vorbildlicher Erzieher der Jugend, ein feinsinniger Dichter, ein allzeit gütiger und hilfsbereiter Mensch ist mit ihm dahingegangen. Als hervorragendes Mitglied jenes Kreises von Männern, deren Schaffen um die Jahrhundertwende unsere Vaterstadt zu einem Vorort verantwortungsbewußten, zukunftweisenden kulturellen Strebens machte, verdankt Hamburg dem teuren Entschlafenen Wirken und Werke, die unvergessen bleiben werden*«.[91]

Neun Jahre später, 1938, mußte sein Sohn Ernst Loewenberg mit seiner Frau Margarete, einer ehemaligen Schülerin der Schule Bieberstraße, aus Hamburg fliehen. Sie fanden Aufnahme in den USA. Dr. Ernst Loewenberg hatte an der Lichtwarkschule in Hamburg unterrichtet, bis er 1934 aus dem öffentlichen Schuldienst entlassen wurde und an die Talmud-Tora-Schule ging. Damit war er endgültig zurückgekehrt: zur »Talmud-Tora«, zur Lehre der Tora.[92]

Anmerkungen

Der vorliegende Beitrag enthält zusammenfassend Kapitel aus meinem unveröffentlichten Manuskript über die Geschichte der Talmud-Tora-Schule in Hamburg, 1805 – 1942.

1 Grunwald 1902 (1), S. 20f.
2 Zum Unterricht im Cheder vgl. Cohn, Die Entwickelung des Jüdischen Unterrichtswesens, S. 8f.; Straßburger, Geschichte der Erziehung, S. 164f; Seligmann 1922, S. 38f.
3 Goldschmidt, Talmud-Tora-Realschule, S. 18.
4 Goldschmidt, Talmud-Tora-Realschule, S. 2.
5 Kopitzsch 1988, S. 49.
6 Freimark 1979, S. 124.
7 Goldschmidt, Talmud-Tora-Realschule, S. 5.
8 Schlotzhauer, Das Philanthropin. Der Vergleich des Frankfurter Philanthropins mit der ein Jahr später gegründeten Talmud-Tora-Schule macht den Unterschied zwischen den Schulen besonders deutlich.
9 Dukes 1841, S. 157f., zitiert nach Stein 1984, S. 21.
10 Goldschmidt, Talmud-Tora-Realschule, S. 13.
11 Blinckmann, Die öffentliche Volksschule, S. 22.
12 Goldschmidt, Talmud-Tora-Realschule, S. 15. Einige Angaben dieses Kapitels sind auch in Goldschmidts Schrift erwähnt, ohne daß hier noch einmal besonders darauf hingewiesen wird. »Gemeinde Altona in Hamburg«: viele Mitglieder der Gemeinde Altona hatten ihren Wohnsitz in Hamburg und bildeten dort eine Filial-Gemeinde.
13 CAHJP Jerusalem: »Liebliche Wege«, Altona 1807. Hebräische Schrift. Deutsche Übersetzung von Emmerich I. Strohli. Unveröffentlichtes Schreibmaschinenmanuskript.
14 Zwi Hirsch Samoßt, geb. 1740 in Zamosel/ Posen, gest. 1807 in Altona, Oberrabbiner in Altona seit 1802. Präsident des Rabbinatsgerichts.
15 Mendel Menachem Frankfurter, geb. 1743 in Hamburg, gest. 1823 in Hamburg. Vorsitzender des Rabbinatsgerichts in Altona nach dem Tode von Zwi Hirsch Samoßt.
16 Goldschmidt, Talmud-Tora-Realschule, S. 15.
17 Gillis-Carlebach 1990 (2), S. 451 – 463.
18 Alle diese Angaben, auf die auch Goldschmidt in seiner Festschrift eingeht, sind der Gründungsschrift »Liebliche Wege« zu entnehmen (wie Anm. 13).
19 Zitiert nach der Gründungsschrift (wie Anm. 13). Goldschmidt meint, nur »Jüdisch-Schreiben« sei gelehrt worden. Deutsche oder lateinische Buchstaben seien weder gelesen noch geschrieben worden.
20 CAHJP Jerusalem: »Liebliche Wege« (wie Anm. 13).
21 Goldschmidt, Talmud-Tora-Realschule, S. 27.
22 Baumbach 1989, S. 214 – 233.
23 Leimdörfer 1918 (1).
24 Kley 1841, S. 10.
25 Ebd., S. 6f.
26 Ebd.
27 Gesetz-Entwurf für die Israelitische Freyschule zu Hamburg, Altona 1820, S. 3, § 3, zitiert nach Baumbach 1989, S. 221, Anm. 32.
28 Kley 1841, S. 7.
29 Ebd., S. 14.
30 Dr. Eduard Kley, geb. 1789 in Bernstadt, Schlesien, gest. 1867 in Hamburg. Siehe dazu den Beitrag von Michael A. Meyer in diesem Band.
31 Leimdörfer 1918 (1), S. 16.
32 Ebd., S. 24; siehe dazu den Beitrag von Saskia

33 Die drei waren: Adolph Embden, M. I. Bresselau, S. I. Fränckel.
34 StAH Jüdische Gemeinden 273a, Bd. 1: Protokolle des Vorstandes der Deutsch-Israelitischen Gemeinde 1812 – 1818, Sitzung vom 22.10.1815.
35 Ebd., Sitzung vom 23.5.1816.
36 Ebd., Sitzung vom 6.1.1817.
37 Ebd., Sitzung vom 18.2.1818.
38 Isaak Bernays, geb. 1791 in Mainz, gest. 1849 in Hamburg. Bernays war der erste deutsche Rabbiner, der Talmudwissen mit allgemeiner Bildung vereinigte. Von 1821 – 1849 Oberrabbiner (»Chacham«) in Hamburg. Führte von 1822 – 1849 den Vorsitz in der Direktion der Talmud-Tora-Schule, seit 1832 mit dem Titel »Ephorus«. Dieser Titel wurde auch seinem Nachfolger, Oberrabbiner Anschel Stern, übertragen.
39 StAH Jüdische Gemeinden 273a, Bd. 2: Protokolle des Vorstandes der Deutsch-Israelitischen Gemeinde, Sitzung vom 9.5.1821.
40 Ebd., Sitzung vom 15.11.1821.
41 Ebd., Sitzung vom 16.7.1821, »Über die Verpflichtungen des geistlichen Beamten Isaak Bernays. – »Unsere jetzige Volkssprache« bzw. »volkstümliche Sprache«: gemeint Hochdeutsch.
42 CAHJP Jerusalem: AHU 534a, neuer Stundenplan der Talmud-Tora von 1822. Aus den Protokollen der Schuldirektion geht hervor, daß Adolph Embden diesen Stundenplan, zugleich Lehrplan, ausgearbeitet und in die vorliegende, übersichtliche Form gebracht hat. Datiert: Hamburg im July 1822.
43 StAH Talmud-Tora 1: Protocolle der Direction, Sitzung vom 18.4.1822.
44 StAH Jüdische Gemeinden 273a, Bd. 2 (wie Anm. 39), Sitzung vom 20.11.1821.
45 Adolph Embden, Waaren-Makler, Altewallstr. Nr. 54. (Hamburgisches Adreßbuch 1812). Aus den Protokollen der Deutsch-Israelitischen Gemeinde geht hervor, daß Embden von 1810 – 1820 Mitglied des Gemeindevorstands war. In der Sitzung des Gemeindevorstands vom 25.10.1820 bekannte er sich zum Tempelverband. Von 1822 – 1829 Reformer der Talmud-Tora-Schule in der Schuldirektion.
46 StAH Talmud-Tora 1: Protocolle der Direction, Sitzung vom 18.4.1822.
47 Die Fächer und ihre Verteilung lassen sich von dem Stundenplan ablesen. Auch die Klassenverteilung geht daraus hervor. Jahrgangsklassen, wie sie uns heute geläufig sind, waren noch unbekannt.
48 StAH Talmud-Tora 1: Protocolle der Direction, Sitzung vom 12.5.1822.
49 Ebd.
50 Ebd. mit »Jargon« wurde das Jiddisch abfällig bezeichnet. Die auffallende Sprache stand der Assimilation im Wege.
51 Ebd.
52 StAH Talmud-Tora 1: Protocolle der Direction, Sitzung vom 19.11.1826. Das Protokoll enthält den Vertrag für Lüders. Junge christliche Theologen widmeten sich nach Abschluß ihres Studiums meistens einige Jahre lang einer sozialen Aufgabe, u.a. als Lehrer an Armenschulen.
53 Ebd., Sitzung vom 8.4.1827.
54 Ebd., Sitzung vom 9.4.1829.
55 Ebd.
56 StAH Senat Cl. VII Lit. Lb Nr. 18 Vol. 7b Fasc. 2 Inv. 1: Acta in Sachen der Directoren der Talmud-Tora-Armenschule ca. die Vorsteher der Deutsch-Israelitischen Gemeinde. Supplication der Directoren und Commissarien der Talmud-Tora-Armenschule, Hamburg, Decbr. 1830. Das Zitat stammt aus einem Schreiben der Schuldirektion an den Hamburger Senat. Die Schuldirektion fürchtete, der Gemeindevorstand wolle sich in die religiösen Angelegenheiten der Schule mischen und die Schule im Sinne des Tempelverbandes umgestalten. Der mit großer Erbitterung geführte Streit um die religiöse Autonomie der Schule dauerte fast zwei Jahre lang und wurde schließlich vom Hamburger Senat geschlichtet.
57 Ebd., »Uebersicht der theoretischen Begründung sowohl als des faktischen Bestandes der hiesigen jüdischen Armenschule genannt Talmud-Tora«. Der Lehrplan wurde während der Auseinandersetzung mit dem Gemeindevorstand beim Senat eingereicht.
58 Dr. Anton Rée, geb. 1815 in Hamburg, gest. 1891 in Hamburg. Zu Rée vgl.: Asendorf 1984.
59 Ebd., S. 259.
60 Müller, Geschichte der Stiftungsschule von 1815 zu Hamburg, S. 102. Die Vorgänge sind auch ausführlich dargestellt bei Krohn 1974, S. 143ff.
61 Müller, Geschichte der Stiftungsschule, S. 112.
62 Ebd., S. 127. Für Rée war damit ein »Herzenswunsch« in Erfüllung gegangen.

Randt
Zur Geschichte des jüdischen Schulwesens in Hamburg (ca. 1780 – 1942)

Historischer
Überblick

63 Asendorf 1984, S. 275.
64 Krohn 1974, S. 150, Anm. 458, zitiert nach: Hamburger Israelitisches Familienblatt 20 (1917) Nr. 5 vom 15. Januar 1917.
65 Anschel Stern, geb. 1820 in Steinbach/Kurhessen, gest. 1888 in Hamburg. Oberrabbiner in Hamburg von 1851 bis 1888, Ephorus der Direktion der Talmud-Tora-Schule ebenfalls von 1851 bis 1888. Auch Anschel Stern besaß neben Talmudbildung umfangreiches Allgemeinwissen.
66 StAH Talmud-Tora 6: Protocolle der Schuldirection, Sitzung vom 25.2.1852, S. 157–166. Das Protokoll gibt den gesamten Lehrplan wieder, den Anschel Stern erarbeitet hatte.
67 Goldschmidt, Talmud-Tora-Realschule, S. 101ff.
68 Ebd., S. 93, 102, 122ff.
69 Zu dem folgenden Abschnitt vgl. Randt 1991 (1). Dr. Joseph Goldschmidt, geb. 1842 in Rakwitz (Posen), gest. 1925 in Hamburg. Wissenschaftlicher Lehrer, Lehrbefähigung für Deutsch, Geschichte, Geographie, Latein. Direktor der Talmud-Tora-Realschule von 1889 bis 1920. Bernays und Stern waren keine Schuldirektoren gewesen, sondern hatten leitende Funktion in der Schuldirektion der Schule, einem Verwaltungsgremium, das vor Einführung der allgemeinen Schulpflicht und verbindlicher Lehrpläne u.a. auch selbst über Lehrpläne, Stundenverteilung, Einstellung und Entlassung von Lehrern usw. beschließen konnte.
70 Dr. Joseph Carlebach, geb. 1883 in Lübeck. Direktor der Talmud-Tora-Realschule von 1921 bis 1926. Im September 1926 als Oberrabbiner der Hochdeutschen Israeliten-Gemeinde Altona ins Amt eingeführt. Von 1936 bis 1941 Oberrabbiner des Deutsch-Israelitischen Synagogenverbands Hamburg. Deportiert nach Riga am 6.12.1941 mit seiner Frau und drei seiner Kinder. Zu Dr. Joseph Carlebach ist u.a. erschienen: Gillis-Carlebach 1990 (1).
71 Arthur Spier, geb. 1898 in Ballenstedt (Anhalt), gest. 1985 in New York. Direktor der Talmud-Tora-Schule von 1926 bis 1940. Spier leitete die Schule in den Jahren der Verfolgung mit Mut und großem Geschick. Im März 1940 konnte er in die USA entkommen.
72 StAH Talmud-Tora 63: Spier an die Landesunterrichtsbehörde, 15.8.1934.
73 Der erste Abiturjahrgang; in: Gemeindeblatt der Deutsch-Israelitischen Gemeinde in Hamburg, 5.4.1932.
74 Zum jüdischen Mädchenschulwesen vgl.: Wegweiser 1989; Krohn 1974, S. 154f.; Loewenberg, Festschrift zum 50jährigen Bestehen; Lorenz 1987 (1), Bd. 1; Randt 1984; Randt 1991 (1).
75 Mary Marcus, geb. 1844 in Hamburg, gest. 1930 in Hamburg. Vorsteherin der »Israelitischen Mädchenschule von 1798« von 1868 bis 1884, Vorsteherin der Israelitischen Töchterschule von 1884 bis 1924.
76 Dr. Alberto Jonas, geb. 1889 in Dortmund, gest. 1942 in Theresienstadt. Direktor der Israelitischen Töchterschule seit 1924, letzter Direktor der letzten jüdischen Schule in Hamburg bis zum 30.6.1942. Am 19.7.42 nach Theresienstadt deportiert.
77 StAH Oberschulbehörde II, B 235, Nr. 8: Bericht betr. Revision der »Israelitischen Höheren Töchterschule«, 29.10.1894.
78 Fanny Philip, geb. 1867 in Hamburg, deportiert nach Theresienstadt am 19.7.1942. Vorsteherin der Israelitischen Höheren Töchterschule von 1893 bis 1931.
79 Dr. Jakob Loewenberg, geb. 1856 in Niederntudorf (Westfalen), gest. 1929 in Hamburg. Gründete gemeinsam mit Otto Ernst, Detlev v. Liliencron und Leon Goldschmidt die »Literarische Gesellschaft«. Herausgeber der Gedicht-Anthologie »Vom goldnen Überfluß«. Loewenberg lebte als Deutscher und Jude »Aus zwei Quellen« (Titel seines autobiographischen Romans).
80 Zur Zerschlagung des jüdischen Schulwesens in Hamburg: Lehberger/Pritzlaff/Randt 1988; Randt 1985; Randt 1991 (2); Lehberger/de Lorent (Hg.), »Die Fahne hoch«, darin: Jüdische Schulen, jüdische Schüler- und Lehrerschicksale, katholische Schulen, S. 262–349. Der Abschnitt enthält Beiträge von: Hoch, Lehberger, Müller, Pritzlaff, Raape und Randt.
81 Grundlegende Gedanken enthält Hirschs Erstlingsschrift »Neunzehn Briefe über Judentum«, erschienen 1836 unter dem Pseudonym »Ben Usiel«. Zahlreiche weitere Werke folgten. Vgl.: Jüdisches Lexikon, Bd. II, S. 1622; Breuer, Jüdische Orthodoxie, S. 64ff.
82 Marcus, Ahron Marcus.
83 Goldschmidt, Dr. Samson Philip Nathan.
84 Yair 1984.
85 Asendorf, Über das Irrige, S. 14, Anm. 12.
86 Zu Immanuel Wohlwill vgl.: Müller, Stiftungs-

schule von 1815, S. 58 ff; Baumbach, Israelitische Freischule, S. 48ff.
87 Zitat aus einem unveröffentlichten Brief v. 23.1.1988 von Herrn Robert Blanck an die Verf. Herr Blanck war von 1922 – 1924 nichtjüdischer Schüler von Josef Feiner. Die Schriften: J. Feiner: Gabriel Riessers Leben und Wirken, Leipzig 1911; J. Feiner: Dr. Anton Rée, ein Kämpfer für Fortschritt und Recht, Hamburg 1916.
88 Zu Mary Marcus vgl.: Randt 1984, S. 34ff.; Randt 1991 (1), S. 45ff.
89 Freimark 1991 (3).
90 Loewenberg, Lieder, Prolog.
91 Gemeindeblatt der Deutsch-Israelitischen Gemeinde in Hamburg v. 12.3.1929. Beileidsschreiben des Senats anläßlich des Todes von Jakob Loewenberg.
92 Dr. Ernst Loewenberg, geb. 1896 in Hamburg, gest. 1987 in Brookline, USA.

Literatur

Asendorf, Manfred: Über das Irrige der Ansicht, daß alles von selbst komme. Zur Erinnerung an Anton Rée, den Menschen, den Volkserzieher. Beilage der Informationen des Amtes für Schule, Nr. 12. Hamburg 1981

Baumbach, Sybille: Die »Israelitische Freischule von 1815«. Eine Hamburger Armenschule in der Zeit von 1815 – 1848. Magisterarbeit. Hamburg 1985

Blinckmann, Theodor: Die öffentliche Volksschule in Hamburg in ihrer geschichtlichen Entwicklung. Hamburg 1930

Breuer, Mordechai: Jüdische Orthodoxie im Deutschen Reich 1871-1918. Die Sozialgeschichte einer religiösen Minderheit. Frankfurt/M. 1986

Cohn, F.: Die Entwickelung des jüdischen Unterrichtswesens von Moses Mendelssohn bis auf die Gegenwart. Magdeburg 1880

Feiner, Josef: Dr. Anton Rée. Ein Kämpfer für Fortschritt und Recht. Hamburg 1916

Goldschmidt, Joseph: Geschichte der Talmud-Tora-Realschule in Hamburg. Festschrift zur Hundertjahrfeier der Anstalt 1805 – 1905. Hamburg o.J. [1905]

Goldschmidt, Salomon: Dr. Samson Philip Nathan. Ein Lebens- und Charakterbild. Hamburg 1906

Jacobson, Bernhard Salomon: Tora und Tradition. Ausgewählte Schriften. Zürich 1984

Lackemann, L.: Die Geschichte des hamburgischen Armenschulwesens von 1815 bis 1871. Hamburg 1910

Lehberger, Reiner / de Lorent, Hans-Peter (Hg.): »Die Fahne hoch«. Schulpolitik und Schulalltag in Hamburg unterm Hakenkreuz. Hamburg 1986

Loewenberg, Jakob: Lieder eines Semiten. Hamburg 1892

Loewenberg, Jacob: Festschrift zum 50jährigen Bestehen der Schule 1863 – 1913. Anerkannte Höhere Mädchenschule, Lyzeum von J. Loewenberg. Hamburg 1913

Marcus, Markus: Ahron Marcus. Die Lebensgeschichte eines Chossid. Montreux (Selbstverlag) 1966

Müller, Ernst: Geschichte der Stiftungsschule von 1815 zu Hamburg. Festschrift zum 100jährigen Bestehen der Schule. Hamburg o. J. [1915]

Pritzlaff, Christiane: Jüdische Schulen. Projekt Stätten des Judentums in Hamburg, Baustein 2. Pädagogisch-Theologisches Institut. Hamburg 1986

Pritzlaff, Christiane: Jüdische Schüler an nichtjüdischen Schulen. Projekt Stätten des Judentums in Hamburg, Baustein 3. Pädagogisch-Theologisches Institut. Hamburg 1987

Rée, Anton: Die Sprachverhältnisse der heutigen Juden, im Interesse der Gegenwart und mit besonderer Rücksicht auf die Volkserziehung. Hamburg 1844

Richarz, Monika (Hg.): Jüdisches Leben in Deutschland. Selbstzeugnisse zur Sozialgeschichte 1780 – 1871. New York 1976

Schlotzhauer, Inge: Das Philanthropin 1804-1942. Die Schule der Israelitischen Gemeinde in Frankfurt am Main. Frankfurt 1990

Straßburger, B.: Geschichte der Erziehung und des Unterrichtswesens bei den Israeliten. Von der talmudischen Zeit bis auf die Gegenwart. Stuttgart o. J. [1885]

Randt
Zur Geschichte des jüdischen Schulwesens in Hamburg
(ca. 1780 – 1942)

Historischer
Überblick

Jüdische Vereine in Hamburg
Erika Hirsch

Von Anfang an gehörten Vereine zum jüdischen Leben in Hamburg. Sie ergänzten synagogale und häusliche Bereiche der Religionsausübung, dienten geselligen wie wohltätigen Zwecken, boten insbesondere ab der Wende zum 20. Jahrhundert den äußeren Rahmen für inhaltliche Abgrenzungen der Mitglieder gegenüber der jüdischen wie nicht-jüdischen Außenwelt. Vereine wurden von Freudenthal in seiner Untersuchung des Hamburger Vereinswesens allgemein definiert als

»*freiwilliger Zusammenschluß um ein gruppengeistig bestimmtes Anliegen, der [...] sich durch Gewohnheit oder Satzung eine mehr oder minder feste Konstitution und durch regelmäßige Veranstaltungen eine eigene Lebensform gegeben hat*«.[1]

Hier wie in der einschlägigen Forschung zur Geschichte der Juden in Hamburg nehmen jüdische Vereine einen meist nur untergeordneten Stellenwert ein.[2] Tatsächlich prägen sie aufgrund ihrer besonderen und in sich widersprüchlichen Struktur ganz erheblich bestimmte historische Entwicklungen: Während die prinzipielle Freiwilligkeit der Vereinsmitgliedschaft diese sozialen Gebilde zu Foren innovativer Tendenzen prädestinierte, konnte zugleich die innere Dynamik eines Vereinslebens jeweilige Anliegen weit über den Zeitraum seiner eigentlichen Zweckmäßigkeit hinaus tradieren.

Der folgende Beitrag wählt einzelne Aspekte eines erstaunlich großen Forschungsfeldes aus. Eine wahrscheinlich noch nicht einmal wirklich vollständige Bestandsaufnahme der um 1900 in Hamburg bestehenden jüdischen Vereine kommt auf die quantitative Stärke von insgesamt 136 Einzelvereinen, von denen viele eine sehr lange Lebensdauer aufzuweisen hatten und deren Fortbestand bis 1938/39 sich für einen großen Teil weiterverfolgen läßt.[3]

Das traditionelle Vereinswesen

Die Geschichte des Hamburger jüdischen Vereinswesens ist älter als die der Gemeinde im Sinne einer institutionalisierten Körperschaft. Nachweisbar ist sie ab der zweiten Hälfte des 17. Jahrhunderts, als die Haushaltsvorstände der in Hamburg bis dahin unter dem Patronat der Sephardim lebenden aschkenasischen Familien 1670 eine »Chevra Kaddischa«, eine »Heilige Genossenschaft«, gründeten. Der religiösen Aufsicht der Altonaer Gemeinde unterstellt, errichteten sie so einen ersten eigenen organisatorischen Rahmen zur gemeinschaft-

Gustav Tuch

Historischer Überblick

lichen Regelung bestimmter sozialer Aufgaben. Eine Chevra Kaddischa, eine Beerdigungsbrüderschaft, verband ursprünglich den »*Lebensdienst [...] an der entseelten Hülle des Bruders* [mit der] *Pflicht gegen die Lebenden*«, nahm wohltätige Aufgaben wahr. Gemeinschaftlich verrichteten die Mitglieder die religiös vorgeschriebenen täglichen Gebete, auch »*die Pflege des Torawissens war innig verknüpft mit der Tätigkeit des Chevrah Kadischah*«, so Goldschmidt in seiner Chronik der Hamburger Beerdigungsbrüderschaft.[4]

Die Chevra Kaddischa war einer von vielen traditionell-jüdischen Vereinen, die sich später in Hamburg – wie in allen jüdischen Gemeinden entsprechender Größe – gründeten. Dazu gehörte auch »Bikkur Cholim«, der Krankenbesuche vornahm und religiösen Beistand insbesondere am Sterbebett gewährte, »Hachnassat Kalla«, der mittellose Bräute ausstattete sowie zahlreiche weitere Wohltätigkeitsvereine unterschiedlichsten Zwecks, »Talmud Tora« für ein gemeinschaftliches Studium des religiösen Schrifttums, häufig im Besitz auch einer eigenen Gebetsstätte. Eine Chevra Kaddischa, deren Mitgliedschaft mit besonders hohem Sozialprestige verbunden war, nahm dabei eine besonders exponierte Stellung ein.

Die Traditionslinie jüdischer Beerdigungsbrüderschaften, die den Status von »*Gemeinden innerhalb der Gemeinde*« haben konnten,[5] setzte sich in Hamburg vor dem Hintergrund sich wandelnder sozialer, politischer und rechtlicher Rahmenbedingungen jüdischen Lebens fort. So ging die Gründung einer reformierten Bestattungsvereinigung im Jahre 1804/5 der Etablierung der Tempelgemeinde voraus.[6] Im Verlauf des 19. Jahrhunderts verschoben sich die Akzente hinsichtlich der Gewichtung prinzipieller Strenggläubigkeit. Gegen Ende des Jahrhunderts war es das extrem toratreue Umfeld der Alten und Neuen Klaus, das sich im Gefolge der Auseinandersetzung um die Nutzung des städtischen Friedhofsgeländes in Ohlsdorf mit einer eigenen Beerdigungsbrüderschaft separierte: Die »Beerdigungsbrüderschaft Langenfelde e. V.« versah die Bestattungen auf dem alternativ erworbenen Friedhof am Försterweg.[7] Die alte Chevra Kaddischa, 1812 neu konstituiert, blieb bestehen. Die ganze Entwicklung zeigt beispielhaft ein spezifisches Vorgehen innerhalb der Hamburger jüdischen Gemeinschaft, wo sich stets Wege fanden, eigentlich diametral auseinanderstrebende Auffassungen zu integrieren und so das Ganze zu erhalten – entsprechend der reichsweit einzigartigen Gemeindeorganisation.

In der einen oder anderen Weise trugen die meisten traditionellen jüdischen Vereine dazu bei, verschiedene Elemente religiöser Lebensführung zu bewahren. Sie können sogar als Zeugnis des großen individuellen Anreizes gerade dieses Anliegens inmitten einer gesamtgesellschaftlich gegenläufigen Entwicklung gelten.

So gewährleisteten die vielen Wohltätigkeitsvereine den Mitgliedern, dem religiösen Gebot der Zĕdaka nachzukommen, die dem Grundsatz äußerster Diskretion bei der Vergabe eines Almosens folgte. In einem großen Teil dieser Vereine pflegte man die Begünstigten durch das Los zu ermitteln und verhinderte so, daß ein direkter Bezug zwischen Spender und Empfänger entstand. Dieses Prinzip wohltätiger Hilfe bestand stets neben der Armenversorgung durch die Gemeinde, überdauerte auch die Verfassungsreform, die jüdische Arme anderen Bedürftigen gleichstellte. Es hatte Kritiker, weil es zum Mißbrauch herausfordern konnte, und wurde dennoch erhalten – manchmal nicht ohne Mühe. Der langjährige Gemeindesekretär Haarbleicher berichtet beispielsweise aus der Geschichte des um die Mitte des 18. Jahrhunderts gegründeten Hachnassat Kalla, der Verein habe »mehrere Umgestaltungen« erfahren, sei »*auf mangelhaften Prinzipien errichtet, häufig außerstande, seine Verheißungen zu erfüllen*«[8] – er wurde dennoch erhalten.

Das in Vereinen organisierte traditionelle Wohltätigkeitswesen entzog sich später selbst den innerjüdischen Bemühungen der Henry-Jones-Loge um eine modernere Form der Sozialarbeit im 1892 gegründeten »Verband hiesiger israelitischer Wohltätigkeitsvereine«.⁹

Vereine waren es auch, die anläßlich eines Todesfalls im Kreise der Mitglieder die Einhaltung religiöser Vorschriften gewährleisteten. Es war dies u.a. auch eine sehr pragmatische Form gegenseitiger Unterstützung: Glückel von Hameln beschreibt anschaulich, wie aufwendig es sein konnte, für die notwendigen Gebete Minjan beisammen zu halten.¹⁰ Elemente der Totenehrung als auch der Versorgungsleistungen des Bikkur Cholim fanden Eingang in das insbesondere im Verlauf des 19. Jahrhunderts sich entfaltende jüdische Kranken- und Sterbekassenwesen. Mit dem Argument, daß »*diese [...] Vereine [...] nämlich in ihrem Innern sehr genau mit religiösen Beziehungen zusammen*[hängen]«, verweigerte noch im Vorfeld der Verfassungsreform eine jüdische Krankenkasse staatliche Aufsicht.¹¹

Mit großer Beharrlichkeit wurde das Studium des religiösen Schrifttums, das »Lernen«, zur Vereinsaufgabe gemacht. Schon bei Glückel von Hameln ist nachzulesen, daß »*ein jeder* [Wechsler ...] *auch seinen Verein* [habe], *in dem er Talmud lernt*«.¹² Einer der wichtigsten Hamburger jüdischen Jugendvereine, der 1862 gegründete »Mekor Chajim« stand noch in der gleichen Tradition. In der von Goldschmidt aufgearbeiteten Chronik des Vereinslebens ist nachzuvollziehen, wie der Verein in den ersten fünfzig Jahren seines Bestehens immer wieder »Durststrecken« überwandt und sich selbst am Leben erhielt.¹³ Es gab eine Reihe kleinerer »Lernvereine«, von denen wahrscheinlich manche nie irgendwo offiziell erwähnt worden sind. Beiläufig erfährt man z.B. aus dem Lebensportrait Samson Philip Nathans, ihn habe »*jahraus, jahrein zweimal wöchentlich*« ein »Talmudverein« besucht.¹⁴

Hirsch
Jüdische Vereine in Hamburg

»Und so muß denn auf dem Wege der Assoziation nachgeholfen werden«. Fließende Übergänge

Bei Haarbleicher findet sich folgender Kommentar zur 1848 erfolgten Gründung des »Vereins zur Speisung armer Reisender am Sabbath«:

»*Ehemals war es Brauch, arme Fremde zu den Sabbathmahlzeiten der einheimischen Familien zu laden, was bei den jetzigen sozialen Verhältnissen nicht mehr ausführbar ist, und so muß denn auf dem Wege der Assoziation nachgeholfen werden, da jüdische Arme am Sabbath nicht zum Fortreisen angehalten werden können*«.¹⁵

Als Vereinsanliegen wurde wahrgenommen, was veränderte Verhältnisse an neuem Handlungsbedarf hervorbrachten. Ab Beginn der 80er Jahre gab es so gravierende Anlässe neuer Vereinsinitiativen, daß ein sowohl in der Artikulations- als auch der Wirkungsweise neues Vereinswesen entstand. Die Übergänge konnten indessen fließend sein.

So beschränkte sich traditionell die Unterstützung gemeindefremder Durchreisender nicht nur auf ihre Versorgung am Sabbat, sondern gehörte insgesamt zu den Obliegenheiten innerjüdischer Wohltätigkeit. Nach den Pogromen in Rußland im Jahre 1881 kamen zahlreiche Flüchtlinge nach Hamburg, um sich hier für die weitere Reise einzuschiffen. Zu ihrer Unterstützung gründete sich ein von Gemeindehonoratioren gebildetes »Russenkomitee« sowie ein aus überwiegend jungen Menschen zusammengesetztes »Assistentenkollegium«.¹⁶ Weiterhin konstituierte sich 1884 ein »Verein zur Unterstützung armer jüdischer obdachloser Handwerker und Durchreisender«, später »Israelitischer Unterstützungsverein für Obdachlose« um den Lehrer der Talmud–Tora-Schule Daniel Wormser.[17] Dieses noch traditionelle Unterstützungssystem hielt bald den Anforderungen so nicht mehr stand: Als ab Beginn der 90er Jahre immer mehr Flüchtlinge kamen, entfaltete sich binnen weniger Jahre ein weitverzweigtes Netz gemeindeübergreifend wirkender Vereinigungen mit Anliegen, die in den Bahnen bisheriger Wohltätigkeit gar nicht vorstellbar gewesen waren.

Ungefähr gleichzeitig mit der ersten Pogromwelle in Rußland und der folgenden Fluchtwelle erstarkte in Deutschland nach der Wirtschaftskrise der 70er Jahre die neue Judenfeindschaft. Sie gewann zwar in Hamburg erst mit zeitlicher Verzögerung an Boden, machte aber auch hier, im Zusammenhang mit dem Eintreffen der Flüchtlinge, schon frühzeitig 1882 auf die Möglichkeit aufmerksam, daß *»wir nicht als Menschen, als berechtigte Mitglieder des gesellschaftlichen Organismus, sondern eben nur als Juden, d.h. als etwas Fremdartiges, dem Volkskörper entbehrliches beurtheilt und behandelt werden«*.[18] Insbesondere diejenigen, deren religiöses Empfinden nicht mehr sehr ausgeprägt war, konnten in eine schwierige Bewußtseinslage geraten: Für das, worin sie angegriffen wurden, gab es dann meist kaum noch positive innere Wertschätzungen. Während die neue Judenfeindschaft sich bereits wesentlich als »Antisemitismus«, als Ausgrenzung einer durch nichtreligiöse Kriterien definierten Gruppe, äußerte, begaben sich viele Juden auf die Suche nach weltlich bestimmten Wurzeln jüdischer Identität. In diesem Zusammenhang entstehende Vereine begannen quasi-politische Anliegen zu artikulieren, wurden ein weltliches Forum der *»Renaissance jüdischen Bewußtseins«*.[19]

Erste Anzeichen neuer Vereinsorientierung, die in diesem Fall allerdings nicht von Dauer waren, finden sich in einem dezidiert traditionellen Verein, waren eine Werbemaßnahme um Aufmerksamkeit in der jüdischen Öffentlichkeit und in Vereinskreisen nicht unumstritten: Im Winter 1883/84 begann der Jugendverein Mekor Chajim das erste Hamburger öffentliche jüdisch-wissenschaftliche Vortragswesen. Im Themenkatalog fanden sich auch solche Inhalte, die in anderem Zusammenhang, dem der elenden Lebensbedingungen osteuropäischer Juden und der Fluchtwelle, gerade an Aktualität gewannen. So wurde beispielsweise »Eine Wanderung durch Palästina« behandelt, ein Vortrag »Jerusalem in der Gegenwart« sogar im Programm wiederholt.[20] Wahrscheinlich war es kein Zufall, daß der 1885 in Hamburg gegründete »Ahavas Zion«, ein Zionsverein der in Osteuropa entstandenen Chowewe-Zion-Bewegung, u. a. auch von Mitgliedern Mekor Chajims getragen wurde.[21] Ahavas Zion wollte die Gründung jüdischer Kolonien in Palästina fördern und vertrat dabei die unpopuläre Auffassung, daß *»Amalgamierung und Assimilierung«* generell unmöglich, der jüdische *»Stamm«* zur *»christlichen Bevölkerung gänzlich heterogen«* sei.[22] Dennoch wurde er – zumindest in seiner Existenz – ernstgenommen. Im Rahmen dieser kleinen Vereinigung junger angehender Kaufleute wurde *»zunächst Propaganda für die Idee der Gründung einer Loge«* gemacht, so die Henry-Jones-Loge später in ihrer eigenen Geschichtsschreibung.[23] Ahavas Zion löste sich bald auf; führende Mitglieder fanden in der 1887 gegründeten Henry-Jones-Loge, in der in vieler Hinsicht bald wichtigsten neuen jüdischen Vereinigung in Hamburg, ein neues Betätigungsfeld.[24]

Im Zeichen des Neutralitätspostulats: Jude–sein und neue Vereine

Die neuen Vereine wurden in der jüdischen Öffentlichkeit mit Skepsis betrachtet und von vielen als nicht mehr zeitgemäß empfunden. So gingen einer Vereinsgründung meist vorsichtige informelle Kontaktnahmen zu Gleichgesinnten voraus, vorbereitende Komitees tagten »im stillen«. Daß in fast allen Vereinen (neben politischer) auch »religiöse Neutralität« in der einen oder anderen Formulierung zum Prinzip der Zusammenarbeit erhoben wurde, war ein Gebot der Stunde, verhinderte, daß sich der zunächst meist kleine Kreis der Mitglieder über gewohnt strittige Fragen entzweite. Religiöse Neutralität entsprach aber auch dem im Verlauf des 19. Jahrhunderts gewachsenen Selbstverständnis als »Bürger jüdischen Glaubens«, das die Religion zur »Privatsache« erklärte. In seinen vielfältigen Anliegen entfaltete sich indessen das neue jüdische Vereinswesen zu einem umfangreichen Feld inhaltlicher Differenziertheit mit neuem großen Konfliktpotential.

Die Henry-Jones-Loge, eine regionale Zweigvereinigung des jüdischen Ordens B´nai B´rith (Söhne des Bundes) stand in der Tradition des Freimaurertums, wollte »*Israeliten [...] vereinigen in dem Werke der Beförderung der höchsten Interessen der Menschheit*«.[25] Unter der Leitung ihres langjährigen »Stuhlmeisters« Gustav Tuch, eines angesehenen Kaufmannes, initiierte die Henry-Jones-Loge zahlreiche weitere Vereinsgründungen. Im Bereich ihrer Sozialarbeit entstand u. a. 1893 der »Israelitisch-humanitäre Frauenverein«, 1901 nach dem Vorbild englischer Toynbee-Halls das Gemeinschaftsheim. 1896 wurde der »Israelitische Jugendbund« gegründet, 1898 die »Gesellschaft für jüdische Volkskunde«, um 1900 begannen die Vorbereitungen zur Einrichtung einer jüdischen »Bibliothek und Lesehalle«. Reichsweit wirkte ab 1898 der »Verein zur Förderung der Bodenkultur unter den Juden« sowie ab 1902 ein Komitee zur Bekämpfung des Mädchenhandels.[26] Die Loge förderte auch die »Jüdische Turnerschaft von 1902«, eine Vereinigung, die aus den gemeinschaftlichen Bemühungen des Jugendbundes und des »Verein[s] ehemaliger Schüler der Talmud-Tora–Schule« um eigene sportliche Betätigung hervorgegangen war.[27] Die 1892 erfolgte Gründung des »Hamburgischen Vereins für jüdische Geschichte und Literatur« wird ebenfalls der Initiative der Loge zugeschrieben.[28]

Die Henry-Jones-Loge stand in einem – für eine B´nai B´rith-Loge außergewöhnlich – guten Verhältnis zu den Zionisten. Die 1898 konstituierte Hamburger »Zionistische Ortsgruppe« initiierte in ihrem Umfeld ab 1905 ein eigenes Vereinswesen, in Umrissen dem der Loge durchaus vergleichbar, aber mit zwei wesentlichen Unterschieden. Zum einen war innerhalb der zionistischen Bewegung das Neutralitätspostulat auf besondere Weise erfüllt. Die religiösen Mitglieder waren separat im »Misrachi« organisiert, gehörten aber qua Statut ebenfalls der jeweiligen zionistischen Ortsgruppe an. Der Hamburger Misrachi gründete sich 1905.[29] Zum anderen wurden die philantropischen Bemühungen der Zionistischen Ortsgruppe im politischen Rahmen zum Ausdruck gebracht: Die Bemühungen um eine »*öffentlich-rechtlich gesicherte Heimstätte in Palästina*« galten der Unterbringung der Flüchtlinge aus Osteuropa, ein in der Henry-Jones-Loge akzeptiertes Anliegen.[30] Sehr viel problematischer gestaltete sich in Hamburg das Verhältnis zwischen dem seit 1901 mit einer Ortsgruppe vertretenen »Centralverein deutscher Staatsbürger jüdischen Glaubens« und den Zionisten. Schon 1904 kam es zu einem ersten öffentlichen Eklat, als bei einer Veranstaltung des Centralvereins der Referent, der frühere Prediger des Tempelverbandes Caesar Seligmann, den Zionismus angriff und ausführte, es sei übertrieben, den gegenüber den deutschen Juden erhobenen Vorwurf, »*daß es ihnen an vaterländischem Empfinden mangele*« mit dem Ansinnen zu begegnen, »*ein vor 2000 Jahren bestandenes Reich wieder auf*[*zu*]*richten, ein eigenes Staatswesen* [*zu*] *gründen*«.[31] Gustav G. Cohen, Gründer der Hamburger Zionistischen Ortsgruppe, schrieb später auf, was wohl allgemeiner Erwartung entsprochen hatte: daß »*der Zionismus mit Stillschweigen*« übergangen würde.[32]

Historischer
Überblick

Caesar Seligmann hatte zum Thema »Der Wille zum Judentum« gesprochen, eigentlich leitmotivische Formel aller im neuen jüdischen Vereinswesen artikulierten Einzelanliegen, auch dem der Zionisten: Für Gustav G. Cohen beispielsweise repräsentierte diese Bewegung (nach den Worten Theodor Herzls) »*die Heimkehr ins Judentum noch vor der Rückkehr ins Judenland*«.[33] Die allgemeinste Formulierung fand später Sidonie Werner, langjährige Vorsitzende des Israelitisch-humanitären Frauenvereins. Sie und die anderen Frauen hätten keine »*Zufallsjüdinnen*« sein wollen.[34] Positive Beschreibungen neuer Gruppenidentität bedienten sich der damals allgemein üblichen Sprachführung und sahen die Juden an als ein durch eine besondere Geschichte ausgewiesenes »Volk«, als »Stamm«, und auch als »Rasse«. Mit diesem Begriff wurde allerdings zunehmend vorsichtiger umgegangen. 1903 referierte Gustav G. Cohen in der Zionistischen Ortsgruppe über »*die Vorzüge [...] und die Mängel in der Veranlagung der Juden für die Bildung eines eigenen Gemeinwesens*«. Er zog das Alte Testament als Quelle heran, um zwischen angeborenen und historisch erworbenen Eigenschaften zu unterscheiden.[35] Sechs Jahre später setzte sich Gustav Tuch mit »Jüdischer Rasse und jüdischer Idee« auseinander. Er begann seinen auf zwei Abende konzipierten Vortrag mit einer Einschätzung der Gefahren und mahnte eindringlich vor der lebhaften Rezeption Houston Stewart Chamberlains »Grundlagen des 19. Jahrhunderts«:

»*In sieben Auflagen, einer Volksausgabe und in Übersetzungen wurde es in wenigen Jahren unter die Leute gebracht und es hat mächtige, ja, gekrönte Eideshelfer gefunden. Viele Nachbeter haben es journalistisch, literarisch und in Vorträgen außerordentlich oft ausgebeutet und fahren fort mit Vorliebe es zu benutzen*«.[36]

»Kampf der Meinungen« statt »falscher Neutralität«

Als Gustav Tuch der Henry-Jones-Loge beitrat, war er »*bewußt-jüdischen Bestrebungen seit langem entfremdet*«.[37] Das gleiche galt für Gustav G. Cohen; beide traf der Antisemitismus im fortgeschrittenen Alter, verletzte sie zutiefst. Die nächste Generation wuchs bereits hinein in den Aufbau des neuen jüdischen Vereinswesens, viele suchten und fanden hier ihre Möglichkeiten der Selbstverwirklichung. Der 1872 geborene Dr. Ernst Tuch, ein Sohn Gustav Tuchs, war 26 Jahre alt, als er, damals noch in Berlin, die jüdische Turnbewegung mit konstituierte. Sie bezeichnete sich als »nationaljüdisch« und entstand in affirmativer Nähe zur zionistischen Bewegung.[38] Diese Begrifflichkeit einer »jüdischen Nation« wurde zwar in der jüdischen Öffentlichkeit von außen als Zeichen mangelnden deutschen Patriotismus ausgelegt, jedoch auch in dieser Generation innerhalb der Bewegung keineswegs als Widerspruch zu deutschem Nationalbewußtsein betrachtet, wie Ernst Tuch unter Berufung auf Schopenhauer in einem Zeitungsartikel argumentativ unter Beweis stellte.[39]

Mit der an Schärfe zunehmenden Auseinandersetzung um die »jüdische Nation« verschoben sich die Akzente des Neutralitätspostulats zugunsten »politischer Neutralität«. Ernst Tuch brachte den nationaljüdischen Turngedanken anläßlich des hier stattfindenden Zionistenkongresses 1909 nach Hamburg, in dessen Beiprogramm er ein Schauturnen organisierte. Als die jungen Turner der hiesigen Jüdischen Turnerschaft von 1902 beitreten wollten, erwies sich das als nicht mehr möglich: Die Turnerschaft hatte sich öffentlich abgegrenzt von der nationaljüdischen Turnidee und verweigerte die Aufnahme.[40] Die separate Gründung des Hamburger Vereins »Bar Kochba« auf Initiative Ernst Tuchs war das Ergebnis eines ersten vergeblichen Versuchs, das Neutralitätspostulat aufrechtzuerhalten. Wo es hingegen eine gewachsene Gemeinschaft gab, gelang es, wenn auch nicht mühelos: Mit vereinten Kräften erwirkten Vertreter der Henry-Jones-Loge und der Zionistischen Ortsgruppe den weiteren Zusammenhalt des Israelitischen Jugendbundes, als im Gefolge des Kongresses die zionistischen Mitglieder starken Auftrieb erhalten hatten.[41]

Im allgemeinen politischen Klima eines wachsenden Vorkriegsnationalismus wurde jüdisch-nationalen Vorstellungen mit immer größerer Empfindlichkeit begegnet, und die Kontroversen bekamen noch mehr Schärfe. Ernst Tuch stand im Zentrum des Geschehens, als er im Mai 1913 eine öffentliche Protestversammlung der Hamburger »nationaljüdischen Vereinigungen« gegen einen Beschluß des Centralvereins leitete, sich künftig von seinen zionistischen Mitgliedern trennen zu können.[42] Ein vollständiger Bruch zwischen Zionisten und Nichtzionisten erfolgte in Hamburg allerdings nicht. Nach wie vor wurden gemeinsame Vortragsabende organisiert und andere gemeinschaftlich betriebene Projekte aufrechterhalten. In einheitlicher Euphorie über »die Augusttage« verschwanden schließlich mit Kriegsbeginn 1914 die innerjüdischen Konfliktfelder.

Ernst Tuch verabschiedete sich endgültig 1917 vom Neutralitätspostulat. Eine von ihm initiierte »Arbeitsgemeinschaft jüdischer Jugendvereine Hamburgs« sollte dem »*Kampf der Meinungen*« dienen. Ernst Tuch schrieb dazu, nichts sei ihm »*weniger sympathisch als eine oberflächliche, auf falscher Neutralität beruhenden Einigung*«. Sein Sprachgebrauch signalisiert einen gravierenden Wandel allgemeiner Auffassung: »Neutrale« Vereine galten inzwischen als ein Lager unter mehreren.[43] Die Arbeitsgemeinschaft, gegründet zur »Förderung jeder Majorisierung«,[44] hob indessen den Geist des Neutralitätspostulats auf eine neue Ebene. Sie sollte die Mitglieder dazu befähigen, das jeweils »*eigentliche, jüdische Wesen*« ihres Vereins zu erkennen und aktiv mit zu tragen – ein Vorhaben, so Ernst Tuch, das der Hamburger »*mustergültige*[n] *Gemeindeverfassung*« so ganz entsprach, die ein »*unübertreffliches Vorbild gegenseitiger Duldung und Schätzung*« sei.[45]

Vereine der Orthodoxie

Die Entfaltung eines weiteren Bereiches des Hamburger jüdischen Vereinswesens fand vor dem Hintergrund einer in sich äußerst komplexen inhaltlichen Umorientierung innerhalb der zionistischen Bewegung nach dem Machtwechsel im Osmanischen Reich 1908 statt. Konkreter Ausdruck dieser Umorientierung war eine sich über mehrere Jahre erstreckende allmähliche Schwerpunktverlagerung zugunsten einer stärkeren Gewichtung praktischer Kolonisationstätigkeit in Palästina ohne rechtliche Garantien.[46] Es wurden Fakten geschaffen, die innerhalb der Orthodoxie die Frage aufwarfen, welchen Stellenwert die Gebote der Tora bei der Besiedelung des »Heiligen Landes« haben würden. Seitens des Misrachi wurde später argumentiert, nicht nur sei »*für das religiöse Judentum kein Nachteil durch die Verbindung mit der zionistischen Organisation erwachsen*«, sondern es wären »*Gefahren für den Geist des Judentums entstanden [...], hätte er sich von ihr getrennt*«.[47] Es gab auch andere Ansichten.

Nach dem Hamburger Zionistenkongreß gründete sich hier im Januar 1910 die Vereinigung »Moria« als dezidiertes Gegengewicht zum Zionismus. Die Initiative kam aus der Altonaer Gemeinde, deren Oberrabbiner Dr. Mayer Lerner die Anregung gab. Den Vorsitz führte der Altonaer Arzt Dr. Julius Möller.[48] Moria war als weltweites Bündnis der

Orthodoxie gedacht, war eine frühe Umsetzung des »Agudagedankens«: Im Jahr zuvor hatten führende Vertreter der Orthodoxie mit der Planung einer neuen universellen jüdischen Vereinigung streng religiöser Ausrichtung begonnen. Diese Idee wurde erst 1912 mit der Gründung der »Agudath Jisroel« in die Tat umgesetzt.[49]

Der Zionistenkongreß stärkte in Hamburg auch diejenigen Kräfte der Orthodoxie, die mit den Zionisten zusammenarbeiten wollten. Die Mitgliederzahl des Misrachi stieg sprunghaft von 35 auf 81 an.[50] So groß die inhaltlichen Differenzen zwischen Moria und Misrachi im einzelnen auch gewesen sein mögen, in Hamburg (bzw. in diesem Fall auch in Altona) trennten sie die jeweiligen Mitglieder keinesfalls auf wirklich grundlegende Weise. So war beispielsweise der angehende Rechtsanwalt Jakob Möller, ein Bruder des Moria-Vorsitzenden, langjähriges Vorstandsmitglied im Misrachi. Von nennenswerten Auseinandersetzungen ist nichts bekannt.[51] Hamburg wurde 1911 der neue Sitz des bisher auf Frankfurt zentrierten Misrachi, nachdem sich mehrere Ortsgruppen aus der zionistischen Bewegung zurückgezogen hatten. Unter der Leitung des Altonaer Arztes Dr. Louis Franck, des Hamburger Kaufmannes Moritz S. Wolf und des Rabbiners Nehemia Anton Nobel begann der Misrachi eine Sammlung für die toratreuen Tachkemonie-Schulen in Palästina zu organisieren.[52]

1913 gründete sich dann eine Hamburger Ortsgruppe der Agudath Jisroel um den aus Rußland stammenden Rabbiner Isaak Halevy und den Altonaer Gemeindevorsteher Wolf Möller.[53] Misrachi und Moria bestanden weiterhin, ihre führenden Vertreter begrüßten den Schritt. Louis Franck sicherte die Bereitschaft des Misrachi zu, sich »*mit ganzer Kraft in den Dienst der Agudo-Sache*« zu stellen, Julius Möller bekundete, daß Moria »*die neue Agudo mit innerer herzlicher Freude und ohne eine Spur von Eifersucht*« betrachte.[54]

Ein »säkularisiertes talmudisches Erbe«: die Nachkriegsjugend

Die meisten jüdischen Vereine überstanden den Ersten Weltkrieg. Weitere kamen hinzu, wo es neue Anliegen gab. Es gründete sich eine Ortsgruppe des »Vaterländischen Bundes jüdischer Frontsoldaten« zur »*gemeinsamen Abwehr aller antisemitischen Angriffe, insbesondere derjenigen, die auf eine Herabsetzung ihres vaterländischen Verhaltens im Kriege gerichtet sind*«. Es gab jetzt auch eine jüdische Studentenverbindung, die »Kadima«. Die öffentliche Anerkennung durch die »Balfour-Deklaration« verlieh der zionistischen Bewegung ein neues Gepräge.[55]

Die jetzt heranwachsende Generation lebte den von Ernst Tuch propagierten »*Kampf der Meinungen*« aus. Dem 1909 geborenen Neffen Ernst Tuchs, Walter Sternheim, galt die Auseinandersetzung als selbstverständlicher Bestandteil jüdischen Lebens, als »*säkularisiertes talmudisches Erbe*«:

»*Diese Kultur hatte verschiedene Zentren, die aber nicht isoliert voneinander waren, sondern zwischen denen die vielfältigsten Kommunikationen für Bewegung und Austausch von Ideen sorgten. Basis war die Bereitschaft und Fähigkeit zur Diskussion. Man war begierig auf sie und stellte sich ihr. Wer nicht zur Auseinandersetzung bereit und fähig war, machte sich suspekt*«.[56]

In dieser Generation grenzten sich viele ab vom Selbstverständnis der Elterngeneration, wo »*Judesein [...] nun einmal verhäkelt [war] mit dem kaisertreuen Bürgertum*« – eine Perspektive, in der der Centralverein deutscher Staatsbürger jüdischen Glaubens zum »Centralverein jüdischer Staatsbürger deutschen Glaubens« avancierte.[57]

> Hirsch
> Jüdische Vereine
> in Hamburg

Manches, was der Jugend jetzt zur Verfügung stand, hatte seinen Ursprung in der Vereinsinitiative um 1900 genommen. Jetzt erst kam zur Blüte, was die Henry-Jones-Loge seinerzeit für die Gründung der Bibliothek und Lesehalle erhofft hatte: Insbesondere der Jugend sollte ein Weg gewiesen werden, damit sie »*erstarke in dem Glauben an die glückliche Zukunft unseres Volkes und sie sich ausrüste mit allen geistigen und sittlichen Waffen gegen Unduldsamkeit und Vorurteil*«.[58] Anfang der 20er Jahre war die Trägervereinigung der Bibliothek und Lesehalle an die Gemeinde mit der Bitte um stärkere finanzielle Unterstützung herangetreten, die dann auch erfolgte. Unter der Leitung des von der Gemeinde angestellten Bibliothekars Prof. Dr. Isaak Markon wurde sie ein beliebter Anziehungspunkt für die Jugend. Sie sei, so das Gemeindeblatt im Januar 1932, einer der »*bedeutendsten Aktivposten*« der Gemeinde, »*verbinde mit dem Geist des Judentums und der Wissenschaft, die jeher Israels wertvollstes Besitztum waren*«.[59]

Ein Jahr später schon begann das vorerst letzte Kapitel in der Geschichte des Hamburger jüdischen Vereinswesens. Der »Arierparagraph« würde die jüdischen Mitglieder aus den allgemeinen Vereinen ausschließen; viele fanden den Weg in einen jüdischen Verein:

»*Ich war als ganz junges Ding noch in der Hamburger Turnerschaft von 1864 [...] Und 1933 mußte wir da ja überall raus. Ich war dann im Turnverein Bar Kochba, mit der blau-weißen Fahne. Wir haben in Bremen 1934 noch ein riesiges Sportfest gemacht*«,

so die Erinnerung einer Zeitzeugin.[60] Der »Arierparagraph« war als eine der ersten Maßnahmen bei den Sportvereinen eingeführt worden. Während die jüdischen Sportvereine häufig in ihren Nutzungsmöglichkeiten öffentlicher Sportplätze und Turnhallen eingeschränkt wurden, entfaltete sich hier insbesondere der Jugend ein Raum der Selbstbehauptung – bot sich doch so eine der wirksamsten Möglichkeiten, die gängigen Klischees der NS-Propaganda angeblich »rassisch-körperlicher Minderwertigkeit« ad absurdum zu führen.[61]

In weitesten Bereichen erhielt sich auch jetzt noch ein beeindruckend großes Spektrum des Hamburger jüdischen Vereinswesens. In den Aufzeichnungen Dr. Leo Lippmanns findet sich eine genaue Auflistung derjenigen Vereine, die um 1938 ihre Selbstauflösung beantragen mußten und ihre Vermögenswerte an die Gemeinde, inzwischen »Jüdischer Religionsverband e.V.«, übertrugen. Vereine wie Hachnassat Kalla und Bikur Cholim mit ihren bis in die Anfänge der Gemeindegeschichte zurückreichenden Traditionen wie zahlreiche der später gegründeten Vereinigungen sind hier erwähnt.[62]

Anmerkungen

1 Freudenthal, Vereine in Hamburg, S. 11.
2 Vgl. u. a. Krohn 1974, S. 168ff.
3 Der Beitrag steht im Kontext einer umfangreichen wissenschaftlichen Aufarbeitung des Hamburger jüdischen Vereinswesens bis zum Ersten Weltkrieg.
4 Vgl. Goldschmidt, Beerdigungsbrüderschaft, S. 37.
5 Graupe 1973 Bd. 1, S. 166, Anm. 266.
6 Vgl. Dukesz 1841, S. 140ff.
7 StAH Vereinsregister B 1973 – 52: Satzungen der Israelitischen Beerdigungsbrüderschaft Langenfelde zu Hamburg. Handschr. Hamburg 1901; Der Ohlsdorfer Begräbnisplatz; vgl. auch Krohn 1974 130ff.; Freimark 1981, S. 125.
8 Haarbleicher 1867, S. 307.
9 Vgl. Festschrift der Henry Jones-Loge, S. X.
10 Glückel von Hameln 1923/1987, S. 155f., 178ff.
11 StAH Senat Cl. VII Lit. Lb. Nr. 18 Vol. 7b Fasc. 2 Invol. 21: Supplik der Vorsteher des Krankenvereins von 1820 an den Senat vom 20.6.1857.
12 Glückel von Hameln 1923/1987, S. 212.
13 Vgl. Goldschmidt, Mekor Chajim.
14 Goldschmidt, Samson Philipp Nathan, S. 18.
15 Haarbleicher 1867, S. 305.
16 StAH Auswandereramt II F 5: Über Aus- und Rückwanderung. Vortrag gehalten am Mitt-

woch, 17. September 1902 in Hamburg von Paul Laskar; vgl. auch Krohn 1974, S. 175.
17 StAH Auswanderamt II E III P 26: (Salomon Goldschmidt:) Daniel Wormser. Eine biographische Skizze. Dem Andenken seines Begründers und langjährigen Vorsitzenden Herrn Daniel Wormser gewidmet vom Unterstützungsverein für Obdachlose. Hamburg 1900.
18 Die Judenhetze in Rußland (Vorwort eines anonymen Verfassers).
19 StAH Politische Polizei SA 1467: ZA Israelitisches Familienblatt v. 25.10.1909.
20 Goldschmidt, Mekor Chajim, S. 16ff.
21 Es waren dies Salomon Goldschmidt und Moritz S. Wolf; zur Chowewe-Zion-Bewegung vgl. Zechlin/Bieber, Juden im Ersten Weltkrieg, S. 60ff.
22 Der Gründungsaufruf des Vereins ist abgedr. in: Dokumente zur Geschichte des deutschen Zionismus, S. 13ff.
23 Festschrift der Henry Jones-Loge, S. VIII.
24 Namen und Tätigkeitsberichte des Ahavas Zion in der Zeitschrift »Selbstemanzipation«.
25 StAH Politische Polizei SA 85: Constitution des Unabhängigen Ordens B'nei B'rith nebst den Gesetzen der Deutschen Rechtsloge I No 332. Berlin 1885; vgl. allgemein Maretzki 1907.
26 Vgl. Hirsch 1991; zur Henry-Jones-Loge siehe auch den Beitrag von Barbara Müller-Wesemann, zur Gesellschaft für jüdische Volkskunde den Beitrag von Christoph Daxelmüller in diesem Band.
27 StAH Politische Polizei SA 581: ZA Israelitisches Familienblatt v. 4.1.99; Jüdische Gemeinden 822 (Vorwort zur revidierten Satzung von 1904).
28 Festschrift der Henry Jones-Loge, S. IX.
29 Vgl. allgemein Misrachi, Festschrift.
30 Vgl. Hirsch 1991.
31 StAH Politische Polizei SA 4177: ZA Israelitisches Familienblatt v. 25.4.04.
32 ZZAJ, A/4 file 2: Der Verein deutscher Staatsbürger jüdischen Glaubens.
33 Ebd., Wesen und Ziele des Zionismus.
34 StAH Jüdische Gemeinden 793: Festrede v. 24. November 1918.
35 ZZAJ, A/4 file 2: Worin bestehen die Vorzüge und worin die Mängel.
36 Festschrift der Henry Jones-Loge, S. 1f.
37 Ebd., S. XV.
38 Vgl. Barkochba, Makkabi in Deutschland, 6ff.
39 StAH Politische Polizei SA 861: ZA Israelitisches Familienblatt v. 8.10.03.
40 StAH Politische Polizei S 2706-27: ZA Israelitisches Familienblatt v. 22.5.05 und v. 14.3.10.
41 StAH Politische Polizei SA 559: ZA Hamburger Correspondent v. 27.3.10; Politische Polizei SA 459: ZA Israelitisches Familienblatt v. 10.10.10.
42 StAH Politische Polizei SA 559: ZA Neue Hamburger Zeitung v. 16.4.13; vgl. auch Paucker 1976, S. 523f.
43 Tuch, Wesen; StAH Politische Polizei: SA 1424, Mitteilungen des Verbandes der jüdischen Jugendvereine Deutschlands, Berlin 1916, Jg. 6/7, Heft 2, S. 51f.
44 StAH Jüdische Gemeinden 834: Brief v. 10.2.18.
45 Tuch, Wesen, S. 8.
46 Vgl. Dubnow 1971, Bd. 3, S. 594ff.
47 Misrachi, Festschrift, S. 29.
48 StAH Politische Polizei SA 1490: ZA Hamburger Fremdenblatt v. 2.6.10.
49 Vgl. »Agudas Jisroel«. Berichte und Materialien.
50 StAH Politische Polizei SA 1489: ZA Hamburger Familienblatt v. 7.2.10.
51 Zur Familie Möller vgl. auch den Beitrag von Goldberg/Hinnenberg/Hirsch in diesem Band.
52 Misrachi, Festschrift, S. 8.
53 StAH Politische Polizei SA 2005: ZA Deutsch-Israelitisches Familienblatt v. 16.6.13.
54 »Agudas Jisroel«, S. 92ff.
55 Vgl. die Auflistungen in den Jahrbüchern für die jüdischen Gemeinden Schleswig-Holsteins und der Hansestädte.
56 Goral-Sternheim 1989 (1), S. 143.
57 Ebd., S. 139.
58 Maretzki 1907, S. 180.
59 Abgedr. bei Lorenz 1987 (1), Bd. 2, S. 819.
60 Interview vom 15.9.1987 (Stadtteilarchiv Ottensen).
61 Vgl. allgemein Barkochba, Makkabi in Deutschland.
62 Lamm 1960 (1), S. 129f.

Literatur

»Agudas Jisroel«. Berichte und Material hrsg. vom Provisorischen Comite der »Agudas Jisroel« zu Frankfurt a. M. Frankfurt/M. [1913]

Barkochba, Makkabi – Deutschland 1898 – 1938. Im Auftrage der Vereinigung ehemaliger Barkochbaner – Hakoahner, von Robert Atlasz. Tel Aviv 1977

Dokumente zur Geschichte des deutschen Zionismus 1882 – 1933. Hg. und eingeleitet von Jehuda Reinharz. Tübingen 1981

Festschrift zur Feier des 25jährigen Bestehens der Henry Jones-Loge XVII Nr. 367 U. O. B. B. Hamburg 1912

Freudenthal, Herbert: Vereine in Hamburg. Ein Beitrag zur Geschichte und Volkskunde der Geselligkeit. Hamburg 1968

Goldschmidt, Salomon: Dr. Samson Philipp Nathan. Ein Lebens- und Charakterbild. Hamburg 1906

Goldschmidt, Salomon: Geschichte der Beerdigungsbrüderschaft der Deutsch-Israelitischen Gemeinde in Hamburg. Festschrift zur Jahrhundertfeier ihrer Neugründung im Jahre 5572/1812. Hamburg 1912

Goldschmidt, Salomon: Geschichte des Vereins Mekor Chajim. Festschrift zur Fünfzigjahrfeier. Hamburg 1912

Die Judenhetze in Rußland und ihre Ursachen. Zugleich ein Mahnwort an Deutschland. Von einem Christen. Mit zum Besten des »Unterstützungs-Comite's für hülfsbedürftige aus Rußland vertriebene Juden« zu Hamburg. Hamburg 1882

Misrachi. Festschrift hrsg. anläßlich des 25jährigen Jubiläums der Misrachi-Weltorganisation vom Zentralbüro des Misrachi für Deutschland. Berlin 1927

Der Ohlsdorfer Begräbnisplatz in seinem Verhältnis zu den Israelitischen Gemeinden zu Hamburg. Eine Zusammenstellung der betreffenden Verhandlungen, Verträge, Rabbinischer Gutachten und Entscheidungen, nebst Vorwort und Einleitung. Hg. auf Kosten mehrerer Mitglieder der Deutsch-Israelitischen Gemeinde zu Hamburg. Hannover 1889

Tuch, Ernst: Wesen und Ziele der Arbeits-Gemeinschaft der jüdischen Jugendvereine Hamburgs. Vortrag gehalten auf der Chanukkafeier der Arbeitsgemeinschaft der jüdischen Jugendvereine Hamburgs am 16. Dezember 1917. Hamburg [1917]

Zechlin, Egmont / Bieber, Hans-Joachim: Die deutsche Politik und die Juden im Ersten Weltkrieg. Göttingen 1969

Hirsch
Jüdische Vereine
in Hamburg

Historischer
Überblick

Synagogen im Hamburger Raum 1680 – 1943

Saskia Rohde

Seit Ende des 16. Jahrhunderts lebten in Hamburg und seit Anfang des 17. Jahrhunderts in Altona Sephardim und Aschkenasim. Hamburgs und Altonas Obrigkeiten unterschieden sich in ihrem Verhältnis zu ihren jüdischen Gemeinden. Das zum Territorium der Grafen von Holstein–Schauenburg gehörende und damit unter dänischer Oberhoheit stehende Altona bot seinen Juden frühzeitigere Privilegien und weitreichendere Freiheiten, als sie der Hamburger Rat gegen die orthodoxe lutherische Geistlichkeit durchzusetzen vermochte. Bis ins 19. Jahrhundert blieben die Altonaer Aschkenasim sog. Schutzjuden. Doch hatten sie bereits in ihrem ersten Schutzbrief vom 5. Mai 1612 die Religionsfreiheit erhalten.[1] 1622 wurden ein Rabbi, Vorsänger und Schuldiener vergeleitet – und damit war die Einrichtung eines Betraums erlaubt. Das Konkordat, das die Hamburger Sephardim am 12. Februar 1612 mit dem Hamburger Rat schlossen, untersagte dagegen sogar heimliche religiöse Zusammenkünfte in privaten Wohnungen.[2] Dieses Verbot wurde bei der Verlängerung des Konkordats 1617 und in den nachfolgenden Verträgen (1650) beibehalten.[3] Das 1710 vom Hamburger Rat erlassene Reglement, das für Sephardim und Aschkenasim galt, ließ schließlich religiöse Versammlungen in Privatwohnungen zu, verbot aber weiterhin die Einrichtung von Synagogen.[4] Noch 1788 reklamierte die Geistlichkeit den entsprechenden Verbotsartikel, um den Bau einer ersten Synagoge – in der 1. Elbstraße – zu verhindern.

Dominierten im 17. Jahrhundert in Hamburg die Sephardim, so waren es in Altona die Aschkenasim. Hier ließen sich erst in den letzten Jahrzehnten des 17. Jahrhunderts vereinzelt und auch nur vorübergehend Sephardim nieder, die zumeist aus Glückstadt oder Hamburg kamen. Sie gewannen in Altona nie die Bedeutung, die sie in Hamburg hatten und blieben im Vergleich zu den Aschkenasim eine Minderheit. Die Gemeinde erhielt am 22. März 1771 vom dänischen König das Privileg, eine Gemeinde zu gründen und eine Synagoge zu bauen. Die sephardische Gemeinde in Altona existierte gut 100 Jahre. 1882 mußte die Synagoge geschlossen werden, da kein Minjan mehr zustande kam. 1887 wurde sie formell aufgelöst. Im 18. Jahrhundert verloren die Sephardim auch in Hamburg ihre zahlenmäßige Überlegenheit gegenüber den Aschkenasim und büßten ihre wirtschaftliche Bedeutung ein. Sie blieben aber als Gemeinde bis zur Vernichtung durch den Nationalsozialismus bestehen. Während die Aschkenasim

Historischer
Überblick

in Altona ihre Blütezeit also im 18. Jahrhundert erlebten, traten die Hamburger im Laufe des 18. Jahrhunderts allmählich aus dem Schatten der dortigen Sephardim heraus und behaupteten seit dem Anfang des 19. Jahrhunderts die führende Stellung.

Diese historische Entwicklung spiegelt sich auch in der Baugeschichte und der Architektur der Synagogen beider Städte wider. Als erste Synagoge entstand im Hamburg-Altonaer Raum 1680–84 die aschkenasische Synagoge in der Kleinen Papagoyenstraße in Altona. Die Hamburger Sephardim konnten wegen der Religionspolitik des Rates nur Beträume einrichten. Ihr Versuch, 1670 eine Synagoge zu bauen, scheiterte am Einspruch der Geistlichkeit. Die am Alten Wall begonnene Synagoge mußte 1673 wieder abgerissen werden.[5] Beträume der Sephardim befanden sich in Hamburg seit 1612 am Alten Wall und an der Herrlichkeit.[6] In Altona konnten die Sephardim jedoch 1771 eine Synagoge errichten. In Hamburg datiert der früheste (Neu)Bau einer Synagoge erst aus dem Jahr 1788. Es handelt sich um die bereits genannte Synagoge in der Elbstraße.

Ein Überblick über den Bau der Synagogen vermittelt folgendes Bild (siehe auch die Abbildungen am Ende dieses Beitrages):

1622, 1630 und 1639	Hinweise auf eine »schul« in Altona.
1642	Erwähnung einer Synagoge in der Nähe der Altonaer Hauptkirche St. Trinitatis.
1646 – 47	Einrichtung einer Synagoge in zwei Wohnhäusern in Altona, Mühlenstraße.
1680 – 84	Bau der aschkenasischen Synagoge in der Kleinen Papagoyenstraße in Altona.
1771	Bau der sephardischen Synagoge in der Altonaer Bäckerstraße.
1788 – 90	Bau der aschkenasischen Synagoge in der 1. Elbstraße in Hamburg.
1817 – 18	Bau des Tempels am Alten Steinweg in Hamburg.
1833 – 34	Neubau einer sephardischen Synagoge am Alten Wall in Hamburg.
1840	Bau der Synagoge in der Königsreihe (Wandsbek).
1842 – 44	Bau des Tempels in der Poolstraße in der Hamburger Neustadt.
1849	Bau der Alten und Neuen Klaus in der Peterstraße 18 (Hamburg, nördliche Neustadt).
1853	Wiederaufbau der Alten und Neuen Klaus in der Peterstraße.
1855 – 57	Bau der sephardischen Synagoge in der Neustädter Markusstraße.
1857 – 59	Bau der aschkenasischen Synagoge an den Kohlhöfen (Neustadt).
1863	Bau der aschkenasischen Synagoge in der Eißendorfer Straße in Harburg.
1895	Bau der Neuen Dammtor-Synagoge in der Beneckestraße (Rotherbaum).
1904 – 06	Bau der Gemeindesynagoge und eines Gemeindehauses am Bornplatz (Rotherbaum).
1905	Bau der Alten und Neuen Klaus-Synagoge an der Rutschbahn 11 (Rotherbaum).
1909	Bau der Synagoge für Kelilat Jofi und Agudath Jescharim an der Hoheluftchaussee 25 in Eimsbüttel.
1930 – 31	Bau des Tempels an der Oberstraße in Harvestehude.
1935	Einrichtung einer sephardischen Synagoge in Harvestehude, Innocentiastraße 37.

Zu den Synagogenbauten im einzelnen:

Rohde
Synagogen im
Hamburger Raum
1680 – 1943

Die Privilegien von 1639 und 1641 benutzen erstmals den Terminus »Synagoge«.[7] Das erste Gebäude, über dessen Erscheinung Anhaltspunkte vorliegen, ist die Synagoge in der Altonaer Mühlenstraße. Für das Jahr 1647 verzeichnet das älteste Protokollbuch der Altonaer Aschkenasim die Einweihung einer Synagoge. Vermutlich wurde sie in jenen beiden Wohnhäusern eingerichtet, die die Gemeinde 1646 zu diesem Zweck erworben hatte. Diese Synagoge hatte nach Goldenberg eine »Oberweiberschul mit Geländer«, war überwölbt und hatte 12 Fenster in der Ostwand.[8] Aus einem Reskript Friedrichs III. von Holstein-Schauenburg vom 19. Juli 1664 geht hervor, daß die Synagoge noch bis Mitte der 60er Jahre benutzt wurde: »... *und wollen demnach, daß die von ihnen erkaufte und in 2 alten haußern bestehende sinagoge zurfolge deroselben privilegien von allen un(p)pflichten und beschwerden exempt und befreyet seyn sollen«*.[9] Es scheint, daß die Altonaer Sephardim trotz des abweichenden Ritus diese Synagoge zwischen 1646 und 1684 mitbenutzt haben. Bis die Sephardim um 1713 einen Betraum in der Breiten Gasse Nr. 390 einrichteten, blieb diese Synagoge in ihrem Besitz.

Erlaubte Öffentlichkeit in Altona im 17./18. Jahrhundert.
Die »Große Synagoge« in der Kleinen Papagoyenstraße

Der erste nachweisbare Neubau einer Synagoge entstand 1680 – 84. Sie blieb die einzige aschkenasische Synagoge in Altona. Das immer erneut bestätigte Generalprivileg vom 18. April 1722 verbot »*eine andere Synagoge teutscher Nation neben obiger anzulegen oder auch an anderen Orten der Stadt Altona Versammlungen des Gottes-Dienstes halber anzustellen«*.[10] Eine ähnliche Beschränkung gab es seit Anfang des 18. Jahrhunderts in Preußen, wo private Synagogen verboten, jedoch der Bau einer öffentlichen Synagoge vorgeschrieben wurde.[11] Dem Neubau vorangegangen war eine Beschwerde der Altonaer Juden bei König Christian V. von Dänemark über Privilegienbrüche und eine Supplik, in der sie u.a. die Baugenehmigung für eine Synagoge erbaten. In seiner Resolution vom 24. Januar 1680, stimmte Christian V. den Bitten und dem Bauantrag zu.[12] Vermutlich wurde dieser Neubau »*in der breiten Gasse«* am 9. Dezember 1684 eingeweiht.[13]

Das »*prächtige Gebäu«*, das die Gemeinde »*auf ihre Kosten«*[14] mit Hilfe von Zwangsanleihen bei vermögenden Gemeindemitgliedern und Strafgeldern finanzierte,[15] entstand in der für den Hamburger Raum typischen Hofsituation im Block Kleine Papagoyenstraße/Kirchenstraße/Breite Straße »*so zwischen Häuser verbauet gestocken, daß man ihrer nicht gewahr wurde«*.[16] Das Privileg schrieb keineswegs diese Hinterhof-Situation vor, sie war von den Gemeindemitgliedern selbst so gewählt worden. Für einen protestantischen Landesherrn recht ungewöhnlich, hätte der dänische König auch einen Bau ähnlich dem der Kirchen geduldet. Nur durch Schudts Beschreibung ist der Neubau bekannt. Beim Stadtbrand 1711 brannte er bis auf die Grundmauern ab. Notdürftig repariert, konnte erst nach dem Einfall der Schweden 1713 an einen Wiederaufbau gedacht werden.[17] Er begann 1715; »*im J. 1716«*, so teilt Bolten 1791 in den Kirchen–Nachrichten mit, »*ward ihr Bau völlig beendigt«*.[18] Unter Verwendung vorhandener Mauerreste entstand ein Gebäude von 30 m Länge, 18 m Breite und etwa 10 m Höhe, mit Segmentbogenfenstern und Satteldach.[19] Nach Meinung von Moses Mendelson-Hamburg ergab sich die

Größe aus der konsequenten Befolgung der Talmudvorschrift, nach der alle anderen Gebäude übertroffen werden sollten, jedoch nicht aus einem wirklichen Bedarf:

>» *Das sehen wir noch unter anderem an der alten und ehrwürdigen Synagoge zu Altona, bei deren Begründung die Gemeinde noch lange nicht so zahlreich als jetzt war, und die doch so übermäßigen Raum darbietet«.*[20]

Zur Anlage gehörten eine Mikwe und ein Cheder. Später wurden ein Bet Hamidrasch, eine Wochentagssynagoge, und eine Kastellanwohnung hinzugefügt. Eine vor dem Umbau 1832 angefertigte Lithographie[21] zeigt einen schmucklosen, nicht ganz quadratischen Raum, in den von der Vorhalle vier Stufen hinabführten. Ein auf einfachen Kragsteinen und vier Rundpfeilern mit Palmwedelkapitellen ruhendes Kreuzrippengewölbe bildete den oberen Raumabschluß. Eine hölzerne unvergitterte Bima stand in der Raummitte in einem von Rundpfeilern gebildeten, auch im Fußbodenbelag vom übrigen Raum unterschiedenen Geviert. Das Männergestühl im Erdgeschoß war ebenso wie die Frauenstellen auf einer Empore an der Westwand, auf den Aron Hakodesch an der Ostwand ausgerichtet. Durch seitlich angebaute Treppenhäuser mit separaten Eingängen gelangten die Frauen zu ihren Plätzen.

Die Synagoge wurde mehrmals renoviert und umgebaut. Die erste, bereits erwähnte *»Verschönerung«* von 1832 durch O. J. Schmidt brachte den Ersatz der Kragsteine durch Pilaster mit Palmwedelkapitellen, einige Veränderungen am Aron Hakodesch sowie die Umgestaltung der Vorhalle.[22] 1870 folgte eine Renovierung, 1893 die Elektrifizierung. 1894 erhielt der Raum im unteren Bereich eine Wandverkleidung aus Carrara-Marmor. Am 10. Oktober 1909 wurde sie für knapp ein halbes Jahr geschlossen: die Bima bekam eine Marmorverkleidung, die Frauenempore wurde erweitert, im Westen ein Chor angebaut und Notausgänge angelegt. 1928 erhielt die Synagoge einen neuen Anstrich.

Schudt war davon ausgegangen, daß die Hofsituation aus Sicherheitsgründen gewählt worden sei, damit die Synagoge, *»wenn* [sie] *so frey in die Augen fiele, nicht einen Neid und Schaden denen Juden zuzöge«.*[23] Dennoch wurden bei Tumulten 1687 (im Vorgängerbau), 1712 und 1749 Fenster eingeworfen.[24] Beim Novemberpogrom 1938 bewahrte diese Lage sie allerdings vor Brandstiftung. Ein geheimes, in der Nacht vom 10. November 1938 an alle SD-Ober- und Unterabschnitte versandtes Fernschreiben erlaubte *»Synagogenbrände nur, wenn keine Brandgefahr für die Umgebung vorhanden ist«.*[25] Trotz Demolierung und Plünderung fanden nach einer Reparatur noch bis 1940 wieder Gottesdienste in der »Großen Synagoge« statt. 1942 mußte sie an die Stadt Hamburg verkauft werden. Die Kaufsumme von 145.000 RM wurde zur Verfügung der Gestapo einbehalten.[26] Die Stadt vermietete die Synagoge an die Deutsche Werft AG, die sie in ein Wohnheim umbauen ließ. Bei diesem Umbau wurde im Gottesdienstraum eine Zwischendecke eingezogen. Das Erdgeschoß war als Aufenthalts-, das Obergeschoß als Schlafraum vorgesehen.[27] Noch bevor die ersten Bewohner einzogen, wurde die ehemalige »Große Synagoge« beim Bombardement Altonas im Juli 1943 zerstört.

Die Synagoge der Sephardim in der Altonaer Bäckerstraße

Wie die erste aschkenasische Synagoge des Hamburger Raumes, so entstand auch die erste sephardische Synagoge in Altona. Der Plan zum Bau einer Synagoge, die den kleinen Betraum in der *»breiten Gasse [...] Nr. 390 Südertheils«*[28] ablösen sollte, taucht zum ersten Mal Ende 1770 in einem Gesuch an König Christian VII. von Dänemark auf, in dem die

Altonaer Sephardim die Erlaubnis für eine eigene Gemeinde mit eigener Ordnung und einer Synagoge erbaten. Vorausgegangen waren, wie Bolten schreibt, »*viele Streitigkeiten [...] mit ihren hamburgischen Glaubensgenossen*«.[29] Die Zustimmung zur Gemeindebildung und dem Bau einer Synagoge erhielten sie in den Privilegien vom 22. März 1771.[30] Die Sephardim in Altona waren im Gegensatz zu den Hamburger Sephardim nicht besser privilegiert als andere religiöse Minderheiten. Immerhin erreichten sie jedoch von ihrer Obrigkeit die Erlaubnis zum Bau einer Synagoge.

Noch im März 1771 wurde der Grundstein zum Bau der Synagoge gelegt. Das Grundstück befand sich hinter den Häusern Bäckerstraße 12 – 14 und war nur durch einen Torbogen zu betreten. Zur Finanzierung hatten auch die Londoner und Amsterdamer Glaubensgenossen beigetragen, obgleich die Altonaer Sephardim nicht gerade arm waren. Am 6. September 1771 fand ihre Einweihung in Anwesenheit des Oberpräsidenten, des gesamten Magistrats »*und vieler andern angesehenen, dazu gleichfalls geladenen Personen*« statt.[31] Die Synagoge war ein schlichter Fachwerkbau, nur 12.20 m lang und 7.35 m breit, mit dreiseitigem Ostabschluß. Sie war überwölbt mit einer Flachtonne unter einem pfannengedeckten Satteldach. Dem sephardischen Ritus entsprechend, befand sich die Bima im Westen, direkt am Männereingang. Der Raum bis zum Aron Hakodesch an der Ostwand blieb frei. Das Männergestühl stand im Erdgeschoß entlang der Längswände; die Frauen saßen auf einer an drei Seiten umlaufenden, vergitterten Empore, zu der sie durch einen separaten Eingang und ein eigenes Treppenhaus an der Ostseite gelangten.

Um 1830 wurde die Westfassade verputzt und erhielt eine klassizistische Pilastergliederung, die das Gebäude etwas streckte und repräsentativer machte. Die Fassadengestalt stand im Kontrast zur spätbarocken Inneneinrichtung – soweit diese aus der derzeit einzigen Quelle, den Zeichnungen Goldenbergs von 1924, ersichtlich ist.[32]

Die weitere Baugeschichte ist kurz dargestellt: 1859 wurde die Synagoge »*restauriert und gemalt*«, doch bereits 1882 geschlossen, weil die Gemeinde abgewandert war. Nach der formellen Auflösung der Gemeinde 1887 kauften die Aschkenasim die Synagoge. Die aschkenasische Gemeinde benutzte sie nach einer Anpassung an ihren Ritus zeitweilig (der Zeitraum ist nicht genau anzugeben) als Wintersynagoge. Ungeklärt ist, was 1938 während des Novemberpogroms geschah. 1940 war das Gebäude verfallen und wurde abgerissen.

Eine Mikwe besaßen die Altonaer Sephardim nicht. Sie mußten das rituelle Bad der Hamburger Schwestergemeinde an der Herrlichkeit aufsuchen.

17./18. Jahrhundert in Hamburg: Verbotene Öffentlichkeit. Die Elbstraßen-Synagoge

Während die Altonaer Gemeinden öffentlich zum Gottesdienst zusammenkamen, blieb dies ihren Hamburger Glaubensgenossen verboten.

Erstaunlicherweise baute in Hamburg die erst im Aufstieg begriffene aschkenasische Gemeinde als erste einen eigenständigen Gottesdienstraum. Einen ersten Hinweis auf dieses Bauvorhaben gibt der Protest der Oberalten vom 2. März 1789 gegen den »*im Werck seyende[n] Bau einer sehr großen Judenschule*«, der »*ein allgemeines Aufsehen in der Stadt erregt*«.[33] Aus der Antwort des Rates wird ersichtlich, daß dieser von dem Vorhaben wußte und seine Genehmigung dazu erteilt hatte. Die Gemeinde habe beantragt, die kurz zuvor erworbene, bestehende Berend Cohen-Klaus »*bey Gelegenheit von anderen Reparaturen*« vergrößern zu dürfen, »*um eine größere Anzahl von Personen zu fassen*«, wie es im Se-

Historischer
Überblick

natsprotokoll heißt, »*und dadurch die Kosten der Unterhaltung einer zweiten Schule zu ersparen in dem nämlichen Bezirke*«.[34] Doch zehn Jahre nachdem Dohm mit seiner Schrift »Über die bürgerliche Verbesserung der Juden« die Diskussion über die Gleichstellung der Juden auf einen ersten Höhepunkt gebracht hatte, vermochten die Oberalten mit ihrer Berufung auf das Reglement von 1710 den Bau einer Synagoge in Hamburg nicht mehr zu unterbinden. Allerdings erreichten sie zunächst die Einschränkung, daß auch in Zukunft die Hamburger Synagogen nur auf Hinterhöfen gebaut werden durften.[35] Erst 1906 wurde mit der Bornplatz-Synagoge die erste (und einzige) freistehende Synagoge in Hamburg errichtet.

Über den Bauverlauf sind aufgrund der vorliegenden Archivalien keine genauen Angaben zu machen. Der Baubeginn ist lediglich anhand eines Spendenaufrufs vom 10. August 1788 für August/September 1788 anzusetzen: »*auch* [sei] *die benöthigte Erlaubnis zum Bau bereits von einem Hohen Senat erfolgt [...] und daher* [sei] *für nöthig erachtet worden, mit diesem Bau ohne Verzug zu beginnen*«.[36] Das Weihedatum, der 15. Oktober 1790, ist in einer Bekanntmachung auszumachen. In seiner Anzeige am 9. Oktober 1790 fordert der Gemeindevorstand die Hamburger Gemeindemitglieder auf, »*daß ein jeder, welcher eine Stelle zu miethen oder zu kaufen gedenckt, sich spätestens bis nächsten Dienstag zu melden hat, indem die Einweihung mit Gottes Hülfe dato stattfinden soll ...*«.[37]

Nach der ältesten bekannten Aufnahme, einem kurz vor dem Abriß 1906 aufgenommenen Foto,[38] war es ein dunkler, durch Pilaster über dem abgetreppten Sockel, gestufte Fensteröffnungen, Gesimse und ein ausladendes Gebälk stark strukturierter Bau. Für den quadratischen Grundriß ergab sich eine Seitenlänge von ca. 13.20 m. Die Firsthöhe des mit roten Pfannen gedeckten, seitlich mit Schieferplatten abgesetzten Mansardgiebeldaches betrug ca. 18.20 m.

Aus den vorhandenen Quellen geht nicht hervor, wer der Architekt war. Haarbleicher bringt in seiner Gemeindegeschichte Ernst Georg Sonnin, einen der Architekten der nahegelegenen St. Michaeliskirche, ins Spiel, der angeblich das Grundstück, auf dem die Synagoge errichtet wurde, gekauft haben soll.[39] Als möglichen Anhaltspunkt für diese Annahme verweist Goldenberg auf einen »*Kaufkontrakt über das zu bebauende Grundstück, in dem E. G. Sonnin als Zeuge unterschreibt*«.[40] Aufgrund des vorhandenen Quellenmaterials ergibt sich, daß Sonnin lediglich am 7. Juli 1789 beim Kauf eines kleinen Streifens (von 75.5 Fuß Länge und 1/4 Zoll bis 1 Fuß Breite) an der südlichen Grundstücksgrenze als Zeuge beteiligt war.[41] In der Literatur wird die Elbstraßen-Synagoge als Neubau an der Stelle der Berend Cohen-Klaus bezeichnet. Auch für diese von dem Sonnin-Biographen Heckmann 1977 geäußerte Ansicht,[42] gibt es keinen archivalischen Beleg. In den vorhandenen Quellen ist nur die Rede von einer Erweiterung der Klaus-Synagoge.

Während die Außenansicht der Synagoge und der Nachbargebäude nahezu rekonstruierbar ist, bleibt die Vorstellung vom Innenraum weitgehend an eine Aufnahme aus dem Jahr 1906 und die Beschreibung Goldenbergs aus dem Jahr 1924 gebunden.[43] Demnach hatte der Innenraum ein stützenloses, hölzernes Muldengewölbe, zweigeschossige, an drei Seiten umlaufende, stützenfreie Emporen. Die obere Empore barg hinter engmaschigem Gitter die 219 Frauenstellen. Das Männergestühl (insgesamt 389 Stellen) stand auf der unteren Empore sowie im Erdgeschoß. War das Gestühl recht schlicht, so waren die zentral stehende Bima und vor allem die Ostwand im Bereich des Aron Hakodesch in üppigem Barock gestaltet. Der Raum selbst war im unteren Bereich getäfelt, aber sonst vermutlich einfach verputzt und geweißt. Die Klage der Bauverwaltungskommission in der Jahresbilanz 1840, daß sich die Gebäude der Gemeinde »*größtentheils in einem baubedürftigen Zustande*« befänden,[44] traf wohl auch auf den Komplex an der Elbstraße zu. Da »*die Ausgaben für eine Restauration [des Saales am Neuen Steinweg] einem nicht prachtvollen Neubau beinahe gleichkommen*« würden,[45] beschloß die Bauverwaltungskommission eine Renovierung der Elbstraßen-Synagoge.[46] Die in den beiden folgenden Jahrzehnten ausgeführten Bauarbeiten und die aus den Jahresbilanzen der Bauverwaltungskommission ersichtlichen Kosten erhärten die von der Kommission festgestellte Renovierungsbedürftigkeit. Desgleichen die Beschreibung der Mikwe durch Moses Mendelson-Hamburg aus dem Jahre 1842:

»*Daß sich Gott erbarm! Jetzt, wo alles Bäder gewöhnt ist, jetzt, wo jeder diesen Genuß auf die reinlichste, ja eleganteste Weise für acht Schillinge haben kann, jetzt wird der Besuchende in ein dunkles, niedriges Kellerloch eingeführt, welches das [...] frommste Gemüth mit Widerwillen erfüllt [...] Ist wohl auch hier jede Verbesserung als gesetzwidrige Neuerung verboten?*«[47]

Nicht ganz ohne Einfluß auf die Baumaßnahmen in den nächsten zwanzig Jahren dürften die Neubauten des Tempels in der Poolstraße, der sephardischen Synagoge in der Markusstraße und der Kohlhöfen-Synagoge gewesen sein, die sämtlich in den 1850er Jahren entstanden. Zu den Restaurierungsarbeiten gehörte auch die Errichtung einer Mikwe, für die Max Koppel den Plan lieferte. In seiner Gemeindegeschichte beschreibt Haarbleicher sie als fächerförmige Anlage mit einem (Regen)Wasserbassin im Mittelpunkt. Er nennt jedoch nicht den Standort des neuen Badehauses, sondern schreibt nur, es stehe »*auf dem Platz hinter der Elbstraßen-Synagoge*«.[48] Im Juli 1860 begann der Umbau des Gemeindehauses, bei dem die Hausdiele zur Vorhalle verändert, die Rabbinerwohnung erneuert wurde. Die Synagoge selbst wurde neu gefliest, verputzt, geweißt, erhielt Gasheizung und -beleuchtung, einen Notausgang sowie die mittleren Fenster in der Ostwand. Ebenfalls in dieser Zeit dürfte unter Rosengartens Leitung der »*Anbau an die Synagoge*« vorgenommen worden sein, der Gemeindehaus und Synagoge miteinander verband. Am 7. Juni 1861 quittierte Rosengarten eine à conto-Zahlung über 500 Mark crt. auf seine Gebühren »*für die Bauerei an der Synagoge in der Elbstraße*«.[49] Daß diese »*Bauerei*« den westlichen Anbau betraf, geht aus einem Schreiben Rosengartens vom 26. April 1861 an die Gemeinde hervor.[50] Ein weiterer Hinweis auf Rosengarten sind die Rundfenster, die auf der Koppmann-Aufnahme von 1906 neben bzw. über dem Eingang zu erkennen sind. Nahezu identische Fenster kehren in allen anderen Bauten Rosengartens wieder.

Die Synagoge an der Elbstraße war bis zum 10. Juni 1906 in Gebrauch. Mit der Einweihung der neuen Gemeindesynagoge am Bornplatz am 13. September 1906 verlor sie ihre Funktion. Im März 1906 war sie zum Abriß verkauft worden. Wenige Monate nach dem Vertragsabschluß begann Anfang Oktober 1906 der Abbruch.

Synagogen in der Hamburger Neustadt im 19. Jahrhundert. Der Tempel am Alten Steinweg/Brunnenstraße

Infolge der Erneuerung durch Israel Jacobson kam es in Deutschland zu einer Reformbewegung. Initiiert durch Kleys Schulgottesdienste und seine Religionsvorträge wurde Ende des Jahres 1817 der »Neue Israelitische Tempelverein in Hamburg« gegründet. Erklärtes Ziel der Gründungsmitglieder war die Reform des Gottesdienstes nach dem Vorbild des Jacobsonschen Tempels in Berlin. In ihrer Gründungsurkunde vom 11. Dezember 1817

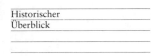

Historischer Überblick

schrieben sie die wesentlichen Neuerungen fest.[51] Diese Neuerungen bedeuteten vor allem einen Bruch mit der kultischen Tradition. Die Annäherung an den Gottesdienst der protestantischen Kirche wirkte sich auch auf die Architektur und die Einrichtung der Tempel aus. Die Sitzordnung im Tempel wurde der kirchlichen angeglichen. Infolgedessen mußte die Bima aus der Raummitte an die Ostseite verschoben werden. Die Einführung einer erbaulichen und belehrenden Predigt führte auch in Hamburg zur Herausbildung einer Kanzel, die ihren Platz ebenfalls auf der Estrade vor dem Aron Hakodesch erhielt. Neu war der Einbau einer Orgel, die wie in christlichen Kirchen auf der Westempore ihren Platz fand. Die Frauen-Emporen wurden zwar auch in den meisten Reformgemeinden beibehalten, aber die Gitter entfielen. Die traditionelle Raumabfolge Vorhof – Vorhalle – Gottesdienstraum blieb erhalten.

Dieses Raumkonzept wurde keineswegs schlagartig als <u>das</u> Tempelschema eingeführt. Es entwickelte sich zumindest in Hamburg erst allmählich. Der erste Tempel, der in den Jahren 1817/1818 im Garten des Hauses Alter Steinweg 42 nach Plänen Heinrich Gottfried Krugs errichtet wurde, nahm nur einige Änderungen auf. Das 142 Personen fassende Männergestühl im Erdgeschoß stand im vorderen Bereich nach sephardischem Ritus entlang der Seitenwände, zwischen Eingang und Bima quer zur Raumrichtung, auf den Aron Hakodesch ausgerichtet. Die Bima behielt hier also noch ihren zentralen Platz. Obwohl zeitweilig überlegt worden war, die Frauenplätze wie in den Kirchen im Erdgeschoß einzurichten, saßen die Frauen schließlich doch auf den seitlichen Emporen. Die Gitter waren jedoch gefallen. Die Orgel und der Chor fanden ihren Platz auf der Westempore. Den Aron Hakodesch rahmte ein Rundbogen unter einem auf Säulen ruhenden Architrav mit ausladendem Gebälk.

Eine erhaltene Ansicht zeigt einen rechteckigen Putzbau mit Sprossenfenstern unter einem Mansardgiebeldach. Zwar lassen die erkennbare Fassadengliederung, die drei Rundbogenportale der Westseite und die Fenstergruppen der Seitenwände, auf eine besondere Funktion des Gebäudes schließen, eindeutige Hinweise auf ein jüdisches Gotteshaus fehlen jedoch.

Von Anfang an ein eigenständiges, öffentliches Gebäude zu haben, war ein erklärtes Ziel der Hamburger Reformer. Ungeklärt ist jedoch, wie der Tempelverband an das Grundstück kam. Auch fehlen Hinweise darauf, daß der Tempel tatsächlich ohne Baugenehmigung errichtet wurde, was der Reaktion des Hamburger Rates auf die Einladung zur Einweihung zu entnehmen ist. Der Rat war die für Baugenehmigungen zuständige Instanz. Von diesem Neubau hörte er jedoch scheinbar erstmals, als er zur Einweihung am 18. Oktober 1818 eingeladen wurde. Er verwunderte sich in seinem Antwortschreiben, »*dass ein Tempel eingeweiht werde, wovon er keine Wissenschaft habe und wozu seine Erlaubnis nicht nachgesucht worden*« war.[52]

Die sephardische Synagoge am Alten Wall von 1834

Seit dem Ende des 17. Jahrhunderts hatte sich die politische und soziale Situation der nur noch etwa 200 Seelen zählenden sephardischen Gemeinde in Hamburg zunehmend verschlechtert. Ein verhältnismäßig großer Anteil der Gemeindemitglieder war verarmt. Dies zog die Verarmung der Gemeinde nach sich.

Am 30. Januar 1833 mußten die Grundstücke am Alten Wall – und damit auch der seit 1652 benutzte Betraum – verkauft werden.[53] Mit dem Erlös, der nach der Tradition nicht weltlich-privat genutzt, sondern für einen neuen Betraum bzw. mindestens das Pult eines neuen Betraums verwendet werden mußte, und der Unterstützung der sephardischen Gemeinden in Amsterdam und London wurde 1833/34 der erste Neubau der Hamburger Sephardim unmittelbar neben dem früheren Haus im Hof Alter Wall 60/62 errichtet. Am 12. Juni 1834 fand die Einweihung dieses Neubaus statt. 1842 fiel er jedoch dem Großen Brand zum Opfer.

Die Fragen, wer der Architekt war und wie diese Synagoge aussah, dürften kaum zu beantworten sein, da auch das Gemeindearchiv beim Brand 1842 teilweise verloren ging. Offen ist, wo die Gemeinde in den beiden folgenden Jahren blieb. 1844 bezog sie den vom Tempelverband nicht mehr benötigten Tempel am Alten Steinweg.

Der Tempel an der Poolstraße

Ende der 1820er Jahre hatte sich die Reformgemeinde so vergrößert, daß der Tempel am Alten Steinweg zu eng wurde. Die Verwaltung des Tempelverbandes beschloß einen Neubau. Der Antrag auf Zuweisung eines Grundstückes wurde jedoch vom Hamburger Rat abgelehnt. Er fürchtete das Aufleben innergemeindlicher Auseinandersetzungen. In seiner Begründung verwies er zwar auf das Reglement von 1710, meinte aber zugleich, daß im Falle einer Baugenehmigung, »*mit Recht die altgläubigen Juden sich beschweren, dass sie mit ihrem Gottesdienst in einen Winkel verwiesen würden, während man den Neueren Tempel auf den öffentlichen Märkten gestatte*«.[54]

1835/36 nahm die Gemeinde ihre Neubau-Pläne wieder auf. Dieses Mal riet jedoch die Bauverwaltungskommission der Gemeinde zu warten. In ihrer Begründung heißt es: »*Die gegenwärtigen ungünstigen bürgerlichen Verhältnisse der Juden in Hamburg* [machten] *es rathsam die Angelegenheit so lange zu vertagen, bis die jetzt abschwebende Emancipationsfrage einen günstigeren Ausgang genommen haben werde*«.[55] Dieser Beschluß verwundert kaum. Denn seit der Einweihung der sephardischen Synagoge am Alten Wall (1834) hatte sich die Situation der Juden in Hamburg verändert. 1834 hatte die Gemeinde zwei Suppliken und eine Denkschrift an den Rat gerichtet, in denen sie die Gleichberechtigung der Juden forderte. Der Rat hielt die Gleichberechtigung für verfrüht, setzte jedoch eine »Commission zur Erörterung der Verhältnisse der hiesigen Israeliten« ein. Infolge dieses Beschlusses waren im Juni 1835 Tumulte ausgebrochen.[56]

Doch 1840 verlangte die Gemeinde erneut ihren Neubau. Widerstand kam diesmal von den Orthodoxen, von Isaak Bernays. Bernays versuchte beim Rat eine neuerliche Ablehnung zu erreichen. Am 20. April 1841 stimmte dieser jedoch dem Gesuch des Tempelverbandes zu und ebnete damit den Weg für einen Neubau. Am 18. Oktober 1842 fand im Hof der Häuser Poolstraße 11–14 die Grundsteinlegung statt.

Drei Lithographien und einige wenige Fotos überliefern das Aussehen des von Klees-Wülbern entworfenen Tempels. Die helle Fassade mit klassizistischen, gotisierenden und maurischen Formen war flankiert von zwei schlanken polygonalen mit Wimpergen und Hufeisenbögen verzierten Türmchen. Eine mehrfach gestufte Arkade rahmte das von Männern und Frauen gemeinsam genutzte Portal mit dem darüberliegenden Rundfenster. Erstmals wurden jüdische Symbole verwendet. Auf der Giebelspitze standen die Gesetzestafeln, das Rundfenster zeigte einen Magen David, der in Analogie zu gotischen Fenstern in eine Maßwerkfüllung eingearbeitet war. Im Grundriß nahm der ca. 40 m lange, ca. 23 m breite Tempel das traditionelle Raumschema auf. Rabbiner- und Sitzungszimmer sowie

Historischer
Überblick

ein Zugang zur Küsterwohnung im Keller lagen seitlich der Apsis. Mit einer Firsthöhe von 16.20 m wird der Tempel kaum die umgebende Architektur überragt haben. Im Innenraum zeigten sich die Konsequenzen der Reform für die Architektur deutlicher als im ersten Tempel. Unmittelbar vor der Apsis war in gleicher Breite eine Estrade ausgebildet worden. Hier standen auf einer Achse vor dem Aron Hakodesch Kanzel und Lesepult. Es gab also keine zentrale Bima mehr. Das Männergestühl konnte daher wie im Kirchraum in zwei Blöcken aufgestellt werden. Die Frauen saßen weiterhin auf den an drei Seiten umlaufenden, unvergitterten Emporen. Auf der Westempore waren zusätzlich die Orgel eingebaut und Plätze für einen 50-köpfigen Chor eingerichtet worden. Zum Zeitpunkt der Einweihung am 5. September 1844 war der Raum mit Stukkaturen an der Ostwand, über den seitlichen Halbrundfenstern und Arkadenbögen hell geschlämmt. Einer von Leimdörfer 1918 publizierten Aufnahme zufolge ist zumindest die Ostwand in den 1920er Jahren ornamental bemalt gewesen.[57]

Bewußt wurde mit klassizistischen Motiven auf Kirchenbauten Bezug genommen. Bewußt war auch die Wahl einer modischen Putzfassade in einer durch Putzbauten »weißen Stadt«. Mit architektonischen Mitteln wurde die gewünschte Integration demonstriert, auf die auch Salomons Predigttext Bezug nahm.[58]

Die Synagogen der 1850er Jahre

1848/49 hatte sich die Situation der Hamburger Juden entscheidend verändert. Die ökonomische und politische Gleichstellung der Juden erlaubte ihnen Grundstücks- und Immobilienerwerb sowie Geschäftsabschlüsse auf den eigenen Namen. Hierin wird eine der Ursachen für den »Bauboom« der fünfziger Jahre zu suchen sein,[59] der sich auch auf Synagogen erstreckte.

Die Pläne für die drei in den 1850er Jahren entstandenen Synagogen entwarf Albert Rosengarten. Mit der Hoffnung auf Aufträge im Rahmen des Wiederaufbaus der Stadt, kam er 1842 nach dem Großen Brand nach Hamburg. Er war der erste jüdische Architekt, nach dessen Plänen nachweisbar in Hamburg Synagogen gebaut wurden. 1853 erhielt er den Auftrag für die Synagoge der Alten und Neuen Klaus im Hof Peterstraße 18. Wenig später, 1855/57, entstand nach seinem Entwurf die Synagoge in der Markusstraße für die sephardische Gemeinde. Noch während der Ausführung erhielt er bereits weitere Aufträge. Er plante die 1857 – 59 an den Kohlhöfen erbaute Synagoge der orthodoxen Deutsch-Israelitischen Gemeinde (DIG) und die beiden Schulhäuser der Talmud-Tora-Schule an den Kohlhöfen (1856/59 bzw. 1870/71). Im Jahre 1860/61 war er mit dem bereits erwähnten Anbau an der Elbstraßen-Synagoge beschäftigt.

Alte und Neue Klaus in der Peterstraße 18

Die Lage der Synagogen blieb von der Verbesserung der rechtlichen Verhältnisse zunächst unberührt. Sie entstanden weiterhin in Höfen. Die Vereinigte Alte und Neue Klaus hatte bereits seit 1789 einen Betraum in der Peterstraße. 1848 brannten die Vorder- und Hofgebäude ab. Bereits 1849 wurde das Vorderhaus nach Plänen Rosengartens wieder aufgebaut. Es enthielt die Lehrräume der Klaus-Stiftung und einen Betsaal. 1853 wurde jedoch ein Neubau einer Synagoge im Hof beschlossen. Es handelte sich um einen quadratischen Backsteinbau mit einem seitlich angefügten, überdachten Aufgang zu der Synagoge im Obergeschoß. Vier Säulen trugen die flache, außen nicht sichtbare Kuppel. Unter ihr stand die Bima, wie dies der orthodoxe Ritus forderte. Es gab keine Emporen, da die Klaus Männern vorbehalten war. Fenstergruppen in der Nord- und Südwand beleuchteten den geosteten Raum.

Obwohl der Hof nur durch einen schmalen Gang zu erreichen, also von der Straße kaum einsehbar war, entwarf Rosengarten eine zweigeschossige, vor allem im Obergeschoß repräsentative Fassade. Als repräsentative Elemente benutzte er eine Lisenengliederung, Blendarkaden, die Fenstergruppe, einen Treppengiebel über dem großen Fenster der Synagoge und die seitlichen Rundfenster. Sie kehren in allen seinen Bauten als nahezu unveränderte (Standard)Bauteile wieder. Da alle Rosengarten-Synagogenbauten für orthodoxe Gemeinschaften entworfen wurden, sind bei seinen Bauten kaum kirchlich-sakrale Motive zu erwarten.

Die Peterstraßen-Klaus bestand bis 1919, dann wurden die Gebäude verkauft.

Die Synagoge der Sephardim in der Markusstraße

Der einzige sephardische Synagogenneubau in Hamburg, dessen Erscheinung und Ausstattung bekannt ist, wurde Jahrzehnte nach der Blütezeit der Sephardim in der Neustädter Markusstraße (ursprünglich 2. Marktstraße) ebenfalls nach Plänen Rosengartens erbaut.

Ein schmaler, fast 20 m langer Gang führte auf den engen Hof. Am 5. September 1854 wurde der Grundstein gelegt. Über die Baugeschichte liegen keine Nachrichten vor. Am 9. August 1855 fand die Einweihung der Synagoge statt. Die Synagoge war ein massiver roter Backsteinbau über einem rechteckigen Grundriß mit einer Apsis an der Ostwand. Sie war etwa 18.70 m lang, zwischen 8.30 m und 8.80 m breit und drei Stock (etwa 8.80 m) hoch. Die Schauseite mit den drei Rundbogenportalen, den Sprossenfenstern und dem abgetreppten Giebel war schlicht. Dennoch beschreibt Cassuto 1927 den Neubau als »Sehenswürdigkeit«, nennt ihn »ein Schmuckstück in [seiner] Architektur und durch außergewöhnliche Akustik ausgezeichnet«. [60]

Auffallend ist die architektonische Teilung des Raumes in zwei unterschiedlich große quadratische Bereiche. Im kleineren, westlichen stand eine unvergitterte Bima. Sie wurde eingerahmt von dem entlang der Seitenwände in Längsrichtung aufgestellten Männergestühl. Der östliche Bereich war überkuppelt. Abweichend von der sephardischen Regel, nach der der Raum zwischen Bima und Aron Hakodesch freiblieb, gab es hier auf der Längsachse des Raumes in zwei Reihen, Rücken an Rücken, weitere Sitzplätze. Trotz des offenbar dunkelfarbigen Gemeindegestühls, der Bima und dem unverhängten Aron Hakodesch aus Ebenholz sowie der farbigen Ausmalung dürfte der Raum ziemlich hell gewesen sein. Während im westlichen Teil Licht durch die Giebelfenster in beiden Geschossen und je ein Rundfenster über den seitlichen Frauenemporen einfiel, wurde der östliche durch eine völlständig verglaste Kuppel belichtet. Die erst nach der Einweihung ausgeführte mehrfarbige, ornamentale Bemalung von Pilastern, Bögen, Friesen und der Einrahmung des Aron Hakodesch mit zum Teil orientalisierenden Motiven sowie die Zackenkränze in den Bögen erweckten einen fremden, maurischen Eindruck. Diese Bemalung wurde zwischen der 50- und 75-Jahr-Feier erneuert und teilweise verändert. Eine 1927 in der Festschrift publizierte Innenansicht zeigt einfarbige Pilaster und mit einem geometrischen Muster bemalte Säulen. Die Apsiswand hinter dem Aron Hakodesch wurde

Historischer
Überblick

mit einem Schuppenmuster ausgemalt und der äußere Bogen erhielt eine dreifarbige Zackenbemalung. Die Arkadenbögen wurden mit ornamental gestalteten Medaillons versehen. Diese Medaillons erinnern an die aschkenasischen Synagogen in Essen und in Regensburg, wo zwischen 1911 und 1913 erstmals dergleichen Medaillons gemalt wurden. Allerdings zeigten die Medaillonfelder beider Synagogen jüdische Symbole.

Mehrfach wurden kleine Reparaturen ausgeführt (1877, 1879, 1892, 1896).[61] Dennoch war das Gebäude 1910 in einem schlechten Zustand. 1912 konstatierte das Gemeindemitglied Benjamin Sealtiel, das Gebäude habe nur noch Abbruchwert. Die Kosten einer Verlegung der Gemeindeeinrichtungen nach dem Grindel wurden berechnet, der Wert des Grundstücks und der Gebäude in der Markusstraße taxiert. Ihre Ergebnisse veranlaßten jedoch zum Verbleib in der Innenstadt.

Trotz einer Renovierung nahm die Gemeinde nach dem Ersten Weltkrieg die Pläne für eine Verlegung wieder auf. Doch auch in den zwanziger Jahren sah sich der Gemeindevorstand nicht in der Lage die Verlegung zu finanzieren. Mit dem Hinweis auf den *»hohe[n] Kunstwert«* und *»die anerkannte historische Bedeutung (des Gebäudes) für Hamburg«* erbat die Gemeinde beim Senat eine Unterstützung für weitere Reparaturen.[62]

1928 bekundete die aschkenasische Gemeinde ihr Interesse an der Synagoge und bot im Tausch eine Wohnung in einem der in Gemeindebesitz befindlichen Häuser Beneckestr. 2-6 an. *»Gegen Zuzahlung eines Barbetrages«* könne dort ein Betraum eingerichtet werden.[63] Es kam jedoch zu keiner Regelung und das Interesse der aschkenasischen Gemeinde erlosch wieder. Die Schließung der Kohlhöfen-Synagoge ließ die Aschkenasim im Frühjahr 1934 erneut an die Synagoge in der Markusstraße denken. Diese wurde zu diesem Zeitpunkt kaum noch benutzt. Die kleine sephardische Gemeinde hatte ihre Gottesdienste in den Sommermonaten 1933 in der Wochentagssynagoge der aschkenasischen Gemeinde am Bornplatz und in den Wintermonaten 1933/34 im Kindertagesheim des Agudath Israel-Vereins an der Hallerstraße 45 gefeiert. Diesmal kam es zu Verhandlungen. Bereits am 8. Juni 1934 legten die Architekten Semmy und Bernd Engel Umbaupläne vor. Zum Jahresende, die sephardische Gemeinde hatte ein neues Domizil in der Innocentiastraße gefunden, wurden die Gebäude in der Markusstraße an die aschkenasische Gemeinde vermietet. In der Nacht zum 18. August 1931, also in der Zeit, als die sephardische Gemeinde sie noch benutzte, wurde ein Einbruch in der Markusstraßen-Synagoge verübt. Dies war die erste Schändung einer Hamburger Synagoge im 20. Jahrhundert, deren Ausmaß durch drei Zeitungsberichte annähernd bekannt ist: Ein Arm des Chanukka-Leuchters wurde ab- und ein Stück aus einer Sepherkrone herausgebrochen, Gebetbücher, Torarollen und andere Kultgegenstände blieben nahezu unberührt (Es hatte 1924 bereits einen Einbruchsversuch in die Bornplatz-Synagoge gegeben, Einbrüche in der Wandsbeker Synagoge im Frühjahr 1919 sind nur durch mehrere Diebstahlsanzeigen der Gemeinde bzw. durch die Einstellungsbescheide der Ermittlungsbehörden bekannt).[64] Vom Novemberpogrom 1938, das besonders Bewohner und Gebäude in den neuen Hauptwohngebieten traf, blieb die Markusstraßen-Synagoge scheinbar verschont. Im Oktober 1939 war sie noch in Gebrauch. Vermutlich konnte sie bis zum Ablauf des Mietvertrages mit den Sephardim am 31. Dezember 1939 als Versammlungsraum benutzt werden. Auch die Sephardim wurden zum Verkauf gezwungen. Der im Kaufvertrag vom 22. März 1939 ausgehandelte Kaufpreis wurde in Verrechnung mit Wohlfahrtskosten und der Sicherungshypothek für den Reparatur-Kredit einbehalten.[65]

Unklar ist, ob und wenn, wie die Gebäude bis zur Abbruchsanzeige am 17. Juli 1942 genutzt wurden,[66] und ob es zum Abriß kam, bevor die Innenstadt bombardiert wurde. In einem Schreiben der Liegenschaftsverwaltung vom 8. September 1949 heißt es, daß »*die Gebäude, die auf dem Grundstück gestanden haben, zerstört sind, daß die Fläche planiert und vermietet ist*«.[67] Der Wiedergutmachungsbeschluß 1952 stellt fest, daß sie »*durch Kriegseinwirkungen vollkommen zerstört worden*« seien.[68]

Die Synagoge an den Kohlhöfen

An den Kohlhöfen entstand der dritte Synagogenbau Rosengartens. Mit seiner ersten, im Herbst 1855 für das Grundstück-Ankaufsverfahren vorgelegten Grundriß-Skizze löste Rosengarten eine heftige innergemeindliche Diskussion aus. Der von ihm vorgesehene vollständige Einbau der Synagoge hinter Schul- und Wohnhäusern widersprach dem Öffentlichkeitsanspruch der Gemeinde. In der eingereichten Skizze sei die Synagoge, so argumentierte die Gemeinde, »*nicht so freiliegend placiert [...], wie man dies von einem stattlichen, öffentlichen Gebäude beansprucht*«.[69] Die in den folgenden Monaten entstandenen Entwürfe spiegeln die Diskussion wider.[70] In ihrem Verlauf schrieb der Gemeindevorstand an den Rat, es stehe nunmehr fest, »*daß wir [...] die Synagoge nicht hart an der Straße bauen werden*«, sondern »*im gegenwärtigen Garten*«. Weiter hieß es, man wolle »*keinesfalls den ganzen Raum vor der Synagoge unbebaut lassen*«.[71] Am Ende fiel die Entscheidung für ein fast in der gesamten Breite durch die Marienstraße weithin sichtbares Gebäude. Es erhielt daher eine repräsentative, zweigeschossige Schauseite. Die von seinen anderen Bauten bekannten Details reicherte Rosengarten mit Formsteinfriesen in Gesims- und Gebälkzonen und plastischen Arkaden an. Noch deutlicher versuchte er dem Öffentlichkeitsanspruch mit einer Kuppel gerecht zu werden. Zum ersten Mal war die Kuppel einer Hamburger Synagoge sichtbar. Sie unterschied sich von den früheren Kuppeln dadurch, daß sie nicht die Bima überspannte, sondern sich über dem hinteren Teil des Vorbaus, in dem eine Wochentagssynagoge (im Erdgeschoß) bzw. Orgel und Chor im Emporengeschoß untergebracht waren, erhob. Diese ausschließlich auf Repräsentation berechnete Kuppel ruhte auf einem hohen Tambour und ist so als Anspielung auf einen Kirchturm zu verstehen. Die zweite Kuppel, unter der – wie in allen früheren Synagogen Rosengartens – die Bima stand, war unter einem zinkgedeckten Pyramidendach verborgen – d.h. der Hinweis auf das Herzstück der Synagoge blieb ebenso wie die Synagoge selbst vor der Öffentlichkeit verborgen.

Die Synagoge, ein Quadrat von etwa 24.90 m Seitenlänge (was ca. 2/3 der Gesamtlänge entsprach) und etwa 20.50 m hoch, war außen weitaus unscheinbarer als der Vorbau mit seiner bis in 22.90 m Höhe reichenden Kuppel. Das Aussehen dieser Synagoge ist recht genau bekannt durch die erhaltenen Bauverträge Rosengartens mit den Bauunternehmern. Die hintere und die beiden seitlichen Mauerwerkflächen des Hauptbaus waren aus roten Ziegeln aufgemauert. Für die Schauseite des Vorbaus, die Lisenen und Gesimse der Seitenfassaden des Vorbaus sowie den Mauergrund der Vorderseite des Hauptbaues hatte Rosengarten gelbe Ziegel in zwei Farbtönen vorgeschrieben. Bögen und Fensterpfeiler der seitlichen Fenstergruppen der Synagoge waren aus Formsteinen gemauert und geputzt. An der Schauseite mußten das Bogenfüllwerk, die Pfeiler des Mittelfensters und der Garderobenfenster und auch die Stufen der Portale aus Bremer Sandstein angefertigt werden. Für die Eingänge in den Hauptbau sollte Sandstein minderer Qualität genügen.

Der Vorbau barg im Erdgeschoß die Männervorhalle mit Garderoben und seitlichen Aufgängen zu den Frauenemporen, im Obergeschoß ein Sitzungszimmer. Das Zwischen-

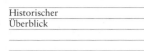

glied zur Synagoge bildete ein rechteckiger, von einem Kreuzrippengewölbe überdeckter Raum. Dieser hatte eine zentrale Bima, aber keinen Aron Hakodesch. Er diente als Wochentagssynagoge und wurde an hohen Feiertagen als Erweiterung des Hauptraumes benutzt.

Ein Längsschnitt Rosengartens, Fiesellos Gemälde des Sukkot-Festes in der Kohlhöfen-Synagoge aus dem Jahre 1879 und Joels Gemälde von 1904 vermitteln einen Eindruck des Hauptraums. Wie in orthodoxen aschkenasischen Synagogen üblich, war der Bereich der Bima im Zentrum des Hauptraumes durch vier mächtige Pfeiler ausgeschieden und flach überkuppelt. Der zentrale Bereich der Ostwand mit einer breiten vorgelagerten Estrade war auch hier zum Blickfang ausgebildet. Sein Aufbau (ein mehrfach gestufter Rundbogen mit den Gesetzestafeln im Bogenfeld und einer achtteiligen Fensterrose in der reich ausgemalten Apsiskalotte) erinnerten ebenso wie die ornamentale Ausmalung an die nur wenig jüngere sephardische Synagoge in der Markusstraße.

Im Unterschied zu den Synagogen an der Elb- und Markusstraße sowie den späteren Synagogen gab es kein Gemeindehaus. Durch ihre Funktion als zweites Gotteshaus der Deutsch-Israelitischen Gemeinde (DIG) erübrigte sich dies. Die zum Baukomplex gehörenden, architektonisch angepaßten Talmud-Tora-Schulhäuser an der Straße waren Eigentum der Schule und wurden von ihr verwaltet.

Die Gemeindesynagoge Kohlhöfen wurde am 22. September 1859 in Anwesenheit öffentlicher Vertreter geweiht. Zuvor hatte die Gemeinde zum ersten (und einzigen) Mal in ihrer Geschichte die Bevölkerung zur Besichtigung eines Neubaus eingeladen. In einer Bekanntmachung vom 10. September 1859 heißt es: »*Das neue Synagogengebäude auf den Kohlhöfen ist morgen, übermorgen und Dienstag jedesmal von 12 bis 3 Uhr dem Publikum zur allgemeinen Besichtigung geöffnet*«.[72]

Die Kohlhöfen-Synagoge bestand 75 Jahre. Erste Zweifel an einer langen Nutzung stellten sich schon Anfang der 1890er ein, als im Zusammenhang mit der innerstädtischen Wanderung der Gemeinde zum Dammtor der Plan zur Errichtung einer Synagoge in den neuen Wohnquartieren aufkam. Eine 1890 aufgestellte Rentabilitätsberechnung sprach gegen einen Neubau. Der Schlußbericht resümierte: man werde »*sich auch noch lange Zeit hinaus mit der Synagoge Kohlhöfen als modernem Gotteshaus zu begnügen*« haben.[73] Daraufhin wurde beschlossen, die Synagoge zu renovieren und die notwendig gewordene Mazzotfabrik auf dem angrenzenden, der Gemeinde gehörenden Grundstück Breiter Gang 42 zu errichten.[74] Zu Pessach 1893 nahm die Fabrik ihre Produktion auf. 1894 wurde die Synagoge elektrifiziert und 1900 für eine umfangreiche Renovierung geschlossen. Der Umfang dieser Renovierung ist nach dem vorliegenden Quellenmaterial nicht bekannt.

Hatte sich bereits die Errichtung einer Vielzahl von privaten und Vereinssynagogen in den neuen Wohngebieten und ferner der Neubau der allerdings nicht streng-orthodoxen Neuen Dammtor-Synagoge 1895 negativ auf Besuch und Stellenmiete in der Synagoge an den Kohlhöfen ausgewirkt, so verschärfte sich die Situation nach der Einweihung der Bornplatz-Synagoge im September 1906 und nochmals nach der Eröffnung der neuen Talmud-Tora-Schule am Grindelhof. Die Talmud-Tora-Schule bot der Gemeinde die leerstehenden Schulhäuser und die Grundstücke an den Kohlhöfen zum Kauf an. War für die Schule der Verkauf von Interesse, weil mit dem Erlös ein Teil der Kosten für den Schulneubau gedeckt werden konnte, so rechnete man in der Gemeinde mit einem höheren Verkaufswert des Gesamtgeländes. Infolge der anhaltenden Abwanderung läge die Synagoge Kohlhöfen »*nicht mehr wie früher, an geeigneter Stelle. Infolgedessen ist der Ueberschuß [...] nicht mehr erzielbar: im Gegenteil, die Verwaltung dieser Synagoge erfordert seit Jahren aus der Verbandskasse eine nicht unerhebliche Zubuße. Das Synagogengebäude befindet sich in einem mäßigen baulichen Zustande [...] für die Zukunft* [wird man] *mit größeren Anforderungen zu rechnen haben«,*[75] schrieb die eingesetzte Komission im Dezember 1911 in ihrem Abschlußbericht.

Die Besichtigung der beiden Schulhäuser hatte ergeben, *»dass das größere der beiden Gebäude so gut wie abgängig ist und das kleinere Gebäude bei der geringen Fronte [...] wenn überhaupt, nur mit grösseren Kosten [...] umzubauen«* sei. Als Gemeindehaus seien *»beide nicht verwendbar«.* Der Rat der Kommisson ging dahin, vor einem Ankauf der Schulgrundstücke den Ankauf des Gesamtareals durch den Senat sicherzustellen. Aus dem Erlös sollte die Talmud-Tora-Schule den Grunderwerb für eine neue Synagoge bezuschussen. Mehr als zwei Jahre wurde mit der Stadt verhandelt. Bis zum Kriegsausbruch 1914 war der Weg des Vertrags durch die Instanzen nicht abgeschlossen, so daß es nicht mehr zum Vertragsabschluß kam.[76] Die Verhandlungen wurden erst 1934 wieder aufgenommen. Der noch in demselben Jahr abgeschlossene Vertrag, die Übergabe am 1. November 1934 und der unmittelbar anschließende Abriß aller Gebäude gerieten damit im Rückblick in den Zusammenhang mit der nationalsozialistischen Sanierung der nördlichen Neustadt 1933 – 1936 und den Synagogenzwangsverkäufen der Jahre 1939, 1940 und 1942. Ebenso wie Synagogenverkauf und Abriß lange geplant waren, bestanden Pläne für die Flächensanierung der Gängeviertel in Alt- und Neustadt seit der Cholera 1892.[77] Nach dem Hafenarbeiterstreik 1896/97 wurden sie nach und nach in die Praxis umgesetzt. Das in den 1890er Jahren noch am besten erhaltene und daher ans Ende der Maßnahme gestellte Quartier Neustadt-Nord wurde als Folge der Sanierungsmaßnahmen in der Altstadt und südlichen Neustadt zum Ort und vor allem zum Symbol politischer Radikalisierung, Delinquenz und Prostitution und damit nach dem Regierungswechsel 1933 das zuerst in Angriff genommene Projekt. Realisiert wurden jedoch die um die Jahrhundertwende aufgestellten Sanierungspläne nach den Sanierungsrichtlinien von 1897.

Synagogen und Tempelneubauten in den neuen Wohngebieten.
Die Neue Dammtor-Synagoge

Der Verein der Neuen Dammtor-Synagoge entstand 1892. Noch anläßlich des 25jährigen Jubiläums wurde er nicht als eigenständiger und gleichberechtigter Kultverband anerkannt. Seine Stellung zwischen dem 1868 gegründeten orthodoxen Synagogenverband und dem Tempelverband spiegelt sich in dem einzigen Synagogenbau wider.[78] Dieser entstand von November 1894 an im Hof hinter den Häusern Beneckestraße 4/6 nach den Plänen der Architekten Schlepps und Rzekonsky. Die Baugeschichte ist nahezu unbekannt. Eingeweiht wurde dieser erste Synagogenneubau des Grindelsviertels am 5. August 1895.

Das Gebäude war wiederum vollständig in den vorhandenen Baubestand eingeschlossen. Nur ein Teil der den Vorderhäusern zugewandten Nordseite konnte als Fassade ausgebildet werden. Die Hufeisenbogen der Portale, das bunte Ziegelmuster, die spitzbogigen Blendarkaden und die orientalisierende Kuppel auf einem hohen Tambour machten sie zur einzigen maurischen Synagoge im Hamburger Raum. Was die Auftraggeber zu dieser Stilwahl bewegte, ist derzeit nicht eruierbar. Es steht zu vermuten, daß sie nicht nur einen jüdischen, sondern auch innerhalb der Hamburger Synagogenarchitektur einen eigenen Stil suchten, der die gewünschte Eigenständigkeit neben den bestehenden Kultverbänden vor Augen führen sollte.

Historischer
Überblick

Die nahezu vollständig erhaltenen Baurisse und einige Fotografien zeigen, daß die Neue Dammtor-Synagoge auch in ihrem Innern von maurischen Motiven bestimmt wurde. Der quadratische, dreischiffige, farbenfreudige Gottesdienstraum war im mittleren Bereich von einer blaugrundig ausgemalten Kuppel mit vier Rundfenstern geschlossen. Einen Eindruck der Farbigkeit gibt Goldenbergs Beschreibung des Raumes: *»Die Farbenwirkung ist den maurischen Gotteshäusern gut abgelauscht: Hellblaue und rosafarbene Säulchen geben einen harmonischen Klang, unterstützt durch sparsam verteilte Goldauflage und das ebenfalls blau gehaltene gestirnte Gewölbe«*.[79] Auf die Stellung zwischen Tempel- und Synagogenverband wies auch die Einrichtung hin. Die Bima stand weder in der Mitte, noch ganz im Westen. Die an drei Seiten den Raum umziehende Frauenempore war zwar vergittert; doch die Höhe von etwa 30 cm läßt es nur noch als symbolisches Gitter erscheinen. Das 300 Stellen fassende Männergestühl war vollständig auf den Aron Hakodesch ausgerichtet. Eine Orgel fehlte, es gab jedoch Raum für einen vierstimmigen Chor. In den Statuten hatten die Gründungsmitglieder festgelegt, daß der Gottesdienst *»in würdigster Weise vor sich gehen sollte, und zwar unter grundsätzlicher Ausschaltung jedes Musikinstruments, aber unter Anstellung eines guten vierstimmigen Chores«*.[80]

Nachdem der ursprünglich auf 10 Jahre befristete Pachtvertrag verlängert worden war, kaufte der Vorstand der Neuen Dammtor-Synagoge das Grundstück mit allen Gebäuden. Notorische finanzielle Schwierigkeiten des Vereins erzwangen 1928 die Übernahme durch die Deutsch-Israelitische Gemeinde.[81]

Auch diese nur durch einen 3 m breiten Gang erreichbare, schon früher zu den gefährdeten Gebäuden gerechnete Synagoge, wurde in der Pogromnacht 1938 innen demoliert. Mit privaten Spenden hergerichtet, konnte sie Anfang 1939 wieder eingeweiht werden und war vermutlich die einzige wiederhergestellte aschkenasische Synagoge Hamburgs, in der sich in den letzten Jahren alle Gemeinden zum Gottesdienst zusammenfanden. Am 10. Juni 1943 wurden die Synagoge, das Kultgerät und sonstiges Inventar beschlagnahmt. Synagoge und Vorderhäuser fielen dem Bombardement am 26./27. Juni 1943 zum Opfer.[82]

Gemeindesynagoge und Gemeindehaus am Bornplatz

Die Bornplatz-Synagoge war der letzte Neubau der Deutsch-Israelitischen Gemeinde. Am 10. Januar 1902 richtete der Vorstand der Deutsch-Israelitischen Gemeinde ein Gesuch an Bürgermeister Mönckeberg, in dem er um Zuteilung eines *»vor dem Dammthor gelegene*[n] *Grundstück*[s] *[...] für den Bau einer Gemeindesynagoge«* bat.[83] Ende April 1902 nahmen Stadt und Gemeindevorstand die Verhandlungen für einen Teil des Staatsgrundes am Bornplatz zwischen Grindelhof und Binderstraße auf. Damit hatte sich der Gemeindevorstand für ein Grundstück entschieden, auf dem der Synagogenneubau vollkommen frei stehen würde. Am 2. Juni 1902 reichte der Gemeindevorstand eine Grundriß-Zeichnung Semmy Engels ein, die an die Struktur der Kohlhöfen-Synagoge erinnert.[84] Querbauten für den Eingangsbereich bzw. den Aron Hakodesch und die angrenzenden Rabbinerzimmer begrenzten einen quadratischen Synagogenraum an zwei Seiten. Der Neubau sollte 45 m lang und 38 m breit werden. Es war naheliegend die Hauptfassade an den Bornplatz zu legen. Das hatte zur Folge, daß die Synagoge nicht geostet war. Der Entwurf scheiterte jedoch aus baurechtlichen und städtebaulichen Einwänden, die sich aus dieser Lage ergaben.⁸⁵ Die Länge der geplanten Synagoge entsprach genau der Tiefe des Grundstücks, negierte aber vollständig die am Bornplatz vorgeschriebene Fluchtlinie von 8 m. Am 8. Mai 1903 erhielt die Baupolizei einen neuen Grundriß Engels: Die Synagoge blieb unverändert. Da Engel sie aber um 90 Grad gedreht, und damit exakt geostet hatte, mußte er die rechteckigen Anbauten auflösen. Um Baulinien und Grundstücksgrenzen einzuhalten, schlug er Dreiecksanlagen vor.⁸⁶ Nicht nachweisbar ist, warum auch dieser Entwurf nicht realisiert wurde.

Aus dem vorhandenen Quellenmaterial läßt sich der Wettbewerb, den der Hamburger Baurat Gerstner 1908 in der »Deutschen Bauhütte« erwähnt,⁸⁷ nicht eindeutig nachvollziehen. Allerdings gibt es einen undatierten Entwurf Friedheims, der dem 2. Entwurf Semmy Engels sehr ähnelt.⁸⁸ Dem genannten Bericht zufolge haben Friedheim und Engel diesen »*engeren Wettbewerb*« gewonnen. Eine gemeinsam erarbeitete Kombination der beiden Entwürfe wurde der Baupolizei am 22. April 1904 zusammen mit dem Bauantrag vorgelegt. Abgesehen von einigen aus statischen Gründen vorgenommenen Änderungen entsprach die realisierte Synagoge diesen Plänen. Der Entwurf des Gemeindehauses wurde jedoch noch einmal grundlegend überarbeitet: dabei wurden insbesondere die Fensterbereiche verändert.⁸⁹

Am 4. September 1904 begann die Herstellung der Fundamente. In Anwesenheit vieler Vertreter der Stadt wurden Synagoge und Gemeindehaus am 13. September 1906 eingeweiht.

Synagoge und Gemeindehaus wurden in überwiegend romanischen Formen errichtet. Sie waren mit bräunlich-gelben Ziegeln verblendet. Portalsäulen und -laibungen, Brüstungen sowie Fensterrosen aus rotem Mainsandstein gefertigt. Mit Ausnahme der farbig verglasten Rundfenster wurde für alle Fenster farbloses Kathedralglas benutzt. Durch eine Vorhalle mit mittlerem Eingang für die Männer und seitlichen zu den Frauenemporen, gelangte man in den Hauptraum. Wie gewohnt stand die Bima im Zentrum unter der 19.50 m hohen Kuppel, im Osten erhob sich auf einer Estrade der Aron Hakodesch – der von der Familie Warburg gestiftete »*architektonische Höhepunkt des Baues*« mit einem Sockel aus schwarzem, einer Scheinarchitektur aus weißem Marmor mit rötlichen Einlagen, bekrönt von den Gesetzestafeln. Kapitelle, Säulenbasen und Friese, Gitter, Leuchter und die Türen waren aus goldgetönter Bronze. Im Nebengebäude, das mit seiner Hauptfront zur Binderstraße lag, waren die Wochentagssynagoge, der Sitzungssaal und die Büroräume untergebracht. Im Keller wurde eine Mikwe eingebaut.

Der Komplex am Bornplatz reiht sich mit seinen überwiegend romanischen Formen und seiner repräsentativen, 39 m hohen Kuppel in die großstädtischen Synagogenbauten der Jahrhundertwende nahtlos ein. Der romanische Stil genoß sowohl in der Profan- als auch in der Kirchenbautheorie seit der zweiten Hälfte des 19. Jahrhunderts großes Ansehen und galt als Synonym für »national, deutsch und christlich«. Die Wahl eines offenen, repräsentativ gelegenen Bauplatzes war bereits ein Zeichen für die vermeintlich erreichte Gleichberechtigung. Die Wahl des Baustils, die Betonung des Öffentlichkeitscharakters durch die mächtige, weithin sichtbare Kuppel unterstrichen diesen Anspruch des Vorstands der Deutsch-Israelitischen Gemeinde, den ein zur Eröffnung publiziertes Gedicht formulierte.

Unklar ist, was sich während des Novemberpogroms 1938 am Bornplatz ereignete. Am 9. November scheint es noch ruhig gewesen zu sein. Die Zerstörungen, an die sich ein damals 13jähriger Augenzeuge erinnert – »*ich hörte das Zerbersten der Großscheiben, die eingeschlagen wurden, sah einen umnebelten, rauchenden rötlichdunkelnen Schein im Inneren*« – geschahen kurz vor 6 Uhr morgens am 10. November 1938.⁹⁰ Für die Feuerwehr wurde erstmals am Abend desselben Tages (21.50 h) ein Einsatz verzeichnet.[91] Am 30. März 1939 beantragte das Tiefbauamt den Abriß der Synagoge »*bis auf die Grundmauern*« und die Sprengung der Eisenbetonwände im Keller und Erdgeschoß unter dem Anschein von Legalität, die der Kaufvertrag von 1902 deckte. Dort waren Abriß der Gebäude und Rückgabe des Grundstücks an die Stadt vereinbart worden, für den Fall, daß Synagoge und Gemeindehaus nicht mehr benötigt würden.[92] Die Gemeinde hatte einem Verkaufvertrag mit der Kämmerei am 2. Mai 1939 zustimmen müssen.

Im Juni 1939 lag die erforderliche Genehmigung des Vertrages durch den Reichsstatthalter vor, so daß am 15. August 1940 die Eigentumsübertragung an die Stadt vorgenommen werden konnte. Synagoge und Gemeindehaus gab es zu diesem Zeitpunkt bereits nicht mehr. Die Gestapo teilte am 19. Oktober 1939 mit: »*Die alte Dammtor* [!] *Synagoge am Bornplatz [...] ist abgebrochen worden*«.[93]

Alte und Neue Klaus-Synagoge Rutschbahn 11

Etwa zeitgleich mit der Synagoge am Bornplatz entstand in den Jahren 1904/05 ein Neubau für die Alte und Neue Klaus in der Rutschbahn. Die Planung hatte Semmy Engel übernommen.[94] Das gut 15 m lange, 10 m breite Gebäude war von einem ganz anderen Anspruch geprägt, als ihn die Deutsch-Israelitische Gemeinde mit der Gemeindesynagoge beabsichtigt hatte. Die Deutsch-Israelitische Gemeinde hatte sich mit den neuromanischen Formen der Bornplatz-Synagoge in eine Reihe mit christlichen Sakralbauten des 19. und frühen 20. Jahrhunderts zu stellen versucht, und damit Gleichberechtigung mit den christlichen Kirchen beansprucht. Die Klaus-Stiftung dagegen fühlte sich offenbar unabhängig von dieser sozial- und religionspolitischen Auseinandersetzung. Als Stiftung für das Talmudstudium hielt sie sich zum einen an den Talmud, der eine außen schlichte, innen reiche Synagoge fordert, zum anderen dürfte es ihr eher darum gegangen sein, die Zeitgemäßheit ihrer Lehre (Institution) zu zeigen. Der Putzbau mit seinen schlichten, klassizistischen Formen für die Fassade zeigte im dreischiffigen, quadratischen Innenraum (vor allem in der Ostpartie) Anklänge an den Jugendstil. Jüdische Symbolik (in Form eines Magen David und der Gesetzestafeln) fand sich nur im halbrunden Ostfenster über dem Aron Hakodesch. Anders als in der Peterstraßen-Klaus waren in der neuen Klaus-Synagoge Frauen zum Gottesdienst zugelassen. Wie gewohnt gab es für Männer und Frauen getrennte Eingänge. Erstmals waren jedoch Größe und Gestaltung der Eingänge identisch. Ein abgetrennter Flur und ein abgeschlossenes Treppenhaus führten zu den Frauenplätzen auf einer Empore an der Westseite der Synagoge. Die Risse zeigen keine Emporengitter. Da der Emporenfußboden eben war, dürfte der Blick über die Brüstung hinweg in das Erdgeschoß nahezu unmöglich gewesen sein. Die Klaus-Synagoge wurde am 28. September 1905 geweiht. 1910 erhielt sie einen westlichen Anbau mit einem Hörsaal. Was im Novemberpogrom 1938 geschah, ist unbekannt. Diese Klaus ist heute noch vollständig erhalten, doch wird sie nicht mehr von der Gemeinde genutzt.

Synagoge der Kelilath Jofi und Agudath Jescharim an der Hoheluftchaussee 25

Der private Synagogenverein Kelilath Jofi (Krone der Schönheit) und Agudath Jescharim (Bund der Redlichen) war der einzige Verein in Hamburg, der eine Synagoge errichtete. Alle anderen Vereine unterhielten kleine Beträume in Privatwohnungen. Um 1900 gab es etwa 20 solcher Vereins-Beträume in Hamburg. Die beiden alten Vereine (Agudat Jescharim war 1780, Kelilat Jofi 1825 gegründet worden) vereinigten sich am 16. Juli 1901.

Rohde
Synagogen im
Hamburger Raum
1680 – 1943

Bis 1910 unterhielten sie einen Betraum am Großneumarkt und einen zweiten in der Heinrich-Barth-Straße am Grindel. »*Im Einverständnis mit dem Synagogenverband*« beschloß der Verein 1908 den Neubau einer Synagoge.[95] Auch sie entstand nach Plänen Semmy Engels im Hof des Hauses Hoheluftchaussee 25. Als Bauherr trat der Grundeigentümer und Besitzer des Vorderhauses, Th. Schön, auf. Am 29. Dezember 1908 erschien er vor der Baupolizei und teilte mit, daß er beabsichtige, »*den Stall auf dem Hinterhof seines Grundstückes zu einer Synagoge umzubauen*«. Sie sollte ihren Zugang durch den Hauseingang des Vorderhauses erhalten, etwa 80 Personen fassen (bei der Fertigstellung waren es dann 200 Plätze) und im Obergeschoß eine Schuldienerwohnung bergen.[96] Nur wenige Jahre nach Errichtung der ersten und einzigen freistehenden Gemeindesynagoge am Bornplatz wurde erneut eine vollkommen eingeschlossene Synagoge geplant und gebaut. Ihre Einweihung fand am 12. September 1909 statt.

Einen Eindruck der äußeren Erscheinung der Synagoge sowie ihres Innenraums vermitteln vor allem die erhaltenen Baurisse. Die Synagoge war ein unscheinbarer Putzbau ohne Schauseite, ohne Reminiszenz an einen historischen Stil oder die zeitgenössische Äthestik. Jüdische Symbole oder sonstige Hinweise auf seine Funktion als Kultbau fehlen. Die einzige bekannte Fotografie des Innenraums, die anläßlich der 25-Jahr-Feier im »Hamburger Familienblatt« erschien,[97] zeigt nur einen Ausschnitt mit dem Aron Hakodesch. Der schlichte, flach gedeckte Raum lebte von seiner Ausstattung. Aron Hakodesch und Gestühl stammten aus der Elbstraßen-Synagoge. Sie waren 1906 im Keller der Kohlhöfen-Synagoge gelagert worden. Da der Verein streng orthodoxer Observanz war, stand die Bima im Zentrum des Raumes. Die Frauen saßen auf Emporen hinter hohen, engmaschigen Gittern.

Der Tempel an der Oberstraße

Der dritte Tempel entstand 1930/31 an der Oberstraße 120 in Harvestehude. Erste Neubaupläne hatte es bereits 1908 gegeben.[98] Am 30. März 1924 stellte die Mitgliederversammlung zwar die Notwendigkeit eines Tempelneubaus fest,[99] doch erst 1927 begann die Realisierung mit der Einrichtung einer Baukommission und einem Gesuch an die Deutsch-Israelitische Gemeinde, in dem diese um finanzielle Unterstüzung gebeten wurde.[100] Obwohl von orthodoxen Gemeindemitgliedern mehrfach Einspruch erhoben wurde, übernahm die Deutsch-Israelitische Gemeinde die Bürgschaften für einen Kredit und zwei Hypotheken.[101] Das Grundstück an der Hallerstraße erschien kaum geeignet für den geplanten Neubau (oder den Anspruch, den man mit ihm verbinden wollte?). Eines der Areale, das die Domänenverwaltung der Gemeinde auf einen entsprechenden Antrag hin anbot, war das Grundstück Oberstraße 120. Noch im Dezember 1927 begannen die Ankaufsverhandlungen. 1929 fand ein Ideenwettbewerb statt, der für jüdische Architekten und nicht-jüdische »*besondere Kenner von Sakralbauten*« in Deutschland, insbesondere aber für alle jüdischen Architekten in Hamburg ausgeschrieben wurde.[102] Die Aufgabenstellung war geprägt von einem Besuch der in Berlin gezeigten Ausstellung zeitgenössischer Kultbauten. Preisgekrönt und von der Gemeinde gutgeheißen wurden die Entwürfe Aschers, Landauers und Friedmanns. Ascher und Friedmann erhielten den Auftrag, einen

Historischer
Überblick

gemeinsamen Entwurf vorzulegen. Die wirtschaftliche und politische Lage ließen Vorstand und Baukommission erneut zögern. Doch am 26. September 1930 war Baubeginn.

Der in der Ästhetik des Neuen Bauens errichtete Tempel wurde aus der Straßenfront zurückversetzt und auf einen erhöhten Platz gelegt, um ihn aus der umgebenden Architektur der Reihenvillen herauszuheben. Einziger Schmuck und Hinweis auf die Funktion des mit Muschelkalkplatten verblendeten Gebäudes war das Rundfenster mit einer stilisierten Menora. Die beiden zentralen Portale führten in die Vorhalle, die beiden seitlichen öffneten sich zu den Frauentreppenhäusern. In der quadratischen Hauptsynagoge wurde der in den beiden Vorgängerbauten begonnene Bruch mit der Synagogenbautradition bewußt fortgeführt. Schwerpunkt des hellen, schlichten Raumes war die mit anthrazitfarbenen Marmorplatten verkleidete Stirnwand, in die der Aron Hakodesch eingelassen war. Sie war erstmals vollkommen schmucklos, »*weil die reine Form und das edle Material am besten imstande sind, dem Heiligen den ihm adäquaten Ausdruck zu geben*«.[103] Der Aron Hakodesch wurde bewußt als Einheit mit der amboartigen Kanzel und der Bima konzipiert, die in einer Achse vor ihm auf der Estrade standen. Der Einbau der Orgel oberhalb des Aron Hakodesch verstärkte den Eindruck eines protestantischen Kanzelaltars. »*Diese Ausbildung der Estrade weicht erheblich von der früher üblichen Anordnung ab, entspricht aber dem Empfinden der Heutigen*«, erklärte Ascher in seiner Ansprache bei der Einweihung des Tempels.[104] Die verwendeten Edelhölzer und der tiefblaue, schwere Teppichboden hoben den Bereich der Estrade vom übrigen Raum ab. Mit der Anordnung des Männergestühls in zwei Blöcken vollzog sich auch in der Gesamtkonzeption eine Annäherung an Kirchräume. Der Synagogenbautradition verhaftet blieben die Frauenemporen mit ihren steil ansteigenden Sitzreihen, die den Raum an drei Seiten umzogen. Wie in den beiden früheren Tempeln waren sie auch hier unvergittert. Der Synagogen-Tradition entsprachen auch die Anlage von Sitzungszimmer und Wochentagssynagoge in den beiden seitlichen Vorbauten des Tempels. Diente der Tempel an der Poolstraße nur dem Kult, so sollte »*der neue Bau in seiner vielschichtigen Ausgestaltung eine Pflegestätte jüdischen Gemeindelebens im weiteren Sinne*« sein.[105] An der Ostseite des Tempels schlossen sich ein Gemeindesaal mit einer kleinen Bühne, Vortrags- und Lehrräume an.

Die Gestaltung in der Ästhetik des Neuen Bauens reihte den Tempel in die zeitgenössische Architekturentwicklung ein. Gleichzeitig nahmen die Architekten die zeitgenössische Kirchenbaudiskussion auf, die neben ästhetischen Fragen des Kirchenbaus auch die Anlage von »Gemeindezentren« thematisierte. In einem zur Einweihung des Tempels am 30. August 1931 im Gemeindeblatt erschienenen Artikel schreibt Ascher:

»*Für den, der vor die Aufgabe gestellt war, ein Gotteshaus in dieser Zeit zu schaffen, mußte es klar sein, daß er nur dann ein Bauwerk von wirklich innerem Wert schaffen würde, wenn er jeden traditionellen Formalismus und Schematismus auf künstlerischem Gebiet beiseite warf und sich mühte, mit [... der] Technik der Gegenwart [...] diesen Gedanken der reinen Religiosität in reine Form zu bringen. In allen Religionsgemeinschaften zeigt sich dieses Streben der heutigen Menschen. Auch die katholische Kirche hat sich nicht gescheut, den historischen Stil fallenzulassen ...*«.[106]

Benutzt wurde der Tempel bis zum 9. November 1938. Auch hier bleibt unklar, was während des Novemberpogroms geschah. Eine Besichtigung der Liegenschaftsverwaltung im Februar 1939 ergab: »*Die Inneneinrichtung mit den wertvollen Musikinstrumenten (Orgel, Flügel, Harmonium) ist weitgehend zerstört. Starke Schäden weist auch das Gestühl in den Sälen auf*«.[107] Weiter heißt es, die Gebäudebeschaffenheit sei gut. Bereits im

Januar 1939 interessierte sich die Verwaltung für das mit dem gesamten Inventar beschlagnahmte Gebäude. Sie beabsichtigte es zu einem Preis von 300.000 RM für die Hansische Universität anzukaufen und als Institut für Leibesübungen einzurichten.[108] Ein Umbauentwurf und ein Kostenplan wurden erstellt. Vorgesehen war, im Hauptraum eine Zwischendecke einzuziehen, um mehrere Sportsäle zu erhalten: Im Erdgeschoß sollte eine Turnhalle entstehen, mit einer Sprunggrube im Bereich der Estrade und des Aron Hakodesch sowie Geräteräumen in den ehemaligen Vortrags- bzw. Lehrzimmern. Für das Obergeschoß waren im Hauptraum Gymnastik- und Fechtsaal vorgesehen. Im Bereich des Aron Hakodesch sollte ein weiterer Geräteraum und über den Vortrags- und Lehrzimmern sollten die Ankleideräume eingerichtet werden. Die Vorbauten hätten Satteldächer erhalten und Verwaltungs- und Bibliotheksräume aufgenommen. Obwohl der Kaufpreis seit Juni 1939 auf 120.000 RM herabgesetzt worden war, veranlaßten die veranschlagten hohen Umbau- und Einrichtungskosten sowie die Schließung der Universität zur Aufgabe dieses Vorhabens.[109] Ab Januar 1940 bekundete die Reichsstelle für Bodenforschung ihr Interesse an dem Gebäude. Auch sie legte einen Finanzierungsplan und Umbauskizzen für die Vorbauten vor.[110] Statt der für den Ankauf beantragten 200.000 RM wurden im April 1940 jedoch nur 150.000 RM bewilligt.

Am 12. April 1940 erhielt Max Plaut, der im Dezember 1938 von der Gestapo als Vorstand des Tempelverbandes eingesetzt worden war, den Entwurf eines Kaufvertrages »mit der Bitte um zustimmende Äußerung«.[111] Während des Sommers 1940 versuchte Leo Lippmann einen höheren Preis auszuhandeln, einen Teil des Inventars, des erhaltenen Kultgerätes und die Grundsteinkassette für die Gemeinde zu sichern. Weder gelang es ihm den Preis zu verbessern noch die Kassette bzw. deren Inhalt zu bekommen. Nur vom Inventar sollte der Gemeinde das verbleiben, was die einziehende Behörde nicht benötigte (für die später beanspruchten Tische, Stühle etc. erhielt die Gemeinde 1.000 RM).[112] Am 28. November 1940 wurde der Vertrag ohne Änderungen unterschrieben. Als einziehende Dienststelle war seit September 1940 das Kolonialamt vorgesehen.

Eilig hatte man es mit der Neunutzung der Räume jedoch nicht. Seit dem 20. Oktober 1939 wurde der bis dahin leerstehende Tempel als Getreidelager gebraucht.[113] Nach Maleachi soll der Tempel »während des Zweiten Weltkriegs [von] einem Kinobesitzer« benutzt worden sein.[114] Im Sommer 1943 bezog ein Teil der Mitarbeiter des »Hamburger Fremdenblattes« die Räume: Schriftleitung, Fernschreiber, Setzerei, Druckerei und Korrekturstelle wurden hierher verlegt.[115] Angeblich dauerte diese Nutzung bis 1946, von da an hatte es der Nordwestdeutsche Rundfunk (NWDR) gemietet.[116] 1948 war das Gebäude vermutlich im Besitz des Radiosenders, denn in diesem Jahr erhielt der Maler W. Tietze den Auftrag für das »Orpheus«-Wandgemälde im ehemaligen Wochentempel, dem heutigen Hörspiel-Studio.[117]

Mit Genehmigung der neuen Jüdischen Gemeinde in Hamburg stellte das Baubüro des NWDR am 18. August 1949 einen Umbauantrag. Vorgesehen war, in Emporenhöhe eine Zwischendecke einzuziehen, das Erdgeschoß sollte die Funktion eines Kellers erhalten, das neue Obergeschoß als Sendesaal eingerichtet werden. Die kleineren Säle der beiden Vorbauten beabsichtigte die Rundfunkanstalt als Hörspielstudios einzurichten.[118] Die Genehmigung dieses Bauvorhabens durch die Gemeinde war notwendig geworden, weil inzwischen das Wiedergutmachungsverfahren eröffnet worden war – ein Verfahren, das am 1. Dezember 1952 mit einem Vergleich endete: das Grundstück wurde zurückerstattet, die Gemeinde mußte auf weitere Ansprüche verzichten.[119]

Historischer Überblick

Das Ende der sephardischen Gemeinde: Verborgen. Die Villa Innocentiastraße 37

Den letzten Hamburger Versammlungsraum richtete im Winter 1935 die sephardische Gemeinde in einer Villa in der Innocentiastraße ein. Der langgewünschte Umzug geschah in einer Zeit, in der diese Möglichkeit nicht mehr zu erwarten stand. Die Gemeinde war sich dessen durchaus bewußt. Am 29. November 1934 hatte sie mit dem in Bremen ansässigen Eigentümer des Hauses Innocentiastraße 37, Fritz Minder, einen Mietvertrag mit fünf Jahren Laufzeit vom 1. Januar 1935 an zu einer Jahresmiete von 2.400 RM und 400 RM Nebenkosten abgeschlossen. In den ersten Wochen des Jahres 1935 richtete sie im Erdgeschoß einen Betraum, im oberen Stockwerk Räume für die Verwaltung ein. Am 14. März 1935 fand die Einweihung statt. Auch dieses Ereignis war denkwürdig, denn eine Reihe von Ehrengästen, u. a. der Chacham S. Rodrigues Pereiras der Gemeinde im Haag, hatte kommen können.

Äußerlich blieb die Villa nahezu unverändert. Nur der Magen David auf dem Erkerturm und die Inschrift über der Haustür – »*Heilige Gemeinde der Sephardim Bet Israel – Nahe ist Gott allen, die ihn rufen*« – ließen auf den Gebrauch des Hauses schließen. Diese Kennzeichen reichten der Gauleitung der NSDAP wenige Wochen nach der Einweihung, um am 4. April 1935 ein Schreiben an die Behörde für Volkstum, Kirche und Kunst zu richten mit der Bitte, »*diese äußere Kennzeichnung der Synagoge, die [...] mit Recht zur Verärgerung der arischen Bevölkerung dieses Stadtteils beitragen, zu entfernen*«. Da jedoch »*z.Zt. keine gesetzliche Handhabe*« bestand, hatte der Antrag keine Konsequenzen für die Gemeinde.[120]

Der 90 Personen fassende Betraum im Erdgeschoß des Hauses ist bislang nur bekannt durch eine Beschreibung, die das »Hamburger Familienblatt« zur Eröffnung publizierte.

Im Novemberpogrom 1938 wurde dieses Haus offenbar nicht angetastet. Feuer verbot sich durch die genannte Anordnung Heydrichs vom 10. November 1938. Plünderungen scheint es nicht gegeben zu haben. Drei Wochen später konnten wieder Gottesdienste in der Innocentiastraße gefeiert werden. Dies wurde für die Dauer des bestehenden Mietvertrages zugestanden. In einem Schreiben teilte die Gestapo im Oktober 1939 mit: »*Die Synagoge der jüdisch-portugiesischen Gemeinde, Innocentiastraße 37, wird am 31. Dezember 1939 aufgehoben und dann zu Wohnzwecken hergerichtet*«. Sie wurde eines der sogenannten Judenhäuser.

Was blieb – was kam

Nichts blieb von der Bausubstanz der Altonaer Synagogen – wenig von den Synagogen in Hamburg. In den Resten des Tempels Poolstraße – zwischen Teilen der Fassade und Apsis – arbeitet seit Ende der dreißiger Jahre eine Autowerkstatt. Das vollständig erhaltene Gebäude der Alten und Neuen Klaus, Rutschbahn 11, beherbergt eine Bauschlosserei. Der NDR richtete im Tempel Oberstraße mehrere Hörfunkstudios und den »Großen Sendesaal« ein. Die Synagoge des Oppenheimer Stiftes an der Kielortallee, nach dem Krieg »Gemeindesynagoge«, steht leer. Das Zeichen eines Neuanfangs setzte die Jüdische Gemeinde in Hamburg 1959/60 mit dem Neubau an der Hohen Weide in Eimsbüttel. Dies tat sie mit weniger deutlichen Hinweisen auf die erlebte Geschichte, als dies die Frankfurter Gemeinde 1988 mit dem Neubau Salomon Korns versuchte. Obwohl frei auf einem Eckgrundstück liegend, mit der Synagoge als deutlich exponiertem und gekennzeichnetem

Bauteil, ist das Gemeindezentrum und mit ihm die Synagoge nach innen gekehrt, konzipiert um, konzentriert auf einen Innenhof, zu dem sich die angrenzenden Flure mit Glaswänden öffnen.

Anmerkungen

1. Abgedruckt in: Marwedel 1976, S. 117, dort auch der Geleitbrief, S. 131.
2. Kellenbenz 1958, S. 31f.
3. Reglement von 1650 in: Grunwald 1902 (1), S. 16f.
4. Abgedruckt in: Freimark/Herzig 1989, S. 312 – 323, hier: S. 313f., 318.
5. Vgl. Stein 1984, S. 38; Ellermeyer 1989, S. 176f.
6. Vgl. den Beitrag von Günter Böhm in diesem Band; Stein 1984, S. 28, 33; Kellenbenz 1958, S. 37.
7. Abgedruckt in: Marwedel 1976, S. 133 (Privileg von 1639), S. 134 (Privileg von 1641); Bolten, Kirchen-Nachrichten, S. 147f., Anm. 95.
8. Goldenberg, Kultus- und Profanbau, S. 50.
9. Abgedruckt in: Marwedel 1976, S. 150f.
10. Abgedruckt in: Marwedel 1976, S. 213.
11. Engel, Die Vereinssynagogen, S. 10.
12. Abgedruckt in: Marwedel 1976, S. 165f.
13. Bolten, Kirchen-Nachrichten, S. 152. Das Weihedatum ergibt sich aus dem Datum der 250-Jahr-Feier der Gemeinde am 9. 12. 1934.
14. Schudt 1714, S. 371; vgl. Marwedel 1976, S. 213.
15. Zu den Zwangsdarlehen siehe: Eschwege 1980, S. 86; zu den Strafgeldern siehe: Graupe 1973, Bd. 1, S. 202, Art. 105.
16. Schudt 1714, S. 457.
17. Ebd., S. 371.
18. Bolten, Kirchen-Nachrichten, S. 153.
19. Längen- und Breitenmaß: Baudenkmale II, S. 102, Höhenmaß: StAH Baupolizei K 2000: Breite Straße 44 – 56.
20. Mendelson-Hamburg, Synagoge, S. 16.
21. Lithographie von Sally Levin. Abgebildet bei Eschwege 1980, Abb. 61 ohne Nachweis. Lithographie und Baurisse (in: StAH Jüdische Gemeinden 189: Hochdeutsche Israeliten-Gemeinde Altona, Synagogengebäude, Grundriß, p. 1/2) von 1910, die den alten Zustand zeigen, widersprechen der Beschreibung von Hammer-Schenk 1981, Bd. 1, S. 81, sie sei »im gotischen Stil als quadratischer Zentralbau« wiederaufgebaut worden.
22. Hammer-Schenk 1981, Bd. 1, S. 81 bzw. Bd. 2, Abb. 65 schreibt die Palmwedelkapitelle der Pfeiler und die Abnahme des Bimagitters dieser Umgestaltung zu. Die von ihm 1832 datierte Aufnahme ist aus der 2. Hälfte der 1890er Jahre und zeigt die späteren Änderungen (vgl. die elektrifizierten Kronleuchter bzw. die Aron Hakodesch- und Wandverkleidung).
23. Schudt 1714, S. 457.
24. Siehe dazu den Beitrag von Günter Marwedel in diesem Band.
25. Dieses Fernschreiben enthielt die Anordnungen Heydrichs für die »Maßnahmen gegen Juden in der heutigen Nacht«, zitiert nach Eschwege 1980, S. 191.
26. StAH Landesamt für Vermögenskontrolle 137: Vermögenskontrolle (Blockierung) des Grundstücks Kleine Papagoyenstraße 1 – 13 der Synagoge in Altona und Erstattung an die jüdische Gemeinde 1948 – 1951.
27. StAH Baupolizei K 2000 (wie Anm. 19); StAH Landesamt für Vermögenskontrolle 137 (wie Anm. 26).
28. Bolten, Kirchen-Nachrichten, S. 193f.; es wird hier bewußt auf die sephardischen Bezeichnungen (Esnoga/Snoga = Synagoge, Teba = Bima) verzichtet.
29. Bolten, Kirchen-Nachrichten, S. 194; zum Gesuch siehe: Marwedel 1976, S. 325.
30. Abgedruckt in: Marwedel 1976, S. 326.
31. Bolten, Kirchen-Nachrichten, S. 195f.
32. Goldenberg, Kultus- und Profanbau, S. 53f.; nach seiner Zeichnung waren die Emporen unvergittert; das erscheint bei den orthoxen Sephardim höchst unwahrscheinlich.
33. StAH Senat Cl. VII Hf. 5 Vol. 4 Fasc. 1: Judenschule. Verhandlungen mit den E. Oberalten wegen der in der Elbstraßen erbauten großen Judenschule. 1789, p. 1; hier auch das Zitat.
34. StAH Senat Cl. VII Hf. 5 Vol. 4 Fasc. 1 (wie Anm. 33), p. 2.
35. Ebd., p. 3.
36. StAH Jüdische Gemeinden 281: Kopialbuch: Bekanntmachungen in den Synagogen, 1788 – 1857^, Nr. 1 v. 10. 8. 1788.
37. StAH Jüdische Gemeinden 281 (wie Anm. 36), Nr. 85.
38. Koppmann: Südwestansicht, Museum f. Ham-

Historischer Überblick

burgische Geschichte, Einzelblattslg.; zum folgenden vgl. Rohde, Synagoge.
39 Haarbleicher 1886, S. 34.
40 Goldenberg, Kultus- und Profanbau, S. 54.
41 StAH Jüdische Gemeinden 442a: Grundstück Elbstraße 46/48 (1795 –) 1788 – 1906, p. 289 – 302: Kaufvertrag für das Grundstück des Berend Cohen vom 17. 1. 1788, unterschrieben von Hertz David Wallach und Jacob Samuel Renner; p. 303 – 310: Vertrag über eine etwa dreieckige Fläche an der Südseite des Grundstücks vom 3. 12. 1788, unterschrieben von H. D. Wallach und J. S. Renner; ebd. p. 311 – 313: Zusatzvertrag vom 7. 7. 1789, unterschrieben von H. D. Wallach, J. S. Renner und als Zeuge Sonnin, vgl. Rohde, Synagoge.
42 Heckmann, Sonnin, S. 76.
43 Max May: Innenansicht nach Osten, 1906, StAH PK 131-S, 50/28; Goldenberg, Kultus- und Profanbau, S. 54f.
44 StAH Jüdische Gemeinden 435: Protokolle über die Sitzungen der Bauverwaltungskommission, p. 114.
45 Ebd., p. 119.
46 Ebd., p. 114.
47 Mendelson-Hamburg, Synagoge, S. 31.
48 Haarbleicher 1886, S. 445; Rohde, Synagoge; zu den ausgeführten Arbeiten siehe die Jahresbilanzen der Bauverwaltungskommission: StAH Jüdische Gemeinden 437: Bauverwaltungskommission 1812–1867: Verwaltung von früher der Gemeinde gehörenden Grundstücken (darunter Baukontrakte für Synagogen u. a.); Jüdische Gemeinden 435 (wie Anm. 44); Jüdische Gemeinden 443: Grundstück 1. Elbstraße 18 u. 19. 1836 – 1906; sowie den Bericht der Bauverwaltungskommission 1862 in: Jüdische Gemeinden 442a (wie Anm. 41), p. 215 – 218.
49 StAH Jüdische Gemeinden 437 (wie Anm. 48), p. 49.
50 Ebd.
51 Zitiert nach Leimdörfer 1918 (1), S. 11. Siehe dazu auch den Beitrag von Michael A. Meyer in diesem Band.
52 Seligmann 1922, S. 77.
53 Cassuto 1927, S. 16f.
54 StAH Senat Cl. VII Lb 18 Vol. 7b Fasc. 4 Invol. 11, zitiert nach Goldenberg, Kultus- und Profanbau, S. 56.
55 Salomon 1844, S. 29.
56 Vgl. dazu Zimmermann 1979, S. 42-48.
57 StAH Hamburger Feuerkasse III d A 27 892: Poolstraße 11 – 14: Versicherungsschein vom 25. 4. 1887; in der Unterschrift zur Abb. 8, die Goldenbergs Grundriß wiedergibt, verlegt Hammer-Schenk, Hamburgs Synagogen, die Wohnung versehentlich ins Obergeschoß; Leimdörfer 1918 (1), zwischen S. 10 – 11.
58 StAH Reden bei der am 18. October 1842 stattgehabten Grundsteinlegung zum neuentstandenen Tempel in Hamburg. Gesprochen von Dr. Gotthold Salomon und Dr. Naphthali Frankfurter, Hamburg 1842; Salomon 1844, S. 51.
59 Vgl. dazu Süß 1989, S. 279 – 283.
60 Cassuto 1927, S. 21.
61 Vgl. dazu StAH Baupolizei K 3894: 36/38 Markusstraße. – 1896 – 1942 (mit Vorakte seit 1880); Jüdische Gemeinden 1002: Angebot des Zimmermeisters Daniel Bormann zur Erweiterung der Synagoge in der Markusstraße. 1877.
62 StAH Jüdische Gemeinden 993: Protokollbücher 1864-1937, Gemeindeversammlung 17. 1. 1926. StAH Senat Cl. VII Lit. Lb No. 18 Vol. 7b. Fasc. 2 Invol. 11b: Marcusstraße: Synagoge.
63 StAH Jüdische Gemeinden 993: (wie Anm. 62), Gemeindeversammlung v. 15. 4. 1928.
64 Hamburger Familienblatt Nr. 34 v. 20. 8. 1931; ebd. Nr. 35 v. 27. 8. 1931, in: StAH Jüdische Gemeinden 942a, p. 48; CV-Zeitung v. 21. 8. 1931, in: Lorenz 1987 (1), Bd. 2, S. 1050. Der Einbruchsversuch in der Bornplatzsynagoge ist bisher nur bekannt aus dem Jahresbericht der Bauverwaltungskommission 1924, in: Jüdische Gemeinden 588: Jahresabrechnungen 1901 – 1925, p. 9, in dem der Einbau von Sicherheitsanlagen nach einem Einbruchsversuch angeführt wird. Einbruch in die Wandsbeker Synagoge: Jüdische Gemeinden 942a, p. 1 – 3.
65 StAH Baupolizei K 3894 (wie Anm. 61), p. 10ff.; StAH Landesamt für Vermögenskontrolle 135: Vermögenskontrolle (Blockierung) des Grundstücks Markusstr. 36 – 38 der Synagoge der port.-israel. Gemeinde und Erstattung an die Jewish Trust Corporation. 1948 – 1952.
66 StAH Baupolizei K 3894 (wie Anm. 61), p. 12.
67 StAH Landesamt für Vermögenskontrolle 135 (wie Anm. 65) p. 7.
68 Ebd., S. 3.
69 Ebd., Schreiben vom 19. 11. 1885.
70 StAH Jüdische Gemeinden 446a: Synagogenbau auf den Kohlhöfen 1853 – 1860, p. 6 – 13.
71 StAH Senat Cl. VII Lit. Lb. No. 18 Vol. 7b

Fasc. 2 Inv. 10: Die Synagoge auf der Altenwallstraße jetzt Kohlhöfen, p. 14: Schreiben vom 6. 9. 1855; zum Folgenden vgl. Rohde, Synagoge.

72 StAH Jüdische Gemeinden 446b: Synagoge Kohlhöfen und TTS. Diverse Acta. 1855 – 1857, p. 9.

73 Lehmann, Gemeindesynagoge, S. 53.

74 Zur Mazzotfabrik vgl. StAH Jüdische Gemeinden 446c: Grundstück auf den Kohlhöfen und Breiter Gang. 1871 – 1919, p. 187/197, 203/ 204, 205/206 (Baurisse); Baupolizei K 231: 1892 – 1893: Breiter Gang 42. Mazzothbäckerei; Baupolizei K 378: 19/20 Kohlhöfen, Talmud Tora Schule und Synagoge.

75 StAH Jüdische Gemeinden 446f.: Kommission Grundstücke Kohlhöfen 1920, p. 90 – 98, hier p. 91f., dort auch das folgende Zitat.

76 Ebd., p. 4f., 21f., 32ff.; vgl. Lehmann, Gemeindesynagoge, S. 56. Ankauf des Gesamtareals: StAH Senat Cl. VII Lit. Lb No. 18 Vol. 7b Fasc. 2 Inv. 10 (wie Anm. 71), p. 10; Verkauf an die TTS: Jüdische Gemeinden 446f (wie Anm. 75); Senat Cl. VII Lit. Lb No. 18 Vol. 7b Fasc. 2 Inv. 14: Israelitische Schulen etc. 1856 – 1897: Verkauf an die Stadt Hamburg: Finanzdeputation IV DV I B 2b III B3: Ankauf der Grundstükke Breiter Gang 36/37, Breiter Gang 39, 40, 41, Kohlhöfen 19, 20 von der Deutsch-Israelitischen Gemeinde in Hamburg sowie Wiedergutmachung 1913 – 1934.

77 So 1910: StAH Jüdische Gemeinden 446f (wie Anm. 75), p. 135f.; zu den Sanierungsplänen: Grüttner, Hamburger Gängeviertel, S. 359 – 371 ebenso Nörnberg/Schubert, Massenwohnungsbau in Hamburg, S. 229.

78 StAH Baupolizei K 4615: Beneckestr. 2, 4, 6. Statuten; Jüdische Gemeinden 597: Grundstatuten. 1895; Jüdische Gemeinden 598: Satzungen 1912, 1917 – 29; Jüdische Gemeinden 599: Div. Acta 1896 – 1916; Jüdische Gemeinden 600: NDS Innere Verfassung 1910 – 1929; Jüdische Gemeinden 606: Neue Dammtor Synagoge Beneckestr.

79 Goldenberg, Kultus- und Profanbau, S. 59.

80 StAH Jüdische Gemeinden 597 (wie Anm. 78).

81 Zu den finanziellen Schwierigkeiten vgl. die Einträge in: Amtsgericht Hamburg/Grundbuchamt: Grundakte Rotherbaum Bd. 31, Bl. 1392; zu den Auseinandersetzungen mit der Deutsch-Israelitischen Gemeinde: Lorenz 1987 (1), S. 726 – 733.

82 StAH Landesamt für Vermögenskontrolle 134: Vermögenskontrolle (Blockierung und Erstattung der Grundstücke und des Inventars der Synagogen Beneckestr. 2 – 6, Bornplatz 8 und Kohlhöfen 19/20 der ehem. Dt.-Isr. Gemeinde und Erstattung an die Jewish Trust Corporation. 1948 – 1954, darin: Unterakte Beneckestr. 2/6 (unpag.).

Rohde, Synagogen im Hamburger Raum 1680 – 1943

83 StAH Finanzdeputation IV DV 2f XII A: Verkauf eines Platzes am Bornplatz, p. 1.

84 Ebd., p. 1. Anlage zu p. 8: Grundriß M 1:100, 2. Anlage: Lageplan M 1:1000.

85 Ebd., p. 9, v. 30. 6. 1906.

86 StAH Baupolizei K 2928: Bornplatz 8, Binderstr. 36, Grindelhof 26 = Synagoge des Dt.-Isr. Synagogenverbandes 1903 – 1940, p. 6.

87 Gerstner 1908.

88 StAH Jüdische Gemeinden 447: Neubau einer Synagoge in Hamburg.

89 StAH Baupolizei K 2928 (wie Anm. 86) enthält die Bau- und Statikrisse sowie die Änderungszeichnungen.

90 StAH Handschriftensammlung 1652: Die Kristallnacht 10.11.1938. Erinnerungen des Manfred-Moritz Bundheim, S. 3.

91 StAH Feuerwehr B 1, Bd. 68: Einsatzprotokoll 1938, Einsatz Nr. 5348 bzw. 5378.

92 StAH Baupolizei K 2928 (wie Anm. 86), p. 138; zum Kaufvertrag: StAH Finanzdeputation IV DV 2f XII A (wie Anm. 83).

93 StAH Staatsverwaltung E IV B 4: Verschiedene Synagogen 1938/39 (unpag.).

94 Bezirksamt Eimsbüttel/Bauprüf-Abt. Bauakte: Rutschbahn 11.

95 Hamburger Familienblatt Nr. 31 v. 2. 8. 1934.

96 Bezirksamt Eimsbüttel/Bauprüf-Abt. Bauakte: Hoheluftchaussee 25. Baupolizeiliches Protokoll, S. 22, Eintrag v. 29. 12. 1908; zur Vermehrung der Plätze: Baupolizeiliches Protokoll, S. 28 Eintrag v. 22. 2. 1909: 124 Plätze, ebd. S. 45 Eintrag v. 29. 6. 1909: 200 Plätze.

97 Hamburger Familienblatt Nr. 31 v. 2. 8. 1934.

98 Krinsky, Synagogues of Europe, S. 302.

99 Mitgliederversammlung vom 30. 3. 1924: Hamburger Familienblatt v. 10. 4. 1924, S. 2f., abgedruckt in: Lorenz 1987 (1), Bd. 1, S. 659f.

100 Gesuch vom 20. 12. 1927, in: Lorenz 1987 (1), Bd. 1, S. 661. Der Beschluß der Deutsch-Israelitischen Gemeinde, den Neubau zu unterstützen war bereits am 2. 10. 1927 gefallen, in: Urkunden der Grundsteinlegung (Lorenz 1987 (1), Bd. 1, S. 687f.).

101 Für das orthodoxe Gemeindemitglied Abra-

Historischer
Überblick

ham Heckscher z.B. war die finanzielle Stützung des Tempelneubaus Grund zum Austritt (StAH Jüdische Gemeinden 383: Austritte aus der Deutsch-Israelitischen Gemeinde, Schreiben vom 11. 7. 1929, vgl. Lorenz 1987 (1), Bd. 1, S. 570), ebenso für Dr. Raphael Möller (StAH ebd., Schreiben vom 30. 10. 1930, vgl. Lorenz 1987 (1), Bd. 1, S. 574) und Michael Flörsheim (StAH ebd., vgl. Lorenz 1987 (1), Bd. 1, S. 576); zur Skepsis im allgemeinen: Die Laubhütte v. 4. 7. 1929, S. 6 (StAH Jüdische Gemeinden 572: Korrespondenz der Deutsch-Israelitischen Gemeinde mit dem Tempelverband 1934 – 1937: Hauptsächlich über die Frage der Stellung der Oberrabbinate, über den Bau des neuen Tempels und über Aufnahme in das Judentum; vgl. Lorenz 1987 (1), Bd. 1, S. 674) und: Dt. Israelitische Zeitung Nr. 15, Juli 1929, S. 7ff. (StAH ebd.). Zum Vertrag zwischen Deutsch-Israelitischer Gemeinde und Tempelverein: Gemeindeblatt v. 12. 8. 1929, S. 5f. (Lorenz 1987 (1), Bd. 1, S. 674).

102 Urias 1937, S. 36.
103 Ascher, Zur Einweihung des neuen israelitischen Tempels. In: Gemeindeblatt v. 17. 8. 1931, S. 3ff., zit. nach Lorenz 1987 (1), Bd. 1, S. 692.
104 Ascher 1937, S. 44.
105 Ebd., S. 45.
106 Ascher, Zur Einweihung des neuen israelitischen Tempels (wie Anm. 103); zum zeitgenössischen Kirchenbau vgl. Schnell, Hugo: Kirchenbau im 20. Jahrhundert in Deutschland. München 1973; Langmaack, Gerhard: Evangelischer Kirchenbau in Deutschland im 19. und 20. Jahrhundert. Kassel 1971.
107 StAH Finanzdeputation IV DV I B 2 g V B1: Ankauf der Grundstücke Oberstr. 120, Rothenbaumchaussee 38. Eigentum Isr. Tempelverband u. Deutsch-Israelitische Gemeinde und Wiedergutmachung 1939/1951, p. 3: Schreiben vom 21. 2. 1939.
108 Ebd., p. 5, 9 –15, 19 (mit Grundrissen und Längsschnitt), 21.
109 Ebd., p. 24: Schreiben der Liegenschaftsverwaltung v. 19. 9. 1939.
110 Ebd., p. 25, 26, 52 mit Grundrissen, Schnitten und Ansicht.
111 Ebd., p. 26.
112 Ebd., p. 27f. (Schreiben v. 30.8.1940 und 17.9.1940).
113 Ebd., p. 40.
114 Ebd., p. 24.
115 Maleachi 1967, S. 13.
116 StAH Den Fremdenblatt-Kameraden im Felde. Weihnachten 1943; zur Dauer dieser Nutzung: Stadtmagazin, Beilage Hamb. Abendblatt v. August 1990, S. 47.
117 Auskunft Frau Weiss/Bauabt. des NDR v. 26. 7. 1990.
118 Bezirksamt Eimsbüttel/Bauprüf-Abt.: Bauakte Oberstraße 120.
119 Zum Wiedergutmachungsverfahren siehe StAH Landesamt für Vermögenskontrolle 136: Vermögenskontrolle (Blockierung) der Grundstücke der Synagogen des ehem. Isr. Tempelverbandes Oberstr. 120 und Poolstr. 11 – 14 und die Erstattung an die Jewish Trust Corporation 1948 – 1954, darin: Unterakte Oberstr. 120. 1948 – 1953.
120 Heitmann 1988, S. 52, hier auch das folgende Zitat.

Literatur

Bau- und Kunstdenkmale der Freien und Hansestadt Hamburg. Bd. 2: Altona-Elbvororte. Bearb. von Renata Klée Gobert. 2. Aufl. Hamburg 1970

Bolten, Johann Adrian: Historische Kirchen-Nachrichten von der Stadt Altona und deren verschiedenen Religions-Partheyen, von der Herrschaft Pinneberg und von der Graffschaft Ranzau. 2. Band. Altona 1791

Engel, Michael: Die Vereinssynagogen. In: Synagogen in Berlin. Zur Geschichte einer zerstörten Kultur. Ausstellungskat. Berlin Museum (2 Bde.), Berlin 1983, Teil 2, S. 9 – 47.

Goldenberg, Kurt: Der Kultus- und Profanbau der Juden, erläutert an Hand von Hamburg, Altona und Wandsbek. Diss. Dresden 1924

Grüttner, Michael: Soziale Hygiene und soziale Kontrolle. Die Sanierung der Hamburger Gängeviertel 1892 – 1936. In: Herzig/Langewiesche/Sywottek 1983, S. 359 – 371.

Hammer-Schenk, Harold: Hamburgs Synagogen des 19. und frühen 20. Jahrhunderts. Hamburg 1978

Heckmann, Hermann: Sonnin als Baumeister des Rationalismus in Norddeutschland. Hamburg 1977

Krinsky, Carol Herselle: Synagogues of Europe. Architecture, History, Meaning. Cambridge/

Mass.-London 1985

Lehmann, Julian: Gemeindesynagoge Kohlhöfen 1859 – 1934. Hamburg 1934

Mendelson-Hamburg, Moses: Die Synagoge zu Hamburg, 2. Aufl. 1842

Nörnberg, Hans-Jürgen/Dirk Schubert: Massenwohnungsbau in Hamburg. Materialien zur Entstehung und Veränderung Hamburger Arbeiterwohnungen und -siedlungen 1800 – 1967. Berlin 1975

Rohde, Saskia: Die Synagoge an der Elbstraße und die Synagoge an den Kohlhöfen. Eine Rekonstruktion in Zeichnungen. Hamburg 1991

Synagoge Bäckerstraße

Große Synagoge Papagoyenstraße (Zustand 1832)

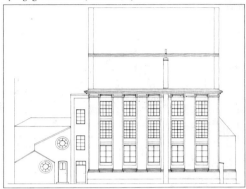
Synagoge Elbstraße (Südansicht)

Tempel Neuer Steinweg/Brunnenstraße

Tempel Poolstraße

Synagoge der Alten und Neuen Klaus Peterstraße

Synagoge Markusstraße

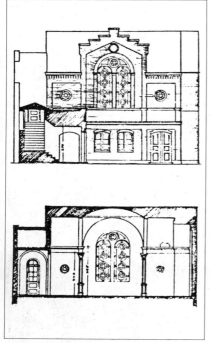
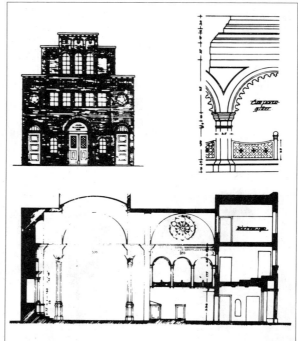

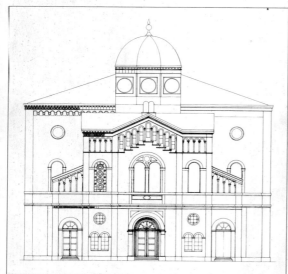

Synagoge an den Kohlhöfen

Synagoge Markusstraße

Querschnitt und Grundriß   Neue Dammtor-Synagoge

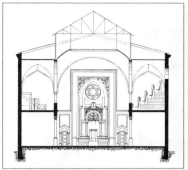

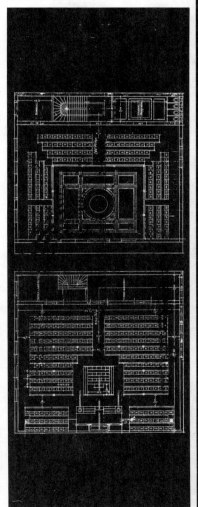

Synagoge am Bornplatz
1. Entwurf S. Engel

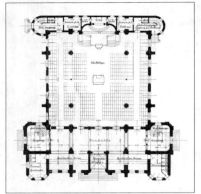

Entwurf Friedheim/Engel (Erdgeschoß)

Synagoge am Bornplatz (Südansicht)

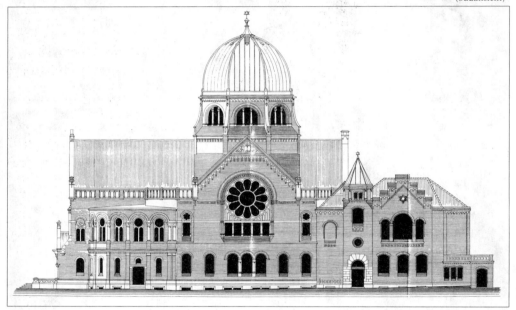

Synagoge Hoheluftchaussee

Synagoge Rutschbahn

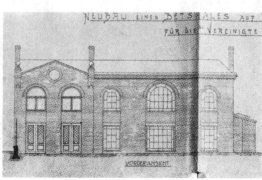

Tempel Oberstraße

Tempel Oberstraße

Gemeinde – Gemeindeleben

Das Oberrabbinat Altona - Hamburg - Wandsbek

Peter Freimark

Zu Beginn des 18. Jahrhunderts berichtet Johann Jacob Schudt: »*Hamburg, die Zierde und fürnehmste Handelsstadt von Teutschland ist denen Juden so beliebt und angenehm, daß sie es [...] das kleine Jerusalem zu nennen pflegen*«.[1] Knapp 50 Jahre später nimmt Johann Christoph Georg Bodenschatz diesen Topos wieder auf – er findet sich auch bei anderen Autoren – und schreibt: »*Hamburg, das kleine Jerusalem der Juden, hat sowohl an Portugiesischen als Deutschen Juden eine sehr ansehnliche Menge*«.[2]

Die Beobachtungen der beiden christlichen Autoren veranschaulichen Größe und Bedeutung der im Hamburger Raum ansässigen Judenheit, die sich 1671 zum Dreigemeindeverband AHW zusammengeschlossen hatte. An der Spitze des Verbands stand als geistliche Autorität der Rabbiner/Oberrabbiner in Altona.

Der Rabbiner, der Kenner der religionsgesetzlichen Vorschriften und Hüter jüdischer Tradition – ein sakramentaler Charakter kam ihm nicht zu – wirkte bis zum 18. Jahrhundert vorrangig in zwei Funktionen. Zum einen war er der von der Gemeinde bezahlte und angestellte Gemeinderabbiner, der – sofern vorhanden – das örtliche Rabbinatsgericht leitete. Zum anderen amtierte er als Vorsitzender einer Jeschiwa, einer Talmudhochschule, in der Schüler das traditionelle jüdische Schrifttum studierten und zum erfolgreichen Abschluß der Studien die Autorisation als Rabbiner erhielten. Die Anwesenheit des Rabbiners im Gottesdienst war nicht notwendig, er predigte nur gelegentlich in der Synagoge, dies war eher das Geschäft und die Aufgabe von Wanderpredigern, die die Reputation eines Rabbiners nicht erreichten.[3] Erst mit dem 19. Jahrhundert sollte in Zentraleuropa vor dem Hintergrund des Übergangs vom traditionellen zum modernen Judentum ein markanter Funktionswechsel eintreten. Stichworte wie Akademisierung der Ausbildung an Rabbinerseminaren, neue Aufgaben als Prediger und Seelsorger der Gemeinde mögen hier genügen.[4]

Doch zurück nach Altona und Hamburg in das 17. Jahrhundert. Es war dies die Hochzeit der sephardischen Juden in Hamburg.[5] Die fast zur gleichen Zeit nach Altona, Hamburg und Wandsbek[6] gelangenden aschkenasischen Juden trafen auf unterschiedliche Konditionen der Niederlassung und der Ausübung ihres Kultus. Am günstigsten waren diese in Altona, der religiösen Freistatt.[7] Schon im Schutzbrief des Grafen Jobst Hermann von Holstein-Schauenburg

von oben nach unten:
Jonathan Eybeschütz
Raphael Cohen
Zwi Aschkenasi

Gemeinde
Gemeindeleben

von 1622 findet sich die Feststellung, daß »*ein Rabbi, vorsenger und schuldiener [...] in unsern gnedigen schutz und schirmb, darein wir sie genommen, in unserem Städtlein Altena wohnen und haußen muegen*«.[8] Im Generalprivileg des dänischen Königs Christian IV. für die hochdeutschen Juden in Altona von 1641 wird festgelegt, 1. »*Daß sie eine synagoge halten, ihren Gottesdienst nach jüdischen ritibus darin üben, auch ihren kirchhoff, darein auf judische weiße ihre toten zu begraben, halten mügen. 2. Daß solche ihre synagoge benebenst den Rabbi, vorsänger und schuldiener von aller pflicht und zulage entfreyet sein*«.[9]

Damit waren die drei wichtigsten Institutionen genannt, die ein voll intaktes jüdisches Gemeindeleben kennzeichneten: Rabbineramt, Synagoge und Friedhof (ab 1616 Königstraße). Deutlich schlechter hingegen waren die Bestimmungen in der Reichsstadt Hamburg: Das Judenreglement von 1710 verbot die Abhaltung des Gottesdienstes in »*publique*[n] *Gebäude*[n]«, die Friedhofsthematik wurde nur indirekt angesprochen und zum Rabbineramt fehlte jegliche Aussage.[10]

Um diese Zeit war Altona – 1664 zur Stadt erhoben – das markante Zentrum jüdischen gemeindlichen Lebens im norddeutschen Raum. Trotz gewisser Bestrebungen der sich aus dem Patronat der Portugiesen lösenden deutschen Gruppen in Hamburg nach Selbständigkeit,[11] dominierte Altona im 1671 endgültig vereinbarten Dreigemeindeverband, der de facto fünf Gemeinden umfaßte, kamen doch die zwei Filialgemeinden (Altonaer und Wandsbeker Schutzjuden in Hamburg) hinzu. Dies zeigt sich auch an den Gehaltszahlungen für den Oberrabbiner: 1713 zahlte die Gemeinde Altona 5/8, Hamburg 1/4 und Wandsbek 1/8 der vereinbarten Beträge.[12] Das Wahlverfahren für den Oberrabbiner, der fast immmer von außerhalb berufen wurde, regelten die Gemeindestatuten.[13] Von entscheidender Bedeutung für den Supremat Altonas war, daß der Oberrabbiner als Vorsitzender des Rabbinatsgerichts fungierte, und dies de jure bis zur Auflösung des Dreigemeindeverbands durch die Separationsakte von 1812 in der Franzosenzeit,[14] danach noch für Altona und die beiden Herzogtümer.

Das Rabbinatsgericht

Neben der Finanzhoheit und der Armenfürsorge gehörte die eigene Gerichtsbarkeit zu den Kennzeichen der gemeindlichen Autonomie in Altona.[15] Sie umfaßte das Zeremonialrecht und das Zivilrecht, strafrechtliche Delikte wurden zumeist vom Stadtgericht behandelt. Die Zuordnungen und Zuständigkeiten veränderten sich und waren oft Gegenstand von Anfechtungen.[16] Neben dem Rabbinatsgericht fungierten Schiedsgerichte und das Kollegium der »Sieben Besten der Stadt« (Älteste und Oberrabbiner). Das Rabbinatsgericht selbst bestand aus dem Oberrabbiner und 2 Beisitzern (Rabbinatsassessoren). Als Strafen wurden Geldbußen verlangt, außerdem konnte der Bann ausgesprochen und die Gemeindemitgliedschaft aberkannt werden.

Nach einer Einschränkung des Jurisdiktionsprivilegs auf Zeremonialangelegenheiten (1680) kam es durch das Generalprivileg Christians VI. von 1731 erneut zu einer Zuweisung der Kompetenz des Gerichts für Zeremonial- und Zivilangelegenheiten, die für lange Zeit verbindlich blieb. Zuständig war das Gericht nicht nur für die drei Gemeinden, sondern für alle (deutschen) Juden in Schleswig-Holstein und darüber hinaus in den Gebieten »*biß an den Belt*« mit Ausschluß Glückstadts. Bei der Eintreibung von Geldbußen konnte ab 1781 die Hilfe der christlichen Obrigkeit in Anspruch genommen werden.

Das Verfahren selbst war einfach und übersichtlich. Die streitenden Parteien wurden zum Gericht zitiert, Advokaten waren nicht zugelassen, wohl aber Bevollmächtigte, Protokolle wurden angefertigt. Bei mehrmaligem Nichterscheinen wurde der kleine Bann ausgesprochen. Nach Ablauf der entsprechenden Fristen konnten Pfändungen – auch mit Hilfe der örtlichen Behörde – durchgeführt werden.[17]

Gegen Ende des 18. Jahrhunderts verlor das Rabbinatsgericht unter dem Einfluß von Modernisierungstendenzen und Vorstellungen der Aufklärung deutlich an Einfluß und Ansehen, hierauf ist noch zurückzukommen. So stellten Juden, die sich in Altona niederlassen und als Unternehmer tätig werden wollten, beim dänischen König Anträge, nicht der Gerichtsbarkeit des Gerichts unterstehen zu müssen; den Anträgen wurde zumeist stattgegeben. 1782 wurde die Banngewalt eingeschränkt bzw. von der Genehmigung des Oberpräsidenten in Altona abhängig gemacht.[18] Viele Juden suchten die Klärung juristischer Anliegen bei zivilen (christlichen) Gerichten.

Das Rabbinatsgericht in Altona bestand bis zur Aufhebung der jüdischen Gerichtsbarkeit durch das dänische »Gesetz betreffend die Verhältnisse der Juden im Herzogtum Holstein« von 1863. In Hamburg fungierte nach dem Tode des letzten Oberrabbiners der Dreigemeinde Zvi Hirsch Baschko, im Jahre 1807 temporär ein Rabbinats-Collegium mit Elazar Lase aus Berlin (gest. 1814) und Baruch ben Meier Oser (gest. 1823),[19] bevor mit der Wahl von Isaak Bernays zum geistlichen Beamten 1821 in Hamburg eine prinzipielle Neuordnung eingeführt wurde. Doch sind wir hiermit den Oberrabbinern vorausgeeilt, die über 140 Jahre die eigene jüdische Jurisdiktion in unterschiedlicher Intensität prägten und auch in der Lehre Beachtliches leisteten. Hierüber wird im folgenden zu sprechen sein.

Die Rabbiner

Es ist an dieser Stelle nicht möglich, eine lückenlose Abfolge der Rabbiner in Altona vom späten 17. bis frühen 19. Jahrhundert vorzulegen. Eine derartige Zusammenstellung findet sich in der älteren Literatur,[20] wenngleich dort der Bezug auf die Quellen nach heutigen Maßstäben oft unbefriedigend ist.[21] Im folgenden werden die Rabbiner vorgestellt, die in besonderer Weise herausragen, wobei auch der »Hamburger Amulettenstreit« behandelt wird, ein Ausblick in das 19. Jahrhundert schließt sich an.

Chacham Zwi Aschkenasi

Wie bei keinem der Rabbiner der Dreigemeinde ist das Leben des Chacham Zwi durch die Bewegung des Pseudomessias Sabbatai Zwi und die einsetzenden Wirren in der aschkenasischen und sephardischen Judenheit bestimmt gewesen, ihre Nachwirkungen reichen bis weit in das 18. Jahrhundert – und gerade in der Dreigemeinde – hinaus. Wir sind über sein Leben recht gut unterrichtet, da sich dessen Sohn Jakob Emden in seiner Autobiographie Megillat sefer (»Buchrolle«) ausführlich mit ihm beschäftigt.[22]

Geboren 1660 in Mähren, kam er 1666, im Jahr des Höhepunkts der sabbatianischen Bewegung, nach Budapest. Nach Aufenthalten in Adrianopel und Belgrad flüchtete er 1686 aus Budapest nach Sarajewo, dort amtierte er als Rabbiner. Über Berlin kam er nach Altona und heiratete Sara, die Tochter des amtierenden Rabbiners der Dreigemeinde Salman Mirels Neumark. Fast 20 Jahre war er Vorsitzender eines Lehrhauses (einer Klaus),

Gemeinde
Gemeindeleben

bevor er nach dem Tode seines Schwiegervaters 1706 gemeinsam mit Moses Ben Mordechai Süskind Rothenberg zum Rabbiner in Altona ernannt wurde. Nach Meinungsverschiedenheiten mit seinem Partner (s.u.) legte er sein Amt nieder und wurde 1710 Rabbiner der aschkenasischen Juden in Amsterdam. Er geriet dort in Querelen mit Sabbatianern und kam über London nach Lemberg, wo er erneut ein Rabbineramt übernahm. Dort starb er 1718.

Die Vielzahl seiner Lebensstationen, die häufigen Auseinandersetzungen, bei denen er sich als strenger Antisabbatianer erwies, sind bezeichnend für die damalige Situation der europäischen Judenheit bzw. deren führender Kreise. Chacham Zwi verfaßte eine Reihe von Responsen und Sendschreiben und war als Kenner des jüdischen Religionsgesetzes hoch angesehen. Es gibt ein in London entstandenes Porträt von ihm – recht ungewöhnlich für die damalige Zeit.[23] Kennzeichnend für die Art der Auseinandersetzung war sein Streit mit seinem Partner in Altona, der – wie behauptet wird – zu seiner Amtsniederlegung führte. Chacham Zwi hatte 1709 auf eine Anfrage entschieden, daß ein Huhn, bei dessen Schlachtung man kein Herz gefunden hatte, als rituell koscher zu gelten habe, das Herz sei bei der Tötung – lebensnah – nicht gesehen worden oder verloren gegangen. Sein Opponent Süskind Rothenberg nahm dezidiert die gegenteilige Position ein und erklärte das Huhn für nicht rituell koscher zum Verzehr. Der Streit, der zu einer cause célèbre in der rabbinischen Literatur wurde, ist in orthodoxen Kreisen noch in unseren Tagen Gegenstand von Erörterungen bei Fragen der Herzverpflanzung gewesen![24]

Jechezkel Ben Abraham Katzenellenbogen

Jechezkel Ben Abraham Katzenellenbogen (geb. um 1668) wurde 1713 als Rabbiner nach Altona berufen und amtierte hier bis zu seinem Tode 1749. Er kam aus Litauen und verfaßte eine Reihe von Gutachten. Die geistige Bedeutung von Zwi Aschkenasi oder seines Nachfolgers Jonathan Eybeschütz erreichte er nicht. Katzenellenbogen, der 1725 eine Reihe von Bannsprüchen gegen die Sabbatianer erlassen hatte, stand mit Jakob Emden zunächst in einer guten Beziehung. Doch wieder waren es Streitigkeiten über halachische (religionsgesetzliche) Angelegenheiten, die das Verhältnis trübten und zum Bruch führten. Katzenellenbogen hatte 1739 in einem Verfahren vor dem Rabbinatsgericht verfügt, daß eine kinderlose Witwe ohne Chaliza[25] erneut heiraten durfte, falls der Bruder des verstorbenen Mannes zum Christentum übergetreten sei. Dem widersprach heftig Jakob Emden. Auseinandersetzungen um die Approbation von Schriften Emdens schlossen sich an. Die Schmähungen Katzenellenbogens durch Emden hielten auch nach dessen Tod 1749 an. Emden zieh ihn der Unwissenheit und Bestechlichkeit, der Trunksucht und Völlerei bei Festen (etwa Hochzeiten) und verspottete seine Sprache, die man nicht verstehen könne.[26] Die Harschheit der Anschuldigungen Emdens mag überrraschen, das Ganze war jedoch nur ein Vorspiel der Auseinandersetzungen, die zwischen Emden und dem Nachfolger Katzenellenbogens im Amt, Jonathan Eybeschütz, einsetzen sollten.

Jonathan Eybeschütz und Jakob Emden

Jonathan Eybeschütz und Jakob Emden sind die beiden geistig beherrschenden Persönlichkeiten der Dreigemeinde AHW im 18. Jahrhundert. Sie fehlen in keiner Darstellung der jüdischen Religions- und Geistesgeschichte über das Ende des traditionellen Judentums und den Übergang zur Moderne. Ihr Streit ist letztlich ein Nachklang der sabbatianischen Bewegung und ein wichtiges Moment für die unter dem Einfluß der (jüdischen) Aufklärung einsetzenden Veränderungen und Neuerungen jüdischen geistigen und kommunalen Lebens in Deutschland und später in Europa.

Freimark
Das Oberrabbinat
Altona - Hamburg - Wandsbek

Jonathan Eybeschütz, geb. um 1690 in Mähren, wirkte viele Jahre als Rabbiner in Prag, bevor er 1741 als Oberrabbiner nach Metz berufen wurde. 1750 kam er als Nachfolger von Katzenellenbogen als Oberrabbiner nach Altona, er starb hier 1764.

In einer Vielzahl von Werken, die zum großen Teil erst nach seinem Tod veröffentlicht wurden – sie liegen nicht in deutscher Sprache vor – erwies er sich als glänzender Kenner des rabbinischen Schrifttums. Ruhm und Anerkennung erzielte er als Prediger,[27] ihm galt das erste Gedicht in deutscher Sprache, das zur Ehrung eines Rabbiners verfaßt wurde.[28]

Sein Antipode Jakob Emden wurde 1697 als Sohn des Chacham Zwi in Altona geboren. Nach seiner Ausbildung war er drei Jahre Rabbiner in Emden (1729 – 1732) und kehrte dann in seine Heimatstadt zurück, in der er bis zu seinem Tode 1776 als Privatgelehrter lebte. Seit 1743 führte er nach Genehmigung durch den dänischen König Christian VI. eine eigene Druckerei, in der die meisten seiner Schriften – Kommentare, Sendschreiben, sein Gebetbuch – erschienen. Er verfaßte zwischen 1752 und 1766 seine Autobiographie Megillat sefer, die er allerdings nie veröffentlichte. Seine Korrespondenz mit Moses Mendelssohn und die Hinwendung zu säkularen Wissenschaften in seinem letzten Lebensabschnitt führte viele seiner Interpreten dazu, in ihm einen Schlußstein traditioneller jüdischer Geisteskultur und Vorläufer der Aufklärung zu erkennen. Er starb 1776 in Altona.[29]

Der Streit

»*The Controversy*«, so bezeichnet Schacter die Auseinandersetzung zwischen Jakob Emden und Jonathan Eybeschütz, die unter dem Namen »Hamburger Rabbinerstreit/ Amulettenstreit« in die Literatur eingegangen ist.[30] Wie bedeutsam diese Auseinandersetzung war, zeigt sich noch heute, gibt es doch noch immer höchst kontroverse Meinungen der aktuellen Vertreter beider Protagonisten in unterschiedlichen Lagern.

Anlaß des Streits waren Amulette, die Eybeschütz Wöchnerinnen übergeben hatte. Emden meinte, in den Texten auf den Amuletten sabbatianische Tendenzen entdeckt zu haben und zieh im Februar 1751 den gerade ernannten Oberrabbiner Eybeschütz des Sabbatianismus. Dies war ein schwerer Vorwurf, den Eybeschütz sofort zurückwies. In der Folgezeit entwickelte sich eine erbitterte Auseinandersetzung, in der beide Parteien sich gegenseitig bannten. Sendschreiben gingen hin und her, die Gemeinde zerfiel in zwei Gruppierungen. Rabbiner aus ganz Europa meldeten sich zu Wort, die Behörden in Hamburg und Kopenhagen wurden eingeschaltet. Emden floh 1751 nach Amsterdam, da er um sein Leben fürchtete, er kehrte Mitte 1752 zurück. Der Ausgang des Streits blieb schließlich offen: Eybeschütz konnte weiter als Oberrabbiner amtieren und Emden setzte auch nach dem offiziellen Abschluß des Streits 1756 seine Anschuldigungen fort. Zurück blieb eine verunsicherte jüdische Öffentlichkeit in der Dreigemeinde und über deren Grenzen hinaus, die sich verbittert von dem »*Rabbinergezänk*« abwandte und sich gegenüber Modernisierungstendenzen des gemeindlichen Lebens immer aufgeschlossener zeigte.

Gemeinde
Gemeindeleben

Raphael Cohen

Als dominierende Persönlichkeit unter den letzten amtierenden Oberrabbinern des Dreigemeindeverbands ist Raphael Cohen zu nennen, der aus Livland stammend zwischen 1776 und 1799 amtierte, er starb 1804. Seine Amtszeit kann als symptomatisch für die letzte Phase des traditionellen altjüdischen Rabbinats in Mitteleuropa angesehen werden. Mit unerbittlicher Strenge versuchte er, herkömmliche Strukturen und Lebensformen durchzusetzen, wobei er sich vor allem des Rechtsinstituts des Bannes bediente.[31] Dies führte 1782 zur Einschränkung der Banngewalt durch die dänischen Behörden. Cohen – er war der deutschen Sprache nicht mächtig – ragte wie ein Relikt aus vormodernen Zeiten in die Phase des Umbruchs und der beginnenden Modernität hinein, er vermochte den neuen Zeitströmungen nicht zu begegnen und trat deshalb von seinem Amt zurück.

Das Ende des Dreigemeindeverbands und der Übergang in die Moderne

Durch die Eingliederung Hamburgs in das französische Kaiserreich 1810 und die 1812 durch die Separationsakte vollzogene Trennung des Dreigemeindeverbands ergab sich eine völlig neue Situation für die Juden im Hamburger Raum. Die Juden in Hamburg bildeten mit 6.300 Angehörigen die größte Gemeinschaft in Deutschland. Im Zeitalter beginnender Assimilation (»Verbürgerlichung«) und Bestrebungen der Emanzipation vollzogen sich auch im religiösen Bereich tiefgreifende Veränderungen. Mit der Ende 1817 erfolgten Gründung des »Neuen Israelitischen Tempelvereins in Hamburg« und der Vorlage eines neuen Gebetbuchs 1818 konnte sich in Hamburg das entstehende Reformjudentum trotz heftiger Proteste des konservativen Lagers[32] durchsetzen.

Die Einführung neuer Formen des Gottesdienstes durch den Tempel mußte auch im Lager der Vertreter der Tradition grundlegende Überlegungen auslösen. Die Krise des herkömmlichen Rabbineramts war unverkennbar, sie hatte sich schon seit langem angekündigt. Der Rabbiner war zum »Kauscherwächter«, zum Beaufsichtiger der rituellen Reinheitsvorschriften geworden, seiner Jurisdiktion versuchte man sich zu entziehen, die heftigen Streitereien der Rabbiner taten ein übriges. Oft bedrängt von wohlhabenden Juden in einer Gemeinde, kam es zu verhängnisvollen Abhängigkeiten und Bestechungen. Hinzu trat eine durch die eigene Sozialisation bedingte Selbstisolierung und die Unfähigkeit, sich mit modernen Entwicklungen auseinanderzusetzen. Dies war auch aus sprachlichen Gründen oft unmöglich: viele Rabbiner sprachen kein Deutsch. So wird in einer Schrift aus dem frühen 19. Jahrhundert in Berlin berichtet:

»*Ein solcher jüdischer Assessor bekam eine Zuschickung vom Kammergericht, der Bothe wollte sie ihm eigenhändig abgeben, da jener den Empfang schriftlich bescheinigen mußte. Die Frau nahm es mit der Bemerkung ab, 'ihr Mann sey jüdischer Gelehrter, er könne weder* [deutsch] *lesen noch schreiben'«.*

Offensichtlich konnte sie es.[33] Fazit: Die Krise des herkömmlichen Rabbinats und der gemeindlichen Strukturen war offensichtlich, es mußten neue Wege gesucht und gefunden werden.[34]

Einer dieser Wege war das entstehende Reformjudentum in Hamburg. Betrachtet in einem gesamtjüdischen Kontext ist dies das andere wichtige Ereignis – neben dem Emden-Eybeschütz-Streit –, das mit dem Namen Hamburg in der jüdischen Religionsgeschichte verbunden ist.[35]

Freimark
Das Oberrabbinat
Altona - Hamburg - Wandsbek

Neben der radikalen Abwendung von den herkömmlichen Formen des synagogalen Gottesdienstes durch die Reformer, kam es nun auch in traditionsbewußten Kreisen zu Bitten um Veränderung. Im Dezember 1819 forderten 117 Mitglieder der Hamburger Gemeinde das Vorsteher-Collegium auf, einen Rabbiner für Hamburg zu wählen und zu ernennen.[36] 1821 wurde Isaak Bernays »*zum geistlichen Beamten in der hiesigen Deutschen Israelitischen Gemeinde*«[37] bestellt. Neben seiner rabbinischen Ausbildung hatte Bernays an der Universität Würzburg studiert, war also auch in den »weltlichen« Wissenschaften ausgewiesen. Den Titel »Rabbiner« lehnte er ab, er wählte die sephardische Bezeichnung Chacham (»Gelehrter«). In drei Punkten läßt seine Bestallungsurkunde deutlich die Neuerungen erkennen. Bernays war gehalten 1. »*an Fest- und Feiertagen öffentliche Reden in der Synagoge der Gemeinde in volkstümlicher* [d. i. in deutscher] *Sprache zu halten*«, – ein Hinweis auf die neue Funktion als Predigers, 2. »*bei der aufgehobenen Autonomie bleiben alle Civilsachen, wie sich von selbst versteht, von den Funktionen des geistlichen Beamten gänzlich ausgeschlossen*«, – ein Verbot einer eigenen rabbinischen Jurisdiktion, 3. »*[...] kann auch für die Folge nicht zu den Attributen der geistlichen Beamten der Gemeinde gehören, Individuen oder Corporationen in unserer Gemeinde oder selbst fremde, sich hier aufhaltende Israeliten wegen begangener oder unterlassener religiösen oder nicht religiösen Handlungen, von welcher Seite sie auch sein mögen, zur Rede zu stellen, denselben kirchlichen Wohltaten zu entziehen oder gar bestrafen zu wollen*«, – u. a. das Verbot des Aussprechens des Banns.[38]

Überlegungen der letzteren Art hatte es in dieser Zeit selbst in der traditionsbewußten Gemeinde Altona gegeben. In einem Promemoria der Ältesten der Gemeinde aus dem Jahre 1818, das sich für die Fortführung der autonomen jüdischen Gerichtsbarkeit einsetzte, heißt es: »*Um auch bey dem mosaischem Gerichte die Execution der Erkenntnisse schneller zu machen, würden wir auf den bisherigen Gebrauch des Bannes verzichten...*«,[39] ein Angebot, welches der 1823 ernannte Oberrabbiner Akiba Wertheimer allerdings nicht einlöste. In einer von dem Vertreter der Reform Abraham Geiger herausgegebenen Zeitschrift[40] findet sich 1835 folgende Meldung:

»*[Altona] Der hiesige Rabbiner R. Akiba, ist gestorben; er war Pole und lebte noch ganz in der alten finstern Zeit, glaubte eine geistliche Gewalt zu besitzen, die er in Bannflüchen und anden* [!] *Früchten der Intoleranz äußerte, namentlich gegen den Tempel zu Hamburg, die sich freilich einer sehr geringen Beachtung erfreuten*«.

Im folgenden Jahr erschien die Entgegnung eines Anonymus, die Wertheimer lobte und zum Bann feststellte: »*Der s.g. 'Bann', der eine merkwürdige Combination von gelinden Strafen ist, nämlich dem Gebannten an seinen bürgerlichen* [!] *Freiheiten und seiner Ehre zugleich einigermaßen Abbruch thut, war eines der Zwangsmittel seiner Gerichtsbarkeit*«. In einer redaktionellen Replik hierzu wird geäußert:

»*Sollte auch ein Vergleich zwischen der Gerichtsbarkeit, wie sie von R. Akiba ausgeübt wurde und der gewöhnlichen bürgerlichen jene in hellem Licht erscheinen lassen, so ist dennoch das Princip der Trennung ein schädliches; ebenso wenn auch der Bann blos gelinde Strafen in sich faßte, so ist er doch, als ein Kirchenzwang, verwerflich. Anderseits läßt sich nicht wohl denken, wie ein Bann ohne ziemlich bedeutende, aus ihm fließende Unannehmlichkeiten, seinen Zweck erreichen konnte*«.[41]

In einer Zeit, in der im christlichen Raum die »Kirchenzucht« – bis hin zur Exkommunikation – schwand und Religion zunehmend zu einer Sache des Einzelnen, zu einer Privatangelegenheit wurde, kann derartiges auch für das Judentum festgestellt werden. Die innige Verwobenheit des religiösen und gesellschaftlichen Lebens löste sich. Nach den

183

Worten des Reformrabbiners Holdheim war der Bann eine »*Geißel*«. Er »*gehört zu den finsteren Ungethümen des Mittelalters, die vom Lichte der Aufklärung inner- und außerhalb des Judentums beleuchtet und verscheucht wurden*«.[42] Nach den Worten des Hamburger Gemeinde-Sekretärs M. M. Haarbleicher bedeutete das Verbot des Bannes »*die Wasserscheide zwischen alter und neuer Welt*«.[43]

Die Komplexität der »älteren Welt« hatte sich aufgelöst. Mit Orthodoxie (vertreten v.a. vom Nachfolger Wertheimers Jakob Ettlinger), Konservativem Judentum (Bernays) und Reform (Kley, Salomon) hatten sich in Altona/Hamburg die drei Glaubensrichtungen herausgebildet, die noch heute konstitutiv für das Judentum sind.

Anmerkungen

1 Schudt 1714, 1. Teil, S. 372.
2 Bodenschatz 1748, I. Teil, S. 192.
3 Vgl. die übersichtliche Darstellung bei Poppel 1983, S. 439 – 441.
4 Vgl. die glänzende Studie von Schorsch 1981, S. 205 – 247.
5 Vgl. den Beitrag von Günter Böhm in diesem Band.
6 Vgl. zuletzt Louven 1989.
7 Vgl. hierzu den Beitrag von Günter Marwedel in diesem Band.
8 Vgl. Marwedel 1976, S. 131.
9 Ebd., S. 134.
10 Abdruck in: Freimark/Herzig 1989, S. 312 – 323.
11 Vgl. Brilling 1931/32, S. 45 – 68; Marwedel 1976, S. 144 – 154; Freimark 1981, S. 120.
12 Vgl. Haarbleicher 1886, S. 54.
13 Vgl. Graupe 1973, Bd. 1, S. 117f.
14 Zur Thematik vgl. auch (mit Angaben zur weiterführenden Literatur) meine Beiträge: in: Freimark 1989 (1), S. 191 – 208; Freimark 1989 (2), S. 9 – 21; Freimark 1991 (1).
15 Zum folgenden vgl. Marwedel 1976, S. 80 – 88.
16 LASH Abt. 65.2, Nr. 3803; StAH Jüdische Gemeinden 87.
17 Reskript vom 6.6.1781, vgl. Marwedel 1976, S. 337. – Zum Verfahren vgl. Haarbleicher 1886, S. 27 – 38; Grunwald 1905, S. 116 – 128. – Umfangreiche Materialien in: StAH Jüdische Gemeinden 121: Hauptprotokollbücher 1768 – 1864.
18 Vgl. Marwedel 1976, S. 339ff. und meinen Beitrag Freimark 1989 (2), S. 9 – 21 mit ausführlicher Darstellung eines Falls.
19 Vgl. das Siegel des Collegiums in: Elleh divre hab-berit (hebr.), (»Dies sind die Worte des Bundes«) Hamburg 1819, einer Stellungnahme gegen den Tempelverband (S. VI). Die beiden Mariensterne und das Kreuz fehlen.
20 Vgl. Duckesz 1903. Ein Nachdruck (ohne die deutschen Texte) erschien in Israel 1968; Dukkesz, Chachme; Wolfsberg-Aviad 1960, ist weitgehend eine Paraphrase der Ausführungen von Duckesz. – Die Grabinschriften der auf dem Friedhof in Altona begrabenen Rabbiner und Gelehrten finden sich neben Duckesz auch bei Wittkower, Agudath Perachim, S. 283 – 304.
21 In vielen Fällen fehlen Quellennachweise, bei Duckesz gerät das Ganze trotz überaus verdienstvoller Arbeit in den Charakter des Hagiographischen. Wolfsberg-Aviad enthält leider eine Reihe von Fehlern (Bildunterschriften!).
22 Emden, Jakob: Megillat sefer. Edition Kahana, Warschau 1897 (Nachdruck New York 1955) und Bick, (Jerusalem 1979). – Schacter hat eine Neuedition und eine englische Übersetzung angekündigt in: Schacter, Rabbi Jacob Emden, Bd. 2, S. 19.
23 Vgl. hierzu Freimark 1991 (1).
24 Vgl. hierzu Schacter, Rabbi Jacob Emden, S. 403f., 474. Nach Jacob Emden lag der Grund der Trennung in finanziellen Unregelmäßigkeiten von Süskind Rothenburg (a.a.O. S. 69).
25 Chaliza (Abziehen des Schuhes, vgl. 5. Mose, 25, S. 5 – 10) ist ein biblischer Ritus. Er erfolgt, wenn sich der Schwager weigert, die verwitwete kinderlose Frau zu heiraten.
26 Vgl. zuletzt hierzu Schacter, Rabbi Jacob Emden, S. 185 – 201.
27 Eine seiner Predigten ist jetzt in englischer Sprache stark gekürzt veröffentlicht worden (Metz 1744), vgl. Saperstein, Jewish Preaching, S. 327 – 346. Vorlage: Yacarot devasch (Honigwaben), Erstausgabe Karlsruhe 1779, fol. 37c – 42d.
28 Brilling 1968, S. 38 – 47. Das Gedicht beginnt

mit den Worten: »Hat je das Judenthum / Uns einen Mann gezeigt, / Der voller Glück und Ruhm, / Noch alle übersteigt, / Die je von unserm Volk die Wissenschaften kennen, / Darf man den Namen nur von unserm Rabbi nennen«.

29 Durch die umfangreiche Studie von Schacter, Rabbi Jacob Emden, die nicht nur Leben und Werk Emdens behandelt, sondern auch den aktuellen Forschungsstand darstellt, ist ein wissenschaftlich bedeutsamer Schritt vollzogen worden. Vgl. meine Anzeige des Werks in: Zeitschrift des Vereins für Hamburgische Geschichte 77 (1991), im Druck.
30 Schacter, Rabbi Jacob Emden, S. 370 – 498.
31 Vgl. meinen Beitrag: Freimark 1989 (2), S. 14 – 18; vgl. auch Meyer 1989, S. 153.
32 Wie Anm. 19. – Nach der Stellungnahme der 3 Vertreter des Collegiums – unterschrieben von Baruch Meier Oser, Mosche Jakob Jaffe und Michal Speyer – folgen 22 Responsen (Briefe) von Rabbinern aus Europa, die den Protest fast alle unterstützen. Anschließend sind Auszüge dieser Briefe in deutscher Sprache – allerdings in hebräischen Buchstaben! – abgedruckt. In der dem Rat der Stadt in deutscher Sprache vorgelegten Supplik vom 7.5.1819 mit gleichem Inhalt unterzeichnen: »Baruch Meyer Rabiner, Jacob Meyer Jaffe Rabiner und Mecael Wolff Speyer Rabiner« (in deutscher Schrift), es folgen gekürzte Fassungen der Briefe der Rabbiner (StAH Senat Cl. VII Lit. Lb Nr. 18 Vol. 7b Fasc. 4 Inv. 1). – Im hebräischen Text ist von einem Bet din zedeq (Rabbinatsgericht) die Rede, im deutschen von einem »Rabbinatscollegium«.
33 Meyer 1980 (2), S. 114.
34 Vgl. Güdemann, Quellenschriften, S. 188 – 191; Abramsky, Crisis 1979, S. 13 – 28; Sorkin, Transformation, S. 49ff.
35 Vgl. den Beitrag von Michael A. Meyer in diesem Band.
36 Vgl. Poppel 1983, S. 439.
37 Vgl. den Abdruck der Bestallungsurkunde in: Duckesz 1907, S. 302.
38 Ebd., S. 302 – 304.
39 LASH Abt. 65.2 Nr. 440, Vol. 1, Fol. 581.
40 Wissenschaftliche Zeitschrift für jüdische Theologie 1 (1835), S. 274.
41 Ebd., 2 (1836), S. 144 – 146.
42 Ueber die Autonomie der Rabbiner und das Princip der jüdischen Ehe, Schwerin 1843, S. 3.
43 Haarbleicher 1886, S. 29.

Literatur

Abramsky, Chimen: The Crisis of Authority Within European Jewry in the Eighteenth Century. In: Siegfried Stein/Raphael Loewe (Hg.): Studies in Jewish Religious and Intellectual History. Presented to Alexander Altmann on the Occasion of his Seventieth Birthday. The University of Alabama Press 1979

Duckesz, E: Chachme AHW. Hamburg 1908 (hebr. mit kürzeren deutschen Eintragungen)

Güdemann, Moritz: Quellenschriften zur Geschichte des Unterrichts der Erziehung bei den deutschen Juden. Berlin 1891, Nachdruck Amsterdam 1968

Katz, Jacob: Orthodoxy in Historical Perspective. In: Studies in Contemporary Jewry 2 (1986)

Saperstein, Mara: Jewish Preaching 1200 – 1800. An Anthology. New Haven – London 1989

Schacter, Jacob Joseph: Rabbi Jacob Emden: Life and Major Works. University Microfilms International (UMI), 2 Bde. Ann Arbor Ml. 1988

Sorkin, David: The Transformation of German Jewry 1780 – 1840. New York – London 1987

Wittkower, J.S.: Agudoth Perchim. Altona 1880 (hebr.)

Freimark
Das Oberrabbinat
Altona - Hamburg - Wandsbek

Gemeinde
Gemeindeleben

Duldung und Ausgrenzung. Schutzjuden und Betteljuden in Hamburg im 17. und 18. Jahrhundert

Peter Kromminga

Aus dem Bewußtsein der ständigen Gefährdung der Duldung sowohl der Sephardim als auch der Aschkenasim in Hamburg erklärt sich einerseits der Versuch, das Abgleiten von Gemeindemitgliedern in ständige Armut zu verhindern.[1] Andererseits erwuchs daraus das harte Vorgehen der Gemeindevorstände gegen delinquente Mitglieder der eigenen Gemeinden, das abweisende Verhalten gegenüber Aufnahmegesuchen in die Gemeinden und das harte Vorgehen gegen Straßenbettelei und umherziehende arme Glaubensgenossen. Die Armenfürsorge der Gemeinden unterschied im Wesentlichen zwischen drei Gruppen von Armen. Die aufgrund von Schicksalsschlägen verarmten Mitglieder der Gemeinden, also Kranke, Alte, Witwen und Waisen erhielten aus der Armenkasse der Gemeinden eine regelmäßige Armenunterstützung, in akuter Not auf Antrag auch besondere Unterstützungszahlungen. Sie wurden mit Kleidung, Brennholz und Mazzot versorgt. Durchreisende Sendboten aus den Gemeinden in Palästina oder Polen, durchreisende Gelehrte und Rabbiner erhielten über sogenannte Pletten Essen in ansässigen Familien und mußten, meist ausgerüstet mit einer kleinen finanziellen Reiseunterstützung, Hamburg spätestens nach vier Tagen wieder verlassen. Die dritte Gruppe bildeten die fremden Armen, die der Gemeindevorstand von Hamburg fernzuhalten versuchte.

Der Vorstand der sephardischen Gemeinde hatte im 17. Jahrhundert vom Rat die Vollmacht erhalten, gegen delinquente Gemeindemitglieder vorzugehen. Er tat das mit einem abgestuften Strafsystem. Je nach Schwere der Tat reichte die Strafe von kleineren und größeren Geldstrafen über den zeitweiligen Ausschluß vom Gottesdienst, die Einweisung ins Arbeitshaus bis zur Ausweisung aus der Gemeinde. Der Vorstand war dabei um ein gutes Einvernehmen mit den Behörden, Ratsmitgliedern und Bürgermeistern bemüht. 1656 trug der Vorstand der sephardischen Gemeinde 50 Mark Lübisch zum Arbeitshaus bei in Erwägung der Tatsache,

»dass die Verwaltung aus Großbürgern (burgezes principais) besteht und das Präsidium von einem Bürgermeister geführt wird, sowie

Gemeinde
Gemeindeleben

*dass es andererseits wichtig ist, jene Herren unserer Nation gewogen zu erhalten«.*²

Der Vorstand entschied, welche Sephardim sich in Hamburg niederlassen durften. Vor der Entscheidung wurden Erkundigungen über die Vergangenheit und die wirtschaftliche Potenz der Bewerber eingeholt. Dennoch geriet er 1667 in Konflikt mit dem Magistrat, der Beschwerde über betrügerische Maklergeschäfte und unehrlichen Handel führte und die Gemeinden mahnte, *»es solle niemand in das hiesige Gebiet kommen, über den man nicht zuvor Auskunft erhält und von dem man nicht weiss, in welcher Weise er seine Geschäfte betreibt und dass er für den Staat (a sua republica) von Vorteil und Nutzen ist«.*³

Die Vorgabe des Hamburger Magistrates war deutlich. Ihm ging es darum, nur diejenigen Portugiesen zuzulassen, die für die wirtschaftliche Entwicklung Hamburgs von Nutzen waren. Dementsprechend sollte auch der Vorstand handeln. Nicht der Gemeinde angehörende fremde Arme wurden nicht zugelassen.

1664 erschienen Natan Bar Aron und Natanael Forst, zwei Vorsteher der aschkenasischen Gemeinde, beim Vorstand der Portugiesen und *»wiesen auf die Unannehmlichkeiten hin, welche daraus erwachsen können, dass fremde Tudescos ohne unsere Erlaubnis und ohne die ihrige sich in hiesiger Stadt niederlassen«.*⁴

Der Vorstand der aschkenasischen Gemeinde wurde beauftragt, die betreffenden aschkenasischen Juden auszuweisen und den in Hamburg als sogenannte »Dienstboten« der Portugiesen zugelassenen deutschen Juden deutlich zu machen, daß es ihnen verboten sei, andere Aschkenasim bei sich aufzunehmen. Diese Protokollnotiz zeigt, daß auch die aschkenasische Gemeinde bereits in ihrem frühesten Stadium daran interessiert war, durch eine restriktive Zulassungspolitik die eigene Duldung in Hamburg nicht zu gefährden.

Zentralisierung der Armenfürsorge und Repression gegen Straßen- und Türbettelei

Die soeben erwähnte geplante Ausweisung einer größeren Zahl aschkenasischer Juden aus Hamburg zeigt, daß eine lückenlose Zuzugskontrolle und Kontrolle der Hamburger Stadttore zur Verhinderung des Eindringens armer Juden nicht möglich war. Auch das Betteln von Juden auf den Straßen und an den Türen nahm nach dem 30jährigen Krieg, aus dem Hamburg wirtschaftlich gestärkt hervorging und das deshalb auch auf die Unterschichten eine besondere Anziehungskraft ausübte, von Jahr zu Jahr zu. 1663 heißt es im Vorstandsprotokoll der sephardischen Gemeinde:

»Der hiesige Magistrat hat bei dem Vorstand wegen der immer mehr um sich greifenden Hausbettelei der armen Tudescos Klage geführt. Es erwächst ausserdem den einzelnen Gemeindemitgliedern aus derselben eine grosse Belästigung, da täglich und sogar am Sabbat eine Menge Armer in aufdringlicher Weise von Haus zu Haus betteln. Wie die Parnassim der Deutschen erklären, ist hauptsächlich unsere gewohnte grosse Mildtätigkeit jenen Armen gegenüber hieran schuld, denn dadurch würden die Leute veranlasst, sich länger hier aufzuhalten und auch der deutschen Gemeinde zur Last zu fallen. Da andererseits auch in unserer Gemeinde viele Bedürftige sind und es doch weit eher nötig ist, diesen zu helfen, will der Mahamad dem vorerwähnten Uebelstande nach Möglichkeit abhelfen und richtet daher an alle unsere Mitglieder die Bitte, ihre Hausleute anzuweisen, keine der bettelnd umherziehenden Tudescos, seien es Fremde oder Einwohner von Altona

oder Wandsbek, Männer oder Frauen, mit Geld zu unterstützen; nur Freitags soll ihnen jeder nach Belieben Brot oder 'Cringel' (Brezeln) verabfolgen«.[5]

Kromminga
Duldung und Ausgrenzung. Schutzjuden und Betteljuden in Hamburg im 17. und 18. Jahrhundert

Zudem war es Mitgliedern der Gemeinde verboten, auf eigene Faust ohne Genehmigung des Vorstandes Sammlungen für einheimische oder fremde Arme durchzuführen. Angesichts der langen Tradition und der Selbstverständlichkeit des Almosengebens ließ sich dieses Verbot des Almosengebens und -sammelns nur sehr schwer durchsetzen. Regelmäßig wiederholte der Vorstand diese Verbote mit dem Hinweis, daß allein der Gemeindevorstand und der Verwalter der Armenkasse für das Almosensammeln und die Vergabe von Armenunterstützung zuständig seien.

Im 17. Jahrhundert zog also die sephardische Gemeinde unter dem Druck des Magistrats die Armenfürsorge an sich und beendete damit das traditionelle Armenwesen, das auf der direkten Gabe des Vermögenden an den Bettler beruhte. Die sephardische Gemeinde versuchte, der Verarmung von Gemeindemitgliedern entgegenzuwirken und gleichzeitig in Zusammenarbeit mit den Hamburger Behörden fremde Arme und Bettler von der Stadt fernzuhalten. Eine ähnliche Tendenz setzte sich in den absolutistischen Territorien und den anderen Reichsstädten durch und führte zum sog. Schub der immer größeren Zahl von Ort zu Ort ziehender jüdischer Armer (Betteljuden) ohne jegliches Niederlassungsrecht.[6]

»Sie sind beim Kopf zu nehmen«

Doch drängten sich weiterhin die Betteljuden nach Hamburg. Die Torsteher konnten schon aufgrund der großen Zahl Einlaß begehrender Juden keine effiziente Kontrolle der Zuwanderung mehr leisten. Hinzu kam die unklare Stellung der in Altona und Wandsbek wohnenden und größtenteils in Hamburg geschäftlich tätigen Juden. Juden ohne offizielle Berechtigung zur Niederlassung in Hamburg bettelten auf den Straßen, betrieben ambulanten Karrenhandel, gaukelten, stahlen, verkauften Lotterielose oder gingen »unehrlichen« Gewerben nach. Besonders das Krameramt beschwerte sich über die unliebsame Konkurrenz der jüdischen Hausierer und Karrenhändler.[7] Die Hamburger Behörden versuchten durch verschärfte Torkontrollen, Gasseninspektionen, Ausweisungsmaßnahmen, aber auch durch Druck auf die jüdischen Gemeinden der Lage Herr zu werden.

Eine ähnlich prekäre Lage wie bei den Sephardim zeigte sich auch bei der deutschjüdischen Gemeinde in Hamburg. Das Judenreglement von 1710[8] war in vielen seiner Bestimmungen so vage, daß Einschränkungen oder Erweiterungen der Freiheiten der Juden weiterhin vom Kräfteverhältnis der mächtigsten Interessengruppen der Stadt und von Konjunkturen abhängig blieb.[9] Die Bürgerschaft formulierte gegenüber dem Reglement den Vorbehalt, daß es *»zumindest hinsichtlich der hochdeutschen Juden veränderlich bleiben müsse«*.[10] Wie stark die Grenzen der Duldung von der jüdischen Gemeinde empfunden wurden, zeigt das Bemühen der Hamburger Juden um die Erneuerung des Abkommens mit der Altonaer Gemeinde, das ihnen erlaubte, im Falle von Verfolgung in Altona Zuflucht zu suchen.[11] Das Reglement, das sonst fast wortgleich für die portugiesischen und die deutschen Juden erlassen wurde, enthält für die hochdeutschen Juden den besonderen Artikel 23 mit folgendem Wortlaut:

»Weil endlich die Erfahrung bezeuget / daß die Hochteutsche Juden von unterschiedlichen Oertern sich gleichsam Troups-weise anhero versammeln und niederlassen / auch verschiedener Sorten und Qualitäten seyn / so daß man dieselbe schwerlich Mann für Mann

Gemeinde
Gemeindeleben

taxiren kan; Als wird die Verfügung hiermit gemachet / daß Sie sich unter sich selbst taxiren sollen / wieviel einjeder von ihnen zu dem mit der Stadt accordirten Quanto jährlich geben müsse / welches dann von E. E. Rath / dafern es nicht richtig einkommen solte / per Executionem eingetrieben / wann aber auch von ein und andern derselben solche Contributiones durch Execution nicht zu erhalten / die übrige zwar solch rückständiges Quantum bezahlen / desgleichen nothdürfftige Juden aber sofort aus der Stadt geschaffet werden sollten«.[12]

Angesichts der für die Hamburger Behörden wachsenden Unübersichtlichkeit an den Stadttoren, in den Straßen und in den Häusern und Buden wurden die obrigkeitlichen Funktionen der Dreigemeinde über die der sephardischen hinaus erweitert: Neben die Zuwanderungskontrolle, das Ausweisungsrecht und das Strafrecht trat mit dem Reglement das Recht der Besteuerung der Gemeindemitglieder, um die korporativ an die Behörden zu entrichtende jährliche Steuer aufzubringen. Nicht steuerfähige »*nothdürfftige Juden*« waren umgehend aus der Stadt zu schaffen. Daneben pachtete die Gemeinde das Recht zur Einnahme des Geleitsguldens, den jeder fremde Jude für seinen Besuch oder einen vorübergehenden Aufenthalt in Hamburg zu zahlen hatte.

Um diese sehr weitreichenden Funktionen der Besteuerung und Niederlassungskontrolle ausüben zu können, stellte die Dreigemeinde Bediente an: Zur Kontrolle des Millerntors, dem einzigen für Juden zugelassenen Zugang, wurde eine jüdische Torwache eingerichtet; den genauen Standort gibt Heß in seiner Historischen Topographie Hamburgs an:»*Vor dem Schlagbaum ist zur Rechten das Thorschreiberhäuschen, und zur Linken eine Bude, worin ein Vogt und ein Jude zum Aufpassen bettelhafter Fremden bestellt sind*«.[13]

Als sich die Beschwerden über illegal sich aufhaltende und vor allem nicht-steuerzahlende Juden in Hamburg verstärkten, band der Rat mit Dekret vom 21. Januar 1734 die Zuwanderungskontrolle wieder stärker an die Hamburger Behörden. Es sollen

»*alle Juden die aus der Fremde sich hier niederlassen wollen, zwar denen Ältesten sich sistiren und von diesen ob solche anzunehmen oder nicht vorgängig untersucht, jedoch ohne der p.t. Wohlweisen Herren der Wedde ausdrückliche Erlaubnis und Autorität keiner hier zugelassen oder abgewiesen, Bettler und anderes Gesindel durch die vor den Stadt-Thören beständig zu haltenden Aufpasser sofort zurückzuweisen und was von dergleichen mit keiner redlichen Hanthierung sich nährende Leute bereits sich allhier befindet, mit Namen aufgezeichnet, selbige an die p.t. Herren Prätores übergeben und nach geschehener Untersuchung aus der Stadt und derem Gebiete relegiert und da sie sich dennoch hier wieder betreffen liessen, öffentlich und nachdrücklich bestrafet werden sollen ...*«.[14]

Schon vor dem Erlaß des Reglements von 1710 hatte die aschkenasische Gemeinde Bedienstete, die bei Ausweisungen quasi polizeiliche Funktionen ausübten. Mit Dekret des Rates vom 21. Februar 1705 wurden die »*Alten der hochteutschen Juden Nation*« angewiesen, wenn sie loses Gesindel antreffen, »*dieselben durch ihre Diener in Arrest zu nehmen, und nach Erfinden zu bestraffen oder aus der Stadt zu schaffen*«.[15] Diese Fremdenaufseher, die sogenannten Memunim, der jüdischen Gemeinde wurden mit einem Beschluß des Vorstandes aus dem Jahr 1716 zu einer festen Institution: Dort heißt es,

»*daß ein Wächter angestellt werden soll. Dieser soll hier in Hamburg am Sonntag oder an anderen christlichen Feiertagen auf der Gasse stehen, damit niemand [hausierend] an den Straßenecken steht, weder Familienväter unserer Gemeinde noch Fremde [...] Da Neuangekommene sich hier mit Weibern und Kindern ansässig machen, ohne die Gemeindezugehörigkeit zu besitzen, und dadurch das Auskommen der Gemeindemitglieder gefährden, so wurde in der gleichen Sitzung am selben Tage beschlossen, daß man seitens der drei Gemeinden Aufseher bestellen soll. Diese haben von heute an darüber zu wachen, daß sich niemand ansässig mache, ohne das Recht der Gemeindezugehörigkeit zu haben. Wer sich bis heute gegen den Willen der Gemeinde ansässig machte, ist von hier fortzuschaffen. Gleiches gilt auch für junge Leute und 'Behelfer', die hier gefunden werden. Wenn sie keine Anstellung haben, sollen sie nicht hier gelassen werden [...] Auch wird bekannt gemacht: Da man denjenigen, die hier [untätig] herumgehen und die hier wohnen, monatliche Unterstützung gibt, darum muß, wer einem Armen, der an den Türen bettelt, etwas gibt, ohne jede Ausflucht vier Reichstaler Strafe zahlen. Nur Arme unserer Gemeinde dürfen an den Türen betteln. Der Gemeindevorstand hat Wächter eingesetzt, die darauf achten sollen ...«.*[16]

Spätestens seit 1730 fertigten die Fremdenaufseher regelmäßig Listen der jüdischen Bettler und des sonstigen »*liederlichen Gesindels*« an, die dann »*von einem halben Jahre zum anderen aus der Stadt zu schaffen*« waren.[17] Sie untersuchten, wer sich in den Buden der unübersichtlichen Gänge und Höfe niedergelassen hatte und wer bleiben durfte oder auszuweisen war. Für das »*nie erschöpfte Ueberall der gemeinen Hebräer, die den Tag ihr Nachtlager noch nicht kennen und ihre Mahlzeit unter freiem Himmel halten*«, von denen von Heß in seiner historischen Topographie Hamburgs schreibt,[18] waren wie für alle anderen Bettler natürlich auch weiterhin die städtischen Bettelvögte zuständig, wie ein Mandat aus dem Jahr 1715 zeigt:

»*Allen Deserteurs, Bettel=Juden / Bettlern / und Landstreichern / so sich über Verhoffen in der Stadt Hamburg Ländereyen befinden / oder hinkünfftig selbe berühren möchten / wird hiermit bedeutet / ohngesäumt sich fortzupacken / massen dieselbe / falls sie sich betreten lassen sollten / mit Staupenschlag gestraffet werden sollen. Und wird denen Voigten und Haupt=Leuten dergleichen Gesindel so fort beym Kopff nehmen zu lassen anbefohlen*«.[19]

In der ersten Hälfte des 18. Jahrhunderts wurden somit die Hamburger Behörden der großen Zahl der illegal sich einschleichenden Fremden, dem Straßenbettel und der illegalen Niederlassung in Hamburg kaum mehr Herr. Die Maßnahmen dagegen wurden verschärft. Die aschkenasische Gemeinde wurde noch stärker als im 17. Jahrhundert in diese obrigkeitlichen polizeilichen Maßnahmen einbezogen und bestellte Fremdenaufseher in den Gassen und Torsteher am Millerntor, um nicht erwünschte fremde Juden aus der Stadt zu schaffen oder schon am Stadttor abzuweisen. Erst gegen Ende des 18. Jahrhunderts setzte sich die Einsicht durch, daß durch immer schärfere Repression allein das Problem der wachsenden Armut vieler Juden nicht zu lösen sei. Mit der Reform des Hamburger Armenwesens setzten auch in der jüdischen Gemeinde Überlegungen zur Stärkung der fürsorgerischen Elemente im Armenwesen der Gemeinde ein. In der Bekanntmachung vom November 1789 zur Reform des Armenwesens wies der Gemeindevorstand zwar erneut mit Nachdruck auf das Verbot des Straßenbettelns und des Almosengebens hin. Dann heißt es aber:

»*Dahingegen sind für die nichtjüdischen städtischen Armen neue Veranstaltungen getroffen worden, um sie zu erhalten und zu ernähren, und es liegt nun auch uns ob für unsere armen israelitischen Brüder Sorge zu tragen, dass sie nicht gänzlich verlassen und aller ihrer Hoffnungen beraubt werden, wenn sie in ihrem Elende durch die Strassen der Stadt gehen und nicht einmal die Hand ausstrecken dürfen, und was Gott verhüte, ihnen Niemand etwas darreiche, und sie völlig zugrunde gehen müssen*«.[20]

Gemeinde
Gemeindeleben

Überlebenstechniken

Die Lebensverhältnisse der jüdischen Unterschichten wie überhaupt der gesamten Unterschichten Hamburgs im 17. und 18. Jahrhundert konnten in diesem Aufsatz nicht dargestellt werden. Diese Frage liegt in der sozialgeschichtlichen Forschung brach. Ausblickend soll an zwei Beispielen gezeigt werden, daß es möglich und lohnenswert wäre, mehr über die Lebensverhältnisse und Überlebenstechniken der von Hamburg ausgeschlossenen oder illegal in Hamburg lebenden armen Juden in Erfahrung zu bringen.[21]

Aus dem Bericht eines Torstehers aus dem Jahr 1766 kann man ersehen, wie offiziell nicht geduldete Juden die Zuwanderungskontrolle zu umgehen versuchten, um in Hamburg ihren Lebensunterhalt zu verdienen.[22] In seinem Rapport an den Rat der Stadt berichtete der Torsteher von mehreren Gruppen von bis zu 15 Juden, die sich mit Schuten über die Alster setzen ließen und an der Cattun-Klopfer-Gasse in St. Georg ausstiegen und dann früh morgens kurz vor Toresschluß, wenn das Gedränge am größten war, durch das Steintor in die Stadt gingen. Er berichtet dann wörtlich von der Befragung einer solchen Gruppe: »*da ich denn selbige brav anhielt, daß sie nicht den rechten Weg gingen, warum daß sie sich über der Alster führen ließen? So gaben sie vor, daß sie nicht anders herein zu kommen wüßten*«.

Einige Anhaltspunkte für die Tätigkeit und die Herkunft der nichtansässigen Juden gibt die Liste der auf dem seit 1715 als Friedhof für fremde Juden ohne Gemeindezugehörigkeit eingerichteten Grindelfriedhof Bestatteten.[23] Es finden sich dort Namen nach Berufen wie Krätzwäscher, Apotheker, Buchbinder, Drucker, Goldzieher, Haarschneider, Kleiderseller, Krautkramer, Kutscher, Possenmacher, Rosskämmer, Schreiber, Schuster, Singer, Tambur, Taschenspieler, Tanzmeister, Uhrmacher und Zahnarzt, alles Tätigkeiten, die sich auch ambulant ausüben ließen. Die Auflistung der Herkunftsorte zeigt die große Entfernung, die diese Menschen auf ihrer Wanderung zurücklegten, um nach Hamburg zu gelangen: Aus allen Teilen des Reiches kamen sie.

Anmerkungen

1 Siehe dazu die Beiträge von Günter Böhm und Günter Marwedel in diesem Band.
2 Cassuto 1908 – 1920, Bd. 2, S. 170.
3 Cassuto 1908 – 1920, Bd. 6, S. 37.
4 Cassuto 1908 – 1920, Bd. 5, S. 249.
5 Cassuto 1908 – 1920, Bd. 5, S. 233.
6 Herzig im Druck (1992).
7 Whaley, Toleration; Laufenberg, Hamburg.
8 Abgedruckt in: Freimark/Herzig 1989, S. 312-323.
9 Ellermeyer 1989 weist das v.a. bezüglich des Grundeigentums und der Wohnungswahl von Juden nach, vgl. Whaley, Toleration.
10 Zit. nach Ellermeyer 1989, S. 179.
11 Vgl. Grunwald 1904, S. 52; Whaley, Toleration, S. 104.
12 Freimark/Herzig 1989, S. 321f.
13 Heß 1787 (1. Theil), S. 56.
14 Zitiert nach Haarbleicher 1886, S. 12f.
15 StAH Senat Cl. VII Lit. Hf Nr. 5 Vol. 1b Fasc. 1, Bl. 24a; zur Zulassungskontrolle während der Pestzeit 1713 vgl. StAH Senat Cl. VII Lit. Hf Nr. 5 Vol. 1b Fasc 4; die polnischen Juden waren besonders verdächtig, die Pest in die Stadt zu bringen wegen ihrer Waren wie Altkleider, Haare, Rauchwerk, Wolle, Flachs, Hanf, Federn u.d.g., »worin die Contagion leicht hafften und fort geschleppet werden kann«. Anschlag/Mandat des Rates vom 29. Januar 1710. StAH Senat, Cl. VII La Nr. 3 Vol. 2 f, Bl. 71; Siehe dazu auch den Beitrag von Karin Schulz in diesem Band.
16 Graupe 1973, S. 189f.
17 StAH Senat Cl. VII Lit Lb No. 18 Vol 1l: Extractus Protocolli Extrajudic. vom 15. Nov. 1730, Listen über Stadtverweisungen liegen in dieser Akte erst für die Jahre 1799 bis 1810 vor; vgl. Haarbleicher 1886, S. 54.

18 Heß 1789 (2. Theil), S. 357.
19 Im Besitz des Instituts für die Geschichte der deutschen Juden in Hamburg; abgebildet in: Freimark, Peter: Große fremde Religionen. Hannover 1986.
20 Zit. nach Haarbleicher 1886, S. 17f.
21 Für Hamburg finden sich erste Hinweise bei Schönfeldt, Beiträge und Glanz, Geschichte; einen guten allgemeinen Überblick über die Lebensumstände vagierender Unterschichten im 17. und 18. Jahrhundert bietet Reif 1981.
22 StAH Senat Cl. VII Lit. Lb No. 18 Vol. 1l.
23 Grunwald 1904, S. 315 – 320; zum Grindelfriedhof vgl. Freimark 1981, S. 121f.; Duckesz 1937/38.

Literatur

Battenberg, Friedrich: Das europäische Zeitalter der Juden. Zur Entwicklung einer Minderheit in der nichtjüdischen Umwelt Europas. In zwei Teilbänden. Teilband I: Von den Anfängen bis 1650. Teilband II: Von 1650 bis 1945. Darmstadt 1990

Blanck, Johann Friedrich (Hg.): Sammlung der von E. Hochedlen Rathe der Stadt Hamburg ... vom Anfange des siebenzehnten Jahr=Hunderts bis auf die itzige Zeit ausgegangenen allgemeinen Mandate, bestimmten Befehle und Bescheide, auch beliebten Aufträge und verkündeten Anordnungen; Theil 1 – 6. Hamburg 1763 – 1774

Duda, Detlev: Die Hamburger Armenfürsorge im 18. und 19. Jahrhundert. Eine soziologisch-historische Untersuchung. Weinheim – Basel 1982

Glanz, Rudolf: Geschichte des niederen jüdischen Volkes in Deutschland. Eine Studie über historisches Gaunertum, Bettelwesen und Vagantentum. New York 1968

Laufenberg, Heinrich: Hamburg und sein Proletariat im 18. Jahrhundert. Eine wirtschaftshistorische Vorstudie zur Geschichte der modernen Arbeiterbewegung im niederelbischen Städtegebiet. Hamburg 1910

Mauersberg, Hans: Wirtschafts- und Sozialgeschichte zentraleuropäischer Städte in neuerer Zeit. Dargestellt an den Beispielen von Basel, Frankfurt a. M., Hamburg, Hannover und München. Göttingen 1960

Museumspädagogischer Dienst der Kulturbehörde Hamburg (Hg.): 1789. Speichern und Spenden. Nachrichten aus dem Hamburger Alltag. Ausstellungskatalog. Hamburg 1989

Sachße, Christoph/Tennstedt, Florian: Geschichte der Armenfürsorge in Deutschland. Vom Spätmittelalter bis zum Ersten Weltkrieg. Stuttgart 1980

Kromminga
Duldung und Ausgrenzung.
Schutzjuden und Betteljuden in Hamburg im 17. und 18. Jahrhundert

Sachße, Christoph/Tennstedt, Florian (Hg.): Bettler, Gauner und Proleten. Armut und Armenfürsorge in der deutschen Geschichte. Ein Bild-Lesebuch. Reinbek b. Hamburg 1983

Schönfeldt, Gustav: Beiträge zur Geschichte des Pauperismus und der Prostitution in Hamburg. Weimar 1897

Whaley, Joachim: Religious Toleration and Social Change in Hamburg 1529 – 1819. Cambridge 1985

Gemeinde
Gemeindeleben

Die Gründung des Hamburger Tempels und seine Bedeutung für das Reformjudentum*

Michael A. Meyer

Im zweiten Jahrzehnt des 19. Jahrhunderts hatte sich ein Teil der Hamburger Juden in hohem Maße aus den Bindungen an ihre Religion gelöst. Die Wohlhabenden fanden in ihren weltlichen Besitztümern eine Sicherheit, die an die Stelle des Glaubens früherer Generationen trat. Tiefe Klüfte taten sich innerhalb der Gemeinde auf: »*Der Bruder trennte vom Bruder sich, und die Eltern mußten der Kinder Tische meiden*«.[1] Geschäftsinteressen verdrängten zunehmend die Frömmigkeit, so daß ein immer kleiner werdender Teil der Hamburger Juden regelmäßig die Gottesdienste besuchte. Um die religiösen Einrichtungen der Gemeinde war es außerordentlich schlecht bestellt; die Gemeindeschule befand sich nach übereinstimmender Auffassung in einem beklagenswerten Zustand. Im Jahre 1799 hatte Raphael Cohen sein Amt als Rabbiner der Dreigemeinde Altona, Hamburg und Wandsbek niedergelegt, da die staatliche Obrigkeit ihm das Recht entzogen hatte, Juden mit dem Bann zu belegen, die die religiösen Vorschriften verletzten.[2] Seitdem lagen Glaubensangelegenheiten in den Händen von drei greisen rabbinischen Richtern (Dajanim), deren Autorität weithin keine Beachtung geschenkt wurde und die es nicht vermochten, die jüdische Religion für die jüngere Generation anziehend zu gestalten.

Nach der Vertreibung der Franzosen und der Restauration der alten Ordnung fand sich der akkulturierte Teil der Gemeinde in einem Umfeld wieder, in dem erneut vorrevolutionäre Wertvorstellungen bestimmend waren. Wie im übrigen Deutschland erfreute sich auch in Hamburg die Religion nach 1815 eines unerwarteten Wiederauflebens und fegte den philosophischen Skeptizismus der vorangegangenen drei Jahrzehnte hinweg. Es wurde deutlich, daß die europäische Kultur des 19. Jahrhunderts letztlich doch nicht postreligiös sein würde. Wie die Nicht-Juden sich erneut dem Christentum zuwandten, so begannen jene Juden, die sich von ihrem Glauben entfernt hatten, zustimmender auf das zurückzublicken, was sie hinter sich gelassen hatten.[3] Eine Rückkehr zu den bestehenden Einrichtungen war jedoch nicht möglich; zu sehr waren diese Juden zu einem Teil der Welt außerhalb des Judentums geworden, als daß sie die tief verinnerlichten Werte dieser Welt hätten verwerfen können. Ebensowenig waren sie bereit, die selbstgewählte Segregation hinzunehmen, wel-

von oben nach unten:
Eduard Kley
Isaak Bernays
Gotthold Salomon

Gemeinde
Gemeindeleben

che die erneute Hinwendung zu traditionellen jüdischen religiösen Gebräuchen verlangt hätte. Wonach eine Vielzahl der Hamburger Juden nun suchte, war die Möglichkeit, religiöse Empfindungen innerhalb eines annehmbaren Rahmens auszudrücken, der die Wurzeln ihres Judentums wiedererstarken ließe, ohne weder ihr ästhetisches und moralisches Feingefühl zu verletzen, noch ihre sozialen Beziehungen zu Nicht-Juden aufs Spiel zu setzen. Einige hofften auch, religiöse Riten, die den christlichen ähnlicher seien, würden den Prozeß der Emanzipation beschleunigen.[4]

Bereits im Herbst 1815 wurden die ersten Bemühungen unternommen, um in Hamburg einen Tempel nach dem Vorbild des Jacobsonschen Tempels in Berlin einzurichten. Das Vorhaben nahm jedoch erst Gestalt an, nachdem Eduard Kley, einer der Prediger bei dem Gottesdienst in Berlin, zwei Jahre darauf nach Hamburg kam, um die privat finanzierte jüdische Freischule zu übernehmen. Kley begann damit, an dieser Schule jeden Sonntagmorgen der Öffentlichkeit zugänglichen Religionsunterricht abzuhalten. Dieser beinhaltete eine auf Kleys Katechismus beruhende Predigt, improvisierte Gebete sowie hebräische und deutsche Choräle, die unter Begleitung einer kleinen Orgel gesungen wurden. Eltern der Schüler, wie auch eine zunehmende Zahl anderer Hamburger Juden, besuchten diese Andachten – oft mehr als 150 Menschen. Unterdessen wurden Pläne zur Einrichtung eines Tempels ähnlich jenem in Berlin gefaßt. Dieser Tempel jedoch sollte von erstem Anbeginn an ein gemeinschaftliches Vorhaben sein, unter einer gewählten Leitung und in einem angemieteten Versammlungsraum, der sich nicht in einer Privatwohnung befand.[5]

Am 11. Dezember 1817 fand auf Kleys Betreiben hin eine Zusammenkunft statt, bei der 65 Mitglieder der Hamburger jüdischen Gemeinde die Statuten des »Neue[n] Israelitische[n] Tempel-Verein[s] in Hamburg« unterzeichneten. Die Statuten verkündeten die Absicht, Würde und Bedeutung des jüdischen Gottesdienstes wiederherzustellen und dadurch das Interesse an der Religion der Vorfahren wiederzubeleben. Die Unterzeichner hofften, dieses Ziel durch das Sprechen einiger Gebete in der Landessprache, durch eine deutsche Predigt und Choralgesang mit Orgelbegleitung zu erreichen. Als eine religiöse Gemeinschaft sollte die Gemeindeversammlung auch Feiern zu den Ereignissen des jüdischen Lebens einschließlich der Konfirmation bieten. Sie sollte ihre Jugend zum Erhalt eines »*lichtervollern Religions-Unterricht*[s]« befähigen und eine festgefügte religiöse Norm für jene schaffen, die sich bis dahin in ihren Ansichten und ihrer Hingabe wankelmütig verhalten hatten. Die Gründungsmitglieder wählten eine aus vier Mitgliedern bestehende »Direction« und eine fünfköpfige Deputation, die ihre Vereinigung leiten sollten. Bald schon schlossen sich weitere Mitglieder an, so daß der Verein nach drei Jahren mehr als einhundert Familien umfaßte – eine beträchtliche Gemeinschaft, wenn sie auch weniger als ein Zehntel der Hamburger Juden ausmachte.[6] Bemerkenswerterweise befanden sich die meisten wirklich wohlhabenden Hamburger Juden nicht unter den Begründern des Tempels. Jene, die sich entschlossen, der neuen Vereinigung in der Frühzeit ihres Bestehens beizutreten, entstammten überwiegend den mittleren Einkommensschichten, wobei ein unverhältnismäßiger Anteil von Kaufleuten auffällt. Es scheint, als ob der Großteil der etablierten Reichen der Stadt, die vor allem der älteren Generation angehörten, auf Distanz zu der neuen Einrichtung blieben, während junge Männer, die in höherem Maße akkulturiert waren und eine größere Zahl von Handelsbeziehungen und privaten Kontakten zu Nicht-Juden unterhielten, sich der Vereinigung anschlossen.[7]

Zwei Mitglieder der Direktion, Seckel Isaak Fränkel (1765 – 1835), und Meyer Israel Bresselau (1785 – 1839) widmeten sich mit besonderer Hingabe der Sache der neuen Vereinigung. Sie waren persönlich befreundet und beide ausgezeichnete Hebraisten;

gleichwohl Autodidakten in ihrer Allgemeinbildung, hatten sie einen weitgespannten kulturellen Überblick gewonnen. Beide waren Mitglieder der Hamburger Sektion des Berliner »Verein[s] für Cultur und Wissenschaft der Juden«. Obwohl Fränkel, der ältere der beiden, seine Laufbahn als Lehrer begonnen hatte, befähigte ihn sein Scharfsinn in Geschäftsdingen bald dazu, zuerst als Buchhalter und später selbständig als Handelsbankier finanziellen Erfolg zu erlangen. Er verfügte über bemerkenswerte Kenntnisse alter und neuer Sprachen und veröffentlichte zwei hebräische Dichtungen. Sein ganzes Leben hindurch bewahrte er sein Interesse an jüdischer Gelehrsamkeit und nahm eine Übersetzung der Apokryphen aus dem Griechischen ins Hebräische vor, die in zahlreichen Auflagen nachgedruckt und noch im 20. Jahrhundert als eine beispielhafte Leistung betrachtet wurde.[8] Bresselau, der seinen Lebensunterhalt als Notar verdiente, war gleichfalls ein außerordentlich befähigter Linguist mit einer besonderen Vorliebe für semitische Sprachen, hebräische Grammatik und mittelalterliche hebräische Dichtung. In Rechtsdingen besonders begabt, in der talmudischen wie der zeitgenössischen Rechtswissenschaft gleichermaßen bewandert, war Bresselau gleich Fränkel an der unmittelbar nachbiblischen Literatur interessiert. Er fertigte eine Übersetzung des Buches Sirach aus dem Syrischen ins Hebräische an, die jedoch unveröffentlicht blieb.[9] Gemeinsam gaben die beiden Männer ein Gebetbuch für den neuen Tempel heraus; nicht lange darauf verfaßte jeder von ihnen eine Abhandlung zur Verteidigung dieses Gebetbuchs.

Der neue Tempel wurde am 18. Oktober 1818 in gemieteten Räumlichkeiten eingeweiht, die im Erdgeschoß über 142 Sitzplätze für Männer und auf der Empore über 107 Sitzplätze für Frauen verfügten. Obwohl das Lesepult wie in traditionellen Synagogen in der Mitte verblieb, drückte sich die Einzigartigkeit des Tempels in der besonderen Empore aus, die an der rückwärtigen Wand des Gebäudes für eine Orgel und einen Chor errichtet worden war, sowie durch das Fehlen eines Gitters vor den Sitzplätzen der Frauen. Die Glaubensgemeinschaft nahm in ihre Reihen Hamburger Juden auf, die fünfzehn Jahre lang keine Synagoge mehr besucht hatten; zu besonderen Anlässen, wie Konfirmationen, zog sie darüber hinaus eine große Zahl von Nicht-Mitgliedern an. Isaak Noah Mannheimer, der sich sehr kritisch über die Gottesdienste in Berlin geäußert hatte, zeigte sich vom Hamburger Tempel und der Hingabe der Verantwortlichen sowie ihrer Kenntnis des Judentums sehr beeindruckt.[10]

Obwohl es schwierig zu entscheiden ist, in welchem Ausmaß die Tempelgottesdienste in Hamburg eine Reaktion auf den besonderen Wunsch jüdischer Frauen waren, berichtet Zunz, daß *»der Sinn für eine Reform des Gottesdienstes bei Vielen erwacht war, zumal bei dem weiblichen Geschlechte«*. Aron Chorin behauptete, *»die barbarischen Zeiten sind vorüber, wo die stärkere Hälfte der Menschheit über die edlere Hälfte derselben sich zu erheben gedachte; wo man es für eine Sünde achtete, die Frau auf die nähmliche Stufe des Mannes zu stellen«*.

Er schloß daraus, der jüdische Gottesdienst könne demnach nicht für Männer allein bestimmt sein; er müsse sich an beide Geschlechter wenden. In der Tat zog der Hamburger Tempel einen weit höheren Anteil der Frauen an als der traditionelle Gottesdienst. Sehr wenige Frauen, gleich ob älter oder jünger, verfügten über größere Hebräischkenntnisse, weshalb der Ruf nach deutschen Gebeten häufig mit besonderem Bezug auf sie gerechtfertigt wurde. Darüber hinaus hat es den Anschein, als hätten die Frauen die jeden Samstagmorgen gehaltenen Predigten besonders geschätzt.[11]

Der Tempelverein hatte zwei junge Männer als »Prediger« berufen: Den bereits erwähnten Eduard Kley (1789 – 1867) und Gotthold Salomon (1784 – 1862). Ihr Titel

Gemeinde
Gemeindeleben

weist darauf hin, daß ihre Aufgabe in erster Linie homiletisch war. Die Bezeichnung »Rabbiner« wurde bewußt vermieden – obgleich zumindest Salomon von Menachem Mendel Steinhardt die Ordination erhalten hatte –, um eine Auseinandersetzung mit den Dajanim der Hamburger jüdischen Gemeinde zu vermeiden und um darauf hinzuweisen, daß die Funktion nicht beanspruchte, Entscheidungen über Ritualvorschriften zu treffen. Aus armen Verhältnissen stammend, hatte Kley es erreicht, an der Universität Berlin die Doktorwürde zu erwerben, während er sich als Hauslehrer im Hause von Jakob Herz Beer seinen Lebensunterhalt verdiente. Sein besonderes Interesse an jüdischer religiöser Erziehung fand seinen Ausdruck in einem von ihm verfaßten weitverbreiteten Katechismus sowie in seiner langjährigen Tätigkeit als Leiter der Hamburger Freischule, die er neben seinen Verpflichtungen als Prediger im Tempel ausübte. Man hielt ihn für einen Mann fester Grundsätze, wenn auch für ein wenig pedantisch. Waren seine Predigten in Form und Inhalt auch vorbildlich, so fehlten ihnen doch Erfindungsreichtum und Bildlichkeit. Seine Art zu predigen sprach den Verstand der versammelten Gemeinde an, nicht ihr Herz.[12] Das genaue Gegenteil traf auf seinen Amtsbruder zu, der ein weitaus gewandterer Redner war. Auch Salomon hatte als Lehrer begonnen, und zwar in Dessau. Anders als Kley besuchte er nie eine Universität, verfügte jedoch über ausreichendes Selbstvertrauen in seine Gelehrsamkeit, um später in seinem Leben eine vollständige Bibelübersetzung vorzunehmen. Salomons Predigten waren beliebt, sein Vortrag hingebungsvoll, sein Gebrauch von Bildern und Gleichnissen wirkungsvoll. Er war der bevorzugte Prediger der Frauen, die es vermochten, seine offensichtliche Selbstgefälligkeit zu übersehen. Salomon gehörte auch zu den ersten jüdischen Predigern deutscher Sprache, die weitreichenden Gebrauch von rabbinischer Literatur in ihren Predigten machten; von den christlichen Vorbildern, mit denen er begonnen hatte, wandte er sich damit ab und einer mehr spezifisch jüdischen, zeitgemäßeren Art des Predigens zu.[13] Während der ersten Hälfte des 19. Jahrhunderts blieb er eine der angesehenen Persönlichkeiten in der Reformbewegung, wenngleich seine Ansichten bald von den scharfsinnigeren geistigen Köpfen der folgenden Generation als veraltet oder oberflächlich betrachtet werden sollten.

Das Gebetbuch des Hamburger Tempels stellte die erste umfassende Reformliturgie dar. Über einer waagerechten Linie ordnete es auf jeder Seite die hebräischen und deutschen Texte an, die öffentlich vorgetragen wurden, unter der Linie fand sich eine Übersetzung der auf hebräisch gesprochenen Gebete ins Deutsche – sowie in einigen Fällen eine sephardische Transliteration.[14] Es fehlten lediglich die deutschen religiösen Lieder, die in einem gesonderten Band gesammelt waren.[15] Die Titelseiten waren in beiden Sprachen abgefaßt, der Band wurde unüblicherweise von links nach rechts geöffnet. Die Liturgie glich weitgehend der Berliner, wich jedoch stärker von den herkömmlichen Gebetsformen ab. Theologische Grundgedanken, von denen man erwartet haben könnte, daß sie aller Wahrscheinlichkeit nach intellektuelle Auseinandersetzungen verursachten, waren offenbar für Fränkel und Bresselau von geringer Bedeutung. Sie beließen sowohl im Hebräischen wie im Deutschen die Bezugrahmen auf die Auferstehung der Toten und sogar Abschnitte, die sich auf die himmlischen Heerscharen bezogen, unverändert. Eher besorgt waren sie über die Gebete für die Wiederaufnahme der Opfer. Obgleich das Gebetbuch sie nicht gänzlich ausließ, wurde in der Festgottesdienstordnung der hebräische Text abgeändert in: »*Möge es Dein Wille sein, O Herr unser Gott und Gott unserer Väter, in Gnade und mit Wohlwollen den Ausdruck unserer Lippen anstelle der vorgeschriebenen Opfer anzunehmen*«. Dem Bedürfnis, diejenigen Stellen auszulassen oder abzuändern, die sich auf die Rückkehr nach Zion bezogen, wurde Rechnung getragen, indem teilweise weniger problematische sephardische Formeln gewählt wurden, teilweise durch Auslassungen und eigenständige Ersetzungen. Jedoch ließen die Herausgeber die Bitte unverändert: »O, daß unsere Augen es sähen, wenn du dich nach Zion mit Erbarmen wendest. Gelobet seyest du Ewiger, der du Deine Majestät nach Zion wendest«.[16] Die Hamburger Reformer hatten weder ihre Liebe zu Zion verloren, noch waren sie blind für seine bedeutsame Rolle in der jüdischen Geschichte. Doch weder hofften sie noch begehrten sie, selbst dorthin zurückzukehren und den alten Tempel wiederzuerrichten.

Der Hamburger Gottesdienst entsprach seinem Berliner Vorbild oder übertraf es noch in einigen Hinsichten. Er behielt die besonders ethnozentrische Anbetung (alenu) nur an den hohen Feiertagen bei; die wöchentliche Vorlesung aus den Propheten wurde abgeschafft, um mehr Zeit für die Predigten zu gewinnen; die Vorlesungen aus der Tora wurden in ihrer Länge durch die Einführung eines dreijährigen Zyklus anstelle des üblichen jährlichen verringert. Der verkürzte Gottesdienst wurde von einem sephardischen Juden aus Amsterdam, David Meldola, geleitet, der ein Rezitativ der hebräischen Gebete in der spanisch-portugiesischen Aussprache vortrug und das Verrichten der deutschen Gebete leitete.[17]

Bei der musikalischen Begleitung des Gottesdienstes traten Schwierigkeiten auf. Traditionelle Synagogen beschäftigten einen Kantor, der von einem Baß und einem Knabensopran unterstützt wurde. Dieses Trio entbehrte gewöhnlich jeder formalen musikalischen Ausbildung und bediente sich Melodien, die häufig von bekannten weltlichen Liedern übernommen waren; ihr Gesang war ein einziger Mißklang. Juden, die mit zeitgenössischer Musik in Berührung kamen oder mit der Bedeutung von Kirchenliedern vertraut waren, fanden die Situation aus ästhetischer Sicht unerträglich. Doch konnten sie sich nirgendwohin wenden, um zufriedenstellendere jüdische Musik aufzufinden. Die Texte der im Hamburger Tempel gesungenen deutschen religiösen Lieder wurden von jüdischen Schriftstellern verfaßt, unter ihnen Kley und Fränkel: einige der Texte lehnten sich an traditionelle hebräische religiöse Lieder wie Adon Olam an, andere stützten sich auf Psalmen oder – in den meisten Fällen – auf allgemeine religiöse Themen. Die Musik jedoch wurde überwiegend bei nicht-jüdischen Komponisten in Auftrag gegeben. Obwohl der Chor aus jüdischen Schuljungen bestand, war der Organist ein Nicht-Jude – was zum Teil vermutlich in dem halachischen Verbot begründet lag, daß ein Jude am Sabbat kein Instrument spielen darf, zum anderen seine Ursache in dem Mangel an qualifizierten jüdischen Musikern hatte. Das Ergebnis war eine eigenartige Kombination von sephardischer Aussprache des Hebräischen und eines zeitgenössischen Stils der Kirchenmusik für die deutschen Gesänge. Eine moderne jüdische liturgische Musik sollte sich erst in den folgenden Jahrzehnten nach dem Auftreten begabter Synagogenkomponisten wie Salomon Sulzer in Wien und Louis Lewandowski in Berlin entwickeln.[18]

Im Herbst des Jahres 1820 wurde ein dem in Hamburg ähnlicher Gottesdienst in Leipzig für die Zeit der zweimal jährlich stattfindenden Messen, die Juden aus ganz Europa versammelten, eingerichtet. Er fand in einem Vortragssaal statt, den die dortige Universität zur Verfügung stellte, und zog bis zu 250 Teilnehmer zur Weihpredigt an. Juden aus so weit entfernten Städten wie Brody, Bukarest, Wien, Krakau und Amsterdam nahmen am Gottesdienst teil. Diese Gottesdienste wurden für eine Reihe von Jahren bis zur Errichtung einer dauerhaften Synagoge fortgeführt.[19] Im Jahr zuvor war in Karlsruhe ein Tempelverein nach dem Vorbild jener in Berlin und Hamburg gegründet worden. Er hielt Gottesdienste in seinem eigenen Gotteshaus von 1820 bis 1823 ab, dem Jahr, in dem sich seine Mitglieder wieder der traditionellen Mehrheit anschlossen, welche der Aufnahme einer Predigt,

Gemeinde
Gemeindeleben

einiger deutscher Gebete, angemessener Formen und einer Konfirmationsfeier zugestimmt hatte. Zumindest einige Elemente einer neuen Art des Gottesdienstes wurden auch in weiteren Städten übernommen.[20]

In Hamburg stießen der Tempelverein und seine Liturgie unmittelbar auf Widerspruch.[21] Es schien, als ob es sehr einfach sei, die benötigte Genehmigung vom Vorsteherkollegium der jüdischen Gemeinde zu erhalten, hatten doch nicht weniger als vier der Kollegiumsmitglieder, die Hälfte von ihnen, die Statuten des Tempels unterzeichnet. Doch erwuchs in zwei der verbleibenden Mitglieder und den drei rabbinischen Richtern eine entschiedene Gegnerschaft. Da sie das Entstehen einer ernsten Kluft befürchteten, begann das gesamte Vorsteherkollegium nach einem Übereinkommen zu suchen. Aber schon bald wurde deutlich, daß es ihnen weder möglich war, die Reformer dazu zu überreden, ihr neues Gebetbuch aufzugeben, noch die Traditionalisten dazu zu bewegen, den Tempel zu dulden. Die Verantwortlichen des Tempels vertraten den Standpunkt, ihre Vereinigung sei eine private, finanziert von den Mitgliedern, die währenddessen weiterhin ihre Abgaben an die Gemeinde zahlten. Daher seien weder die gewählten Vertreter der jüdischen Gemeinde noch deren rabbinische Richter rechtlich für sie zuständig. Dagegen betrachteten die Traditionalisten den Tempel als lediglich ein weiteres gemeindliches Gotteshaus und daher der zentralen Aufsicht unterworfen. Zwischen diesen Seiten stand die Mehrheit der Kollegiumsmitglieder, die weniger an religiösen Streitfragen interessiert war als an der Bewahrung der Einigkeit und dem stetigen Zustrom freiwilliger Spenden für wohltätige Einrichtungen.

Der Hamburger Senat wurde in der Folge mit Bittschriften und Erklärungen aller drei Parteiungen belagert. Er löste den Streitfall, indem er einen Kompromiß verordnete. Am 17. September 1819 verabschiedete er einen Erlaß, der sorgfältig vermied, für eine der Seiten Partei zu ergreifen. Der Senat vertrat den Standpunkt, der Tempelverein habe weder eine Synagoge noch einen Tempel eingerichtet, sondern »*ein Lokal zum Behuf der öffentlichen Erbauung*«.[22] Seine geistlichen Vorstände seien weder Rabbiner noch Prediger, sondern lediglich »*Lehrer*«. Dieser Sichtweise zufolge erschien die neue Vereinigung eher als eine Ergänzung zu bestehenden Einrichtungen der jüdischen Gemeinde denn als Konkurrenz zu diesen. Die weltliche Obrigkeit der Stadt kümmerte sich ausgesprochen wenig darum, was die Juden mit ihrer Religion vornahmen, solange sie eine Aufspaltung der Gemeinde vermieden, da dies Schwierigkeiten bei der Versorgung der jüdischen Armen nach sich ziehen könnte. Aus der Sicht der Obrigkeit konnte die neue Einrichtung ihre Liturgie und ihre Feierlichkeiten so gestalten, wie es ihr beliebte.

Die Traditionalisten innerhalb der Gemeinde waren jedoch nicht derartig tolerant. Waren ihre Versuche, die Obrigkeit für sich zu gewinnen, auch fehlgeschlagen, so erhofften sie sich größeren Erfolg von einem gewagten »Propagandafeldzug«, der die neue Einrichtung in den Augen der Juden derart anschwärzen sollte, daß deren Mitglieder als Außenseiter betrachtet würden. Die drei rabbinischen Richter erließen eine Verordnung, die es für streng verboten erklärte, liturgische Formeln im mindesten abzuändern, in einer anderen Sprache als der hebräischen zu beten oder am Sabbat und an Feiertagen ein Musikinstrument in der Synagoge spielen zu lassen – auch wenn es sich bei dem Musiker um einen Nicht-Juden handle. Die Richter merkten an, sie hätten sich darin beschieden, schweigend zu trauern, solange es nur einzelne gewesen seien, die vom rechten Weg der traditionellen Gebräuche abwichen. Nun jedoch sei eine Einrichtung begründet worden, die, wie es sich darstelle, für eine heterodoxe Ausprägung der jüdischen Religion Rechtmäßigkeit beanspruche. Eine nachdrückliche Verurteilung sei daher zu einer Notwendigkeit geworden. Zu ihrer Bestürzung hätten sie, anders als in der Vergangenheit, ihre Autorität herausgefordert gesehen, ihrem geschlossenen Votum sei kein Gehorsam geleistet worden. Daher wandten sie sich unmittelbar an alle Gemeindemitglieder, warnten sie, es sei verboten, nach dem neuen Gebetbuch zu beten und forderten die Eltern nachdrücklich auf, ihre Kinder vom Tempel fernzuhalten, damit sie ihm nicht zum Opfer fielen. Sie riefen die Mitglieder des Tempels auf, Reue über ihre sündhaften Wege zu empfinden und zur Herde zurückzukehren.

Durch den neuen Tempel in ihrer Mitte und die beiden Traktate von Elieser Liebermann – die die Hamburger Reformer nicht weniger als jene in Berlin ins Recht setzten – in die Defensive gedrängt, sandten die Richter Briefe an rabbinische Autoritäten in Mitteleuropa und riefen sie an, ihre Hand zu stärken und Juden wie Nicht-Juden zu beweisen, daß das Werk der »Neuerer« außerhalb der ganzen jüdischen Religion stehe.[23] Es gelang ihnen, nicht weniger als zweiundzwanzig Gutachten zu sammeln, die von vierzig Rabbinern unterzeichnet worden waren und die sie 1819 in Altona unter dem Titel »Eleh divre haberit« (Dies sind die Worte des Bundes) mit deutschen Auszügen in hebräischen Buchstaben versehen veröffentlichten.[24]

Die Rabbiner beschränkten sich überwiegend darauf, maßgebliche Texte gegen die Neuerungen des Tempels zu zitieren und diese für verboten zu erklären. Ihre halachischen Rechtsbegründungen waren in manchen Fällen schwächer, wie beispielsweise den Gebrauch der Landessprache betreffend. Grundsätzlich sprachen sie sich alle gegen jede Abweichung vom herkömmlichen Brauch aus, wobei sie sich an das Diktum »*Der Brauch des Volkes Israel ist Tora (d.h. Gesetz)*« hielten. In unterschiedlicher Heftigkeit verdammten sie die Reformer als Gottlose, die das Judentum zerstörten, um Gefallen in den Augen der Nicht-Juden zu finden. Wie alle Sünder verdienten diese Abweichler vom Althergebrachten und Spötter der rabbinischen Autorität göttliche Bestrafung. Einer der Rabbiner schlug vor, es sei vielleicht das Beste, wenn die Hüter der Tradition praktische Schritte unternähmen und Ersuche an die Obrigkeit richteten, um zu erreichen, was die Bibel beschreibt als: »*das Haus der Gottlosen wird vertilgt*« (Sprüche Salomos 14,11) und »*der Arm der Gottlosen wird zerbrechen*« (Psalm 37,17). Die Sachverständigen suchten die Wirkung von Liebermanns Verteidigungsschriften für die Berliner Reformbewegung »Noga ha-zedek« (Das Strahlen der Gerechtigkeit) und »Or noga« (Strahlendes Licht) zunichte zu machen, indem sie nicht nur die darin angeführten Argumente zurückwiesen, sondern auch den Verfechter der Reformbewegung, den Rabbiner Aron Chorin (zumindest für den Augenblick) zu einem Widerruf bewegten und den guten Ruf Liebermanns in Zweifel zogen. Nur einer der Sachverständigen, Rabbiner Elieser Löw aus Triesch in Mähren, erkannte in seiner zweiten Stellungnahme die Notwendigkeit an, überhaupt irgendwelche Reformen durchzuführen. Er verdammte das Durcheinander und die häufigen lautstarken Auseinandersetzungen in traditionellen Synagogen und schlug die Einführung regelmäßiger erbaulicher Predigten vor. Anstelle des Bemühens um obrigkeitliche Unterstützung für Zwangsmaßregelungen, wie er es früher angeregt hatte, empfahl Löw nun friedliche Überzeugung.[25]

Weitere hebräische Abhandlungen erschienen, die die Reformer angriffen. Nachmann Berlin, ein bußfertiger Maskil (jüdischer Aufklärer) aus Lissa in Posen, sprach sich dafür aus, alle nur verfügbaren Maßnahmen wider den Gegner zu ergreifen. Er schlug nicht nur vor, Liebermanns Schriften zu verbrennen, sondern vertrat auch die Auffassung, die Reformer könnten ohne weiteres als Aufrührer gebrandmarkt werden, die sich zum einen gegen die Religion und zum anderen gegen die bestehende politische Ordnung empörten. Daher werde es nicht schwerfallen, auch von außen Druck auf sie ausüben zu lassen.[26] Die

Gemeinde
Gemeindeleben

weitreichendste Streitschrift gegen eine Religionsreform stammt aus der Feder von Abraham Löwenstamm, einem Rabbiner in Emden.[27] Von besonderem Interesse ist der letzte der neun Abschnitte, in die Löwenstamm sein Buch gliederte. Dieser trägt die Überschrift »Kets ha-jamin« (Das Ende der Tage) und behandelt ein Thema, das das Hamburger Gebetbuch in den Vordergrund gerückt hatte und welches von den meisten seiner Widersacher angesprochen wurde: die traditionelle Vorstellung der messianischen Erlösung.

Fraglos war die Auslassung und Abänderung bestimmter Teile der Liturgie, die die vom Messias geführte Rückkehr nach Zion betrafen, die gewagteste Neuerung der Hamburger Reformer.[28] Sie zog einen Grundpfeiler des jüdischen Glaubens in Zweifel, der in allen Schichten der jüdischen Überlieferung fest verankert war. Der Hoffnung auf die Wiederherstellung des Volkes Israel in seinem eigenen Land und auf die Wiedererrichtung des Tempels zu entsagen, kam, so empfand man es, einer Verleugnung des Judentums selbst gleich. Dennoch war der Messianismus ein heikles Thema, da er ausgelegt werden konnte, als lasse er auf einen Mangel an vollständiger Loyalität gegenüber den Obrigkeiten schließen, unter denen die Juden lebten. Darüber hinaus handelte es sich dabei um eine ausschließende Glaubenslehre, die ein Zeitalter postulierte, in welchem Gott das Volk Israel über die anderen Völker der Erde erhöhen würde. Sobald die Hoffnung auf Emanzipation in Europa erst einmal das Bestreben nach einer Rückkehr nach Palästina ins Wanken brachte oder zumindest mit ihm in Wettbewerb trat, standen die Juden vor der Entscheidung, den Messianismus gänzlich zu verwerfen, auf irgendeine Weise einen Ausgleich zwischen beiden Hoffnungen herzustellen oder eine ihrer neuen Lage angemessene neue Auslegung der älteren Vorstellung vorzunehmen. Weder die Reformer noch die Traditionalisten schlugen den ersten Weg ein. Ein Judentum ohne eine Hoffnung auf die ferne Zukunft, so erkannten beinahe alle Beteiligten, wäre jeglicher zukunftsweisenden Kraft beraubt. Einige der Traditionalisten entschieden sich dafür zu unterstreichen, die verheißende Rückkehr nach Zion stünde in keiner Weise ihrer Loyalität und Liebe zu den Obrigkeiten entgegen, deren Wohlmeinen ihnen gegenüber sie in besonderem Maße zu schätzen wüßten. Andere, unter ihnen Löwenstamm, unternahmen es, die universalen Elemente der jüdischen Vision zu betonen. Der Messias brächte den Völkern den Frieden; seine Ankunft sei ein Segen für die ganze Menschheit. Ihre Auslegung betonte weiterhin, es sei den Juden nicht gestattet, die Erlösung herbeizuführen. Sie könne nur nach Gottes Willen und zur von ihm bestimmten Zeit eintreten. Folglich verlangte die Hoffnung auf das Kommen des Messias politischen Quietismus, keinesfalls Illoyalität gegenüber der bestehenden Ordnung oder gar den Versuch eines Umsturzes.

Was die Traditionalisten an den Hamburger Reformen ernstlich beunruhigte, war der Umstand, daß diese den Messianismus nicht nur neu ausgelegt hatten, um seinen Partikularismus abzuschwächen und ihn mit dem Patriotismus in Einklang zu bringen. Vielmehr hatten sie ihre messianische Heilserwartung gänzlich auf Europa übertragen und dieser veränderten Einschätzung im Gebetbuch Ausdruck verliehen. Ihr Gottesdienst in Hamburg stellte für sie einen dauerhaften Ersatz für die Opferhandlungen in Jerusalem dar. Sie bewahrten zwar die Erinnerungen an Zion, ihre Hoffnungen lagen jedoch anderswo. Für die Hüter der Tradition war dies nicht bloße Häresie, sondern ein Schritt auf die andere Seite der Grenze. Löwenstamm ging noch weiter. Er vertrat den Standpunkt, ein Jude, der aufhöre, an das Kommen des Messias zu glauben, sei nicht einmal ein zivilisiertes menschliches Wesen, denn auch Christen und Moslems seien in nichts weniger Messianisten, wenn auch in ihrem Fall der Messias bereits erschienen war.

Die vereinte Stimme der rabbinischen Autoritäten gegen den Hamburger Tempel drängte nun die Reformer in die Defensive. Fränkel veröffentlichte eine deutsche Abhandlung, in der er die Veränderungen rechtfertigte, die das neue Gebetbuch beinhaltete, Bresselau trug in einer kurzen deutschen Schrift alle diejenigen rabbinischen Texte zusammen, derer er habhaft werden konnte, die das Gebet in der Landessprache befürworteten.[29] Letztgenannter veröffentlichte auch eine kurze weitgehend satirische und stilistisch bemerkenswerte Schrift auf hebräisch. »Cherev nokemet nekam berit« (Das Schwert, welches den Bund straft), in welcher er die Standpunkte der rabbinischen Autoritäten in »Eleh divre ha-berit« der Lächerlichkeit preisgab.[30] Die deutschen Streitschriften fügen der Auseinandersetzung wenig Neues hinzu. Sie verbinden halachische Beweisführung mit persönlichen Auffassungen und versuchen, sowohl die Rechtmäßigkeit als auch das Erstrebenswerte einer Verbindung des Hebräischen und des Deutschen, herkömmlicher und neuer Bestandteile, wie dies im Gottesdienst des Tempels geschehen war, zu zeigen. Bresselaus hebräische Abhandlung jedoch ist von mehr als vorübergehendem Interesse. Geschickt mit Bibelstellen spielend, war es dem Verfasser möglich, seine schriftstellerischen Fertigkeiten als Hebraist auszuschöpfen, um zwei gegensätzliche Bilder zu zeichnen. Das eine Bild war das der traditionellen Gemeinde, die Hirten, die drei Dajanim, es zugelassen hatten, daß ihre Herde von der jüdischen Religion abirrte, bis »*unsere Söhne und Töchter an ein anderes Volk verloren waren*«. Obgleich der Besuch ihrer Synagogen beträchtlich abgenommen hatte, blieb das Beharren auf bestehenden Gebräuchen ungeschmälert wirksam. Wie die von Jeremia angesprochenen Israeliten (Jeremia 7,4) hatten sie ihr Vertrauen in die Illusion gesetzt, der Tempel Gottes stünde für immer unerschütterlich. Das Innere der Synagoge war erfüllt von Lärm und Mißklang, so daß es nicht möglich war, sich in das Gebet zu vertiefen; wenige verstanden die Liturgie und die obskuren Predigten. Es war ein Bild des Verfalls und trug den Untergang durch Selbstzerstörung in sich. Im Gegensatz dazu zeichnete Bresselau den Tempel als einen Ort der Glückseligkeit, der von einer großen Gemeinschaft besucht wurde, sowohl Kindern als auch Erwachsenen, die ihn sittlich erhoben und geistig erbaut wieder verließen. Der Tempel stellte sich der Flut der Assimilation entgegen. Die Jugend würde im Unterschied zu ihren Eltern keine »*aufrührerische Generation*« sein.[31]

Inmitten solcher übertriebener Unsachlichkeit, solcher Schwarzmalerei, kamen wenige Stimmen der Mäßigung zu Wort. Eine Ausnahme stellte Lazarus Jakob Riesser dar, der weithin angesehene Schwiegersohn des unnachgiebigen Rabbiners Raphael Cohen. Obgleich er kein Mitglied des Tempelvereins war, erkannte Riesser an, daß die Verweltlichung an traditionellem Glauben und religiösem Ritus zehrte und eine bedrohliche Kluft innerhalb der jüdischen Gemeinde schuf. Er hieß den Tempel als tapfere Bemühung willkommen, entfremdete Juden zu ihrem Glauben und ihrem Volk zurückzuführen. Die Traditionalisten sollten seiner Meinung nach den neuen Gottesdienst nicht verdammen, sondern ihn als eine Brücke betrachten, die zu einer umfassenderen Einhaltung der religiösen Vorschriften zurückführte.[32]

Da Riesser erkannte, daß der Tempel einem wirklichen Bedürfnis entsprach, er selbst jedoch nicht alle der liturgischen Neuerungen billigte, regte er ein Vorhaben an. Dieses griff eine Reihe der ansprechenden Elemente des Tempels auf und hatte dadurch die Wirkung, seine Anziehungskraft zu mindern und ihn sogar zu einer Randerscheinung werden zu lassen. Bereits wenige Tage, nachdem im Tempel der erste Gottesdienst abgehalten worden war, wurde ein erster Vorschlag dem Vorsteherkollegium eingereicht, der ausführte, es sei an der Zeit, einen neuen Rabbiner für die ganze Gemeinde zu berufen.[33] Schon bald waren

Gemeinde
Gemeindeleben

117 Unterschriften unter eine Petition gesetzt, die ein neues religiöses Oberhaupt forderte, das die hochbetagten Dajanim ersetzen sollte, die Einführung einer verbesserten Gottesdienstordnung für die Gemeindesynagogen in Übereinstimmung mit der Halacha verlangte und auf eine Verbesserung des jüdischen Erziehungswesens drängte. Das Vorhaben wurde von dem Kollegium während der folgenden zwei Jahre häufig erörtert. Es war keineswegs überraschend, daß es den Widerspruch einiger Mitglieder des Tempels herausforderte, die zusätzliche Gemeindesteuern vermeiden wollten, da sie auch für die Gehälter der Prediger des Tempels aufzukommen hatten. Ihr Widerstand setzte sich jedoch nicht durch. Riesser wurde beauftragt, eine Übereinkunft mit dem aussichtsreichsten Anwärter zu erzielen, mit Isaak Bernays (1792 – 1849), einem jungen Rabbiner mit einer Universitätsausbildung, der sich der Akkulturation und der Modernisierung von Äußerlichkeiten der religiösen Riten – soweit die Halacha dies erlaubte – verschrieben hatte, aber auch der Bewahrung ererbter Gebräuche und Zeremonien. Infolgedessen konnte er ein Modell für die junge Generation anbieten: Modernität im Rahmen der Tradition. Erst einmal ernannt, zögerte Bernays nicht, das Ornat der christlichen Geistlichkeit anzulegen (wie es die Prediger des Tempels trugen) und regelmäßig deutsche Predigten in einer Gemeindesynagoge zu halten. Da er die religiösen Feiern des jüdischen Privatlebens in einer angemessenen und würdigen Art abhielt, bestand nun geringe Veranlassung, sich dem Tempel anzuschließen – und zusätzliche Abgaben dafür zu leisten. Die Ernennung von Bernays im Jahre 1821 markiert im wesentlichen das Ende der Auseinandersetzung um den Hamburger Tempel. Dem neuen Chacham (die sephardische Bezeichnung, die Bernays der des Rabbiners vorzog) war ausdrücklich vertraglich untersagt, sich in die Veranstaltungen des Tempelvereins einzumischen oder sie gar zu mißbilligen. Zumindest vorerst war ein Umfeld religiösen Pluralismus und gegenseitiger Toleranz innerhalb der aschkenasischen jüdischen Gemeinde Hamburgs geschaffen. Keiner der beiden Parteiungen war es gelungen, die andere beiseite zu drängen; jede begegnete nun auf ihre Weise der Herausforderung der Modernisierung.

Die Auseinandersetzung um den Hamburger Tempel beschließt den ersten Abschnitt in der Entwicklung der jüdischen Reformbewegung. Grundsätzliche religiöse Streitfragen waren aufgeworfen, die erste erfolgreiche Institutionalisierung abgeschlossen worden. Das Rabbinertum der alten Schule, das Modernisierung nur verdammen konnte, war gezwungen worden, den Weg für unterschiedliche Abstufungen der Anpassung freizumachen. Die Reformer ihrerseits hatten gezeigt, daß die jüdische Religion trotz der Einschätzung mancher nicht das war, womit sie Moses Moser verglich: eine »*Mumie*«, die »*in Staub* [zerfällt] *bei der Berührung mit der freien Atmosphäre*«.[34] Aber sie waren auch zu der Einsicht gezwungen worden, daß sie in nächster Zukunft nur auf einen Teil der Gemeinde Einfluß auszuüben hoffen konnten, und daß die Obrigkeiten nicht notwendigerweise zu ihren Gunsten entschieden. Äußerst wichtig ist der Umstand, daß sie noch nicht zu der Einsicht durchgedrungen waren, sich als eine Bewegung mit deutlich bestimmten Zielen und einer Ideologie, auf der Institutionen errichtet werden konnten, zu begreifen. Nach ihrem eigenen Eingeständnis hatten sie sich auf naheliegende Ziele beschränkt. Wie es Bresselau ausführte: »*Wir haben den Gottesdienst verbessern wollen, und dieß ist geschehen; zum Reformator fühle ich mich nicht berufen*«.[35] In Hamburg schlug die Bewegung ihre ersten dauerhaften Wurzeln. Sollte sie jedoch überlebensfähig sein, so mußte sie diese Wurzeln tiefer in den Boden versenken und Äste treiben.

Anmerkungen

Übersetzung des Abschnitts »Hamburg, Where Religious Reform Struck Roots« aus: Michael A. Meyer: Response to Modernity. A History of the Reform Movement in Judaism. New York/Oxford 1988, S. 53 – 61: Oxford University Press. Copyright by Oxford University Press. Übersetzt von Andreas Kurt, Hamburg.

1. L[azarus] J[akob] Riesser: Send-Schreiben an meine Glaubens-Genossen in Hamburg, oder eine Abhandlung über den Israelitischen Cultus. Altona 5579 (1819), S. 8 – 9.
2. Duckesz 1903, S. XXV – XXVI.
3. Salomon Jakob Cohen, Historisch-kritische-Darstellung, S. VII – IX.
4. Protokolle des Vorsteherkollegiums, 25. Mai 1820. CAHJP Jerusalem, AHW 273a/1; vgl. Krohn 1967, S. 18.
5. Glatzer, Leopold and Adelheid Zunz, S. 4f.; Aus einem Schreiben aus Hamburg, (verspätet) in: Sulamith 5.1 (1817/18), S. 420; Jonas, Eduard Kley, S. 10 – 13.
6. Leimdörfer 1918, S. 11 – 17; M. Bresselau/S. Fränkel/M. Robinow/L. Wolf: Sendschreiben der Direktion des neuen Tempel-Vereins in Hamburg, an die Mitglieder desselben, in: Sulamith 5.2 (1819), S. 196 – 197; Seligmann 1918, S. 70 – 73.
7. Meyer 1980 (1), S. 219 – 220.
8. F[riedrich] L[orenz] Hoffmann: Seckel Isaac Fränkel, zum Theil nach Notizen des Herrn Dr. Eduard Kley, seines Schwiegersohnes, in: Jeschurun 5 (1866). S. 171 – 175; Mibashan, Kitve menahem mibashan, S. 145 – 158.
9. Nachrichten und Correspondenzen – Hamburg, in: Allgemeine Zeitung des Judenthums 4 (1840), S. 47; L. D.: [Nachruf auf Meyer Israel Bresselau], in: Israelitische Annalen 2 (1840). S. 18. Bresselau stand in einem ausgedehnten wissenschaftlichen und persönlichen Briefwechsel mit Zunz; einige der Briefe sind in hebräischen Schriftzeichen geschrieben. Als Bresselau starb, hatten seine Kinder keine Verwendung für seine ausgezeichnete Sammlung von Hebraica. Bresselaus Briefe befinden sich im: Zunz-Archiv, Jewish National and University Library, Jerusalem.
10. Hammer-Schenk 1981, S. 154 und Abb. 109; vgl. dazu auch den Beitrag von Saskia Rohde in diesem Band; Eduard Kley an Aaron Wolfssohn, 1. März 1819, Leopold Stein Collection, Leo Baeck Institute Archives, New York; Beiträge, die Einführung der Konfirmation in den Israelitischen Gemeinden betreffend, in: Sulamith 5.2 (1819), S. 402; Josef Fischer (Hg.): Et Rejsebrev fra I[saak] N[oah] Mannheimer. Meddelt og forsynet med Anmaerkninger, in: Tidsskrift for Jødisk Historie og Literatur 1 (1917 – 19), S. 289. Heinrich Graetz war bei einem Besuch des Tempels im Jahre 1840 darüber entsetzt, daß »Damen dicht neben Mannespersonen [saßen]«, Brann 1920, S. 145.

Meyer
Die Gründung des Hamburger Tempels und seine Bedeutung für das Reformjudentum

11. Leopold Zunz: Die gottesdienstlichen Vorträge der Juden. Berlin 1832, S. 459; Aaron Chorin: Ein Wort zu seiner Zeit über die Nächstenliebe und den Gottesdienst. Wien 1820; Seckel Isaak Fränkel: Schutzschrift des zu Hamburg erschienenen Israelitischen Gebetbuchs. Hamburg 1819, S. 8f.; I[saak] M[arkus] Jost: Geschichte der Israeliten 10 – 3. Berlin 1847, S. 12. Obwohl im Hamburger Tempel nur 43 % der Sitzplätze für Frauen gedacht waren, stellte dies einen erheblich höheren Anteil als in traditionellen Synagogen dar, in denen für unverheiratete Frauen kein Platz vorgesehen war, Echt, Juden in Danzig, S. 45, 49.
12. Zu Kley siehe insbesondere: Jonas, Eduard Kley und Leimdörfer 1918 (2), S. 75; siehe auch: Eduard Kley: Predigten in dem neuen Israelitischen Tempel zu Hamburg. 2 Bde. Hamburg 1819 – 1820.
13. Gotthold Salomon: Selbst-Biographie. Leipzig 1863; Moritz Meyer Kayserling (Hg.): Bibliothek jüdischer Kanzelredner 1. Berlin 1870, S. 142 – 155; Phoebus Philippson: Biographische Skizzen. Heft 3: Gotthold Salomon. Leipzig 1866. Salomon veröffentlichte zahlreiche Predigten, sowohl einzeln als auch in Sammlungen.
14. S[eckel] I[saak] Fränkel/M[eyer] I[srael] Bresselau (Hg.): Ordnung der öffentlichen Andacht für die Sabbat- und Festtage des ganzen Jahres. Nach dem Gebrauche des Neuen-Tempel-Vereins in Hamburg. Hamburg 5579 [1819]. Für einen Abriß über den Gottesdienst am Sabbat im Vergleich mit der traditionellen Liturgie siehe: Petuchowski, Prayerbook Reform, S. 49 – 53; Elbogen, Gottesdienst, S. 402 – 411.
15. Während der ersten fünfzehn Jahre wurde im Tempel eine von Eduard Kley erstellte Sammlung von Liedern geistlichen Inhalts benutzt, die erstmals 1818 veröffentlicht wurde [Religi-

öse Lieder und Gesänge für Israeliten, zum Gebrauch häuslicher und öffentlicher Gottes-Verehrung. Hamburg 1818.]. Mir lag nur die zweite Auflage vor: (Eduard Kley (Hg.):) Religiöse Lieder und Gesänge für Israeliten zum Gebrauche häuslicher und öffentlicher Gottesverehrung. 2. verm. u. verb. Aufl. Hamburg 1821. Später veröffentlichte der Tempelverein sein eigenes Liederbuch: (M[aimon] Fraenkel/G[otthold] Salomon/I[mmanuel] Wohlwill (Hg.):) Allgemeines Israelitisches Gesangbuch, eingeführt in dem Neuen Israelitischen Tempel zu Hamburg. Hamburg 1833 (5593). Diese Veröffentlichung führte zu einer Auseinandersetzung mit Kley, die einer der Gründe für sein frühes Ausscheiden in den Ruhestand (1840) im Alter von einundfünfzig Jahren gewesen sein mag. Siehe die anonym veröffentlichte Schrift: Das neue Tempelgesangbuch und Herr Dr. E. Kley. Leipzig 1845.

16 Fränkel/Bresslau, Ordnung (wie Anm. 14), S. 14.
17 Leimdörfer 1918, S. 25, 70. Die sephardische Aussprache des Hebräischen wurde im Tempel bis 1909 beibehalten. Zur Zeit der Gründung des Tempels verließen einige wohlhabende aschkenasische Juden ihre Gemeinde und schlossen sich der sephardischen an. Der Hamburger Senat untersagte 1821 derartige Übertritte, Levy, Rechtsstellung, S. 30.
18 Cohen, Historisch-kritische Darstellung, S. XX; Henle, Bemerkungen, S. 76 – 79; Idelsohn, Jewish Music, S. 238 – 242.
19 Nachrichten, die neuen Kultus-Einrichtungen der Israeliten in Deutschland betreffend, in: Sulamith 6.1 (1820/21). S. 225 – 227; Glatzer, Leopold and Adelheid Zunz, S. 18; ders., Leopold Zunz, S. 113.
20 Die badische Regierung hatte darauf bestanden, daß der Ort zum Abhalten der Gottesdienste weder Synagoge noch Tempel genannt werden durfte. Zum Scheitern der Karlsruher Bewegung kam es, als sie sich, wie die Reformer in Berlin, um die Mitbenutzung der Gemeindesynagoge bemühte. Als Reaktion darauf beschloß die Regierung, keine religiöse Abspaltung innerhalb der jüdischen Gemeinde zuzulassen, Lewin, Badische Juden, S. 202 – 203. Siehe auch: Beyspiel eines für Andacht und Unterricht durch die teutsche Landessprache sich bildenden Mosaischen Tempelvereins zu Carlsruhe, in: Sophronizon 2 (1820), S. 51 – 67; David Fränkel: Einige Worte über religiöse Reden und Predigten unter den Israeliten, in: Sulamith 4.2 (1815), S. 252; Errichtung eines neuen Israelitischen Tempels in Karlsruhe, in: Sulamith 5.2 (1819), S. 339 – 341; Rehfuß: Die Quelle des Heils, oder die Synagogen und die in der neuern Zeit entstandenen Tempel oder deutschen Synagogen, in: La Régénération – Die Wiedergeburt 1 (1836/37), S. 101 – 103; Zunz: Vorträge (wie Anm. 11), S. 461 – 468. Kley schrieb am 3. November 1820 und am 1. Januar 1822 an Zunz, er hoffe, die Prediger träten in einen regelmäßigen Austausch, erreichten einen bestimmten Grad geistlicher Einheit, ja sogar eine Übereinstimmung der Liturgie unter den verschiedenen Glaubensgemeinschaften. Dies gelang jedoch nicht, Zunz-Archiv, Jewish National and University Library, Jerusalem.

21 Der Verlauf der Auseinandersetzung in der Gemeinde ist wiedergegeben in: Meyer 1980 (1), S. 220 – 224.
22 StAH Senat Cl. VII Lit. Lb No. 18 Vol. 7a Fasc. 3 No. 10b: Extractus Protocolli Senatus Hamburgensis 17. September 1819, p. 1.
23 Bei den genannten beiden Bänden von Liebermann befinden sich um: Elieser Liebermann (Hg.): Nogah ha-tsedek. Dessau 1818; Elieser Liebermann: Or nogah. Dessau 1818.
24 [Baruch ben Meir Oser/Moses Jakob Jaffé/Jechiel Michael Speyer (Hg.):] Eleh dibre ha-berit. Altona 1819. Ein Nachdruck erschien 1969 in Großbritannien: [Dies. (Hg.):] Eleh dibre ha-berit (These Are the Words of the Covenant). Reprint Westmead, Farnborough, Hampshire, England 1969.
25 Zu den beiden Schriften von Liebermann siehe Anm. 23. Der selbstkritische und versöhnliche Ton des zweiten Briefes von Elieser Löw (S. 87 – 96) steht in krassem Gegensatz zu den Schmähungen in seinem früheren Beitrag (S. 22 – 24) zu [Oser/Jaffé/Speyer (Hg.):] Eleh dibre ha-berit (wie Anm. 24).
26 Nachman Berlin veröffentlichte zuerst 'Kadur katan' (o. O. o. J.) und verwandte es anschließend als Einleitung zu seiner längeren Abhandlung 'Et ledaber', die 1819 in Breslau oder Dyhernfurth veröffentlicht wurde. Zu N. Berlin siehe: Lewin, Juden in Lissa, S. 238 – 239; Samet 1980, S. 125 – 135.
27 Abraham Löwenstamm: Tseror ha-hayim. Amsterdam 1820. Der Verfasser behauptet, diese

Schrift sei bereits 1819 abgeschlossen worden, also vor dem Erscheinen von [Oser/Jaffé/Speyer (Hg.):] Eleh dibre ha-berit (wie Anm. 24).

28 Siehe: Mevorah, Messianism, S. 189–218. Der Historiker Markus Jost, den man bisweilen als radikalen Befürworter der Assimilation einschätzt, betrachtete das Vorgehen der Traditionalisten, die diese Auslassungen scharf verurteilten, als vollkommen berechtigt. I[saak] M[arkus] Jost: Geschichte des Judenthums und seiner Sekten 3. Leipzig 1859, S. 338.

29 Fränkel, Schutzschrift (wie Anm. 11); [Meyer Israel Bresselau,& Über die Gebete der Israeliten in der Landessprache. O. O. 1819.

30 Diese Schrift veröffentlichte Bresselau anonym und ohne Ortsangabe im Jahre 1819. Sie wurde von Simon Bernfeld wiederveröffentlicht und findet sich im Anhang zu dessen Werk »Toledot ha-reformatsyon ha-datit be-yisrael« (Krakau 1900, S. 253 – 266). Eine mit Anmerkungen versehene Übersetzung ins Englische stellt die Rabbinerarbeit von Donald Rossoff dar (Rossoff, Annotated Translation). Die literarischen Qualitäten der Schrift werden kritisch untersucht von Yehuda Friedlander, der auch den mit Anmerkungen versehenen hebräischen Text veröffentlicht (Friedlander, Be mistere ha-satirah, S. 77-142). Eine weitere hebräische Verteidigungsschrift der Reformer in Berlin und Hamburg wurde von dem Posener Maskil David Caro unter dem Pseudonym Amitai ben Avida Ahitsedek publiziert (Amitai ben Avida Ahitsedek [d. i. David Caro]: Berit emet. Konstantinopel [d. i. Dessau] 1820). Aaron Chorins erneute Verteidigung religiöser Erneuerung »Davar be-ito« (Ein Wort zu seiner Zeit), Wien 1820, erschien auch in deutschen Übersetzungen sowohl in hebräischer Schrift als auch in Fraktur (zu letzterer siehe Anm. 11).

31 Bresselaus Streitschrift wiederum rief eine scharfe Gegenschrift eines mährischen Rabbiners hervor, der betonte, die Völker der Welt hätten von der Ankunft des Messias nichts zu befürchten. Nur die »Gottlosen« des Volkes Israel (gemeint sind eindeutig die Reformer), die gegen die gottgegebene Tora aufbegehrten und die Torakundigen schmähten, würden getötet werden, M. L. Reinitz: Lahat ha-herev ha-mithapekhet. O. O. 1820, 32a.

32 Riesser, Send-Schreiben (wie Anm. 1). Riessers Sohn Gabriel schloß sich dem Hamburger Tempel an und wurde 1840 einer seiner Vorsteher.

33 Für eine eingehende Darstellung des Vorhabens siehe: Poppel 1983, S. 439-457.

34 Moses Moser an Immanuel Wohlwill, Berlin 3./4. Mai 1824, in: Friedlander 1966, S. 296.

35 (Moritz Fraenkel (Hg.):) Theologische Gutachten über das Gebetbuch nach dem Gebrauche des Neuen Israelitischen Tempelvereins in Hamburg. Hamburg 1842, S. 25.

Meyer
Die Gründung des Hamburger Tempels und seine Bedeutung für das Reformjudentum

Literatur

Cohen, Salomon Jacob: Historisch-kritische Darstellung des jüdischen Gottesdienstes. Leipzig 1819

Echt, Samuel: Die Geschichte der Juden in Danzig. Leer/Ostfriesland 1972

Elbogen, Ismar: Der jüdische Gottesdienst in seiner geschichtlichen Entwicklung. 3. Aufl. Frankfurt/M. 1931

Friedlander, Yehuda: Be mistere ha-satirah. Israel (Ramat-Gan) 1984

Glatzer, Nahum N. (Hg.): Leopold and Adelheid Zunz. An Account in Letters. 1815 – 1885. London 1958

Glatzer, Nahum N. (Hg.): Leopold Zunz, Jude – Deutscher – Europäer. Tübingen 1964

Henle, M[oritz]: Bemerkungen zum Gesang im Hamburger Tempel, in: Liberales Judentum 10 (1918), S. 76 – 79

Idelsohn, Abraham Z.: Jewish Music in Its Historical Development. New York 1929

Jonas, Hermann: Lebensskizze des Herrn Doctor Eduard Kley. Zunächst in seiner Wirksamkeit als Schulmann. Hamburg 1859

Lewin, Adolf: Geschichte der badischen Juden. Karlsruhe 1909

Lewin, Louis: Geschichte der Juden in Lissa. Pinne 1904

Mevorah, Barouh: Messianism as a Factor in the First Reform Controversies [Hebräisch], in: Zion 34 (1969), S. 189 – 218

Mibashan, Menahem: Kitve menahem mibashan 1, 1937

Petuchowski, Jakob J.: Prayerbook Reform in Europa. The Liturgy of European Liberal and Reform Judaism. New York 1968

Rossoff, Donald: An Annotated Translation of 'Herebh noqemeth neqam berith'. Rabbinical Thesis, Hebrew Union College – Jewish Institute of Religion. Cincinatti 1981

Gemeinde
Gemeindeleben

Die jüdische Gemeinde in Hamburg und ihr Armenwesen*

Sybille Baumbach

Armut – jüdische wie nicht-jüdische – stellte spätestens seit dem ausgehenden 18. Jahrhundert ein zunehmend größeres gesellschaftliches Problem dar, das ein öffentliches Handeln notwendig machte. Bis zum Ende des 18. Jahrhunderts beruhte die Unterstützung von Armen auf der privaten Mildtätigkeit wohlhabender Bürger und vor allem auch der Kirchen. Durch die Initiative einiger aufgeklärter Hamburger wurde 1788 die Hamburgische Allgemeine Armenanstalt gegründet und das Armenwesen damit säkularisiert. Der Aufbau eines öffentlichen Armenwesens zielte darauf ab, die staatliche Verwaltung der Armut möglichst effektiv zu organisieren. Dazu gehörte zunächst eine Definition, wer als »arm« anzusehen war und somit als anspruchsberechtigt gegenüber der Armenanstalt zu gelten hatte, eine Festlegung unterschiedlicher Kategorien von Armut und damit die Einrichtung eines gestuften Systems verschiedener Unterstützungsformen. Die umfassende Registrierung aller Armen ermöglichte die staatliche Kontrolle über den Umfang und die Art der Armut sowie über die Betroffenen selbst. Die Armenordnung von 1788 sah eine Arbeitspflicht als generelles Prinzip vor, obwohl den Armenreformern durchaus bewußt war, daß Armut nicht in jedem Fall selbst verschuldet war, sondern ihre Gründe in der wirtschaftlichen Struktur der Stadt haben konnte. So zielten die Vorstellungen der Reformer darauf ab, den arbeitsfähigen Armen durch Unterstützungen zu Arbeit zu verhelfen (»Hilfe zur Selbsthilfe«) und nur die gänzlich arbeitsunfähigen Armen zu versorgen.[1]

Die Überlegungen, die der Allgemeinen Hamburger Armenordnung zugrunde lagen, finden sich in den Armenordnungen der Israelitischen Armenanstalt wieder. Wenngleich die sozialen Auswirkungen der Armut für nicht-jüdische wie für jüdische Arme gleichermaßen bedrückend waren, so implizierten die rechtlichen Beschränkungen für die jüdische Minderheit nach 1814 – vor allem der Ausschluß von der Gewerbefreiheit – eine beträchtliche Verringerung der beruflichen und sozialen Aufstiegsmöglichkeiten der jüdischen Unterschicht. Das alte Judenreglement von 1710[2] blieb als gesetzliche Grundlage bestehen. Es setzte die jüdische Minderheit in ein korporatives Schutzverhältnis zum Staat. Die jüdische Gemeinde blieb als rechtliche Körperschaft für das gesamte jüdische Armen-, Schul- und Begräbniswesen zuständig. Der Gemeinde oblag die Besteuerung ihrer Mitglieder wie überhaupt die eigenständige Verwaltung der Finanzen. Der Gemein-

Gemeinde
Gemeindeleben

devorstand trug die Verantwortung für die Aufnahme fremder Juden in die Hamburger Gemeinde – ein wichtiges Recht insofern, als der Gemeindevorstand damit nicht nur die Zahl der Gemeindeangehörigen selbst festlegen konnte, sondern auch bestimmte, <u>wer</u> Mitglied der Gemeinde werden sollte. Der Gemeinde mußte daran gelegen sein, »*nützliche und brauchbare*«,[3] steuerfähige Mitglieder aufzunehmen und die Zahl von potentiell unterstützungsbedürftigen Juden zu begrenzen.

Im folgenden soll zunächst der Versuch unternommen werden, das Ausmaß jüdischer Armut in Hamburg annäherungsweise zu bestimmen. Daran anschließend werden die sozialen Lebensbedingungen der jüdischen Armen thematisiert. Die Armenordnungen der Israelitischen Armenanstalt geben Einblick in die grundsätzlichen Auffassungen über Armut, in die Organisation und in die Arbeitsweise der Anstalt. Der Beitrag endet mit der Darstellung von einzelnen, repräsentativen Unterstützungsgesuchen jüdischer Armer an die Israelitische Armenanstalt, in denen die unterschiedlichen Formen von Armut und deren individuelle Auswirkungen deutlich werden.

Das Ausmaß jüdischer Armut

Nach einer Zählung aus dem Jahr 1811 bestand die jüdische Gemeinde aus 6.429 Mitgliedern, darunter 130 portugiesische Juden. An der Hamburger Gesamtbevölkerung stellte die jüdische Minderheit damit einen Anteil von 6 %.[4]

Wie viele dieser Gemeindeangehörigen als »arm« zu bezeichnen sind, läßt sich bislang noch nicht exakt sagen. Die darüber vorhandenen Angaben beruhen zumeist auf Schätzungen: Für die Zeit um 1830 geht Laufenberg von ca. 9.000 – 10.000 Hamburger Juden aus, wovon »... *zwei Drittel [...] der ärmeren Klasse angehörig* ...«[5] gewesen seien. Haarbleicher betont, daß es in der jüdischen Gemeinde nur wenige Hochvermögende gegeben habe, die Zahl »... *der Armen und Hülfsbedürftigen hingegen gross* ...«[6] gewesen sei. Eine Denkschrift aus dem Jahr 1834 erwähnt »... *4 bis 500 arme [...] Familien, welche unsere öffentlichen und Privat-Anstalten ernähren* ...«.[7] Die Zahl der Darlehen, die das Israelitische Vorschuß-Institut zum Zwecke der Verhütung von Armut durch die finanzielle Unterstützung von Bedürftigen gewährte, stieg seit der Gründung des Instituts im Jahre 1816 kontinuierlich von 29 auf 819 im Jahre 1860 an.[8] Der Finanzbericht der Gemeinde aus dem Jahr 1849 weist die Anzahl der jüdischen Familien für die Zeit von 1840 – 1848 aus, die von der Israelitischen Armenanstalt unterstützt wurden: Danach gab es im Jahre 1840 351 arme Familien, 1841 317, 1842 337, 1843 325, 1844 314, 1845 304, 1846 318, 1847 334 und 1848 368;[9] durchschnittlich erhielten in diesem Zeitraum jährlich ca. 330 Familien finanzielle Zuwendungen. Daß der Umfang des von der Israelitischen Armenanstalt unterstützten Personenkreises ganz erheblich war, ergibt sich auch schon daraus, daß der höchste Anteil der Gemeindeausgaben für die Armenanstalt aufgewendet wurde.[10] Eine Möglichkeit, sich dem Umfang der jüdischen Armut genauer zu nähern, bietet die Auswertung der jüdischen Steuerlisten – wobei es sinnvoll ist, zwischen Armen und potentiell Armen zu differenzieren. Antje Kraus bezeichnet in ihrer Untersuchung über die Hamburger Unterschichten diejenigen, die unter dem, am oder nahe am Existenzminimum leben mußten, als Arme oder potentiell Arme.[11] Dazu zählten nicht nur jene Hamburger, die aufgrund eines zu geringen Einkommens keine Steuern zu entrichten hatten, sondern auch die Erwerbstätigen der niedrigsten Steuerklasse. Potentiell arm waren die Menschen, bei denen Krankheit oder Teuerung bereits den Lebensunterhalt gefährdeten. Fast 4/5 der Hamburger Erwerbstätigen hatte jährlich weniger als 700 Mark crt. zur Verfügung, ein

Einkommen, daß selbst für kleine Familien nicht ausreicht, um ökonomisch gesichert zu sein.[12] Die jüdischen Erwerbstätigen, die nach dem Finanzbericht von 1849 den niedrigsten Steuersatz, nämlich 18 – 20 Mark crt., entrichteten, hatten ein jährliches Einkommen zwischen 600 und 666 Mark crt.[13] Dies reichte zur Sicherung der Subsistenz keineswegs aus. Addiert man die Nichtsteuerpflichtigen den Steuerpflichtigen der niedrigsten Steuerklasse hinzu, so ergibt sich für die Zeit von 1816 bis 1848 das folgende Bild über die Zahl von Armen und potentiell Armen in der jüdischen Gemeinde Hamburgs:

Baumbach
Die jüdische Gemeinde in Hamburg und ihr Armenwesen

Die Armen und potentiell Armen der Deutsch-Israelitischen Gemeinde Hamburgs 1816-1848

Jahr	A[14] Erwerbstätige/ Haushalte	B[15] Steuerpflichtige abs.	%	C[16] bis 20 Mark crt. Steuerpflichtige abs.	%	D[17] nicht Steuerpflichtige abs.	%	E[18] Arme und potentiell Arme abs.	%	F[19] unterstützte Familien abs.	%
1816	(1403)	535	38,1	60	4,3	868	61,8	928	66,1	k. A.	k. A.
1817	(1408)	522	37,1	61	4,3	886	62,9	947	67,2	k. A.	k. A.
1818	(1412)	555	39,3	67	4,7	857	60,7	924	65,4	k. A.	k. A.
1819	(1417)	584	41,2	95	6,7	833	58,8	928	65,5	k. A.	k. A.
1820	(1422)	577	40,6	86	6,0	845	59,4	931	65,4	k. A.	k. A.
1821	(1426)	596	41,8	89	6,2	830	58,2	919	64,4	k. A.	k. A.
1822	(1431)	625	43,7	97	6,8	806	56,3	903	63,1	k. A.	k. A.
1823	(1436)	648	45,1	114	7,9	788	54,9	902	62,8	k. A.	k. A.
1824	(1440)	671	46,6	115	8,0	769	53,4	884	61,4	k. A.	k. A.
1825	(1445)	706	48,9	137	9,5	739	51,1	876	60,6	k. A.	k. A.
1826	(1450)	771	53,2	148	10,2	679	46,8	827	57,0	k. A.	k. A.
1827	(1454)	787	54,1	164	11,3	667	45,9	831	57,2	k. A.	k. A.
1828	(1459)	837	57,4	189	13,0	622	42,6	811	55,6	k. A.	k. A.
1829	(1464)	875	59,8	207	14,1	589	40,2	796	54,7	k. A.	k. A.
1830	(1468)	936	63,8	225	15,3	532	36,2	757	51,5	k. A.	k. A.
1831	(1473)	965	65,5	234	15,9	508	34,5	742	50,4	k. A.	k. A.
1832	(1478)	962	65,1	235	15,9	516	34,9	751	50,8	k. A.	k. A.
1833	(1482)	868	58,6	220	14,8	614	41,4	834	56,2	k. A.	k. A.
1834	(1487)	999	67,2	263	17,7	488	32,8	751	50,5	k. A.	k. A.
1835	(1491)	981	65,8	297	19,9	510	34,2	807	54,1	k. A.	k. A.
1836	(1496)	1004	67,1	328	21,9	492	32,9	820	54,8	k. A.	k. A.
1837	(1500)	1061	70,7	342	22,8	439	29,3	781	52,1	k. A.	k. A.
1838	(1505)	1106	73,5	359	23,9	399	26,5	758	50,4	k. A.	k. A.
1839	(1509)	1137	75,3	370	24,5	372	24,7	742	49,2	k. A.	k. A.
1840	(1514)	1191	78,7	385	25,4	323	21,3	708	46,7	351	23,2
1841	(1518)	1179	77,7	369	24,3	339	22,3	708	46,6	317	20,9
1842	(1523)	1172	77,0	366	24,0	351	23,0	717	47,0	337	22,1
1843	(1527)	1299	85,1	425	27,8	228	14,9	653	42,7	325	21,3
1844	(1532)	1352	88,3	456	29,8	180	11,7	636	41,5	314	20,5
1845	(1536)	1427	92,9	505	32,9	109	7,1	614	40,0	304	19,8
1846	(1541)	1502	97,5	537	34,8	39	2,5	576	37,4	318	20,6
1847	(1545)	1454	94,1	517	33,5	91	5,9	608	39,4	334	21,6
1848	1550	1446	93,3	544	35,1	104	6,7	648	41,8	368	23,7

Gemeinde
Gemeindeleben

Antje Kraus geht in ihrer Untersuchung davon aus, daß der Anteil der Armen an der Gesamtbevölkerung in Hamburg zwischen 60 und 80% gelegen hat.[20] Im Vergleich dazu ist der Anteil von Armen bei den Juden geringer, wenngleich auch erheblich höher als bisher angenommen.[21]

Die soziale Lage der jüdischen Armen

Unter den Wirren der französischen Besetzung, vor allem aber durch die englischen Elbblockaden und die von den Franzosen verhängte Kontinentalsperre, kam die Hamburger Wirtschaft fast zum Erliegen. Eine hohe Massenarbeitslosigkeit und soziales Massenelend waren die Folge. Ein Ausdruck der großen sozialen Not unter der Mehrheit der Bevölkerung war die hohe Zahl an Bettlern. Der Hamburger Senat sah darin ein Problem für die »Ruhe und Ordnung« im Staat und reagierte sowohl mit verschärften staatlichen Kontrollen als auch mit einer Reihe von Bestimmungen. Die Zahl und der Umfang der Verordnungen, die im ersten Drittel des 19. Jahrhunderts das Betteln untersagten und bei Zuwiderhandlung unter Strafe stellten, war dementsprechend beträchtlich.[22] Unter Hinweis auf die hohe Zahl jüdischer Bettler, aber auch Hausierer und Trödelhändler, forderte der Senat die jüdische Gemeinde auf, eigene Anstrengungen zur Eindämmung dieser »Mißstände« zu unternehmen.[23] Der staatliche Druck verfing, korrespondierte er doch nicht nur mit den ökonomischen Interessen der jüdischen Mittel- und Oberschicht, sondern auch mit deren erklärtem Ziel, auf die bürgerliche und politische Gleichberechtigung der Juden hinzuwirken. Es war aus der Sicht der jüdischen Gemeindevertretung daher nur folgerichtig, die Zahl jüdischer Armer so gering wie nur möglich zu halten, gleichzeitig aber auch Maßnahmen zur Berufsumschichtung und zur Einrichtung des Armenschulwesens[24] zu ergreifen, um der Entstehung von Armut möglichst vorzubeugen.

Die weitaus größte Zahl der jüdischen Armen lebte in dem dichtbesiedelten, vorwiegend von Tagelöhnern, Arbeitern und Seeleuten bewohnten, größten Kirchspiel Hamburgs, St. Michaelis. Hier lebten die sozial deklassierten und unterprivilegierten Menschen, die oft das Existenzminimum kaum erreichten. Um den Lebensunterhalt einer Familie überhaupt einigermaßen gewährleisten zu können, mußten Frau und Kinder mitarbeiten. Ganz besonders spitzte sich die Lage in den Wintermonaten zu, in denen durch die saisonal bedingte Verschlechterung der Erwerbsmöglichkeiten viele Familien der akuten Verarmung ausgesetzt waren. Der größte Teil der jährlichen Einkünfte, nämlich annähernd 70%, mußte für Lebensmittel aufgewendet werden.[25] Eine erhebliche Belastung für die ohnehin niedrigen Löhne stellte die Akzise, eine direkt auf Lebensmittel erhobene Verbrauchssteuer, dar. Sie wurde auf Nahrungsmittel wie Kartoffeln, Butter, Getreide und Fleisch erhoben.[26] Mit dem verbleibenden Teil der Einkünfte mußten die übrigen Bedürfnisse abgedeckt werden; vor allem war die Miete zu zahlen, die um die Jahrhundertmitte kaum weniger als 80 Mark crt. jährlich betrug und fortwährend anstieg.[27] Die Wohnbedingungen selbst waren trostlos: Durch die unaufhörliche Zuwanderung von Menschen, die in der Stadt nach Arbeit suchten, waren die Wohnquartiere überbelegt. Die Unterkünfte bestanden nicht selten aus Bretterbuden, die sich schnell errichten ließen. Die Überbelegung in den engen, feuchten Gassen und Höfen mit ihren mangelhaften sanitären Einrichtungen waren häufig Ursache für die Entstehung von Krankheiten.[28]

Die Mehrheit der jüdischen Unterschichtsangehörigen arbeitete im Bereich des Handels. Eine besondere Bedeutung kam dabei dem Detail- und Hausierhandel zu. Neben dem

Verkauf von Lebensmitteln, Kaffee, Tee und Tabak sowie Gegenständen des alltäglichen Bedarfs spielte der Handel mit Altkleidern und Textilien, die Kleidersellerei, eine Rolle. Darüber hinaus fanden sich Betreiber von Lotteriegeschäften, Geldwechsler und Pfandverleiher. Im Bereich der manuellen Arbeit gab es Petschierstecher, Hut- und Mützenmacher, Bürstenmacher, Schirmmacher sowie eine nicht unerhebliche Zahl jüdischer Zigarrenmacher und Arbeitsleute. Jüdische Frauen arbeiteten vorwiegend als Näherinnen, Köchinnen und Arbeitsfrauen, etliche erwarben ihren Lebensunterhalt durch Handel.[29] Bei einer nicht geringen Zahl jüdischer Unterschichtsangehöriger ist zu vermuten, daß sie sich mühsam mit Gelegenheitsarbeiten über Wasser halten mußte.[30]

Zur Organisation des jüdischen Armenwesens: Die Armenordnungen der Israelitischen Armenanstalt von 1817 und 1846

Das Israelitische Armenkollegium gab sich mit den »Neu revidirte[n] Verordnungen und Gesetze[n]« 1817 sein Statut. Danach wurde das »*Armengebiet*« in 10 Armen-Distrikte eingeteilt, einem jeden Distrikt ein Pfleger zugeordnet. Die Einteilung der Distrikte gibt Hinweise darauf, wo jüdische Arme schwerpunktmäßig gelebt haben: Der erste Distrikt umfaßte die Straßen Bei den Hütten, Pilatus Pool, Poolstraße, Neue Straße, Bei den Kohlhöfen, Thielbek, Trampgang und Rademachergang, der zweite die Schlachterstraße, Kirchenstraße, Mühlenstraße, Zeughausmarkt, 1ste und 2te Jacobstraße, Rothesoodstraße, Böhmkenstraße, Bei dem grünen Sood, Nicolaistraße, Kuhberg und Venusberg, der dritte Distrikt die 2te und 3te Elbstraße, der vierte die südliche Seite des Neuen Steinwegs, der sechste Distrikt die 1te, 2te und 3te Peterstraße, der siebte die 1te Elbstraße, Kraienkamp, Bei der Gummühle und den Saager-Platz, der achte den Großen Neumarkt, Brunnenstraße, Große Michaelisstraße, Bei der kleinen Michaelis Kirche, Alter Steinweg und den Paradieshof und der neunte und zehnte Distrikt sämtliche Straßen der Altstadt.[31] Diese Einteilung folgte der organisatorischen Notwendigkeit, den einzelnen Distriktpflegern klar umgrenzte Aufgabenbereiche zuzuordnen. Die Armenordnung von 1846 – die Revision der Statuten von 1817 – sah nur noch 7 Armendistrikte vor. Drei Distrikte entsprachen dabei jeweils nur einem Straßenzug (Elbstraße, Neuer Steinweg, Peterstraße), die Armendistrikte für die Altstadt entfielen ganz.[32] Den Distriktspflegern oblag die Aufgabe der Registrierung und Betreuung der Armen:

»*Es gehört zur ersten Pflicht der Pfleger, die in ihrem Districte wohnenden Armen, in Hinsicht ihrer Moralität, Industrie, Kinderzahl, physische Verhältnisse usw. so genau als möglich zu kennen, indem sie bei Deliberationen über die Unterstützung eines Individuums der Unterstützungs-Commission die erforderliche Auskunft zu geben haben*«.[33]

Die Armenordnung von 1846, die aufgrund der bis dahin gemachten praktischen Erfahrungen in der Armenarbeit erheblich umfangreicher als die Armenordnung von 1817 ist, präzisiert und erweitert die Reglementierungsmöglichkeiten: Danach wird der Pfleger dazu angehalten, »*die Armen [...] zu beaufsichtigen, zu welchem Ende er sie mindestens halbjährlich in ihren Wohnungen zu besuchen und insbesondere danach zu sehen hat, daß sie jede zu erlangende Gelegenheit, sich durch Arbeit selbst zu ernähren [...] gehörig benutzen*«.[34] Die Disziplinierungsversuche der Pfleger stießen bei den Armen auf Widerstand. Konflikte zwischen Pflegern und Klientel scheinen keine Einzelfälle gewesen zu sein, da die Armenordnung von 1846 den Pflegern bei »*widersetzlichem Verhalten*« eine entsprechende Handhabe gibt. Der § 72 berechtigt die Pfleger, »*... bei Widersetzlichkeit und* *absichtlich veranlaßter Unordnung dem Armen nach vorhergeganger Androhung das Wochengeld ein- oder zweimal hintereinander zu entziehen. Hält er eine fortgesetzte Entziehung für nöthig, so bedarf es dazu bis zur nächsten General-Versammlung der Zustimmung des Praeses und von da an der Zustimmung des Armen-Collegiums selbst«.*[35]

Die Bewilligung und die Festsetzung der Höhe der Unterstützung erfolgte durch das Armenkollegium. Der Pfleger hatte zuvor vermittels des Abhörungs-Bogens (s. die Abb. am Schluß dieses Beitrags) die individuellen Lebensumstände des Armen zu erfassen. Die Höhe der jeweiligen Unterstützung bemaß sich an der »Art« der Armut. Der Arbeit der Israelitischen Armenanstalt lagen verschiedene Armutskategorien zugrunde: Die eingezeichneten (registrierten) Armen waren jene, die über einen längeren Zeitraum hinweg permanente Zuwendungen erhielten. Die Armenordnungen sahen als Maximum eine regelmäßige Unterstützung von 4 Mark crt. vor[36], als Minimum 8 Schillinge. Die Gelder wurden wöchentlich von den Pflegern ausgezahlt, die auf diese Weise auch die Verwendung der Unterstützungszahlung genau kontrollieren konnten. Neben den eingezeichneten Armen sahen die Armenordnungen auch die Kategorie der »verschämten Armut« vor. Verschämte Arme waren jene, die durch Schicksalsschläge, wie etwa Krankheit oder den Verlust des Ernährers, zeitweilig verarmt waren und denen durch eine vorübergehende oder einmalige Unterstützung von maximal 30 Mark crt. eine Hilfe zur Selbsthilfe gegeben werden sollte.[37] Die Armenanstalt sah darüber hinaus auch die Gewährung von Vorschüssen (Darlehen) an nicht eingezeichnete Arme vor, die später zurückgezahlt werden mußten. Voraussetzung hierfür war ein »*anerkannt [...] rechtschaffene*[r] *[Lebens-] Wandel«.*[38]

Obwohl das Ausmaß der wirtschaftlichen und sozialen Not nach 1816 besonders groß war, wollte die jüdische Gemeinde die Kosten für die Armenanstalt grundsätzlich begrenzt halten. Die Zunahme der einheimischen, prinzipiell anspruchsberechtigten armen Juden machte jedoch 1818 eine Erhöhung der Ausgaben für die Armenanstalt unumgänglich:

»Allein die zunehmende Erwerblosigkeit der geringen Classe, die bey allen hiesigen Armen-Anstalten so laute Klagen erregt, hat auf das Israelitische Armencollegium so nachtheiliger wirken müssen, da dessen Arme in den Mitteln zum Erwerb ohnehin so sehr beschränkt sind. Auch hat die Theuerung aller Lebensmittel im verflossenen Jahre die Zahl der Hülfsbedürftigen eben so sehr vermehrt, als sie deren Unterhalt kostspieliger machte«.[39]

Da eine Erhöhung der Ausgaben also nicht zu umgehen war, begrenzte die Gemeinde den Kreis der Anspruchsberechtigten. Die Armenordnung von 1817 bestimmte daher für fremde und durchreisende Arme:

»Die angestrengten Bemühungen des Armen-Collegiums, das Betteln einheimischer Armer zu unterdrücken, sollen vorzüglich auf fremde Bettler ausgedehnt werden. Es ist folglich darauf zu sehen, dass 1) selbige sogleich bei ihrer Ankunft sich melden, 2) nach ihrer Abfertigung sich nicht länger in der Stadt aufhalten oder gar zurückkehren, und 3) nicht in den Strassen oder Häusern betteln. Sobald sie irgend eine dieser Verordnungen übertreten, sollen sie arretirt und der Obrigkeit zur Bestrafung übergeben werden«.[40]

Wenngleich die Gründe für die zunehmende Armut in der Erwerbslosigkeit und in der Erhöhung der Lebensmittelpreise, und damit durchaus als strukturell bedingt, gesehen werden, wird doch zugleich das Betteln als individueller sozialer Normverstoß gewertet, den es mit staatlicher Bestrafung zu sanktionieren galt. Die Armenordnungen der Israelitischen Armenanstalt markieren den ideellen und organisatorischen Rahmen, innerhalb dessen sich die Verwaltung jüdischer Armut vollzog. Im letzten Abschnitt sollen nun einige Beispiele jüdischer Armut dargestellt werden, die die individuellen Gründe, bei der Armenanstalt um Unterstützung nachzusuchen, näher ausleuchten.

Unterstützungsgesuche jüdischer Armer

Baumbach
Die jüdische Gemeinde in Hamburg und ihr Armenwesen

Die Hauptursache für Armut bestand in der Erwerbslosigkeit. Bei allen noch vorhandenen Unterstützungsgesuchen[41] weisen die Petenten auf die Unmöglichkeit oder die Schwierigkeit hin, sich durch eine Erwerbstätigkeit ausreichend ernähren zu können. Gleichzeitig werden aber auch die Anstrengungen und Bemühungen geschildert, sich durch eigenen Erwerb zu erhalten. Auffällig ist die Scham über die Armut. Die Unterstützungssuchenden rechtfertigen ihr Gesuch, indem sie darauf hinweisen, daß sie die Armenanstalt bisher noch nie oder nur selten in Anspruch genommen hätten oder betonen, daß sie lediglich einmalige Vorschußgelder benötigten. Nicht selten heben die Petenten hervor, die erhaltenen Gelder wieder zurückzahlen zu wollen.

Die folgenden Beispiele veranschaulichen die persönliche, soziale Lage der Betroffenen und stellen aus individueller und subjektiver Sicht dar, was Armut im Einzelfall bedeutete. »Arm« zu sein, das hieß in erster Linie, zwei Grundbedürfnisse – sich zu ernähren und ein Obdach zu haben – nicht ohne fremde finanzielle Hilfe befriedigen zu können. Von Armut betroffen waren vor allem alleinstehende, alte und kranke Menschen, die entweder nicht mehr arbeiten konnten oder in ihren vormals ausgeübten Tätigkeiten keine Beschäftigung mehr fanden. So wandte sich im August 1843 Süssel Seligmann an die Armenanstalt, da er »*insbesondere wegen rückständiger Miethe auf das härteste gedrängt...*«[42] sei. Er schreibt:

»*Obwohl ein Greis von 65 Jahren, habe ich doch immer so viel als möglich sowohl hier durch Hausirhandel als Beziehen kleiner Märkte mich zu ernähren gesucht und nur höchst selten die Hülfe der Gemeinde in Anspruch genommen. Jetzt aber wird es mir vermöge meines Alters und der vermehrten Concurrenz immer saurer*«.[43]

Ganz problematisch war die Situation für Frauen, wenn der Ehemann als Haupternährer der Familie plötzlich wegfiel und noch unmündige Kinder zu versorgen waren. Ein ähnliches Schicksal mußten Frauen teilen, die von ihren Männern verlassen worden waren.[44] Im November 1853 richtete Therese Blumenthal, verehelichte Fürst, das folgende Gesuch um Unterstützung an das Israelitische Armenkollegium:

»*Mein Mann, der Tapezier Fürst, hat mich seit zwei Jahren böswillig verlassen, er will oder kann mir nichts geben; ich arbeite seitdem Hutfutterale, wodurch ich mich und meine Kinder kaum vor Hunger schütze. Wenn ich Ew. Wohlgeboren sage, daß ich bei ununterbrochener angestrengtester Arbeit täglich 14 Sh*[illinge] *bis <u>höchstens</u> 1 [Mark crt.] verdienen kann, dann werden Ew. Wohlgeboren sich einen ungefähren Begriff von meiner unglücklichen Lage machen können. Diese Lage muß ich, wenn ich nicht gänzlich dem Elend verfallen will, ändern; ich will, weil ich noch gesund und rüstig bin, und mich tüchtig dazu fühle, Wärterin werden. Aber bevor ich mich um diese Beschäftigung bekümmern kann, muß ich erst meine Kinder vor Mangel geschützt wissen*«.[45]

Viele jüdische Arme lebten in »verschämter Armut«. Ihre als erniedrigend erlebte Situation machte es ihnen unmöglich, sich an die Armenanstalt zu wenden. In einer derartigen Situation befand sich die Familie des Raphael Joel Lerner. Auf seine Lage machte ein christlicher Nachbar in seinem Schreiben an die Armenanstalt vom Dezember 1841 aufmerksam. In seinem »*Empfehlungsgesuch für Raphael Joel Lerner*« schreibt Peter Carl Heinrich Butendorff aus der Langen Reihe in St. Georg:

»*Ich meine Herren, unbekannt mit allen Formalitäten Ihres Glaubens nehme mir nun die Freiheit einen solchen Armen, einem Ihrer Glaubensgenossen in Ihre Versammlung zu führen einen Mann, der in dem schrecklichsten Elend mit Frau und 3 Kinder[n] schmachtet, einem Ihrer Glaubensgenossen der verschämt, keinem andern als mir seine Lage offenbar-*

te. [...] *Körperleiden machen ihn zu jedem Verdienste unfähig seine Frau, sein krankes nebst noch zwei andern Kinder zu ernähren*«.⁴⁶

Die Unterstützungsgesuche wurden in der Regel dem Armenpfleger des jeweiligen Distrikts übergeben, der sie wiederum an das Armenkollegium weiterreichte. Beispielhaft sollen abschließend drei Gesuche genannt werden, für die die Entscheidungen des Armenkollegiums erhalten sind: Abraham Berlin, Meier Jüdel und Jonas Glagau hatten bei der Armenanstalt jeweils einen Antrag auf einen einmaligen, wieder abzuzahlenden Vorschuß gestellt. Abraham Berlin wurden – statt des Vorschußhöchstsatzes von 75 Mark crt. 60 Mark crt. mit einer wöchentlichen Abzahlungsvereinbarung von 12 Schillingen zuerkannt. Die Begründung lautet:

»*Abraham Berlin, ein redlicher Mann, ein Fleischhauer, hat sich immer ehrlich ernährt, und nie Unterstützung verlangt. Ohne diesen Vorschuß, wäre er ohne Brod, und es ist zu erwarten daß er prompt bezalen wird: Es würde ihm das maximum von 75* [Mark crt.] *zugestanden sein, es ist ihm aber bemerklich gemacht, daß man zugleich berücksichtigt habe wie seine Töchter sich so prächtig kleideten daher diese auch etwas für ihn thun müßte[n]*«.⁴⁷

Meier Jüdel erhielt von der Armenanstalt 75 Mark crt. Mit ihm wurde eine Rückzahlung von 1 Mark crt. die Woche vereinbart. Das Armenkollegium bemerkt dazu:

»*Meier J[ü]del, ein alter Mann ebenfalls ein Fleischhauer, welcher wöchentlich 4* [Mark crt.] *Unterstützung erhielt, behauptet durch diesen Vorschuß sich ernähren zu können. Wenn gleich weniger Aussicht zur prompten Bezahlung bei diesem ist, so wird nichts gewagt, da er durch diese Anleihe Verzicht [...] auf Unterstützung gethan hat*«.⁴⁸

Dem Handelsmann Jonas Glagau wurde ein Vorschuß von 54 Mark crt. gewährt, wobei der Antragsteller für die Hälfte der Summe einen Bürgen vorweisen konnte. Die Abzahlung wurde auf 1 Mark crt. wöchentlich festgelegt. Zur Begründung heißt es:

»*Jonas Glagau. Sein Äußeres verräth daß er noch nicht tief gesunken sey, und die Bürgschaft des Hrn. Grüneburg bürgt umso mehr, daß auch bey der Hälfte nichts zu fürchten sey*«.⁴⁹

Diese Entscheidungen des Armenkollegiums machen die Grundsätze der Verwaltung jüdischer Armut deutlich: Sie zielten darauf ab, die Kosten für die Armenkasse möglichst gering zu halten, den oft unterstellten »Mißbrauch« durch Nicht-Bedürftige zu unterbinden und bei Bedürftigen zunächst die Möglichkeit einer Unterstützung durch andere zu prüfen (Subsidiaritätsprinzip). Die Funktion der Armenpfleger bestand dabei darin, diese Grundsätze mittels der Ausübung sozialer Kontrolle und Disziplinierung der Armen durchzusetzen.

Anmerkungen

* Der folgende Beitrag stützt sich auf meine 1985 abgeschlossene Magisterarbeit »Die Israelitische Freischule von 1815. Eine Hamburger Armenschule in der Zeit von 1815 – 1848«. Zur Thematik siehe auch Richter 1989, S. 234 – 254. Dieser Beitrag übernimmt Ergebnisse meiner Magisterarbeit, ohne dies explizit kenntlich zu machen. Vgl. insbesondere die Berechnungen über die Zahl der Armen und potentiell Armen der Deutsch-Israelitischen Gemeinde Hamburgs bei Richter, a.a.O., S. 252 ff. (Tabelle II) und S. 156 (Tabelle 23) meiner Magisterarbeit.

1 Zur Hamburgischen Allgemeinen Armenanstalt vgl. Braun/Kopitzsch 1990; Zachau 1988; Mehnke, Armut und Elend in Hamburg.
2 Das Judenreglement vom 7. September 1710 ist abgedruckt in Freimark/Herzig 1989, S. 312 – 323. Zur Diskussion über den in der Bürgerschaft gescheiterten »Reglements-Entwurf über die Aufnahme der Israeliten« vom 20. Oktober 1814 siehe Krohn 1967, S. 21 – 23.
3 Vgl. dazu Baumbach 1989, S. 216.
4 Vgl. Freimark 1983 (2), S. 66f.
5 Laufenberg, Arbeiterbewegung, S. 61. 1848

hat es in Hamburg ungefähr 9.790 jüdische Gemeindemitglieder gegeben (6.429 nach der Zählung von 1811 plus den Zuwachs von 3.361 Personen seit 1816). Hinzu kamen mehr als 1.500 »... größtentheils in dienenden Verhältnissen lebende [...] Juden beiderlei Geschlechts, die nicht als Mitglieder der Gemeinde« angehörten. Daraus ergibt sich, daß um 1848 mehr als 11.290 Juden in Hamburg lebten. Bericht über die finanziellen Verhältnisse der Deutsch-Israelitischen Gemeinde in Hamburg. Abgestattet von dem Vorsteher-Collegium der Gemeinde. Ausgegeben am 17. Juli 1849, Hamburg 1849, S. 105. Haarbleicher 1867, 311, schätzt für das Jahr 1847 eine Zahl von etwa 12.000 Gemeindemitgliedern und weit mehr als 1.000 ansässigen, fremden Juden.

6   Haarbleicher 1867, S. 312.
7   Denkschrift über die bürgerlichen Verhältnisse der Hamburgischen Israeliten zur Unterstützung der von denselben an Einen Hochedlen und Hochweisen Rath übergebenen Supplik, Hamburg 1834, S. 60.
8   Vgl. Nathan, Das Israelitische Vorschuss-Institut, S. 28. Zur Zielsetzung des Instituts vgl. ebd., S. 8.
9   Vgl. den Finanzbericht von 1849, S. 83, Tabelle XXVII. Die Angabe für das Jahr 1848 (368) ist nicht der Tabelle XXVII entnommen, sondern findet sich in dem Finanzbericht auf S. 26f.
10 Vgl. den Finanzbericht von 1849, S. 77, Tabelle XXIV sowie S. 25.
11 Vgl. Kraus, Die Unterschichten.
12 Vgl. Kraus, Die Unterschichten, S. 75f.
13 Die Steuerquote wurde 1820 vom Hamburger Senat auf 3% des Einkommens festgelegt, vgl. Krohn 1967, S. 97, Anm. 139.
14 A: Gesamtzahl der jüdischen Erwerbstätigen/ Haushalte. Die Angaben über die Zahl der jüdischen Erwerbstätigen sind Krohn 1967, S. 97, Anm. 137 entnommen. 1815 gab es 1.398 jüdische Erwerbstätige, 1848 gab es 1.550. Die Differenz ergibt eine durchschnittliche Zuwachsrate von 4,6 Erwerbstätigen pro Jahr. Daher wird in dieser Tabelle ein jährlicher Zuwachs von einmal 4 und einmal 5 Erwerbstätigen zugrundegelegt. Da eine lineare Zunahme der Erwerbstätigen nicht wahrscheinlich ist, können die Angaben lediglich als Näherungswerte betrachtet werden; sie sind deshalb in Klammern gesetzt. Helga Krohn gebraucht die Bezeichnungen »Erwerbstätige«, »Haushalte« und »Familien« synonym. Diese Verwendung scheint dann korrekt zu sein, wenn man davon ausgeht, daß jeweils eine Person als Haushaltsvorstand die überwiegende finanzielle Verantwortung für andere mit ihm im Haushalt lebende Personen (Ehefrau, Kinder, sonstige Angehörige) trug.

Baumbach
Die jüdische
Gemeinde in
Hamburg und ihr
Armenwesen

15 B: Anteil der Steuerpflichtigen an der Gesamtzahl der jüdischen Erwerbstätigen. Die Angaben der Spalten B und C sind entnommen dem Finanzbericht von 1849, S. 78, Tabelle XXV. Die Tabelle berücksichtigt lediglich die jüdischen Steuerzahler, die Mitglieder der Gemeinde waren; der Finanzbericht weist sie als »Hiesige« aus.
16 C: Anteil der bis zu 20 Mark crt. zahlenden Steuerpflichtigen an der Gesamtzahl der jüdischen Erwerbstätigen. Die entsprechende Spalte des Finanzberichts heißt »unter 20« Mark crt., die nächst höhere Einstufung »22 – 100« Mark crt. Es wird hier angenommen, daß mit »unter 20« die Steuerpflichtigen gemeint sind, die niedrigsten Steuersummen, 18 – 20 Mark crt. einschließlich, zu entrichten hatten.
17 D: Anteil der Nichtsteuerpflichtigen an der Gesamtzahl der jüdischen Erwerbstätigen.
18 E: Anteil der Armen und potentiell Armen an der Gesamtzahl der jüdischen Erwerbstätigen. Spalte E ist die Addition der Spalten C und D. Es muß betont werden, daß die Angaben dieser Spalte Mindestwerte sind. Der Anteil der Armen und potentiell Armen wird schon deshalb höher gewesen sein, weil die bis zu 20 Mark crt. zahlenden Steuerpflichtigen ein jährliches Einkommen bis zu 666 Mark crt. hatten, während Antje Kraus die Grenze für die potentielle Armut bei 700 Mark crt. ansetzt, vgl. Kraus 1965, S. 75f.
19 F: Anteil der von der Israelitischen Armenanstalt unterstützten Familien an der Gesamtzahl der jüdischen Erwerbstätigen. Die Zahlen der unterstützten Familien liegen nur für die Jahre 1840 – 1848 vor, vgl. den Finanzbericht von 1849, S. 83, Tabelle XXVII; die Angabe für das Jahr 1848 ebd., S. 26. Es ist auffällig, daß die Summen, die die Israelitische Armenanstalt zur Unterstützung der Armen jährlich aufgewendet hat, keinen größeren Schwankungen unterlagen. Dies ist ein Hinweis darauf, daß die Zahl der zu unterstützenden Personen begrenzt und nur ein Teil der Armen tatsächlich unterstützt

wurde. Da die Anzahl der unterstützten Haushalte den Anteil der nichtsteuerpflichtigen Haushalte in einigen Jahren übersteigt (1840, 1843 – 1848), ist zu vermuten, daß selbst unterstützte Familien zur Steuer veranlagt wurden. Diese sind daher in der Spalte der Armen und potentiell Armen enthalten.

20 Vgl. Kraus, Die Unterschichten, S. 75.
21 So von Krohn 1967, S. 51, die für das Jahr 1832 von einem Anteil von 35% armen Juden ausgeht und für das Jahr 1848 sogar eine Abnahme auf 7% annimmt. Vgl. dazu Baumbach 1989, S. 214, insbesondere S. 228, Anm. 2
22 Vgl. Kraus 1983, S. 72.
23 Vgl. Baumbach 1989, S. 216f. Vgl. dazu auch Zimmermann 1983, S. 89 – 94.
24 Vgl. dazu Krohn 1967, S. 28f. und 35ff. sowie Baumbach 1989.
25 Vgl. Kraus 1984, S. 186.
26 Vgl. Laufenberg, Arbeiterbewegung, S. 81.
27 Vgl. Kraus, Die Unterschichten, S. 71, siehe dazu auch Ellermeyer 1990, S. 46 – 96.
28 Vgl. Mehnke, Armut und Elend, S. 21f.
29 Die Berufsangaben lassen sich den Umschreibelisten des Hamburger Bürgermilitärs entnehmen. Das Hamburger Bürgermilitär führte ab 1830/31 einmal jährlich zur Erfassung aller wehrfähigen Männer eine Erhebung unter der Hamburger Bevölkerung durch. Erfaßt wurde jeweils die Adresse, das Geburtsjahr, der Familienstand, die Zahl der Kinder (getrennt nach Geschlecht), die Miethöhe sowie der Beruf des Haushaltsvorstandes und bei Männern der Dienstgrad im Bürgermilitär. Die Autorin bereitet im Rahmen ihrer Dissertation die statistische Auswertung der Umschreibelisten des Bürgermilitärs für die jüdische Bevölkerung im St. Michaelis Kirchspiel vor. Siehe StAH Umschreibelisten des Hamburger Bürgermilitär 341 – 3, Bc 25 Bd. I – Bc 40 Bd. I.
30 Dies ist dort anzunehmen, wo in der Befragung unter »Beruf« entweder »keine Angabe« eingetragen oder »ohne Geschäft/ohne Gewerbe« vermerkt ist. Vgl. StAH Umschreibelisten des Hamburger Bürgermilitärs (wie Anm 29).
31 Siehe StAH Jüdische Gemeinden 453: Neu revidirte Verordnungen und Gesetze des Israelitischen Armen-Collegiums, Hamburg 1817. Nach einem Ratsbeschluß von 1765 durften die Juden nur in bestimmten Straßen der Hamburger Neustadt wohnen, vgl. Levy 1933, S. 27.
32 Siehe StAH Jüdische Gemeinden 454: Armenordnung von 1846.
33 StAH Jüdische Gemeinden 453 (wie Anm. 31), § 2, Abschnitt V.
34 StAH Jüdische Gemeinden 454 (wie Anm. 32), § 70.
35 Ebd., § 72.
36 Der Unterstützungssatz von 4 Mark crt. wöchentlich änderte sich zwischen 1817 und 1846 nicht. Im Gegensatz zur Armenordnung von 1817 legte die Armenordnung von 1846 fest, daß das Wochengeld den Betrag von 4 Mark crt. »... für eine Familie nicht übersteigen [darf]«. § 14 der Armenordnung von 1846. StAH Jüdische Gemeinden 454. Der maximal höchste Unterstützungssatz, den die Armenanstalt einem Armen bzw. einer armen Familie innerhalb eines Jahres gewährt hätte, wäre also (im für den Armen günstigsten Fall) ein Betrag von 192 Mark crt. gewesen – bei einem von Antje Kraus errechneten Existenzminimum von 520 Mark crt. für eine Arbeiterfamilie (für das Jahr 1848)! Vgl. Kraus, Die Unterschichten, S. 60.
37 StAH Jüdische Gemeinden 453 (wie Anm. 31), § 1, Abschnitt B.
38 Ebd.
39 Verlautbarung der Gemeindevorsteher vom März 1818, StAH Jüdische Gemeinden 457, pag. 8, Hervorhebung im Original.
40 StAH Jüdische Gemeinden 453 (wie Anm. 31), § 4, Abschnitt V.
41 Die noch erhaltenen und schriftlich vorliegenden Unterstützungsgesuche stellen sicherlich nur eine ganz geringe Zahl an die ehemals an die Armenanstalt ergangenen Gesuche dar, setzen sie doch voraus, daß der Petent des Schreibens überhaupt kundig war bzw. die Möglichkeit hatte, einen Schriftkundigen zur Abfassung seines Anliegens zu beauftragen. Es kann davon ausgegangen werden, daß die Mehrzahl der Unterstützungsgesuche nicht schriftlich erfolgte, sondern von den Armenpflegern mündlich entgegengenommen wurde. Dies dürfte vor allem bei den eingezeichneten Armen der Fall gewesen sein. Die noch vorliegenden Gesuche wurden zumeist bei einem konkreten Anlaß, wie Tod von Angehörigen, Krankheit etc., gestellt. Die Entscheidungen des Armenkollegiums, den Anträgen zuzustimmen oder sie abzulehnen, sind in der Regel nicht mehr erhalten. Die Gründe, sich an die Armenanstalt zu wenden, waren vielfältig. Im Rahmen dieses Beitrages mußte sich die Autorin auf einige wenige, re-

präsentative Beispiele beschränken.
42 StAH Jüdische Gemeinden 471, pag. 23f.
43 Ebd.
44 Vielfach auch nichteheliche Mütter mit Kindern.
45 StAH Bestand JG 471, pag. 69 – 71, Hervorhebung im Original. Der Brief ist vermutlich nicht selbst geschrieben.
46 StAH Jüdische Gemeinden 471, pag. 37 – 43, hier pag. 40f.
47 StAH Jüdische Gemeinden 457, pag. 5 – 7, hier pag. 6.
48 Ebd.
49 StAH Jüdische Gemeinden 457, pag. 5 – 7, hier pag. 7.

Literatur

Kraus, A.: Die Unterschichten in der ersten Hälfte des 19. Jahrhunderts. Entstehung, Struktur und Lebensverhältnisse. Eine historisch-statistische Untersuchung. Stuttgart 1965

Laufenberg, H.: Geschichte der Arbeiterbewegung in Hamburg, Altona und Umgegend. Bd. 1. Berlin/Bonn/Bad Godesberg 1977 (Nachdr. der Ausg. Hamburg 1911)

Mehnke, B.: Armut und Elend in Hamburg. Eine Untersuchung über das öffentliche Armenwesen in der ersten Hälfte des 19. Jahrhunderts, 2. Aufl. Hamburg 1982

Nathan, N. M.: Das Israelitische Vorschussinstitut in Hamburg 1816 – 1916. Hamburg 1916

Baumbach
Die jüdische
Gemeinde in
Hamburg und ihr
Armenwesen

Quelle: StAH Jüdische Gemeinden 454: Armenordnung der Deutsch-Israelitischen Gemeinde in Hamburg. Publicirt zufolge Beschlusses des Collegiums der Gemeinde-Vorsteher am 1. Juli 1846, Hamburg 1846. Anhang B der Statuten des Armen-Collegiums.

Jüdische Frauen

Glückel (von) Hameln
Andrea Misler

»Meine lieben Kinder, ich habe dieses Buch zu schreiben angefangen nach dem Tode eures frommen Vaters um meine Seele ein wenig zu beruhigen, wenn mir die melancholischen Gedanken kamen ...«,[1]

so beginnt Glückel Hameln, die bekannteste jüdische Kauffrau des 17./18. Jahrhunderts aus Hamburg, ihre retrospektiven Aufzeichnungen.

Was als Trauerarbeit in schlaflosen Nächten beginnt und für den engsten Familienkreis bestimmt ist, soll gut zwei Jahrhunderte später Historiker, Philologen, Judaisten, Feministinnen und andere Interessierte begeistern. Denn einzigartig für ihre Zeit erzählt eine Jüdin in den »Denkwürdigkeiten der Glückel von Hameln«[2] die Geschichte ihrer Epoche, schreibt – modern ausgedrückt – eine Sozialgeschichte aus jüdisch-feministischer Sicht. Zudem legt sie Zeugnis ab von einem Stück Stadtgeschichte, das von den ersten jüdischen Niederlassungen in Hamburg bzw. Altona – damals noch Dänemark zugehörig – handelt.

Große geschichtliche Ereignisse erwähnt Glückel meist nur am Rande; anders jedoch die ausführliche Beschreibung der Pest in Hamburg (ab Juli 1664), die auch ihr Leben und das ihrer Familie bedroht. Glückel ist als gottesfürchtige, tieffromme Jüdin sehr um das religiöse und wirtschaftliche Weh und Wohl ihrer großen Familie besorgt. Das ist ihr Anliegen. Darin sieht sie ihre Aufgabe. Gleichzeitig ist diese Frau auch erstaunlich »emanzipiert«: anfänglich rechte Hand ihres Mannes in allen geschäftlichen Angelegenheiten, später Geschäftsführerin, reist sie mit Courage zu den Messeschauplätzen Europas und regelt sehr beflissen und erfolgreich ihre Geschäfte, sie gebärt jedoch auch vierzehn Kinder, von denen sie zwölf großzieht und verheiratet.

Bertha Pappenheim in der Tracht der Glückel von Hameln

Glückel wird im Jahre 5407 der jüdischen Zeitrechnung (1646/47) in Hamburg geboren. Ihr Vater, Löb Pinkerle (in den Steuerbüchern der Hamburger Gemeinde auch Löb Staden genannt),[3] ist ein angesehener und wohlhabender Kaufmann und dient lange Jahre als Parnass der hochdeutschen Juden. Drei Jahre nach Glückels Geburt werden die Juden aus Hamburg vertrieben. Ihnen wird Aufnahme in Altona gewährt, wo sie seit dem Generalprivileg Christians IV. 1641 als »Schutzjuden« leben dürfen. Im Jahre 1657, während des schwedisch-dänischen Krieges, wird Glückels Vater als Erstem gestattet, sich wieder in Hamburg niederzulassen.

»Aber wir hatten keine Synagoge in Hamburg und keine Aufenthaltsrechte; wir wohnten dort nur durch die Gnade des Rates« (S. 18).

Jüdische Frauen

Juden hatten keinen leichten Stand in Hamburg. Sie mußten sich ihre Niederlassungs- und Aufenthaltsrechte durch jährliche Abgaben an den Senat regelrecht erkaufen. Diese Aufenthaltsbedingungen wurden oft auch noch durch Abgabeerhöhungen erschwert. Während der Rat der Stadt Hamburg nachsichtig mit den jüdischen Einwohnern war, befürworteten Geistlichkeit und Bürgerschaft oftmals die sofortige Vertreibung.[4] Auch in den unteren Schichten herrschte eine unverhohlene Abneigung gegen Juden.

»*Wenn die armen Menschen* [jüdische Händler] *herausgezogen sind, sind sie oft ihres Lebens nicht sicher gewesen wegen des Judenhasses, der bei Bootsleuten, Soldaten und anderem geringen Volk herrschte*« (S.16).

Als 1687 ein Judenmörder hingerichtet wird, wendet sich die Aggression derart gegen die Juden – »*Die Juden sind damals alle in großer Lebensgefahr gewesen, denn es wurde großer Haß gegen sie erregt*« (S. 225) –, daß sich sogar der Senat gezwungen sieht, gegen Unruhestifter einzugreifen.[5]

Mit ca. 12 Jahren wird Glückel verlobt oder – wie es im Originaltext heißt – »*verknaßt*«. Die Knaß war eine nicht unerhebliche Geldstrafe, die für den Fall des Nichtzustandekommens der Verlobung durch eine Seite zu zahlen war.

»*Des Mädchens Bräutigam ist [...] üblicherweise ein junger Mann von etwa fünfzehn, sechzehn Jahren, den sie nicht kennt und ihre Eltern auch nicht. Die Verbindung kam zustande durch Vermittlung von Verwandten, Geschäftsfreunden oder Maklern, die oft in einem Radius agieren, der persönliche Bekanntschaft der Betroffenen unmöglich macht*«.[6]

Zwei Jahre später ist Glückel verheiratet, und ihre Ehe mit Chajim Hameln scheint nach ihren Aussagen eine gute gewesen zu sein. Immer wieder spricht sie von ihrem Gatten als der »*Krone meines Hauses*«,[7] bezeichnet ihre Verbindung als glücklich und erzählt von der gegenseitigen Gesprächsbereitschaft und Partnerschaft, die Glückels und Chajims Ehe bestimmen: »*Denn mein lieber Mann hat nichts getan, ohne daß ich davon wußte!*« (S. 85).

Nach ihrer Eheschließung zieht sie zu ihrem Mann in Hameln. Den Namen dieser Stadt nimmt die Familie deshalb als Familiennamen. In Hameln selbst sind zu der Zeit nur zwei jüdische Familien ansässig, so daß sich das jung vermählte Paar sehr nach einem sozial lebendigen Umfeld sehnt. Das Paar bleibt für ein Jahr an jenem Ort, um dann nach Hamburg zurückzukehren, wo Chajim ins Geschäftsleben einsteigt. Er wird mit Glückels Hilfe ein erfolgreicher Perlen- und Juwelenhändler und Geldverleiher (nach seinem Tod gründet Glückel noch eine Strumpffirma) und damit einer der reichsten Männer seiner Gemeinde, worauf seine hohe Besteuerung zurückzuführen ist.[8] Zurück in Hamburg, wird Glückel im Alter von ca. 15 Jahren erstmals Mutter; sie liegt mit ihrer eigenen Mutter, die ebenso wie sie Nachwuchs erwartet, im Kindbett. Glückels Tochter ist das erste von 14 Kindern, die sie im Laufe ihrer 28jährigen Ehe mit Chajim bekommt.

»*Ich habe alle zwei Jahre ein Kind gehabt und mich sehr gequält, wie es natürlich ist, wenn man so ein Häuschen voller Kinder [...] beisammen hat, und habe mir immer gedacht, daß kein Mensch eine schwerere Last hätte und sich mehr mit Kindern quälen müßte als ich*« (S. 168).

Die Verheiratung ihrer Kinder sowie die Erwägung guter Partien nehmen einen breiten Raum innerhalb ihres Buches ein. Von Verträgen und Mitgiften, von Kosten für Hochzeiten, von nichtsnutzigen Schwiegersöhnen und von vielen großen Summen und Reichstalern ist die Rede:

»*The dowries which play so large a part in Glückel´s story were [...] a necessity, a provision for the future and a capital sum for starting business on one´s own*«.[9] Um ihre Kinder »*unter eine gut-situierte Haube*« zu bringen, nehmen die Eltern fast alle Mühen und

Kosten auf sich. Einmal will Chajim Hameln bei einer schweren Krankheit keinen Arzt konsultieren, aus Angst, es könne bekannt werden, daß er an etwas leide. Glückel schreibt:

»Ich habe vor ihm gestanden und geweint und geschrien und gesagt: Was redet Ihr da? Warum sollen es die Leute nicht wissen? Ihr habt es ja nicht von Sünde und Schande bekommen. Aber all mein Reden hat nichts helfen wollen; denn er hat sich die Narrheit eingebildet, daß so etwas seinen Kindern schaden könnte; man würde sagen, daß ein solches Leiden erblich wäre. Denn er hat seine Kinder so sehr geliebt« (S. 172).

Auch Glückel hat bei der Niederschrift ihrer Memoiren in erster Linie ihre Kinder im Sinn. Sie sollen um ihre Vorfahren und Wurzeln wissen, *»ich schreibe auch dies auf, damit ihr Bescheid wißt, von was für Leuten ihr herstammt, wenn heute oder morgen eure lieben Kinder oder Enkel kommen und ihre Familien nicht kennen«* (S. 47).

Zugleich aber ist Glückels Tun darauf gerichtet, Gott zu dienen. So sehr sie als Realistin wohl um die Notwendigkeit materieller Güter weiß, so gibt sie als fromme und gläubige Jüdin ihren Kindern den Rat, das Leben gesetzestreuer Juden zu führen und sich nicht an irdischen Besitz zu verlieren.

»Liebe Kinder, um Gottes Willen, seid gottesfürchtig (und hängt euer Herz nicht an irdisches Gut); was ihr in dieser Welt nicht habt, das wird euch Gott in der künftigen Welt doppelt geben, wenn ihr ihm mit eurem ganzen Herzen und eurer ganzen Seele dient« (S. 317).

Glückel sieht hinter allen Dingen ein Walten, das heute modern-theologisch als »Vergeltungsdogma«[10] und »Tat-Ergehen-Zusammenhang« bezeichnet wird, d.h. jede Tat, ob positiv oder negativ, wird entsprechend (von Gott) vergolten. Jeder Tat folgt das synchrone Ergehen. Für dieses Denken Glückels folgende Beispiele:

»Wenn euch aber [...] eine Strafe zukommen sollte, so ist keiner daran schuld als ihr selbst und eure Taten« (S. 182). *»Meine Sünden haben dies bewirkt [...]«* (S. 168). *»Gott hat Sünden an uns gefunden, daß ich einen so lieben Mann und meine Kinder einen so vortrefflichen Vater haben verlieren müssen ...«* (S. 169).

Als während eines Synagogenbesuches im Frauenteil plötzlich Panik ausbricht, weil die Frauen glauben, das Gewölbe stürze zusammen, kommen innerhalb einer halben Stunde sechs Frauen zu Tode, mehr als dreißig werden verletzt. Auch diesen Zwischenfall kommentiert Glückel, ganz zeitgemäß an ihrem Vergeltungsdenken haftend: *»Ich kann es leider auf nichts anderes zurückführen als auf die Sünden, die am vorausgegangenen Simchas-Thora-Feste begangen worden sind«* (S. 305). Da nämlich hatte es in der Frauensynagoge eine Schlägerei gegeben.

Glückels Vater hat seine Kinder in himmlischen und weltlichen Dingen unterrichten lassen. Erstere hat sie – nach eigenen Aussagen – im Cheder gelernt, wobei es höchst untypisch war, Mädchen zum Cheder zu schicken. Hier hat Glückel ihre Unterweisung in Talmud und Midrasch erhalten. Hebräisch war Voraussetzung für das Studium dieser Schriften. Diese Sprache läßt sie mit der größten Selbstverständlichkeit in ihr Jüdisch-Deutsch einfließen, indem sie z.B. – abgesehen von allen religiösen Bereichen – auch Wochentage auf hebräisch und nicht auf deutsch benennt.

»Jüdisch-Deutsch the dialect spoken and written in Hebrew characters by the Jews of Central and Eastern Europe in those days [...] derived from Middle High German and had more than fifteen per cent of Hebrew to spice and flavour ist. It became the forebear of the modern Yiddish«.[11] Aber ihr Jüdisch-Deutsch ist auch von Latinismen und französischen Ausdrücken durchzogen. Glückel benutzt *»Wendungen, wie sie für die aus dem Hebr.*

Jüdische Frauen

übersetzten Schriften charakteristisch sind, z.B.: *Sie weinet ein weinung ein grose,«*[12] für »*Sie weinte sehr«.*

Das große religiöse Ereignis aus der Zeit Glückels jedoch rankt um Sabbatai Zwi, »*der wie ein Zaubertrank die Gemüter aller Menschen berauschte und verwirrte, der wie keiner je vor ihm eine schwärmerische Raserei, eine wahnsinnige Begeisterung erweckte, dem die zitternden Hoffnungen, der schluchzende Jubel eines gehetzten, gequälten, gemarterten Volkes galt, das seine Erlösung nahe glaubte«.*[13]

Dieser »falsche Messias« erweckt bei den jüdischen Gemeinden erneut die Hoffnung auf die messianische Erlösung und Wiederherstellung Israels. An diesen Gedanken klammern sich im 17. Jahrhundert besonders die polnischen Juden, die sehr unter Pogromen zu leiden haben, aber auch die westeuropäischen sind davon angetan, schnellstmöglich ins Heilige Land zurückzukehren. So bereitet Glückels Schwiegervater diese Reise vor, indem er zwei große Fässer mit Proviant und Leinensachen nach Hamburg schickt, die jederzeit abgerufen werden können. Aber nachdem ein, zwei Jahre vergehen und immer noch kein Signal aus dem Heiligen Land gekommen ist, löst sich die Hoffnung auch auf diesen »Messias« auf, so daß Glückel gebeten wird, doch die Eßwaren aus den Fässern zu retten.

Neben dem jüdischen Leben in Hamburg und Altona beschreibt Glückel auch das in Amsterdam, Berlin, Metz und anderen Orten. Prominente Namen tauchen auf, da einige von Glückels Kindern in reiche Familien einheiraten: Samuel Oppenheimer, Elliah Ballin, Samson Baiersdorf. Die »Krönung« dürfte die Hochzeit ihrer Tochter Zipora mit Koßmann in Kleve sein. Dieser ist der Sohn des reichen Elia Kleve (Elia Gomperz), Berater des Großen Kurfürsten Friedrich Wilhelm I. Die Gomperz waren damals die bedeutendste Hoffaktorenfamilie in Brandenburg-Preußen.

Mit Chajims Tod tritt 1689 die entscheidende Zäsur in Glückels Leben ein. Vier ihrer Kinder sind erst verheiratet. Doch Glückel ist – wie schon erwähnt – unermüdlich in der Sorge für ihre Kinder und in ihrem Streben, geschäftlich erfolgreich zu sein. Die nächsten elf Jahre wehrt sie eine erneute Verheiratung ab, »*ich wollte erst meine verwaisten Kinder einigermaßen versorgen«* (S. 252). Dann aber sind es rationale Gründe, die sie 1700 dazu bewegen, den Bankier Cerf Levy aus Metz zu heiraten, denn ihre große Furcht besteht darin: »*meinen Kindern zur Last zu fallen und von dem Tische anderer abhängig zu sein«* (S. 254). Doch diese Verbindung steht von Anfang an unter keinem guten Stern für Glückel. Sie, die ein bewegtes Leben nebst Kindererziehung, Haushaltsführung und geschäftlicher Unabhängigkeit hinter sich hat, erlebt plötzlich, da sie des Französischen nicht mächtig ist, daß für sie gesprochen wird. Außerdem wird ihr die eigenständige Haushaltsführung entzogen. »*Ich habe aber gefunden, daß die Jungfer im Hause Herr und Meister gewesen ist und daß sie alles unter ihren Händen gehabt hat, [...] so daß sie mich gar nicht gefragt hat, was sie kochen oder machen soll«* (S. 270).

Und dann tritt auch noch das ein, was Glückel stets zu vermeiden suchte: Levy geht bankrott; er verliert seine und Glückels Habe, »*thus plunging Glückel´s unblemished commercial name into bankruptcy which she had dreaded and sought always to avoid«.*[14] Levy stirbt 1712 und läßt seine Frau kränklich und mittellos zurück. Dieser bleibt nichts anderes übrig, als zu ihrer Tochter Esther und zu ihrem Schwiegersohn Moses Krumbach zu ziehen. Hier verbringt Glückel in Ehren ihre letzten Lebensjahre und stirbt 1724.

Glückel Hamelns Aufzeichnungen umfassen die Zeitspanne von ca. 1645 bis 1719. Begonnen hat sie mit der Niederschrift 1690 kurz nach dem Tod ihres ersten Ehemannes. Ihre Memoiren bestehen aus sieben Büchlein, denen jeweils ein Schwerpunktthema zugrundeliegt (z. B. Kindheit, Heirat etc.).

Die Originalschrift der Verfasserin ist nicht mehr vorhanden. Es gibt jedoch zwei Abschriften: eine von Glückels Sohn, Rabbi Moses Hameln von Baiersdorf und ihrem Großsohn, Chajim Hameln. Die zweite Handschrift wurde 1799 von einem fernen Nachfahren, Josef Chajim Hameln aus Frankfurt, angefertigt. Die erste Handschrift war Teil der Eugen Merzbacher Sammlung aus München (auch M genannt), die zweite wurde als Frankfurter Handschrift (F) bezeichnet. David Kaufmann hat, als er 1896 erstmalig »Die Memoiren der Glückel von Hameln«[15] auf jüdisch-deutsch herausgab, beide Vorlagen benutzt. Seine Edition wurde die Basis für alle weiteren Übersetzungen. Es gibt zwei deutsche Übersetzungen: eine wortgetreue, vollständige von der Glückel-Nachfahrin und Frauenrechtlerin Bertha Pappenheim (auch als J. Breuers und S. Freuds »Anna O.« bekannt), die andere gekürzt und an einigen Stellen mit recht eigenwilligen Übersetzungen von Alfred Feilchenfeld.[16] Diese Übersetzung ist die gängigste in deutscher Sprache geworden und erlebt stets neue Auflagen. Weiterhin existieren zwei englische Übersetzungen (Marvin Lowenthal, 1932 und Beth-Zion Abrahams, 1962), eine hebräische von 1930, zwei jiddische (N. B. Minkoff, 1952 und Joseph Berenfeld, 1967). Eine neue Edition soll demnächst in Jerusalem erscheinen.[17]

Wissenschaftliche Publikationen zu Glückels Werk sind spärlich. Um die Jahrhundertwende sind ihre Memoiren eingehender untersucht worden, und erst jetzt wieder mit Beginn der letzten Dekade erleben sie – von vereinzelten früheren Veröffentlichungen abgesehen – eine erneute Würdigung. Abgesehen von G. Marwedels Arbeiten erschien z.B. 1984 die italienische Übersetzung von Glückels Memoiren. Ihre Denkwürdigkeiten waren literarischer Gegenstand eines deutsch-israelischen Symposions,[18] wurden in den USA für Kinder aufbereitet und dramatisiert[19] und mit Voltaire in einen Zusammenhang gebracht.[20] Es bleibt zu wünschen und zu hoffen, daß die ausstehenden Arbeiten zu und um Glückel rechtzeitig zu ihrem 350. Geburtstag abgeschlossen und veröffentlicht sein mögen.

Misler
Glückel (von) Hameln

Anmerkungen

1. Glückel von Hameln, Denkwürdigkeiten der Glückel von Hameln, hg. v. Alfred Feilchenfeld, Nachdruck der 4. Aufl. Berlin 1923/1987. Alle Zitate beziehen sich auf diese Ausgabe.
2. Glückel von Hameln 1923/1987.
3. Encyclopaedia Judaica, Bd. 7, S. 447.
4. Vgl. hierzu Glückel von Hameln 1923/1987, S. 18 und Marwedel 1982.
5. Glückel von Hameln 1923/1987, S. 225.
6. Aufgeweckt 1988, S. 115.
7. So z. B. Glückel von Hameln 1923/1987, S. 52, 166.
8. Marwedel 1983, S. 70ff.
9. Abrahams, Glückel, S. X.
10. Vgl. hierzu: Um das Prinzip der Vergeltung in Religion und Recht des Alten Testaments, hg. v. Koch, Klaus, Darmstadt 1976, hier bes.: Koch, Klaus, Gibt es ein Vergeltungsdogma im Alten Testament?, S. 130ff.
11. Abrahams, Glückel, S. VII.
12. Landau 1901, S. 27.
13. Grunwald 1901, S. 10.
14. The Universal Jewish Encyclopedia, Vol. 4, New York 1948, S. 624.
15. Kaufmann 1896.
16. Denkwürdigkeiten der Glückel von Hameln, aus dem Jüdisch-Deutschen übersetzt, mit Erläuterungen versehen und herausgegeben von Alfred Feilchenfeld. Berlin 1923, 4. Auflage.
17. Laut mündlicher Mitteilung von Prof. Peter Freimark im April 1990 soll demnächst eine weitere Übersetzung und Edition von Frau Turnianski, Jerusalem, erscheinen.
18. Wiedemann, Juden.
19. Stadler/Sharon, Adventures of Gluckel.
20. Bilik 1989, S. 1217–1220.

Literatur

Abrahams, Beth-Zion: The Life of Glückel of Hameln. London 1962

Stadler, Bea/Sharon, Paul: The Adventures of Glukkel of Hameln. New York 1967

Wiedemann, Conrad (Hg.): Juden in der deutschen Literatur: Ein deutsch-israelisches Symposion. Frankfurt/M. 1986

Jüdische
Frauen

Fromet Gugenheim
6. Oktober 1737 – 5. März 1812

Eva J. Engel

Zu Purim des Jahres 1762 schrieb der seinen Glaubensgenossen als Moses Dessau bekannte Mann einem jungen Mädchen in Hamburg, mit dem er am 22. Juni des gleichen Jahres zu Berlin Hochzeit feiern würde:

»*Liebste Fromet! alle Menschen beschenken sich heut, und ich habe Dir nichts zu schenken, aber ein Histörchen will ich Dir erzählen. Einst kam zum Socrates dem Weisen ein Schüler und sprach, Mein lieber Socrates! Wer mit Dir umgeht, bringt Dir was zum Geschenk. Ich habe Dir nichts zu schenken, als mich selbst, sey so gut und verschmähe mich nicht. Wie! sprach der weise Mann, achtest Du Dich so gering, daß Du mich bittest Dich anzunehmen? Nun gut! ich will Dir einen Rath geben: bemühe Dich so gut zu werden, daß Deine Person das angenehmste Geschenk werden mag. Mein Mährchen ist aus. Auch ich meine liebe Fromet! will mich bemühen so gut zu werden, daß Sie sagen sollen, ich könnte Ihnen nichts Beßeres schenken, als Ihren aufrichtigen*
     Moses Dessau«.[1]

Wer war das Wesen, dem ein Moses Mendelssohn, 1762 schon ein bewunderter, geachteter Gelehrter mit zahlreichen philosophischen und belletristischen Veröffentlichungen, ein solches Versprechen geben wollte? Wie hatten sich ihre Wege gekreuzt? War es zu jener Zeit üblich, daß jüdische Brautleute einander schrieben? War es von vorneherein anzunehmen, daß zu der damaligen Zeit eine Hamburger Jüdin deutsch lesen konnte, daß ihr der Name Sokrates etwas bedeutete? Konnte sie ihrerseits auf deutsch Briefe verfassen? Haben sich diese erhalten?

Die Briefe der Fromet Gugenheim

Was wissen wir von ihr, von der Frau, die Moses Mendelssohn heiratete? Aus der zwölfmonatigen Brautzeit besitzen wir nicht einen ihrer Briefe; an späteren sind heute acht bekannt, sechs in kursivem Hebräisch auf deutsch geschrieben, zwei in deutschen Schriftzeichen. Unsere Kenntnis ihrer Persönlichkeit, ihrer Bildung, ihrer Interessen, ihres Schreibstils beruht daher auf gelegentlichen Bemerkungen der Zeitgenossen, auf ihren eigenhändigen acht Briefen,[2] ihrer Unterschrift am 21. Dezember 1777 im Besucherbuch der berühmten

Fromet Gugenheim

Herzoglichen Bibliothek zu Wolfenbüttel,[3] einer Zeitungsnotiz in ihrem Namen vom 18. Mai 1786,[4] und auf dem Dokument, in dem die verwitwete Fromet Mendelssohn ihrem Schwiegersohn Simon Veit Vollmacht zum Verkauf des Berliner Hauses erteilte.[5]

Moses Mendelssohn an seine Braut

Doch vor allem entsteht uns ihr Bild aus Mendelssohns Brautbriefen an sie: »*Da wir keine gewöhnliche Ehevermittler gebraucht, so brauchen wir auch keine Ceremonien zu unserer Correspondenz [...] und das Herz wird antworten*«.[6]

Mendelssohn wußte also, daß die junge Frau seiner Wahl ihm schreiben würde, dazu imstande war, und es in kursivem Hebräisch auf Deutsch tun würde. Über ein Jahr lang scheinen je zweimal wöchentlich meist ungewöhnlich interessante Briefe von Hamburg nach Berlin und von Berlin nach Hamburg gegangen zu sein.

Die Begegnung mit der Hamburgerin fand durch die Vermittlung des innigen Freundes und Mendelssohns Mentor, des Arztes Aron Emmerich Gumpertz, im April 1761 statt. Damals war Fromet, das älteste Kind des Hamburger Kaufmanns Abraham Gugenheim, in ihrem vierundzwanzigsten Jahr. Ihre eigene Mutter, Glückche Mirjam, geb. Kleve, hatte sie nie bewußt gekannt, da diese schon am 28. Oktober 1738 gestorben war. Vogel Gugenheim, als resolute, tüchtige Stiefmutter, sorgte für Fromet und die späteren Geschwister Brendel, Blume, Recha, Gitel (Judith), Joseph und Nathan. In diesem Umkreis traf Mendelssohn sie an und scheint sofort von ihr entzückt gewesen sein. Nach einer einmonatigen Bekanntschaft hieß es unmittelbar in dem ersten Brief an sie: »*Das menschliche Leben verschwindet wie ein Märchen, sagt der König David. Indessen hoffe ich, soll ein Teil von diesem angenehmen Märchen Zeitlebens dauern*«.[7]

Der Entschluß wird sofort Lessing, dem engsten Freunde, mitgeteilt: »*Das Frauenzimmer, das ich zu heyrathen Willens bin, hat kein Vermögen, ist weder schön noch gelehrt, und gleichwohl bin ich verliebter Geck so sehr von ihr eingenommen, daß ich glaube, glücklich mit ihr leben zu können. An Unterhalt, hoffe ich, soll es ihr nicht fehlen, und an Muße zum Studiren werde ich mirs gewiß nicht fehlen lassen*«.[8] Ehe er Hamburg Anfang Mai verließ, scheint es beschlossene Sache gewesen zu sein, die Heirat übers Jahr zu vollziehen, obwohl das Einverständnis des abwesenden Abraham Gugenheim noch eingeholt werden mußte und auch das formelle Verlöbnis noch ausstand. Es war also, im Rahmen des damaligen Brauchtums, recht unkonventionell zugegangen. Ohne offizielle Ehevermittlung, ohne offizielle Verlobung war es hier aus Liebe zu einem Eheversprechen gekommen. Und unter welch grotesken Umständen dies »*in dem wüsten Gartenhäuschen*« zustande kam, gesteht Mendelssohn seiner Braut ein Jahr später, im April 1762:

»*Ich kann ihnen nicht beschreiben wie unruhig mein Herz damals gewesen. Die Küsse selbst, die ich von ihren Lippen gestohlen, waren mit einiger Bitterkeit vermischt, denn die nahe Trennung machte mich schwermüthig, und unfähig ein reines Vergnügen zu genießen. Ich ärgerte mich überdem über meine Dummheit, daß ich Sie ganze vier Wochen habe lieben können, ohne mich mit Ihnen tête à tête zu unterhalten. Was für angenehme Stunden habe ich nicht verscherzt und ungebraucht verschwinden lassen. Jetzt dachte ich, da alle Augenblick der Postillon dich abrufen soll, ergreifst du die erste Gelegenheit, deiner Geliebten dich zu erkennen zu geben. Das schien mir überaus thörigt. Kurz, unter diesen unangenehmen Reflexionen ist endlich auch die letzte Stunde verschwunden, die ich in Hamburg zugebracht*«.[9]

Das Lehrjahr

Engel
Fromet Gugenheim
6. Oktober 1737 – 5. März 1812

Die Frau, die Mendelssohn an seine Seite ziehen will, muß sich in Berlin auch unter Nicht-Juden bewegen können. In erster Linie muß sie daher französisch lesen, schreiben und sprechen können. Mendelssohn besorgte (und bezahlte) ihr den besten Sprachlehrer, den Hamburg hier aufweisen konnte: Johann Joachim Christoph Bode (1730 – 1797). Ende Mai hieß es: »*Lernen Sie noch fleißig Französisch?*«, und am 19. Juni: »*lernen Sie diese Sprache, die hier fast zur Muttersprache worden*«.[10] Doch soll sie ja Maß halten: »*Sie schreiben mir von Ihrem Fleiß im Französischen? Liebste Fromet! nur übertreiben Sie diesen Fleiß nicht, und schonen Sie ihre Gesundheit. [...] Sie brauchen Ihrem Körper nicht zu schaden, um Ihre Seele zu verbessern. Lernen Sie, was Ihnen gefällt, aber mit Gemächlichkeit, und [...] ohne in den Sommertagen jemahls bey Licht zu lesen*«.[11]

Jedoch heißt es: »*Lernen Sie alles, wozu Sie Lust haben. [...] Sie können unmöglich etwas zulernen, ohne mich glücklicher zu machen*«.[12] Am 11. August 1761 meint er: »*Wie steht es um das Französische? Haben Sie noch immer Lust zu dieser Sprache?*«

Fromet scheint sehr geschwinde Fortschritte gemacht zu haben, denn am 11. September 1761 kann er sich schon darauf verlassen, daß sie französische Verse mühelos verstehen kann. Doch rät er ihr am 17. November: so sehr es ihn freue, daß sie mit dem Französischen fortfahre, »*Sie thun wohl daran, wenn Sie die Lectüre so lang aufschieben, bis ich das Vergnügen habe, Ihnen Lection zu geben*«.

Besagte Lektüre betraf ursprünglich Rousseaus »Julie ou la nouvelle Héloïse«, welches die Hamburgerin sich entschlossen hatte, erst zu lesen, wenn sie es in der Ursprache tun könne. Zwei Monate später, am 15. Januar 1762, ist er so erfreut über ihre Fortschritte, daß er sich vorstellt, daß sie ihm sogar bald auf französisch schreiben würde.

Im ersten Sommer ihrer Bekanntschaft beschäftigt sich die junge Wissensdurstige, wie wir sahen, nicht mit französischem Lesestoff, sondern mit englischem und deutschem:

»*daß Sie den Shaftesbury mehr als einmahl lesen, ist mir sehr angenehm.*[13] *Sie können aus diesem kleinen Büchlein viel lernen, und Sie haben das Glück, den Herrn Doctor [Gumpertz] noch einige Zeit im Haus zu haben, der Ihr Freund ist, und seinen Unterricht niemahls versagt, wie ich solches aus Erfahrung habe. Ihm allein habe alles zu danken, was ich in Wissenschaften profitirt habe. Es gebührt also niemanden [!] als ihm, meine andere Hälfte zu bilden, und sie der ersten conform zu machen*«.[14]

Gleichzeitig aber schickt er ihr selber Bücher, so z.B. Christian Felix Weisses Bearbeitung des Singspiels »The devil to pay« und Gottlieb Wilhelm Rabeners »Satyrische Schriften«. Er erkundigt sich Anfang Juli:

»*Melden Sie mir doch, ob ich Ihnen etwas zu lesen schicken soll. Da Sie ihre Exercitia mit dem Herrn Doctor im Shaftesbury nunmehr vermuthlich ausgesetzt haben, so möchte Ihnen gern Bücher fourniren, die nach Ihrem Geschmacke seyn werden*«.[15]

Daß Fromet Gugenheim auf die geistige Anregung stets lebhaft reagiert haben muß, ist aus Mendelssohns Bezugnahme zu ihren Bemerkungen ersichtlich. Z.B. sagt er am 10. Juli 1761: »*Sie haben vollkommen Recht, daß die Briefe der Julie weit besser sind, als die Briefe des verliebten Weltweisen [St. Preux]*«.

Und er setzt die Diskussion fort durch Verweis auf seine eigene, schon gedruckte, aber anonyme Rezension zum gleichen Thema:

»*In den Briefen über die neueste Litteratur hat jemand über die Julie des Herrn Rousseau weitläufig raisonnirt. Wenn Sie Lust haben, schicke ich Ihnen vielleicht diese Blätter. Derselbe urtheilt ungefähr wie Sie. [...] In den Briefen des Rousseau finden sich* einige, die meines Erachtens Meisterstücke sind, wie zum Beispiel der zwölfte Brief, den ich Ihnen bestens empfehle«.[16]

Die Rousseau-Diskussion muß eine Fortsetzung gehabt haben, denn am 22. September 1761 gibt er zu, daß die Rezension der »Héloïse«, von ihm stamme. Daß seine Vorschläge ein waches Echo in ihr finden, läßt ihn schon ein Vierteljahr, nachdem sie einander kennen lernten, sagen: *»Wenn Sie mich lieben, so beschließen sie niemahls einen Monath ohne mir von Ihrer Lektüre, von Ihren Beschäftigungen und von Ihren [!] Zeitvertreib Nachricht zu geben [...] Ich möchte mit Ihnen gern nicht nur mein Glück und Leben, sondern auch meine Empfindungen theilen«.*[17]

Die »Empfindungen« haben jedoch tiefgründigere Bedeutung, als man im Kontext von Brautbriefen vermuten würde, denn Mendelssohn fährt fort:

»Ich erinnere mich, daß Sie mir einst geschrieben, Sie hätten noch nie etwas von meiner geringen Arbeit gelesen. Da aber jetzt eine zweyte Auflage von den Kleinigkeiten, die ich geschrieben, unter der Presse ist, so werde ich das Vergnügen haben, Ihnen ein Exemplar davon zuzuschicken. Wenn Sie meine Gesinnungen billigen, liebste Fromet! so bin ich stolz darauf, denn auf die Uebereinstimmung unserer Gesinnungen beruht unser Glück, und unsere Zufriedenheit«.[18]

Sie scheint eifrig um diese »Philosophischen Schriften« gebeten zu haben, denn er vertröstet sie siebzehn Tage später, am 28. August: *»Sobald solche fertig sind, erfolgen drey Exemplare nach Hamburg, für Sie, für den Herrn Doctor und für Herrn Bode«.*[19] Am 16. Oktober fügt er hinzu: *»Ich hätte Herrn Moses Wessely auch ein Exemplar geschickt; aber der soll mit Ihnen zugleich lesen, damit er Ihnen gewisse Stellen erklärt«* – eine Begründung, die in Hinsicht auf die Materie dieser »Lektüre« gewiß am Platze war. Auch sonst gab der Gelehrte der neun Jahre jüngeren Frau Hilfestellung:

»Ich muß Ihnen doch die Kupfer erklären, die in meinen Schriften vorkommen. Der Titelkupfer stellt einen Tempel vor, mit der griechischen Inschrift: erkenne dich selbst. Man hat damit sagen wollen, daß niemand weise sey oder Gott recht dienen könne, wer sich selbst nicht erkennt. Der weise Socrates steht davor, und erklärt die Überschrift seinem Schüler, [...] welchen er durch seine guten Vermahnungen hat zur wahren Selbsterkenntniß bringen wollen ...«.[20]

In dem gleichen Brief vom 16. Oktober 1761 gibt Mendelssohn seiner Braut zwei weitere Beweise seines Vertrauens in ihre geistigen Fähigkeiten und in ihre intellektuelle Selbständigkeit. Er schickt ihr eins der sechs Exemplare seines Protestgedichts an den schreibfaulen Lessing: »Zueignungsschrift an einen seltsamen Menschen« und ein Widmungsgedicht für ihr Exemplar der »Philosophischen Schriften«.[21]

Das Charakterbild der Braut

Anfang Juni 1761 bekommt man anläßlich der Verlobung von Fromets Freundin Friebe Götting und Mendelssohns verwitwetem Freund und Mentor Aron Gumpertz zum ersten Mal Einblick in das vergebliche Hoffen Mendelssohns auf größere Gefühlswärme bei seiner eigenen Verlobten:

»Niemahls haben Sie sich so zärtlich ausgedrückt, niemahls waren Ihre Empfindungen so wahr, so natürlich, als da Sie mir zu der Verbindung meines Freundes mit Ihrer Freundin Glück wünschten. [...] und wo ich mich nicht betrüge, so hat die Freundschaft Ihr Herz auch für die Liebe aufgeschlossen, denn Sie reden nunmehr auch von Ihrer Liebe zärtlicher

als jemahls. Ich habe mich in ihrem Schreiben umgesehen, ob ich nicht einige Spuren von Unruhe entdekken könnte, die Ihnen die Verzögerung unseres Glücks verursachen könnte, und die Wahrheit zu gestehen, so sehr ich Sie liebe, so hätte ich dieses dennoch gewünscht, allein vergebens! Die Freundschaft allein ist Meister von Ihrem Herzen [...] Ich liebe Sie dieser Gesinnungen halber, nur desto mehr. [...] Ein Herz das [!] Freundschaft hegt, ist zu allem Guten aufgelegt«.²²

Engel
Fromet Gugenheim
6. Oktober 1737 – 5. März 1812

Waren es Mendelssohns Worte, war es die Tatsache, daß Mitte Juni Fromet ihrerseits zur »*Mamsell Braut*« geworden war, jedenfalls hören wir am 19. Juni aus Berlin:

»*Ihre Briefe vergnügen mich ungemein. Sie sind so voller Zärtlichkeit und wahrer Liebe, daß sie der Kunst unnachahmlich sind, und nicht anders als aus dem Herzen fließen können. Sie schildern sich ganz in jeder Zeile, und ich glaube mich mit Ihnen zu unterhalten«.*

Doch Mendelssohns Freude hindert ihn nicht, ein paar Zeilen später ihr sanfte Vorwürfe zu machen: »*Ihre gar so große Aufrichtigkeit, liebste Mamsell! scheint sich öfters in einen kleinen Eigensinn zu verwandeln, der zu manchen Mißverständnis Anlaß zu geben pflegt«*.²³ Auch hier scheint die Verlobte hellhörig gewesen zu sein, denn es heißt schon eine Woche später:

»*Fahren Sie fort, [...] gegen jedermann gefällig und gegen Freunde liebreich zu seyn, wie Sie jederzeit gewesen, und wenn eine Ruptur entsteht, so bemühen Sie sich immer es dahin zu bringen, daß sich andere mehr vorzuwerfen haben, als Sie. [...] ich verlasse mich auf Ihr sanftmüthiges Naturell, daß Sie alles beytragen werden, was zu Wiederherstellung der guten Harmonie dienlich seyn kann«.*²⁴

Man merkt, wie nun Fromet allmählich an Zuversichtlichkeit gewinnt, und z.B. Mendelssohn zu bedenken gab, nicht mit sich selber so »*karg*« zu sein.

Der gleiche Brief berührt ein viel ernsteres Thema: daß Fromet alle Gesellschaften meidet und an Lustbarkeiten keinen Gefallen findet:

»*so sehr die Einsamkeit lieben, ist weder dem Gemüth noch dem Körper zuträglich. Sie sind jung, artig, sittsam und haben Lebensart [...] Vor die Eitelkeit gemeiner Frauenzimmer bewahrt Sie Ihre solide Denkungsart, und vor die übertriebene Eigenliebe setzt Sie Ihre angebohrene Sittsamkeit und Bescheidenheit vollkommen in Sicherheit«.*²⁵

Auch müssen Fromets Briefe Mendelssohn mehr und mehr bedeutet haben. »*Ihre kleinsten Briefe sind voller Zärtlichkeit, voller Empfindungen*« schreibt er am 28. Juli 1761 und, genau einen Monat später: »*Wenn es doch möglich wäre, Sie bald wieder zu sehen*«. Briefe seien da ein schwacher Trost,

»*doch wenn Sie so vortreflich schreiben, wie's in Ihrem letzten Briefe geschehen, so möcht' ich immer gern die Hand küssen, die solche schöne Gedanken niederschreiben kann. [...] schreiben Sie mir öfters so natürliche und dennoch gedankenvolle Briefe«.*²⁶

Dagegen verwahrt er sich gegen ihren allzu großen Lerneifer: »*Eine mäßige Lectüre kleidet dem Frauenzimmer, aber keine Gelehrsamkeit*«. Sie solle nur zu Büchern ihre Zuflucht nehmen, »*wenn Ihr Gemüth Ergötzung fordert*« und »*wenn Ihr Herz in dem Vorsatz zum Guten Bestärkung nöthig hat*«.²⁷

»*Fast stolz auf meinem Glück*«, sie gewählt zu haben, schreibt er am 11. September 1761: »*Einer von Ihren würdigsten Vorzügen in meinen Augen ist, daß Sie in der Entfernung von der großen Welt, in der Entfernung von Bosheit, Tücke und Schmeichely, von Pracht und Wohlleben, in der reinsten Unschuld erzogen worden sind*«.

Dies hindert nicht, daß beide Verlobte »*mit gleicher Freymüthigkeit*« aufrichtig die Fehler des andern nicht verschweigen.²⁸ Dies kann auch mit Humor geschehen. Z.B. wenn sich

Mendelssohn vorstellt, wie lustig es sein würde, Fromet in Hamburg und die Frau Rösele Bernhard in Berlin vor sich zu haben: »*Sie werden feuerroth, wenn Sie danken sollen, und Rösele, wenn Sie Dank soll annehmen*«.[29]

So rundete sich das Jahr des Wartens, Fromet gewinnt an Bildung: sie lernt eine neue Sprache, sie liest sehr reichlich, ihre Fähigkeit, sich brieflich auszudrücken, gewinnt an Herzlichkeit und Zuversicht. Von Mitte Januar 1762 an getraut sie sich sogar die Briefe zu adressieren – das heißt: deutsch in deutscher Schrift zu schreiben.[30] Sie schreibt auch ihrem zukünftigen Schwiegervater Menachem Heymann in Dessau. Doch vor allem beglückt sie ihren zukünftigen Mann, der ihre Briefe nun gar nie mehr missen mag. Im Januar 1762 schlägt er vor:

»*Lassen Sie uns Projekte in die Luft machen, wenn ich auch bey Ihnen bin, so muß unser Briefwechsel deswegen nicht unterbrochen werden. Jeden Posttag wollen wir ein ander aus der Mühlengaß nach dem neuen Markt und wieder zurück Briefe zuschicken. Das Vergnügen posttäglich zu sehen, wie Sie im Schreiben Progreßen machen, ist mir gar zu angenehm, als daß ich es so leicht entbehren könnte*«.[31]

Im Mai 1762, etwa einen Monat vor dem Hochzeitstag, denkt er jedoch, daß Ehebriefe »*mehr wirtschaftliche Rapports, als jugendliche Liebesgedanken*« enthalten würden und wünscht sich deshalb, daß die Briefe der letzten sechs Wochen

»*die besten seyn möchten, die ich von Ihnen erhalten. [...] Sie werden mich also sehr verbinden [...] wenn Sie mich Ihre letzte Briefe vor dem Ehestand, recht genießen lassen, das heißt, wenn Sie etwas mehr in Ihren Briefen von sich selbst und Ihren Beschäftigungen und Zeitverkürzungen reden als bisher geschehen. Sie haben bisher immer von mir, niemahls von sich gesprochen*«.[32]

So bleibt uns die Fromet der Brautzeit nur durch ihr Abbild in den Worten und Gefühlen Mendelssohns erkennbar.

Vorbereitungen zur Hochzeit

Zwei Ursachen stellten das Datum des Hochzeitstages in Frage: der Verlauf des Siebenjährigen Krieges und die Erteilung des Niederlassungsrechts. Im Verlauf des einjährigen Briefwechsels zwischen dem 15. Mai 1761 und dem 25. Mai 1762 kommt der Krieg zweimal zur Sprache, die Besorgung des Niederlassungsrechts viermal.

Am 16. Oktober 1761 kann Mendelssohn berichten: »*die Furcht vor den Russen ist verschwunden, und wir leben Gottlob! vergnügt*«. Am 14. Mai 1762 heißt es:

»*Wir können nunmehr überzeugt seyn, daß aller Anschein der Gefahr verschwunden seyn muß, weilen der Hof hierher kommen soll, und zwar den ersten Juni. [...] Wir können also auf Ruhe und Sicherheit hoffen*«.

Aber dafür machen sich nun die Folgen des Krieges: Teuerung, Mangel an Lebensmitteln, Armut, Not zunehmend bemerkbar. Mendelssohn sucht Fromet schonend vorzubereiten: »*Ein empfindliches Gemüth, wie das Ihrige, kann kein Elend ohne Rührung ansehen*«.

Die Beschaffung des Niederlassungsrechts war deshalb besonders schwierig, weil nicht nur der Dessauer Mendelssohn selber, sondern auch die Hamburgerin Fromet Gugenheim als Auswärtige zählten. Nach den »Grundsätzen des Juden-Rechts nach den Gesetzen für die Preußischen Staaten« mußten besondere Erfordernisse erfüllt werden, um die Konzession zur Niederlassung und Trauung eines Juden im Preußischen Staat zu erlangen:

»Sie fragen, ob ich die Niederlassungsrechte schon habe? [...] Das geht hier so leicht nicht. Ich muß warten, bis der König in die Winterquartiere geht, und nachher bey dem Kabinet drum anhalten. Ohne mich bey dem reichen Herrn Veitel [Heine Ephraim] *deswegen zu submittiren, hoffe ich zum Endzweck zu gelangen, wenn er nur nicht hinderlich ist. Daß er aber directement mir Niederlassungsrechte auswirken wird, das glauben Sie ja nicht, so viel kann ich mir von seiner sogenannten Freundschaft nicht versprechen. Sie denken zu edel, als daß Sie sich von einem reichen Berliner einen richtigen Begriff sollten machen können«.*

Engel
Fromet Gugenheim
6. Oktober 1737 – 5. März 1812

Das war am 7. Juli 1761. Am 24. Oktober 1761 heißt es: »*Da nunmehr der Winter herankommt, so werde ich bald unsere Niederlassungsrechte suchen. Es ist alles bereits dazu disponirt, und ich hoffe keine Schwierigkeiten zu finden«.* Selbst fast fünf Monate später, am 2. März 1762, ist noch keine Entscheidung gefallen:

»*Wegen meinen Niederlassungsrechten [...] kann Ihnen nichts Positives melden. Sie sind im Werk, und ich* [habe] *von allen hohen Beamten die Versicherung erhalten, daß sie mir akkordirt werden sollen. Sie können sich nicht vorstellen, was es hier für Schwierigkeiten hat, wenn zwey Fremde sich hier etabliren wollen, besonders da itzt an S.M. den König nichts kann geschickt werden. Doch habe unter den geheimen Räthen gute Freunde, und* [Mendelssohns Arbeitgeber] *Herr Bermann und seine Frau geben sich alle Mühe, soviel als wenn ich ihr Kind wäre«.* Drei Wochen später ist es endlich so weit: »*Gestern sind unsere Niederlassungsrechte mit Gottes Hülfe accordirt worden«.*

Neckend fuhr er fort: »*Nunmehr sind Sie so gut als Herr Moses Wessely ein preußischer Unterthan, und müssen die preußische Parthey ergreifen. Sie werden also auf gut preußisch alles glauben, was zu unserm Vortheil ist. Die Russen, die Türken, die Amerikaner stehen uns alle zu Dienst und erwarten nur unsern ersten Wink«.*[33]

Somit fehlte zu den nötigen Vorbereitungen nur noch das Instandsetzen des Wohnquartiers, dessen Einrichtung und, selbst noch am 25. Mai 1762 die endgültige, Fromet überlassene, Festsetzung des Hochzeitsdatums. Für diese Beschlüsse ist allein die zukünftige Frau Mendelssohn zuständig: »*In Ansehung unser Etablissement bleiben noch viel Sachen unentschieden, weil man Ihre Ansicht einzig und allein will gelten lassen. Zum Exempel, Monsieur Bernhard läßt meine Eckstub ausmahlen, und will es mit der zweyten ebenso machen, ich aber lasse ihm seinen Willen, in Ansehung der Eckstub, mit der andern aber muß man warten. Ob der Doctor Bloch mit uns essen soll, kommt auf Sie an. [...] Ich bekümmere mich um die Wirtschaft nicht, und mache es wie jener Poet. Er saß in seiner Studierstube, und man rief Feuer! Feuer! – Sagt es meiner Frau, gab er zur Antwort«.*

Fromet Mendelssohn

Am 22. Juni 1762 heiratete der Philosoph seine Verlobte, »*ein blauäugiges Mädchen, das ich nunmehr meine Frau nenne«.* Sie wurde eine sehr an ihrem Mann hängende, vielbeschäftigte Ehefrau. Zwischen 1763 und 1782 brachte sie zehn Kinder zur Welt, von denen drei Töchter (Brendel, Recha, Henriette) und drei Söhne (Joseph, Abraham, Nathan) das Erwachsenenalter erreichten und die Mutter überlebten. Nur Henriette blieb unverheiratet. Bei Fromets Tod am 5. März 1812 in Altona lebten bereits acht ihrer zwölf Enkel. Andererseits mußte sie erleben, daß ihre älteste lebende Tochter Brendel 1804 zum Christentum übertrat, und daß diese und die Tochter Recha sich scheiden ließen. Wie sorgsam die Kinder erzogen wurden, geht aus dem sokratischen Unterricht Mendelssohns,

Jüdische
Frauen

den »Morgenstunden, oder über das Daseyn Gottes« und aus den uns erhaltenen Briefen von Moses, Fromet und dem ältesten Sohne, Joseph Mendelssohn, hervor.

Die von Fromet vorliegenden Briefe, die sie zu Lebzeiten ihres Mannes schrieb, datieren vom Juli 1773, 1774 und 1777. Sie sind auf deutsch, doch in hebräischer Kursive.[34] 1774 ist sie die Mutter der zehnjährigen Brendel, der siebenjährigen Reikl (Recha) und des viereinhalbjährigen Mendel (der im September 1775 starb). 1777 gibt es neben den nun dreizehn- und zehnjährigen Töchtern die fast zweijährige Jente (Henriette) und den siebenmonatigen Abraham. Im Juli 1773 hören wir: »*Mit diesem Brief kannst Du zufrieden sein: Da steht unser Brendel-leb und quält mich, ich soll ihr auch lassen darunter schreiben, sie will an ihr Papa schreiben«.*

Ein Jahr später meldet sie: »*Brendel und Reikel haben heute wieder ein Brief an dir geschrieben. Aber sie haben nit gut geschrieben. Zu Strafe schick ich ihm nit mit«.*

Solch strenge Maßstäbe erinnern an das ihr von Mendelssohn verwiesene »*Lieber gestorben, als mit einem solchen Sohn gelebt«* ihrer Mädchenzeit.[35] Bei jeder Abwesenheit des Mannes kümmerte sie sich auch um die anliegende Geschäftskorrespondenz und doch, trotz aller Freunde und eines geselligen Lebens, kämpfte sie mit dem Gefühl der Leere. Vom Juli 1777 ergibt sich ein besonders lebhaftes Bild:

»*Donnerstag bei Aufstehen waren schon viele gute Freunde bei mir, die sich erkundigt haben, wie ich die Nacht geschlafen habe. Nach Mittag kam Herr Lessing und holte mich mit Brendel und Reikel zum Kaffee bei seiner Frau ab. Professor Engel war auch da. Wir tranken also da Kaffee und rudelten auf die deutsche und fransösische Truppe. […] Was meinst du wohl, lieber Mosche, was wir nach dem Kaffee taten? Wir Frauenzimmer gingen nach die fransösische Komödie, die Mannsleute nach der deutsche. Und das Schönste is, wir amüsieren uns beider Seiten. Ich werde mir sogar Mühe geben, öfter mit die Kinder hinzugehen, ich glaube, daß es für unser Kinder nützlich is, Brendel hat die Komödie siemlich verstanden. Und Reikel wird sich nun Mühe geben, sie verstehen zu lernen, wenigstens sitzt sie doch heute schon mit ein fransösisch Buch in der Hand. Ja, lieber Mosche, nun Visite angenommen, Vissite gegeben, in der Komödie gewesen. Und bei allen dem Langeweile, die ich doch gar nit empfinde, wen du bei mir bist. Du mags mir es glauben, daß es die drei Tage die erste vergnügete Stunde is, die ich mich hier mit Dir unterhalte«.*

Beide Eheleute sehnen sich nach Briefen. Das Gefühl der Verbundenheit spricht aus jeder Zeile.

»*Du beklagst Dich über mein lakonisch Schreiben; wenn die Lacedemonier so lakonisch gewesen wären, hätte der Krieg mit die Griechen noch keinen Ende. Wie könnt ich Dir, Mosche-leb, denn mehr schreiben, wie ich noch alle Posttage geschrieben habe* [22. Juli 1774]. *Wie Du siehst, fehlt es mir nit an Gesellschaft, aber ich versicher Dir, wann Du nit bist, ist mir doch alles leer! Wenn es Dir nur die Hälfte so schwer ankommen möchte, von mir zu sein, als es mir is, von Dir zu sein, so werden wir gewiß keine Stunden in unseren Leben uns verlassen. Ich wünsche mir die Tage ordentlich weg. Wann ich aufwache, wollte ich, daß es Nacht wär, und wann es Nacht is, wünsche ich mir den Tag wieder. Die Zeit, die* [ich] *vergnügt verbracht habe währender Deine Abreise, war, wann ich Brief von Dir hatte«.*

Von April 1761 bis Anfang Januar 1786 dauerte diese glückliche Verbundenheit. Aber sie war teuer bezahlt: dem jähen Tod des Mannes folgten sechsundzwanzig Jahre Witwentum.

Anmerkungen

1 Brief Nr. 184, Mendelssohn Jubiläumsausgabe (= JubA), Bd. 11, S. 303.
2 Die Briefe Nr. 124, 150, 173, 194 in JubA 19 (25. Okt. 1770, ... Juli 1773, 22. Juli 1774, 18. Juli 1777) an Moses Mendelssohn; der Brief vom 1. Oktober 1771 an ihren Bruder Joseph Gugenheim (JubA 19, Anhang, Nr. 2) und der Brief vom 31. März 1786 an ihren Schwiegersohn Joseph Meier (JubA 19, Anhang, Nr. 7). Von den zwei weiteren auf deutsch und in deutscher Schrift geschriebenen Briefen, erschien der vom 30. Mai 1786 an Elise Reimarus in: Mendelssohn Studien, Bd. 4, 1979, S. 199 – 209. Der achte Brief (an den Kapellmeister Johann Friedrich Reichardt, 21. Februar 1786) wird in JubA 21 erscheinen.
3 Signatur 23: BA I, S. 153.
4 Siehe Berlinische Monatsschrift, Bd. 7 (1786), S. 403.
5 Unveröffentlicht. Im Besitz des Leo Baeck Instituts, New York.
6 JubA 11, S. 205: 15. Mai 1761.
7 JubA 11, S. 205: 15. Mai 1761.
8 JubA 11, S. 107: [Mitte Mai 1761].
9 JubA 11, S. 324: 27. April 1762.
10 JubA 11, S. 223: 19. Juni 1761.
11 JubA 11, S. 216: 5. Juni 1761.
12 JubA 11, S. 209: 29. Mai 1761.
13 Im Sommer 1761 beschlossen Mendelssohn und Thomas Abbt den ganzen Shaftesbury ins Deutsche zu übersetzen.
14 JubA 11, S. 220: 16. Juni 1761.
15 JubA 11, S. 229.
16 JubA 11, S. 234f.
17 JubA 11, S. 242: 11. August 1761.
18 Ebd.
19 Die JubA 11, S. 250 erwähnten, anonymen »Schriften« enthielten Mendelssohns: Über die Empfindungen; Philosophische Gespräche; Rhapsodie; Über die Hauptgrundsätze der schönen Künste und Wissenschaften; Über das Erhabene und Naive in den schönen Wissenschaften; Über die Wahrscheinlichkeit.
20 JubA 11, S. 266: 16. Oktober 1761.
21 Das Widmungsgedicht an Fromet ist leider nicht erhalten. Die Zueignungsschrift hatte folgenden Inhalt: »Die Schriftsteller, die das Publikum anbeten, beklagen sich es sei eine taube Gottheit, es ließe sich verehren und anflehen, man rufe vom Morgen bis in den Abend, aber da sei keine Stimme noch Antwort. Ich lege meine Blätter zu den Füßen eines Götzen nieder, der den Eigensinn hat ebenso harthörig zu sein; ich habe gerufen und er antwortet nicht. Jetzt verklage ich ihn vor dem lauten Richter, dem Publikum, das sehr oft gerechte Urtheile fällt, ohne zu hören. Die Spötter sagen: Rufe laut, er dichtet oder hat zu schaffen, oder ist über Feld, oder schläft vielleicht, daß er erwache! O nein! dichten kann er, aber leider will er nicht. Zum Schlafen ist sein Geist zu munter und zu Geschäften zu läßig. Sonst war sein Ernst das Orakel der Weisen und sein Spott eine Ruthe auf dem Rücken der Thoren. Aber itzt ist das Orakel verstummt und die Narren trotzen ungezüchtiget. Er hat seine Geißel anderen übergeben, aber sie streichen zu sanft, die fürchten Blut zu sehen. Und Er?

Wenn er nicht hört, nicht spricht, nicht fühlt
Noch sieht – was thut er denn? – er spielt«.

(Ges. Schriften I, S. 38)

22 JubA 11, S. 216: 5. Juni 1761.
23 JubA 11, S. 223: 19. Juni 1761.
24 JubA 11, S. 227: 26. Juni 1761.
25 JubA 11, S. 235: 10. Juli 1761.
26 JubA 11, S. 250: 28. August 1761.
27 JubA 11, S. 275: 10. November 1761.
28 JubA 11, S. 281: 29. Dezember 1761.
29 JubA 11, S. 305: 16. März 1762.
30 JubA 11, S. 285.
31 Ebd.
32 JubA 11, S. 331: 7. Mai 1762.
33 JubA 11, S. 310: 26. März 1762.
34 Ihre Übertragung verdanke ich Professor Dr. W. Röll, Trier.
35 JubA 11, S. 279: 12. Dezember 1761.

Engel
Fromet Gugenheim
6. Oktober 1737 – 5. März 1812

Jüdische
Frauen

Die Frauenrechtlerin Johanna Goldschmidt

Maya Fassmann

Johanna Goldschmidt (11. Dez. 1806 – 10. Okt. 1884) stammte aus einer wohlhabenden jüdischen Familie, die 1812 – nach Aufhebung städtischer Zuzugsbeschränkungen – von Bremerlohe bei Hannover nach Hamburg übergesiedelt war.[1] Der Vater Johannas, der nachmalige Kommerzienrat Marcus Hertz Schwabe (1766 – 1862), gehörte zu jener Gruppe liberaler Juden, die 1817 den »Neue[n] Israelitische[n] Tempelverein« gründeten.[2]

Über Johanna Goldschmidts Bildungsgang ist nichts Genaues bekannt. Es heißt lediglich, daß sie »*eine sorgfältige Erziehung*« erhielt und ihre musikalische Begabung gefördert wurde. Die Tatsache, daß sie zusammen mit anderen Mädchen Religionsunterricht bei Dr. Eduard Kley erhielt, verdeutlicht die liberale Einstellung der Familie.

1827 heiratete Johanna den Kaufmann Moritz David Goldschmidt. Erstaunlicherweise fand sie später, nachdem sie acht Kinder großgezogen hatte, noch Zeit und Kraft für schriftstellerische und philanthropische Tätigkeit. Wie eng die Familie mit herausragenden Persönlichkeiten der Gemeinde verbunden war, zeigt sich unter anderem daran, daß Johanna Goldschmidts Tochter Henriette 1846 den Arzt Moritz Gustav Salomon, einen Sohn des liberalen Predigers Gotthold Salomon, heiratete.

1847 veröffentlichte sie anonym den fiktiven Briefwechsel zwischen einer Jüdin, Rebekka, und einer christlichen Adligen, der toleranten Tochter eines Ministers.[3] Probleme jüdischer Assimilation und Konversion standen im Mittelpunkt. Johanna Goldschmidt plädierte in der Nachfolge Gabriel Riessers für die Emanzipation der Juden, lehnte jedoch eine opportunistische Konversion ab. So ließ sie in ihrem Briefroman die Titelheldin Rebekka die vorteilhafte Ehe mit einem christlichen Rechtsanwalt ausschlagen, um dem Glauben ihrer Väter treu bleiben zu können. Auch 16 Jahre später mußte sie das Angebot eines Jugendfreundes ablehnen, ihren Sohn im Falle seiner Konversion zum Universalerben einzusetzen. Das Werk zeitigte weitreichende Folgen, hatte sie doch im 5. Brief den Plan eines Frauen-Bildungsvereins entworfen, nach dem reiche Frauen durch »*Vorlesungen*«, »*Belehrungen über wichtige Lebensfragen*« und »*Gesangsübungen*« unbemittelten Mädchen helfen sollten.

Die Idee stieß bei der Christin Amalie Westendarp auf großes Interesse. Sie war die älteste Tochter des Hamburger Bürgers Heinrich Christian Meyer (1797 – 1848), der sich aus kleinsten Verhältnissen

Johanna Goldschmidt

Jüdische
Frauen

zu einem geachteten Stock- und Fischbeinfabrikanten emporgearbeitet hatte. Er war Juden freundlich gesinnt, denn jüdische Geldgeber hatten ihm durch ihr Vertrauen den Aufbau seines Geschäfts ermöglicht. Mehrere seiner Kinder sollten später in reger Zusammenarbeit mit jüdischen Frauen eine wichtige Rolle in Frauenvereinen spielen.[4] Zusammen mit Amalie Westendarp gründete Johanna Goldschmidt 1848 den ersten dezidiert überkonfessionellen »Frauenverein zur Bekämpfung und Ausgleichung religiöser Vorurteile« in Deutschland. Aus der Autobiographie einer Teilnehmerin, Emma Isler, der Frau des städtischen Bibliothekars Dr. Meyer Isler, geht hervor, daß Jüdinnen begeistert die Gelegenheit ergriffen, gesellschaftlichen Kontakt zu nicht-jüdischen Frauen aufzunehmen, da man bislang in »schroffer Trennung« lebte. Nach Emma Isler unterhielten Männer über Geschäftsbeziehungen seit langem gute Kontakte, während für Frauen eine gesellige Annäherung unmöglich war.[5] Noch war bei den vierzehntägigen Vereinssitzungen viel Befangenheit zu spüren, doch der tiefe Wunsch zur Verständigung überbrückte zunächst alle Gegensätze. Als am 23. Februar 1849 die begehrte Gleichstellung der Hamburger Juden erreicht war, bereiteten die christlichen Vereinsmitglieder den Jüdinnen im Hause der christlichen Philanthropin Emilie Wüstenfeld (1817–1874) ein Freudenfest. In gehobener Stimmung wurde beschlossen, daß sich der Verein als »sozialer Verein« der Verbreitung von Kindergärten widmen solle.[6] Bald fusionierte der von Johanna Goldschmidt und Amalie Westendarp gegründete Verein mit dem »Frauenverein zur Unterstützung der Deutsch-Katholiken« zum »Allgemeinen Bildungsverein deutscher Frauen«, aus dem später weitere bedeutende Vereine hervorgingen.[7]

Nun knüpfte Johanna Goldschmidt Kontakte zu bekannten liberalen Persönlichkeiten, die ihre literarischen Arbeiten begutachten und fördern sollten. Anfang 1849 wandte sie sich an den bekannten Reformpädagogen Adolf Diesterweg, der 1847 von seinem Posten als Direktor des Seminars für Stadtschulen in Berlin relegiert worden war.[8] Sie schickte ihm ihr Manuskript »Muttersorgen und Mutterfreuden«,[9] das er begutachtete und mit einem Vorwort versah. In dem Werk, in dem sie aufgrund ihrer eigenen reichen Erfahrung als Mutter Anleitungen zur Kinderpflege und -erziehung gab, sprach sie sich für einen behutsamen Umgang mit Gebeten und religiösen Vorstellungen aus und plädierte dafür, die ersten Kindheitsjahre ohne konfessionelle Prägung verstreichen zu lassen:

»*Es sollte aber billigerweise kein Kind sogenannten christlichen Gehorsam und christliche Demut als besonders anzuempfehlende Eigenschaften betrachten lernen, denn müssen wir nicht zuerst einen ganz freien Menschen bilden, der die ewigen Prinzipien des Göttlichen frei von jeder konfessionellen Richtung in sich aufnimmt? Möge es später, wenn der prüfende Geist die Verschiedenartigkeit der Bekenntnisse zu sondern vermag, sich für das entscheiden, welches seinem Sinne am meisten entspricht; aus dem zarten Alter aber entfernt den Hochmutsteufel der sogenannten konfessionellen Tugenden, denn dem Erzieher kann es, darf es nicht unbekannt sein, daß jede Religionslehre dieselben Tugenden gebietet und man daher für die Vortrefflichkeit der Menschen am besten sorgt, wenn man ihnen die Grundlage alles Guten als fest wurzelnd in den ewigen Geboten heiliger Menschenliebe zeigt*«.[10]

Ferner bat Johanna Goldschmidt Diesterweg, sich der Sache Friedrich Fröbels (1782–1852) anzunehmen. Sie überredete ihn, während seines Sommerurlaubs in Bad Liebenstein die Bekanntschaft des Begründers der Kindergartenbewegung zu machen, und erreichte, daß Diesterweg fortan Fröbels Erziehungssystem förderte. Doch waren ihm – nach dem Preußischen Kindergartenverbot von 1851 – die Hände gebunden. Er könne sich in Berlin nicht für Fröbels Sache äußern, »*wenn sie nicht sofort gänzlich ausgerottet werden soll*«.[11]

Doch ermöglichte er seiner Brieffreundin, daß sie ihren Aufsatz gegen den Fröbel-Kritiker Karl Gutzkow in den »Rheinischen Blättern« veröffentlichen konnte. Sie wiederum revanchierte sich, indem sie Diesterwegs Schriften, die in Preußen durch die Zensur vielfach behindert wurden, in Hamburger Blättern anzeigen ließ.[12]

Fassmann
Die Frauenrechtlerin
Johanna Goldschmidt

Johanna Goldschmidt gehörte zu einer Generation, die die Auswirkungen der napoleonischen Emanzipationsgesetze kennengelernt hatte und gesetzliche Verbesserungen forderte. Noch war Jüdinnen (und Frauen überhaupt) in öffentlichen Angelegenheiten kaum Handlungsspielraum gegeben, da sie männlicher Vormundschaft unterstanden. Zwar konnten sie sich in Wohltätigkeitsvereinen, etwa im »Frauenverein zur Unterstützung der Israelitischen Freischule«, engagieren, doch wurden verantwortungsvolle Posten – etwa der des Kassenführers – noch Männern übertragen.[13] Ebenso selbstverständlich übernahmen in der 1845 gegründeten Kommission zur Erweiterung weiblicher Erwerbsmöglichkeiten innerhalb der »Gesellschaft für soziale und politische Interessen der Juden« Männer die Posten der Wort- und Schriftführer.[14] So unternahm Johanna Goldschmidt den Versuch, als Schriftstellerin ihren Ideen Gehör zu verschaffen.

Erst in der Umbruchzeit von 1847/1848 wurde es möglich, Jüdinnen und Nicht-Jüdinnen in einem weitgehend »autonomen« Frauenverein zu organisieren. Die christlichen Mitglieder rekrutierten sich dabei aus Frauen, die den »Deutschkatholiken« nahestanden und aufklärerische Ideen Johannes Ronges und Georg Weigelts verfochten.[15] Die jüdischen Mitglieder waren zumeist Frauen liberaler jüdischer Intellektueller. Sie wollten zum einen gesellschaftliche Barrieren überwinden, zum anderen hegten sie die Hoffnung, über Projekte der Frauenvereine neue Bildungsmöglichkeiten zu erhalten. Im Gegensatz zu alteingesessenen, christlichen Kreisen zeigten sich die jüdischen und nicht-jüdischen Frauen dieses neugegründeten Frauenvereins neuen Ideen aufgeschlossen. Unter ihnen fanden sich Pioniere, die es wagten, Karl Fröbel und dessen Onkel Friedrich nach Hamburg zu holen, um ein aufsehenerregendes Projekt zu verwirklichen.

Vom Kindergarten zur Hochschule für Frauen

Der 1849 gegründete »Allgemeine Bildungsverein deutscher Frauen« setzte sich ein dreifaches Ziel: Er wollte als erstes die Lebensverhältnisse der Armen bessern und zum Abbau sozialer Spannungen beitragen, zweitens die Bildungsmöglichkeiten von Frauen erweitern und drittens ihre gesellschaftliche Stellung heben.[16] Hierzu entfalteten die Vereinsmitglieder zahlreiche Aktivitäten:

Charlotte Paulsen (1798 – 1862), die zuvor vergeblich um Aufnahme in Amalie Sievekings pietistisch geprägten »Weiblichen Verein für Armen- und Krankenpflege« nachgesucht hatte, gründete den überkonfessionell organisierten »Frauenverein zur Unterstützung der Armenpflege«.[17]

Johanna Goldschmidt setzte sich dafür ein, den ersten und zweiten Punkt der Zielsetzung zu verbinden. Sie bemühte sich, die Bildung der Frauen, die sie im Bereich mütterlicher Aufgaben sah, zu heben, um sie für den Abbau sozialer Spannungen dienstbar zu machen. Hierzu schienen ihr Fröbels Kindergärten geeignet. Diese Einrichtungen unterschieden sich deutlich von den bisher bestehenden Kinderbewahranstalten, in denen zahlreiche Kinder berufstätiger Mütter der Unterschicht vor äußerem Schaden »bewahrt«, nicht jedoch gefördert wurden, und den seit 1835 aufkommenden – vielfach christlich geprägten – Kleinkinderschulen, die ehelich geborene Kinder von Arbeitern, kleinen Handwerkern und

Jüdische Frauen

niederen Beamten aufnahmen. Nach Fröbels Vorstellung sollten in den seit 1840 gegründeten Kindergärten Kinder unterschiedlicher sozialer und religiöser Herkunft zusammen aufwachsen. Anstelle strenger Erziehungsnormen, religiöser Indoktrination und Unterdrückung kindlichen Bewegungsdranges sollten Bewegungs- und Geschicklichkeitsspiele und die Beschäftigung mit hölzernen »Spielgaben« (Ball, Walze, Würfel usw.) die Talente der Kinder entfalten. Da für seine Einrichtungen einsichtsvolle, geschulte Kindergärtnerinnen unerläßlich waren, eröffnete Fröbel Mädchen der bürgerlichen Klassen, die sonst kaum einer außerhäuslichen Berufstätigkeit nachgehen konnten, einen neuen Aktionsraum.[18] Doch bald schien das Ende dieses fortschrittlichen Erziehungskonzepts gekommen zu sein. Ein preußisches Reskript vom 23. August 1851 verkündete:

»*Wie aus der Broschüre 'Hochschulen für Mädchen und Kindergärten usw.' von Karl Fröbel erhellt, bilden die Kindergärten einen Teil des Fröbelschen sozialistischen Systems, das auf Heranbildung der Jugend zum Atheismus gerichtet ist. Schulen usw., welche nach Fröbelschen oder ähnlichen Grundsätzen errichtet werden sollen, können daher nicht geduldet werden*«.[19]

Dieses Kindergartenverbot, dem sich einige weitere deutsche Staaten anschlossen, bestand in Preußen bis 1860.[20] Trotz staatlicher Repressalien wurde Fröbels Erziehungskonzept von zahlreichen Jüdinnen begeistert aufgenommen: zu Fröbels ersten Schülerinnen zählte Louise Levin (1815 – 1900), mit der er im Alter von 69 Jahren eine zweite Ehe einging. In Leipzig wurde Henriette Goldschmidt (1825 – 1920) zur treibenden Kraft des »Verein[s] für Familien- und Volkserziehung«, der zahlreiche Kindergärten gründete. In Berlin setzte sich Auguste Steinschneider als Vorsitzende des Berliner »Frauenverein[s] zur Beförderung der Fröbelschen Kindergärten« für die Ideen des verfemten Pädagogen ein; eine ihrer Nachfolgerinnen, Lina Morgenstern (1830 – 1909), verfaßte ein Handbuch der Fröbellehre für angehende Kindergärtnerinnen.

Anfang 1849 lud Johanna Goldschmidt den in Dresden lehrenden Friedrich Fröbel zu einem halbjährigen Aufenthalt in Hamburg ein. Er sollte in einem Kurs Kindergärtnerinnen ausbilden. Gegen die Zusicherung freier Station für sich, seine Helfer und Mitarbeiterinnen sowie 100 Talern monatlichen Gehalts nahm Fröbel die Einladung an. In seinem Antwortschreiben bestärkte er Johanna Goldschmidt in ihrer Ansicht, daß das gemeinsame Wirken jüdischer und christlicher Frauen ein wichtiger Schritt auf dem Weg zur sozialen Harmonie sei:

»*Soll, hochgeehrte Frau, Einigung der Menschheit, dem Menschengeschlechte, den Völkern, den Glaubens- und Lebensgenossen, ja selbst den Familien, wie in die Gemeinden kommen, so muß begonnen werden, die langen uralten Trennungen und Risse auszufüllen, und dies kann einzig und allein vom Frauengemüt und Leben aus und durch das Kind und die Erziehung hindurch geschehen. Darum bitte ich, wenden Sie und Ihr hochachtbarer Verein auf diese Ansicht Ihre ganze Aufmerksamkeit, und glauben Sie, so einfach sich der Zweck, das Ziel von dessen Streben ausspricht: soziale Annäherung und Einigung jüdischer und christlicher Frauen im Interesse spielender Kinder, so tief er- und umfaßt er die Sache der Menschheit*«.[21]

Eine dritte Gruppe des Vereins wollte die Stellung der Frau im öffentlichen Leben durch die Errichtung einer »Hochschule« verbessern. Hierzu statteten Emilie Wüstenfeld und Bertha Traun dem Pädagogen Karl Fröbel, der zusammen mit seiner Frau Johanna in Zürich eine koedukative Schule leitete, einen Besuch ab, um ihn für das Projekt einer Frauenhochschule in Hamburg zu gewinnen. Zwei weitere Mitglieder des Vereins versuchten unterdessen, Friedrich Fröbel das Projekt der Hochschule schmackhaft zu machen. Doch Fröbel, der auf seinen Neffen nicht gut zu sprechen war, lehnte nun ab: »*Niemand kann zugleich zweien Herren dienen, deren Einigung noch nicht bekannt ist*«.[22] Es gab nun zwei konkurrierende Projekte im Frauenverein: Die Gruppe um Johanna Goldschmidt räumte der Einladung Friedrich Fröbels Vorrang ein, während eine Fraktion um Emilie Wüstenfeld ihre Pläne einer Hochschule favorisierte. Der Verein löste das Problem dadurch, daß er beide Projekte und einige verbindende Veranstaltungen durchführte.[23]

Neben Fröbels Kindergartenausbildung wurde am 1. Januar 1850 die »Hamburger Hochschule für das weibliche Geschlecht« eröffnet. Mit der – vielfach kritisierten – Bezeichnung »Hochschule« sollte angedeutet werden, daß die Anstalt für Mädchen und Frauen, die die höhere Töchterschule beendet hatten, bestimmt war. An ein Pendant zur »männlichen« Universität war nicht gedacht. Entsprechend wurden die Teilnehmerinnen stets als »*Schülerinnen*«, nie als »*Studentinnen*« bezeichnet.[24] Das grundlegende Programm Karl und Johanna Fröbels bestimmte: In der Hochschule sollen Mädchen zugleich im

> »*Kindergarten für ihren künftigen Erziehungs- und in der Wirtschaft der Anstalt für ihren häuslich-ökonomischen Beruf ausgebildet werden. Was den Frauen obliegt, ist die Besorgung des Hauswesens, die Familienpflege, namentlich die Erziehung der Kinder und die sittliche Beherrschung des ganzen Familienlebens und die Leitung des schönen, geselligen Lebens; all ihr Tun aber stützt sich auf den Familienkreis, demnächst auf das soziale Leben im weiteren Sinne des Wortes, nicht auf das politische. Im Staate herrscht der Mann durch die Tüchtigkeit seines Charakters, in der Gesellschaft die Frau durch Liebenswürdigkeit und Menschenliebe*«.[25]

Nach wie vor wurde der Mann der Kultur, die Frau der Natur zugeordnet; eine Frau könne den Mann höchstens »*in der Berufstätigkeit unterstützen*«, hieß es.[26] Dennoch wurde eine erweiterte Erwerbstätigkeit unverheirateter Frauen nicht generell ausgeschlossen. Eine Werbeschrift versprach Interessierten, zu einem »*unabhängigen Lebensberuf*« als Lehrerin oder Erzieherin zu verhelfen. Auch in der Krankenpflege und in der »*Ausübung der Heilkunde*« sahen Karl und Johanna Fröbel mögliche weibliche Berufssparten.[27] Als Praxisfelder waren der Hochschule eine Schule und ein Kindergarten angeschlossen. Friedrich Fröbel übernahm für ein halbes Jahr die Ausbildung von Kindergärtnerinnen.

Beide Einrichtungen fanden zunächst positive Resonanz bei der Hamburger Bürgerschaft: Zweiundzwanzig Frauen nahmen an Friedrich Fröbels sechsmonatiger Ausbildung zur Kindergärtnerin teil, etwa 100 Frauen schrieben sich für seine Vorlesungen ein.[28] Die Teilnehmerinnen des Hochschulprojekts gliederten sich in drei Gruppen: 1. fünf bis sechs Pensionärinnen, die für ein Jahr im Haushalt von Johanna und Karl Fröbel lebten und hierfür 400 Taler zahlten, 2. Hamburgerinnen, die das Recht, an allen Veranstaltungen teilzunehmen für 80 Taler erwarben und 3. Frauen, die für einen Louis d'or einzelne Vorlesungen besuchen konnten.[29]

Die bekannteste Frau, die in den Bann der Hochschule geriet, war die Schriftstellerin Malvida von Meysenbug, die Johanna Fröbel in der Leitung der Pension tatkräftig unterstützte. In ihren Memoiren schildert sie das rege Interesse, mit dem die aus allen sozialen Klassen zusammengesetzte Hörerschaft den Vorlesungen folgte:

> »*Unter den Zuhörerinnen waren viele Freischülerinnen, denn es war ein Hauptzweck der Anstalt, dieselbe Wohltat der Bildung ohne Unterschied Reichen wie Armen zu gewähren. [...] Die Vorlesungen wurden außerdem von vielen Damen der Stadt besucht,*

Jüdische Frauen

und es fand sich mitunter, daß Großmutter, Tochter und Enkelin zu gleicher Zeit am Lehrtisch saßen«.[30]

Abgesehen von Philosophie und Erziehungslehre unterschied sich das Vorlesungsangebot kaum von Fächern der höheren Töchterschule: *»Sprachlehre, Literatur, Englisch, Französisch, Geschichte, Geographie, Geschichte der Religionen [!], Formenlehre, Zeichnen, Gesang, Physik […] und Erklärung Schillerscher Gedichte«* wurde angeboten.[31]

Vorlesungen hielten Hamburger Lehrkräfte, etwa Prof. Wiebel vom Akademischen Gymnasium und der Direktor der »Israelitischen Freischule« Dr. Anton Rée. Von auswärts kamen Carl Volkhausen, späterer Chefredakteur der »Frankfurter Zeitung«, und Heribert Jüssen alias Carl Schurz, der die Befreiung des wegen Beteiligung am pfälzisch-badischen Aufstand 1849 zu lebenslanger Festungsstrafe verurteilten Kunstgeschichtsprofessors Gottfried Kinkel vorbereitete.[32] Diese, wie auch die weiteren Freunde der Hochschule, Johannes Ronge, Begründer der Deutsch-Katholiken, und Georg Weigelt, Prediger der Hamburger deutsch-katholischen Gemeinde, erregten das Mißtrauen der Behörden; dem bereits schwer erkrankten Theodor Althaus wurde aufgrund seiner politischen Vergangenheit das Aufenthaltsrecht in Hamburg verweigert.[33]

Die Freunde um Emilie Wüstenfeld und Malvida von Meysenbug waren sich durchaus dieses Mißtrauens bewußt. Bei schriftlichen Mitteilungen chiffrierten sie eine Reihe von Begriffen, da sie zu Recht befürchteten, daß Beamte der politischen Polizei das Briefgeheimnis mißachteten. Nach einer Haussuchung, bei der sämtliche privaten Papiere Malvidas beschlagnahmt wurden, und einem scharfen Polizeiverhör flüchtete die Schriftstellerin nach London, wo sich bald viele Schüler und Lehrer der Hochschule als Exilanten einfanden.[34]

Doch nicht allein staatliche Repression und feindliche Propaganda, die die Hochschule als *»Herd des Atheismus und der Demagogie«* brandmarkten, führten zum Scheitern des Unternehmens.[35] Ehrbare Hamburger Familien zogen sich zurück, als der Name der Hochschule in Zusammenhang mit dem spektakulären Scheidungsprozeß Bertha Trauns ins Gerede kam, die später den exkommunizierten Priester Johannes Ronge heiratete. Gerüchte über die bevorstehende Scheidung Emilie Wüstenfelds kursierten.[36] Schwierigkeiten innerhalb der Verwaltung traten auf. Die oberste Leitung der Hochschule lag bei dem kleinen bzw. inneren Verwaltungsausschuß, dessen Mitglieder vom Bildungsverein gewählt oder von diesem durch Kooptation ergänzt wurde. Überliefert sind die Namen von sechs Mitgliedern: Emma Isler, Henriette Salomon, Bertha Traun, Elise Bieling, Mathilde Seybold, Emilie Wüstenfeld. Kraft Amtes gehörten ihm Karl Fröbel als Rektor der Anstalt, Johanna Fröbel als Vorsteherin des Pensionats und ein Rechnungsprüfer an. Bei Auseinandersetzungen über Fragen der Lehrplangestaltung und Lehrberufungen wurde Karl Fröbel von den Frauen des Verwaltungsausschusses klar überstimmt, was ihn zutiefst empörte: *»Einer solch verstandenen Selbständigkeit der Frauen auf Kosten der eigenen Selbständigkeit dienen, dazu habe ich keine Lust«*.[37] Finanzielle Schwierigkeiten setzten ein. Die Mitarbeiterinnen des Bildungsvereins beschlossen, die Hochschule am 1. Mai 1852 zu schließen.[38]

Nun zeigte sich, daß Johanna Goldschmidt mit ihrem vergleichsweise bescheidenen Projekt langfristig gesehen größeren Erfolg hatte. Fröbels Methode kam in Hamburg vielfach zur Anwendung. Wie für andere jüdische Fröbel-Anhängerinnen war für Johanna Goldschmidt die Beschäftigung mit Fröbels Lehre Grundlage weiterer Unternehmungen. Zwar kamen nun Kinder der Unterschicht selbst in der »Bewahranstalt« in den Genuß der Fröbelschen Erziehungsmethode, doch fanden sie anschließend keine Aufnahme in einer

Hamburger Schule. So war Johanna Goldschmidts Weg zu weiteren pädagogischen Aufgaben vorgezeichnet.

Der Hamburger Fröbelverein

Johanna Goldschmidt hatte dem Kindergarten in Hamburg zum Durchbruch verholfen. Im Lokal des Arbeiterbildungsvereins wurde im März 1850 in Anwesenheit Fröbels und Diesterwegs der erste »Bürger-Kindergarten« für 70 Kinder der Kleinbürger eröffnet. Da die Kinder in der Zeit von 9 bis 13 Uhr betreut wurden, gewannen die Handwerkersfrauen Zeit für die Besorgung ihres Hauswesens. Ein Vorstand von sechs Frauen und fünf Männern der »begüterten Stände« leitete das Unternehmen. Weitere acht »Bürger-Kindergärten« entstanden im Laufe der Zeit.[39]

Für eine Frau jener Zeit bewies sie erstaunliche Zivilcourage, als sie trotz des von Preußen und Bayern ausgesprochenen Kindergartenverbots weiterhin Fröbels Ideen verteidigte. In einer verbalen Auseinandersetzung mit dem bekannten Literaten Karl Gutzkow wird deutlich, wie sehr sie von Fröbels Methode überzeugt war und welch große Hoffnung sie in seine Pädagogik setzte.[40] Für sie stand – nach der gescheiterten Revolution – außer Frage, daß nun Pädagogen in Kindergärten und Schulen eine neue, unverdorbene Generation heranbilden müßten, die zur demokratischen Umgestaltung der Gesellschaft fähig wäre. Gutzkow war der Auffassung, daß lediglich »*Kleinkinderbewahranstalten*« für die »*vernachlässigten Kinder der Arbeiter*« zu fördern seien, nicht jedoch »*Kindergärten*« für »*Kinder vermöglicherer Eltern in dem Lebensalter zwischen drei und sechs Jahren*«, da sie die »*gefährlichste Spontaneität*« weckten, »*übermäßigen Luxus der Phantasie*« hervorriefen und letztendlich die Kinder für die Schule verdarben.[41] Er widersprach der Hoffnung der Fröbelianer, durch die Reform der Kleinkinderpädagogik mittels weiblichen Einflusses die gewaltlose Erneuerung der Gesellschaft von unten zu erreichen.

»*Kämpft den großen Kampf des Jahrhunderts, der ein Kampf unter Männern ist! Von dem, was sich der Mann errungen hat, wird dann dem Jüngling, der Jungfrau und von ihnen wieder dem Kinde abwärts sein Teil zugute kommen. Bearbeitet das Erdreich! Das Säen und die Pflanze allein tut es nicht. Sechsjährige Kinder, und wäre ihre Zahl Legion, haben nicht die Kraft, eine tausendjährige Decke abzustoßen, damit die realistischen Naturanschauungs-Hälmchen durchbrechen. Sie werden verkümmern. Und in diesem Verkümmern liegt eine Gefahr*«.[42]

Gestützt auf einen Bericht der Kommission des Hamburger schulwissenschaftlichen Bildungsvereins und auf ein physiologisches Gutachten wies Johanna Goldschmidt Gutzkows Ansicht, Kindergärten machten schulunfähig, zurück.[43] Sie sah bereits erste Früchte der Reform: Junge Frauen bereiteten sich in Theorie und Praxis auf ihren zukünftigen Beruf vor; Kinder blieben in ihren ersten Lebensjahren durch geleitetes Spiel vor verderblichen Einflüssen bewahrt und gelangten als aufgeweckte Schulanfänger in eine Volksschule, von der nun Eltern und Kinder »*kräftigere Geisteskost*« erwarteten; die Volksschullehrer begrüßten den neuen Geist, der die Schulen erreichte. Im Anschluß an ihren Bericht wurde interessierten Frauen empfohlen, die Kindergärtnerinnenseminare in Keilhau zu besuchen, weitere Kindergärten zu gründen und zugunsten eines »Deutschen Kindergartens« Aktien zu zeichnen.[44]

Im Gegensatz zu Gutzkow wollte Johanna Goldschmidt auch die Kinder der Armen mit Fröbels Methode fördern. Zusammen mit Charlotte Paulsen (1798 – 1862), einer reichen Witwe, die den überkonfessionellen »Frauenverein zur Unterstützung der Armenpflege in

Hamburg« leitete, gründete sie eine »Kinderbewahranstalt«. In ihr wurden arme Kinder jeglicher Konfession von 9 bis 18 Uhr betreut. Die Zahl der Kinder stieg von anfangs 30 auf 180 im Berichtsjahr 1874.[45] Zugleich organisierte sie zusammen mit Amalie Westendarp privaten Schulunterricht für jene Kinder, deren Eltern zu arm waren, um das Hamburger Bürgerrecht zu erwerben. Diese Kinder wurden folglich nicht in die staatlichen Armenschulen aufgenommen. Sie gewannen »höhere Töchter«, u. a. Anna Wohlwill, die unentgeltlich unterrichteten. Doch bereits 1851 untersagte ihnen der Rat der Stadt, ihre mittlerweile von 50 Schülerinnen besuchte Schule ohne Konzession durch unbezahlte und unkonzessionierte Lehrerinnen zu führen. Daraufhin teilte man die Schülerinnen in drei Gruppen, um den Unterricht in verschiedenen Privathäusern zu erteilen, bis ein erneutes Polizei-Verbot vom 7. September 1853 auch diesen beendete. Die Tatsache, daß in der Schule kein Religionsunterricht erteilt wurde, hatte das Mißtrauen der Behörde hervorgerufen. 1854 eröffnete Johanna Goldschmidt die Schule mit Hilfe einer konzessionierten Lehrerin neu. Nach weiteren acht Jahren erlangte die Schule öffentliche Anerkennung: Mittel des Paulsenstiftes erlaubten den Bau eines eigenen Schulgebäudes. Im weiteren Verlauf entwickelte sich die Schule zu einer der größten Mädchenschulen der Stadt.[46]

Als 1866 mit der Eröffnung der Schule im neuen Gebäude eine veränderte Schulordnung eingeführt wurde, kam es zu tiefgreifenden Meinungsverschiedenheiten zwischen der jungen Lehrerin Anna Wohlwill, die von Emilie Wüstenfeld als Schulleiterin berufen worden war, und Johanna Goldschmidt. Anna Wohlwill (1841 – 1919), Tochter des Lehrers der Hamburgischen Israelitischen Freischule Dr. Immanuel Wohlwill, war eine begeisterte Schülerin von Anton Rée, der ihr auch später als Vorstandsmitglied des Paulsenstifts beratend zur Seite stand. Sie hatte bereits zehn Jahre an der von Johanna Goldschmidt geleiteten Schule unterrichtet. Nach offizieller Darstellung schied Johanna Goldschmidt aus, da sie sich, *»an die patriarchalischen Verhältnisse der alten Schule gewöhnt, nicht recht mit der neuen Schulordnung und Leitung zu befreunden vermochte«.*[47] In der Tat war mit dem Umzug ins Paulsenstift gegen den Willen Johanna Goldschmidts eine Statutenänderung in Kraft getreten, die die Stellung Anna Wohlwills stärkte. Vergeblich beschwor Johanna Goldschmidt diese in einem persönlichen Brief, sie doch ferner als »ältere erfahrene Freundin« und »Vorgesetzte« zu akzeptieren.[48]

Lina Morgenstern bietet eine andere Erklärung für das Ausscheiden Johanna Goldschmidts an. Nach ihr zog sich Johanna Goldschmidt 1867 aus dem Vorstand der Schule zurück, nachdem es zu einem unüberbrückbaren Zerwürfnis mit der Nachfolgerin Charlotte Paulsens, Emile Wüstenfeld, gekommen sei.[49] Auch diese Version scheint glaubwürdig, da Emilie Wüstenfeld die nun öffentlich anerkannte »Paulsenschule«, für die sie sich zweifellos durch Bittgänge bei reichen Hamburgern verdient gemacht hatte, weitgehend als ihr Werk betrachtete.[50] Henriette Goldschmidts und Amalie Westendarps mühsame Vorarbeit im Dickicht behördlicher Diskriminierung war vergessen. Emilie Wüstenfeld verdrängte Johanna Goldschmidt vom Vorsitz des Schulvorstandes, um Anna Wohlwill, die ihr offenbar besser ins Konzept paßte, als Direktorin zu etablieren.

Da Johanna Goldschmidt durch eine jüdische Schulleiterin abgelöst wurde, ist es unwahrscheinlich, daß sich Emilie Wüstenfeld aufgrund antisemitischer Aversionen gegen Johanna Goldschmidt wandte. Offenbar waren vereinsinterne Querelen ausschlaggebend. Der Vorstand zog es vor, eine hauptamtliche, erfahrene Lehrerin an die Spitze der Schule zu stellen, war doch sein oberstes Ziel – mit Hinblick auf staatliche Anerkennung – der weitere Ausbau der Schule mittels eines qualifizierten Lehrkörpers.

Nach ihrem Ausscheiden aus dem Schulprojekt engagierte sich Johanna Goldschmidt verstärkt im »Hamburger Fröbelverein«, den sie 1860 mitbegründet hatte. Der aus vier Frauen und zwei Männern bestehende Vorstand übertrug ihr die »Oberleitung«.[51] Als Vorsteherin dieses Vereins eröffnete sich Johanna Goldschmidt ein neues Aktionsfeld. Der Verein übernahm den in bester Gegend gelegenen und von »*zahlreichen Kindern der wohlhabenderen Klasse*« besuchten »Privat-Kindergarten« der Witwe Friedrich Fröbels, Louise Levin, der mittels hervorragender Lehrer zu einem Musterkindergarten ausgebaut wurde. Zu einem eigenen Vereinsgebäude trug der Kinderdichter Rudolf Löwenstein (1819 – 1874) maßgeblich bei.[52]

Das Besondere des »Hamburger Fröbelvereins« waren seine ein- bis zweijährigen Kurse zur Ausbildung von »Familien-Kindergärtnerinnen«. Junge, »*geistig minder vorbereitete*« Mädchen, die sowohl eine Grundausbildung in der Fröbelschen Erziehungsmethode als auch in elementarer Hauswirtschaft erhalten hatten, sollten als »*Apostel der neuen Erziehungslehre*« die Betreuung übernehmen.[53] Mädchen, die die »Höhere Töchterschule« absolviert hatten, wurden durch eine stärker auf Fröbel ausgerichtete Ausbildung zur selbständigen Leitung eines Kindergartens vorbereitet. Wie Fanny Lewald legte Johanna Goldschmidt besonderen Wert auf die Pflege der deutschen Sprache, da sie die weitverbreitete Kinderbetreuung durch englische Nurses oder französische Bonnen ablehnte. Sie plädierte für Mädchen, die gutes Deutsch sprachen.[54] Erst in den 70er Jahren wurde englischer und französischer Unterricht eingeführt, da viele der Mädchen ins Ausland vermittelt werden konnten. Ferner lernten sie Handarbeiten und das Zuschneiden einfacher Kindergarderobe, was als »*gern gesehene Zugabe*« ihre Einstellungschancen erhöhte.[55] Die musikalische Ausbildung der Schülerinnen leitete Johanna Goldschmidt persönlich.[56]

Im Haushalt von Vereinsmitgliedern des Fröbelvereins, sogenannter »Schutz- oder Ehrendamen«, erlernten die Mädchen häusliche Arbeiten. Nach einer halb-öffentlichen Abschlußprüfung wurden sie an Familien im In- und Ausland (nach Rußland, Polen, England und Italien) vermittelt. In den Jahren 1860 bis 1872 durchliefen ca. 500 Schülerinnen diese Ausbildung.[57]

Johanna Goldschmidts Engagement war genau betrachtet nicht selbstlos; es kam ihrer eigenen Schicht zugute. Sie wollte für die wohlhabenden Familien gut vorgebildete Kindermädchen heranziehen, die zur Not die minderen Arbeiten eines Dienstmädchens übernahmen, andererseits aber recht billig waren:

»*Unser Bestreben ist dahin gerichtet, die Familien-Kindergärtnerinnen gewissenhaft für ihre wichtige Aufgabe und anspruchslos in ihren Forderungen zu machen; freilich suchen wir sie pekuniär so zu stellen, daß sie für ihre Arbeit, außer anständiger Kleidung, auch einen kleinen Sparpfennig zurücklegen können, doch sollen sie sich vor keiner Arbeit scheuen, welche das Leben in der Kinderstube mit sich bringt*«.[58]

Zugleich war sie – wie alle bürgerlichen Frauen jener Zeit – mit der »Dienstmädchenproblematik« vertraut. Da in den Großstädten immer mehr Mädchen die zeitlich regulierte Fabrikarbeit der zeitlich unreglementierten Arbeit in einem fremden Haushalt vorzogen, waren gute Dienstboten schwer zu bekommen. Um »*das kleine Kontingent dienender Mädchen nicht unüberlegt* [zu] *verringern*«, aber auch aufgrund des Raummangels und hoher Kosten stellte der Hamburger Fröbelverein nur sehr wenige Freiplätze unbemittelten Mädchen zur Verfügung.[59] Die Ausbildung war demnach nicht als Aufstiegsmöglichkeit für Mädchen der Unterschicht gedacht, wenngleich einige wenige in dem noch nicht gänzlich reglementierten Schulsystem aus der Schule zur Ausbildung von Fröbelschen Kindergärtnerinnen sogar Stellen als Lehrerinnen in Elementarklassen erhalten konnten.[60]

Jüdische Frauen

Als Leiterin des »Hamburger Fröbelvereins« suchte Johanna Goldschmidt Anschluß an die organisierte Frauenbewegung. Im Mai 1869 wurde ihr Verein Mitglied des »Verband[es] deutscher Frauenbildungs- und Erwerbvereine«, auf dessen Generalversammlung vom 9. bis 11. Oktober 1872 sie einen großen Vortrag über Fröbels Lehre hielt; 1873 schloß sie sich dem »Allgemeinen Deutschen Erziehungsverein« der Baronin von Marenholtz-Bülow an.[61]

Bis 1875 finden sich ihre Vereinsmitteilungen im »Frauen-Anwalt«. Weitere Zeugnisse über ihr Leben und Werk sind rar. Vermutlich zog sie sich Mitte der 70er Jahre als nahezu 70jährige Frau aus der Öffentlichkeit zurück.

Johanna Goldschmidt hatte sich aus eigenem Antrieb um Kontakte zu Nicht-Jüdinnen bemüht, um zum Abbau sozialer Spannungen, namentlich zum Abbau antisemitischer Vorurteile beizutragen. Ihr Ziel, in Kindergärten Kinder unterschiedlicher sozialer und religiöser Herkunft zu vereinen, konnte nicht erreicht werden. Symptomatisch ist die 1860 erfolgte Gründung des »Hamburger Fröbelvereins«, der den »Privat-Kindergarten« Louise Levins übernahm. Es gab damit ein dreiklassiges System Fröbelscher Erziehungsstätten: eine Bewahranstalt für Kinder der Armen, Bürger-Kindergärten für Kinder der Kleinbürger und Privat-Kindergärten für Kinder des mittleren und gehobenen Bürgertums mit angeschlossenem Fröbel-Seminar. Das ursprünglich klassenlose Konzept des Fröbelschen Kindergartens konnte in der Praxis nicht umgesetzt werden.

Den Aufgabenbereich der Frau sah Johanna Goldschmidt nach wie vor im eng gesteckten Bereich im Umkreis der Familie – eine Ansicht, die spätere Kritiker, etwa Eduard Spranger, für verfehlt hielten:

»Wir sind seit alter Zeit gewöhnt, pflegende und individualisierende Sorge für den Menschen, in der Erziehung wie im übrigen Leben als die besondere Kraft der Frau anzusehen. Aber es war ein elementarer logischer Fehler, wenn man folgerte: diese Kraft wurzelt in der Familie, deshalb muß die Frau an sie gefesselt bleiben. Sondern man hätte folgern sollen: diese Kraft wurzelt in der Frau; deshalb gehört sie nicht nur in die Familie, in der sie sich immerhin am frühesten betätigen mag, sondern überall dahin, wo diese Kraft kulturaufbauend ist und deshalb unentbehrlich«.[62]

Johanna Goldschmidt blieb jedoch in dieser Hinsicht dem traditionellen weiblichen Rollenbild verhaftet: Frauen sollten eine spezifische Frauenbildung erhalten und in ihrem Naturberuf, als Mutter oder Kindergärtnerin, wirken. Dennoch, als Initiatorin deutschjüdischer Vereine und Promoter des Fröbelschen Erziehungssystems, als Schulgründerin und früher Frauenrechtlerin gebührt ihr die Anerkennung der Nachwelt.

Anmerkungen

1 Dem Aufsatz liegt ein Kapitel der Dissertation der Verf.: »Jüdinnen in der deutschen Frauenbewegung 1865 – 1919« zugrunde, die in den Wissenschaftlichen Abhandlungen des Salomon Ludwig Steinheim-Instituts für deutsch-jüdische Geschichte, Bd. 6, erscheinen wird.

2 Leimdörfer 1918, S. 8, 16f.; Salomon 1844, S. 132; vgl. auch den Beitrag von Michael A. Meyer in diesem Band.

3 Rebekka und Amalia. Briefwechsel zwischen einer Israelitin und einer Adeligen über Zeit- und Lebensfragen. Leipzig 1847; referiert nach Kayserling, Die jüdischen Frauen, S. 255–257.

4 Böhmer, Heinrich Christian Meyer, S. XVIII, 39; Meyer, Erinnerungen, S. 88ff.; Rednak 1983, S. 299–308.

5 Randt 1986, S. 92f.; siehe dazu den Beitrag von Daniela Tiggemann in diesem Band.

6 Morgenstern 1888, S. 325; StAH Paulsenstiftschule: A. Warburg: Friedrich Fröbel, Vortrag 1932.

7 Kleinau, Mädchenschulwesen, S. 41.

8 Diesterweg, Wissenschaft im Aufbruch.
9 Ich bin Prof. Dr. Julius Carlebach, Heidelberg, zu großem Dank verpflichtet, daß er dieses Werk als Fotokopie in der Hochschule für jüdische Studien, Heidelberg, zugänglich machte.
10 Goldschmidt, Muttersorgen, Bd. 2, S. 88f.
11 SUB Carl v. Ossietzky Hamburg, Literatur-Archiv: Adolf Diesterwegs Briefe an Johanna Goldschmidt aus den Jahren 1849 – 1858, Brief vom 1. 12. 1853.
12 Ebd., Briefe vom 5. 3. 1853 und 5. 10. 1853.
13 Kley 1841, S. 38.
14 StAH Familienarchive: Emilie Wüstenfeld, Nachlaß 1: Gesellschaft für soziale und politische Interessen der Juden 1845 – 1849.
15 Paletschek, Frauen S. 218 – 223.
16 Diesterweg, Frauen-Bildungsverein, S. 144.
17 Ebd.; Kleinau, Mädchenschulwesen, S. 36f.
18 Zwerger, Bewahranstalt, S. 33ff., 95ff.; Denner, Fröbelverständnis, S. 99f.
19 Zitiert nach Heiland, Friedrich Fröbel, S. 120.
20 Karstaedt, Kindergartenverbot, S. 34.
21 SUB Carl von Ossietzky Hamburg, Literatur-Archiv: Brief Friedrich Fröbels an Johanna Goldschmidt aus Dresden vom 17. 3. 1849.
22 Ebd., Brief Friedrich Fröbels an den Verein deutscher Frauen vom 16. 9. 1849.
23 Kleinau, Mädchenschulwesen, S. 42f.
24 Spranger, Hochschule für Frauen, S. 35; Diesterweg, Frauen-Bildungsverein, S. 158f.; Kleinau, Mädchenschulwesen, S. 44f.
25 Zitiert nach Diesterweg, Frauen-Bildungsverein, S. 150.
26 K. Fröbel/J. Fröbel, Hochschulen für Mädchen, S. 11.
27 Wüstenfeld, Hamburger Hochschule; Diesterweg, Frauen-Bildungsverein, S. 150.
28 Ebd., S. 147.
29 Kleinau, Mädchenschulwesen, S. 47.
30 Meysenbug, Memoiren, Bd. 1, S. 287f.
31 Spranger, Hochschule für Frauen, S. 31.
32 Kleinau, Mädchenschulwesen, S. 48.
33 Kayser, Meysenbug, S. 123, 125.
34 Meysenbug, Memoiren, S. 285f.; Kayser, Meysenbug, S. 127f.
35 Spranger, Hochschule für Frauen, S. 40.
36 Kleinau, Mädchenschulwesen, S. 53.
37 StAH Familienarchive: Emilie Wüstenfeld, Nachlaß 5: Hamburger Bildungsverein deutscher Frauen und Hochschule für das weibliche Geschlecht: Brief Karl Fröbels an die 1. Abteilung des Verwaltungsausschusses vom 28. 1. 1851.
38 Kleinau, Mädchenschulwesen, S. 50ff.; Hartwig, Frauenbewegung, S. 54f.
39 Goldschmidt, Hamburger Fröbel-Verein, S. 33.
40 Goldschmidt, Sache Friedrich Fröbels, S. 325 – 351.
41 Gutzkow, Kindergärten, S. 16, 25.
42 Ebd., S. 19.
43 Goldschmidt, Sache Friedrich Fröbels, S. 327f., 331f., 337.
44 Ebd., S. 330f., 345f.
45 Auszug aus dem 25. Jahresberichte des Frauenvereins zur Unterstützung der Armenpflege in Hamburg, S. 120 – 124.
46 Wohlwill, Bericht, S. 1 – 10; Kleinau, Mädchenschulwesen, 37f., 58ff.
47 Wohlwill, Bericht, S. 16, zitiert nach Kleinau, Mädchenschulwesen, S. 63.
48 StAH Paulsenstiftschule: Personalunterlagen betr. Anna Wohlwill: Brief Johanna Goldschmidts an Anna Wohlwill, Januar 1867.
49 Morgenstern 1888, S. 326.
50 Laddey, Bürgerin, S. 199.
51 Goldschmidt, Fröbel-Verein, S. 33f.
52 Goldschmidt, Auszug aus dem Bericht 1872-1874, S. 271.
53 Ebd., S. 266; dies.: Fröbel-Verein, S. 34; Morgenstern 1888, S. 327.
54 Goldschmidt, Bericht 1868-1872, S. 153.
55 Ebd., S. 151.
56 Morgenstern 1888, S. 327.
57 Goldschmidt, Bericht 1872–1874, S. 267, 151f.
58 Goldschmidt, Bericht 1868–1872, S. 149.
59 Goldschmidt, Bericht 1872–1874, S. 269.
60 Goldschmidt, Fröbel-Verein, S. 36.
61 Goldschmidt, Bericht 1868–1872, S. 252, 254, 259; dies.: Bericht 1872–1874, S. 265.
62 Zitiert nach Bäumer, Frauenhochschule, S. 283f.

Fassmann
Die Frauenrechtlerin
Johanna Goldschmidt

Literatur

Auszug aus dem fünfundzwanzigsten Jahresberichte des Frauenvereins zur Unterstützung der Armenpflege in Hamburg, in: Der Frauen-Anwalt 5 (1874/75), S. 120 – 124

Bäumer, Gertrud: Grundsätzliches zum Problem der Frauenhochschule, in: Die Frau 24 (1916/17), S. 282 – 285

Böhmert, Victor: Heinrich Christian Meyer – Stockmeyer – Erinnerungen seines Sohnes. Hamburg 1900

Jüdische Frauen

Denner, Erika: Das Fröbelverständnis der Fröbelianer. Studien zur Fröbelrezeption im 19. Jahrhundert. Bad Heilbrunn/Obb. 1988

Diesterweg, Adolf: Wissenschaft im Aufbruch. Kat. zur Ausstellung Universität-Gesamthochschule Siegen 1990. Weinheim 1990

Diesterweg, Friedrich Adolph Wilhelm: Der Frauen-Bildungsverein in Hamburg, in: Ders., Sämtliche Werke, 1 Abt.: Zeitschriftenbeiträge, 9. Bd.: Aus den »Rheinischen Blättern für Erziehung und Unterricht«, 1851. Bearb. v. Ruth Hohendorf. Berlin/Ost 1967, S. 143 – 164, S. 356 – 358

Fröbel, Karl/Fröbel, Johanna: Hochschulen für Mädchen und Kindergärten als Glieder einer vollständigen Bildungsanstalt, welche Erziehung der Familie und Unterricht der Schule verbindet. Nebst Briefen über diesen Gegenstand. Als Programm zu dem Plane der Hochschule für das weibliche Geschlecht in Hamburg. Hamburg 1849

Goldschmidt, Johanna: Rebekka und Amalia. Briefwechsel zwischen einer Israelitin und einer Adeligen über Zeit- und Lebensfragen. Leipzig 1847

Dies.: Muttersorgen und Mutterfreuden. Worte der Liebe und des Ernstes über Kindheitspflege. Von einer Mutter. Mit einem Vorwort von Adolf Diesterweg. 2 Bde. Hamburg 1849/51

Dies. (anon.): Zur Sache Friedrich Fröbels. Herr Dr. Gutzkow und die Fröbel'schen Kindergärten, in: Rheinische Blätter für Erziehung und Unterricht N. F. 47 (1853) T. 1, S. 325—346

Dies.: Der Hamburger Fröbel-Verein, in: Der Frauen-Anwalt 2 (1871/72), S. 33-36

Dies.: Auszug aus dem Bericht über die Tätigkeit des Hamburger Fröbelvereins 1868—1872, in: Der Frauen-Anwalt 3 (1872/73), S. 149—153

Dies.: Auszug aus dem Bericht über die Tätigkeit des Hamburger Fröbelvereins 1872—1874, in: Der Frauen-Anwalt 5 (1874/75), S. 265—271

Gutzkow, Karl: Die Fröbel'schen Kindergärten, in: Deutsches Museum. Zeitschrift für Literatur, Kunst und öffentliches Leben 2 (1852) T. 2, S. 15—29

Hartwig, Christiane: Frauenbewegung und Frauenbildung in Hamburg während und nach der Umbruchszeit von 1848/49. Unveröff. Examensarbeit. Hamburg 1981

Heiland, Helmut: Friedrich Fröbel in Selbstzeugnissen und Bilddokumenten. Reinbek bei Hamburg 1982

Karstaedt, Otto: Das preussische Kindergartenverbot 1851, in: Kindergarten 70 (1929), S. 25 – 34

Kayser, Rudolf: Malvida von Meysenbugs Hamburger Lehrjahre, in: Zeitschrift des Vereins für Hamburgische Geschichte 28 (1927), S. 116—128

Kayserling, Meyer: Die jüdischen Frauen in der Geschichte, Literatur und Kunst. Leipzig 1879

Kleinau, Elke: Geschichte des höheren Mädchenschulwesens in Hamburg (1789 — 1933). MS. Bielefeld 1988

Dies.: Die »Hochschule für das weibliche Geschlecht« und ihre Auswirkungen auf die Entwicklung des höheren Mädchenschulwesens in Hamburg, in: Zeitschrift für Pädagogik 36 (1990), S. 121—138

Laddey, Emma: Eine Hamburger Bürgerin (Emilie Wüstenfeld), in: Dies. (Hg.), Frauen-Album. Ein Festgeschenk für Deutschlands Frauen und Töchter. Stuttgart 1880, S. 185—207

[Meyer, Adolph]: Erinnerungen an Heinrich Adolph Meyer. Nach seinen eigenen Aufzeichnungen. Hamburg 1890

Meysenbug, Malvida von: Memoiren einer Idealistin. Bd. 1. Stuttgart 1876

Paletschek, Sylvia: Frauen und Dissens. Frauen im Deutschkatholizismus und in den freien Gemeinden 1841 – 1852. Göttingen 1990

Spranger, Eduard: Die Ideen einer Hochschule für Frauen und die Frauenbewegung. Leipzig 1916

Wohlwill, Anna: Bericht über die Schule des Paulsenstiftes bei Gelegenheit des 25-jährigen Bestehens der Anstalt. o.O. 1891

[Wüstenfeld, Emilie:] Die Hamburger Hochschule für das weibliche Geschlecht. Aufruf des Verwaltungsausschusses. Hamburg 1851

Zwerger, Brigitte: Bewahranstalt – Klein-Kinderschule – Kindergarten. Aspekte nicht-familialer Kleinkindererziehung in Deutschland im 19. Jahrhundert. Weinheim – Basel 1980

»...ihm die Misere des Alltags fernzuhalten«*
Martha Freud – ein Lebensbild
Astrid Louven

Im Juli 1883 schrieb Sigmund Freud seiner Verlobten Martha Bernays:
» ... *dann kam ein langes medizinisches Gespräch über [...] Nervenkrankheiten und merkwürdige Fälle, auch Deine Freundin Bertha Pappenheim kam wieder auf's Tapet, und dann wurden wir intim persönlich und sehr vertraut, und er [Breuer] erzählte mir manches, was ich erst erzählen soll, 'wenn ich mit Martha verheiratet bin', von Frau und Kindern ...«.*[1]

In dieser Passage aus einem der zahlreichen »Brautbriefe«, die der in Wien lebende Arzt Dr. Sigmund Freud an seine Verlobte in Wandsbek geschrieben hat, kommen Biographie-relevante Aspekte zum Tragen.

Das Leben der Martha Freud, der Ehefrau des Begründers der Psychoanalyse, nachzeichnen zu wollen, bedeutet, sie in schriftlichen Darstellungen der »anderen« aufzuspüren: in der ausgedehnten (Auswahl der) Korrespondenz Sigmund Freuds, in den Biographien über ihn, aber auch über seine Tochter Anna sowie in den Abhandlungen seiner Kollegen, Kinder und Enkel. Originäre Spuren der Martha Bernays-Freud – ihre Briefe etwa – sind nicht veröffentlicht worden, möglicherweise nicht mehr vorhanden.[2]

So bleibt die Suche nach Martha Freud an ihren berühmten Ehemann gebunden – und folgt gleichsam einem Sekundar-Muster.

Der Brief-Ausschnitt gibt exemplarisch Einblick in das Verhältnis des Paares: Freud ließ seine Verlobte an seinem Berufs- und Innenleben (noch) intensiv teilnehmen[3] – was auf das spätere Eheleben nicht mehr zutraf. Freud erwähnte Bertha Pappenheim nicht nur, weil sie Marthas Freundin war, sondern weil er von ihrem Krankheitsbild fasziniert war. Bertha Pappenheim war »Anna O.«, die Patientin, die Breuer wegen schwerer psychosomatischer Störungen behandelt hatte.[4] »Anna O.« gilt als der Fall, der die Psychoanalyse begründete.[5]

Fraglich bleibt, ob Sigmund Freud mit dem Gespräch – in dem es vermutlich um einen hysterischen Geburtsvorgang ging[6] – wirklich bis zur Hochzeit gewartet hat. Als begründet kann jedoch angenommen werden, daß Martha Bernays um die Identität der »Anna O.« wußte. Das läßt den Schluß zu, daß sie die Entstehung der Psychoanalyse begleitet hat, ein Aspekt, der bisher kaum beachtet wurde.

Martha Bernays und Bertha Pappenheim stammten aus orthodoxen jüdischen Elternhäusern. Beide wurden früh mit dem Tod naher Angehöriger konfrontiert. Marthas Lieblingsbruder Isaac starb, als

Martha Bernays

sie elf Jahre alt war; sieben Jahre später starb ihr Vater. Bertha verlor ihre Schwestern und mit einundzwanzig Jahren ihren Vater.[7] Die Familie Pappenheim hatte nach dem Tode ihres Versorgers keine Not zu leiden, während Marthas Vater seine Familie unversorgt zurückließ.

Trotz ähnlicher Ausgangsbedingungen unterschieden sich die Lebenswege der beiden »höheren Töchter« des jüdischen Bürgertums erheblich. Während die Wienerin Bertha Pappenheim nach ihrer Gesundung den feministischen Kampf gegen gesellschaftliche Mißstände wie Prostitution und Mädchenhandel führte, den »Jüdische[n] Frauenbund« gründete, unverheiratet und kinderlos blieb und durch ihre sozialen Aktivitäten berühmt wurde,[8] ging die gebürtige Hamburgerin Martha Freud den traditionellen Weg der Ehefrau, Mutter und Hausfrau an der Seite ihres berühmten Ehemannes, ohne für sich einen vom Familienleben unabhängigen Bereich zu beanspruchen.

Martha Bernays stammte aus einer angesehenen Hamburger Familie. Ihr Großvater, Isaac Ben Jacob Bernays, kam 1821 aus dem Raum Mainz nach Hamburg, wo er zum Oberrabbiner der Deutsch-Israelitischen Gemeinde gewählt wurde. Er war einer der ersten deutschen Rabbiner, der neben dem Talmud-Studium eine Universität besucht und Philosophie studiert hatte.[9]

Bernays führte in Hamburg den Titel »Chacham« (Weiser), nach der Tradition der sephardischen Juden, um sich von den orthodoxen, aschkenasischen Rabbinern abzugrenzen. Er reformierte den Gottesdienst und den Unterricht an der Talmud-Tora-Schule, blieb aber dem orthodoxen Judentum verbunden und wurde zum Wegbereiter der Neu-Orthodoxie.[10] Ein Jahr nach seinem Amtsantritt hatte er die 18jährige, in Hannover geborene Sara Lea Berend, Tochter eines Hofagenten, geheiratet, mit der er sieben Kinder hatte. 1826 wurde Berman Bernays, Marthas Vater, geboren.[11] Die Söhne Jacob und Michael Bernays schlugen die akademische Laufbahn ein und wurden zu Professoren ernannt.[12] Jacob Bernays starb 1881 unverheiratet. Sein Vermögen fiel u.a. an Martha Bernays und ihre Geschwister.[13] Wer, wie Marthas Vater, den Risiken einer selbständigen Existenz ausgesetzt war, mußte nicht automatisch Erfolg haben.

Berman Isaac Bernays hatte nach neunjähriger Verlobungszeit[14] 1854 Egla (Emmeline) Philipp geheiratet, Tochter des hamburgischen Kaufmannes Fabian Aron Philipp und seiner Ehefrau Minna, geb. Ruben.[15] Berman Bernays betrieb eine »Leinen-, Stickereien- und Weisswaren-Handlung« in der Straße Alter Wall 2, Ecke Schleusenbrücke in der Hamburger Altstadt.[16] Die Ehe war vielfältigen Belastungen unterworfen. Der Sohn Isaac war 1855 mit einem schweren Hüftleiden geboren worden, drei weitere Kinder starben als Säuglinge.[17]

1860 wurde Marthas Bruder Eli geboren. Im gleichen Jahr gab Berman Bernays den Textilhandel auf und schloß mit der Firma Haasenstein & Vogler in Hamburg einen Vertrag über Annoncen-Geschäfte.[18] Das Büro befand sich in der Fuhlentwiete 128 in der Hamburger Neustadt, die Wohnung in der Straße »b[ei] d[en] Hütten 61«.[19] Hier ist am 26. Juli 1861 Martha Bernays – und vier Jahre später ihre Schwester Minna – geboren worden.

Marthas Geburt muß in eine Phase größter wirtschaftlicher Schwierigkeiten gefallen sein. So konnte die Familie ihre Beiträge an die Deutsch-Israelitische Gemeinde nicht mehr bezahlen. Steuerrückstände bei der jüdischen Gemeinde mögen auch der Grund dafür gewesen sein, daß die Kinder erst Jahre später ins Geburtsregister eingetragen wurden.[20]

Berman Bernays tat vermutlich alles, um aus der Misere herauszukommen, verschärfte sie jedoch noch. Um seine Einkünfte aufzubessern, hatte er begonnen, mit Wertpapieren zu handeln. Zwei äußere Anzeichen lassen auf eine vorübergehende Verbesserung der wirtschaftlichen Verhältnisse im Jahre 1865 schließen: der Umzug in eine Mietwohnung an der Mühlenstraße in der Neustadt, wo auch zwei Dienstboten beschäftigt werden konnten, sowie die Nachentrichtung der ausstehenden Jahressteuerzahlungen an die jüdische Gemeinde.[21]

Louven
Martha Freud –
ein Lebensbild

Die Phase der Prosperität dauerte jedoch nicht lange. Bernays war durch den Wertpapierhandel mehr und mehr in finanzielle Schwierigkeiten geraten und mußte schließlich im Jahre 1867 seine Insolvenz erklären. 1868 wurde er wegen betrügerischen Bankrotts zu einem Jahr Gefängnis verurteilt.[22] Nach seiner Entlassung nahm er das Angebot seiner früheren Firma an, in deren Niederlassung in Wien zu arbeiten, wohin er 1869 mit seiner Familie zog. Martha war zu diesem Zeitpunkt acht Jahre alt. Sie erinnerte sich später an die Tränen ihrer Mutter, die aus Trauer über die bevorstehende Abreise aus Hamburg auf den heißen Küchenherd getropft waren.[23]

In Wien konsolidierte sich die wirtschaftliche Lage der Familie. Berman Bernays konnte seine Tätigkeit bald gegen die vermutlich lukrativere Stellung als Sekretär des Wiener Nationalökonomen, Staatsrechtlers und Universitätsprofessors Lorenz von Stein eintauschen.[24] 1879 erlag Berman Bernays einem Herzschlag. Die Einkünfte des 19jährigen Eli Bernays sowie die finanzielle Unterstützung durch Berman Bernays' Geschwister sicherten der Familie den Lebensunterhalt.[25]

Martha Bernays hatte eine sorgfältige Erziehung genossen,[26] eine »höhere Töchterschule« besucht und sich dort – wie allgemein üblich – mit Geschichte, Geographie, Literatur, fremdsprachlicher Konversation, Handarbeiten, Zeichnen, Gesang und Gesellschaftstanz beschäftigt.[27] Die Erziehung sollte auf die Rolle der Hausfrau bzw. Dame der Gesellschaft vorbereiten. Nicht gefragt war die geistige Partnerin des Mannes.[28]

Die Einschätzung des Freud-Biographen Jones, Martha Freud wäre »*intelligent, ohne daß man sie eine Intellektuelle nennen könnte*«,[29] deutet darauf hin, daß sie nicht über das durch ihre Erziehung geprägte Rollenverhalten hinausgegangen ist.

Nach Abschluß der Ausbildung verbrachten die »höheren Töchter« – auch Martha und Minna Bernays – die Zeit mit Sticken, Lesen, Theater- und Konzertbesuchen sowie dem Besuch von Verwandten und Freundinnen – und sie warteten auf den geeigneten Ehemann.[30]

Für Martha, die als eine Bernays zwar gesellschaftliches Ansehen, aber kein Geld hatte, schien es naheliegend, einen wohlhabenden Mann zu heiraten. So war ihre Familie anfangs alles andere als erfreut darüber, daß der mittellose, medizinische Wissenschaftler Dr. Sigmund Freud, der auch noch die Religion strikt ablehnte, sich für Martha interessierte. An Verehrern mangelte es Martha ohnehin nicht. Ihr gewinnendes Wesen und ihr ansprechendes Äußeres – sie war schlank, ziemlich blaß und eher klein – machte sie für Männer sehr anziehend.[31] Gleichwohl hatte sie nach wenigen Verlobungswochen schon an ihrem Aussehen etwas auszusetzen und dies auch Freud mitgeteilt. Er antwortete »*mit der ihm eigenen Aufrichtigkeit [...]:*

Ich weiß wol, Du bist nicht schön im Sinne der Maler oder Bildhauer [...] Ich meinte, wieviel von dem Zauber Deines Wesens sich in Deinem Gesichtchen und in Deiner Gestalt ausdrückt, wieviel an Dir zu sehen ist, was nur auf das Gute, Edle und Vernünftige in der Seele meines Marthchen zu deuten ist«[32]

Freud bewies bei der Wahl seiner Frau eine solide Orientierung. Er brauchte keine strahlende Schönheit, sondern eine Frau, für die er sorgen konnte,[33] die aber in erster Linie für ihn sorgte. Freud bevorzugte den sanften, weiblichen Typ[34] – und Martha Bernays versprach, seine Erwartungen zu erfüllen.

Jüdische
Frauen

An einem Abend im April 1882 bei der Familie Freud: »... *ein fröhliches junges Mädchen* [Martha], *das am Tisch saß und heiter plaudernd einen Apfel schälte, erregte Freuds Aufmerksamkeit, und zur allgemeinen Überraschung setzte er sich dazu*«.[35] Jener erste Blick hatte Freuds Schicksal besiegelt. Die Verbindung, die so romantisch begonnen hatte, erwies sich jedoch auf den zweiten Blick zunächst als problematisch. Wenn auch Jones betonte, daß die Phasen ungetrübten Glücks während der Verlobungszeit weit überwogen hätten,[36] so war diese Zeit auch durch heftige Meinungsverschiedenheiten gekennzeichnet. Hauptgrund für die lange Verlobungszeit von über vier Jahren (Juni 1882 – September 1886) war die Armut beider Familien. Martha hatte keine Mitgift zu erwarten; Freud fehlte die berufliche Grundlage zur Existenz- und Familiengründung, zumal er noch zum Lebensunterhalt seiner Familie beitrug.[37]

Die Konflikte, die das Paar während der Verlobungszeit austrug, beruhten auf den unterschiedlichen Auffassungen der Verlobten über Freundschaften, Familienverbundenheit und religiöse Fragen, sie wurden ausgelöst durch Freuds Eifersucht, sein Besitzdenken, seinen Ausschließlichkeitsanspruch, seinen Durchsetzungswillen in vielen Fragen, die seine Braut und ihre zukünftige gemeinsame Lebensgestaltung betrafen: Freud brach den Streit vom Zaun und machte klar, daß er der Herr im Haus zu sein beabsichtigte.[38]

Schon während der ersten Verlobungsphase beanspruchte er, in Marthas Leben der Einzige zu sein und beklagte sich noch 1884 rückblickend über die damalige Konkurrenz: »*Ich fand [...] jeden Platz in Dir besetzt, und Du warst spröde und hart, und ich hatte keine Macht über Dich ...*«.[39]

Der 17. Juni 1882 war der Tag, an dem sie sich als heimlich verlobt betrachteten. Zwei Tage später reiste Martha nach Wandsbek ab, um den Sommer bei ihrem Onkel Elias Philipp zu verbringen. Diese Reise war offenbar schon länger geplant und kann nicht als »Entführung« Marthas durch ihre Mutter – um sie von Freud zu trennen – angesehen werden.[40] Die endgültige Übersiedlung nach Wandsbek erfolgte erst ein Jahr später.

Die Verlobten korrespondierten auch über ein heute noch aktuelles Thema: die Frauenemanzipation. Freud stellte klar:

»*Wir dürfen ziemlich einig darin sein, daß das Zusammenhalten des Haushaltes und die Pflege der Kinder einen ganzen Menschen erfordert und fast jeden Erwerb ausschließt, auch dann, wenn vereinfachte Bedingungen [...] der Frau* [viele Arbeiten] *abnehmen [...]. Soll ich mir mein zartes, liebes Mädchen [...] als Konkurrenten denken ...*«.[41]

Freuds Familien- und Frauen-Ideal war konservativ geprägt. Er suchte die treusorgende Ehefrau und bekam sie auch. Darüber hinaus sollte Martha eine Hausverwalterin und Köchin, ein teurer Freund und ein süßes Liebchen sein.[42] Freud registrierte schon während der Verlobungszeit genau, wenn Martha von seinen Vorstellungen abwich. Nachdem sie von einem Ausflug mit Minna berichtet hatte, schrieb er zurück: »*Sieh da Lübeck! Soll man sich das gefallen lassen? Zwei [...] Mädchen [...] reisen! Das ist ja Auflehnung gegen die männliche Prärogative, aber Beginn der Erkenntnis, daß man ohne Mann nicht allein zu sein braucht ...*«.[43] Scherz und Schmerz lagen bei Freud dicht beieinander. Er befand sich offenbar im Zwiespalt der Gefühle; sollte er Marthas Selbständigkeit bewundern oder eher fürchten? Mit gemischten Gefühlen bewertete er auch ihren Briefstil und ihre Urteilsfähigkeit:

»*... du schreibst so treffend und so klug, daß mir ein klein wenig vor dir graut [...]. Da haben wir wieder, wie rasch die Frau den Mann überholt. Nun ich verliere nichts dabei*«.[44]

Bei dieser ängstlich-trotzigen Einstellung ihres Verlobten hatte Martha eine Förderung ihrer Fähigkeiten wohl kaum zu erwarten.

Aber Freud konnte auch zum kopfschüttelnden Moral-Apostel werden:

»*So absolut gutmütig sein [...] ist wirklich keine Tugend mehr. Ich bin nicht prüde und achte Dich nur mehr, daß Du es auch nicht bist, aber wie Du nach allem was mit Elise geschehen ist [...] ihr die Ehre Deines Besuches [...] geben* [konntest]*, geht mir nicht ein*«.[45]

Marthas Freundin Elise hatte ein uneheliches Kind zur Welt gebracht und war damit gesellschaftlich erledigt. Nach Freuds Auffassung wäre es wohl ihre Pflicht gewesen, sich von ihrer Freundin fernzuhalten. Bei Martha stand aber an erster Stelle der Mensch in einer konkreten Situation – dann kam die Konvention. Womit nicht gemeint ist, daß sie unkonventionell gewesen wäre. Sie trat den ihr nahestehenden Menschen jedoch gutmütig und loyal entgegen und versuchte, ihnen gerecht zu werden und – vermutlich als Einfluß ihrer traditionellen Erziehung – auch, es ihnen Recht zu machen.

Mit diesem Wesenszug zog sie sich wiederum den Ärger ihres Verlobten zu, der ihre Haltung, Konflikte zu vermeiden, als Charakterschwäche anprangerte. Möglicherweise wurde Freud erst später klar, daß Marthas »*diplomatisches Geschick*«[46] eine wichtige Voraussetzung für das Zustandekommen wie für den friedlichen Verlauf ihrer Ehe darstellte. Nur weil Martha friedfertig, loyal, verständnisvoll war und sich zurücknahm, konnte Freud das Eheleben nach seinen Bedürfnissen gestalten.

Bereits eine Woche nach der Verlobung, als Martha sich in Wandsbek aufhielt, wurde Freuds Eifersucht geweckt. Er erfuhr nicht nur, daß Marthas Hamburger Vetter, der Komponist Max Mayer, ihr nahegestanden hatte, sondern daß sie von einigen Liedern, die Max komponiert und gesungen hatte, begeistert gewesen war.[47] Einen weiteren Konkurrenten sah er in seinem engen Freund, Fritz Wahle, zu dem Martha ein freundschaftliches Verhältnis pflegte, das sie nicht aufzugeben gedachte. Freud ließ jedoch solange nicht locker, bis sie den Kontakt abbrach.[48] Freud brauchte den Kampf – und den Sieg.

Da er Atheist war und Martha aus orthodoxem Elternhaus stammte, stellte sich der nächste Konflikt bald ein. Marthas Mutter, eine intelligente, gebildete Frau,[49] trug noch den »Scheitel«, die traditionelle Kopfbedeckung jüdischer Frauen.[50] In der Familie Bernays wurden die Speisegesetze und die Sabbatruhe eingehalten sowie die jüdischen Feste begangen.

Martha nahm auf die religiösen Gefühle ihrer Mutter Rücksicht – und teilte sie als gehorsame Tochter vermutlich auch. Darüber ärgerte sich Freud, er warf ihr vor, sie sei »schwach«, weil sie sich ihrer Mutter nicht widersetzte.[51] Als Martha krank war, riet er ihr, gut zu essen, »*wenn nötig heimlich*«,[52] womit er die Umgehung der Speisegesetze meinte. Bereits zwei Wochen nach der Verlobung hatte er ihr prophezeit, »*was für eine Heidin aus Martha noch werden wird*«.[53] So geschah es auch, ganz in seinem Sinne.

Die Hochzeitszeremonie nach jüdischem Ritus kam nur zustande, weil die österreichischen Gesetze dies noch vorschrieben. Am ersten Sabbat nach der Hochzeit verbot Freud seiner Frau, die Sabbat-Kerzen anzuzünden, was sie als besonders schmerzlich empfunden haben soll.[54] Es gab fortan Weihnachtsgeschenke, und Freud schickte seinen Freunden Grüße zum christlichen Neujahrsfest. Ihre Kinder haben nie eine Synagoge besucht noch Religionsunterricht erhalten.[55] Auch die jüdischen Speisegesetze kamen nicht mehr zum Tragen.[56] Erst nach dem Tode Freuds wandte sich Martha Freud wieder der Religion zu.[57]

Der Streitpunkt Religion war während der Verlobungszeit eng mit Freuds Abneigung gegen Marthas Mutter verknüpft. Was ihn an Emmeline Bernays – neben ihrer Religiosität – störte, waren ihre Scheu vor Unannehmlichkeiten und ihr Durchsetzungsvermögen, überhaupt ihre zu »*männliche*« Einstellung und ihr Despotismus in Familienfragen.[58]

Jüdische
Frauen

Nachdem sie nach dem Tode ihres Mannes die Vormundschaft für ihre damals noch unmündigen Kinder übernommen hatte,[59] blieb sie auch nach deren Volljährigkeit das Oberhaupt der Familie. Der innere Motor für Freuds Feindseligkeiten gegen Marthas Mutter dürfte jedoch in engem Zusammenhang mit seinem Ausschließlichkeitsanspruch gestanden haben. Daß Martha ihrer Mutter gegenüber loyal war, paßte Freud nicht. Er verlangte, daß sie sich stets auf seine Seite stellte, bis hin zum Bruch mit ihrer Familie.[60] In diesem Punkt widerstand Martha jedoch ihrem Verlobten und zog hier unweigerlich eine Grenze, an die Freud sich schließlich halten mußte.

Daß Martha unter den schwierigen Verhältnissen in Wien, auch unter den unbefriedigenden Begleitumständen, unter denen sich die Verlobten hatten treffen müssen, litt, hatte Freud schon vermutet und Marthas Blässe und ihre dunklen Schatten unter den Augen als »Angstneurose verlobter Paare« gedeutet.[61] Darüber hinaus dürfte Marthas schlechtes Aussehen Ausdruck ihrer inneren Konflikte gewesen sein, hervorgerufen durch die divergierenden Interessen und Forderungen ihrer Mutter und ihres Verlobten.

Die Übersiedlung nach Wandsbek im Sommer 1883, die Emmeline Bernays durchsetzte, obwohl ihre beiden Töchter in Wien verlobt waren,[62] nahm Freud zum Anlaß, seiner Braut vorzuwerfen, nicht genug dagegen protestiert zu haben. Zudem argwöhnte er, daß für sie der Wille ihrer Mutter maßgeblicher gewesen wäre als sein Bedürfnis, sie in Wien bei sich zu haben.[63] Denn Sigmund Freud brauchte Martha, hatte sie doch ohnehin sein Selbstbewußtsein von Anbeginn an aufgebaut, »*den Glauben an meinen eigenen Wert erhöht und neue Hoffnung und Arbeitskraft mir geschenkt*«[64] und auch längst Freuds beruflichem Werdegang »*Ziel und Richtung*« gegeben.[65] Wenige Monate nach der Verlobung hatte er seine wissenschaftliche Forschungstätigkeit aufgegeben und war Aspirant am Allgemeinen Krankenhaus in Wien geworden, um die erforderlichen Voraussetzungen für seine Niederlassung als Arzt[66] – und Familiengründer – zu erbringen.

Besonders schmerzlich empfand es Freud, daß seine Geldmittel meist nicht dazu ausreichten, Martha in Wandsbek besuchen, geschweige denn, ihr ein Geschenk machen zu können. Erst 1885 konnte er ihr ein silbernes Armband schenken.[67]

Viel besser war dagegen Eli Bernays, Marthas Bruder, gestellt. Er war ein erfolgreicher Geschäftsmann und hatte 1883 Freuds älteste Schwester Anna geheiratet.[68] Wenige Monate vor Freuds Hochzeit löste Eli Bernays die schwerste Krise der Verlobungszeit aus, als Freud herausfand, daß Marthas Geld von ihrem Bruder verwaltet und angelegt worden war.[69] Dieses Verfahren war anläßlich der Erbschaft aus dem Nachlaß von Marthas Onkel Jacob Bernays, aus dem die drei Geschwister insgesamt etwas über 4.000 Mark erhalten hatten, vereinbart worden. Eli hatte die Summe gemeinschaftlich in sogenannten »Loosen«, Anteilen an Kommunalobligationen, angelegt.[70] Möglicherweise war Freud darüber nicht informiert gewesen. Eli gab nun an, die Papiere nicht sofort verkaufen zu können. Freud glaubte ihm nicht, befürchtete das Schlimmste, beschuldigte Eli, den Betrag für sich verbraucht zu haben und befahl Martha, das Geld sofort zurückzuverlangen[71] und mit dem Bruder zu brechen. Martha, die ein Vertrauensverhältnis zu ihrem Bruder hatte, weigerte sich jedoch. Ein Einlenken schien nun von keiner Seite aus mehr möglich, die Hochzeit und die Verbindung insgesamt auf dem Spiel zu stehen. Schließlich setzte Freud sich mit Marthas Bruder auseinander, der daraufhin zahlte. Freud hatte vermutlich auch deshalb so heftig reagiert, weil er Eli Bernays' Lebenswandel mißbilligte[72] und befürchtete, daß sich wiederholen könnte, was dessen Vater widerfahren war: die Insolvenz.

Marthas unerschütterliches Durchhaltevermögen während der langen Verlobungszeit basierte sicherlich auf ihrem tiefen Gefühl, ihrer Liebe und Bewunderung für Sigmund

Freud.⁷³ Zudem wiesen die Verlobten – bei allen anfänglichen Meinungsverschiedenheiten – viele Gemeinsamkeiten auf, die sich aus der Stellung ihrer Familien und aus ihrem Ziel, eine solide bürgerliche Existenz aufzubauen, ergaben.

Darüber hinaus hatte Freud (Frauen-) Faszinierendes zu bieten. So signalisierte er, daß er Marthas Stärke zur Stabilisierung brauchte, aber auch, daß er kämpfen konnte. Freud war schon in der Schule ein »*Oppositionsmann*«,⁷⁴ ein Rebell gewesen. Daß Freud seine Interessen vertreten würde, hatte er seiner Braut in seinen eifersüchtigen Attacken gegen ihre Familie und ihre Freunde gezeigt. Daß er ein »aufgeklärter«, liberaler Protestler war, machte seine kompromißlose Ablehnung der Religion deutlich, die sich auch gegen die orthodoxe jüdische Elterngeneration richtete, Freud war – auch als engagierter Naturwissenschaftler – ein moderner Mann. Ich vermute, Martha Bernays sprachen diese Eigenschaften an. Daß er sie brauchte, rührte an ihre fürsorglichen und mütterlichen Züge, mit seinen Kämpfen dürfte er in mancherlei Hinsicht auch ihre Interessen vertreten sowie ihr das Gefühl gegeben haben, beschützt zu werden. Bei allen Schwierigkeiten der Verlobungszeit hatte Martha doch auch die Erfahrung gemacht, daß sie sich mit ihm arrangieren konnte. Daß Hunde, die bellen, nicht beißen, hatte Freud ohnehin schon für sich selbst erkannt.⁷⁵ Den soliden bürgerlichen Rahmen würde er jedenfalls nicht sprengen, er strebte ihn ja geradezu an.

Auch in der Wahl seiner Braut könnten sich Züge unbewußten Protestes gezeigt haben. Freud, der aus Mähren stammte und Wien nicht mochte und dort später auch wenig Beachtung fand,⁷⁶ heiratete eine ganz unwienerische Frau; eine etwas spröde, strenge, Fremden gegenüber zurückhaltende Hamburgerin, die zeitlebens ihr Hochdeutsch beibehielt, obwohl sie oft nicht verstanden wurde.⁷⁷ Sogar Freud hatte anfangs seine Schwierigkeiten: »*Tut mir leid, Dein Hamburgisch nicht verstanden zu haben*«,⁷⁸ schrieb er ihr eines Tages. Neben ihrer Sprache stärkte Martha Freud das deutsche Element in der Familie durch ihre Pünktlichkeit, Disziplin und emotionale Kontrolliertheit und traf damit vermutlich auf die Zustimmung Freuds.

Der Psychoanalytiker Hans Sachs hatte beobachtet:

» *Weder sie noch ihre Schwester* [Minna] [machten ...] *jemals die leiseste Konzession an den Geist und Lebensstil von Wien; nach einem Aufenthalt von 50 Jahren in Wien sprachen sie das »reinste« Deutsch, für das Hamburg berühmt ist. In Wien hingegen [...] wirkten die beiden Damen [...] als Fremde [...] Das wurde nicht nur durch ihre Sprache betont, sondern [...] durch manche kleine Eigenheiten und Gewohnheiten, so daß der Haushalt [...] exterritorial wirkte, etwa wie eine Insel ...*«.⁷⁹

Freud blieb schließlich der Rebell. Indem er die anfangs angefeindete und umstrittene Psychoanalyse begründete, riskierte er, sich mit der Ärzteschaft und dem Establishment Wiens zu überwerfen und gesellschaftlich geächtet zu werden.

Daß Freuds Lebenswerk, die Psychoanalyse, schließlich seiner Frau fremd blieb, war zwar auch auf deren revolutionäre Inhalte, in erster Linie jedoch auf die traditionelle Trennung zwischen den Arbeits- und Interessengebieten von Mann und Frau zurückzuführen. Martha Freuds Bereich waren die Familienpflichten. Blieb ihr noch Zeit für andere Tätigkeiten, dann widmete sie sich der Literatur und den Handarbeiten.

Am Montag, den 13. September 1886, war es endlich soweit. Sigmund Freud und Martha Bernays heirateten im Rathaus an der Königstraße in Wandsbek. Der Standesbeamte wunderte sich, daß die junge Frau ohne zu zögern mit ihrem neuen Familiennamen unterschrieb.⁸⁰ Das Ende der Verlobungszeit hatte sich bereits abgezeichnet, als Freud nach seinem Pariser Studienaufenthalt in Wien eine Praxis als Nervenarzt eröffnet hatte.⁸¹ Der

Jüdische Frauen

Hochzeitstermin konnte aber erst festgesetzt werden, nachdem Geldgeschenke von Verwandten der Braut sowie großzügige Anleihen und Geschenke reicher Freunde eingetroffen waren.[82]

Seine heftige Abneigung gegen die jüdische Hochzeitszeremonie nützte Sigmund Freud nichts, und Martha Bernays praktizierte zum letzten Mal ihre Religion; das Paar wurde am 14. September 1886 unter der Chuppa, dem traditionellen Hochzeitsbaldachin, vom Wandsbeker Rabbiner Dr. David Hanover getraut[83] – weil die österreichischen Gesetze es so vorschrieben. Marthas Onkel, Elias Philipp, hatte Freud noch in der Nacht vor der Zeremonie die Hochzeitsgebete gelehrt. Die religiöse Trauung fand ganz im Sinne der jüdischen Tradition an einem Dienstag im Hause der Brautmutter in der Hamburger Str. 38 in Wandsbek statt.[84]

Am Hochzeitsessen in Hirschel's Hotel in der Wexstraße in Hamburg nahmen vierzehn Personen teil. Ein Hochzeits-Gedeck kostete 6 Mark 84 und bestand aus: Gemüsesuppe, Pastete, Fischsalat, Rinderfilet, Erbsen und Spargel als Beilagen sowie Gänsebraten und Kompott. Auf den Serviettenringen befand sich das Hochzeitsfoto des Paares.[85]

Nach Beendigung der Hochzeitsreise in Lübeck und Travemünde, traf das Ehepaar am 1. Oktober 1886 in der Wiener Maria-Theresien-Str. 8 ein. Martha war 25, Sigmund Freud 30 Jahre alt. Eine über fünfzigjährige harmonische Ehe begann. Zu Meinungsverschiedenheiten zwischen den Eheleuten kam es kaum. Martha hatte während der Verlobungszeit ihre Lektion gelernt, so daß Sigmund Freuds Bedürfnisse in der Ehe stets Vorrang hatten.[86] Sie erfüllte die Rollenerwartungen nahezu vollkommen, nach denen die Ehefrau den Mann nicht langweilen und lähmen sollte, sondern »*mit Verständnis seiner Interessen und der Wärme des Gefühls für denselben zur Seite stehe*[*n möge*]«.[87] Die verständnisvolle und perfekte Hausfrau und Mutter Martha Freud belästigte ihren Mann nicht unnötig mit ihren Problemen. Sie akzeptierte die traditionelle Rollentrennung und nahm sich – wenn die Bereiche sich einmal berührten, ganz zurück, wie schon Freud nach der Geburt ihres ersten Kindes seiner Schwiegermutter und Schwägerin nach Wandsbek berichtet hatte:

»*Sie war so brav, so tapfer und liebenswürdig die ganze Zeit über. Nicht ein Zeichen von Ungeduld und übler Laune, und wenn sie schreien mußte, entschuldigte sie sich immer vor Arzt und Hebamme [...] Ich habe jetzt dreizehn Monate mit ihr gelebt und immer mehr meine Kühnheit gepriesen, die mich um sie werben ließ [...] habe sie aber noch nie [so] großartig in ihrer Echtheit und Güte gesehen, wie bei diesem schweren Anlaß, der doch keine Verstellung zuläßt*«.[88]

Aus Freud sprachen wieder einmal Bewunderung und (Ehr-)Furcht für die kontrollierte Stärke seiner Frau, die sich in dieser Situation als so »unhysterisch« erwiesen hatte. Er wird sich im weiteren Zusammenleben daran gewöhnen, daß Martha Freud die schnell wachsende Familie quasi lautlos um ihn herum organisierte, so daß er in seiner Arbeit nicht unnötig unterbrochen wurde und zum unumstrittenen Mittelpunkt der Familie werden konnte.

Die ersten zehn Ehejahre waren durch eine schnell wachsende Familie und geringe Einkünfte gekennzeichnet. Neben seiner Arbeit als Nervenarzt, die der Familie die Existenzgrundlage schuf, hatte sich Freud wieder der Forschung zugewandt. Er arbeitete an den »Studien über Hysterie« und begann nach einer wissenschaftlichen Grundlage zu suchen, auf der seelische Konflikte darstellbar gemacht werden konnten.[89] Freud arbeitete oft bis zu 18 Stunden am Tag, so daß auf Martha alle Familienpflichten lasteten. Sie war dafür verantwortlich, daß die Einkäufe erledigt wurden, die Mahlzeiten pünktlich auf den Tisch kamen, wie ihre Tochter Anna später sagte – mit zwanghafter Regelmäßigkeit,[90] sie wies die Dienstboten, die Amme, das Kindermädchen, die Gouvernante an. Sie unterhielt die Gäste – später die Besucher und Kollegen Freuds. Martha Freud führte einen gutbürgerlichen Durchschnittshaushalt.

Sie orientierte sich auch in der Frage der Kinderzahl an der Norm ihrer Zeit. Sie hatte sich nur drei Kinder gewünscht, 1893 waren es bereits fünf.[91] Die Kinder wurden ausnahmslos nach Freuds Freunden und Mentoren bzw. deren Ehefrauen benannt.[92] Über die im Hause des »aufgeklärten« Arztes und Sexualwissenschaftlers Freud praktizierte Empfängnisverhütung ist nichts direkt dokumentiert. Freud, der die neurotisierende Wirkung des Coitus interruptus bei seinen Patienten beiderlei Geschlechts festgestellt hatte,[93] erwähnte – in einem wissenschaftlichen Zusammenhang – seinem Freund Wilhelm Fließ gegenüber die Unpraktibilität von Kondomen.[94]

Nach der Geburt ihrer Tochter Sophie im Jahre 1893 nahm Martha die Sache selbst in die Hand. Sie führte die sicherste Form der Empfängnisverhütung ein: die Abstinenz. Daß das Gefühl »*zunächst ein Jahr kein Kind zu erwarten*«, sie wiederaufleben ließ, registrierte auch Freud.[95]

Marthas zunehmende Belastung durch die Kinder und ihre Krankheiten, Freuds Selbstbezogenheit, die ihren Höhepunkt in seiner Selbstanalyse fand, sein hohes Arbeitspensum, das ihn eigentlich nur zu den Mahlzeiten erscheinen ließ, sowie sein »exotisches« Forschungsgebiet, das (noch) nichts einbrachte, blieb nicht ohne Auswirkungen, die Anfang bis Mitte der 1890er Jahre möglicherweise zu einer gewissen Entfremdung zwischen den Eheleuten führte. Freud berichtete Fließ von Marthas Schreiblähmung, später kamen Magenbeschwerden und Migräneanfälle hinzu,[96] offenbar Symptome ihrer Überlastung. Freud selbst litt unter Brustschmerzen und Herzstörungen, die er aber vor Martha verheimlichte. In jener Zeit hatte sich auch deutlich gezeigt: Martha war nicht seine Vertraute und schon gar nicht seine Gefährtin »*auf seinem langen und einsamen Weg zur Psychoanalyse*«.[97] Hatte Freud mit seiner Frau anfangs noch seine Fälle besprochen,[98] so zeigten sich nun die Grenzen der traditionellen Geschlechterrollen. Nicht, daß Martha intellektuell unfähig gewesen wäre, die Forschungen ihres Mannes zu verstehen, aber als bürgerliche Frau war sie auch streng gegenüber gewissen Abweichungen von der Norm.[99] Zwar hatte sie einen »Rebellen« geheiratet, in erster Linie jedoch einen Arzt. Daß dieser sich nun daran machte, eine Revolution auszulösen, indem er die menschliche Sexualität, quasi »*eine Art Pornographie*«,[100] zur Wissenschaft erhob und über Perversionen, Masturbation, Unlustsubstanz, Lustüberschuß, erogene Zonen[101] arbeitete, um nur einige Begriffe zu nennen, die auch die Grundlage seiner Patientengespräche bildeten, könnte ihr befremdlich erschienen sein und sie in ihrem Entschluß bestärkt haben, sich aus seinem Arbeitsgebiet herauszuhalten und anderen den Bereich zu überlassen.[102] Diese Entscheidung fällen, akzeptieren und offenbar problemlos danach handeln zu können, macht Martha Freuds Beitrag zur Entwicklung der Psychoanalyse deutlich. Sie trat bewußt in den Hintergrund, ohne die Integrität ihrer eigenen Persönlichkeit – oder die der anderen zu verletzen.

Nach der Geburt der Tochter Anna im Jahre 1895, das auch als Geburtsjahr der Psychoanalyse gilt, verbesserten sich die wirtschaftlichen Verhältnisse. Freud konnte nun die Preise diktieren.[103]

Wenige Monate später zog Marthas Schwester, Minna Bernays, zur Familie[104] in die Berggasse 19. Sigmund Freud hatte sich von jeher mit seiner Schwägerin gut verstanden und von Anbeginn der Verlobungszeit auch mit ihr korrespondiert.[105] Minna Bernays war nämlich die Verbündete des Paares gegen die strengen Gesetze der Emmeline Bernays gewesen. Sie war offenbar auch konfliktbereiter als Martha, jedenfalls hatte sie sich mit ihrer Mutter auseinandergesetzt, was Freud seiner Verlobten auch vorgehalten hatte.[106] Daß Minna Bernays in die Berggasse zog, erwies sich für alle Beteiligten als vorteilhaft.

Minna, die nach dem Tod ihres Verlobten unverheiratet geblieben war, bei ihrer Mutter gelebt und als Gouvernante gearbeitet hatte – eine offenbar finanziell bedingte Notlösung – hatte nun eine Perspektive und eine Familie. Martha Freud erhielt durch ihre Schwester Entlastung von den häuslichen Pflichten. Minna half nicht nur bei den Kindern, sie war auch eine gleichrangige Ansprechpartnerin. Darüber hinaus stärkte sie Marthas Position gegenüber Freuds besitzergreifender Mutter und seinen Schwestern, die jeden Sonntag zum Abendessen kamen.[107] Minnas Fähigkeiten wie ihre Belesenheit, ihre Diskussionsfreudigkeit und ihre Epigramme fanden auch bei Gästen und Besuchern Anklang, so daß Martha in ihrer Rolle als Gastgeberin ebenfalls Unterstützung zuteil wurde. Minnas Eigenschaften kamen auch Freud zugute, insbesondere ihr Interesse für sein Arbeitsgebiet. Er schrieb später, daß während seiner einsamen und isolierten Phase nur sein Freund Fließ und seine Schwägerin Minna an ihn geglaubt hätten.[108]

Mit zunehmender Berühmheit Sigmund Freuds, die stets auch von Anfeindungen begleitet gewesen war, entstand das Gerücht – offenbar auch vor dem Hintergrund seines Forschungsgegenstandes –, Freud hätte ein Verhältnis mit seiner Schwägerin Minna, zumal er kurze Reisen mit ihr unternahm.[109] Daß Martha für ihren Mann alles tat, ihn nahezu anbetete,[110] war Ausdruck ihrer tiefen Wertschätzung für ihren Mann, aber Bestandteil der bürgerlichen Familienmoral, die jedoch eine so unkonventionelle Konstellation wie eine (offene) Ehe zu Dritt ausschloß. Martha hätte vermutlich ihre Schwester geopfert, um ihre Ehe zu retten. Minna blieb aber bis an ihr Lebensende ein Mitglied der Familie. Darüber hinaus standen sich die Schwestern sehr nahe.[111] Anzeichen für Eifersucht zwischen ihnen sind in der Literatur nicht dokumentiert. Martha konnte offenbar auch akzeptieren, daß Minna einen leichteren Zugang zu Freuds Arbeitsgebiet hatte.

Und Freud selbst? Er fühlte sich zwar von »männlichen« Frauen angezogen, zu denen Minna wohl gehörte, jedoch eher intellektuell, weniger erotisch.[112] Jones stellte sogar dar, daß Freud »ungewöhnlich monogam« und seiner Frau eine Zeitlang beinahe »hörig« gewesen sei.[113] Anscheinend war er auf die Familienmutter Martha fixiert. Das zeigen seine Briefe, besonders die, die er ihr von seinen Reisen schrieb.[114]

Sigmund Freud liebte seine Familie und hätte ohne sie nicht leben können.[115] Gleichwohl war er ein Vater auf Distanz, von dem seine Kinder nicht viel sahen, ein Vater, der sich in den »Schonpark seiner wichtigen Arbeit« zurückzog.[116] In den Sommerferien nahm er sich Zeit für die Familie, sammelte mit den Kindern Pilze und unternahm Wanderungen mit ihnen. Ehe sich Konflikte aufbauen konnten, war er jedoch schon wieder weg.

Dem fernen Vater stand eine undramatische Mutter gegenüber. Martha Freud versuchte auch in der Kindererziehung Konflikte und Katastrophen kleinzuhalten. Die Kinder empfanden ihr Umgehen mit ihren Bedürfnissen manchmal als rigide.[117] Als ihr Sohn Martin sich auf der Schaukel den Kopf aufgeschlagen hatte, unterbrach sie ihre Näharbeit nur, um dem Kindermädchen Anweisung zu geben, den Arzt zu rufen, ohne Anzeichen von Schrecken – oder Mitleid.[118] Anna Freud beurteilte ihre Mutter als eine Frau, die keine Regeln achtete, sondern nach ihren eigenen lebte,[119] wobei offen bleibt, ob ihr Urteil auch außerhäusliche Angelegenheiten betraf.

Viele Besucher von Martha Freud beeindruckt, wie die Psychoanalytikerin Lou Andreas-Salomé:

»Das habe ich auch an Frau Freud so bewundert, daß sie [...] das Ihrige erfüllt, immer bereit in Entschiedenheit und Hingabe, [...] weit entfernt von überheblicher Einmischung *in des Mannes Aufgaben [...] Durch sie sind sicherlich die sechs Erziehungen sehr psychoanalysenfremd geblieben; doch ist das von Freuds Seite gewiß nicht bloß Gewährenlassen gewesen, sondern [...] etwas gefiel ihm auch daran, sein Hauswesen in dieser Ferne von offenbaren Konfliktsituationen zu wissen; etwas daran gefiel ihm an seiner eigenen Frau, [...] ich bin nachdenklich über diese Dinge, bei denen wir 'frei' und 'familiengebunden' [...] falsch unterscheiden. Erst ein Gran 'Ungesundheit' stört gewöhnlich die [...] Harmonie der Freiheit und Sozialität«.*[120]

Die vielgerühmte harmonische Atmosphäre in der Freud-Familie[121] war darauf zurückzuführen, daß die Eheleute im Alltag ihre Aufgabenbereiche voneinander getrennt hielten. Freud benutzte seine Familie nicht als psychoanalytisches Experimentierfeld. Martha Freud beschränkte sich darauf, die Rahmenbedingungen für seine Arbeit zu schaffen.

Der Beitrag Martha Freuds erscheint dabei wenig spektakulär und quasi selbstverständlich. In ihrer Persönlichkeit lag jedoch ein wichtiger Beitrag für das Gelingen der Ehe – im Sinne von Jones' Einschätzung: »*Sie besaß eine voll entwickelte, ausgeglichene Persönlichkeit, die das höchste Kompliment des Psychoanalytikers verdiente; sie war 'normal'*«.[122] Doch auch in der gut funktionierenden Freud-Familie kam es zu Problemen, zu denen auch Martha Freud beitrug. Sie hatte – auch ein Ausdruck des »Normalen« – ihre Lieblingskinder: Oliver und Sophie. Darauf reagierte besonders die jüngste Tochter Anna mit Protest, die sich als »Kleine« ohnehin oft zurückgesetzt fühlte.[123]

Einen Ausgleich zu ihren Familienpflichten fand Martha Freud in den Reisen, die sie Ende der 1890er Jahre mit Freud allein nach Italien unternahm.[124] Später reiste sie zu ihren verheirateten Kindern nach Berlin und Hamburg oder besuchte Freuds Freunde und Anhänger/innen.[125] Eine gewisse Entschädigung für ihre unermüdliche Arbeit im Dienste des Unternehmens Psychoanalyse fand sie in Freuds zunehmenden Ruhm, den sie ab 1902 als »Frau Professor« genoß.[126]

Freud, der schon als Verlobter Marthas Aufstiegsorientiertheit erkannt hatte, schrieb anläßlich der Feierlichkeiten zu seinem 70. Geburtstag: »*Meine liebe Frau, die im Grunde sehr ehrgeizig ist, hat sich von allem sehr befriedigt gezeigt*«, während er selbst und seine Tochter Anna die Anteilnahme der Öffentlichkeit als lästig und peinlich empfunden hatten.[127]

Die 1920er Jahre waren gekennzeichnet durch familiäre Katastrophen. Die in Hamburg verheiratete Lieblingstochter Sophie Halberstadt starb an Grippe. Martha Freud, die selbst eine langwierige Lungenentzündung durchgemacht hatte, erholte sich nach diesem Schicksalsschlag umso schwerer.[128] 1923 wurde bei Freud Krebs diagnostiziert. Er mußte sich in den folgenden Jahren vielen Operationen unterziehen, litt unter starken Schmerzen und war auch mehr und mehr am Sprechen gehindert.[129] Seine Tochter Anna, die Freud zur Analytikerin ausgebildet hatte, übernahm seine Pflege und überwachte eifersüchtig den direkten Zugang zu ihm, was zu Problemen mit ihrer Mutter führte. Martha Freud hatte ohnehin schon registriert, daß »*in dem einst lieben Kind die Härte zum Vorschein*«[130] gekommen war. Ferner kritisierte sie, die als korrekte Bürgersfrau stets auf eine damenhaft-dezente Erscheinung Wert legte, die Reformkleidung und die Frisur ihrer Tochter.[131] Hintergrund für ihre Kritik an Anna dürfte über den Generationskonflikt hinaus ihre Befürchtung gewesen sein, überflüssig und von der Seite Freuds verdrängt zu werden.

Martha Freud nur als treusorgende Hausfrau und Gattin darzustellen, greift jedoch zu kurz. Ihre selbständige, klar urteilende, durchsetzungsfähige Persönlichkeit, die auch über die Konvention hinausgehen konnte, hat sie schon während ihrer Verlobungszeit gezeigt.

Jüdische
Frauen

Sie ist ihr in der Ehe nicht abhanden gekommen, vielmehr zeigte sie in politisch brisanten Situationen auch Zivilcourage.

Als im Wien der Jahrhundertwende Studenten verhaftet wurden, ermahnte das Kindermädchen Martin Freud, nicht hinzusehen, da die Verhafteten »*Kriminelle*« seien. Martha Freud widersprach dieser Ansicht, meinte vielmehr, daß jemand, der aus politischen Gründen verhaftet werde, sehr wohl ein nobler Charakter sein könne.[132] Martha Freud zeigte sowohl ihr Herz für einen Rebellen als auch eine klare politische Orientierung.

Im März 1938, kurz nach der Annektion Österreichs, drangen Nazi-Schergen in die Wohnung der Familie Freud ein. In dieser prekären Situation bat Martha Freud den vor der Wohnungstür wachestehenden Posten, Platz zu nehmen, da es ihr unangenehm war, in ihrem Haus einen Fremden stehen zu sehen. Dadurch entstand eine Verlegenheit, die sich noch bestärkte, als sie vor den zwei Männern, die das Eßzimmer gestürmt hatten, ihr Haushaltsgeld mit den Worten auslegte: »*Wollen die Herren sich nicht bedienen?*« – so als böte sie ihnen etwas zu essen an.[133] Bei der zweiten Haussuchung überraschte Martha Freud einen SA-Mann beim Plündern ihres Wäscheschrankes. Sie wies ihn, ohne Angst zu zeigen, indigniert zurecht, beschwerte sich – ganz die gute Hausfrau – über sein schockierendes Benehmen im Hause einer Dame und befahl ihm, damit aufzuhören. Der Mann zog sich erschrocken zurück, und Martha Freud räumte ihre Sachen wieder ein.[134]

Wenig später emigrierte die Familie nach London. Freud berichtete von dort: »*Meine Frau ist gesund und siegreich geblieben*«. Er fand ohnehin, daß sie sich von den drei weiblichen Hausgenossen am schnellsten angepaßt hatte, als sei sie 27 und nicht 77 Jahre alt.[135]

Sigmund Freud erlag am 6. September 1939 seinem langjährigen Krebsleiden.

Martha Freud verbrachte die Tage nun meist zurückgezogen auf ihrem Zimmer, las und knüpfte wieder an ihre Jugendzeit an. Sie schrieb Gedichte zu Familienereignissen und den jüdischen Feiertagen, die sie nun wieder beging.[136] Während ihrer Ehe war die Religion von einer stärkeren Macht verdrängt worden. »*Meine Mutter hat an meinen Vater geglaubt, nicht an die Psychoanalyse*«, erinnerte sich Anna Freud.[137]

Martha Freud hat die traditionelle Rolle der Ehefrau stets erfüllt und sie nicht in Frage gestellt. Rückblickend definierte sie ihr Leben an Freuds Seite als ein Privileg, sich in all diesen Jahren um »*unser teures Oberhaupt*« zu kümmern und von »*ihm die Misere des Alltags fernzuhalten*«.[138]

Am 2. November 1951 starb Martha Freud nach längerer Bettlägerigkeit im Alter von neunzig Jahren in ihrem Londoner Haus in 20, Maresfield Gardens. Ihr Tod wurde von der Öffentlichkeit kaum beachtet. Jones widmete ihr einen kurzen Nachruf im Internationalen Journal für Psychoanalyse.[139]

Den Schluß des Lebensbildes der Martha Freud soll eine Episode über die beiden stickenden Schwestern aus Hamburg abrunden: »*Eine Weile herrschte absolute Stille, die dann plötzlich nur durch zwei Worte unterbrochen wurde: meine Großmutter sagte zum Beispiel: Die Pappenheim. Dann nichts, nur weiter Stille, Tante Minna nickte ...*«.[140] Offenbar war Martha Freud über ihre berühmt gewordene Jugendfreundin stets auf dem Laufenden, Bertha Pappenheim, die ihre Religion nicht aufgegeben und Psychoanalytiker nicht mehr in ihrer Nähe geduldet hat.[141]

Anmerkungen

* zitiert nach: Gay, Freud, S. 75.

1 Freud, Brautbriefe, S. 35 f.; Dr. Josef Breuer, Wiener Physiologe und Internist, Freuds enger Freund.

2 Gay, Freud, S. 73.
3 Jones, Freud, Bd. 1, S. 127; sowie Freud, Brautbriefe.
4 Kaplan, Frauenbewegung, S. 80.
5 Gay, Freud, S. 78.
6 Kaplan, Frauenbewegung, S. 82.
7 Ebd., S. 79.
8 Ebd., S. 77ff.
9 Freimark 1983 (2), S. 77.
10 Ebd.
11 STAH Genealogische Sammlungen 1: Bernays.
12 Krohn 1974, S. 118.
13 STAH Vormundschaftsbehörde, Serie III, Nr. 1399.
14 Jones, Freud, Bd. 1, S. 173.
15 STAH Genealogische Sammlungen 1: Bernays.
16 Hamburger Adreßbuch 1856.
17 STAH Genealogische Sammlungen 1: Bernays.
18 Ebd.
19 Hamburger Adreßbuch 1861.
20 STAH Genealogische Sammlungen 1: Bernays.
21 Ebd.
22 Ebd.
23 Jones, Freud, Bd. 1, S. 128.
24 Ebd.
25 Ebd. sowie Hans W. Lange, Genealogische Sammlung Familie Bernays Privatbesitz, S. 41.
26 Jones, Freud, Bd. 1, S. 129.
27 Kaplan, Frauenbewegung, S. 61.
28 Ebd., S. 60.
29 Jones, Freud, Bd. 1, S. 129.
30 Kaplan, Frauenbewegung, S. 61.
31 Jones, Freud, Bd. 1, S. 128.
32 Ebd., S. 129.
33 Young-Bruehl, Anna Freud, S. 29.
34 Jones, Freud, Bd. 3, S. 492.
35 Jones, Freud, Bd. 1, S. 130.
36 Ebd., S. 150.
37 Gay, Freud, S. 48f.
38 Gay, Freud, S. 50.
39 Freud, Brautbriefe, S. 86.
40 Jones, Freud, Bd. 1, S. 136.
41 Freud, Brautbriefe, S. 64.
42 Ebd., S. 80.
43 Ebd., S. 12.
44 Ebd., S. 57.
45 Ebd., S. 106.
46 Jones, Freud, Bd. 1, S. 151.
47 Ebd., S. 138.
48 Ebd., S. 139ff.
49 Ebd., S. 144.
50 Freud, Man and Father, S. 13.
51 Jones, Freud, Bd. 1, S. 145.
52 Freud, Brautbriefe, S. 35. Louven, Martha Freud – ein Lebensbild
53 Jones, Freud, Bd. 1, S. 145.
54 Gay, Freud, S. 68.
55 Ebd., S. 674.
56 Berthelsen, Alltag, S. 96.
57 Young-Bruehl, Anna Freud, S. 59; Jones, Freud, Bd. 1, S. 185.
58 Ebd., S. 145; Young-Bruehl, Anna Freud, S. 32.
59 STAH Vormundschaftsbehörde (wie Anm. 13).
60 Jones, Freud, Bd. 1, S. 153.
61 Ebd., S. 149.
62 Ebd., S. 147ff.
63 Ebd., S. 149; Freud, Brautbriefe, S. 73.
64 Freud, Brautbriefe, S. 11.
65 Ebd., S. 48, 84.
66 Gay, Freud, S. 48.
67 Jones, Freud, Bd. 1, S. 158, 191.
68 Ebd., S. 147.
69 Ebd., S. 179.
70 STAH Vormundschaftsbehörde (wie Anm. 13).
71 Jones, Freud, Bd. 1, S. 167f.
72 Vgl. Young-Bruehl, Anna Freud, S. 31; Eli Bernays hatte mehrere uneheliche Kinder zu unterstützen.
73 Jones, Freud, Bd. 1, S. 136.
74 Freud, Brautbriefe, S. 136.
75 Jones, Freud, Bd. 1, S. 151.
76 Sachs, Freud, S. 17.
77 Ebd., S. 18; Gay, Freud, S. 74.
78 Freud, Brautbriefe, S. 109.
79 Sachs, Freud, S. 18.
80 Jones, Freud, Bd. 1, S. 147.
81 Gay, Freud, S. 67.
82 Jones, Freud, Bd. 1, S. 46; Gay, Freud, S. 67.
83 STAH Jüdische Gemeinden 956.
84 Jones, Freud, Bd. 1, S. 183.; Louven, 1989, S. 99; Adreßbuch Wandsbek 1886.
85 Sigmund-Freud-Gesellschaft Wien; Hochzeitsdokumente.
86 Schur, Freud, S. 137, Anm.
87 Kaplan, Frauenbewegung, S. 60.
88 Freud 1960, S. 215f.
89 Ebd., S. 20.
90 Gay, Freud, S. 74.
91 Freud, Brautbriefe, S. 143.
92 Gay, Freud, S. 73.
93 Freud 1960, S. 82.
94 Gay, Freud, S. 77.
95 Ebd., S. 73.
96 Ebd., S. 102; Young-Bruehl, Anna Freud, S. 99.
97 Gay, Freud, S. 73, 75.

Jüdische
Frauen

98 Jones, Freud, Bd. 1, S. 185f.
99 Gay, Freud, S. 74.
100 Ebd., S. 76.
101 Young-Bruehl, Anna Freud, S. 30.
102 Freud 1960, S. 155.
103 Gay, Freud, S. 92.
104 Young-Bruehl, Anna Freud, S. 29.
105 Freud, Brautbriefe, S. 14.
106 Young-Bruehl, Anna Freud, S. 32; Jones, Freud Bd. 1, S. 146.
107 Young-Bruehl, Anna Freud, S. 32.
108 Gay, Freud, S. 92.
109 Ebd.
110 Sachs, Freud, S. 67.
111 Freud, Die Freuds, S. 6.
112 Jones, Freud, Bd. 3, S. 493.
113 Jones, Freud, Bd. 1, S. 171.
114 Vgl. Freud 1960.
115 Gay, Freud, S. 75.
116 Salber, Anna Freud, S. 13.
117 Young-Bruehl, Anna Freud, S. 38.
118 Freud, Man and Father, S. 38.
119 Young-Bruehl, Anna Freud, S. 38.
120 Freud, Lou Andreas-Salomé, S. 270.
121 Gay, Freud, S. 75; Freud, Die Freuds, S. 4.
122 Jones, Freud, Bd. 1, S. 129.
123 Young-Bruehl, Anna Freud, S. 37f., 42.
124 Ebd. 36.
125 Ebd. 29; Freud 1960; vgl. Freud, Lou Andreas-Salomé.
126 Salber, Anna Freud, S. 16.
127 Freud 1960, S. 365f.
128 Young-Bruehl, Anna Freud, S. 93.
129 Vgl. Schur, Freud.
130 Salber, Anna Freud, S. 39.
131 Ebd. 46; Young-Bruehl, Anna Freud, S. 309.
132 Freud, Man and Father, S. 36.
133 Jones, Freud, Bd. 3, S. 260.
134 Freud, Man and Father, S. 212.
135 Freud 1960, S. 439; Jones, Freud, Bd. 3, S. 275.
136 Jones, Freud, Bd. 1, S. 185; Young-Bruehl, Anna Freud, S. 308.
137 Ebd. 30.
138 Gay, Freud, S. 75.
139 Peters, Anna Freud, S. 286.
140 Freud, Die Freuds, S. 6.
141 Kaplan, Frauenbewegung, S. 86.

Literatur

Berthelsen, Detlef: Alltag bei Familie Freud, Die Erinnerungen der Paula Fichtl. Hamburg 1987

Freud, Martin: Man and Father. New York 1958

Freud, Sigmund: Brautbriefe, Briefe an Martha Bernays aus den Jahren 1882 – 1886, hrsg. von Ernst L. Freud. Frankfurt/Main 1988

Freud, Sigmund: Lou Andreas-Salomé, Briefwechsel, hrsg. von Ernst Pfeiffer. Frankfurt/Main 1966

Freud, Sigmund/Zweig, Arnold: Briefwechsel, hrsg. von Ernst L. Freud. Frankfurt/Main 1968

Freud, Sigmund: Aus den Anfängen der Psychoanalyse, Briefe an Wilhelm Fliess, Abhandlungen und Notizen aus den Jahren 1887 – 1902. Frankfurt/Main 1962

Freud, Sigmund/Pfister, Oskar: Briefe 1909 – 1939, hrsg. Ernst L. Freud und Heinrich Meng. Frankfurt/Main 1963

Freud, W. Ernest: Die Freuds und die Burlinghams in der Berggasse. Persönliche Erinnerungen, in: Sigmund Freud House Bulletin, Vol. 11 Nr. 1, Sommer 1987

Gay, Peter: Freud, Eine Biographie für unsere Zeit. Frankfurt/Main 1989

Jones, Ernest: Das Leben und Werk Sigmund Freuds, Band I, 1960; Band II – III. Stuttgart 1962

Kaplan, Marion A.: Die jüdische Frauenbewegung in Deutschland. Hamburg 1981

Peters, Uwe Henrik: Anna Freud. Ein Leben für das Kind. München 1979

Sachs, Hans: Freud, Meister und Freund. Frankfurt/Berlin/Wien 1982

Salber, Wilhelm: Anna Freud. Reinbek b. Hamburg 1985

Schur, Max: Sigmund Freud. Leben und Sterben. Frankfurt/Main 1982

Young-Bruehl, Elisabeth: Anna Freud. London 1988

Über Margarete Susman: Annäherung an ein »Zentrum ohne Peripherie«*

Charlotte Ueckert

Margarete Susman schrieb viel über andere Menschen, über Schriftsteller, Philosophen, die großen Gestalten der Weltgeschichte und Religion. Sie versuchte, sich intensiv einzufühlen in das Wesen des anderen und war schwer mit sich selbst zufriedenzustellen, wie ihr Sohn Erwin von Bendemann erzählte.[1] Immer wieder arbeitete sie in neuen Ansätzen alles um, was sie bisher geschrieben hatte. Es ging ihr darum, das Zentrum der dargestellten Person zu erfassen, die geistige Notwendigkeit, nach der sich Werk und Handeln vollzog. Sie näherte sich den Menschen nie von außen, sondern von innen. So wie sie selbst nach den Worten ihres Lehrers und Freundes Georg Simmel ein »*Zentrum ohne Peripherie*« war, dessen Existenz nur auf das Wesentliche abzielte.[2]

Heute ist es zunächst nur möglich, sich Margarete Susman von der Peripherie her zu nähern. Es ist schon schwer, überhaupt von ihrer Existenz zu erfahren. Der Anlaß für eine Beschäftigung mit ihr war für mich ihre Erwähnung als einzige Schriftstellerin Hamburgs im »Literarischen Führer durch die Bundesrepublik Deutschland«.[3] Immerhin. Denn nicht einmal Experten über Exilliteratur kennen mehr als ihren Namen. Heute wird sie allenfalls im Zusammenhang mit den Biographien bedeutender Philosophen und Schriftsteller erwähnt, wie eben Georg Simmel, Franz Rosenzweig, Ernst Bloch, Stefan George, Karl Wolfskehl. Bis auf einen Aufsatzband und eine Würdigung Georg Simmels, sind ihre Schriften nicht lieferbar.[4] Allerdings ist ein neuer Band mit Aufsätzen und Briefen in Vorbereitung.[5] Und die Germanisten scheinen sich jetzt zu erinnern, daß Margarete Susmans Werk »*unbedingt zur literarischen Moderne des 20. Jahrhunderts*« gehört.[6]

Abgrenzung von der Bohème

Die Begegnung, der geistige Austausch, das intime, persönliche Gespräch war ihre Domäne. Hier konnte sie ihre Hilfsbereitschaft entfalten, ihre »*mächtige Anziehungskraft auf alle vom Schicksal Geschlagenen*«, die bei ihr Trost suchten.[7] Persönlich beeindruckte sie nach dem Urteil vieler Zeitgenossen offensichtlich mehr als durch ihr eigenes künstlerisches Werk, das ihr zwar frühe Anerkennung brach-

Margarete Susman

Jüdische
Frauen

te, u.a. von Stefan George, aber aus heutiger Sicht doch gelegentlich konventionell wirkt.[8] Vielleicht hat sie die Unzulässigkeit des häufig gestellten Vergleichs mit Else Lasker-Schüler gespürt, als sie in ihrer eigenen Biographie sich vehement davon distanzierte.[9] Dabei bietet sich rein äußerlich ein solcher Vergleich durchaus an: es trennten sie nur wenige Jahre, beide stammten aus einem großbürgerlichen Haus, beide veröffentlichten 1901/1902 ihren ersten Lyrikband in Berliner Verlagen, beide waren Mutter eines Sohnes, wurden von ihren Ehemännern verlassen und fanden 1933 Zuflucht in der Schweiz. Und die phantasievollen Namen, die Ernst Bloch der älteren Freundin gab – »Leilah«, »Räuberbraut« oder »Paribanu«, eine Fee aus dem Morgenland – erinnern doch sehr an den Prinzen Jussuf und andere Alter Egos von Else Lasker-Schüler. Doch scheint Bloch damit auf einen Wesenszug in Margarete Susman hingewiesen zu haben, den sie nicht gelebt hat.[10] Wesensmäßig lassen sich kaum gegensätzlichere Frauen finden. Der Bohèmienstil, das unbürgerliche, nächtliche Caféleben von Else Lasker-Schüler war Margarete Susman zutiefst fremd, sie verkehrte weniger in Künstler- als in Philosophen- und Gelehrtenkreisen, und moralisch, so urteilt ihr Sohn, war sie »*tiefstes 19. Jahrhundert*«. Vielleicht war auch deshalb ihre Lyrik eher traditionellen Themen verhaftet, von einer formal durchgestalteten tiefen Schwermut, der aber die unkonventionelle Farbigkeit Lasker-Schülers fehlt. Auf der Höhe ihrer Zeit und vielleicht weit voraus war Susmans alles durchdringendes geistiges Bewußtsein, das Probleme in aller Schärfe erkannte und analysierte. Die Dichterin wurde zur Denkerin.[11] Die rebellische Unangepaßtheit und Kindlichkeit Else Lasker-Schülers wird es dann sein, die ihr – von den literarischen Werken einmal abgesehen – ein größeres Interesse der Öffentlichkeit sichert. Auch die Frauenbewegung der siebziger und achtziger Jahre, die es sich zur Aufgabe gemacht hatte, geistige Leistungen von Frauen erneut zu würdigen, blickte an einer Frau wie Margarete Susman vorbei, deren Lebensprinzip Vernunft und vornehme Zurückhaltung war.

Kindheit in Hamburg: »Ein leerer Raum ... die tiefer gelegene Alster«

Am 14. Oktober 1872 wurde Margarete Susman in Hamburg geboren. Sie verbrachte ihre frühe Kindheit in Harvestehude, nicht weit von der Alster entfernt, in einer wohlhabenden assimilierten jüdischen Familie. Als fast neunzigjährige, halbblinde Frau schreibt sie in ihren – überwiegend diktierten – Erinnerungen:

»Die seltsame Schönheit meiner Geburtsstadt ist mir immer in Erinnerung geblieben. Ich erinnere mich deutlich der Spaziergänge mit meiner Mutter oder dem Kinderfräulein durch den Harvestehuder Weg: auf der einen Seite die eleganten Villen [...], auf der anderen Seite ein leerer Raum, von dem ich erst kürzlich erfahren habe, daß es die tiefer gelegene Alster war«.[12]

Mit Hamburg verbanden sie erste, einschneidende Erinnerungen, die für ihr Leben bestimmend blieben: die Erfahrung eines leeren Raumes gehört dazu, eines Raumes, der sie von anderen ausschließt, dunkle Vorhänge, die sich vor einem lichterfüllten Sehnsuchtsziel schließen, für Margarete Susman symbolisiert im entzündeten Christbaum, der ihr als Jüdin nicht zusteht.[13]

Gleich zu Beginn ihres Lebens zeichnete sich so der Konflikt ab, der sich bis zu ihrem Tod am 16. Januar 1966 in Zürich hinziehen sollte, der Konflikt, wohin sie denn gehöre, sie die Jüdin, die kurz vor der Taufe, welche die christliche Familie ihres Ehemannes forderte, den Entschluß faßte, auf die strahlende Welt erlöster Christenheit zu verzichten und ihrer Religion treu zu bleiben, obwohl sie gerade zur Figur des Christus eine innige Beziehung entwickelt hatte, wie u.a. später ihre Novelle »Das Kruzifix« verdeutlicht, in der sie dem ungestümen Temperament ihres Freundes Ernst Bloch ein Denkmal setzte.[14]

Ueckert
Über Margarete Susman:
Annäherung an ein
»Zentrum ohne Peripherie«

In ihrem dramatischen Gedicht »Der Sieger«, erschienen 1917 in »Die Liebenden«, weigert sich der Held, ohne seinen gescheiterten, leidenden Bruder die Pforte des Paradieses zu überschreiten. So konnte auch sie sich ihrer Herkunft nicht entziehen.

Wie Erwin von Bendemann, der von ihr selbst im christlichen Glauben erzogene Sohn, schreibt, war ihr das Judentum vor allem eine Bürde, eine »*Last*«, der sie sich aber nicht entziehen wollte.[15] Nicht nur im Hin- und Hergerissensein zwischen zwei Religionen, auch in ihren Gedichten drückt Margarete Susman eine Gespaltenheit aus, eine Suche nach erfüllter Sehnsucht, die immer am anderen Ort imaginiert wird. In einem kleinen, bisher unveröffentlichten Gedicht heißt es:

Rastlose Sehnsucht

Hinüber über den grauen See
Schweift mein unendlich Sehnen
Wo sich, gekrönt mit ew'gem Schnee
Die blauen Berge dehnen

Doch wenn ich auf jenen Bergen wär
Die still herüberblauen
Dann irrte mein Auge wohl sehnsuchtsschwer
Hinab zu den Tälern und Auen.[16]

»Auf gespaltenem Pfad«[17]

Diese Zugehörigkeit zu zwei Seiten, die intensive Beschäftigung sowohl mit dem Judentum als auch mit dem Christentum, ihr Anliegen zur Versöhnung beider, das sie gleich nach dem Zweiten Weltkrieg in ihrem »Buch Hiob« formuliert hat, erschwerte ohne Zweifel eine Rezeption ihrer Werke und das Engagement für sie. Noch vor ihrem Tod hat sie lange überlegt, auf welchem Züricher Friedhof sie begraben werden wollte. Bendemann schreibt, daß der Gedanke an den Jüdischen Friedhof etwas Beklemmendes für sie hatte, wie die Rückkehr in ein Ghetto, dem sie im Leben längst entronnen war. Bei aller Religiosität, die den innersten Kern ihres Wesens bildete, war ihr jede gebundene Frömmigkeit zuwider. Stets hat sie die Befolgung orthodoxer Riten verweigert, und wie Bendemann meint, nur deshalb gezögert, über ihre letzte Ruhestätte eine Entscheidung zu fällen, weil sie das Mißfallen der konservativen Züricher Juden befürchtete. Die Entscheidung überließ sie dann ihrem Sohn, der die Beisetzung in dem sicheren Gefühl, ihrem letzten Wunsch gemäß zu handeln, auf dem interkonfessionellen Friedhof am Zürichberg anordnete. Aber angesichts der »*unerwarteten bitteren Empörung der jüdischen Gemeinde*« änderte er den Bestattungsort im letzten Augenblick.[18] Auf ihren Wunsch fand eine Einäscherung statt, und jüdische und christliche Freunde würdigten sie gemeinsam und verwirklichten so am Grabe ihren Traum vom Weg zu einer Verständigung, die sie immer wieder in ihren Schriften gefordert hatte.

Jüdische
Frauen

Der tragische Zwiespalt ihres Lebens, Jüdin und Deutsche zu sein, der sie an beiden Existenzformen leiden ließ, wurde für sie zum Kennzeichen des Judentums selbst: aus der biblischen Heimat verdrängt, in der es doch verwurzelt bleibt, auch wenn es am Aufbau fremder Kulturen mitwirkt, sie dann so verinnerlicht, daß das Ende dieser Verbindung immer nur mit einer gewaltsamen Operation zu vergleichen ist.[19]

In ihrem »Buch Hiob«, das während der Kriegszeit und kurz danach entstand, versuchte sie – für viele Juden zu früh – die Gründe für die grauenvolle Judenverfolgung zu analysieren und für sich zu verarbeiten. Sie wendet sich mit ihrem Buch gleichermaßen an Juden und Deutsche, die beide in der Gestalt des Hiob vereint werden: der Ankläger, der Gerechtigkeit fordert, und der Selbstgerechte, der nicht nur an sich leidet, sondern der andere leiden macht. Hinter der Hand Satans die Gottes zu erkennen, war der Schlüssel ihrer Sichtweise.

»*Vielleicht ist der tiefste Punkt für die Verfolgung der Juden gerade die Unbedingtheit und Unerfüllbarkeit des Gesetzes. Wir sind die Verfolgten und die Erwählten, wir sind die durch die Botschaft nicht zu irdischem Glanz, sondern zum Leiden Auserwählten*«.[20]

Sie versuchte sogar, christliche Verheißung und jüdische Heilsidee zusammenzudenken: »*Das Verhältnis Christi zu Tod und Leben, Zeit und Ewigkeit, Gut und Böse, Gott und Mensch ist die reine Wahrheit Israels*«, schreibt sie in ihrem »Hiob«.[21] Manfred Schlösser, einer ihrer Biographen, beschreibt, wie sehr sie sich damit buchstäblich zwischen alle Stühle setzte, denn über alle Polaritäten hinweg gab es für Margarete Susman ein einigendes Ganzes.[22] Dabei konnte sie nicht die staatliche Wiedergeburt Israels als Lösung für das Schicksal des Judentums anerkennen, sondern eine geistige Haltung, die imstande ist, Leiden anzunehmen als ein Zeichen der Liebe Gottes, für Susman die Macht in der Geschichte, die alles eint.

Die Problematik des Gespaltenseins empfand sie aber nicht nur in Bezug auf Juden- und Christentum, sondern ebenso schmerzlich im politischen und sozialen Bereich. Als »*religiöse Sozialistin*« hegte sie eine Abneigung gegen eine eindeutige Parteinahme, ohne die andere Seite mitzubedenken. Für sie als dialektische Denkerin war das eine moralische Überbeanspruchung an ein Einzelleben.[23]

Die Kraft der Worte

Die Liebe als eine zentrale Macht im Leben hat sich bei Margarete Susman immer mit dem Wort verbunden, sei es, daß Gott seine Liebe seinem Volk durch sein Wort zusichert, sei es, daß sie selbst das Wesen der Liebe mit Worten zu erfassen sucht – 1912 erschien ihr Buch »Vom Sinn der Liebe« – oder daß es im menschlichen Miteinander um die das weitere Schicksal bestimmenden Worte geht. Ein Wort, eine Richtigstellung ihrer wahren Gefühle, entschied über die Verbindung mit Eduard von Bendemann, ein Wort, offensichtlich ein Mißverständnis, trennte sie von ihrer letzten Liebe, dem Dichter Karl Wolfskehl. Einmal Ausgesprochenes konnte nie wieder rückgängig gemacht werden. »*Ich habe in meiner Jugend nie glauben können, daß ein zu mir gesprochenes Wort nicht wahr sein könnte*«, schreibt sie.[24] Und später, in einem Aufsatz über Karl Wolfskehl, den sie sogar »Das Wort« betitelt: »*Aber man darf auch das Wort nicht als ein Leichtes nehmen. Denn im Wort ist das Leben des Dichters mitbetroffen, ist auch schon nach ihm selbst gefragt*«.[25]

Worte begründen und befestigen Beziehungen, können sie aber auch zerstören. Für einen Wortmenschen gibt es keine stärkere Macht, keine bindendere und bannendere, keine gefährlichere und damit auch in bestimmten Situationen zu meidende. Jeder, der erlebt hat, wie Worte ins eigene Lebenszentrum treffen können, wird die Wirksamkeit bezeugen. Margarete Susman ist dafür ein Beispiel – auch wenn es ihr gelang, im Fall von Wolfskehl eine spätere, wenn auch distanziertere Freundschaft brieflich fortzusetzen.[26]

Diese Wortbesessenheit war es wohl auch, die sie vom Malen zum Dichten brachte. Ihr Vater, der gegen ein wissenschaftliches Studium seiner Tochter war, hatte gegen ihre schöngeistigen Beschäftigungen nichts einzuwenden, gab sogar 1892 Gedichte von ihr in einem Privatdruck heraus. Nach seinem Tod 1894 bestärkte die Verwandtschaft Margarete Susman darin, Malerei zu studieren, zunächst in Düsseldorf, dann ab 1898 in München, wo sie aber vor allem dichtete. In ihrer Pension lernte sie Erwin Kircher kennen, einen jungen Philosophen, der sie zu Vorlesungen mitnahm und als Dichterin ermunterte. Er selbst trug in einem akademischen Verein vor einer größeren Gesellschaft Gedichte von Margarete Susman vor. Die Liebe zu diesem jungen, schon todgeweihten Menschen blieb ebenso ohne Erfüllung wie alle anderen Liebesbeziehungen außer ihrer Ehe. Fast könnte man vermuten, daß die Bedeutung des Sprechens, der Worte, so sinnlich und bestimmend für sie war, daß das Körperliche keine so große Rolle mehr spielte. Was das betraf, so war Margarete Susman ein Kind des 19. Jahrhunderts; von ihrem späteren Verehrer Ernst Bloch als eine Hamburgerin charakterisiert, *»und eine Hamburgerin ist es sich schuldig, nicht durchzubrennen«*.[27] Die Angst vor der Sinnlichkeit, die ihr nahe Freunde entfremdete, wie Bloch und Wolfskehl, oder auch Bernhard Groethuysen, der sich zu ihrem Entsetzen einmal verständnisvoll zu einem im Bekanntenkreis geschehenen Ehebruch äußerte, und damit ein ihre *»eigene Lebensanschauung negierendes Wort«* sprach, diese Angst, diese *»gnostische Abscheu vor Allzukörperlichem und Unsauberem«* wurde ihr durchaus bewußt, als sie sich später mit Sigmund Freuds Ideen auseinandersetzte:

»Die idealistische Wahrheit versank vor einem völlig anderen Wissen, das mir alles, was ich bisher vom Leben gedacht hatte, als eine Art Gnosis enthüllte, Gnosis als jene leidenschaftliche Trennung von Körper und Seele, jene Verwerfung des Körperlichen, die so lange mein Leben beherrscht hatte«.[28]

Aber dennoch blieb das Wissen um die Macht des Körperlichen doch wohl eher Theorie, Gegenpol ihres geistigen Lebens.

Mit Bloch hat sie, während ihr Mann im Ersten Weltkrieg kämpfte, die Nächte durchdiskutiert. Beide hatten sich in Georg Simmels philosophischem Kolloquium kennengelernt und waren seit 1909 durch Freundschaft verbunden. Blochs ungestüme Leidenschaft – er bestand hartnäckig auf einem Besuchsrecht; wenn er für den nächsten Tag abgewiesen wurde, erschien er am übernächsten – scheiterte an ihren strengen Moralbegriffen. Die Eifersucht seiner Frau, die die Nächte ihrer jungen Ehe bis in den frühen Morgen allein verbringen mußte, weil Maragarete und Ernst ihre Gespräche über den »Geist der Utopie« nicht beenden wollten, war letztlich unbegründet. Für Menschen, die von Eifersucht gequält werden, hatte Margarete Susman Verständnis, so wie sie immer Partei für die Schwächeren eingenommen hat. Nur einmal hat sie sich selbst in dieser schwächeren Position befinden müssen, was eine schwere Kränkung für sie bedeutete. Ihr Mann, Eduard von Bendemann, wandte sich in einer Zeit, als die Familie unter den wirtschaftlichen Beschränkungen durch die Inflation leiden mußte, einer anderen Frau zu. Diese Frau, die sich als »Pazifistin« bezeichnete, hatte es nach den Worten Margarete Susmans verstanden, ein Vermögen zu bewahren und Eduard von Bendemann mit Reisen und einem freieren Leben zu locken. Zunächst schmeichelte sie sich durch eine schwärmerische Zuneigung bei Margarete Susman ein, um ihr dann zu eröffnen: *»Wenn ich einen Menschen haben will, gehe ich über Leichen«.* Das Wort, das zur Trennung führt, beschreibt Margarete in ihren Erinnerungen als ein schwarzes Tuch, das sich in diesem Augenblick für sie über die Welt herabsenkte.[29] Ein schwarzes Tuch, das ihren Lebenswillen in den Jahren danach immer wieder schwer belastete und nie mehr ganz wich. Eine eigene Mitschuld war ihr lange nicht bewußt; die wird erst deutlich durch die Schilderung ihres Sohnes, der darauf hinweist, daß Margarete Susman wohl immer Probleme hatte, ihre Rolle als Schriftstellerin und Philosophin mit der einer Ehefrau und Mutter in Einklang zu bringen. Ihre Hochzeitsreise 1906 führte sie nach Florenz – aber durch den Besuch Heinrich Simons, mit dem sie gemeinsam die Schriften des inzwischen verstorbenen Erwin Kirchers herausgeben wollte, wurde das eher ein Arbeitsaufenthalt. Und obwohl alle Welt diese Ehe für harmonisch hielt, zeugen die Briefe zwischen den Eheleuten doch eher von Freundschaft als von Liebe. Der Sohn Erwin ist jedenfalls überzeugt, daß es für seinen Vater nicht leicht war, seine Frau mit der Welt und vor allem der Arbeit zu teilen, die immer an erster Stelle stand. Auch der eigene Sohn, dessen frühreife Fragen sie immer wieder begeisterten und zum Nachdenken anregten, wie die Erinnerungen beweisen, hat eine gewisse Scheu vor ihr empfunden, vor der immer dunkel gekleideten Frau, die bei der Arbeit nie gestört werden durfte. Manchmal beneidete er andere Kinder um ihre *»hausbackenen Mütter«.* Aber auch er profitierte von der metaphorischen Kraft ihrer Worte, die u.a. in einem ihm gewidmeten Märchen »Der Zwerg« ihren Ausdruck fanden.[30]

Sie, die in einem frühen Überschwang dichtete: *»Gebt mir Altäre! Meinem armen Leben!«* und damit der ekstatischen Sprache eines frühen Expressionismus Ausdruck verlieh, beklagte später das strenge, kühle, nüchtern-funktionelle Deutsch der fünfziger Jahre. Für sie wird das expressive, übersteigerte Wort des Dichters eine Möglichkeit zur Demonstration von Kulturtreue innerhalb der deutschen Sprache.[31]

Von der Dichterin zur Denkerin

Viele der Themen, die bis ans Ende ihres Lebens bedeutsam für Margarete Susman blieben, finden sich schon in den frühen Gedichten angedeutet: das Gewicht vom dichterischen Wort, die Unbedingtheit von Liebe (*»Ich bin der Narr der Höhe, / Ich kann ein einzig Mal / Im Leben lieben.«*), die Schwermut (*»In meiner tiefsten Seele liegt ein Tal, / Wohin kein Sonnenstrahl sich je verirrt«*), das Sich-Ausgeschlossen-fühlen (*»Das Leben ist grausam und fremd. / Immer standest Du frierend / Vor seinen Toren.«*), und die Religiosität als Kern ihres Wesens, der sich immer wieder in Gedichten betitelt als »Gebete« äußert.

Die für sie charakteristische Verbindung des Dichterischen mit dem Kontemplativen oder Sinnstiftenden wurde schon in frühen poetischen Essays wie dem folgenden deutlich. Margarete Susman schrieb ihn im Alter von etwa 17 Jahren; er gehört zu den wenigen erhaltenen frühen Texte und ist bisher unveröffentlicht:

»Der seidene Faden
Ich hatte eine festgeschlossene, rote Tulpe vor mir im Glas stehen und wollte sie zeichnen. Sie war nicht von jenem aufdringlichen Feuerrot wie die gewöhnlichen Tulpen; sie hatte eine tiefe, wundervolle Rosenröte mit glänzenden Lichtern und durchsichtig glühenden Schatten. Ich begann zu zeichnen. Da gewahrte ich, wie die Tulpe langsam, unmerklich in dem durchwärmten Raume sich dehnte, gleichsam zu atmen begann und die festgeschlossenen Spitzen voneinander löste. Sie öffnete sich langsam, lautlos; es schien, als

würde sie von einer geheimen, sehnsüchtigen Macht getrieben, ihren Kelch dem Lichte und der Wärme zu erschließen. Ein stilles, willenloses Müssen trieb ihre Blätter zur Entfaltung.

Ich betrachtete die Veränderung einige Minuten aufmerksam und gespannt. Dann bemerkte ich, dass sie mich zu sehr im Zeichnen störte. Ich nahm einen seidenen Faden und schlang ihn um die Tulpe. Sofort gab die Halberschlossene geduldig nach. Kein Blättchen regte sich mehr zur Entfaltung. Sie war gefesselt.

Ich zeichnete weiter. Aber plötzlich ertrug ich es nicht mehr, die schöne Tulpe in der armseligen Knechtschaft dieses dünnen zerreissbaren Fadens zu sehen. Ich riss den Faden durch.

Weit und mächtig öffnete sie den glühenden Kelch. Licht und Wärme strömten in vollen Wogen in ihr Inneres. Kein Wille war in ihr als der grosse, heilige Wille der Natur. Die glänzenden Blätter entrollten sich und wölbten sich in den wundersamsten Formen. Die Freiheit hatte aus der Knospe eine herrliche, vollentfaltete Blume geschaffen.

Aber den seidenen Faden, der nur von Aussen her um sie geschlungen war, hatte sie doch nicht selbst zersprengen können. Dazu hatte all ihre sehnende Überfülle, alles Drängen und Strömen der Natur in ihr nicht Macht genug gehabt.

Und es war doch nur ein seidener Faden gewesen«.[32]

Ueckert
Über Margarete Susman: Annäherung an ein »Zentrum ohne Peripherie«

In diesem Essay über die manipulierte Schönheit in der Vase, deren Entfaltung buchstäblich an einem seidenen Faden hängt, findet sich bereits die komprimierte, gesteigerte Sprache ihrer späteren großen Betrachtungen ausbildet.

Ihre frühen Gedichte, die zu Beginn dieses Jahrhunderts in den Gedichtbänden »Mein Land« und »Neue Gedichte« erschienen, entströmten überwiegend einem spontanen, märchenhaft-expressiven Lebensgefühl. Erst die Begegnung mit dem George-Kreis in München, zeigte Margarete Susman, daß Gedichte nicht nur spontan fließen, sondern zugleich streng gearbeitet sein sollten, und so zog sie eine Neuauflage ihres Bandes zurück, obwohl sich sogar Stefan George anerkennend geäußert hatte. Auch ihm war Margarete Susman aufgefallen, wie überall, wo sie auftauchte: eine schöne, kluge, wenn auch sehr ernste Frau, nach Bloch das vielleicht bedeutendste Gesicht, das er je erblickte, eine »Deborah«, wie Georg Simmel nach dem ersten Eindruck gesagt haben soll.[33]

Zu Stefan George, der Margarete Susman gern in seinem Kreis gesehen hätte, dem sie aber die schwärmerische Anerkennung versagte – ganz im Gegensatz zu ihrer Freundin Gertrud Kantorowicz, die ihr durch das ganze Leben nah und doch fremd blieb, durchaus so etwas wie eine Konkurrentin bei Simmel und bei George – zu Stefan George und seinem elitär-exaltierten Zirkel blieb ein gespaltenes Verhältnis.[34] Sie hatte durchaus Bewunderung für George selbst, der ihr sogar »*schlicht*« vorkam, wenn sie mit ihm allein war, aber in seinem Jüngerkreis erkannte sie einen Zug »*vom Bösen oder Kalten*«.[35]

Gedichte hat Margarete Susman zeit ihres Lebens zwar geschrieben, auch noch bis 1922 veröffentlicht – »Die Lieder von Tod und Erlösung«, inspiriert durch die Liebe zu Bloch, die sie inzwischen, zumindest im Geistigen, zulassen konnte – aber dann doch zugunsten anderer Arbeit zurückgestellt.[36] Erst 1954 erschien wieder eine neue Sammlung: »Aus sich wandelnder Zeit«.

Was war es, was Margarete Susman dazu brachte, vor allem journalistisch und essayistisch zu arbeiten und auf Vortragsreisen zu gehen? Sicherlich ihre Begegnungen mit den Sozialphilosophen, die sie aus ihrer depressiven Jugendverträumtheit rissen und mit der Realität konfrontierten. Die Ernüchterung durch den Krieg und den wirtschaftlichen Zusammenbruch gehörte ebenso dazu. Tief erschütterte sie der gewaltsame Tod von ihrem

Jüdische Frauen

Freund Gustav Landauer und das Ende der von ihr verehrten Rosa Luxemburg. »Inflation« – Auflösung und Zerfall aller bestehenden Werte – wurde für Margarete Susman Inbegriff des Schreckens. Das beschränkte Leben bedrückte und überforderte sie mit Hausarbeit – zu der Zeit mußte sie ein Bauernhaus mit acht Zimmern in der Nähe von Säckingen bewirtschaften –, der Zerfall der Ehe führte zu einem Zusammenbruch, gleichzeitig drohte das Gespenst des Nazismus. In dieser Zeit setzte sie ihre geistige Kraft vor allem als Rezensentin von Büchern und Autorin von Zeitschriftenaufsätzen zu aktuellen Geistesströmungen der Zeit ein, z.B. für die Romantheorie von Georg Lukács.[37] Sie beschäftigte sich mit Dostojewski, Goethe, Freud und Gandhi, und pflegte tiefe Freundschaften mit Martin Buber, Franz Rosenzweig und Leo Baeck, die in ihrer Korrespondenz dokumentiert sind.[38] Außerdem wurde ihr zunehmend die Frauenproblematik bewußt. Schon gleich nach dem 1. Weltkrieg erschien im Dezember 1918 ein Aufsatz über »Die Revolution und die Frau«, und von da an war es ihr Anliegen, Fragen nach der besonderen Stellung der Frau innerhalb der gesellschaftlichen Wandlungen zu bearbeiten. Besonders ihre intensive Beschäftigung mit den »Frauen der Romantik« – so ein Buchtitel von ihr aus dem Jahr 1929, der 1960 neu aufgelegt wurde – sensibilisierte sie für die Problematik eines Befreiungskampfes, die vom Einzelschicksal ausgehend »*immer mächtiger zu einem Weltschicksal*« aufstieg.[39] Es ist verwunderlich, daß der Teil der feministischen Bewegung, der sich auf das Mutterrecht beruft, Margarete Susman noch nicht entdeckt hat. Denn diese sieht hinter der Frau ihre »*reale Schicksalsgestalt*«, die »*als Mutter über Mann und Weib stehende Verwalterin des grossen Kreislaufs von Geburt, Tod und Auferstehung – Dienerin und Priesterin am Unsterblichkeitsmysterium des ständig sich erneuernden Lebens*«.

Dennoch verkennt Susman nicht, daß es sich dabei auch und vor allem um eine männliche Projektion handelt. Das Liebes- und Eheschicksal der Frau in der modernen Welt ist für Margarete Susman zerstört durch die Trennung zwischen Eros und Sexus. Und der Frau mutet sie zu, hier zu vermitteln: »*Sie muss ihr Herz, sie muss sich selbst umwenden, um sich dem Manne ihrer Welt zuzuwenden, ihn zu verstehen, ihm zu helfen, ihn zu lieben. So ist ihr auferlegt, die Wandlung des Eros zu vollziehn*«.[39]

Sie muß die Erlösungsbotschaft an den Mann richten, in einer »*fraglosen, nichts erwartenden Hingabe an den Namenlosen, Kranken, an den Bettler um Leben, der der Mann heute ist*«. Margarete Susman wußte aber, wie schwer es ist, um der Liebe willen den eigenen Traum aufzugeben und erkannte, daß die Schwere dieser Aufgabe für die Mehrzahl der Frauen nur Zerrüttung ihres persönlichen Daseins bedeutete. Immerhin wies sie einen Weg aus dem drohenden Chaos:

»*Darum muss sie* [die Frau] *den Mann nicht nur erkennen, verstehen und lieben – sie muss, um seines Lebens inne zu werden, wirklich Mann werden […] sie muss mit ihrem ganzen Dasein in sein fremde und furchtbare Welt eintauchen, sein Problem in sich hineinnehmen, seine Entwicklung begreifen, seine Angst in sich selbst durchleben*«.

Margarete Susman hat erkannt, daß sie den Frauen und sich selbst damit einiges zumutete. Die Frau in ihren neuen Rechten und Pflichten, Freiheiten und Verantwortungen nach den Wirren des Krieges ist »*von nun an ausgesetzt […] Das Dach ist ihr über dem Kopf fortgezogen*«. In diesem Bild der Schutzlosigkeit symbolisierte sie ihr eigenes zukünftiges Schicksal. Frankfurt und Berlin wurden Wohnsitze in dieser »*heimatlosen*« Zeit. Kurz vor der Machtergreifung Hitlers sah sie auf ihren Reisen durch Deutschland auch ihre Geburtsstadt Hamburg wieder, die sie als eine »*der schönsten Städte Deutschlands*« bezeichnete, auch das große, ehemalige Elternhaus in Harvestehude.[40] Über die Niederlande, wo sie Groethuysen noch einmal traf, emigrierte sie in der Silvesternacht 1933/34 endgültig in die Schweiz, nach Zürich, wohin sie schon im Sommer 1933 gezogen war.[41]

Ueckert
Über Margarete Susman:
Annäherung an ein
»Zentrum ohne Peripherie«

Emigration in die Heimat

Zürich war schon in ihrer Jugend ein Ort, der ihr mehr als Hamburg zur Heimat geworden ist. Als Margarete Susman elf Jahre alt war, zog sie mit ihrem Vater, Mutter und der älteren Schwester von Hamburg nach Zürich, wo sie ihre ganze Schulzeit verbrachte. Hier erlebte sie intensivste Glücksmomente, vor allem beim Schwimmen im Zürichsee, den sie in ganzer Breite durchmessen konnte. Es mit dem »leere[n] Raum« der Kindheit aufgenommen zu haben, legte wohl den Grundstock für erste überschwengliche Gedichte.[42]

Aber zu große Hingabe an die Schönheit versetzte ihr zugleich Schuldgefühle, sie zitiert das Talmudwort: »*Wer den Regenbogen nur um seiner Schönheit willen und nicht um der Offenbarung des göttlichen Gesetzes willen bewundert, der ist des Todes schuldig*«.[43] Die Begegnung mit liebevollen Lehrern wurde für sie und ihr Vertrauen in Menschen entscheidend, auch wenn diese sie schon auf den ihr innewohnenden Konflikt aufmerksam machten. Ein Lehrer warnte sie vor allzu großer intellektueller und künstlerischer Selbständigkeit und mahnte, in erster Linie eine gute Frau und Mutter zu werden.[44]

Einbruch in die für sie harmonische Kinderzeit in Zürich waren erste Begegnungen mit Tod und Krankheit: eine Kinderleiche erschrak sie in der Schule, die Mutter wurde gemütskrank, der Vater starb, als sie zwanzig war. 1894 verließen die Frauen der Susman-Familie Zürich und zogen nach Hannover. Aber als junge Ehefrau, die nach den Studienjahren und Stationen in Düsseldorf, München und Berlin in Frankfurt ansässig geworden war, folgte sie ihrem Mann 1912 nach Rüschlikon an den vertrauten Zürichsee. Die Schweiz blieb ihr Domizil, bis nach dem Ersten Weltkrieg ihr Mann und sie wieder nach Frankfurt gingen, später nach Säckingen. Nach den schweren Zwanziger Jahren, in denen Margarete Susman unter anderem allein in Frankfurt, bei ihrer Schwester in Berlin oder bei Freunden lebte, emigrierte sie aus dem politisch bedrohlich gewordenen Nazi-Deutschland »*zurück in die Heimat*«, wie sie sich ausdrückte.[45] Und obwohl zeitweise eine unwirtliche Stätte, blieb Zürich ihr Wohnort für das letzte Lebensdrittel von 1933 bis zu ihrem Tod im Jahr 1966.

Über das Emigrantenleben in der Schweiz liegen viele, für das Land nicht schmeichelhafte Berichte vor. Else Lasker-Schüler verbrachte die ersten Nächte auf Parkbänken und mußte behördliche Kämpfe ausfechten, bis man sie »*duldete*«.[46] Ein genaues und erschütterndes Bild über die Lebensumstände der Emigranten in der Schweiz gibt Klaus Mann in seinem 1939 in Amsterdam erschienenen Exilroman »Der Vulkan«.

Auch Margarete Susman, obwohl doch schon auf eine insgesamt fast 25jährige Lebenszeit in der Schweiz zurückblickend, wurde als Deutsche gezwungen, sich laufend zu melden und um eine Aufenthaltsgenehmigung zu bitten, im Krieg sogar monatlich. »*Heimatlos, geschieden*« stand auf ihrer »Toleranzbescheinigung«, Worte, die sie tief betroffen gemacht haben müssen. Leonard Ragaz, dessen politisch-religiösem Kreis sie sich anschloß, tröstete sie mit der Kraft von Worten: »*Das hat man von den Heiligen auch gesagt*«.[47]

Dieser Schweizer Pfarrer, einer der ersten in einer Anzahl protestantischer Theologen, die mit Margarete Susman befreundet waren und die sich um Verständnis und Akzeptanz des Judentums für Christen einsetzten, gewann sie als Mitarbeiterin für seine Monatsschrift

»Neue Wege«. Nachdem sie anfänglich noch publizieren und Vorträge halten durfte, vor allem im Israelitischen Gemeindebund und im Schweizerischen Schriftstellerverein, trifft sie aufgrund ihres sozialistischen Engagements 1939 ein Schreib- und Publikationsverbot.[48]

Kurz vor dem Krieg hoffte sie noch, ihre Schwester und die Freundin Gertrud Kantorowicz zu sich nach Zürich holen zu können, aber die Flucht aus dem Deutschen Reich scheiterte, die Gruppe wurde an der Grenze festgenommen. Margaretes Schwester nahm sich das Leben, Gertrud starb später im KZ Theresienstadt. All das brachte Margarete Susman die eigene Bedrohung vor Augen, der sie nur durch glückliche Umstände entgangen war, zugleich natürlich auch die alle Davongekommenen und Geretteten bedrückende Frage des Warum.

Hiob und Goethe

Nach dem Ende des Zweiten Weltkrieges versuchte Margarete Susman das unfaßliche Grauen der Judenvernichtung zu begreifen, dessen Ausmaß erst dann deutlich wurde. Trotz Krankheit arbeitete sie an ihrem »Buch Hiob«. Inzwischen war sie über siebzig, viele ihrer engsten Freunde schon verstorben, sie selbst immer wieder entmutigt vor den Forderungen des Lebens. Unzählige Male fiel sie Treppen hinunter oder zu Boden und war sich bewußt, in diesem »Fallen« eine Todesbereitschaft zu erkennen: »*die ganze Schuld an allen Stürzen trug also mein Verhältnis zur Erde, auf der ich nie ganz beheimatet war*«.[49]

Unfälle und Krankenhausaufenthalte belasteten ihr Leben. Aber sie mußte aushalten. Zur Zeit der »Hiob«-Niederschrift hatte sie noch zwanzig Jahre des Wirkens vor sich, Begegnungen mit vielen Menschen, darunter jungen Dichtern wie Paul Celan und dem Israeli Elazar Benyoetz aus Tel Aviv, die sie beide bewunderte, ebenso wie Ingeborg Bachmann, die sie zwar nicht persönlich kannte, aber deren Undinengestalt sie sich tief verwandt fühlte.[50] Im Unterschied zu vielen alten Menschen setzte sie sich bewußt der Auseinandersetzung mit dem Tod aus, nicht nur in ihrem »Hiob-Buch«, auch in ihren anschließenden Arbeiten, die sie Goethe widmete.

Hermann Levin Goldschmidt schreibt dazu:

»*Widersprach nicht diese Beschäftigung mit einem Deutschen dem auf den letzten Seiten des vorangegangenen Werkes* ['Das Buch Hiob'] *geforderten Abstand von den deutschen Dingen? Gab es für die zu einer führenden Sprecherin des Judentums gewordenen Deuterin Hiobs keinen brennenderen Gegenstand?*«[51]

Wann hätte sich Margarete Susman je vorschreiben lassen, womit sie sich beschäftigen sollte? Goldschmidt sieht die Rechtfertigung in dem Goethe-Buch selbst. In ihm hat Margarete Susman noch einmal ein anderes, sie brennend beschäftigendes Thema aufgenommen, das vom »Sinn der Liebe«. An diesen Buchtitel von 1912 muß man denken, wenn man ihr Buch »Deutung einer großen Liebe« liest, das 1951 erschien. Im zwiespältigen Verhältnis Goethes zu Charlotte von Stein verbündete sich Margarete mit der geliebten, aber auch verlassenen, dennoch bis ans Ende ihres Lebens in seiner Nähe lebenden und – das weist sie überzeugend nach – auch noch von ihm geliebten Frau. So setzt sie die Liebe weiterhin über jedes Todesgrauen. In einem sehr interessanten Aufsatz für ihr Buch »Gestalten und Kreise« verfolgt sie Goethes Verhältnis zum Tod, das vor allem von Abwehr geprägt war. Den Tod ihm nahestehender Menschen wollte er nicht zur Kenntnis nehmen. Dies interpretiert Margarete Susman als konsequente Erkenntnis der Fülle eigener Welt bis hin zur Unsterblichkeit.[52]

So hat auch sie ihren Erinnerungen den Titel gegeben: »Ich habe viele Leben gelebt«. Und sie erzählt darin von ihrer Antwort in einem Gespräch mit ihrer Schwester, die einmal klagte, daß sie genug vom Leben habe:

»*Ich möchte wieder und wieder leben, ich möchte noch tausendmal wiederkehren«.*[53]

Nicht weil es leicht ist, das Leben, sondern weil es eine Aufgabe ist. Ihr selbst war ein stilles und hochgeehrtes Alter vergönnt. 1959 verlieh ihr die Freie Universität Berlin die Ehrendoktorwürde der Philosophie, zu ihrem 90sten Geburtstag erschien eine Festschrift.[54] Allerdings erschwerte eine fortschreitende Erblindung ihr die Arbeit an den Memoiren, und sie litt an der tiefen Schwermut, dem immer über ihren Leben hängenden *»schwarzen Tuch«*, von ihr selbst als ein »*Gefühl der Schuld«* empfunden, »*Schuld in dem besonderen Sinn, daß das Leben nicht so gelebt und geleistet worden ist, wie es uns aufgegeben ist«*.[55] Wieder einmal beweist Margarete Susman mit diesen Worten, wie sehr sie Freud verstanden hat, wie sehr sie selbst immer bemüht war, den Verdrängungen zu entgehen.

Aber um heute nicht ganz vergessen zu werden, müßte sie doch noch einmal wiederkehren!

Hamburg hat sie zwar als Mitglied der 1950 gegründeten Freien Akademie der Künste geehrt, sich aber außer einigen Würdigungen nach ihrem Tod nicht weiter um ihr Werk bemüht.[56]

Anmerkungen

* Diese Arbeit entstand im Rahmen des Projektes »Literarische Kultur in Hamburg« am Literaturwissenschaftlichen Seminar der Universität Hamburg.

1 Gespräch der Verf. mit Erwin von Bendemann in London am 3.1.1990.
2 Vgl. Bendemann, Margarete Susman, S. 22.
3 Oberhauser, Literarischer Führer, S. 320.
4 Ausführliche Bibliographie in: Schlösser 1964 (1), S. 383 – 395.
5 Nordmann, Das Nah- und Fernsein.
6 Mattenklott, in: FAZ v. 15. 3. 91.
7 Bendemann 1964, S. 28.
8 Landmann, Figuren um Stefan George, S. 34.
9 Susman, Ich habe, S. 48, 154, 155.
10 Ebd., S. 88.
11 Goldschmidt 1966, S. 26.
12 Susman, Ich habe, S. 14.
13 Ebd., S. 17.
14 Susman, Das Kruzifix, u. Gespräch mit E. Bendemann am 3. 1. 1990.
15 Bendemann 1964, S. 26, 27.
16 Handschr. MS (Bendemann).
17 Titel ihrer Festschrift, hg. v. M. Schlösser; Gedicht »Gespaltener Pfad« in: Aus sich wandelnder Zeit, S. 111.
18 Bendemann, Margarete Susman, S. 13, 14.
19 Vgl. Lüth 1967, S. 268, u. Susman, Franz Rosenzweig, S. 305.
20 Susman, Die Brücke zwischen Judentum und Christentum, S. 25.
21 Susman, Das Buch Hiob, S. 114.
22 Siehe Schlösser 1964 (2), S. 55, 56.
23 Susman, Ich habe, S. 143.
24 Ebd., S. 22.
25 Susman, Das Wort, S. 357.
26 Siehe Ruben 1972, S. 20 – 72.
27 Zit. nach Bendemann, Margarete Susman, S. 16.
28 Susman, Ich habe, S. 77, 128.
29 Ebd., S. 111.
30 Bendemann 1964, S. 22f.
31 Susman, Das Wort, S. 357.
32 Susman, Der seidene Faden, o. J.
33 Zit. nach Bendemann, Margarete Susman, S. 22.
34 Landmann, Figuren um Stefan George, S. 34f.
35 Susman, Ich habe, S. 84.
36 Ebd., S. 88.
37 Susman, Theorie (zu Georg Lukács), in: Frankfurter Zeitung v. 16. 8. 1921.
38 Zur Korrespondenz: 114 Briefe von Susman an Martin Buber im Archiv der Universität Jerusalem, zwei Briefe von Rosenzweig an Susman ebenfalls dort, einer im Erinnerungsbuch »Ich

habe ..«. 1964, drei veröffentlicht in der Festschrift Schlösser 1964 (1). Briefwechsel mit Leo Baeck im Leo Baeck Institut New York; s. auch Anm. 2.
39 Susman, Wandlungen der Frau, S. 160 – 177. Alle folgenden Zitate beziehen sich auf diesen 1933 zuerst in Der Neuen Rundschau veröffentlichten Aufsatz.
40 Susman, Ich habe, S. 15.
41 Ebd., S. 137, 140.
42 Ebd., S. 19.
43 Ebd., S. 25.
44 Ebd., S. 23.
45 Ebd., S. 140.
46 Siehe Klüsener, Else Lasker-Schüler, S. 110.
47 Susman, Ich habe, S. 143.
48 Bendemann, Margarete Susman, S. 42, 43.
49 Susman, Ich habe, S. 165, 166.
50 Ebd., S. 25, 26.
51 Goldschmidt 1964, S. 48.
52 Susman, Goethes Verhältnis, S. 37.
53 Susman, Ich habe, S. 111.
54 Schlösser 1964 (1).
55 Susman, Ich habe, S. 183.
56 Siehe in: Spiralen, Jahrb. Freie Akademie der Künste Hamburg, 1965, S. 430-431; Goldschmidt 1966, S. 24 – 28, 369; Lüth 1967.

Literatur

Bendemann, Erwin von: Margarete Susman im Licht ihrer Korrespondenz. Unveröff. Ms. o. J., 68 S. (Orig. im Literaturarchiv Marbach)
Klüsener, Erika: Else Lasker-Schüler in Selbstzeugnissen und Dokumenten. Reinbek b. Hamburg 1980
Lamm, Hans (Hg.): Vergangene Tage. Jüdische Kultur in München. München 1982
Landmann, Michael: Figuren um Stefan George. Zehn Porträts. Amsterdam 1982
Mann, Klaus: Der Vulkan. Amsterdam 1939
Mattenklott, Gerd: (Bericht über das Dritte Bad Homburger Kolloquium). In: Frankfurter Allgemeine Zeitung vom 15. 3. 1991
Nordmann, Ingrid (Hg.): »Das Nah- und Fernsein des Fremden«. Margarete Susman: Essays und Briefe. Frankfurt/Main 1991 (in Vorbereitung)
Oberhauser, Fred / Oberhauser, Gabriele: Literarischer Führer durch Deutschland. Frankfurt/Main 1983
Spiralen. Jahrbuch. Freie Akademie der Künste in Hamburg. 1965, S. 430 – 431 (dort Anmerkungen über Susman)
Susman, Margarete: Aus sich wandelnder Zeit. Gedichte. Zürich 1953
Dies.: Das Buch Hiob und das Schicksal des jüdischen Volkes. Zürich 1946. 2. Aufl. 1948
Dies.: Die Brücke zwischen Judentum und Christentum. In: Vom Geheimnis der Freiheit. Gesammelte Aufsätze 1914 – 1964, hg. v. Manfred Schlösser. Darmstadt/Zürich 1965, S. 15 – 26
Dies.: Deutung einer großen Liebe. Goethe und Charlotte von Stein. Zürich – Stuttgart 1951
Dies.: Franz Rosenzweig. In: Gestalten und Kreise. Zürich 1954, S. 287 – 311
Dies.: Frauen der Romantik. Jena 1929. 2. Aufl. 1930, 3. Aufl. Köln 1960
Dies.: Gestalten und Kreise. Zürich 1954
Dies.: Goethes Verhältnis zum Tod. In: Gestalten und Kreise, S. 24 – 37
Dies.: Ich habe viele Leben gelebt. Erinnerungen. 2. Aufl. Stuttgart 1964.
Dies.: Das Kruzifix. Novelle. Freiburg 1922
Dies.: Die Liebenden. Drei dramatische Gedichte: Der Sieger, Die Liebenden, Der Betrüger. Leipzig 1917
Dies.: Lieder von Tod und Erlösung. Gedichte. München 1922
Dies.: Mein Land. Gedichte. Berlin/Leipzig 1901
Dies.: Neue Gedichte. München/Leipzig 1907
Dies.: Der seidene Faden. Maschschr. MS o. J. (Orig. im Besitz Erwin v. Bendemann)
Dies.: Die Theorie des Romans. (Zu Georg Lukács) Frankfurter Zeitung v. 17. 6. 1921
Dies.: Vom Geheimnis der Freiheit. Darmstadt/Zürich 1965
Dies.: Vom Sinn der Liebe. Jena 1912
Dies.: Wandlungen der Frau. In: Gestalten und Kreise, 160 – 177
Dies.: Das Wort. In: Lamm, H. (Hg.): Vergangene Tage. München 1982, S. 352 – 357
Ausführliche Bibliographie zu Margarete Susman in: Schlösser 1964 (1), S. 383 – 395.

Aus den »Erinnerungen« 1874

Emma Isler

Emma Isler, geb. am 3. November 1816 als Tochter des Kaufmanns Berend Meyer in Dessau, zog mit ihrer Familie 1834 nach Hamburg, wo sie 1839 den Stadtbibliothekar Dr. Meyer Isler heiratete. 1850 war sie eine der Gründerinnen der Hamburger »Frauenhochschule«, die erste dieser Art in Deutschland. Sie starb 1886.

»In den ersten Jahren unserer Ehe hatten wir vorwiegend gesellige Verbindungen mit der älteren Generation, als sich aber eine ganze Reihe junger Studirter, Bekannte meines Mannes, verheiratheten, bildete sich mit den jungen Paaren ein intimer Umgang, der ein eigenthümliches Gepräge trug. Die Frauen waren meist Töchter von Kaufleuten, die, als sie anfingen, die Interessen ihrer Männer zu theilen, ein Gefühl bekamen, wie wenn sie Bergluft athmeten, wie wenn sie zu einer Höhe getragen wären, von der der Ausblick auf das Leben unendlich freier und weiter geworden sei. Die Meisten waren aus wohlhabenden Verhältnissen in beschränktere getreten und fühlten sich doch unendlich bereichert. So waren sie denn nicht nur stolz auf ihre Männer, sondern hatten persönlich den ehrlichsten Gelehrtendünkel, der lächerlich gewesen wäre, wenn er nicht das Schöne gehabt hätte, daß er sie Entbehrungen wohl als Unbequemlichkeiten, aber niemals als Demüthigungen empfinden ließ. Die jungen Bekannten, deren Männer Kaufleute waren, beklagten sich oft bitter über den lästigen Hochmuth. [...] Frau Johanna Goldschmidt hatte einen Roman geschrieben, der die gedrückte Stellung der Juden schilderte. Frau Westendarp, eine Tochter von H.C. Meyer hatte ihn gelesen und der Verfasserin geschrieben, eine persönliche Begegnung folgte und sie traten in freundschaftlichen Verkehr, in dem die Idee auftauchte, einen Verein zu bilden, um eine gesellige Verbindung zwischen Christinnen und Jüdinnen anzubahnen, die in Hamburg in schroffster Trennung lebten. Die Männer kamen geschäftlich in Berührung, von den Frauen hieß es, sie seien es, die eine gesellige Annäherung unmöglich machten. Frau Goldschmidt warb auch mich zu diesem Verein und so traf ich in ihrem Hause mit einer Anzahl Frauen beider Confessionen zusammen. Der Zufall wollte, daß die Mehrzahl der Jüdinnen blond, die Mehrzahl der Christinnen dunkel waren. Natürlich konnte zwischen ganz Fremden von einer Geselligkeit im eigentlichen Sinne keine Rede sein, aber man kam alle 14 Tage zusammen, einzelne Vorträge bildeten den Mittelpunkt [...] Den Frauen, statt der weitverbreiteten ästhetischen Halbbildung durch Unterricht eine stärkende Disciplin des Verstandes zu geben, scheint mir noch heute für ihre und künftiger Generationen geistige und körperliche Gesundheit von höchster Wichtigkeit.« (s. Randt 1986)

Emma Isler

Kunst – Kultur – Wissenschaft

Ein von Moses Mendelssohn gespendeter Toravorhang in der Altonaer Synagoge

Hermann Simon

Zu Moses Mendelssohns 200. Geburtstag, im Jahre 1929,[1] zeigten die Preußische Staatsbibliothek und die Berliner Jüdische Gemeinde gemeinsam eine große Ausstellung in den Räumen der Staatsbibliothek. Über die Eröffnung der Exposition, die zu diesem Zeitpunkt *»ihrem Ausmaß und ihrer Vollständigkeit nach wohl die größte jemals gezeigte jüdische Spezialausstellung«*[2] war, berichtete die jüdische und nicht-jüdische Presse ausführlich.

»M. O.«, das war sicher der bekannte Kunstkritiker Max Osborn, schrieb in der Vossischen Zeitung: »*Über dem Ganzen schwebt eine Atmosphäre vornehmer, gütiger Menschlichkeit, edlen Forschertums. Der Staatsbibliothek und ihren Helfern von der Jüdischen Gemeinde: dem Bibliothekar Dr. Stern und dem Direktor der Kunstsammlungen Dr. Schwarz, gebührt aufrichtiger Dank«.*[3]

Es ist interessant, daß Osborn den seit Oktober 1927 an der Kunstsammlung beschäftigten Kunsthistoriker Karl Schwarz als »*Direktor*« bezeichnet. Die Leitung der Sammlung übernahm er erst im Jahre 1930; mit der Eröffnung des Berliner Jüdischen Museums, am 24. Januar 1933, wurde Schwarz Direktor.[4] Seine Verdienste um die Mendelssohn-Ausstellung sind in der Tat beachtlich, wie wir aus einer ungedruckten Quelle erfahren. In einem Brief von Bibliotheksrat Dr. Paul Wahl – er war verantwortlich für die Dessauer Moses Mendelssohn-Ausstellung – an den Dresdner Mendelssohn-Verein ist zu lesen: »*Ich möchte noch bemerken, daß Herr Dr. Schwarz die Seele der vorzüglich gewordenen großen Berliner Mendelssohn-Ausstellung gewesen ist«.*[5]

Zu beiden genannten Ausstellungen erschienen Kataloge.[6] Der für die damaligen Verhältnisse umfangreiche Katalog der Berliner Ausstellung läßt ihre Bedeutung noch heute erahnen. Unter der die Nummern 77 – 88 umfassenden Rubrik »*Mendelssohn-Reliquien*« fiel mir schon vor vielen Jahren die Nummer 85 auf: »*Toravorhang, gestiftet von Moses Mendelssohn 1775*«; als Leihgeber ist die »*Hochdeutsche Israeliten-Gemeinde, Altona*« angegeben.[7]

Leider sind dem Katalog – sehen wir vom Frontispiz, der Tassaertschen Büste Mendelssohns, ab – keine Abbildungen beigegeben. So schien es nicht mehr feststellbar, wie der Vorhang ausgesehen hat.

Durch Zufall gelangte ich in den Besitz eines Fotos des von Mendelssohn gestifteten Vorhangs: Die Kunsthistorikerin Dr. Irm-

Moses Mendelssohn

Kunst
Kultur
Wissenschaft

gard Schüler, die nach 1933 als Jüdin ihre Stelle am Aachener Suermondt-Museum verloren hatte und von Ende 1934 bis zum November 1938 als Mitarbeiterin des Berliner Jüdischen Museums sowie als Bibliothekarin der Berliner Jüdischen Gemeinde ein neues Wirkungsfeld fand,[8] hatte das Foto mit wenigen anderen in die Emigration nach Palästina mitgenommen. Es trägt keinen Provenienzhinweis, lediglich auf der Rückseite den handschriftlichen Vermerk »*Toravorhang gestiftet von Moses Mendelssohn*« sowie die Fotonummer (?) 4125. Das Foto, das mir Irmgard Schüler während eines Besuches im Januar 1987 in Jerusalem schenkte, dürfte die einzige erhaltene Abbildung des 1929 ausgestellten Vorhangs sein. Wir besitzen allerdings eine ausführliche Beschreibung des Stücks von Martin Cohen, auf die mich freundlicherweise Peter Freimark aufmerksam gemacht hat.[9] Wir lassen Cohen, dem wir auch eine »*mit Charme und Humor vorgetragene*«[10] Schilderung des jüdischen Hamburg im »Israelitischen Familienblatt« vom 20. November 1930 verdanken, ausführlich zu Wort kommen:

»*In der Altonaer Synagoge befindet sich ein Thora-Vorhang aus weißer Seide, reich mit Ornamenten in Gold und bunten Farben gestickt, mit der Aufschrift 'Von Moses Mendelssohn und seiner Frau im Jahre 1775 gestiftet'. Die hebräische Jahreszahl wird durch das Wort 'Kohelet' wiedergegeben, woraus zu schließen ist, daß der Vorhang zum Sukkothfest gestiftet resp. für die Benutzung an diesem Feste bestimmt war. Zu bemerken ist, daß während die vordere Inschrift des Vorhangs die Jahreszahl 1774 resp. 1775 ergibt und sowohl Mendelssohn wie seine Frau als Stifter genannt werden, eine auf der Rückseite befindliche, schlecht leserliche Tintenschrift die 'Witwe R. Mosches' als Spenderin bezeichnet. Dieser Widerspruch erklärt sich durch folgende Tatsache: In einem Inventarbuch der Hochdeutschen Israeliten-Gemeinde in Altona aus dem Jahre 1805 findet sich auf Seite 8 folgende Eintragung: 'Nr. 30. Von den Erben R. Mosche Dessau's s. A. durch den Vorsteher Itzig Schiff erhielten wir ihn (den Vorhang) als Geschenk zur Benutzung in der hiesigen großen Synagoge. Zu dem Vorhang gehört eine Falle (Kaporet) und ein Mäntelchen.'*

Diese Eintragung läßt vermuten«, so schreibt Martin Cohen weiter, »*daß der Vorhang ursprünglich nicht für die Altonaer Synagoge angefertigt wurde, sondern seit 1775 im Besitz der Familie gewesen war. Als die Witwe Mendelssohns nach Hamburg zog, kam dann auf Veranlassung des Vorstehers Schiff der Vorhang in die Hauptsynagoge von Hamburg-Altona, eben in die Große Synagoge zu Altona. Für diese Annahme spricht eine spätere Eintragung in demselben Buch, wo bemerkt ist, daß der Vorhang 'bedeutend verbreitert werden muß'. Es scheint also, daß der Vorhang für eine andere Synagoge derzeit angefertigt worden war, deren Thoraschrank kleiner war als der in Altona. Man hatte in früheren Zeiten den Gebrauch, aus dem Stoff des Brautkleides Thoravorhänge herzustellen. Die weiße Farbe des Vorhanges spricht für die Annahme, daß er aus dem Brautkleid Fromet Gugenheims hergestellt worden ist*«.[11]

Wir können davon ausgehen, daß der Vorhang heute nicht mehr existiert. Peter Freimark teilte mir dazu mit, daß das Stück »*in Hamburg offensichtlich nicht nachgewiesen werden kann. Sowohl die Jüdische Gemeinde Hamburg, wie auch das Altonaer Museum, das Museum für Hamburgische Geschichte und das Museum für Kunst und Gewerbe, haben mir mitgeteilt, daß sich der Toravorhang nicht in den dortigen Sammlungen befindet*«.[12] Eine Anfrage beim Museum für Völkerkunde erbrachte ebenfalls einen negativen Bescheid. Umso glücklicher sind wir, durch einen Zufall wenigstens ein Foto zu besitzen, das meinem Beitrag beigegeben ist. Auf eine kunsthistorische Beschreibung des Stückes soll in diesem Zusammenhang verzichtet werden. Wir wollen uns vielmehr auf die Inschriften konzentrieren.

Kunst
Kultur
Wissenschaft

Der hebräische Text lautet in deutscher Übersetzung folgendermaßen:
Auf dem Querbehang (Kaporet) neben der Darstellung von Tempelgeräten:

Zwei (Bundes)tafeln

| der goldene Leuchter | der goldene Altar | Schaubrot | kupfernes Waschbecken |

Auf dem Vorhang (Parochet):

Krone
der Tora

Das ist eine Spende	und seiner Ehefrau
des gelehrten R. Moses, sein Fels und	Frau Fromet, sie
Erlöser möge ihn schützen	möge leben
Sohn des Rabbiners R.	Tochter
Menachem Mendel s.A.	unseres Lehrers R. Abraham s.A.
aus Dessau	Gugenheim

535
nach der kleinen Zeitrechnung

Aus der Inschrift geht eindeutig hervor, daß es sich um eine Spende des Ehepaares Mendelssohn handelt. Leider informiert uns der Text nicht, ob es einen konkreten Anlaß für das Geschenk gab, was durchaus den Üblichkeiten entsprach. Auch wissen wir nicht, wem der Vorhang zugeeignet war.

Das Jahr 535 wird durch das hebräische Wort »Kohelet« wiedergegeben, worauf Cohen eingegangen ist. Das biblische Buch Kohelet wird am Sabbat der Sukkot-Zwischenfeiertage gelesen. Dieser Sabbat fiel im Jahre 535 auf den 19. Tischri, den 24. September 1774. Somit könnte der Vorhang exakt datiert werden, worauf Cohen jedoch nicht hinweist. Was er allerdings nicht wissen konnte, ist die Tatsache, daß es zumindest in Berlin – und hier ist der Vorhang aller Wahrscheinlichkeit nach entstanden – üblich war, das Jahr 535 durch »Kohelet« wiederzugeben. Mehrfach treffen wir die Jahresangabe in dieser Form im Protokollbuch der Berliner Jüdischen Gemeinde (1723 – 1854), einer der wichtigsten Quellen für die Geschichte der 1671 gegründeten Gemeinde.[13]

Aus diesem Grunde ist eine genaue Datierung des Vorhangs doch nicht möglich. Das jüdische Jahr 535 umfaßte den Zeitraum vom 6. September 1774 bis zum 24. September 1775. In dieser Zeit, und zwar am 23. August 1775,[14] wurde Mendelssohns Tochter Henriette geboren. Ob aus diesem Anlaß der Vorhang gestiftet wurde?

Cohens Darlegungen enthalten einen Widerspruch: Warum ist eigentlich zu vermuten, der Vorhang sei »*seit 1775 im Besitz der Familie gewesen*«?[15] Irgendwem muß doch das Geschenk zugedacht gewesen sein. Ist der Vorhang vielleicht nie verschenkt worden? Wenn nicht, aus welchen Gründen?

Eine Klärung der Probleme scheint augenblicklich nicht möglich zu sein, und es ist wohl auch zweifelhaft, ob diese Fragen jemals beantwortet werden können.

Mendelssohn betete vermutlich mitunter in der 1714 eingeweihten Berliner Synagoge in der Heidereutergasse. Soweit wir wissen, hat er diesem Gotteshaus den Vorhang nicht geschenkt.[16]

Wir kennen zwar nicht die exakte Größe des Parochet, aber dem Foto nach zu urteilen, war er für den Toraschrein der Alten Synagoge auch nicht groß genug. Sicher war er kleiner als jener Vorhang, den Daniel Itzig der Alten Synagoge am Rosch Chodesch Ijjar 5524 (2./

3. Mai 1764) zum Geschenk gemacht hatte.[17] Da dieses Stück im Jahre 1988 wiederentdeckt und ausgestellt worden ist, kennen wir seine Größe: Die Breite beträgt 175 und die Höhe 265 cm.[18]

In seinem Buch über die Berliner Privatsynagogen behandelt Sinasohn ausführlich das Berliner Bet Hamidrasch, das sich seit 1746 im ersten Stock eines Wohnhauses befand, das der Alten Synagoge vorgelagert war.[19] Er erwähnt »*die kleine bescheidene Synagoge*«[20] und teilt mit, daß 1768 das Institut 109 Mitglieder zählte. »*Zu diesen gehörte u. a. Moses Mendelssohn*«.[21] Es ist nun nicht ausgeschlossen, daß der Vorhang von Mendelssohn und seiner Frau für das Berliner Bet Hamidrasch bestimmt gewesen ist, wenngleich er in dem von Moritz Stern edierten Vereinsbuch nicht verzeichnet ist.[22] Auf jeden Fall war der Vorhang nach Mendelssohns Tod (4. Januar 1786) im Besitz von Fromet oder wurde ihr Eigentum.

Sie nimmt übrigens nicht sogleich, wie so häufig angenommen, nach dem Tod ihres Mannes Wohnsitz in Hamburg, sondern wohnt zunächst zwölf Jahre in Neustrelitz, und zwar von Ende 1787 bis 1800.[23] Ihr Neustrelitzer Haus geht, wie uns Silberstein aus Akten wissen läßt, »*Trinitatis 1800*«[24] in neuen Besitz über. Spätestens zu diesem Zeitpunkt, am 8. Juni 1800, hat Fromet Neustrelitz in Richtung Hamburg verlassen. Im Jahre 1805 erhielt die Altonaer Synagoge den Vorhang zum Geschenk, wie die oben zitierte Eintragung im Inventarbuch der Hochdeutschen Israeliten-Gemeinde in Altona zeigt.

Mendelssohns Ehefrau Fromet starb am 5. März 1812 in Hamburg und wurde am 8. März in Altona beigesetzt.[25]

Anmerkungen

1 Mendelssohns Geburtsjahr (1728 oder 1729) ist im Zusammenhang mit der Weihe eines neuen Grabsteins durch die Ostberliner Jüdische Gemeinde am 23.5.1990 erneut diskutiert worden. Schon Leiser Landshuth, der die Grabinschriften des im Jahre 1672 angelegten ersten Friedhofs der Berliner Jüdischen Gemeinde im vorigen Jahrhundert aufgenommen hatte, vermerkte: »Geburtsdatum 1729 ist in neuester Zeit (i.e. 1878) stark angezweifelt worden« (CAHJP Jerusalem, P17/677, lfd. Nr. 649). Vgl. auch Knobloch 1990, S. 15. Knobloch wurde von Eva J. Engel auf das umstrittene Geburtsdatum, »die alte Neuigkeit«, wie er schreibt, hingewiesen, vgl. Engel 1991, S. 151 - 157. Wir glauben Rabbiner Ernst M. Stein zustimmen zu können, der zur Steinweihe für Mendelssohn im Mai 1990 erklärte: »Das Jahr seiner Geburt ist heute umstritten; es ist möglich, daß es tatsächlich schon ein Jahr früher war. Man entschied sich jedoch, der bisherigen Tradition zu folgen. Auch bin ich sicher, daß Rabbenu Mosche diesen Punkt als nicht wichtig angesehen hätte« (Nachrichtenblatt des Verbandes der Jüdischen Gemeinden in der Deutschen Demokratischen Republik, September 1990, S. 19).

2 Gemeindeblatt der Jüdischen Gemeinde zu Berlin 19 (Oktober 1929), S. 519.

3 Vossische Zeitung 16. September 1929, Abendausgabe, S. 3.

4 Simon, Das Berliner Jüdische Museum, S. 13.

5 Paul Wahl an Rechtsanwalt Dr. Wienskowitz vom Mendelssohn-Verein e.V. zu Dresden am 11.10.1929, Landeshauptarchiv Sachsen Anhalt, Außenstelle Oranienbaum, Staatsministerium Dessau 3 Nr. 2461, Bl. 308.

6 Führer durch die Moses Mendelssohn Gedächtnis-Ausstellung, Dessau 1929. Moses Mendelssohn-Ausstellung, Preußische Staatsbibliothek und Jüdische Gemeinde Berlin. Nach Angaben von Joseph Stern (Moritz Stern, S. 5, Fußnote) sind Moritz Stern und Karl Schwarz die Bearbeiter des Kataloges. Eine zweite, um zwanzig Seiten erweiterte Ausgabe, die Hermann M. Z. Meyer verzeichnet (Moses Mendelssohn Bibliographie, Berlin 1965, S. 5, Nr. 25), war mir nicht zugänglich.

7 Moses Mendelsohn-Ausstellung, S. 67.

8 Vgl. Simon, Das Berliner Jüdische Museum, S. 47.

9 Brief vom 19. Januar 1988.

10 Stein 1984, S. 7.

11 Cohen 1929/1930, S. 126.

Kunst
Kultur
Wissenschaft

12 Brief vom 6. Oktober 1987.
13 Protokollbuch der Jüdischen Gemeinde Berlin (1723 – 1854) ed. Josef Meisl, Jerusalem 1962, Nr. 284 (S. 296) und Nr. 285 (S. 297).
14 Angabe nach: Die Mendelssohns in Berlin (beigegebener Stammbaum).
15 Cohen 1929/1930, S. 126.
16 Moritz Stern verzeichnet den Vorhang in den Beilagen zu seinem Manuskript »Geschichte der Alten Synagoge« nicht (CAHJP Jerusalem P 17/545). Herrn Dr. Aryeh Segall danke ich herzlich für seine Auskunft.
17 Protokollbuch der Jüdischen Gemeinde Berlin (wie Anm. 13) Nr. 221 (S. 216).
18 Vgl. Simon 1988, S. 19ff.
19 Vgl. Sinasohn, Berliner Privatsynagogen, S. 13ff.
20 Ebd., S. 14.
21 Ebd.
22 Stern, Berliner Beth Hamidrasch. Die Spenden und Stiftungen hat Stern chronologisch verzeichnet (S. 18f.).
23 Silberstein 1931, S. 124.
24 Ebd., S. 127.
25 Angaben nach Silberstein 1931, S. 123; zu Fromet Mendelssohn, geb. Gugenheim, siehe auch den Beitrag von Eva J. Engel in diesem Band.

Literatur

Die Mendelssohns in Berlin. Eine Familie und ihre Stadt. Ausstellung des Mendelssohn-Archivs der Staatsbibliothek Preußischer Kulturbesitz Berlin. Berlin 1983

Moses Mendelssohn-Ausstellung. Preußische Staatbibliothek u. Jüdische Gemeinde Berlin. o.O.u.J. (Berlin 1929)

Moses Mendelssohn Gedächtnis-Ausstellung. Führer durch die...; hg. von Grote/Wahl. Dessau 1929

Simon, Hermann: Das Berliner Jüdische Museum in der Oranienburger Straße – Geschichte einer zerstörten Kulturstätte. 2. erw. Aufl. Berlin 1988

Sinasohn, Max: Die Berliner Privatsynagogen und ihre Rabbiner 1671 – 1971. Jerusalem 1971

Stern, Joseph: Moritz Stern. Bibliographie seiner Schriften und Aufsätze. Jerusalem 1939

Stern, Moritz: Das Vereinsbuch des Berliner Beth Hamidrasch 1743 - 1783. Berlin 1933

Sprachverhalten und Assimilation der portugiesischen Juden in Hamburg

Michael Studemund–Halévy

Auf eine Umfrage, die der spanische Senator Angel Fernandez Pulido[1] kurz vor dem Ersten Weltkrieg bei den sephardischen Gemeinden in der Welt machte, antworten ihm die Hamburger »Portugiesen« Dr. David Benezra[2] und J. [Isaac] Cassuto:[3]

»Die Gemeinde wurde hauptsächlich von portugiesischen Kaufleuten gegründet und trägt daher den Namen 'Portugiesisch–Jüdische Gemeinde'. Mit gutem Grund aber hätte sie sich wie ihre Londoner Schwestergemeinde 'Spanisch–Portugiesisch–Jüdische Gemeinde' nennen sollen, denn nicht wenige ihrer Gründungsmitglieder stammen ursprünglich von spanischen Juden ab, auch wenn sie portugiesisch sprachen [...] Bis zum Anfang des 19. Jahrhunderts wurde in der Gemeinde portugiesisch gesprochen, bis es allmählich durch die Landessprache ersetzt wurde, in diesem Fall durch die deutsche Sprache. Dennoch aber hatte sich bei ihnen die Erinnerung an Spanien gehalten, dessen Sprache fast so heilig war wie das Hebräische. So sah die alte Schulordnung vor, daß die Schüler in der Schule lernen mußten, den Pentateuch und die Propheten ins Ladino zu übersetzen, das heißt in ein altertümliches Spanisch. Bis vor kurzem haben jene, deren Hebräischkenntnisse unzureichend waren, Gebetsbücher in Ladino benutzt, und auch an hohen Feiertagen las der Hazan die ersten Worte der Gebete in Spanisch. Heute gibt es in Hamburg noch 80 bis 100 spanisch–portugiesische Juden [...] Keine Zeitschrift wird in dieser Sprache gedruckt. Wir haben keine besondere Schule in dieser Stadt. Und in den Schulen wird das Judenspanische nicht unterrichtet [...] Die einzige erwähnenswerte Buchhandlung ist die von A. Goldschmidt in den Kohlhöfen«.[4]

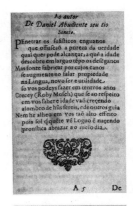

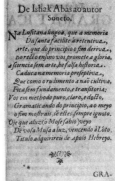

Zwei Sonette aus:
M.G. Abudiente, Grammatica Hebraica. Hamburg 1633

Eine detaillierte linguistische Analyse der von den portugiesisch–spanischen Juden in Hamburg und Norddeutschland gesprochenen bzw. geschriebenen Sprachen (Portugiesisch, Spanisch, Ladino) ist noch immer ein dringendes Desiderat.[5] Eine Analyse dieser Sprachen würde Auskunft darüber geben, aus welchen linguistischen (Portugiesen, Spanier) oder sozio–kulturellen Gruppen (Marranos, Conversos, Christen) sich die Hamburger Portugiesen zusammensetzten. Sie könnte auch die Frage beantworten, wie sehr die Sprache der Portugiesen auf der Iberischen Halbinsel durch die systematische Ersetzung hebräischer bzw. portugiesisch–jüdischer Ausdrücke durch christli-

Kunst
Kultur
Wissenschaft

che Termini de–judaisiert wurde. Ferner wären Rückschlüsse möglich, inwieweit ihre Sprache in den ersten Jahrzehnten in Westeuropa durch den Kontakt mit den Marrano–Gemeinden in Amsterdam, Livorno oder London re–judaisiert wurde, d.h. christliche Elemente durch jüdische ersetzt wurden.[6]

Vor der Analyse einer »jüdischen« Sprache muß zuerst aber die Frage nach dem jüdischen Hintergrund der Neuchristen gestellt werden.

Wie jüdisch waren die Neuchristen bzw. Marranen?

Das größte Problem für die Parnassim und Chachamim der portugiesischen Gemeinden Beth Israel in Hamburg,[7] Talmud Tora in Amsterdam,[8] Nefusoth Yehudah in Bayonne,[9] Saharé Rahamim in Bordeaux[10] oder Sahar Asasmaim in London[11] in der ersten Hälfte des 17. Jahrhunderts bestand darin, die Marranen (ptg. marranos),[12] Neuchristen (ptg. cristãos novos)[13] und Altchristen (ptg. cristãos velhos)[14] in ein Judentum zu integrieren, von dem sie seit mehreren Generationen entfremdet waren oder dem sie vielleicht niemals angehört hatten. Verlangt wurde von den Mitgliedern der jüdischen Diaspora in Westeuropa eine ethnische und religiöse Neuorientierung, an der nicht nur Individuen und Familien, sondern auch ganze Gemeinden zu zerbrechen drohten. Dieser Rückkehr in das Judentum standen soziale und sprachliche Hindernisse entgegen:

Viele der aus Portugal und Spanien[15] emigrierten Neuchristen bzw. Marranen, die sich seit Generationen dem Judentum entfremdet hatten und eine indifferente und nicht selten feindselige Einstellung zum Judentum an den Tag legten, hatten als Neuchristen in Spanien und Portugal in den Hochadel und in die politische und wirtschaftliche Oberschicht eingeheiratet, zu der sie sich auch im Laufe der Zeit zugehörig fühlten. So berichtet Isaac Orobio de Castro:

»*Was soll ich von Spanien und Portugal sagen, wo die meisten Prinzen und Adligen und Bürger von abgefallenen Juden stammen, was in dem Lande so bekannt ist, daß keiner daran zweifelt. Alle Klöster der Mönche und Nonnen sind voller Juden. Sehr viele Geistliche, Inquisiteure und Bischöfe stammen von Juden ab und viele sind im Herzen Juden, aber wegen des zeitlichen Gewinnes Christen. Manche bekommen plötzlich Gewissensbisse und flüchten*«.[16]

Aus welchen Gründen auch immer die ersten Sephardim die Iberische Halbinsel verließen, um sich in Westeuropa niederzulassen: ihre Kenntnisse des Hebräischen und der hebräischen Liturgie müssen so mangelhaft gewesen sein,[17] daß sie in den Augen der Christen und Juden Atheisten waren, die nur äußerlich dem jüdischen Ritus folgten, und nach Auffassung orthodoxer Rabbiner keine zwangsgetauften Juden (hebr. anusim), sondern Apostaten (hebr. meshummadim) waren. Festzuhalten verdient, daß von den 1497 in Portugal zwangskonvertierten Juden nur wenige das Land verließen, um als Juden frei leben zu können. Sie zogen es vor, sich in der christlichen Gesellschaft zu assimilieren oder als Marranos in den entlegenen Regionen Nordportugals Zuflucht vor der Inquisition zu suchen. Die Mehrzahl der Neuchristen emigrierte Ende des 16. Jahrhunderts aus Portugal und Spanien nicht nach Nordafrika oder ins Osmanische Reich, wo sie offen als Juden hätten leben können, sondern ließ sich in Westeuropa nieder, wo sie – zumindest in den ersten Jahren – öffentlich als Christen leben mußten. Hierin waren diese vielleicht die ersten wirklich modernen Juden, die scharf zwischen ihrem privaten (religiösen) und öffentlichen (weltlichen) Leben unterschieden.

Nach neueren Untersuchungen kann es heute als sicher gelten, daß nicht wenige der von der Inquisition Verfolgten keine Juden waren, sondern erst durch die Inquisition, der

»fábrica dos judeus«, durch falsche Anschuldigungen und Tortur zu solchen gemacht wurden.[18]

Auch wenn mit Ausnahme von Amsterdam[19] über die einzelnen Gemeinden keine zuverlässigen statistischen Untersuchungen vorliegen, so kann es keinen Zweifel darüber geben, daß viele Neuchristen nach Spanien und Portugal zurückkehrten, wo sie sich öffentlich zum Christentum bekannten und nicht zögerten, vor der Inquisition ihre jüdischen Glaubensbrüder zu verraten. So berichtete zum Beispiel 1644 Dom Diogo de Lima der Inquisition, daß: »*die getauften Christen sich in der besagten Stadt Hamburg beschneiden lassen [...] und sie auch weiterhin in die Synagogen der Stadt gehen sowie alle Zeremonien, die Juden gewöhnlich machen, pflegen*«.[20] Und David Miatto alias David Meatov alias (?) David de la Motte denunzierte bei der Inquisition Mitglieder der Hamburger Portugiesisch–Jüdischen Gemeinde.[21]

Gerade die Tatsache, daß viele Neuchristen bereit waren, mit der Inquisition zusammenzuarbeiten, zeigt, daß sie nicht nur loyale Christen waren, sondern sich auch aktiv dafür einsetzten, die Juden von der Iberischen Halbinsel zu vertreiben.[22]

Anfänge

Unter den de–judaisierten Marranen bzw. Neuchristen gab es nur wenige Rabbiner, so daß die Hamburger Gemeinde in den ersten Jahrzehnten nach ihrer Ankunft in Hamburg ihre Rabbiner unter den Sephardim Nordafrikas und des Osmanischen Reichs suchen mußte. Aus Spanien kam der Chacham Abraham Cohen de Herrera alias Rodrigo de Merchena, über den Daniel Levi de Barrios folgenden Vers schrieb: »*In Holland bekannte er sich schließlich zum Gesetz Moses*«.[23]

Ein weiterer bedeutender Rabbiner aus der Anfangszeit der Hamburger Sephardim war Jacob Sasportas[24] aus Oran, über den Daniel Levi de Barrios in seinem »*Arbol de las Vidas*«[25] dichtete:

Der große Jacob Sasportas
zeichnete sich als Chacham in London und in Hamburg aus
und mit Größe
leitete er die heilige Akademie
der Gran Soria in Livorno.

Aus Griechenland kam Ende 1624/Anfang 1625 Yosef Shlomo Delmedigo (1591 – 1655)[26] nach Hamburg. Auf dem alten jüdischen Friedhof in Prag ist auf einem heute verwitterten Grabstein die folgende Inschrift zu lesen: »*Yoseph Shlomo Delmedigo [...] Arzt aus Kandia, Vater des Gerichtshofs war er in Hamburg und in den Bezirken Amsterodams*«.[27] Er wollte sich zuerst als Arzt niederlassen, weil aber die Konkurrenz der vielen portugiesischen Ärzte zu groß war[28] und der Chacham Isaac Athias 1622 nach Venedig berufen wurde, stellte ihn die Gemeinde als Mashbir Bar (geistlichen Führer) und Ab Beth Din (Vorsitzenden des Rabbinischen Gerichts) an. In Hamburg scheint er sich jedoch nicht besonders wohl gefühlt zu haben, denn in der Stadt

»*lebten [wir] überall in dreckigen Straßen. Und so nennen die Goyim auch die Straße der Juden in Hamburg, wo ich gerade unterrichte, 'Dreck–Allee' [...] In den meisten anderen Gegenden liegt das Schlachthaus neben der Synagoge*«.[29]

Auf Bitten eines einflußreichen Mitglieds der Gemeinde und Anhängers der Kabbala verteidigte Delmedigo in seiner Schrift »*Masref la–Hokhmah*«[30] die Kabbala. Kurze Zeit später floh er vor der Pest nach Glückstadt und tauchte spätestens 1628 in Amsterdam auf.[31]

Kunst
Kultur
Wissenschaft

Ein weiterer bedeutender Chacham des ersten portugiesischen Betraums in Hamburg war der erwähnte Isaac Athias,[32] Schüler des Isaac Uziel in Amsterdam. In Hamburg übersetzte Athias 1621 den Traktat »Hizzuk Emunah« von Isaac ben Abraham Troki (1533 – 1594) ins Spanische (Fortificacion de la ley)[33] und widmete es dem Hamburger Eliau Aboab.[34] Sein 1627 in Venedig gedrucktes Buch »Tesoro de Preceptos« widmete er der »*venerado Kahal Kados Talmud Torah de Hamburgo*« und besonders dessen Präsidenten Eliau Aboab.

Marranengemeinde und Fragmentarische Gemeinden

Die soziale, religiöse und sprachliche Entwicklung der portugiesisch–spanischen Gemeinden im 17. Jahrhundert in Nord- und Westeuropa verläuft ungewöhnlich einheitlich. So wenig sich die Anfänge der einzelnen Gemeinden unterscheiden, so wenig ist die Geschichte der einen Gemeinde von der der anderen zu trennen. Und Aufstieg und Niedergang hängen weniger von internen Faktoren ab als von externen: trotz ihrer Vertreibung bzw. Auswanderung standen die Portugiesen im 16. und 17. Jahrhundert in ständigem Kontakt mit der iberischen Halbinsel. Ihre wirtschaftliche Blüte bestand solange, wie Spanien und Portugal ihrer Dienste bedurften[35] bzw. sie den iberischen Ländern und ihren Kolonien nützlich waren. Handel mit den portugiesischen Kolonien in Amerika und Asien,[36] Reisen nach Portugal und Spanien,[37] Endogamie,[38] Mobilität[39] und nicht zuletzt das Festhalten an der portugiesischen Sprache verstärkten das Zusammengehörigkeitsgefühl unter den Sephardim. Trotz der erstaunlichen geographischen Verbreitung können die Marranen als eine einheitliche demographische und soziale Gruppe aufgefaßt werden, deren Mitglieder sich zur »nação portuguesa«, zur »nação portuguesa e espanhola«, oder ganz einfach zur »nação« bekannten. Weil fast alle Portugiesen, die im 16. Jahrhundert außerhalb der Iberischen Halbinsel in Bordeaux, Venedig, Livorno, Amsterdam, Hamburg oder London lebten, Juden waren, galten für lange Zeit in Westeuropa Portugiesen und Juden als Synonym.[40]

Die jüdischen Gemeinden in Nord- und Westeuropa bildeten als »diáspora marrana« eine Art verdecktes Netzwerk,[41] im Gegensatz zur offenen »diáspora judía« der 1492 aus Spanien vertriebenen Juden.

Die diáspora marrana unterscheidet sich von der diáspora judía deutlich in geographischer, religiöser und sprachlicher Hinsicht. So umfaßt die diáspora marrana die Niederlande, Frankreich, Deutschland, England und Italien, zum geringen Teil auch Polen,[42] die diáspora judía die Länder Nordafrikas und des Osmanischen Reichs. Inwieweit die beiden diásporas sich gegenseitig beeinflußten, bedarf noch einer eingehenden Analyse.

Die Sprachen der Sephardim in Westeuropa

Im Gegensatz zu den sephardischen Gemeinden des Osmanischen Reiches, die gegen Ende des 16. Jahrhunderts alle in der dominierenden jüdisch–spanischen Kultur aufgingen,[43] verkehrten die sephardischen Gemeinden in Westeuropa auf Portugiesisch untereinander, wie aus einem Brief von Menasseh ben Israel hervorgeht, den er am 2. September 1655 – einen Tag vor seiner Abfahrt nach England – an die »*Heiligen Synagogen von Italien und Holstein*« richtete.[44] Sein Freund Abraham Farar,[45] der sich in eine leidenschaftliche Diskussion mit dem Hamburger Theologen Johannes Müller eingelassen hatte,[46] schrieb sein Kompendium der 613 mosaischen Gesetze nicht auf Hebräisch, sondern auf Portugiesisch, damit »*alle jene, die aus Portugal und Spanien kommen, und wegen unserer Sünden kein*

Hebräisch beherrschen, genau wissen, wer und was sie sind«.[47] Weil die Marranen bzw. Neuchristen »ihrer Sünden wegen« über keine bzw. nur lückenhafte hebräische Bildung verfügten, wurden sofort nach ihrer Ankunft die wichtigsten judaistischen Werke ins Spanisch-Ladino bzw. Portugiesisch-Ladino übersetzt. Daneben entstanden Ausgaben der Bibel, der Gebetbücher, der Festtagsgebete und der Liturgie für die Fastentage.

Studemund-Halévy
Sprachverhalten und Assimilation der portugiesischen Juden in Hamburg

Portugiesisch als gesprochene und geschriebene Sprache[48]

Wie in Amsterdam oder London, so war auch in Hamburg im 17. Jahrhundert das Portugiesische die Sprache des Alltags, der Synagoge, der Gemeindeakten und der Grabinschriften.

Als im 18. Jahrhundert das Portugiesische zugunsten des Hoch- und Niederdeutschen zurückgedrängt wurde, legte der Chacham Jacob Coem Belinfante 1773 die portugiesischen Verkündigungen in einem Manuskript fest.[49] Doch weil schon Anfang des 19. Jahrhunderts auch die Vorsteher Portugiesisch nicht oder nur unvollkommen beherrschten, wurde 1810 ein portugiesischer Gemeindesekretär angestellt.[50] Die Einladung zur Einweihung der neuen portugiesischen Synagoge am 6. September 1855 ist aber schon auf Deutsch und Hebräisch verfaßt.

Das für die Geschichte der Hamburger Portugiesisch–Jüdischen Gemeinde so wichtige Protokollbuch reicht von 1652 – dem Zeitpunkt der Vereinigung der damals bestehenden drei sephardischen Gemeinden – mit einer Unterbrechung von 1682 – 1794 bis zum Jahr 1937; die beiden Bände von 1652-1682 umfassen 908 Seiten in portugiesischer Sprache. Nur 1668/69, als Abraham Lumbrozo Protokollführer und Schatzmeister war, sind alle Eintragungen in spanischer Sprache. Der letzte portugiesische Eintrag im Hamburger Protokollbuch stammt vom September 1822, der letzte im Geburtsregister vom 4. April 1840. Die Korrespondenz mit den verschiedenen Gemeinden wurde bis 1880 auf portugiesisch geführt. Das letzte Protokoll der Gemeindeversammlung der Portugiesisch–Jüdischen Gemeinde vom 11. Juli 1937 endet mit der bis zum Ersten Weltkrieg in der Regel zu Anfang eines neuen jüdischen Jahres gesetzten portugiesischen Formel »Em Nomen de Deos Bendito« (= Im Namen des gebenedeiten Gottes).[51] Die letzte portugiesische Eintragung im Protokollbuch[52] der Altonaer Sephardim, das von 1723 – 1879 geführt wurde, findet sich am 27. Oktober 1834, im Geburtsregister am 12. März 1851 und im Sterberegister am 11. Dezember 1851.

Bis 1812 war der Portugiesisch–Unterricht in der Gemeindeschule obligatorisch. Die Statuten der portugiesischen Gemeindeschule wurden übrigens noch 1828 in portugiesischer Sprache festgehalten.[53] Benutzt wurden die Bücher von Abraham Meldola[54] (Nova Grammatica Portugueza, Hamburg 1785) und von M. C. Belinfante (Lições de Leitura Portugueza para uso da escola dos pobres dos Israelitas Portuguezes em Amsterdam. Parte Primeira. Portugeesch Leesboeke, Amsterdam 1816).[55]

Die Sprache der Grabsteine ist außer Portugiesisch noch Spanisch, Hebräisch und Deutsch, vereinzelt auch Französisch und Englisch.[56] Überwiegend sind die Inschriften im oberen Teil hebräisch, im unteren portugiesisch. Dabei wird gewöhnlich nichts weiter erwähnt als der Name des Verstorbenen und das Todesdatum. Es sind nur wenige Grabgedichte in portugiesischer Sprache erhalten. Diese Gedichte besitzen keinen literarischen oder künstlerischen Wert. Durch Fehler der Steinmetzen, regellose Orthographie und sinnentstellende Reimbildung sind sie in vielen Fällen unverständlich. Ein Beispiel ist der Grabstein der Rahel Mendes, die 1692 als junges Mädchen starb:

»*Grab der tugendsamen Jungfrau Rahel, Tochter des Iacob Rz [Roiz] Mendes / Gestorben am 20. Nissan 5452 [1692]. Wie eine Rose wurde sie geschnitten / wenn sie am schönsten duftet / und wie der Schatten, der schnell vorbeizieht / so wurde sie uns entrissen / und erlangte das unsterbliche Leben / der umfassenden Tugenden / das kostbare junge Mädchen / das hier unter diesem Grabstein ruht*«.

Folgende Schlußformeln auf den Grabsteinen kehren immer wieder:
>Sua Alma Goze da Eterna Gloria (Seine Seele – erfreue sich der Ewigen Seligkeit)
>Candela de Dio alma de homem (Leuchte des Herrn und Seele eines Menschen)
>Aqui jaz (Hier ruht)
>este tumolo contem (Dieses Grab enthält)
>Ke sua alma goze da Eterna folgança (Seine Seele möge sich der ewigen Ruhe erfreuen.)

Auch als das Portugiesische in der Gemeinde nicht mehr gesprochen wurden, hatten sich dennoch einige stereotype Redewendungen erhalten, die besonders an den hohen Festtagen gebraucht wurden:
>A todos nossos irmãos presos pela inquisição (In Erinnerung an unsere Brüder, die Opfer der Inquisition wurden)[57]
>para que Deus lhes conceda vidas largas (Gott schenke ihnen ein reiches Leben)
>que Deos lhe conceda saúde perfeita e aos doentes da nação (Gott möge ihm und allen anderen Kranken in der Gemeinde volle Genesung schenken)

Sprichwörter, Romanzen etc.

Im Gegensatz zu Amsterdam, wo Max Leopold Wagner und J. A. van Praag einige Sprichwörter aufzeichnen konnten,[58] sind in Hamburg kaum Sprichwörter, Lieder oder Balladen überliefert. In dem erwähnten portugiesischen Schulbuch von M. C. Belinfante, das sich in der umfangreichen Bibliothek des Lissaboner Professors und Büchersammlers Moses Bensabat Amzalak[59] befindet und dem Hamburger S[alomon ?] Belmonte gehörte, sind auf der Titelseite mehrere Sprichwörter notiert, so zum Beispiel »*A gal*[*linha ?*] *da minha vizinha é melhor que a minha*« (Das Huhn meiner Nachbarin ist besser als mein Huhn). Auch in der Umgangssprache waren bis zum Ende des 19. Jahrhunderts noch einzelne portugiesische Wörter und Redewendungen bekannt,[60] die in der Liturgie, in Gemeinde- und Privatleben verwendet wurden. Daneben finden sich portugiesische Begriffe in der deutschen Umgangssprache. Isaak Cassuto[61] verzeichnet in seiner Studie zahlreiche Redewendungen, in denen portugiesische Wörter vorkommen:
>Er macht von allem so viel barafunda (Aufhebens)
>Er läßt sein Geschäft a bambolear (drunter und drüber gehen)
>Er fürchtet, den Sabbat zu quebrantaren (entweihen)

Portugiesisch war auch die Sprache von Gedichten und wissenschaftlichen Abhandlungen. Im 17. und 18. Jahrhundert hatten sich zahlreiche portugiesische Schriftsteller in Hamburg niedergelassen. Unter ihnen Jacob Rosales,[62] Joseph Frances (der 'Hamburger Camões')[63] und Jeoshua Habilho.[64] Einige ihrer Gedichte finden sich in der »Grammatica Hebraica« von Moses Gideon Abudiente.[65] Im 18. Jahrhundert gab Jeoshua Habilho in Hamburg eine Sammlung spanisch–portugiesischer Gedichte heraus.[66]

In Hamburg lebten einige Jahre der Philosoph Uriel da Costa[67] aus Porto, und der Grammatiker und Dichter Moses Gideon Abudiente; mit jüdischen Altertümern beschäftigte sich Jacob Jehuda Leão [Templo];[68] David Cohen de Lara fungierte mehrfach als Chacham und verfaßte zahlreiche philologische und philosophische Abhandlungen;[69] Abraham de

Fonseca,[70] Chacham in Glückstadt und Hamburg, veröffentlichte neben dem hebräischen Werk »Eini Abraham« (Amsterdam 1637) eine spanische Orthographie (Amsterdam 1633) und der Arzt und Lexikograph Benjamin Mussaphia[71] arbeitete als Arzt in Hamburg, ging 1643 nach Glückstadt und später nach Amsterdam, wo er Mitglied der Akademie Keter Torah wurde. Der Rabbiner, Arzt und Hebraist Jacob Abendana[72] kam als junger Mann nach Hamburg und wurde später Chacham in Amsterdam. Der Hamburger Chacham und Büchersammler Semuel de Isaac Abas[73] veröffentliche 1670 in Amsterdam das Buch »Hobat Alebabot«. Nach seinem Tod erschien 1693 in Amsterdam ein Katalog seiner Bibliothek.

Neben den oben angeführten Büchern, Predigten, Gedichten und Grabinschriften geben folgende Dokumente Aufschluß über das in Hamburg gesprochene Portugiesisch:

- Das Statut der Brüderschaft Bicur Holim (Ascamot de Bicur Holim) von 1826,[74]
- ein undatiertes und nicht gezeichnetes Testament
- eine zweisprachige Danksagungsrede (ptg.–deutsch) anläßlich der glücklichen Errettung S. M. Christian VII. aus dem Brande des Schloßes Christiansburg zu Kopenhagen (Altona 1794)
- eine kleine Einladungskarte anläßlich der Urgroßeltern von Alfonso Cassuto.[75]

Im 19. Jahrhundert wurde die portugiesische Sprache in den sephardischen Gemeinden Westeuropas immer weniger gesprochen. Sie hörte fast gleichzeitig in Hamburg, Amsterdam, London, Livorno, Curação und New York zu existieren auf. In den deutschsprachigen Dokumenten des 19. und 20. Jahrhunderts tauchen nur noch vereinzelt einige portugiesische Wörter auf:[76]

delegado (Stellvertreter) – Synagogenordnungen von 1867 und 1906, Gemeindebeamten–Ordnung [Hazanim] 1895

fintas (Beiträge) – Gemeindebeamten–Ordnung [Samasim] 1911

offertas (Spenden) – Synagogenordnung von 1906.

Buchdruck

Im 17. und 18. Jahrhunderten versorgten die Druckereien in Amsterdam, Ferrara und Livorno die portugiesischen Gemeinden in Westeuropa mit Bibeln und Gebetbüchern,[77] meist in lateinischer Schrift. Die Hamburger Portugiesen ließen ihre Bücher bei den Hamburger und Altonaer christlichen Druckern herstellen, so z.B. bei Rebenl(e)in, Spierink und dem Buchhändler Thomas Rose drucken. Das erste hebräische Buch in Hamburg wurde bei Elias Hutter gedruckt. Zwischen 1710 und 1711 druckte Isaak Chiskia de Cordova aus Amsterdam einige hebräische Bücher in Hamburg, als Setzer halfen ihm unter anderem der Sepharde Isaak ben Josef Benveniste. In portugiesischer Sprache wurden in Hamburg die Werke von Jeoshua Habilho, Semuel Jachia, Semuel de Leon, Abraham Cohen Pimentel, Jacob Rosales, Moses Gideon Abudiente und Abraham Cohen de Herrera gedruckt.[78]

Spanisch als geschriebene und (seltener) gesprochene Sprache

Die spanische Gebetsprache wurde auch nach der massiven Flucht der Sephardim 1492 von Kastilien nach Portugal beibehalten. Das Spanische wurde in den Marranengemeinden für die weltliche,[79] religiöse[80] oder rabbinische[81] Literatur, in den wissenschaftlichen Arbeiten, für wichtige Texte und gelegentlich auch für Gebete[82] verwendet. Im Unterschied zu den Sephardim im Osmanischen Reich und Nordafrikas, die Judezmo (Judenspanisch) spra-

Kunst
Kultur
Wissenschaft

chen und schrieben, verwendeten die Sephardim in den westeuropäischen Ländern die portugiesischen und spanischen Varietäten der Iberischen Halbinsel, was vor allem mit der späten Emigration, den engen Kontakten mit Spanien und Portugal und ihrer marranischen Herkunft zu tun hatte. Die gedruckten Texte der Sephardim im Balkan sind in der Rashi–Schrift gesetzt,[83] die der Sephardim in Nordafrika überwiegend in der Hakitia.

In der Marrano Diaspora wurde es üblich, die wichtigsten traditionellen Gebete in lateinischer Schrift zu drucken, wahrscheinlich um die Marranen und den Nachzüglern von der iberischen Halbinsel, die des Hebräischen nicht mächtig waren, zu helfen.[84] Die Adler Collection (heute in der Bibliothek des Theological Seminary of America) in New York bewahrt ein handgeschriebenes Gebetbuch mit hebräischen Gebeten in lateinischer Schrift, das im frühen 18. Jahrhundert von einem Marrano in Hamburg erstellt wurde.[85] In den Niederlanden wurden 1793 zwei spanische Hymnen in hebräischer Schrift gedruckt.[86] Die Bibel wurde immer ins Spanische übersetzt, niemals aber ins Portugiesische. Die Sephardim verfügten über zwei linguistische spanische Codes: peninsulares Spanisch und Ladino. Das peninsulare Spanisch benutzten vor allem jene, die mit den niederländischen Kolonien in Übersee Kontakt hatten, während das Ladino als Sprache der Liturgie diente.
So wurden in den Gottesdiensten an den hohen Feiertagen der Anfang der einzelnen Piyyutim (hebr. liturgische Gedichte) zunächst auf Spanisch ausgerufen, um die spanisch betenden Damen zu orientieren:[87]

– Mi Dio no me jusgues como mi falcedad
– Manos de Pobres enflaquecidas
– Ora de puertas de voluntad
– Adonay mi Luz y mi salvación
– Dio mi Dio tu
– Angeles repozados
– Sea Alabado

An den drei Sabbat vor dem 9. Av.[88] wird die Haftara oder Teile aus den Propheten (Jeremias 8.13. – 9.23) Vers für Vers hebräisch und spanisch vorgetragen, in denen von der Zerstörung des Tempels die Rede ist.[89] Die Art und Weise, wie die Spanische Haftara verlesen wird, ist einzigartig: Nicht der Maftir (Vortragende) liest den hebräischen Abschnitt, sondern die Gemeinde. Nach jedem Vers verliest der Maftir dann (quasi als »Dolmetscher«) den spanischen Abschnitt.

Spanische Grabinschriften sind von der Anfangszeit der portugiesischen Gemeinde bis zu ihrem Ende unter dem Nationalsozialismus zahlreich belegt. Sogar auf dem 1883 eröffneten Friedhof an der Ilandkoppel gibt es mehrere spanische Inschriften.

Zu den frühen Beispielen zählt der Grabstein der Rahel Zagache aus dem Jahr 1687, dessen Inschrift lautet: »[Grab] *der tugendsamen Rahel / Frau des Ab YS Rael Zagache / gestorben am 11. Elul des Jahres 5447 / Ihre Seele erfreue sich / der Glückseligkeit«.*

Sehr viel einfacher ist eine Inschrift aus dem Jahr 1937: »*Fanny Cori / eine tugendsame Frau / 5634-5697«.*

In der Schule wurde neben Portugiesisch auch Spanisch unterrichtet. Aus einer entsprechenden Eintragung im Protokollbuch von 1828 geht nicht klar hervor, ob es sich um Spanisch oder Ladino handelt: »*os discipulos deverão trazer logo a la vez todos seus Livros de Rezas e outros Livros hebraico et Espanhoes«.*[90] (= Die Schüler müssen immer ihre Gebetbücher und andere hebräische und spanische Bücher bei sich tragen).

Ladino

Ladino–Texte zeichnen sich einerseits durch einen spezifisch jüdischen Wortschatz aus, andererseits durch das Bemühen, in der Zielsprache die syntaktischen Merkmale der Ausgangssprache zu bewahren. Die Sprache der Ladino–Übersetzungen war also nie eine gesprochene Sprache, sondern immer eine künstliche Sprache des Schriftgebrauchs. Ladino beeinflußte das Marrano-Spanisch und Marrano-Portugiesisch; von der Mitte des 16. bis zum Ende des 18. Jahrhunderts sind Dokumente in Marrano-Ladino überliefert.

Ladino ist die Sprache der Übersetzungen aus dem Hebräischen. Übersetzt wird grundsätzlich Wort für Wort, so daß sich der hebräische Text in der Wortstellung der Übersetzung genau widerspiegelt. Ladino-Texte lassen auch immer das Bestreben erkennen, ein Wort der Ausgangssprache grundsätzlich mit ein und demselben Lexem wiederzugeben, ungeachtet des semantischen Gehalts. Eine einmal gewählte Übersetzung wird damit zur Standardübersetzung. So wird das hebräische »Nefesh« (Hauch, Atem, Duft, Wohlgeruch, Seele, Gemüt etc.) immer mit »alma« übersetzt, das seiner Semantik nach lediglich die Bedeutung »Seele« abdecken kann. Der Ähnlichkeit der Übersetzung mit dem Original wurde solche Bedeutung beigemessen, daß der Einsatz von Homonymen gebräuchlich wurde.[91] Die Sprache der Übersetzung sollte so exakt das Original wiedergeben, daß die Idealübersetzung ein Text wäre, den man in zwei Sprachen lesen konnte. Moses Gideon Abudiente gibt dafür in seiner Grammatica Hebraica ein schönes Beispiel.[92] Auch das Ladino wurde in Hamburg einige Zeit lang gelehrt, denn bei der Einrichtung der Talmud Tora wurde der Chacham Abraham Meatob mit der Aufgabe angestellt,[93] die Perassa (Toraabschnitte) in Ladino und Hebräisch zu unterrichten.[94]

Ende

Am Ende ihrer Antwort auf das Schreiben des spanischen Senator Angel Pulido Fernandez bekennen Dr. David Benezra und Isaac Cassuto dankbar, daß »*mit Hilfe Gottes und des Fortschritts, der hier regiert, wir* [Juden] *hier keine Diskriminierung und Verfolgung leiden*«.[95] Nur eine Generation später kam mit der Unfreiheit auch das Ende der Portugiesisch–Jüdischen Gemeinde. Wie fremd die portugiesischen Juden den hochdeutschen wohl bis zum Ende geblieben sind, verdeutlicht eine Beschreibung der portugiesischen Synagoge in der Markusstraße von Ruben Maleachi:

»*... Ein Besuch in der portugiesischen Synagoge war für uns immer gleichbedeutend wie ein Ausflug ins Exotische. Die Bräuche, die Kleidung, die Ordnung im Gottesdienst – alles dies war grundverschieden von allem, was wir von den sogen. aschkenasischen oder deutschen Gottesdiensten gewohnt waren. Die Sitzplätze der Beter waren kreisförmig angeordnet, – nicht dass der Blick nach Osten gerichtet war, sondern die Beter sassen um den Almemor herum, das Gesicht stets auf den in der Mitte des Gotteshauses stehenden Vorbeter gerichtet [...] Die Thorarollen standen in kunstvoll geschnitzt silbernen und hölzernen Gehäusen, und die Rückseite der Rollen war in wertvolle Atlasseide gekleidet. Der Chasan und der Schamasch trugen statt des Baretts Dreimaster–Hüte, dazu einen Frack, Kniehosen und weiße Strümpfe, während die Füsse mit schwarzen Halbschuhen versehen waren. Das alles gab dem Ganzen ein echt mittelalterliches Aussehen, das vielfach an die bekannten Rembrandtbilder erinnerte*«.[96]

Kunst
Kultur
Wissenschaft

Anmerkungen

1 Angel Pulido Fernandez beschäftigte sich u.a. in seinen Büchern Los israelitas españoles y el idioma castellano (Madrid 1904), Españoles sin Patria y la Raza Sefardí. (Madrid 1905) und Reincorporación de las colonias sefardíes a la vida de España (Madrid 1913) mit den Sephardim in der Diaspora. Über den spanischen Senator vgl. M. L. Ortega, Figuras Ibéricas. El Doctor Pulido. Madrid 1922; Angel Pulido Martin, Recuerdo del Doctor Pulido. In: Iacob Hassan (Hg.): Actas del Primer Simposio de Estudios Sefardies. Madrid 1970, S. 73–79

2 Dr. David Benezra war von 1921 bis 1923 Mitglied des Vorsteher-Kollegiums der Portugiesisch–Jüdischen Gemeinde in Hamburg.

3 Isaac Cassuto war der Großvater von Alfonso Cassuto. Vgl. Anm. 61.

4 Pulido Fernandes, Españoles, S. 298–299 [Übersetzung von M. St.-H.].

5 Die auszugsweise von Isaac Cassuto veröffentlichten Protokollbücher sind fehlerhaft und durch Kürzungen auch sinnentstellend. Vgl. die Kritik von Salomon 1970, S. 36, Anm. 20; vgl. dagegen den Beitrag von Günter Böhm in diesem Band, Anm. 67.

6 Zum Problem von De– und Re–judaisierung jüdischer Sprachen vgl. Armistead/Silverman, El substrato; Wexler, De-Judaicization.

7 Cassuto 1933 (2); Kellenbenz 1958 und 1989.

8 Fuks–Mansfeld, De Sefardiem.

9 Lévi, Les vestiges.

10 Cirot, Les juifs.

11 Gaster, History.

12 Nach der klassischen Definition von Carl Gebhardt ist der »Marrane ein Katholik ohne Glauben, und Jude ohne Wissen, doch Jude im Willen« (Gebhardt, Uriel da Costa, S. XIX). Es ist daher vielleicht kein Zufall, daß die Marranen mehr als die Aschkenasim bereit waren, dem falschen Messias Sabbatai Zwi zu folgen.

13 Neuchristen sind zwangsgetaufte bzw. freiwillig konvertierte Juden. Unter den ersten Portugiesen in Hamburg gab es zahlreiche Neuchristen, die im Innersten schon längst Katholiken geworden waren und von denen nicht wenige an diesem Zwiespalt gescheitert sind, die J. A. van Praag daher zurecht auch »Seelen im Zwiespalt« nennt (van Praag 1950, S. 19).

14 Nicht alle portugiesischen »Juden« waren Marranen oder Neuchristen. Viele Opfer der Inquisition kamen erst durch ihre Erfahrungen mit der Inquisition zum Judentum. So berichtet der englische Geistliche Michael Geddes Anfang des 18. Jahrhunderts von einem Gespräch mit einem Neuchristen, der erst durch die Inquisition zum Juden wurde, vgl. Samuel 1989, S. 109.

15 Die meisten Juden, die Spanien 1492 verlassen mußten, emigrierten nach Nordafrika und ins Osmanische Reich. Ein großer Teil aber ging nach Portugal, wo sie 1497 zwangskonvertiert wurden. Nur wenige zogen der Zwangstaufe die Flucht ins Ausland vor.

16 Cassuto, Friedhof [Blatt 37]; zu Isaac Orobio de Castro vgl.Kaplan, I.O. de Castro.

17 »Die meisten der Juden, die jetzt in Amsterdam wohnen, wo man ihnen eine Synagoge errichtet hat, sind Atheisten, obwohl sie nach außen dem jüdischen Ritus folgen«, schreibt 1611 Jerónimo Gracián de la Madre de Dios in seinem Buch »Diez lamentaciones del miserable estado de los ateistas de nuestros tiempos«, Brüssel 1611 [Nachdruck Madrid 1959, S. 266].

18 So sieht António José Saraiva in den Neuchristen das Aufkommen eines Bürgertums, gegen das sich die Aristrokratie mit Hilfe der Inquisition zur Wehr setzte. Die Verfolgung der Juden ist seiner Ansicht nach nichts anderes als der vergebliche, reaktionäre Kampf gegen die unvermeidliche Bürgerliche Revolution. Nach seiner (marxistischen) Analyse bekämpfte die Inquisition in der Wirtschaftselite auf der Iberischen Halbinsel ausschließlich nur Neuchristen. Folglich war es auch für viele Nicht–Juden, die durch die Verhöre der Inquisition mit dem (Krypto)Judentum Bekanntschaft gemacht hatten, einfacher, sich im Exil der jüdischen Gemeinde anzuschließen. Zur heftigen Kontroverse zum Problem der Marranen–Fabriken siehe die leidenschaftliche Kritik von I. S. Révah an den Thesen von António José Saraiva in der Lissaboner Tageszeitung Diário de Lisboa vom 6. Mai bis 2. September 1971 [6.,13. und 27. Mai; 3. und 17. Juni; 15., 22. und 29. Juli; 5., 12., 19. und 26. August; 2. September]. Zur Kontroverse um den Status der Marranen, die bis heute anhält, vgl. Lipiner, Christão nuovo; Nahon, Les Marranes; Saraiva, Inquisição; Cohen, Towards a new comprehension; Márquez Villanueva, El problema; Netanyahu, The Marranos; Rivkin, The Shaping.

19 Kaplan, The Travels.

20 Cassuto, Friedhof.

21 David Miatto wurde 1679 Bürger in Glück-

stadt und starb am 23. Nisan 5443 [1683] in Hamburg, vgl. Cassuto 1930; Cassuto, Friedhof, S. 43.

22 Haliczer, Expulsion, S. 43–45.

23 Abraham Cohen de Herrera (1570–1631) gilt als der Autor der 1614 in Amsterdam [Hamburg] gedruckten Streitschrift Tratado de Herem gegen Uriel da Costa. Aus den portugiesischen Inquisitionsakten wußte man von seinem derzeitigen Aufenthaltsort, vgl. Cassuto 1933 (2), S. 661.

24 Jacob Sasportas (1610–1698) wurde 1663 Chacham der Hamburger Gemeinde und gehörte zu den entschiedensten Widersachern des Sabbatai Zvi. Vgl. sein Buch Sisat nobel Sebi, Amsterdam 1737, Altona 1757, Odessa 1867; Jerusalem 1954. Eine Ladino–Version erschien zusammen mit Texten von Moshe Hagiz auszugsweise unter dem Titel »Livro di lus akuntesimyentos de Shabtai Zvi yamado' in Saloniki 5631 [1871].

25 Miguel Levi de Barrios, Arbol de las Vidas S. 98. Vgl. Amzalak 1928, S. 57–95.

26 Koppelmann, Grabschriften, S.33–34; Vilimková, Judenstadt, S. 92–93, 96–97, 178–179; Barzilay, Delmedigo, S. 76–78.

27 Zu seiner Lebens – und Wirkungsgeschichte vgl. Barzilay, Delmedigo.

28 Bedeutende sephardische Ärzte in Hamburg waren Rodrigo de Castro, Benedict (Baruch) de Castro, Henrique Rodriguez, Joseph Hayyim da Fonseca, Abraham Gomes da Fonseca, Jacob Hayyim da Fonseca, Abraham da Fonseca–Mattos, Joseph da Fonseca de Mattos, Benjamin (Dionys) ben Immanuel Mussafia, Jacob Rosales, Samuel da Silva, vgl. Hes, Physicans.

29 Masref la–Hokhma. In: Ta'alumoth Hokhmah. Basel 1629, S. 49.

30 In Wirklichkeit handelt es sich aber um eine Ablehnung der Kabbala.

31 Vgl. Barzilay, Delmedigo, S.76–78.

32 Kayserling, Biblioteca, S. 14–15; Cassuto, Friedhof S. 9.

33 Laut Katalog Herzberger (Amsterdam) 30, No 343 soll Simão Jessurun 1685 in Altona eine Abschrift dieses Buches angefertigt haben. Simão Jessurun wurde am 7. Nov. 1664 Bürger in Glückstadt und starb am 23 Nisan 5447 [1688] in Altona, vgl. Cassuto, Friedhof, S. 30.

34 Eliau Aboab Cardoso, gest. 3. Adar 5436 [1676], errichtete die erste Synagoge in Hamburg. 1643 Drucker in Amsterdam, vgl. Miguel Levi de Barrios, Vida de Ishac Usiel, S. 44; Kayserling Biblioteca, S. 2. Zu Eliau Aboab Cardoso siehe Kayserling, Bibliotheca, S. 2; Kellenbenz 1958, S. 2.

Studemund-Halévy Sprachverhalten und Assimilation der portugiesischen Juden in Hamburg

35 Vgl. die Studien von Israel, Dutch Republic, European Jewry; Israel 1987.

36 Marranen und Neuchristen waren häufig Residenten der portugiesischen und spanischen Könige. Ein besonders eindrucksvolles Beispiel ist Duarte Nunes da Costa (alias Jacob Curiel) aus Hamburg, vgl. Israel 1987.

37 Kaplan, The Travels.

38 Endogamie war weitverbreitet, da die Portugiesen glaubten, nur so ihre religiöse, kulturelle und ethnische Identität bewahren zu können. So sicherten die großen Familien ihren Einfluß und die Gemeinden verstärkten ihr weltweites Netzwerk.

39 Aus dem Grabregister des Portugiesischen Friedhofs an der Königstraße wird deutlich, welchen engen Kontakt die Hamburger Gemeinde mit ihren Schwestergemeinden in Amsterdam, London und Venedig hatte.

40 da Silva Germano, Lingua, S.18–19; Roth, Marranos, S. 220; vgl. auch Theodor Fontane (Unwiederbringlich, Zürich 1987, S.111): »De Mezas Vater war ein portugiesischer Jude, alle Portugiesen sind eigentlich Juden«.

41 Vgl. Bodian, Dowry Society, S. 30–32.

42 Vgl. Guterman, Sefarden.

43 So gingen zum Beispiel in Saloniki die griechischen, italienischen, sizilianischen und portugiesischen Gemeinden in den dominierenden spanischen Kehilot auf. Eine ähnliche Entwicklung nahmen die sephardischen Gemeinden in Jerusalem, Safed, Rhodos oder Konstantinopel. Die Hispanisierung der levantinischen Gemeinden und die Lusitanisierung der westeuropäischen Gemeinden stärkte zwar zum einen die Rolle der jüdischen Gemeinschaft und erleichterte das Zusammenleben mit der christlichen Gesellschaft, führte aber zum anderen psychologisch und kulturell zu einer Ausgrenzung von der nicht–jüdischen Umgebung. Vgl. dazu Israel, European Jewry S. 23–34.

44 Gemeint sind mit Holstein Hamburg und Glückstadt. Zu Menasseh ben Israel und seinem Kreis vgl. Copenhagen, Menasseh ben Israel.

45 Abraham Farar [1587 – 1664] war Arzt und Parnas der Talmud Torah in Amsterdam, vgl. Hes, Physicians. S. 50–51; Friedenwald, Jews, S. 723.

Kunst
Kultur
Wissenschaft

46 Roth, Menasseh ben Israel, S. 118.
47 Declaração das 613 encomendancas de nossa Sancta Ley, conforme à Exposissão de nossos Sabios, muy neçessaria ao Iudesmo. Amsterdam 5387 [1627].
48 Die Quellenlage ist leider recht dürftig. Außer den Gemeindearchivalien sind nur wenige judaistische und literarische Dokumente erhalten. Für Hamburg liegen folgende Gemeindedokumente in portugiesischer Sprache vor: Memoria das Misvot que Se enterravão em Betahaim Depois de Instituida a Sta Irmandade de Guemilut Hassadim. 1675 – 1760 (wurde 1856 von August Michael Bravo der portugiesisch-jüdischen Gemeinde vermacht). Livro das Quetubot do K.K. Beth Israel em Hamburgo, comesado no Ao 5456. Livrão da união geral da nação comesado nesta cidade de Hamburgo em primeiro Tisry 5413 [1652/ 53]: 1652–1681; 1793–1826, 1826–1864. Livro dos Legados (MS, um 1780 begonnen).
für Altona:
Livro de Nacimentos do K.K. Beth Jahacob Acatan em Altona, comesado Ao. 1769. Livro dos Asentos & Instituiçoems da Sancta Hirmandade de Hesed Vehemet, Principiado em R.H. Nissan Ao. 5534 No K.K. Neve Salom em Altona. MS bis 5546 fortgeführt. Livro dos Difuntos Comesado em 9. Tisry Ao. 5530 = 1769. Altona K.K. Beth Jahacob Acatan. Protokollbuch vom Tisry 5523 – 5547. Protokollbuch von 5547 – 5640 (portugiesisch, später deutsch geführt). Livro das Quetubot do K.K. Beth Jahacob Acatan/ Neve Salom em Altona (ab 5531 [1771]) Heiratsregister ab 5531.
49 Cassuto 1933 (1).
50 Cassuto, Friedhof, Blatt 4.
51 Heitmann 1988, S.15.
52 Auch das Protokollbuch von Altona beginnt mit dem Satz: »Em nome del Dio Bendito «; Vgl. Cassuto 1933 (2), S. 667, Anm. 2; Cassuto, Friedhof.
53 Cassuto 1933 (2), S. 670.
54 Abraham Meldola (Amsterdam 1754 – Amsterdam 1826) war seit 1772 Chazan in Altona, später Notar und Übersetzer.
55 Vgl. Remedios, Judeus em Amsterdam, S. 176 ff.
56 Bis jetzt liegt außer der Arbeit von Max Grunwald (Grunwald 1902 (1)) keine wissenschaftlich zufriedenstellende Arbeit über die sephardischen Grabsteine in Hamburg vor. Eine Foto – und Textkartei des portugiesischen Teils des jüdischen Friedhofs an der Königsstraße besitzt das Institut für die Geschichte der Deutschen Juden; zum aschkenasischen Teil vgl. Zürn 1991. Ein Vergleich mit den publizierten Grabsteinbüchern von Saloniki (I. S. Emanuel), Curação (I. S. Emanuel), New York (David F. Altabé) und Amsterdam (D. H. de Castro) würde neben linguistischem Material auch zeigen, daß die sephardischen Gemeinden einen regen Austausch an gereimten Grabgedichten hatten. Zu den jüdischen Friedhöfen Hamburgs vgl. Freimark 1981.
57 Dieses Gebet wird noch heute in London am Kol Nidre in der Bevis Marks Synagoge gesprochen.
58 Vgl. Wagner 1924; Praag, Idiomas.
59 Über die einflußreiche sephardische Familie Amzalak vgl. Glass/Kark, The Amzalak family.
60 Cassuto 1908–1920; Studemund-Halévy, Texte; Wagner 1924.
61 Cassuto 1908-1920, Bd. 13.
62 Jacob Hebräus Rosales [Immanuel Bocarro Frances, ca. 1588–1688] war Sohn des Lissaboner Arztes Ferdinand Bocarro und mit den Dichtern Jacob und Joseph Frances verwandt. Er studierte Medizin, Mathematik und Griechisch in Montpellier. Mit einer Gruppe von Marranen verließ er 1625 Lissabon und ließ sich in Rom nieder, wo er sich mit Galileo Galilei anfreundete, der ihn zu seiner Arbeit Regnum Astrorum Reformation (Hamburg 1644) anregte. 1630 ließ sich Rosales in Hamburg nieder. 1647 ernannte ihn Kaiser Ferdinand III. zum Pfalzgrafen. Später ließ sich Rosales in Livorno nieder, wo er sich offen zum Judentum bekannte. Über sein Leben und sein Werk vgl. Saraiva, Bocarro-Rosales.
63 Zu Joseph Frances vgl. Kellenbenz 1958, S. 5.
64 Pitollet 1910.
65 Vgl. Anmerkung 52, Nummer 2.
66 Pitollet 1910.
67 Uriel da Costa (1585–1640) stammte aus einer Marranenfamilie, wuchs im christlichen Glauben auf und fand durch Bibelstudien später zum Judentum zurück. Weil er die Unsterblichkeit der Seele leugnete, wurde er zweimal aus der jüdischen Gemeinde ausgeschlossen. Von Hamburg aus verschickte er seine 1616 in Amsterdam gedruckte Schrift Propostas contra a Tradição (Entwürfe gegen die Überlieferung) an die sephardische Gemeinde von Venedig. Nach dem zweiten Herem (Bann) leistete da

Costa 1640 den geforderten Widerruf und beging kurz darauf Selbstmord. Gegen seine Lehren schrieb der Hamburger Samuel da Silva seine Schrift Tratado da immortalidade del alma. (Traktat über die Unsterblichkeit der Seele). Über Leben und Werk des großen Philosophen vgl. Gebhardt, Uriel da Costa; Kastein, Uriel da Costa.

68 1665 ließ Abudiente in Glückstadt das Buch »Fin de los Dias« verlegen, das die Gemeinde aber konfiszieren und im Gemeindearchiv verwahren ließ, um das gute Verhältnis zum Senat und zur Geistlichkeit nicht zu gefährden: »Em 3 Elul [1666] em Junta dos deputados passado & prez.te se tratou sobre hum livro q mose gideon mandiu estampar sobre o fim dos dias & achando nos podia ser de prejuhsio Rezoluerão se recolhesem todos estes liuros tamto emquadernados como em folha & lhe mandarão dizer pelo tisoureiro sob pena de excumunhão os traga todos sem lhe ficar húm a Caza do.r presidente, e aly se empacarão e selados ficarão na c.xa da nação te o tempo q esperamos q permita El dio seja em breure. Emtão selhe emtregarão« (Vgl. dazu Cassuto 1933 (2), S. 664, Fußnote 1; Kellenbenz 1958, S.48–49.

69 Vgl. Kayserling, Biblioteca, S. 56–57; Lexikon der Hamburger Schriftsteller I (1851), S.556–558.

70 Kayserling, Biblioteca, S. 45–46; Lexikon Hamburger Schriftsteller II (1854), S. 340.

71 Kayserling, Biblioteca, S. 75; Lexikon Hamburger Schriftsteller V (1870), S. 465–466.

72 Kayserling, Biblioteca, S. 1; Lexikon der Hamburger Schriftsteller I (1851), S. 1; Hes, Physicians, S. 4; Friedenwald, Jews, S. 705; Koren, Physicians, S. 4.

73 Vgl. Cassuto, Friedhof; Kayserling, Biblioteca, S.1; Lexikon der Hamburger Schriftsteller I (1851), S.1.

74 Eine detaillierte Studie über den spanischen und portugiesischen Buchdruck in Hamburg steht noch aus. Besonderes Interesse verdienen die Ausgaben, die mit falschen Druckorten versehen wurden, um die strenge Zensur der Rabbiner zu unterlaufen. So veröffentlichte Baruch Spinoza 1670 in Amsterdam und anonym seinen Tractatus theologico–politicus mit dem falschen Impressum Hamburg. Über den jüdischen Buchdruck in Hamburg vgl. Steinschneider/Cassel, Typographie; Brilling 1971, 1976 und 1980.

Liste der in Hamburg gedruckten portugiesischen und spanischen Bücher: Israel, Imanuel: Orden de leccion de Tora, Nebiim y Quetubim ... en las noches de Sebuot y Hosana Raba. [Hamburg] 1662 [5422]. Abudiente, Mosseh Gideon: Grammatica Hebraica. Hamburg 1633 [5393]. Bassan, Jahacob de Abraham: Horden de rogativa y peticion. Hamburg 1756. Cohen Carlos, David: Cantares de Selomoh traduzido de lengua Caldayca en Español. Hamburg 1631 [5391]. Fidanque, R. Jacob: Effigies Accuratissima. Hamburg [1687] 5447. Habilho, Jeshua: Colleccion Nueva de Canciones Lyricas. Hamburg 1766. Jachia, Semuel: Trinta discursos. [Hamburg] 5389 [1629]. Lara, David de Yishac Cohen de: Tratado de Moralidad. Hamburg 1662 [5422]. Lara, David de Yishac Cohen de: Keter Kehuna. Lexicon Thalmudico-rabbinicum. Hamburg 1668 [Amsterdam 1638]. Leon, Samuel de: Questões com suas respostas, que propor na academia de queter tora. Hamburg 5439 [1679]. Meldola, Abraham: Traduccion de las Cartas mercantiles y manuales. Hamburg 1784. Meldola, Abraham: Nova Grammatica Portuguesa dividida em vi partes. Hamburgo 1785. Pimentel, Abraham Cohen: Questões e Discursos Academicos. Hamburg 1688 [5448]. Rosales, Imanuel ([Jacob] Bocarro Frances y: Anacephalaeosis da Monarchia Lusitana. Hamburg 1644. Rosales, Imanuel: Brindis nupcial. Hamburg 1632.

75 J. Cassuto & Lea de Rocamora, Noivos. Suplicão a honra de sua Presença na sua boda que se celebrará em Domingo 7 de Fevereiro 1836 na Böhmkenstr. N... O Sr. Sal. de Rocamora e S.a sua Prima (Dazu Cassuto 1933 (2), S. 669, Anm. 1).

76 Heitmann 1988.

77 Vgl. die Arbeiten von Barrios, Delgado, Rosales, Frances etc; vgl. auch die literarischen Akademien in Amsterdam (Academia de los Sitibundos); in Hamburg veröffentlichte Jesuah Habilho spanische und portugiesische Gedichte (vgl. Pitollet 1910, S. 424–433, XXIV, 1991, S. 164–176, 360–367, 466–472.

78 Während in Holland zwischen 1580 und 1820 über 700 Sefardica gedruckt wurden, waren es in Hamburg nur ungefähr 20 Titel, vgl. den Boer, Editions, S. 97.

79 Abdruck in Cassuto, Friedhof, [Blätter 3–8].

80 Vgl. Daniel Israel López Laguna: Espejo fiel de vidas. London 1772 (Übersetzung der Psal-

Kunst
Kultur
Wissenschaft

men).

81 Vgl. Isaac Aboab: Parafrasis comentada sobre el Pentateuco. 5441 [1681]; Imanuel Aboab: Nomología o discursos legales, 5389 [1629]; Menasseh ben Israel: Esperança de Israel, 5419 [1659]; Jacob Huli: Retrato del taberbáculo de Moseh, 5414 [1654]; Hisquijahu de Silva: Del fundamento de nuestra ley moral, 1691, alle in Amsterdam; Hamburg.

82 Vgl. Isaac Aboab de Fonseca (Amsterdam) zwei in Spanisch und zwei in Portugiesisch, die von Rabbi David Nieto (London) in Spanisch. Vgl. Roth, Marranos, S. 304.

83 Das erste spanische Buch im Balkan war die »Esperança de Israel« von Menasseh ben Israel, das von Abraham Gabbai 1659 in Izmir gedruckt wurde, wahrscheinlich aber auch, um auf dem europäischen Markt präsent zu sein, vgl. Roth 1959, S. 299–300.

84 Obwohl Heinrich Löwe 1940 behauptet, daß in Ostfriesland, Holland, Hamburg und Kopenhagen Portugiesisch auch in hebräischen Lettern gesetzt wurde.

85 MS Adler 933, vgl. Roth 1959, S. 300–301.

86 Salomon, Midrasch, S. 169–180.

87 Cassuto, Friedhof; Cassuto 1933 (1), S. 95–96.

88 Fast- und Trauertag zur Erinnerung an die Zerstörung des Jerusalemer Tempels.

89 Cassuto, Friedhof.

90 Grunwald 1902 (1), S. 69.

91 Vgl. Blondheim, Les parlers, S. 145.

92 »Verse in zwei Sprachen zu machen ist äußerst schwierig, denn dabei muß man Wörter finden, die in beiden Sprachen etwas bedeuten« (Moses Gideon Abudiente: Grammatica Hebraica S. 176; vgl. Remedios, Judeus em Amsterdam, S.153).

93 Der Chacham Abraham Meatob starb am 23. Elul 5428 [1668] und wurde auf dem Altonaer Friedhof beigesetzt.

94 Grunwald 1902 (1), S. 20; Cassuto 1908-1920, Bd. 6, S. 16 [...athe meio em ladino].

95 Pulido Fernández, Españoles, S. 299.

96 Vgl. Heitmann 1988, S. 47–48.

Literatur

Armistead, Samuel G./Joseph H. Silverman: El substrato cristiano del romancero sefardi in: En torno al romancero sefardí, S. 127–148

Barnett, R. D. (Hg.): The Sephardi Heritage I. The Jews in Spain and Portugal before and after the Expulsion of 1492 London 1971

Barnett, R. D. (Hg.): The Sephardi Heritage II. Essays on the History and Cultural Contribution of the Jews in Spain and Portugal. London 1989

Barzilay, Isaac: Yoseph Shlomo Delmedigo [Yashar of Candia] Leiden 1974

Blondheim, David S.: Les parlers judéo–romans et la Vetus Latina. Paris 1925

Bodian, Miriam: The 'Portuguese' Dowry Societies in Venice and Amsterdam. In: Italia (Jerusalem) VI, 1–2, 1987: S. 30–61

Boer, Harm den: Bibliografia de los impresos en lengua Española y Portuguesa de Holanda Leiden 1983

Boer, Harm den: Ediciones falsificadas de Holanda en el siglo XVII: escritores sefarditas y censura judaica. In: Varia bibliographica. Homenaje a José Simón Díaz. Kassel 1988: S. 99–104

Boer, Harm den: Was Uriel da Costa's Examen seized by the Spanish Inquisition Studia Rosenthaliana XXIII,1,1989: S. 3–7

Boer, Harm den: Spanisch and Portuguese Editions from Northern Netherlands in Madrid and Lisbon in Madrid and Lisbon Public Collections in: Studia Rosenthaliana XXII, 2 (1988): S. 97–143, XXIII, 1 (1989): S. 38–77, XXIII, 2 (1989): S. 138–177

Cassuto, Alfonso: Der portugiesische Friedhof in Hamburg–Altona [Vorarbeiten zu einer Dissertation, Hamburg 1927–1933, ungedrucktes Manuskript]

Cassuto, Alfonso: Seltene Bücher aus meiner Bibliothek. In: Studia Rosenthaliana VI, 2, 1972: S. 215–223

Cirot, Georges: Les Juifs de Bordeaux. Bordeaux 1920

Cohen, Martin A.: Towards a new comprehension of the Marranos. In: Hispania Judaica 1, Barcelona 1980, S. 23-35

Copenhagen, J. H.: Menasseh ben Israel. Manuel Dias Soeiro. A Bibliography. Jerusalem 1990

Costa, Isaac da: Noble families among the Sephardic Jews. Oxford – London 1936

Friedenwald, Harry: Jews and Medicine. 2 Bde. Baltimore 1944

Fuks–Mansfeld, R. G.: De Sephardiem in Amsterdam tot 1795. Hilversum 1989

Gaster, Moses: History of the Ancient Synagogue of the Spanish and Portuguese Jews. London 1901

Gebhardt, Carl: Uriel da Costa. Amsterdam 1922

Glas, Joseph/Ruth Kark: The Amzalak Family. Jerusalem 1991

Grünberg, C. M.: Hebraismos y criptohebraismos en el romance peninsular y americana. In: Judaica 51–53 (1937), S. 136–152

Guerra, Luis Bivar: Inventario dos Processos da Inquisição de Coimbra (1541–1820). Paris 1972

Guterman. Alexander: Sefarden in Polen (hebr.). In: Pe'amim (Jerusalem) 18, (1984), S. 53–79

Haliczer, Stephan: The Expulsion of the Jews and the Economic Development of Castile. In: Hispanica Judaica I, S.39–47

Hes, Hindle S.: Jewish Physicians in the Netherlands. Assen 1980

Hirschberg, H.Z.: A History of the Jews in North Africa. 2 Bde, Leiden 1981

Hispanica Judaica I: Barcelona o.J. [1980 ?]

Israel, Jonathan I.: The Dutch Republic and the Hispanic World (1606–1661). Oxford 1982

Israel, Jonathan I.: European Jewry in the Age of Mercantilism 1550–1750. Oxford 1985

Kaplan, Yosef: Vom Christentum zum Judentum. Leben und Werk von Isaac Orobio de Castro (hebr.). Jerusalem 1982

Kaplan, Yosef: The Travels of Portuguese Jews from Amsterdam to the 'Lands of idolatry' (1644–1724). In: Kaplan, Yosef (Hg.): Jews and Conversos. Jerusalem 1985, S. 197–211

Kastein, Josef: Uriel da Costa oder die Tragödie der Gesinnung. Berlin 1932

Kayserling, Meyer: Biblioteca Española–Portugueza–Judaica. Strasbourg 1890 [Nachdruck Nieuwkoop 1961]

Kellenbenz, Hermann: Tradiciones nobiliarias de los grupos sefardíes in: Actas del primer simposio de estudios sefardíes. Madrid 1970, S. 49–54

Koppelman, Lieben: Gal Ed. Grabschriften des Prager israelitischen alten Friedhofs. Prag 1856

Koren, Nathan: Jewish Physicians. A biographical Index. Jerusalem 1973

Kowallik, Sabine: Beiträge zum Ladino und seiner Orthographiegeschichte. Hamburg 1989

Lévi, Abraham: Les vestiges de l'espagnol et du portugais chez les Israélites de Bayonne. Bordeaux 1930

Levi, D.: The Form of Prayers according to the Custom of the Spanish and Portuguese Jews. London 1793

Lipiner, Elias: O cristão–novo: mito ou realidade in: Yosef Kaplan (Hg.): Jews and Conversos. Jerusalem 1985, S. 124–138

Löwe, Heinrich: Die Sprachen der Juden. Köln 1911

Löwe, Heinrich: Andere Shprakhn fun Yidishe Kibutzim. In: Algemeyne Entsklopedye. Yidn B, Paris 1940, Col. 97

Márquez Villanueva, Francisco: El problema de los conversos: cuatro puntos cardinales. In: Hispania Judaica I: S. 51–75

Mea, Elvira Cunha de Azevedo Orações judaicas na Inquisicão. In: Yosef Kaplan (Hg.): Jews and Conversos. Jerusalem 1985, S. 149–178

Studemund-Halévy Sprachverhalten und Assimilation der portugiesischen Juden in Hamburg

Meijer, Jacob: Isaac da Costa's Weg naar het Christendom. Bijdrage tot de Geschiedenis der Joodsche Problematiek in Nederland. Dissertation 1941 [Nachdruck 1946]

Nahon, Gerard: Les Marranes espagnols et portugais et les communautés juives issues du Marranisme dans l'historiographie récente (1960 – 1975). In: Revue des Etudes Juives 1976

Nave, Pnina: Two Poems by Jacob Frances. In: Tesoro de los Judios Sefardíes (Jerusalem) IV, 1961, S. XXVII – XLII

Netanyahu, B.: The Marranos of Spain. New York 1973

Offenberg, Adri K.: Exame das tradições. Een bibliografisch onderzoek naar de publikaties der eerste Sefardim in de Noordelijke Nederlanden, met me in Amsterdam (1584–1627) in: Renée Kistenmaker/Tirtsah Levi (Hg.): Exodo. Portuguezen in Amsterdam 1600–1680 Amsterdam 1988

Paulo, Amilcar: Os Marranos em Trás–os–Montes. Porto 1956

Paulo, Amilcar: Os Marranos nas Beira. Viseu 1960

Paulo, Amilcar: Os Cristãos–Novos no Porto Matosinhos. 1961

Paulo, Amilcar: Os Judeus em Trás–os–Montes. Bragança 1965

Paulo, Amilcar: Romanceiro Criptojudaico. Bragança 1969

Paulo, Amilcar: Os criptojudeus. Porto 1969

Paulo, Amilcar: O ritual dos criptojudeus portugueses. In: Yosef Kaplan (Hg.): Jews and Conversos. Jerusalem 1985, S. 139–148

Pieterse, Wilhelmina Chr.: Daniel Levi de Barrios als geschiedschrijver van de Portugese–Israelietische gemeente in Amsterdam in zijn 'Triumpho del govierno popular'. Amsterdam 1967

Pieterse, Wilhelmina Chr.: Livro de Bet Haim do Kahal Kados de Bet Yahacob. Assen 1970

Pohl, Hans: Die Portugiesen in Antwerpen (1567–1648). Wiesbaden 1977

Praag, J. A. van: Restos de los idiomas hispanolusitanos entre los sefardíes de Amsterdam. In: Boletín de la Academia Española 18 (1931), S. 177–201

Praag, J. A. van: Almas en litigo. In: Clavileño I, 1970, S. 19

Pulido Fernandez, Angel: Españoles sin patria y la

Kunst
Kultur
Wissenschaft

Raza Sefardí. Madrid 1913
Remedios, J. Mendes: Os judeus em Amsterdam. Coimbra 1911
Remedios, J. Mendes: Os Judeus em Portugal. Coimbra 1928
Révah, I. S.: Les Marranes portugais et l'Inquisition au XVI siècle. In: Barnett, Sephardi Heritage I., S. 479–526
Révah, I. S.: L'Hérésie Marrane dans l'Europe Catholique du 15e au 18 siecle. In: Colloque de Royaument, Hérésies et sociétés dans l'Europe préindustrielle 11e – 18e siècles. Paris 1968, S. 327–337
Rirkin, Ellis: The shaping of Jewish History: A radical new interpretation. New York 1971
Roth, Cecil: A History of the Marranos. London 1932
Roth, Cecil: A Life of Menasseh ben Israel. Rabbi, Printer and Diplomat. Philadelphia 1934
Roth, Cecil: The Marrano Press in Ferrara. In: Modern Language Review 38, 1943, S. 307–317
Salomon, Herman Prins.: Hidalgos of Faith. In: The American Sephardi (New York) IV (1970), S. 15–37
Salomon, Herman Prins: Midrash, Messianism and Hebrew in two Spanish Hebrew Hymns. In: Studia Rosenthaliana IV, 2, 1970, S. 169–180
Salomon, Herman Prins: Hispanic Liturgy among Western Sephardim. In: The American Sephardi III, 1–2, 1968, S. 49–59
Saraiva, António José: Inquisição e cristãos–novos. Porto 1969
da Silva Germano, Pedro:A língua portuguesa usada pelos judeus sefarditas no exílio. Dissertation Lissabon 1968
Silva Rosa, J. S. da: Die spanischen und portugiesischen gedruckten Judaica in der Bibliothek des Jüd. portug. Seminars Ets Haim in Amsterdam. Eine Ergänzung zu Kayserlings 'Biblioteca española–portugueza–judaica'. Amsterdam 1933
Sloushz, Nahum: Die Marranen in Portugal (hebr.). Tel Aviv 1932
Sola Pool, David de: The use of Portugues and Spanish. In: Studies in honour M. J. Bernardete. New York 1965, S. 359–361
Spitzer, Leo: Der oyfkum fun yiddish–romanishe Shprakhn. In: Yivo–Bleter (New York) 14, 1939, S. 193–210
Steinschneider, Moritz/David Cassel: Jüdische Typographie und jüdischer Buchhandel. Jerusalem 1938
Studemund–Halévy, Michael: Judenspanische Texte aus Nordportugal und Livorno. (MS) 1972
Studemund–Halévy, Michael: Die osman–türkischen Elemente im Balkanspanischen. (MS) 1975
Studemund–[Halévy], Michael: Bibliographie zum Judenspanischen. Hamburg 1975 [Romanistik in Geschichte und Gegenwart, Bd., 2]
Studemund–Halévy, Michael: A Dictionary of the Ottoman Turkish Elements in the Languages of South–Eastern Europe. In: Estudios Sefardíes 1, 1978, S. 342–345
Studemund–Halévy, Michael: Bibliographie zur Geschichte der Juden in Hamburg. Hamburg 1991 (im Druck)
Swetschinski, Daniel. M.: The Portuguese Jewish Merchants of 17 Century Amsterdam: a social Profile. PhD Brandeis University 1979
Swetschinski, Daniel. M.: Kinship and Commerce: the Foundations of Portuguese Jewish Life in Seventeenth–century Holland. In: Studia Rosenthaliana 15 (1981), S. 52–74
Vilímková, Milada: Die Prager Judenstadt. Hanau 1990
Weinreich, Max: History of the Yiddish Language. Chicago – London 1980
Wexler, Paul: Ascertaining the position of Judezmo within Ibero–Romance. In: Vox Romanica (Zürich), 36 (1977), S. 162–195
Wexler, Paul: Terms for 'synagogue' in Hebrew and Jewish Languages. In: Revue des Etudes Juives CXL, 1–2, 1981, S. 101–138
Wexler, Paul: Jewish Interlinguistics: Facts and Conceptual Framework. In: Language 51, 1, 1981, S. 99–149
Wexler, Paul: Linguistica Judeo–Lusitanica. In: Isaac Benabu/Joseph Sermoneta (Eds.) 1985, S. 189–208
Wexler, Paul: Marrano Ibero–Romance classification and research tasks. In: Zeitschrift für romanische Philologie (Tübingen), 98,1 (1982), S. 59–108
Wexler, Paul: De–Judaicization and incipient rejudaicization in 18th century Portuguese Ladino. In: Iberoromania (Tübingen), 25 (1987), S. 23–37
Wexler, Paul: Three Heirs to a Judeo–Latin Legacy: Judeo–Ibero–Romance, Yiddish and Rotwelsch. Wiesbaden 1988
Wolf, Lucien: Crypto–Jews of Portugal. London 1926
Zimmels, H. J.: Die Marranen in der rabbinischen Literatur. Berlin 1932

Juden im Musikleben Hamburgs

Peter Petersen

Die Familie Mendelssohn

Felix Mendelssohn Bartholdy, geboren am 3. Februar 1809 in Hamburg, erhielt 1829 während einer Konzerttournee durch England einen Brief seines Vaters, in dem dieser ihm ausführlich die Gründe darlegte, weshalb er sich vor Jahren entschlossen hätte, zum Christentum überzutreten, alle vier Kinder taufen zu lassen und zum Zeichen dessen den Namen Bartholdy anzunehmen. Der Gedankengang Abraham Mendelssohn Bartholdys und die Haltung dieses aufgeklärten, sich sehr bewußt in der Tradition seines Vaters Moses Mendelssohn begreifenden Christ-Juden ist für die Frage der Identität Felix Mendelssohn Bartholdys wichtig, weshalb einige Passagen aus diesem Brief zitiert seien:

»*Meines Vaters Vater hieß Mendel Dessau. Als dessen Sohn, mein Vater, in die Welt getreten war, als er anfing genannt zu werden, als er den edlen, nie genug zu preisenden Entschluß faßte, sich selbst, und seine Mitbrüder, aus der tiefen Erniedrigung, in welche sie versunken waren, durch Verbreitung einer höheren Bildung zu reißen, fühlte er, daß es ihm zu schwer werden würde, als Moses Mendel Dessau in das nähere Verhältnis [...] zu denjenigen zu treten, die damals im Besitz dieser höheren Bildung waren; er nannte sich [...] Mendelssohn. [...] Einen christlichen Mendelssohn kann es nicht geben, denn die Welt agnoscirt keinen, und soll es auch nicht geben, denn er selbst wollte es ja nicht seyn. [...] Der Standpunkt auf welchen mich mein Vater und meine Zeit gestellt, legte mir gegen Euch, meine Kinder, andere Pflichten auf, und gab mir kein andere Mittel an Händen, ihnen zu genügen, ich hatte gelernt, und werde es bis an meinen letzten Atemzug nicht vergessen, daß die Wahrheit nur Eine und ewig, die Form aber vielfach und vergänglich ist [...] So wie aber meinem Vater sich die Nothwendigkeit aufgedrängt hatte, seinen Namen seiner Lage angemessen zu modifizieren, so erschien es mir Pietät und Klugheitspflicht zugleich das auch zu thun. [...] Du kannst und darfst nicht Felix Mendelssohn heißen [...] du mußt dich also Felix Bartholdy nennen weil der Name ein Kleid ist, und dieses der Zeit, dem Bedürfniß, dem Stande angemessen seyn muß, wenn es nicht hinderlich oder lächerlich werden soll. [...] Heißt du Mendelssohn so bist du eo ipso ein Jude, und das taugt dir nichts, schon weil es nicht wahr ist. Beherzige dies, mein lieber Felix und richte dich danach*«.[1]

von oben nach unten:
Felix Mendelssohn-Bartholdy
Joseph Joachim
György Ligeti

Kunst
Kultur
Wissenschaft

Dieser Brief läßt deutlich werden, daß nicht mehr die Sorge um Anfeindung allein, sondern vor allem der Wunsch nach uneingeschränkter Teilhabe an Öffentlichkeit den Vater zu seiner Entscheidung, dem Christentum beizutreten, bestimmt hat. Die »*höhere Bildung*« zu erlangen und selbst als ein hoch Gebildeter maßgeblich zu wirken, dies war der Status, den Abraham seinen Kindern ermöglichen wollte. Weder der alte noch der neue Glaube hatte in seinem Weltbild Bedeutung, sondern die Maximen der Aufklärung bestimmten ihn, wonach jeder Mensch mit Vernunft begabt und schöpferisch befähigt ist und deshalb der Einzelne in Verantwortung für alle handeln und seine Kunst an alle gerichtet sein soll.

Man kann den Brief indessen auch als eine Bekräftigung der jüdischen Identität des Sohnes Felix lesen. Der Name Bartholdy sollte ja für das angenommene Christentum stehen. Indem er nun auf die Ebene der kurzlebigen Kulturformen wie Kleidertracht und Mode herabgestuft wird, tritt jenes »Ewige« und »Eine«, das die Väter übermittelten, hervor. »Wahrheit« steht gegen »Form«, und die Religionen fallen für Abraham Mendelssohn Bartholdy allesamt unter die »Form«, insbesondere auch die jüdische, die von ihm schlichtweg als »*veraltet und verderbt*« bezeichnet wird. Das Bestehen auf der »*Einen Wahrheit*« und die starke Betonung der Väterfolge läßt also eine jüdische Identität jenseits des jüdischen Kultus durchscheinen. Ein Enkel Felix Mendelssohn Bartholdys, der Rechtsgelehrte und Professor der Hamburger Universität Albrecht Mendelssohn Bartholdy, hat in unserem Jahrhundert das gleiche ausgedrückt, wie sein Urgroßvater in jenem Brief an Felix:

»*Unter meinen Vorfahren ist eine lange Reihe jüdischer Rabbiner bis ins Mittelalter hinauf, unter ihnen ist eine ebenso lange Reihe von Pfarrern und Vorstehern und Glaubensmärtyrern der französisch-reformierten Gemeinde bis unter das Edikt von Nantes, unter ihnen sind deutsch-evangelische Pfarrer aus der Reformationszeit und als vierte großelterliche Reihe gute katholische Österreicher. So wird es vielen von uns gehen. Und doch sage ich auch für uns Zusammengewürfelte, daß uns der Glaube der Väter den Grund zum Leben unserer Seele legen muß, wenn wir gute Bürger dieser Welt und unserer Heimat werden sollen*«.[2]

An der Familie Mendelssohn kann man gut die verschiedenen Facetten und auch das Problematische unseres Themas – Juden im Musikleben Hamburgs – entfalten. Die Frage der jüdischen Identität jenseits der Zugehörigkeit zu Religionsgemeinschaften, Kulturkreisen und nationalen Entitäten stellt sich in jedem Einzelfall neu und wird je unterschiedlich zu beantworten sein. Aber auch der regionale Bezugsrahmen, der durch die Stadt und den Staat Hamburg gesetzt ist, wirft Probleme auf, die an den Mendelssohns sogleich offenbar werden. So wurde Felix zwar in Hamburg 1809 geboren, lebte hier aber nur zwei Jahre lang, weil seine Eltern mit den ebenfalls in Hamburg geborenen Geschwistern (Fanny, *1805, und Rebecca, *1811) vor den französischen Besatzern 1811 nach Berlin auswichen und sich dort niederließen. Felix Mendelssohn kam bis zu seinem frühen Tode – er starb am 4. November 1847 in Leipzig – nie wieder nach Hamburg. Im Musikleben der Städte Berlin, Leipzig, Düsseldorf und London war Mendelssohn als Dirigent, Solist, Lehrer und Organisator tatsächlich präsent, in Hamburg nicht. Und dennoch kann man sagen, daß er das musikalische Leben Hamburgs entscheidend mitbestimmte: durch seine Musik nämlich, die von den Hamburgern in auffälliger Weise bevorzugt wurde. Nicht so sehr die Tatsache, daß im Todesjahr Mendelssohns auf Initiative des »Hamburger Gesangverein[s]« (der späteren Sing-Akademie) eine Gedächtnisfeier für den berühmten Sohn der Hansestadt veranstaltet wurde, belegt dies, sondern viel mehr die Tatsache, daß kaum ein Sinfonie-, Chor- oder Solistenkonzert stattfand, in dem nicht auch ein Werk Mendelssohns zur Aufführung kam. So gehörten die Oratorien Paulus und Elias, die Italienische und Schottische Sinfonie, das Violinkonzert, die Sommernachtstraum-Musik und die berühmten Ouvertüren sowie auch die Motetten und Lieder zum festen kulturellen Besitz der Hamburger im 19. Jahrhundert.[3]

Umgekehrt verweist der bereits erwähnte Enkel des Komponisten, Albrecht Mendelssohn Bartholdy, auf den nicht seltenen Sachverhalt, daß Juden wie Nicht-Juden auf das Hamburger Musikleben Einfluß nehmen konnten, ohne selber Musiker zu sein. Gleich nach seiner 1920 erfolgten Berufung auf die ordentliche Professur für Zivilrecht an der Universität Hamburg wurde Mendelssohn Bartholdy in den Vorstand des »Verein[s] Hamburgischer Musikfreunde« bzw. der »Philharmonischen Gesellschaft« gewählt. In dieses Amt konnte er sowohl seine Erfahrungen als Organisator von Musikfesten in Würzburg und Jena als auch seine internationalen Verbindungen, die aus seiner Tätigkeit als Sachverständiger bei den Versailler Friedensverhandlungen, als Präsidiumsmitglied der »Deutschen Liga für den Völkerbund« und natürlich als Vortragsreisender in ganz Europa und in den Vereinigten Staaten resultierten, einbringen. Nach dem Machtantritt der Nazis und auf Druck des neuen Bürgermeisters Krogmann trat er im April 1933 aus dem Vorstand der »Philharmonischen Gesellschaft« aus, emigrierte 1934 nach Großbritannien und starb 1936 in Oxford.[4]

Schließlich läßt sich an dem Beispiel Felix Mendelssohn Bartholdys auch die Frage erörtern, weshalb überhaupt erst im 19. Jahrhundert Juden im Musikleben Hamburgs namhaft wurden, wo doch deren Geschichte in Hamburg schon seit dem 16. Jahrhundert datiert. Unter Musikleben ist in diesem Zusammenhang die öffentliche, geistliche oder weltliche Musikausübung zu verstehen, die ein ganz selbstverständlicher Bestandteil des allgemeinen gesellschaftlichen Lebens war. Der jüdische Synagogalgesang, den es natürlich immer schon gegeben hatte, kann insofern nicht zum allgemeinen Musikleben der Stadt gerechnet werden, auch wenn einzelne Kantoren mit ihrem wunderbaren Gesang den Ruhm Hamburgs auch im europäischen Ausland mehrten, wie z.B. der Urgroßvater Paul Dessaus, Berend Moses Dessau, der 1791 geboren wurde und Kantor der Deutsch-Israelitischen Gemeinde in Hamburg war. Um aber am städtischen Musikleben teilnehmen zu können, das ja seit dem 16. Jahrhundert florierte[5] und dessen Stützen die Kantoren der Hauptkirchen, die Raths-Musikanten und die Lehrer und Eleven an der Johannisschule waren – berühmte Namen der hamburgischen Musikgeschichte bis Ende des 18. Jahrhunderts sind Praetorius, Selle, Keiser, Lübeck, Händel, Telemann, Mattheson, Ph. E. Bach –, mußten die Juden überhaupt erst die bürgerlichen Rechte zugesprochen bekommen, was eben vor dem 19. Jahrhundert nicht der Fall war. So erklärt sich, daß Fanny und Felix Mendelssohn Bartholdy nicht nur aus der Perspektive Hamburgs sondern auch mit Blick auf die europäische Musikgeschichte überhaupt zu den ersten Juden zählen, die bedeutsam in die musikalische Kunstentwicklung eingreifen konnten (völlig singulär unter den Älteren ist Salomone Rossi, der als Jude am Hofe von Mantua zu Beginn des 17. Jahrhunderts komponieren und arbeiten konnte; Giacomo Meyerbeer, der 1791 als Jakob Liebmann Meyer Beer in Tasdorf bei Berlin geboren wurde, ist indessen direkter Zeitgenosse Mendelssohns und somit eigentlich der erste namhafte jüdische Komponist in der europäischen Musikgeschichte).

Kunst
Kultur
Wissenschaft

Das 19. Jahrhundert in Hamburg:
Integration der Juden ins allgemeine Musikleben

Das Musikleben Hamburgs im 19. Jahrhundert gewann insofern eine breitere öffentliche Basis, als die Bürger selbst die Initiative ergriffen und musikalische Vereinigungen verschiedenster Art gründeten. Die bedeutendsten und zum Teil bis heute fortlebenden privaten Gründungen waren »Die Hamburger Sing-Akademie« (seit 1819), die »Philharmonische Gesellschaft in Hamburg« (seit 1828), »Der Caecilien-Verein« (seit 1843), »Die Bach-Gesellschaft« (seit 1855), »Der Concert-Verein« (seit 1863), »Die Neuen Abonnements-Concerte« (seit 1886) sowie Sing- und Musikvereine in der Nachbarstadt Altona. Während die Juden bei der Gründung und Leitung dieser Konzert- und Singgesellschaften im allgemeinen keine Rolle spielten – eine Ausnahme bildete Hermann Wolff (1845-1902), dessen Hauptwirkungsfeld zwar in Berlin lag, der aber 1886 in Hamburg die »Neuen Abonnements-Concerte« ins Leben rief und durch die Konkurrenz zu den »Philharmonischen Konzerten« frischen Wind in die Musikszene brachte -, waren unter den Komponisten, deren Musik gespielt wurde (siehe Felix Mendelssohn Bartholdy), wie vor allem auch unter den ausübenden Musikern ganz selbstverständlich viele Juden. Nach den Verzeichnissen Sittards (der übrigens seinerseits die jüdische Herkunft von Musikern überhaupt nicht erwähnt) ist der Anteil von jüdischen Violin- und Klaviervirtuosen sogar ungewöhnlich hoch. So wirkten etwa bei den Konzerten der Philharmonischen Gesellschaft in den 60 Jahren zwischen 1829 und 1889 folgende jüdische Konzertgeiger mit: Ferdinand David, geboren 1810 in Hamburg, Joseph Joachim, geboren 1831 in Preßburg, Edmund Singer, geboren 1831 in Totis, Ferdinand Laub, geboren 1832 in Prag, Heinrich Wieniawski, geboren 1835 in Lublin, und Tivadar Nachez, geboren 1859 in Pest. Und ebenso waren unter den Pianisten sehr viele Juden mit berühmten Namen: Ferdinand Hiller, geboren 1811 in Frankfurt am Main, Alexander Dreyschock, geboren 1818 in Böhmen, Otto Goldschmidt, geboren 1829 in Hamburg, Anton Rubinstein, geboren 1829 in Wychwatinez, Joseph Wieniawski, geboren 1837 in Lublin, und Carl Tausig, geboren 1841 in Warschau.[6]

Man kann wohl sagen, daß die Integration der Juden ins Hamburger Musikleben in dieser Zeit wohltuende Normalität war. Ein schönes Zeichen dafür ist auch der Freundschaftsbund zwischen Clara und Robert Schumann, Joseph Joachim und Johannes Brahms. Als das zwanzigjährige »Wunderkind« Brahms 1853 seine Vaterstadt Hamburg zum ersten Mal verließ, traf er in Hannover auf den bereits berühmten, wenngleich nur zwei Jahre älteren Geiger Joachim, der ihn weiter nach Düsseldorf zu den Schumanns schickte. Das künstlerische und menschliche Einvernehmen stellte sich sofort ein. Man komponierte, konzertierte und korrespondierte in den folgenden vierzig Jahren auf das Intensivste miteinander, daß aber Joachim ein Jude war, spielte nicht einmal am Rande eine Rolle. Ebenso in Hamburg: Clara Wieck-Schumann »*war ein Liebling der Hamburger; vom Jahre 1835 bis 1881 ist sie allein in den philharmonischen Concerten nicht weniger als 19 Mal aufgetreten*«,[7] und ein Chronist aus Hamburg berichtete andererseits über den ersten Geiger des Reiches: »*Man bezeichnete ihn in Hamburg nur mit dem Ausdruck 'unser Joachim'. Ein Winter ohne ihn war kaum denkbar*«.[8] Zurecht vermutet Kurt Stephenson, daß Joachims auffallende Freundschaft mit Hamburg sich »*ähnlich wie bei Clara Schumann auf die Hinneigung zu Brahms und den Brahmsianern, zur formal orientierten Richtung in der Komposition*« zurückführen lasse, welche Tendenz »*in Hamburg sofort auf inniges Verständnis stoßen mußte*«.[9]

Daß in Hamburg die Emanzipation und Integration der jüdischen Musiker vielleicht weiter fortgeschritten war als anderswo, mag auch der Fall Gustav Mahlers dokumentieren. Mahler war 1891 an das Hamburger Stadt–Theater verpflichtet worden, wo er bis 1897 neben dem Impresario Pollini – gleichfalls ein Jude, mit dem Mahler allerdings in fortwährendem Streit lag – alle wichtigen Opern dirigierte und in der Saison 1894/95 auch sechs Sinfoniekonzerte leitete. Mahlers Judentum spielte hier in Hamburg – nach dem unverdächtigen Zeugnis Hans von Bülows, der damals Chefdirigent der Neuen Abonnements-Concerte war – keine Rolle. Von Bülow zeigte sich gleich nach Mahlers ersten Auftritten begeistert: »*Hamburg hat jetzt einen ganz vortrefflichen Operndirigenten in Herrn Gustav Mahler (ernster, energischer Jude aus Budapest) gewonnen, der meiner Ansicht nach den allerbesten (Mottl, Richter usw.) gleichkommt*«.[10]

Petersen
Juden im
Musikleben Hamburgs

Mahler selbst berichtete über die Zeugnisse der Verehrung, die der ältere und viel bekanntere Bülow in aller Öffentlichkeit ihm zuteil werden ließ:

»*Es ist komisch, wie er in seiner abstrusen Manier mich bei jeder Gelegenheit in aufsehenerregender Weise coram publico 'auszeichnet'. Er kokettiert mit mir (ich sitze in der ersten Reihe) bei jeder schönen Stelle. Er reicht mir vom Pult die Partituren der unbekannten Werke, damit ich während der Aufführung mitlesen kann. So wie er meiner ansichtig wird, macht er mir ostentativ eine tiefe Verbeugung! Manchmal spricht er auch vom Podium herab mich an*«.[11]

Nicht nur öffentliche Akzeptanz, sondern zunehmende Verehrung durch das Publikum genoß Mahler in Hamburg, wobei er selbst allerdings von den Bedingungen, die das schlecht subventionierte Stadt–Theater ihm bot, nicht begeistert war. So kam ihm das Angebot aus Wien, Chef der Hofoper zu werden, gerade recht. Indessen gab es da eine Schwierigkeit, die Mahler selbst in einem Brief an Max Marschalk in Berlin so formulierte: »*In Wien braucht man einen Direktor und findet, daß ich der geeignete Mann für diesen Posten wäre. Aber das Hindernis aller Hindernisse – mein Judentum – liegt im Wege*«.[12] Hofoper und Stadt-Theater waren eben doch verschiedene Dinge. Gustav Mahler – als folgte er den Überlegungen Abraham Mendelssohns – ließ sich taufen und wurde katholisch. Wir können sicher sein, daß für den aufgeklärten, literarisch und philosophisch überaus bewanderten und gerade in seiner Hamburger Zeit insbesondere mit den Schriften Friedrich Nietzsches befaßten Mahler die Konversion nicht viel mehr als ein Kleiderwechsel war und seine jüdische Identität nicht eigentlich berührte.

Kriege, Pogrome, Holocaust: Die Vertreibung der Juden aus dem allgemeinen Musikleben Hamburgs

Gustav Mahler (1860-1911) hat den Ersten Weltkrieg, bei dem erstmals die neue Dimension des technischen Vernichtungskrieges deutlich wurde, und den deutsch-österreichischen Faschismus, dessen rassistische Komponente zu dem epochalen Schrecken einer industriell betriebenen Menschenvernichtung führte, nicht mehr erlebt, wenngleich seiner Musik durchaus Vorahnungen dieser sozialen Katastrophen eingeschrieben zu sein scheinen. Viele jüdische Musiker, die nur zehn oder fünfzehn Jahre später als Mahler geboren und wie dieser mit Hamburg verbunden waren, mußten an Leib und Seele die Folgen der schnell um sich greifenden Barbarei erleiden, indem sie ihrer Menschenwürde beraubt, aus dem kulturellen Leben vertrieben, außer Landes gejagt oder – der schrecklichste Fall –

Kunst
Kultur
Wissenschaft

hinterhältig im Lande gehalten, scheinheilig in »Kulturbünden« gehegt und schließlich der Vernichtungsmaschinerie einverleibt wurden.

In der Jubiläumsschrift zum hundertjährigen Bestehen der Philharmonischen Gesellschaft Hamburg finden wir im Orchesterverzeichnis an vorderster Stelle noch die Namen Heinrich Bandler und Jakob Sakom. Bandler, der 1870 in Rumburg geboren wurde, war seit 1896 (!) 1. Konzertmeister, und Sakom, der 1877 in Penevézys in Litauen geboren wurde, war seit 1905 (!) Solocellist. (Beide wirkten übrigens in dem auch überregional bekannten »Bandler-Quartett« zusammen.) Der hervorragende künstlerische Rang dieser beiden Musiker war unangefochten, und daß sie Juden waren, schien ohne Belang – jedenfalls bis 1922, als Karl Muck als Nachfolger José Eibenschütz' die Leitung des Philharmonischen Orchesters übernahm. Karl Muck wurde von dem Kritiker des Hamburger Fremdenblatts, Heinrich Chevalley, bei seinem Amtsantritt »*höchster sittlicher Ernst*« und ein »*aufrechter Charakter*« bescheinigt.[13] Er trug indessen antisemitische Ressentiments in das Orchester, wie die folgende, von Robert Jacques bezeugte Anekdote belegt. Bekanntlich sitzen der Konzertmeister und der Celloanführer links und rechts vom Dirigenten. Bei Gelegenheit eines Auftritts auf das Podium und mit der Hinwendung zum Orchester hat Karl Muck für alle hörbar gesagt: »*Jetzt trete ich durch's Judentor*«. Schon wenig später brauchte er sich zu diesem Schritt nicht mehr zu überwinden, denn Heinrich Bandler und Jakob Sakom wurden 1933 nach rund dreißigjährigem Dienst entlassen (und das Orchester schwieg dazu). Auch der etwa gleichaltrige jüdische Dirigent José Eibenschütz (1872-1952) hatte in Hamburg großes Ansehen genossen und wurde dessen ungeachtet 1934 »rassegesetzlich« verjagt. Eibenschütz war 1908 Chefdirigent des Philharmonischen Orchesters in Hamburg geworden und bestimmte bis 1921 von dieser Position aus das Konzertleben entscheidend mit. Nach einer Interimszeit in Norwegen kehrte er 1928 nach Hamburg zurück, um in der Nordischen Rundfunk AG (NORAG) die Aufgaben des Dirigenten und des Leiters der Konzertabteilung zu übernehmen. 1933 und 1934 sukzessive aus seinen Ämtern entlassen emigrierte Eibenschütz erst in die USA und dann nach Norwegen. Er kehrte 1946 nach Deutschland zurück und hatte zwei Jahre später noch einmal die Gelegenheit, »sein« Orchester im NWDR zu dirigieren.

Die Nazis waren gründlich, niemand konnte der Registrierung durch die Behörden und somit der potentiellen Verfolgung entgehen. Ein Blick in das nazistische »Lexikon der Juden in der Musik«[14] gibt Aufschluß darüber, mit welcher Akribie und mit welchem Stab an (Musik-)Wissenschaftlern den jüdischen Musikern nachgefahndet wurde, um sie den mit Musik befaßten staatlichen und pseudostaatlichen Stellen zur »Selektion« aufzugeben. Manchen gelang die Flucht ins Ausland, andere zögerten bis es zu spät war, nicht jeder konnte die finanziellen Mittel für eine Emigration aufbringen, und von vielen wissen wir überhaupt nichts über das weitere Lebensschicksal.

In der 1934 gegründeten »Jüdischen Gesellschaft für Kunst und Wissenschaft in Hamburg«, aus der 1935 der »Jüdische Kulturbund Hamburg« durch Reichsverordnung gebildet wurde, fanden viele der nun arbeitslosen jüdischen Musiker zusammen. In einer kürzlich abgeschlossenen Magisterarbeit über den »Jüdischen Kulturbund Hamburg«[15] werden 53 Musiker und Musikerinnen angeführt, die in Hamburg wohnten und aktiv bei den Veranstaltungen des Kulturbundes in Erscheinung traten. Hinzu kamen viele Künstler von außerhalb, die regelmäßig als Gastdirigenten oder -solisten mitwirkten.

Unter den ersten Dirigenten des Jüdischen Kulturbundes waren William Steinberg (1899-1951), der 1936 nach Palästina und 1938 weiter in die USA emigrierte, und Joseph Rosenstock (1895-1985), der 1936 nach Japan emigrierte, dort im Versteck überlebte, und nach dem Kriege nach New York ging, um die Leitung der New Yorker Philharmoniker zu übernehmen. Der Komponist, Musikschriftsteller und Musikpädagoge Robert Müller-Hartmann, der 1884 in Hamburg geboren wurde, gehörte dem Beirat des »Jüdischen Kulturbundes Hamburg« an. Er war von 1923 bis 1933 Dozent für Musiktheorie an der Universität Hamburg gewesen und übernahm nach seiner Entlassung den Musikunterricht in der jüdischen Mädchenschule Carolinenstraße. 1937 emigrierte er nach England, wo er 1950 starb. Zu den sehr angesehenen Künstlerpersönlichkeiten gehörte auch die in Hamburg geborene Cembalistin und Pianistin Edith Weiss-Mann (1885-1951). Sie konzertierte, nachdem die Nazis ein allgemeines Auftrittsverbot über sie verhängt hatten, im Jüdischen Kulturbund und gab private Klavierstunden sowie Matineekonzerte. 1939 glückte ihr noch die Flucht nach New York, wo sie – bereits schwer krank – den Ansatz einer zweiten Karriere erleben konnte. Hamburger Freunde, darunter die Komponistin und Pianistin Ilse Fromm-Michaels, die als Ehefrau eines Juden selbst von den Nazis verfolgt wurde, gedachten der bedeutenden Künstlerin 1951 in einem eigenen Konzert.

Erwähnt seien auch jene jüdischen Komponisten, die zwar in Hamburg geboren und aufgewachsen sind, deren Studium, Karriere und Exil sie aber fernab der Vaterstadt verschlug. Jean Gilbert, der berühmte Operetten- und Filmkomponist, wurde als Max Winterfeld 1879 in Hamburg geboren. Bis zu seiner Emigration 1933 war er bereits überall in Europa bekannt. Sein Exil begann in Wien und führte über Paris, London, Barcelona, Madrid schließlich nach Buenos Aires, wo er 1942 starb. Paul Dessau, der aus einer alten Kantorenfamilie stammt, wurde 1894 in Hamburg geboren. Nach anfänglichen Engagements am Hamburger Stadt-Theater und an den Hamburger Kammerspielen ging er über Köln und Mainz nach Berlin. 1933 floh er vor den Nazis nach Paris und 1939 weiter in die USA. Dort begann seine intensive Zusammenarbeit mit Bertolt Brecht, die bedeutende Früchte trug (Deutsches Miserere, Lucullus). Dessau lebte und arbeitete bis zu seinem Tode 1979 in der DDR. Berthold Goldschmidt wurde 1903 im Stadtteil St. Georg in Hamburg geboren und ging ebendort zur Schule. Nach einem noch in Hamburg begonnenen Universitätsstudium ging er nach Berlin und hatte als Dirigent und Komponist schnell Erfolg. Der Machtantritt der Nazis unterbrach seine Karriere und lähmte vorerst seine Schaffenskraft. Seit 1935 in London im Exil lebend und seit langem britischer Staatsbürger hat der heute 88jährige Komponist zunehmend Erfolg. 1989 lud ihn die Stadt Hamburg zu einem Besuch seiner Vaterstadt ein, seitdem reist er jährlich mindestens einmal nach Hamburg. Auch die amerikanischen Komponisten Ingolf Dahl und Ruth Schonthal wurden in Hamburg geboren, mußten als Kinder jüdischer Eltern aber bereits Deutschland verlassen, bevor ihr eigentlicher Werdegang begonnen hatte. Dahl wirkte bis zu seinem Tode an der Westküste der USA, Schonthal lebt und arbeitet noch heute in New York.

Auf die Flüchtlinge wartete meistens ein schweres Leben im Exil. Vergessen wir aber nicht, daß erlittenes Exil zugleich gelungene Flucht bedeutete. Tiefe Trauer erfüllt uns im Gedenken an die vielen Hamburger, die aus ihren Wohnungen heraus verschleppt, auf der Kleinen Moorweide, dem heutigen »Platz der Deportierten« zusammengetrieben und in die Todeslager deportiert wurden. Unter diesen Hamburger Juden waren einige, von denen wir wissen, daß sie Musiker waren:

Richard Goldschmied, Pianist, geboren 1880 in Wien, verschollen in Lodz;
Bertha Dehn, Geigerin, geboren 1881 in Hamburg, verschollen in Lodz;
Siegfried Freundlich, Kontrabassist, geboren 1882 in Hamburg, verschollen in Lodz;
Hermann Steifmann (Cerini), Pianist, geboren 1886 in Zagorow, verschollen in Auschwitz.

Kunst
Kultur
Wissenschaft

Jüdische Musiker heute:
Das Beispiel des Wahl-Hamburgers Ligeti

György Ligeti, am 28. Mai 1923 in Siebenbürgen geboren, hat in dem Sammelband »Mein Judentum« seine komplizierte Identität auf folgende Weise beschrieben:

»*Meine Muttersprache ist Ungarisch, ich bin aber kein ganz echter Ungar, denn ich bin Jude. Doch bin ich kein Mitglied einer jüdischen Religionsgemeinde, also bin ich assimilierter Jude. So völlig assimiliert bin ich indessen auch nicht, denn ich bin nicht getauft. Heute, als Erwachsener, lebe ich in Österreich und Deutschland und bin seit langem österreichischer Staatsbürger. Echter Österreicher bin ich aber auch nicht, nur ein Zugereister, und mein Deutsch bleibt lebenslang ungarisch gefärbt*«.[16]

Ein problematischer Fall, möchte man sagen, doch das Problem liegt nicht bei Ligeti, sondern bei uns, sofern wir immer wieder dazu neigen, das Eindeutige dem Vieldeutigen vorzuziehen, das Pure dem Gemisch, das Feste dem Elastischen. Dabei wäre Ligetis Identität sehr einfach zu benennen: er ist einer der bedeutendsten Komponisten des 20. Jahrhunderts. Vor dem, was er geschaffen hat und noch schaffen wird, erscheint die Frage nach seinem Judentum wie eine unangebrachte Einengung seiner universellen Geistigkeit. Und erst recht laufen wir Gefahr, Ligetis Künstlertum, indem wir es mit Hamburg in Beziehung setzen, regionalistisch zu beschneiden, werden seine Kompositionen doch in der ganzen Welt aufgeführt und geschätzt.

Gleichwohl sind beide Fragen – die nach seiner jüdischen Identität und die nach seiner Rolle im Musikleben Hamburgs – gerechtfertigt. Tatsache ist, daß es der Stadt Hamburg nie zuvor gelungen ist, einen so bedeutenden Komponisten wie Ligeti über einen so langen Zeitraum hier zu halten. Der Kontakt mit Hamburg begann 1961, als der Norddeutsche Rundfunk Ligeti einen Kompositionsauftrag erteilte, dem der Komponist mit dem vokalinstrumentalen Werk »Aventures« nachkam. Das epochemachende Werk, das zwischen absurdem Theater und imaginärem Musiktheater, zwischen asemantischer Sprachkomposition und instrumentaler Pantomime hin- und herwechselt, wurde am 4. April 1963 in der Konzertreihe »das neue werk« uraufgeführt und ist deren damaligem Leiter Herbert Hübner gewidmet. 1973 übernahm György Ligeti eine Meisterklasse für Komposition an der Hamburger Musikhochschule, die er als Professor bis zu seiner Emeritierung 1988 führte. Sein Schülerkreis war ebenso international wie sein Unterricht universal und fächerübergreifend war. Er unterhielt Kontakt mit der Hamburger Universität, die ihm 1988 die Ehrendoktorwürde verlieh. 1971 war er in die Freie Akademie der Künste in Hamburg berufen worden. Die Hansestadt ehrte ihn 1975 mit der Verleihung des Bach-Preises. Mit seiner Komposition »Trio für Horn, Violine und Klavier«, die 1982 bei den Bergedorfer Schloßkonzerten uraufgeführt wurde, schrieb er eine latente »Hommage à Johannes Brahms«, jenen berühmtesten Sohn der Stadt, den die Hamburger allerdings nicht zu halten vermochten. Ligeti und Hamburg – das bedeutet nicht den Versuch einer Einvernahme, sondern will nur besagen, daß es vom Standpunkt Hamburgs aus eine spezifische Perspektive auf das Werk und das Wirken Ligetis in Europa und der Welt gibt.

Was nun das Judentum György Ligetis anbelangt, so gibt es Analogien zu Felix Mendelssohn Bartholdy. Beide stammen aus assimilierten jüdischen Familien. Die Tradition Moses Mendelssohns, des Zeitgenossen Kants, lebt in dem Gedanken der Toleranz gegenüber allen Religionen und Kulturen auch im Weltbild und den Utopievorstellungen Ligetis fort.

»*Ich akzeptiere alle Religionen als große kulturelle Systeme, wunderbare Traditionen, das kann die christliche Religion, das kann der Islam sein [...] solange sie nicht militant sind, solange sie mich nicht bekehren oder zwingen wollen*«.[17]

Auf der anderen Seite ist das Jude-Sein Ligetis mit dem von Mendelssohn völlig unvergleichbar. Zwischen ihnen steht Auschwitz. Ligeti hat – wie er selbst berichtet[18] – nur zufällig das von den Nazis im März 1944 in Ungarn installierte Sztójai-Regime überlebt. Der größte Teil seiner Verwandten kamen in Auschwitz, Mauthausen oder Bergen-Belsen ums Leben, seine Mutter ist Überlebende des Frauenlagers Auschwitz. »*Daß ich Jude bin, ist eigentlich ein [...] Produkt des Antisemitismus*«, äußerte Ligeti 1990. Er bekennt, daß er noch heute Haß empfindet – »*ein freischwebender Haß, daß das möglich war*«.[19] Eine religiöse Bindung an das Judentum verneint Ligeti und seine Beschneidung als Kind sei nur »*pro forma*« gewesen. Mit voller Klarheit weiß er indessen, daß er jenseits aller religiösen Zusammenhänge Jude ist. Nach seiner Auffassung wurden die Juden im Laufe der Jahrhunderte aus einer religiösen Gemeinschaft zu einer gesellschaftlichen Gruppe, und zwar durch Absonderung und Verfolgung:

»*Ich weiß nicht, ob heute, in der heutigen Situation zum Judentum zu gehören gleich ist mit zu einer Religion zu gehören. Bestimmt war es eine Religion, wurde aber dann durch die Absonderung zu einer Gruppe, einer aufgezwungenen Absonderung schon seit dem Mittelalter, wurde zu einer Art von Verteidigungsgemeinschaft*«.[20]

Befragt danach, ob sein Jude-Sein und insbesondere die Verfolgung durch die Nazis Spuren in seiner Musik hinterlassen habe, antwortet Ligeti: »*Das kann ich verbal, mit Wörtern nicht beantworten, ich kann es beantworten in der Musik. Du findest in der Musik etwas. Ich kann darüber nicht sprechen...*«.[21] Dieses »*Etwas*«, das sich als nicht benennbarer Inhalt in der Musik Ligetis niedergeschlagen hat, gehört zu jenen psychischen Tatsachen, die am Schluß des Textes über »*Mein Judentum*« angesprochen werden und die unser aller Existenz auf ewig bedingen werden: das »*Bewußtsein, daß die Verkrampfung und die Ressentiments, die wir alle, Juden und Nichtjuden, seit der Hitler-Zeit mit uns schleppen, unheilbar sind – sie sind psychische Fakten, mit denen wir leben müssen*«.[22]

Am 30. März 1991 fand in Hamburg ein Festakt zu Ehren Gustav Mahlers statt. Anlaß ist die von der Stadt beschlossene Benennung des »Gustav-Mahler-Platzes« an der Kreuzung Colonnaden/Große Theaterstraße. Nehmen wir dies als ein Zeichen für eine wiedererlangte Normalität im Umgang Hamburgs mit seinen jüdischen Musikern. Denn es ist normal, daß Künstler, die die ganze Menschheit mit ihren Werken beschenkt haben, an den Orten ihres Wirkens geehrt werden.

Anmerkungen

1 Zitiert nach Riehn 1980, S. 134f.
2 Bottin 1991, S. 18.
3 Vgl. Sittard, Musik- und Concertwesen.
4 Bottin 1991, S. 55.
5 Vgl. Krüger, Musikorganisation; Sittard, Musik- und Concertwesen.
6 Sittard, Musik- und Concertwesen, S. 320ff.
7 Ebd., S. 320.
8 Avé-Lallemand, Rückerinnerungen, S. 32.
9 Stephenson, Philharmonische Gesellschaft, S. 114f.
10 Schreiber, Mahler, S. 51; vgl. dazu den Beitrag von Stefan Wulf in diesem Band.
11 Ebd., S. 52.
12 Ebd., S. 71.
13 Nach Stephenson, Philharmonische Gesellschaft, S.244.
14 Berlin 1940 u. ö.
15 Kohrs, Musik.
16 Ligeti 1986, S. 196.
17 G. Ligeti in einem Podiumsgespräch am 3.

Kunst
Kultur
Wissenschaft

November 1990 im Westdeutschen Rundfunk zusammen mit Mauricio Kagel und Juan Allende-Blin über das Thema »Mein Verhältnis zum Jude-Sein«; Tonbandmitschnitt.
18 Ligeti 1986, S. 205.
19 WDR 1990 (wie Anm. 17).
20 Ebd.
21 Ebd.
22 Ligeti 1986, S. 206.

Literatur

Avé-Lallemand, Theodor: Rückerinnerungen eines alten Musikanten. In Veranlassung des 50jährigen Bestehens der philharmonischen Concerte ... Hamburg 1878

Dittrich, Marie-Agnes: Musikstädte der Welt. Hamburg 1990

Entartete Musik. Zur Düsseldorfer Ausstellung von 1938. Eine kommentierte Rekonstruktion v. A. Dümling u. P. Girth. Düsseldorf 1988

Musik und Musiker im Exil. Folgen des Nazismus für die internationale Musikkultur. Hg. von H.-W. Heister, C. Zenck und P. Petersen. (in Vorbereitung)

Musik und Musikpolitik im faschistischen Deutschland. Hg. v. H.-W. Heister u. H.-G. Klein. Frankfurt/Main 1984

Kohrs, Jens: Musik und Musiker des »Jüdischen Kulturbundes Hamburg«. Magisterarbeit (MS). Universität Hamburg 1991

Krüger, Liselotte: Die Hamburgische Musikorganisation im XVII. Jahrhundert. Leipzig – Straßburg – Zürich 1933

Projektgruppe Musik und Nationalsozialismus: Zündende Lieder – Verbrannte Musik. Folgen des Nationalsozialismus für Hamburger Musiker und Musikerinnen. Hg. von der Projektgruppe Musik und Nationalsozialismus. Hamburg 1988

Projektgruppe Musik und Nationalsozialismus: Programmheft zur westdeutschen Erstaufführung des »Deutschen Misere« von Paul Dessau und Bertolt Brecht am 1. September 1989 in Hamburg. Hg. von der Projektgruppe Musik und Nationalsozialismus. Hamburg 1989

Schreiber, Wolfgang: Gustav Mahler. In Selbstzeugnissen und Bilddokumenten dargestellt. Reinbek b. Hamburg 1971

Sittard, Josef: Geschichte des Musik- und Concertwesens in Hamburg vom 14. Jahrhundert bis auf die Gegenwart. Altona – Leipzig 1890

Stephenson, Kurt: Hundert Jahre Philharmonische Gesellschaft in Hamburg. Hamburg 1928

Wulf, Joseph: Musik im Dritten Reich. Eine Dokumentation. Frankfurt/Main 1983

In Hamburg geborene jüdische Musiker und Musikerinnen:

14. November 1805	Fanny C. Hensel geb. Mendelssohn
3. Februar 1809	Felix Mendelssohn Bartholdy
19. Juni 1810	Ferdinand David
2. Februar 1826	Louise Langhans geb. Japha
21. August 1829	Otto David Goldschmidt
8. März 1838	Adolph L'Arronge
27. Juli 1854	Olga Gottheil
24. September 1858	Louise Kleimann
13. November 1858	Rudolf Philipp
1. März 1861	Bernhard Dessau (Dessoux)
6. Oktober 1864	Rosalie Blum
21. März 1867	Philipp Philip
24. November 1867	Clara Behrend
21. Januar 1868	Henny Klahn geb. de Lemos
5. Februar 1868	Henri Hinrichsen
11. Juni 1869	Hugo Strauss
3. April 1870	Ernst Franz Heinrich Deutsch (Decsey)
25. September 1871	Eugenie Schröder geb. Ostersetzer
13. Oktober 1871	Fanny Sara Warburg
20. August 1872	Sophie Wohlwill
30. Dezember 1872	Max Cohn
28. März 1874	Siegfried Owert
24. Mai 1874	Felix Lewin (Hugo Felix)
2. Juni 1874	Gertrud Lazarus
8. April 1875	Moritz Bauer
14. Januar 1876	Alfred Schmidt (Schmidt-Radekow)
8. April 1877	Oskar Klemperer
9. Juli 1877	Charlotte Danziger (Lotte Dahn)
18. September 1877	Helene Lachmanski geb. Schaul
2. Oktober 1877	Julia Windmüller
29. April 1878	Lilli Sington-Rosdal
11. Februar 1879	Max Winterfeld (Jean Gilbert)
29. März 1879	Dora Rosenberg
12. Februar 1881	Gotthold Gumprecht
23. November 1881	Bertha Dehn
18. Januar 1882	Siegfried Freundlich
17. Juni 1882	Fritz Arthur Kauffmann
27. Oktober 1882	Wolfram Charles Garden
27. März 1883	Rosa Lipski
12. April 1884	Georg de Haas

11. Oktober 1884	Robert Gerson Müller-Hartmann	7. Dezember 1899	Petersen
3. Dezember 1884	Lotte Leonard (Charlotte Lewy)	Senta Lissauer	Juden im
24. Dezember 1884	Ernst Jacobsen	6. Januar 1900	Musikleben Hamburgs
11. Mai 1885	Edith Weiss-Mann	Oscar E. F. Österreich	
21. August 1885	Frieda Jost geb. Levy	(Österreicher)	
11. September 1885	Johann Ziebell	21. Dezember 1900	Grete Steiner
12. Oktober 1885	Cäsar Koppel	29. Januar 1901	Hertha Kahn
12. Januar 1886	Alice Krebs geb. Eber	15. November 1901	Oswald Behrens
15. Juni 1886	Fanny Klahn geb. Kartz	18. Januar 1903	Berthold Goldschmidt
24. April 1887	Beatrie Levy	17. Mai 1903	Werner (Jürgen) Singer
6. Juli 1888	Erna Fenchel	22. Juli 1903	Doris Schmoller
23. Dezember 1889	Rosa Joseph geb. Pintscher (Rosa Neumann)	22. Mai 1904	Karla Müller (Karla Monti)
		23. Juli 1904	Fritz Schönbrunn
23. Mai 1890	Frank Karl Bennedik	21. Dezember 1904	Noel Manfred Fürst
1890	Herta von Son	8. Juli 1905	Emilie Toni Maria Meyer (Emmi Meyer)
10. März 1891	Kurt Albert Arndt		
24. April 1891	Frieda Fahrenhorst	4. September 1905	Irene-Charlotte Guthmann
14. Mai 1891	Gretchen Behrens	4. November 1905	Emil Krebs
23. Juni 1891	Eduard Moritz (Herbert Loé)	5. Januar 1906	Bernhard Abramowitsch
5. April 1892	Walter Lewinsohn (Walter Leewens)	2. März 1906	Jacob Hirsch
		25. März 1907	Martha Plaaß geb. Goldstein
15. Mai 1892	Bernhard Bennedik	19. Dezember 1907	Käthe Lisser
6. Oktober 1892	Alfons Hirsch	6. Juni 1908	Alfons Zinkower
15. Januar 1893	Richard Maack	27. Juni 1908	Erich Mörch
17. Januar 1893	Hedwig Jost geb. Goldstein	4. September 1908	Hans Gumprecht
8. August 1893	Adda Heynssen	13. Dezember 1908	Anita Erika Lita Tiedcke
13. August 1893	Adolf Löwenherz	2. Januar 1909	Ingeborg A. M. Piza
14. August 1893	Erna Israel (Erna Schumann)	7. Juni 1909	Ilse Karla Lehmann
9. September 1893	Wally Henschel	3. September 1910	Gerda Seligmann
12. September 1893	Hermann Stock	17. Juni 1911	Susanne Lattermann
16. März 1894	Hermann Feiner	24. Oktober 1911	Erika Samson (Erika Storm)
15. April 1894	Karl Selmar Nathan (Karl Kaufmann)	9. Juni 1912	Ingolf Dahl
		23. Dezember 1912	Gerhard Gotthelf
24. April 1894	Edgar Simons	1. Juli 1913	Klaus Hallè
8. Juni 1894	Agnes Leimdörfer (Agnes Lenbach)	23. August 1913	Hanna Glücksmann
		30. Mai 1914	Ernst Wedepohl
21. Oktober 1894	Erna Zutermann	24. August 1914	Paul Wehl
19. Dezember 1894	Paul Dessau	2. November 1914	Felicitas Kukuck geb. Kestner
5. Mai 1895	Else Levie	28. April 1917	Alfred Mann
19. Juni 1895	Walter Kauffmann	19. August 1919	Horst Berend
1. September 1895	Manfred Lewandowsky	25. Februar 1922	Jost A. R. Michaels
25. Oktober 1895	Paula Breslauer	27. Juni 1924	Ruth Schönthal (Schonthal)
15. Februar 1896	Else Katzenstein		
5. März 1896	Amalie Mehnert		
6. September 1896	Conrad Löwenherz		
10. Januar 1897	Frieda Polack		
27. Juni 1897	James Jacob Marcus Marienthal		
17. November 1897	Charlotte Appel		
24. November 1897	Joseph Jacobsen		
27. Januar 1898	Annemarie Klutmann geb. Heß		
3. Februar 1899	Kurt A. D. Wagener (Maria Mattani)		
19. April 1899	Luise Minden		

Kunst
Kultur
Wissenschaft

Jüdische Künstler an der Hamburger Oper

Stefan Wulf

Aufmerksamen Hamburger Zeitgenossen bot sich vor knapp hundert Jahren auf der Rothenbaumchaussee oder der Grindelallee häufiger das Bild zweier Männer, die, vom Dammtor kommend, in Gespräche über Musik, Literatur und Philosophie vertieft und auf dem Weg zur Parkallee, später zur Bismarckstraße waren. Der junge Bruno Walter, der damals noch Schlesinger hieß, begleitete nicht selten nach den Proben Kapellmeister Gustav Mahler vom Stadt-Theater, dem Opernhaus an der Dammtorstraße, nach Hause. Zur gleichen Zeit wuchs ganz in der Nähe, in der Eichenallee (seit 1899 Heinrich-Barth-Straße/Brahmsallee), ein kleiner Junge auf, der 1889 mit seinen Eltern aus Breslau in die Hansestadt gekommen war und dessen größte Freude die Litfaßsäulen mit den Konzert- und Theaterplakaten waren, die in seinem Leben noch eine so große Rolle spielen sollten. Eines Tages sah der Junge einen Mann auf der Straße, den er, ohne daß man es ihm gesagt hätte, unzweifelhaft als den bekannten Kapellmeister Mahler identifizierte. Er konnte damals noch nicht ahnen, daß Gustav Mahler es sein würde, der ihm etwa anderthalb Jahrzehnte später mit einem kurzen Telegramm zu einem Engagement am Stadt-Theater verhelfen sollte. Der Text des Telegramms lautete: »*Klemperer zugreifen*«.[1]

Gustav Mahler (1860 – 1911), Bruno Walter (1876 – 1962) und Otto Klemperer (1885 – 1973) gehören zu den bedeutendsten Persönlichkeiten der Musikgeschichte. Allen drei Künstlern ist gemeinsam, daß ihr Leben als Jude geprägt war durch soziale wie innere Konflikte, die ihnen der Antisemitismus innerhalb des deutschsprachigen Kulturraumes aufzwang, und daß in ihrer künstlerischen Entwicklung das Hamburger Stadt-Theater eine nicht zu unterschätzende Rolle gespielt hat.

Stürmische Energie und konzessionsloser Kunstwille: Gustav Mahler am Stadt-Theater

Mahlers Bedeutung für die Entwicklung, besser gesagt die Anfänge des Musiktheaters in Hamburg, das kurz vor der Jahrhundertwende diesen Namen eigentlich noch nicht recht verdiente, war ganz ohne Zweifel grundlegend. Gerade weil der Dirigent Mahler weit weniger als der Komponist im Bewußtsein der Nachwelt eine Rolle spielt,

von oben nach unten:
Ottilie Metzger-Lattermann
Sabine Kalter
Alexander Kipnis

Kunst
Kultur
Wissenschaft

verdient es festgehalten zu werden, daß die Hamburger Jahre Mahlers in erster Linie bekenntnishaftes Interpretentum und kongeniales Nachschöpfen repräsentieren. Hier trat am 29. März 1891 ein Mann an das Pult des Hamburger Opernhauses, dem das Dirigieren weniger die Ausübung eines Berufes als vielmehr die Verwirklichung einer Berufung war.

Der neue, erst 30jährige Erste Kapellmeister, der zuvor bereits in Prag, Leipzig und zuletzt in Budapest dirigiert hatte, debütierte mit dem »Tannhäuser«. Dies war insofern konsequent, als ihm neben den Opern Mozarts und dem »Fidelio« Beethovens besonders die Musikdramen Richard Wagners am Herzen lagen. In den kommenden Jahren sollte er seinen Ruf als führender Wagner-Dirigent festigen. Und seine Mozart-Aufführungen galten schon bald als richtungweisend. Mit großem Erfolg setzte er sich für den späten Verdi (»Aida«, »Falstaff«) ein, leitete am 19. Januar 1892 in Anwesenheit Tschaikowskys die deutsche Erstaufführung des »Eugen Onegin« und verhalf vor allem dem böhmischen Nationalkomponisten Bedrich Smétana, dessen Oper »Die verkaufte Braut« er dem Hamburger Publikum am 17. Januar 1894 vorstellte, zu allgemeiner Anerkennung.

Mit glühendem Enthusiasmus, kompromißloser Hingabe und unerbittlicher Strenge gegen andere wie sich selbst strebte Mahler nach höchster Vollkommenheit und Genauigkeit. Noch Jahrzehnte später erinnerte sich Bruno Walter an die *»stürmische Energie, mit der Mahlers konzessionsloser Kunstwille Routine und Bequemlichkeit aus dem Theater hinausgefegt und in Aufführungen von emotionaler Bewegtheit und musikalischer Reinheit eine neue Epoche in der Oper herbeigeführt hatte«*.[2]

Er wandte sich nicht nur entschieden gegen eine zur Gleichgültigkeit erstarrte Routine des Hamburger Orchesters, sondern suchte ebenso Sänger und Choristen aus ihrer traditionellen Haltungs- und Agierschablone auf der Bühne zu befreien und ihre dramatischen Ausdrucksmöglichkeiten zu fördern. Gerade die dramatische Durchdringung einer Partie, die darstellerische Intensität, galten ihm weit mehr als brillante Spitzentöne und purer Stimmexhibitionismus.

Das Startheater des Hamburger Operndirektors Pollini, eine Art Rampenzirkus vor belcanto-begeisterten Zuschauern, war für Mahler nicht nur unakzeptabel, es war ihm unerträglich. Er strebte nach musikalischer Wahrhaftigkeit und einer szenischen Realisierung der Musik. Seine Forderung nach einem optischen Pendant zur Partitur ging in Hamburg lange nicht so weit wie Jahre später an der Wiener Hofoper, wo er zusammen mit dem Bühnenbildner Alfred Roller eine rigorose Szenenreform durchführen sollte. Aber selbst sein Anspruch auf ein Mitspracherecht bei der Einübung darstellerischer Elemente stieß in der Dammtorstraße auf vehementes Unverständnis. Der biedere Spielleiter Franz Bittong, dessen Regiebemühungen sich bei Chorszenen auf den Ruf *»Leben, Herrschaften, Leben!«* und ein lautes Schnalzen mit Daumen und Zeigefinger beschränkten, konnte den genialen Eingebungen Mahlers beim besten Willen nicht folgen. Und der Direktor wollte es nicht.

Bernhard Pollini, der Impresario des Hamburger Opernhauses, 1838 als Baruch Pohl in Köln geboren und nach einer kurzen Laufbahn als Bariton zum erfolgreichen Theaterunternehmer avanciert, hatte 1874 das dahinsiechende Stadt-Theater übernommen und sollte es 23 Jahre lang, bis zu seinem Tode am 26. November 1897, in äußerlich strahlendem Glanze führen. Orden und Ehrungen überwogen bei weitem gelegentliche antisemitische Äußerungen. Unbestritten ist sein kaufmännisches Talent. Unzweifelhaft sind aber auch die sozialen und vor allem künstlerischen Versäumnisse seiner Direktionszeit.

In Pollinis »Warenhaus«, wie ein Zeitgenosse das Stadt-Theater einmal bezeichnete, war nicht das Genie Gustav Mahler gefragt, sondern der hart und unentwegt arbeitende Dirigent. Opernreformbestrebungen waren aus der Sicht Pollinis allenfalls geeignet, den reibungslosen Ablauf des erfolgreichen Geschäftsunternehmens an der Dammtorstraße zu gefährden. Im Spätsommer 1895 schrieb Mahler an Arnold Berliner, daß er »*faktisch täglich*« dirigiere,[3] und ein halbes Jahr später an Max Marschalk: »*Ich bin jetzt im Wagnerzyklus und furchtbar überladen mit Arbeit. Gestern habe ich das 19. mal hintereinander dirigiert. – Das ist in Hamburg so Sitte*«.[4] Schon in der Spielzeit 1894/95 hatte er 142 Vorstellungen (25 Werke) geleitet. Das war mehr als die Hälfte aller Aufführungen. Hinzu kamen noch 23 Vorstellungen im Altonaer Stadt-Theater, das sich seit 1876 ebenfalls in Pollinis Hand befand.

In Hamburg begegnete Mahler dem talentierten Bruno Schlesinger, der mit gerade 18 Jahren im Herbst 1894 als Korrepetitor an das Stadt-Theater gekommen war, wo er unter Mahler schon bald zum Chordirektor aufstieg, nach einem Jahr gar Kapellmeister wurde und erste Erfahrungen im Dirigieren von Opern sammeln konnte. Hier erfüllte sich auch bald sein höchster Wunsch. Er dirigierte Wagner. Schlesinger war von dem kompromißlosen Kunstwillen Mahlers fasziniert, und dieser wiederum fühlte sich von dem Jüngeren wirklich verstanden, machte ihn auch bald mit den eigenen Kompositionen vertraut. In Hamburg wurde so der Grundstein für eine lange, bis zu Mahlers Tod ungetrübte Freundschaft gelegt, der Grundstein aber auch für eines der wichtigsten Kapitel in der Geschichte der Interpretation Mahlerscher Musik.

1896 verließ Schlesinger Hamburg. Er ging nach Breslau, wo er unter dem Künstlernamen Walter auftrat, der 1911 auch sein bürgerlicher Name werden sollte. 1901 holte ihn Mahler, inzwischen Direktor der Hofoper, nach Wien. 1929 und 1930 gastierte Bruno Walter an der Stätte seiner Anfänge und dirigierte – bewundert und gefeiert von Kritik und Publikum – am Stadt-Theater den »Othello« und die »Meistersinger«. 1933 mußte er Deutschland verlassen, emigrierte 1938 von Wien nach Frankreich und 1939 in die Vereinigten Staaten.

War der Dirigent Mahler, als er nach Hamburg kam, in der Musikwelt längst ein Begriff, so galt dies noch nicht für den Komponisten. Doch dessen Aufstieg begann gerade in den Hamburger Jahren, in denen er – inspiriert durch die Totenfeier für Hans von Bülow 1894 – den letzten Satz seiner Auferstehungssymphonie schuf und auch an der Dritten Symphonie arbeitete. Ebenso entstanden in der Hansestadt eine Reihe von Orchesterliedern nach »Des Knaben Wunderhorn«. Es war zudem der Hamburger Rechtsanwalt und Mäzen Hermann Behn, der zusammen mit dem Kaufmann Wilhelm Berkhan die beträchtlichen Kosten für die Uraufführung der Zweiten Symphonie am 13. Dezember 1895 in Berlin übernahm, der die Herausgabe des übrigens von ihm selbst besorgten Klavierauszugs finanzierte und sich auch am Druck der Partitur finanziell beteiligte.

Wahrscheinlich haben sich Mahler und Behn im Hause von Frau Dr. Henriette Lazarus, Esplanade 37, kennengelernt, in deren Musiksalon Mahler oft verkehrte, wo die kulturinteressierten Hamburger und Künstler wie Anton Rubinstein, Moriz Rosenthal oder Franziska Ellmenreich verkehrten und wo Mahler seine überzeugten wie zögernden Freunde auch mit den »Liedern eines fahrenden Gesellen« bekanntgemacht hat.

Als sich Gustav Mahler am 24. April 1897 mit dem »Fidelio« vom Hamburger Publikum verabschiedete, lag gerade ein entscheidendes Ereignis seines Lebens hinter ihm. Am 23. Februar hatte er sich in der kleinen Michaeliskirche katholisch taufen lassen. Am 7. Juli 1860 im böhmischen Kalischt als Sohn von Marie Mahler, geb. Hermann, die aus

---

Wulf
Jüdische Künstler
an der
Hamburger Oper

Kunst
Kultur
Wissenschaft

einem gutbürgerlichen jüdischen Kaufmannshaus stammte, und Bernhard Mahler, Sohn einer jüdischen Hausiererin, zur Welt gekommen, leugnete Mahler zwar seine Herkunft nie ab, litt aber oft und tief unter dem Judentum. Er fühlte sich dreifach heimatlos: »*als Böhme unter den Österreichern, als Österreicher unter den Deutschen und als Jude in der ganzen Welt*«.[5]

Schon lange vor seinem Weggang aus Hamburg schwebte Mahler die »*Berufung zum Gott der südlichen Zonen*« vor, wie er den Ruf nach Wien zu nennen pflegte, doch sein Judentum verwehre ihm, wie er um die Jahreswende 1894/95 an Friedrich Löhr schrieb, den Eintritt in jedes Hoftheater: »*Nicht Wien, nicht Berlin, nicht Dresden, nicht München steht mir offen. Überall bläst jetzt derselbe Wind*«.[6] Zwei Jahre später, am 14. Januar 1897, nennt er in einem Brief an Max Marschalk sein Judentum »*das Hindernis aller Hindernisse*« für einen Wechsel nach Wien.[7] In diesen Januartagen, Mahler hatte bereits am Stadt-Theater gekündigt, rechnete er, wie er an Berliner schrieb, sogar damit, »*nächsten Winter in Berlin privatisierend zubringen*« zu müssen, obwohl man sich in München und Wien sehr für ihn interessierte: »*Überall bildete jedoch mein Judentum im letzten Momente den Stein, über den die Kontrahenten gestolpert*«.[8]

Gewiß war Wien der äußere Anlaß für Mahlers Konversion. Hier aber bloßen Opportunismus zu vermuten, wäre verkürzend und ungerecht, denn Mahlers Christgläubigkeit, seine besondere Neigung zur katholischen Mystik sind schwerlich zu bestreiten. Die Anfänge seiner inneren Wendung zum Christentum lagen in den Jahren vor 1897. Mahler glaubte, wie C. Floros anschaulich nachgewiesen hat,[9] an die zentralen Aussagen der christlichen Lehre. Seine verschiedenen Äußerungen und die Programme seiner Symphonien spiegeln die große Bedeutung des Erlösungs- und des Auferstehungsgedankens wider wie auch den Glauben an die göttliche Liebe und Gnade und die ewige Seligkeit.

Ein vom Himmel gefallenes Stück noch glühendheißes Erz: Otto Klemperer an der Hamburger Oper

Auch Otto Klemperer konvertierte. Er trat am 16. Juli 1910 aus der jüdischen Religionsgemeinschaft aus – gerade nach Hamburg zurückgekehrt, um am Stadt-Theater als Kapellmeister zu arbeiten. Am 17. März 1919, Klemperer war inzwischen in Köln tätig und dort mit dem Prälaten Franz-Xaver Münch wie dem katholischen Philosophen Max Scheler befreundet, wurde er in die katholische Kirche aufgenommen. 1967 fand er wieder zum jüdischen Glauben zurück. 1970 nahm er die israelische Staatsbürgerschaft an.

Otto Klemperer war am 14. Mai 1885 als Sohn von Nathan Klemperer und seiner Frau Ida, geb. Nathan, in Breslau zur Welt gekommen. Nathan Klemperer stammte aus dem Prager Ghetto, wo sein Vater Abraham Religionslehrer war und als bedeutender Talmudkenner galt. Ida Klemperer, deren Vater Solomon Tabakmakler in Hamburg war, stammte mütterlicherseits von sephardischen Juden ab, die sich im 18. Jahrhundert in Altona niedergelassen hatten (Handelsgesellschaft Rée).

Otto Klemperer wurde als deutscher Staatsbürger jüdischen Glaubens erzogen. Er feierte zwar 1898 in aller Form seinen Bar Mizwa, doch in seinem Elternhaus wurde eine Reihe religiöser Vorschriften nur in abgeschwächter Form eingehalten oder gar fallengelassen. Mit sechs Jahren kam er in die Hamburger Stiftsschule, die – ursprünglich eine jüdische Gründung – 1852 unter der Leitung Anton Rées ihre Tore für alle Konfessionen geöffnet hatte. Seit 1895 besuchte Klemperer dann das Realgymnasium des Johanneums, an dem er erstmals mit dem Antisemitismus unmittelbar konfrontiert wurde. Als der Junge in einer Zeichenstunde Schwierigkeiten hatte, einen Würfel zu malen, soll der Lehrer nur gesagt haben: »*Kein Wunder bei Deiner Rasse*«.[10]

Wulf
Jüdische Künstler an der
Hamburger Oper

Das Elternhaus, besonders die sehr musikalische Mutter, legte den Grundstein für die künstlerische Entwicklung Ottos, der zunächst in Berlin Klavier studierte, sich aber bald dem Dirigieren zuwandte. Sein Einstand in Hamburg, wo er in der Rothenbaumchaussee ein Zimmer gemietet hatte, war triumphal. Am 3. September 1910 debütierte er mit dem »Lohengrin« und wurde in den Hamburger Nachrichten von Ferdinand Pfohl, der zeitweise ein guter Freund Mahlers gewesen war, mit einem »*vom Himmel gefallenen Stück noch glühendheißem Erz*« verglichen.[11] In seiner ersten Spielzeit 1910/11 dirigierte Klemperer 73 Vorstellungen. Neben »Lohengrin« leitete er auch mehrmals den »Holländer«, in erster Linie aber italienische und französische Opern.

Im Oktober gastierte Enrico Caruso in Hamburg. Er sang in den Opern »Carmen«, »Rigoletto« und »Martha«. An allen drei Abenden stand Klemperer am Pult. Und der berühmte Tenor, der damals dem Dirigenten von seiner besonderen Liebe zu polnisch-jüdischen Kantoren erzählte, war so zufrieden mit dem jungen Kapellmeister, daß er für eine besondere Vergütung seiner Leistung durch das Stadt-Theater sorgte.

Klemperers manisch-depressive Veranlagung hinderte ihn daran, in der Spielzeit 1911/12 am Pult des Hamburger Opernhauses zu stehen. Erst rund anderthalb Jahre nach Ende seiner ersten Saison nahm er, inzwischen in Groß Flottbek wohnend, seine Arbeit an der Dammtorstraße wieder auf. Mit einer »Fidelio«-Aufführung am 31. August 1912 hatte Klemperer zum zweiten Mal in Hamburg einen höchst erfolgreichen Einstand. Im September dirigierte er dann zweimal den »Tannhäuser« und seinen ersten »Ring«.

Inzwischen waren am Stadt-Theater Veränderungen eingetreten. Gustav Brecher (1879 – 1940), langjähriger Erster Kapellmeister, hatte Hamburg einige Monate zuvor verlassen. Im Zentrum seines Wirkens hatten musterhafte Mozart-Einstudierungen gestanden. Er war aber auch ein hervorragender Wagner-Dirigent. Als er 1930 mit der »Walküre« noch einmal in Hamburg gastierte, wurde er mit Beifall überschüttet.

Verheiratet mit der Tochter eines AEG-Direktors, weigerte sich der jüdische Künstler viel zu lange, das nationalsozialistische Deutschland zu verlassen und damit Besitz und Vermögen aufzugeben. 1940 wollte das Ehepaar Brecher dann mit einem Fischerboot von Ostende nach England flüchten. Beide nahmen sich auf der Nordsee das Leben ...

Als Brecher 1912 die Hansestadt verließ, begann am Stadt-Theater ein neuer Direktor seine Tätigkeit aufzunehmen: Dr. Hans Loewenfeld (1874 – 1921). Als Sohn des auch in Hamburg gut bekannten jüdischen Schauspielers Max Loewenfeld am 6. Februar 1874 in Berlin geboren, war er bereits wenige Wochen später evangelisch-lutherisch getauft worden. Hans Loewenfeld, ein guter Freund von Max Reinhardt und promovierter Musikwissenschaftler, war in der Spielzeit 1899/1900 in Hamburg Kapellmeistervolontär gewesen und hatte in den darauffolgenden Jahren in verschiedenen Städten reiche Erfahrungen als Regisseur sammeln können.

Der neue Direktor, in erster Linie Künstler, nicht Theaterkaufmann, stellte sich dem Hamburger Publikum am 30. August 1912 mit einer vielbeachteten »Aida«-Inszenierung vor, an der auch der international renommierte Leipziger Ägyptologe Prof. Georg Steindorff (1861 – 1951), der als Jude 1935 nach Amerika emigrieren mußte, mitgewirkt hatte. Loewenfeld erhielt am 13. Februar 1913, dem 30. Todestag Richard Wagners, von dessen Witwe Cosima die Partitur des »Parsifal«, der bis dahin ausschließlich Bayreuth vorbehalten geblieben war. Das Bühnenweihfestspiel hatte am 23. Januar 1914 in einer Loewenfeld-

Kunst
Kultur
Wissenschaft

Inszenierung seine erste Aufführung in Hamburg. Klemperer arbeitete nicht sehr lange unter Loewenfeld. Er verließ bereits um die Jahreswende 1912/13 Hamburg wieder. Die Gründe waren privater Natur. 1933 emigrierte er in die USA. Nach dem Krieg kehrte er noch einige Male nach Hamburg zurück.

Die erwähnte »Parsifal«-Aufführung im Januar 1914 wurde von dem jüdischen Dirigenten Selmar Meyrowitz (1875 – 1941) geleitet, der 1913 – 1917 in Hamburg tätig war und am 10. Februar 1917 auch am Pult stand, als Loewenfeld den Hamburgern die beiden Einakter »Violanta« und »Der Ring des Polykrates« von Korngold vorstellte. Von Anfang an hatte der Direktor des Stadt-Theaters dem jungen Erich Wolfgang Korngold (1897 – 1957) besondere Aufmerksamkeit gewidmet. Bereits im November 1912 hatte die Balettpantomime »Der Schneemann« auf dem Programm gestanden. Die acht Jahre später uraufgeführte Oper »Die tote Stadt« sollte von Hamburg aus die Welt erobern. 1927 wurde sie das fünfzigste Mal an der Dammtorstraße gespielt, im Oktober des gleichen Jahres »Das Wunder der Heliane« uraufgeführt. Bis in die 30er Jahre gehörte Korngold, der 1921 an mehreren Abenden selbst seine Opern in Hamburg dirigiert hatte, zu den Erfolgskomponisten am Stadt-Theater. Die Nationalsozialisten machten dem ein Ende.

Nicht nur Korngold, bis 1924 Mitglied der jüdischen Religionsgemeinschaft und 1933 in die Vereinigten Staaten emigriert, sondern auch andere jüdische Komponisten waren nun verpönt. Die Oper »Leben des Orest« von Ernst Křenek (geb. 1900), dessen Werk »Jonny spielt auf« 1927 auch in Hamburg große Aufmerksamkeit erregt hatte, erfuhr in der rechtsradikalen Presse eine deutliche Kommentierung: »*Ein Werk wie des tschechischen Juden Křenek 'Leben des Orest' gehört als ausgesprochenes Verfallsprodukt auf keine Opernbühne, die Anspruch auf den Ehrentitel 'Deutsch' erheben will*«. (Hamburger Tageblatt 17.7.1931) Ebenso galt auch Offenbach bald als untragbar. Pikanterweise stand gerade am 30. Januar 1933 seine Operette »Die Banditen« auf dem Programmzettel des Stadt-Theaters.

An der Hamburger Inszenierung der von Meyrowitz geleiteten beiden Korngold-Einakter im Jahre 1917 wirkten auch zwei jüdische Sopranistinnen mit, die in späteren Jahren weit über die Hansestadt hinaus große Anerkennung erfahren sollten – in der »Violanta« Vera Schwarz und im »Ring des Polykrates« Rose Ader. Rose Ader (1890 – 1955), von Loewenfeld direkt vom Wiener Konservatorium verpflichtet, hatte 1915 als Violetta debütiert, war – von einer Spielzeit abgesehen – bis 1921 am Stadt-Theater und gastierte 1924 – 1931 noch sehr oft an der Dammtorstraße. Vera Schwarz (1888 – 1964) gab ihren Einstand in Hamburg als Elsa, arbeitete 1915 – 1919 unter Loewenfeld und sollte später in Berlin, Wien, Salzburg und Glyndebourne vielbeachtete Auftritte haben. Vera Schwarz emigrierte 1938 in die USA und kehrte zehn Jahre später nach Österreich zurück.

Während der Direktionszeit Hans Loewenfelds nahm am Hamburger Opernhaus auch die Karriere eines jungen jüdischen Sängers ihren Anfang, der zu den bedeutendsten Bässen dieses Jahrhunderts zählt. Der ukrainische Sänger Alexander Kipnis (1891 – 1978) stand am 6. September 1915 das erste Mal auf der Opernbühne, und zwar als Eremit in Webers »Freischütz«. Rund 140 Auftritte verzeichnen die Programmzettel des Stadt-Theaters in den Spielzeiten 1915/16 und 1916/17. Hinzu kamen noch Auftritte im Altonaer Stadt-Theater. Kipnis sang meist noch nicht die tragenden Rollen und blieb von der Kritik weitgehend unbeachtet. Immerhin sah ihn das Hamburger Publikum am 1. Oktober 1915 als Ramphis, am 16. Oktober im Konzertteil der »Fledermaus« (2. Akt) mit der Arie des Königs Philipp und am 22. des Monats als König Heinrich – Vorboten künftigen Ruhms. Gerade in einer Reihe von Auftritten in der »Fledermaus« konnte sich auch der Liedsänger

Alexander Kipnis vorstellen, mit Werken von Strauss, Schumann, Brahms, Grieg und Rubinstein. Als großer Mozart- und Wagner-Interpret, aber auch in Verdi-Opern und als eindrucksvoller Boris Godunow sollte Kipnis in den nächsten Jahrzehnten weltberühmt werden.

> Wulf
> Jüdische Künstler
> an der
> Hamburger Oper

Goldene Zwanziger und brauner Terror

Nach dem frühen Tod Loewenfelds am 19. Mai 1921 folgten am Stadt-Theater einige Monate der Konfusion. Dann übernahm Anfang 1922 ein Mann die Leitung des Opernhauses, der mit einem interessanten Spielplan und anspruchsvollen Inszenierungen dem Musiktheater in Hamburg in den 20er Jahren zu weiterer Blüte verhalf. Leopold Sachse (1880 – 1961), der sich in den vorausgegangenen 22 Jahren vielerorts als Schauspieler, Sänger, Regisseur und Theaterleiter bewährt hatte, sorgte in besonderem Maße mit einer modernen, richtungsweisenden »Ring«-Inszenierung (1926 – 1928) für Aufsehen, die vieles vorwegnahm, was erst Jahre später in Bayreuth folgen sollte. Die musikalische Leitung lag damals in den Händen von Egon Pollak (1879 – 1933), einem ganz hervorragenden Wagner-Dirigenten, seit 1917 an der Dammtorstraße und wie Sachse Jude.

Beide Künstler waren seit Anfang der 30er Jahre einer heftigen antisemitischen Polemik ausgesetzt, an der das Hamburger Tageblatt wortführend beteiligt war. Gelegentlich auftretende pseudointellektuelle Sprachversuche waren in ihrer peinlich anmutenden Form kaum geeignet, über ein erschreckend geringes gedankliches Niveau und den inhumanen Charakter der nationalsozialistischen Ideologie hinwegzutäuschen: »*Es ist folkloristisch und kulturpsychologisch von großem Interesse, einmal festzustellen, wie sich die deutsche Opernkultur in hebräischen Gehirnen spiegelt*«. (Hamburger Tageblatt 16.6.1931) Mit derartigen Bemerkungen richtete sich die antisemitische Propaganda zunächst gegen die Tatsache, daß die künstlerische wie musikalische Leitung an der Hamburger Oper in jüdischen Händen lag.

Egon Pollak war wegen seiner häufigen und langen Amerikareisen ohnehin heftig in die Kritik geraten und verließ Hamburg schon 1931. Am 17. Mai 1932 gastierte er zuletzt an der Dammtorstraße (»Boris Godunow«). Egon Pollak starb 1933 während einer »Fidelio«-Aufführung in Prag. Nach seinem Weggang aus Hamburg wurde im Tageblatt die Hoffnung geäußert, daß ihm Sachse bald nachfolgen möge (17.7.1931).

Seit August 1931 war Leopold Sachse, bereits in den 20er Jahren wiederholt Opfer gegen ihn gerichteter Kampagnen, nur noch Oberspielleiter, nicht mehr Intendant des Stadt-Theaters. Doch dies war den Nationalsozialisten noch nicht genug. Anläßlich einer »Tannhäuser«-Aufführung zur Eröffnung der neuen Spielzeit nahm man am 24. August 1932 im Tageblatt die Gelegenheit wahr, gegen Sachse zu polemisieren und die Frage aufzuwerfen, »*ob man diesen Herrn auch weiterhin mit der Ausarbeitung der noch auf dem Programm stehenden Wagner-Opern betraut*«.

Einige Monate später wurde Sachse zwangspensioniert, emigrierte noch 1933 nach Frankreich und ging 1935 in die Vereinigten Staaten, wo er jahrelang an der Metropolitan Opera tätig war und 1945 – 1955 die New York City Opera leitete. Bemerkenswert ist sein Engagement für die Hamburgische Staatsoper in den Nachkriegsjahren. 1948 organisierte er als Mitglied des »Board of Governors« der »American Guild of Musical Artists« (AGMA) die »Adoption« des Theaters durch diese Vereinigung und damit eine humanitäre Hilfsaktion für die Mitglieder des Hamburger Opernhauses.[12]

Kunst
Kultur
Wissenschaft

Zwei Jahrzehnte lang war Sabine Kalter (1889 – 1957) eine der dominierenden Persönlichkeiten des Stadt-Theaters. 1915 war die galizische Jüdin von Hans Loewenfeld nach Hamburg geholt worden, um die ruhmvolle Tradition einer Ottilie Metzger-Lattermann im Alt- und Mezzofach fortzusetzen. Bereits mit ihrer ersten Partie, der Amneris, eroberte sie sich die Herzen des Hamburger Publikums und feierte fortan als Wagner- und Verdi-Interpretin, aber auch als Dalila oder Orpheus große Erfolge in der Hansestadt.

Es ist beachtenswert, daß sich die Künstlerin am – inzwischen Hamburgische Staatsoper genannten – Haus in der Dammtorstraße bis Anfang 1935 halten konnte. Eine Analyse der Theaterzettel ergibt, daß Sabine Kalter nach der Machtergreifung noch mehr als neunzigmal auf der Bühne stand, und zwar überwiegend in tragenden Rollen. Auffallend ist überdies, daß ihre Leistungen in der rechtsradikalen Presse vor wie auch nach der nationalsozialistischen Machtübernahme anerkennend und lobend, zumindest aber relativ sachlich kommentiert worden sind.[13] Und äußerst bemerkenswert ist es, daß Sabine Kalter am 1. Juni 1933 (Festvorstellung anläßlich der Gründungskundgebung der »Nationalsozialistischen Front des deutschen Rechts« in Hamburg) wie auch am 30. Januar 1934 (»Festvorstellung zum 30. Januar«) zum Ensemble gehörte. An beiden Abenden wurde Wagner gespielt.

Einen ihrer letzten ganz großen Erfolge in Hamburg feierte die Sängerin als Lady Macbeth in einer »Macbeth«-Neuinszenierung am 6. April 1933. Heinrich Chevalley beschrieb einen Tag später im Hamburger Fremdenblatt folgende Szene: »... *die elementar herausgeschleuderte erste Arie entfachte einen wahren Beifallsorkan, der auf Minuten den Weitergang der Handlung unterbrach*«. Dieser Applaus für die Kalter war nicht zuletzt eine politische Demonstration und spiegelt die Ausnahmestellung einer Sängerin wider, die man nicht einfach davonjagen konnte.

In dieser Hinsicht ist noch eine andere Passage in Chevalleys Kritik von Interesse, nämlich die Charakterisierung der Lady (Sabine Kalters), »*von der so viel Aktivität und teuflische Bosheit ausging*«. Betrachtet man das Repertoire der Sängerin in den letzten Hamburger Jahren, so fällt auf, daß eine Reihe ihrer tragenden Rollen gerade das Boshafte (Lady, Ortrud), das Unheilvolle (Eboli, Amneris), das Obskure (Azucena, Ulrika) repräsentiert. Nun ist es durchaus überlegenswert, ob die Tatsache, daß eine Jüdin in starkem Maße gerade diese Aspekte auf der Bühne verkörperte, es den Verantwortlichen der NSDAP nicht möglicherweise erleichtert haben könnte, die überaus beliebte Sängerin länger als andere jüdische Künstler zu tolerieren.

Doch im Januar 1935 mußte auch Sabine Kalter die Hansestadt verlassen. Sie ging nach London und konnte dort am Royal Opera House Covent Garden, aber auch in Brüssel und in Paris noch große Erfolge feiern. Nach der Schließung des Londoner Opernhauses 1939 wirkte sie als Konzertsängerin und Pädagogin. Sabine Kalter, die viele Jahre in der Husumer Straße gewohnt hatte, war 1937, als sie sich noch einmal in Hamburg aufhielt, von der Polizei schroff erklärt worden, daß sie in der Hansestadt unerwünscht sei. Im gleichen Jahr fand auch ihr letztes Konzert für den Jüdischen Kulturbund im Conventgarten statt (6. Dezember).

Nach dem Ende des Zweiten Weltkrieges, am 23. Oktober 1950, gab sie für »ihr« Hamburger Publikum noch einen letzten Liederabend, mit Werken von Brahms, Schubert, Dvořák und Wolf. »*Man bereitete Sabine Kalter gleich zu Anfang eine Ovation des Wiedersehens, wie man sie selten im Konzertsaal erlebt. Sie selbst meisterte mühsam ihre Rührung*« (Hamburger Abendblatt 24.10.1950). Bürgermeister Max Brauer veranstaltete anschließend noch ein »Sondergastspiel« bei sich zu Hause an der Palmaille,[14] an dem auch ein jüdischer Künstler teilnahm, der vor 1933 viele Jahre zu den beliebtesten Sängern des Stadt-Theaters gezählt hatte: Paul Schwarz.

<blockquote>Wulf
Jüdische Künstler an der Hamburger Oper</blockquote>

Paul Schwarz (1887 – 1980), gebürtiger Wiener, debütierte in Hamburg am 31. August 1912 als Jaquino in Beethovens »Fidelio«. In den knapp 21 Jahren an der Hamburger Oper sang er in mehr als 4.000 Vorstellungen 145 Buffo- und 15 große Tenorpartien (u. a. Erik, Manrico, Turiddu). Als Spieltenor hatte er großen Erfolg in der Hansestadt. Und seine besondere Glanzrolle war der David in den »Meistersingern«. Die Machtergreifung der Nationalsozialisten machte auch seiner Karriere an der Dammtorstraße ein Ende. Bereits in der ersten Hälfte des Jahres 1933 wurde er zwangspensioniert, vom Tageblatt zynisch als »*künstlerische Notwendigkeit für das Stadttheater*« bezeichnet (16.6.1933).

In einem Brief an Intendant Ruch vom 4. Oktober 1945 beschrieb Schwarz kurz die Stationen seines Lebens seit 1933. In den ersten Jahren nach der Machtergreifung hatte er noch eine Reihe internationaler Auftritte, so bei den Wagnerfestspielen in Brüssel, bei den Mozartfestspielen in Glyndebourne, mit Richard Tauber zusammen in Kairo und Alexandria und mit der Wiener Staatsoper in Lissabon. Ende der 30er Jahre ging er wieder nach Hamburg, wurde dort zu schwerer körperlicher Arbeit herangezogen und ausgebombt. Er ging nach Berlin, arbeitete hier in einer Bautischlerei,

»*wo ich von halb 6 Uhr früh – halb 6 Abd., in Schwerarbeit (Holz und Eisenträger) schleppen mußte, da uns Nichtariern nur gestattet wurde, mit dem Körper zu arbeiten. Kopfarbeit wurde verboten*«. Dann Generalangriff auf Berlin: »*alles brannte lichterloh nieder, wir verloren alles, retteten kein Stück. Meine Frau an Kopf und Händen verwundet, nicht mehr fähig zu arbeiten*«.[15]

Bereits in einem handschriftlichen Brief vom 29. November 1943 hatte Schwarz der Rendantur der Staatsoper aus Berlin mitgeteilt: »*Ich arbeite hier in einer Werkstatt für Luftschutztüren*«.[16] Er brauchte noch eine Steuerkarte. Sehr bald kehrte der Sänger nach Hamburg zurück und trat in der Staatsoper noch einmal am 6. April 1949 als Basilio (»Figaros Hochzeit«) auf. Paul Schwarz starb am 24. Dezember 1980 in der Hansestadt.

Die Machtübernahme der NSDAP traf auch den jüdischen Bassisten Julius Gutmann (1889 – 1960) auf dem Höhepunkt seiner Karriere. Gutmann, der seit 1923 am Stadt-Theater Wagnerpartien wie Marke, Klingsor, Alberich und Biterolf interpretiert hatte, aber auch als Osmin, Ochs, Rocco und Bartolo (»Barbier von Sevilla« wie »Figaros Hochzeit«) aufgetreten war, wurde am Ende der Spielzeit 1933/34 zwangspensioniert. Seine weiteren Lebensstationen schilderte er in einem Brief 1948 selbst:

»*1934 Prag bis 38. Theater geschlossen, 1939 Frühjahr noch Festspiele in Cannes mit Bruno Walter, zurück nach Prag. Einzug der Nazis. Mai 39 Vertrag an die Covent Garden Oper London. Juni mit Frau dort eingetroffen. Meine Kinder waren schon 37 u. 39 nach Amerika. In London während des Krieges für die Truppen gesungen, dann verschiedene Opern in London u. Provinz. Hauptsächlichst sehr erfolgreich Gesangsunterricht gegeben u. Geld verdient. – Sehnsucht nach unseren Kindern, endlich 1947 im März Überfahrt u. da sind wir nun mitten im Pech, voll von Enttäuschung*«.[17]

In einem späteren Brief beschrieb Gutmann diese Enttäuschung näher: »*Hier fand ich es sehr schwer, eine Verdienstmöglichkeit zu finden. Ich bin auch körperlich behindert, eine Arbeit anzunehmen. Ich gebe Gesangsunterricht: künstlerisch erfolgreich, aber nicht genügend zum Leben*«.[18] Seine drei Brüder, die ihn in früheren Zeiten unterstützt hatten, waren in Konzentrationslagern umgebracht worden.

Kunst
Kultur
Wissenschaft

Ermordet in Auschwitz wurde im Februar 1943 vermutlich auch Ottilie Metzger-Lattermann (1878 – 1943), die 1903 – 1915 als Erste Altistin am Hamburger Stadt-Theater gesungen hatte, 1901 – 1912 auch in Bayreuth mit Erfolg aufgetreten war und 1910 bei der Münchener Uraufführung der 8. Symphonie Gustav Mahlers als Solistin mitgewirkt hatte. Sie war 1942 in Brüssel verhaftet worden, wo sie seit 1935 als Gesangspädagogin gearbeitet hatte.

1933 war die Spiel-Altistin Hedy Gura (1893 – 1967) ans Hamburger Stadt-Theater gekommen, dem sie bis 1958 angehörte und an dem sie in mehr als 3.000 Vorstellungen mitgewirkt hat. Dies ist deshalb bemerkenswert, weil die mit einem außergewöhnlichen Spieltalent begabte Sängerin Halbjüdin war. Dennoch feierte die Gura während der 12jährigen Gewaltherrschaft der Nationalsozialisten große Erfolge an der Dammtorstraße.

Das Beispiel der Sopranistin Ingeborg Burmester (geb. 1901) mag abschließend zeigen, wie tief der Antisemitismus auch in das Leben nicht-jüdischer Künstler eingreifen konnte. Die Tochter des berühmten Violinvirtuosen Willy Burmester hatte in den 20er Jahren bei der ungarischen Jüdin Dr. Camilla Steinbrück studiert, dann 1929 unter dem jungen Schmidt-Isserstedt in Rostock gewirkt und war 1931 an die Hamburger Oper engagiert worden, wo die heute zu Unrecht vergessene Sängerin die Gilda, die Königin der Nacht und andere größere Partien sang. 1935 wurde ihr ein Auftrittsverbot erteilt, weil ihr Ehemann Oskar Oestreich »jüdischer Mischling« zweiten Grades sei. Die sensible Sängerin war tief erschüttert. Dies sollte das Ende einer Opernkarriere sein, die doch gerade erst erfolgreich begonnen hatte. Ingeborg Burmester arbeitete nach 1945 als Gesangslehrerin in Hamburg.

Anmerkungen

Für eine Reihe interessanter Gespräche und wertvoller Hinweise danke ich der Opernsängerin Ingeborg Burmester (Hamburg), Dr. Susanne Litzel von der Hamburgischen Staatsoper und in besonderem Maße auch Joachim E. Wenzel, ehemals Archivar des Hamburger Opernhauses.

1 Heyworth, Gespräche, S. 59 (Anm.).
2 Walter, Thema, S. 118; vgl. zu Mahler auch den Beitrag von Peter Petersen in diesem Band.
3 Blaukopf, Mahler, Briefe, S. 129.
4 Ebd., S. 155.
5 Mahler-Werfel, Erinnerungen, S. 137.
6 Blaukopf, Mahler, Briefe, S. 117.
7 Ebd., S. 192.
8 Ebd., S. 193.
9 Floros, Mahler I, S. 85 – 132.
10 Heyworth, Gespräche, S. 27f.
11 Heyworth, Klemperer, S. 67.
12 Briefwechsel Sachse – Hamb. Staatsoper (Ruch, Christophory, Rennert) 1948 (von J. E. Wenzel in Kopie zur Verfügung gestellt).
13 Vgl. u. a. Hamb. Tageblatt vom 4. 5. 1931, 9. 6. 1931, 27. 9. 1931, 19. 2. 1932, 17. 11. 1932, 29. 9. 1933, 22. 1. 1934, 14. 2. 1934, 22. 3. 1934; vgl. andererseits Lüth, Theater, S. 64.
14 Hamburger Abendblatt vom 5. 9. 1957 (Nachruf S. Kalter).
15 Hamburgische Staatsoper (Archiv); vgl. auch Brief vom 26. 10. 1945.
16 Hamburgische Staatsoper (Archiv).
17 Hamburgische Staatsoper (Archiv). Brief v. 9. 6. 1948 an Intendant Albert Ruch.
18 Hamburgische Staatsoper (Archiv). Brief v. 10. 8. 1951 an Oberbürgermeister Dr. Max Brauer. Gutmann wurde, wie er in einem Brief vom 16. 12. 1952 mitteilt, in den ersten zwei New Yorker Jahren von einer jüdischen Organisation unterstützt.

Die Analyse der Programmzettel (Stadt-Theater) für Alexander Kipnis und Sabine Kalter wurde eigens für diesen Beitrag vorgenommen. Zur statistischen und inhaltlichen Auswertung bzgl. Gustav Mahler und Otto Klemperer vgl: Wenzel, Geschichte, S. 79, 209.

Literatur

Blaukopf, Herta (Hg.): Gustav Mahler – Richard Strauss. Briefwechsel 1888 – 1911. München–

Zürich 1980

Blaukopf, Herta (Hg.): Gustav Mahler. Briefe. Wien–Hamburg 1982

Blaukopf, Herta (Hg.): Gustav Mahler. Unbekannte Briefe. Wien–Hamburg 1983

Busch, Max W./Dannenberg, Peter (Hg.): Die Hamburgische Staatsoper I. 1678 bis 1945. Bürgeroper–Stadt-Theater–Staatsoper. Zürich 1988

Chevalley, Heinrich: Hundert Jahre Hamburger Stadt-Theater. Hamburg 1927

Diederichsen, Diedrich: Chéri Maurice und Bernhard Pollini. In: Industriekultur in Hamburg. Hg. v. V. Plagemann. München 1984

Floros, Constantin: Gustav Mahler I. Die geistige Welt Gustav Mahlers in systematischer Darstellung. Wiesbaden 1977

Heyworth, Peter (Hg.): Gespräche mit Klemperer. Frankfurt/M. 1974

Heyworth, Peter: Otto Klemperer. Dirigent der Republik 1885 – 1933. Berlin 1988

Kaznelson, Siegmund: Juden im deutschen Kulturbereich. 3. verb. Ausg. Berlin 1962

Lüth, Erich: Hamburger Theater 1933 – 1945. Ein theatergeschichtlicher Versuch. Hamburg 1962

Mahler-Werfel, Alma: Erinnerungen an Gustav Mahler. Gustav Mahler. Briefe an Alma Mahler. Hg. v. D. Mitchell. Frankfurt/M.–Berlin ²1971

Pfohl, Ferdinand: Gustav Mahler. Eindrücke und Erinnerungen aus den Hamburger Jahren. Hg. v. K. Martner. Hamburg 1973

Schreiber, Wolfgang: Gustav Mahler. Reinbek b. Hamburg 1990

Walter, Bruno: Thema und Variationen. Erinnerungen und Gedanken. O.O. 1950

Wenzel, Joachim E.: Geschichte der Hamburger Oper 1678 – 1978. Braunschweig 1978

Nachschlagewerke:

International Biographical Dictionary of Central European Emigrés 1933 – 1945. Volume II. München–New York–London–Paris 1983

Brockhaus Riemann Musiklexikon. Hg. v. C. Dahlhaus/H. H. Eggebrecht. Wiesbaden–Mainz 1978/79

Großes Sängerlexikon. Hg. v. K. J. Kutsch/L. Riemens. Bern–Stuttgart 1987

The New Grove Dictionary of Music and Musicians. Ed. by S. Sadie. London 1980

Theaterzettelsammlung Hamb. Stadt-Theater (Hamb. Theatersammlung)

Kunst
Kultur
Wissenschaft

»Mit der Freude zieht der Schmerz
treulich durch die Zeiten«[1]

Die jüdische Kulturgeschichte des Hauses Hartungstraße 9 - 11

Barbara Müller-Wesemann

In der Festschrift, die anläßlich des fünfundzwanzigjährigen Bestehens der Henry-Jones-Loge 1912 in Hamburg erschien, hieß es:
»*Man hat uns verfolgt und verfolgt uns noch, man hat uns zurückzusetzen gemeint und meint noch immer uns zurückzusetzen, indem man uns äußerer Ehren nicht teilhaftig werden läßt [...]. Unsere Kraft aber liegt in unserer vieltausendjährigen Kultur, unsere Kraft wurzelt in dem seit Jahrtausenden alten Kulturboden, dem wir entsprossen, aus dem wir unsere Lebenskraft ziehen*«.[2]

Im August 1937 konnte man in den »Monatsblättern des Jüdischen Kulturbundes Hamburg« lesen:
»*Wir wollen und müssen wahren, was Zeiten und Länder an geistigen Gehalten uns gaben, wir wollen und müssen eine jüdische Welt aufbauen, die aus den Urzeiten her unser Wesen formte. So sind aus der Erschütterung des Geschehens die jüdischen Menschen heute dem Religiösen offen und offen der Kunst. Denn wo spüren wir unmittelbarer das Wirken des Göttlichen im Menschen als im Reiche der Kunst?*«.[3]

Im Dezember 1945 schrieb Ida Ehre, Intendantin der Hamburger Kammerspiele, zur Eröffnung ihres Theaters:
»*So beginnen wir nun, nach dem Absoluten strebend, unserer Unzulänglichkeit gegenüber der idealen Forderung bewußt, aber gewillt, das höchste Ziel niemals aus dem Auge zu verlieren; wir wollen leben für unsere Bühne und spielen für das Leben*«.[4]

Ein Vierteljahrhundert und noch einmal sieben Jahre liegen zwischen diesen Äußerungen, die, sieht man einmal von ihrer Datierung ab, Wesentliches gemeinsam haben. Sie verweisen auf jüdische Menschen und Institutionen, die in der Hartungstraße 9-11 zu Hause waren und wichtige Kapitel Hamburger Kulturgeschichte im 20. Jahrhundert mitgeschrieben haben. Sie sind darüber hinaus ein Bekenntnis zur Wahrung und Verbreitung von Kunst und Kultur als Quelle der Lebenskraft in den Jahren der Verfolgung und der Vernichtung, als möglicher Weg für einen Neubeginn nach der Zerstörung.

Die bronzene Gedenktafel an der Fassade der heutigen Hamburger Kammerspiele ist kaum mehr als ein Hinweis auf die historischen

von oben nach unten:
Ida Ehre
Hartungstraße 9-11

Kunst
Kultur
Wissenschaft

Ereignisse, die in diesem Haus stattgefunden haben, häufig genug wird sie übersehen. Deshalb sollen die folgenden Seiten dazu beitragen, an die jüdische Kultur, mit der die Hartungstraße verbunden ist, zu erinnern.

»Zur Förderung der Wissenschaft, der Kunst und der edlen Gesittung«.[5] Die Hamburger Henry-Jones-Loge nach der Jahrhundertwende

Im Jahre 1903 erwarb die seit 1887 bestehende jüdische Henry-Jones-Loge ein eigenes Haus, die »Pfennigsche Villa« in der Hartungstraße 11. Durch Um- und Anbau unter Leitung des Architekten Semmy Engel entstand eine bebaute Fläche von 1.200 qm. Die Gesellschaft »Logenheim« – ihr Beiratsvorsitzender Gustav Tuch war zugleich Präsident der Loge – weihte das Haus am Sonntag, den 28. August 1904 feierlich ein. In der Rede des Großpräsidenten hieß es:

»*Inmitten einer Welt, in der die Sorge um das tägliche Brot alle beherrscht und die Leidenschaften gegeneinander kämpfen, soll hier in unserem Tempel gelehrt werden, daß der Mensch nicht vom Brot allein lebt, sondern daß er auch geistiger Nahrung, Nahrung für Herz und Gemüt bedarf. Inmitten einer Welt, in der des Goldes Glanz die Augen blendet, in der der Blick sich trübt, der Haß schleicht, da wollen wir uns hierher in den Logentempel flüchten nach des Tages Müh und Lasten, wie auf eine Bergshöhe [...]; inmitten einer Welt, in der Lieblosigkeit den Gesichtskreis beengt, soll hier die Mahnung ertönen: Du sollst Deinen Nebenmenschen lieben wie Dich selbst*«.[6]

Nicht als Rückzug, sondern als Ausgangspunkt zur Erfüllung einer ethischen, kulturellen und sozialen Verpflichtung sollte das neue Haus dienen. Die Leitung der Henry-Jones-Loge ging ihren Mitgliedern dabei mit gutem Beispiel voran: Eine Reihe von gemeinnützigen Institutionen, deren Gründung größtenteils der Loge zu verdanken war, fand hier in der Hartungstraße eine Wirkungstätte, so z.B. der Israelitische Humanitäre Frauenverein, die israelitische Haushaltungsschule, die Gesellschaft für Jüdische Volkskunde, die Lesehalle samt Bibliotheken und das Jüdische Gemeinschaftsheim.[7] Auch zwei weiteren jüdische Logen, der Steinthal-Loge und der Nehemia-Nobel-Loge, wurden Räume zur Verfügung gestellt; in den zwanziger Jahren befanden sich hier zudem das Büro der Zionistischen Vereinigung und die Hebräische Sprachenschule Ivriah.

Eine anläßlich des fünfundzwanzigjährigen Bestehens der Loge gegründete Stiftung stellte Stipendien bereit, die jungen Juden u.a. eine akademische und künstlerische Ausbildung ermöglichte. Ein Preisausschreiben für junge Autoren mündete in der Herausgabe von jüdischen Theaterstücken, die bei festlichen Veranstaltungen aufgeführt wurden.[8]

Das Logenheim entwickelte sich rasch zu einem Mittelpunkt gesellschaftlichen und kulturellen Lebens innerhalb der Gemeinde. Im Logentempel mit seinen kostbaren Glasfenstern des Malers und Radierers Ephraim Mose Lilien fanden zweimal wöchentlich Trauungen statt; für das anschließende Hochzeitsmahl wurden die Festsäle in der ersten Etage hergerichtet. Die Mitglieder von Jugend- und Sportvereinen waren nahezu täglich hier anzutreffen.[9]

Das Gemeinschaftsheim im zweiten Stockwerk, nach dem Vorbild der englischen Toynbee-Halls geschaffen, war als Begegnungsstätte für Angehörige unterschiedlicher sozialer Schichten gedacht. Insbesondere seine im November stattfindenden Eröffnungsabende zogen alle jüdischen Kreise an. Im Winterhalbjahr wurden kulturelle Veranstaltungen angeboten, an denen Mitglieder des Deutschen Schauspielhauses sowie freie und vorzugsweise notleidende Künstler mitwirkten. Auf dem Programm standen Theatervorstellungen, Rezitationen, Konzerte und Vorträge. Ein Leseclub bot szenische Lesungen an. Für die Stammgäste des Gemeinschaftsheims, Kleinrentner, einsame und sozial benachteiligte Menschen, war der Zutritt zu den Veranstaltungen frei.[10]

Die Auswirkungen der Weltwirtschaftskrise zwangen die Gesellschaft »Logenheim« 1930, das Haus Hartungstraße 9-11 aufzugeben, doch der neue Besitzer, der Bau-Verein Hamburger Anthroposophen, gestattete den jüdischen Vereinen die weitere Nutzung der Räume. Ende 1935 wurde die Anthroposophische Gesellschaft von den Nationalsozialisten aufgelöst; das Haus von der Gestapo versiegelt.

»Seid trotz der schweren Last stets heiter«.[11]
Der jüdische Kulturbund Hamburg 1934-1941

1937 wurde das Grundstück Hartungstraße 9-11 auf Anordnung der Gestapo zum Kauf freigegeben und die »Jüdische Gemeinschaftshaus GmbH« mit Hilfe eines unverzinslichen Darlehens der Deutsch-Israelitischen Gemeinde zum Preis von 73.000 RM neuer Eigentümer. Der Umbau – hierfür benötigten die Architekten Fritz Block, Ernst Hochfeld und Hans Gerson weitere 220.000 RM – konnte größtenteils aus Spenden finanziert werden.

Der ehemals wichtigste Raum, der Logentempel, wurde in einen Vortragsraum verwandelt; der Mittelpunkt des Hauses befand sich nun im ersten Stock: ein Theater mit rund 450 Plätzen. Die 6 Meter breite und 8 Meter tiefe Bühne war von einem Silberrahmen umspannt und mündete in einen gemauerten Kuppelhorizont. Mit einem kompletten Schnürboden, einer fahrbaren Brücke und einer Beleuchtungsanlage war die Technik mit dem Wesentlichen ausgestattet.

Am Sonntag, dem 9. Januar 1938 wurde das Gebäude seiner Bestimmung übergeben: Es sollte als Jüdisches Gemeinschaftshaus Treffpunkt für alle noch in Hamburg lebenden Juden werden. Der Bankier Max M. Warburg, einer der engagiertesten Förderer des Projekts, umriß in seiner Eröffnungsrede die Aufgaben des Hauses:

» Wir sind verantwortlich für die Geister und Gemüter der Menschen, die nicht zertreten werden dürfen in den Nöten und Sorgen des Alltags, die nicht zermalmt werden dürfen von dem Kleinkrieg des Lebens, die nicht verloren gehen dürfen in trüber Luft und in unruhigem Treiben. [...] Nach dem Kampf des Lebens draußen sei hier eine Stätte der Ablenkung, der Entspannung, des Spiels, der freien, vom Zwange der Notwendigkeiten gelösten Beschauung der Wirklichkeit, des Friedens«.[12]

Am Abend des Einweihungstages fand die Premiere von Shakespeares »Romeo und Julia« statt; es spielte – zum ersten Mal seit seinem Einzug in das Gemeinschaftshaus – das Ensemble des Jüdischen Kulturbundes Hamburg.

Seit dem Machtantritt der Nationalsozialisten waren jüdische Künstler aus den deutschen Kulturbetrieben ausgeschlossen. Wer an seinem Beruf festhielt, stand vor der Alternative zu emigrieren oder sich um ein Engagement im Jüdischen Kulturbund zu bewerben, dem einzigen Forum, in dem jüdische Kulturschaffende für ein ausschließlich jüdisches Publikum tätig sein durften. Diese Institution war im Sommer 1933 in Berlin gegründet worden und hatte sich innerhalb eines Jahres über ganz Deutschland verbreitet. Ihr Ziel war es, die materielle Not der nunmehr arbeitslosen jüdischen Künstler zu lindern und der jüdischen Bevölkerung Ersatz zu schaffen für die kulturellen Bereiche, in denen sie immer weniger geduldet wurden.[13] Die Programmgestaltung wurde sowohl vom Reichs-

Kunst
Kultur
Wissenschaft

propagandaministerium als auch von den örtlichen Behörden ständig überwacht. Verboten war die Aufführung deutscher Klassiker und Romantiker sowie linksgerichteter Autoren. Ab 1936 waren die Werke sämtlicher nicht-jüdischer deutscher Autoren untersagt. Ende 1937 durfte die Musik Beethovens nicht mehr ins Konzertprogramm aufgenommen werden; 1938 wurde dieses Verbot auf Mozart und Händel ausgeweitet.[14]

In der Hansestadt Hamburg hatte sich der Kulturbund am 12. Januar 1934 konstituiert, vorerst unter dem Namen »Jüdische Gesellschaft für Kunst und Wissenschaft«. An der Spitze des achtundzwanzigköpfigen Kuratoriums stand der Rechtsanwalt Rudolf Samson. Vorstandsvorsitzender war Dr. Ferdinand Gowa, den künstlerischen Beirat stellten der Komponist Robert Müller-Hartmann und der Maler Kurt Löwengard, später kam Dr. Hans Buxbaum für das Schauspiel hinzu. Die künstlerische Leitung übernahm Leopold Sachse, der langjährige Intendant des Hamburger Stadt-Theaters.

Die Gesellschaft war zunächst eine reine Besucherorganisation. Bei ihrem überwiegend musikalischen Programm konnte sie in Hamburg auf ein Kammerorchester, ein Streichquartett, verschiedene Chöre und zahlreiche Solisten, darunter Paul Schwarz (Tenor), Richard Goldschmied (Klavier), Bertha Dehn (Violine) und Dr. Jacob Sakom (Cello) zurückgreifen. Für die großen Konzerte wurden die Kulturbundorchester aus Berlin und Frankfurt/Main eingeladen. So waren es auch die Berliner Musiker, die unter der Leitung von Josef Rosenstock am 20. November 1934 die Konzertreihe im Conventgarten in der Kaiser-Wilhelm-Straße eröffneten.

Mit Beginn des Jahres 1935 waren die Veranstaltungen nur noch Mitgliedern zugänglich. Zur Mitgliedschaft berechtigt waren »*Juden, Nichtarier und deren arische Ehegatten*«.[15] Der Kartenverkauf wurde über Zahlstellen in Altona, Eppendorf und im Grindelviertel abgewickelt.

Das Interesse der jüdischen Bevölkerung an den Konzerten des Kulturbundes war unterschiedlich hoch. Der große Saal des Conventgartens, bis zum Einzug in die Hartungstraße Hauptspielstätte, war mit seinen 2.000 Plätzen nur bei ganz besonderen Anlässen ausverkauft. Im Juli 1935 wurde der Gesellschaft die Theaterkonzession erteilt; ab August nannte sie sich »Jüdischer Kulturbund Hamburg«.

An die Stelle des in die USA emigrierten Leopold Sachse trat Hans Buxbaum, vor 1933 Regisseur und Theaterleiter in Frankfurt, Duisburg und Bochum. Dem Ensemble gehörten u.a. an: Kurt Appel und Fritz Benscher, Klaus Brill, Erna Cohn-Lorenz und Liselotte Cohn (Rosen), Ruth Festersen, Hans Heinz Friedeberg, Carl Heinz Jaffé, Edith Hersslik, Julius Kobler, Max Koninski, Willy Kruszynski, Ursula Lieblich, Fritz Melchior, Kurt Schindler und Max Wächter. Kurt Behrens, vormals Dirigent an der Hamburger Volksoper, übernahm gemeinsam mit Lutz Proskauer das Amt des Kapellmeisters; Anny Gowa und Alfred Müller, der seit 20 Jahren für das Hamburger Theater tätig war, sowie die Berliner Heinz Condell und Hans Sondheimer zeichneten für das Bühnenbild verantwortlich; Käte Friedheim entwarf die Kostüme. Jakob Kaufmann, 15 Jahre lang Leiter der Werkstätten im Hamburger Stadttheater, übernahm diese Aufgabe nun im Kulturbund. Ende 1937 wechselte Harry Blumenthal aus Berlin als technischer Leiter in die Hansestadt.[16]

Im Januar 1937 ernannte der zwei Jahre zuvor in Berlin gegründete »Reichsverband der Jüdischen Kulturbünde« die Hamburger Truppe offiziell zu seinem »Reiseensemble«, um so die kulturelle Versorgung der jüdischen Bevölkerung zu verbessern und gleichzeitig das Wirkungsfeld der Künstler zu erweitern. Die Tourneen erstreckten sich auf rund 40 Städte, zum einen in Richtung Osten nach Leipzig, Dresden, Breslau, Oberschlesien, zum anderen in Richtung Westen über Frankfurt, Mannheim, Karlsruhe bis nach Stuttgart und Ulm.

Zur Konzeption seiner Arbeit notierte Hans Buxbaum:
»Künstlerische und kulturelle Werte können nicht aus dem Boden gestampft oder angeordnet werden, sie müssen wachsen und reifen und langsam zur Entwicklung kommen. Wie also könnte, im großen gesehen, der Spielplan zum Beispiel eines Theaters des Kulturbundes sich ausrichten? Er müßte zwei Funktionen erfüllen: dem neuen jüdischen Publikum den Übergang zu einer neuen kulturellen Situation erleichtern und diesem neuen Inhalt in irgendeiner Weise gebührenden Ausdruck geben. Das heißt, er sollte alles bringen, was den jüdischen Menschen angeht«.[17]

Diese »neue kulturelle« Situation, in der Kraft Gesetzes[18] Künstler und Publikum aus Theatern und Konzertsälen vertrieben wurden, hatte in jüdischen Kreisen die Diskussion um jüdische Identität und die Neugestaltung jüdischer Kultur in einem immer enger werdenden Raum ausgelöst. Hans Buxbaum, in dessen Regie 23 der insgesamt 26 Inszenierungen entstanden, beteiligte sich an dieser Auseinandersetzung auch im Rahmen seiner praktischen Arbeit.

Den Auftakt bildete am 15. September 1935 Richard Beer-Hofmanns »Jaakobs Traum« mit Hans Heinz Friedeberg in der Hauptrolle. Buxbaum nannte es *»das Drama des jüdischen Menschen schlechthin«;*[19] mit seinem alttestamentarischen Sujet ragte das Werk heraus aus dem übrigen Hamburger Repertoire. »Der Sänger seiner Trauer (Jusik)« von Ossip Dymov (Januar 1937), »Amcha« von Scholem Alejchem (November 1937) und »Der Pojaz« von Georg Hirschfeld (Oktober 1938), drei weitere Werke mit jüdischer Thematik, waren eher dem märchenhaften oder dem volkstümlichen Genre zuzuordnen.

Zum überwiegenden Teil setzte sich der Spielplan aus fremdsprachigen Klassikern, zeitgenössischen Werken, Konversations- und Gesellschaftskomödien zusammen. Die Autoren hießen Shakespeare und Calderon, John B. Priestley und Franz Molnar, George Bernard Shaw, Oscar Wilde und Arthur Schnitzler, eine Wahl, die – auch wenn man die Auflagen der Zensur berücksichtigt – weniger einer jüdischen Programmatik entsprach als vielmehr den Idealen eines deutschen bürgerlichen Bildungstheaters.

Die durch die Staatstheater verwöhnten Besucher hatten hohe Erwartungen an die Schauspielkunst und die Bühnentechnik. Die Mehrheit der Zuschauer verlangte nach Unterhaltung, Spannung, Verzauberung, wollte lachen und den Alltag für eine Weile vergessen. Ohne auf den Anspruch zu verzichten, ein *»künstlerisch wertvolles Programm«*[20] durchzusetzen, versuchte die Theaterleitung, den Bedürfnissen der sehr heterogenen Zuschauerschaft gerecht zu werden. Auf Grund permanenter finanzieller Engpässe war der Kulturbund auf jeden Mitgliedsbeitrag, jede bezahlte Eintrittskarte angewiesen, und so wurde Buxbaums Arbeit zu einer Gratwanderung zwischen Kultur- und Geschäftstheater. Neben der Musik und dem Theater, dem eigentlichen Herzstück des Kulturbundes, waren auch die anderen Künste vertreten. Im Tanzbereich war die Ausdruckstänzerin, Choreographin und Tanzpädagogin Erika Milee die dominierende Persönlichkeit. Ihren ersten Auftritt im Kulturbund hatte sie am 28. April 1935 auf der Bühne des Curiohauses. Mit ihrer Kindertanzgruppe zeigte sie in eigener Choreographie »Das Tanzspiel vom Zauberberg« in den Kostümen von Anny Gowa und der musikalischen Begleitung von Werner Singer.

»Kabarett in ganz neuer Form« versprach Willy Hagen (Künstlername: Leo Raphaeli) mit seiner »Rosenroten Brille«. Seine Programme wurden von den zuständigen Behörden immer wieder beanstandet und entschärft; er selbst erhielt mehrfach Auftrittsverbot. In seiner Funktion als Leiter der Kleinkunst lud er zuweilen die Berliner Kollegen Willy Rosen und Max Ehrlich in die Hansestadt ein.

Kunst
Kultur
Wissenschaft

Mit seinem Einzug in das Gemeinschaftshaus richtete der Kulturbund eine ständige Ausstellung mit Werken der bildenden Künstler ein, die seit der Machtergreifung der Nationalsozialisten abseits der kunstinteressierten allgemeinen Öffentlichkeit lebten. Vom NS-Regime wurden sie gleich zweifach verurteilt: als Juden und als »entartete« Künstler. Zu der Generation von Malern und Bildhauern, deren künstlerische Entwicklung unterbrochen, wenn nicht gar abgebrochen wurde, zählten Prof.Friedrich Adler, Erich Brill, Lore Eber-Feldberg, Paul William Henle, Kurt Löwengard, Ludwig Neu, Anita Rée und Gretchen Wohlwill.[21]

Im Jahre 1936 war mit 5.800 Mitgliedern knapp ein Drittel der Hamburger Juden im Kulturbund engagiert. Die Hoffnung, daß sich mit der Einführung eines neuen Mitgliedersystems im September 1937 die laufenden Kosten decken würden, erfüllte sich nicht. Am Ende der Spielzeit 1937/38 ergab sich ein Fehlbetrag von RM 22.500. Wie in den Jahren zuvor mußten die jüdische Gemeinde und private Spender einspringen, um das Defizit auszugleichen. In den »Monatsblättern des Jüdischen Kulturbundes Hamburg«, die von September 1936 bis Oktober 1938 regelmäßig erschienen, wurde daher immer wieder an die Leser appelliert, neue Mitglieder zu werben, um so die Existenz des Bundes zu sichern.

Zum Ende der Spielzeit 1937/38 veröffentlichte die Geschäftsleitung eine Bilanz der vier bisherigen Spielzeiten: Von 1934 bis 1938 hatten 284 Theateraufführungen und 63 Konzerte stattgefunden. Die Zahl der Vorträge und Rezitations-Abende belief sich auf 79, die der Kleinkunst-Abende auf 30. 5 Kunstausstellungen waren zu verzeichnen, 8 Tanzabende, 5 Werbe-Abende und 3 Kinderveranstaltungen.

In der Spielzeit 1935/36 zählte man 25.773 Besucher, 1936/37 wurden 21.084 Karten verkauft, 1937/38 stieg die Zahl der Besucher auf 43.127.

»Wir bauen weiter« hieß es in einer ausführlichen Programmvorschau für die Saison 1938/39 und niemand ahnte, daß nur noch ein Bruchteil des neuen Spielplans Realität werden sollte. Im Januar 1939 wurde der Kulturbund Hamburg von den NS-Behörden als eigenständiger Verein aufgelöst.[22]

Auf Anordnung der Reichskulturkammer blieb die Institution als solche jedoch bestehen; alle bisherigen Bünde wurden als Ortsverbände dem »Jüdischen Kulturbund in Deutschland e.V.« mit Sitz in Berlin unterstellt.

Die Hamburger Zweigstelle – 1939 zählte sie 3.500 Mitglieder – hatte von nun an kein eigenes Schauspiel-Ensemble mehr, doch die noch in Hamburg lebenden Künstler veranstalteten nahezu jeden Monat gemeinsam mit Berliner Kollegen »Bunte Abende«, »Heitere Nachmittage«, Kammerkonzerte und Lesungen. Mit vier Gastspielen kam die Berliner Theatertruppe in das Hamburger Gemeinschaftshaus, zuletzt am 7./8.September 1941 mit Molnars »Spiel im Schloß«.

Die wichtigste Rolle im Programm spielte nunmehr das bislang vernachlässigte Kino. Von Harry Blumenthal technisch betreut, wurden über 120 Spielfilme und ebenso viele Kurzfilme im Vorprogramm gezeigt. Die zwanzigjährige Graphikerin Marion Baruch entwarf die Filmplakate. Das Angebot war nahezu identisch mit dem der öffentlichen Kinos; die Publikumslieblinge hießen hier wie dort Gustav Gründgens, Heinz Rühmann, Marika Rökk und Zarah Leander.

Am 11. September 1941 wurde der Jüdische Kulturbund in Deutschland durch die Geheime Staatspolizei liquidiert.[23] Das Haus in der Hartungstraße diente wenige Wochen später als Proviant- und Versorgungsstelle für die jetzt einsetzenden Deportationen. Am 11. Juli 1942 wurde es selbst Sammelstätte für einen der Hamburger Transporte nach Auschwitz.[24] Das Schicksal der Hamburger Künstler nach der Auflösung des Kulturbundes ist in vielen Fällen bis heute unbekannt geblieben.²⁵ Der jüdische Kulturbund trug in jenen Jahren äußerster politischer und individueller Bedrängnis dazu bei, den Betroffenen eine geistige, künstlerische und materielle Existenz zu erhalten. Er war ein Ort der Zuflucht und des Trostes, ein Ort der Selbstbehauptung und der Solidarität für Künstler und Publikum. Angesichts wachsender Isolierung und Demütigung wurde durch die Begegnung mit den Künsten nicht nur das Gefühl kollektiver Identität wachgerufen, sondern gleichermaßen das Bewußtsein unverlierbarer menschlicher Würde aufrechterhalten. In ihrer Weigerung, die Bindung an die europäische Kultur und damit ihre geistigen Tradition zu verleugnen, leisteten Künstler und Publikum darüber hinaus die für sie einzig mögliche Form von Widerstand.²⁶

Zum andern wurde der Kulturbund von den Nationalsozialisten nicht nur toleriert, sondern ausdrücklich unterstützt.²⁷ Seine Gründung und seine mit großem Engagement betriebene Organisation kam dem Regime in mehrfacher Hinsicht entgegen:

Die von den öffentlichen Podien verbannten jüdischen Künstler fanden hier ein neues Betätigungsfeld. Die eventuelle »*Infiltration der Privatbühnen durch arbeitslose Juden*«²⁸ wurde auf diese Weise verhindert. Die Konzentration in einem geschlossenen Verband erleichterte die Ghettoisierung und Kontrolle über Künstler und Publikum. Gegenüber dem Ausland konnte der NS-Staat den Kulturbund als ein Aushängeschild für eine »tolerante Judenpolitik« benutzen und der »Greuelhetze« der Emigranten zeitweise entgegenstellen.²⁹

»Öffnet Eure Hände und wir wollen Eure Herzen öffnen«.³⁰
Ida Ehre und die Hamburger Kammerspiele

Im Juli 1943 wurde das Zuschauerhaus der Hamburgischen Staatsoper bei Bombenangriffen zerstört. Zum Ausweichquartier bestimmten die Behörden das Thalia Theater, das sich nun seinerseits nach einer anderen Spielstätte umsah. Intendant Robert Meyn wurde fündig; das »Hamburger Fremdenblatt« berichtete darüber am 26.September 1943:

»*Robert Meyn hat sofort zugegriffen, als er erfuhr, daß in dem ehemaligen Logenheim im Hause Nummer elf ein schmuckes kleines Theater, das zuvor einmal internen kulturellen Zwecken gedient hatte, gleichsam darauf wartete, für die Öffentlichkeit entdeckt zu werden*«.

Die »Thalia-Kammerspiele«, Hartungstraße, eröffneten am 8.Oktober 1943 mit Horst Lommers »Das unterschlug Homer« in der Regie von Robert Meyn. Neun Monate später wurden sie infolge der totalen Mobilisierung geschlossen. Ab 10. Dezember 1944 zeigten dort die »Ufa-Kammerspiele« deutsche Spielfilme. Die letzte Kino-Vorstellung fand am 1.April 1945 statt; am 10.Mai wurde das Haus von der britischen Militärregierung beschlagnahmt. Der Army Welfare Service richtete dort ein Kabarett ein, das »Savoy«.

Am 25.Juli 1945 wandte sich die Hamburger Kulturverwaltung an Colonel Lieven mit der Bitte, das Haus in der Hartungstraße, das einzige nicht zerstörte Hamburger Theater, für »Kammerspiele« freizugeben.³¹ Verantwortlich für diesen Vorstoß war eine jüdische Schauspielerin, die, maßgeblich unterstützt von dem britischen Theateroffizier John Olden, nach einer eigenen Spielstätte Ausschau hielt, um dort »*menschliche Probleme und Probleme der Welt*« zu Wort kommen zu lassen, »*von denen wir 12 Jahre lang nichts wissen durften*«.³² Ihre Pläne beeindruckten die Engländer; sie überließen ihr die Bühne, und da sie selbst nicht über die erforderlichen Mittel verfügte, das Haus zu erwerben, wurde sie

Kunst
Kultur
Wissenschaft

zunächst Pächterin der »Jüdischen Gemeinschaftshaus GmbH«, später der Freien und Hansestadt Hamburg.[33]

Die Schauspielerin und künftige Prinzipalin der »Hamburger Kammerspiele« hieß Ida Ehre. Am 9.Juli 1900 als Tochter eines jüdischen Oberkantors in Prerau/Mähren geboren, in Wien aufgewachsen und ausgebildet, hatte sie bis zu ihrem Auftrittsverbot im Jahre 1933 u.a. an den Bühnen von Czernowitz, Bukarest, Königsberg, Bonn, Mannheim und Berlin große Beachtung gefunden. Die Hansestadt wurde 1939 gezwungenermaßen ihr Domizil, als der Kriegausbruch die geplante Emigration vereitelte und das Auswandererschiff in den nächsten deutschen Hafen einlaufen mußte. Ida Ehres Mutter wurde in Theresienstadt ermordet; sie selbst, seit 1928 mit dem Arzt Bernhard Heyde verheiratet, überlebte die Haft im KZ Fuhlsbüttel.

Am 10. Dezember 1945 wurden die Kammerspiele mit Robert Ardreys »Leuchtfeuer« (Regie: Robert Michal, Bühne: Otto Gröllmann) eröffnet. John Olden erinnert sich:

»Wir alle, die wir an diesem Abend dabei waren, hatten das Gefühl, daß mit dieser Premiere ein Leuchtfeuer für die Freiheit des Geistes neu entzündet wurde, für die völkerverbindende Kraft des Theaters, daß mit diesem Signal ein neuer Anfang markiert wurde nach der Stunde Null am 8.Mai 1945«.[34]

Mit ihrer Stückauswahl, ihrem hochkarätigen Ensemble und ihrer eigenen schauspielerischen Leistung setzte Ida Ehre künstlerische Maßstäbe, die weit über die Grenzen der Hansestadt hinaus Geltung hatten. Im Zeichen der Versöhnung der Völker definierte sie die Rolle ihres *»Theaters der Menschlichkeit«*:

»Es muß dort wieder anknüpfen, wo die Fäden durch die Zensur oder durch Feindschaften zerrissen worden sind, es muß das Beste aus dem In- und Ausland suchen und zur Aufführung bringen und nur dem einzigen Ziel dienen, dem Ziel aller echten Kunst: die ewigen Wahrheiten zu suchen und ihnen Ausdruck zu verleihen«.[35]

Am 31. März 1947 hatte Thornton Wilders »Wir sind noch einmal davongekommen«, von Helmut Käutner in Szene gesetzt, Premiere. Im September folgten »Die Troerinnen« von Euripides in der Bearbeitung von Franz Werfel. Ulrich Erfurth führte Regie, Ida Ehre übernahm die Rolle der Hekuba. Dazu schrieb »Die Welt« am 30.9.1947: *»Und Ida Ehre als Troerkönigin wuchs zu mythischer Größe auf. Höhepunkt eines Schauspielerlebens, wie er auch dem, der weiß, wie es sein soll, nur selten beschieden ist«.*

Ein Ereignis von besonderem Rang, eine Legende, kaum daß es stattgefunden hatte, war die Uraufführung von Wolfgang Borcherts »Draußen vor der Tür«. Ida Ehre hatte, gemeinsam mit Freunden, den todkranken Dichter dazu bewegen können, das zunächst als Hörspiel verfaßte Heimkehrerdrama für die Bühne umzuschreiben. In der Inszenierung von Wolfgang Liebeneiner erwies sich Hans Quests Darstellung des Beckmann als eine bis heute unübertroffene künstlerische Leistung.

1948, nach der Währungsreform, gerieten die Kammerspiele zusehends in finanzielle Nöte. Als Privattheater, ohne Subventionen, konnten sie mit den Gagen der Staatstheater nicht konkurrieren: Schauspieler wanderten ab, das Ensemble wurde schließlich aufgelöst, größte Sparsamkeit war angesagt. Statt Repertoire wurde nun En-Suite gespielt; der Spielplan mit seinen überwiegend »unbequemen« zeitgenössischen Werken verlangte Auflockerung. Immer seltener war Ida Ehre in der Lage, die Stücke zu zeigen, für die sie das Theater einst eröffnet hatte: *»Ich habe seitdem ständig kämpfen müssen, und ich kämpfe ja pausenlos. Ich bin ein Feldherr, der schon viele Schlachten geschlagen hat, und ich habe immer versucht, sie zu gewinnen. Hin und wieder habe ich auch gewonnen, doch manchmal war ich sehr mutlos«.*[36]

Aufgegeben hat sie nie, die vielfach Ausgezeichnete,[37] die »Mutter Courage«, wie sie seit ihrer Interpretation dieser Brechtfigur im Jahre 1952 immer wieder genannt wurde, trotz vieler Konzessionen an das knappe Budget und den Publikumsgeschmack. »*300 Vorstellungen pro Jahr, mal 35 Jahre*«, so lautete ihre Bilanz 1980, »*und versucht, ein Mensch zu bleiben, um den Menschen zu zeigen, daß der Mensch als Möglichkeit gedacht ist*«.[38] Ida Ehre starb am 16. Februar 1989 im Alter von 88 Jahren. Einer ihrer engsten Freunde, der Schriftsteller Walter Jens, schrieb in einem Nachruf: »*Die Frau, die überlebte und die Bühne die nach Jahren brutaler Abgeschlossenheit wieder Welt nach Deutschland brachte, Urbanität und Offenheit – beides gehört für die Älteren unter uns, aber nicht nur für sie, untrennbar zusammen*«.[39]

Müller-Wesemann
Die jüdische Kulturgeschichte des Hauses
Hartungstraße 9 – 11

Anmerkungen

Der vorliegende Aufsatz basiert im wesentlichen auf Forschungen der Verfasserin im Archiv des Leo-Baeck-Institutes New York. Ferner wurden zwei grundlegende Arbeiten zum Jüdischen Kulturbund in Deutschland hinzugezogen: Freeden, Jüdisches Theater in Nazideutschland und Dahm 1988, S. 75ff. Für den Jüdischen Kulturbund verweise ich auf: Hans-Jürgen Uekötter 1986.

1. Chorgesang anläßlich des 25jährigen Bestehens der Henry-Jones-Loge, vgl. Hamburger Familienblatt für die israelitischen Gemeinden Hamburg, Altona, Wandsbeck und Harburg vom 22.1.1912, S. 3.
2. Fest-Schrift zur Feier des 25jähr. Bestehens der Henry-Jones-Loge XVIII No. 367 U.O.B.B. in Hamburg. Hamburg 1912, S. XIV.
3. Loewenberg in: Monatsblätter des Jüdischen Kulturbundes Hamburg, August 1937, S. 28.
4. Programm zu Robert Ardreys »Leuchtfeuer«. Hamburger Kammerspiele, Dezember 1945.
5. Gustav Tuch bei der Grundsteinlegung des Logenheims am 22.10.1903, in: Das Logenheim in Hamburg 1904, S. 14.
6. Das Logenheim in Hamburg 1904, S. 21
7. Siehe die Beiträge von Erika Hirsch und Christoph Daxelmüller in diesem Band.
8. Fest-Schrift zum 25jährigen Bestehen der Henry-Jones-Loge, S. XII.
9. Gruß an die Hartungstraße, in: Israelitisches Familienblatt. Ausgabe C, Hamburger Israelitisches Familienblatt vom 18.3.1937, S. 3.
10. Hamburger Familienblatt vom 10.11.1913, S. 5 und vom 24.11.1913, S. 4.
11. Max M. Warburg in seiner Rede zur Eröffnung des Jüdischen Gemeinschaftshauses am 9.1.1938, Leo-Baeck-Institut New York.
12. Max M. Warburg, (wie Anm. 11).
13. Freeden, Jüdisches Theater, S. 22.
14. Ebd., S. 48f.
15. Werbebrief der Jüdischen Gesellschaft für Kunst und Wissenschaft, Dezember 1934.
16. Im Nachlaß Harry Blumenthals befand sich ein Album mit vielen Photos, die die Arbeiten des Jüdischen Kulturbundes Berlin und Hamburg dokumentieren. Das Album wird im Institut für die Geschichte der deutschen Juden, Hamburg aufbewahrt, 09-032.4.
17. Buxbaum in: Monatsblätter des Jüdischen Kulturbundes Hamburg, Juni 1937, S. 3.
18. U.a. Gesetz zur Wiederherstellung des Berufsbeamtentums vom 7.4.1933, Reichskulturkammergesetz vom 22.9.1933, Theatergesetz vom 15.5.1934, Reichs- und Staatsangehörigkeitsgesetz vom 15.5.1935 samt Verordnungen.
19. Programm des Jüdischen Kulturbundes Hamburg, September 1935, S. 3.
20. Carlebach, J. in: Programm des Jüdischen Kulturbundes Hamburg, September 1935, S. 5.
21. Bruhns 1989; vgl. dazu auch den Beitrag von Maike Bruhns in diesem Band.
22. Schreiben des Kulturbundes Hamburg an das Vereinsregister, 10.1.1939, Staatsarchiv Hamburg.
23. Schreiben der Geheimen Staatspolizei vom 11.9.1941, in: Freeden, Jüdisches Theater, S. 164.
24. Wegweiser zu ehemaligen jüdischen Stätten in Hamburg. Heft 3, S. 68ff.
25. Vgl. Müller-Wesemann 1991.
26. Freeden, Jüdisches Theater, S. 6.
27. Hinkel 1936, S. 514f; Bab 1941.
28. Dahm 1988, S. 87.
29. Hinkel 1936, S. 517f.
30. Ehre, I. in: Blätter der Hamburger Kammerspiele 1948/1949, ohne Seitenangabe. Ham-

Kunst
Kultur
Wissenschaft

burger Theatersammlung.
31 Brief der Kulturverwaltung vom 25.Juli 1945. Hamburger Theatersammlung.
32 Ida Ehre in einem Brief an Major C.F.Lamberth, Control Officer of Films, Opera, Music, Stage, Varieté vom 28.Juni 1945. Institut für die Geschichte der deutschen Juden, Hamburg, 45-025.
33 Laut Beschluß der Hamburger Bürgerschaft vom 14.10.1953 wurde die Hansestadt Hamburg neue Eigentümerin des Hauses. Die Verkaufssumme von 155.000 DM wurde unter der Anthroposophischen Gesellschaft und der »Jüdischen Gemeinschaftshaus GmbH« aufgeteilt.
34 Olden 1965, S. 18.
35 Programm zu R.Ardreys »Leuchtfeuer«. Dezember 1945.
36 Ehre 1980, S. 16.
37 Ida Ehre erhielt u.a. folgende Auszeichnungen: das Große Bundesverdienstkreuz, vom Senat der Freien und Hansestadt Hamburg die Medaille für treue Arbeit im Dienste des Volkes in Silber, die Medaille für Kunst und Wissenschaft der Freien und Hansestadt Hamburg, die Ehrenbürgerschaft der Freien und Hansestadt Hamburg, die Ehrendoktorwürde der Universität Hamburg.
38 Ehre 1980, S. 42.
39 Jens 1989.

Literatur

Ehre, Ida: Gott hat einen größeren Kopf, mein Kind... München und Hamburg 1985
Freeden, Herbert: Jüdisches Theater in Nazideutschland. Tübingen 1964

»Die Juden haben unbestritten
Von allen Verfolgten das Schlimmste gelitten:
Nicht weil sie politisch verschworen sind –
Nur weil sie halt geboren sind.« (Alfred Kerr)

Loblied und Abgesang –
Jüdische Autoren im Exil

Rolf Eigenwald

»Ein Hospital für arme, kranke Juden,
Für Menschenkinder, welche dreifach elend,
Behaftet mit den bösen drei Gebresten,
Mit Armut, Körperschmerz und Judentume!

Das schlimmste von den dreien ist das letzte,
Das tausendjährige Familienübel,
Die aus dem Niltal mitgeschleppte Plage,
Der altägyptisch ungesunde Glauben.

Unheilbar tiefes Leid! Dagegen helfen
Nicht Dampfbad, Dusche, nicht die Apparate
Der Chirurgie, noch all die Arzeneien,
Die dieses Haus den siechen Gästen bietet.

Wird einst die Zeit, die ew'ge Göttin, tilgen
Das dunkle Weh, das sich vererbt vom Vater
Herunter auf den Sohn, – wird einst der Enkel
Genesen und vernünftig sein und glücklich?

Ich weiß es nicht! ...«

Die bange Frage, die Heinrich Heine in seinem Gedicht »Das neue Israelitische Hospital zu Hamburg« stellt, läßt sich aus der Sicht der Nachgeborenen allzu eindeutig beantworten. Das Elend der Juden wird auch knapp 100 Jahre nach der Publikation der Zeitgedichte nicht überwunden sein. Die schmerzlichste Prüfung steht ihnen vielmehr noch bevor.

Seine Rückkehr führt den (1831 doch einigermaßen freiwillig) nach Paris entschwundenen Autor in eine vertraute Gegend. Geboren ist er in Hamburg nicht, aber auch nicht in »*Schilda, Krähwinkel, Polkwitz, Bockum, Dülk, Göttingen und Schöppenstädt*«. Der Ort

von oben nach unten:
Georges-Arthur Goldschmidt
Ingrid Warburg Spinelli
Werner Lansburgh

Kunst
Kultur
Wissenschaft

der Geburt besagt wenig. Auch der Ort des Sterbens bleibt dem Zufall überlassen. Alfred Kerr, dessen Gedicht »Das Schlimmste« aus dem Jahr 1936 diesem Essay als Motto dient, kommt in hohem Alter nach Jahren des Exils in der Schweiz, in Frankreich und England 1948 zum ersten Besuch ins Nachkriegsdeutschland nach Hamburg, erleidet kurz nach seiner Ankunft einen Schlaganfall und stirbt. Auf dem Ohlsdorfer Friedhof liegt Alfred Kerr begraben. Ein tatsächlich aus Hamburg-Hamm stammender Kollege Alfred Kerrs und Heinrich Heines, Arno Schmidt, wird, 1914 geboren, später dann rückblickend auf die nun allerdings doch »*für jeden Denkenden bestürzende Tatsache*« verweisen, »*daß Deutschland wohl die Wiege großer Männer war – ich nenne nur von heute Geläufigen Albert Einstein, Thomas Mann, Hermann Hesse; sämtliche Nobelpreisträger – aber nur selten ihr Grab*«; es gilt auch für Heine, was Arno Schmidt unter dem Titel »Deutsches Elend« notiert. »*Und die Glieder matt und träge / Schlepp ich fort am Wanderstab, / Bis mein müdes Haupt ich lege / Ferne in ein kühles Grab*«. Das romantisch inspirierte Motiv, spielerische Vorahnung eher, beherrscht bald des Autors Lebensgeschichte und bestimmt den Schlußpunkt. In Hamburg, wohin der Gast aus Paris anno 1843 zurückkehrt, lebt jener edle alte Herr, der Heine so mächtig schilt und so großmütig unterstützt. Das Israelitische Hospital ist 1841 von Onkel Salomon gestiftet worden. Der Verleger will besucht sein: »*Mein Campe war Amphitryo / Und lächelte vor Wonne; [...] / Ich danke dem Schöpfer in der Höh', / Der diesen Saft der Reben / Erschuf, und zum Verleger mir / Den Julius Campe gegeben*«. Und schließlich begegnet der Rückkehrer auch einem anderen alten Bekannten, dem Zensor seiner Schriften, der, im Novembernebel gebückt, über den Gänsemarkt schleicht. Heine als Gast in Hamburg: Die Geschichte kennt ein Nachspiel. Der Autor wird, liegt er auch längst in Paris begraben, nach seinem Tod aus der Stadt an der Elbe verjagt. In einem wüsten Stellvertreterkrieg betreibt der (NS-)Senat 1933 die Vernichtung des von Hugo Lederer 1926 geschaffenen Heine-Denkmals. Es stamme von einem volksfremden Künstler, kommentiert eine Zeitung die barbarische Aktion. Ein älteres Denkmal kommt 1933 unter Verschluß und gerät nach Toulon. Dort befindet es sich noch heute. Inzwischen steht ein durch das Lederer-Vorbild inspiriertes Standbild auf dem Rathausplatz, ganz in der Nähe der Alster also, an der die jungen Mädchen flanieren.

»*Da läßt sich gut sitzen, und da saß ich gut, gar manchen Sommernachmittag, und dachte, was ein junger Mensch zu denken pflegt, nämlich gar nichts, und betrachtete, was ein junger Mensch zu betrachten pflegt, nämlich die jungen Mädchen, die vorübergingen – und da flatterten sie vorüber jene holden Wesen mit ihren geflügelten Häubchen und ihren verdeckten Körbchen, worin nichts enthalten ist – da trippelten sie dahin, die bunten Vierlanderinnen, die ganz Hamburg mit Erdbeeren und eigener Milch versehen, und deren Röcke noch immer viel zu lang sind – da stolzierten die schönen Kaufmannstöchter, mit deren Liebe man auch so viel bares Geld bekömmt – ...*«

Daß Heine, wenn auch zu einem Denkmal erstarrt, derart den Mädchen nachsinnen kann, ist u.a. Arie Goral-Sternheim zu verdanken. 1909 in Rheda in Westfalen geboren, verbringt er, Mitglied der jüdischen, dann der sozialistisch-zionistischen Jugendbewegung, die ersten Jahre seines Lebens in Hamburg. Die Zeit seines Heranwachsens hat er facettenreich geschildert im 1989 publizierten Band »Jeckepotz. Eine jüdisch-deutsche Jugend 1914 – 1933«. Später geht Goral ins Exil, nach Frankreich, dann 1935 nach Palästina. Seit seiner Rückkehr nach Hamburg im Jahre 1953 ist der unruhige, streitbare Geist und unermüdliche Bewahrer aus dem kulturellen Leben der Stadt nicht wegzudenken. Daß Hamburg sich des großen Sohnes Carl von Ossietzky wieder erinnert, daß die Universität des ins Exil getriebenen Exil-Forschers Walter A. Berendsohn gedenkt, haben

Aktivitäten und Dokumentationen Gorals (mit)bewirkt. »*Ist es,*« schreibt Goral in »Jeckepotz«, »*verwunderlich, daß Heine von besonderer Bedeutung für uns war?*« Er fährt fort:

Eigenwald
Loblied und Abgesang –
Jüdische Autoren
im Exil

»*Soweit Heine je in Hamburg eine ihm bereite Heimstätte hatte, so allein in den Herzen und den Hirnen jener jungen Juden vom Grindel, die, vergleichsweise auf höherer Ebene, sich in ihm wiederfanden, ihn, wenn auch nicht als Ziehvaterfigur, so doch als das große Memento des Judeseins in Deutschland anerkannten und unter ihren Schutz nahmen, soweit sie zu jenen gehörten, die ihn, den Juden Harry Heine, verstanden, verehrten und liebten*«.

Ausdruck solcher Verehrung ist auch Gorals späterer Kampf um die Wiedererrichtung eines Heine-Denkmals. Seine Überlegungen dazu hat er dokumentiert.

Heine und Hamburg: Der lebende Schriftsteller erfindet sich als einen Heimkehrer. Er kommt zurück in jene Stadt, die er 1843 auch tatsächlich wiedergesehen hat. Viel befremdet ihn (oder sein poetisches Alter ego), manches hat sich gewandelt während seiner mehr als ein Dutzend Jahre dauernden Abwesenheit; Paris ist zum Ort des Exils geworden: »*Noch mehr verändert als die Stadt / Sind mir die Menschen erschienen, / Sie gehn so betrübt und gebrochen herum, / Wie wandelnde Ruinen*«.

Diese Verse finden sich wie zuvor angeführte auch in Heines »Deutschland. Ein Wintermärchen«. Es formuliert, 1844 abgeschlossen und im September mit einem Vorwort versehen, beispielhaft den Patriotismus der Verjagten, der für vaterlandslos Erklärten, der Ausgebürgerten und Vergessenen. Innig schreibt der Autor und zugleich brillant. Kein Gegner, der sich seiner Vaterlandsliebe rühmt, gewinnt der deutschen Sprache vergleichbare Nuancen ab. Fortan gilt unwiderrufen, daß Patrioten in Heines Tradition »*besser deutsch schreiben und sprechen als die Mehrzahl der nationalen Esel*« (Kurt Tucholsky). Die Szenerie, in die Heine sich zurückkehren läßt, gleicht einer erstarrten Landschaft. Das Land ist von einem Alptraum bedrückt, es herrschen Lethargie und Stagnation. Ein zeitgenössischer Rezensent erkennt Deutschland als einen »*Fluß voll zähen Treibeises*«. Seit mit den Bundestagsbeschlüssen vom 10. Dezember 1835 die politische Verfolgung noch einmal verschärft worden ist, herrschen endgültig bedrückende Zustände. Manche Autoren wie der in Altona geborene Ludolf Wienbarg, er ist einige Jahre jünger als Heine und wie dieser Campe-Autor, werden zerbrochen, verbluten geistig, verstummen schließlich. Und doch gleicht das Geschehen im Vormärz eher noch einem Vorspiel. Die wahrhaft finsteren Jahre sollen noch folgen. Zermürbt das System vor 1848 die kritischen Autoren durch eine schikanöse Dauerverfolgung, nimmt es ihnen die Luft zum Atmen, so treffen die Ereignisse 100 Jahre später ihre Kollegen mit katastrophaler Wucht. Die Welt ändert sich von einem Tag auf den nächsten. Sie ist kaum wiederzuerkennen. Alle Ahnungen werden übertroffen. Resthoffnungen erweisen sich rasch als illusionär. »*Wie haben sie mein Dasein ganz zerstört!*« Dem Vers des Max Herrmann-Neiße kann dann niemand mehr widersprechen.

Heimkehr in die Fremde

»*Deutschland ist ein herrliches Land, ein schönes, ein wunderbares, weites Land. Ein Land voll Sehnsucht und Größe, ein Land voll heimatlicher Wälder, Städte, Meere und Berge.*

Deutschland! Wie bebt das Herz, wie schweigen die Gedanken, wie atmen die Lungen tiefer, wenn ich Deinen Namen ausspreche, als brächten Heimweh und Liebe allein schon Deine Luft.

Kunst
Kultur
Wissenschaft

Heimat, geliebte! Wie bin ich fern von Dir, wie bang ist mir nach Dir! Ich will nicht, daß die Pyramiden Gefolterter, die Hekatomben Ausgebluteter, die Altäre, himmelhoch voll keuchender Münder, weiter in meinen Träumen gespenstern. Nein, ich will jetzt endlich wieder Deine Äcker riechen und sonst nichts. Deine Meere sehen! Mit Deinen Menschen leben! Deine Luft atmen! [...]

Und nun sitze ich in einer wunderbaren Stadt, deren Landschaft und Menschen berückend sind, aber es ist die Fremde. Du, mein Deutschland, hast meine Bücher verbrannt, meine Freunde ermordet und mich unter fremdem Namen, damit es die Presse nicht erfährt, verschleppt und gemartert. Du hast mich getrieben, Dir zu entfliehen. Deutschland! Ich rufe es in jeder Nacht: Deutschland, wo bist Du?

Deutschland schläft. Es ist sehr, sehr krank. Es schläft einen wilden Fieberschlaf. Es träumt. Ein schrecklicher Traum.

Deutschland erwache! Erwache Deutschland!

Deutschland schläft.

Es ist die Nacht vom 31. März zum 1. April 1933«.

Diese Liebeserklärung, der »*bekenntnisreiche Seufzer eines Deutschen jüdischer Herkunft*« (Heinrich Böll), ist entnommen dem Tatsachenroman »Das Vaterland«, den der Autor ausdrücklich den »*gemarterten und ermordeten deutschen Juden*« widmet. Im Pariser Exil verfaßt Heinz Liepman die Zueignung: »*Jude-Sein ist nicht Gesinnung, sondern Schicksal. Niemanden kann man verantwortlich dafür machen, als was er geboren ist, und bestrafen kann man nur für etwas, was er aus freiem Willen begangen hat*«. Die Sympathie-Erklärung für die im Hitler-Deutschland ermordeten Juden, geschrieben »*wegen zehn und hundert und tausend unschuldig Gemarterter, Zerstörter, zum Irrsinn Getriebener*«, diese Widmung eines Mitleidenden stammt von einem Autor, der, 1905 in Osnabrück geboren, vor 1933 in Hamburg an den Kammerspielen als Dramaturg arbeitet (1927–1928), dessen Schauspiele in Hamburg uraufgeführt werden. Liepman kennt sich, dies ist dem »Vaterland«-Roman deutlich anzumerken, in der Stadt, in der er als Theatermann und Journalist gewirkt hat, gut aus.

Nach einem Exil-Weg über die Niederlande, Frankreich, London, New York kehrt Liepman 1947 nach Hamburg zurück. Die Heimat ist ihm jedoch zur Fremde geworden, die Fremde – ließe sich mit einem Wort Alfred Polgars hinzufügen – vermutlich nicht zur Heimat. Wie viele Emigranten ist er enttäuscht von der politischen Entwicklung im Nachkriegsdeutschland. Er geht erneut ins Ausland und stirbt 1966 in der Schweiz. Es gibt ein Exil nach dem Exil. Der den ermordeten deutschen Juden zugeeignete Roman, im Exil herausgebracht, Ausdruck des Mitempfindens und der (wenn auch hilflosen) Solidarität, Pamphlet auch (wie Liepman im Vorwort schreibt), thematisiert die Rückkehr eines Dampfers und seiner Besatzung, die Hamburg am zweiten Weihnachtstag 1932 verlassen haben. Drei Monate ist man unterwegs gewesen. Ende März 1933 kommen sie zurück, Dampfer und Besatzung, in der alle politischen Standpunkte vertreten sind, die das Parteileben der Weimarer Republik prägen. Die Seeleute erkennen, konfrontiert mit dem unterdes fest etablierten Alltag des Faschismus, ihre Heimatstadt nicht wieder. Die Heimkehr in die Fremde gerät zur Entdeckungsreise.

Liepman schildert, so Heinrich Böll in einem Vorwort zur Neupublikation des Romans 45 Jahre nach der ersten Veröffentlichung im niederländischen Exil, »*die Verbreitung des Schreckens in allen Lebensbereichen*«, gewöhnlichen Faschismus und offenen Terror, Feigheit, Willkür des Abschaums, Anpassung, Mut, Widerstand, alles, was menschenmöglich ist. Es ist Michael Ackermann beizupflichten, wenn er Liepmans Roman für ein illusionsloses Porträt der deutschen Zustände im Jahr 1933 hält. Der Autor werde »*der realen Situation Nazideutschlands 1933 damit gerechter als alle anderen 'Deutschlandromane' der ersten Phase des antifaschistischen Exils*«. Ackermann hebt hervor, Liepman lasse eine Weite der Wahrnehmung erkennen, spare keine Facette des politischen Lebens aus. Daher ist der Text der Lektüre Heranwachsender dringlich anzuraten. Für junge Hamburger mag es einen zusätzlichen Reiz bedeuten, die Örtlichkeiten der Stadt wiederzuerkennen, wiederzuentdecken. Liepmans Romanhandlung läßt sich gleichsam Schritt für Schritt nachvollziehen. In völliger Unkenntnis des politischen Wandels zwischen Dezember 1932 und März/April 1933 begeben sich, eine Episode von vielen vergleichbaren, drei Seeleute in die Kneipe eines (wie sich herausstellt) SS-Mannes. Sie bekennen sich unvorsichtig zu ihren politischen Auffassungen, einer, der Smutje, erweist sich als Jude. Im Verlaufe der heftigen Auseinandersetzung äußert er sich: »Ich bin in Hamburg geboren, mein Vater ist in Hamburg geboren, mein Großvater, Urgroßvater und so weiter. Ich bin doch Deutscher und was denn sonst. Ich spreche deutsch und atme deutsch«.

Es nützt ihnen, wie der Roman »Das Vaterland« in vielen bedrückenden Szenen bezeugt, nichts, daß sie »*von August 1914 an zusammen in den Schützengräben Rußlands gelegen*« sind, daß ihnen im Sturmangriff die Bauchdecke zerfetzt worden ist, daß sie zehn Monate lang im Lazarett verbracht haben. Sie bekommen 1933 denunziatorische Briefe: »*Wenn Du dreckiges Schwein nicht innerhalb einer Woche in Dein Vaterland Palästina verduftest, hängen wir Deine drei Bastarde an einen Baum. Deine Hure werfen wir in die Alster*«. Den Kapitän des zurückgekehrten Schiffs läßt Heinz Liepman einige Tageszeitungen lesen. Da der Roman Fiktives und Tatsächliches kombiniert, geschieht es, daß der Kapitän auf die folgende Notiz in den »Altonaer Nachrichten« stößt: »*Jüdische Unverschämtheit. Herr Liepman provoziert das Deutschtum. Die Intendanz des Altonaer Stadttheaters erhält von dem Juden Heinz Liepman, Hamburg, Colonnaden 5, folgendes Schreiben: ...*« Es folgen der Inhalt des Liepman-Protestes und ein als Mordaufruf zu verstehender Appell: »*Herr Liepman wird mit seiner Verleumdung wie andere seiner Rasse die Brunnen in Deutschland vergiften. Es wird dafür Sorge getragen, daß diese Gefahr nicht akut wird*«.

Liepman hat den Mordaufruf überlebt – im Exil. Er ist, zurückgekehrt dann nach 1945, sich treu geblieben, wenn er 1966 ein Taschenbuch zur Kriegsdienstverweigerung im Rowohlt Verlag herausgibt. »Das Vaterland« erscheint 1979/1981 wieder. Es ist unterdes erneut vergriffen. Die höchst verdienstvolle Erinnerungsarbeit des Konkret Literatur Verlags und des Fischer Taschenbuch Verlags bedarf entschiedener Fortsetzung. Die »Bibliothek der verbrannten Bücher« ist stets neu bedroht.

Abschied, Abgesang und Mutter Sprache

Unter Juden, die vertrieben werden, ist die Geschichte oft erzählt worden, nach der jemand seinen Freunden mitteilt, er wolle nach Uruguay (oder Australien) auswandern, und nach der er deren Erstaunen, daß er dann aber weit weg wolle, mit einer Gegenfrage beantwortet: Weit von wo? Dem 10jährigen Georges-Arthur Goldschmidt, bei Hamburg geboren, einer bürgerlich-jüdischen Familie entstammend, muß sein Zielort unglaublich weit vorgekommen sein, als er 1938 nach Florenz fährt, fahren muß. Einen Rückweg wird es nicht geben. Der »*Grundsituation der Ausgesetztheit*« (Peter Handke) entspricht fortan Goldschmidts Lebensgefühl. Nach 1938 wird er damit leben und darüber schreiben, die weit entrückte Heimat wiederzugewinnen, sie wiederzu(er)finden: Heimatkunde eines Verstoßenen.

Kunst
Kultur
Wissenschaft

Goldschmidts Erzählung »Ein Garten in Deutschland«, 1986 in Paris, 1988 in Zürich herausgebracht, ist in mancher Hinsicht eine Hommage an Hamburg. Der Erzähler erinnert sich an eine Fahrradtour mit dem Vater:

»*Der Vater nahm ihn manchmal zum Radfahren mit: er stieg von hinten auf, wie man früher auf die Draisinen stieg, wobei er sich mit dem Fuß abstieß. Dreimal wöchentlich nahm er den Zug nach Hamburg: er war Richter und rauchte Pfeife.*

Nach der Machtübernahme Hitlers hatte man ihn auf Grund seiner Abstammung zwangspensioniert. Er hatte genügend Zeit, um zu malen und mit großen Schritten in der Gegend umherzustreifen.

Hinter Schöningstedt führten Pfade, neben denen sich Wagenspuren hinzogen, zur leicht gewellten Ebene, es war Lauenburg; neben einem mit rundem Schilfrohr bestandenen Teich begann ein grasbewachsener, etwa dreißig Meter hoher Hügel. Er hatte ihm ganz in der Ferne, am Rande der Ebene, die fünf Türme Hamburgs gezeigt, die still, verschlankt, spitz zulaufend, verschwommen grau, über dem Nebel auftauchten, der Pfeil von Sankt Nikolaus, der Glockenturm von Sankt Michael, Sankt Peter, das Rathaus, das zierliche, aufeinanderfolgende Hochragen von Sankt Katharina, der Turm, den er allen anderen vorzog«.

Der geliebte Ort gerät im Rückblick immer auch zur Wiege des Leidens. Jüngst hat Georges-Arthur Goldschmidt zum Buch eines gleichaltrigen Kollegen, dem Buch eines Dazugehörigen, der sich mit diesem Faktum auseinandersetzt, bemerkt, seine schmerzliche Erfahrung sei die gewesen, nicht dazugehört zu haben. Der kleine Junge wird, als »*kleiner Dreckjude*« denunziert, ausgeschlossen. Das ist die eine Schlüsselerfahrung. Sie spielt auch in Goldschmidts drittem Buch, der 1991 erschienenen »Absonderung« eine zentrale Rolle:

»*Juden kannte er keine, das Wort aber gehörte mit Totschlag zusammen, man holte mit dem Arm aus und konnte zuschlagen: etwas Unheimliches gehörte dazu, eine Schuld, er fürchtete sich davor, als könnte man wissen, daß es seine eigene war*«.

Goldschmidts erzählte Erinnerung läuft (dies die andere Schlüsselerfahrung) immer wieder auf Ort und Szene des Abschieds zurück. Dem Hamburger Hauptbahnhof gelten daher zunächst viele liebevolle Betrachtungen; bei »*hochrädrigem Lärm*« fährt man ein, gelbes, schattenloses Licht fällt »*starr aus dem Riesenglashaus mit den Stahlrippen*«.

»*Zeitungskioske auf den Bahnsteigen trugen wie draußen Reklamehelme. Von den dumpfen, vielfältigen Geräuschen hoben sich die plötzlichen Einschübe der präzisen, unverständlichen Stimmen ab, zerhackt vom lauten Husten der Lokomotiven: ihr weißer Rauch stieg auf bis zur Fußgängerempore, die über die Bahnsteige führte, die Passanten verschwanden zeitweise darin. Wenn man aus dem Bahnhof herauskam, entdeckte man, kolossal und düster, die fünf Türme der Stadt. Man beeilte sich. Über einem, von der Höhe abgeschnittenen, richtete sich plötzlich der Turm auf, grüngrau, kleine Kuppeln bildend, eine über der andern*«.

An späterer Stelle heißt es: »*Unter dem riesigen Glasdach des HAMBURGER HAUPTBAHNHOFS war man gleichzeitig drinnen und draußen. Mit der Hand versuchte man diese Rundung nachzuzeichnen: die Geräusche waren hier gedämpft, ganze Züge hielten da, als seien sie draußen*«.

Gerade der Ort, auf den sich die rückwärts gewandte Erinnerung richtet, bildet den Hintergrund für die endgültige, schmerzliche und unauslöschliche Abschiedsvorstellung des kleinen Jungen. Von dieser Vorstellung wird er nicht mehr loskommen. Wie des gleichaltrigen Raymond Federmans Gedankengänge stets erneut ihren Ausgang nehmen von jenem Erlebnis, als kleiner Junge »*in einem schrank eine symbolische wiedergeburt*«

zu erleben (»Die Stimme im Schrank«), so verdichten sich Goldschmidts Empfindungen immer wieder zu einem traurigen Abgesang.

> »*Die Fahrt im Vorortzug nach Hamburg, von wo der Schnellzug zuerst nach München und dann nach Florenz abfuhr. Die Landschaft zog wie immer an ihm vorüber, mit dem einzigen Unterschied, man würde sie nicht wiedersehen. Während das flache Land in aufeinanderfolgenden Abschnitten vorüberzog, versuchte er herauszufinden, ob er die heimatliche Landschaft auswendig kannte, um sich noch Landschaften einzuprägen, war es zu spät. Der Schnellzug fuhr auf dem letzten Gleis ab, an dem unermeßlich großen, runden Glasbau, auf der stummen Seite des Bahnhofs: man hatte alle Geräusche der Trillerpfeifen, der Dampfstöße der Lokomotiven, der Glöckchen der Gepäckwagen auf einer einzigen Seite: den Rücken dem Innern des Abteils zugewandt, erriet er die Güterzüge, die durch den Bahnhof fuhren.*
>
> *Und plötzlich setzte sich der Schnellzug langsam in Bewegung, obgleich sich die Breite des Abteils nicht veränderte. Die Eltern standen draußen auf der hellen Fläche des Bahnsteigs nebeneinander. Während der Zug langsam und stoßweise anfuhr, traten sie bis zum anderen Bahnsteigrand zurück, um länger sichtbar zu bleiben.* [...] *Auf dem Bahnsteig, der vor ihnen ganz schmal wurde, wurden sie immer kleiner. Die dunkelgrüne Wand des Zugs schnitt den Vater als ersten ab, senkrecht, und auf dem äußersten Rand des Bahnsteigs blieb nur noch die Mutter für die Zeit eines Blicks zurück, dann verschwand sie ebenfalls ganz plötzlich. Es gab nur noch den Lärm des Eisenbahnwagens auf den Weichen und das brennende Bedauern, daß er auf der anderen Seite des Zugs nicht noch ein letztesmal die runde Glashalle des vertrauten Bahnhofs hatte sehen können«.*

In der Folge-Erzählung »Die Absonderung« greift Goldschmidt das Schmerzenserlebnis der Abschiebung erneut auf. Es geschieht dies mit dem Gestus der Selbstanklage, so daß das Erlebnis, als Jude ausgeschlossen zu sein, sich mit der Erfahrung endgültigen Abschieds untrennbar verbindet:

> »*Überall, wo er stand, konnte er nach Hause zeigen. Zehnjährig war er von Hamburg aus nach Süden gefahren worden, und seitdem kam das Heimweh in ihm wie ein Ersticken wieder auf. Zu Hause, es war 1938 gewesen, hatte er nicht bleiben dürfen: er war schuldig, von ihm hatte man etwas gewußt, was er selber noch nicht wußte: eine Lähmung von innen her, alle Bewegungen wie in Gips gegossen; von nun an hatte er sich immer wieder beim Er-Selbst-sein überrascht. Schuldig war er, erwiesen schuldig. Er gehörte weggeschafft, das hatte er immer schon gewußt«.*

Die Heimat, schreibt Georges-Arthur Goldschmidt im Nachwort zu »Ein Garten in Deutschland«, die ihn verstoßen habe, mache es ihm auch unmöglich, in der Muttersprache zu erzählen. Die Trennung scheint unüberwindlich. So rettet der Autor sich, sprachlos, sprachwurzellos (der in den Niederlanden lebende Exil-Autor Hans Keilson verwendet in einem seiner Gedichte diesen Begriff), in die Sprache des Landes, das ihn gastlich aufgenommen hat. Die in französischer Sprache verfaßten Bücher übersetzen Peter Handke und Eugen Helmlé ins Deutsche. Erst die Übertragung seiner Leidenserfahrungen in eine andere Sprache, »*in welcher die Erinnerung alles erfinden mußte, ohne es erlebt zu haben*«, macht Goldschmidt das Schreiben wieder möglich. Es ergäbe nahezu ein eigenes Kapitel, das (im besten und zugleich schmerzlichsten Sinne) gestörte, ängstliche und äußerst intensiv zugewandte Verhältnis der vertriebenen Autoren zur deutschen Sprache bestimmen zu wollen. Hat es die erlittene Geschichte unmöglich gemacht, das Erlittene in der deutschen Sprache zum Ausdruck zu bringen, so sind spätere Erlebnisse, obwohl sie sich alle auf die ursprüngliche Kränkung zurückführen lassen, in deutscher Sprache (dann doch wieder) zu fassen. Sein drittes Buch hat der Autor in deutscher Sprache verfaßt. So vertraut

er sich allmählich einer anderen Fremdsprache an, der Muttersprache des Landes, das ihn verstoßen hat, der Mutter Sprache vielleicht:
   »*Mutter Sprache / setzt mich zusammen / Menschenmosaik*« (Rose Ausländer).

Kindheitsmuster und Grenzerfahrung

Die »Kleine Enzyklopädie des Antifaschismus und des Widerstands in Europa und Amerika«, angefügt dem Erinnerungsbuch »Die Dringlichkeit des Mitleids und die Einsamkeit, nein zu sagen« von Ingrid Warburg Spinelli, umfaßt mehr als 170 Seiten, bildet derart ein ungewöhnlich aufschlußreiches Who's Who des (deutschsprachigen) Exils.

Es finden sich in ihr auch eine Notiz zum Israelitischen Krankenhaus und das eingangs zitierte Heine-Gedicht. Die Familie Warburg ist der Geschichte des Krankenhauses, das 1939, 100 Jahre nach der Gründung durch eine Stiftung Salomon Heines, geschlossen wird, eng verbunden. Zu der Familie gehört die 1910 geborene Ingrid Warburg. Mit dem Kösterberg in Blankenese ist die Kindheit des Mädchens verknüpft. Es sind glückliche Jahre. Später besucht Ingrid Warburg Spinelli das Landerziehungsheim Salem.

Mit 26 Jahren reist die junge Frau nach New York. Derart gerät sie ungewollt ins Exil. In New York beginnt Ingrid Warburgs politische Arbeit, vor allem ihre Tätigkeit im von ihr mitbegründeten »Emergency Rescue Committee«, dem zahllose deutsche Emigranten, in Frankreich bedrängt, die Rettung verdanken. Mehr als 2.000 Flüchtlingen wird geholfen. »Die Dringlichkeit des Mitleids und die Einsamkeit, nein zu sagen« von Ingrid Warburg Spinelli kann so auch als Korrespondenzbuch zu Varian Frys »Auslieferung auf Verlangen« verstanden werden. 1990 ist die »Dringlichkeit« erschienen, und das Buch dokumentiert den weiten Weg der Autorin von der behüteten Kindheit auf dem Kösterberg nach New York und nach Rom, wo sie heute lebt.

Kindheit in Hamburg:

»Ich bin in einer der schönsten Städte Deutschlands, in Hamburg, nicht lange nach dem Ende des Siebzigerkrieges geboren. Also in den sogenannten Gründerjahren, in denen Deutschland zu ständig wachsendem Reichtum aufstieg, und so zugleich zu einer Zeit, in der die gehobenen jüdischen Schichten sich bereits ganz als Deutsche empfanden und ein heute kaum mehr verständliches, deutschgeprägtes Leben lebten, dessen Fragwürdigkeit ich erst nach dem inneren Zusammenbruch meines kindlichen Daseins zu ahnen begann. Wir waren Deutsche, sonst wäre nicht alles, was später kam, so furchtbar, so niederschmetternd gewesen. Wir sprachen die uns teure deutsche Sprache, im wahrsten Sinn die Muttersprache, in der wir alle Worte und Werte des Lebens empfangen hatten, und Sprache ist ja fast mehr als Blut. Wir kannten kein anderes Vaterland als das deutsche, und wir liebten es mit der Liebe zum Vaterland, die später so verhängnisvoll wurde«.

Margarete Susman, die diese Hommage verfaßt hat, ist 1874 in Hamburg geboren. Sie stirbt 1966. In der Geburtsstadt verbringt sie nur wenige Jahre. Ihre Kindheitsdarstellung erinnert, wenn die Autorin die *»seltsame Schönheit«* der Geburtsstadt preist, nahezu an die Schlußsätze des »Prinzips Hoffnung«. Den Vorschein eines (dann bald verlorenen) Paradieses möchte der Leser fast vermuten. *»Hamburg – es gehört dazu auch die weite Elbe, die unmittelbar in das Meer hinausführt, der Duft und die Nähe des Meeres, das Schreien der Möwen über der Stadt«*. Eine tatsächliche Vertreibung der Autorin, die Ernst Bloch gekannt hat, der der Philosoph sein Münzer-Buch zueignet, erfolgt 1934. Susman, die längst nicht mehr in Hamburg lebt, emigriert in die Schweiz. Sie sieht ihre Geburtsstadt nur einmal noch kurz vor dem Machtantritt der Nationalsozialisten. Margarete Susmans Lebensbericht, aus dem Charlotte Ueckert verdienstvollerweise im von ihr edierten Sammelband »Fremd in der eigenen Stadt. Erinnerungen jüdischer Emigranten aus Hamburg« ebenso wie aus dem Buch der Ingrid Warburg Spinelli und aus Gorals Erinnerungen eine längere Passage vorstellt, entbirgt eine bemerkenswerte und gewiß typische Erfahrung, die sie mit dem nachgeborenen Schicksalsgefährten Georges-Arthur Goldschmidt teilt. Während einer Weihnachtsfeier nimmt sie wahr, daß sie Jüdin ist. Es wolle, verlangt das kleine Mädchen, Christ sein. Ihr wird vom Kindermädchen geantwortet. »*Das ist unmöglich. Wir sind Christen, ihr seid Juden*«. Der Einwurf bleibt unvergessen, frißt sich ein, nagt fort, lebenslänglich. An ihm zerbricht das Herz. Der Eindruck jähen Ausgestoßenseins aus »*jener strahlenden Welt des Christenbaums*« bleibt unauslöschlich. Das Wort »*Jude*«, bis zum Zeitpunkt der einschneidenden Erfahrung eher zufällig als Merkwürdigkeit in einem Rückert-Gedicht entdeckt, beiläufig einmal aufgelesen, umfängt fortan die gesamte Existenz. Derart erzwungener Identität ist nicht mehr zu entrinnen. Späterer Exil-Erfahrung widmet Margarete Susman viele Gedichte, von denen vier abgedruckt sind in Manfred Schlössers so ungewöhnlich geglückter Anthologie »An den Wind geschrieben. Lyrik der Freiheit 1933 – 1945« aus dem Jahre 1960. Das Schicksal der Heimatlosen kommt zur Sprache: »*ihr auf allen Straßen / Der Welt verstoßen Irrenden, Verfemten, / Ihr an des Lebens Grenzen nur daheim, / Von keines Bildes Leuchten je bewogen / Zur Umkehr in die Mitte – …*«.

Eine Welt ist zerbrochen. Diese Erfahrung einer Grenzsituation teilt Margarete Susman mit vielen anderen Vertriebenen. Das Gedicht »Das Letzte« entsteht 1937:

»So tief und grenzenlos ins Ungewisse	Die Welt zersprang, die Seele ist zerspalten;
Sind wir hineingestellt –	Getrennt ist, was du sprichst und was verschweigst -
O laß mir deine Hand, daß ich es wisse:	Und alles Leben ist allein erhalten
Es ist noch Leben in der Welt!	Im Bogen, drin du stumm dich zu mir neigst.«

Deutschland – Niemandsland

1978 erscheint im Hamburger Christians Verlag der umfangreiche Band »Politik und Literatur im Exil. Deutschsprachige Schriftsteller im Kampf gegen den Nationalsozialismus«. Der Verfasser ist Alfred Kantorowicz. Unter der Kapitel-Überschrift »Das Ende der deutsch-jüdischen Symbiose« entwirft Kantorowicz auch ein Porträt Margarete Susmans. Er nennt die freundschaftlichen Kontakte der Autorin, Kontakte zur deutschen Jugend, zu Manfred Schlösser, der – über die Anthologie »An den Wind geschrieben« hinaus – sich auch mit dem von ihm herausgebrachten Susman-Band »Vom Geheimnis der Freiheit« um die Exil-Forschung hat verdient machen können.

Kantorowicz, der Urheber des Susman-Porträts, entstammt einer jüdischen Kaufmannsfamilie in Berlin. Anfang der 30er Jahre wird er Kommunist. 1933 muß er aus Berlin fliehen. Er lebt in Frankreich, nimmt als Freiwilliger am Bürgerkrieg in Spanien teil, kommt zurück nach Frankreich, wird interniert. 1941 gelingt die abenteuerliche Flucht nach New York. Nach 1945 lehrt Kantorowicz an der Humboldt-Universität, leitet das Heinrich-Mann-Archiv, ediert die Werke des verehrten Autors. 1957 verläßt Kantorowicz die DDR, lebt bis 1962 in München, dann bis zu seinem Tod 1979 in Hamburg. Ungebetener Gast ist er so in allen erdenklichen deutschen Staaten gewesen.

Kunst
Kultur
Wissenschaft

Die Bilanz eines derartigen Lebens mag sich, Wache im Niemandsland, in einem Gedicht finden, das Heinz-Joachim Heydorn in einem liebevollen Essay zu Kantorowicz' 70. Geburtstag mitteilt:

»Den Geist liebt man nicht hüben
Man liebt ihn drüben nicht
Der Haifisch jagt im Trüben
Der Mörder scheut das Licht

Man hetzt den Geist mit Hunden
Ist hier wie dort verbannt
Bedeckt von tausend Wunden
Flieht er ins Niemandsland«.

1979, kurz vor seinem Tode, verweist Kantorowicz in einem Vorwort zu seinem »Spanischen Kriegstagebuch« darauf, daß in der Bundesrepublik jeder »*Blutrichter, jeder Hitlergeneral, jeder Ministerialrat des 'Dritten Reiches'*« im Vergleich zu Rotspanienkämpfern das Acht- bis Zwölffache an Rente oder Entschädigung erhalten habe. Zudem seien die Entschädigungen für Rotspanienkämpfer, als »Gnadenerweise« zugebilligt, nicht angehoben worden:

»*Wem Ende der fünfziger Jahre ein 'Gnadenerweis' von monatlich DM 500,– zugebilligt wurde, der erhielt auch 1979 nicht mehr als DM 500,– während alle anderen Bezüge sich mehr als verdoppelt hatten. Es ist nicht die materielle Frage, die zur Rede steht. Es ist die gesellschaftliche Erniedrigung, der sich antifaschistische Widerstandskämpfer ausgesetzt sehen. Die als Alibi eines neuen, eines anderen Deutschland hätten beim Neubeginn geehrt werden sollen, sahen sich bald von Mitmachern, Jasagern und Heilrufern verketzert*«. Kantorowicz spricht, ohne dies zu kennzeichnen, in eigener Sache. In Bayern wird dem Freiwilligen im Kampf gegen Franco-Spanien, dem aus der DDR hinausgeekelten Autor und dem vielfach Verfolgten erneut übel mitgespielt. So geht er nach Hamburg. Er lebt und wirkt in dieser Stadt noch einige Jahre. Es sind dies, ist Ralph Giordano ein verläßlicher Zeuge (und er ist es gewiß), nicht die unerträglichsten gewesen in dem bewegten Leben eines streitbaren Menschen:

»*Gibt es überhaupt keinen Gewinn? Doch – Hamburg! In mehrfacher Beziehung übrigens: da ist die Stadt und ihre einzigartige Atmosphäre. Und da sind – Freundschaften! Freundschaften, unabhängig von Parteilinien und der Runzelbraue von Kadersekretären; unabhängig auch von den politischen Zensuren einer Mitmacher- und Ja-Sager-Gesellschaft, die die Freiheit des Konsums weiterhin mit demokratischer Freiheit überhaupt zu verwechseln wünscht und folgerichtig Stück um Stück von ihr verliert*«.

So läßt sich denn »*In Hamburg an der Elbe / Gleich hinter dem Ozean*« (Walter Mehring) doch noch ein Stück Heimat (wieder)finden. Als das Lied aus den 20er Jahren, dem die Verse entnommen sind, in Hamburg als Volkslied gesungen wird, ist der Autor jedoch längst verjagt, hat er längst ein anderes Lied verfaßt, den »Emigrantenchoral«:

»*Kommt ihr von Isar, Spree und Waterkant: / Was gibt's da heut zu holn? / Die ganze Heimat / Und das bißchen Vaterland/ Die trägt der Emigrant / Von Mensch zu Mensch – von Ort zu Ort / An seinen Sohl'n, in seinem Sacktuch mit sich fort*«.

Kantorowicz, wie Mehring Emigrant (auch) in Frankreich, findet am Ende dann noch ein bißchen Vaterland an der Waterkant.

Heimliches Hamburg

»*Die Welt zersprang, die Seele ist zerspalten*«. Zerrissenheit kennzeichnet das Dasein im Exil. Das Bild der Leier mit herausgerissenen Saiten beherrscht die Umschlagseite des Buchs

»Exil – Ein Briefwechsel«. Schriftsteller in erzwungener Fremde gleichen einem Instrument, dem man die Saiten zerstört hat. Ihnen ist die Sprache genommen. Sie leben noch und haben doch nichts mehr zu sagen oder aber zu viel. Wes das Herz übervoll ist, des geht der Mund nicht mehr über. Es bleibt oft nur der Ausbruch in die Freiheit des Schweigens. Das Verstummen kann endgültig sein.

Eigenwald
Loblied und Abgesang –
Jüdische Autoren
im Exil

Die Briefe, die das 1983 erschienene Buch dokumentiert, wechseln Frank-Wolf Matthies (1951 geboren) und Werner Lansburgh, der 1912 in Berlin geboren ist. 1933 muß Lansburgh die Stadt verlassen. Der in seinem Band »Strandgut Europa. Erzählungen aus dem Exil 1933 bis heute« (1982 erstmals veröffentlicht) geschilderte Abschied des gerade 20jährigen Autors gleicht auf schmerzliche Weise der von Goldschmidt porträtierten Szene aus dem Jahr 1938. In der Fremde, in der Lansburgh in die Schweiz, nach Spanien, schließlich nach Schweden gelangt, erfährt der junge Mann, was Exil heißt: »*Wundbrand der Wurzellosigkeit, des fehlenden Bodens und schließlich auch der zehrende Schwund der eigenen Gefühlsbereitschaft*«. Den ins Exil getriebenen Autor quält, so Lansburgh, ein anderes Verhungern als »*ein Mangel an Kohlehydraten*«. Ihn umgibt das »*Vakuum der Mitteilungslosigkeit*«. Der Leidensdruck im Exil kann viele Formen annehmen. »*Aber was ist das alles gegen das unsagbare – buchstäblich: un-sagbare – Leiden eines Schriftstellers im Vakuum der Sprachlosigkeit! Nichts ist es! Ein Fliegendreck!*«

Lansburgh versucht nach 1945 verzweifelt, nach Deutschland zurückzukehren. Er muß erfahren, daß das demütigendste Exil für ihn (und für zahllose Vertriebene) erst nach Hitler anfängt. Vom Schriftsteller Lansburgh will man nichts wissen. Erst »Dear Doosie«, ein Sprachbuch, Buch der Liebe zugleich, ermöglicht es dann gegen Ende der 70er Jahre dem Autor, aus dem Schweigen auszubrechen. Es sind Jahrzehnte vergangen, Jahrzehnte, in denen Lansburgh schreibt, aber keine Leser findet. »Doosie« stellt die Verbindung her zum Publikum, zu einer großen Leserschaft und, während unzähliger Veranstaltungen auch in Hamburg wahrzunehmen, zu einer begeisterten Zuhörerschaft. »*Eine große Freude [...] sind die Lesereisen des Autors. Die Buchhändler! Die Sortimenterinnen! Die Volksbibliothekare! die Lehrer, die Schüler!*« Es läßt sich bezeugen, daß Werner Lansburgh mit seiner so erstaunlich wohlklingenden Stimme die Zuhörer, die er für Jahrzehnte hat missen müssen, immer wieder hat bezaubern können. »*Ich glaube,*« schreibt Lansburgh in »Strandgut«, »*es gibt kein größeres Glück. Ich habe meine Sprache wieder*«. Mutter Sprache setzt ihn wieder zusammen. Die letzten zehn Jahre seines Lebens wohnt Werner Lansburgh – er stirbt am 20. August 1990 in Schweden – in Hamburg, in jenen Colonnaden, in denen, einige Häuser entfernt, vor 1933 Heinz Liepman gelebt haben muß. Ein »*herrlicher Blick auf eine große, weiße, unbeschriebene Wand*« eröffnet sich dem Autor, blickt er vom Schreibtisch auf. Er sieht die Rückwand der Hamburger Staatsoper. Der Kaffeehausliterat hat wieder einen Stammplatz gefunden in einer Stadt. So kann er in seinen 1990 erschienenen Erinnerungen mit dem Titel »Feuer kann man nicht verbrennen«, blickt auch unzweifelhaft ein Berliner zurück, die neue Heimatstadt Hamburg und ihre Bewohner innig preisen:

»*Hamburg! Diese 'schönste Stadt Deutschlands' (Tucholsky), ist dies wieder einmal nur die Schokoladenseite? Ist diese großzügige, grüne, hanseatisch vornehme Stadt nur eine Oase in der Bundesrepublik oder doch noch einigermaßen repräsentativ für ein vielleicht (fast) ebenso zivilisiertes Land? Ich hoffe das, habe es auch auf meinen Lesereisen kreuz und quer durch Deutschland mehr oder weniger bestätigt gefunden – vielleicht ein klein bißchen weniger als mehr, denn Hamburg ist nun einmal Hamburg. ('Berlin ist nun einmal Berlin', würde ich wohl ebenso oder fast ebenso begeistert sagen, wenn ich dort ein gleiches Glück gehabt hätte.)*«

Kunst
Kultur
Wissenschaft

Werner Lansburghs Liebeserklärung an (die) Hamburg(er) entspricht, wie er in einem Rundfunkgespräch 1985 zuvor schon mitteilt, dem Bild, das er von der Bundesrepublik insgesamt gewonnen hat, vergleicht er mit der Weimarer Epoche:

»*Wenn Sie mich fragen, ist es ein besseres, ein freundlicheres, ein echt demokratisches Land geworden, wenn auch vieles daran auszusetzen ist. Ja [...] nur in der Heimat kann ich rebellieren, kritisieren, ich fühle mich hier sehr zuhause. In diesem Sinne ist diese fremde Heimat für mich eine wirkliche geworden*«.

So ist es erlaubt, auch den zweiten Teil seiner Hamburg-Hommage vorzustellen. Die boshaften Bemerkungen über die Schweden, die der Autor vielfach in Nebensätze einfließen läßt, hat Lansburgh am Ende seines Lebens dann doch durch eine liebevolle Grund-Satz-Erklärung relativiert. Er habe sich, teilt er am Tag vor seinem Tod mit, in der Universitätsklinik Uppsala geborgen gefühlt. In Uppsala ist Werner Lansburgh gestorben. In Hamburg hat er gern gelebt. (Und er hätte so gern gesehen, daß seine Erinnerungen in Heines Verlag erscheinen.)

»*Hamburg! In keiner Stadt werde ich so oft von Passanten nach der Straße gefragt. Für mich ist das eine beglückende Bestätigung als Mitbürger, fast ein Ehrenbürgerrecht. Auch bin ich hier ein ausgezeichneter Schlangenbilder. In Schweden befand ich mich merkwürdigerweise immer als letzter am Ende einer Schlange, hier aber steht man gern und zahlreich hinter mir an. Und wenn ich mich in dieser Stadt am Telefon verwähle, sagen die von mir Gestörten oft sogar 'auf Wiederhören' oder 'tschüs!'. Was will man eigentlich mehr? Gestern war ich auf dem Hamburger Einwohneramt, um nach Vorlegung meines Passes eine Lebensbescheinigung für schwedische Behörden zu erhalten.*

'*Leben Sie?*' *fragte die Beamtin.*

'*Ja.*'

'*Toll!*'

So kriegt man Lachfalten.

(*'Reserviert' sollen sie sein, die Hamburger, und 'steif'? Gegen die Schweden sind sie Sizilianer.*)«

Literatur

Ackermann 1984

Brenken, Anna/Kossak, Egbert: Hamburg – Spaziergänge. Hamburg 1989

Goldschmidt, Georges-Arthur: Ein Garten in Deutschland. Zürich 1988

Goldschmidt, Georges-Arthur: Die Absonderung. Zürich 1991

Goral-Sternheim 1989

Hans 1990

Heydern, Heinz-Joachim (Hg.): Wache im Niemandsland. Zum 70. Geburtstag von Alfred Kantorowicz. Köln 1969

Kantorowicz, Alfred: Politik und Literatur im Exil. Deutschsprachige Schriftsteller im Kampf gegen den Nationalsozialismus. Hamburg 1978

Kantorowicz, Alfred: Spanisches Kriegstagebuch. Hamburg 1979

Lansburgh, Werner: Strandgut Europa. Erzählungen aus dem Exil 1933 bis heute. Köln 1982

Lansburgh, Werner / Matthies, Frank-Wolf: Exil – Ein Briefwechsel. Köln 1983

Lansburgh, Werner: Feuer kann man nicht verbrennen. Erinnerungen eines Berliners. Frankfurt/M. – Berlin 1990

Liepman, Heinz: Das Vaterland. Ein Tatsachenroman aus Deutschland. Hamburg 1979

Schlösser, Manfred (Hg.): An den Wind geschrieben. Lyrik der Freiheit 1933-1945. Darmstadt 1960

Skrentny, Werner (Hg.).: Hamburg zu Fuß. Hamburg 1986

Ueckert-Hilbert 1989

Warburg Spinelli 1990

Jüdische Künstler im Nationalsozialismus

Maike Bruhns

Ein Bericht über Hamburgs jüdische Künstler in der NS-Zeit ist ein problematisches Unterfangen aufgrund des derzeit noch lückenhaften Kenntnisstands. Bei bewußter Eingrenzung auf bildende Künstler konnten bisher 35 Maler, Bildhauer und Graphiker namhaft gemacht werden.[1] Nur ein kleiner Teil von ihnen wurde nach 1945 durch Ausstellungen oder Publikationen in Hamburg rehabilitiert,[2] etliche sind vergessen oder ganz verschollen (s.u.), so daß dieser Beitrag vorerst bewußt auf Dokumentation und Anriß einiger spezifischer allgemein betreffender Phänomene beschränkt ist.

Die jüdischen Künstler waren 1933 eine wenig homogene, kleine Gruppe in Hamburg. Schon die Religionszugehörigkeit schied sie: von 35 Künstlern waren nachweisbar 16 jüdischen, 9 christlichen Glaubens, für die übrigen war es nicht feststellbar.[3] Von Ausbildung und sozialer Situation bestimmt, arbeiteten sie in verschiedenen Techniken, Stilrichtungen, Arbeitsgebieten mit Zielsetzungen, die hier kurz angedeutet werden, um die kaleidoskopartige Breite des jüdischen Kunstbeitrags zu konturieren. Ihrem Alter, der Dauer der künstlerischen Arbeit, entsprach im allgemeinen der Grad ihrer Publizität. Die jüngeren waren noch wenig bekannt.

Zu den Avantgarde-Orientierten gehörten vorrangig die 9 Mitglieder der Hamburgischen Sezession, jener elitären Gruppe, die in 14 Jahren Existenz (1919 – 1933) 9 jüdische unter 52 Mitgliedern zählte.[4] Ihr Bestreben war Kunstentwicklung und Auseinandersetzung mit der neuesten Weltkunst, wozu eine gute Ausbildung, zahlreiche Arbeitsreisen in Europa ebenso erforderlich waren wie Einladungen bekannter Avantgardisten zu den Sezessions-Ausstellungen. Die älteren Künstler, die zu den Sezessionsgründern gehört hatten, waren 1933 in Hamburg etabliert, in manchem Fall auch überregional angesehen. Sie vertraten die neuesten Stilrichtungen in individueller Ausprägung.

Die jüdischen Sezessionsmaler

Alma del Banco (1863 – 1943) hatte in Hamburg bei Ernst Eitner an der Kunstschule Valesca Röver gelernt und sich in Paris bei Fernand Léger, Jacques Simon und André l'Haut weitergebildet. Den Pariser

Alma del Banco

Kunst
Kultur
Wissenschaft

von oben nach unten:
Lore Feldberg
Hilde Hamann
Kurt Löwengard

Anregungen folgend malte sie Landschaften, Stilleben und Porträts, die durch kubistische Formen, spitzwinkliges oder sichelförmiges Lineament und durch präzise Flächenorganisation bestimmt waren. Die Anlage der Bilder wurde dünn übermalt, so daß die Zeichnung als graphisches Gerüst sichtbar blieb. Del Banco war eine fanatische Zeichnerin, arbeitete mit wenig Linien. 1933 war sie eine geachtete, selbständige Künstlerin, die kompromißlos ihren Intentionen folgte.[5]

Willy Davidson (1890 oder 1893 – 1933) stammte aus Bromberg, und absolvierte seine Ausbildung zum Maler und Bühnenbildner bei Gotthard Kühe in Dresden. 1919/20 war Davidson Vorstandsmitglied der Sezession und fortan bei den Künstlerfesten engagiert. In der Malerei entwickelte er einen tonig impressionistischen Stil. Zum Leitmotiv wurden Industriebilder, in denen die Menschen zu bleichen Marionetten mutierten und gewaltige Rußwolken idyllische Landschaften überlagerten. Sein Impetus scheint jedoch nichts weniger als kritisch gewesen zu sein. Davidson war 1933 überregional bekannt, danach geriet er vollkommen in Vergessenheit.

Lore Feldberg (1895 – 1966) wuchs in großbürgerlichen Verhältnissen auf und erhielt ihre Ausbildung an der Kunstschule Koppel und im Privatstudium bei Dora Hitz in Berlin. Nach einigen Jahren freien Kunstschaffens (auch in Berlin) und zweijähriger Mitgliedschaft in der Sezession (1912 – 1921) heiratete sie den Exportkaufmann Moritz Eber und bekam drei Töchter. Sie nahm trotz aller Familienpflichten ihre Malerei sehr ernst, mußte jedoch nie von ihr leben. 1927 baute ihr Karl Schneider ein Atelierhaus im Bauhausstil auf dem Familiengrundstück Mörikestraße. Nach französischem Vorbild malte sie Landschaften und eindrucksvolle Porträts in eigenwilligem Kolorit und lockerem Pinselduktus. Die Rezensenten lobten früh ihre malerische Fähigkeit und das ungekünstelte Naturempfinden.[6] Sie stellte in Hamburger und Berliner Avantgardegalerien aus.

Hilde Hamann, geb. Guttmann (1898 – 1987) kam 1913 aus Breslau nach Hamburg, wo sie an der Kunstgewerbeschule bei Carl Czeschka lernte. Später setzte sie in München bei Hans Hofmann die Ausbildung fort. 1920 heiratete sie den Hamburger Bildhauer Paul Hamann, bekam eine Tochter. 1924/25 studierte sie bei Léger in Paris und war 1927 – 33 in Hamburg und Worpswede, dann siedelten sie nach Berlin über. Hilde Hamann malte expressive Landschaften und Bildnisse, die Paula Modersohn-Becker verpflichtet waren und Aufmerksamkeit erregten. Sie hatte drei Einzelausstellungen. Die Kritik lobte ihre Arbeiten unverhohlen. In Berlin schränkte sie die Malerei ein, um ihrem Mann als Hilfskraft zu assistieren.

Kurt Löwengard (1895 – 1940) studierte 1919/20 am Bauhaus in Weimar. Holzschnitte und Aquarelle aus dieser Zeit orientieren sich deutlich an Klemm und Lyonel Feininger. Seit 1922 lebte er als freischaffender Maler in Hamburg, Spanien, Italien, Paris. Sein Vorzugsthema war die Landschaft, besonders Parks, Küsten und Seeszenerien. In den zwanziger Jahren malte er außerdem Figurenbilder, Porträts, Stilleben. Einer seiner Arbeitsschwerpunkte war die schnelle, sichere Milieuzeichnung in Nachtlokalen, hier kam er zu köstlich witzigen Resultaten. 1933 war er einer der geschätztesten Maler der Sezession.⁷

Anita Rée (1885 – 1933) lernte bei Arthur Siebelist Freilichtmalerei und die klassischen Genres. Ab 1910 malte sie mit den Matisse-Schülern Friedrich Ahlers-Hestermann und Franz Nölken zusammen, dann ging sie 1912 nach Paris zu Léger. Seit 1913 arbeitete sie freischaffend in Hamburg, stets in bescheidenen wirtschaftlichen Verhältnissen. Sie adaptierte Pariser Eindrücke u.a. in kubistischen Bildnissen. Während eines dreijährigen Aufenthalts in Positano 1922 – 1925 fand sie zu einem neusachlichen Malstil individueller Prägung. Um 1930 erhielt sie Aufträge für Monumentalwerke, zwei Wandbilder in Hamburger Schulen und einen Altaraufsatz in der Ansgarkirche Langenhorn. Krank und enerviert durch Behördenärger und persönliche Enttäuschungen zog sich die bekannte Künstlerin 1932 nach Sylt zurück.⁸

Gretchen Wohlwill (1878 – 1962) lernte bei Ernst Eitner und Arthur Illies an der Kunstschule Röver, 1904 – 1905 und 1909 – 1910 an den Pariser Akademien, u. a. bei Henri Matisse. Außerdem erwarb sie im Selbststudium das Kunsterzieherexamen und war berufstätig an der Emilie-Wüstenfeld-Schule in Hamburg. Früh emanzipiert und wirtschaftlich unabhängig konnte sie drei Tage in der Woche ihrer Kunst frei und intensiv nachgehen. Sie orientierte sich an Liebermann, Cézanne und Matisse und malte zeitgemäß die klassischen Genres. Im Gegensatz zu Rée fand sie nicht zu der realistischen Verfestigung der Neuen Sachlichkeit, sondern entwickelte einen lockeren Pinselduktus. 1933 arbeitete sie im sog. Sezessionsstil. Neben der Malerei war Graphik ein Schwerpunkt ihres Schaffens.⁹

Die jüdischen Sezessionsbildhauer

Paul Hamann (1891 – 1973) erhielt seine Ausbildung in Hamburg bei Richard Luksch und arbeitete 1913 bei Rodin in Paris. Er gehörte zu den Gründern der Sezession. Bis 1926 lebte er in Worpswede und Hamburg, seitdem in Berlin (s. Hilde Hamann), wo er mit der »Novembergruppe« ausstellte. Nach 1918 entstanden kubistisch-expressive Skulpturen, Holzschnitte und Porträts in Holz, Stein und Ton, später wendete er sich einer formalisierten Naturwiedergabe zu. In Berlin entwickelte er neben den bildhauerischen Arbeiten ein Verfahren zur Abnahme von Lebendmasken bedeutender Zeitgenossen als Gußmodell für Porträtbüsten.¹⁰

Paul William Henle (1887 – 1962) lernte wie Rée bei Siebelist malen, bei Arthur Lewin-Funcke in Berlin, Hans Schwegerle und Michael Kurz in München die Bildhauerei. Er heiratete die Weberin Margarethe Brix und wurde Mitglied des Deutschen Künstlerbunds. Nach langjährigen Italienaufenthalten ließ er sich 1926 in Hamburg nieder. Er malte Landschaften, Porträts, arbeitete später Epitaphien

von oben nach unten:
Anita Rée
Gretchen Wohlwill
Familie Hamann

Kunst
Kultur
Wissenschaft

und Plastiken, vielfach Kinderporträts, deren Schwerpunkt neben der Ähnlichkeit auf formalen Aspekten, Höhlungen und Wölbungen lag. Henle gehörte 1933 zu den bekannten Künstlern in Hamburg.

Die Maler

Etliche jüdische Maler, Bildhauer und Graphiker lebten 1933 neben den Sezessionisten in Hamburg, einige von ihnen stadtbekannt.

Alice Beck, geb. Schlenker (1884 – ?). Familie und Ausbildung sind nicht bekannt, sie war mit Max Beck verheiratet (1874 – 1932, Firma Grünhut & Monheim KG) und wohnte Innocentiastraße 78. 1930 beteiligte sie sich an der 9. Ausstellung der Sezession und der Ausstellung Hamburger Künstler im Kunstverein mit je einem Stilleben. Seit 1932 wohnte sie als Witwe Rothenbaumchaussee 152.

Clara Blumenfeld (1889 – 1978) stammte aus großbürgerlicher Familie. Ihre Jugend war durch schwere Krankheit gezeichnet, von der eine Ertaubung zurückblieb. Besucher der Familie unterwiesen die begabte junge Frau im Malen, unter ihnen Liebermann, Ivo Hauptmann, Friedrich Ahlers-Hestermann. Sie malte Ölbilder, Aquarelle und Tuschzeichnungen, fertigte Illustrationen von Familien- und anderen gesellschaftlichen Ereignissen, aber auch für Kinderbücher. Entsprechend ihrer zurückgezogenen Lebensweise wurde sie in Hamburg nicht bekannt, Ausstellungen ihrer Arbeiten hat es nicht gegeben.

Erich Brill (1895 – 1942) lebte seit 1897 in Hamburg. Er studierte auf Wunsch seines Vaters und promovierte 1919 in Philosophie und Staatswissenschaft. Gleichzeitig bildete er sich in Berlin bei Adolf Meyer, in Frankfurt und Hamburg bei Richard Luksch an der Kunstgewerbeschule aus und besuchte u.a. die Academie Colarossi in Paris. 1920 heiratete er die Journalistin Dr. Martha Leiser, sie bekamen eine Tochter. 1922 unternahm Brill die erste Reise nach Jerusalem, wo er tagelang an der Klagemauer zeichnete. 1924 und 1932 besuchte er Palästina ein weiteres Mal. Brill war einer der wenigen Maler, der sich für Juden in Palästina interessierte, sie immer wieder porträtierte. Ihn faszinierte vorrangig das Land mit den Menschen, orientalisches Volksgewimmel, jüdische und arabische Typen. Vor 1922 hatte er impressionistisch, dann expressiv gemalt, jetzt fand er zu einem farbig bereicherten Impressionismus, der das Atmosphärische der Landschaft herausarbeitete. Dem Publikum gefiel seine Malerei, bis 1933 hatte Brill 25 Ausstellungen, darunter 7 Einzelausstellungen in Hamburg, Zürich, Jerusalem, Amsterdam usw. 1933 war er überregional angesehen, zählte in Berlin zu den Nachwuchshoffnungen.

Paula Gans (1883 – 1941) wurde in Prag geboren und kam 1920 nach Hamburg. Über ihre Ausbildung ist nichts bekannt, außer daß sie 1932 in Paris und Südfrankreich war. Sie lebte mit ihrem Bruder Richard, einem Textilkaufmann, im eigenen Haus in der Heinrich-Barth-Straße. Ihr kürzlich aufgefundener Nachlaß (s. u.) enthält u. a.

vor. oben nach unten:
Clara Blumenfeld
Erich Brill

25 Porträts, einige unverkennbar jüdischer Abstammung, meist mit gesenktem oder abgewandtem Blick. Sie weisen sichere Komposition, Lichtführung und lockeren Pinselduktus auf, sind realistisch mit spätimpressionistischen Aspekten. Max Liebermann und Ludwig Meidner sind als Leitbilder erkennbar. Neben wenigen Landschaften und Figurenbildern liegt der Arbeitsschwerpunkt sichtlich im Porträt. Herausragend als jüdisches Motiv erscheinen eine frühe Radierung von 1910 und das 1926 entstandene Gemälde eines Rabbiners bei der Zeremonie des Laubhüttenfestes.[11] Paula Gans beteiligte sich 1930 an einer Ausstellung. Sie scheint eine geschätzte Porträtistin gewesen zu sein.

David J. Goldschmidt (1896–1981) stammte aus alteingesessener Bankiersfamilie und wohnte Grindelallee 162. Er studierte Volkswirtschaft und Kunst an Akademien in Frankreich, Deutschland und der Schweiz. Neben der Tätigkeit als Versicherungskaufmann malte er in den zwanziger Jahren intensiv und war Mitglied der Hamburgischen Künstlerschaft. Frühe Bilder mit norddeutschen Motiven zeigen einen tonigen Naturalismus, erinnern an gleichzeitige Arbeiten Löwengards. Mitte der zwanziger Jahre fand er, ähnlich wie Rée, zu neusachlichen Porträts in scharfer Realistik und Schlaglichtbeleuchtung, die sich später wieder mindert. Er und Brill malten brillante Bildnisse des Oberrabbiners Dr. Joseph Carlebach.[12] Ein Bild des Hausgartens in der Grindelallee 162 weist mit aufgelösteren Formen auf das Werk nach 1945. Da vor 1933 keine Ausstellungen zu belegen sind, dürfte Goldschmidt nur einem kleinen Kreis in Hamburg bekannt gewesen sein.[13]

Emma Israel (1898, lebt im Altenheim Bei St. Johannis 10) hatte einen jüdischen Vater, die Familie wohnte Hochallee 104. Sie erhielt ihre Ausbildung in der Koppel-Schule bei Heinrich Stegemann und Erich Hartmann. Aus dieser Zeit existieren wenige Arbeiten. Nach der Ausbildung erlahmte die künstlerische Kreativität, sie kolorierte fortan alte Stahlstiche, Landkarten und Hamburgensien für Antiquare.

Annemarie Ladewig (1919–1945) hatte eine jüdische Mutter und lebte seit 1936 in Hamburg, wo der kriegsversehrte Vater, ein Architekt, Mitarbeiter bei Höger wurde. 1936–1940 besuchte sie die Kunstschule Gerda Koppel/Gabriele Schmilinsky und war Schülerin von Hartmann und Bargheer. Malreisen nach Neuharlingersiel und Fehmarn sind dokumentiert. Ihre Arbeiten wurden zu Lebzeiten nicht ausgestellt, als Malerin war sie nur ihren Freunden bekannt.

Helga Leiser: Über die Malerin war für die Jahre vor 1933 nichts zu ermitteln. 1936 beteiligte sie sich mit einem Mädchenbildnis und Kostümentwürfen an zwei Ausstellungen, das einzig verfügbare Zeugnis ihrer Existenz.

Edith Marcus (1888–1941) wohnte in Altona in der Eggersallee, später in der Hagedornstraße. Über ihre Ausbildung ist nichts bekannt, ebensowenig über die Eltern Paul und Helene Marcus, geb. Frank. Sie war 1921 Mitglied des Deutschen Künstlerbunds und stellte 1921 aus, mit den Hamburger Künstlern 1930 im Kunstverein.

von oben nach unten:
David J. Goldschmidt
Emma Israel
Annemarie Ladewig

Kunst
Kultur
Wissenschaft

Karl Josef Müller (1865 – 1942) stammte aus einer Fabrikantenfamilie, erlernte die Lithographie, bildete sich an der Kunstgewerbeschule Dresden bei Danadini, dann an der Berliner Akademie bei Hanke 1888 aus. Er heiratete Luise Hauer, bekam zwei Töchter. Vor dem Ersten Weltkrieg malte er vielfach Motive aus dem Soldatenleben, Manöverbilder, häufig das 76er Regiment. Die naturalistischen Szenen, oft mit humoristischem Unterton, trugen ihm den Zunamen »Soldatenmüller« ein. Daneben entstanden Landschaften, Porträts, Akt-, Genrebilder, auch Lithografien. Er arbeitete als Illustrator für Zeitschriften, aquarellierte aber auch viel im Hafen und Umgebung. »Soldatenmüller« war 1933 ein bekannter und beliebter Künstler.

Ludwig Neu (1897 – ? Buenos Aires) lernte bei Max Slevogt, lebte von 1921 – 37 als freier Maler in Hamburg, heiratete Ida Boch und hatte eine Tochter. Sein Atelier lag in der Neustadt, wo er seine Motive fand, die er, leicht formalisiert, in warmen Farbtönen mit zügigem Duktus in großformatige Pastellzeichnungen umsetzte. Von seinen Gemälden ist keine Abbildung bekannt, keins verfügbar.

Harry Reuss-Löwenstein (1880 – 1966) kam als vierjährige Waise nach St. Pauli. Er wurde zunächst Seemann, bildete sich 1906 – 1910 an der Kunstgewerbeschule bei Friedrich Adler aus, arbeitete seit 1923 als Kunstkritiker am Hamburger Anzeiger und wurde ein beliebter Autor. Er heiratete Else Ritter. Bis 1933 betrieb er die Malerei intensiv. Die frühen Bilder gehen vom Impressionismus aus, spätere Arbeiten zeigen naturnahe, vereinfachte Gegenständlichkeit mit symbolisierenden Farbflächen, bzw. -mustern.

D. Rothschild: Über den Maler, Graphiker und Kunsthandwerker war biographisch nichts zu ermitteln. Auch er malte jüdische Themen.[14] Möglicherweise ist er identisch mit (David) Kalmann Rothschild, dem Kunsterzieher an der Talmud-Tora-Schule.

Maria Wolff-Elkan (1896 – 1962) war Bankierstochter, Cousine und nahe Künstlerfreundin Kurt Löwengards. Sie litt unter einer angeborenen Herzschwäche. Während der Inflation mußte sie die Ausbildung aufgeben, arbeitete längere Zeit im Kunsthandel in Berlin. 1927 heiratete sie Dr. Herbert Wolff, der zwei Söhne in die Ehe brachte. Neben ihrem Hausfrauenleben arbeitete sie wie Lore Feldberg-Eber permanent künstlerisch in ähnlichem Stil wie Löwengard. Vor 1936 hatte sie keine Ausstellungen.

Die Bildhauer

Paul Adler (1915 – 1942) war der jüngste Sohn Friedrich Adlers aus erster Ehe, er wurde Keramiker. Vor 1933 trat der Jugendliche öffentlich noch nicht hervor.

Johannes Auerbach (Ilmari): zu seinen Lebensdaten, Ausbildung, Reisen, seinem Geschick war nichts zu ermitteln außer der Teilnahme an der Reichsausstellung jüdischer Künstler 1936 in Berlin.

von oben nach unten:
Karl Josef Müller
Harry Reuss-Löwenstein
Maria Wolff-Elkan

Emma Gold-Blau, geb. Blau (1884 – ?) stammte aus Ungarn, heiratete 1911 den wohlhabenden Eugen Gold und absolvierte ihre Ausbildung bei Bossard an der Kunstgewerbeschule Hamburg. Sie war Mitglied der Hamburgischen Künstlerschaft und befreundet mit Lola Toepke, Jürgen Block, u.a. Arbeiten waren nicht zu ermitteln, Block nannte sie eine gute Bildhauerin und Keramikerin.

Elisabeth Seligmann (1893 – ?): Über die Ausbildung der taubstummen Bildhauerin ist nichts bekannt, 5 Ausstellungsbeteiligungen waren vor 1933 zu ermitteln, darunter 3 mit der Sezession; eine weibliche Büste, sehr fein gearbeitet, war am 12. November 1927 im Hamburger Fremdenblatt abgebildet.

Lola Toepke, geb. Simon (1891 – 1941) war die Tochter eines Landgerichtsdirektors und wie Emma Gold-Blau Bossard-Schülerin und Mitglied der Hamburgischen Künstlerschaft. Sie arbeitete wöchentlich mit befreundeten Bildhauern zusammen. 1928 stellte sie mit der Hamburgischen Sezession aus, 1930 mit den Hamburgischen Künstlern im Kunstverein. Von ihr sind drei Arbeiten nachgeblieben, kleinformatige Keramiken naturnah und anmutig, ein stehender Knabe, ein Torso, eine Büste von Reuss-Löwenstein. Block zufolge war sie eine schöne Frau.

Die Graphiker, Designer und Kunstgewerbler

Friedrich Adler (1878 – 1942) ließ sich, aus Laupheim gebürtig, 1907 in Hamburg nieder nach einer Ausbildung an der Kunstgewerbeschule in München. Er war Zeichner, Designer, Kunstgewerbler, Architekt. 1914 gestaltete er auf der Deutschen Werkbund-Ausstellung in Köln einen Synagogenraum mit allen Details. Mit seiner zweiten Frau, Erika Fabisch (Fef), beteiligte er sich mehrfach an der Ausgestaltung der Hamburger Künstlerfeste, seit 1926 war er Professor an der Landeskunstschule Hamburg. 1930 gründete er einen Betrieb zur Herstellung von Batikdruckstoffen. Schon in München war er bekannt geworden mit Entwürfen für Tapeten, Möbel, Textilien (mit floralen Jugendstilmotiven), Silber und Schmuck, Metallarbeiten, sakralem Kultgerät, Grabdenkmälern und Innenarchitektur. Er reformierte den Batik-Stoffdruck, der ihm die Malerei ersetzte, produzierte ornamentale Kunst. 1933 stand er auf der Höhe seines Ansehens.

Marion Baruch (1919 – 1942): die junge, vielseitig begabte Modezeichnerin und Plakatentwerferin arbeitete schon als 17jährige im Jüdischen Kulturbund mit. Über ihre Ausbildung ist nichts bekannt. Ihr Vater war Fabrikant.

Berthold Heymann – über den Plakatentwerfer war nichts zu ermitteln, außer der Anschrift Klosterallee 21 und einer Teilnahme an einer Ausstellung Hamburger jüdischer Künstler 1935.

von oben nach unten:
Marion Baruch
Max Weiss

Alice Amalie Marcus (1905 – ?) war die Tochter von Elias und Bertha Marcus, Zeichnerin und Gebrauchsgraphikerin. Weder ihre Ausbildung noch Arbeiten ließen sich nachweisen.

Elli Reis (1910 – ?) war die Tochter von Hermann und Stephanie Reis und wurde Gebrauchsgraphikerin und Reklamezeichnerin. 1936 wohnte sie Moorweidenstr. 15, Johnsallee und Grindelhof. Sie arbeitete bei Simonis, Kallmers und Levy in Nachmittagsstellung und war sehr arm. 1935 stellte sie mit den Hamburger jüdischen Kunsthandwerkern aus. Am 5.Mai 1936 zog sie nach München um.

Ivan Sally Seligmann (1891 – 1942) war der Sohn von Adolf und Rosa Seligmann, geb. Heckmann. Wo er seine Ausbildung erhielt, ist unbekannt, er heiratete Frieda Joachimsthal und hatte eine Tochter. Seligmann war Mitglied im elitären BDG (Bund Deutscher Graphiker) und arbeitete als Zeichner und Gebrauchsgraphiker überwiegend für Hamburger Firmen (Relius-Lacke, div. Margarine-Firmen, Alsterhaus etc.). 1933 hatte er sich in der Werbung qualifiziert, er lieferte Spitzenprodukte von ausgefeilter Bildmäßigkeit.

Max Weiss (1884 – 1954), der Sohn von Ignatz und Henriette Weiss, geb. Goldschmidt, wurde Maler und Graphiker. Er heiratete Wilhelmine Schuchardt und hatte drei Kinder. Weiss malte wenige Gemälde, viele Aquarelle. Sein Arbeitsschwerpunkt wurde schon früh in sorgfältig durchgeführten, bildmäßigen Zeichnungen erkennbar. Er schuf entsprechende Graphiken, radierte Hamburg-Motive, die ihn zum Chronisten des alten Hamburg vor dem Abbruch in den dreißiger und der Zerbombung in den vierziger Jahren machten. Die Blätter besitzen künstlerischen, geschichtlichen und informativen Wert und machten ihn berühmt. 1933 nannte man ihn einen »Meister im Detail«, er galt als bedeutendster bildlicher Gestalter des alten Hamburg.

Auffällig ist der hohe Anteil der Frauen, die in der Gruppe der jüdischen Künstler mehr als die Hälfte stellten. Von den 19 waren zwei Drittel ledig, einige körperlich behindert. Daß unter den sechs Verheirateten wenigstens die Hälfte die Familienverpflichtung über die Kunst stellte, ist Symptom des Zeitgeistes; für frühe Emanzipation spricht, daß bei den anderen der künstlerische Impetus dominierte.

Nachweislich waren nurmehr fünf Künstler mit »jüdischen« Themen befaßt, d.h. Motiven aus dem jüdischen Leben oder dem Bereich der Religion: Adler, Brill, Gans, Rothschild, Ivan Seligmann. Alle anderen orientierten sich, ungeachtet ihrer Glaubenszugehörigkeit, mehr oder minder am neuesten Kunstgeschehen, d.h. sie waren künstlerisch hochgradig assimiliert.

Soziale Situation und Gewalttätigkeiten gegen Kunst und Künstler nach der Machtergreifung

Beinahe alle Künstler hatten vor 1933 mit den Auswirkungen der Weltwirtschaftskrise und der damit verbundenen Rezession auf dem Kunstmarkt zu kämpfen. Die Unterlagen der Künstlernothilfe in Hamburg nennen manchen jüdischen Künstler, der mit geringen Mitteln unterstützt wurde. Die wenigsten waren durch das Vermögen ihrer Familie geschützt und konnten sorglos leben. Summierend kamen bald nach dem 5. März 1933 die Restriktionen der neuen Machthaber hinzu: Friedrich Adler und Gretchen Wohlwill verloren 1933 ihre Anstellungen, Harry Reuss-Löwenstein 1935 seine Beschäftigung beim Hamburger Anzeiger (s. u.). Persönliche Kränkungen durch zunehmenden Antisemitismus in der Bevölkerung sind bezeugt, aber auch solche aus den Reihen der Kollegen. So schloß die Hamburgische Künstlerschaft am 25. April 1933 die jüdischen Künstler mit einem

»Bekenntnis« und dreifachem Sieg-Heil aus und vollzog die Gleichschaltung.[15] Löwengard war anwesend. Dasselbe Ansinnen wurde an die Sezession gestellt nach dem gewaltsamen Abbruch der 12. Sezessionsausstellung am 30. März 1933 wegen »Kulturbolschewismus«. Hier entschieden die Mitglieder anders: seit Jahren untereinander und durch Gemeinschaftsarbeit im Ohlendorff-Palais befreundet, löste sich die Sezession am 16. Mai 1933 nach einmütigem Mitgliederentscheid auf und bewies damit nicht nur den jüdischen Kollegen Solidarität, sondern auch den Geist der Sezession. Hamburgs Avantgarde war zerschlagen, die Bindungen blieben bestehen, werden auch von zahlreichen Büsten oder Porträts dokumentiert, die die Künstler voneinander fertigten.[16] Weitere gesetzliche Ausgrenzungen jüdischer Künstler durch die NS-Kulturpolitik sind bekannt: die Nichtzulassung in der Reichskulturkammer, die damit verbundene Unmöglichkeit öffentlicher Ausstellungen. (Wenige Galeristen wagten dennoch, die Verfemten auszustellen: Peter Lüders, Commeter). Später kam mit dem Versagen von Bezugsscheinen der Mangel an Arbeitsmaterialien hinzu. Kontrollen und Beschlagnahmeaktionen sind bezeugt, z.B. bei Löwengard, der nur ausgewaschene Aquarellpinsel vorzuweisen hatte. Mit diesen Maßnahmen nahm man den Künstlern allmählich nicht nur die Arbeitsmöglichkeit, sondern auch die Existenzgrundlage. Die Folge waren doppelt bemalte Leinwände (del Banco, Wohlwill) oder ein Verzicht auf die aufwendige Ölmalerei (Löwengard).

1937 beschlagnahmte die Berliner Kommission mit dem Judenhasser und NS-Eiferer Walter Hansen in der Aktion »Entartete Kunst« auch Arbeiten jüdischer »Moderner« in den Hamburger Museen: 14 von del Banco, 1 von Davidson, 2 von Löwengard, 4 von Rée und Wohlwill. Daß die Gemälde Anita Rées, Löwengards bedeutendes Selbstbildnis nicht dabei waren, zeugt von Zivilcourage einiger Kunsthallenmitarbeiter.

Zu unerträglicher Doppelbelastung entwickelte sich für einzelne jüdische Künstler neben der Verfemung als »Entartete« – welches Geschick sie mit anderen Modernen teilten – die rassische Ausgrenzung nach 1935, das allmähliche Abschnüren der individuellen Rechte, der Eingriff des Staats in persönliche Vermögensverhältnisse, bis zu vollständiger Knebelung und Entrechtung.[17]

Reaktionen der Künstler

Soweit sich beurteilen läßt, verhielt sich das Gros lange Zeit arglos, wenig zukunftsbesorgt. Viele kümmerten sich erst um Ausreise, als es zu spät war. Manche dachten national oder glaubten sich geschützt durch Kriegsteilnahme und -auszeichnung wie Ivan Seligmann, Müller, Adler, Brill, Löwengard. Politische Naivität, Gutgläubigkeit, Vertrauen in die Stadt, die Freunde, das »Gute im Deutschen« sind bezeugt für Wohlwill, del Banco, Adler, Brill. Tatsächlich gab es auf seiten der nicht-jüdischen Mitbürger vielfach helfende Hände.[18]

Die meisten Künstler hielten sich zunächst bedeckt, übten Camouflage, entzogen sich der Öffentlichkeit und der Gesellschaft. Viele gingen zu Arbeitsreisen auf das Land und an die See, wo sie ihre alten Malerfreunde trafen, zusammen arbeiteten und diskutierten. Andere zogen an den Stadtrand (Wohlwill, Feldberg-Eber, del Banco), wo sie besucht werden konnten und nicht zu weit vom kulturellen Geschehen entfernt waren.

Reaktionen auf die zunehmende NS-Bevormundung lassen sich an direkten oder indirekten Implikaten in den Arbeiten beobachten, wobei tradierte Motive ikonographische Veränderungen erfahren konnten, z.B. Trommler, Gewitter, Memento Mori-, Tier-

Kunst
Kultur
Wissenschaft

und Maskenmotive. Landschaften verdüstern sich, werden menschenleer, Winterbilder häufen sich etc.

Seit 1935 fanden sich viele der nunmehr stark verarmenden Künstler nolens volens zur Mitarbeit im »Jüdischen Kulturbund Hamburg« bereit, der ihnen Arbeitsmöglichkeit und (geringe) Existenzhilfe bot. Hier wurden (unter NS-Aufsicht) u. a. Ausstellungen veranstaltet und der Versuch gemacht, jüdische Kultur mithilfe einer sich ständig dezimierenden Gruppe inmitten brauner Barbarei zu realisieren.[19] Das Gemeinschaftsgefühl wuchs. Viele der assimilierten, christlich erzogenen Künstler näherten sich unter diesen Verhältnissen der jüdischen Religion wieder an. Beinahe alle Künstler arbeiteten im »Jüdischen Kulturbund Hamburg« wenigstens periodisch mit.[20]

Die Schicksale der Künstler

Davidson starb am 4. Februar 1933 vierzigjährig an einer schweren Krankheit. Sein Tod entzog ihn der Verfolgung.

In Hamburg Verbliebene

Emma Israel war aufgrund ihrer nicht-jüdischen Mutter geschützt. Ihr Vater bestach die Behörden, so daß sie in dem Haus bleiben durften. Es wurde Hotel für Juden und »Mischlinge«, später »Judenhaus«. Emma Israel mußte in der Munitionsherstellung Zwangsarbeit leisten.

Harry Reuss-Löwenstein konnte bis Februar 1935 beim Hamburger Anzeiger arbeiten, auch seine Führungen moderner Kunst fortsetzen. Als er zum Tod von Max Liebermann einen sachlichen Nachruf verfaßte, wurde er entlassen:

»*Ich hätte doch mindestens schreiben müssen, daß Liebermann ein artfremder Jude war und deshalb keine echte deutsche Kunst schaffen konnte. Verehrter Max Liebermann: Deine 'Netzflickerinnen' in der Kunsthalle sind so überaus deutsch, wie das wohl nur ein sensibler deutscher Jude ausdrücken konnte«.*[21]

1935 erfolgte der Ausschluß aus der Reichsschrifttumskammer, 1936 ein Schreibverbot. Viceadmiral Werth setzt sich vergeblich für ihn ein. Er mußte seine schöne Wohnung in Witts Park aufgeben und zog nach Bahrenfeld, wo er sich mit Handwerksarbeit ernährte. Axel Springer unterstützte die Familie.[22] In seiner Wohnung bildete sich ein Hausmusikkreis von Freunden gleicher Denkweise. 1945 – 1952 war er wieder als Kunstkritiker bei der Hamburger Freien Presse tätig.

Die Emigranten

Nach dem Novemberpogrom 1938 wurden die Auswanderungs-pläne dringlich.

Alice Beck emigrierte am 28. Februar 1939 nach Palästina. Sie nahm ihre Bilder, »ohne Verkaufswert«, eine Mappe mit graphischen Blättern, Zeichnungen, 1 Holzfigur mit. Von ihrem kleinen Vermögen blieb ihr nach Abgabe der Reichsfluchtsteuer, der Judenvermögensabgabe und der Dego-Abgabe auf das Umzugsgut so gut wie nichts. Sie war 55 Jahre alt, ihr weiterer Weg ist nicht bekannt.

Clara Blumenfeld wanderte 1937 mit 48 Jahren mit ihrem Bruder nach England aus. Sie gab dort ihre künstlerische Laufbahn wegen Haushaltspflichten auf. 1950 kehrte sie nach Hamburg zurück.

Lore Feldberg-Eber. Nach Jahren der Angst gelang ihr 1939 mit einem Trick die Flucht: sie begleitete ihre Töchter nach Cambridge in das College, »*um mit der Direktorin die Erziehung zu besprechen*«. Moritz Eber kam 1939 auf einer Geschäftsreise nach. Allen Besitz ließen sie zurück. Am 8. August 40 wurden sie ausgebürgert. Nach 1945 nahmen sie und Maria Wolff den Kontakt zu Friedrich Ahlers-Hestermann wieder auf; nach Hamburg kam Lore Feldberg-Eber nur besuchsweise.

Emma Gold-Blau: seit 1937 geschieden, war sie wie Feldberg-Eber ein Leben großen Stils gewöhnt. Gegenüber der Devisenstelle berief sie sich auf ihre ungarische Staatsangehörigkeit. Nach einem Besuch ihrer nach Belgien ausgewanderten Tochter wurde ihr 1939 die Wiedereinreise nach Deutschland verweigert, so daß sie direkt nach Ungarn reiste und dort blieb. Über den weiteren Verlauf ihres Lebens ist nichts bekannt.

David Goldschmidt mußte 1935 das Haus Grindelallee 162 aufgeben, er übersiedelte mit vierzig Jahren 1936 in die Schweiz und wurde im Kanton St. Gallen eingebürgert. Ursprünglich wollte er nach Palästina übersiedeln. Die Bilder ließ er in seiner Wohnung in Hamburg zurück. Er konnte sich als Künstler in der Schweiz behaupten.

Paul und Hilde Hamann zogen noch 1933 die Konsequenz aus der Judenhetze der Nazis und wanderten nach Paris aus. Sie waren 42 und 35 Jahre alt, zogen dann 1936 wegen der Unsicherheit der politischen Entwicklung weiter nach London. Hilde Hamann gab nach einem erneuten dreijährigen Studium das Malen auf und arbeitete als Lehrerin für Keramik für den Erhalt der Familie, ein typisches Emigrantinnengeschick. Paul Hamann wurde 1940 auf der Isle of Man in Hutchinson Camp mit anderen deutschen Intellektuellen interniert. Hamanns gründeten eine private Kunstschule und blieben in London.

Paul Henle lebte seit 1939 in London. Er fand Arbeit als Gemälderestaurator am Courtauld-Institute und produzierte mit seiner Frau elegante Webstoffe: »Henley's Handwoven Materials«. Die Bildhauerei gab er auf. Margarethe Henle erkrankte unheilbar an einem psychischen Leiden.

Kurt Löwengard konnte nach vielen (dokumentierten) Demütigungen im Mai 1939 nach London auswandern, er beabsichtigte eine Weiterreise nach den USA. Sein Umzugsgut sollte mit einem Lift nachgeschickt werden, in dem sich Malgeräte, seine Bibliothek, Staffeleien, Gemälde, Zeichnungen, Aquarelle etc. befanden. Einen Teil der Arbeiten nahm er mit, Grimm und Kluth schmuggelten sie durch den Zoll. Löwengard starb mit 44 Jahren im Januar 1940 an einer unheilbaren Erkrankung des Knochenmarks, Folge seiner entbehrungsreichen Lebensführung und der Härte des Exildaseins ohne Verdienste. Der Lift wurde von den Verwandten zurückerstritten. Seine Sezessionsfreunde betrauerten ihn zutiefst.

Alice Marcus wohnte 1935 Hansastraße 49 und war Angestellte der Firma L. Wagner, Elbstraße. 1939 wanderte sie 34jährig mit ihren Geschwistern in die Niederlande aus, sie führten eine Geige, hebräische Bücher und eine Schreibmaschine mit sich, sonst existierte kein Vermögen. Ihr weiterer Weg ist unbekannt.

Elisabeth Seligmann nahm trotz ihrer Taubheit spanischen Sprachunterricht und wanderte spät, am 16. Oktober 1941 mit 48 Jahren nach Quito Ecuador aus. Von ihrem kleinen Vermögen blieb nach Abzug der Reichsfluchtsteuer und der überdimensionierten Auswanderungskosten kaum etwas übrig. In ihrem Umzugsgut befanden sich u.a. mehrere kleine Skulpturen, Zeichnungen, Fotos, »*alle selbstgefertigt*«. Ihr weiteres Leben ist unbekannt.

Gretchen Wohlwill emigrierte ebenfalls spät, nachdem sie sieben Jahre in Finkenwerder in der Nähe ihres Künstlerfreunds Bargheer gelebt hatte, ein halbes Jahr verborgen in einem Blankeneser Gartenhäuschen. Mit 62 Jahren emigrierte sie 1940 über Italien nach Lissabon. Sie erlitt alle Härten des Exils, karge Lebens-, schlechte Arbeitsbedingungen, Krankheit, Unfälle, Bedürftigkeit. Nach Kriegsende errang sie in Portugal als Künstlerin Anerkennung, später Auszeichnung. Sie kehrte 1952 nach Hamburg zurück und lebte noch zehn erfüllte Lebensjahre, die sie die schönsten ihres Lebens nannte.

Maria Wolff-Elkan folgte 1937 ihrem Mann nach London, kehrte aber 1938 vorübergehend zurück und zeichnete mit Löwengard auf Sylt. Sie blieb mit ihrer Familie in London.

Die Deportierten und im KZ Ermordeten

Friedrich Adler hatte nach der Zwangspensionierung Privatschüler unterrichtet. Er unterhielt von seiner kleinen Pension seine Frau und die Kinder aus zweiter Ehe, die 1934 nach Tel Aviv, später nach Zypern ausgewandert waren. Adler hatte sie dort besucht, war unverständlicherweise zurückgekommen. Er bemühte sich zu spät um Auswanderung. Eine neue Bindung und Ahnungslosigkeit gegenüber der Realität ließen ihn an Umsiedlung glauben. Er fühlte sich durch seine Kriegsteilnahme als Offizier geschützt. Friedrich Adler wurde am 11. Juli 1942 nach Auschwitz gebracht.

Paul Adler, der 1937 nach Berlin gezogen war, wurde mit demselben Transport wie sein Vater nach Auschwitz deportiert. Beide sind dort verschollen.

Marion Baruch wollte nach England emigrieren. Sie wurde am 8. November 1941 22jährig mit ihrer Familie in das Ghetto Minsk deportiert und erlitt im Frühjahr 1942 ein tragisches Ende. Dem brutalen SS-Kommandanten Rübe fiel bei einem Kontrollgang durch das Ghetto ein schön gemaltes Schild auf. Er befahl die Malerin, Marion Baruch, zu sich, sprach kurz mit ihr, führte sie zum Friedhof und erschoss sie ohne jeden Anlaß.[23]

Erich Brill kehrte allen Warnungen zum Trotz nach einem Besuch bei seiner geschiedenen Frau und Tochter in Brasilien aus Heimweh 1936 nach Deutschland zurück. Denunziert wegen der Freundschaft mit einem »arischen« Mädchen wurde er 1937 von der Gestapo in Berlin verhaftet, der »Rassenschande« angeklagt und bis 1941 in verschiedenen Zuchthäusern inhaftiert. Seine Absicht, nach Cuba auszuwandern, konnte er nicht mehr realisieren. Er wurde am 4. Dezember 1941 nach Riga, Lager Jungfernhof, gebracht[24] und am 26. März 1942 mit 1.600 Leidensgenossen im Wald durch SS-Brigaden erschossen.

Annemarie Ladewig arbeitete nach Abschluß ihrer Ausbildung seit 1940 als Gebrauchsgraphikerin bei Reemtsma. Ende 1942 machte sie sich selbständig. Nach dem Tod der Mutter (1944) wohnte sie mit dem Bruder Blumenstraße 39. Anfang Januar 1945 mußte sie Zwangsarbeit im Hafen und auf der Howaldt-Werft leisten. Im März 1945 wurde sie verhaftet, in das Polizeigefängnis Fuhlsbüttel und von dort am 18. April mit dem Bruder, Vater und dessen Freundin nach Neuengamme gebracht. Am 22. und 23. April 1945 erlitten sie den Tod durch den Strang. Laut Gertrud Meyer[25] gehörte (wenigstens) der Vater der Widerstandsgruppe KdF (Kampf dem Faschismus) an, die ausspioniert, auf die Liquidationsliste gesetzt und hingerichtet wurde. Familie Ladewig wurde ausgelöscht, Annemarie Ladewig wurde 25 Jahre alt.

Edith Marcus wurde mit 53 Jahren nach Riga deportiert und ist dort verschollen.

Karl Müller war noch 1934[26] als vorbildlich nationaler deutscher Maler vom Hamburger Fremdenblatt gefeiert worden. Ein peinliches Dementi korrigierte bald den »Irrtum«. Müller verarmte soweit, daß er 1941 von der Wohlfahrt unterstützt werden mußte. Nach der Deportation seiner Frau lebte er in Angst, glaubte aber, durch das EK1 geschützt zu sein. Ein wenig Hilfe konnte ihm der Geschäftsinhaber Hoyer leisten. Müller wurde am 15. Juli 1942 nach Theresienstadt gebracht und starb dort am 29. Oktober 1942 mit 77 Jahren.

Ivan Seligmann hatte seine Hauptschaffenszeit bis etwa 1938. 1940 war er verarmt, lebte vom Darlehen seiner Schwester. Er zog in diesen Jahren siebenmal um, lebte zuletzt in einem »Judenhaus«. Er wurde am 15. Juli 1942 nach Theresienstadt deportiert und ist dort verschollen.

Lola Toepke wurde als 50jährige mit dem ersten Transport am 6. Dezember 1941 nach Riga deportiert (mit Carlebach, Brill u. a.). Ihr Todesdatum ist nicht zu ermitteln.

Max Weiss kam im Februar 1945 nach Theresienstadt. Aufgrund seiner geschickten Hand avancierte er dort zum Porträtisten der Bewacher und erhielt Vergünstigungen in Unterbringung und Verpflegung. In kleinen, deskriptiven Zeichnungen dokumentierte er das Leben der Lagerinsassen, das KZ als Bauwerk und die Landschaft. Während seine Mutter dort umkam, konnte er überleben und nach Hamburg zurückkehren. Aus den Skizzen arbeitete er komplexe Radierungen, einige als Totentanzblätter.

Selbstzerstörung und Freitod

Alma del Banco war seit 1940 längere Zeit durch Beziehungen der Familie zu Hermann Göring geschützt, stand jedoch unter Hausarrest. Als der unwiderrufliche Deportationsbescheid nach Theresienstadt kam, ließ sich die 79jährige 1943 mit Morphium töten. Zur Auswanderung fühlte sie sich zu alt, hatte sich auch geschützt gefühlt durch ihre portugiesische Abstammung.

Paula Gans wurden die Lebensverhältnisse immer stärker eingeengt, das Vermögen auf ein Sperrkonto festgelegt, obgleich sie die tschechische Staatsangehörigkeit besaß. Die Geschwister Gans mußten das Haus in der Heinrich Barth-Straße billig verkaufen, sie bezogen eine Wohnung am Eppendorfer Baum 10. Bald hatten sie kein Geld mehr, Paula Gans ließ alte Kleider umändern, einen gebrauchten Pelzkragen aufarbeiten. Am 7. November 1941 setzte sie ihrem Leben ein Ende – wohl nach dem Deportationsbescheid. Ihr Bruder Richard wurde am 18. November nach Minsk deportiert.

Anita Rée nahm sich bereits im Dezember 1933 auf Sylt mit Veronal das Leben, verzweifelt, ausgebrannt, unfähig, einen neuen Anfang im Ausland zu wagen, obgleich die Mittel vorhanden waren. Sie wurde 48 Jahre alt.

Der Verbleib der Bilder

Lückenhaft, aber voller Überraschungen erweist sich die Forschung nach den Nachlässen der Künstler: Davidsons Arbeiten, zunächst verschollen wie der Maler selbst, finden sich allmählich in Teilen in Deutschland wieder an. Die Emigranten nahmen ihre Arbeiten nach Möglichkeit mit, von Emma Gold-Blau, Alice Marcus, Elisabeth Seligmann, Alice Beck war in Hamburg bisher nichts zu ermitteln. In Hamburg und London fand sich der Nachlaß

Löwengards, Maria Wolffs, der von Hamanns – die frühen Bilder von Hilde Hamann sind zerstört und verschollen, wie das Frühwerk von Lore Feldberg-Eber, das in Hamburg zurückblieb, während das spätere Werk sich in London, den USA und Kanada befindet. Von Paul Henle sind wenige Arbeiten in der Hamburger Kunsthalle. Clara Blumenfeld brachte ihre Bilder zurück, soweit sie sich nicht in Dänemark befanden. Anita Rées Arbeiten sind vorwiegend in Privatbesitz, ein Konvolut aus dem Besitz Alport kehrte kürzlich aus England zurück. David Goldschmidt fand bei seiner Rückkehr nur wenige der in der Wohnung zurückgelassenen Bilder wieder. Als Wunder erlebte Max Weiss, daß auf dem Dachboden seines beschlagnahmten Hauses der größte Teil seiner früheren Arbeiten und Radierplatten überdauert hatte.

Von den Deportierten war weder für Marion Baruch noch für Paul Adler ein Zeugnis ihres Schaffens aufzufinden, Arbeiten von Friedrich Adler erhielten sich in Museumsbesitz. Erich Brills Nachlaß überdauerte in den Niederlanden, er befindet sich heute in São Paulo bei seiner Tochter. Um die Arbeiten von Annemarie Ladewig kümmerte sich ihr Verlobter, Hermann Sartorius. Karl Müllers Bilder sind bis auf wenige Ausnahmen verschollen. Ivan Seligmann übergab vor der Deportation eine Mappe mit 92 graphischen Arbeiten dem Buchhändler Scheel in Wellingsbüttel, der sie vor seiner Übersiedlung in die USA dem Graphiker Helmut Klein weitergab. Sie gelangte 1986 an das Israel Museum Jerusalem, wo sie bewahrt wird. Wenige Arbeiten fanden sich von Lola Toepke im Nachlaß von Reuss-Löwenstein, ein Bild von Edith Marcus in Amsterdam. Aus dem Frühwerk Emma Israels existieren drei Bilder. Durch Bombenzerstörung ging Paul Hamanns Frühwerk in Berlin verloren, Anita Rées Altarwerk und mehrere Gemälde, ein Teil der Löwengard-Arbeiten. Durch Diebstahl im Hafen verlor Gretchen Wohlwill ihr mittleres Werk. Neu sorgte nach 1945 auf dem Weg einer Schenkung für Präsenz seiner Arbeiten in Hamburger Museen, ebenso die Witwe von David Goldschmidt. Überraschend fand sich im Nachlaß Hertha Spielbergs ein Konvolut von 37 abgespannten Leinwänden von Paula Gans, während von der Malerin jegliche Spur verwischt war. Del Bancos Nachlaß wurde von der Familie und den Freunden bewahrt. Das vollständige Oeuvre erhielt sich von Reuss-Löwenstein.

Zusammenfassung

Die Bilanz ist schrecklich: Von 35 Künstlern starb einer vor der Machtergreifung, vierzehn emigrierten (davon einige unauffindbar), neun starben, einer überlebte im KZ, drei wählten den Freitod. Fünf Künstler sind verschollen: Johannes Auerbach, Bertold Heymann, Elli Reis, Helga Leiser, D. Rothschild.

Unbeschadet überstand nicht einer die NS-Zeit. Wie die vorstehende Skizzierung erkennen läßt, wurde in allen Fällen die künstlerische Laufbahn unterbrochen, abgebrochen oder schwerwiegend gestört. Zwar waren 1933 nicht alle hochrangige Maler, Bildhauer oder Graphiker, in normalen Verhältnissen hätten jedoch einige von ihnen Karriere-Chancen gehabt. Nach 1945 kehrten außer den beiden in Hamburg Verbliebenen nur drei zurück. Der Verlust an künstlerischer Potenz ist für Hamburg unübersehbar, er wirkt bis in die Gegenwart.

Anmerkungen

1 Das »Archiv für NS-verfolgte Kunst in Hamburg«, das am Kunstgeschichtlichen Seminar der Universität Hamburg entsteht, sammelte alle verfügbaren Materialien. Dank der freund-

lichen Unterstützung zahlreicher Nachkommen oder Nahestehender der Verschollenen wurde für einige Künstler weitgehende Dokumentation möglich. Für andere gibt es vorerst nur Benennung. Manche konnten mit freundlicher Unterstützung des Staatsarchivs Hamburg (Herr Sielemann) wenigstens in einigen familiären und wirtschaftlichen Fakten konturiert werden.
2. In den letzten Jahren fanden m. W. in Hamburg statt: 1966 Povorina, del Banco, Rée (Kunsthaus), 1989 Jüdische Künstler der Hamburgischen Sezession (Bonn Landesvertretung Hamburg und Altonaer Museum). An Einzelausstellungen: 1987 Rée (Barlachhaus), 1987 Ladewig (Institut für Sozialforschung). Die Emigranten, bzw. die Nachkommen der Deportierten (Hamann, Goldschmidt, Wolff, Brill u.a.), stellten verschiedentlich im Ausland aus, nicht in Hamburg.
3. Nachweislich christlich waren: del Banco, Blumenfeld, Paul Hamann, Ladewig, Löwengard, Rée, Reuss-Löwenstein, Wohlwill. Jüdischen Glaubens waren Adler, Baruch, Brill, Feldberg-Eber, Gans, Goldschmidt, Henle, Israel, A. und E. Marcus, Neu, Reis, Rothschild, I. Seligmann, Weiss, Wolff. Für Paul Adler, Auerbach, Beck, Davidson, Gold-Blau, Hilde Hamann, Heymann, Leiser, Müller, Elisabeth Seligmann, Toepke war die Zugehörigkeit nicht festzustellen.
4. Henle, Löwengard, Rée, Wohlwill und die Nicht-Sezessionisten Goldschmidt, Gold-Blau und Toepke gehörten ebenfalls der Hamburgischen Künstlerschaft an, der gleichzeitigen, in vielem gleichrangigen Künstlervereinigung Hamburgs. – Erinnerung von Jürgen Block.
5. Für die Sezessionskünstler del Banco, Feldberg-Eber, Davidson, Hilde und Paul Hamann, Henle, Löwengard, Rée, Wohlwill siehe: Bruhns, 1989.
6. »Ehrlich und klug vom Handwerk, von der Materie und Technik aus entwickelt« in: Kunst und Künstler 1925/26, S. 125-8, s. a. Anm. 4.
7. Bruhns, Löwengard, s. a. Anm. 4.
8. Bruhns, Anita Rée, s. a. Anm. 4.
9. Wohlwill, Lebenserinnerungen; Bruhns, Gretchen Wohlwill, s. a. Anm. 4.
10. U. a. Brecht, Cocteau, Huxley, Man Ray, Sintenis, Gide, Gründgens, Feuchtwanger, Mrs. Churchill, s. a. Anm. 4.
11. Mit Myrthe, Lorbeer, Palmenzweig und Etrokfrucht, Gebetsmantel, Gebetbuch und Straimel (Pelzmütze), erworben 1990 von Museum für Hamburgische Geschichte.

Bruhns
Jüdische Künstler im Nationalsozialismus

12. Das Goldschmidtporträt, um 1930 gemalt, befindet sich heute im Kibbuz Kfar Hanoar Hadathi in Israel, das von Brill ist verschollen, wahrscheinlich im Novemberpogrom 1938 oder in den Bombenangriffen 1943 zerstört.
13. Ulrich Bauche sieht ihn als Chronisten des Wohngebiets am Grindel in Hamburg, seine Bilder als »Zeugnisse für die in einem eigenen künstlerischen Ausdruck gestaltete Verwurzelung von Juden in ihrer Hamburger Heimat«. M. E. liegt seine Stärke in den neusachlichen Bildnissen. Siehe dazu: Bauche 1991.
14. Reichsausstellung jüdischer Künstler, Berlin 1936: »Gräber in Galil« und »Klagemauer«.
15. Ein von Ludolf Albrecht vorgelegtes, einstimmig bekräftigtes »Bekenntnis« enthielt u.a. den Satz: »Der Erkenntnis, daß das formgebundene Wesen einer Kunst nur von Geschöpfen gleichen Blutes geschaffen und verstanden werden kann, entsprang der zur Tat gewordene Wille, alle artfremden Mitglieder aus der Hamburger Künstlerschaft auszuscheiden, um so den Weg zu einer nationalen Kunst zu ebnen«. Jürgen Block berichtet, er habe damals als einziger protestiert, Spars habe ihn zur Vorsicht gemahnt, Etbauer, Spanier, Neugebauer und König seien in SA-Uniform aufgetreten. S.a. Jaeger/Steckner, Zinnober, S. 186. Nicht erwähnt bei V. D. Heydorn – Ausst.kat. 50 Jahre Hamb. Künstlerschaft e.V. 1970 und Maler in Hamburg, Bd. 1. Hamburg 1974.
16. Davidson wird von Henle 1919 und Wield 1921 abgeformt, Reuss-Löwenstein von Lola Toepke, Henle zeichnet Rée 1904, Wohlwill malt Bargheer 1930, usw.
17. Die jeweiligen gesetzlichen Verfügungen und Maßnahmen werden als bekannt vorausgesetzt, im einzelnen nicht differenziert.
18. Susi Sieveking für del Banco, Hoyers für Müller, für David Goldschmidt Familie Hillberger, Bücherrevisor Weidner für Gold-Blau, für Feldberg-Eber und Löwengard die Freunde aus der Sezession, für die in »Mischehe« Lebenden nicht-jüdische Familienangehörige (bei Max Weiss, Reuss-Löwenstein, Adler).
19. Siehe dazu den Beitrag von Barbara Müller-Wesemann in diesem Band. Ausstellungen: 1935 Kunst der letzten 100 Jahre in jüdischem Pri-

Kunst
Kultur
Wissenschaft

vatbesitz, 1938 ständige Ausstellung von Arbeiten Hamburger jüdischer Künstler, 1936 Reichsausstellung jüdischer Künstler in Berlin. 1936 wurde eine graphische Mappe herausgegeben mit Arbeiten von Brill, Feldberg-Eber, Löwengard, Neu, Wohlwill, und 1935, 1936 Chanukka-Messen veranstaltet im Verein mit Kunsthandwerkern, usw.

20 Soweit sie nicht bereits verstorben (Davidson und Rée), zu alt (del Banco), zu behütet (Blumenfeld) waren. Nicht feststellbar ist eine Mitarbeit bei Gans, Israel, Ladewig, Reuss-Löwenstein, Toepke, Weiss.
21 Reuss-Löwenstein, Kreuzfahrt meines Lebens.
22 Springer brachte Reuss-Löwensteins »Die Maaten der Pensacola« unter dem Pseudonym Karl Klick heraus, in der NS-Zeit ein riskantes Unterfangen.
23 Rosenberg 1985; siehe dazu auch den Beitrag von Christiane Pritzlaff in diesem Band.
24 In demselben Transport befand sich auch Oberrabbiner Dr. Joseph Carlebach, den Brill zuvor gemalt hatte, siehe Anm. 12.
25 Hochmuth/Meyer 1980; G.M. Meyer 1971.
26 Ausgabe vom 6. 1. über das 76er Regiment.

Literatur

Bruhns, Maike: Anita Rée. Leben und Werk einer Hamburger Malerin 1885 – 1933. Hamburg 1986

Bruhns, Maike: Kurt Löwengard (1895 – 1940). Ein vergessener Hamburger Maler. Hamburg 1989

Bruhns, Maike (Hg.): Gretchen Wohlwill. Eine jüdische Malerin der Hamburger Sezession. Hamburg 1989

Jaeger, Roland/Steckner, Cornelius: Zinnober. Kunstszene Hamburg 1919-33. Hamburg 1983

Reuss-Löwenstein, Harry: Kreuzfahrt meines Lebens. Erinnerungen. Hamburg 1962

Wohlwill, Gretchen: Lebenserinnerungen einer Hamburger Malerin. Bearbeitet von H. D. Loose. Hamburg 1984

Die »Gesellschaft für jüdische Volkskunde« in Hamburg

Christoph Daxelmüller

Der November 1896 bescherte Hamburg ein Ereignis, das später internationale Bedeutung erlangen, aber weder in Hamburg selbst noch in der deutschen Fachöffentlichkeit wahrgenommen werden sollte: Die Henry-Jones-Loge (U.O.B.B.) versandte einen von Max Deutschländer, Max Grunwald und Gustav Tuch unterzeichneten, mit einem Fragebogen verbundenen Aufruf zu »*Sammlungen zur jüdischen Volkskunde*«.[1] Damit wurde Hamburg zum Geburtsort einer auf Vereinsebene institutionalisierten jüdischen Volkskunde. Der Holocaust konnte die Menschen, die sich für sie einsetzten, nicht jedoch deren Ideen vernichten; die jüdische Volkskunde überlebte die nationalsozialistische Gewaltdiktatur, nicht in Hamburg und Wien, wo sie ihre geistige Heimat besaß, auch nicht in Osteuropa oder in den USA, sondern in Israel. An der Hebrew University Jerusalem trägt der Lehrstuhl für Volkskunde den Namen Max Grunwalds, der maßgeblich hinter der Gründung der »Gesellschaft für jüdische Volkskunde« in Hamburg stand.[2]

Daß diese Institution, die eine akademische Wissenschaft ins Leben rufen sollte, im Gegensatz zu zahlreichen anderen jüdischen kulturellen, religiösen, politischen, pädagogischen, karitativen und sportlichen Vereinigungen kaum einen wissenschaftlichen Nachhall fand, mag viele Ursachen haben: die oft zu beobachtende Skepsis der Nachbardisziplinen gegenüber der Volkskunde als einem mit kuriosen Inhalten befrachteten Forschungs- und Ausbildungsfach spielte hier sicherlich eine weniger bedeutende Rolle als die Distanzierung einer sich als Wissenschaft des Nationalen verstehenden, in letzter Konsequenz antisemitisch agierenden[3] und, so Hermann Bausinger, von ihrer Ideologie her nahtlos in die Wahnvorstellungen des Nationalsozialismus eingehenden deutschen Volkskunde.[4] Wie unbekannt die Geschichte der Hamburger »Gesellschaft für jüdische Volkskunde« bis heute ist, zeigt die umfangreiche Quellenedition von Ina Lorenz; sie nahm die Eintragung der Gesellschaft ins Hamburger Vereinsregister am 26. Februar 1910 als Gründungsdatum an[5] und übersah dabei, daß zu diesem Zeitpunkt die volkskundlichen Aktivitäten bereits einen ersten Höhepunkt erreicht hatten: die rapide angewachsenen Sammlungen des »Museums für jüdische Volkskunde« erlaubten es, im Januar 1908 eine beträchtliche Anzahl von Leihgaben der von der »Industriforeningen« in Kopenhagen veranstalteten »Jødisk Udstilling« zur Verfügung zu stellen[6] und sich 1911

Max Grunwald

Kunst
Kultur
Wissenschaft

an der von Max Grunwald organisierten »Jüdischen Abteilung« in der »Internationalen Hygieneausstellung« in Dresden zu beteiligen.[7]

Man ist versucht, dem wissenschaftshistorischen Vergessen, Übersehen und Verdrängen mit Superlativen zu begegnen: das 1898 gegründete »Museum für jüdische Volkskunde« in Hamburg ist das erste Museum der Welt, das den Begriff »Volkskunde« im Namen trug.[8] Daß es dennoch eine imaginäre, stets auf der Suche nach geeigneten Räumlichkeiten befindliche Einrichtung war, beruhte keinesfalls auf dem fehlenden Engagement der »Gesellschaft für jüdische Volkskunde«, sondern auf der etwa von Samuel A. Weissenberg 1907 beschriebenen Stimmung der Zeit um und nach der Jahrhundertwende.[9]

Hat Wissenschaft eine »Vorgeschichte«?

1898 als offizielles Gründungsjahr der »Gesellschaft für jüdische Volkskunde« enthält ein exaktes Datum. Gegen eine solche wissenschaftsgeschichtliche Festlegung mag man allerdings einwenden, daß die Ideen, die dazu führten, sehr viel weiter zurück verfolgbar seien. Keinesfalls ist es möglich, das Interesse an populären jüdischen Lebens- und Brauchformen auf die Judenmission des späten 17. und des 18. Jahrhunderts zurückzuführen: gemäßigte Vertreter wie Johann Christoph Georg Bodenschatz (1717-1797)[10] oder Johann Jakob Schudt (1664-1722)[11] und den radikalen Johann Andreas Eisenmenger (1654-1704)[12] verbanden keine präethnographischen, sondern disputatorische, in letzter Konsequenz antijüdische Intentionen. Vielmehr begannen die ersten zögernden, stets individuellen Sammlungen von volkstümlichem Erzählgut, Sprichwörtern, Redensarten oder Anekdoten mit der sich formierenden »Wissenschaft des Judentums«. Baruch Schönfeld (1787-1852) etwa publizierte 1825 einen Aufsatz über »Anthropologisches«,[13] 1826 »Eine ethnologische Betrachtung mit Proben Nadowessischer Lieder«.[14]

Als Abraham Tendlau (1802-1878) 1860 seine »Sprichwörter und Redensarten deutsch-jüdischer Vorzeit« als einen Beitrag zur »Volks-, Sprach- und Sprichwörter-Kunde« veröffentlichte, erfaßte er erstmals einen Bereich, in dem *wenig noch gesammelt oder auch nur aufgezeichnet* worden war,[15] und wandte sich zudem mit dem »Jüdischdeutschen« einer von den assimilierten Juden als »Jargon« diskriminierten Sprachform zu. Mit der zeitgenössischen nicht-jüdischen Volkskunde verband ihn der Rettungsgedanke; er sprach u.a. von dem *»aus der Vorzeit herüberhallenden Laut«* und vom *»hingeschwundenen Leben«*.[16]

Die »Wissenschaft des Judentums« hingegen, als deren integralen Bestandteil sich die jüdische Volkskunde verstand, entdeckte nicht nur den Juden als seinem nicht-jüdischen Kollegen intellektuell ebenbürtigen Forscher, sondern auch die jüdische Geschichte und Kultur als einen behandelnswerten Untersuchungsgegenstand. Mit der jüdischen Volkskunde verband sie zudem die Suche nach jenen traditionellen Werten, die durch assimilatorische Prozesse verloren gegangen waren; nur ein neues Bewußtsein konnte aus der jüdischen Identitätskrise herausführen. Am 15. Feburar 1870 wies Moritz Steinschneider (1816–1907), der ab 1898 der »Gesellschaft für jüdische Volkskunde« als Mitglied angehören sollte, in einer der »Dienstagsvorlesungen« in Berlin, die zur Entdeckung der jüdischen Volksliteratur, jener von den Literaturwissenschaftlern bis dahin kaum wahrgenommenen, da als »trivial« und ästhetisch minderwertig betrachteten jüdischdeutschen Versionen von Ritter-, Abenteuer- und Liebesromanen führen sollte, auf Begriffe wie »Volksbewußtsein«, »Volksschriften« und »Nationalliteratur« hin:[17]

»*Aber weit mehr steht der Geist einer Nation in steter Wechselwirkung mit ihrem Schriftthum; die Litteratur wird ein treuer Spiegel des Nationalgeistes. In diesem Sinne spricht man von einer* <u>Nationallitteratur</u> *als dem Inbegriff der Schriften, welche die Gesammtentwicklung der Nation kennzeichnen, insofern jene Schriften aus der Nation hervorgegangen sind und auf deren Fortbildung Einfluss geübt haben. Nationen haben einen weltgeschichtlichen Beruf, sie stellen vorzugsweise eine Seite oder Stufe der Menschheit dar, und die grossen Männer, durch welche die Nationen eigentlich über sich selbst weggeführt werden, sind doch unter dem Einfluss ihrer Nation das geworden, was sie waren. Die Geschichte einer Nationallitteratur, wie solche in neuerer Zeit vielfach behandelt worden, geht entweder die* <u>Schriftenkreise</u> *durch, welche die nationalen Ideen in sich aufgenommen und für die Nation in verschiedenen Formen dargestellt haben, oder sie führt uns die Schriftsteller selbst in ihrer verschiedenartigen Thätigkeit und Einwirkung vor*«.[18]

Der Blick begann sich auf den Juden als Träger einer historischen, nun jedoch durch Anpassungsneurosen bedrohten Kultur zu richten. Wo man es kaum vermuten mag, nämlich in einer Predigt am ersten Sabbat Chanukka 5639 (21. Dezember 1878), legte David Kaufmann (1852–1899) die Ursachen für den Traditionsschwund bloß und zugleich ein Programm vor, mit dem exakt zwanzig Jahre später Max Grunwald die Gründung der »Gesellschaft für jüdische Volkskunde« legitimierte:

»*Wollen wir unser Volk geschmückt sehen und Achtung gewinnen, dann brauchen wir nur die alten Hüllen hervorzuziehen, unsere heilige Sprache, unser Schriftthum, die uns Schutz und Wärme boten im Winterfrost und Wettersturm. [...] Schweren Schaden hat der Mangel an Hingebung für unsere Geschichte der Schätzung unseres Volkes zugefügt; mit Schmerz und Ingrimm erfährt es der Forscher, wie nur vereinzelte, versprengte Angaben nur gelegentliche Aufzeichnungen von unseren Thaten erzählen*«.[19]

Dann aber forderte er weitsichtig eine Therapie:

»*Wir müssten es sonst längst gelernt haben, die Wissenschaft zu fördern, die dem Ausbau unserer Geschichte obliegt. Wir würden dann aber auch uns eingeprägt haben, wie man den Zusammenhang mit einer grossen Vergangenheit in Kraft erhält, wie man geschichtliche Erinnerungen heiligt und die Ruhmestage eines glorreichen Volksthums feiert. O! dass die Zeit nicht ferne wäre, in der wir erröthen werden ob der Wahrnehmung, wie wir die Quellen unserer Erhebung verfallen liessen und die erziehlichen Kräfte missachtet haben, die in unseren heiligen Bräuchen ruhen*«.[20]

Angesichts solchen Engagements verwundert es nicht, daß Kaufmann der Hamburger »Gesellschaft für jüdische Volkskunde« als Mitglied angehören und in den »Mitteilungen [der Gesellschaft] für jüdische Volkskunde« eine seiner letzten wissenschaftlichen Arbeiten veröffentlichen sollte.[21]

Die Eigenart der jüdischen Volkskunde

Die treibende Kraft hinter der Gründung der »Gesellschaft für jüdische Volkskunde« war der junge, am 10. Oktober 1871 im oberschlesischen Zabrze (ab 1915 Hindenburg) geborene, am 24. Januar 1953 in Jerusalem verstorbene Rabbiner Dr. Max (Meïr) Grunwald. Sein erstes Rabbinat trat er an der neu gegründeten und nach relativ kurzer Bauzeit am 15. August 1895 eingeweihten »Neuen Dammt(h)or-Synagoge« an. Ihre Errichtung hatte sich aus dem verstärkten Zuzug von Juden in dieses Hamburger Viertel ergeben, doch daß aus der 1892 gebildeten »Commission für die Errichtung der Neuen Dammthor-Synagoge« ein dritter Hamburger Kultusverband entstehen sollte, kann mit der Verlagerung des Wohngebiets allein nicht erklärt werden. Denn die neue Gemeinde vertrat religiös eine Mittelposition zwischen dem orthodoxen Synagogenverband und dem liberalen Tempelverein,[22] dem sie sich im März 1917 nach dem Ausscheiden des Rabbiners Abraham Loewenthal angliederte.[23] Mit Grunwald aber hatten die Dozenten des Jüdisch-Theologischen Seminars (Fraenckelscher Stiftung) in Breslau einen in jeder Hinsicht geeigneten Seelsorger empfohlen. Er besaß die Fähigkeit der Integration, die ihn zur Vermittlung zwischen den unterschiedlichsten, oft in hartem Widerspruch zueinander stehenden religiösen und politischen Parteien innerhalb des Judentums um die Jahrhundertwende prädestinierte. Diese Eigenschaft war von grundlegender Bedeutung vor allem für die »Gesellschaft für jüdische Volkskunde«: in ihr vereinigten sich orthodoxe und assimilierte, religiöse und säkulare Juden, bedeutende Zionisten wie Max Isidor Bodenheimer (1865–1940) oder Moses Gaster (1856–1939), Chacham der Spanisch-Portugiesischen Gemeinde in London und berühmter Folklorist, der Theodor Herzl den Weg nach Großbritannien ebnete, und Cos(s)man Werner (1854–1918), Münchener Rabbiner und Angehöriger der »Protestrabbiner«, die sich gegen München als Tagungsort des Ersten Zionisten-Kongresses wandten. Grunwald selbst nahm nie aktiv an der zionistischen Bewegung teil, doch er unterstützte den Zionismus und setzte sich verstärkt nach einer von ihm im Herbst 1912 organisierten Gruppenreise nach Palästina für eine jüdische Besiedlung von Eretz Israel ein.[24]

Aufgeschlossen Stellung zu aktuellen Gegenwartsfragen beziehend,[25] sah er zugleich in der traditionellen jüdischen Volkskultur ein Bindeglied zu einer verloren gegangenen oder zumindest durch die Assimilation weitgehend überdeckten Vergangenheit. Daher reduzierte er die Volkskunde nicht auf einen elitären Diskurs unter wirklichkeitsenthobenen Gelehrten, sondern versuchte, die Ergebnisse seiner Sammlungen und Erhebungen in Kulturpolitik und in eine Apologetik des Judentums umzusetzen: sie sollten einen Beitrag zur Identitätsfindung eines orientierungslos gewordenen Judentums leisten.[26] Wie nahe er dabei kulturzionistischen Ideen stand, zeigt nicht zuletzt seine autobiographische Schilderung der Hamburger Vereinsgründung.[27]

Mit Grunwald hatten die Hamburger nicht nur einen engagierten und beliebten Rabbiner gewonnen, der auch nach seinem Weggang die Verbindungen zu dieser Stadt und ihren jüdischen Gemeinden nie abreißen ließ, sondern zudem einen vielseitig gebildeten und interessierten jungen Wissenschaftler. Er war am Jüdisch-Theologischen Seminar (Fraenckelscher Stiftung) in Breslau auf seine Aufgaben als Seelsorger und Gemeindebeamter vorbereitet worden; zugleich hatte er an der Universität Breslau studiert und über den Philosophen Baruch Spinoza promoviert,[28] sich daneben mit Kunstgeschichte beschäftigt, wovon Heinrich Graetz (1817–1891) ihm bei seinem Breslauer Antrittsbesuch ebenso wie vom Studium des Arabischen abgeraten hatte.[29] Für die erstmals 1888 in Leipzig erschienene dreibändige »Volkstümliche Geschichte der Juden« seines Lehrers Graetz erstellte er ein Register, und musikwissenschaftliche Lehrveranstaltungen, so ein Seminar über Beethovens Leonoren-Ouvertüre, zogen eine lebenslange Leidenschaft nach sich: daß Grunwald ein großer Musikliebhaber war und er während seiner Wiener Zeit kaum eine Woche ohne Konzert- oder Opernbesuch verstreichen ließ, bestätigten mir sowohl sein 1901 in Hamburg geborener, heute in Jerusalem lebender Sohn Kurt wie auch zahlreiche Konzertprogramme, die Grunwald bei seiner Emigration 1938 nach Palästina mitnehmen konnte und die sich heute in seinem Nachlaß in der Jewish National and University Library in Jerusalem befinden. Von ausschlaggebender Bedeutung für sein Lebenswerk, die jüdische Volkskunde, aber wurden jene Seminare, die er bei dem Breslauer Germanisten und späteren Marburger Ordinarius Friedrich Vogt besuchte:

>*Einverstanden war er* [Graetz] *auch mit meinen germanistischen Studien, besonders bei Professor Vogt, die mir bei meinen folkloristischen Arbeiten gute Dienste leisten sollten*«.[30]

In der »Schlesischen Gesellschaft für Volkskunde«, deren Vorsitzender Vogt war, arbeitete Grunwald aktiv mit. Sein Interesse an der Volkskunde läßt sich demnach auf die Breslauer Zeit zurückdatieren, der Einfluß des nicht-jüdischen volkskundlichen Kanons auf die jüdische Volkskunde ist deutlich sichtbar, wenn man die Einteilung des Fragebogens von 1896 in »I. Namenkunde und Mundartliches«, »II. Dichtung«, »III. Glaube und Sage«, »IV. Sitte und Brauch«, »V. Weissagung, Zauber, Volksheilkunde« und »VI. Hausbau und Volkstracht« analysiert.[31]

Doch diese Projektion auf – parallele – Forschungsfelder wie Märchen, Sagen, Brauch- und (Aber-)Glaubensformen hielt in den »Mitteilungen [der Gesellschaft] für jüdische Volkskunde« nur die ersten Jahrgänge an und wich dann einem sehr viel breiteren kulturhistorischen Spektrum, das bereits nach der Jahrhundertwende so modern anmutende Bereiche wie die Kriegsvolkskunde[32] (vgl. auch unten), die Gemeindeforschung[33] oder die Arbeiterkultur umfaßte,[34] Gebieten, zu denen die deutsche Volkskunde teilweise erst in den späten 60er und frühen 70er Jahren unseres Jahrhunderts finden sollte.

Der nahezu holographische, aus heutiger Sicht modern anmutende Blick auf die jüdische Volkskultur berechtigt jedoch nicht, von Grunwald als einem progressiven Theoretiker zu sprechen. Wenn dieses Prädikat auf einen Kulturanalytiker überhaupt zutrifft, dann auf den jüdischen Wiener Slavisten, Balkanethnologen und Volkskundler Friedrich Salomo Krauss (1859–1938); er aber zählte zu den schärfsten Gegnern Grunwalds, der jüdischen Volkskunde und der »Gesellschaft für jüdische Volkskunde«, deren Gründung er sarkastisch als »*Stuss*« brandmarkte, da sie seiner Idee von Volkskunde als einer Völker, Nationen und Konfessionen überschreitenden »*Wissenschaft vom Menschen*« widersprach.[35]

Tatsächlich ergab sich der Pluralismus der jüdischen Volkskunde aus der recht unterschiedlichen geistigen Herkunft der Mitglieder der Gesellschaft und der Mitarbeiter an den »Mitteilungen [der Gesellschaft] für jüdische Volkskunde«; alle, ob Theologen und Historiker wie der Kopenhagener Oberrabbiner David Simonsen (1853–1932), Ärzte und Anthropologen wie Samuel A. Weissenberg (1867–1928) aus Elisabethgrad oder Sprachwissenschaftler wie Alfred Landau (1850–1935),[36] hatten eines gemeinsam: keiner von ihnen verfügte über eine akademische Ausbildung in einer Universitätsdisziplin »Volkskunde«, die es zu dieser Zeit noch gar nicht gab;[37] vielmehr brachten sie sehr individuelle Hintergründe, Absichten und wissenschaftliche Schwerpunkte in ihre Tätigkeit ein. Dies erklärt z.B., warum Genealogie- und Namenforschung, die heute niemand mehr dem volkskundlichen Fachprofil zuordnen würde, einen integralen Bestandteil der jüdischen Kulturwissenschaft bildeten; so erschien das von Grunwald herausgegebene »Archiv für jüdische Familienforschung« 1912 zusammen mit dem 15. Jahrgang der »Mitteilungen zur Jüdischen Volkskunde«, und das von L. Moses seit 1927 redigierte »Jüdische Archiv« nannte sich im Untertitel »Zeitschrift für jüdisches Museal- und Buchwesen, Geschichte, Volkskunde und Familienforschung«.[38]

Die weitgespannten Interessen Grunwalds werden nicht zuletzt aus seiner regen Vortragstätigkeit deutlich, wofür hier das Beispiel Wien stehen mag; denn zu dieser Stadt verbanden ihn schon während seiner Hamburger Zeit enge familiäre Beziehungen, die

Kunst
Kultur
Wissenschaft

nicht unwesentlich zu seinem Entschluß beitrugen, nach Wien überzusiedeln. Er hatte die Tochter des Floridsdorfer Rabbiners Joseph Samuel Bloch (1850-1923) geheiratet, der sich durch seinen öffentlich ausgetragenen Streit mit dem katholischen Theologen, Prager Universitätsprofessor, perfiden Antisemiten und Verfasser der ebenso dummen wie infamen Schrift »Der Talmudjude«, August Rohling (1839-1931),[39] einen Namen gemacht hatte. Bereits während seiner Hamburger Zeit weilte Grunwald mehrmals zu Gastvorträgen in Wien; so sprach er am Jahreswechsel 1898/99 im »Politischen Volksverein« über »Jüdische Volkskunde«, worüber das »Israelitische Familienblatt« in seiner Ausgabe vom 4. Januar 1899 (Nr. 1, S. 3) folgendes berichtete:

»*Man lernte in dem Vortragenden einen geistvollen jungen Gelehrten kennen, dessen anregende Ausführungen die Zuhörerschaft lebhaft interessirten und nachhaltigen Beifall fanden. Die jüdische Volkskunde ist im weitesten Sinne die Kunde des jüdischen Herzens und nirgends offenbart sich dieses so deutlich wie in dem volksthümlichsten Erzeugniß des jüdischen Geistes, in der Haggada*«.[40]

Ein weiterer Vortrag vor der Wiener Loge aber führte zur Bekanntschaft mit Sigmund Freud, die Grunwald immerhin so wichtig erschien, daß er ihr das Kapitel »Bagegenishn mit Froydn« (Begegnung mit Freud) in seiner Autobiographie einräumte:[41]

»*Als ich noch in Hamburg war, wurde ich zu Vorträgen nach Österreich und Wien eingeladen. Eine Bekannte, eine Schwiegertochter des 'chacham' Bernays, sagte zu mir: 'Falls Sie in Wien meinem Schwiegersohn Dr. Freud begegnen, seien Sie so gut und grüßen Sie ihn von mir.' Mein Thema in Wien war der 'Johannes' von Sudermann. Beim Bankett, das – wie es der Brauch war – zu Ehren des Referenten gegeben wurde, durfte Freud den Gast im Namen der B'nai B'rith-Loge begrüßen; so hatte ich die Gelegenheit meinen Auftrag zu erfüllen. Wie überrascht war ich, als Freud die Begrüßungsrede in scherzhaftem Ton beendete. Er habe sich, wie er sagte, auf einen Reb eingestellt, der wie ein asketischer Prophet und nicht in 'Frack und Lack' gekleidet sei. In meiner Dankansprache entgegnete ich, daß nach meinem Wissen die Wiener Rabbiner auch nicht unbedingt der Mode Johannes d. T. folgten. Als Beweis für meine Behauptung bezog ich mich auf ein Bild des Rabbiners Güdemann, das diesen während eines Spaziergangs zeigte; es war in einem Wiener humoristischen Blatt veröffentlicht und mit der Unterschrift 'Guy de Maupassant' versehen worden. Dr. Güdemann sah gar nicht aus wie ein 'Prediger in der Wüste', der nur von 'Honig und wilden Bienen' lebt. Ich betrachtete die gesamte Angelegenheit als einen Spaß*«.[42]

Doch das Verhältnis zu Freud gestaltete sich nicht immer ohne Komplikationen. Anläßlich eines anderen Vortrags Grunwalds in Wien über jüdische Kultur zeigte sich Freud

»*sehr verwundert, daß es grundsätzlich eine solche Art jüdischer Kultur gäbe; er hatte nur von einem Mann namens Mendelssohn gehört, der 'gewisse Beziehungen zu Lessing' gehabt habe. Da meldete sich der Dermatologe Professor Ehrmann zu Wort: 'Obwohl wir Juden die Dynamo-Maschine nicht erfunden haben, so gaben wir der Menschheit doch eine Sache mehr – nämlich die Bibel'. Ich sagte daraufhin in meinem Schlußwort: 'Ich will Ihnen beweisen, daß wir Juden tatsächlich auch die Dynamo-Maschine erfunden haben', wobei ich mich auf Popper-Lynkeus berief, der beim Wiener Ministerium ein Manuskript über das Projekt einer Dynamo-Maschine eingereicht hatte. Aber erst einige Jahrzehnte später, als eine solche Maschine auf einer Frankfurter Ausstellung allgemeine Begeisterung erregt hatte, wischte man schnell den Staub von Poppers Manuskript ab und gab ihm das Erstgeburtsrecht als Erfinder ...*«.[43]

In seinen Vorträgen befaßte sich Grunwald also u.a. mit dem 1898 entstandenen, zu seiner Zeit recht beliebten und oft aufgeführten Schauspiel »Johannes« des deutschen Romanschriftstellers und Bühnenautors Hermann Sudermann (1857-1928), bei einer späteren Gelegenheit bewies er seine technikgeschichtlichen Kenntnisse am Beispiel des 1838 in Böhmen geborenen, 1921 in Wien gestorbenen Physikers und Erfinders Joseph Popper (pseud. Lynkeus), der sich sowohl für Probleme des Judentums[44] wie für die Psychoanalyse interessierte, dazu einige Studien veröffentlichte und von Freud sehr geschätzt wurde.[45] Diese Forschungsfelder lassen sich nur schwer mit der jüdischen Volkskunde verbinden und dennoch erklären sie deren Eigenart besser als mancher Beitrag in den »Mitteilungen [der Gesellschaft] für jüdische Volkskunde«: im Nachlaß Grunwalds in der Jewish National and University Library Jerusalem befinden sich zahlreiche Unterlagen und Entwürfe zu einer Veröffentlichung über »Juden als Erfinder«. Wie bereits seine »Juden als Rheder und Seefahrer«,[46] zahlreiche andere Publikationen aus seiner oder der Feder des Dresdener Juweliers und Kunstsammlers Albert Wolf (gest. 1907),[47] eines Mitglieds der »Gesellschaft für jüdische Volkskunde«, zeigen, verfolgten sie eine für die erste Phase der »Wissenschaft des Judentums« charakteristische Absicht, indem sie versuchten, eine Leistungsbilanz des jüdischen Volkes im galut (Diaspora) zu erstellen und den jüdischen Beitrag zu der Juden und Nicht-Juden gemeinsamen europäischen Kultur deutlich sichtbar zu machen.

Man kann Grunwald und die »Gesellschaft für jüdische Volkskunde« in Hamburg nicht voneinander trennen, doch wissenschaftsgeschichtlich steht vor allem sein Name im Vordergrund, nicht die Hamburger Vereinigung. Bis heute nimmt Grunwald als Verfasser einer Geschichte der »Dreigemeinden«[48] und der »Portugiesengräber«[49] einen festen Platz in der Geschichte der Historiographie der jüdischen Gemeinden Hamburgs ein. Zeit seines Lebens galt er als ausgezeichneter Kenner des Hamburger Staatsarchivs, wie ein Brief des Diplomvolkswirts Herbert Gonsiorowski aus Hamburg vom 16. Mai 1926 beweist; er wandte sich an Grunwald mit der Anfrage nach jüdischem Material im Staatsarchiv für eine geplante Dissertation über »Tendenzen der Berufsverteilung unter den Juden Hamburgs von der ersten Niederlassung bis zur Gegenwart«.[50] Als 1936 eine rücksichtslos mit der Bedeutung des jüdischen Friedhofs als einer Ruhestätte für die Ewigkeit umspringende Stadtverwaltung den Grindelfriedhof, auf dem u.a. Gabriel Riesser, Isaak Bernays, Moses Mendelssohn-Frankfurter und Betty Heine, die Mutter Heinrich Heines, beigesetzt waren, wegen einer Straßenerweiterung zu schleifen begann, bat der Vorstand der Deutsch-Israelitischen Gemeinde, Nathan Max Nathan, brieflich am 14. Juni 1936 Grunwald um Vorschläge wegen möglicher Ehren-Einzelexhumierungen.[51] Spekulationen darüber, wie sich die Hamburger »Gesellschaft für jüdische Volkskunde« entwickelt hätte, wenn Grunwald nicht bereits 1903 nach Wien umgezogen wäre, sind müßig: von der Vereinigung subventioniert gab er bis 1929 die »Mitteilungen [der Gesellschaft] für jüdische Volkskunde« heraus und prägte ihnen, offensichtlich nicht immer im Einklang mit dem Vorstand der Gesellschaft, seinen Stempel auf. Während er in Wien die wissenschaftliche Öffentlichkeitsarbeit leistete, lag den Hamburger Mitgliedern vor allem das »Museum für jüdische Volkskunde« am Herzen, was seinerseits nicht ohne Folge bleiben sollte: die Sammlungen beeindruckten den Basler Volkskundler Eduard Hoffmann-Krayer (1864-1936) bei einem Besuch des Hamburger Museums für Völkerkunde im April 1914 derart, daß er am 7. März 1917 in Basel eine »Kommission für jüdische Volkskunde« innerhalb der »Schweizerischen Gesellschaft für Volkskunde« ins Leben rief.[52]

Kunst
Kultur
Wissenschaft

Zwischen Kulturpolitik und Zionismus. Das »Comité der Henry-Jones-Loge für jüdische Volkskunde«

Den Aufruf zu den »Sammlungen zur jüdischen Volkskunde« unterzeichneten neben Grunwald Max Deutschländer und Gustav Tuch für das »Comité der Henry-Jones-Loge für jüdische Volkskunde«, die von Beginn an organisatorisch hinter der Idee einer jüdischen Kulturanalyse stand und ihr ein geistiges wie – in Form der zur Verfügung gestellten Räumlichkeiten, etwa im Logenheim in der Hartungstraße – auch ein reales Heim bot.

Am 2. Januar 1887 hatten 39 Männer, unter ihnen Tuch, die nach dem 1811 in Hamburg als Sohn eines Goldscheiders geborenen, 1866 in New York gestorbenen Maschinenbauer Heinrich Jonas genannte Loge gegründet.[53] Er war in die Vereinigten Staaten ausgewandert, hatte dort seinen Namen amerikanisiert und war 1843 einer der maßgeblichen Initiatoren der Gründung des Ordens B´nai B´rith (U.O.B.B.) gewesen.

Man hat diesen Zusammenschluß immer wieder als jüdische Freimaurerloge bezeichnet, was nur insofern korrekt ist, als daß die bald nach 1843 in aller Welt entstehenden Filialen eine Ersatzheimat für jüdische Freimaurer boten.[54] Denn der sich in Deutschland nach 1870 wieder spürbar verstärkende Antisemitismus hatte vor der freimaurerischen Toleranz der »Gleichheit, Freiheit und Brüderlichkeit« jenseits konfessioneller und weltanschaulicher Zugehörigkeit nicht haltgemacht: Juden verließen ihre angestammten Logen, nachdem sie dort plötzlich ihr Jude-Sein zu spüren bekommen hatten, man legte ihnen den Austritt nahe oder weigerte sich schlichtweg, Juden als Mitglieder, die dann ja »Brüder« zu nennen gewesen wären, aufzunehmen. In den Logen des B´nai B´rith konnten sie sich ebenfalls ohne religiöse und politische Indoktrination für kulturelle und karitative Zwecke engagieren. Die New Yorker Gründungsväter aber verfolgten ursprünglich sehr viel konkretere Ziele; der Orden sollte den zahllosen jüdischen Einwanderern aus Mittel- und insbesondere aus Osteuropa über die Anfangsschwierigkeiten in der Neuen Welt hinweghelfen und einen Beitrag zur Aufrechterhaltung des jüdischen Bewußtseins leisten. In den deutschen Städten kümmerte er sich neben karitativen Aufgaben um das kulturelle Leben der Gemeinden. Seine Bemühungen um eine Stabilisierung der jüdischen Identität aber trafen sich in den Intentionen der Volkskunde als einer Apologetik kulturaler Werte wieder. Dies machte sie letztendlich zu einer Wissenschaft von erheblicher politischer Brisanz, obwohl sich die »Gesellschaft für jüdische Volkskunde« gemäß eigener Satzung ebenso wie die Logen des B´nai B´rith jeglicher politischer Agitation und Parteinahme zu enthalten hatten. So verwundert es nicht, daß die Hamburger Henry-Jones-Loge dem Zionismus nahestand, was seine Bestätigung im Mitbegründer der »Gesellschaft für jüdische Volkskunde«, dem Sozialpolitiker, Journalisten, Philanthropen und Präsidenten der Henry-Jones-Loge, Gustav Tuch (1834-1909), findet.

Gerade seine Person verweist auf den sozialen und geistigen Hintergrund der Vereinsgründung: in der Mitgliedschaft zur »Gesellschaft für jüdische Volkskunde« dokumentierte sich nicht unbedingt ein abstraktes wissenschaftliches Erkenntnisziel, sondern der pragmatische Einsatz um die Wiederentdeckung der jüdischen Kultur. Louis Maretzki charakterisierte Tuch in seinem Nachruf als »*bedächtig im Denken – rasch im Entschluß – feurig in der Ausführung der Tat*« und als jemanden, dessen »*Wissen [...] Wirklichkeitszielen dienen*« sollte, dessen »*Denken und Fühlen [...] der Menschheit, ihrer Not und ihrem Elend*« galt.[55] Grunwald beschrieb ihn als einen Menschen, der die »*Anregung zur Gründung der Hamburger Gesellschaft sogleich mit der begeisterten Tatkraft* *aufnahm, die er jedem Unternehmen widmete, das ihm für die Erkenntnis oder die Festigung des Judentums ersprießlich schien«.*⁵⁶

Tuch hatte sich politisch betätigt, die Politik Bismarcks und – im Gegensatz zur Mehrzahl der Hamburger wie der jüdischen Kaufleute – als Mitarbeiter der »Hamburger Nachrichten« den Zollanschluß befürwortet, am 25. Mai 1880 die »Hamburger Zollanschlußpartei« mitbegründet und zur Propagierung des Zollanschlusses das Blatt »Der Botschafter« ins Leben gerufen. Zudem gehörte er zu den Mitgründern des »Flottenvereins für die deutsche Jugend«.⁵⁷ Wie zahlreiche Juden vollzog er nach der Jahrhundertwende eine »postassimilatorische« Wende zurück zum Judentum. Hatte er sich ursprünglich kaum um jüdische Belange gekümmert, so zählte er nun zu den aktivsten Mitgliedern der Hamburger Gemeinde und initiierte neben dem »Israelitischen Frauenverein« zusammen mit Jonas Bing 1896 den »Israelitischen Jugendbund«,⁵⁸ arbeitete in verschiedenen Schulvorständen und Wohltätigkeitsvereinen mit und war Vorsitzender der »Freien Israelitischen Vereinigung« in Hamburg, die sich ungeachtet religiöser Überzeugungen der Sozialarbeit unter den Juden widmete und sich in erster Linie um die Regelung der Auswanderung bei gleichzeitiger Gründung jüdischer Kolonien in mehreren Ländern bemühte. Der Kölner Rechtsanwalt und Führer der deutschen Zionisten, Max Isidor Bodenheimer (1865-1940), hoffte, in dieser Vereinigung eine Plattform für seine Ideen der nationalen Erneuerung zu finden und übernahm in den Jahren 1895/98 den Vorsitz im »Kolonisationsausschuß«. In einem Brief an Theodor Herzl von 1896 kündigte Bodenheimer an, daß er Ende Juni 1896 bei der Versammlung der »Freien Israelitischen Vereinigung« in Berlin das Hauptreferat »Über die jüdischen Kolonien« zu halten gedenke.⁵⁹ Es ist nicht auszuschließen, daß Bodenheimer durch diese Tätigkeit und durch seine Bekanntschaft mit Tuch auf die Pläne zur Gründung einer »Gesellschaft für jüdische Volkskunde« aufmerksam wurde; jedenfalls trat er ihr 1898 als Mitglied bei.

Eine Chronik der Schwierigkeiten. Die »Gesellschaft für jüdische Volkskunde«

Bereits vor der Versendung des Aufrufs und des Fragebogens im November 1896 hatte Grunwald in Hamburg volkskundliche Aufklärungsarbeit betrieben, als er im Januar 1896 im »Verein für jüdische Geschichte und Literatur« einen Vortrag über den kanaanäischen Volksglauben hielt.⁶⁰ Im September 1897 erging eine Einladung zur Mitgliedschaft in der »Gesellschaft für jüdische Volkskunde«⁶¹ und am 1. Januar 1898 wurde die Vereinigung mit dem Ziel gegründet, »*die Erkenntnis des inneren Lebens der Juden zu fördern*« und zu diesem Zweck eine »*möglichst vollständige Sammlung aller auf das Judentum und seine Bekenner bezüglichen Volksüberlieferungen und Kunsterzeugnisse*« anzulegen.⁶² Die Aktivitäten der »Gesellschaft für jüdische Volkskunde« umfaßten in den folgenden Jahren drei Schwerpunkte: die Herausgabe einer Zeitschrift, die von 1923 bis 1925 als »Jahrbuch für jüdische Volkskunde« in zwei voluminösen Bänden erschien und erst 1929 eingestellt wurde, die Einrichtung eines »Museums für jüdische Volkskunde« als Teil einer aktiven Öffentlichkeitsarbeit sowie die Veranstaltung von Sonderausstellungen und Vorträgen.

Nachdem Grunwald am 13. Januar 1898 in einem Schreiben die Hamburger Polizeibehörde von seinen Plänen informiert und die Satzungen sowie ein Exemplar der »Mitteilungen der Gesellschaft für jüdische Volkskunde« beigelegt hatte,⁶³ fand am 16. Februar 1898, abends um 20.30 Uhr, im Hotel »Zu den drei Ringen« (Vor dem Klosterthor 7) die Gründungssitzung statt. Grunwald eröffnete sie mit dem programmatischen, seine kultur-

Kunst
Kultur
Wissenschaft

politischen Absichten deutlich umreissenden Vortrag »Was leistet die jüdische Volkskunde«,[64] worin er sich auf die praktische Bedeutung der Volkskunde im allgemeinen und der jüdischen im speziellen bezog:

»Die Sagen und Märchen lassen sich als wertvolles Erziehungsmittel verwerten, die Volksmelodien bilden in weiten Kreisen einen wichtigen Bestandteil des häuslichen Gottesdienstes, die Abbildungen kunstvoller alter Kultgegenstände liefern treffliche Vorlagen usw.«.[65]

Das »Hamburger Fremdenblatt« erkannte in seiner Ausgabe Nr. 49 vom 27. Februar 1898 diese Ziele:

»Schon in dieser Fragestellung liegt die Absicht angedeutet, dem practisch denkenden Laien die practischen Vortheile vorzuführen, welche die Ergebnisse der jüdischen Volkskunde bieten. Die Volkskunde besitzt das brauchbarste Material zum Verständniß des Geistes- und Gemüthslebens eines Stammes. Und wenn sie hierbei das geistige Gut zum Gegenstande ihrer Forschung wählt, welches in den Märchen und Sagen, in den Liedern und Bräuchen noch im Volke lebendig ist, so genügt der Hinweis auf ihre wissenschaftlichen Ergebnisse zur Rechtfertigung ihrer Wahl. Was aber die Volkskunde, abgesehen von ihrem Werthe als Hülfswissenschaft für die Culturgeschichte, die Ethnologie c. an practischen Erzeugnissen zu Tage fördern kann, lehrt ein Blick auf ihre bisherige Geschichte. Welche practischen Ziele hat sich nun die jüdische Volkskunde gesteckt? Selbst Der [sic!], welcher Israel nur als eine religiöse Gemeinschaft will gelten lassen, wird zugeben, daß, wenn auch nicht ein Volksthum, so doch die Volksthümlichkeit eine Hauptstütze seines Bestandes ist und sein muß; denn ohne Volksthümlichkeit kann sich keine Religion behaupten«.[66]

Anläßlich der Gründungssitzung organisierte man eine kleine Ausstellung, für die Justus Brinckmann, neben Heinrich Frauberger aus Düsseldorf und Richard Andree aus Braunschweig eines der wenigen nicht-jüdischen Mitglieder der »Gesellschaft für jüdische Volkskunde«,[67] liturgische Objekte aus den Sammlungen des Hamburger Museums für Kunst und Gewerbe[68] und Prof. Dr. Ludwig Tachau, von 1888 bis 1919 Direktor der Samsonschule in Wolfenbüttel,[69] zwei illustrierte Handschriften zur Verfügung gestellt hatten.[70] Aus der Vorstandswahl gingen Grunwald als Vorsitzender der Gesellschaft, Tuch als sein Stellvertreter sowie Bücher- und Museumswart und Josef Ritter als stellvertretender Bücher- und Museumswart hervor.[71]

Damit setzte eine recht aktive Phase ein, die nicht zuletzt der Werbung um Mitglieder wie dem Anliegen selbst diente. Ein geeignetes Mittel sah Grunwald hierfür in der Vortragstätigkeit. Am Mittwoch, dem 23. November 1898, referierte auf Einladung der Gesellschaft im Hotel »Zu den drei Ringen« Bezirksrabbiner Dr. Leopold Löwenstein (1843-1923) aus dem badischen Mosbach über »Aberglaube und Zauberei«.[72]

Am Dienstag, dem 29. November 1898, berichtete dann Grunwald bei der Vollversammlung der Gesellschaft über das in wenigen Monaten Erreichte: die Zahl der Mitglieder war von etwa 300 auf annähernd 500 Personen und Institutionen gestiegen, wovon allerdings nur 340 ihren Beitrag entrichtet hätten. Daher bestand kein Anlaß, den alten Vorstand abzuwählen, vielmehr wurde er durch einen protokollierenden Sekretär erweitert. Anschließend referierte Grunwald über einzelne Sammelstücke des Museums.[73]

Bei der folgenden Vollversammlung am Samstag, dem 16. Dezember 1899, machte Grunwald erstmals den Vorschlag, durch eine Satzungsänderung die Rechtsfähigkeit als Verein zu erlangen.[74] Die Öffentlichkeitsarbeit wurde durch eine rege Vortragstätigkeit fortgesetzt, sei es im eigenen Kreis, sei es bei anderen Vereinen. So referierte Grunwald am Mittwoch, dem 10. Januar 1900, im Hamburger Kunstgewerbeverein (Museum für Kunst und Gewerbe) über die »Kultur- und kunstgeschichtliche Entwicklung der Schriftzeichen« und am Montag, dem 22. Januar 1900, im »Verein für jüdische Geschichte und Literatur« über »Goethes Beziehungen zu Juden und Judentum«. Doch neben der spröden Wissenschaft kam die Unterhaltung nicht zu kurz: am Mittwoch, dem 7. Februar 1900, fand im Hotel »Zu den drei Ringen« eine mit großem Beifall aufgenommene Rezitation des Vortragskünstlers und Humoristen Marcell Salzer (1873-1930) aus Wien statt.[75]

Das nächste Treffen der Mitglieder der »Gesellschaft für jüdische Volkskunde« mit dem Rechenschaftsbericht des Vorsitzenden, der Entlastung des alten und Wahl des – in den Führungspositionen unveränderten – Vorstandes sowie einer allgemeinen Aussprache sollte am Montag, dem 22. Oktober 1900, um 20.30 Uhr im »Patriotischen Gebäude« stattfinden, in dessen drittem Stock, Zimmer 48, inzwischen die jeden Montag und Donnerstag zwischen 14.00 und 16.00 Uhr zugängliche Bibliothek der Gesellschaft untergebracht war.[76] Es mußte jedoch um eine Woche auf Montag, den 29. Oktober, 20.30 bis 22.00 Uhr, verschoben werden. Nach Erledigung des geschäftlichen Teils wurden Aufnahmen aus Palästina sowie von Synagogenbauten verschiedener Zeiten und Länder gezeigt, ein Vortrag Grunwalds über die »Ikonographie von Kirche und Synagoge in der bildenden Kunst des Mittelalters« schloß sich an. Als Referent war der junge Rabbiner nahezu unermüdlich; denn bereits am Donnerstag, dem 13. Dezember 1900, sprach er in der »Erholung« über jüdische Baukunst; die kunsthistorischen Neigungen, denen er sich bereits in Breslau hingegeben hatte, begannen nun in der praktischen Bildungsarbeit ihre ersten Früchte zu tragen.[77]

Doch bereits die für Dienstag, 8. Oktober 1901, festgesetzte, dann auf Donnerstag, 10. Oktober 1901 verlegte ordentliche Generalversammlung der »Gesellschaft für jüdische Volkskunde« machte deutlich, daß die anfängliche Euphorie nun der Konfrontation mit alltäglichen Problemen gewichen war. Denn offensichtlich stagnierten erstmals Mitgliederzahl und -beiträge; man hoffte zum einen, dieser Situation mit verstärkter Arbeit in der Öffentlichkeit abhelfen zu können; zum anderen veranlaßte die schlechte finanzielle Situation Grunwald zu einem durchaus modern anmutenden Plan: wenn einschlägige Gegenstände wegen ihres Preises nicht mehr aus dem Kunsthandel für die Museumssammlungen erworben werden könnten, so sollten sie wenigstens fotografisch erfaßt werden.[78] Schon im Juli 1902 teilte er mit, daß man mit der Inventarisierung der Altonaer Grabsteine begonnen habe.[79] Die Jahresversammlung am 8. November 1902 bestätigte den Erfolg der Fotodokumentation. Zudem wurde beschlossen, durch eine Ausstellung das Interesse breiterer Bevölkerungskreise zu wecken.[80]

Das Jahr 1903 aber bedeutete einen ersten wirklich gravierenden Einschnitt in die Geschichte der noch jungen »Gesellschaft für jüdische Volkskunde«, da Max Grunwald Hamburg verließ, um in Wien ein Rabbinat anzutreten. Für ihn nahm nun Dr. Paul Rieger (1870–1939), der zuvor dem Vorstand nicht angehört hatte, die Einsendungen für die Sammlungen entgegen. Die fotografische Erfassung von Gegenständen und Denkmälern wurde fortgesetzt.[81] Auf der am 8. November 1903 abgehaltenen Jahresversammlung würdigte Rieger die Verdienste Grunwalds; sein Antrag, ihn zum Ehrenmitglied zu machen, wurde einstimmig angenommen. Zudem behielt Grunwald die Redaktion und die Herausgabe der »Mitteilungen«. Ferner beschloß man die Eintragung der Gesellschaft in das Vereinsregister, nachdem die zu diesem Zweck umgearbeitete Satzung von den Mitgliedern genehmigt worden war.[82]

Rieger (Rabbi Eliahu ben R. Mordechai) hatte wie Grunwald am Jüdisch-Theologischen Seminar und an der Universität Breslau studiert. 1894 promovierte er mit der Arbeit

Kunst
Kultur
Wissenschaft

»Versuch einer Technologie und Terminologie des Handwerks in der Mischna« (erschienen in Berlin 1894) und setzte anschließend sein Studium an der Universität und an der Lehranstalt für die Wissenschaft des Judentums in Berlin fort. Im April 1896 war er zum Rabbiner der Gemeinde Potsdam gewählt worden; im gleichen Jahr erschien in Berlin die zusammen mit Hermann Vogelstein verfaßte zweibändige »Geschichte der Juden in Rom«. Im April 1902 berief ihn der Tempelverband als Prediger nach Hamburg. Dieses Amt legte er 1908 nieder, um als Lehrer an verschiedenen Anstalten tätig zu werden. So leitete er u.a. eine Sprachenschule und widmete sich der Jugendarbeit. 1917 wurde er als Landesrabbiner nach Braunschweig, 1922 als Rabbiner und theologischer Fachreferent beim Israelitischen Oberrat sowie als Schulreferent für das jüdische Religionsschulwesen in Württemberg nach Stuttgart berufen. Rieger, der seit 1924 die Gemeindezeitung für die jüdischen Gemeinden Württembergs herausgab, nahm im »Centralverein deutscher Staatsbürger jüdischen Glaubens« eine führende Stellung ein.[83]

In den weiteren Vorstand wurden 1903 Max Deutschländer, der Mitunterzeichner des Aufrufs von 1896, Rabbiner Dr. Abraham Loewenthal, Louis Friedenheim und Gustav Tuch gewählt.[84] Doch auch in anderer Hinsicht war das Jahr 1903 für die »Gesellschaft für jüdische Volkskunde« von Bedeutung. Verfügte sie nach wechselnden Lokalen zuletzt über ein eigenes Zimmer im »Patriotischen Gebäude«, so besaß sie nun die Aussicht, am 1. Januar 1904 in das neuerrichtete Logenheim in der Hartungstraße einziehen zu können.[85]

Dort fand am 30. November 1904 erstmals unter dem Vorsitz Riegers die nächste Generalversammlung der Gesellschaft statt. Ihr zweiter Vorsitzender, Rabbiner Loewenthal, referierte über »Feste und Festtagszeremonien in der jüdischen Volkskunde«. Der Vorstand wurde in seinem Amt bestätigt. Grunwalds Angebot, die »Mitteilungen [der Gesellschaft] für jüdische Volkskunde« bei einer Subvention von 600 Mark in eigener Regie zu übernehmen, ließ den Hamburgern den finanziellen Spielraum, weiterhin Kunstgegenstände für das Museum zu erwerben. Allerdings blieben die Bemühungen, die Bibliothek des verstorbenen Rechtsanwaltes Dr. Heymann Baruch Levy zu übernehmen, erfolglos;[86] immerhin hatte sich die Witwe bereit erklärt, sämtliche *silbernen Antiquitäten*, liturgische Objekte also, dem Museum der »Gesellschaft für jüdische Volkskunde« zu überlassen. Doch man war weiterhin auf Geld- und Sachspenden für die Sammlungen angewiesen: die Geschäftsräume der Gesellschaft seien täglich von 9.00 bis 12.00 Uhr und von 15.00 bis 17.00 Uhr zur Entgegennahme von Kunstobjekten geöffnet. Die Schwierigkeiten, mit denen man zu kämpfen hatte, werden aus dem Umstand ersichtlich, daß die Schränke, in denen ein Teil der Gegenstände im Logenheim aufgestellt und zu besichtigen war, von den Damen der Henry-Jones-Loge gestiftet wurden.[87]

Die Vollversammlung vom Montag, den 20. November 1905 im Logenheim, das inzwischen im zweiten Stock die Gesellschaft beherbergte, verlief unter dem Vorsitz Riegers und in der Anwesenheit des Ehrenmitglieds Grunwald besonders ereignisreich. Das Museum war durch Stiftungen aus den Nachlässen Levys, des verstorbenen Vorstandsmitglieds Dr. Toeplitz und von Frau J. Emden sowie durch Zuwendungen Max Deutschländers und Louis Friedenheims wesentlich bereichert worden und hatte größere Ausstellungen in Berlin und Kopenhagen mit Leihgaben bestückt. Die räumliche Situation hingegen empfand man als äußerst unbefriedigend. Friedenheim sprach sich für eine Aufstellung im Museum für Völkerkunde aus, während andere Mitglieder das Kunstgewerbemuseum verschlugen, das bereits über einen kleinen Bestand an Judaica verfügte. Eine heftige Debatte schloß sich auch an die Frage an, ob die Gesellschaft dem »Verband deutscher Vereine für Volkskunde« beitreten solle. Offensichtlich herrschte Uneinigkeit, und man überließ die Entscheidung dem Vorstand. Bis heute sind die Gründe unbekannt, warum die »Gesellschaft für jüdische Volkskunde« nie dem Dachverband der deutschen Volkskunde angehörte. Sicher hingegen ist, daß letzterer zu keinem Zeitpunkt Interesse zeigte, die jüdischen Kollegen korporativ zu integrieren. Die Öffentlichkeitsarbeit, die man u.a. durch Anfertigungen von Fotografien einzelner Objekte aus dem Bestand des Museums, durch kostenlose Versendung von Restexemplaren der Zeitschrift und durch Sonderausstellungen weiter forcieren wollte, vertraute man einer fünfköpfigen »Propagandakommission« an.[88]

Nach der Versammlung vom Samstag, dem 24. November 1906, in der Rieger dem Vorstandsmitglied Louis Friedenheim und seiner Gattin für eine hochherzige Schenkung anläßlich ihres 40. Hochzeitstages dankte und darauf verwies, daß nun 351 Personen, Vereine und wissenschaftliche Institutionen der Gesellschaft angehörten,[89] fehlt für die folgenden Jahre auffallenderweise jeglicher Hinweis sowohl in den »Mitteilungen [der Gesellschaft] für jüdische Volkskunde« als auch in den Akten der Hamburger Polizeibehörde. Erst für die laut Einladungskarte auf Montag, den 22. Februar 1909 festgesetzte, dann jedoch auf den 1. März 1909 verschobene Generalversammlung, besitzen wir wieder Nachrichten. Mit dem Tod Gustav Tuchs hatte die Gesellschaft einen schweren Verlust hinnehmen müssen, den positive Aspekte wie die Mitteilung, daß am 29. November sowie am 6. und 8. Dezember 1908 ein Teil der Sammlungen der Öffentlichkeit zugänglich gemacht wurde, nicht ausgleichen konnten.[90] Wie sehr das Museum das Bewußtsein der Vereinigung prägte, zeigt die ordentliche Mitgliederversammlung vom Februar 1910 unter dem Vorsitz Riegers: man beschloß, sich mit Leihgaben an der »Jüdischen Abteilung« der Internationalen Hygiene-Ausstellung in Dresden 1911 zu beteiligen, die Grunwald von Wien unter erheblichen Schwierigkeiten vor allem von seiten einiger jüdischer Gemeinden zu organisieren begonnen hatte.[91]

Am 21. Juli 1910 teilte dann das Amtsgericht Hamburg offiziell mit, daß der Antrag der Gesellschaft auf Eintragung in das Hamburger Vereinsregister zugelassen worden sei. Am 30. Juli erfolgte die offizielle Bestätigung. Paragraph 1 der von Abraham Loewenthal, Paul Rieger, Isaac Ascher, S. Leibowitz, Jacob Tannenberg, Ludwig Joshua, Paul Heckscher und Max Deutschländer unterzeichneten Satzung umschrieb die Ziele der nun als Verein tätigen Gesellschaft:

»Der Verein führt den Namen 'Gesellschaft für jüdische Volkskunde zu Hamburg'. Er verfolgt den Zweck, die Erkenntnis des inneren Lebens der Juden zu fördern.

Die Erörterung von Zeit- und Streitfragen nicht wissenschaftlicher Natur in den Versammlungen und Veröffentlichungen des Vereins ist ausgeschlossen«.[92]

Allen finanziellen und organisatorischen Widrigkeiten zum Trotz bildete das »Museum für jüdische Volkskunde« das Kommunikationsmedium zur Außenwelt. Anläßlich des Jubiläums der Henry-Jones-Loge U.O.B.B. veranstaltete die »Gesellschaft für jüdische Volkskunde zu Hamburg e.V.«, wie sie sich nun bezeichnete, am Sonntag, dem 14. Januar 1912, von 15.00 bis 18.00 Uhr in den oberen Räumen des Logenheims in der Hartungstraße eine Ausstellung aus ihren Sammlungen. In deren Rahmen hielt Paul Rieger um 16.00 Uhr einen öffentlichen Vortrag »Über die neuerworbene Sammlung altjüdischer Münzen und Medaillen«.[93]

Doch Sonderausstellungen konnten einen festen Museumsstandort nicht ersetzen. Erst auf der Mitgliederversammlung im Frühjahr 1912 ergab sich laut Bericht Riegers ein schmaler Lichtstreifen am Horizont: der designierte Leiter des Museums für Völkerkunde, Prof. Georg Thilenius, hatte brieflich zugesichert, die Sammlungen – vorbehaltlich der

Kunst
Kultur
Wissenschaft

Genehmigung durch die Hamburger Oberschulbehörde – in einen Raum des Neubaus zu übernehmen. Kurioserweise hatte man ausgerechnet zu diesem Zeitpunkt die Erwerbungspolitik zurückgestellt, um sich intensiv der Gestaltung der »Mitteilungen« zuwenden zu können; der in der vorhergehenden Jahresvollversammlung eingesetzte, aus Rieger selbst, Loewenthal und Deutschländer bestehende Redaktionsausschuß habe sich gut bewährt und *»in mancher Beziehung einen günstigen Einfluß auf den Inhalt der Mitteilungen«* ausgeübt. Offenkundig war der Vorstand mit Grunwalds redaktioneller Sorgfalt unzufrieden gewesen. Die Hintergründe dieser Palastrevolte liegen im Dunkeln. Schwerwiegender Natur können sie nicht gewesen sein, da Grunwald weiterhin von Wien aus den »Mitteilungen« seinen Stempel aufdrückte. Daß die Kritik jedoch nicht ganz aus der Luft gegriffen war, beweist die Korrespondenz zwischen Alfred Landau und Grunwald: Landau, fleißiger Mitarbeiter an den »Mitteilungen«, hatte sich in einem Brief vom 6. April 1901 an Grunwald bitter über Nachlässigkeiten beklagt:

»Beim Durchblättern meines Antheils am letzten Heft habe ich noch 26 Druckfehler gefunden, von denen die Hälfte erst nach der Correctur hineingekommen ist. Es wird daher für die Folge nothwendig sein, auf einer Revision der Abzüge zu bestehen«.[94]

Hier wird ein Symptom sichtbar, das die Frühgeschichte einer institutionalisierten jüdischen Volkskunde wie ein roter Faden durchzieht: der vielseitig interessierte, unermüdliche, ja rastlose Grunwald hatte neben seinen volkskundlichen Aktivitäten eben noch einen Haupt- und Brotberuf zu bewältigen, nämlich den eines Rabbiners am Großen Leopoldstädter Gemeindetempel in Wien, und der war, wie die Unterlagen in Grunwalds Jerusalemer Nachlaß zeigen, weiß Gott nicht einfach.[95]

Doch alle kritischen Untertöne wurden von dem Erfolg überdeckt, den Grunwald und mit ihm die Hamburger »Gesellschaft für jüdische Volkskunde« 1911 auf der Internationalen Hygiene-Ausstellung in Dresden erzielten; sogar die nicht unbedingt judenfreundliche »Gartenlaube« war voll des Lobes für die »Jüdische Abteilung« gewesen.

1913 bedeutete für die Gesellschaft die – vorläufige – *»Beendigung der Heimatlosigkeit«*; auf der Generalversammlung gab Rieger in seinem Rechenschaftsbericht bekannt, daß nun dem »Museum für jüdische Volkskunde« im Museum für Völkerkunde ein geeigneter Raum sowie den Mitgliedern ein Hörsaal mit Projektionseinrichtung für die allmonatlich stattfindenden Sitzungen zur Verfügung gestellt worden sei.[96] Verständlicherweise leitete daher der Verein am Samstag, dem 28. Februar 1914, seine nächste Generalversammlung, jetzt endlich in den Räumlichkeiten des Völkerkunde-Museums, mit einer Feier und dem Festvortrag von Rabbiner Dr. Abraham Loewenthal (1868-1928) über »Familie und Familienbeziehungen im jüdischen Volksmunde« ein, in dem u.a. auf den großen Einfluß des jüdischen Familienlebens auf die Erhaltung des Selbstverständnisses in einer alles nivellierenden Zeit hingewiesen wurde. Die Freude über das neue Domizil war so groß, daß der Bericht über die Versammlung in den »Mitteilungen« versehentlich mit »Gesellschaft für jüdische Völkerkunde (E.V.)« überschrieben wurde.

Der Rechenschaftsbericht Riegers verdeutlichte jedoch eine gewisse Stagnation. Er betonte, daß *»die Gesellschaft naturgemäss als wissenschaftliche Vereinigung ein beschauliches, wenig an die Oeffentlichkeit dringendes Dasein führen müsse. Das letzte Jahr war ein sehr stilles und arbeitsreiches«* gewesen.[97] Die Mitgliederzahl war rapide auf 279 zurückgegangen, und trotz des Erwerbs zweier wertvoller Hamburgensia mußte man sich bei Anschaffungen für das Museum erheblich einschränken. Deswegen wurde erneut auf verstärkte Öffentlichkeitsarbeit gedrungen.[98] Ob wegen des Ersten Weltkrieges entfallen oder aus anderen Gründen nicht aktenkundig geworden, in jedem Falle ist 1915 von einer

Mitgliederversammlung der »Gesellschaft für jüdische Volkskunde« nichts bekannt, obwohl offizielle Einladung und Vorstandswahl zur Aufrechterhaltung des Vereinsstatus rechtlich verpflichtend waren. Warum man zum nächsten Treffen am 30. Mai 1916 wieder ins Logenheim zurückkehrte, bleibt ebenfalls unklar. Allerdings machten sich die Auswirkungen des Krieges mehr und mehr bemerkbar: so hätte wegen Einberufungen die wissenschaftliche Katalogisierung der Bilder und Einblattdrucke der Sammlung unterbrochen werden und man auf Vortragsveranstaltungen verzichten müssen. Der Schriftwart der Gesellschaft, Isaac Ascher, habe sich trotz seines vorgerückten Alters freiwillig »*dem Vaterlande zur Verfügung gestellt*« und sei mit dem Eisernen Kreuz ausgezeichnet worden. Dagegen sei man, so Rieger, mit der Präsentation der Sammlung im Museum für Völkerkunde zufrieden. In der Diskussion schlug Dr. Nathan Max Nathan vor, alle jüdischen volkskundlichen Vereine Deutschlands und des neutralen Auslandes zusammenzuschließen; er hoffe, sie nach Kriegsende zu einer gemeinsamen Sitzung nach Hamburg einladen zu können.

Da Paul Rieger, der die Geschicke der Gesellschaft von 1903 bis September 1916 geleitet hatte, als Landesrabbiner nach Braunschweig berufen worden war und auch Emil Heckscher ausschied, stand die Neuwahl von Vorsitzendem und Vorstand an. Neuer Vorsitzender wurde Rabbiner Dr. Abraham Loewenthal, der allerdings bereits im März 1917 nach Berlin umzog.[99]

So übernahm Dr. Nathan Max Nathan (1879- um 1942)[100] die Amtsgeschäfte. In einem Schreiben vom 12. April 1917 an das Amtsgericht Hamburg schilderte er die nicht unbeträchtlichen Schwierigkeiten, die der »Gesellschaft für jüdische Volkskunde« durch den Krieg entstanden:

»*... teile ich mit, dass der Vorstand der Gesellschaft für jüdische Volkskunde im Mai eine Generalversammlung einzuberufen gedenkt, in welcher sämtliche Vorstandsmitglieder ihre Aemter niederlegen wollen, damit erst der dann neu zu wählende Vorstand wieder beim Vereinsregister angemeldet wird. Da durch Fortzug von Hamburg bezw. durch Einziehung zum Heeresdienste die Mehrzahl der Mitglieder ihr Amt augenblicklich nicht mehr versehen kann, erscheint dieser Weg als der zweckmässigste, um den gesetzlichen Vorschriften zu genügen*«.[101]

Knapp zwei Wochen später, am 25. April 1917, ersuchte er die Polizeibehörde um Erlaubnis, eine Mitgliederversammlung zum 1. Mai 1917 ins Museum für Völkerkunde einzuladen.[102] Sie fand dann tatsächlich an diesem Datum statt, doch unter nicht allzu positiven Vorzeichen: die Begeisterung über den Krieg, so Nathan, sei jetzt der Ernüchterung gewichen, da viele Aktivitäten der Gesellschaft eingeschränkt werden mußten. In den durch das Ausscheiden Loewenthals erforderlich gewordenen Neuwahlen wurden durch Zuruf Nathan als Vorsitzender und Rabbiner Dr. Simon Bamberger (geb. 1872-1961) als dessen Stellvertreter gewählt. Dem Geschäftsteil schloß sich ein Vortrag von Armee-Rabbiner Dr. Jacob Sonderling über »Volkskundliches aus dem Leben der Ostjuden« an.[103] Indem sie sich des Krieges und des Kriegsschauplatzes im Osten annahm, reagierte die jüdische Volkskunde sensibel auf die Zeit.

Doch noch war der Optimismus ungebrochen. In seinem Bericht unterstrich der neugewählte Vorsitzende die Bedeutung der »Gesellschaft für jüdische Volkskunde« für die Friedensaufgabe der Hamburger Gemeinde und trug den Plan zur Errichtung eines eigenen Museums für die Sammlungen vor, da die bisherige Aufstellung im Völkerkunde-Museum ungenügend sei.[104] Der letzte ausführliche Bericht stammt von einer Vorstandssitzung am Samstag, dem 12. Januar 1918. An diesem Tag war die »Gesellschaft für jüdische

Kunst
Kultur
Wissenschaft

Volkskunde« für ihre Verdienste durch den Vorstand der Deutsch-Israelitischen Gemeinde in Hamburg mit der Levin Lion-Medaille in Eisen ausgezeichnet worden.[105] Am Donnerstag, dem 21. März 1918, referierte Benas Levy in einer gemeinsamen Veranstaltung der Gesellschaft, der Henry-Jones- und der Steinthal-Loge im Logenheim über »Juden und Judentum im Weltkrieg«. Sein Vortrag unterstrich den bedeutenden geschichtlichen und volkskundlichen Wert einer Bildersammlung über jüdische Lebensbedingungen im Weltkrieg, was die »Gesellschaft für jüdische Volkskunde« veranlaßte, Einsammlungen und Käufe in den östlichen Kriegsschauplätzen vorzuschlagen. Vor Levys Ausführungen aber hatte Nathan die Realität und damit auch die Zukunft der Gesellschaft beschworen. Er betonte die Notwendigkeit eines Ausbaus der Sammlungen angesichts der

»in Aussicht stehenden Schaffung einer Hamburger Universität. Wenn diese zustande komme, dann sei es Aufgabe der Hamburger Juden und ihrer berufenen Vertreter, dafür Sorge zu tragen, daß auch der Wissenschaft vom Judentum an der Hamburger alma mater eine Pflanz- und Pflegestätte bereitet werde. Bei der Entscheidung hierüber werde aber schwer ins Gewicht fallen, was Hamburger Juden auf diesem Gebiete bereits geleistet, wie sie insbesondere ihre ureigenste Schöpfung auf diesem Gebiete, die Sammlungen der Gesellschaft, ausgestaltet hätten«.[106]

Zur Errichtung eines Lehrstuhls für Volkskunde an der Universität Hamburg sollte es kommen, nicht jedoch für jüdische Volkskunde oder Judaistik. Lediglich der berühmte Jiddischphilologe Salomo Ascher Birnbaum (1891-1989) nahm bis 1933 einen Lehrauftrag am Deutschen Seminar der neugegründeten Universität wahr.[107] Sein Plan, ein nicht nur philologische, sondern vor allem kulturgeschichtliche Studien betreibendes »Institutum Germano-Judaicum« (»Institutum Ascenezicum«) zu gründen, scheiterte an der nationalsozialistischen Machtergreifung.[108] Die jüdische Volkskunde geriet in Vergessenheit.

Epilog. Die langsame Agonie der »Gesellschaft für jüdische Volkskunde«

Das offizielle Ende der »Gesellschaft für jüdische Volkskunde« ist leicht zu bestimmen. Sie wurde am 30. Mai 1960 *»von Amts wegen gelöscht, da der Verein nach den angestellten Ermittlungen nicht mehr besteht«*.[109] Bereits am 28. Oktober 1959 hatte das Amtsgericht Hamburg verfügt, die »Gesellschaft für jüdische Volkskunde zu Hamburg e.V.« aus dem Vereinsregister zu streichen, da Nachforschungen ergeben hatten, daß die letzten Vorstandsmitglieder der Gesellschaft entweder ermordet worden, emigriert oder unauffindbar waren: Nathan war am 19. Juli 1942 ins KZ Theresienstadt deportiert worden und dort umgekommen, Rabbiner Dr. Simon Bamberger nach Israel, der 1892 in Hamburg geborene Büroangestellte Max Siegfried Oppenheimer am 26. Mai 1941 nach New York ausgewandert; der 1896 in Hamburg geborene Alfred Lewald, ebenfalls Büroangestellter, war am 15. März 1942 in Auschwitz umgebracht worden. Vom Büroangestellten Arthur Goldstein fehlte jede Spur.[110]

Als Grunwald 1938 von seinem Altersruhesitz Baden bei Wien nach Palästina floh, um sein Leben zu retten, existierte in Hamburg die »Gesellschaft für jüdische Volkskunde« nurmehr als mühsamer Versuch, mit einem Vorstand die Vereinsfähigkeit aufrechtzuerhalten. Von wissenschaftlichen und museologischen Tätigkeiten ist nichts mehr bekannt, nur noch von der ängstlichen Hoffnung auf ein Überleben in besseren Zeiten. Man mag daher die Geschichte dieses Vereins, der in dem Jahr gegründet worden war, als mit Lewald ein

Mitglied des letzten Vorstands geboren wurde, und der mit kaum glaublichen Ambitionen versucht hatte, die jüdische Volkskultur Mittel- und Osteuropas zu erforschen, entweder mit dem Jahr 1929, als die letzten »Mitteilungen zur jüdischen Volkskunde« als Beilage der »Menorah« erschienen, oder spätestens mit der Emigration Grunwalds abschließen.

Fast zwanzig Jahre liegen zwischen Nathans Optimismus und der nächsten Nachricht über die »Gesellschaft für jüdische Volkskunde«. In einem Schreiben vom 28. Dezember 1933 an das Amtsgericht Hamburg mußte Nathan Zweifel an der Existenz des Vereins zerstreuen, doch die Widrigkeiten, mit denen er inzwischen zu kämpfen hatte, lassen sich unschwer zwischen den Zeilen erkennen:

»*Die Gesellschaft für jüdische Volkskunde besteht nach wie vor. Ich beabsichtige, für etwa Mitte Januar eine Mitgliederversammlung einzuberufen. Früher ist es mir wegen Überlastung mit Amtsgeschäften, insbesondere anlässlich des Jahreswechsels, nicht möglich. Ich bitte daher um eine Frist, mindestens bis zum 1. Februar, tunlichst bis 1. März 1934*«.[111]

Tatsächlich gelang es Nathan, am 5. Juni 1934 eine Mitgliederversammlung einzuberufen, was er am 7. Juni 1934 brieflich mit dem Hinweis auf weitere Nachrichten dem Amtsgericht Hamburg mitteilte. Am 9. Juli 1934 informierte er die Behörde, daß nun der Wandsbeker Rabbiner Dr. Simon Bamberger die »Gesellschaft für jüdische Volkskunde« leite; am 10. August 1934 wurde offiziell die Zusammensetzung des Vorstands mitgeteilt: neben Bamberger als Vorsitzendem waren Rabbiner Dr. Bruno Italiener als stellvertretender Vorsitzender, Prof. Friedrich Adler als Museumswart, Kaufmann Dr. Alfred Spitzer als Schatzmeister und Rabbiner Dr. Paul Holzer als Schriftführer gewählt worden. Letzterer war für Ludwig Delbanco in den Vorstand gekommen, da dieser die Wahl abgelehnt hatte. Wieder einmal stand die Gesellschaft vor einem Umzug, nachdem ihr die Gemeinde Räume in der Heimhuderstraße 68 angeboten hatte. Doch die Agonie setzte sich fort, wie dem Protokoll der Vollversammlung zu entnehmen ist, die am 5. Juni 1934 im Haus der Deutsch-Israelitischen Gemeinde in der Rothenbaumchaussee 38 zusammengetreten war:

»*Der Vorsitzende [...] weist insbesondere darauf hin, dass infolge der Ungunst der Zeiten, trotz wiederholter Verhandlungen, der Plan der Einrichtung eines Museums bisher nicht durchgeführt werden konnte; jetzt bestehe Aussicht, in einem Grundstück der Deutsch-Israelitischen Gemeinde in Hamburg ausreichende Räume zu erhalten*«.[112]

Noch einmal flackerte also der alte Lebenswille auf, doch der Wind blies den Juden mehr und mehr ins Gesicht. 1937 gestaltete sich die Einberufung einer Mitgliederversammlung zwecks Vorstandswahl zur Aufrechterhaltung der Vereinsfähigkeit als nahezu unmöglich. Auf eine Mahnung des Amtsgerichts Hamburg hin bat Bamberger am 29. September 1937 um Verlängerung der Frist für die Einreichung des Protokolls über die Wahlen der »Gesellschaft für jüdische Volkskunde« bis zum 1. Dezember 1937, da die Versammlung Anfang November stattfinden solle. Doch in einem Schreiben vom 29. November 1937 suchte er um nochmaligen Aufschub nach: »*Infolge verschiedener Umstände war die Einberufung der Mitgliederversammlung bis heute nicht möglich; falls es angängig, hätten wir um Festsetzung des Termins für Ende Januar 1938 gebeten*«.[113] Daß man in Zeiten, in denen es um das nackte Überleben ging, noch einen Gedanken an die »Gesellschaft für jüdische Volkskunde« verschwendete, beeindruckt. Vielleicht bedeutete die Erinnerung an das in jahrelanger Arbeit Erreichte für die letzten aktiven Mitglieder ein Refugium illusionärer Realität in einer pervertierenden Umwelt. Dies macht die Antwort Bambergers vom 14. Januar 1938 auf eine Mahnung des Hamburger Amtsgerichts vom 8. Januar 1938 deutlich, das eine Frist bis zum 5. Februar 1938 gesetzt hatte: wie sollte man die Mitglieder zusammenkommen und einen Vorstand wählen oder bestätigen lassen, wenn allgemeines Versammlungsverbot herrschte?

»*Die mir gesetzte Frist bis zum 10. Januar habe ich nicht innehalten können, weil in der Zeit vom 15. v. M. bis 15. d. M. allgemeines Versammlungsverbot bestand. Ich habe allerdings unterlassen, dem Gericht entsprechende Mitteilung zu machen; ich bitte das zu entschuldigen.*

Nach Fühlungnahme mit mir bekannten Herren muss ich nun mitteilen, dass es mir überhaupt nicht mehr gelingen wird, einen Vorstand von 5 Herren zusammenzubringen. Es gibt in Hamburg nur noch verhältnismässig wenige Herren, die bereit sind, sich für die Wahl in den Vorstand unseres Vereins zur Verfügung zu stellen, und die wenigen haben nicht immer die Zeit, den Weg zum Gericht zu machen. – Ich bitte daher um Mitteilung, ob nicht auf die neue Wahl eines fünfgliederigen [sic!] *Vorstandes verzichtet werden kann.*

Sollte das Gericht diese Frage verneinen, so wird mir nichts anderes übrig bleiben, als die nächste Mitgliederversammlung um ihre Zustimmung zur Löschung des Vereins im Vereinsregister zu ersuchen«.[114]

Nachdem Bamberger um eine ausreichende Frist zur Einberufung der Mitgliederversammlung gebeten hatte, gelang es ihm beinahe unerwartet, nicht nur ein Treffen zu arrangieren, sondern dank geänderter Satzung auch einen letzten Vorstand wählen zu lassen, dem er selbst als Vorsitzender, Alfred Spitzer als stellvertretender Vorsitzender, ferner Nathan, Arthur Goldstein, Alfred Lewald und Max Oppenheimer sowie Adler, Holzer und Italiener als Beiratsmitglieder angehörten. Nachträglich billigte die Geheime Staatspolizei mit Schreiben vom 14. April 1938 an das Amtsgericht Hamburg die Satzungsänderung.[115]

Es gehört zu den Paradoxa einer apokalyptischen Zeit, daß dies die vorletzte Nachricht über eine »Gesellschaft für jüdische Volkskunde« in Hamburg war. Die letzte betraf die Streichung aus dem Vereinsregister im Jahre 1960. Die Deutschen hatten sich mit der ihnen eigenen Gründlichkeit um ein Stück Wissenschaftskultur gebracht, ohne dies überhaupt zu bemerken.

Anmerkungen

1 Ein Original des Fragebogens befindet sich unter der Signatur 4° 1182/XX im Nachlaß Dr. Max Grunwalds in der Jewish National and University Library Jerusalem (im folgenden abgekürzt JNUL).
2 Siehe hierzu u.a. Daxelmüller 1983, 1986 (1), 1986 (2) und 1988 (2); Noy 1980 und 1982.
3 Vgl. hierzu demnächst Daxelmüller, Volkskunde – eine antisemitische Wissenschaft? [im Druck], ferner Daxelmüller 1987 (1), 1987 (2) und 1988 (1).
4 Bausinger, Volkskunde, S. 63; vgl. Daxelmüller 1987 (1), S. 1-20.
5 Lorenz 1987 (1), II, S. 1446, Anm. 12.
6 Vgl. z.B. Daxelmüller 1989 (1), S. 15-26.
7 Vgl. Daxelmüller 1987 (3), S. 223-224.
8 1885 wurde in Kopenhagen das »Dansk Folkemuseum« zwar als Volkskundemuseum eröffnet, trug aber nicht die Bezeichnung »Volkskunde«. In großen deutschen Museen wie Altona oder Nürnberg waren die volkskundlichen Sammlungen der Kulturgeschichte zugeordnet.
9 Weissenberg 1907, S. 77-88; vgl. Daxelmüller 1989 (1).
10 Z.B. Bodenschatz, Aufrichtig Teutsch.
11 Schudt 1714.
12 Eisenmenger, Entdecktes Judenthum.
13 Schönfeld, Anthropologisches, S. 85-87.
14 Schönfeld, Über den Gesang, S. 139-144.
15 Tendlau, Sprichwörter, S. III (Vorwort).
16 Ebd.
17 Steinschneider, Volkslitteratur, S. 3.
18 Ebd., S. 2.
19 Kaufmann, Die alten Kleider, S. 130; vgl.

Daxelmüller 1991, S. 51-53.
20 Kaufmann, Die alten Kleider, S. 130-131.
21 Kaufmann 1898, S. 116-118; Kaufmann 1899, S. 94-101.
22 Zu den Hamburger Kultusverbänden siehe u.a. Krohn 1974, S. 125-142.
23 Vgl. Lorenz 1987 (1), Bd. I, S. 704-705.
24 Grunwald, Palaestina und Biblische Staetten.
25 Z.B. Grunwald, Quellen, S. 57-61.
26 Siehe Daxelmüller 1989 (2), S. 133-146.
27 Grunwald 1952, S. 243-246.
28 Grunwald, Verhältnis; vgl. auch Grunwald, Spinoza.
29 Zu den Breslauer Studienjahren siehe Grunwald 1952, S. 246-251, in deutscher Übersetzung bei Kisch, Breslauer Seminar, S. 309-316.
30 Grunwald 1952, S. 247; Kisch, Breslauer Seminar , S. 310; siehe hierzu Daxelmüller 1988 (3), S. 14-15.
31 Fragebogen (wie Anm. 1), Bl. 2-3.
32 Z.B. Paul-Schiff, Teilnahme der österr.- ungarischen Juden.
33 Z.B. Grunwald, Mattersdorf.
34 Grunwald, Der Dichter J.L. Perez.
35 Krauss, Beiträge zur Geschichte, S. 284. Zu Krauss s. Burt, F.L. Krauss und Daxelmüller 1987 (3), S. 210-215.
36 Zu einer Analyse der Mitglieder der »Gesellschaft für jüdische Volkskunde« und der Mitarbeiter an den »Mitteilungen (der Gesellschaft) für jüdische Volkskunde« siehe demnächst Daxelmüller, Geschichte der jüdischen Volkskunde in Mittel- und Osteuropa [in Vorbereitung].
37 Den ersten Lehrstuhl mit der venia legendi für »Volks- und Altertumskunde« hatte Otto Lauffer (1874-1949) an der Universität Hamburg inne.
38 Grunwalds 1895 erschienene »Eigennamen des Alten Testaments« enthalten erste Ansätze einer volkskundlichen Programmatik.
39 Vgl. hierzu Daxelmüller 1988 (1), S. 20-32, hier vor allem S. 24-30.
40 StAH Politische Polizei SA 518: »Gesellschaft für jüdische Volkskunde« (Polizei-Behörde Hamburg, Abtheilung II. Politische Section. Acte in Sachen »Gesellschaft für jüdische Volkskunde« (1897-1918).
41 Grunwald 1952, S. 241-243.
42 Ebd., S. 241 [Übersetzung des Verfassers]. Jakob (Jitzchak) Bernays, geb. 1792 in Mainz, war von 1821 bis zu seinem Tod 1849 Gemeinderabbiner von Hamburg. Moritz Güdemann (1835-1918), Oberrabbiner von Wien von 1890 bis zu seinem Tod, war Mitglied der »Gesellschaft für jüdische Volkskunde« und Verfasser einer Reihe wichtiger Arbeiten zur Kulturgeschichte der Juden. Zu seiner Bedeutung für die jüdische Volkskunde siehe Daxelmüller 1987 (3), S. 215-218.

| Daxelmüller |
| Die »Gesellschaft für jüdische Volkskunde« in Hamburg |

43 Grunwald 1952, S. 241-242 [Übersetzung des Verfassers]; Salomon Ehrmann (1854-1926), Professor für Dermatologie an der Universität Wien, war Präsident der österreichischen B´nai B´rith-Logen.
44 Z.B. Popper-Lynkeus, Fürst Bismarck.
45 Vgl. hier z.B. einen für das Verhältnis Freuds zum Judentum sehr aufschlußreichen Brief Freuds an Popper-Lynkeus vom 4. August 1916, in: Freud 1960, S. 313-314; siehe auch Freud, Ges. Werke, Bd. 13, S. 357-359.
46 Grunwald 1902 (2).
47 Z.B. Wolf 1900, 1902 und 1904.
48 Grunwald 1904.
49 Grunwald 1902 (1).
50 JNUL 4° 1182/2-4.
51 JNUL 4° 1182//XIV:15-6. Die Antwort Grunwalds ist unbekannt; siehe auch Daxelmüller 1987 (2), S. 162-163.
52 Daxelmüller 1987 (1), S. 12-14; Guggenheim-Grünberg 1964, S. 133-140.
53 Krohn 1974, S. 169, Anm. 524; Stein 1984, S. 106.
54 Zur Geschichte des B´nai B´rith s. allgemein Grusd, B´nai B´rith, Maretzki 1907 und Goldschmidt/Löwenstein/Rosenfeld 1933.
55 Maretzki, in Goldschmidt/Löwenstein/Rosenfeld 1933, S. 203.
56 Max Grunwald, Ignaz Bernstein, Gustav Tuch [Nachruf], in: Mitteilungen zur jüdischen Volkskunde 12., Heft 2 [Heft 30] (1909), S. 62.
57 Krohn 1974, S. 98-99.
58 Goldschmidt/Löwenstein/Rosenfeld 1933, S. 76.
59 Bodenheimer 1965, S. 19 mit Anm. 2.
60 Bericht des Hamburger Fremdenblatts vom 15. Januar 1896; Zeitungsausschnitt im Nachlaß Grunwalds, JNUL 4° 1182/XVI: 2, Nr. 44.
61 StAH Politische Polizei (wie Anm. 40).
62 MJV 1, Heft 1 (1898), I. Die »Mitteilungen [der Gesellschaft] für jüdische Volkskunde« werden im folgenden trotz häufig variierenden Titels als »MJV« abgekürzt; die unterschiedliche

Kunst
Kultur
Wissenschaft

Zählung der einzelnen Hefte macht die Angabe des Jahrgangs, der Jahresnummern sowie der fortlaufenden Heftnummern notwendig; siehe auch Daxelmüller 1988 (3).
63 StAH Politische Polizei (wie Anm. 40).
64 MJV 1, Heft 1 (1898), S. II.
65 MJV 1, Heft 2 (1898), S. 61.
66 Soweit nicht anders angegeben sind die Zeitungsberichte nach der Zeitungsausschnittsammlung im Akt »Politische Polizei« des Staatsarchivs Hamburg (wie Anm. 40) zitiert.
67 Zur Mitarbeit Richard Andrees an der »Gesellschaft für jüdische Volkskunde« siehe Daxelmüller 1985, S. 9-11.
68 Vgl. Brinckmann 1898, ferner ders., Führer Museum für Kunst und Gewerbe, S. 200-202.
69 Zu Tachau siehe Busch, Samsonschule.
70 MJV 1, Heft 2 (1898), S. 61.
71 Ebd., S. 62.
72 Löwenstein, der seinen ersten Talmud-Unterricht bei seinem Vater genossen hatte, studierte an der Universität Würzburg und an der Jeschiva des Rabbi Israel Hildesheimer in Eisenstadt, war von 1872 bis 1887 als Rabbiner in Gailingen und anschließend als Distriktsrabbiner in Mosbach tätig. Er machte sich als Historiker mit Werken vor allem über die Geschichte der badischen Juden sowie als Herausgeber der »Blätter für jüdische Geschichte und Literatur«, die als Supplement zur orthodoxen Zeitung »Der Israelit« in Mainz erschienen, einen Namen. Löwenstein gehörte seit 1898 der »Gesellschaft für jüdische Volkskunde« als Mitglied an.
73 MJV 2, Heft 1 [Heft 3] (1899), S. 1-2; vgl. auch Israelitisches Familienblatt Nr. 33, 7. Dezember 1898 (vgl. Anm. 40 und 66).
74 MJV 3, Heft 1 [Heft 5] (1900), S. 94-95.
75 Ebd., S. 95. Salzer begann seine berufliche Laufbahn als Kaufmann, bevor er sich der Brettlkunst zuwandte. Seine vorwiegend heiteren Programme, die witzig pointierte Sprechweise und seine Meisterschaft im Vortrag von Dialekterzählungen fanden beim Publikum großen Zuspruch. Salzer, der neben zahlreichen Auszeichnungen auch den Professorentitel verliehen bekam, trat aus dem Judentum aus.
76 MJV 3, Heft 2 [Heft 6] (1900), S. 138.
77 MJV 4, Heft 1 [Heft 7] (1901), S. 108-109. 1934 gab Grunwald zusammen mit Max Eisler und Alois Breier ein Werk über polnische Holzsynagogen heraus; siehe Grunwald/Eisler/Breier, Holzsynagogen.
78 MJV 5, Heft 1 [Heft 9] (1902), S. 78.
79 MJV 5, Heft 2 [Heft 10] (1902), S. 151.
80 MJV 6, Heft 1 [Heft 11] (1903), S. 84.
81 MJV 6, Heft 2 [Heft 12] (1903), S. I.
82 MJV 7, Heft 1 [Heft 13] (1904), S. 72.
83 Vgl. z.B. Rieger, Ein Vierteljahrhundert im Kampf um das Recht. Zu Rieger siehe u.a. Liebeschütz 1963, S. 252-253.
84 MJV 7, Heft 1 [Heft 13] (1904), S. 72; s. auch Israelitisches Familienblatt Nr. 44, 2. November 1903 (vgl. Anm. 40 und 66).
85 Zur Geschichte des Logenheims, das im Februar 1937 vom Jüdischen Kulturbund erworben, zu einem Kammerspieltheater umgebaut und nach dem Zweiten Weltkrieg von Ida Ehre übernommen wurde, siehe Stein 1984, S. 105-108; vgl. dazu auch den Beitrag von Barbara Müller-Wesemann in diesem Band.
86 Einen Teil der Sammlung Levys, nämlich tausend Drucke, darunter eine Reihe von Inkunabeln, sowie 174 Manuskripte erwarb 1906 die damalige Hamburger Stadtbibliothek für 18.000 Mark; s. hierzu Melle, Hamburger Wissenschaft, S. 539 und Róth/Striedl, Verzeichnis.
87 Hamburger Fremdenblatt Nr. 282, 1. Dezember 1904 (vgl. Anm. 40 und 66).
88 MJV 9 (N.F. 2. Jg.), [Heft 17] (1906), S. 55-56.
89 MJV 10 (N.F. 3. Jg.), [Heft 21] (1907), S. 49.
90 Israelitisches Familienblatt Nr. 10, 11. März 1909 (vgl. Anm. 40 und 66).
91 Vgl. hierzu Daxelmüller 1987 (3), S. 223-224; Hamburger Fremdenblatt Nr. 54, 5. März 1910 (vgl. Anm. 40 und 66).
92 StAH Politische Polizei (wie Anm. 40).
93 Deutsch-Israelitisches Familienblatt Nr. 2, 8. Januar 1912 (vgl. Anm. 40 und 66).
94 JNUL 4° 1182/2-4: 79.
95 Vgl. hierzu vorläufig Daxelmüller 1987 (3), S. 218-225.
96 Deutsch-Israelitisches Familienblatt Nr. 13, 31. März 1913 (vgl. Anm. 40 und 66).
97 Die Gesellschaft für jüdische Völkerkunde in Hamburg (E.V.), in: Mitteilungen zur Jüdischen Volkskunde 17, Heft 49-52, (1914), S. 65.
98 Ebd., S. 64-66; Hamburgischer Correspondent Nr. 120, 7. März 1914 (vgl. Anm. 40 und 66).
99 Deutsch-Israelitisches Familienblatt Br. 23, 9. Juni 1916; auch StAH Amtsgericht Hamburg – Vereinsregister: B 1973-116 »Gesellschaft für

jüdische Volkskunde zu Hamburg«.
100 Nathan Max Nathan wurde am 19. Juli 1942 ins KZ Theresienstadt deportiert. Nathan verfaßte neben einigen kleineren Beiträgen in den »Mitteilungen zur jüdischen Volkskunde« u.a. die Festschrift »Das Israelitische Vorschußinstitut in Hamburg 1816-1916« (Hamburg 1916) und gab die dritte Auflage von Heymann Steinthals »Über Juden und Judentum. Vorträge und Aufsätze« (Berlin 1925) heraus. Seine Straßburger Inauguraldissertation behandelte »Ein anonymes Wörterbuch zur Mischna und Jad hahazaka« (Berlin 1905).
101 StAH Amtsgericht Hamburg – Vereinsregister (wie Anm. 99).
102 Ebd.
103 M. N. Nathan (sic!), Bericht der Gesellschaft für jüdische Volkskunde in Hamburg, in: Mitteilungen zur Jüdischen Volkskunde 18-20, Heft 53-60 (1918), S. 30-32.
104 Hamburger Fremdenblatt Nr. 125, 7. Mai 1917; StAH Amtsgericht Hamburg – Vereinsregister (wie Anm. 99); siehe ebd. auch ein Schreiben Nathans vom 20. Juni 1917 an das Amtsgericht Hamburg.
105 Levin Lion, Vorsitzender des Vorstandes der Deutsch-Israelitischen Gemeinde in Hamburg, hatte am 24.Mai 1917 sein 90. Lebensjahr vollendet und zu dieser Gelegenheit das einzige Exemplar der Medaille in Silber erhalten.
106 MJV 21, Heft 60-61 [sic! richtige Zählung: 61-62] (1919), S. 31; vgl. auch Hamburgischer Correspondent Nr. 181, 10. April 1918 (vgl. Anm. 40 und 66).
107 Melle, Hamburger Wissenschaft, S. 688, ohne Nennung des Namens von Birnbaum.
108 Birnbaum 1972.
109 StAH Amtsgericht Hamburg – Vereinsregister (wie Anm. 99).
110 Ebd.
111 Ebd.
112 Ebd.
113 Ebd.
114 Ebd.
115 Ebd.

Literatur

Bausinger, Hermann: Volkskunde. Von der Altertumsforschung zur Kulturanalyse. Tübingen 1979 (1. Aufl. Berlin-Darmstadt-Wien 1971)
Blau, Ludwig und Max Weisz (Hg.), Achtzehn Predigten von David Kaufmann s.A. Aus seinem Nachlasse herausgegeben. Budapest 1931
Bodenschatz, Johann Christoph Georg: Aufrichtig Teutsch Redender Hebräer, Welcher Gründlich zeiget den Ursprung und die Schicksaale des Jüdischen Volcks. Frankfurt/M.-Leipzig-Bamberg 1756
Brinckmann, Justus: Führer durch das Hamburgische Museum für Kunst und Gewerbe, zugleich ein Handbuch zur Geschichte des Kunstgewerbes. Hamburg 1894
Burt, Raymond L.: Friedrich Salomo Krauss (1859-1938). Selbstzeugnisse und Materialien zur Biobibliographie des Volkskundlers, Literaten und Sexualforschers mit einem Nachlaßverzeichnis. Mit dem Beitrag von Michael Martischnig: »Zum 50. Todestag von Friedrich Salomo Krauss (Salomon Friedrich Krauss). Eine Nachlese«. Wien 1990
Busch, Ralf: Samsonschule Wolfenbüttel (1786-1928). Ausstellung aus Anlaß der 200. Wiederkehr des Gründungstages. Wolfenbüttel 1986
Eisenmenger, Johann Andreas: Entdecktes Judenthum, oder Gründlicher und Warhaffter Bericht, welchergestalt die verstockte Juden die Hochheilige Drey-Einigkeit, Gott Vater, Sohn und Heil. Geist, erschrecklicher Weise lästern und verunehren, Teil I-II. Königsberg 1711
Freud, Sigmund: Gesammelte Werke, Bd. XIII. London 1940
Grunwald, Max: Das Verhältnis Malebranches zu Spinoza. Breslau 1892
Grunwald, Max: Die Eigennamen des Alten Testamentes in ihrer Bedeutung für die Kenntnis des hebräischen Volksglaubens. Breslau 1895
Grunwald, Max: Spinoza in Deutschland. Gekrönte Preisschrift. Berlin 1897
Grunwald, Max: Bericht über die Gruppe »Hygiene der Juden« in der Internationalen Hygiene-Ausstellung Dresden 1911. o.O. [Wien], o.J. [1911]
Grunwald, Max (Hg.): Die Hygiene der Juden. Im Anschluß an die Internationale Hygiene-Ausstellung Dresden 1911. Dresden 1911 [Copyright 1912]
Grunwald, Max: Das neue Palaestina. In: Ost und West. Illustrierte Monatsschrift für das gesamte Judentum 13, Heft 6 (1913), S. 457-488
Grunwald, Max: An biblischen Staetten auf den Spuren Maimonis. In: Ost und West. Illustrierte Monatsschrift für das gesamte Judentum 13, Heft 8 (1913), S. 621-630

Kunst
Kultur
Wissenschaft

Grunwald, Max: Mattersdorf. In: Jahrbuch für jüdische Volkskunde 1924/25, S. 402-563

Grunwald, Max: Der Dichter J. L. Perez als Schilderer des ostjüdischen Lebens. In: Jahrbuch für jüdische Volkskunde 1924/25, S. 384-401

Grunwald, Max: Biblische und talmudische Quellen jüdischer Eugenik. In: Hans Goslar (Hg.), Hygiene und Judentum. Eine Sammelschrift. Dresden 1930, S. 57-61

Grunwald, Max / Eisler, Max / Breier, Alois: Holzsynagogen in Polen. Wien 1934

Grusd, Edward E.: B´nai B´rith. The Story of a Covenant. New York 1966

Industriforeningen i Kjøbenhavn (Hg.): Jødisk Udstilling Januar 1908 (Vorwort David Simonsen). Kjøbenhavn o.J. [1908]

Kaufmann, David: Die alten Kleider. Predigt, gehalten am 1-ten Sabbat Chanukka 5639 in der Synagoge der Landes-Rabbinerschule (am 21. Dezember 1878). In: Blau/Weisz 1931, S. 120-132

Kisch, Guido (Hg.): Das Breslauer Seminar. Jüdisch-Theologisches Seminar (Fraenckelscher Stiftung) in Breslau 1854-1938. Gedächtnisschrift. Tübingen 1963

Krauss, Friedrich Salomo(n): Beiträge zur Geschichte der Volkskunde. In: Der Urquell. Eine Monatsschrift für Volkskunde N.F. 1 (1897), S. 284-285

Melle, Werner von: Dreißig Jahre Hamburger Wissenschaft 1891-1921. Rückblicke und persönliche Erinnerungen, Bd. 1. Hamburg 1923

Paul-Schiff, Maximilian: Teilnahme der österreichisch-ungarischen Juden am Weltkrieg. Eine statistische Studie. In: Jahrbuch für jüdische Volkskunde 1924/25, S. 151-156

Popper-Lynkeus, Joseph: Fürst Bismarck und der Antisemitismus. Wien 1925

Rieger, Paul: Ein Vierteljahrhundert im Kampf um das Recht und die Zukunft der deutschen Juden. Ein Rückblick auf die Geschichte des Centralvereins deutscher Staatsbürger jüdischen Glaubens in den Jahren 1893-1918. Berlin 1918

Róth, Ernst / Striedl, Hans: Verzeichnis der orientalischen Handschriften in Deutschland, Bd. VI, 3: Hebräische Handschriften. Teil 3: Die Handschriften der Sammlung H. B. Levy an der Staats- und Universitätsbibliothek Hamburg. Wiesbaden 1984

Schönfeld, Baruch: Anthropologisches. In: Bikure ha-Ittim VI (1825), S. 85-87

Schönfeld, Baruch: Über den Gesang. Eine ethnologische Betrachtung mit Proben Nadowessischer Lieder. In: Bikkure ha-Ittim VII (1826), S. 139-144

Steinschneider, Moritz: Ueber die Volkslitteratur der Juden. In: Archiv für Litteraturgeschichte 2 (1872), S. 1-21

Tendlau, Abraham: Sprichwörter und Redensarten deutsch-jüdischer Vorzeit. Als Beitrag zur Volks-, Sprach- und Sprichwörter-Kunde. Aufgezeichnet aus dem Munde des Volkes. Frankfurt/M. 1860

Erwin Panofsky und das Kunsthistorische Seminar

Karen Michels

Die »Hamburger Kunsthistorische Schule«,[1] die man auch pauschaler als »Warburg-Schule« bezeichnet, hat mehrere Kunsthistoriker von Weltgeltung hervorgebracht. Der Hamburger Ordinarius Erwin Panofsky hatte im amerikanischen Exil die wohl gewichtigste Position inne, die sich einem Kunsthistoriker in diesem Land bot: Neben Albert Einstein und anderen Gelehrten von internationalem Rang wirkte er am Institute for Advanced Study in Princeton und entfaltete von dort aus durch seine innovativen Publikationen und seine fortgesetzte Lehrtätigkeit eine Strahlkraft, die ihn zum wohl bedeutendsten Kunstwissenschaftler unseres Jahrhunderts hat werden lassen.

Der ebenfalls in Hamburg als Privatdozent tätige Charles de Tolnay (Karl von Tolnai) hat sich als Michelangelo-Spezialist mit umfangreichen Publikationen einen Namen gemacht, während Fritz Saxl[2] sich um die Eingliederung der nach London emigrierten Bibliothek Warburg, von der weiter unten zu sprechen sein wird, große Verdienste erworben hat. Der seit 1930 als Privatdozent lehrende Edgar Wind[3] dagegen erhielt Mitte der fünfziger Jahre den ersten in England eingerichteten Lehrstuhl für Kunstgeschichte (an der Universität Oxford). Beide haben bei der Etablierung des Faches in Großbritannien eine bedeutende Rolle gespielt.

Nicht nur die akademischen Lehrer, sondern auch der größte Teil der Hamburger Kunstgeschichtsstudenten war in den dreißiger Jahren jüdischer Abstammung. Den meisten gelang es, nach einer hastig fertiggestellten Dissertation zu emigrieren und, nicht zuletzt aufgrund ihrer hervorragenden Ausbildung, im Ausland eine erfolgreiche Existenz zu gründen; bevorzugte Zufluchtsländer waren Großbritannien und die Vereinigten Staaten. Nicht jeder konnte jedoch den einmal eingeschlagenen Berufsweg fortsetzen, und nicht alle haben sich retten können: Der Student Lothar Freund ist von Paris aus deportiert worden und im Konzentrationslager umgekommen.

Kunstgeschichte und Kaufmannswelt

Obwohl Teil der Universität, die sich »*in vornehmer wissenschaftlicher Zurückhaltung den Getrieben des Lebens fernzuhalten pflegt*«

von oben nach unten:
Erwin Panofsky
Fritz Saxl

Kunst
Kultur
Wissenschaft

(Max Sauerlandt[4]), wurde schon durch die Unterbringung des Kunsthistorischen Seminars im Neubau der Kunsthalle der unmittelbare Kontakt zum Museumspublikum gefördert; Panofsky (von 1921 bis 1926 Privatdozent und wissenschaftlicher Hilfsarbeiter in Personalunion, danach Ordinarius) hatte seinen Arbeitsplatz im Kupferstichkabinett. Lehrende wie Studierende kreuzten nicht selten den Weg des Museumsbesuchers. Die donnerstags von 20 bis 21 Uhr im Universitätsgebäude an der Edmund-Siemers-Allee abgehaltene öffentliche Vorlesung Panofskys stieß auch bei fachfremden Hörern und der hamburgischen Öffentlichkeit auf reges Interesse, und gelegentlich erschienen Beiträge von ihm im »Hamburger Fremdenblatt«.[5]

Vielfältige Berührungen mit der außer-universitären Welt ergaben sich durch persönliche Verbindungen: Sowohl Gustav Pauli, Direktor der Kunsthalle, als auch Panofsky gehörten neben dem Kunsthistoriker Aby Warburg – von ihm wird noch die Rede sein –, dem Architekten Fritz Schumacher, dem Hauptschriftleiter des Hamburger Fremdenblattes Felix v. Eckardt und dem preußischen Gesandten Köster einem Kreis an, der wöchentlich bei »Schümann's« zum gemeinsamen Frühstück zusammentraf.[6] Aby Warburg wurde von der Handelskammer, Panofsky von dem Großaktionär der Firma Beiersdorf, Leo Alport, zu Vorträgen eingeladen.

Eng mit der akademischen Kunstgeschichte verbunden waren die Hamburger Museen. Der Direktor der Kunsthalle, Gustav Pauli, war dem Seminar und seinem Leiter ganz persönlich verbunden. Panofskys Berufung nach Hamburg ist in erster Linie seiner Initiative zu verdanken, und er hatte auch für die Unterbringung des Seminars in der Kunsthalle gesorgt, *»wo die Schätze des Kupferstichkabinetts und der Bibliothek den Studenten zu Gebote standen«.*[7] Der Aufbau der – mit bescheidenen Mitteln operierenden – Seminarbibliothek geschah in Ergänzung zur Bibliothek der Kunsthalle.

Sowohl Richard Stettiner vom Museum für Kunst und Gewerbe und erster Leiter der Hamburger Denkmalpflege, als auch Max Sauerlandt, Direktor des Kunstgewerbemuseums, haben das Lehrangebot der Universität regelmäßig durch Übungen bereichert, in denen theoretisches Wissen mit praktischer Anschauung verknüpft werden konnte (Stilgeschichte anhand von Originalen des Kunstgewerbemuseums, Töpferkunst, Glas, Möbel, graphische Techniken).[8] Die junge Hamburger Universität war einer der wenigen, wenn nicht der einzige Ort in Deutschland, wo man als Kunsthistoriker eine Dissertation über ein Thema aus dem Bereich der angewandten Kunst einreichen konnte. Besonders dem (1927 verstorbenen) Richard Stettiner ist das Seminar zu Dank verpflichtet, war er es doch gewesen, der *»mit Hilfe einiger Freunde jene Sammlung von Arbeitsmitteln zusammenbrachte und stiftete, die den Studierenden der Kunstgeschichte eine erste äußere und innere Heimstätte bot und die die eigentliche Keimzelle unseres kunsthistorischen Seminars werden sollte«.*[9]

Die Unterbringung des Seminars in der Kunsthalle ermöglichte zwar den unmittelbaren Zugang zu Kunstwerken und Bibliothek, hatte jedoch den Nachteil, daß bei Schließung des Museums auch Dozenten und Studenten aus Sicherheitsgründen das Gebäude verlassen mußten.[10] Abhilfe bot eine halböffentliche Einrichtung, die, obwohl offiziell nicht der Universität zugehörig, doch den Ruf der »Hamburger Schule« der Kunstgeschichte wesentlich mitbegründet hat: Die Kulturwissenschaftliche Bibliothek Warburg. Ihr Schöpfer Aby Warburg, ältester von fünf Brüdern und somit zum Erben des traditionsreichen väterlichen Bankhauses[11] ausersehen, hatte sein Erstgeburtsrecht schon als Kind an den jüngeren Bruder Max abgetreten: gegen das Versprechen, daß dieser ihm zeitlebens sämtliche für seine Forschungen benötigten Bücher finanzieren müsse. Max hat erst später erkannt, daß dies »*der größte Blankoscheck gewesen [sei], den er in seinem Leben unterzeichnet habe*«.[12] Für die Familie, die schon während der Inflation auch von New York aus die Bibliothek großzügig unterstützte, entstand so »*eine luxuriöse Filiale, in der nicht irdische, sondern kosmische Probleme finanziert*« würden.[13] Als Aby Warburg 1929 starb, umfaßte die Bibliothek 65.000 Bände. Drei Jahre zuvor hatte man ihr in der Heilwigstraße ein eigenes Gebäude errichtet,[14] das allerdings schon 1933 aufgrund der wachsenden Bedrohung durch die Nationalsozialisten verlassen werden mußte: Mitarbeiter und Bücher fanden in London Aufnahme; 1944 wurde das Institut der Universität London eingegliedert.

Es war nicht Warburgs Absicht, mit seiner Buchsammlung das Spezialistentum der Stilkritiker zu fördern. Vielmehr sollte die Bibliothek auf breiter Ebene die Erforschung kulturwissenschaftlicher Zusammenhänge ermöglichen, wobei der Schwerpunkt auf der Erforschung des Fortlebens der Antike in der (italienischen) Renaissance lag, – ein Thema, das ihn seit seiner Dissertation über ein Hauptwerk des Florentiner Quattrocento in Bann hielt[15] und das den Ausbau von Spezialgebieten wie Religionsgeschichte und Astrologie notwendig machte. Trotz seines Rückzugs aus der hanseatischen Kaufmannswelt auf das »*Kolumbusschiff*« der Bibliothek legte Aby Warburg großen Wert auf eine öffentliche Wirksamkeit der Resultate seines Forscherlebens. Als aktiver Förderer der Erwachsenenbildung hielt er zahlreiche Vorträge vor Lehrern, und für das Hamburger Planetarium richtete er eine Ausstellung ein, die die Geschichte von Astronomie und Astrologie illustriert und erläutert, wie unsere heutige Vorstellung (und die fremder Kulturen) vom Weltall entstanden ist.[16] Seine von ihm sehr ernst genommene Vermittlertätigkeit zwischen der kühl kalkulierenden Mentalität der hanseatischen Kaufmannschaft und einer auf das Aufspüren magischer Symbole gerichteten humanistischen Gelehrsamkeit fand ihren Ausdruck in dem lakonischen Diktum »*Bildung schadet nicht*«.

Lehrende und eine kleine Schar ausgewählter Studenten schätzten sich glücklich, das »*geistige Laboratorium*« der Warburg-Bibliothek nutzen zu dürfen, zumal deren Öffnungszeiten so gelegt waren, daß sie diejenigen der Kunsthalle ergänzten.[17] Erfolgreiche Vortragsreihen – »*bei der Atmosphäre, die in den zwanziger Jahren in Hamburg herrschte, bestand auch keine Gefahr, daß diese Vorträge nicht gut besucht werden würden*«[18] – boten den Studenten eine willkommene Ergänzung zum universitären Lehrprogramm. Vor allem unter Warburgs Nachfolger Fritz Saxl entwickelte sich die Bibliothek zu einem Forschungsinstitut, das bedeutende Gelehrte anzog. Ihre Ergebnisse, die in zwei Publikationsreihen veröffentlicht wurden, den »Studien« und »Vorträgen« der Bibliothek Warburg, umfaßten so weitgespannte Themenkreise wie die Dialoge Platons, die Struktur des Dramas, die Perspektive als symbolische Form und die Weltuntergangs-Vorstellungen verschiedener Religionen. Auch durch persönliche Beziehungen war die Bibliothek mit der Universität verbunden: Schon 1915 hatte Warburg Studenten des Berliner Seminars, zu denen damals auch Panofsky gehörte, nach Hamburg eingeladen, um ihnen die Bibliothek vorzustellen, und Ende des gleichen Jahres veranstaltete er in seinem Haus ein privates Symposium, zu dem neben Gustav Pauli, Fritz Saxl, Carl Heise u.a. auch Panofsky geladen wurde.[19] Trotz ihrer thematischen unterschiedlichen Forschungsschwerpunkte teilten Warburg und Panofsky doch beide das Interesse an einer Interpretationsmethode, die künstlerische Formen als Träger von Bedeutungen, als Symbole für die jeweils zeitbedingte »Weltanschauung« verstand: die sogenannte Ikonologie.[20]

Gemeinsame Veröffentlichungen, u.a. über Dürers berühmten Melancholie-Stich, entstanden aus der unmittelbaren Zusammenarbeit Panofskys mit Fritz Saxl.[21] Sowohl er als

Kunst
Kultur
Wissenschaft

auch Warburg, dem man 1921 in Anerkennung seiner Verdienste um die Gründung der Universität den Professorentitel verliehen hatte, lehrten an der Universität. Beide boten Veranstaltungen an, deren Themenkreis aus dem der Bibliothek erwachsen war: Warburg machte die Studenten mit »Kernfragen der kulturwissenschaftlichen Methode«, »Forschertypen auf dem Gebiete der Renaissancekultur« (u.a. Jacob Burckhardt), und »Internationale(n) Austauschvorgänge(n) auf dem Gebiet der Renaissancekultur« bekannt und gab eine »kulturwissenschaftliche Führung zum Buch« sowie eine »Beratung auf dem Gebiet kulturwissenschaftlicher Kunstwissenschaft«. Mit seiner Übung über »Sternglaube und Sterndeutung in der Bildenden Kunst« regte auch Saxl dazu an, einen Blick über die gewohnten Grenzen der Disziplin zu wagen. Andere Übungsthemen erscheinen vertrauter: Die »Blütezeit der vlämischen Kunst«, »frühmittelalterliche Kunst Italiens« und die »geistlichen und weltlichen Bilderzyklen des Mittelalters«.

Ein »neuer Stern«: Erwin Panofsky

Die Vorlesungen des Ordinarius Erwin Panofsky behandelten die klassischen Themen der Kunstgeschichte: Französische Gotik, italienisches Cinquecento, spätgotische Plastik in Deutschland, flämische Kunst, niederländische Malerei, französische Kunst des 18. Jahrhunderts, Mittelalter, Kunst um 1400, italienisches Barock, Buchillustration, Quellenkunde. Angesichts der (späteren) Sonderstellung Panofskys als Hauptvertreter einer neuen kunsthistorischen Methode ist es überraschend, daß die von ihm in den Jahren 1925 – 1933 angebotenen Lehrveranstaltungen im wesentlichen mit dem etwa gleichzeitigen Berliner Lehrangebot übereinstimmen. Ausnahmen bilden eher aus dem Rahmen fallende Themen wie »Künstler und Denker«, »Spätwerke großer Meister und Spätphasen großer Stile«, »Sepulkralplastik« oder »Madonnen«.[22] Dem Lehrplan nach der traditionellen Stilgeschichte verpflichtet, wurde Panofsky dennoch als »Geheimtip« gehandelt und galt unter Eingeweihten als »*neuer Stern am Kunsthistorikerhimmel*«, wie sich sein Schüler Hugo Buchthal erinnert:[23] »*Unter den cognoscanti hatte Panofsky damals schon einen angesehenen Namen; 'Idea' und die 'Deutsche Plastik' waren ja schon publiziert*«.[24]

Auch Ernst Kitzinger, der in München bei Panofskys Antipoden Wilhelm Pinder studierte, erinnert sich, daß ihm eines Tages ein »*Gegengewicht*« zu dessen auf stilgeschichtliche Fragen ausgerichteter Betrachtungsweise notwendig erschien. Entgegen dem Rat des Lehrers entschloß er sich, dieses bei Panofsky zu suchen, – der jedoch gerade entlassen worden war.[25] Nicht wenige der unmittelbaren Schüler Panofskys hatten ihr Studium an einer der älteren, traditionsreicheren Universitäten wie München, Freiburg oder Berlin begonnen, bevor sie nach Hamburg wechselten, – wo man sich intensiv darum bemühte, die inhaltliche Bedeutung eines Kunstwerks aus dem Kontext seiner Entstehungszeit und den Entstehungsumständen zu erschließen, also nicht durch eine intuitive Methode, sondern mit Hilfe aller erreichbaren bildlichen und literarischen Quellen. Dieser neue Blick auf Gegenstände, die Berücksichtigung der »Weltanschauung« der jeweiligen Epochen, hatte in den Veröffentlichungen der Hamburger Kunsthistoriker schon Aufsehen erregt. In Verbindung mit jenem »*wissenschaftlichen Laboratorium*«, das die Bibliothek Warburg darstellte, hat das Lehrangebot mit den oben genannten, als neu empfundenen Fragestellungen die Attraktivität des Hamburger Kunsthistorischen Seminars bewirkt. Ikonographisch-ikonologische Fragen sind offenbar eher in den »Kunstgeschichtlichen Übungen« als in den Vorlesungen behandelt worden; so erinnert sich William Heckscher an ein von ihm verfertigtes Referat über Cesare Ripas »Iconologia«, ein Quellenwerk des späten 16. Jahrhunderts, das der Methode ihren Namen gab:[26]

Daß die ikonologische Deutung eines Kunstwerks, richtig verstanden, nicht nur detektiven Spürsinn,[27] sondern auch eine umfassende Kenntnis auch scheinbar peripherer Quellen erforderte, machte Panofsky seinen Studenten schonungslos klar: »*Wer hat 'Hisperica famina' gelesen? Kennen Sie Lycophrons 'Alexandra'? Ist Ihnen Vergilius Maro Grammaticus ein Begriff? Hiob Ludolphs 'Assyrische Studien'? Keplers 'Somnium'?*«[28] Quellentexte, wie die Schriften Vitruvs oder Sugers, erarbeitete man sich grundsätzlich im Original, und als Referate wurden eigenständige Forschungsbeiträge erwartet, die nicht selten auch unter den Studenten kontrovers diskutiert wurden. Ihnen – ohnehin nur eine relativ kleine Gruppe – konnte man, wohl nicht zuletzt aufgrund eines geringeren Verwaltungsaufwandes und eines kleineren Lehrdeputats als heute, erstaunlich viel Zeit widmen: »*Nach dem Referat saß ich mit einem anderen Studenten und mit Prof. Panofsky und Saxl zusammen bei Bier und einer Bürgermeisterplatte*«.[29] Die Sprechstunde – Hugo Buchthal zufolge »*für uns Studenten das wichtigste Ereignis der Woche*« –, die donnerstags vormittags in der Kunsthalle abgehalten wurde, setzte Panofsky bei Bedarf in seiner Wohnung fort, und nicht selten zogen sich auch Übungen bis weit nach Mitternacht hin.

Weder sein phänomenales Gedächtnis noch seine stupende Gelehrsamkeit konnte Panofsky auf die Schüler übertragen, wohl aber das Bewußtsein von der Notwendigkeit einer umfassenden Bildung. »*Die Vorlesungen*«, so berichtet einer von ihnen den Eltern, »*sind besonders auch an allgemeinen Bemerkungen und sog. Abschweifungen reich. Z.B. gab er letzthin eine kurze Charakterisierung des Begriffes Geschmack*«.[30] Panofsky, der sich hier durchaus nicht als radikalen Neuerer sah, kam es in erster Linie darauf an, das, »*was im 19. Jahrhundert gegründet wurde, ins 20. Jahrhundert hinüberzuretten*«.[31]

»Kabarett Hölle«: Seminarfeste und private Geselligkeit

Man arbeitete jedoch nicht nur, sondern man feierte auch zusammen, – mitunter in gesellschaftlichem Rahmen:
»*Ich war also letzten Sonntag bei Prof. Panofsky, wo zusammen 12 Personen zu Tee und zwei Flaschen Weißwein geladen waren. Außer mir waren noch die drei Hauptschüler von Panofsky da und ein Dr. Brinkmann, der 1. Flötist des hiesigen philharmonischen Orchesters mit seiner Frau. Es wurde musiziert und dann eigentlich nur Witze erzählt über Kunsthistoriker etc. Panofsky erzählte dauernd über die merkwürdigsten kunsthistorischen Ereignisse, was ihm mit seinem ungeheuren Wissen nicht schwer fiel. Er ist wohl einer der geistreichsten Leute, die ich überhaupt kennengelernt habe*«.[32]
Mögen die Berichte Franzsepp Württembergers die besorgten Eltern angesichts der geringen Alkoholmengen, die der Professor seinen Studenten zugestand, in diesem Punkt beruhigt haben, so ging es doch gelegentlich auch höher her: Wie sich William S. Heckscher erinnert, endeten die Abende bei Panofskys nicht selten auf St. Pauli. Seminarfeste konnten durch das Erscheinen des »Fürsten der Welt«, der berühmten teuflischen Verführerfigur von der Westfassade des Straßburger Münsters, gekrönt werden, in den sich der Ordinarius verwandelt hatte. Schauspielerisches und dramaturgisches Talent stellten auch die Studenten unter Beweis, denen die Übung ihres Lehrers über die französische Gotik als Vorlage zu einem Schauspiel über die »Geburt der Gotik« diente. Die von ihnen verkörperten »*acht*

Kunst
Kultur
Wissenschaft

französischen Bauschulen« zogen zu den Klängen des Trauermarsches von Chopin ein und stellten sich in wohlgesetzen Reimen vor: *»Auvergne: Rückständig immer nennt man mich/Warum nur Neues – sage ich/doch immerhin, ich will das Spiel Euch nicht verderben/den Umgang mit Kapellenkranz, den kann ich Euch vererben«*. Tröstete man sich selber mit dem abgewandelten Vers der Bergpredigt *»Selig sind, die da geistig arm sind, denn St. Denis wird ihrer sein«*, so wurde der Meister, seinem Forscherinteresse an der Verquickung heidnischer und christlicher Vorstellungen entsprechend, mit einer Anspielung auf die antike Bukolik (und auf seinen Namen) bedacht: *»Die harmlose Herde entflieht in wirrem Durcheinander – Panischer Schrecken«*.[33]

»Die Lotterwirtschaft [...] muß unbedingt beseitigt werden«[34]

Gerade die über das Fachliche hinausgehende, oftmals enge persönliche Verbindung mit ihren akademischen Lehrern und die intensive Betreuung, welche die Dozenten ihren Schülern angedeihen ließen, hat dazu geführt, daß sich diese in ungewöhnlicher Weise mit dem Fach identifizierten: *»Kunstgeschichte war für uns wie eine Religion«*.[35] Als Panofsky-Schüler verstand man sich auch nach seinem Weggang als Teil einer geistigen Gemeinschaft, deren Zusammengehörigkeitsgefühl mit dem Ausmaß der nationalsozialistischen Bedrohung noch zunahm. Jüdische und nicht-jüdische Dozenten litten unter der Verfolgung durch die Nazis: Die Kulturwissenschaftliche Bibliothek Warburg galt als *»jüdisches Institut«*, dessen *»abstrakt-zersetzende«* Kräfte auch nach seiner Emigration in den in Hamburg verbliebenen Studenten fortlebten.

Jüdischer Abstammung war neben Panofsky, Tolnay, Saxl und Wind auch eine verhältnismäßig große Zahl von Studenten. Mindestens 14 der 32 Promovenden, die in den Jahren 1923 bis 1933 bei Panofsky abgeschlossen hatten (sieben weitere Schüler mußten nach seinem Weggang ihre Dissertation bei anderen Dozenten einreichen), wurden wegen ihrer *»Rassezugehörigkeit«*, drei wegen ihrer politischen Anschauungen verfolgt. Der seit 1931 am Seminar als Privatdozent tätige Werner Burmeister, der sich offen zu den Nationalsozialisten bekannte, konnte sich noch 1937 darüber beklagen, daß *»das Seminar größtenteils aus Juden, Halbjuden oder solchen, die in dem jüdisch gerichteten Fahrwasser der Hamburger geistigen Kreise leben, wie es in Vollkommenheit durch ihr geistiges Zentrum, die Bibliothek Warburg«*,[36] dargestellt werde, bestehe. Viele jüdische Studenten schlossen ihre Dissertation überhastet ab, um so schnell wie möglich Deutschland verlassen zu können. Im Wintersemester 1933 waren nur noch 12 Hörer immatrikuliert, von denen 6 ebenfalls später emigriert sind; keiner von ihnen war jedoch Jude *»im Sinne des orthodox und gläubig sein«*, wie sich William Heckscher erinnert. »Was hieß schon 'Jude'?« Auch die Christen seien ja nicht zur Kirche gegangen![37]

»Du sollst dir kein Bildnis machen«. Kunstgeschichte und Judentum

Allein Aby Warburg hatte noch eine orthodoxe Erziehung erfahren. In seinem Elternhaus wurde auf das Erlernen der hebräischen Sprache, die Einhaltung der täglichen Gebete und der religiösen Festtage Wert gelegt.[38] Doch entschied er sich schon früh gegen die von den Eltern ins Auge gefaßte Ausbildung zum Rabbiner,[39] lehnte seit seiner Studentenzeit in Bonn die Einhaltung der jüdischen Speisegesetze ab und heiratete (gegen den jahrelangen

Widerstand der Eltern) eine Protestantin. Obwohl alle fünf Warburg-Brüder die religiösen Vorschriften früher oder später aufgaben, lebte ihr Judentum doch als eine kulturelle Tradition fort, – auch in dem Bewußtsein, beides zu sein, Jude und Deutscher. Aby Warburgs Bibliothek enthielt eine umfangreiche Judaica-Abteilung, und in seinem Nachlaß fand sich eine große Sammlung von Zeitungsausschnitten zu »Judenfragen«.[40] Daß gerade er und Erwin Panofsky zu Gründern und Hauptvertretern einer kunsthistorischen Interpretationsmethode wurden, die das »Lesen« von Kunstwerken in den Vordergrund stellt, ist vielleicht kein Zufall. Der – besonders bei Warburg – frühe Umgang mit den Auslegungsnormen von Tora und Talmud und die traditionelle Bindung der jüdischen Kultur an den Wortlaut der Schrift könnten ein Erkenntnisinteresse, das nicht zuerst der künstlerischen Form selbst, sondern dem hinter ihr verborgenen »eigentlichen Gehalt« galt, gefördert haben.[41] Das »Entziffern« von Werken der bildenden Kunst wurde von Panofsky selbst in Analogie zum Lesevorgang gesehen: Er habe, so schreibt er am Ende seines Lebens an den Kollegen Otto von Simson, seinen Schülern stets eingeschärft, »*daß man, wie mein alter Griechisch-Lehrer sagte, übersetzen muß, was dasteht*«.[42] Selbst die – geträumte – eigene Grabinschrift enthielt den Hinweis auf seine charakteristische literarische Neigung: »*He loved words*«.

Warburg und Panofsky waren keine Einzelfälle. Die Kunstgeschichte als eine Disziplin, die sich der Beschäftigung mit bildlichen Ausdruckformen verschrieben hat, zog in der ersten Hälfte des 20. Jahrhunderts mehr als andere wissenschaftliche Fächer jüdische Studenten an. Oberflächlich betrachtet befremdet diese Tatsache zunächst, steht sie doch im Widerspruch zu dem traditionellen Bilderverbot der jüdischen Religion, – das freilich im Lauf der Jahrhunderte mal mehr, mal weniger streng ausgelegt wurde (und oft ganz unbeachtet blieb). Dennoch lassen sich für diese auffällige Anziehungskraft der Kunstgeschichte eine Reihe von Gründen anführen,[43] die mit der Geschichte der Juden in Deutschland zusammenhängen: Verschiebungen im gesellschaftlichen Gefüge brachten es mit sich, daß sich Kinder aus wohlhabenden jüdischen Familien, deren Väter und Großväter einen gewissen Wohlstand erreicht hatten, zum ersten Mal einer nicht unmittelbar auf den Broterwerb ausgerichteten Tätigkeit widmen konnten.[44] Ihre – akademisch sanktionierte – Beschäftigung mit Kunst ging vielleicht nicht zufällig einher mit dem Aufbau der großen, berühmten jüdischen Kunstsammlungen. Daß gerade den Angehörigen einer Religionsgemeinschaft mit einem so ambivalenten Verhältnis zum Bildnis die Macht bildlicher Ausdrucksformen mehr als anderen bewußt war, ist jedenfalls denkbar. So hat Rudolf Arnheim, in die Vereinigten Staaten geflohener Filmtheoretiker und Verfasser bedeutender kunstpsychologischer Schriften, selbst darauf hingewiesen, daß gerade das jüdische Bilderverbot Auslöser war für seine Beschäftigung mit visuellen Medien.[45]

War das Studium der Kunstgeschichte zwar gestattet, so blieb den jüdischen Fachvertretern der Zugriff auf die Ordinariate verwehrt: Von drei Ausnahmen abgesehen wurden diese stets mit nicht-jüdischen Kunsthistorikern besetzt, und als 1926 der Münchner Lehrstuhl zur Disposition stand, galt Panofsky zwar als Wunschkandidat (»*sehr sympathisch, eine außerordentlich starke Begabung*«), aber, da Jude, als »*unmöglich*«.[46]

Die »Hamburger kunsthistorische Schule« und ihre Themen

Bis auf wenige Ausnahmen fühlten sich die Hamburger Kunstgeschichtsstudenten jedoch gerade der Internationalität der Kunst verpflichtet, – eine Einstellung, die auch die Liste

Kunst
Kultur
Wissenschaft

ihrer Dissertationsthemen spiegelt. Neben Untersuchungen zu Dürer und seinem Umkreis entstanden unter Panofskys und Saxls Anleitung vor allem Arbeiten zu typengeschichtlichen oder ikonographischen Fragestellungen: Erna Mandowsky schrieb über die »Iconologie des Cesare Ripa«, Lothar Freund über die »Bildgeschichte der Sybillen in der neueren Kunst«, Waclaw von Reybekiel über »Fons Vitae« (Darstellungen des christlichen Heilsbrunnens), Adolf Katzenellenbogen über die »Psychomachie in der Kunst des Mittelalters« (Darstellungen des Kampfes zwischen Tugenden und Lastern). Auch »klassische« Monographien entstanden, etwa zu Antonello da Messina, Daniele da Volterra, Philipp Otto Runge, Meister Francke. Sind Dissertationen wie diejenige Hugo Buchthals zur Buchmalerei unmittelbar aus einer Übung Panofskys hervorgegangen, so belegen Arbeiten wie die von Udo von Alvensleben über die Welfenresidenz Herrenhausen oder von Ulrich Nabel über die »Baukunst des Hamburger Bürgertums« die Vielfalt der von ihm akzeptierten Aufgabenstellungen. Zu Panofskys pädagogischen Prinzipien gehörte es, den Studenten das Thema seiner Abschlußarbeit selbst wählen zu lassen.[47]

Die in Hamburg besonders gegebene Situation einer wechselseitigen Befruchtung zwischen Lehrer und Schüler, wie sie Panofsky auch in den Vereinigten Staaten nicht wiedergefunden hat,[48] wurde 1933 zerstört. Mit der Entlassung Panofskys, dem Weggang Saxls und Winds und der »freiwilligen« Demission Tolnays ging auch die Suspendierung der beiden – nicht-jüdischen – Museumsdirektoren Pauli und Sauerlandt von ihren Ämtern einher: Ihr Engagement für moderne Kunst war den neuen Machthabern ein Dorn im Auge. Das Seminar erhielt mit Werner Burmeister einen neuen Leiter, der den verbleibenden Panofsky-Schülern, auch den nicht-jüdischen, feindlich gegenüberstand.

Die produktive Hamburger Gemeinschaft brach auseinander. Freundschaften und gemeinsame Forschungsinteressen sorgten jedoch dafür, daß die Verbindungen trotz der großen Distanzen zwischen den neuen Lebenswelten des Exils nicht abbrachen. »Wir«, so schreibt der ebenfalls in die Vereinigten Staaten emigrierte William Heckscher, »*hatten das Ideal einer Republik von Gelehrten vor Augen, – ganz gleich welcher Rasse oder Nation*«.[49]

Erst in jüngster Zeit gelingt es dem Hamburger Kunstgeschichtlichen Seminar,[50] an seine ruhmreiche Vergangenheit anzuknüpfen. Ein Symposium zu Ehren von Aby Warburg hat im vergangenen Jahr die Aktualität seiner methodischen Impulse bewiesen. Diese werden durch die Einrichtung einer – von wechselnden Gelehrten besetzten – Warburg-Professur weiter revitalisiert. Auch mit dem Graduiertenkolleg zur »Politischen Ikonographie« wird das Bestreben verknüpft, aus der Geschichte der eigenen Disziplin und den in den zwanziger Jahren entwickelten Methoden Ansätze für aktuelle Fragen und zeitgenössische Medien zu gewinnen. Ein Brückenschlag zu den emigrierten Kollegen entsteht durch das von der Deutschen Forschungsgemeinschaft geförderte Projekt »Wissenschaftsemigration«, das Ausmaß und Wirkung der von den Nationalsozialisten erzwungenen Emigration von ca. 250 Kunsthistorikern untersucht. Die Herstellung einer Verständigung mit der hamburgischen Öffentlichkeit in dem Maße, wie sie mit dem Seminar seit seiner Gründung im Jahre 1921 bis zur Vertreibung von Dozenten und Studenten ab 1933 bestand, bleibt jedoch einen Aufgabe für die Zukunft.

Anmerkungen

1 Erwin Panofsky benutzt den Begriff selbst in einem Schreiben an die Hamburger Hochschulbehörde vom 7.8.1931, StAH Personalakte Panofsky.

2 Der Wiener Fritz Saxl, zunächst Stellvertreter Warburgs, übernahm nach dessen Tod die Lei-

3 Edgar Wind hatte sich bei Panofsky habilitiert und war danach als Privatdozent und als Assistent an der Bibliothek Warburg tätig.
4 Sauerlandt 1928, S. 14.
5 Über Heinrich Wölfflin, Aby Warburg und Gustav Pauli.
6 Pauli, Erinnerungen, S. 348; Schumacher 1949, S. 301: »Da ging es geistig hoch her, denn Eckard kannte als Chefredakteur des Fremdenblattes die neuesten Depeschen, und Warburg sowohl wie vor allem Bendixen waren eifrige Tagespolitiker und vertraten in interessanter Weise meist sehr verschiedene Gesichtspunkte«.
7 Pauli, Erinnerungen, S. 341.
8 Zahlreiche Informationen, nicht nur zum Lehrangebot, verdanke ich der Arbeit von Heinrich Dilly, Ulrike Wendland, Margot Dreyer und Sabina Gandchi über die Geschichte des Hamburger Kunsthistorischen Seminars, die in Kürze gedruckt vorliegen wird; ich danke den Autoren für die freundliche Erlaubnis, das Manuskript einsehen zu dürfen. Für weitere Hinweise gilt mein Dank besonders Ulrike Wendland und Thomas Lersch.
9 Panofsky 1928, S. 9f.
10 Die Kunsthalle war täglich von 10 bis 16 mittwochs und freitags zusätzlich von 18 bis 21 Uhr geöffnet.
11 1798 gegründet, befindet sich das jetzige Bankhaus M. M. Warburg-Brinckmann, Wirtz und Co. noch heute in der Ferdinandstraße; siehe dazu den Beitrag von Werner E. Mosse in diesem Band.
12 Zitiert nach Bing 1958, S. 456.
13 Zitiert nach Schumacher 1949, S. 302.
14 Das Bibliotheksgebäude in der Heilwigstraße 114, dem Wohnhaus Aby Warburgs benachbart, wurde von dem Schumacher-Schüler Gerhard Langmaack entworfen; es überstand den Krieg weitgehend unbeschädigt.
15 Warburg, Sandro Botticelli.
16 Vgl. Bing 1958, S. 457. Die kürzlich wiederentdeckten Ausstellungsstücke sollen demnächst im Planetarium wieder in ihrem ursprünglichen Kontext öffentlich zugänglich gemacht und in einer Publikation vorgestellt werden.
17 Die Bibliothek war nachmittags zwischen 17 und 19 Uhr geöffnet.
18 Saxl 1984, S. 442.
19 Vgl. Kauffmann 1968, S. 264. Beide, Panofsky und Warburg, haben außerdem an dem 1913 in Berlin abgehaltenen Kongreß für Ästhetik und Allgemeine Kunstwissenschaft teilgenommen (Wuttke 1980, S. 533). Eine erste persönliche Beziehung wird wohl Adolph Goldschmidt, Berliner Ordinarius für Kunstgeschichte und einer der Lehrer Panofskys, hergestellt haben, der, aus Hamburg stammend, die etwa gleichaltrigen Warburg-Brüder von Kindesbeinen an kannte; Aby Warburg blieb er ein Leben lang kollegial verbunden.
20 Heckscher 1979, S. 112 – 164.
21 Klibansky/Panofsky/Saxl, Saturn und Melancholie.
22 Daß man über Moderne las, war zu dieser Zeit noch fast undenkbar; Panofsky hat sich überdies kaum für zeitgenössische Kunst interessiert – mit einer Ausnahme: Während seiner Hamburger Zeit galt er als Freund und Förderer des Malers Eduard Bargheer. Sowohl Erwin als auch Dora Panofsky sind von diesem gelegentlich dargestellt worden, und noch seiner amerikanischen Köchin hat Panofsky eine Bargheer-Landschaft zur Hochzeit geschenkt. Vgl. Henze, Bargheer, S. 23.
23 In einem Vortrag am 14.11.1989 in Hamburg. Buchthal hat bei Panofsky promoviert, mußte dann nach England emigrieren und ging später in die Vereinigten Staaten; er ist Spezialist für Buchmalerei.
24 In einem Brief an d. Verf. vom 17.2.1991.
25 Mündliche Mitteilung Ernst Kitzingers. Pinders Stellung zu den neuen Machthabern war ausgesprochen ambivalent: Einerseits fasziniert von dem Gedanken der Überlegenheit der germanischen Rasse (»wer das nicht fühlt, der hat das nicht im Blut«, so konnte er sich über Kunstwerke mit einem Seitenhieb auf jüdische Kollegen äußern, – wogegen Panofsky für die Münchener Schule nur die Bezeichnung »Pindergarten« übrig hatte, vgl. eine undatierte Notiz im Warburg-Archiv, Hamburg), hat er dennoch zwei jüdische Assistenten gehabt und das überstürzte Promotionsverfahren des ebenfalls rassisch verfolgten Kitzinger gefördert, so daß dieser Deutschland rechtzeitig mit dem Universitätsabschluß verlassen konnte.
26 Sears 1990, S. 118.
27 Panofsky war selbst ein begeisterter Leser von Kriminalromanen.

Kunst
Kultur
Wissenschaft

28 Heckscher 1968/1985, S. 344. (Übersetzung d. Verf.)
29 Württenberger, Das Ich, S. 249.
30 Ebd., S. 245.
31 Brief an Otto von Simson vom 1.5.1965, in: Simson 1967/1968, S. 13.
32 Württenberger, Das Ich, S. 248.
33 Diesen und weitere für Seminarfeste verfaßte Texte bewahrt das Warburg-Archiv, Hamburg; sie stammen aus dem Besitz Panofskys.
34 Aus einem Brief der damaligen Assistentin am Kunstgeschichtlichen Seminar, Leni Münscher, an den Ordinarius Hubert Schrade, 28.10.1942 (Warburg-Archiv, Hamburg).
35 William S. Heckscher in einem Gespräch mit d. Verf. am 17.2.1991.
36 Werner Burmeister, Brief an den SS-Obersturmbannführer vom 24.3.1937, zit. nach Dilly, Chronik.
37 In einem Brief an d. Verf. am 12.1.1991.
38 Der Vater Moritz Warburg lebte selbst streng den jüdischen Regeln gemäß, was ihn, wie seine Enkelin beschreibt, in den Aufsichtsräten sehr beliebt machte, da er »bei den Frühstücken nach den vielen Sitzungen den unkoscheren Hummer immer einem Nachbarn zuschob«, Warburg Spinelli 1990, S. 44.
39 Gombrich 1984, S. 38ff.
40 Wuttke 1980, S. 596.
41 Vgl. dazu Syamken 1982, S. 15 – 26.
42 Simson 1967/1968, S. 13.
43 Vor allem Eisler hat sie in seinem grundlegenden Aufsatz 1969, S. 544 – 629, überzeugend dargelegt.
44 Einige Familien, wie diejenige Panofskys, verloren ihr Vermögen während der Wirtschaftskrise in den zwanziger Jahren, – was sich vor allem bei Studienabschluß sehr nachteilig bemerkbar machte: Von einem frisch promovierten Kunsthistoriker wurden in der Regel einige Jahre unbezahlter Tätigkeit als Museumsmitarbeiter oder Privatdozent erwartet, bevor er an eine feste Anstellung denken konnte.
45 Vgl. das Interview mit Herlinde Koelbl, in: Koelbl, Portraits, S. 12.
46 Brief von Julius v. Schlosser an Karl Vossler, zitiert nach Lersch 1989, S. 41, Anm. 72; vgl. den Beitrag von Helmut E. Lück in diesem Band.
47 William S. Heckscher in einem Gespräch mit d. Verf. am 12.1.1991.
48 Brief von Erwin Panofsky an Bruno Snell vom 27.3.1952, StAH Personalakte Panofsky.
49 Brief an d. Verf. vom 18.8.1990.
50 Damals noch Kunst»historisches« Seminar, - »geschichtlich« wurde es erst unter der nationalsozialistischen Herrschaft.

Literatur

Dilly, Heinrich: Chronik des kunsthistorischen Seminars der Hamburgischen Universität, o. s. (MS)

Henze, Wolfgang: Eduard Bargheer. Leben und Werk. Lugano 1979

Klibansky, Raymond/Panofsky, Erwin/Saxl, Fritz: Saturn und Melancholy. Studies in the history of natural philosophy, religion and art. London 1964 (dt. 1990)

Koelbl, Herlinde: Jüdische Portraits. Frankfurt/Main 1989

Pauli, Gustav: Erinnerungen aus sieben Jahrzehnten. Tübingen 1936

Warburg, Aby: Sandro Botticellis »Geburt der Venus« und »Frühling«. Eine Untersuchung über die Vorstellungen von der Antike in der italienischen Frührenaissance. Hamburg und Leipzig 1893

Württenberger, Franzsepp: Das Ich als Mittelpunkt der Welt. Karlsruhe 1986

»... die Fackel deutsch-jüdischer Geistigkeit weitertragen«
Der Hamburger Kreis um Ernst Cassirer und Aby Warburg

Claudia Naber

Als die Frau des Philosophen Ernst Cassirer kurz nach dessen Tod im New Yorker Exil 1945 gebeten wurde, ihre Erinnerungen an ihn zu Papier zu bringen, winkte Toni Cassirer zunächst einmal ab. Zu nah noch und zu bedrückend schienen ihr die jüngsten Ereignisse der gemeinsam durchlebten 42 Ehejahre, als daß sie glaubte, diese mit der erforderlichen inneren Distanz und literarischen Versiertheit beschreiben zu können. Der eigentliche Impetus, der sie schließlich doch jene Vorbehalte hintanstellen und mit der Aufzeichnung ihrer Memoiren[1] beginnen ließ, ging von dem tief empfundenen Verantwortungsgefühl der Zeitzeugin aus. So war sie zu der festen Überzeugung gelangt, daß sie einer zukünftigen deutschen Leserschaft nicht vorenthalten durfte, was die Emigration und die Jahre des Exils tatsächlich für die Person und den Philosophen Ernst Cassirer bedeutet hatten. Denn wenn dieser auch in seinen späten, im amerikanischen Exil entstandenen Schriften wie »The Myth of the State« oder »Judaism and the Modern Political Myths« die Strukturen des totalitären Denkens und des Faschismus so eingehend wie kaum ein anderer seines Faches analysiert hatte, so doch ohne jeden ausführlichen autobiographischen Bezug oder expliziten Hinweis auf sein eigenes Schicksal.[2] Und da er auch in seinen sonstigen Publikationen ebenso wie im persönlichen Gespräch die Rede nur äußerst selten auf Autobiographisches kommen ließ, wußten de facto nur wenige neben seiner Frau, wie schwer ihm der Fortgang aus Hamburg und damit der Schritt ins Exil im Mai 1933 gefallen war. Dort aber, ob in Großbritannien, Schweden oder den USA, »*war er*« nach dem Eindruck seines Freundes und Kollegen Max Dessoir »*nicht mehr der alte*«.[3]

Bekenntnis eines »allseitigen Nicht-dazu-Gehörers«

An eben diesen dunklen Punkten der persönlichen Relevanz war Toni Cassirer in ihren Memoiren nun sehr konkret geworden. Aus ihrer

von oben nach unten:
Ernst Cassirer
Aby Warburg
Gertrud Bing

Kunst
Kultur
Wissenschaft

direkten, intimen Kenntnis der privaten und universitären Verhältnisse heraus berichtete sie mit dankenswerter Offenheit über die verschiedenen inneren und äußeren Konflikte, die ihnen beiden vor und nach 1933 aus ihrer jüdischen Herkunft erwachsen waren.

Es war kein geringerer als Albert Einstein, der sie dazu beglückwünschte, sich keine falsche Zurückhaltung auferlegt zu haben. Einstein, mit Ernst Cassirer lange Jahre kollegial verbunden,[4] nahm seinen Dankesbrief auf die Zusendung des Buches 1951 zum Anlaß, im Gegenzug nun aus seiner Sicht Bilanz zu ziehen:

»*Ein Teil meines starken Interesses mag auch aus dem weitgehend parallelen Schicksal stammen – dann auch wieder aus einer gegensätzlichen inneren Einstellung. Im Gegensatz zu Ihnen beiden bin ich ja immer ein Zigeuner gewesen, ein allseitiger Nicht-dazu-Gehörer. Darum hat z. B. meine Beziehung zu den Deutschen nie zu einem Konflikt innerer Art führen können, und die Loslösung bedeutete nichts für mich. Dagegen ist die Beziehung zur Judenheit weitgehend parallel: das Fehlen einer historisch religiösen Gebundenheit und das Stehen an einem vom äußeren Schicksal angewiesenen Platz. Die berufliche Bindung hat für mich eigentlich nie mehr bedeutet als eine geschäftliche Beziehung, so z. B. die Beziehung zur Preußischen Akademie oder meine spätere Anstellung hier* [Institute of Advanced Study, Princeton]. *Gefühlsmäßige Bindung an einen Staat hat es für mich erst recht nie gegeben; hierin liegt auch eine Verschiedenheit zwischen uns, die aber das spätere Leben anscheinend ausgeglichen hat*«.[5]

Daß es Cassirer im Gegensatz zu Einstein möglich war, sein Selbstverständnis als deutsch-jüdischer Intellektueller weniger über die exklusiven als über die integrativen Momente einer Gesellschaft zu definieren, obwohl diese durch ihren latenten und später dann offenen Antisemitismus seine Karriere als Philosoph sowie nicht zuletzt sein Recht auf Leben massiv in Frage gestellt hatte, mag in der Tat vornehmlich eine Frage der Biographie und seiner persönlichen Haltung dem Leben gegenüber gewesen sein. Bereits während seiner Studienzeit hatte ihn das Interesse an Kant und sein auf kollegiale Zusammenarbeit ausgerichtetes wissenschaftliches Naturell eine enge und produktive Arbeitsgemeinschaft mit dem Begründer des Marburger Neukantianismus Hermann Cohen und dessen ehemaligem Schüler Paul Natorp erleben lassen. Cohen, der in Cassirer seinen designierten Nachfolger sah, tat alles, um ihn in Marburg zu halten, doch war er selber wegen seiner sprichwörtlichen Streitbarkeit schon zu isoliert, um noch etwas für seinen besten Schüler ausrichten zu können.[6] Dennoch blieb Cassirer der »Marburger Schule« sowohl philosophisch als auch persönlich noch lange bis in seine Berliner Privatdozentenzeit verpflichtet, weshalb er auch von seinen neuen Kollegen als »Marburger« eher mit Skepsis empfangen wurde. Daß ihm trotzdem in Berlin – wie schon zuvor in Marburg – das einsteinsche Selbstverständnis des »allseitigen Nicht-dazu-Gehörer[s]« erspart blieb, ist in erster Linie sicherlich seiner berühmten Verwandtschaft zuzuschreiben. Denn hier inmitten einer der damals wohl interessantesten Städte Europas empfand er die Gesellschaft und die familiäre Aufgehobenheit im Kreise der Berliner Cassirers, die wie der Verleger Bruno, der Gallerist Paul und der Komponist Fritz Cassirer das kulturelle Leben unmittelbar mitgestalteten, als ausgesprochen wohltuend und anregend, und Gespräche mit Richard Cassirer und Kurt Goldstein über ihre neuesten medizinischen Forschungen halfen des öfteren über das Defizit an philosophischem Austausch hinweg.

Wenn Cassirer sich somit auch nie zu den »Nicht-dazu-Gehörern« gerechnet haben dürfte, so hatte er doch bereits während seiner Berliner Zeit erfahren müssen, daß er zumindest von anderen schon zu dieser Gruppe gezählt wurde. Denn dort war ihm als Jude an einer preußischen Universität die längst überfällige Anerkennung und Berufung als

Ordinarius versagt geblieben.⁷ Erst mit dem an ihn 1919 ergangenen Ruf an die neugegründete liberale Universität Hamburg wurde Cassirer auch institutionell der Platz in der damaligen Philosophie zuteil, den er als einer ihrer vielversprechendsten Repräsentanten seinem Renommee nach bereits seit längerem eingenommen hatte.

Naber
»...die Fackel deutsch-jüdischer Geistigkeit weitertragen«
Der Hamburger Kreis um Ernst Cassirer und Aby Warburg

Als er schließlich im Oktober 1919 mit Frau Toni und Familie in die Hamburger Blumenstraße zog, war er 45 Jahre alt, und 14 der produktivsten Jahre seines Lebens, in denen er seinen eigenen originären Ansatz zu einer »Philosophie der symbolischen Formen« entwickeln sollte, lagen noch vor ihm. Daß er sich auch in dieser Stadt zu Hause und dazugehörig fühlte, beruhte weder auf einer bestimmten philosophischen Schule, die es hier erst zu begründen galt,⁸ noch auf irgendwelchen verwandtschaftlichen Kontakten oder Einbindungen.⁹ Dieses Mal war es ein in seiner Art einzigartiger, eher privat-gelehrt als akademisch zu nennender Kreis von vorwiegend jüdischen Philosophen und Kunsthistorikern, der sich im Hamburg der 20er Jahre um ihn und den Kulturwissenschaftler Aby Warburg gebildet hatte.

Ungewöhnlicher Beginn einer außergewöhnlichen Freundschaft

Zweifellos datiert Cassirers globale Idee, über die Analyse »verschiedene[r] Grundformen des 'Verstehens' der Welt« zu einer »*allgemeinen Theorie der geistigen Ausdrucksformen zu gelangen*«,¹⁰ noch aus seiner Berliner Zeit.¹¹ Zur schriftlichen Ausarbeitung der »Philosophie der symbolischen Formen«¹² kam es dagegen erst später in Hamburg, wo er im November 1920 erstmals Warburgs berühmte Bibliothek kennenlernte, die zu jenem Zeitpunkt noch alle typischen Eigenschaften einer über sich hinauswachsenden Privatbibliothek auf sich vereinigte:

»*Vom Boden bis zur Decke standen die Wände voller Bücher, die Speisekammer war Magazin, schwere Regale hingen gefährlich über Türen, das Billardzimmer hatte in einen Büroraum umgewandelt werden müssen, in der Eingangshalle, auf den Treppenabsätzen, im Familienwohnzimmer – überall Bücher, Bücher, Bücher*«.¹³

Gleichwohl erkannte Cassirer unmittelbar das allgemeine Problem der Bedeutung des Nachlebens der Antike als den ideellen Mittelpunkt, um den herum diese Bücher gewissermaßen angeordnet waren und der Warburgs Bibliothek bis heute von jeder anderen kulturwissenschaftlichen Büchersammlung grundsätzlich unterscheidet.

Was Cassirer nun so schockiert haben mag, daß er die Bibliothek zunächst monatelang mied, um dann aber einer ihrer eifrigsten Benutzer zu werden,¹⁴ war durchaus nicht die Überfülle an Material auf engstem Raum. Es war vielmehr die verblüffende Einsicht, daß Warburgs Forschungsansatz, so wie er sich Cassirer als thematisches Zentrum der Bibliothek, vermittelt über die besondere Art ihrer Anordnung darstellte, erstaunliche Affinitäten mit gewissen Grundgedanken seiner geplanten »Philosophie der symbolischen Formen« aufwies. Denn was er mit dieser Philosophie vorzulegen hoffte, läßt sich am ehesten als eine Art von Grammatik und Syntax des menschlichen Geistes beschreiben. Dabei stand es für ihn außer Frage, daß sich demjenigen gewisse allgemeine Regeln erschließen müßten, unter denen Subjektivität steht und von wo aus sie überhaupt erst bestimmbar wird, der sich die Mühe macht, die verschiedenen Grundformen des Verstehens der Welt von ihrer Funktion, und nicht von ihrem Gegenstande her, eingehend zu analysieren und aufeinander zu beziehen. Es sind dies in Cassirers Terminologie nun die »symbolischen Formen« wie Sprache, mythisches Denken, naturwissenschaftliche Er-

Kunst
Kultur
Wissenschaft

kenntnis, aber auch künstlerische Produktion, in denen sich die verschiedenen Arten des Weltverstehens nicht nur aussprechen, sondern die auch den philosophischen Zugriff darauf allererst ermöglichen und gewährleisten. Vor diesem Hintergrund ist es zu sehen, daß Cassirer bei seiner ersten Konfrontation mit Warburgs Bibliothek wegen ihrer interdisziplinären Ausrichtung tatsächlich den Eindruck haben mochte, hier der von ihm angestrebten Synopsis des Geistigen gegenüberzustehen. Zugleich aber ließ ihn auch Warburgs spezielle Frage nach der Bedeutung des Nachlebens der Antike nicht gleichgültig, implizierte sie doch das allgemeinere Problem, was für eine Position Traditionsprozessen und damit Übernahmen von beglaubigten Denk- und anderen Ausdrucksformen im Rahmen einer umfassenden Theorie des Verstehens und der Kultur eingeräumt werden muß.[15]

Dieses Erlebnis seines ersten Bibliotheksbesuches steht sicher mit im Hintergrund von Cassirers Diktum, er habe Warburg bereits gekannt, bevor er ihm das erste Mal begegnet sei.[16] Denn tatsächlich lebte Aby Warburg Ende 1920 nicht in seiner Heimatstadt Hamburg, sondern in einem Sanatorium, wo er unterstützt von fachärztlichem Beistand versuchte, einer von ihm selber als Kriegspsychose bezeichneten Krankheit Herr zu werden. Zu einer ersten persönlichen Begegnung kam es schließlich kurz vor Warburgs Rückkehr nach Hamburg, als ihn Cassirer im April 1924 in der Kreuzlinger Heilanstalt »Bellevue« besuchte. Dank seines Assistenten Fritz Saxl war Warburg über die Vorgänge in seiner Bibliothek sowie auch Cassirers Arbeiten genauestens informiert, und der nun folgende zweitägige Ideenaustausch bestärkte Cassirer nurmehr in seinem ersten Eindruck von einer erstaunlichen geistigen Nähe, zumal er von Warburg vorbehaltlos geteilt wurde. Denn dieser hatte seit seiner Studentenzeit nicht nur eine bemerkenswerte Sammlung von Büchern, sondern auch eine ganze Reihe von »*allgemeinen Ideen*«, wie er es nannte, zur Kultur- und Kunsttheorie zusammengetragen, ohne sie jedoch mehr als nur andeutungsweise in seinen kunsthistorischen Schriften vorgestellt zu haben.[17] Bisher hatten Warburg in erster Linie Zweifel an der theoretischen Fundiertheit seiner Konzeption von einer Ausarbeitung seiner Ideen abgehalten; nun aber, da Cassirer und dessen »Philosophie der symbolischen Formen« die Tragfähigkeit eines symboltheoretischen Ansatzes wie dem seinen plausibel gemacht hatten, entschloß sich Warburg doch noch zu dem Versuch, eine Synopsis seiner »allgemeinen Ideen« mit dem im Laufe seines Lebens zusammengetragenen Material an Wort und Bild zu schaffen. Von daher ist es nicht zuletzt Cassirers sachlichem Rat und freundschaftlicher Unterstützung zuzuschreiben, daß Warburg wie er es selber einmal formulierte, sein »*weggelegtes Handwerkszeug wieder anfaß*[t]*e und den Mut zu finden versuch*[t]*e, unter dem alten Geröll aufzuräumen*«,[18] um sich von da aus noch einmal zu dem beeindruckenden Finale seiner letzten fünf Lebensjahre aufzuschwingen.

Die Kulturwissenschaftliche Bibliothek Warburg

Grundlage der geistigen Allianz von Cassirer und Warburg war somit die von beiden gleichermaßen getragene Forderung nach Begründung einer Kulturwissenschaft auf symboltheoretischer Basis. In diesem Sinne verstanden sie sich als »*zwei Hauptleute im selben Kampfe*«,[19] auch wenn die »Philosophie der symbolischen Formen« und Warburgs unvollendet gebliebenes Hauptwerk, der berühmte »Mnemosyne«-Atlas, diese Gemeinsamkeit nicht unmittelbar zu erkennen geben.

Es ist nun vor allem Fritz Saxls Verdienst, die praktischen Voraussetzungen dafür geschaffen zu haben, daß sich das von Cassirer und Warburg anvisierte Programm zugleich auch zum konzeptuellen Brennpunkt eines wenn auch kleinen, so doch exquisiten Kreises von jungen Philosophen und Kunsthistorikern entwickeln sollte. Denn Saxl, der während Warburgs Krankheitsjahre dessen Bibliothek kommissarisch verwaltete, öffnete diese nicht nur interessierten Professoren und jüngeren Wissenschaftlern der soeben gegründeten Universität, sondern begann auch, den ideellen Mittelpunkt der Büchersammlung – die Bedeutung des Nachlebens der Antike – einer breiten akademischen Öffentlichkeit als zentrales Forschungsthema eines Instituts namens »Bibliothek Warburg« zu präsentieren. Um diese in Abstimmung mit Warburg und durch die großzügige finanzielle Unterstützung seiner Familie ermöglichte Institutionalisierung zu erreichen und zu dokumentieren, organisierte er allmonatliche Vorträge, die später gesammelt in einer Art Jahrbuch veröffentlicht wurden,[20] und offerierte mit den von ihm herausgegebenen »Studien«[21] Hamburger Kunsthistorikern wie Erwin Panofsky, aber auch dem wissenschaftlichen Nachwuchs, eine Publikationsmöglichkeit, sofern sich die Arbeiten in das übergreifende thematische Programm einfügten und den hohen qualitativen Ansprüchen genügten. Schon bald nach dem Erscheinen der ersten Nummern wurden die »Vorträge« und »Studien« der Bibliothek Warburg zum Inbegriff vorbildlicher geisteswissenschaftlicher Gelehrsamkeit und damit auch über den engen Kreis von Spezialisten hinaus bekannt, wozu auch Cassirer mit seinem Renommee einiges beigetragen haben mag. Denn bis 1925 erschienen von ihm allein vier Veröffentlichungen unter Saxls Herausgeberschaft.[22] Mehr als ausgelastet mit der neuen Aufgabe, Editor zweier Publikationen zu sein, war es Saxl nun nicht mehr möglich, die Bibliothek als solche zu betreuen, und es wurde eine neue Bibliothekarin eingestellt – Gertrud Bing. Sie sollte später aufgrund ihrer menschlichen Qualitäten, aber auch wegen ihrer philosophischen Schulung bei den Münchner Phänomenologen und Cassirer für Warburgs letzte Arbeiten von immenser Bedeutung sein. So war, als Warburg im Spätsommer 1924 nach Hamburg zurückkehrte, in verblüffend kurzer Zeit aus seiner exquisiten Privatbibliothek, die Cassirer 1920 kennengelernt hatte, eine mehr oder weniger öffentliche Institution geworden, deren Namen in akademischen Kreisen einen guten Klang hatte.

Als Warburgs langjähriger wissenschaftlicher Mitarbeiter wußte Saxl natürlich, daß er mit der Institutionalisierung der Bibliothek einen Plan realisierte, den Warburg selber schon seit langem verfolgt und dessen Umsetzung im Jahre 1914 der Krieg vereitelt hatte. Denn bereits seit 1906 hatte er das Zusammentragen seiner Büchersammlung dezidiert als Grundstocklegung verstanden. Was ihn damals dazu veranlaßte, »*auf ein Institut bewußt loszusteuern*«, war »*die Einsicht der Notwendigkeit einer besseren Ausbildung unserer jungen Kunsthistoriker*«[23] – so zumindest stellte es sich Warburg 1928 in Retrospektive dar, als er dies seinem Bruder, dem Bankier Max M. Warburg, der für die finanzielle Seite der Bibliothek zuständig war, schrieb:

»*Ich werde es Dir und dem seligen Vater nie vergessen – und habe Euch das öfter wiederholt – daß Ihr, als ich bei Euch Unterstützung im Kampf gegen den deutschen Herrlichkeitsexhibitionismus unter staatlichem Schutz verlangte, Ihr dem unoffiziellen, vereinzelten und unbewiesenen Zerebralmenschen einen moralisch blanko, wirtschaftlich stattlichen Kredit gewährt habt*«.[24]

Wenn Warburg von einer »*besseren Ausbildung*« sprach, dann meinte er damit zugleich auch eine wesentlich andere methodische Ausrichtung als die damals gängige. Nach seinem Verständnis hieß Kunstgeschichte zu betreiben, Bilder generell – und nicht nur ausgewie-

Kunst
Kultur
Wissenschaft

sene Kunstwerke – im Zusammenhang mit schriftlichen Quellen als Dokumente zu lesen und als Ausgleichssymbole seelischer und kultureller Auseinandersetzung zu interpretieren. Mit diesem von ihm initiierten ikonologischen Ansatz stand er tatsächlich recht isoliert in der Kunsthistorikergilde jener Tage, die ihm auch Zeit seines Lebens das ambivalente Gefühl des »Nicht-dazu-Gehörers« nicht zu nehmen vermochte. Somit bedeutete der durch seine Familie ermöglichte Aufbau einer Bibliothek und seine Existenz als akademisch ungebundener Institutsgründer in spe in gewisser Hinsicht auch ein Refugium vor dem nur allzu häufig erfahrenen Unverständnis und der professionellen Gleichgültigkeit seiner Fachgenossen.

Nun aber – mit Warburgs Rückkehr aus Kreuzlingen – waren diese für ihn nicht immer einfachen Zeiten der intellektuellen Isolation wenn auch nicht vergessen, so doch endgültig vorbei. Denn hatte ihm schon die erste Begegnung mit Cassirer gezeigt, daß er bei dem »Philosophen der symbolischen Formen« auf Verständnis für seine »allgemeinen Ideen« rechnen durfte, so entwickelte sich in den darauf folgenden Jahren eine zunehmend enger werdende und für beide Teile gleichermaßen ergiebige Zusammenarbeit, die auch eine gemeinsame Schülerschaft miteinschloß und der Cassirer mit seiner eigens zu Warburgs 60. Geburtstag verfaßten Darstellung der Renaissancephilosophie[25] ein außergewöhnliches literarisches Denkmal gesetzt hat. Daneben war aber auch durch die von Saxl eingeleitete Öffnung der Bibliothek für Studenten eine ganze Reihe von interessierten jungen Wissenschaftlern zusammengekommen, die bereits mit gespannter Aufmerksamkeit auf die Rückkehr des Mannes, dessen Bücher sie benutzten, und auf das, was er zu sagen haben würde, warteten. Und Warburg nutzte die Gelegenheit, den von ihm seit Jahren verfochtenen ikonologischen Ansatz nun doch noch einer neuen aufgeschloseneren Generation von Kunsthistorikern mit auf ihren Weg geben zu können.

Parallel dazu war auch der institutionelle Ausbau mit Warburgs Präsenz in eine neue geschäftigere Phase eingetreten. Gemäß der von ihm mit Cassirer noch in Kreuzlingen beschlossenen Zielrichtung gab er der Institution zunächst einmal den Namen, unter dem sie bekannt und berühmt werden sollte: Kulturwissenschaftliche Bibliothek Warburg – fortan kurz K.B.W. genannt. Nur wenig später folgte dem Namen auch das Gebäude, welches ihn in abgekürzter Form und mit großen Lettern lange Jahre tragen sollte und das Warburg, wie immer großzügig finanziell unterstützt von seiner Familie, auf dem Nachbargrundstück neben seinem Privathaus hatte errichten lassen. Mit dem Umzug seiner Büchersammlung in die Kulturwissenschaftliche Bibliothek Warburg, Heilwigstraße 116 fand die geistige Verflochtenheit von Cassirer und Warburg ab Sommer 1926 nun auch institutionell einen charakteristischen Ausdruck, insofern alle Mitglieder des engeren gemeinsamen Schülerkreises, zu dem in erster Linie Gertrud Bing, Edgar Wind, Walter Solmitz und Hermann Noack zu rechnen sind, bei Cassirer promovierten oder sich bei ihm habilitierten und zugleich als wissenschaftlicher Mitarbeiter oder wie Bing als Warburgs persönliche Assistentin in der Kulturwissenschaftlichen Bibliothek Warburg tätig waren.[26] Ihre Aufgabe bestand nicht nur darin, die Bibliothek zu ordnen, sondern bis auf Hermann Noack, mit dem Warburg kein besonders glückliches Verhältnis verband, gewährte er ihnen allen offen Einblick in seine letzte große Arbeit, den »Mnemosyne«-Atlas, und ermutigte sie sogar, Vorschläge zu machen. Am wichtigsten aber war ihm das zumeist philosophische Gespräch mit Ernst Cassirer, das sich, wenn es auch nicht häufig dazu kam, dann doch immer auf irgendeine Weise als weiterführend erwies. Denn es war »*der Wille zum Erkennen des Symbolischen*« und damit für Warburg zugleich auch »*der Grundakt meines wissenschaftlichen Berufungsgefühles*«,[27] womit er sich bei dem »*Philosophen der symbolischen Formen«* bestens aufgehoben und verstanden wußte, zumal sich auch sein wissenschaftliches Selbstverständnis im Laufe der Jahre entscheidend verändert hatte, schrieb er doch seinem Bruder Max 1928: *»Wenn ich einen Blick auf meine Entwicklung werfe, so ist es klar, daß sie primär vom Willen zur Philosophie und sekundär als Substrat des Denkens auf das bildhafte Element gekommen ist«.*[28]

»Ein Warburg wird doch keinen Cassirer durchgehen lassen«

Nur einmal schien die enge Zusammenarbeit von Cassirer und Warburg tatsächlich ernsthaft gefährdet zu sein.[29] Im Sommer 1928 hatte Cassirer einen Ruf an die Universität Frankfurt erhalten, wo er die Nachfolge des emiritierten Hans Cornelius antreten und, so der ursprüngliche Frankfurter Plan, dem dortigen Philosophischen Seminar mit Max Scheler an seiner Seite zu internationalem Renommee verhelfen sollte. Scheler aber war unerwartet kurz nach seinen Antritt der Professur im Mai 1928 gestorben, so daß man sich in Frankfurt nun – statt der Vision, ein Zentrum deutscher philosophischer Forschung zu werden, auch nur ein Stück nähergekommen zu sein – vor die fatale Situation eines, wenn man so will, philosophischen Vakuums gestellt sah, das so rasch als möglich gefüllt werden mußte.[30] Dementsprechend großzügig und verlockend fiel denn auch die Frankfurter Offerte an Cassirer aus, der diese verständlicherweise nicht so ohne weiteres ausschlagen konnte und wollte, zumal Frankfurt in jenen Tagen nicht nur in Hinblick auf das bekannte Institut für Sozialforschung ein durchaus anregendes intellektuelles Klima anzubieten hatte.[31]

Daß Cassirer überhaupt lange überlegte, ob er den an ihn ergangenen Ruf annehmen sollte, ist vor allem Warburgs Intervention zuzuschreiben. Denn er war es, mit dem Cassirer, abgesehen von seiner Frau Toni,[32] als einem der ersten die Frankfurter Angelegenheit besprach und der ihn dringend bat zu bleiben mit dem Argument:

»Er und ich zusammen wären eben doch eine höhere Einheit, und ich müsse ihn mindestens noch für fünf Jahre hier haben. 'Er wäre aber schon 54, und es locke ihn ein neues Wirkungsfeld.'

Wir wollen ihm die Reibungen hier wegschaffen. Der Beweis, daß er und die K.B.W. zusammen funktionieren müssen, läge in einer Gestalt wie Solmitz; er, als Vertreter der nächsten Generation, würde die Fackel deutsch-jüdischer Geistigkeit weitertragen und würde eben durch die idealische Sendung von Cassirer <u>und der K.B.W.</u> in lebendigem Atem gehalten.

Was könne Hamburg (das er bedingungslos gerne hat, ebenso wie Frau Cassirer) für ihn tun? Ich riet, den Ruf von Frankfurt an sich herankommen zu lassen und auf dieser Basis zunächst ganz trocken eine höhere Gehaltsklasse zu erreichen (schon wegen der Jungen, die heiraten wollen).

Vom »Rektor« will er nicht viel wissen wegen der intriganten Spiele, die bei seiner Wahl zum Dekanat eingesetzt hatten. Weiß nicht, ob er das richtig sieht. Er sollte im Lessingjahr Rektor sein! Seine Frau rät ihm ab, als Jude solle er das nicht. Bin ganz anderer Meinung«.[33]

Aus diesem Grunde und in der berechtigten Hoffnung, daß Cassirer vielleicht doch die Perspektive auf das Rektorat an die Hamburger Universität binden könnte, setzte Warburg in den nun folgenden Tagen all seine Energie und Überzeugungskraft daran, dessen Nominierung in die Wege zu leiten.[34] Als er ihm schließlich am 13. Juni mitteilen konnte, daß man auf der Konferenz früherer Rektoren einstimmig beschlossen habe, ihn als

Kunst
Kultur
Wissenschaft

künftigen Rektor vorzuschlagen, war dies für Cassirer ein erster Beweis dafür, daß die Hamburger Universität tatsächlich alles daran setzte, ihn zu halten.[35] Auch von Seiten des Senats war man bemüht, Cassirer die Entscheidung zu erleichtern; so nahm man einen Vorschlag von Max M. Warburg dankend auf und lud Cassirer ein, die Festrede zur kurz bevorstehenden Verfassungsfeier zu halten.[36]

Bei all diesen eher taktischen Manövern ging es Warburg doch in erster Linie um den Fortbestand der für ihn so wichtigen Zusammenarbeit und gemeinsamen Schülerschaft. Denn das, was für die beiden Städte mittlerweile zum »Streit der Fakultäten« und damit zur Prestigeangelegenheit geworden war – in diesem Zusammenhang sah er Cassirer auch der »*Gefahr des 'transzendentalen Tafelaufsatzes'*«,[37] wie er es nannte, ausgesetzt – bedeutete für ihn geradezu eine persönliche und wissenschaftliche Über-»Lebensfrage«:

»*Wenn Cassirer sagt, er läse eigentlich nur für Solmitz, so sage ich dasselbe: Ich habe mich zu der viel zu großen Anstrengung der Übungen gezwungen, weil ich wußte, daß meiner die Kollegin Bing, Solmitz und die beiden Winds in herrlich gesammelter kluger Aufmerksamkeit liebevoll harren. Für diese sei alles gewagt, wenn nur aus dem Holocaust noch einmal eine weithin leuchtende Flamme entsteht.*

Cassirer wird sein eigenes Werk sicher auch ohne die K.B.W. runden und abschließen, obgleich das Miterlebnis der werdenden »Mnemosyne« ihn erst in den Stand setzen würde, seine Symbolik der Kunst zu schreiben, aber Solmitz und Wind, die für mich und Koll. Bing geradezu Wurzeln und Säfte steigen im selben Erdreich des ewig Fragenden bedeuten, gehen doch mit nach Frankfurt! Uns verlassen – das wäre uns Phänomen der Leidschaft, aber sich selbst im organischen Zwei-Wurzel-Wachstum stören, das ist Frevel und bares Unglück!«[38]

Dies schrieb er auch seinem Bruder Max, der daraufhin Cassirer ebenso in mehreren Gesprächen zum Bleiben aufforderte:

»*Wir sind erst seit kurzem so weit, daß die Studententypen sich ausbilden, deren Forschungstypus auf der zweifachen Wurzel der bildhaften Schau und des verknüpfenden Gedankens ruht. Dr. Wind, der sich jetzt gerade in der Philosophischen Fakultät habilitieren will, ist ein vorzüglicher Denker zwiefacher Prägung und ebenso entspricht – wenn auch nur als Studententypus – Walter Solmitz dieser doppelten Verwurzelung. Er würde, wenn Cassirer nach Frankfurt geht, diesem sicher folgen, und das bedeutet im Symbol des einzelnen Menschen gesehen, daß die organische Wachstumsfähigkeit und Tragfähigkeit des Mitträgers des alten Erbgutes in deutsch-jüdischer Hand einen unheilbaren Nährschaden erleiden würde. In diesem Fall ist Walter Solmitz kein Einzelmensch, sondern zeigt uns ganz klar und deutlich, wie einerseits er selbst, dann aber auch die K.B.W. bedroht ist, wenn wir einen solchen, sagen wir einmal getrost: Jünger verlieren würden*«.[39]

Solmitz war bereit, Cassirer, wie immer dieser auch entscheiden würde, zu folgen; Wind dagegen wollte auf alle Fälle in Hamburg bei der K.B.W. bleiben, »*die ihm*« – wie Gertrud Bing Warburg mitteilte, »*für seine geplanten Arbeiten, die sein einziges Ziel sind, das richtige Instrument zu sein scheint*«.[40] Cassirer aber war unentschlossen; er wolle sehen, ob die Situation am Frankfurter Philosophischen Seminar tatsächlich so »verloren« sei, wie man sie ihm schilderte, denn dies wäre, wie er Warburg versicherte, »*die einzige Lage, in der ich mich von der K.B.W. trennen würde. Im übrigen ist eben mein inneres Verbundensein mit der Bibliothek der einzige ernsthafte Hinderungsgrund, so daß alles andere nicht in Betracht kommt*«.[41]

Bevor Cassirer Anfang Juli nach Frankfurt fuhr, gab Warburg ihm noch einen flammenden Zeitungsartikel[42] mit auf den Weg, in dem er den Hamburgern klarzumachen versuchte, »Warum Hamburg den Philosophen Cassirer nicht verlieren darf« – so der Titel – und den Frankfurtern, warum sie auf ihn verzichten sollten.

Als dieser dann schließlich aus Frankfurt zurückkam, hatte er tatsächlich eine, wenn auch gänzlich unerwartete »Entscheidung« getroffen: er überließ sie Warburg:

»*Cassirer kommt auf telephonischen Anruf her; hörte schon aus seiner Stimme Gutes; mir war zunächst nicht klar, ob nicht aus allem ein temperisierender Mittelweg heraustreten würde, aber nein: er hatte sich in Frankfurt von Feier losgelöst, ohne jemand zu verletzen; höchstens daß Riezler eine Einbuße an Wirkungsfähigkeit erleidet. Zwei Dekane (Hellinger und Naumann) bearbeiteten ihn: er hätte wirklich 4 Stellen zu besetzen von seiner doppelten Bedeutung her als Mathematiker und Philosoph. An Mitteln für Ausbau und Erweiterung wäre alles zur Verfügung. Bei Reinhardt waren: Otto, Goldstein, Dehn u. a., die ihn attackierten. Cassirer hat den Herren auseinandergesetzt, was er an der K.B.W. hat und dadurch das Verständnis für seine Haltung erreicht. Er sei sich aber klar darüber, daß er nunmehr in Hamburg bleiben müsse – das bestritt ich ebenso (wie von Anfang an), daß die Trennung nichts ausgemacht hätte. 'Schließlich', sagte er, 'habe ich heute Nacht einen Ausweg gefunden: Sie sollen entscheiden.' Ich gab ihm nur die Hand. 'Ich würde nur Bedenken gehabt haben zu sagen, daß ich Sie bitte zu bleiben, wenn ich hätte befürchten müssen, daß Sie in Ihrem Wachstum beeinträchtigt werden würden: so sage ich: bleiben Sie bei uns'*«.[43]

Auch wenn sich danach noch allerlei Komplikationen administrativer Art einstellen sollten, so stand Cassirer doch bei Warburg im Wort und blieb; und schon bald darauf machte das Diktum vom Warburg, der doch keinen Cassirer durchgehen lassen wird, in der Hamburger akademischen Welt die Runde.[44] Cassirer aber, der seine Sympathie für die Weimarer Republik immer offen gezeigt hatte, tat dies auch in seiner Festrede zur Verfassungsfeier am 11. August 1928, in der er darzulegen versuchte, daß sich die republikanischen Ideale der Französischen Revolution der Idee nach bis auf Leibniz zurückführen ließen – »*ein*«, wie Warburg fand, »*herzerfreuendes 'Abschlußbild' der Kampagne Cassirer*«.[45]

Im November 1929 wurde dieser dann auch wie vorgeschlagen Rektor an der Universität Hamburg und damit zugleich der erste jüdische Rektor an einer deutschen Universität überhaupt. Warburg hat dies nicht mehr miterlebt; er starb im Oktober 1929.

Emigration

Keine vier Jahre danach schienen alle politisch-liberalen Ideale der Weimarer Republik und die Gesetze der Humanität in Vergessenheit geraten zu sein. Noch bevor man Cassirer »beurlauben« konnte, hatte er bereits von sich aus die ihm einzig mögliche, weil prinzipiell obligat erscheinende Konsequenz gezogen:

»*Ich denke von der Bedeutung und der Würde des akademischen Lehramtes zu hoch, als daß ich dieses Amt ausüben könnte zu einer Zeit, in der mir, als Juden, die Mitarbeit an der deutschen Kulturarbeit bestritten oder in der sie mir, durch gesetzliche Maßnahmen, in irgend einer Hinsicht geschmälert oder verkürzt wird*«.[46]

Neben persönlichen Motiven war es nicht zuletzt die enge Verbundenheit mit der K.B.W., die ihn Großbritannien als Emigrationsland wählen ließ. Denn nach Rücksprache mit Fritz Saxl, der nach Warburgs Tod im Jahre 1929 die Leitung des Instituts übernommen hatte, stand fest, daß die K.B.W. in ihrer Einheit von Bibliothek und Personal, so lange dieses noch möglich war, Deutschland verlassen und einer Einladung der Londoner Universität folgen sollte. Fritz Saxl, Gertrud Bing und Edgar Wind waren zu diesem Schritt bereit, und bald darauf entschloß sich auch Ernst Cassirer, Alvin Johnsons Angebot aus New York, sich am Aufbau der New School for Social Research zu beteiligen, auszuschlagen, um stattdessen einen befristeten Lehrauftrag am All Souls College in Oxford anzunehmen.[47]

Anfang Mai 1933 verlor Hamburg den vielleicht bedeutendsten Philosophen, der dort je gelehrt hat, im Dezember dann eines der wohl renommiertesten und exklusivsten Zentren geisteswissenschaftlicher Forschung.[48] Doch während die K.B.W. mit London tatsächlich ein neues Domizil fand – The Warburg Institute ist schon seit langem ein fester Bestandteil des Londoner »academic life« – bedeutete für Cassirer die Emigration nach Großbritannien erst den Anfang einer langen Odyssee. Wenngleich man sich auch von beiden Seiten bemühte, den einst so engen Kontakt, um dessen Fortbestand Warburg damals so hart und erfolgreich gerungen hatte, aufrechtzuerhalten, so waren doch diese Zeiten der »gemeinsamen Sendung« unwiederbringlich vorbei. Walter Solmitz aber, der für Warburg und Cassirer geradezu zur Symbolfigur ihrer Nachfolge geworden war, blieb nur dank der Intervention der bereits in London ansässigen K.B.W. das Schicksal der meisten in Konzentrationslager Dachau Internierten erspart.[49]

Als man sich nach langer Zeit des Vergessens in Hamburg wieder an Cassirer und Warburg zu erinnern begann,[50] stellte man – auf Anregung von Eric M. Warburg – 1958 auch Warburgs Büste wieder auf, die zwischenzeitlich aus dem Kunsthallen-Pantheon verdienter Männer entfernt worden war. Es war das erste Mal, daß Gertrud Bing, die mittlerweile Fritz Saxls Nachfolge angetreten hatte, als Direktorin des Londoner Warburg Institute aus diesem Anlaß nach ihrer Emigration in Hamburg über Warburg sprach. Walter Solmitz, dem Eric M. Warburg die Publikation dieses Vortrages zusammen mit der feierlichen Ansprache nach Brunswick, Maine geschickt hatte, antwortete:

»*I was pleased with the talk itself, and the attractive form of publication, and I am glad to have the good photo of the bust. And I wanted to thank you very much for sending it to me.*

Moreover, and more important, I think 'The Professor' would have enjoyed the occasion and the event – and he would have approved of it. To be sure – he would have 'geschmunzelt' – ein 'Schmunzeln' and a smile with various layers of significance. Very much aware of the vanity and emptiness of mere *formal representation, he would have made some jokes, and, perhaps, spoken of the erection of his bust as of a 'transzendentalem Tafelaufsatz' as he did on some occasion on which somebody else received an honor. Also: he would have been aware of the 'danger' or 'risk' which easily goes with the external representation of spiritual energies – if and when they become just an image and a name: – because, 'human nature being what it is', people are apt to think they have 'it' when they have the image and the name. – At the same time, as a historian,* he *was the one to make clear that, even and just during and throughout the periods which were hostile or alien to spiritual and intellectual enlightement, it was in, and by, these externalizations and formalizations, 'Verhüllungen', 'Verkleidungen', 'Einkapselungen', that the 'seeds' were kept alive – capable to break through the shell, and to grow, and to spread new life when the climate would allow it again. – I like to think that the bust might fulfill such a function 'in due course'. The awareness of this the 'Schmunzeln' would have included; but also an 'I always told you so': viz. that one day the official recognition* would *come. And he* would have enjoyed the official recognition: no question about that – even if he accompanied it with a profoundly ironical smile, ironical, and kind, and warm at the same time. – The fact that 'Hamburg', and Heise, and the work of his wife, and 'Kunsthalle', and Bing, and the 'Institute' etc. etc. all 'came together' on that occasion – this fact would have mattered to him a great deal, and he would have appreciated warmly and gratefully the fact that this was begun and accomplished by his nephew – or, in other words, that 'the family' had done this.

    What I really had meant to write, however, was something else. I was much impressed, and really grateful for, the introductory remarks by Senator Biermann-Ratjen. It gave me 'a good feeling' that he expressed his gratitude not only to the family and to Saxl and Bing, but also to the <u>English</u> friends and helpers. That is important. Moreover, the fact that he stressed the '<u>Nicht vergessen</u>'. Both, my wife and I, feel very strongly that this 'Nicht vergessen!' applies not only to the Germans, but just as much to 'us', Jewish people and all others who suffered from the Nazi powers. Granted: our minds are, naturally, directed more towards the future than towards the past. The future is (and must be) more 'on our minds'. Still, what 'The Institute' can teach us is: <u>historical</u> consciousness ('Mnemosyne'), 'Eingedenk sein' des Vergangenen auch und gerade in Bezug auf die Zukunft. We cannot forget – and even if we can forget, and are inclined to forget: we <u>MUST</u> not forget (because we want to remain loyal to those who fought, and those who suffered, and who died). Die rechte Rück – sicht hilft der rechten Vor – sicht«.[51]

Anmerkungen

1   Nach eigenen Angaben begann Toni Cassirer im März 1948 mit der Niederschrift ihrer Memoiren; zu ihren Motiven vgl. T. Cassirer 1981, S. 7 – 10 sowie S. 339 – 341. – Das Manuskript war bereits im Dezember 1950 abgeschlossen. Bis zur Veröffentlichung 1981 kursierten die Memoiren in nur wenigen Exemplaren im engeren und weiteren Freundeskreis.

2   Zu den wenigen indirekt gehaltenen autobiographischen Hinweisen vgl. Cassirer, Mythus des Staates, S. 388: »Als wir zuerst die politischen Mythen hörten, fanden wir sie so absurd und unangemessen, so phantastisch und lächerlich, daß wir kaum dazu vermocht werden konnten, sie ernst zu nehmen. Jetzt ist es uns allen klar geworden, daß dies ein großer Fehler war«. Und ders. 1944, S. 126: »In our life, in the life of a modern Jew, there is no room left for any sort joy or complacency, let alone of exultation or triumph. All this has gone forever. No Jew whatsoever can and will ever overcome the terrible ordeal of these last years. The victims of this ordeal cannot be forgotten; the wounds inflicted upon us are incurable«.

3   Dessoir, Buch der Erinnerung, S. 182.

4   Vgl. hierzu Cassirer, Zur Einsteinschen Relativitätstheorie sowie T. Cassirer 1981, S. 135f.

5   Einstein, Brief an Marianne [= Toni] Cassirer, Princeton 1. 8. 1951, Beinecke Rare Book and Manuscript Library, New Haven, Nachlaß Ernst Cassirer, S. [1].

6   Zur Verbindung Cassirer – Cohen und Würdigung seines philosophischen Gesamtwerks vgl. Cassirer 1920 und ders. 1943; über Cohens Einstellung zum Judentum und seine nicht zuletzt aus diesem Grunde schwierige Position im akademischen Kräftefeld informieren Gay, Freud, Juden und andere Deutsche, S. 136 – 140 und Liebeschütz 1956, S. 222 – 229. – Auch lange nach Cohens Emeritierung im Jahre 1912 hatte Cassirer in Marburg »keine Aussicht« – so Heidegger in einem Brief an Jaspers im Zusammenhang mit der Diskussion um die Nachfolge von Nicolai Hartmann Mitte der 20er Jahre; vgl. Heidegger/Jaspers, Briefwechsel, S. 50. Allgemein zum Marbuger Klima in der philosophischen Fakultät und den dort praktizierten Berufungsgepflogenheiten vgl. Heideggers Korrespondenz mit Jaspers aus den Jahren 1926/27, ebd., S. 69: »Der eine Teil der Fakultät hat das einzige Prinzip: keinen Juden und möglichst einen Deutschnationalen; der

Kunst
Kultur
Wissenschaft

andere (Jaensch und sein Anhang): nur Mittelmäßiges und nichts Gefährliches«. Und ebd., S. 74: »Cassirer wird in der Einleitung der Liste ehrenhalber abgesägt. Was ich für Sie hätte erreichen können mit einiger Hilfe, wäre dasselbe Schicksal gewesen. [...] Und was das Schlimmste war – sachlich hatten die Herren gar kein Interesse – sondern es ging einzig darum, die deutschnationale und völkische Partei in der Fakultät zu stärken«.

7   Vgl. hierzu Gawronsky 1949, S. 15, 22. Georg Simmel erging es in Berlin ebenso.

8   Spätestens Anfang der 30er Jahre war die Wendung »Hamburger Schule« mit Cassirer als Begründer zum Begriff geworden. Vgl. hierzu Die Universität Hamburg, S. 50: »Wie man von einer Marburger Schule sprechen konnte, so nimmt heute die Hamburger Schule in der deutschen Philosophie einen führenden Platz ein«.

9   Eher das Gegenteil scheint der Fall gewesen zu sein; so soll er angeblich zu Beginn seiner Hamburger Zeit Mühe gehabt haben, bestimmten Vorurteilen gegen ihn als »Vetter des nicht allgemein beliebten Kunsthändlers Paul Cassirer« wirksam entgegenzutreten. Vgl. hierzu Dessoir, Buch der Erinnerung, S. 182.

10 Cassirer, Philosophie der symbolischen Formen, Bd. 1, S. Vf.

11 Er selber soll einmal behauptet haben, der Einfall dazu sei ihm 1917 in einer Berliner Straßenbahn gekommen, vgl. hierzu Gawronsky 1949, S. 25.

12 Sie erschien unter eben diesem Titel in drei Bänden zwischen 1923 und 1929 bei Bruno Cassirer, Berlin.

13 Saxl 1984, S. 442.

14 Vgl. hierzu Saxl 1949, S. 48.

15 Cassirer hat selber oft darauf hingewiesen, wie sehr ihn dieser erste Besuch der warburgischen Bibliothek beeindruckte. Vielleicht formulierte er aber die weitreichende Bedeutung dieses Novembervormittags für seinen weiteren philosophischen Werdegang nie eindeutiger als in einem Vortrag, den er 1936 im Londoner Warburg Institute hielt. Denn dort gestand er offen ein, daß es eben dieser erste Bibliotheksbesuch gewesen sei, der ihn dazu ermutigt habe, die von ihm schon seit langem geplante »Philosophie der symbolischen Formen« tatsächlich auch zu schreiben. Vgl. hierzu Cassirer 1979 (1), S. 90f.

16 Vgl. hierzu Cassirer 1979 (2), S. 16.

17 Vgl. hierzu Warburg, Gesammelte Schriften sowie Gombrich 1984. – Zu seinen 'allgemeinen Ideen', die zum größten Teil bis heute noch nicht publiziert vorliegen, vgl. vor allem Warburgs frühe Theoriefragmente wie »Grundlegende Bruchstücke zu einer pragmatischen Ausdruckskunde« (1888 – 1905) und »Symbolismus aufgefaßt als primäre Umfangsbestimmung« (1896 – 1901).

18 T. Cassirer 1981, S. 151.

19 Tagebuch der Kulturwissenschaftlichen Bibliothek Warburg V, 20.4.1928 – 12.7.1928 (Warburg Institute, London, Nachlaß Aby Warburg), Eintrag Warburg vom 9. 6. 1928.

20 Vgl. hierzu Vorträge der Bibliothek Warburg. 1923 – 1932.

21 Vgl. hierzu Studien der Bibliothek Warburg 1922 – 1932. Den bisher besten Überblick über die in den »Vorträgen« und »Studien« vorgelegte Forschung vermittelt, wenn auch mit Schwerpunkt auf religionswissenschaftliche Arbeiten, Kany, Die religionsgeschichtliche Forschung. Vgl. hierzu auch: Jesinghausen-Lauster, Die Suche nach der symbolischen Form und Landauer, The Survival of Antiquity.

22 Vgl. hierzu Cassirer, Die Begriffsform im mythischen Denken; ders. 1923; ders.: 1924 und ders., Sprache und Mythos. Eine ausführliche Auseinandersetzung mit Cassirers Schriften aus dieser Zeit bietet Ferrari 1986.

23 Warburg, Aby, Brief an Max M. Warburg, [Hamburg] 13. 6. 1928 (Warburg Institute, London, Nachlaß Aby Warburg), S. [1]; es heißt dort im Zusammenhang: »Vor etwa 22 Jahren, als ich zwischen 2 bis 3 Stühlen saß und nicht wußte, ob ich nach Florenz gehörte oder nach Hamburg, veranlaßte mich schließlich die Einsicht der Notwendigkeit einer besseren Ausbildung unserer jungen Kunsthistoriker dazu, auf ein Institut bewußt loszusteuern«.

24 Ebd., S. [1]f.

25 Vgl. hierzu Cassirer, Individuum und Kosmos, insbesondere den vorangestellten Dedikationsbrief an Warburg, der aber bereits am 13. 6. 1926 seinen 60. Geburtstag feiern konnte.

26 Vgl. hierzu Bing, Der Begriff des Notwendigen (ab 1922 bei der K.B.W., damals noch Bibliothek Warburg), Wind, Ästhetischer und kunstwissenschaftlicher Gegenstand sowie seine Habilitationsschrift: Das Experiment und die Metaphysik (er war Cassirers erster Dokto-

rand, ab 1928 bei der K.B.W.); vgl. hierzu auch Buschendorf 1985; Walter Solmitz' Dissertation unter Cassirer kam in erster Linie wegen der Ereignisse um 1933 nicht zustande (ab 1927 bei der K.B.W.; Noack, Die systematische und methodische Bedeutung des Stilbegriffs (er habilitierte sich 1928 ebenfalls bei Cassirer; ab 1927 bei der K.B.W.).

27 Warburg, Aby, Brief an Max M. Warburg. [Hamburg], 13. 6. 1928 (wie Anm. 23), S. III; es heißt dort im Zusammenhang: »Der Grundakt meines wissenschaftlichen Berufungsgefühles, der Wille zum Erkennen des Symbolischen, erhielt nun von Cassirer vorbildlichen Antrieb«.

28 Ebd., S. IIf.

29 Vgl. hierzu auch Buschendorf 1985, S. 176f. und 204 Anm. 51 – 54 sowie Landauer, The Survival of Antiquity, S. 205 – 207, die beide allerdings nicht auf die besondere Schlußpointe der Frankfurter Episode zu sprechen kommen.

30 Vgl. hierzu Kluke, Die Stiftungsuniversität Frankfurt, S. 539, woraus deutlich hervorgeht, daß Cassirer nicht, wie häufig zu lesen ist, die Nachfolge von Scheler antreten sollte. Zu den Einzelheiten der Berufung, vor allem der ungewöhnlichen Lukrativität der Frankfurter Offerte, ebd., S. 476 und 484 Anm. 58. – Auf Cornelius' Lehrstuhl wurde nach Cassirers Ablehnung Paul Tillich berufen, auf Schelers Ordinariat schließlich Max Horkheimer.

31 Vgl. hierzu Schivelbusch, Intellektuellendämmerung, insbesondere S. 14 – 26.

32 Vgl. hierzu T. Cassirer 1981, S. 164 – 179.

33 Tagebuch der K.B.W. V (wie Anm. 19), S. 65-67, Eintrag Warburg vom 30. 5. 1928.

34 Vgl. hierzu Warburgs Einträge Ende Mai bis Mitte Juni im Tagebuch der K.B.W. V (wie Anm. 19), S. 71 – 109, wo er ausführlich über seine Verhandlungen mit diversen anderen Rektoratsanwärtern berichtet.

35 Vgl. hierzu Warburg, Aby: Brief an Max M. Warburg. [Hamburg], 14. 6. 1928 (Warburg Institute, London, Nachlaß Aby Warburg), S. II.

36 Vgl. hierzu Landauer, The Survival of Antiquity, S. 206 Anm. 90.

37 Tagebuch der K.B.W. V (wie Anm. 19), S. 115, Eintrag Warburg vom 15. 6. 1928.

38 Edb., S. 97, Eintrag Warburg vom 9. 6. 1928.

39 A. Warburg, Brief an Max M. Warburg, [Hamburg] 13. 6. 1928 (wie Anm. 23), S. V.

40 Tagebuch der K.B.W. V (wie Anm. 19), S. 107/109, Eintrag Bing vom 12. 6. 1928.

41 Vgl. hierzu A. Warburg, Brief an Max M. Warburg, [Hamburg] 14. 6. 1928 (wie Anm. 35), S. [1]. Warburg gibt hier Cassirers Gesprächsbeitrag wieder.

42 Vgl. Warburg 1928. – Dieser Artikel fehlt in seinen Gesammelten Schriften heute, obwohl ihn Mitte der 30er Jahre ein Autor in denunzierender Weise noch danach zitiert.

43 Tagebuch der K.B.W. V (wie Anm. 19), S. 163/165, Eintrag Warburg vom 3. 7. 1928.

44 Vgl. hierzu Tagebuch der Kulturwissenschaftlichen Bibliothek Warburg VI, 13.7.1928 – 16.11.1928 (Warburg Institute, London, Nachlaß Aby Warburg), S. 26, Eintrag Warburg vom 23.7.1928.

45 Vgl. hierzu Cassirer, Die Idee der Republikanischen Verfassung sowie Tagebuch der K.B.W. VI (wie Anm. 44), S. 69, Eintrag Warburg vom 12. 8. 1928.

46 T. Cassirer 1981, S. 203. Kurze Zeit später wurde Cassirers Ordinariat aufgehoben und stattdessen ein Lehrstuhl für »Rassenbiologie« eingerichtet, vgl. hierzu Krause 1985, S. 26.

47 Cassirers ehemaliger Assistent Hermann Noack blieb in Hamburg. Zusammen mit Joachim Ritter und zahlreichen Vertretern des derzeitigen akademischen Establishments, wie auch solchen, die es in Kürze zu werden hofften, unterzeichnete er im November 1933 das »Bekenntnis« zu Hitler; zwei Jahre später wurde er Mitglied der NSDAP und wiederum zwei Jahre darauf als Professor für Philosophie an der nun »Hansischen Universität« verbeamtet. Vgl. hierzu Laugstien: Philosophieverhältnisse, S. 206.

48 Vgl. hierzu Wuttke 1984.

49 Zur Biographie und zum Schicksal des heute nahezu vergessenen Philosophen Walter Solmitz vgl. Memorial Service for Walter M. Solmitz.

50 Vgl. hierzu Aby M. Warburg, Vortrag G. Bing sowie Ernst Cassirer zum Gedächtnis. – Der Autor der ersten in einer philosophischen Fachzeitschrift erschienenen »Würdigung« von Cassirers Werk, die in Deutschland nach 1945 publiziert wurde, war Hermann Noack, vgl. hierzu Noack 1954.

51 W. Solmitz, Brief an Eric M. Warburg. Brunswick 7.9.1959 (Warburg Institute, London, Nachlaß Aby Warburg), S. 2 – 6.

Kunst
Kultur
Wissenschaft

Literatur

Bei den Zitaten aus unveröffentlichten Quelle wurden Orthographie und Interpunktion durchgehend modernisiert, Abkürzungen, soweit möglich, aufgelöst und Korrekturen offensichtlicher Fehler stillschweigend vorgenommen. Dem Warburg Institute, London, und der Beinecke Rare Book and Manuscript Library, New Haven, sei an dieser Stelle für die Genehmigung gedankt, aus den verschiedenen Nachlässen zu zitieren.

Bing, Gertrud: Der Begriff des Notwendigen bei Lessing. Ein Beitrag zum geistesgeschichtlichen Problem Leibniz – Lessing. Diss. Hamburg 1921

Cassirer, Ernst: Zur Einsteinschen Relativitätstheorie. Erkenntnistheoretische Betrachtungen. Berlin 1921

Ders.: Die Begriffsform im mythischen Denken. Leipzig – Berlin 1922

Ders.: Philosophie der symbolischen Formen, 3 Bde. u. Index. Berlin 1923/1925/1929/1931

Ders.: Sprache und Mythos. Ein Beitrag zum Problem der Götternamen. Leipzig – Berlin 1925

Ders.: Individuum und Kosmos in der Philosophie der Renaissance. Leipzig – Berlin 1927

Ders.: Die Idee der Republikanischen Verfassung. Rede zur Verfassungsfeier am 11. August 1928. Hamburg 1929

Ders.: Die Platonische Renaissance in England und die Schule von Cambridge. Leipzig – Berlin 1932

Ernst Cassirer zum Gedächtnis. Hamburg 1955

Ders.: Der Mythus des Staates. Philosophische Grundlagen politischen Verhaltens. Frankfurt/M. 1985

Dessoir, Max: Buch der Erinnerung. Stuttgart 1947[2]

Gay, Peter: Freud, Juden und andere Deutsche. Herren und Opfer in der modernen Kultur. München 1989

Heidegger, Martin/Jaspers, Karl: Briefwechsel 1920 – 1963. Hg. v. W. Biemel u. H. Saner. Frankfurt/M. – München – Zürich 1990

Jesinghausen-Lauster, Martin: Die Suche nach der symbolischen Form. Der Kreis um die Kulturwissenschaftliche Bibliothek Warburg. Baden-Baden 1985

Kany, Roland: Die religionsgeschichtliche Forschung an der Kulturwissenschaftlichen Bibliothek Warburg. Bamberg 1989

Kluke, Paul: Die Stiftungsuniversität Frankfurt am Main 1914 – 1932. Frankfurt/M. 1972

Krois, John M.: Cassirer. Symbolic Forms and History. New Haven – London 1987

Landauer, Carl H.: The Survival of Antiquity. The German Years of the Warburg Institute. Diss. Yale 1984

Laugstien, Thomas. Philosophieverhältnisse im deutschen Faschismus. Hamburg 1990

Lipton, David R.: Ernst Cassirer: The Dilemma of a Liberal Intellectual in Germany, 1914 – 33. Toronto – Buffalo – London 1978

Noack, Hermann: Die systematische und methodische Bedeutung des Stilbegriffs. Diss. Hamburg 1923

Schivelbusch, Wolfgang: Intellektuellendämmerung. Zur Lage der Frankfurter Intelligenz in den zwanziger Jahren. Frankfurt/M. 1982

Memorial Service for Walter M. Solmitz, October 3, 1962. Brunswick/Maine 1962

Studien der Bibliothek. Hrsg. v. F. Saxl. 25 Bde. (davon nicht erschienen Bd. XI, XV, XXI, XXV). Leipzig – Berlin 1922 – 1932

Die Universität Hamburg. Düsseldorf 1931

Vorträge der Bibliothek Warburg. Hrsg. v. F. Saxl. 9 Bde. (1921/22 – 1930/31). Leipzig – Berlin 1923 – 1932

Aby M. Warburg. Vortrag von Frau Professor Dr. Gertrud Bing anläßlich der feierlichen Aufstellung von Aby Warburgs Büste in der Hamburger Kunsthalle am 31. Oktober 1958 mit einer vorausgehenden Ansprache von Senator Dr. Hans H. Biermann – Ratjen. Hamburg 1958

Warburg, Aby: Gesammelte Schriften. Die Erneuerung der heidnischen Antike. Kulturwissenschaftliche Beiträge zur Geschichte der europäischen Renaissance. Unter Mitarbeit v. Fritz Rougemont hg. v. Gertrud Bing, 2 Bde. Leipzig – Berlin 1932

Wind, Edgar: Ästhetischer und kunstwissenschaftlicher Gegenstand. Ein Beitrag zur Methodologie der Kunstgeschichte. Diss. Hamburg 1922

Ders.: Das Experiment und die Metaphysik. Zur Auflösung der kosmologischen Antinomien. Tübingen 1934

»Noch ein weiterer Jude ist natürlich ausgeschlossen«

William Stern und das Psychologische Institut der Universität Hamburg

Helmut E. Lück

Die Gründung der Universität Hamburg im Jahr 1919 dürfte zu einem nicht unbedeutenden Teil der Initiative eines Wissenschaftlers zu verdanken sein, der sich so erinnerte:

»*Als im November 1918 die Heeresmassen zurückströmten, kam mir in einer schlaflosen Nacht unvermittelt der Gedanke: Jetzt kehren auch die vielen studierenden Söhne von Hamburger Familien zurück; diese können in ihrer Heimat festgehalten werden durch eine Notgründung. Am folgenden Tage schlug ich den anderen Professoren des Kolonialinstituts und Vorlesungswesens vor, daß wir Professoren privatim Universitätskurse für die Heimkehrer veranstalten sollten; der Vorschlag fand Zustimmung, und im Jahr 1919 nahmen bereits diese Kurse, unabhängig von irgendeiner amtlichen Sanktion, ihren Anfang. Der Zulauf war überraschend; das Bedürfnis war erwiesen, und nun gelang es binnen kurzem, die professionelle Privatunternehmung durch eine staatliche zu ersetzen*«.

Diese Worte stammen von dem Hamburger Philosophen und Psychologen William Stern.[1] Wer war dieser Mann?

Zur Biographie William Sterns

Louis William Stern (den Vornamen Louis ließ Stern später fallen) wurde am 29. April 1871 als einziger Sohn des Kaufmanns Sigismund Stern und seiner Frau Rosa in Berlin geboren.[2] William Stern entstammte einer deutsch-jüdischen Familie, deren Stammbaum bis zum Beginn des 18. Jahrhunderts zurückreichte. William Sterns Großmutter stammte von Veitel Heine Ephraim (1703–1775) ab, der Bankier Friedrichs des Großen gewesen war.[3] Sterns Großvater Sigismund Stern war Historiker und Pädagoge. Er hatte an der Universität Berlin promoviert und in Berlin eine reformierte jüdische Gemeinde mitbegründet. Günther Anders, der Sohn von William Stern, schrieb:

»*Mein Urgroßvater und seine Freunde erbauten sich einen Tempel, den sie am Sonntag statt am Freitagabend besuchten; bei dessen*

William Stern

Kunst
Kultur
Wissenschaft

Betreten sie, den zweitausendjährigen Bräuchen zuwider, ihr Haupt entblößten; um dann, statt einem hebräischen Gottesdienst, einer deutschsprachigen Predigt zu lauschen; und wo sie, statt den Kantor seinen orientalisch-monodischen Gesang singen zu lassen, vierstimmige (übrigens von dem jungen Meyerbeer komponierte) Choräle anstimmten, die in jeder protestantischen Kirche hätten erklingen können«.[4]

So wird verständlich, daß William Stern sich zunächst als Deutscher und erst in zweiter Linie als Angehöriger der jüdischen Konfession verstand. Über die Symbiose der »deutschen Juden« sagt Anders:

»Mit weltgeschichtlichen Maßstäben gemessen, hat diese Symbiose zwar nicht besonders lange gedauert, kaum hundert Jahre, viel kürzer als die mit anderen Völkern. Aber für unsere Eltern und Großeltern war diese Symbiose [...] ganz selbstverständlich gewesen, so selbstverständlich, als hätte sie seit Urzeiten bestanden. [...] Und wenn mein Vater betonte – und das hat er immer getan, wenn die Rede auf jüdische Fragen kam –, daß er sich ungleich mehr deutsch als jüdisch fühle, dann hat er ganz gewiß die Wahrheit gesprochen«.[5]

Sterns nationale Gesinnung zeigt sich deutlich in einem Brief, den er seinem Freund, dem Freiburger Philosophen Jonas Cohn in den Wochen nach der Revolution von 1918 in Hamburg schrieb. Am 2. Januar 1919 heißt es:

»Ist mein letzter Brief aus den Anfängen der Revolution eigentlich in Deine Hände gekommen? Inzwischen ist der hohe Schwung, in den uns jene Tage trotz allem versetzt hatten, doch sehr erlahmt; die Tatsache, daß sich das Neue bisher nur in blinder Zerstörungswut, doktrinärer Schwäche und völligem Bankerott des Vaterlandsgefühls bekundet, und die Düsternis, in die unsere nächste Zukunft gehüllt ist, machen es einem bitterschwer zu erkennen, daß positiv Großes und Schöpferisches im Werden ist. Meine ganze Hoffnung ruht auf der Jugend, die jetzt unbefangen und unbelastet mit neuen Idealen ins Leben tritt. Ich habe soeben einen kl. Aufsatz »Verjüngung« geschrieben, der dieser Hoffnung Ausdruck gibt; er wird in ZPdPs[6] *u. dann als Flugschrift erscheinen.*

Zu positiv schaffendem Arbeiten fehlt jetzt die Stimmung und Zeit; ich jage von Sitzung zu Versammlung und von Besprechung zu Sitzung. Ich bin im »Lehrerrat«, der alle pädag. Reformen durchberät; dort gilt es ebenso gegen erstarrte Reaction wie gegen wildesten Radikalismus zu kämpfen; schlimm, daß dieser Gegensatz zum großen Teil mit dem vom Oberlehrer u. Volksschullehrer zusammenfällt. Die ganze Schulverwaltung wird demokratisiert, Schulgemeinden u. Elternräte geschaffen, der Rel.-Unterr. kurzer Hand abgeschafft, die Einheitsschule in endlosen Sitzungen vorbereitet.

Dann sind auf meinen Anstoß hin hier von uns Professoren regelrechte Universitäts-Kurse für die vielen heimgekehrten Studenten geschaffen worden – auch ziemlich revolutionär, ohne erst den Instanzenweg zu durchlaufen; Montag fangen sie an; u. so kommen zu den laufenden Vorlesungen noch 4 Wochenstunden All. Gesch. d. Philos.. Ich bin aber von Herzen froh, nach 3jähriger Karenz wieder vor Studenten lesen zu können.

Und so arbeitet man denn, so viel und so gut man kann – und dabei fühlt man immer hinter sich das graue Gespenst von Bolschewismus, feindlicher Besetzung und – was mir der stärkste, unüberwindliche Schlag wäre – Zerfall des Vaterlandes! Hoffen wir, daß uns, die wir Altersgenossen des Reiches sind, wenigstens dies erspart bleibt«.[7]

William Stern hatte bereits im Alter von 17 1/2 Jahren in seiner Heimatstadt mit dem Studium der Philosophie und Psychologie begonnen, 1892 promovierte er bei Hermann Ebbinghaus. Eckardt hat herausgestellt, daß Stern während seines Studiums mit gegensätzlichen Lehrauffassungen konfrontiert wurde.[8] Die bedeutende Auseinandersetzung zwischen Wilhelm Dilthey und Hermann Ebbinghaus zur Methodologie der Psychologie fällt in Sterns Studienjahre. Später versuchte Stern, »*mit dieser 'Krisen'-Situation fertig zu werden, indem er vermittelnde Positionen bezog und Synthetisierungsversuche unternahm*«.⁹

William Stern war ein außerordentlich vielseitiger und aktiver Forscher, der neben empirischen Forschungsinteressen durchaus Neigungen zum Spekulativen zeigte – etwa in seiner Begeisterung für Gustav Theodor Fechner.¹⁰ Stern begründete den »Kritischen Personalismus« auf der Grundlage der von ihm entwickelten »Differentiellen Psychologie«. Der Begriff »Intelligenzquotient« und die Methode der Berechnung des Quotienten stammen von ihm.

In Hamburg gelang Stern der Ausbau eines der bedeutendsten psychologischen Institute der Weimarer Zeit. Unter dem Druck der Rassengesetze emigrierte das Ehepaar Stern 1933 über die Niederlande in die USA. William Stern starb am 27. März 1938 in Durham, North Carolina. Clara Stern überlebte ihren Mann um ein Jahrzehnt.

Stern gehört heute zu den bekannten und bedeutenden Psychologen. Sein Name wird immer wieder zitiert, wenn es um Fragen der Intelligenzdiagnostik, Entwicklungspsychologie, Psychologie der Zeugenaussage, ja sogar der Ökologischen Psychologie geht. Aber: »*Dieses Werk wirkt in der Psychologie unserer Zeit wie ein verlassener Steinbruch*«.¹¹ Es wäre gewiß angemessen, Sterns Leistungen im Zusammenhang neu zu sehen. So kann man durchaus von der »*verborgenen Aktualität William Sterns*« sprechen.¹²

William Stern und die Blütezeit des Hamburger Psychologischen Instituts

Es war nicht zuletzt der Volksschullehrerschaft zu verdanken, daß im Jahr 1911 in Hamburg der erste Lehrstuhl für »Philosophie insbesondere Psychologie« eingerichtet und mit Ernst Meumann (1862–1915) besetzt wurde.¹³ Meumann, ein Schüler Wilhelm Wundts, galt als führender Vertreter der Jugendpsychologie und der experimentellen Pädagogik. (Von Meumann stammt übrigens der Begriff »Der Jugendliche« – eine Wortschöpfung, die schnell in den allgemeinen Sprachgebrauch überging.)

Meumann starb überraschend früh. Bei der Wiederbesetzung des Lehrstuhls fiel die Wahl auf Stern, der zuvor 19 Jahre in Breslau gearbeitet und gelehrt hatte. Nicht unerheblichen Einfluß für die Berufung hatte wohl ein Gutachten des Würzburger Psychologen Oswald Külpe, der über Stern treffend schrieb:

»*Sein ganzes Streben geht dahin, den Machtfaktor naturwissenschaftlicher Erkenntnisse als integrierenden Bestandteil in ein System aufzunehmen, das dennoch idealistische Grundanschauungen voll bewahrt*«.¹⁴

Stern übernahm nach Meumanns Tod auch dessen Zeitschrift. In einem Brief Sterns an seinen Freund Jonas Cohn vom 11. Januar 1916 heißt es:

»*Die wissenschaftl. u. Institutsverhältnisse hat Meumann in ziemlicher Verwirrung zurückgelassen, da wird es viel Arbeit geben, Ordnung hineinzubringen. [...] M. hat trotz seines Riesengehalts (meins ist unvergleichlich geringer) nichts gespart, so daß seine Schwester unversorgt zurückblieb. Sie wird bibliothekarisch im Seminar beschäftigt, vorläufig mit der Ordnung der Meumannschen Bibliothek, die dieser dem Seminar vermacht hat. Vertraulich teile ich Dir mit, daß ich noch eine andere Nachfolge M´s übernehmen werde: in der Redaction der Zeitschr. f. päd. Psychol. Meine Zeitschrift behalte ich dabei u. werde für eine reinliche Scheidung der Programme Sorge tragen*«.¹⁵

War Meumann noch dezidierter Gegner der Gründung einer Hamburger Universität gewesen, so war Stern nicht nur ihr Befürworter, sondern eine treibende Kraft, die in vielen

Kunst
Kultur
Wissenschaft

Gremien mitwirkte, z.B. bei der Berufung eines Philosophen. Am 22. Mai 1919 schreibt Stern vertraulich an seinen Freund, den er gern auf einem Lehrstuhl für Philosophie in Hamburg gesehen hätte.

»Noch sind wir mit unseren Beratungen nicht fertig, aber soviel kann ich Dir doch schon in Vertrauen mitteilen, daß wir wohl Cassirer an erster Stelle nennen werden! Daß dies möglich ist, gehört mit zu den erfreulichen Erlebnissen, die ich im Universitätsleben bisher hatte. [...] Noch fehlt freilich die Zustimmung der Gesamtfakultät. Ferner ergab sich Görlands Name von selbst, schon mit Rücksicht auf seine lange freiwillige Dozententätigkeit am Vorlesungswesen.[16] Das gab eine hervorragende Beurteilung. Der dritte Name steht noch nicht fest; noch ein weiterer Jude ist natürlich ausgeschlossen«.[17]

Der von Stern favorisierte Neukantianer Ernst Cassirer wurde bereits im Juni 1919 nach Hamburg berufen. Er war – wie Stern – Jude und emigrierte – wie Stern – in die USA, wo er 1945 starb. Cassirers wissenschaftstheoretische Arbeiten hatten auf die Psychologie beträchtlichen Einfluß. Im akademischen Jahr 1929/30 war Cassirer Rektor der Universität Hamburg – der erste und vermutlich einzige jüdische Rektor der Weimarer Zeit.

Mehrfach hat William Stern ausführlich über das von ihm geleitete Psychologische Institut Bericht abgelegt.[18] Diese Berichte zeugen von einer beachtlichen Expansion und von einer ungewöhnlichen Vielseitigkeit der Forschungs- und Lehraktivitäten des Instituts. Diese Vielseitigkeit ist von Stern aber beabsichtigt; er sieht sie als Beitrag zur Überwindung der schon damals diskutierten »Krise der Psychologie« an.

Die Atmosphäre des Instituts hat Fritz Heider, der kürzere Zeit Assistent bei Stern war, anschaulich beschrieben:

»Alles in allem scheint mir, daß ich großes Glück hatte, dieses goldene Zeitalter in der Geschichte dieses Instituts mitzuerleben, in dem damals ein besonders guter Geist herrschte. Die älteren Leute schienen aufrichtig an den Arbeiten der jüngeren interessiert, die ihnen ihrerseits viel Hochachtung entgegenbrachten. Stern und Cassirer kamen gut miteinander aus, und auch zwischen den Assistenten schien es so etwas wie kleinliche Eifersüchteleien und kindische Streitereien nicht zu geben. Von Zeit zu Zeit fanden freie Diskussionsabende statt, an denen die älteren Studenten, Assistenten und manche Professoren teilnahmen [...] Wir hatten auch Verbindung mit dem berühmten Biologen Jakob von Uexküll, der damals in Hamburg lehrte und gerne mit Psychologen debattierte. Seine Auffassung von Biologie kam unseren Interessen sehr nahe«.[19]

Im Jahr 1931 tagte in Hamburg die Deutsche Gesellschaft für Psychologie. An dem Kongreß, den Stern mit seinen Mitarbeitern ausgerichtet und durch mehrere Ausstellungen ergänzt hatte, nahmen 864 Personen teil, also weit mehr, als die Gesellschaft überhaupt Mitglieder (339) hatte.[20] Der Kongreß wurde ein beachtlicher Erfolg für eine Disziplin, die bislang kaum als Profession gelten konnte: Berufsfelder für Psychologen gab es kaum; der heute übliche Studienabschluß des Diplompsychologen wurde erst mehr als ein Jahrzehnt später eingeführt.

Stern hatte 1904 zu den Gründungsmitgliedern der Gesellschaft gezählt, ab 1921 gehörte er zum Vorstand, 1929 war er zum stellvertretenden Vorsitzenden gewählt worden; durch die Mitgliederversammlung beim Hamburger Kongreß wurde Stern zum Vorsitzenden der Gesellschaft gewählt. William Stern hatte nun den Höhepunkt seiner akademischen Laufbahn erreicht. Zu seinem 60. Geburtstag – vierzehn Tage nach dem Hamburger Kongreß – konnte Stern eine stattliche Festschrift in Empfang nehmen.

Im Herbst 1933, also zwei Jahre später, tagte die Deutsche Gesellschaft für Psychologie in Leipzig. Sterns Name war kurzerhand aus dem Mitgliederverzeichnis gestrichen worden. Der neue Vorsitzende der Gesellschaft, Felix Krueger, erwähnte in seiner Rede Stern nicht einmal mehr namentlich. Stern durfte das von ihm ausgebaute Institut nicht mehr betreten. Die von Stern herausgegebenen Zeitschriften und Schriftenreihen wurden eingestellt oder von anderen Personen fortgeführt.

Zu William Sterns Forschungsleistungen

Wenn William Stern heute in erster Linie als Entwicklungspsychologe und als Begründer der Differentiellen Psychologie gewürdigt wird, so kommt dabei leicht ein wenig zu kurz, daß Stern eine experimentalpsychologische Ausbildung hatte und in den ersten Jahren seiner wissenschaftlichen Arbeit Beiträge zur Allgemeinen Psychologie leistete. Unter dem Einfluß der Lehrer und Kollegen Hermann Ebbinghaus, Carl Stumpf und Friedrich Schumann entstanden mehrere Arbeiten Sterns über die Wahrnehmung von Helligkeitsveränderungen, Bewegungen und Tonhöhenveränderungen. Zu nennen ist der sog. »Tonvariator«, den Stern zusammen mit dem Mechaniker der von Arthur König geleiteten Physikalischen Abteilung des Physiologischen Instituts entwickelte.[21]

Stern arbeitete später kaum noch experimentell; seine theoretischen Arbeiten stellen jedoch den Wert des psychologischen Experimentes in einer Weise heraus, die heute sehr modern anmutet.[22]

Wenn heute der Name William Sterns in der Psychologie erwähnt wird, so meist wegen seiner entwicklungspsychologischen Studien, von denen er mehrere gemeinsam mit seiner Frau Clara Stern (geb. Josephy) durchführte. Sie war zwar keine ausgebildete Psychologin, leistete jedoch weit mehr als nur Hilfsdienste. Die Kindertagebücher für die drei Kinder Hilde (*1900), Günther (*1902) und Eva (*1904), wurden von dem Forscherehepaar Stern für entwicklungspsychologische Fragestellungen genutzt.

(Hilde besuchte zu Gertrud Bäumers und Helene Langes Zeiten die Frauenschule in Hamburg und wurde Sozialfürsorgerin. Günther Stern änderte seinen Namen in Günther Anders; unter diesem Namen entstanden seine moralphilosophischen Arbeiten. Eva Michaelis-Stern arbeitete u.a. für eine jüdische Organisation, die Kinder aus Nazi-Deutschland rettete).

Nach einer Odyssee der erhaltenen Tagebücher ist inzwischen an der Technischen Universität Braunschweig eine Transkription der Tagebücher erfolgt, auf deren Grundlage weitere Untersuchungen, insbesondere zur Sprachentwicklung erfolgen.[23]

Sterns »Differentielle Psychologie« fand ihre späte und reifste Form in der Lehre vom »Kritischen Personalismus«. Ein Kernstück dieser in mehreren Büchern dargelegten Theorie ist das »Konvergenzprinzip«. Das Verhalten eines Menschen sei niemals lediglich allein das Ergebnis von Außeneinflüssen oder von Begabungen, sondern erst im Zusammentreten von Ererben und Erwerben trete das Seelenleben hervor. Die Welt sei für die Person zwar Nicht-Ich, also Außenwelt, sie sei aber auch »Um«-Welt: Anreiz und Werkzeug persönlichen Wirkens, Hilfsmittel persönlicher Gestaltung. Die Person bedürfe der Welt, um sich zu vollenden.

Mit dem Konvergenzprinzip – später als Kräfteparallelogramm von Anlage und Umwelt veranschaulicht – nimmt Stern also eine vermittelnde Position ein, betont aber (z.B. im Gegensatz zum Behaviorismus) die zielstrebige individuelle Einheit der Person.

Die akademische Psychologie eines Wilhelm Wundt hatte sich gegenüber angewandt-psychologischen Fragestellungen sehr abstinent verhalten. Es waren erst die Wundt-

Schüler Münsterberg, Meumann, Moede und Külpe, aber eben auch Wissenschaftler wie William Stern, die die Brauchbarkeit der Psychologie, ihrer Theorien und Methoden unter Beweis stellten und damit einen wesentlichen Beitrag zur Professionalisierung der Psychologie leisteten. »Psychotechnik« nannte Stern jene Psychologie, die Hilfsmittel zur Menschenbehandlung bereitstellen und so praktische Probleme lösen helfen sollte. Der Begriff setzte sich (vor allem durch Hugo Münsterberg) schnell durch.

Zusammen mit Otto Lipmann begründete Stern bereits 1907 ein »Institut für angewandte Psychologie und psychologische Sammelforschung«, das sich der Aufgabe der Sammlung psychologischer Dokumente wie Tests, Kinderzeichnungen usw. verschrieben hatte, jedoch auch Tests entwickelte und Schriften herausgab. Stern untersuchte aber auch als erster mit wissenschaftlichen Methoden die Glaubwürdigkeit von Zeugenaussagen und führte hierzu Experimente durch. In Gerichtsverfahren wurde Stern als Sachverständiger tätig. (Auf die Kontroverse zwischen Stern und dem Psychiater Albert Moll kann hier leider genausowenig eingegangen werden wie auf William Sterns kritische Einstellung zur Psychoanalyse, insbesondere zur psychoanalytischen Behandlung von Kindern). Die Bedeutung von Raum und Zeit hatte in Sterns Theorie einen wichtigen Platz. Sterns Assistentin Martha Muchow führte 1931 in Hamburg Untersuchungen über Kinder in der Großstadt durch; sie ermittelte u.a. empirisch die Streifzüge der Kinder in die Umgebung[24] und legte mit diesen Untersuchungen ein Fundament zur Ökologischen Psychologie.

William Sterns Verhältnis zum Judentum

Fachwissenschaftliche Diskussionen neigen dazu, das wissenschaftliche Werk eher vom Forscher losgelöst zu betrachten, so daß bei der Beurteilung von Theorien, Methoden und Forschungsergebnissen die Umstände der Entstehung der wissenschaftlichen Leistungen nur wenig bedacht werden. Dies gilt auch für die Psychologie, die sich mit der Geschichte ihrer Disziplin erst seit ein paar Jahren intensiver auseinandersetzt; dies gilt besonders für die Tatsache, daß ein nennenswerter Teil bedeutender Psychologen Juden waren und in ihrem Denken und Handeln mehr oder weniger dem jüdischen Kulturkreis und der jüdischen Religion verpflichtet waren; und dies gilt auch für William Stern.

In kurzer Zeit hatten die deutschen Juden den Sprung von einer benachteiligten Randgruppe in die Mittelschicht und in Zentren der Bildung und Wissenschaft und Kultur geschafft. Trotzdem erreichte diese breitere Schicht von deutschen Juden nicht die vollständige Gleichstellung zu den christlichen Deutschen, auch nicht, als (im Geburtsjahr William Sterns) die Gleichberechtigung der Juden in der Verfassung des neuen Deutschen Reiches verankert wurde. Die konservative christliche Oberschicht hielt Juden immer noch von höheren Positionen in Justiz, Militär, Diplomatie und Wissenschaft fern. Den Juden selbst gelang aus verschiedenen Gründen nicht, die zugestandenen Rechte auch einzuklagen und durchzusetzen.

Der Tatbestand der erzwungenen Emigration deutsch–jüdischer Wissenschaftler und der Auswirkung der Emigration auf die Wissenschaftsentwicklung ist allerdings Gegenstand von Untersuchungen gewesen.[25] In der Psychologie waren es etwa ein Drittel der an den Universitäten lehrenden Fachvertreter, die die Hochschule aufgrund der Rassengesetze verlassen mußten, unter ihnen die führenden Köpfe der Berliner Schule der Gestaltpsychologie, aber eben auch der Hamburger Psychologe William Stern.[26]

Bei vielen in die Emigration gezwungenen Juden führten die Nazizeit und die Emigration zu einer Profilierung der eigenen jüdischen Identität. Welches Verhältnis hatte Stern selbst zum Judentum? Sieht man die Bibliographie der großen Anzahl von Veröffentlichungen Sterns durch,[27] so läßt sich (im Gegensatz etwa zu David Katz oder Kurt Lewin) aus keinem einzigen Titel die Auseinandersetzung Sterns mit spezifischen Fragen des Judentums, jüdischer Erziehung oder der jüdischen Mythologie erkennen. Dies ist an sich schon bezeichnend; so kann Stern auch nicht als jüdischer Wissenschaftler gelten, wenn man darunter Autoren versteht, die sich spezifisch mit dem Judentum auseinandergesetzt haben. Schon 1915 hatte Eduard Spranger im Zusammenhang mit der Berufung Sterns nach Hamburg geschrieben:

» Wenn er nicht längst Ordinarius ist, so liegt das wohl daran, daß er Jude ist. Doch tritt dies, wie auch seine persönlichen Bekannten versichern, in seinem Wesen nirgends störend hervor. Will man ganz sachlich sein, so sollte man daran keinen Anstoß nehmen«.[28]

Sterns Verhältnis zum Judentum wird nicht einmal in seiner Autobiographie (1927) deutlich, man kann es aber recht gut abschätzen, wenn man auf seine Korrespondenz, auf die Erinnerungen der Kinder Günther und Eva an ihren Vater[29] und auf ein »Knabentagebuch« zurückgreift, das William Stern 1925 veröffentlichte. Zwar schrieb Stern hierzu, der Tagebuchschreiber – durchgehend mit »A«. bezeichnet – müsse anonym bleiben; er sei ein guter Bekannter aus seiner Jugendzeit.[30] Die nähere Betrachtung zeigt jedoch, daß es William Stern selbst war, der dieses Jugendtagebuch verfaßt hatte[31] und nach fast 40 Jahren »*in psychologischer Bearbeitung*« herausgab. Es erscheint so fast als symbolisch, daß Stern sein eigenes Verhältnis zum Judentum in anonymisierter Form darlegt. Stern schreibt über die Familie des Tagebuchschreibers, sie sei jüdisch, fühle sich aber seit Generationen zum Deutschtum gehörig und der reformierte Gottesdienst, zu dem A. in jenen Jahren fast jede Woche ging, habe sonntags (!) in deutscher Sprache stattgefunden.[32] »*In der Familie selbst gab es keine rituellen Gebräuche und keine religiösen Sitten mehr.*[33] *Der Tagebuchschreiber A.* (also Stern selbst) *habe in seinem Tagebuch über den Religionsunterricht mit viel größerer Ausführlichkeit als etwa über den Schulunterricht berichtet«*.[34] Allerdings sei A.´s Interesse für Religion »*stark intellektualistisch gefärbt*«[35] gewesen.

» Die Gefühlstiefen religiösen Erlebens blieben ihm zunächst noch ebenso fremd, wie die großen weltanschaulichen Hintergründe der Religion. Er interessiert sich für die historischen Vorgänge, für die moralischen Forderungen, für den gedanklichen Inhalt der Religion und für den pädagogischen Aufbau des Unterrichts; aber auch äußerliche Dinge [...] werden berichtet, nicht selten auch kritisiert. Denn sein zum Kritteln neigender Geist kommt auch nicht im Gotteshaus zum Schweigen«.[36]

Die Assimilation, wie sie auch William Stern vollzogen hatte, war jedoch nicht vollständig. Aus innerer Überzeugung ging Stern z.B. nicht so weit, sich taufen zu lassen. Auf die Frage, warum sein Vater sich nicht habe taufen lassen, antwortete Günther Anders so:

» Diese Frage ist sehr berechtigt. Das ist nicht nur für Sie, den Nichtjuden, schwer verständlich, sondern auch für mich. Denn er ist, trotz seiner Distanzierung vom Ostjudentum, niemals auf den Gedanken gekommen, niemals in die Versuchung geraten, sein Judentum – worin immer das bestanden haben mag – aufzugeben. Das wäre ihm als ein unwürdiger Preis für mögliche Ehrenstellen vorgekommen. In der Tat hat er das Angebot, das Ordinariat für Psychologie an der Universität Berlin zu bekommen, sofern er 'eine kleine Formalität' erledigte, schroff abgelehnt.[37] *Sie sehen: Die Rechnungen gehen nicht auf. Ein Minimum hielt er aufrecht. Sich Einsichten in die Situation zu verschaffen, das*

durfte er sich nicht leisten, das durfte er nicht wagen. Sein Weltbild (das 1933 zusammenbrach) konnte er nicht aufs Spiel setzen. Das Kommen der Nationalsozialisten hat er nicht nur nicht geahnt, sondern positiv verdrängt«.[38]

Sterns Position läßt sich vielleicht treffend mit dem Gedicht »Ein Deutscher Jude« von Joseph Herzfelder aus dem Jahr 1883 beschreiben:

»Er sprach: Warum ich nicht zerreiße
Zu meinem Volk das schwache Band?
Warum ich nicht die Gnadenspeise
Empfang' aus Eures Priesters Hand?
So fragt Ihr. – Soll ich frei vom alten,
Die Seel entweihn mit neuem Lug?
Wie Ihr zu kleindem Holze spalten
Das Kreuz daran man Christum schlug?

Ein Bürger sonnenhellrer Zeiten,
Die freilich noch die Wolke deckt.
Will ich durchs Leben rüstig schreiten,
Von Kreuz und Talmud ungeneckt.
Und wenn ich doch zu Juda stehe –
nicht jenes Glaubens morscher Kitt,
Uns bindet tausendjähr'ges Wehe,
Das blutig ihm ins Leben schnitt.

Ihr lächelt. – Sei es drum! Ich schlage
Doch Eure Geistesschlachten mit,
Und wer das deutsche Banner trage,
Ihm folg' ich freudig Schritt um Schritt.
Dein Boden gab mir Raum zur Wiege,
Gib mir zum Grab ein Fleckchen Sand,
Wenn ich dem letzten Kampf erliege,
Geliebtes Deutsches Vaterland!«[39]

Stern bewahrte also einen Rest seines Judentums, den er nicht preisgab. Aber er nahm auch eine antizionistische Position ein, die in einem Brief (25.3.1928) an seinen Freund Cohn deutlich wird, wenn er über seine Tochter Eva schreibt:

»Inzwischen waren auch Günther u. Eva hier eingetroffen, so daß die Familie einmal wieder vollständig beisammen war. Aber wir konnten uns dessen nicht rein freuen; denn Eva war nur hier, um letzte Reisevorbereitungen für – Palästina zu treffen! Obwohl sie sich in Berlin, wo sie im letzten Winter unterrichtet hatte, sehr wohl fühlte, hat sie doch dem unausrottbaren Trieb nach Zion nicht widerstehen können u. ein Engagement als Gymnastiklehrerin an eine große Erziehungsanstalt für Pogromwaisen [...] angenommen. Heut ist sie abgereist – es war für uns kein leichter Abschied. Aber wir hoffen doch, daß sie nicht endgültig dort bleiben wird; nach 1/2 Jahr will sie sich entscheiden«.[40]

Drastischer formuliert Eva Michaelis-Stern ihre Erinnerungen an die Einstellungen ihrer Eltern:

»Meine Eltern waren [...] todunglücklich über meinen Zionismus, und daß ich in einer zionistischen Jugendbewegung war, daß ich nach Palästina gehen wollte. Das war alles vollkommen gegen ihre Auffassung und gegen ihre Hoffnung, die sie auf mich gesetzt hatten«.[41]

Ob William Stern das Kommen der Nationalsozialisten wirklich verdrängt hat, wie Günther Anders in dem oben zitierten Interview sagte, läßt sich nicht mit letzter Sicherheit sagen. Bei einem Vergleich mit anderen jüdischen Psychologen, wie insbesondere dem weit jüngeren Kurt Lewin, der mit der Familie Stern befreundet war, fällt allerdings auf, wie zögerlich Stern auf die Naziherrschaft reagierte und wie viel Zeit er sich mit seiner Emigration ließ. Offensichtlich glaubte Stern – wie viele andere Juden auch – an ein schnelles Ende der Nazi-Regierung. Ernst Cassirers Frau Toni Cassirer hat Sterns Situation so beschrieben: »Der nächste Kollege von Ernst, der gütige, damals schon 62jährige Psychologe William Stern, konnte den Gedanken nicht fassen, daß er seine Studenten vor Beendigung der Abschlußprüfung verlassen sollte«.[42]

William Sterns Sohn hat in seiner Sicht herausgestellt, daß sich das Vertrauen seines Vaters in das Gute des Menschen im Jahr 1933 gerächt habe:

»Dem, was sich nun ereignete, stand mein Vater vollkommen unvorbereitet gegenüber. Als er von einem Tage zum anderen von seiner Lehrtätigkeit, von seinen Zeitschriftenredaktionen, seinem großzügig aufgebauten Hamburger Psychologischen Institut ausgeschlossen wurde, stürzte in ihm eine Welt zusammen«.[43]

Am 1. September 1933, also kurz vor der »Reichskristallnacht« schreibt Stern – nunmehr nur noch in Andeutungen – an Jonas Cohn über die Situation an der Universität Hamburg:

»Dass die Bestimmungen über Vereinfachung und Verwaltung an der hiesigen Universität grosse Änderungen bedingen, hast Du wohl gelesen. Neuerdings sind zu den schon früher bekannten Namen noch unser Dekan und drei Staatsrechtler, darunter Mendelssohn an die Reihe gekommen. Auch bei den Medizinern steht wohl noch das eine oder andere bevor. Aus dem hiesigen Institut scheidet außer Fräulein M. alles aus; vermutlich wird es eine kommissarische Verwaltung von pädagogischer oder sonstiger Seite erhalten.

Wir selbst haben wenig Neigung, gerade diese Methamorphosen aus der Nähe mit anzusehen; aber bisher steht für uns nur fest, dass wir im Dezember oder Januar unsere Wohnung aufgeben. Alles andere ist unbestimmt. Ganz vage tauchen am Horizont Möglichkeiten von Gastvorlesungen in Ost und West auf; aber auch diese würden ja nur einige Monate in Anspruch nehmen. Es ist eben zur Zeit unmöglich, Pläne auf weitere Sicht zu machen.

Von ZAngPs[44] erscheint im September das von uns redigierte Schlussheft, in das ich noch einen Schlussbericht über das Institut hineingebracht habe. Der Verlag will, trotz unseres Protestes, die von uns gegründete Zeitschrift unter gleichem Titel unter anderen (uns unbekannten) Redakteuren fortsetzen. Inzwischen haben Besprechungen begonnen über neue Zeitschriftenpläne, wo die publizistisch heimatlos werdenden Redakteure und Verfasser – es sind ja gerade in unserem Gebiet nicht wenige und nicht die schlechtesten – sich betätigen können. Es besteht nun hier eine Möglichkeit, über die ich gern Deine Meinung hören möchte. Es ist von Jerusalem aus ein internationales Verlagsunternehmen in Gründung begriffen, augenscheinlich mit Unterstützung wirtschaftlich starker Gruppen, das allgemein diesen Zwecken dienen und daher vornehmlich deutschsprachige Sachen aus verschiedenen Fachgebieten bringen soll, Bücher und Zeitschriften. Der Verlag wird auch zugleich in London und in Amerika registriert sein. Und es wird versichert, dass er nicht weltanschaulich festgelegt sein wird. Man interessiert sich dort nun sehr für eine *allgemeinpsychologische Zeitschrift (theoretisch + angewandt), etwa unter Redaktion von Stern, Katz,[45] Lipmann; Mitarbeiter sollen natürlich nicht nur unter den betreffenden inländischen Kollegen, sondern auch unter ausländischen Fachkollegen geworben werden. Der Umfang würde natürlich zunächst kleiner sein, als bei den bisherigen Zeitschriften, was kein Schade wäre.*

Es gibt nun so Manches, was für und was gegen diesen Gedanken spricht, doch will ich nicht selbst diese Argumente vorbringen, damit Du unvoreingenommen dazu Stellung nehmen kannst. Wenn das bald geschehen könnte, wäre ich Dir dankbar«.[46]

Stern und seine jüdischen Mitarbeiter wurden also entlassen. Bei dem erwähnten »Fräulein M.« handelt es sich um Sterns Assistentin Martha Muchow, die sich am 29.9.1933 – also wenige Wochen nach Abfassung dieses Briefes – unter dem Eindruck dieser Entlassungen und Repressalien das Leben nahm.

»*Sie war eine große und kräftige, empfindsame und phantasievolle Frau. [...] eine sehr achtenswerte Frau, norddeutsch im besten Sinne. Sie beging Selbstmord, nachdem die Nationalsozialisten das Institut übernommen hatten*«.[47]

Noch eine weitere nahestehende Persönlichkeit, mit der Stern viele Jahre lang eng zusammengearbeitet hatte, schied in dieser Zeit freiwillig aus dem Leben, der erwähnte Mitstreiter Sterns Otto Lipmann.

Nun schon der Emiritierung nahe, emigrierte Stern mit seiner Frau zunächst nach Holland, wo er in seiner Muttersprache seine »Allgemeine Psychologie auf personalistischer Grundlage« (1935) veröffentlichen konnte. Dann, nachdem die Rückkehr nach Deutschland unmöglich wurde, emigrierte das Ehepaar Stern in die USA. William Stern erhielt ehrende Angebote, verlegte sich auf die Ausarbeitung seines philosophischen Systems, an dem in den USA allerdings wenig Interesse bestand. So wurde Stern in den USA – wie Sterns Schüler Gordon Allport es treffend formulierte – zum »*monumentalen Verteidiger einer unpopulären Sache*«. Die neuere Diskussion der Arbeiten Sterns – z.T. angeregt durch Veranstaltungen zum 50. Todestag – lassen erkennen, daß Sterns Werk weit mehr ist als ein »*verlassener Steinbruch*«.

Anmerkungen

1. Stern 1927, S. 29.
2. Stern 1927.
3. Vgl. Michaelis (Schwiegersohn Sterns), 1979.
4. Anders 1984, S. 241f.
5. Ebd., S. 239f.
6. Zeitschrift für pädagogische Psychologie und experimentelle Pädagogik. Diese monatlich erscheinende Zeitschrift war das wichtigste Organ seiner Arbeit (vgl. Schubeius, Institutionalisierungsgeschichte, S. 16). Stern war seit 1915 Mitherausgeber (s. u.). Der Aufsatz erschien auf den ersten 12 Seiten des 20. Jg. 1919, sowie als Flugschrift Nr. 2 der Deutschen Demokratischen Partei, Hamburg.
7. Universität Duisburg: Jonas Cohn Archiv, Akte William Stern. Die Veröffentlichung des Briefwechsels zwischen Stern und Cohn ist in Vorbereitung (Lück/Löwisch/Heitmann, Der Schriftwechsel).
8. Eckardt 1989.
9. Ebd., S. 5.
10. Schmidt 1991.
11. Bittner/Deutsch 1990, S. 59.
12. Deutsch, Verborgene Aktualität.
13. Vgl. Probst, Ernst Meumann.
14. Zitiert nach Probst, Lehrplan, S. 33.
15. Universität Duisburg: Jonas Cohn Archiv, Akte William Stern.
16. Gemeint ist Albert Görland, der – wie Cassirer – Schüler Rudolf Cohens war. Das Verhältnis zwischen Cassirer und Görland war schwierig (vgl. T. Cassirer 1981, S. 144ff.). Görland wurde nicht im Zuge der Universitätsgründung berufen, sondern erst später habilitiert und zum Professor ernannt.
17. Ebd.; vgl. Schmidt-Ihms, 1990, S. 211f.

18 Stern 1922, 1931.
19 Heider, Das Leben, S. 79.
20 Kafka, XII. Kongress, S. 470.
21 Lück 1990.
22 Vgl. Bittner/Deutsch, 1990.
23 Behrens/Deutsch 1991.
24 Muchow/Muchow, Lebensraum.
25 Ringer, The Decline; Beyerchen, Scientists.
26 Geuter, Professionalisierung, insbes. Kapitel 2; Graumann, Psychologie.
27 Reinert 1980.
28 Zitiert nach Moser, Verlorene Psychologie, S. 5.
29 Schmidt-Ihms 1990.
30 Stern, Knabentagebuch, S. 5.
31 Michaelis-Stern 1972, S. 143.
32 Stern, Knabentagebuch, S. 8.
33 Ebd., S. 111.
34 Ebd.
35 Ebd., S. 112.
36 Ebd.
37 Vermutlich handelt es sich um eine Verwechslung. Gemeint ist sicher die Behinderung einer Beförderung in Breslau; vgl. Michaelis-Stern 1972, S. 145.
38 Anders 1979, S. 21.
39 Zitiert nach Rennert/Riemann, Weissensee, S. 22f.
40 Universität Duisburg: Jonas Cohn Archiv, Akte William Stern.
41 Michaelis-Stern 1989, S. 62.
42 T. Cassirer 1981, S. 201.
43 Stern-Anders 1971, S. XV.
44 Zeitschrift für Angewandte Psychologie.
45 Universität Duisburg: Jonas Cohn Archiv, Akte William Stern.
46 Gemeint ist David Katz (1884 – 1953), der noch über England nach Schweden emigrierte.
47 Heider, Das Leben, S. 79.

Literatur

Beyerchen, A.: Scientists under Hitler. New Haven 1977

Deutsch, W. (Hg.): Über die verborgene Aktualität von William Stern. Frankfurt/M. 1991

Geuter, U. (1984): Die Professionalisierung der deutschen Psychologie im Nationalsozialismus. Frankfurt/M. 1984

Graumann, C. F.: Psychologie im Nationalsozialismus. Berlin 1985

Heider, F.: Das Leben eines Psychologen. Eine Autobiographie. Bern – Stuttgart – Toronto 1984

Ingenkamp, K.: Geschichte der Pädagogischen Diagnostik. Band I: Pädagogische Diagnostik in Deutschland 1885 – 1932. Weinheim 1990

Kafka, G.: Bericht über den XII. Kongreß der Deutschen Gesellschaft für Psychologie in Hamburg vom 12. bis 16. April 1931. Jena 1932

Lück, H.E. / Löwisch, D.-J. / Heitmann, M.: Der Schriftwechsel zwischen William Stern und Jonas Cohn (in Vorbereitung)

Moser, H.: Die verlorene Psychologie des William Stern (Unveröffentlichtes Manuskript). Hamburg 1988

Muchow, M./Muchow, H.: Der Lebensraum des Großstadtkindes. Hamburg 1935; Nachdr. Bensheim 1978

Probst, P.: Ernst Meumann als Begründer der Empirischen Psychologie in Hamburg. In: Psychologie und Geschichte 1 (1989/2), S. 6-16

Probst, P.: »Den Lehrplan tunlichst noch durch eine Vorlesung über Negerpsychologie ergänzen« – Bedeutung des Kolonialinstituts für die Institutionalisierung der akademisch-empirischen Psychologie in Hamburg, in: Psychologie und Geschichte 2 (1990/1)

Rennert, J./Riemann, D.: Der gute Ort in Weissensee. Bilder vom Jüdischen Friedhof und eine Sammlung jüdischer Stimmen zu Vergehen und Werden, Bleiben und Sein. Berlin 1987

Ringer, F. K.: The Decline of the German Mandarines: The German academic community 1890 – 1933. Cambridge/Mass. 1969

Schubeius, M.: Und das psychologische Laboratorium muss der Ausgangspunkt pädagogischer Arbeiten werden! Institutionalisierungsgeschichte der Psychologie von 1890 – 1933. Frankfurt/M. 1990

Stern, W.: Anfänge der Reifezeit. Ein Knabentagebuch in psychologischer Bearbeitung. Leipzig 1925

Stern, W.: Allgemeine Psychologie auf personalistischer Grundlage. 2. Aufl. Den Haag 1950 (1. Aufl. 1935)

Lück
William Stern und das Psychologische Institut der Universität Hamburg

Wirtschaft – Gesellschaft

Familiensolidarität, Leistung und Luxus. Familien der Hamburger jüdischen Oberschicht im 19. Jahrhundert

Daniela Tiggemann

Eine jüdische Oberschicht?

Im Laufe des 19. Jahrhunderts etablierten sich die Juden in Hamburg zunehmend im Milieu des soliden Mittelstands. Eine zwar kleine und schwer abzugrenzende, doch nach außen sehr sichtbare Schicht wirtschaftlich besonders erfolgreicher jüdischer Kaufleute, Bankiers und auch Industrieller entwickelte aber einen sich davon abhebenden Lebensstil, der seine Wurzeln zum einen in der jüdischen Tradition, zum anderen in der Lebensart der hamburgischen Wirtschaftselite hatte.

Etwa seit den 1770er Jahren profitierten jüdische Händler und Gewerbetreibende von den wirtschaftlichen Entwicklungen der Hansestadt, die durch die Erweiterung der Handelsmärkte und der Handelsbestimmungen der jüdischen Berufsstruktur entgegenkamen. Trotz der – in Hamburg üblichen – vielen Konkurse in Krisenzeiten oder durch Fehlspekulationen haben sich einige gegen Ende des 18. Jahrhunderts gegründete Unternehmen dauerhaft durchsetzen können. Betriebe wie die Silberscheideanstalten der Gebrüder Beit (gegr. um 1773) und der Gebrüder Jonas (gegr. 1783), sowie Bankhäuser mit angeschlossenem Warenhandel wie das Abraham Heilbuts (gegr. um 1760, auch Edelmetallhandel), das Bankhaus Moses Seligmann (gegr. 1795), das Bankhaus Levy Behrens (gegr. 1796) und das Bankhaus Moses M. Warburg (gegr. 1798) florierten die nächsten 100 Jahre und länger als selbständige Unternehmen, die ihren Besitzern zu Reichtum verhalfen. In der Franzosenzeit gewannen einige Kaufleute und Finanziers den Grundstock ihres Vermögens offensichtlich unter geschickter Ausnutzung der durch Blockade und Besetzung erschwerten Handelsbedingungen, darunter der später legendäre Krösus Salomon Heine (1767 – 1844), der seine Bankiers-Karriere im Geschäft seiner Verwandten Popert begann, seine Compagnons Marcus Abraham Heckscher (1763 – 1824?), Jacob Oppenheimer (1778 – 1845) und Levy Hertz (ca. 1763 – ca. 1825), sowie Isaac Goldschmidt, Moses Salomon Fränckel, Wolff Elias von Halle (geb. etwa 1761) und Hirsch David Oppenheim.

von oben nach unten:
Jacob Oppenheimer
Esther Oppenheimer
Hermann Robinow

Wirtschaft
Gesellschaft

Spätere Vermögensbildungen hängen mit den Neuerungen des 19. Jahrhunderts zusammen: Chancen, die der Aufbau der chemischen und fertigenden Industrie sowie die Einrichtung der Warenhäuser boten, wußten Juden, die bevorzugt als Selbständige arbeiteten, ebenso wie christliche Unternehmer zu nutzen.

Obwohl unter den 1912 gezählten 670 Millionären in Hamburg etwa 130 Juden waren,[1] reichten die Spitzenverdiener unter den Juden zu keiner Zeit an die Vermögen der christlichen Wirtschaftsspitze heran. Aber ähnlich wie diese verwiesen viele der Familien gern auf ihre lange Tradition in Hamburg; in den Listen der Gründer der Hamburger aschkenasischen Gemeinde im 17. Jahrhundert liest man bereits die Namen der später so erfolgreichen Familien Heilbut, Goldschmidt, Heckscher, Hertz, Warburg, Rée und Popert. Diese Familien entsandten in der Regel auch mindestens je ein Familienmitglied in den Vorstand der Jüdischen Gemeinde und aller Wohltätigkeitsvereine.

Die Berufsstruktur der Juden – in den christlichen deutschen Ländern traditionell ausgeschlossen von den Zünften und vom Grunderwerb – paßte sich gut in die Handelsstadt ein: trotz Behinderungen wie Stader Zoll und Nichtzulassung zum »Ehrbaren Kaufmann« übten ein Großteil der Juden Berufe in den Sektoren Handel und Finanzierung (nämlich dieses Handels) aus. Auf die Gruppe der Oberschicht übersetzt heißt das um 1800 noch vor allem der Edelmetallhandel und das Wechselgeschäft, als Makler und Großhändler spielten sie vorerst eine geringe Rolle. Nur spärlich vertreten waren bis in die Mitte des 19. Jahrhunderts die juristischen Berufe, die sich in der Freien Hansestadt Hamburg mit den Kaufleuten die Macht teilten. Um die Mitte des Jahrhunderts hatten jüdische Großhändler und Bankiers aber eine unübersehbare ökonomische Bedeutung erlangt, vor allem durch ihr Engagement im Engros-Handel mit englischen Manufakturwaren und durch die Kultivierung des Geldverkehrs.

»Rien sans peine«

»*Nichts ohne Mühe*«, der Wahlspruch der Familie Robinow, könnte als Motto über fast allen Haustüren der erfolgreichen jüdischen Familien hängen. Fleiß, Ehrgeiz, stark ausgeprägtes Pflichtgefühl und geschicktes Kalkül als spezielle Tugenden des Kaufmannsstandes waren auch nötig, um sich als »Außenstehende« – und das blieben die meisten Juden in der christlichen Kaufmannsstadt – zu behaupten. »*Was ich erreichen wollte, dafür musste ich arbeiten – oft schwer arbeiten [...] Geschadet hat aber die Arbeit nie – und oft genug genützt*«,[2] dieser geradezu protestantische Grundsatz wurde zur Lebensmaxime aufstrebender Juden ebenso wie das klassische Ideal des Bürgers: »*Glücklich zu werden, ist nich[t] die Aufgabe, sondern zu werden, was in uns liegt*«.[3]

Die Basis der aufstrebenden Oberschicht war ihre Leistung im Handelssektor. Zu Beginn des Jahrhunderts konzentrierte sie sich auf den Aufbau der Geschäfte, luxuriöse Zerstreuungen wurden selten gesucht. Der Wechselmakler und Händler Jacob Hertz (1752-1833) zeugt für diesen echten Kaufmannsgeist, »*denn als seinen wahren Grund und Boden sah er nur das Komtoirgeschäft an, dem er mit Einsicht, Eifer und unermüdetem Fleiße vorstand*«. Von ihm und seinen Brüdern David und Isaak ist überliefert, daß sie, um die Gewinne ihres Handelshauses zusammenzuhalten, in eine Gemeinschaftskasse wirtschafteten, aus der alles, auch Reisen und die Mitgift für die Töchter, bezahlt wurden. »*Ein merkwürdiges und vielleicht einziges Beispiel brüderlicher Eintracht und großartiger*

Geschäftsverbindung...«[4] urteilte Karl August Varnhagen etwas befremdet, der als Hauslehrer in der Familie gearbeitet hatte.

| Tiggemann |
| Familiensolidarität, Leistung und Luxus. Familien der Hamburger jüdischen Oberschicht im 19. Jahrhundert |

Um den Aufstieg in der hanseatischen Wirtschaft zu schaffen, waren unterstützende Maßnahmen notwendig. Die auffallend starke Familiensolidarität – auch über mehrere »Ecken« hinweg – vermochte das Geld zusammenzuhalten, die im Handel so nötige Finanzierung der Geschäfte zu leisten und Arbeitsplätze in Familienbetrieben zu vermitteln. Bekanntestes Beispiel für die Inanspruchnahme dieser familiären Zusammenhänge ist der Dichter Heinrich Heine (1797-1856), der die finanzielle Unterstützung seines Onkels Salomon als sein Grundrecht einforderte mit der Bemerkung: » *Weißt Du, Onkel, das Beste an Dir ist, daß Du meinen Namen trägst«.*[5] Nachdem die 1818 vom Onkel eingerichtete Handelsfirma für Manufakturwaren »Harry Heine & Co.« im Jahr darauf bereits pleite war, erhielt der Neffe sein Jura-Studium finanziert. Damit waren aber die Familienpflichten des schwerreichen Bankiers noch nicht erloschen. Vielmehr erwartete Heinrich Heine in einer Art privater Umverteilungsmaßnahme die gerechte materielle Unterstützung seiner gesellschaftlich wertvollen Tätigkeit als Dichter.

Das Familiengeflecht als Rückgrat des Geschäfts springt besonders bei der Wahl der Heiratskandidaten ins Auge. Da die wenigsten Vermögen innerhalb einer einzigen Generation erworben wurden, kamen erst durch geschickte Heiratspolitik Geld und Beziehungen zueinander und schufen so wachsenden Reichtum und Einfluß. In die internationale Hochfinanz konnte vor allem die Familie Warburg einheiraten, die einerseits mit der Frankfurter Diamantenhändlerfamilie Oppenheimer und dem New Yorker Bankhaus Kuhn, Loeb & Co., andererseits über die Bankierfamilien Rosenberg und Günzburg mit Rothschilds selbst verwandt waren. Prominentestes Beispiel dürfte daneben Eduard Beit (1860-1933, 1910 geadelt als Beit von Speyer) sein, der in das international renommierte Bankhaus Speyer (Frankfurt) einheiratete und neben einem riesigen Vermögen auch ehrenvolle Titel (Kommerzienrat, britischer Generalkonsul) erwerben konnte. Die Familie Warburg liefert auch ein Beispiel dafür, wie durch Heirat Geld und Geschäft in der Familie gehalten werden; Sara (1805-1884), die Tochter des Bankgründers Moses Marcus Warburg (1763-1830), heiratete ihren Vetter Aby S. Warburg (1798-1856), der die Firma M.M.Warburg & Co. mit ihrer Unterstützung weiterführte.

Ohne Zweifel erkannten die Hamburger Juden, daß ihre ersehnte gesellschaftliche Anerkennung mit ihrer wirtschaftlichen Stellung zusammenhing. Darüber hinaus war sie auch an gesellschaftlich normierte Bildung geknüpft. Die scherzhaft-boshaft Salomon Heine nachgesagte unglückliche Beziehung zur deutschen Grammatik – laut Heinrich Heine sollen die beiden Diener an seiner Seite jeweils für den Gebrauch des Dativs, bzw. des Akkusativs zuständig gewesen sein – ist als Hinweis auf die jüdisch-deutsche Sprachtradition in der Mitte des 19. Jahrhunderts längst ein Relikt, wenn auch in Einzelkorrespondenzen gerade noch erkennbar. Es wurde vielmehr ganz ausdrücklich Wert auf höhere Schulbildung gelegt, die mit deutschem Kulturgut gefüllt war und die traditionell-jüdische Erziehung nach und nach verdrängte. Der weit überproportional häufige Besuch höherer Schulen – auch für Mädchen – war Teil der Anstrengung auf dem bürgerlichen Parkett einen angemessenen Platz zugewiesen zu bekommen.

Schule *»war das Regelmäßige, das Inhaltsvolle des damaligen Lebens; die Schule war die Pflicht, und die war angenehm, denn durch sie wußte man, wozu man lebte. Die unweigerlich dadurch gegebene Einteilung des Tages, die die Schule verlangte, hatte etwas Planvolles und war darum gut, man fühlte sich eingeordnet und beschützt«.*[6]

Wirtschaft
Gesellschaft

Nicht nur durch die Pflichten des Schulplans waren Juden ins große Ganze eingebunden. Die von jahrhundertelanger Rechtsunsicherheit geprägte jüdische Bevölkerung erkämpfte sich die Einordnung in die Gesellschaft über ihre Rolle in der Hamburger Wirtschaft. Anders läßt sich auch ein überlieferter Ausspruch Albert Ballins nicht verstehen, der im privaten Kreis geäußert haben soll:

»*Ich sehe ganz deutlich, was dieser Stadt fehlt, dieser Stadt fehlen 10 000 Juden. Ich verkenne keineswegs die unangenehmen Eigenschaften der Juden, und doch muß ich sagen, für Hamburgs Entwicklung wären 10 000 mehr davon ein Segen*«.[7]

Die hier in ihrem Ehrgeiz, Loyalität und Aufstiegswillen als produktiv erkannten Juden wurden zum bedeutenden Bestandteil der Handelsstadt, in die sich die anderswo so auffällige Ballung von Juden im Handelssektor gut einpaßte.

Gesonderte Kreise

Trotz immer wieder geäußerter subjektiver Eindrücke über eine Integration wohlhabender Juden in die »gute« Gesellschaft, blieben sie doch weitgehend unter sich. Bis in das 20. Jahrhundert galt, was 1802 festgestellt wurde:

»*Freier Umgang zwischen gesitteten, der Abstammung nach verschiedenen Nationen, ist sonst an gesitteten Orten Regel und Gebrauch. In sehr vielen, gewiß den meisten Städten Deutschlands findet man diesen Umgang zwischen wohlgezogenen Juden und zwischen Christen, die Erziehung haben. [...] Auch [in Hamburg] zeigen sich viele israelitische Abkömmlinge von der achtungswürdigsten Seite durch wissenschaftliche Kenntnisse und feine Sitten. Demungeachtet findet man sie abgesondert von Christen*«.[8]

Auch mit den elementaren Voraussetzungen des sozialen Aufstiegs in Hamburg ausgestattet – »*persönliche Tüchtigkeit, gesellige Gewandtheit, Glück in der Liebe – oder sagen wir besser in der Einheirat*«[9] – gelangten Juden selten in die gehobenen christlichen Kreise. Dabei ist nicht ganz deutlich, ob die hermetische Abriegelung der hanseatischen Patrizierkreise oder die »*Abgeschlossenheit, in der die jüdischen Familien lebten*«[10] ausschlaggebend waren. In den Erinnerungen von jüdischen Hamburgern wechseln dabei Bedauern über diesen Zustand mit dem Bedürfnis nach Begegnungen unter Gleichgestellten ab. »*Dazu ist unser Einer hier noch immer vorzugsweise auf jüdische Geselligkeit verwiesen, und so treffliche der Art ich kenne – das Bewusstsein dieser Trennung, für die ich in mir keinen Grund finde, ist mir unerträglich*« bedauert Emil Wohlwill (1835-1912) diese »gesonderte Geselligkeit«.[11]

Siegmund Robinow (1808-1870), der über freundschaftliche und geschäftliche Kontakte noch relativ viel mit Nicht-Juden verkehrte, empfand dagegen Unbehagen als Außenseiter in der christlichen Elite und notierte am 31.12.1856 in seinem Tagebuch: »*Diner – bei Rich. Parish in Nienstedten mit den Söhnen George und Charles Parish etc. – Ein gewöhnlicher Mensch wie ich passt nicht in diese Kreise – die Verhältnisse meiner jetzigen Stellung zwingen indess mitunter dazu*«.[12]

Die selbst unter Assimilierten seltenen Ehen zwischen Nachkommen jüdischer und christlicher Familien der Oberschicht konnten zu dramatischen Familienkonflikten führen. Die Neigung, die der Kaufmann und Reeder Adolph Jacob Hertz (1800-1866), Sohn des oben erwähnten Jacob Hertz, zu Emma Dina Beets (1803-1891) faßte, stieß sowohl in seiner Familie als auch in der Familie der Mennonitin auf heftigste Abwehr. Erst die Fürsprache von Präsident von Blücher, von seinem Lehrherrn Baur und von Salomon Heine brachte die Familien zusammen und ermöglichte die Heirat zwischen dem inzwischen getauften Adolph Jacob und Emma Hertz.

> Tiggemann
> Familiensolidarität, Leistung und Luxus. Familien der Hamburger jüdischen Oberschicht im 19. Jahrhundert

Im Deutschen Geschlechterbuch, Reihe Hamburger Geschlechterbuch, dem Genealogischen Nachschlagewerk, konnte man Juden dann endlich auch in feiner Gesellschaft finden, sofern sie in Familien, die etwas vorstellten, eingeheiratet hatten. Allerdings hatte man sich die Mühe gemacht, in den Listen Juden, getaufte Juden und sogar Kinder getaufter Juden (oder, wie im Falle Martin Hallers, 1835-1925, in der dritten Generation getauft!) durch Doppelkommas oder gesperrten Druck kenntlich zu machen. Die dahinterseckende Infamie traf vor allem die Familie des 1835 zusammen mit seiner Frau getauften Wilhelm Leopold Behrens (eigentl. Wolf Levy Behrens, 1790-1853), Chef des Bankhauses L. Behrens & Söhne, dessen getaufte Kinder in die besten Familien einheirateten: Luise Emma (1840-1898) heiratete den Rechtsanwalt Richard Sillem, Anna Maria (1842-1909) den Senator Gustav Petersen und Theodor (1857-1921) Esther O'Swald.[13] Diese einzigartige Hervorhebung der familiären Herkunft beweist das Fehlen sozialer Ebenbürtigkeit in den Augen der hanseatischen Geschlechter.

Wohnen in »feinen« Vierteln

Zu Beginn des 19. Jahrhunderts wohnten auch die wohlhabenden jüdischen Familien in den wenigen für Juden in Hamburg zugelassenen Straßen der Neustadt oder Altstadt, und zwar in der damals üblichen Verbindung von Firma/Kontor und Wohnung unter einem Dach. Bei der in diesen Vierteln vorherrschenden Enge – Jonas Ludwig von Heß zählte im gesamten Gängeviertel immerhin 10.000 Bewohner[14] – bildete sich ein nur geringfügig differenzierter Lebensstil. Das Zusammengehörigkeitsgefühl der Gemeindemitglieder überwog Versuche der Individualisierung. Trotzdem ließen sich soziale Unterschiede ausmachen, z.B. in der 2. Marktstr., von der Meyer Isler (1807-1888) in seinen Erinnerungen als »*einer ziemlich aristokratischen Straße*«[15] um 1810 spricht.

Nachdem einige Juden größere Vermögen gemacht hatten und die Regelungen des Wohnrechts für Juden nicht mehr so streng gehandhabt wurden, wuchs der Wunsch, in besser gelegene oder bebaute Straßen zu ziehen. Zur Prachtentfaltung eigneten sich besonders die Geschäftsstraßen um Jungfernstieg, Große Bleichen und Neuer Wall, die nach dem Großen Brand von 1842 ein neues Gesicht erhalten hatten. Der großzügige, mondäne Bau z.B., den der Engros-Händler Hirsch Berend Oppenheimer (1793-1870) 1847 auf dem Neuenwall errichten ließ, beherbergte nicht nur seine Kontore und seine Wohnung, sondern auch einen eigenen Synagogenraum.

Aber damit waren die Möglichkeiten ausgeschöpft, in der zwischen den Wällen und der Elbe sich drängenden Innenstadt Hamburgs repräsentativ oder auch nur etwas bequemer zu wohnen. Als 1860 endgültig die Torsperre aufgehoben wurde, nutzten gerade viele der wohlhabenden Juden die Chance, der engen, lauten und schmutzigen Innenstadt zu entfliehen. Entlang der Alster, vor allem in Rotherbaum und Harvestehude entstanden ruhige großbürgerliche Viertel mit Gärten, Alleen und komfortablen Häusern. Diese Gegend schien ideal zum einen durch ihre relative Nähe zur Innenstadt, in der die Kontore lagen, zum anderen wegen des religiös-kulturellen Zentrums, das sich gegen Ende des 19. Jahrhunderts in die Viertel um Grindel und Rotherbaum verlagert hatte.

Überproportional hoch war nun der Anteil der Juden in Harvestehude und Rotherbaum, wo fast jeder 5. Bewohner jüdischer Herkunft war. Genau diese Stadtteile waren

aber auch die Wohnviertel der gesamten Hamburger Spitzenverdiener mit überdurchschnittlichem Pro-Kopf-Einkommen geworden. Um 1900 zahlten die 2,14% der Hamburger Einwohner, die in Harvestehude lebten, allein 11,59% des gesamten Hamburger Steueraufkommens.[16] So verwundert es nicht, daß sich in diesen beiden alsternahen Vierteln unter den jüdischen Bewohnern fast nur Kaufleute, Makler, Agenten, Juristen und ein paar wenige Lehrer befanden – sieht man von den 52 männlichen und 220 weiblichen Privatiers und Pensionären ab.[17]

Am Harvestehuder Weg zum Beispiel findet man 1857 auf dem Grundbesitzplan des noch wenig bebauten Gebietes außer den Namen der führenden christlichen Kaufmanns- und Reederfamilien – wie Sloman, Lutteroth, Michahelles, Abendroth, Amsinck, de Chapeaurouge etc. – auch schon drei jüdische Namen: H.Jonassohn, den Engroshändler Hirsch Berend Oppenheimer und den getauften Sohn jüdischer Eltern, den Bankier Eduard Ludwig Behrens (1824-1895). Nach der Jahrhundertwende lebten an dieser repräsentativen Straße u.a. Bernhard Levinsohn (Nr. 4), Martin Anton Popert (Nr.6), Emil Oppenheim (Nr.8b), die Privatiers Henry und Emma Budge (Nr. 12), der Kaufmann Ferdinand Beit (Nr.13), der Kaufmann Johannes Robinow, bzw. seine Erben (Nr.23), der Industrielle Alfred Calmon (Nr.24), der Kaufmann Carl Robinow (Nr. 40), Familie J.Jessurun (Nr. 45), der Reeder Bernhard Blumenfeld (Nr. 45a), Carl Simon (Nr.46c), Gustav G.Cohen (Nr. 53), Eduard F. und Hans Septimus Elkan (Nr.64), der Kaufmann F.Liebermann (Nr.71) und der Kaufmann und spätere Senator Carl Cohn (Nr. 73).

Schließlich lebten bereits Ende des 19. Jahrhunderts auch weitverzweigte Familien der jüdischen Oberschicht nahezu geschlossen in den Straßen zwischen Moorweide und Abteistr., z.B. die Warburgs, Robinows, Seligmans, Heilbuths, Goldschmidts und Sanders – ein Vorteil vor allem für die noch stark ausgebildete familiäre Bindung.

Die im 19. Jahrhundert unter den Hamburger Führungsschichten kultivierte Sitte, den Sommer auf einem Landsitz – bevorzugt in den Elbvororten – zu verbringen, wurde zunehmend auch von jüdischen Familien übernommen. Dabei orientierten sie sich im Stil an den hanseatischen Patriziern, die schon im 18. Jh. ihre Landhäuser nutzten, um große Gesellschaften mit Essen und Spielen zu veranstalten, die dabei aber – bei aller Geselligkeit – nur einen immer gleich bleibenden Kreis um sich scharten, denn »*im großen und ganzen blieb man 'unter sich'*«.[18]

Zu den ersten Juden, die auf einem Landsitz an der Elbe den Sommer verbrachten und dort ein großes Haus führten, gehörten Lazarus Gumpel (1768-1843) und Salomon Heine, sowie dessen frühere Teilhaber Markus Abraham Heckscher und Jacob Oppenheimer, der von 1820 bis 1840 den »Vidal'schen Landsitz« besaß. Besonders die Einladungen Salomon Heines waren in dieser Zeit berühmt. Außer dem Kreis seiner Familie lud der Theaterliebhaber dazu auch Hamburg durchreisende Künstler ein.

Geselligkeit und Luxus

Der Lebensstil jüdischer Kaufleute und Bankiers paßte sich mit zunehmendem Wohlstand immer stärker dem der nichtjüdischen Elite an. Zur Verbesserung der Ausbildung wurde der angehende Kaufmann in ein befreundetes oder verwandtes Handelshaus geschickt, nicht nur um deren Handelsmethoden, sondern auch »*um fremde Sitten und Bräuche kennen zu lernen, staatliche Einrichtungen zu studieren, vornehme Bekanntschaften zu machen und sich einen feinen Lebenston anzueignen*«.[19] Die engen Verbindungen zu England verhalfen den Hamburgern so zu einem sehr englischen Lebenston: »*Damals war meine Vaterstadt Hamburg in vieler Beziehung mehr englisch als deutsch, es wurde viel englisch gesprochen, wir hatten viele nahe Verwandte in England...*«[20] Der englische Einfluß reichte bis ins Detail, – wenn auch eine Hamburger Eigenart, der Hang zur Genußsucht, aufrechterhalten wurde: bei Tisch wurde »*über Geld und Essen nie gesprochen. Der einzige Unterschied zu London lag darin, daß das Essen besser war*«.[21]

Die Festlichkeiten der Hamburger, die damals noch genüßliche Feinschmecker waren, stießen nicht überall auf Begeisterung. Eine Diner-Einladung bei Salomon Heine in Ottensen behielt die Sängerin Therese Devrient (geb. Schlesinger, 1803-1882) in zwiespältiger Erinnerung:

»*Das Innere des Hauses machte einen überaus behaglichen Eindruck, es war von so gediegener Eleganz, daß man sie zuerst gar nicht merkte, alles sah nur bequem und wohnlich aus. Der Speisesaal, gleich im untern Stock, bot außer dem reich mit Silbergeschirr besetzten Buffet und vielen Dienern in Livreen nichts Bemerkenswertes. Die Unterhaltung bei Tisch mißfiel mir, da sie sich meist um die Delikatessen drehte, die eben aufgetragen und verzehrt wurden. Uns, die wir nicht Gourmants waren, entstand daraus die doppelte Beschwerde, so viele Leckerbissen durch das Aufzählen und Preisen derselben fast dreifach genießen zu müssen*«.[22]

Trotzdem waren die Einladungen bei Heine beliebt und von Künstlern und Schriftstellern wie Karl Gutzkow und Jean Paul gern besucht. Das Bedauern über die mangelnde geistige Unterhaltung in der »*engen Krämerwelt*«[23] hat eine lange Tradition. Hier war 1804 »*willkommene, gebildete, geistreiche Gesellschaft nicht leicht zu haben, eine Klage, die man an allen arbeitsamen Handelsplätzen vernimmt, in Hamburg aber mehr als anderswo, und zu der damals in einem jüdischen Hause noch ganz besonderer Grund war*«.[24] Gesellige Kreise, die das kulturelle Leben der Stadt ausmachten, blieben zurückhaltend gegenüber Juden. Jüdische Akademiker, Kaufleute und Bankiers waren selten in den Zirkeln willkommen, außer in der Patriotischen Gesellschaft, im Kreis um den Verleger Julius Campe und seit den 1840er Jahren auch in den Freimaurerlogen. Die anderen kleinen Geselligkeitsrunden, Lesezirkel, musikalische Gruppen blieben unter sich, auch noch nachdem im letzten Drittel des Jahrhunderts nach der rechtlichen Gleichstellung die Vereine toleranter wurden.

Von daher erstaunt es nicht, daß sich eine breit angelegte Geselligkeit entwickelte, an der fast ausschließlich Juden – bzw. Menschen jüdischer Herkunft ohne Gemeindezugehörigkeit – teilnahmen. »*Man muß aus allen Blüten Honig saugen*« – lautete das Motto Fritz Warburgs (1879-1964)[25] und wie er zeigten auch andere ein breites Interesse am Theater, an der Musik, an Reisen, an der Literatur und an aktuellen Kulturereignissen. Volksbildung, Museums- und Universitätsgründung wurden von der jüdischen Oberschicht tatkräftig unterstützt.

Bei der Etablierung privater Zirkel standen die Begabungen der Gäste und Gastgeber im Vordergrund: bei dem vielseitigen Salomon L. Steinheim (1789-1866) fanden bis in die 1840er Jahre literarische Tees statt, bei denen Steinheims musikalisches, malerisches und dichterisches Talent ebenso wie das seiner Gäste – darunter Karl Gutzkow, Ludolf Wienbarg, die Varnhagens und Assings, Gabriel Riesser, Heinrich Zeise und Friedrich Christian Hebbel – zur Geltung kamen. Gebildete Frauen eröffneten literarische Salons, wobei Fanny Hertz (geb. Bacher, 1777-1829), die Frau von Jacob Hertz, eine Vorreiterrolle spielte. Die junge, lebhafte Frau unterhielt zu Adelbert von Chamisso, Karl August Varnhagen und anderen Schriftstellern und Musikern Freundschaften und pflegte einen für damalige Verhältnisse ungewöhnlichen Lebensstil: »*die Tageszeiten verkehrte sie, oft schlief*

Wirtschaft
Gesellschaft

sie bei Tage, und machte Nachts Leben und Unruhe. Handarbeiten, wie Frauen sie lieben, sah man nie in ihren Händen«.[26] Auch Charlotte Embden (ca. 1803-1899), die Schwester Heinrich Heines, wurde zu einem Fixpunkt im Hamburger Literaturleben, vor allem durch ihre Verwandtschaft mit dem Dichter.

Für ihre anspruchsvollen musikalischen Einladungen waren vor allem die Brüder Pius (1816-1900) und Moritz Warburg (1810-1886) aus dem Altonaer Zweig der Familie bekannt.

Bei Hochzeiten und Familienfeiern war es üblich Liebhaberaufführungen zu veranstalten, mit denen sich im letzten Drittel des Jahrhunderts auch kleine gesellige Runden unterhielten, wie z.B. bei dem Bürgerschaftsmitglied Johannes Robinow (1838-1897) und seiner Frau Cäcilie die »Dienstag-Abende«, ihre »*Zusammenkünfte von ausschließlich jungen Leuten, bei denen man sich vorzüglich amüsierte, musizierte, tanzte, Zeitungen redigierte und Poesie trieb, Aufführungen veranstaltete etc.etc.«*.[27]

Nach der Jahrhundertwende wurden die Einladungen aufwendiger, wenn »*Max Warburg [1867 – 1946] und seine Frau beliebte Feste auf dem Kösterberg [gaben], zu denen alles, was in Hamburg Namen, Geld oder Geist hatte eingeladen wurde. Tante Alice, in königlicher Haltung wie eine regierende Fürstin, immer hell und sehr elegant gekleidet, empfing ihre Gäste in dem runden Salon hoheitsvoll kühl, und jeder stand voller Bewunderung, mit welch' künstlerischem Sinn und Geschmack der Raum eingerichtet und die Blumen in riesigen Vasen zusammengestellt waren. An kleinen Tischen draußen auf der Terrasse gab es das Souper, später Tanz mit einer Musikkapelle, manchmal auch Aufführungen in dem Freilichttheater, das ganz unten am Fuße des Gartens lag, und zum Schluß zog alles mit brennenden Fackeln durch den Park«.*[28]

Leo Lippmann (1881-1943) beschreibt den später kaum mehr nachvollziehbaren Luxus dieser Zeit, in der mit Blumen, Wein und Delikatessen der Wohlstand nach außen hin repräsentiert wurde:

»*Die Gesellschaften fanden fast stets in den Häusern der Gastgeber statt. Nur Hochzeiten, Silberne Hochzeiten und ausnahmsweise einmal eine ganz große Gesellschaft wurden in Hotels oder Restaurants veranstaltet [...] Und ebenso unverständlich wie ihre Zahl mutet heute auch die Eleganz der damaligen Gesellschaften an, insbesondere der Umfang der Menüs, die wir damals bewältigen mußten und auch konnten«.* Aber nicht nur materiell wurde einiges geboten: »*Oft trugen nach Tisch hochbezahlte Künstler Lieder oder Gedichte vor. Die Koryphäen des Stadttheaters waren besonders beliebte Gäste und Künstler auf den Vorkriegsgesellschaften«.*[29]

Daß diese allgemein gehaltene Schilderung seinem Umgang in jüdischen Häusern entstammte, läßt sich daraus schließen, wen Leo Lippmann selbst zu sich einlud. Der weitgehend assimilierte Jude empfing bei seiner Hochzeit – wie das Gästebuch zeigt – überwiegend Gäste und Geschenke aus jüdischen Familien, bei denen er vermutlich auch selbst oft zu Gast war.

Matriarchale Familienkultur

»*Drei Elemente hatten seine eigentliche Persönlichkeit geformt: die soziologische Entwicklung der Familie durch die Jahrhunderte, ferner der unmittelbare Einfluß der Umgebung seiner Jugendjahre und des Elternhauses mit den starken Persönlichkeiten, die oft zu unbewußten Vorbildern wurden, und schließlich die Selbsterziehung während der Entwicklungsstationen im In-und Ausland«*.[30]

Nicht nur für den hier beschriebenen Max Warburg war die Familie identitätsstiftend. Mittelpunkt des jüdischen Lebens war zweifellos die Familie, denn selbst als die an die Familie geknüpften religiösen Riten in den assimilierten Familien vernachlässigt wurden, blieben der starke Familienzusammenhalt und die engen Familienbindungen erhalten. Die Ehrfurcht vor der in der Familie gepflegten jüdischen Tradition ersetzte oft sogar die eigene Religiosität. So wurde der Sabbat, traditionell im Kreis der größeren Familie gefeiert, symbolisch als Familienbesuchstag auch ohne religiöse Zeremonien weitergeführt.

In der relativ lange orthodoxen Familie Warburg wurde diese Sitte reflektiert.

»Meine Großeltern, Moritz [1838 – 1910] und Charlotte Warburg [1842 – 1921], waren noch orthodox oder, wie mein Vater sagte, 'orthoprax'. Das Einhalten aller Regeln und Gebote der jüdischen Religion war eher eine selbstverständliche Gewohnheit, ein Lebensrhythmus, den sie aus Achtung vor ihren Eltern aufrechterhielten. Alle jüdischen Feste wurden gefeiert, und jeden Freitagabend traf sich die ganze Familie bei den Großeltern«.[31]

Diese Frömmigkeit wurde von Moritz ebenso wie von seinem Bruder Siegmund (1835-1889) hochgehalten, *»dazu hatte ihn seine Mutter, Sara Warburg, erzogen«*.[32] Siegmunds Frau Theophile (1840-1905) behielt dagegen nur noch die Rituale bei: *» Wenn ich mich nicht täusche«* erinnert sich ihr Enkel, *»lag ihre strenge Wahrung der jüdischen Gesetze und Riten weniger in ihrer Religiosität als in bürgerlicher Achtung begründet. Der Sabbatabend und die jüdischen Feiertage wurden feierlich begangen. Weihnachten existierte nicht«.*[33]

Die Ausübung der Religion hing strikt von den Frauen – d.h. Müttern und Großmüttern – ab. Nicht nur deren Erziehung zur Frömmigkeit, sondern auch der von ihnen bestimmte Rhythmus prägte das Familienleben, da sie, wie z.b. Sophie Warburg (1784-1862), *»an allen Festtagen [...] die Familie um sich zu versammeln«* pflegten[34] oder den sabbatlichen Pflichtbesuch einforderten – *»nach festem Programm«*.[35] Pietät gegenüber den Müttern war also häufig der Grund, weshalb religiös indifferente Generationen dem Judentum noch anhingen, während sie ihre eigenen Kinder taufen oder ohne jüdische Gemeindezugehörigkeit erziehen ließen.

Die matriarchale Familienstruktur wirkte sich natürlich auch über die Religon hinaus aus. Das ganze Haus gehörte zum Wirkungsbereich der Frau, von der Haushaltsführung über die Kindererziehung bis zur Repräsentation. Daher war es unumgänglich, Frauen eine solide Bildung zukommen zu lassen, die sie befähigte, bei Gesellschaften anregende, geistreiche Gespräche zu führen. Frauen der Oberschicht gestalteten dabei einen Bereich, der ein Gegengewicht zum trockenen, strengen Kontordasein der Männer bildete. Sie zeichneten für die »gepflegte Geselligkeit« verantwortlich, die nicht unbedingt über den Familienrahmen hinausführen mußte, aber bei den zahlreichen musischen und literarischen Talenten und Interessen dieser Frauen auf sehr hohem Niveau angesiedelt war.

Von den jüdischen Ehefrauen wurde aber auch genug Bildung erwartet, um die Kinder, deren Erziehung in ihrer Hand lag, zu unterrichten oder zumindest zum Lernen anzuhalten – auch wenn oft Hauslehrer diese Funktion übernahmen.

»Die Mutter beschäftigte sich viel mit uns, pflegte in den ersten Jahren unsere Schularbeiten zu beaufsichtigen und hielt uns streng dazu an, die Zeit zu nützen. Nie war uns erlaubt, herumzusitzen und zu schwatzen. Sie war selbst eine glänzende Schülerin gewesen, hatte ein starkes Pflichtgefühl«.[36]

Frauen der gehobenen jüdischen Kreise hatten darüberhinaus eine breite Palette karitativer Aufgaben, die nicht nur in der Zeit notwendig waren, als die Armen- und Krankenbetreuung noch in der Hand der Gemeinde lag. Frauen waren dazu angehalten, Arme, Kranke, Auswanderer und in Not Geratene zu unterstützen, den Mädchenhandel zu bekämpfen und arme Bräute mit einer Mitgift zu versorgen.

»*Meine Großmutter hatte 'ihre' persönlichen Armen. Besonders wichtig war es für sie, daß ein 'treuer Armer' am Freitagabend kam, weil der Tag sonst nicht 'richtig' war und etwas fehlte*«.[37]

Daneben waren Frauen gehobener Schichten – wie z.B. die Schwestern Fanny (1832-1903) und Anna Wohlwill (1841-1919) – auch in der Volks- und Frauenbildung aktiv und förderten die schönen Künste.

Bis in die Mitte des 19. Jahrhunderts hatten Ehefrauen jüdischer Kaufleute, wie fast 200 Jahre vor ihnen Glückel von Hameln, oft ganz selbstverständlich am Arbeitsalltag des Geschäfts teilgenommen. Nur so konnten sie nach dem Tode des Mannes die Firma selbst übernehmen wie z.B. Fanny Warburg, geb. Haarbleicher (1798-1870), die als »Handelsfrau« den Hamburger Seiden- und Bandhandel »G.S.Warburg« weiterführte, oder Sara Warburg im Bankhaus M.M.Warburg & Co., das ihr Vater gegründet hatte, oder Adeline Goldschmidt, geb. Wolffson, im Bankhaus J.Goldschmidt Sohn nach 1858. Das zeigt, daß der Rat und die Erfahrung dieser Frauen nicht nur in ihrem häuslichen Kreis, sondern auch bei Entscheidungen im Geschäft gesucht wurden, daß also familiäre Herkunft und Bildung den sonst allgemein niedrig geschätzten Status des »schwachen« Geschlechts überwogen. Das daraus resultierende Selbstbewußtsein jüdischer Frauen dokumentiert ein Zirkular vom 29.12.1797 in Altona, in dem Genendel (1740-1821), die Witwe Daniel Samuel Warburgs (gest. 1790), nachdem sie vorher sieben Jahre lang den Leinen-, Samt- und Seidenwarenhandel allein geführt hatte, bekanntgab:

»*Voll Überzeugung von der Redlichkeit und den gründlichsten Kenntnissen meiner Söhne Ruben und Markus, habe ich mich entschlossen, selbige zu Theilhabern an meinen Handlungsgeschäften aufzunehmen*«.[38]

Man darf also davon ausgehen, daß diese Handelsfrauen nicht nur als Übergang über eine Familienlücke gesehen wurden, sondern mit eigener Kompetenz den Betrieb leiteten.

Von Hamburgern und Deutschen

Seit dem frühen 19. Jahrhundert wandten sich die deutschen Juden der Kultur ihrer Umgebung zu und gestalteten sie mit. Die darauf gründende Verbundenheit mit Deutschland läßt sich besonders deutlich an den Juden der Oberschicht sehen. Für Hamburg bedeutete es, daß ein starker Patriotismus gegenüber der Handelsmetropole Juden dazu veranlaßte, ihre wirtschaftliche Leistung zugunsten der Vaterstadt einzusetzen und Kultur und Wissenschaft hier ebenso wie den Handel zu fördern. Die Beteiligung reicher Juden am Wiederaufbau nach dem Großen Brand 1842 und an der Bewältigung wirtschaftlicher Krisen wie 1857 belegte die Verbundenheit mit Hamburg, was umgekehrt nicht galt, wie Verweigerung rechtlicher Gleichstellung bis 1860, Ausschluß aus dem Senat bis 1918 und nicht zuletzt die Verfolgung von Juden nach 1933 zeigten.

Optimismus jüdischer Hamburger in Bezug auf die Anerkennung ihrer Zugehörigkeit konnte – angesichts mehr oder weniger latenten Antisemitismus – selbst um die Jahrhundertwende kaum aufkommen. Trotzdem hielten Juden in dieser Zeit fest an ihrem

Fortschrittsglauben und Patriotismus, an den sich Ingrid Warburg, geb. 1910, als Teil des »großbürgerlichen Familienlebens« erinnert: »*Man hatte das Gefühl, es würde ewig so weitergehen. [...] Man glaubte an eine fortschrittliche Entwicklung Deutschlands in Wirtschaft und Politik, und die jüdische Familie Warburg, mit ihren weitverzweigten familiären und beruflichen Beziehungen zum Ausland, würde zweifellos Teil dieser Entwicklung sein.*

Deutlich spürbar war in jenen Jahren der Stolz unserer Familie, die sich seit Jahrzehnten deutsch und vor allem in Hamburg 'dazugehörig' fühlte und endlich mehr oder weniger gleichberechtigt am sozialen, wirtschaftlichen und politischen Leben Deutschlands teilhaben zu dürfen glaubte«.[39]

Tiggemann
Familiensolidarität, Leistung und Luxus. Familien der Hamburger jüdischen Oberschicht im 19. Jahrhundert

Anmerkungen

1 Martin, Jahrbuch des Vermögens.
2 Siegmund Robinow, Mein Leben, Manuskript, StAH Bestand Familie Robinow, Nr.16, S. 177.
3 Emil Wohlwill an Immanuel Rosenstein, 28.Januar 1862, in: Sophie Wohlwill/Emil Wohlwill. Ein Lebensbild. 3 Teile, Manuskript, StAH Bestand Familie Wohlwill, I 2, Teil 1, S. 166.
4 Varnhagen von Ense, Denkwürdigkeiten, Bd. 1, S. 296.
5 Heine, Erinnerungen, S. 59.
6 Lachmann 1976, S. 30.
7 Zit. bei Huldermann, Albert Ballin, S. 388.
8 Auch etwas zur Ausrottung der Vorurteile gegen die Juden 1802, S. 14f.
9 Hoffmann, Neues Altona, Bd. 2, S. 248.
10 Lachmann 1976, S. 47
11 An Immanuel Rosenstein, September 1861, in: S. Wohlwill/E. Wohlwill (wie Anm. 3), Bd.2, S. 157.
12 Robinow, Leben (wie Anm 2), S. 89.
13 Hamburger Geschlechterbuch, 2. Bd., S. 361; 3. Bd., 1912, S. 392; 7. Bd., 1927, S. 287f. Für diesen Hinweis danke ich Herrn J. Sielemann, StAH.
14 Heß 1810, Teil I, S. 446.
15 Zimmermann 1961, S. 53.
16 Krohn 1974, S. 83.
17 Ebd., Anhang Tabelle 1, S. 224 – 226.
18 Jaacks 1975, S. 47.
19 Finder, Hamburgisches Bürgertum, S. 83.
20 Goldschmidt, Lebenserinnerungen, S. 36.
21 Blumenfeld, Life, S. 22 (übers. D.T.).
22 Devrient, Jugenderinnerungen, S.330.
23 Heinrich Heine, Anno 1829, in: Heine 1972, Bd.1, S. 286.
24 Varnhagen von Ense, Denkwürdigkeiten, Bd. 1, S. 299.
25 Warburg Spinelli 1990, S. 48.
26 Hertz, Adolph Jacob Hertz, S. 6.
27 Hermann M. Robinow, Aus dem Leben eines Hamburger Kaufmanns. Nach seinen Tagebüchern geordnet von Adele Jaffé, Manuskript, StAH Bestand Familie Robinow, S. 7f.
28 Lachmann 1976, S. 40.
29 Lippmann 1964, S. 63f.
30 Eric M. Warburg über seinen Vater Max, in: Warburg, Max M. 1967, S. 12.
31 Warburg Spinelli 1990, S. 43.
32 Warburg, Max M. 1952, S. 1.
33 Blumenfeld, Life, S. 13 (übers. D.T.).
34 F. S. Warburg, Die Geschichte der Firma R.D.Warburg & Co., S. 27.
35 Lachmann 1976, S. 44.
36 Warburg, Max M., Aufzeichnungen, S. 1.
37 Warburg Spinelli 1990, S. 43f.
38 F.S.Warburg, Die Geschichte der Firma R.D. Warburg & Co., S. 8.
39 Warburg Spinelli 1990, S. 42.

Literatur

Blumenfeld, Hans: Life begins at 65. Montreal 1987
Devrient, Therese: Jugenderinnerungen. Stuttgart 1905
Finder, Ernst: Hamburgisches Bürgertum in der Vergangenheit. Hamburg 1930
Goldschmidt, Adolph: Lebenserinnerungen. Berlin 1990
Hamburger Geschlechterbuch, 2. Bd. Görlitz 1911; 3. Bd. Görlitz 1912; 7. Bd. Görlitz 1927
Heine, Maximilian: Erinnerungen an Heinrich Heine und seine Familie. Berlin 1868
Hertz, Wilhelm: Adolph Jacob Hertz. Hamburg 1867
Hoffmann, Paul Theodor: Neues Altona. 1919 – 1929, 2 Bde. Jena 1929

Wirtschaft
Gesellschaft

Huldermann, Bernhard: Albert Ballin, 4. Aufl. Oldenburg – Berlin 1922

Martin, Rudolf: Jahrbuch des Vermögens und Einkommens der Millionäre in den drei Hansestädten. Berlin 1912

Varnhagen von Ense, Karl August: Denkwürdigkeiten des eignen Lebens, 3 Bde. Frankfurt/M. 1987

Warburg, Ferdinand S.: Die Geschichte der Firma R.D. Warburg & Co., ihre Teilhaber und deren Familien. Berlin 1914

Drei Juden in der Wirtschaft Hamburgs: Heine – Ballin – Warburg

Werner E. Mosse

Aus den Reihen des jüdischen Wirtschaftsbürgertums Hamburgs ragen drei Männer hervor, die Bedeutung weit über die Grenzen der Hansestadt erlangten: Salomon Heine, Albert Ballin und Max Warburg.

Salomon Heine (1767 – 1844): Bankier und Millionär

Im Jahre 1780 siedelte die verwitwete Mathe Eva Heine mit ihren sechs Söhnen von Hannover nach Hamburg über.[1] Die Kenntnisse des Sohnes Salomon scheinen sich auf notdürftiges Schreiben, Lesen und Rechnen beschränkt zu haben. Sproß eines verarmten Zweigs einer wohlhabenden jüdischen Familie, erhielt er nach einer Periode des Wechselherumtragens eine Anstellung in der damals bedeutenden Bank seines Großvaters mütterlicherseits Meyer Samson Popert in Altona. Es folgte eine Periode als selbständiger Wechselmakler bis er schließlich 1797 mit seinem Freund Marcus Abraham Heckscher (später noch zwei weiteren Partnern) das Bankhaus Heckscher & Co. gründete. Als er 1819 zum Alleininhaber avancierte, war er Besitzer eines Vermögens von mehr als einer Million Thaler.[2] Unter Heines Leitung entwickelte sich dann die Firma zu einem Haus von europäischem Rang. »*Sie stand an Geltung und Credit an keinem Platz der Welt den Rothschilds, Barings [...] und ähnlichen nach*«.[3] Als Salomon Heine 1844 starb, hinterließ er seinem Alleinerben nach den gängigen Quellen die für die damalige Zeit ungeheure Summe von ca. 30 Millionen Mark.[4] Nach einer anderen, Vertrauen erweckenden Quelle jedoch, betrug die Hinterlassenschaft »nur« 17 Millionen Mark crt.[5] »*Immerhin eine hübsche Summe*«.[6] »*Ich will es [...] nicht unterlassen zu erklären*«, schrieb Heine in seinem Testament, »*daß ich bis auf Bco M. 10.000, die ich mit meiner Frau erheiratet habe, alles was ich mein nenne, Unter Gottes Segen selbst erworben habe*«.[7]

Salomon Heine: Bürger Hamburgs

Salomon Heine war mehr als ein steinreicher Bankier. Er gehörte auch »*in die ziemlich kurze Reihe der öffentlichen Charaktere Hamburgs.*

von oben nach unten:
Salomon Heine
Albert Ballin
Max M. Warburg

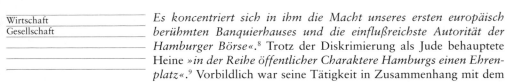

Wirtschaft
Gesellschaft

Es koncentriert sich in ihm die Macht unseres ersten europäisch berühmten Banquierhauses und die einflußreichste Autorität der Hamburger Börse«.[8] Trotz der Diskrimierung als Jude behauptete Heine »*in der Reihe öffentlicher Charaktere Hamburgs einen Ehrenplatz«.*[9] Vorbildlich war seine Tätigkeit in Zusammenhang mit dem Hamburger Brand von 1842. So setzte er »*dem beabsichtigten Discontowucher mehrerer großer Häuser durch die Erklärung ein Ende alle achtbaren Papiere wie gewöhnlich* [d.h. nicht über 4%] *discontieren zu wollen«.*[10] Er erreichte auch, daß die Wechselmakler schon am folgenden Tage ihre Schalter wieder öffneten. Für besondere Ausgaben stellte er der Regierung unaufgefordert eine halbe Million Mark zu Verfügung ohne eine Sicherheit zu verlangen oder einen Zinsfuß zu stipulieren.[11] Bei der folgenden öffentlichen Anleihe zeichnete Salomon Heine 8 Millionen Bancomark – diesmal ein gutes Geschäft.[12] Auf seinen eigenen Vorschlag wurde sein Haus am Jungfernstieg am zweiten Tag der Feuersbrunst gesprengt, um eine Ausdehnung des Brandes zu verhindern. Auf die ihm zustehende Versicherungsprämie verzichtete er zugunsten der städtischen Feuerkasse. 6.000 Mark spendete er für Obdachlose, andere empfingen für längere Zeit warme Mahlzeiten.[13]

Die Absicht, Heine 1843 das Ehrenbürgerrecht der Stadt Hamburg zu verleihen, wurde durch anti-jüdisches Vorurteil vereitelt.[14] Der wohl mit Abstand reichste und wohltätigste Mann Hamburgs blieb dennoch ein Bürger zweiter Klasse. Mochte ihm die Hamburger Börse noch so viel verdanken, von ihren Versammlungen blieb er ausgeschlossen. »*Daß es den alten Mann tief kränken mußte [...] sich noch immer von den Versammlungen eines ehrbahren Kaufmannes (... die jeder Großbürger besuchen darf) seiner Religion wegen ausgeschlossen zu sehen, ist leicht zu begreifen«.*[15]

Allerdings hatten schon 1835 Teile der Bevölkerung ihre Sympathien für Salomon Heine bekundet:

»*An einem jener unruhigen Abende des Jahres 1835, als die schöne Alsterhalle ein Schauplatz der bekannten rohen Szenen wurde [...] wandte sich auch ein Haufen mit Steinen bewaffnet nach der Wohnung Heines am Jungfernstiege. Doch kaum war die Absicht der Tumultanten laut geworden als sich von verschiedener Seite, trotz aller antijüdischen Gesinnungen, zornige Aufregung zeigte. 'Salomon Heine beleidigen? Unsern alten würdigen Heine?' schrie man, 'in die Alster mit jedem der das wagt!' Sein Haus ist ein Heiligtum! Und wirklich blieb es unangetastet«.*[16]

Salomon Heine: Der Jude

»*Der Glaube seiner Väter war ihm heilig. Salomon Heine hat sich nicht von demselben getrennt, und hat nie Vortheilen und Ehrenbezeichnungen nachgestrebt, welche außerhalb des Verbandes seiner Stammesgenossen ihm sicher im reichsten Maß zu Theil geworden wären. Ja wir wissen, daß er ihm angebotene Bevorzugung [...] entschieden ablehnte, und sich so neue Ansprüche auf die unbedingte Hochachtung von Christen und Juden erworben hat«.*[17]

Obwohl Heine die Synagoge wohl fast nur an den hohen Feiertagen besuchte, dokumentierte er seine Zugehörigkeit zur jüdischen Gemeinschaft auf andere Weise. So stiftete er zum Andenken an seinen früh verstorbenen Sohn Hermann 1837 eine Vorschußkasse, »*um unbemittelte hiesige Einwohner (vorläufig nur Israeliten) in ihrem Broterwerbe [...] zu unterstützen«,*[18] ein Institut, »*um heruntergekommene Schacherer wieder auf die Beine zu bringen«,*[19] wie sein Neffe Heinrich es boshaft charakterisierte. Als Kapital setzte Heine

100.000 Mark Bco. sowie die Zinsen einer russischen Staatsobligation von 40.000 Rubel aus.[20] Die Organisation war so gestaltet, daß das Grundkapital mit der Anzahl der gewährten Darlehen wuchs. Gleichzeitig verfolgte Heine einen erzieherischen Zweck:

>*Bis zur völligen bürgerlichen Gleichstellung der Hamburger Israeliten mit den christlichen Einwohnern [...] ist das [...] Institut ausschließlich zu Gunsten der Ersteren errichtet. Sobald aber jener Zeitpunkt gekommen [...] wird kein Unterschied der Religion bei der Benutzung der Hermann Heine'schen Stiftung mehr in Betracht kommen«.*[21]

Ein besonderes Interesse widmete Heine der beruflichen Ausbildung der »*ihm glaubensverwandten Jugend*«. So empfingen die israelitischen Freischulen Hamburgs regelmäßig bedeutende Unterstützungen aus seiner Kasse. Auch einzelne ihrer Zöglinge, fähige Köpfe, für die er sich interessierte, erhielten selbst in der Ferne Beweise seines Wohlwollens.[22]

Als 1840 die jüdische Gemeinde plante, ein neues Armen- und Krankenhaus zu errichten, erklärte sich Heine »*zum allgemeinen freudigen Erstaunen*« auf einer Gemeindeversammlung bereit, die gesamten Kosten zu übernehmen, falls man das neue Hospital zu Ehren seiner 1837 verstorbenen Gattin benennen und ihm einen Platz in der Synagoge desselben überlassen würde, sollte eine solche errichtet werden. Nach Zustimmung der Gemeindevorsteher zahlte er sofort 40.000 Thaler, später noch einmal 16.500. Am 10. Juni 1841 wurde der Grundstein »*in Gegenwart der höchsten Autoritäten*« gelegt. Im September 1843 wurde das musterhaft eingerichtete Haus eröffnet. Auf seiner Fassade prangte die Inschrift: »*Krankenhaus der Deutsch-Israelitischen Gemeinde. Der seligen Frau Betty Heine zum Andenken erbaut von ihrem Gatten Salomon Heine. Anno 1841*«.[23]

In seinem Testament vermachte Heine dem Krankenhaus 30.000 M. crt. mit der Auflage zum Andenken an seine verstorbene Ehefrau in der dortigen Synagoge eine ewige Lampe brennen zu lassen sowie »*für ewige Zeit*« jedes Jahr an ihrem Todestag auf ihrem Grabe »*durch zehn arme Israeliten die in solchem Falle üblichen Gebete verrichten zu lassen ...*«[24] Die Gesamtsumme der Legate an 39 meist jüdische (aber auch andere) Institutionen belief sich auf 163.000 Mark crt. Die bedeutendsten bezeichnen Heines wichtigste Anliegen:

	M crt.
dem Betty Heinischen Krankenhaus	30.000
dem hiesigen allgemeinen Krankenhause	10.000
der Israelitischen Freischule	9.000
dem Neuen Israelitischen Tempelverein	8.000
dem Verein zur Verbreitung nützlicher Gewerbe unter den Israeliten	8.000
der Talmud-Tora Armenschule	6.000

Salomon Heine: Mensch und Philanthrop

Salomon Heine hat sich aus eigener Kraft aus engen Verhältnissen emporgearbeitet. Er war stolz auf seine Leistung und im Geschäftsleben hart. Eine charakteristische Anekdote berichtet, er habe einmal einem Fondsmakler an der Börse, der sich über die Unerbittlichkeit, mit welcher der steinreiche Salomon Heine auf 1/32 hielt, beklagte, geantwortet »*Hab mich in meinem Leben noch viel ärger gequält. Quält Ihr Andern Euch auch*«.[25] Heine neigte zu Jähzorn und konnte bei Ausbruch schlechter Laune scharf und ungerecht sein. Er

Wirtschaft
Gesellschaft

versuchte häufig später, seine Schroffheit durch persönliches Einschreiten und gutherzige Entschuldigungen gutzumachen.[26] Seine Wohltätigkeit in Einzelfällen war kapriziös und konnte von der Laune des Augenblicks abhängen.[27] Auch neigte er dazu, manche seiner Stiftungen an die große Glocke zu hängen.[28] Bei Gelegenheit konnte er jedenfalls äußerst großzügig sein. Eine charakteristische Anekdote verdient, der Vergessenheit entrissen zu werden:

»*Heine saß in seinem Comptoir, als ein Herr mit einer Liste hereintrat. Heine war beschäftigt, und der Fremde, der nicht stören wollte, machte Anstalt, sich zu entfernen. Er ward von Heine zurückgerufen und um sein Anliegen befragt. 'Es ist nur eine Wohltätigkeitssache!' sagte der Fremde. 'Nur'? sprach Heine, 'Wohltätigkeitssachen gehen vor'. Er nahm die Liste, und unterzeichnete. Der Fremde dankt und empfiehlt sich: aber wie erstaunt er, 1.000 Mark gezeichnet zu finden. 'Das ist offenbar ein Irrthum' sagte dieser zu sich, 'er wollte gewiß nur 100 Mark geben, er hat sich geirrt.' Schnell geht er zurück, und zeigt dies Heine an. 'Ja wohl!' sagt der Biedermann, 'Sie haben recht, ich habe mich geirrt, und zwar, wie sie richtig bemerkten, um eine Null'. Er ändert, gibt die Liste zurück, und wie um so mehr erstaunt der Fremde, als er statt 1.000 Mark, nun 10.000 Mark gezeichnet findet*«.[29]

Unwahrscheinlich vielleicht, doch sicher nicht frei erfunden. Sollte »*Hamburgs reichster und Hamburgs wohltätigster Mann*«,[30] was fast unwahrscheinlich ist, sich an die traditionelle jüdische Vorschrift gehalten haben, ein Zehntel seines Verdienstes für wohltätige Zwecke zu verwenden, so müssen seine Zuwendungen enorm gewesen sein.

Bei Heines ausgesprochenem Familiensinn profitierten von dieser Wohltätigkeit auch die zahlreichen Familienmitglieder, unter ihnen der Neffe Harry, nachmals Heinrich Heine. Das Verhältnis von Onkel und Neffe war, wie bekannt, kein ungetrübtes und kann wohl am besten als Haß-Liebe bezeichnet werden. Bei großer Verschiedenheit der Temperamente schätzte dennoch jeder die guten Seiten des anderen. Salomon Heine, der den Neffen zeitlebens unterstützte, hielt mit Recht wenig von dessen geschäftlichen Fähigkeiten. »*Ich sage Dir, Betty, der kann mich ruinieren*«, soll er zornig zu seiner Frau gesagt haben, als ihm eine von Heinrichs finanziellen Heldentaten zu Ohren kam.[31] »*Wenn mein Neffe was Ordentliches gelernt hätte*«, soll er ein anderes Mal geäußert haben, »*so braucht er keine Bücher zu schreiben!*«.[32] Einem Bekannten erklärte er, es seien schon oft große Unterstützungen nötig gewesen ohne den erhofften Beweis zu gewinnen, Heinrich Heine werde sich einer ernsten Richtung auf der Lebensbahn zuwenden. Jedoch wolle er ein großes Genie nicht verkommen lassen.[33]

Auch der Neffe sah die guten Seiten des Onkels. Er sei »*edel und gut, auch wenn er als Löwe der Menagerie einmal brüllt*«.[34] Im Charakter seien sie ähnlich:

»*Dieselbe störrige Keckheit, bodenlose Gemüthsweichheit und unberechenbare Verrücktheit – nur daß Fortuna ihn zum Millionär und mich zum Gegenteil d.h. zum Dichter gemacht und uns dadurch äußerlich in Gesinnung und Lebensweise höchst verschieden ausgebildet hat*«.[35] – »*Mein Onkel hat, was ich nicht habe, nämlich Geld, und ich habe was er nicht hat, nämlich Geist und Wissen*«.[36]

Tatsächlich war Salomon Heine, selbst bar jeder formellen Bildung, stolz auf den wachsenden literarischen Ruhm des undankbaren Neffen. Auch ist es ihm und seiner Familie zuzuschreiben, daß Heinrich Heine »*bei allen Reisen und Ortsveränderungen bis zum Jahre 1830 immer Hamburg als seine spezielle Heimat bewohnt und betrachtet hat*«.[37]

Salomon Heine war eine Hamburger Berühmtheit. Jeder auswärtige Besucher von Rang und Namen stattete seinem Besitz in Ottensen einen Besuch ab. Obzwar dem Hausherrn

»*der Schliff, die glatte Politur, welche wahre Bildung oder auch die bloße Weltmanier zu geben vermag*« fehlten,[38] bildete sein Haus dank seiner Gäste dennoch ein kulturelles Zentrum.[39]

Mosse
Drei Juden in der Wirtschaft Hamburgs: Heine – Ballin – Warburg

Obwohl Heine seinem Sohn und Alleinerben Carl ein riesiges Vermögen hinterließ, noch vermehrt durch eine weitere Erbschaft, so waren doch mit Salomon Heines Tod die großen Tage des Bankgeschäfts gezählt. Bald nach dem Tode Carl Heines 1865 schloß die Firma ihre Schalter für immer. Erst Ende des Jahrhunderts würde das jüdische Wirtschaftsbürgertum Hamburgs wieder Persönlichkeiten von vergleichbarem Rang hervorbringen.

Albert Ballin (1857 – 1918)
Aufstieg

Um das Jahr 1832 wanderte der aus Jütland stammende Samuel Joel Ballin nach Hamburg ein.[40] Als Handwerker und Unternehmer mit wechselndem Erfolg wurde er 1852 Mitbegründer der Auswandereragentur Morris & Co. Im August 1857 erblickte der Sohn Albert, aus zweiter Ehe, als dreizehntes Kind das Licht der Welt. Als der Vater 1874 starb, trat er, erst siebzehn Jahre alt, als Prokurist in die Firma ein. Fünf Jahre später war er Teilhaber. Morris & Co. betrieben die sogenannte indirekte Auswanderung. Sie warben Auswanderer an, die zunächst auf Hamburger Schiffen nach England, und von dort auf englischen Schiffen in die USA transportiert wurden.

Ballin zeigte bald unternehmerische Initiative. Da die alteingesessenen Reedereien Auswandereragenturen (und ganz besonders jüdische) ablehnten, auch durch eigene Agenten versuchten, Passagiere abzuwerben, verbündete sich Ballin mit einem jungen, unkonventionellen englischen Reeder, Edward Carr, der gerade eine eigene Reederei, zunächst mit zwei Dampfern, eröffnet hatte.[41] Er überredete Carr, auf seinen Frachtschiffen Unterbringungsmöglichkeiten für Auswanderer zu schaffen. Morris & Co. verpflichtete sich, bei 8 – 9 Fahrten pro Jahr ca. 600 Passagiere pro Schiff und Fahrt anzuwerben.

Für jeden fehlenden Passagier mußten sie 20 Mark Schadensersatz zahlen. Für eine Firma mit 9 Angestellten und einem Lohnbudget von jährlich 20.000 Mark war das kein geringes Risiko.

Carr gewährte dafür einen Passagepreis in die USA von nur 82 Mark, der zunächst jede Konkurrenz (sowohl der ehrwürdigen HAPAG wie auch des führenden Lloyd in Bremen) unterbot. Auch blieben auf Carrs Schiffen, im Unterschied zur Konkurrenz, auf Ballins Wunsch die Auswanderer nicht auf das Zwischendeck verbannt. Die Zahlen belegen den Erfolg:

Zwischendeck Passagiere nach USA	HAPAG	Carr
1881	68.000	4.000
1882	68.000	12.200
1883	55.000	16.500
1884	58.000	13.500[42]

Gleichzeitig sank die Zahl der indirekten Auswanderer über England von 47.600 auf 16.000.

Im Verlauf eines erbitterten Preiskampfes der Reedereien vereinigte Carr 1886 sein Unternehmen mit demjenigen seines Onkels Sloman zur Union-Linie. Es folgte eine

Wirtschaft
Gesellschaft

Interessengemeinschaft von Union und HAPAG. Die HAPAG übernahm das Passagegeschäft unter der Voraussetzung, daß der unternehmungslustige Ballin die Leitung einer neuen Passageabteilung übernähme. 1886 erhielt Ballin einen fünfjährigen Vertrag als selbständiger alleiniger Abteilungsleiter mit einem Mindest-Jahresgehalt von 10.000 Mark und zusätzlicher Provision. So trat der erst 29jährige in den Dienst einer der ältesten, wenn auch nicht bedeutendsten, deutschen Schiffahrtslinien. Zu dieser Zeit besaß die HAPAG, längst vom Norddeutschen Lloyd in Bremen überflügelt,[43] 22 Dampfer mit einer Tonnage von 65.000. Erst 1888 löste der vorsichtige Ballin seine Verbindung mit Morris & Co. und avancierte zum HAPAG-Direktor.

Ballin und der Aufstieg der HAPAG

Mit Ballin begann der bis Kriegsbeginn anhaltende Aufstieg der HAPAG. Zwischen 1886 und 1914 wuchs die HAPAG-Flotte rasant von 65.000 auf 1.500.000 Tonnen. Das Aktienkapital erhöhte sich von 15 auf 180 Millionen Mark, der Kurs der Aktie kletterte von 74 auf 134 Mark. Der Wert der Anleihen stieg von 6 auf 73 Millionen, die Reserven von 3 auf 43. Betrug der Profit 1886 2 Millionen, so erreichte er 1913 deren 40. Eine schläfrige Reederei zweiten Ranges hatte sich unter Ballins Führung zu einem Unternehmen von Weltrang entwickelt. Neben Emil Rathenaus AEG kann man Ballins HAPAG als die größte unternehmerische Leistung des wilhelminischen Deutschland bezeichnen.

Einige Etappen des meteorhaften Aufstiegs – in stetem Kampf mit dem Lloyd – sollen hier kurz skizziert werden. 1887 wurde unter Ballins Leitung beschlossen, vier schnelle Doppelschraubendampfer nach englischem Vorbild in Auftrag zu geben. Bis zu diesem Zeitpunkt hatten sowohl HAPAG wie Lloyd ihre Qualitätsschiffe von englischen Werften bezogen. Jetzt, auf Grund einer Denkschrift des Prinzen Wilhelm, wurde die Hälfte der Aufträge an deutsche (zunächst Stettiner Maschinenbau AG Vulkan, dann auch Blohm & Voss), die andere an englische (zunächst Laird Brs. in Birkenhead, dann auch Harland & Wolff in Belfast) vergeben. Es war eine diplomatische Teilung, die die HAPAG noch längere Zeit beibehielt. Die neuen Schnellschiffe imponierten nicht nur durch ihre Geschwindigkeit – die »Auguste Victoria« gewann auf der Jungfernfahrt das Blaue Band – sondern auch durch ihre neuartige Ausstattung. Weiter unternahmen sie von 1891 an Vergnügungsfahrten, um auch eine winterliche Ausnutzung zu gewährleisten.

1893 gab die HAPAG vier Schiffe der »P« Klasse in Auftrag, jedes imstande, 2.500 Zwischendeckpassagiere sowie eine Menge schwerer Fracht zu befördern. Bei niedrigem Kohlenverbrauch wurden sie zu Hauptverdienern der HAPAG.

1900, das Jahr von Ballins Aufstieg zum Generaldirektor, sah die Jungfernfahrt der »Deutschland«, des schönsten Schiffes seiner Zeit, die das inzwischen an den Lloyd verlorene Blaue Band zurückgewann und dann viele Jahre hindurch behielt.

1910 begann der Bau von Riesenschiffen der Imperatorklasse (52.000, 56.000 und 60.000 Tonnen). Mit 1,3 Millionen Bruttoregistertonnen übertraf die Tonnage der HAPAG bei Kriegsbeginn die ihres alten Bremer Rivalen um etwa ein Drittel. Sie stand an der Spitze der Schiffahrtsgesellschaften der Welt. »*Hätte ihr Generaldirektor eine Flottenrevue abhalten können*«, schrieb später ein Biograph Ballins, »*er hätte an 194 Seedampfern vorüberfahren müssen, während der deutsche Kaiser vor Ausbruch des Weltkrieges 133 Kriegsschiffe einschließlich Kanonenboote befehligte*«.[44]

Ballin als Schiffahrtsdiplomat

Gleichzeitig entwickelte sich Ballin zum international anerkannten Meister der Schiffahrtsdiplomatie, als »*past-master in the art of negotiation*« bezeichnete ihn die London Shipping Gazette 1911. »*Wie kein zweiter verstand er es, die konkurrierenden Linien zusammenzubringen und ihre Gegensätze auszugleichen*«:

»*Überall wurde ihm der Vorsitz auch in internationalen Besprechungen zuerkannt, und es kam schließlich so weit, daß, wenn Ballin verhindert war, die Engländer es ablehnten, zu einer Besprechung zusammenzutreten, solange Mr. Ballin nicht den Vorsitz führen könne*«.⁴⁵

Drei kurze Kostproben von Ballins Diplomatie sollen genügen. Bei einer Aufsichtsratsitzung 1886 erreichte er die Einrichtung einer Linie von Stettin über Schweden nach New York. Die monatlichen Fahrten begannen am 1. Juli. Im September folgten Verhandlungen mit den bedrohten englischen Konkurrenten. Zum Jahresende gelang ein Übereinkommen. Die HAPAG verzichtete darauf, Göteborg anzulaufen. Dagegen wurde der Anteil englischer Schiffe an der Auswanderung über Hamburg auf 37 % beschränkt. Die Tätigkeit britischer Agenten in Hamburg und Bremen wurde in einer Abrechnungsbörse vereinigt.

1892 wurde in Hamburg von Vertretern von HAPAG, Lloyd und zwei großen holländischen und belgischen Linien der Nordatlantische-Dampfer-Linien-Verband errichtet. Für den Transport von Zwischendeckspassagieren in die USA wurde ein kompliziertes Quotensystem vereinbart. Man errichtete einen sogenannten »pool« zur Entschädigung von Linien, die ihre Quote nicht erreichten. Die Fahrpreise für Kajütenpassagiere wurden geregelt. 1895 folgte ein Übereinkommen des Verbandes mit englischen Linien über die Kajütenpassagiere.

»*Fast in jedem Jahr kann er ähnliche Abkommen zustandebringen. Ihn leitet das Bestreben, zunächst die deutschen, dann die europäischen und schließlich alle großen Dampferlinien der Welt zu einigen, um die Konkurrenzgefahr für Deutschland abzuwenden*«.⁴⁶

Im Februar 1902 erzielte Ballin seinen vielleicht wichtigsten Erfolg auf dem Gebiet der Schiffahrtsdiplomatie: die Übereinkunft mit dem gefährlichsten Konkurrenten, mit J. P. Morgans International Mercantile Marine Company. Das geschah unter reger Anteilnahme des Kaisers. Im Verlauf der Verhandlungen soll Morgan Ballin nach »seinem Preis« gefragt und die Antwort erhalten haben, weder er selbst noch die HAPAG seien käuflich.

Ballin und die Politik

Anläßlich der Jungfernfahrt der »Auguste Victoria« 1891 lernte Ballin Wilhelm II. kennen. »*Bringen Sie unsere Landsleute nur auf die See*«, bemerkte der Kaiser nach Besichtigung des Schiffes, »*das wird der Nation und ihrer Gesellschaft reiche Früchte tragen*«. Die engere Bekanntschaft der beiden Männer datiert seit 1895.⁴⁷ In den folgenden Jahren entwickelten sich persönliche Beziehungen, die man manchmal sogar als Freundschaft bezeichnet hat.⁴⁸ Ballin hatte freien Zutritt zum Kaiser in Berlin und gehörte zu den wenigen, die ihm manchmal ein offenes Wort sagen konnten. Wilhelm's Gegenbesuche in Ballins Villa wurden so häufig, daß eine wenig wohlwollende Presse diese gelegentlich als »*Klein Potsdam*« bezeichnete.⁴⁹ Im Reichstag klagte 1904 ein antisemitischer Abgeordneter »*die höchsten Stellen* [seien] *verballinisiert*«.⁵⁰

Mosse
Drei Juden in der Wirtschaft Hamburgs:
Heine – Ballin – Warburg

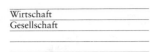
Wirtschaft
Gesellschaft

Anfänglich war Ballin ein engagierter Protagonist der Tirpitzschen Flottenpolitik.[51] Als er jedoch die Gefahr eines Krieges mit England erkannte, wandte sich sein Interesse einem Abbau des Wettrüstens durch ein Flottenabkommen zu. So schrieb er etwa im Sommer 1909:

»Unser Verhältnis zu England macht mir große Sorge, bitte setzen Sie Ihren großen Einfluß an die Befürwortung eines Übereinkommens in der Frage des Flotten–Baues. Es ist eine Notwendigkeit für beide Nationen und diese Notwendigkeit sollte für practische Männer schon die Grundlage zu einem fairen Vergleich bieten. Sonst jagt [!] man uns den Atem aus und wir haben für die vermehrten Kriegsschiffsbauten eine neue Finanz-Katastrophe oder einen Krieg!«.[52]

Ballins Versuch, durch seine engen Beziehungen zu Sir Ernest Cassell in London ein deutsch-englisches Flottenabkommen zu vermitteln – den Höhepunkt bildete der Besuch des englischen Kriegsministers Haldane in Berlin 1912 – scheiterte vor allem an der Hartnäckigkeit der deutschen Regierung.

Politisch war Ballin ein Einzelgänger. Obwohl überzeugter Monarchist, lehnte er das preußische Junkertum aus politischen wie wirtschaftlichen Gründen ab:

»Jeder Franzose hat sozusagen einen Minister Frack im Tornister. Aber hier! Du lieber Gott, was müssen Sie da schon für ein Kerl sein um über Corpsstudententhum, Adel, Confession und wie all das Teufelszeug heißt, hinwegzusteigen«.[53]

»Wir sind so arm an klugen Leuten, die für des Vaterlandes Dienst sich opfern wollen, und von denen, die vorhanden sind, werden aus Mangel an Stammbäumen die besten noch ausgemustert«.[54]

Andererseits schämte sich Ballin »der Untüchtigkeit des Liberalismus, auf welchen Amt und Verstand mich hinweisen«.[55] Er beklagte die von Bismarcks Nachfolgern betriebene »Politik der vollen Hose«:[56] »Wie ist und was ist seit jener Zeit kaputt geschlagen worden, wie ist das große Erbe verwirtschaftet und wie bitter Not tut uns ein starker Mann! Aber wo ist er?«[57]

Schließlich resignierte Ballin, dessen Rat man zwar anhörte, aber kaum je befolgt hat.

»... ich habe mich bescheiden gelernt, nachdem ich habe erkennen müssen, daß die obwaltenden Verhältnisse und Einflüsse viel stärker sind als ich es zu sein vermöchte, selbst wenn meine Gesundheit und meine legitimen Arbeitsverpflichtungen mir nicht ohnehin eine Beschränkung zur Pflicht machten«.[58]

Der Mensch Ballin

Seit 1883 mit einer Christin verheiratet – auch seine Adoptivtochter ist Christin – war Ballin kein religiöser Mensch. Dennoch lehnte er für sich persönlich den Glaubenswechsel bis zum Ende ab, um nicht, wie er es ausdrückte, das Andenken seines Vaters zu beschmutzen.[59]

Man hat Albert Ballin als »Gewaltmenschen« charakterisiert.[60] Eduard Rosenbaum, der ihn jahrelang aus der Nähe begutachten konnte, zieht die Bezeichnungen »Tatmensch«[61] und »go-getter«[62] vor. Zweifellos war er ein Autokrat von cholerischem Temperament.[63]

Bei geschwächter Gesundheit litt Ballin in den Vorkriegsjahren unter dem Hamburger Klima. So schrieb er 1909 nach der Rückkehr von einem Urlaub in Italien:

»Ich habe herrliche Tage hinter mir [...] aber ich konnte tatsächlich bei meinen vielen rheumatischen Schmerzen den ewigen Regen nicht länger ertragen und den Sonnenschein nicht länger entbehren [...] Man bedauert wirklich, daß man hier in diesem Hamburger

Regenwetter-Winkel sein Leben fristen muß, wenn man einmal sieht wie viel besser Andere es haben«.[64]

Dabei hatte Ballin eine starke Abneigung gegen Berlin, das für ihn synonym mit schlechter Luft war. Die *»reine Seeluft«* kontrastierte er mit dem *»Parfum des Grunewalds«*.[65] *»Wie es Leute gibt, die an Platzfurcht leiden«*, schrieb er einmal, *»so leide ich an Menschenfurcht. In der Masse wirken sie mir unerträglich«.*[66] Auch litt Ballin an Schlaflosigkeit und gebrauchte regelmäßig Schlafmittel. Der Kriegsausbruch, der die Tätigkeit der HAPAG nahezu unterband, war für ihn ein vernichtender Schlag. *»Ich will nichts mehr für mich«*, schrieb er, *»aber wenn ich an meine HAPAG denke, dann ist es schwer, sehr schwer, nicht zu heulen«.*[67]

Am 9. November 1918, dem Tage der Proklamation der Republik, starb Albert Ballin an einer Überdosis seines gewohnten Schlafmittels.

Drei Tage später hielt sein langjähriger Freund Max Warburg die Gedenkrede:

»Albert Ballin war eine Kraftnatur. Kraftvoll war in ihm der Wille, und kraftvoll und groß sein durchdringender Verstand und warm und stark schlug das Herz. Ein genialer Kaufmann, begabt mit einer nahezu seherischen Kraft und großer Phantasie. [...] Zu seiner seltenen Persönlichkeit gehörte auch das Dämonische, Rücksichtslose, wenn es sich um die Verfolgung seines Zieles handelte. [...] Obgleich ein harter Kämpfer, begnügte er sich oft mit einem Kompromiß und konnte freundlich mit den Leuten sein, die er gerade bekämpft hatte. [...] Die Zeiten des wirtschaftlichen Aufschwungs der letzten dreißig Jahre kann man sich ein Deutschland ohne Albert Ballin nicht vorstellen ...«.[68]

Mit der Stadt Hamburg und ihrem wirtschaftlichen Aufstieg ist und bleibt der Name Ballin unauslöschlich verbunden.

Max M. Warburg (1867 – 1946)

Max Warburgs Vorfahr,[69] der Geldwechsler Gumprich Warburg, siedelte im Jahre 1773 von Altona, das unter der dänischen Verwaltung den Juden bessere Bedingungen bot, nach Hamburg über. 1798 gründeten zwei seiner Söhne ein Geldwechselgeschäft, das sich 1863 in eine Bank verwandelte. Im Jahr 1867, dem Geburtsjahr Max Warburgs, erwarb die Firma das Gebäude Ferdinandstraße 75, in dem sie noch heute ihren Sitz hat. Um diese Zeit waren M. M. Warburg & Co. ein alteingesessenes jüdisches Bankhaus mittleren Zuschnitts.[70] Hatten 1857 bei der Gründung des Garantie-Disconto-Vereins Salomon Heine & Co. 50.000 Mark Bco. und L. Behrens & Söhne 100.000 Mark Bco. beigesteuert, so belief sich die Einlage von M. M. Warburg & Co. auf »normale« 15.000 Mark Bco. Nicht völlig zu Unrecht würde Max Warburg einmal schreiben, daß die Respektabilität der Firma immer größer gewesen sei als das Vermögen.[71] Die Familie von Max Warburgs Vater Moritz war eine bewußt bürgerliche:

»Während wir 'am Mittelweg' nur den Ehrgeiz hatten, eine angesehene bürgerliche Familie zu sein, die in der Einzelleistung ausschließliches Glück finden wollte, bestand am Alsterufer in der Familie Onkel Siegmunds der Ehrgeiz, in der jüdischen Aristokratie auch außerhalb Hamburgs eine Rolle zu spielen«.[72]

Max Warburg berichtet, er sei immer ein schlechter Schüler gewesen und habe nie die Absicht gehabt, das Abitur abzulegen. In der Unterprima ersuchte er seinen Vater, ihn aus der Schule zu nehmen, da er ja ins Geschäft gehen solle und während der letzten Jahre nicht annähernd genug gearbeitet habe. Moritz Warburg bestand hartnäckig darauf, daß alle seine Söhne eine abgeschlossene Bildung haben müßten. So mußte Max versuchen, mit

Wirtschaft
Gesellschaft

größter Energie die zahlreichen Lücken in seinen Kenntnissen auszufüllen. »*Daß ich das Examen schließlich bestanden habe*«, schrieb er später, »*verstehe ich heute noch nicht*«.[73]

Nach der Lehrzeit zunächst als Volontär in befreundeten Bankhäusern in Frankfurt/Main, Amsterdam, Paris und London tätig, trat Warburg 1892 während der Finanzkrise als Prokurist in die Firma ein. Im folgenden Jahr avancierte er zum Partner, 1895 gefolgt von seinem jüngeren Bruder Paul, der sein engster Mitarbeiter werden sollte.

Max Warburg: Der Bankier

Zur Zeit von Max Warburgs Eintritt in die Bank bestand deren Tätigkeit vorwiegend in »*kommissionsweisen Devisen- und Wechselgeschäften mit großen Handelshäusern und Banken vornehmlich außerhalb Deutschlands*«[74] und hatte besonders enge Verbindungen mit Skandinavien und Rußland. 1889, bei einer Bilanzsumme von mehr als 35 Millionen Mark, hatten M. M. Warburg & Co. eine angesehene Stellung unter deutschen Privatbanken erreicht.

1895 ließ sich Felix, ein jüngerer Bruder Max Warburgs, in den USA nieder, wo er Frieda, die einzige Tochter von Jacob H. Schiff, Senior Partner der Firma Kuhn, Loeb & Co., heiratete. Im selben Jahr verheiratete sich Paul Warburg mit Nina Loeb, der Tochter eines Gründungspartners der gleichen Firma. Auch Paul siedelte 1902 in die USA über. Die engen familiären und geschäftlichen Beziehungen zu Kuhn, Loeb & Co., die in Wallstreet »*als das größte Emissionshaus für Anleihen der Regierung, der Eisenbahnen und größerer Industrieunternehmen*« an Bedeutung nur hinter J. P. Morgan & Co. zurückstanden, sicherten seitdem M. M. Warburg & Co. innerhalb der deutschen Bankwelt »*eine außergewöhnlich bedeutende Stellung*«.[75] Auch als Partner der Firma Kuhn, Loeb & Co. blieben Felix und Paul Warburg bis Kriegsausbruch Teilhaber und persönlich haftende Gesellschafter der Hamburger Firma. Jedes Jahr verbrachte Paul Warburg mehrere Monate in Europa. Die engen Beziehungen der beiden Banken waren von entscheidender Bedeutung für die weitere Entwicklung des Hamburger Hauses.

Zu den bedeutendsten Klienten von M.M. Warburg gehörte auch die HAPAG. 1906 gehörte M. M. Warburg einem Konsortium zur Vorbereitung einer Kapitalerhöhung von 100 auf 125 Millionen Mark an. In der Folgezeit entwickelten sich enge persönliche und geschäftliche Beziehungen:

»*Ballin und Warburg berieten sich häufig und führten laufende Korrespondenz miteinander. Wenn beide in Hamburg waren, sahen sie sich fast täglich; ihr gemeinsames Erscheinen mittags an der Börse war ein charakteristisches Merkmal der Hamburger Szenerie, und ihre Kontore waren durch ein privates Telefonkabel miteinander verbunden*«.[76]

1911 trat Warburg in den Aufsichtsrat der HAPAG wie auch in den von Blohm & Voss ein. Er tat letzteres auf besonderen Wunsch Ballins, dem daran lag, eine finanzkräftige Werft in Hamburg zu haben. Nach mühsamen Vorarbeiten gelang es Warburg, zusammen mit seinem engsten Mitarbeiter Carl Melchior, »*dieses vorzügliche Unternehmen in die richtige finanzielle Form zu bringen*«.[77]

Ein weiteres Betätigungsfeld der Bank bildeten die Kolonien:

»*Ich darf wohl sagen*«, schreibt Warburg, »*daß kein Bankhaus in Deutschland sich so zielbewußt für die Betätigung Deutschlands in den Kolonien interessiert hat wie das unsrige. Durch meine Mitarbeit in der Handelskammer habe ich auch indirekt [...] die kolonialen Bestrebungen unterstützt«.*[78]

Ein besonderes Interesse der Bank galt der Suche nach neuen Bergbaumöglichkeiten in Marokko.[79]

Die Bank entwickelte sich generell zunehmend zum Emissionsgeschäft mit dem Schwerpunkt in Schiffahrt, Kolonialunternehmungen und Transaktionen für ausländische Auftraggeber. Internationale Anleihen in Deutschland, nach dem Krieg auch deutsche Anleihen im Ausland, blieben Spezialität des Hauses, gefördert durch die engen amerikanischen Verbindungen. Nicht zuletzt wegen dieser Verbindungen gehörten M. M. Warburg & Co. zur Anzahl jüdischer Privatbanken, die sich auch im Zeitalter der Universalbanken, von Krieg, Revolution und Weltwirtschaftskrise erfolgreich behaupten konnten.

Max Warburg im öffentlichen Leben

Mit der wachsenden Bedeutung des Bankhauses – 1905 wurde die Firma in das prestigeträchtige Reichsanleihekonsortium aufgenommen[80] – wuchs auch die Rolle Max Warburgs im öffentlichen Leben. 1902 wurde er Mitglied der Handelskammer, im folgenden Jahr der Bürgerschaft, wo er sich der Fraktion der »Rechten« anschloß. Im Zusammenhang hiermit erläuterte er seine politische Grundeinstellung:

»Ich habe mein ganzes Leben lang einen frei-konservativen Standpunkt eingenommen, d.h. ich hielt mich treu an die alte Tradition, wo kein besonderer Grund zur Änderung vorlag; war aber offen für alle Änderungen, die sich aus praktischen und menschlichen Gründen als zweckmäßig und natürlich ergaben bzw. ergeben sollten ...«.[81]

Warburg zählte wie Ballin zu den sog. »Kaiserjuden«, die Wilhelm II. gelegentlich zu Rate zog. So traf er den Kaiser jährlich in Cuxhaven anläßlich der Kieler Regatten. Im Verkehr mit dem Monarchen jedoch zeigte er sich eher zurückhaltend. Als *»alter Demokrat«*[82] und freier Bürger einer freien Stadt verzichtete er auf jede Form von Auszeichnung:

»Titel habe ich und hat unsere ganze Familie immer abgelehnt, ich hätte unendlich oft Geheimer Rat, Kommerzienrat, 'von' etc. werden können. Es war wohl etwas von der durch und durch demokratischen Tradition des freien Hamburger Kaufmanns dabei, der stolz (war,) ein freier Bürger zu sein und nichts sonst«.[83]

Von der Parteipolitik hielt sich Warburg weitgehend fern. Er sei, so schreibt er, politisch selbst nie aktiv gewesen, habe nie ein politisches Amt angenommen, sondern sich darauf beschränkt, *»Leute vor Dummheiten zu bewahren und Leute zu beeinflussen«.*[84] Das geschah meist hinter der Szene. So stellte er etwa die Verbindung zwischen Albert Ballin und Sir Ernest Cassell her, die Grundlage für die vergeblichen Bemühungen eines deutschenglischen Flottenabkommens. 1915 gelang es ihm *»unter Einschaltung von Hamburg, den Überseekaufleuten und einer ganzen Reihe von wirtschaftlichen Elementen«* die von der Schwerindustrie mehrheitlich aufgekaufte Nachrichtenagentur Transocean G.m.b.H., die den Nachrichtendienst des Auswärtigen Amtes versah, dessen Einfluß weitgehend zu entziehen.[85] Im März 1916 unterbreitete er dem Reichskanzler Bethmann Hollweg ein für den damaligen Zeitpunkt gemäßigtes Kriegszielprogramm. *»Da ich sicher bin«*, schrieb er an Ballin, *»daß der Reichskanzler mit Ihnen sprechen wird, möchte ich mein Gewissen entlasten, indem ich im Gegensatz zur Schwerindustrie dafür eintreten möchte, in breiter Öffentlichkeit zu erklären, daß wir wirklich darauf verzichten, die neutralen Staaten, insbesondere Belgien, dauernd behalten zu wollen«.*[86] Im Juni regte er eine Konferenz über

Mosse
Drei Juden in der Wirtschaft Hamburgs: Heine – Ballin – Warburg

Wirtschaft
Gesellschaft

handelspolitische Kriegsziele an, für die er wiederum ein gemäßigtes, auf internationalen Freihandel ausgerichtetes Konzept in fünf Punkten anbot.[87] Anschließend ersuchte er das Auswärtige Amt, einen Separatfrieden mit Serbien anzubahnen, dem Verhandlungen mit Rußland und den USA zu folgen hätten.[88] All diese Bemühungen jedoch waren vergeblich.

Auch die Versuche seit 1917, den Kaiser zur Abdankung zu bewegen, um die Monarchie zu retten, schlugen fehl. In der Übergangszeit wurde Warburg zum vertrauten Berater des Prinzen Max von Baden. Er wie auch Carl Melchior nahmen dann aktiven Anteil an den dornigen Friedensverhandlungen. Im übrigen besaß Warburg eine ehrliche Bewunderung für Friedrich Ebert. Wiederholte Einladungen in der Frühzeit der Republik, ein wirtschaftliches Ressort zu übernehmen, lehnte er für sich wie auch für Melchior mit dem Hinweis auf den weitverbreiteten Antisemitismus ab. Er unterstützte Gustav Stresemann als Mitglied des linken Flügels der DVP, ohne jedoch politisch hervorzutreten.

Gleichzeitig spielte Warburg eine Rolle als Mitglied des Zentralausschusses (1919 – 1925), dann des Generalrats (1924 – 1933) der Reichsbank. So war er 1924 aktiv an der Wahl Hjalmar Schachts zum Reichsbankpräsidenten beteiligt. 1929 trug er dann wegen Schachts öffentlicher Angriffe auf den Young Plan und die Regierung energisch zu seiner Ersetzung durch Luther bei (letzteres, so Warburg »*eine meiner vielen Dummheiten*«). Als Luther 1933 zurücktreten mußte, setzte sich Warburg erfolgreich[89] für eine Neubestellung Schachts ein, der »*als einziger mit der Partei stand und doch immerhin noch die privatkapitalistischen Auffassungen vertrat*«.[90] »*So habe ich*«, schreibt Max Warburg, »*Schacht zweimal gewählt und einmal hinausgewählt*«.[91]

Anfang 1931 äußerte sich Hans Schäffer, Staatssekretär im Finanzministerium, anerkennend über die von den Bankhäusern Mendelssohn und Warburg dem Reich geleisteten Dienste: »*Beide Häuser haben sich um das Reich sehr verdient gemacht. Warburgs haben insbesondere durch Melchior, die schwierigsten und undankbarsten Verhandlungen für das Reich bei außenpolitischen Behandlungen [!] geführt*«.[92]

Als Melchior 1930 meinte, es würde bald an der Zeit sein, »*einmal eine Rechts-Koalition ans Ruder zu lassen*«, das Volk würde dann sehen, was von den demagogischen Reden und Versprechungen durchgeführt werden könne, erwiderte Warburg, eine extreme Rechtsregierung sei ein gefährliches, für das geschwächte Deutschland nicht tragbares Experiment.[93]

Das hinderte ihn jedoch nicht, sich in letzter Stunde zeitweise zu bemühen, kommendes Unheil auf diesem Wege abzuwenden oder mindestens abzuschwächen: Er habe, so schreibt er, »*eine Zeitlang versucht, über den Stahlhelm das Nazitum salonfähig zu machen, es aufzufangen. [...] Wenn ich in Deutschland mit Antisemiten nicht gesprochen hätte, hätte ich auswandern müssen*«.[94]

Max Warburg: Der Jude

Warburg war Sproß einer traditionell jüdischen Familie. Noch unter seiner Leitung war die Firma am Sonnabend an der Börse nicht vertreten. Auch unter seinem Vater war das Geschäft am Sonnabend geschlossen gewesen; später bedienten dann christliche Beamte die Kunden.[95] Der Religionsunterricht, den er und die Brüder »genossen«, war schlecht. »*Beide Lehrer [...] waren trockene Hebräisch-Lehrer, verstanden aber nicht, uns unsere Religion nahe zu bringen*«.[96]

»*Was uns die Religion am meisten nahe brachte, war die unermüdliche Tätigkeit von Vater und Onkel Siegmund für die Gemeinde. In den letzten Jahren, als der Vater im Geschäft noch kaum [!] tätig war* [Moritz Warburg starb 1910], *lebte er eigentlich ganz für die Talmud-Tora Schule, für das Waisenhaus, für seine Tätigkeit als Vorsteher der Gemeinde*«.[97]

Persönlich war Max Warburg kein religiöser Mensch:

»*Aby, Paul und ich waren nicht gläubig. Ich betete nicht und glaubte vieles nicht, an was ein frommer Jude glauben soll. Meine Kinder wurden von Rabbiner Dr. Nobel unterrichtet, mit dem ich sehr befreundet war. Er brachte ihnen die Schönheit der jüdischen Geschichte und Gebräuche bei. Aber da wir Eltern nicht gläubig waren und ich auch nicht 'mit den Kindern lernte' [...] sind auch die Kinder nicht sehr gläubig geworden. Meine älteste Tochter [...] ist es und deren Sohn [...] auch*«.[98]

Die Zugehörigkeit zum Judentum war »*eine selbstverständlich bejahende*«.[99] Mischehen lehnte Warburg ab, weil sie alles »*viel schwieriger*« machten.[100] Er war Mitglied einer der Hamburger B'nai B'rith Logen,[101] engagierte sich aktiv für den 1901 gegründeten Hilfsverein der deutschen Juden, zeitweise als dessen Vorsitzender, und unterstützte die Akademie für die Wissenschaft des Judentums. Er war im übrigen auch ein Förderer der Hamburger Universität.

Lange Zeit stand Warburg dem Zionismus kritisch gegenüber. Eine Reise nach Ägypten und Palästina jedoch, die er im Frühjahr 1929 unternahm, veranlaßte ihn, den bis dahin eingenommenen Standpunkt zu revidieren. In einem auf einer Konferenz der Komitees der Jewish Agency gehaltenen Referat führte er aus:

»*Auch der, der aus Überzeugung und Liebe in seinem Vaterland lebt, kann und muß den Bestrebungen seiner Stammes- und Glaubensgenossen in Palästina nicht gleichgültig gegenüberstehen. Das Palästina-Werk ist von mutigen Pionieren begonnen, kann vielen Unglücklichen Glück bringen und ein Ursprungsland werden für viel Neues, Lebenswertes, für die Juden Ehrendes*«.[102]

So setze sich Warburg für die Entsendung von nicht-zionistischen Vertretern der deutschen Juden in die Jewish Agency ein.[103]

Nach der nationalsozialistischen Machtergreifung brachte Warburg in London unter Mitwirkung u.a. von Montagu Norman, Gouverneur der Bank von England, eine Anleihe von 1 Million Pfund zustande, um die organisierte Auswanderung der Juden aus Deutschland zu finanzieren. Als das Projekt schon »*fix und fertig*« war und auch die deutschen Behörden ihre Zustimmung gegeben hatten, scheiterte das Unternehmen jedoch am Einspruch Schachts unter fadenscheiniger Begründung.[104] Ende Juni 1934 bemühte sich Warburg dann, durch den ihm bekannten Papen »*ein Konkordat für die Juden*« wie das, das er für die Katholiken erreicht hatte, herbeizuführen. Eine mehrstündige Unterhaltung jedoch, »*die durchaus positiv in ihren Ansätzen verlief*«, wurde durch die Ereignisse des 30. Juni hinfällig.[105]

Carl Melchior, der nach der Machtergreifung der Nazis beschlossen hatte, bis an sein Lebensende (er war schwer herzkrank und starb noch 1933) für die Gleichberechtigung der Juden zu kämpfen, war maßgeblich an der Bildung des Zentralausschusses für Hilfe und Aufbau, indirekt auch an derjenigen der Reichsvertretung der Deutschen Juden, »*um die Rechte der Juden zu verteidigen*«, beteiligt. Auf der Gründungstagung der Reichsvertretung in Essen wurde Max Warburg deren Vorsitz angetragen. Er lehnte ab und schlug vor, statt seiner einen Rabbiner zu wählen. Die Wahl fiel auf Leo Baeck, mit Oberregierungsrat Otto Hirsch als Geschäftsführer. Bei aller Hochachtung für beide Männer hielt Warburg

Wirtschaft
Gesellschaft

jedoch den einen für »*vielleicht zu friedliebend, zu ausgleichend, zu liebenswürdig*«, den anderen für »*zu korrekt, zu sehr Beamter für diese Revolutionszeit*«. Wiederholt versuchte er vergeblich »*flammende Schrift anstatt geheimrätlicher Worte zu erreichen*«.

Schließlich gelang es Warburg für den Kol Nidre-Abend des Versöhnungstages 1935 »*in allen Gemeinden Deutschlands eine Rede halten zu lassen, die ein Aufschrei gewesen wäre*«. Er selbst beschloß, persönlich diese Rede in der Synagoge des jüdischen Waisenhauses zu halten. Durch das Ungeschick des Personals kam die geplante Protestaktion jedoch zur Kenntnis der Gestapo und wurde verboten.[106] 1936 plädierte Warburg vor den B'nai B'rith-Logen Hamburgs unter nicht ungefährlichen Umständen, im Gegensatz zu seinen früheren Bemühungen, für ein Ausharren in Deutschland und gegen die von den Nazis gewünschte Auswanderung.[107] Er dürfte mit dieser Ansicht ziemlich allein gestanden haben.

Auch als die amerikanischen Verwandten und Geschäftsfreunde zur Liquidation rieten, bestand Max Warburg auf »*Ausharren*«. Tatsächlich konnten sich M. M. Warburg & Co. teilweise unter dem Schutz von Schacht, »*der sehr wohl wußte, wie wichtig der Name Warburg im Konsortium für eine erfolgreiche Unterbringung der Reichsanleihen war*«, als Mitglied des Reichsanleihekonsortiums halten.[108] Nachdem Schacht das Wirtschaftsministerium 1937 jedoch abgab, mußte sich auch Max Warburg ins Unvermeidliche fügen. 1938 wurde die Bank arisiert. Noch bis 1942 allerdings wurde sie als M. M. Warburg & Co. K.G. weitergeführt, da man auf das internationale Prestige des Namens nicht verzichten wollte.

Warburg selbst emigrierte 1938 in die USA und setzte sich seitdem für die in Europa bedrohten Juden ein. Er war Aufsichtsratsmitglied der Refugee Economic Corporation für Kredite an Flüchtlinge in Europa, Palästina und Übersee, unterstützte das American Jewish Committee und den Joint (ab 1939). In den Jahren 1941-1946 war er Mitbegründer und Vorstandsvorsitzender des Help and Reconstruction Committee zur Förderung von Auswanderungsmöglichkeiten.[109]

In den Annalen Hamburgs wie auch der Hamburger Judenschaft haben sich Salomon Heine, Albert Ballin und Mitglieder der Familie Warburg einen dauernden Platz erworben. Ihr Ruf ging weit über Hamburg hinaus. Zum Ruhme ihrer Vaterstadt haben sie nicht wenig beigetragen.

Anmerkungen

1 Für das Folgende vgl. Kruse 1972, S. 16f.
2 Ein Thaler enspricht etwa drei Mark.
3 Mendelssohn, Salomon Heine, S. 8.
4 Kruse 1972, S. 83, Anm. 186.
5 Der Bankomark entsprechen M 1.50 der alten Reichsmarkwährung, der Courantmark M 1.20, Kruse 1972, S. 17, Anm. 40.
6 Pascheles, Salomon Heine, S. 7.
7 Mendelssohn, Salomon Heine, S. 28.
8 Pascheles, Salomon Heine, S. 3.
9 Mendelssohn, Salomon Heine, S. 4.
10 Ebd., S. 9.
11 Ebd., S. 33.
12 Ebd., S. 10.
13 Ebd.
14 Kruse 1972, S. 106.
15 Mendelssohn, Salomon Heine, S. 33.
16 Pascheles, Salomon Heine, S. 11.
17 Ebd., S. 10.
18 Kruse 1972, S. 82, Anm. 131.
19 Ebd., S. 82.
20 Mendelssohn, Salomon Heine, S. 11; Pascheles, Salomon Heine, S. 5.
21 Mendelssohn, Salomon Heine, S. 11 f.
22 Pascheles, Salomon Heine, S. 6.
23 Ebd., S. 7 f.
24 CAHJP Jerusalem HM/9381: Salomon Heine Testament, S. 5.
25 Mendelssohn, Salomon Heine, S. 36.
26 Ebd., S. 6.

27 Ebd., S. 16.
28 Kruse 1972, S. 17.
29 Pascheles, Salomon Heine, S. 11.
30 Ebd., S. 3.
31 Kruse 1972, S. 82.
32 Mendelssohn, Salomon Heine, S. 84.
33 Kruse 1972, S. 81, Anm. 124.
34 Ebd., S. 85.
35 Ebd.
36 Mendelssohn, Salomon Heine, S. 34.
37 Heinrich Laube, zitiert nach: Kruse 1972, S. 5.
38 Mendelssohn, Salomon Heine, S. 5.
39 Kruse 1972, S. 86.
40 Zum folgenden siehe Zielenziger, Juden, S. 179 – 182.
41 Zum folgenden siehe Rosenbaum 1958, S. 259.
42 Rosenbaum 1958, S. 260.
43 Zielenziger, Juden, S. 181.
44 Zitiert nach Zielenziger, Juden, S. 187.
45 Zitiert nach Rosenbaum 1958, S. 264.
46 Zielenziger, Juden, S. 182.
47 Zitiert nach Rosenbaum 1958, S. 270.
48 Zielenziger, Juden, S. 187.
49 Cecil 1976, S. 341.
50 Mosse 1976, S. 96.
51 Einzelheiten in: Berghahn, Tirpitz-Plan, S. 141.
52 Ballin an Harden, 21. Juli 1909, in: Bundesarchiv Koblenz NL Harden N. 4, S. 85 f.; die folgenden Zitate sind aus derselben Korrespondenz.
53 1. 11. 1909, ebd., N. 4, S. 117.
54 15. 5. 1915, ebd., N. 6, S. 101f.
55 21. 7. 1909, ebd. N. 4, S. 84 – 86.
56 6. 3. 1910, ebd. N. 5, S. 28.
57 15. 12. 1909, ebd. N. 4, S. 125.
58 7. 12. 1912, ebd. N. 5, S. 133.
59 Zielenziger, Juden, S. 187.
60 Max von Schinckel, zitiert nach: Rosenbaum 1958, S. 261.
61 Ebd., S. 265.
62 Ebd., S. 261, Anm. 2.
63 Ebd., S. 265.
64 Ballin an Harden, 21. 9. 1909, in: Bundesarchiv Koblenz NL Harden (wie Anm. 52) N. 4, S. 96.
65 16. 9. 1910, ebd. N. 5, S. 81.
66 21. 8. 1910, ebd. N. 5, S. 73.
67 25. 10. 1904 (zweifellos irrtümlich für 1914), ebd. N. 6, S. 28.
68 Max M. Warburg, Erinnerungen (ungedrucktes MS; Eric Warburg Archiv, Hamburg). Ich möchte an dieser Stelle Max Warburg, heutigem Mitinhaber von M. M. Warburg-Brinkmann-Wirtz & Co. verbindlich für die Erlaubnis danken, das Eric Warburg Archiv zu konsultieren.
69 Zum folgenden siehe Rosenbaum 1958, S. 123, 128.
70 Zur Geschichte des Bankhauses siehe: Rosenbaum/Sherman, Bankhaus.
71 Eric Warburg Archiv, Hamburg: Die Kapitel sind nicht nummeriert, die Seiten nicht fortlaufend.
72 Ebd.
73 Ebd.
74 Rosenbaum/Sherman, Bankhaus, S. 114.
75 Ebd., S. 118.
76 Ebd., S. 130.
77 Eric Warburg Archiv, Hamburg.
78 Rosenbaum/Sherman, Bankhaus, S. 132.
79 Ebd., S. 133f.
80 Ebd., S. 128.
81 Eric Warburg Archiv, Hamburg.
82 Ebd.
83 Ebd.
84 M. M. Warburg, Entwurf zu Aufzeichnungen, unveröffentlichtes MS im Eric Warburg Archiv, Hamburg.
85 Eric Warburg Archiv, Hamburg.
86 M. M. Warburg, Entwurf (wie Anm. 84).
87 Eric Warburg Archiv, Hamburg.
88 Ebd.
89 M. M. Warburg, Entwurf (wie Anm. 84).
90 Ebd.
91 Ebd.
92 Nachlaß Hans Schäffer, Archiv des Instituts für Zeitgeschichte München ED 93/30, S. 2.
93 Eric Warburg Archiv, Hamburg.
94 M. M. Warburg, Aufzeichnungen (wie Anm. 84).
95 Ebd.
96 Eric Warburg Archiv, Hamburg.
97 Ebd.
98 M. M. Warburg, Aufzeichnungen (wie Anm. 84).
99 Ebd.
100 Ebd.
101 Liebeschütz 1977, S. 6.
102 Eric Warburg Archiv, Hamburg.
103 Ebd.
104 Ebd.
105 M. M. Warburg, Aufzeichnungen (wie Anm. 84); siehe auch Rosenbaum/Sherman, Bankhaus, S. 203.
106 Eric Warburg Archiv, Hamburg

Mosse
Drei Juden in der
Wirtschaft Hamburgs:
Heine – Ballin – Warburg

107 Liebeschütz 1977, S. 6.
108 Rosenbaum/Sherman, Bankhaus S. 210.
109 Warburg Spinelli 1990, S. 457.

Literatur

Berghan, Volker R.: Der Tirpitz-Plan. Düsseldorf 1971

Mendelssohn, Joseph: Salomon Heine. Hamburg 1845

Pascheles, W.: Leben und Wirken des berühmten israelitischen Banquiers Salomon Heine. Prag 1845

Rosenbaum, E./Sherman, A. J.: Das Bankhaus M. M. Warburg & Co. 1798 – 1938. Hamburg 1976

Zielenziger, Kurt: Juden in der deutschen Wirtschaft. Berlin 1930

Jüdische Wohnstifte in Hamburg

Angela Schwarz

Das Thema

In den rund hundert Jahren von 1838 bis 1930 wurden insgesamt 28 Wohnstifte von jüdischen Stiftern in Hamburg und 3 im damaligen preußischen Altona ins Leben gerufen. In der Gesamtzahl sind auch die 11 Stifte der Vaterstädtischen Stiftung enthalten, die zum Gedenken an die Emanzipation als Schillingsverein für Freiwohnungen von Juden ins Leben gerufen worden war.

Die jüdischen Wohltäter leisteten mit der Einrichtung von Freiwohnungen für Bedürftige einen bedeutenden Beitrag zum Sozialwesen der Stadt. Dabei reichte das Spektrum der Vergabekriterien unter religiösem Gesichtspunkt von der Zugehörigkeit zur orthodoxen Gemeinde bis zur Bedeutungslosigkeit der Konfessionszugehörigkeit.

Sich wechselseitig bedingende Faktoren der Sozialgeschichte der Juden und der allgemeinen Geschichte wirkten auf die Gründung von Wohnstiften in Hamburg ein. Die Prozesse, die das jüdische Leben im angesprochenen Zeitraum veränderten, spiegelten sich hier wider.

Durch drei exemplarische Darstellungen soll ein Einblick in die Vielfalt des Themas gegeben werden, wodurch sich ein Anspruch der Allgemeingültigkeit von vornherein verbietet. Die Tradition der wohltätigen Einrichtungen wurde im Dritten Reich grausam beendet und den Gebäuden eine tragische Rolle im Vernichtungsmechanismus zugewiesen. Als Monument jüdischer Sozialleistungen sind die meisten der Gebäude noch heute erhalten.

Die Bedeutung der Wohltätigkeit im Judentum

Die Geschichte der Juden ist auch die Geschichte einer jahrhundertelang verfolgten Minderheit. Soziales Verantwortungsgefühl hatte deshalb traditionell einen sehr hohen Stellenwert und war ein fundamentales Element zur Erhaltung der Nation.

Die Quellen des ausgeprägten sozialen Geistes im Judentum sind in der Religion zu finden. Seit dem Altertum verhinderte die gesetzlich festgelegte, pflichtmäßige Fürsorge (Zĕdaka) die Entstehung massenhafter Armut. Darüber hinaus standen besonders persönliches Verantwortungsgefühl, Gemeinsinn und Nächstenliebe (Gĕmilut chessed) in hoher Geltung. Wohlstand wurde als Verpflichtung zu

J. R. Warburg

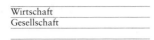
Wirtschaft
Gesellschaft

materieller und individueller Hilfeleistung gegenüber dem Bedürftigen verstanden. Seit dem Altertum bestand im Judentum ein weit greifendes Fürsorgesystem, initiiert von der Gemeinde und Privatpersonen.

Auch in der Hamburger Gemeinde entwickelte sich ein Netz caritativer Fürsorge. Ihr beeindruckendes Ausmaß in der ersten Hälfte des 19. Jahrhunderts wird bei Dukes[1] nachgewiesen. Neben der Armenpflege der Gemeinde durch das Armen-Collegium unterstützten aus Privatinitiativen hervorgegangene Vereine, Gesellschaften und Legate in großer Zahl spezifische Gruppen von Bedürftigen. Beide Zweige der jüdischen Wohltätigkeit bildeten ein funktionierendes System innerjüdischer Fürsorge, mit deutlich präventivem Charakter. Krasse soziale Gegensätze konnten dadurch verhindert werden. Mit der Aufhebung des Gemeindezwanges im Jahr 1864 wurde formal auch die Armenfürsorge der Gemeinde in die staatliche Zuständigkeit überführt. Zuständig blieb die Gemeinde jedoch auch nach ihrer Reorganisation für das Wohlfahrtswesen. Ein Begleitmerkmal der Industrialisierung in der zweiten Hälfte des 19. Jahrhunderts war das blühende Vereinswesen. Besonders von seiten des liberalen Bürgertums wurden zahlreiche Vereine mit wohltätigem Charakter ins Leben gerufen. Sie nahmen sich mit unterschiedlichen Zielen und Maßnahmen der unteren Klassen an. In jener Zeit vollzog sich auch die institutionelle Spezifizierung des Fürsorgewesens. Die bereits Verarmten erhielten das Lebensnotwendige durch das öffentliche Armenwesen. Für die steigende Zahl der in wirtschaftliche Not Geratenen, die aber mit gezielten Hilfsmaßnahmen vor dem Absinken in die Armut bewahrt werden konnten, wurde das wachsende Feld der Privatwohltätigkeit zuständig.[2]

Charakteristisch für Hamburg war die große Zahl von Wohnstiften, deren Tradition bis ins Mittelalter zurückreicht und die im 19. Jahrhundert mit der Expansion der Wohltätigkeit eine außerordentliche Renaissance erlebten.[3] Nachdem die Emanzipation der Juden auch rechtlich abgeschlossen worden war, verlagerte sich deren Wohltätigkeit zunehmend auf die Gründung von Stiftungen für Freiwohnungen.

Jüdische Wohnstifte als steinernes Zeugnis sozialer Verantwortung[4]

Die Bedeutung der jüdischen Wohnstifte eröffnet sich allein schon aufgrund ihrer Quantität. Im Jahr 1909 existierten im Hamburger Stadtgebiet insgesamt 66 Stiftungen für Freiwohnungen, darunter 22 von jüdischen Stiftern.[5] Aber erst wenn dieses Ergebnis mit dem Bevölkerungsanteil der Juden in Relation gesetzt wird, erschließt sich die eigentliche Dimension dieses Zweiges jüdischer Privatwohltätigkeit. So betrug der Anteil von Juden in Hamburg 1910 nur noch 1,9 %, was einer Zahl von knapp 20.000 entsprach. Der Beitrag der von Juden ins Leben gerufene Wohnstifte zum Sozialwesen der Stadt war demnach überproportional hoch.

Für die große Zahl an Stiften waren zwei grundlegende Bedingungen Voraussetzung: einerseits mußte es eine vermögende Gruppe von Stiftern gegeben haben, da die Stiftungen mit durchschnittlich 200.000 Mark Kapital ausgestattet waren.[6] Andererseits muß aber auch der Bedarf nach günstigem oder mietfreiem Wohnraum entsprechend groß gewesen sein. Diese selbstverständlich scheinenden Bedingungen erhalten vor dem Hintergrund der Geschichte der Hamburger Juden im 19. Jahrhundert und der allgemeinen Hamburger Geschichte eine besondere Aussagekraft. Die nachemanzipatorische Zeit stellt sich im Rückblick als die Phase des wirtschaftlichen und sozialen Aufstiegs der Hamburger Juden dar, der zunehmenden Integration und Assimilation. Aufgrund schon in der ersten Hälfte des Jahrhunderts eingeleiteter innerjüdischer Berufsförderungsmaßnahmen gelang ein allgemeiner sozialer Aufstieg der unteren Einkommensschichten, aber auch der wachsende Wohlstand vieler Juden. Fördernd hierfür waren die auf Handel ausgerichtete Wirtschaftsstruktur der Hansestadt, die der traditionellen Berufsausrichtung im Judentum entsprach. So war über die Hälfte der berufstätigen Juden im Handel beschäftigt und nahm deswegen am wirtschaftlichen Aufschwung gegen Ende des Jahrhunderts teil, oder war maßgeblich an deren Entstehung beteiligt. So überrascht es denn auch wenig, daß fast alle Stifter von Freiwohnungen selbständige Kaufleute waren.

Zunächst läßt sich festhalten, daß offenbar der vielfach konstatierte patriarchal-soziale Wesenszug des Hamburger Bürgertums mit dem religiös fundierten, traditionellen jüdischen Sozialverhalten eine äußerst gedeihliche Verbindung einging. Mit dem Wissen um den allgemeinen sozialen Aufstieg der Hamburger Juden und der relativ geringen Zahl von Armen erscheint die Tatsache, daß über die Hälfte der jüdischen Wohnstifte in den zwei Jahrzehnten vor dem Ersten Weltkrieg eröffnet worden sind, zunächst erstaunlich. Die Gründe hierfür sind in dem Begleitsymptom der industrialisierten Welt zu sehen, der weit verbreiteten Wohnungsnot. Auch in Hamburg herrschte gegen Ende des 19. Jahrhunderts aufgrund der Citybildung, ausufernder Bodenspekulation und mangelndem staatlichen Wohnungsbau ein großer Bedarf an günstigem Wohnraum, dem von privater Seite mit dem Bau von Wohnstiften für die Minderbegüterten begegnet wurde. In jener Zeit wurde von einem regelrechten Stiftungsboom gesprochen.

Neben diesen allgemein-gesellschaftlichen Motiven zum Bau eines Wohnstiftes war das jüdische Bürgertum auch darauf bedacht, den gerade errungenen sozialen Aufstieg des unteren Mittelstandes zu bewahren, der immer von unvorhergesehenen Ereignissen bedroht war. Im Unterschied zu den Wohnstiften nichtjüdischer Provenienz waren die jüdischen meistens auch für Familien vorgesehen, dienten also nicht nur der Versorgung alter Menschen. Die grundlegende Intention aller Stifter bei der Konzeption eines Wohnstiftes war, Bedürftige durch die Bereitstellung kostenlosen oder preisgünstigen Wohnraumes vor einem drohenden sozialen Abstieg zu bewahren. Demzufolge wurden in allen Satzungen die von staatlicher oder sonstiger Unterstützung Lebenden grundsätzlich von der Vergabe ausgeschlossen, vielmehr mußten die Bewerber einen geregelten Lebensunterhalt nachweisen, kennzeichnend für den Grundgedanken der Privatwohltätigkeit.

Die jüdischen Wohnstifte erschienen schon aufgrund der unterschiedlichen Vergabekriterien keineswegs als homogene Gruppe. Von innen betrachtet werden jedoch die zahlreichen Kontakte und Beziehungen zwischen den Stiften deutlich. Diese beruhen auf der Bekanntschaft und häufig auch Verwandschaft unter den Stiftern und den Administrationsmitgliedern. Sehr viele Mitglieder der Verwaltungen saßen in mehreren Vorständen, man beriet sich beim Abfassen der Satzungen und Bewerber wurden, wenn ein Gebäude belegt war, weiterempfohlen. Dieses Beziehungsgeflecht erscheint im Rückblick als ein Garant des funktionierenden Systems sozialer Fürsorge unter den Hamburger Juden, insbesondere bei den Wohnstiften.

Charakteristische jüdische Wohnstifte

Die jüdischen Wohnstifte stellen eine bedeutende Facette in der Sozialgeschichte der Hamburger Juden, deren Ausmaß und Vielfalt nur andeutungsweise dargestellt werden

Wirtschaft
Gesellschaft

kann. Oberstes Kriterium der Exemplifikation ist die topographische Lage der Gebäude im Stadtbild, kennzeichnend für das wandelnde Siedlungsverhalten der Juden in Hamburg. Zeitgleich mit dieser Binnenwanderung[7] verstärkten sich assimilatorische Tendenzen und eine Entfremdung zur Religion trat deutlicher hervor.

Die Auswirkungen beider Prozesse sollen an der Geschichte von drei Wohnstifen exemplarisch dargestellt werden.

Das »Hertz Joseph Levy-Stift«

Zwei Jahre vor seinem Tod begründete der Firmeninhaber Hertz Joseph Levy, dem eine Glas-, Porzellan- und Steinzeughandlung gehörte, 1854 testamentarisch die Eröffnung eines Stiftes für Freiwohnungen, das noch zu seinen Lebzeiten eröffnet wurde. Es war die dritte Gründung in einer Gesamtzahl von neun jüdischen Wohnstiften in der Neustadt, im damaligen Zentrum jüdischen Lebens in Hamburg. Vorgesehen für Freiwohnungen hatte Levy das ihm gehörende Gebäude am Großneumarkt Nr. 54/55. Der Bezug der zunächst 14 Freiwohnungen erfolgte bereits Ende Januar 1854, nachdem aus der großen Zahl von 280 Bewerbern, die sich aufgrund der Bekanntmachung in der Synagoge gemeldet hatten, 10 durch Wahl und 4 durch Los bestimmt worden waren.[8] Ein halbes Jahr später wurden weitere 5 Wohnungen vergeben, womit insgesamt 19 Wohnungen für bedürftige Frauen und Familien zur Verfügung standen. Über die Vergabe entschied die Administration des Stiftes, die sich ausschließlich aus Familienangehörigen der weitverzweigten Familie Levy zusammensetzte. Beim ersten Treffen der Mitglieder war der Stifter persönlich anwesend, außerdem drei seiner insgesamt sechs Brüder, ein Neffe, ein Vetter sowie als Gesandter der Gemeinde der Registrator Zebi Hirsch May.[9] Grundlage der Diskussion um die Statuten waren die Richtlinien des Lazarus Gumpel-Stiftes.[10] Hauptkriterium bei der Vergabe war eine streng jüdisch religiöse Lebensweise des Bewerbers und die Beachtung der heiligen Gebote.[11] In den folgenden Jahrzehnten wurden immer wieder Wohnungen gekündigt, wenn dagegen verstoßen wurde.[12] Die Vergabe geschah an »*nüchterne, rechtschaffene, friedliebende Glaubensgenossen, welche hier in Hamburg zurückgekommen sind*«.[13] Bevorzugt wurden Familienangehörige aufgenommen.

Auch die Gebäudehälfte mit der Hausnummer 56/57 sollte nach dem Willen des Stifters zur Vergabe von Freiwohnungen verwandt werden. Da jedoch beide Grundstücke noch hypothekarisch belastet waren, sollten in letzterem die 10 Wohnungen zunächst vermietet werden, um mit diesen Einnahmen die Belastung abzutragen. Außerdem wurden die im Haus befindlichen zwei Läden vermietet. Diese Mieteinnahmen dienten zur Bestreitung der laufenden Kosten und zur Einrichtung eines Sparfonds, der bei einer bestimmten Höhe dazu verwandt werden sollte, auch die letzten Wohnungen mietfrei vergeben zu können.

Obwohl sie über kein Grundkapital verfügten, gelang es den Administratoren mit einer soliden Finanzverwaltung, die Hypothekenschulden bereits 1862 zu tilgen. Von da an stieg das Vermögen auch dank zufließender Legate und Testamente stetig an. Das Hertz Joseph Levy-Stift gehörte zwar nie zu den vermögenden Wohnstiften, stand aber auf sicherer finanzieller Grundlage und überstand auch die Inflationsjahre relativ unbeschadet.

Das Ende der Tradition und das Ende jüdischen Lebens im Stift kamen unter der nationalsozialistischen Gewaltherrschaft. Besonders die religiös geführten Wohnstifte standen von Beginn an unter besonderer Beobachtung des NS-Staates. Das Hertz Joseph Levy-Stift wurde in ein sogenanntes »Judenhaus« umgewandelt, in das seit Beginn des

Jahres 1941 viele Menschen zwangsweise umziehen mußten. Die Menschen lebten in völlig überbelegten Zimmern in drangvoller Enge. Mit diesen Häusern hatte der Staat leichten Zugriff auf die Juden und von der ersten Deportation an war die Adresse des Stiftes auf den Listen zu finden. Insgesamt wurden 81 Personen aus dem Stift deportiert,[14] die in den 29 kleinen Wohnungen gelebt hatten. Aus den Protokollen wird deutlich, wie die Administration bis zuletzt versuchte, das Stift und die Bewohner vor den unausweichlichen Entwicklungen zu bewahren. Es wird ein konsequenter, religiös fundierter Wille zum Bestand deutlich, der letztlich jedoch an den Realitäten scheitern mußte.[15]

Nach »Räumung« des Stiftes wurde das Gebäude an die Stadt Hamburg verkauft. Fast 90 Jahre jüdischen Lebens in diesem Gebäude waren ausgelöscht. Der Gebäudekomplex überstand den Krieg und wird heute als Wohn- und Geschäftshaus von der SAGA verwaltet. 1982 schließlich wurde das Gebäude als eines der letzten schützenswerten Zeugnisse jüdischen Lebens und sozialen Wirkens in der Neustadt unter Denkmalschutz gestellt. Die alte Inschrift »Hertz Joseph Levy-Stift« ist noch heute über dem Eingang zu erkennen.

Das »Warburg-Stift«

In den letzten Jahrzehnten des 19. Jahrhunderts setzte eine umwälzende Verlagerung der jüdischen Wohnbezirke ein. Die vormals bevorzugten Wohngebiete der Alt- und Neustadt waren durch einen starken Bevölkerungszustrom übervölkert, zudem in der Bausubstanz unter hygienischen Gesichtspunkten in katastrophalem Zustand.

Die dort ansässige Bevölkerung wurde durch die staatliche Sanierungspolitik in die neuen äußeren Stadtteile verdrängt.[16] Bevorzugte Wohngebiete der Juden wurden Harvestehude, Rotherbaum und Eimsbüttel, insbesondere die Gegend am Grindel. Nach Abschluß der innerstädtischen Wanderung in den 20er Jahren lebten über die Hälfte der Hamburger Juden in diesen Bezirken. Diese Verlagerung wird auch bei der topographischen Lage der neugebauten jüdischen Wohnstifte deutlich, die während des »Stiftungsbooms« eröffnet wurden. Am Grindel wurden bis zum Ersten Weltkrieg insgesamt 10 jüdische Wohnstifte gebaut.

Das erste in dieser Reihe war das 1888 bis 1890 erbaute Warburg-Stift in der Bundesstraße 43, gestiftet von Johann Rudolph Warburg (1807 – 1890). Er leitete die väterliche Seidenfabrik »R.D. Warburg« in Altona und war ein vielfältig sozial engagierter Mann. Er gehörte zu den Gründervätern des Schillingvereins für Freiwohnungen, der späteren Vaterstädtischen Stiftung vom Jahre 1876, die dank seines unermüdlichen persönlichen und finanziellen Einsatzes kontinuierlich expandierte. Außerdem war er im Vorsteher-Collegium der Gemeinde. Mit der Eröffnung eines Wohnstiftes wollte er sein wohltätiges Wirken auch über den Tod hinaus sicherstellen. Ein 1887 an den Senat gerichtetes Gesuch um Bauplatzvergabe wurde nach dessen Zustimmung auch von der Bürgerschaft positiv beschieden[17] und dem Stifter ein 1800 qm großes Areal an der Bundesstraße, Ecke Papendamm für 3600 Mark verkauft. Die Straßenzüge wurden in jener Zeit erst baulich erschlossen und der Staat war offenbar nicht gewillt, den wertvollen Baugrund kostenlos zu vergeben, wie es in späteren Jahren bei wohltätigen Einrichtungen häufig der Fall war.

Die Statuten wurden in Anlehnung an die der Vaterstädtischen Stiftung erlassen und besagten, »*würdigen, in gedrückten Verhältnissen lebenden Angehörigen des Hamburger*

Wirtschaft
Gesellschaft

Staates ohne Unterschied der Konfession angemessene Wohnungen«[18] bieten zu wollen. Symbolisiert wird die Absichts Warburgs durch drei ineinander verschlugene Ringe, die über dem Portal und in der Hausordnung wiedergegeben wurden. Sie waren Lessings Drama »Nathan der Weise« entnommen und standen für unbedingte Duldsamkeit gegenüber allen Religionen und Rassen.

Das äußere Erscheinungsbild des Gebäudes unterstrich seine gemeinnützige Funktion, im Gegensatz zum Hertz Joseph Levy-Stift, das in einem ehemaligen Wohnhaus eingerichtet wurde. Die ursprünglich geplante Anzahl von 12 Wohnungen konnte durch den Bau zweier Seitenflügel entscheidend vergrößert werden, so daß in dem Gebäudekomplex schließlich 22 Wohnungen für alleinstehende Frauen und 35 für Familien zur Verfügung standen. Bei der Einweihung dieser Flügel wurde des kurz zuvor verstorbenen Stifters und seines wohltätigen Wirkens in einer Feierstunde gedacht. Der schlichte, repräsentative Gebäudekomplex, entstanden aus dem Glauben an Toleranz, bot Wohnraum für Bedürftige jeder Konfession. Nach Willen des Stifters sollte die dreiköpfige Verwaltung der Stiftung, die zunächst aus J. R. Warburg, seiner Frau Bernhardine (1831 – 1925) und dem Neffen Theodor Wohlwill (1837 – 1908), Geschäftsführer in der Firma Warburgs, bestand, sich immer aus drei direkten Nachkommen der Geschwister zusammensetzen. Wenn dieses nicht mehr gewährleistet sei, sollte das Warburg-Stift in der Vaterstädtischen Stiftung aufgehen. Zu den Mitgliedern gehörte der Jurist Dr. Paul Wohlwill (1870 – 1972), die Malerin Gretchen Wohlwill (1878 – 1962), die Musiklehrerin Sophie Wohlwill (1872 – 1944), der Chemiker Dr. Heinrich Wohlwill (1874 – 1943) und der Jurist Dr. Rudolph Wohlwill (1891 – 1948). Die meisten der Großnichten und -neffen waren auch Mitglieder der Vaterstädtischen Stiftung.

Das Warburg-Stift war mit einem Grundkapital von über 100.000 Mark ausgestattet, das satzungsgemäß in Hypotheken und Wertpapieren angelegt wurde und für größere Gebäudereparaturen angegriffen werden konnte. Die Mieteinnahmen dienten zur Deckung der Betriebskosten, für Instandhaltungskosten und zur Unterstützung der Bewohner in finanziellen Engpässen.[19] Die Mieten mußten während der Inflation von 30 und 50 Pfennig in der Woche auf 75 Pfennig bis 4,– Mark erhöht werden und es wurde von da an eine Aufnahmegebühr von 100,– bis 400,– Mark erhoben, je nach Vermögenslage des Bewerbers und Größe der Wohnung. Der tiefe, unwiderbringliche Einschnitt und das Ende dieser Tradition kam unter dem nationalsozialistischen Regime. In der Umsetzung der Vernichtungspläne wurde dem Warburg-Stift seine Rolle zugewiesen.

Im Februar 1939 mußte eine neue Satzung erlassen werden, nach der im Stift nur noch »*Juden und Mischlinge 1. Grades*« leben durften. Auch in diesem Gebäude mußten ab 1941 immer mehr Menschen aufgenommen werden und als sogenanntes »Judenhaus« für viele Menschen eine Zwischenstation auf dem Weg zur Ermordnung. Insgesamt sind aus dem Stift 148 Menschen deportiert worden.[20] Die Erfüllung der von J.R. Warburg aufgestellten Bedingung, daß immer drei direkte Nachkommen der Geschwister des Stifters im Vorstand sein müßten, war nicht mehr aufrechtzuerhalten, so daß das Stift im Juli 1942 in die Vaterstädtische Stiftung überführt wurde, nachdem in drei Deportationen dieses Monats alle Bewohner des Stiftes in die Vernichtungslager abtransportiert worden waren.

Ein Jahr später wurde das Gebäude durch einen Fliegerangriff so zerstört, daß nur die Grundmauern stehen blieben. Offiziell aufgehoben wurde die Stiftung am 26.10.1944. Einige Jahre nach dem Krieg verkaufte die Vaterstädtische Stiftung das Grundstück an eine private Baugesellschaft, die das Gebäude mit völlig veränderter Innenstruktur wieder aufbaute. Heute ist dort ein Institut der Universität Hamburg untergebracht.

Das »Gustav Kaemmerer-Stift«

Im Zuge der Verlagerung jüdischer Wohnbezirke gehörte neben den Bezirken Harvestehude, Rotherbaum und Grindel um die Jahrhundertwende zeitlich versetzt auch Eppendorf zu den bevorzugten Stadtteilen. In diesem ehemaligen Vorort wurden in jenen Jahren ebenfalls eine Vielzahl von sozialen Einrichtungen gebaut, insbesondere Wohnstifte. In unmittelbarer Nähe zum Eppendorfer Krankenhaus, in der Schede- und der Frickestraße kam es zu einer Ballung, so daß am Ende der baulichen Erschließung dort insgesamt zehn Wohnstifte existierten; die Hälfte war von jüdischen Wohltätern gestiftet worden. Die Gründe für diese Konzentration lagen in der neuen staatlichen Erschließungspolitik. Die Stadt hatte große Areale an Baugrund in den äußeren Bezirken erworben und vergab daraus gegen eine symbolische jährliche Rekognition von 3 Mark Baugrund an Stifter. Daraus wird die Bedeutung ersichtlich, die diesem Zweig der Privatwohltätigkeit von staatlicher Seite beigemessen wurde.

Von den 5 Wohnstiften jüdischer Stifter in diesen Straßenzügen behielt das Julius und Betty Rée-Stift seine Selbständigkeit. Das Martin Brunn-Stift, das Alfred Beit-Stift und das J. E. Oppenheim-Stift gaben jedoch im ersten Jahrzehnt ihre Eigenständigkeit auf und wurden von der Vaterstädtischen Stiftung übernommen. Außerdem eröffnete die Stiftung ein eigenes Wohnstift, das spätere Gustav Kaemmerer-Stift. In allen 5 Gebäuden wurden Wohnungen ohne Berücksichtigung der Konfession vergeben, kennzeichnend für den Grad der Assimilation des wohlhabenden jüdischen Bürgertums.

Um die Jahrhundertwende gehörten der Vaterstädtischen Stiftung vier selbst errichtete Wohnstifte, womit 114 Wohnungen für Bedürftige vorhanden waren. Der Stiftung waren bis 1890 950 beitragleistende Mitglieder beigetreten, die hauptsächlich dem wohlhabenden jüdischen Bürgertum entstammten.[21] In den Mitgliederverzeichnissen waren jedoch auch die Namen nicht-jüdischer bekannter Persönlichkeiten aus Wirtschaft und Politik zu finden.

Trotz der Aufnahmegebühr, jährlicher Beiträge und der Mieteinnahmen reichte das Kapital allein nicht, um den Kerngedanken des ursprünglichen Schillingvereins nach ständiger Expansion zu entsprechen. Neue Gebäude konnten nur durch die vielen Spenden und Vermächtnisse finanziert werden, die der Stiftung immer wieder zuflossen.

1905 wurden ihr von einem anonymen Spender testamentarisch 175.000 Mark vermacht, um ein neues Stiftgebäude zu errichten.[22] Aber erst als durch öffentliche Spendenaufrufe noch weitere 50.000 Mark eingegangen waren, konnte das Vorhaben in die Tat umgesetzt werden. Es wurde im Dezember 1905 ein Gesuch um Überlassung eines Bauplatzes an den Senat gestellt,[23] das wenige Wochen später durch Senats- und Bürgerschaftsbeschluß positiv beschieden wurde. Die Vaterstädtische Stiftung erhielt ein 7550,7 qm großes Areal zwischen Fricke- und Schedestraße zugewiesen. Es entstand ein vom Schnittpunkt der Straßen ausgehendes, in V-Form angelegtes Gebäude. Es enthielt 42 Wohnungen für alleinstehende Frauen mit einem Einkommen von weniger als 300 Mark im Jahr, und 34 Wohnungen für Familien, die zwischen 500 und 600 Mark Einkommen hatten. 1925 wurde das Stift Schedestraße 2 nach dem damaligen Vorsitzenden Gustav Kaemmerer umbenannt. Unter dem Nationalsozialismus mußte wie in allen anderen Stiften auch eine neue Satzung erlassen werden. Seit dem Februar 1939 durften danach nur noch »arische« Bewohner dort leben.[24] Die jüdischen mußten das Gebäude verlassen und in eines der für sie bestimmten ziehen. 1978 wurde das Gebäude renoviert und die kleinen Wohnungen in 41 komfortablere umgewandelt.

Wirtschaft
Gesellschaft

Die jüdischen Wohnstifte im Dritten Reich

Mit der Machtübertragung auf die Nationalsozialisten setzte die Zeit der offenen Diffamierung und sukzessiven Ausgrenzung der Juden aus allen Wirtschafts- und Gesellschaftsbereichen ein. Der geistige Hintergrund war eine totalitäre Rassenwahn-Ideologie, die auf die »*Endlösung der Judenfrage*« zielte, auf die Vernichtung der Juden. Die vielen Gesetze und Verordnungen, besonders ab 1938, zogen die Klammern um die jüdische Bevölkerung immer enger; die wirtschaftlichen und religiösen Grundlagen des jüdischen Lebens wurden systematisch zerstört. Im Netz der organisatorischen Maßnahmen von der »Erfassung« der Juden über ihre Ghettoisierung bis zur Deportation und Vernichtung wurde den ehemaligen jüdischen Wohnstiften eine Rolle zugewiesen, die ihre ursprünglichen Ziele pervertierte. Aus mehreren Gründen waren die Wohnstifte von äußerstem Interesse für den NS-Staat: Zunächst konnten die dort lebenden Juden leicht systematisch erfaßt werden. Die aus diesem Grund später angeordnete Zwangszusammenlegung in diesen Stiften stellte außerdem Wohnraum frei, der für die »arische« Bevölkerung bestimmt war. Und ein weiterer Grund war das Vermögen an Immobilien und Kapital der Stifte, das letztlich an den Staat fallen sollte. Alle diese Ziele wurden mit Erlaß von Gesetzen und Verordnungen von 1938 an systematisch umgesetzt.

Am Beginn der Maßnahmen stand eine Klassifizierung der Wohnstifte, entsprechend der Rassen-Ideologie. Danach galt eine Stiftung als jüdisch, wenn »*der Vorstand in jüdischen Händen liegt*« und »*ihr Zweck auf eine ausschließliche Förderung von Juden gerichtet ist oder die Förderung von Juden zugleich neben Deutschblütigen der ausdrücklich festgesetzte oder sonst erkennbare Wille der Stiftung, des Vereins usw. ist*«.[25]

Eindeutig war danach die Zuordnung der 13 Stifte, die satzungsgemäß für Juden bestimmt waren und die auch von Juden verwaltet wurden. Sie sollten weiter bestehen bleiben, damit die Bewohner nicht in die Zuständigkeit der öffentlichen Fürsorge fielen. Anders wurde bei den sogenannten »paritätischen« Stiftungen verfahren. Darunter wurden Stiftungen verstanden, die satzungsgemäß für alle Bewerber, gleich welcher Konfession bestimmt waren. Diese Stiftungen, einerlei ob von jüdischen oder nichtjüdischen Stiftern ins Leben gerufen, sollten langfristig nur noch von »Deutschblütigen« bewohnt werden dürfen. Aufgrund von Interventionen durch den Vorstand der Vaterstädtischen Stiftung konnte durchgesetzt werden, daß drei weiterhin für Juden bestimmt waren: das Warburg-Stift, das Martin Brunn-Stift und das Mendelson Israel-Stift. Die übrigen 14 von Juden gestifteten, »paritätischen« Einrichtungen wurden »arisiert« und mußten im Februar 1939 neue Satzungen erlassen, gemäß den neuen Bestimmungen. Natürlich mußten auch die Juden aus dem Vorstand zurücktreten. Um die verordnete Trennung von Juden und »Ariern« durchzuführen, mußten die Bewohner der betreffenden Stifte der Vaterstädtischen Stiftung umziehen.

Mit dem »Gesetz über Mietverhältnisse mit Juden« vom 30.4.1939 wurde die »Arisierung« der jüdischen Wohnungen und Häuser eingeleitet: Juden durften nur noch bei Juden wohnen. In der Konsequenz führte das zur Entstehung von sogenannten Judenhäusern, in die von 1941 an, im Rahmen der »Erfassung des jüdischen Wohnraumes« fast alle noch in Hamburg lebenden Juden ziehen mußten. Zu diesen ungefähr 80 Häusern, die vom Jüdischen Religionsverband verwaltet wurden, gehörten auch die 16 ehemaligen Wohnstifte. Forciert wurde die Zusammenlegung in den Judenhäusern 1942, denn bis zum 1. April mußten bis auf wenige Ausnahmen die 3.949 im Januar noch in der Stadt lebenden Juden[26] in diese Häuser ziehen, insbesondere in die ehemaligen Wohnstifte. Die Zimmer waren doppelt, dreifach oder auch noch stärker belegt. Das Ausmaß menschlicher Tragödien auf äußerst beengtem Wohnraum mit der Ahnung eines kommenden, größeren Unheils läßt sich kaum vorstellen.

Die Einrichtung dieser Judenhäuser diente in erster Linie dem Zweck, einen Zugriff auf die jüdische Bevölkerung zur Deportation zu erleichtern. So tauchen in den Deportationslisten[27] vom ersten Transport am 25. Oktober 1941 nach Litzmannstadt an die 16 ehemaligen Wohnstifte als letzter Wohnort auf. Besonders hoch war der Anteil bei den Julideportationen 1942, also nach den Einweisungen zum 1. April des Jahres. Nach diesen drei Deportationen lebten keine Juden mehr in den Stiften. Insgesamt sind ungefähr 1.700 Menschen aus den ehemaligen Stiften deportiert worden, die in 420 Wohnungen gelebt haben. Die höchsten Zahlen von Deportierten hatten die Stifte an der Bundesstraße, das Warburg-Stift und das Samuel Levy-Stift.

Die drei »paritätischen« Stifte gingen nach den Julideportationen in die Vaterstädtische Stiftung über; die übrigen wurden verkauft. Für die Räumung und den Verkauf war die »Dienststelle für die Verwertung eingezogenen Vermögens«, unterstellt dem Oberfinanzpräsidenten, zuständig, in dessen Auftrag von November 1941 an jeden Tag Wohnungen geräumt, die Menschen ausquartiert wurden. Nach den Julideportationen wurden die betreffenden Stifte als »räumungsreif« gemeldet und einem Versteigerer übergeben, der sie dann an die Stadt Hamburg verkaufte.[28] Zunächst ausgenommen hiervon waren das Louis Levy-Stift, das Hesse Eheleute-Stift und das M. S. D. Kalker-Stift im Grindel. Im Sommer 1942 hatten sich die gegen Juden gerichteten Maßnahmen auch auf die sogenannten »nichtprivilegierten Mischehen« ausgedehnt. Bis zum 15. Juli mußten die jüdischen Partner aus diesen Ehen in sechs bestimmte Häuser ziehen, davon in die genannten drei Stiftsgebäude 108 Personen. Von diesen wurden bis zur letzten Deportation aus Hamburg am 14. Februar 1945 nach Theresienstadt noch 47 Menschen abtransportiert.[29]

Bis zuletzt wurde aus der Not der Juden auch finanzieller Nutzen gezogen. Die Bewohner mußten bis zur Deportation Miete zahlen, die als zusätzliche Härte bei Bezug einer ehemaligen Stiftwohnung gegenüber der alten Miete verdoppelt wurde. Die penibel geführten Mietzahlungslisten wurden über den Oberfinanzpräsidenten an das Wohnungspflegeamt der Sozialverwaltung weitergeleitet. Nach »Räumung« der Wohnungen flossen der Staatskasse noch einmal große Beträge zu. Aufgrund des § 5 der »Zehnten Verordnung zum Reichsbürgergesetz« vom 4.7.1939 waren die Stiftgebäude, die zunächst vom Jüdischen Religionsverband verwaltet worden waren, nach dessen Auflösung im November 1942 an die Reichsvereinigung gefallen. Die ehemaligen Stifte wurden insgesamt mit einem Vermögen von 722.900 RM veranschlagt. Nach Aufhebung der Stifte wurden sie dann für 806.200 RM an die Stadt verkauft. Nachdem dann am 10. Juni 1943 auch die Reichsvereinigung aufgelöst wurde, fiel das Vermögen an die Stadt. Im Zuge der Vernichtung jüdischen Lebens wurde im »Dritten Reich« auch die hundertjährige Tradition der Wohnstifte systematisch zerstört.

Neben den Gebäuden der Vaterstädtischen Stiftung werden heute noch das Heine-Asyl, das Betty-Stift, das Julius und Betty Rée-Stift und das Heimann-Stift im ursprünglichen Gründungszweck genutzt, jedoch leben dort keine Juden mehr.

Wirtschaft
Gesellschaft

Anmerkungen

1. Vgl. Dukes 1841. Siehe auch den Beitrag von Sybille Baumbach in diesem Band.
2. Lohse, Privatwohltätigkeit. Vgl. den Beitrag von Erika Hirsch in diesem Band.
3. Vgl. Eissenhauer, Wohnstiftungen.
4. Vgl. auch: Stein 1984, S. 23f., S. 61 – 66, 114 – 117. Vgl. Krohn 1974, S. 65ff. Vgl. zur Innenstadtsanierung: Wischermann, Wohnen in Hamburg, Bd. 2, S. 94ff. Jahresberichte der Vaterstädtischen Stiftung: 1895/96, 1901, 1907, 1907 – 1909, 1912/13, 1913 – 1927. Zur Intention der Stifter vgl. auch die Testamente und Statuten im StAH:
Bestand Senat:
Julius und Betty Rée-Stift: Cl. VII Lit. Qa No. 1 Vol. 12 a Fasc. 2
Heinesches Asyl: Cl. VII Lit. Qc No. 17 a Vol. 1
Martin Brunn-Stift: Cl. VII Lit. Qc No. 36 Vol. 1
Martin und Clara Heimann-Stift: Cl. VII Lit. Qc No. 37 Vol. 2
Mendelson-Stiftung: Cl. VII Lit. Qc No. 40 Vol. 1
Vaterstädtische Stiftung: Cl. VII Lit. Qd No. 22 Fasc. 1 – 7
Nanny Jonas-Stift: CL. VII Lit. Lb No. 18 Vol. 7b Fasc. 2 Inv. 57
Protokollbücher Bestand Jüdische Gemeinden:
Salomon Joseph und Marianne Hertz-Stiftung: Jüdische Gemeinden 245 a
Lazarus Gumpel-Stift: Jüdische Gemeinden 771
Louis Levy-Stift: Jüdische Gemeinden 780
Samuel Levy-Stift: Jüdische Gemeinden 781
Z. H. May und Frau-Stift: Jüdische Gemeinden 785 a
Marcus Nordheim-Stift: Jüdische Gemeinden 787 b.
5. Joachim, Handbuch, S. 316 – 349.
6. Nach eigenen Berechnungen verfügten bei der Gründung von 24 Wohnstiftungen 7 über ein Grundkapital bis 100.000,- Mark, 8 bis 200.000,- Mark, 7 bis 300.000,- Mark, eine Stiftung über 400.000,- und eine andere sogar über 900.000,- Mark (Julius und Betty Rée-Stift).
7. Vgl. Lorenz 1987 (1).
8. StAH Jüdische Gemeinden 778: Protocoll von Hertz Joseph Levy Freiwohnungen, S. 3.
9. Anwesend waren Hertz Joseph Levy, David Joseph Levy, Jacob Joseph Levy, Zacharias Jacob Levy, Heymann Jacob Levy, Isaak Jacob Alexander und der Gemeinderegistrator. Dessen Sohn Emil gründete 1913 zum Gedenken an den Vater das Z. H. May und Frau-Stift. Ein weiterer Bruder von Hertz Joseph Levy, der sich Benjamin Leja nannte, begründete 1869 in Altona ebenfalls eine Stiftung für Freiwohnungen.
10. Das bereits 1838 eröffnete Stift begründete die Tradition der jüdischen Wohnstifte in Hamburg und wurde richtungsweisend bei der Konzeption der später in der Nachbarschaft eingerichteten Stifte.
11. Stiftungsurkunde Art. 5, in: StAH Jüdische Gemeinden 778 (wie Anm. 8), S. 14.
12. Ebd., S. 193: 1917 mußte z.B. eine Familie ausziehen, da die Tochter auch an jüdischen Feiertagen Blumen verkaufte.
13. Stiftungsurkunde Art. 3, in: ebd., S. 14.
14. Von der Verfasserin ermittelt aus: StAH Jüdische Gemeinden 992 e und 2: Fotokopien der von der Oberfinanzdirektion Hamburg an das Staatsarchiv abgelieferten Deportationslisten der Geheimen Staatspolizei-Leitstelle Hamburg, Bd. 1 – 5.
15. Briefe vom 29.1.1939, 31.12.1939, 9.2.1940, 4.3.1940 an den Jüdischen Religionsverband, in: StAH Jüdische Gemeinden 778 (wie Anm. 8), S. 572ff.
16. Auch das M. S. D. Kalker-Stift, das J. E. Oppenheim-Stift und Oppenheimers Stift waren von der Sanierung betroffen. Die Vorstände ließen nach den Abrissen in anderen Stadtteilen neue Stiftsgebäude errichten.
17. 27.4.1888, in: StAH Senat Cl. VII Lit. Qc Nr. 27: J. R. Warburg Stiftung Vol. 1 Fasc. 66.
18. Ebd., Statuten § 1, S. 46ff.
19. Ebd., Statuten § 3.
20. Von der Verfasserin ermittelt aus StAH Jüdische Gemeinden 992 e (wie Anm. 14).
21. Vgl. Mitgliederlisten in den Jahresberichten 1895/96, 1907, o. S.
22. Geschichte der Vaterstädtischen Stiftung zu Hamburg, S. 7.
23. Vom 27.12.1905; in: StAH Senat Lit. Qd No. 22: Milde Stiftungen, Fasc. 6.
24. Satzung vom 25.2.1939; in: StAH Senat Lit. Qd No. 22: Milde Stiftungen, Fasc. 5 Nr. 31.
25. Vertrauliche Mitteilung des »Reichs- und Preußischen Ministers für Wissenschaft, Erziehung und Volksbildung«, vom 2.6.1939, in: StAH Staatsverwaltung D IV A 4: Die Rechtsstellung

jüdischer und paritätischer Stiftungen.
26 StAH Jüdische Gemeinden 992: Bericht von Leo Lippmann vom Januar 1943 betr. den Jüdischen Religionsverband Hamburg im Jahre 1942 und die Liquidation der jüdischen Stiftungen und Vereine in Hamburg. Hamburg 1943, S. 4.
27 Deportationslisten, in: StAH Jüdische Gemeinden 992 e 2 (wie Anm. 12), Bd. 1 – 5.
28 Listen für das Wohnungspflegeamt, in: StAH Oberfinanzpräsident Arb.-Sign. 6 A.
29 StAH Jüdische Gemeinden 992 (wie Anm. 27), S. 31 – 33. Vgl. zum Thema »Mischehen«: Büttner 1988.

Literatur

Eisenhauer, Michael: Die Hamburger Wohnstiftungen des 19. Jahrhunderts. Hamburg 1987
Geschichte der vaterstädtischen Stiftung zu Hamburg. Hamburg 1949
Joachim, Hermann: Handbuch der Wohltätigkeit in Hamburg. Hamburg ²1909
Lohse, Otto: Die Privatwohltätigkeit und ihre Organisation. Hamburg 1914
Wischermann, Clemens: Wohnen in Hamburg vor dem Ersten Weltkrieg. Münster 1983

Chronologische Tabelle der jüdischen Wohnstifte:
1 Lazarus Gumpel-Stift
 1838
 Schlachterstraße 46/48
 Der Kaufmann Lazarus Gumpel
2 Eichholz
 1851
 Eichholz 43
 Vaterstädtische Stiftung
3 Hertz Joseph Levy-Stift
 1854
 Großneumarkt 54/55
 Der Kaufmann Hertz Joseph Levy
4 J. E. Oppenheim-Stiftung
 1854
 Schauenburger Straße 21, ab 1909 Frickestraße 26
 Der Kaufmann Julius Ernst Oppenheim
 Seit 1905 von der Vaterstädtischen Stiftung verwaltet
5 Heine-Asyl
 1866
 Jungfernstieg, ab 1902 Holstenwall 18
 Therese Halle, geb. Heine

Schwarz
Jüdische Wohnstifte in Hamburg

6 Oppenheimer's Stift
 1868
 Krayenkamp 16/18, ab 1908 Kielortallee 22/24
 Der Kaufmann Hirsch Behrend Oppenheimer
7 Benjamin Leja-Stift
 1869
 Große Bergstraße 205 a – c, Große Gärtnerstraße 120/128 (Altona)
 Der Optiker Benjamin Leja
8 Minkel Salomon David Kalker-Stift
 1878
 Schaarmarkt 28/29, ab 1904 Rutschbahn 25 a
 Salomon David Kalker
9 Grabenstraße
 1878
 Grabenstraße 30/31
 Vaterstädtische Stiftung
10 Marcus Nordheim-Stift
 1882
 Schlachterstraße 40/42
 Der Kaufmann Marcus Nordheim
11 Baustraße
 1886
 Baustraße 33
 Vaterstädtische Stiftung
12 Warburg-Stift
 1888
 Bundesstraße 43
 Der Kaufmann J. R. Warburg
13 Samuel Lewisohn-Stift
 1890
 Kleiner Schäferkamp 32
 Die Kaufleute und Bankiers Adolph, Albert, Leonhard und Philipp Lewisohn
14 Samuel Levy-Stift
 1896
 Bundesstraße 35
 Der Bankier Samuel Levy
15 Martin Brunn-Stift
 1897
 Frickestraße 24
 Der Kaufmann Martin Brunn
 Seit 1905 verwaltet von der Vaterstädtischen Stiftung
16 Martin und Clara Heimann-Stift
 1899
 Breitenfelder Straße 33, Löwenstraße 77, Martinistraße 83

Wirtschaft
Gesellschaft

17 Otto Rautenberg-Stift
1899
Tornquiststraße 19 b
Das Ehepaar Martin und Clara Heimann
Vaterstädtische Stiftung

18 Lazarus Samson Cohn Eheleute und
Levy Hertz Levy Eheleute-Stift
1900
Neuer Steinweg 77/78
Die Ehepaare Cohn und Levy

19 Louis Levy-Stift
1900
Bornstraße 22, Durchschnitt 1 und 8
Der Kaufmann Louis Levy

20 Salomon Joseph und Marianne Hertz-Stiftung
1901
Sonninstraße 14/16 (Altona)
Der Privatier Salomon Hertz

21 Nanny Jonas-Stift
1902
Agathenstraße 3
Nanny Jonas

22 Zacharias und Nanette Hesse und Mathilde und Simon Hesse-Stift
1903
Dillstraße 15
Die Ehepaare Hesse und Hesse

23 Betty-Stift
1905
Philosophenweg 29 (Altona)
Der Bankier Pius Warburg

24 Mendelson-Israel Stift
1912
Kurzer Kamp 6
Theodor Mendelson, Dr. Philipp Israel
Ab 1942 verwaltet von der Vaterstädtischen Stiftung

25 Gustav Kaemmerer-Stift
1906
Schedestraße 2
Vaterstädtische Stiftung

26 Alfred Beit-Stift
1909
Schedestraße 4
Laura Beit und ihr Sohn Otto
Verwaltet von der Vaterstädtischen Stiftung

27 Julius und Betty Rée-Stift
1909
Schedestraße 23 (— 43)
Betty Rée, geb. Calvary

28 Rosenthal-Altenhaus
1909
Kielortallee 23
Der Kaufmann S. (Semmy) S. (Schaia) Rosenthal
Verwaltet von der Vaterstädtischen Stiftung

29 Z. H. May und Frau-Stift
1913
Bogenstraße 25/27, Hallerstraße 25
Der Kaufmann Emil May und seine Frau Minna, geb. Ruben

30 Max und Mathilde Bauer-Stift
1927
Kielortallee 25
Der Kaufmann Max Bauer und seine Frau Mathilde, geb. Nordheim
Verwaltet von der Vaterstädtischen Stiftung

31 Theodor Wohlwill-Stift
1930
Kielortallee 26
Vaterstädtische Stiftung

Hamburg und die jüdische Auswanderung. Teil I: Um die Mitte des 19. Jahrhunderts

Cornelia Östreich

Der späte Aufstieg des Hamburger Auswandererhafens

Im Geschehen der großen europäischen Überseewanderung, die zwischen 1815 und 1914 mehr als 30 Millionen Menschen in die USA[1] und weitere Millionen zu anderen, teils noch entfernteren Zielen brachte, hatte sich Hamburg erst mit einiger Verzögerung zu einem der bedeutenderen Transithäfen entwickelt. Bis Mitte des 19. Jahrhunderts verschwand sein Auswanderungsverkehr noch geradezu neben dem der westeuropäischen Atlantikhäfen wie Antwerpen, Rotterdam und Le Havre, die aufgrund günstiger Verkehrsverbindungen – beispielsweise über den Rhein – auch von deutschen Auswanderern stark frequentiert wurden;[2] aber auch bereits neben dem Bremens, wo bis 1850 einschließlich ein Vielfaches der Hamburger Überseewanderung abgewickelt werden konnte, und bis Mitte des Jahrzehnts immer noch das Doppelte.[3] Grund für den Rückstand war nicht zuletzt ein prononciertes Desinteresse, ja Mißfallen der Stadt an Auswanderung in ihrer frühen Zeit gewesen – und entsprechend auch an Auswandererschutz, was dem Hamburger Transithafen längerfristig einen ausgesprochen schlechten Ruf verschaffte. Erst in der zweiten Hälfte der 1830er, und um von der – zweiten – Welle deutscher Amerikawanderung zu profitieren, die kurz zuvor angelaufen war, wurde die Zurückhaltung zugunsten gesetzgeberischen Engagements aufgegeben. Auf der »Verordnung, die Verschiffung von Zwischendeckspassagieren betreffend« vom 27. Februar 1837 beruhten sowohl die Überlieferung der Hamburger Passagierlisten – einer einzigartigen Quelle der deutschen Auswanderung[4] – wie die wesentlichen Vorkehrungen der Stadt zum Auswandererschutz; auch wenn sie noch unbefriedigend gefunden und mit einer weiteren Verordnung vom 26. März 1845 ausgedehnt werden sollten.[5] Die im hierauf folgenden Jahr einsetzende deutsche Auswanderungswelle dann – die dritte mittlerweile – konnte nicht mehr auf den Transithafen Hamburg verzichten. Die Zahl der jährlich beförderten Passagiere, die bisher bei ungefähr eineinhalb Tausend stagniert hatte, schnellte noch vor Ende der 1840er Jahre auf einen Durchschnitt von über 5.000 empor. Und betrug dies derzeit erst wenig mehr als ein Sechstel des Bremer Auswandererverkehrs, so war doch bis Mitte der 1850er

Jahre mit nahe 26.000 Passagieren pro Jahr, die Leistung des Konkurrenten bereits zur Hälfte erreicht, bis Ende des Jahrzehnts zu zwei Dritteln und im folgenden Jahrfünft – wenn auch vorübergehend – sogar ausgeglichen.[6]

... und sein rascher Erfolg unter Juden

An diesem Aufstieg des Hamburger Transithafens hatten auch jüdische Auswanderer einigen Anteil gehabt[7] – wie es scheint, von Anbeginn und durchaus überproportional zur ohnehin erhöhten Auswanderungsneigung der Minderheit, auf die Hamburg aus gleich zwei Gründen besondere Anziehungskraft ausüben mußte. Davon lag der eine in den Verhältnissen der Stadt selbst, der andere in der Entwicklung, welche Überseewanderung derzeit in Mitteleuropa und vor allem Deutschland nahm. Anders als Bremen, wo Juden in vormärzlicher Zeit nicht einmal Wohnrecht besessen hatten und die Begründung einer jüdischen Ansiedlung entsprechend spät und auch sehr zögerlich vonstatten ging – noch 1860 zählte die Minderheit in der Stadt nicht mehr als 20 Familien[8] -, konnte Hamburg schon zur Jahrhundertmitte mit einer zehntausendköpfigen Judengemeinde – im wesentlichen: der Deutsch-Israelitischen – aufwarten, die abgesehen von solcher numerischen Stärke als wohlhabend und notfalls auch wohltätig bekannt war.[9] Dies bedeutete, daß auswanderungslustige Glaubensgenossen bei längeren Wartezeiten vor der Abfahrt oder schlicht zu knapp bemessener Reisekasse – was nicht allzu selten vorkam – im Hamburger weit besser als im Bremer Transithafen aufgehoben zu sein vertrauen konnten. Dazu hatte sich der Hamburger Transithafen auch weit eher als der Bremer auf die Bedürfnisse jüdischer Passagiere einzustellen gewußt, wenn bereits seit Anfang 1852 die »Hamburg-New York-Packet-Fahrt« in der einschlägigen Presse – der »Allgemeinen Zeitung des Judenthums« – für koschere Verpflegung auf ihren Auswandererschiffen warb,[10] und noch im gleichen Jahr an gleicher Stelle sogar eine spezielle jüdische Answandererexpedition in der Stadt, organisiert durch den deutsch-israelitischen »*Rabbiner Stern*«, »*[f]ür ganze Gesellschaften*« ihre Dienste anbot.[11] Eineinhalb Jahrzehnte später fügte das jüdisch geführte »Hirschel's Hôtel, Hamburg«, ebenda seinen bereits früher inserierten Vorzügen noch den hinzu, daß es »*für Reisende nach Amerika sehr bequem gelegen*« sei.[12] Aus Bremen ist dergleichen spezieller Service nicht bekannt – wenn man von einer Nachricht des Jahres 1856 absehen will, wonach für die jüdischen Auswanderer hier, »*der Mehrzahl nach in dem bekannten Auswandererhause*« untergebracht, ein eigener Gottesdienst eingerichtet sei.[13]

Auch nahm die gesamte Entwicklung der Überseewanderung eine Wendung zugunsten Hamburgs, als ihr Einzugsbereich sich seit der Jahrhundertmitte allmählich nach Osten verlagerte. So stammten ungefähr zwei Fünftel aller deutschen Amerikafahrer zwischen 1860 und 1890, trotz deren weitaus geringerer Bevölkerungsdichte, aus den Gebieten östlich der Elbe.[14] Östlich der Elbe aber mußte sich auch ein gewaltiges Reservoir jüdischer Bevölkerung für die Auswanderung erschließen, das in der Tat derzeit bedeutendste in Europa und der Welt überhaupt: das Territorium des ehemaligen Königreichs Polen – jetzt aufgespalten unter Rußland, Österreich und Preußen –, welches bereits in die Teilungszeit mehr als eine halbe Million von Juden eingebracht hatte, die ihre Zahl bis Ende des 19. Jahrhunderts noch verzehnfachen sollten.[15] Diese mächtige Minderheit, in ihrer Heimat aus mehreren Gründen – und mehr, als sich an dieser Stelle in der nötigen Ausführlichkeit benennen ließen – in Bedrängnis geraten, entwickelte seit Mitte des 19. Jahrhunderts eine

Auswanderungsneigung größter Intensität. Den Anfang hierbei machte das preußische Teilungsgebiet, wo sich Juden vor allem in der Provinz Posen konzentrierten: mit 80.000 Köpfen maximal und sechs Prozent der Gesamtbevölkerung.[16]

Zwar hatte Hamburg Mitte der 1840er Jahre bereits einmal einen Ansturm russisch-jüdischer Flüchtlinge zu verzeichnen gehabt, die von einer überforderten Gemeinde – »*es sind ihrer zu Viele, und kommen immer Mehre*« – zuletzt nur noch »*inquirirt und erbarmungslos über's Meer verwiesen*« wurden.[17] Doch in den Passagierlisten des Transithafens dann – also ab 1850 respektive 1855 – führte die Gruppe der Posener die jüdische Auswanderung mit Abstand und noch auf längere Sicht zahlenmäßig an. Diese Gruppe, schon aus dem Kontext jüdischer Einwanderung nach Amerika ein Begriff als »*vanguard to the Russians*«,[18] stand in der Auswanderungsintensität ihren bekannteren und zahlreicheren Nachfolgern kaum nach, blieb damit unter Juden in Deutschland jedenfalls ohne Beispiel und sollte auch vergleichbare Mobilität aus der Region um Jahrzehnte vorwegnehmen. Bis kurz nach der Reichsgründung verließen 48.029 Posener Juden ihre Provinz, wovon eine zugegebenermaßen grobe Schätzung drei Viertel Auswanderer veranschlagte.[19] Und insofern diese Auswanderung überseeisch war, beanspruchte sie in hoher Intensität, ja wie es scheint exklusiv, den Transithafen Hamburg.[20] Hier schlug sie mit zwischen 500 und 1.000 Passagieren jährlich zu Buche, gut 5 % der Auswanderung via Hamburg überhaupt; lediglich zu Beginn des Sezessionskrieges kurz abfallend, und seit Mitte der 1860er sogar eine weitere Steigerung andeutend. Dazu kam, auch dies mit zunehmender Tendenz, jüdische Auswanderung aus anderen preußischen Provinzen und deutschen Staaten – sogar bayrische Glaubensgenossen, schon seit längerem stark nach Amerika orientiert, nahmen gelegentlich den Umweg über Hamburg in Kauf – und aus dem unabsehbaren Reservoir des Zarenreiches: alles zusammen bis Mitte der 1860er Jahre auf einen jährlichen Umfang von einigen Hundert angewachsen.

Die Posener jüdische Amerikawanderung, über die uns aus eigenen Recherchen die umfassendsten Informationen vorliegen,[21] war in ihrer Zusammensetzung auffallend jugendlich – das Durchschnittsalter der männlichen Passagiere lag mit geringfügigen Schwankungen bei 18 Jahren, das der weiblichen nur wenig darüber –, entsprechend meist von ledigem Familienstand, und zumindest in ihren Anfängen stärker vom Handwerk – polnischer Tradition entstammend – als vom Handel geprägt. Ihre Teilnehmer reisten, obwohl sie in der Regel größere Ansammlungen auf jeweils wenigen Auswandererschiffen im Monat bildeten, dabei doch weniger in Familiengruppen oder selbst lokalen Verbänden als vielmehr vereinzelt, für die Wiedervereinigung mit Freunden und Verwandten im neuen Land dem Verfahren der Kettenwanderung vertrauend.[22] In all diesen Zügen erscheint die Bewegung verblüffend modern und gut organisiert – so gut, daß man professionelle Hilfe dabei, in erster Linie durch Auswanderungsagenten, für unentbehrlich halten möchte. Zwar fehlen einschlägige Quellen oder auch Quellenaussagen;[23] doch wird man aus den bekannten Gepflogenheiten der Hamburger Überseexpedienten dahingehend schließen können, auswanderungslustige Posener Juden seien auf den Transithafen hauptsächlich durch Prospekte, Annoncen und in ihrer Heimat angeworbene Agenten aufmerksam geworden.[24] Dies um so mehr, als die preußische Regierung anderes nach ihrem »Gesetz betreffend die Beförderung von Auswanderern« von 1853 auch nicht geduldet hätte.[25] Jüdische Auswanderermemoiren der Zeit, überhaupt wenig mitteilsam über die doch entscheidende Ortsveränderung im Leben, lassen auch die Mitwirkung von Agenten dabei oder andere organisatorische Details fast völlig im dunklen, obwohl sie den Hamburger Transithafen gelegentlich erwähnen.[26]

Wirtschaft
Gesellschaft

Das Engagement der Hamburger jüdischen Gemeinden für die Auswanderer

Kaum besser informiert sind wir für diesen frühen Zeitraum über die Kontakte, welche die Hamburger jüdischen Gemeinden mit den auswandernden Glaubensgenossen unterhielten – Kontakte, die allerdings auch nicht allzu zahlreich gewesen sein mögen. Doch berief sich bereits zu einem früheren Datum eine Miene Priebatsch, als sie zur Weiterreise nach England am 26. Juni 1846 die Deutsch-Israeliten um Unterstützung anging, darauf, »*daß für die Auswanderung der <u>Fremden</u> in letzterer Zeit abseiten der Gemeinde <u>sehr viel</u> gethan ward*«[27] und schon von 1838 an führte diese Gemeinde eine eigene Sammlung von Gesuchen »*betreffend Auswanderung nach Amerika*«.[28] Anfang der 1850er bilanzierte sie, daß »*nur die einzige Ausgabenrubrik 'arme Durchreisende' sich vergrößert hat, und allem Anschein nach fortwährend anwachsen wird*«[29] und ihr »*Finanzbericht der Jahre 1848 – 1860*« lokalisierte unter dieser Rubrik – präzise »*Verpflegung und Beförderung der durchreisenden Armen und Auswanderer*« – »*seit vielen Jahren die sich fast gleichbleibende Summe von durchschnittlich Crt. Mk. 2.600*«.[30] Der Betrag, der gerade eben ausgereicht hätte, um gut zwei Dutzend Mal die Atlantiküberfahrt zu finanzieren, erscheint angesichts des Andrangs freilich wie ein Tropfen auf den heißen Stein; und in der genannten Akte kamen bei einer Laufzeit von über 20 Jahren nicht mehr als 15 Gesuche zusammen. Überhaupt gab man in der Hamburger Judenschaft offen zu, von den durchreisenden Glaubensgenossen »*keine Kenntniß*« zu haben, deren Zahl bei der Gelegenheit – für das Jahr 1860 – auf 500 bis 1.000 veranschlagt wurde; und belegte das Eingeständnis gleich mit dieser bei weitem zu niedrigen Schätzung.[31] Am intensivsten gestalteten sich die Kontakte noch dort, wo es zu verhindern galt, daß sich Auswanderer in Zuwanderer verwandelten – oder sicherzustellen, daß aus Zuwanderern wieder Auswanderer wurden. Über den Umgang der Hamburger Deutsch-Israeliten mit den russischen Flüchtlingen der Mitvierziger Jahre wurde bereits berichtet; dabei war das Mißtrauen der ersteren so weit gegangen, den letzteren »*kaum ein paar Tage ein ruhiges Nachtlager*« in der Stadt zuzugestehen.[32] Zu den Ausweisungsmaßnahmen vor Ort kam gezieltes Abraten »*von der starken Zuwanderung*«, so schon 1846 »*durch ein eigenes an preußische und polnische Judengemeinden gerichtetes Zirkulär*«. Dies übrigens nach dem Vorbild Londons, ebenfalls bereits von Auswanderern überlaufen,[33] so daß beide Städte einiges beigetragen haben mögen, jüdische Mobilität immer weiter nach Westen und schließlich über den Atlantik zu leiten.[34]

Mit der Auswanderung aber, auch wenn sie denn entferntere Ziele ansteuerte, wuchs unvermeidlich auch die Zahl derer, die auf ihrem Wege im Transithafen strandeten: sei es infolge Krankheit, unzureichender Reisemittel, weil sie im entscheidenden Moment der Mut verlassen hatte oder weil sie die reiche Handelsstadt Hamburg doch attraktiver fanden als ein unbekanntes Ziel in Übersee. Und da hierneben, trotz aller Warnungen, auch die genuine Zuwanderung von Juden nach Hamburg weiter anhielt, sammelten sich die »fremden Israeliten« bald zu Hunderten in der Stadt. Ohne festen rechtlichen Status – das Bürgerrecht der Juden, in Hamburg überhaupt erst 1849 zugestanden, blieb an die Gemeindemitgliedschaft gebunden, und diese ihrerseits traditionell an verwandtschaftliche Abstammung, Einheirat oder Bestechung, was nicht für jedermann zugänglich war – wurden sie in ihren Aktivitäten bald unkontrollierbar. Das Tagebuch des Sekretärs der deutsch-israelitischen »Fremdenkommission«[35] legt nur allzu beredtes Zeugnis ab von der Hilflosigkeit der Gemeinde angesichts dieser Verhältnisse. Die Initiative, sie zu beenden, kam schließlich von der weltlichen Instanz: Ein »Regulativ« von Anfang des Jahres 1854 verpflichtete die »*fremden Israeliten*«, wie andere Hamburger Einwohner auch, das Bürgerrecht zu erwerben, wenn sie sich in irgendeiner Weise selbständig machen wollten; und im gleichen Zuge die jüdischen Gemeinden der Stadt, die zugewanderten Glaubensgenossen aufzunehmen. Auf dieser Basis gewann die Deutsch-Israelitische Gemeinde im folgenden Jahrzehnt 476 neue Mitglieder – Familien nicht gerechnet – und die Stadt ebenso viele jüdische Bürger auswärtiger Herkunft.[36] Soweit solche Herkunft auch eine entfernte war – so Preußen in 102 Fällen, Hessen in 34, Bayern in 13, Österreich und Ungarn in 23, oder gar Rußland und Polen, 25mal vertreten –,[37] wird man am Ursprung der Zuwanderung füglich geplante und gescheiterte Auswanderung vermuten dürfen.

... und von Hamburger Juden in der Auswanderung

Auf der anderen Seite nahm auch die Hamburger Judenschaft selbst an der Überseewanderung der Zeit einigen Anteil. Zwischen 1853 und 1864 verließen nahezu 300 ansässig gewesene Juden die Stadt mit den USA als Ziel, und 18 weitere wandten sich nach Kanada, Südamerika oder auch Australien.[38] Dabei scheint diese Auswanderung – wie überhaupt Auswanderung aus Hamburg – nicht ganz die gleiche Funktion wie sonst in Deutschland und unter deutschen oder auch polnischen Juden gehabt zu haben, wo die Ortsveränderung zumeist eine dauerhafte und spätere Rückwanderung wenig eingeplant war.[39] Demgegenüber faßten Hamburger Juden einen Auslandsaufenthalt häufiger als vorübergehenden auf, wie sich aus einer sehr unausgeglichenen Geschlechterrelation – von den Amerikafahrern waren 195, genau zwei Drittel, männlich[40] – und einem relativ hohen beruflichen Status – Kaufleute standen hier mit 62 Nennungen nur wenig hinter Commis und Händlern mit 67 zurück und kamen insgesamt auf mehr als ein Drittel – ablesen läßt. Dahinter deutet sich die Absicht an, über See die Erfahrungen zu sammeln und Kontakte anzuknüpfen, welche eine Karriere in der Heimat erforderte. So kehrten auch von 28 Hamburger Juden – unter 229 Hamburgern insgesamt –, die bis 1854 einschließlich nach Kalifornien auswanderten, fünf auf Dauer und weitere drei zumindest für einen längeren Urlaub wieder in die Stadt zurück;[41] das ergäbe, obwohl bei so niedrigen Zahlen Vorsicht geboten ist, eine Rückwanderungsquote von nahe 18 %, für die Minderheit sonst absolut ungewöhnlich. Vor solchem Hintergrund wird verständlich, daß Hamburger Juden bei ihrer »Auswanderung« nur selten ihre Staatsangehörigkeit definitiv aufgeben mochten. Und von den 21 überlieferten Gesuchen um Entlassung »ex nexu« 1832 – 1851 galten die allermeisten dem deutschen oder europäischen Ausland, während nur ein einziges Mal, mit Philadelphia, ein Ziel in den USA angegeben war.[42]

Umfangreiche und stetig anwachsende Transitwanderung, mit der jedoch hauptsächlich die Auswandererfirmen, nicht die Stadt und Judengemeinden zu tun hatten; gelegentliche Unterstützung »armer Durchreisender« auf ihrem fordernden – und oft überfordernden – Weg nach Übersee; Ausweisung in der Stadt gestrandeter Auswanderer, wo möglich, und deren Aufnahme als Bürger und Gemeindemitglieder, wo nötig; und Entsendung eigener Einwohner ins ferne Ausland, wenn auch nicht immer auf Dauer: Solches waren die Erfahrungen Hamburgs mit der jüdischen Auswanderung seit Mitte des 19. Jahrhunderts. Das eigentliche Engagement der Stadt in dem Prozeß – mit dem Einsetzen massenhafter Transitwanderung russischer Juden nach Amerika in den 1880er Jahren – stand zu diesem Zeitpunkt jedoch noch um eine Generation bevor.

Wirtschaft
Gesellschaft

Anmerkungen

1 Hansen 1926/27, S. 500.
2 Vgl. die Zahlen in Hübners Jahrbüchern 1852, S. 264; auch bei: Burgdörfer 1931, S. 326.
3 Zahlen bei Beenke, Die Auswanderung über Hamburg nach transatlantischen Plätzen seit dem Jahre 1836, in: Statistik des Hamburgischen Staates, 4 (1872) Tab. I, S. 110.
4 Im Gegensatz zu Bremen, dessen Passagierlisten vernichtet wurden, und zu den westeuropäischen Häfen, wo solche Überlieferung anscheinend nie bestand, bewahrt Hamburg das Verzeichnis aller Auswanderungen auf Schiffen über 25 Passagieren – seit 1850 in Teilen und seit 1855 vollständig erhalten – im StAH Mikrofilme Nr. K 1704ff. Klüber 1964, S. 387.
5 Baasch 1892, S. 389ff.
6 Zahlen nach Beenke, Die Auswanderung, in: Statistik 4 (1872) (wie Anm. 3), Tab. I, S. 110.
7 Alle direkt auf jüdische Auswanderung bezüglichen Informationen im folgenden aus den Recherchen für meine Dissertation; Arbeitstitel: Posener Juden nach Amerika. Eine Minderheit im Umbruch und ihre Auswanderung. Die Arbeit wurde gefördert durch die VW-Stiftung.
8 Allgemeine Zeitung des Judenthums (AZJ) 1860, S. 756.
9 Krohn 1974, S. 38.
10 AZJ 1852, S. 36, 84, 134, 180, 228, 276, 324.
11 Ebd., S. 120.
12 AZJ 1866, S. 189, 1858, 726.
13 AZJ 1856, S. 459f. Für diese Aussage konnte allerdings nur die spezifisch jüdische Presse geprüft werden.
14 Walker, Germany and the Emigration, S. 74ff.; Köllmann, Bevölkerung, S. 39f.
15 Biale 1986, S. 46.
16 Kemlein, Die Emanzipation der Juden, S. 46.
17 Damit schien derzeit noch England gemeint gewesen: AZJ 1844, S. 607f.; 1846, S. 281f. Die Flüchtlingswelle stand augenscheinlich in Zusammenhang mit der Verschärfung des Wehrdienstes für russische Juden, mit dem kaum verkappten Zweck ihrer Konversion. Weinryb, Neueste Wirtschaftsgeschichte der Juden, S. 15ff.
18 So der Aufmachertitel des posthum veröffentlichten Aufsatzes von Glanz 1983, S. 1-38.
19 Lestschinsky, Das wirtschaftliche Schicksal, S. 43.
20 Ausgedehnte Stichproben aus den Jahrgängen 1851, 1854 und 1859 der amerikanischen Einwanderungslisten, jüngstens veröffentlicht: Glazier/Filby, Germans to America, ergaben nur sehr geringfügige Auswanderung von Posener oder überhaupt preußischen Juden via Bremen, wenn auch offenbar mit steigender Tendenz.
21 Vgl. Anm. 7.
22 Zu diesem Verfahren vgl. vor allem Kamphoefner, Westfalen in der Neuen Welt; Kamphoefner 1984, S. 321 – 349.
23 Verloren sind vor allem die bei den Ortspolizeibehörden einzureichenden Listen über vermittelte Schiffspassagen, vgl. Westfälische Auswanderer aus dem Regierungsbezirk Minden, S. 4.
24 Wätjen, Aus der Frühzeit des Nordatlantikverkehrs, S. 120f.
25 Leidig 1892, S. 446f.
26 So, nur beispielsweise: Isaac Bernstein: Erinnerungen, Leo Baeck Institute, New York; Moses D. Levy: Autobiography, American Jewish Archives, Cincinnati, Biographies File; Newmark 1974, S. 204 – 219; Alexander 1955, S. 85 – 89.
27 StAH Jüdische Gemeinden 473.
28 Ebd.
29 AZJ 1852, S. 399.
30 AZJ 1862, S. 240ff.
31 AZJ 1861, S. 530. Tatsächlich lag schon die Zahl der Amerikafahrer fast doppelt so hoch.
32 AZJ 1846, S. 281.
33 AZJ 1849, S. 451.
34 Zu diesen Zusammenhang schon im 18. Jahrhundert: Shulvass, From East to West, S. 93.
35 StAH Jüdische Gemeinden 369.
36 Vgl. meinen früheren Aufsatz: Süß 1989, S. 287f.
37 Süß, Das Bürgerrecht und die Juden in Hamburg, Zahlen aus dem Anhang, Tabelle 4.
38 Zahlen nach eigener Aufnahme aus den Hamburger Passagierlisten. Die USA gaben 293 Juden mit »Geburts- und Wohnort« Hamburg als ihr Ziel an; dabei ist jedoch die Unvollständigkeit der Überlieferung in den Jahren 1853 und 1854 zu bedenken.
39 Moltmann 1980, S. 391.
40 Gegenüber 98 weiblichen Passagieren.
41 Ausgezählt nach der Aufstellung bei Hauschild-Thiessen, Die ersten Hamburger im Goldland Kalifornien, S. 78ff. Alle genannten Zahlen sind, bei derzeit noch unvollständiger Überlieferung der Hamburger Passagierlisten, ebenfalls als unvollständig zu betrachten.
42 StAH Senat Cl. VII Lit. Bc No. 7c Fasc. 20 – 37.

Literatur

Glazier, Ira A. und Filby, P. William (Hg.): Germans to America. Lists of Passengers Arriving at U. S. Ports, 1850 – 1893. Wilmington/De. 1988

Hauschild-Thiessen, Renate: Die ersten Hamburger im Goldland Kalifornien. Hamburg 1969

Kamphoefner, Walter D. : Westfalen in der Neuen Welt. Eine Sozialgeschichte der Auswanderung im 19. Jahrhundert. Münster 1982

Kemlein, Sophia: Die Emanzipation der Juden im Großherzogtum Posen 1815 – 1848. Magisterarbeit (MS). Kiel 1987

Köllmann, Wolfgang: Bevölkerung in der industriellen Revolution: Studien zur Bevölkerungsgeschichte. Göttingen 1974

Lestschinsky, Jakob: Das wirtschaftliche Schicksal des deutschen Judentums. Aufstieg, Wandlung, Krise, Ausblick. Berlin 1932

Shulvass, Moses: From East to West. The Westward Migration of Jews from Eastern Europe during the Seventeenth and Eighteenth Centuries. Detroit 1971

Süß, Cornelia: Das Bürgerrecht und die Juden in Hamburg von der »Provisorischen Verordnung« bis zum Emanzipationsgesetz von 1864/65. Wissenschaftliche Examensarbeit. Hamburg 1986

Wätjen, Hermann: Aus der Frühzeit des Nordatlantikverkehrs: Studien zur Geschichte der deutschen Schiffahrt und deutschen Answanderung nach den Vereinigten Staaten bis zum Ende des amerikanischen Bürgerkrieges. Leipzig 1932

Walker, Mack: Germany and the Emigration, 1816 – 1885. Cambridge 1964

Weinryb, Bernard D.: Neueste Wirtschaftsgeschichte der Juden in Rußland und Polen. Von der 1. polnischen Teilung bis zum Tode Alexanders II. (1772 – 1881). 2. Aufl. Hildesheim – New York 1972

Westfälische Auswanderer aus dem Regierungsbezirk Minden. Beiträge zur westfälischen Familienforschung, hg. von der Westfälischen Gesellschaft für Genealogie und Familienforschung, Bd. 38/39. 2. Aufl. Münster 1984

Wirtschaft
Gesellschaft

Hamburg und die jüdische Auswanderung. Teil II: Von 1881 bis 1914

Karin Schulz

Das Jahr 1881 brachte für die Juden in Osteuropa einen entscheidenden Einschnitt. Die Lebensbedingungen der Juden in Osteuropa waren zu keiner Zeit leicht gewesen, ein ca. 500.000 qkm großer »Ansiedlungsrayon«[1] beschränkte nicht nur äußerlich das Wohnrecht - und selbst dort war es ihnen nicht gestattet, sich außerhalb der Städte anzusiedeln, Grundeigentum zu besitzen oder Grund und Boden zu pachten; eine landwirtschaftliche Betätigung schied damit aus. Viele Berufszweige, Schulen und Universitäten waren ihnen verschlossen. Eine stetig anwachsende Bevölkerung und die erzwungene Spezialisierung auf Teilbereiche von Handwerk, Handel und Gewerbe führten zunehmend zur Verknappung von Erwerbsquellen. So wurden immer mehr von ihnen zu »Luftmenschen«, die Tag für Tag von Wundern und fabelhaften Zufällen und weniger von einer regelmäßigen Arbeit lebten.

Der Ermordung Zar Alexanders II. beschuldigt, wurden die Juden Osteuropas nach dem März 1881 Opfer von Hetzkampagnen, Schikanen und Pogromen.[2] Insbesondere die sogenannten Maigesetze vom 3. Mai 1882, die zunächst nur auf den Ansiedlungsrayon bezogen waren, führten zu fluchtartigen Massenauswanderungen und bei den Verbleibenden zu furchtbarem Elend. Zum Beispiel bekamen nur noch diejenigen in Dörfern und Kleinstädten eine Aufenthaltsgenehmigung, die schon vor dem 3. Mai 1882 eine besessen hatten; alle anderen mußten in größere Städte umziehen. So stieg die jüdische Bevölkerung der Stadt Tschernigov, nördlich von Kiew, innerhalb von 18 Monaten von 5.000 auf 20.000 Personen an; es mußten jetzt also 4 Menschen für ihren Lebensunterhalt aufkommen, wo es zuvor schon eine Person schwer genug hatte. Hinzu kamen noch die lebensbedrohenden, sogenannten spontanen Volksausbrüche gegen die Juden. Zwischen April 1881 und Herbst 1882 wüteten in mehr als 160 Orten des Ansiedlungsrayons Pogrome. Der materielle Schaden wird auf 10 Millionen Rubel[3] geschätzt und ca. 60.000 Juden waren davon in irgendeiner Weise betroffen.

Deutsch-Jüdische Hilfsmaßnahmen

Die erste große Flüchtlingswelle, die sich hierdurch ergab, verlief über den Grenzort Brody in Galizien und von dort aus quer durchs

Wirtschaft
Gesellschaft

Deutsche Reich zu den Hafenstädten an der Nordsee. So erreichten zwischen Oktober 1881 und Oktober 1882 die ersten 10.000 jüdischen Flüchtlinge Hamburg. Da die Nachricht von den furchtbaren Lebensumständen der Juden in Osteuropa ihnen voraus eilte, konnten sie sowohl an den Grenzorten, als auch in den Hafenstädten von jüdischen Hilfskomitees empfangen werden. Paul Lasker, der spätere Vorsitzende des »Zentralbüros für jüdische Auswanderungsangelegenheiten« in Hamburg, deutet die umfangreichen Hilfsmaßnahmen an:

»Wir empfangen die meist in vorgerückter Abendstunde von Brody ankommenden Flüchtlinge, übernahmen die Eintheilung der Logis, Vertheilung der Kost und sonst nöthigen Sachen zur Überfahrt, wie Matratzen, Decken, Blechgeschirren etc. und Versorgung mit Kleidungsstücken. Ferner überwachten wir die Einschiffung der Emigranten«.[4]

Auch die beiden großen deutschen Schiffahrtsgesellschaften, die Hamburg-Amerikanische Packetfahrt-Aktien-Gesellschaft, kurz HAPAG, und der Norddeutsche Lloyd reagierten schnell auf diese neue Kategorie von Zwischendeckspassagieren. Dieser Auswandererstrom kam ihnen sehr gelegen, da die Auswanderung aus Nord-, West- und Mitteleuropa gegen Ende des Jahrhunderts immer mehr zurückging, und so bauten sie, keine Mühe scheuend, an den Grenzen und in Osteuropa ein Agentennetz auf.

Da ein Paß 25 Rubel und sehr viel Zeit kostete, überschritt die Mehrzahl dieser Flüchtlinge die Grenzen illegal, meistens mit Hilfe von teuer bezahlten Schmugglern. Von den 5 1/2 Millionen Juden Osteuropas durchquerten mehr als 2 Millionen zwischen 1881 und 1914 das Deutsche Reich, um über die großen Nordseehäfen – Hamburg, Bremen, Antwerpen und Rotterdam – weiter nach Übersee zu gelangen. 1880 waren es nur 8.000 Juden, die den Weg über Hamburg nach Amerika einschlugen, 1882 bereits 31.000, 1887 62.000, 1892 trotz der Choleraepidemie in Hamburg sogar 136.000, und von da an bis zum Jahr 1904 jährlich ungefähr 70.000, im letzten Jahrzehnt bis zum Ersten Weltkrieg jährlich 109.000.[5]

Bereits im August 1884 gründete Daniel Wormser, seit 1864 Lehrer an der Talmud-Tora-Realschule in Hamburg den »Israelitischen Unterstützungsverein für Obdachlose«, und mit Hilfe des französischen Philanthropen Baron Moritz von Hirsch kümmerte er sich unermüdlich um die Belange der russischen, galizischen und rumänischen Juden, die über Hamburg nach Amerika reisen wollten. Er verteidigte sie auch gegenüber seinen Hamburger Glaubensgenossen:

»Wohl wird vielleicht mancher von Ihnen verächtlich die Achsel zucken und mir erwidern: 'Mein Ideal sind diese Juden nicht [...]. Die deutschen Juden kennen eben ihre osteuropäischen Glaubensbrüder nicht, wie dies aus diesbetreffenden gesprochenen und geschriebenen Worten so oft in recht abstossender Weise hervorgeht. Sie wissen nicht, daß dieselben, ganz besonders die russischen Juden meist fleißige, geweckte, sparsame, fromme, mildherzige und mäßige Menschen sind«.[6]

Ostjuden und Westjuden

Die Juden aus Osteuropa traten zahlenmäßig auffallend nur an bestimmten Plätzen auf, z.B. in Ruhleben bei Berlin oder in den Hafenstädten. Doch einige Jahre zuvor hatte es durch den Hofprediger Adolf Stöcker vorangetrieben, von Reichkanzler Bismarck geduldet und von dem Berliner Historiker Heinrich von Treitschke in die Öffentlichkeit getragen, eine Welle von Antisemitismus gegeben. Die deutschen Juden, assimiliert und den bürgerlich deutschen Vorstellungen von Sauberkeit, Ordnung und Bildung verhaftet, fürchteten ein Wiederaufflackern des Antisemitismus und wollten mit diesen »*nicht salonfähigen, ungebildeten, unaufgeklärten und dreckigen Ostjuden*« keinesfalls in Verbindung gebracht werden. Diese Ostjuden erschienen ihnen als Gespenster ihrer Vorfahren; Westjuden als »Krawattenjuden« und Ostjuden als »Kaftanjuden« waren denn auch viel weniger geographische als geschichtlich zu verstehende Begriffe. Daher unterstützten und beschleunigten die deutschen Juden durch sehr vielfältige Hilfsmaßnahmen die Durch- und Auswanderung ihrer östlichen Glaubensbrüder, waren an einer Niederlassung jedoch nicht interessiert.

Wenige der Flüchtlinge hatten die Absicht, in Deutschland zu bleiben; für die Mehrzahl war es ein Durchreiseland, eine Zwischenstation; eine Ausnahme bildete hier nur Berlin. Aus Sicht der osteuropäischen Juden lag Berlin auf halbem Weg nach Amerika und bildete sozusagen die Brücke zwischen Ost und West. So lebten dort trotz Ausweisungen und anderen lebenserschwerenden Bedingungen im Jahre 1910 ungefähr 13.000 Ostjuden.

Obwohl der ein oder andere auch versuchte, in Hamburg Fuß zu fassen, ist keine Zunahme der jüdischen Bevölkerung Hamburgs für diesen Zeitraum nachzuweisen. Ungastlichkeit und recht effektive Maßnahmen der Weiterbeförderung verhinderten dies:

»*Von der vielgerühmten weltoffenen Liberalität Hamburgs auch den armen Ostjuden gegenüber war nicht viel zu spüren. Ob es nun russische, polnische, galizische oder rumänische Juden waren, hatten sie kein Geld – und neunzig Prozent dieser Ostjuden waren arme Juden – wollte man sie nicht haben, es sei denn als Menschenmassenfracht für die Schiffahrtslinien und deren Auswandererschiffe*«.[7]

Albert Ballin und die HAPAG

Der Zwischendeckspassagierdienst spielte von jeher eine große Rolle für die meisten transatlantischen Schiffahrtslinien und die geographische Lage Bremens und Hamburgs sicherte den beiden deutschen Schiffahrtsgesellschaften den Löwenanteil daran. So trafen sich im Jahre 1885 die am kontinentalen Auswandererverkehr beteiligten Reedereien, HAPAG, Lloyd, die belgische Red Star Linie und die Holland-Amerika Linie, um über Zwischendecks- und Frachtverkehr Absprachen zu treffen. Bezweckt werden sollte u.a. auch die Ausschaltung von Konkurrenten in der Auswandererbeförderung. 1892 bildeten die vier Linien den Nordatlantischen-Dampfer-Linien-Verband. Gemeinsam wurden Preise festgesetzt und die Aufteilung des Zwischendecksverkehrs geregelt. Die Fahrpreise richteten sich nach der Schiffsqualität der Linien, und der den Mitgliedern zugewiesene Anteil am Geschäft beruhte auf den Verkehrszahlen, die jede Reederei in der Zehnjahresperiode von 1882 bis 1892 erreicht hatte.

Die HAPAG hatte bereits bei ihrer Firmengründung 1847 den hanseatischen Wahlspruch: »Mein Feld ist die Welt« als Losung gewählt, doch erst durch Albert Ballins[8] Übernahme des Passagegeschäfts 1886 konnte sie ihren bedeutendsten Konkurrenten, den Norddeutschen Lloyd in Bremen überflügeln und wurde wohl zur größten Reederei der Welt. Feinde Ballins prägten dann auch den Ausdruck »Ballinismus«, um eine Politik der unbarmherzigen Rücksichtslosigkeit zu charakterisieren.

Bis zum Jahr 1892 konnten die Auswanderer bei konzessionierten Wirten im Hamburger Stadtgebiet wohnen, dort bis zur Abfahrt ihres Schiffes verweilen und sich mit allem Nötigen für die Weiterfahrt versorgen. Häufig wurden die der deutschen Sprache und

Wirtschaft
Gesellschaft

Gepflogenheiten Unkundigen dabei von sogenannten »Litzern« kräftig ausgenutzt. Litzer, Schlepper und Runner waren Personen, die im Auftrag von Schiffs- und Bahnlinien, Wechselbanken und Logierhäusern versuchten, diesen Armen übertreuerte Waren und Dienstleistungen anzudrehen. Warnungen, insbesondere seitens der jüdischen Hilfsorganisationen, die dann den Betrogenen aushelfen mußten, fruchteten wenig.

Nachdem die Unterkunftskapazitäten in der Stadt dem Emigrantenandrang nicht mehr gewachsen waren – 1891 wurden z. B. 144.382 Auswanderer mit 1.089 Schiffen weiterbefördert – baute die HAPAG am südlichen Elbufer inmitten des unbewohnten Freihafengebiets einen Barackenkomplex am Amerikakai. Der Platz war so gewählt, daß die Auswanderer sowohl direkt dorthin gebracht, als auch von dort aus eingeschifft werden konnten, ohne die Stadt zu berühren. In einer Werbeschrift der HAPAG heißt es: »*Für die Auswanderer ergab sich hieraus der weitere Vorteil einer billigen und guten Verpflegung und eines sicheren Schutzes vor Ausbeutung*«.[9] Von den 52 privaten Gasthäusern 1886 blieben bis Ausbruch des Ersten Weltkriegs auch nur 8 übrig.[10]

Cholera in Hamburg

Tiefgreifende Veränderungen für alle an der Auswanderung Beteiligten und Betroffenen ergaben sich, als im August 1892 in Hamburg eine Choleraepidemie ausbrach, an der im gleichen Sommer 8.600 Menschen starben. In keiner anderen deutschen Stadt, nicht einmal in Bremen als vergleichbarer Auswandererschleuse, konnte die Seuche in diesem Jahr Fuß fassen. Da man die russischen Auswanderer »*meist der niedrigsten und unsauberten Klasse angehörend*«,[11] dafür verantwortlich machte, die Seuche in die Stadt gebracht zu haben, hatte die Polizeibehörde am 22. August 1892 verfügt, daß ab sofort alle Russen in den Baracken am Amerikakai unterzubringen seien und sich dort 6 Tage unter ärztlicher Beobachtung aufzuhalten hätten. »*Gleichsam als Transportvehikel für den Sprung nach Hamburg dienten dem Todeskeim russische Emigranten*«.[12] An dieser Meinung ist erstaunlich lange festgehalten worden, obwohl alle Tatsachen dagegen sprachen:

»*Die Luftentfernung von Odessa und Moskau nach Hamburg beträgt 1.700 bzw. 1.800 km, und es gibt in der Geschichte der Cholera keine mir bekannten Beispiele, daß der Keim der Cholera jemals über ein stark bevölkertes Landgebiet einen so weiten Sprung gemacht hätte, ohne daß irgendwo unterwegs eine Infektion erfolgt wäre*«.[13]

Fest steht, daß unter den Auswanderern die Cholera erst ausbrach, nachdem bereits in der Stadt und im Hafen erste Erkrankungsfälle aufgetreten waren.

Da diese Auswanderer nun von allen jüdischen Einrichtungen weit entfernt waren, bemühten sich das »Deutsche Zentralkomitee für die Russischen Juden«, die Jüdische Gemeinde und insbesondere Daniel Wormser darum, die Erlaubnis für den Bau einer Synagoge und einer streng rituell geführten Küche zu erhalten. Beides gelang und am 3. September 1896 konnte die neue Synagoge eingeweiht werden.

Nachdem die amerikanische Einwanderungsbehörde die Aufnahme von über Hamburg kommenden Osteuropäern verweigerte und die HAPAG für den Rücktransport aufkommen mußte, wurde allen Reisenden aus Rußland und Österreich-Ungarn das Betreten Hamburgischen Bodens ob per Eisenbahn, zu Fuß oder per Schiff verboten. Ebenfalls wurde die preußische Ostgrenze für alle russischen und österreich-ungarischen Auswanderer gesperrt. Diejenigen, die bereits unterwegs waren, wurden in plombierten Waggons zum Amerikakai befördert und dort unter Quarantäne gestellt. Der Hamburger Zwischendeckspassagierdienst ging natürlich stark zurück.

Zähe Verhandlungen, die sich bis zum Jahresende 1893 hinzogen, führten schließlich zu dem Ergebnis, daß die beiden großen deutschen Reedereien anboten, auf eigene Kosten Kontrollstationen an der russisch-polnischen Grenze und Registrierstationen an der österreichischen Grenze Preußens einzurichten. Bis zum Ausbruch des Ersten Weltkriegs entstanden 14 solcher Durchwandererkontrollstationen, die gleichsam sanitäre und polizeiliche Maßnahmen mit den geschäftlichen Interessen der beiden Reedereien verknüpften – u.a. sicherten sie damit ihre Monopolstellung im Zwischendeckspassagierdienst.

Die finanziellen Einbußen in diesem Cholerajahr waren für die am Auswanderergeschäft Beteiligten ganz erheblich. Es wird berichtet,

»*daß die osteuropäischen Auswanderer für die Beförderung von der Grenze bis nach Bremen beziehungsweise Hamburg im Jahre 1891 etwa 2.200.000 Mark bezahlt hätten. Hinzu kämen noch etwa 500.000 Mark für Auswanderer, die quer durch das Reich per Bahn bis zu den westeuropäischen Nordseehäfen Rotterdam und Antwerpen gereist seien. Die preußischen Eisenbahnen würden in Folge der Grenzsperre und der Ablenkung des russischen Auswandererverkehrs von der deutschen Ostgrenze eine Mindereinnahme von 2 Millionen Mark pro Jahr hinnehmen müssen. Die Reedereien bezifferten ihren Verlust auf 8 Millionen Mark«.*[14]

Auch nachdem die Choleraepidemie vorüber war, wurde die Verordnung zwecks Unterbringung der osteuropäischen Auswanderer in den Hallen am Amerikakai nicht aufgehoben, was natürlich zu großen Verärgerungen seitens der privaten Auswandererwirte Hamburgs führte. In einer Beschwerde heißt es da:

»*Also nicht die seuchenverdächtig erklärte Heimath, sondern lediglich der Umstand, daß die Leute im Zwischendeck nach Amerika fahren wollten, war der Grund ihrer Internirung in der Baracke, und trotzdem wurde die Maßregel immer damit begründet, daß dadurch der Einschleppung der Cholera vorgebeugt werden sollte«.*[15]

Weiter wird ausgeführt, daß die sanitären Verhältnisse in den sogenannten Quarantäne-Baracken jeder Beschreibung spotteten: »*Der Schmutz in den Schlafsälen soll so bedeutend sein, daß man des Morgens beim Aufstehen aus dem Bett nicht auftreten darf, ohne Strümpfe und Stiefel angelegt zu haben«.*[16] Trotz aller Proteste blieb es jedoch bei der Verordnung.

Das »größte Gasthaus der Welt«

Da nach der Wiederaufnahme des Zwischendeckspassagierdienstes bald die Unterkunftskapazitäten der Baracken am Amerikakai nicht mehr ausreichen und der Platz auch anderweitig genutzt werden sollte, aber weiterhin die Unterbringung von Russen in der Stadt unerwünscht war, baute die HAPAG 1901 neue Auswandererhallen auf der Veddel. Zunächst auf einem 25.000 qm großen Gelände, 1906 auf 27.000 qm erweitert, konnten in dieser Auswandererstadt bis zu 5.000 Menschen untergebracht werden.

Paul Lasker, der auf Einladung der Hamburger Polizeibehörde am 2. Februar 1902 mit Vertretern der jüdischen Organisationen die Anlage inspizierte, schloß sich den euphorischen Beschreibungen an:

Wirtschaft
Gesellschaft

»*Die Einrichtungen sind die denkbar grossartigsten. Große Desinfections- und Baderäume, penibel saubere, luftige Schlafräume, eine christliche und eine koschere Küche, sowie eine Synagoge und evangelische und katholische Kirche erfüllen in überreichem Masse alle Bedürfnisse*«.[17]

Von seiten der Auswanderer hörte man da ganz andere Töne: Es gäbe kein sauberes Bettzeug, die Badezimmer seien nur für die HAPAG-Bediensteten da, der Platz in den Schlafsälen sei häufig so knapp, daß es vorkomme, daß sich 5 bis 6 Personen 2 Betten teilen müßten. So erklären sich auch die unzähligen Bitten seitens der jüdischen Hilfskomitees, einzelne Personen aus den Hallen entlassen zu dürfen, um sie im »Daniel Wormser Haus« unterzubringen. Dort sei die Verpflegung billiger und besser und man könne sich leichter um die Belange derjenigen kümmern, die z.B. Probleme mit ihrer Fahrkarte hatten: Häufig besaßen die Auswanderer Schiffspassagen mit einer in Deutschland nicht konzessionierten Reederei – meistens nach England. Diese Fahrkarten wurden von der HAPAG nicht anerkannt und mußten gegen Aufpreis, den fast immer die jüdischen Hilfskomitees entrichteten, gegen gültige eingetauscht werden. Da der Hamburger Senat und die HAPAG recht froh waren, wenn die jüdischen Organisationen mit ihnen kooperierten und ihnen sogar Arbeit abnahmen, wurde vielen Gesuchen stattgegeben.

Seitens der HAPAG wurde uneingeschränkt für das »*größte Gasthaus der Welt*« geworben:

»*Die freundliche Ansiedlung ist mit ihren gefälligen, fest gebauten Pavillons, den stattlichen Aufnahmebauten, den Kirchen und freundlichen Gartenplätzen eine Stadt für sich, sozusagen eine Stadt im Staate geworden und bildet die beste Anlage dieser Art der Welt*«.[18]

Ein Modell der Hallen wurde noch vor der Fertigstellung der Anlage werbewirksam auf der Weltausstellung von 1900 in Paris vorgeführt und tatsächlich auch prämiert.

»Bade bei Ballin!«

Auf ihrem Weg nach Hamburg mußten die Auswanderer aus Osteuropa entweder einen Paß, einen Passagevertrag mit einer in Deutschland konzessionierten Schiffahrtsgesellschaft, eine Eisenbahnfahrkarte bis zu den Hafenstädten und 400 Mark vorlegen oder aber eine Kontrollstation passieren, sei es an den Grenzen oder in Ruhleben bei Berlin. Im Auswandererbahnhof Ruhleben, am 1. November 1891 zur Entlastung des Berliner Bahnverkehrs vom Auswanderertransit in Betrieb genommen,[19] wurden sie dann bereits für Hamburg oder Bremen vorsortiert und meist geschlossene Wagen der 4. Klasse, häufig mit der Aufschrift »Russische Auswanderer«, dienten dann zu ihrer Weiterfahrt. In den Stationen konnten sie baden, Kleidung und Gepäck wurden desinfiziert. Ein geflügeltes Wort: »*Bade bei Ballin*« fand große Verbreitung in Rußland.

»*Der Herr beschütze Dich vor dem Bad! Das ist der letzte Glückwunsch, der den jüdischen Auswanderern aus Rußland auf den Weg gegeben zu werden pflegt, und gemeint ist damit: Der Herr behüte dich vor Ballin und seinen 'hygienischen' Kontrollstationen*«.[20]

Gerne griff auch die Tagespresse das Dusch-, Bade- und Desinfektionsspektakel auf, dadurch sollte angeblich ja die Bevölkerung vor russisch-jüdischen Bazillen behütet werden:

»*Weiterfahren darf nur der, der von der Kontrollstation als seuchenfrei gestempelt worden ist; die Untersuchung aber wird nach sonderbaren, in der Medizin sonst unbekann-*

ten Methoden vorgenommen. Wer eine deutsche Schiffahrtskarte nach Amerika in den Händen hat, ist von vornherein immun, wer im Besitz von Geld ist, wird solange gebadet und desinfiziert, bis er eine löst und wer kein Geld hat oder aus sonst einem Grunde nur eine Überfahrtskarte nach England lösen will, der ist und bleibt 'choleraverdächtig' und muß nach Rußland zurückfahren«.[21]

Der Vorgang des Badens, Duschens und der Desinfektion konnte nun auch in den neuen HAPAG-Hallen perfekt durchgeführt werden. Am Bahnhof Veddel von Beamten der HAPAG in Empfang genommen, wurden die russischen Auswanderer in die Registrierhalle geführt; dort wurde ein Protokoll aufgenommen, weiße Formulare für Amerikareisende, gelbe für Englandfahrer und rote für Reisende nach Südamerika, Afrika und Australien. Darüber erhielt jeder Passagier einen nummerierten Kontrollschein, der bei verschiedenen Anlässen vorgezeigt werden mußte. Nun wurde gebadet, notfalls auch unter gutem Zureden seitens einiger der 180 HAPAG-Beamten, derweil wurden Kleidung und Gepäck desinfiziert.

Nach dieser Prozedur konnten die für gesund Befundenen die Gesundheitsprüfungsabteilung – die unreine Seite – verlassen und in die reine Seite, die Wohnabteilung, überwechseln. Dort waren bestimmte Wohnpavillons für verschiedene Nationalitäten und Religionen vorgesehen; auch wurde auf strikte Trennung der Geschlechter geachtet: Pavillon 1 war für jüdische Frauen vorgesehen, Pavillon 4 für jüdische Männer aus Polen und Litauen, Pavillon 5 für jüdische Männer aus Rußland etc.

In diese »Stadt der Sehnsucht« dürfte kaum ein Zeichen der freien Welt bis zu den Auswanderern vorgedrungen sein; die Anlage war von einem Zaun umgeben, Aus- und Eingänge wurden bewacht; und falls jemandem die Flucht in die Stadt gelang, war es anhand der Kontrollnummer nicht allzu schwierig, ihn wieder ausfindig zu machen.

Zweimal wöchentlich wurden die Auswanderer mit Musik zu den Flußschiffen und Tendern begleitet, die sie weiter zu den großen Ozeandampfern nach Amerika bringen sollten. Von dem »*größten Gasthaus der Welt*« ist nur ein einzelner Pavillon übriggeblieben und der beherbergt heute ein Restaurant.

Trotz drei Wochen Zwischendeck, häufig bei Hering, Tee und Schwarzbrot, halb verhungert, so waren die meisten osteuropäischen Juden doch nur froh, der Bedrohung in Osteuropa und dem ungastlichen Deutschen Reich entronnen zu sein.

Anmerkungen

1 Bezeichnung für bestimmte Gouvernements in Rußland, in denen Juden wohnen durften.
2 Ein russisches Wort, das Zerstörung bedeutet, aber im Laufe der Zeit zu einer internationalen Bezeichnung fremdenfeindlicher, besonders gegen Juden gerichteter Ausschreitungen wurde.
3 Ein Rubel entsprach um die Jahrhundertwende ungefähr 2 Mark, und 4 Mark entsprachen ungefähr einem Dollar.
4 StAH Auswanderungsamt I, II F 5, Bd. I: Israelitische Unterstützungsvereine.
5 Vgl. Adler-Rudel, Ostjuden, S. 5. Seine Zahlenangaben sind leider zu hoch gegriffen. Dies zeigen die auf Hamburger Statistiken basierenden Berechnungen von Jürgen Sielemann.
6 StAH Auswanderungsamt I, II F 5, Bd. I (wie Anm. 4).
7 Goral, Transit Hamburg, Bd. 1, S. 3.
8 Vgl. den Beitrag von Werner E. Mosse in diesem Band.
9 Himer, Hamburg-Amerika Linie, S. 122.
10 Vgl. Just, Amerikawanderung, S. 65.
11 Deneke 1949, S. 130; Evans, Tod.
12 Der Spiegel, Nr. 3, (1991), S. 174; vgl. den Beitrag von Daniela Kasischke in diesem Band.
13 Deneke 1949, S. 138.
14 Just, Amerikawanderung, S. 63.
15 StAH Auswanderungsamt I, II E III P 46: Auswandererwirte.

16 Ebd.
17 StAH Auswanderungsamt I, II F 5, Bd. I (wie Anm. 4).
18 Auswandererhallen, S. 15.
19 Vgl. Schulz 1987, S. 237-241.
20 StAH Auswanderungsamt I, II E III P 13: Hamburg-Amerika Linie.
21 Ebd.

Literatur

Adler-Rudel, Salomon: Ostjuden in Deutschland 1880 – 1940. Tübingen 1959

Die Auswandererhallen der Hamburg Amerika Linie in Hamburg, o.O.u.J.

Evans, Richard J.: Tod in Hamburg. Stadt, Gesellschaft und Politik in den Cholerajahren 1830 – 1910. Hamburg 1990

Goral, Arie: Ostjuden auf Wanderschaft – Transit Hamburg 1885 – 1938, Bd. 1. Hamburg o.J.

Himer, Kurz: Die Hamburg-Amerika Linie im sechsten Jahrzehnt ihrer Entwicklung, 1897 – 1907. Berlin 1907

Just, Michael: Ost- und südosteuropäische Amerikawanderung 1881 – 1914. Stuttgart 1988

Die antisemitische Bewegung in Hamburg während des Kaiserreiches 1873 – 1918

Daniela Kasischke

Mit der 1870/71 endgültig gewonnenen vollen bürgerlichen Gleichstellung der Juden im neuen Deutschen Reich hatte die Emanzipationsdebatte einen Abschluß erreicht, um wenige Jahre später durch die Diskussion um eine neue »Judenfrage« abgelöst zu werden. Diesmal erfolgte sie jedoch nicht im Sinne der Emanzipation, sondern war von der in die Krise geratenen Gesellschaft durch die Forderung nach erneuter Diskriminierung und Ausgrenzung der inzwischen gleichgestellten Juden, d.h. antisemitisch, geprägt.[1] Der moderne Antisemitismus war also ein »*postemanzipatorisches Phänomen*« wie Reinhard Rürup ausführt.[2] Es überlagerten sich drei Bereiche, die in den aggressiv vertretenen Nationalismus der Wilhelminischen Ära mündeten, unterschiedliche Interessen amalgamierten und strukturelle Konflikte verdeckten:
- politisch organisierter Antisemitismus in neuen Parteien
- Rassismus mit neuartigen Implikationen und pseudo-wissenschaftlichem Begründungsmuster
- national begründeter Antisemitismus in breiten Kreisen besser gebildeter Schichten, wo die auf anderem Felde virulent debattierte »Judenfrage« zum negativ entschiedenen, fraglosen Konsens wurde.

Diese drei Formen prägten den neuen, modernen Typ des Antisemitismus, der nun neue Rollen und Funktionen in einer Gesellschaft übernahm, die die Krise ihres Normensystems in einer gefährlichen Polarisierung kulminieren ließ.[3]

Der Begriff »Antisemitismus« ist eine Schöpfung des Hamburger Journalisten Wilhelm Marr, der damit den rassischen Standpunkt seiner Judenfeindschaft zum Ausdruck bringen wollte.[4]

Den Hintergrund des offenen Ausbruchs einer heftigen Judenfeindschaft wenige Jahre nach der Reichsgründung bildete die schwere wirtschaftliche und geistige Krise, in welche die bürgerlich-liberale Gesellschaft geriet. Der Gründerkrach von 1873 löste eine langanhaltende wirtschaftliche Depression aus, die vor allem mittelständische Existenzen bedrohte. Die Panikstimmung, die sich im Bürgertum breitmachte, löste eine »Glaubenskrise« an Kapitalismus, Liberalismus und modernen Staat aus, die sich unmittelbar auf die Stellung der Juden auswirkte.[5] Antisemitische Schriften wurden ver-

Wirtschaft
Gesellschaft

öffentlicht, in denen die Juden für den Gründerkrach verantwortlich gemacht wurden und eine Gleichsetzung von Wirtschaftsliberalismus, Börsenspekulation und vermeintlich skrupellosem jüdischen Finanzgebaren stattfand. Das Stereotyp des »Wucherjuden« wurde wieder aktualisiert.[6]

Ende der siebziger Jahre kam es zu den ersten antisemitischen Gruppenbildungen, der sogenannten »Berliner Bewegung«, die als Sammelbecken der verschiedenen antisemitischen Richtungen fungierte. Innerhalb der antisemitischen Bewegung kristallisierten sich zwei Hauptströmungen heraus:
1. der konservativ und sozial, jedenfalls antiliberal intendierte Antisemitismus, wie ihn der Hofprediger Adolf Stöcker und der Historiker Heinrich von Treitschke vertraten;
2. der Rassismus mit einer völkischen Weltanschauung.[7]

In Hamburg war von der ersten antisemitischen Welle, die 1873 bis 1882 im Deutschen Reich wütete, kaum etwas wahrzunehmen, weil die Stadt aufgrund ihrer überwiegend vom Handel bestimmten Wirtschaftsstruktur und der vorsichtigen Zurückhaltung ihrer Kaufleute von der ökonomischen Krise nach den Gründerjahren nur partiell betroffen war. An den Arbeits- und Umweltbedingungen hatte sich nichts Nennenswertes verändert, deshalb breitete sich hier auch nicht ein solches Krisenbewußtsein aus. Hamburg hielt auch zunächst weiterhin an seiner traditionell liberalen Einstellung und Herrschaftsführung fest.[8] Die antisemitischen Manipulatoren hatten in Hamburg zunächst keine Basis. Das änderte sich jedoch Mitte der achtziger Jahre als im Zuge des Hamburger Zollanschlußes, der ein starkes konjunkturelles Wachstum zur Folge hatte, auch der Aufstieg der Sozialdemokratie, ein enormes Bevölkerungswachstum und eine Verschärfung der sozialen Gegensätze bewirkt wurde.[9] Angehörige des Mittelstandes konnten sich im Existenzkampf der Umbruchphase nur schwer behaupten und fühlten sich ständig vom Abstieg bedroht. Sie litten unter den sich rasch verändernden Lebensbedingungen und konnten sich nur schwer auf die neuen Entwicklungen einstellen.[10] Kleine Ladeninhaber konnten der Konkurrenz der großen Warenhäuser nicht standhalten. Für Handwerker wurde es immer schwieriger, eigene Betriebe zu halten, und die Handlungsgehilfen litten unter den immer anonymer werdenen Prozessen in den kaufmännischen Betrieben.[11]

Zwischen der organisierten Arbeiterbewegung, dem Großkapital und der Führungsschicht suchten weite Teile des Mittelstandes nach ihrem geistigen Standort. In der Phase des Umbruchs stellte der Antisemitismus ein wichtiges Moment der Gruppenidentifikation dar. Im nationalistischen Radikalismus und im Antisemitismus wurde ein Ausweg für die in die geistige und wirtschaftliche Krise geratenen Mittelschichten gesucht.[12]

Antisemitische Organisationen, die ab Mitte der achtziger Jahre in Hamburg gegründet wurden, fanden hier einen Nährboden und schlossen sich den antisemitischen Parteien im Reich an. Im Zuge des mit der Jahrhundertwende einsetzenden Niedergangs der Antisemitenparteien verebbte die Bewegung auch in Hamburg. Latent blieb der Antisemitismus jedoch vorhanden, und das Gedankengut in den mittelständischen Organisationen durchaus lebendig.[13] Am Ende des Ersten Weltkriegs flammte er mit besonderer Schärfe wieder auf.[14]

Die Anfänge antisemitischer Gruppenbildung in Hamburg

Als im ersten Jahrzehnt nach der Reichsgründung mit der »Berliner Bewegung« eine antisemitische Welle das Land überrollte und besonders in der Reichshauptstadt die jüdische Bevölkerung in Angst und Schrecken versetzte, war »*Hamburg beinahe unberührt geblieben von diesem Kampf gegen die Judenherrschaft und ihre Anhänger*« wie 1884 das erste öffentlich verbreitete antisemitische Flugblatt in Hamburg feststellte.[15]

Im selben Jahr, als in diesem Flugblatt zur Unterstützung des Antisemitismus aufgerufen wurde, gründete der Hamburger Porzellanhändler Friedrich Raab den Verein »Litteraria«, um möglichst viele Hamburger mit den Lehren des Antisemitismus vertraut zu machen. Vorsitzende des Vereins wurden der Papierhändler Wilhelm Steigner und der Schulbesitzer Dr. Günther.[16] Der erste geplante antisemitische Vortrag des Berliners Wilhelm Pickenbach im Oktober 1884 wurde von der Hamburger Polizei verboten.[17]

Zu Beginn des Jahres 1888 kam es zwischen Ernst August Hübner, der sich als Buchhändler auf antisemitische Schriften spezialisiert hatte,[18] dem antisemitisch gesinnten Philosophen Carl Radenhausen und den Mitgliedern der »Litteraria« zu Beratungen, die am 7. Juli 1888 zur Gründung des »Deutschen Vereins« führten, der zur »*Pflege des deutschen Geistes und der deutschen Sitte, Bekämpfung aller dem deutschen Volkswohl schädlichen Einwirkungen ...*« beitragen sollte.[19] Der politische und religiöse Standpunkt der Mitglieder des neugegründeten Vereins, dessen 200–300 Mitglieder hautpsächlich aus handwerklichen und kleingewerblichen Kreisen kamen, war keineswegs einheitlich. Dem Journalisten Wilhelm Marr,[20] dem Philosophen Radenhausen und Wilhelm Steigner standen die Mitglieder des »Deutsch-Hammerbrooker Jünglingsvereins« gegenüber, der unter der Führung des Stadtmissionars Fritz Irrwahn ähnlich wie Adolf Stöcker das Ziel verfolgte, Jugendliche aus einer weitgehend sozialdemokratisch eingestellten Umwelt durch eine christlich-soziale Politik für Kaiser und Reich zurückzugewinnen.[21] Diese »Christlich-Sozialen« bildeten nach kurzer Zeit die Mehrheit innerhalb des »Deutschen Vereins«. Die Führung dieser Gruppierung übernahm Friedrich Raab.[22]

Der »Allgemeine deutsche Antisemitentag«, der im Juni 1889 in Bochum stattfand, gab dem »Deutschen Verein« die Möglichkeit, Anschluß an die antisemitische Bewegung im Reich zu finden. Als Delegierter Hamburgs wurde Ernst August Hübner entsandt.[23] Die Antisemiten Liebermann von Sonnenberg, Theodor Fritsch und Paul Förster, die schon führend in der »Berliner Bewegung« waren, legten einen Programmentwurf vor, der die Forderungen der verschiedenen antisemitischen Strömungen vereinigte und nahezu einstimmig angenommen wurde. Man trat für eine starke kaiserliche Gewalt als auch für die Belange des Kleinbürgertums und der Arbeiterschaft ein. Gefordert wurde die Aufhebung der Judenemanzipation, die in Deutschland lebenden Juden unter ein Fremdenrecht zu stellen, und das Verbot der Einwanderung fremder Juden.[24] Nach der Annahme des Programms wurde die »Deutsch-Soziale Partei« gegründet.[25]

Dem Reichstagsabgeordneten Otto Böckel[26] ging die Betonung des antisemitischen Charakters der Partei und ihre Unabhängigkeit von der »Deutschkonservativen Partei« nicht weit genug, so daß er zusammen mit seinen Anhängern den Kongreß verließ und in Erfurt die »Antisemitische Volkspartei« gründete, die 1892 in »Deutsche Reformpartei« umbenannt wurde.[27] Der Delegierte des »Deutschen Vereins« stimmte für die »Deutsch-Soziale Partei«, die ihren Einfluß in den folgenden Jahren in Westfalen, Sachsen und Hamburg ausbauen konnte.[28]

Für die Reichstagswahlen am 22. Februar 1890 entschloß sich der »Deutsche Verein« einen eigenen Kandidaten aufzustellen. Der Vorsitzende E. A. Hübner wurde für den ersten Hamburger Wahlkreis nominiert.[29] Am 15. November 1889 fand die einzige öffentliche antisemitische Wahlversammlung in Altona statt, denn in Hamburg wurden diese weiter-

Wirtschaft
Gesellschaft

hin vom Senat verboten; es sprach der Vorsitzende der »Deutsch-Sozialen Partei«, der konservative Liebermann von Sonnenberg.[30] Ansonsten fanden nur interne Wahlversammlungen statt, bei denen Hübner über »Die Berechtigung des Antisemitismus« und über »Politik und Moral« referierte.[31]

Den größten Teil der Wahlpropaganda übernahm die »Abwehr«, das von Hübner herausgegebene Organ des »Deutschen Vereins«. In einer Reihe von Aufrufen richtete sie sich an Kaufleute, Handwerker, Arbeiter und Beamte und warnte sie vor der »*betrügerischen Judenkonkurrenz*«, dem »*jüdischen Wucher*« und den »*jüdischen Ausbeutern, die Hunderte von Mark dem sozialdemokratischen Agitationsfonds schenken, dafür aber durch Bezahlung von Hungerlöhnen seinen Arbeitern tausende von Mark abpreßt!*«[32]

Die Wahl wurde zu einer Niederlage für den Hamburger Kandidaten. Hübner erhielt nur ca. 500 der insgesamt 47.000 im Reich für die Antisemiten abgegebenen Stimmen. Fünf antisemitische Kandidaten kamen in den Reichstag, doch kein Abgeordneter für Hamburg.[33]

Nach den Wahlen entwickelte sich zwischen dem rein antisemitisch ausgerichteten Ernst August Hübner und dem christlich-sozialen und konservativen Friedrich Raab eine Rivalität um die Führung des »Deutschen Vereins«, die zur Spaltung der antisemitischen Gruppe in Hamburg führte.

Im Juli 1890 gründete Raab den »Antisemitischen Wahlverein« mit dem Ziel, antisemitische Anschauungen zu verbreiten und antisemitisch gesinnte Reichstagskandidaten zu unterstützen. Die beiden Vereine sollten sich zunächst ergänzen.[34]

Politische Erfolge der Antisemiten in Hamburg

Der »Antisemitische Wahlverein«, der mit der »Deutsch-Sozialen Partei« eng zusammenarbeitete, wurde führend in Hamburg. Der 1892 2.000 Mitglieder zählende Verein entwickelte eine große und vielfältige Aktivität. Er förderte die Gründung antisemitischer Jugendbünde, Turn- und Kegelvereine sowie von Bürgervereinen, durch die der antisemitische Einfluß auf das städtische Kleinbürgertum zu erweitern versucht wurde.[35]

Mit einer Vortragsreihe trat der »Antisemitische Wahlverein« an die Öffentlichkeit. Am 15. Juli 1890 erlaubte der Senat zum erstenmal eine öffentliche antisemitische Versammlung. Vor 2.000 Zuhörern sprach Otto Böckel über das Thema: »Der Antisemitismus, eine wirtschaftliche Notwendigkeit« und gab damit das Argumentationsmuster vor, das für die folgenden Jahre maßgebend sein sollte.[36] Die Antisemiten verstanden sich als »*Vorkämpfer gegen die Warenhäuser und Basare, gegen alle Auswüchse des Großkapitals mit ihren verderblichen Wirkungen auf die reelle Geschäftswelt*« und sahen sich als »*berufendste Vertreter aller ehrlich schaffenden Stände des deutschen Volkes*«.[37]

Bis September 1891 fanden noch viele weitere antisemitische Versammlungen in Hamburg statt. Bei »Starrednern« wie Hermann Ahlwardt, Otto Böckel und Georg von Schönerer kamen bis zu 3.500 Besucher. Oft endeten die Versammlungen in Tumulten.[38]

Der Vortrag von Oswald Zimmermann über »Die Gefahr der Einwanderung russischer Juden für Deutschland« hatte zur Folge, daß der »Antisemitische Wahlverein« in einer Resolution die Reichsregierung und den Hamburger Senat aufforderte, den russischen Juden die Niederlassung in Deutschland zu verweigern und den Durchzug russischer Juden durch Hamburg zu verbieten.[39] Durch diese radikale Haltung und die maßlosen Angriffe auf den angeblich von »*jüdischen Interessen*« beherrschten Senat fühlte sich dieser im September 1891 veranlaßt, alle öffentlichen antisemitischen Versammlungen zu verbieten.⁴⁰ Das Versammlungsverbot, das bis Anfang 1893 aufrechterhalten wurde, führte nicht zu dem vom Senat erwarteten Erfolg, sondern verstärkte die Diskussion und Beachtung der Aktivitäten der Antisemiten. Dieses größere Interesse wurde geschickt ausgenutzt. Auf Flugblättern beschwerten sich die Antisemiten über die »*Diskriminierung der patriotischen deutschen Hamburger*«.⁴¹ Die Versammlungen wurden nach Altona und in andere benachbarte schleswig-holsteinische Gemeinden verlegt, wo mit den Behinderungen Propaganda gemacht wurde.

Als in Hamburg 1892 eine schwere Cholera-Epedemie ausbrach, gab diese Anlaß zur Kritik an politischen, wirtschaftlichen und sozialen Zuständen in Hamburg und verstärkte den Antisemitismus. Die Behauptung, russische Juden, die über Hamburg auswanderten, hätten die Cholera eingeschleppt, kam auf und konnte sich lange halten, obwohl sie vom Senat und verschiedenen Presseorganen sofort zurückgewiesen wurde.⁴²

Die Cholera und das Versammlungsverbot führten zu steigenden Mitgliederzahlen des »Antisemitischen Wahlvereins« und überdeckten die politischen und persönlichen Rivalitäten zwischen den beiden Hamburger Gruppen um F. Raab und E. A. Hübner.⁴³

1893 begann Friedrich Raab einen großangelegten Wahlfeldzug für die »Deutsch-Soziale Partei«. Er kandidierte in den drei Hamburger Wahlkreisen und kämpfte mit den »*sozialreformerischen Ideen*« der Antisemiten gegen die »*sozialrevolutionären*« der Sozialdemokraten.⁴⁴ Die rege Agitation der Hamburger Bewegung und der gezielte Appell an die Interessen des Mittelstandes mit einer nationalen und wirtschaftlich sozialen Politik machte das Jahr 1893 zum ersten Höhepunkt in der Geschichte der Hamburger Antisemiten.⁴⁵ Mit einem scharfen Angriff auf die Warenhäuser, die Warengroßhandlungen und die Banken, die alle – nach Aussagen der Antisemiten – in den Händen der Juden waren, gewannen Raab und seine Mitstreiter viele neue Anhänger aus den Reihen der kleinen Ladeninhaber, Einzelhändler, Handwerker und Handlungsgehilfen, deren wirtschaftliche Lage sich zunehmend verschlechterte.⁴⁶ In Hamburg erreichten die Antisemiten über 8.000 Stimmen, doch in den Reichstag konnte Raab damit nicht gelangen.⁴⁷ Auch für das Reich bedeutete die Wahl von 1893 den Höhepunkt des politischen Antisemitismus vor 1918. Die Antisemiten erlangten 290.000 Wählerstimmen, 16 Abgeordnete kamen in den Reichstag.⁴⁸ Die »Deutsch-Soziale Partei« war für diese Wahl ein Bündnis mit dem »Bund der Landwirte«⁴⁹ und der »Deutschkonservativen Partei«, die sich auf ihrem »Tivoli«-Parteitag 1892 eindeutig zum Antisemitismus bekannt hatte, eingegangen.⁵⁰

Ende 1893 entzündete sich der Streit der beiden antisemitischen Gruppierungen in Hamburg um die gemeinsame Parteizeitung, die »Abwehr«. Da es der Führung des »Antisemitischen Wahlvereins«, nicht gelang, sie dem Herausgeber Ernst August Hübner abzukaufen, entschloß man sich zur Herausgabe einer eigenen Zeitung, dem »Deutschen Blatt«.⁵¹ Alle Versuche, die Einheit der antisemitischen Bewegung in Hamburg wiederherzustellen, schlugen fehl, und so ergab sich der Zerfall in die gleichen, schon im Reich bestehenden Parteien. Der »Deutsche Verein« konstituierte sich neu zum »Deutschen Reformverein« mit Julius Wilcke als Vorsitzendem – Hübner wurde ausgeschlossen, weil er Spenden unterschlagen hatte⁵² – und schloß sich der »Deutschen Reformpartei« an. In ihrem Programm dominierten gegen den Konservatismus gerichtete Losungen und eine antikapitalistische Demagogie.⁵³ Der neue Verein fühlte sich als »*Verfechter eines entschiedenen Antisemitismus, der nicht mit den 'Auchantisemiten' sympathisiert und nicht mit dem konservativen Junkertum liebäugelt*«.⁵⁴ Der Verein blieb jedoch unbedeutend.

Führend in Hamburg war weiterhin der »Antisemitische Wahlverein«, der sich der »Deutsch-Sozialen Partei« des konservativen Antisemiten Liebermann von Sonnenberg

Wirtschaft
Gesellschaft

anschloß.⁵⁵ Unter dem Einfluß der deutsch-sozialen Führung des »Antisemitischen Wahlvereins«, Friedrich Raab, Wilhelm Schack und Johannes Irrwahn, erfolgte im September 1893 die Gründung des »Deutschen Handlungsgehülfen-Verband zu Hamburg« (DHV),⁵⁶ der zu einer der mitgliederstärksten und einflußreichsten antisemitischen Organisationen in Deutschland wurde und sich dem sozialpolitischen Programm der »Deutsch-Sozialen Partei« anschloß.⁵⁷ Nach seinen Satzungen wandte sich der DHV gegen die Aufnahme von Juden als Mitglieder und gegen die Sozialdemokratie.⁵⁸ Der aus dem Antisemitismus geborene DHV stellte den Juden als Feind eines *»reinen Deutschtums«* hin und behauptete, daß demgegenüber *»der geringste Deutsche adelig geboren«* sei.⁵⁹ Raab, Schack und Irrwahn verbanden mit Erfolg soziale, antisemitische und völkische Forderungen, so daß die Mitgliederzahl erheblich anstieg: 1898 betrug sie 18.000, 1908 120.000 und 1918 sogar 147.000.⁶⁰ Mit aktiver Unterstützung der »Deutsch-Sozialen Partei« gelang es dem DHV, seit 1895 in Norddeutschland und dann im ganzen Reich Einfluß zu gewinnen. Er konnte eine relativ starke Wirkung erzielen, weil die Handlungsgehilfen für seine antisemitische Propaganda und sozial-politischen Aktivitäten besonders aufgeschlossen waren. Im Vergleich zu den anderen bürgerlichen Interessenorganisationen bemühte sich der DHV wirksamer um eine Verbesserung ihrer Lage. So begann er mit dem Aufbau von Selbsthilfeeinrichtungen wie Stellenvermittlung, Rechtsschutz, Altersfürsorge, Kranken-, Begräbnis- und Darlehenskassen.⁶¹ Die ausgeprägten deutschvölkischen Ziele des DHV entsprachen der *»antisemitischen Gesellschaftsstimmung«*.⁶²

1894 war es zu einem Zusammenschluß der »Deutsch-Sozialen Partei« und der »Deutschen Reformpartei« zur »Deutsch-Sozialen Reformpartei« gekommen, der jedoch 1900 erneut zu einer Spaltung führte, da die alten Gegensätze innerhalb der antisemitischen Bewegung bestehen blieben: eine deutsch-soziale, auf die »Christlich-Soziale Partei« Adolf Stöckers, den »Bund der Landwirte« und die »Deutschkonservative Partei« orientierte Richtung unter Max Liebermann von Sonnenberg, und eine deutschreformerische unter Oswald Zimmermann, die einen selbständigeren, auf die Gewinnung der Mittelschichten gerichteten und rein antisemitischen Kurs anstrebten.⁶³

1897 wurde Friedrich Raab als erster Antisemit in die Hamburger Bürgerschaft gewählt. Er trat mit einem sozialpolitischen Programm der »Deutsch-Sozialen Reformpartei« auf und forderte außerdem: »*Verweigerung der Aufnahme ausländischer Juden in den Staatsverband, Ausweisung ausländischer Juden, Nichtanstellung der Juden als Beamte, Aufstellung und dauernde Führung einer Statistik über die in Hamburg lebenden Personen jüdischer Abstammung ...«*.⁶⁴ 1900 folgte Raab der DHV-Vorsitzende Wilhelm Schack in die Hamburger Bürgerschaft und 1901 der Antisemit A.M. Jacobsen.⁶⁵

Die sozialpolitischen Forderungen der antisemitischen Bürgerschaftmitglieder wie Umsatzsteuer für Warenhäuser, Besteuerung des Wanderlagerbetriebes, höhere Gehälter für kleine Beamte, Sonntagsruhe, bessere Arbeitsbedingungen für Handlungsgehilfen und Änderung des Hamburger Wahlrechts griffen manche Tabus in der liberal gesinnten Bürgerschaft an, für die es galt, sich so wenig wie möglich in Wirtschafts- und Sozialfragen einzumischen. Es kam zu vielen heftigen Debatten, doch durchsetzen konnten sich die Antisemiten kaum. Von der großen Mehrheit der Bürgerschaft wurden die Anträge nicht ernst genommen, weil sie in erster Linie antisemitischen Agitationszwecken dienten.⁶⁶

Trotz einer nicht unbedeutenden Anhängerschaft, welche die antisemitische Bewegung in Hamburg in den neunziger Jahren erlangte, hatte sie jedoch keine eigentliche Massenbasis. Die Mehrheit der Hamburger Bevölkerung wie auch die meisten Parteien, ein großer Teil der Presse und die meisten Juden nahmen den Antisemitismus nicht allzu ernst und sahen keinen Anlaß, sich anhaltend mit ihm auseinanderzusetzen und ihn gezielt zu bekämpfen, zumal er zu Beginn des 20. Jahrhunderts in ganz Deutschland an Boden verlor und sein Ende voraussehbar schien. Hamburger Senat und Polizei verboten lediglich antisemitische Versammlungen, um die öffentliche Ruhe und Ordnung wiederherzustellen.[67] Den Kampf mit den Antisemiten wirklich aufgenommen hat jedoch nur die Sozialdemokratische Partei, weil sie in einem unmittelbaren Konkurrenzverhältnis zu ihnen stand.[68]

Der Niedergang des politischen Antisemitismus

In Hamburg machte sich Ende des 19. Jahrhunderts ein Abebben des politischen Antisemitismus bemerkbar. Durch den um 1895 verstärkt einsetzenden Imperialismus, der nationalistischen Bestrebungen und Wünschen Genugtuung bereitete und wirtschaftlichen Aufschwung brachte, und durch die nachbismarckische Sozialpolitik kam im ganzen deutschen Reich der Antisemitismus als Massenbewegung zu einem Ende.[69]

Im Vergleich zu den Reichstagswahlen von 1893 brachten die von 1898 rückläufige Wahlergebnisse für die Antisemiten. Die Zahl ihrer Reichstagsmitglieder fiel von 16 auf 13 und damit unter Fraktionsstärke; 1903 waren es 11 und 1912 nur noch 7.[70] Viele Gönner und Sympathisierende aus den herrschenden Klassen und den konservativen Parteien hatten sich durch die junkerfeindlichen und antikapitalistischen Tendenzen der »Deutsch-Sozialen Reformpartei« von ihr abgewandt. Die »Deutschkonservative Partei« distanzierte sich auf dem Parteitag von 1898 von ihr, da sie angeblich den antisemitischen Boden schon längst verlassen habe und antikonservativ geworden sei.[71] Um den Zerfallsprozeß aufzuhalten, sollten die divergierenden Bestrebungen durch eine verstärkte Orientierung auf den rassischen Antisemitismus zusammengeführt werden. Das wurde vor allem auch mit den Vortrag bezweckt, den W. Giese auf dem Hamburger Parteitag von 1899 über den »Stand der Judenfrage am Ende des 19. Jahrhunderts« hielt. Er stellte das »Judenvolk« als den Feind aller »*nationalen und allgemein menschlichen Kultur*« dar und legte Leitsätze vor, deren Grundlagen sich bei Gobineau, Chamberlain und Lagarde finden.[72] Die antisemitischen Forderungen Gieses machten deutlich, daß die radikale Gruppierung der Partei um O. Zimmermann es anstrebte, von einer antiliberalen und wirtschaftlich-sozialen Reformpolitik zu einer die »*Judenfrage*« unter deutsch-nationalen und völkischen Gesichtspunkten in den Vordergrund stellenden Politik zu kommen. Der Parteitag beschloß sechs Thesen, in denen die »*Judenfrage*« als künftige »*Weltfrage*« bezeichnet und ein »*legislatives Einschreiten*« gegen die Juden gefordert wurde. Die antisemitische Fraktion sollte die Parteien und die einzelnen Abgeordneten im Reichstag alljährlich »*zur Stellungnahme in der Judenfrage zu zwingen*«.[73]

Da O. Zimmermann bei den Reichstagswahlen von 1898 kein Mandat erlangt hatte, war die Reichstagsfraktion ganz unter den Einfluß der gemäßigten »Deutsch-Sozialen« geraten. Ihre Bestrebungen, mit dem »Bund der Landwirte«, den Konservativen und den »Christlich-Sozialen« zu einem »*freundnachbarlichen*«,[74] noch engeren Verhältnis zu kommen, wurde vor allem von M. Liebermann von Sonnenberg, L. Graf zu Reventlow, Friedrich Raab und Wilhelm Schack repräsentiert. Demgemäß vertrat man eine reine Mittelstandpolitik, bei der die Angriffe gegen Juden nicht mehr den ersten Rang einnahmen. Indem die gemäßigten Antisemiten deutsch-sozialer Richtung sich von der rein antisemitischen Argumentation der frühen neunziger Jahre lösten und zu einer umfassend

Wirtschaft
Gesellschaft

deutsch-völkischen Weltanschauung ausbauten, in der der Antisemitismus nur ein Element war, stimmten sie mit den Bestrebungen des »Bundes der Landwirte« weitgehend überein.[75] 1900 trennten sie sich von den radikalen Reformern, die jegliche Zusammenarbeit mit den Konservativen und dem »Bund der Landwirte« ablehnten, so daß die »Deutsch-Soziale Reformpartei« wieder in die »Deutsch-Soziale Partei« und die »Deutsche Reformpartei« zerfiel.[76]

Da die vier gewählten Antisemiten deutsch-sozialer Richtung (L. Reventlow im Wahlkreis Kassel I, L. Lattmann in Kassel II, Liebermann von Sonnenberg in Kassel III und F. Raab in Kassel IV)[77] nach den Reichstagswahlen 1903 keine eigene Fraktion bilden konnten, und da sie mit der »Deutschen Reformpartei« nicht zusammengehen wollten, bildeten sie mit den Abgeordneten des »Bundes der Landwirte« und der »Christlich-Sozialen Partei« Stöckers die Fraktion der »Wirtschaftlichen Vereinigung«.[78] Damit endete die parlamentarische Selbständigkeit der »Deutsch-Sozialen Partei«. In den folgenden Jahren bestanden in Hamburg keine ernsthaften Aussichten für die Antisemiten, einen Wahlkreis zu erobern, zumal die »Deutsch-Soziale Partei« zunehmend als Anhängsel des »Bundes der Landwirte« angesehen wurde, für dessen extreme agrarische Reformen der Hamburger Mittelstand kein Interesse hatte.[79]

Nach 1907 kam die Versammlungstätigkeit der Antisemiten in Hamburg praktisch zum Erliegen. Neben dem allgemeinen Niedergang der antisemitischen Bewegung kam in Hamburg hinzu, daß die politischen Führer hier ausfielen. Reventlow war 1906 gestorben, Raab hatte nach seiner Wahl in Kassel kaum noch Zeit, sich um Hamburg zu kümmern und Schack wurde politisch ruiniert durch die »Triolenaffäre«.[80] Es fand sich kein neuer Führer, der bei Versammlungen die Zuhörer begeistern und Wähler von sich überzeugen konnte. Als parlamentarisch wirksame Kraft war der Antisemitismus vor dem Ersten Weltkrieg nahezu verschwunden, doch blieb er latent erhalten. Das antisemitische Gedankengut war breiten mittelständischen Kreisen durch die Tätigkeit der antisemitischen Parteien bekannt geworden und hatte Eingang in politische und wirtschaftliche Verbände gefunden.[81] In Hamburg blieb der Antisemitismus vor allem im DHV lebendig. Er hatte im Bewußtsein seiner Mitglieder die Worte »deutsch« und »jüdisch« zu sich ausschließenden Begriffen ausgeprägt. Der Nationalismus dieser Gruppe wurde zu einer völkischen Ideologie mit antisemitischer Komponente ausgebaut, wobei die Rassenlehre und der Sozialdarwinismus zur wissenschaftlichen Rechtfertigung aufgenommen wurde.[82]

Der Erste Weltkrieg

Anfang des 20. Jahrhunderts war der politische Antisemitismus mehr oder weniger zum Erliegen gekommen, doch war er damit nicht überwunden. Der Erste Weltkrieg brachte ihn heftiger als je dagewesen wieder hervor.[83]

In Hamburg war der Antisemitismus der Vorkriegszeit nicht so stark, daß dort das Zusammenleben zwischen Juden und Nicht-Juden wirklich ernsthaft belastet war. Die Hamburger Wirtschafts- und Gesellschaftsstruktur gab zu wenig Raum für eine antisemitische Massenbewegung. Die große Enttäuschung für viele Hamburger Juden, die wie kaum an einem anderen Ort in Deutschland ihre Freiheit im beruflichen und öffentlichen Leben genossen, wenn es auch immer noch gesellschaftliche Barrieren gab,[84] kam nach dem Ersten Weltkrieg. Auch in Hamburg brachte er eine Radikalisierung der antisemitischen Hetze. Die Parolen, Argumente und Schlagwörter aus der Vorkriegszeit standen bereit. Den

Juden wurde die Hauptschuld an der Niederlage des Krieges, am »Diktatfrieden«, an den verworrenen politischen Verhältnissen und der schweren wirtschaftlichen Lage gegeben. Das war ein schwerer Schlag für die deutschen Juden, die voller Patriotismus in den Krieg gezogen waren und sich zu Tausenden freiwillig gemeldet hatten.[85] Als der erwartete Erfolg nicht sofort eintrat, machte sich schon während des Krieges im Heer und Roten Kreuz der Antisemitismus bemerkbar.[86] 1916 wurde vom Kriegsminister die Durchführung einer konfessionellen Kriegsteilnehmerstatistik angeordnet, die feststellen sollte, ob die »*Drückebergerei*« unter Juden größer sei als unter Nicht-juden. Eine offizielle Statistik ist nie veröffentlicht worden, aber das zusammengestellte Material hat den Antisemiten trotzdem viele Angriffspunkte geliefert.[87]

Am Ende des Ersten Weltkrieges unterschieden sich die Voraussetzungen für die Verbreitung des Antisemitismus in Hamburg nicht von denen anderer Großstädte. Der übersteigerte Nationalismus konnte auch bei weiten Teilen der Hamburger Kaufmannschaft beobachtet werden. Initiiert von dem extrem nationalistischen »Alldeutschen Verband«,[88] der einen rassistischen Antisemitismus vertrat, wurde 1917 in Königsberg die »Deutsche Vaterlandspartei« gegründet. Die völkischen und antisemitischen Tendenzen dieser Partei, die in gewissem Sinne als Vorläuferin der faschistischen »Nationalsozialistischen Deutschen Arbeiterpartei« betrachtet werden kann,[89] fand auch in Hamburg einen starken Widerhall. Bis Frühjahr 1918 hatten sich ihr rund 10.000 Hamburger angeschlossen; darunter Kaufleute, Beamte und Lehrer.[90]

Für viele antisemitische Organisationen mit völkischer Ausrichtung wie der »Reichshammerbund«[91] und der »Deutschvölkische Schutz- und Trutzbund«[92] war Hamburg einer ihrer einflußreichsten Sitze. Hier blieb auch weiterhin das Zentrum des DHV bestehen.[93] Auch wenn der Hamburger Senat den radikalen Strömungen gegenüber reserviert blieb, so gab es in der Hansestadt wie im übrigen Deutschland nach dem Ersten Weltkrieg kaum noch einen Bereich, in dem sich nicht durch den Gebrauch antisemitischer Stereotypen an verbreitete Instinkte appellieren ließ.[94]

Anmerkungen

1 Herzig 1983 (1), S. 50.
2 Rürup 1987, S. 93ff.
3 Jochmann 1976, S. 410.
4 Zu dem Begriff »Antisemitismus« vgl. Nipperdey/Rürup, Antisemitismus, S. 129 – 153.
5 Rürup 1987, S. 97.
6 Einen Überblick über diese Pamphletliteratur geben Massing, Vorgeschichte; Wawrzinek, Antisemitenparteien.
7 Zu den unterschiedlichen Richtungen innerhalb der antisemitischen Bewegung vgl. Kampmann, Deutsche und Juden; Berding, 1988.
8 Krohn 1974, S. 183.
9 Jochmann 1986, S. 27f.
10 Ebd., S. 74.
11 Evans, Kneipengespräche, S. 302ff.
12 Jochmann 1986, S. 74f.
13 Ebd., S. 76.
14 Ebd., S. 106ff.
15 Krohn 1974, S. 186.
16 Riquarts, Antisemitismus, S. 60.
17 Krohn 1974, S. 187.
18 In einer Anzeige in den Hamburger Nachrichten vom 13. 5. 1887 weist Hübner darauf hin.
19 Zit. nach Riquarts, Antisemitismus, S. 61.
20 Zu Marr, dem Verfasser der Schrift »Der Sieg des Judenthums über das Germanenthum« und Erfinder des Begriffs »Antisemitismus« siehe Zimmermann, Wilhelm Marr.
21 Riquarts, Antisemitismus, S. 62.
22 Ebd.
23 Ebd.
24 Fricke, Parteigeschichte, Bd. 1, S. 80.
25 Ebd.
26 Otto Böckel kam als erster Antisemit in den Reichstag. Er wurde in dem Wahlkreis Kassel V – Marburg gewählt, Fricke, Parteigeschichte, Bd. 1, S. 79.

Wirtschaft
Gesellschaft

27 Ebd., S. 80.
28 Ebd., S. 81.
29 Riquarts, Antisemitismus, S. 65.
30 Ebd.
31 Ebd., S. 66.
32 Zit. ebd., S. 66.
33 Zu den Wahlergebnissen vgl. ebd., S. 184ff.
34 Hamel, Handlungsgehilfenverband, S. 46.
35 Fricke, Parteigeschichte, Bd. 1, 81.
36 Riquarts, Antisemitismus, S. 68.
37 Zit. ebd., S. 155.
38 Krohn 1974, S. 188.
39 Riquarts, Antisemitismus, S. 70.
40 Ebd.
41 Ebd., S. 71.
42 Krohn 1974, S. 189.
43 Riquarts, Antisemitismus, S. 76.
44 Ebd., S. 196ff.
45 Zu dem Programm der Antisemiten vgl. ebd., S. 357ff.
46 Evans, Kneipengespräche, S. 302.
47 Riquarts, Antisemitismus, S. 208.
48 Ebd., S. 184ff.
49 Der »Bund der Landwirte« war eine wirtschaftliche Interessenvertretung der Agrarier mit antisemitischen Tendenzen, vgl. hierzu Berding 1988, S. 130f.
50 Fricke, Parteigeschichte, Bd. 1, S. 83.
51 Riquarts, Antisemitismus, S. 77f.
52 Ebd., S. 79.
53 Das Programm ist abgedruckt bei Riquarts, Antisemitismus, S. 346.
54 Zit. ebd., S. 80.
55 Ebd., S. 339ff.
56 1896 wurde er umbenannt in »Deutschnationaler Handlungsgehilfen-Verband«, Fricke, Parteigeschichte, Bd. 2, S. 459.
57 Hamel, Handlungsgehilfenverband, S. 52ff.
58 Fricke, Parteigeschichte, Bd. 2, S. 459.
59 Zit. ebd., S. 460.
60 Ebd., S. 457.
61 Ebd., S. 460.
62 Zit. nach Nipperdey/Rürup, Antisemitismus, S. 149.
63 Fricke, Parteigeschichte, Bd. 2, S. 540ff.
64 Zit. nach Riquarts, Antisemitismus, S. 367.
65 Baasch, Geschichte Hamburgs, S. 106.
66 Ebd., S. 107.
67 Krohn 1974, S. 192ff.
68 Ebd.
69 Ebd., S. 195.
70 Massing, Vorgeschichte, S. 118ff.
71 Fricke, Parteigeschichte, Bd. 2, S. 544.
72 Die Thesen Gieses sind abgedruckt bei Riquarts, Antisemitismus, S. 117f.
73 Zu den Rassentheorien vgl. Kampmann, Deutsche und Juden, S. 293ff.
74 Nummer sieben von Gieses Thesen, zit. nach Riquarts, Antisemitismus, S. 118.
75 Ebd., S. 247.
76 Ebd., S. 123f.
77 Raab hatte sich auch in Schleswig-Holstein und Hamburg als Kandidat aufstellen lassen, wo er jedoch nicht erfolgreich war. Riquarts, Antisemitismus, S. 267.
78 Ebd., S. 277.
79 Ebd., S. 247ff.
80 Schack hatte in einer Annonce eine Dame für eine Dreiecksbeziehung gesucht. Als dies in der Öffentlichkeit bekannt wurde, entwickelte sich daraus ein Skandal. Riquarts, Antisemitismus, S. 300.
81 Jochmann 1986, S. 76.
82 Hamel, Handlungsgehilfenverband, S. 70ff.
83 Berding 1988, S. 165ff.
84 Ebd., S. 57f.
85 Krohn 1974, S. 209f.
86 Ebd., S. 214.
87 Ebd.
88 Zum »Alldeutschen Verband« vgl. Berding 1988, S. 133ff.
89 Fricke, Parteigeschichte, Bd. 2, S. 391ff.
90 Jochmann 1986, S. 123f.
91 Zum »Reichshammerbund« vgl. Fricke, Parteigeschichte, Bd. 3, S. 681ff.
92 Zum »Schutz- und Trutzbund« vgl. Berding 1988, S. 178ff.
93 Krohn 1974, S. 196.
94 Jochmann 1986, S. 124.

Literatur

Baasch, Ernst: Geschichte Hamburgs 1814–1918, 2 Bde., Bd. 2, 1867–1918. Gotha – Stuttgart 1924

Evans, Richard J.E. (Hg.): Kneipengespräche im Kaiserreich. Die Stimmungsberichte der Hamburger Politischen Polizei 1892–1914. Hamburg 1989

Fricke, Dieter (Hg.): Die bürgerlichen Parteien in Deutschland. Lexikon zur Parteiengeschichte, 4 Bde. Leipzig 1984

Hamel, Irene: Völkischer Verband und Nationale Gewerkschaft. Die Politik des Deutschnationalen Handlungsgehilfen-Verbandes 1893–1933.

Hamburg 1966

Kampmann, Wanda: Deutsche und Juden. Studien zur Geschichte des deutschen Judentums. Heidelberg 1963

Massing, Paul W.: Vorgeschichte des politischen Antisemitismus. Frankfurt/M. 1986

Nipperdey, Thomas/Rürup, Reinhard: Antisemitismus, in: Brunner, O./Conze, W./Koselleck, R. (Hg.): Geschichtliche Grundbegriffe. Historisches Lexikon zur politisch-sozialen Sprache in Deutschland, Bd. 1 Stuttgart 1972, S. 129-153

Riquarts, Kurt-Gerhard: Der Antisemitismus als politische Partei in Schleswig-Holstein und Hamburg 1871-1914, phil. Diss. Kiel 1975

Wawrzinek, Kurt: Die Entstehung der deutschen Antisemitenparteien (1873-1890). Berlin 1927

Zimmermann, Mosche: Wilhelm Marr. The Patriarch of Anti-Semitism. New York/Oxford 1986

Verfolgung – Vernichtung

Forcierte Auswanderung und Enteignung 1933 bis 1941: Beispiele Hamburger Juden

Gaby Zürn

I.

Die Auswanderung deutscher Juden aus dem Gebiet des Deutschen Reichs ab 1933 ist in den meisten Fällen eine Art der Flucht vor nationalsozialistischer Repression gewesen. Der wertneutrale Begriff »Emigration« vermag weder die individuellen Motive einer Auswanderung noch die vom Staat diktierten Rahmenbedingungen dieser Flucht angemessen zu umreißen. Die Auswanderung stellte im Regelfall die einzige Alternative zu Verdrängung, Entrechtung und schließlich dem Massenmord dar. Vom Regime erwünscht, forciert und bis zum Verbot der Auswanderung im Jahr 1941 als Austreibung gewaltsam durchgesetzt, ging mit der Auswanderung faktisch auch eine Enteignung einher. Da der Flucht aus Deutschland die Einwanderung entsprechen mußte, die von den möglichen Einwanderungsländern meist mittels einer restriktiven Quotenpolitik geregelt wurde, die an wirtschaftlichen und fremdenfeindlichen Erwägungen orientiert war,[1] wuchs dem Vermögen und Besitz des Einzelnen, aber auch der Jüdischen Gemeinschaften in Deutschland und den potentiellen Einwanderungsländern, in doppelter Hinsicht eine entscheidende Rolle zu. Zum einen zielte das NS-Regime mit Gesetzen und Verordnungen darauf, die Auswanderer finanziell auszupressen, so daß nach der Abwicklung der bürokratischen Prozeduren vielen der Emigranten nur noch ihr Paß als Eigentum verblieben war. Zum anderen entschieden neben Alter und beruflicher Qualifikation vor allem Vermögen und Besitz darüber, ob ein Emigrant Aufnahme in einem Drittland finden konnte.[2]

II.

Die erste große Welle jüdischer Auswanderung erfolgte 1933, unmittelbar nach der Machtübernahme durch die Nationalsozialisten. Zielorte dieser ersten Phase jüdischer Emigration waren vor allem die Nachbarländer Deutschlands, seltener außereuropäische Länder, da die Mehrheit der überstürzt fliehenden Emigranten davon ausging, daß die Existenz des Regimes nur von kurzer Dauer sein könne. Einige kehrten in der Hoffnung auf ein einigermaßen unbehelligtes Leben

Verfolgung
Vernichtung

innerhalb der vom Regime gezogenen Grenzen bereits nach kurzer Zeit nach Deutschland zurück. Nach dem Erlaß der Nürnberger Gesetze am 15. September 1935, durch die die bürgerliche Gleichstellung der Juden rückgängig gemacht wurde, erhöhte sich die Zahl der Auswanderer wieder erheblich. Wegen einer vermeintlichen »Normalisierung« des Lebens innerhalb der gesetzlichen Schranken, stagnierte die Zahl der jüdischen Emigranten zwischen Sommer 1937 und 1938. Parallel hierzu gab es eine verstärkte Binnenwanderung, die in die Anonymität der Großstädte und die Nähe zu Behörden führen sollte.[3] In der Zeit zwischen 1934 und 1937 verringerte sich die jüdische Bevölkerung in Deutschland um 130.000 Personen (d.h. 27 %). Von ihnen waren ca. 90.000 ausgewandert. 60 % der Auswanderer waren zwischen 20 und 45 Jahre alt, wobei der Anteil der Männer höher lag als der der Frauen.[4] Der Jahresbericht von 1938 der Beratungsstelle Benekestraße berichtet von ungefähr 5.000 Juden, die bis Ende 1937 aus Hamburg ausgewandert seien.[5]

Für Hamburg wird für die Zeit bis zum Verbot der Auswanderung 1941 von 8.000 bis 10.000 legalen Auswanderungen ausgegangen. Definitive Berechnungen liegen bisher nicht vor, auch über die Anzahl illegaler Auswanderungen kann keine Aussage getroffen werden.

Mit der Verschärfung der antijüdischen Politik ab Juni 1938 – zuvor waren alle Voraussetzungen geschaffen worden, die »*Entjudung der deutschen Wirtschaft*« umzusetzen[6] – bis zu den Pogromen im November 1938 nahm die Zahl der Auswanderer wieder zu. Im Anschluß an und als direkte Reaktion auf das Pogrom schnellte sie dann explosionsartig in die Höhe. Dem »Hamburger Tageblatt« zufolge sind als Konsequenzen dieser Politik im Zeitraum eines Jahres bis März 1939 allein aus Hamburg 4.100 Juden ausgewandert.[7] War es den offiziellen jüdischen Stellen durch eine sachbezogene Zusammenarbeit mit den deutschen Behörden bis dahin gelungen, eine einigermaßen geregelte, organisierte und auch an den Bestimmungen der Zielländer orientierte Auswanderung durchzuführen,[8] so brach diese Emigration unter dem Druck der NS-Behörden völlig zusammen – zahlreiche Auswanderungen erfolgten als regelrechte Flucht ohne Paß und Visum.

Der Beginn des Krieges im September 1939 bedrohte die Situation der deutschen Juden zusätzlich. Zu den bereits vorhandenen Schwierigkeiten und dem Verfolgungsdruck kamen nun die kriegsbedingten Probleme hinzu. Insbesondere der Devisenmangel sowie die Transportschwierigkeiten erwiesen sich als zusätzliche Hürden für die Durchführung von Auswanderungen. In dieser Phase verhinderte die vom Regime über Jahre betriebene Verarmung der deutschen Juden, daß die immer höher werdenden Abgaben sowie Passage- und Transportkosten für eine Ausreise bezahlt werden konnten: Die sukzessive Verdrängung der deutschen Juden aus dem Erwerbs- und Wirtschaftsleben wirkte der Realisierung einer forcierten Auswanderung entgegen. Am 23. Oktober 1941 unterband das Reichssicherheitshauptamt (RSHA) per Erlaß schließlich für die gesamte Dauer des Krieges jegliche Möglichkeit der legalen Auswanderung der Juden.[9]

III.

Grundsätzlich hatte sich das Regime bereits 1933 dahingehend geäußert, daß der massenhaften Auswanderung nichts entgegengesetzt werden sollte. Die Auswanderung der deutschen Juden sollte sogar gefördert werden. Allerdings wollte man, so hieß es in einem Runderlaß des Reichsministers der Finanzen vom 26. Juli 1933, von Staatsbürgern mit einem hohen Steueraufkommen, das dem deutschen Staat ja durch die Auswanderung verloren ging, eine letzte große Abgabe, nämlich die »Reichsfluchtsteuer« erheben.[10] Diese war keine ursprünglich nationalsozialistische und explizit gegen die jüdische Bevölkerung gerichtete Maßnahme: 1931 im Rahmen der Brüning'schen Notverordnungen erlassen, wurde die Reichsfluchtsteuer im Zuge der der Ausgrenzungs- und Vertreibungspolitik des NS-Regimes jedoch nach 1933 zum Zwecke der Ausplünderung der deutschen Juden instrumentalisiert.[11] Solange die Auswanderung möglich war, d.h. bis 1941, »erhob« das Regime insgesamt 939 Millionen Reichsmark (RM) an Reichsfluchtsteuer.[12]

Zürn
Forcierte Auswanderung und Enteignung 1933 bis 1941: Beispiele Hamburger Juden

Eine zweite Möglichkeit, sich am Besitz der auswandernden Juden zu bereichern, bot die Devisengesetzgebung, mit deren Hilfe bereits ab 1930/31 der gesamte Zahlungsverkehr mit dem Ausland geregelt und der Kapital- und Devisenabfluß aus dem Deutschen Reich kontrolliert bzw. verhindert werden sollte. Zwar beinhalten die Maßnahmen der Devisenbewirtschaftung in den ersten Jahren der nationalsozialistischen Herrschaft keine Sondervorschriften für Juden bzw. »Nicht-Arier«, sie betrafen jedoch in immer stärkerem Maße die deutschen Juden, da diese im Zusammenhang mit der Planung einer Auswanderung gezwungen waren, alle Möglichkeiten des Eigentumstransfers zu nutzen. Zuständig für die kontrollierte Zuteilung von Devisen durch Reichsbehörden bzw. den Transfer von Vermögen ins Ausland waren vor allem die den jeweiligen Landesfinanzämtern, in Hamburg dem Oberfinanzpräsidenten, zugeordneten Dienststellen.[13]

Die Landesfinanzämter waren ihrerseits der Reichsfinanzverwaltung untergeordnet. Dem Hamburger Landesfinanzamt, das bereits seit Ende der Weimarer Republik von Georg Rauschning geleitet wurde, unterstanden außer den Bezirksfinanzämtern auch die zahlreichen hamburgischen Zollämter. Zudem war hier auch die Devisenbewirtschaftungsstelle, in der NS-Zeit Devisenstelle genannt, angesiedelt. Die Leitung dieser Dienststelle hatte Oberregierungsrat Josef Krebs inne. Mit seinem Stab von Sachbearbeitern war er im Rahmen der Devisengesetzgebung für die Hamburger Belange von Ein- und Ausfuhrangelegenheiten sowie für die Genehmigung von Devisenzuteilungen und für Vermögenstransfer ins Ausland zuständig.[14]

Da das NS-Regime bis zum Verbot der Auswanderung (1941) darauf verzichtete, sich mittels eines generellen Enteignungsgesetzes am Vermögen der deutschen Juden zu bereichern, bildeten die Devisenstellen das Zentrum der legalen Ausplünderung von Auswanderern durch den deutschen Staat.

Immer wieder wurden Neufassungen von Gesetzen und Verordnungen erlassen, die die Mitnahme von Kapital in jeglicher Form einschränkten. Geschäfte, Überweisungen von Zahlungsmitteln, die Mitnahme von Edelmetallen, Wertpapieren, die Ausfuhr von Goldwaren, die Verwertung von Urheber- und Verlagsrechten, kurz, die wie auch immer geartete Möglichkeit des Transfers von Eigentum ins Ausland, wurde schrittweise immer weiter eingeschränkt. So wurden am 1. Dezember 1936 mit dem »Gesetz gegen Wirtschaftssabotage« sogenannte Vermögensverschiebungen ins Ausland mit der Todesstrafe und Vermögensentziehung zugunsten des Staates belegt.[15] Ende 1936 wurden neue Vordrucke zur Mitteilung von Auswanderungsvorhaben an die (Landes-)Finanzämter, die Staatspolizeileitstellen, die Zollfahndung sowie die Gemeindeverwaltungen entwickelt. Um dem Emigranten sämtliche Verbindlichkeiten nachzuweisen und die Zahlung derselben sicherzustellen, sollten vor allem ausstehende Steuer- und Abgabeschulden erfaßt werden. Entscheidend für die Genehmigung der Auswanderung war daher der Erhalt einer Unbedenklichkeitsbescheinigung, die die Schuldenfreiheit des Emigranten bestätigte.[16] Im

489

Verfolgung
Vernichtung

Jahre 1937 wurden die Devisenzuteilungen für Auswanderer erheblich eingeschränkt. Am 26. Oktober jenes Jahres verfügte die Reichsstelle für Devisenbewirtschaftung schließlich, daß Antragstellern (bis zu einem Eigenvermögen von RM 50.000,-) nur noch Devisen im Gegenwert von höchstens RM 1.800,- zugeteilt würden. Um diese zu »*erwerben*«, mußte ferner ein zusätzlicher Aufschlag von einhundert Prozent entrichtet werden, so daß insgesamt eine Summe von RM 3.600,- aufzuwenden war.[17]

Neben Barvermögen und Eigentum an Sachwerten war auch der Besitz gültiger Papiere unerläßlich für eine Auswanderung. Außer der Unbedenklichkeitsbescheinigung brauchte man zur Ausreise (und zur Einreise in ein Aufnahmeland) einen gültigen Reisepaß. Am 16. November 1937 ordnete der Reichsführer der SS, Heinrich Himmler, an, daß die Ausstellung von Reisepässen an Juden für Auslandsreisen nur unter der Voraussetzung der Auswanderung oder für Reisen, »*die im volkswirtschaftlichen Interesse Deutschlands liegen*«, gestattet sei, denn, so der vertrauliche Erlaß, »*es ist davon auszugehen, daß durch Reisen reichsangehöriger Juden in das Ausland ganz erhebliche Belange des Reiches gefährdet werden*«.[18] Weiterhin wurde eine Durchsicht der Paßregister angeordnet, um zu prüfen, inwieweit bei den im Besitz eines gültigen Passes befindlichen Juden Paßbeschränkungen oder ein Paßentzug möglich sei. In Hamburg ergab diese Überprüfung, daß noch ca. 12.000 von ehemals etwa 25.000 Juden – im Besitz eines solchen Reisedokuments waren. Der Hamburger Polizeipräsident Kehrl ersuchte den Leiter der Devisenstelle, Krebs, am 23. Dezember 1937 deshalb um Mitteilung der Namen derer, denen aufgrund von »Unregelmäßigkeiten« die Nutzung des Passes eingeschränkt werden sollte bzw. denen man den Paß gänzlich abnehmen wollte.[19]

Die Generalakten der Hamburger Devisenstelle zeigen, daß zahlreiche Sachbearbeiter in der Folgezeit ihre Akten durchforsteten und Aufstellungen anfertigten, die teilweise mit Überschriften wie »*Liste meiner [!] unzuverlässigen Juden*« betitelt wurden. Aus diesen mehr oder weniger umfangreichen Zusammenstellungen fertigte Krebs schließlich eine Liste mit 60 Namen an, die dem Polizeipräsidenten übersandt wurde. Außer den Namen der Betroffenen führte die Liste eine Reihe von »*Vergehen*« auf, derer die Genannten meist nur verdächtigt wurden: »*Kapitalverschiebung*«, »*ins Ausland geflüchtet*«, »*Vermögensverschiebung*«, »*Devisenverstösse*«, »*Transitgeschäfte nach London verlegt*«, »*Kapitalflucht*«, »*unzulässige Transferierungen*«, »*Sperrmarkschiebungen*«, »*verbotene Briefmarkengeschäfte*«, »*Versendung von Auswanderergut nach Portugal ohne Genehmigung*«, »*Absicht nicht ornungsgemäßer Auswanderung*«, »*Nichtfreistellung von Wertpapieren des bereits emigrierten Vaters*« und dergleichen mehr.[20]

Aber nicht nur der Kapitaltransfer wurde argwöhnisch beobachtet und kontrolliert, auch das sogenannte Umzugsgut der Auswanderer wurde daraufhin überprüft, ob die Vorschriften bezüglich der Mitnahme von Wertgegenständen eingehalten wurden. Ab Ende 1937 und verstärkt ab Mai 1938 wurde kontrolliert, welche der zur Mitnahme vorgesehenen Gegenstände neu angeschafft waren und sich zum Verkauf im Ausland eigneten und somit den Tatbestand der Umgehung von Devisenbestimmungen erfüllen könnten.[21] Von der Devisenstelle Hamburg beauftragte Zollbeamte kontrollierten das zusammengepackte Hab und Gut der Auswanderer noch in deren Wohnung; auch von ihrem Wohlwollen waren die Emigranten abhängig.

In den wenigsten Fällen wird diese Kontrolle so glimpflich verlaufen sein, wie sie Lotte Popper in ihren Erinnerungen schildert. Sie konnte aufgrund ihrer gemeinsamen Herkunft mit dem Zollbeamten aus Ostpreußen, der zudem offen eine mitfühlende Haltung äußerte, einige Dinge mehr mitnehmen, als die Bestimmungen erlaubten.[22] Für G. C., der 1939 auswandern wollte, verlief das Verfahren weniger günstig. Wie alle anderen Auswanderer, hatte er eine Liste seines Umzugsgutes eingereicht, anhand derer die Zollfahnder überprüften, welche Gegenstände er mitnehmen durfte. Gestrichen wurden ihm: ein Fotoapparat, zwei Armbanduhren, ein Grammophon, ein Telephon, eine Waage sowie alle Gegenstände aus Silber. Der Sachbearbeiter der Devisenstelle begründete die Streichungen damit, daß diese Gegenstände sich im Ausland zum Weiterverkauf eigneten: »*Es besteht [...] der Verdacht, daß sich C. durch diese Anschaffungen einen günstigen Vermögenstransfer erschleichen will*«.[23]

Mit der »Verordnung zur Vermögensanmeldung« vom 26. April 1938 verschärfte sich die Lage der deutschen Juden abermals. In- und ausländisches Vermögen über einer Höhe von RM 5.000,– wurde nun anmeldungspflichtig. Zudem wurde den auswandernden Juden durch sogenannte Sicherungsanordnungen die freie Verfügung über ihr Vermögen entzogen und die Nutzung ihres Vermögens von einer Genehmigung durch die Devisenstelle abhängig gemacht.[24]

Am 5. Oktober 1938 wurden die Reisepässe der deutschen Juden für ungültig erklärt. Sie wurden eingezogen und erst nach der Stempelung mit einem »J« wieder ausgehändigt.[25] Hiermit sollten für die Juden bei der Einreise in eventuelle Aufnahmeländer zusätzliche Schwierigkeiten entstehen.

Der Entzug der Reisepässe sowie die Einführung von Kennkarten machte den deutschen Juden zudem die Nutzung der Freigrenzenregelung in der Devisengesetzgebung für Zahlungen ins Ausland unmöglich. Damit sollten vor allem Unterstützungszahlungen an bereits ausgewanderte Angehörige unterbunden werden.

Ihre letzten Illusionen über die Ziele nationalsozialistischer Auswanderungspolitik gegenüber den deutschen Juden verloren diese durch die Pogrome der sogenannten »Reichskristallnacht« am 8./9. November 1938. Nicht nur waren Synagogen geschändet und Eigentum zerstört worden, das Regime hatte auch 30.000 vor allem wohlhabende Juden in Konzentrationslager verschleppt und nur unter der Voraussetzung wieder entlassen, daß unmittelbar anschließend ihre Auswanderung erfolgte.[26]

Aus der Sicht des Devisenfahndungsamts[27] mußte den Auswanderungen, die mehrheitlich unter Einsatz des gesamten Besitzes erfolgten, nun verstärkt mit Sicherungsanordnungen gegen Juden begegnet werden, da »*die von dem Beauftragten für den Vierjahresplan erlassenen Anordnungen gegen das Judentum [...] eine verstärkte Kapitalflucht der Juden zur Folge haben* [werden]«.[28]

Am 22. November 1938 trafen sämtliche Leiter der Devisenstellen in Berlin zusammen, um angesichts der steigenden Zahlen von auswanderungsbereiten Juden das administrative Vorgehen neu abzustimmen. Auf diesem Treffen diskutierten die Devisenstellenleiter eine Vorlage, in der Vertreibung und Ausplünderung der deutschen Juden bilanziert und Vorschläge zur künftigen Gestaltung dieser beiden Aspekte der Judenpolitik herausgearbeitet worden waren. Bereits 170.000 Juden wären bisher ausgewandert und hätten ca. RM 340 Millionen (pro Kopf RM 2.000,–) transferiert. Im großdeutschen Reichsgebiet lebten nach diesen Angaben noch zwischen 600.000 und 700.000 Juden mit einem Vermögen von RM 8 Milliarden. Als Grundsatz der zukünftigen Politik sollte gelten: »Entfernung der Juden aus Wirtschaft und Reichsgebiet«. Man wollte die Auswanderung zwar ohne weitere bürokratische Hindernisse fördern, allerdings nicht auf die Möglichkeit verzichten, den Auswanderern ihren Besitz zu nehmen. Sehr richtig erkannte der Verfasser des Memorandums drei wesentliche Punkte, die einer massenhaften Auswanderung deutscher Juden entgegenstanden: die Transferfrage, die Sperre durch die Einreiseländer

Verfolgung
Vernichtung

sowie die aus finanziellen Gründen nur schwierig durchzuführende Auswanderung unbemittelter Juden.[29]

Die Austreibung im Jahr 1938 korrespondierte in keinem Fall mit der Aufnahmepolitik der potentiellen Zielländer und ließ in vielen Fällen nur eine überhastete und illegale Emigration zu.[30] Aus unterschiedlichen Gründen, hier kurz mit wirtschaftlichen sowie fremdenfeindlichen Motiven umrissen, hatten die Zielländer die Einwanderungsbedingungen für deutsche Juden verschärft.[31] Auch der Verfasser der obengenannten Denkschrift hob hervor, daß die »Entfernung der Juden aus der Wirtschaft« ihre »Entfernung aus dem Reichsgebiet« erschwere bzw. verhindere. Inzwischen verarmte, mittellose Juden erhielten keine Einreise bzw. Aufenthaltserlaubnis mehr — es sei denn, sie hatten einen im Einreiseland erwünschten »Mangelberuf«. Zur Auswanderung dieser Gruppe hieß es allerdings lapidar: »Erhöhte Schwierigkeiten, da die jüngste Entwicklung zum Teil zu einer Verarmung auch bisher vermögender Juden geführt hat«.[32] Ferner wurde in der Denkschrift empfohlen, in- und ausländische Kapitalien weiterhin zu erfassen und zu sperren sowie das Eigentum von deutschen Juden zu kontrollieren und, so geschehen, für die »Aufgaben des Vierjahresplans« einzusetzen. Dennoch wurde betont: »Keine Rechtsgrundlage für allgemeine Beschlagnahme sämtlichen Judenvermögens im Reich oder in einzelnen Bezirken. Hierzu wäre Gesetz oder Verordnung nötig. Z. Zt. nicht beabsichtigt«.

Um Auswanderungsvorhaben in Zukunft beschleunigt bearbeiten zu können, sollten alle die Auswanderung betreffenden Vorgänge – vom ersten Antrag bis zur Paßerteilung – durch eine neu zu errichtende »Reichszentrale für jüdische Auswanderung« verwaltet werden. Die Tätigkeit der Devisenstellen blieb von dieser Neuordnung jedoch unberührt.

Angesichts der verzweifelten Lage in Deutschland und der restriktiven Einreisepolitik vieler potentieller Aufnahmeländer orientierte sich der Auswandererstrom Richtung Shanghai. Vor der Pogromnacht hatte Shanghai eher als exotisch und als Ausnahmereiseziel gegolten, das vor allem von armen Auswanderern angestrebt wurde. Nach dem November 1938 steuerten jedoch immer mehr Juden diesen rettenden Hafen an, da die internationale Zone von Shanghai bis zum Kriegsausbruch im Pazifik im Dezember 1941 auch ohne Paß, Vorzeigegeld und Einreisebeschränkungen zu erreichen war. Bis September 1939 kamen die meisten Auswanderer über See, danach war die transsibirische Eisenbahn bis Wladiwostok mit anschließender Schiffsverbindung über Kobe/Japan bis Shanghai der einzige Weg.[33] Auch die siebenköpfige Familie A. (Eltern, vier Kinder, z. T. noch in der Ausbildung sowie ein dreijähriges Enkelkind), die Ende 1938 einen gemeinsamen Antrag auf Auswanderung stellte, hatte sich entschieden, nach Shanghai auszuwandern. Keines der Familienmitglieder verfügte über nennenswerte Besitztümer. Neben ausgesprochen kärglicher Bekleidung wiesen die Umzugslisten Unterrichtsmaterial für Englisch und Chinesisch sowie für jeden Familienangehörigen Gebetbücher aus. Im März 1939 teilte die Zollfahndungsstelle mit, daß die A.s keine Dego-Abgabe[34] zu leisten hätten und auch sonst nichts zu beanstanden sei: »Es handelt sich hier sichtlich um eine arme Judenfamilie (bestehend aus sieben Köpfen), welche nicht einmal das Notwendigste an Hausstand und Wäsche besitzen [!]«.[35]

Eine Sicherungsanordnung wurde ebenfalls nicht erlassen und auch die Unbedenklichkeitsbescheinigung lag schnell vor. Dennoch war es nur dem Sohn der Familie möglich, Deutschland vor Kriegsbeginn (Mitte 1939) auf dem Seewege in Richtung Shanghai zu verlassen. Die anderen Familienmitglieder versuchten noch eine Ausreise über die Sowjetunion, wurden aber wohl aufgrund finanzieller Probleme an der Realisierung der Auswanderung gehindert.[36]

Ende Januar 1939 wurde die geplante »Reichszentrale für die jüdische Auswanderung« unter der Führung des Chefs der Sicherheitspolizei, Reinhard Heydrich, eingerichtet. »Schutzhäftlinge«, die über die erforderlichen Auswanderungspapiere verfügten, wurden aus der Haft entlassen. Weiterhin wurde eine Abgabepflicht für Schmuck und Edelmetalle erlassen. Die sogenannte »Judenvermögensabgabe« konnte, sofern das Barvermögen nicht ausreichte, auch durch Wertpapiere, Grundstücke und andere Wertgegenstände bezahlt werden. Neuangeschaffte Gegenstände, die bei der Auswanderung mitgenommen werden sollten, durften erst nach einer 100-prozentigen Dego-Abgabe ausgeführt werden.[37] So mußte der ehemalige Hausmakler G. C. für die Mitnahme von neuangeschafften Möbeln (ein Sofa, zwei Sessel, ein Tisch, eine Kommode, ein Schuhschrank) noch einmal den Anschaffungspreis von RM 1.000,– an die Deutsche Golddiskontbank abführen. Für die Ausrüstung, die er sich für die Auswanderung nach Honduras gekauft hatte (sieben Anzüge, sechs Hemden, ein Hut, zwei Shorts und ein Moskitonetz), wurde ihm ebenfalls der Neupreis von RM 1.313,– als Dego-Abgabe abverlangt.[38]

Zürn
Forcierte Auswanderung und Enteignung 1933 bis 1941: Beispiele Hamburger Juden

Die Folgen der nationalsozialistischen Austreibungspolitik und die daraus resultierende Zunahme der Auswanderungsanträge schlugen sich in der Arbeit der Devisenstelle Hamburg zunächst in einer steigenden Zahl von Sicherungsanordnungen sowie den entsprechenden Folgearbeiten nieder. Anfang März 1939 erfolgte dann eine der gestiegenen Arbeitsbelastung geschuldete Umstrukturierung der Geschäftsverteilung der Devisenstelle, insbesondere der Abteilungen, die mit Sicherungsanordnungen sowie Kapitaltransfer befaßt waren.[39] Ab dem 13. März 1939 wurden täglich ca. 20 neue Sicherungsanordnungen vermeldet. Derartige Angaben entsprechen der oben referierten »Erfolgsmeldung« des »Hamburger Tageblatts«.

Im Mai 1939 wurden auch in Hamburg die Vermögen zwischen RM 20.000,– und 100.000,– dahingehend überprüft, ob der Erlaß einer Sicherheitsanordnung, d.h. eine Verfügungsbeschränkung bzw. der Entzug des Vermögens möglich war.[40] In der Hamburger Devisenstelle wurde mit etwa 20 – 30 neuen Sicherheitsanordnungen gerechnet: »*Die übrigen Vermögen werden durch inzwischen erfolgte Steuerzahlungen, Juden-Abgabe, sowie Lebensunterhalt zusammengeschrumpft sein bzw. aus Vermögenswerten bestehen, über die ohnehin nur mit Genehmigung verfügt werden kann*«.[41]

Hierin deuteten sich bereits die Resultate der weiter verschärften Vertreibung an. Im Juli 1939 wurde im Sachgebiet U der Devisenstelle sogar festgestellt, daß die dort tätigen acht Sachbearbeiter unterfordert seien. So habe man zwar 891 Sicherheitsanordnungen zu bearbeiten, es seien jedoch kaum noch Neuzugänge zu verzeichnen und die vorhandenen Sicherungsanordnungen verringerten sich außerdem durch »Auswanderung usw«.[42]

Im November 1940 wurden schließlich nur noch 326 Sicherungsanordnungen in der Devisenstelle Hamburg geführt.[43]

Am 29. August 1939 wurde die in der Sicherheitsanordnung genannte Freigrenze, ein Betrag, über den der Kontoinhaber ohne Genehmigung der Devisenstelle verfügen durfte, vorläufig reduziert. Freigrenzen über RM 1.000,– wurden halbiert, darunter liegende (zwischen RM 100,– und RM 500,–) wurden einheitlich auf RM 500,– angesetzt.[44] Am 21. September 1939 lag dann eine genaue Festsetzung der Beträge vor, die der Freigrenze zugrunde gelegt werden sollten. So wurde den Hamburger Juden für die erste Person in einer Familie RM 100,– (alleinstehend RM 130,–), für die zweite RM 80,– und für jede weitere RM 50,– zugestanden – wohlgemerkt aus ihrem eigenen Vermögen. Angemerkt wurde noch: »*Besondere Mittel für Anschaffungen von Bekleidung auszuwerfen, erscheint nicht erforderlich*«.

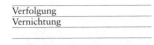
Verfolgung
Vernichtung

Die Bewilligung »*sonstiger Abgaben*« sollte von Fall zu Fall und nicht zu großzügig entschieden werden. Die Losung lautete: Wenig Bargeld in den »*Händen von Juden*«.[45] Nach einigen Zwischenlösungen wurde schließlich am 18. Dezember 1939 eine endgültige Regelung erlassen, mit deren Hilfe in erster Linie der bürokratische Aufwand geringer gehalten werden sollte. Von der festgelegten monatlichen Freigrenze sollten nun Lebensunterhalt, Mietzahlungen, Gas-, Wasser- und Elektrizitätszahlungen bestritten werden.[46] Für G. C. wirkte sich diese Neufestsetzung fatal aus. Der Fragebogen für die Neufestsetzung wies im November 1939 ein Vermögen von RM 73.796,– aus. Abzüglich der noch nicht geleisteten Reichsfluchtsteuer sowie der »Judenvermögensabgabe« verblieben G. C. noch RM 41.866,–. Um seinen Lebensunterhalt zu bestreiten, führte G. C. an, bräuchte er pro Monat insgesamt mindestens RM 800,–. Die Devisenstelle kürzte diesen Betrag jedoch auf RM 250,– herunter, die sich aus der Festgrenze von RM 130,– für den Lebensunterhalt und RM 120,– für »Sonstiges« zusammensetzten.[47]

Nach Kriegsbeginn wurde die »Judenabgabe« von 20 % auf 25 % des jeweiligen Vermögens angehoben. Ebenso wurde die Auswandererabgabe für das Jahr 1940 erhöht.[48]

Diese Abgabe war in Hamburg schon im Dezember 1938 auf Veranlassung der Gestapo eingeführt worden.[49] Ab März 1939 wurde diese Abgabe dann in allen jüdischen Gemeinden nach den Bestimmungen der Reichsvereinigung erhoben. Abgabepflichtig waren alle jüdischen Auswanderer, die seit Ende 1938 Hamburg verlassen wollten, unabhängig davon, ob sie dem Religionsverband angehörten oder nicht. In Hamburg wurde die Auswandererabgabe auf 20 % des Betrages der vom Auswanderer an Reichsfluchtsteuer zu leisten war, festgelegt. In den vier Monaten bis zur reichsweiten Regelung im März 1939 erbrachte diese hamburgische Abgabe ca. 1.300.000 RM. Dieser Betrag war ursprünglich zur Förderung der Auswanderung sowie für Fürsorge-Zwecke vorgesehen, mußte dann aber zur Deckung des Gemeindedefizits der Jahre 1939 und 1940 aufgewandt werden.

Seit März 1939 wurde die Abgabe zwischen 1 % (Vermögen über RM 5.000) und 10 % (Vermögen über 1 Million RM) erhoben, was bis zum Zeitpunkt der Berichterstattung zwei Millionen RM an Auswandererabgaben bedeutete, die vollständig an die Reichsvereinigung abzuführen waren. Von dort aus wurde das Geld dann entsprechend der Aufgaben der Reichsvereinigung eingesetzt.

Die Hamburger Juden waren bei der Durchführung der bürokratischen Auflagen auch Schikanen ausgesetzt. So wurde z.B. im Januar 1940 angeordnet, daß »*jüdische[n] Personen*« jegliches Verhandeln auf der Devisenstelle persönlich wie auch telefonisch verboten sei.[50] Ein Jahr später wiederum ordnete Rauschning an, daß Juden bei schriftlichen wie mündlichen Verhandlungen in einer der Dienststellen des Oberfinanzpräsidenten »*unaufgefordert auf ihre Eigenschaft als Juden*« bzw. sich durch ihre mit einem »J« markierten Kennkarten auszuweisen hätten. Hierfür bezog sich Rauschning auf die in der Folge des Reichsbürgergesetzes erlassene Ausweispflicht für Juden. Verstöße gegen diese Anordnung sollten dem Polizeipräsidenten Hamburg »*unter kurzer Darlegung des Sachverhalts und der Angabe der Beweismittel*« gemeldet werden.[51]

Im Ausland befindlichen Reichsangehörigen wurde im Dezember 1941 die Staatsangehörigkeit aberkannt. Dies war ein erster Schritt, um die auf Sperrkonten in Deutschland zurückgelassenen Vermögenswerte als dem »Reich verfallen« erklären zu können. O. L. wanderte im Februar 1939 über England zu ihren Kindern in die USA aus. Zum Zeitpunkt ihrer Auswanderung besaß sie neben Wertpapieren und ein wenig Barvermögen noch ein Grundstück in der Kleinen Bäckerstraße in Hamburg. Die freie Verfügung über ihr Vermögen war ihr bereits durch eine Sicherungsanordnung entzogen worden. Durch die

Auswanderung galt Frau L. nun als Devisenausländerin und damit unterlagen ihre Vermögenswerte den für Ausländern geltenden Devisenbeschränkungen. Jede Verfügung über ihr Guthaben bedurfte auch in diesem Falle der Genehmigung des Oberfinanzpräsidenten. Die Sicherungsanordnung wurde nun aufgehoben, da die Verfügungsbeschränkung durch die für Devisenausländer gültigen Sperrvorschriften garantiert wurde. Auch der Erlös aus dem Verkauf ihres Grundstücks wurde auf das Sperrkonto überwiesen. Nachdem O. L. die Reichsangehörigkeit aberkannt worden war, wird auch in ihrem Fall der Schritt zur Vermögensbeschlagnahme nicht lange gedauert haben.[52]

IV.

Die Entlassung jüdischer Schutzhäftlinge aus den Konzentrationslagern wurde am 10. April 1940 gestoppt. Zuvor hatte die jüdische Gemeinde in Hamburg noch den Versuch unternommen – wohl auch auf Anweisung der Gestapo – eine Entlassung einiger Inhaftierter aus den Konzentrationslagern durch den Erwerb von Einreisevisa für Haiti zu erwirken und sie mit Hilfe dieser Visa außer Landes zu bringen. Da zahlreiche Länder gar kein Visa mehr erteilten und ein Einreisevisum für Argentinien z.B. zu diesem Zeitpunkt nach Angaben der Hamburger Devisenstelle bereits RM 5.000,– kostete, hatte die Leitung der Hamburger Gemeinde dem Generalkonsul von Haiti pro Visum RM 1.000,– (Mitte Januar 1940 waren erst 20 Visen zugesichert worden) aus den ihr zustehenden Geldern für Auswandererförderung bezahlt. In der Devisenstelle wurde dieses Vorgehen scharf gerügt und »Schmiergeldzahlungen« dieser Art für die Zukunft verboten. Krebs führte in einem Bericht über diesen Vorgang an das Reichswirtschaftsministerium aus, daß der Interessenswiderspruch zwischen der Gestapo einerseits und ihm als dem Vertreter der Devisenstelle Hamburg andererseits zwar eine Verzögerung der Ausreise dieser Juden bedeuten würde. Es ginge aber nicht an, daß derartige »Schmiergeldzahlungen« zu Lasten der »Deutschen Devisenwirtschaft« erfolgten. Mit dieser Intervention wird vermutlich eine der letzten Möglichkeiten, ein solches Einreisevisum zu erhalten, beseitigt worden sein.[53]

Im Zusammenhang mit der bevorstehenden »*Endlösung der Judenfrage*« verbot das RSHA am 20. Mai 1941 per Erlaß die Auswanderung in das europäische Ausland.[54] Im August 1941 wurde schließlich Juden der wehrfähigen Jahrgänge (18–45 Jahre) die Auswanderung gänzlich verboten.[55] Am 23. Oktober 1941 wurde für die Dauer des Krieges die Auswanderung aller Juden endgültig untersagt.[56] Nur zwei Tage später mußten 1.000 Hamburger Juden die Hansestadt mit dem ersten Deportationstransport nach Lodz/Litzmannstadt verlassen.

Die Familie A. sowie G. C. wurden am 8. November 1941 mit dem zweiten Transport aus Hamburg nach Minsk deportiert. Mit ihnen wurden zahlreiche andere, die noch im letzten Moment eine Auswanderung beantragt hatten, in die Vernichtungslager verschleppt.

Anmerkungen

1   Wetzel 1988.
2   Vgl. Wetzel 1988; Sanders, Shores, S. 419 – 563. Transferabkommen wie Haavara, Paltreu und Altreu werden im Kontext dieses Aufsatzes nicht berücksichtigt.
3   Vgl. Wetzel 1988, S. 417 – 420.
4   Barkai 1988 (2), S. 65.
5   Diese Beratungsstelle war im Frühjahr 1933 als Unterorganisation des Zentralausschusses der deutschen Juden für Hilfe und Aufbau

Verfolgung
Vernichtung

eingerichtet worden; zu Aufgaben und Budget der Beratungsstelle siehe: Ein Beitrag..., Hamburg 1941, S. 15.

6 Barkai 1988 (1), S. 95.
7 Hamburger Tageblatt, Nr. 68, 9. 3. 1939, S. 6.
8 Wetzel 1988, S. 431–476.
9 Walk 1981, S. 353.
10 Ebd., S. 42.
11 Um den Kreis der Reichsfluchtsteuerverpflichtungen auszuweiten, wurde die Vermögensfreigrenze für die Zahlung der Reichsfluchtsteuer am 18. 5. 1934 von RM 200.000 auf RM 50.000 herabgesetzt, Walk 1981, S. 81.
12 Lippmann führt allerdings an, daß bis 1936 teilweise auf die Erhebung der Reichsfluchtsteuer verzichtet worden sei, wenn das zuständige Landesfinanzamt die Verlegung des Wohnsitzes ins Ausland als im volkswirtschaftlichen Interesse des Reiches liegend bescheinigte, Lippmann 1964, S. 697.
13 Walk 1981, S. 104.
14 Vgl. hierzu aus dem Jahr 1939: Alphabetische Zusammenstellung der Aufgaben der Devisenstelle Hamburg, StAH Oberfinanzpräsident, Arb. Sign. 42 U.A.1.
15 Walk 1981, S. 176.
16 Ebd., S. 177.
17 Ebd., S. 203.
18 Ebd., S. 205
19 StAH, Oberfinanzpräsident, Arb. Sign. 42 U.A.6.
20 StAH Oberfinanzpräsident, Arb. Sign. U.A.6, 26. 1. 1938.
21 Der »Runderlaß des Reichswirtschaftsministers betr. die Mitnahme von Umzugsgut durch Auswanderer« vom 13. 5. 1938 ordnete an, daß Emigranten vor der Verpackung und Verladung ihres Umzugsguts der zuständigen Devisenstelle von ihrer Absicht Kenntnis zu geben und eine genaue Aufschlüsselung des Umzugsgut nach Alter und Herkunft der Gegenstände anzufertigen hatten, Walk 1981, S. 225.
22 Popper 1989, S. 78–81.
23 StAH Oberfinanzpräsident, Arb. Sign. F 293.
24 Walk 1981, S. 225.
25 Ebd., S. 244.
26 Rudolf Jacobi aus Hamburg schildert in seinen Erinnerungen an den November 1938 die dramatische Ausreise seiner Familie in Richtung Uruguay. Sein Vater, einer der Verschleppten der Pogromnacht, wurde schließlich aus dem KZ Sachsenhausen entlassen und erreichte den Hamburger Hauptbahnhof erst 20 Minuten vor Auslaufen des Schiffes aus dem Hamburger Hafen, Jacobi 1989, S. 144–145.
27 Das Devisenfahndungsamt wurde am 1. 8. 1936 unter der Leitung von R. Heydrich eingerichtet. Die Dienstaufsicht lag bei den Präsidenten der Landesfinanzämter. Sachlich war in es Devisenfahndungsfällen den Zollfahndungsstellen und den Hauptzollämtern übergeordnet. Aufgelöst wurde es am 1. 4. 1941, StAH Oberfinanzpräsident, Arb. Sign. 38.
28 StAH Oberfinanzpräsident, Arb. Sign. 42 U.A.4, 14. 11. 1938.
29 Die geforderte unbürokratische Abwicklung der Auswanderung scheiterte im November 1938 in zahlreichen Fällen jedoch am Fehlen einer steuerlichen Unbedenklichkeitsbescheinigung. Hintergrund dieser gehäuft auftretenden Schwierigkeit war die »Buße« von 1 Mrd. RM, zu deren Zahlung die deutschen Juden als »Sühneleistung« für die Tötung v. Raths in Paris verpflichtet worden waren und die in vier Raten geleistet werden sollte.
30 Illegale Auswanderung wurde im Laufe des Jahres 1939 mit Konzentrationslagerhaft bestraft, Walk 1981, S. 288.
31 Vgl. Diner 1989.
32 Obwohl der Verfasser des Memorandums realisierte, daß die Einreisebestimmungen in den meisten Ländern sehr viel enger geworden waren, rechneten sie jedoch mit dem Einfluß der jüdischen Organisationen in den jeweiligen Ländern und eine Lockerung durch eine »bescheidene Transfergarantie«, worunter eine Reaktivierung der zeitweilig eingestellten Transferabkommen wie Altreu und Paltreu verstanden wurde, StAH Oberfinanzpräsident, Arb. Sign. 42 U.A.3.
33 Wetzel 1988, S. 495–497.
34 Hierbei handelte es sich um eine Abgabe an die Deutsche Golddiskontbank, eine Tochtergesellschaft der Reichsbank, die eine entscheidende Stellung in der Devisenbewirtschaftung sowie dem deutschen Außenhandel einnahm, vgl. hierzu Barkai 1988 (3), S. 166–173.
35 StAH Oberfinanzpräsident, Arb. Sign. 4868.
36 Ebd.
37 Die Mitnahme von (wertvollen) Briefmarkensammlungen, Radiogeräten, Schreib- und Nähmaschinen wurde verboten, Walk 1981, S. 291.
38 StAH Oberfinanzpräsident, Arb. Sign. F 293.
39 StAH Oberfinanzpräsident, Arb. Sign. 42 U.A.1.

40 StAH Oberfinanzpräsident, Arb. Sign. 42 U.A.4, 9. 5. 1939.
41 StAH Oberfinanzpräsident, Arb. Sign. 42 U.A.4, 9. 5. 1939.
42 StAH Oberfinanzpräsident, Arb. Sign. 42 U.A.1.
43 StAH Oberfinanzpräsident, Arb. Sign. 42 U.A.1, 22. 11. 1940, Bericht der Devisenstelle Hamburg an den Reichswirtschaftsminister über die Zahl der Sicherungsanordnungen gegen Juden.
44 StAH Oberfinanzpräsident, Arb. Sign. 42 U.A.4, 29. 8. 1939.
45 StAH Oberfinanzpräsident, Arb. Sign. 42 U.A.4, 29. 9. 1939.
46 StAH Oberfinanzpräsident, Arb. Sign. 42 U.A.4, 18. 12. 1939. Die in dem entsprechenden Muster für die Sicherheitsanordnungen (U 6) einzeln aufgeführten Posten – über die allerdings nur durch unmittelbare Überweisung verfügt werden durfte – waren im August dahingehend spezifiziert worden, daß Telefonrechnungen sowieso nicht mehr lange zu bezahlen seien, da den Betroffenen die Telefonanschlüsse zum 30. 9. 1940 gekündigt worden waren, StAH Oberfinanzpräsident, Arb. Sign. 42 U.A.4, 26. 8. 1940.
47 StAH Oberfinanzpräsident, Arb. Sign. 2177/39. In den Ausführungen über Anschaffungen für die Auswanderung finden sich auch Hinweise, daß Kleidung und Schuhe nur entsprechend der »Normalbestandsliste« angeschafft werden dürften. Diese Liste zeigt eine Ausstattung, die dem absolut notwendigen Minimum an Kleidung, Wäsche und Schuhen entsprach, StAH Oberfinanzpräsident, Arb. Sign. 42 U.A.4.
48 Auswandererabgaben für Vermögen über RM 10.000,– wurden auf bis zu 60 Prozent des Vermögens erhoben, Walk 1981, S. 313.
49 Für diese Ausführungen stütze ich mich auf: Ein Beitrag, S. 38 – 39.
50 StAH Oberfinanzpräsident, Arb. Sign. U.A.1.
51 StAH Oberfinanzpräsident, Arb. Sign. 42 U.A.15, 14. 1. 1941.
52 StAH Oberfinanzpräsident, Arb. Sign. F 1530.
53 StAH Oberfinanzpräsident, Arb. Sign. 42 U.A.5.
54 D.i. »Feindesland«, Walk 1981, S. 341.
55 Ebd., S. 347.
56 Ebd., S. 353.

Literatur

o. N.: Ein Beitrag zur Geschichte der Deutsch-Israelitischen Gemeinde in Hamburg. (Jüdischer Religionsverband Hamburg e.V.) in der Zeit vom Herbst 1935 bis zum Mai 1941. Typoskript (Hamburg 1941)

Sanders, Ronald: Shores of Refuge. A Hundred Years of Jewish Emigration. New York 1988

Zürn, Gaby: Forcierte Auswanderung und Enteignung 1933 bis 1941: Beispiele Hamburger Juden

Verfolgung
Vernichtung

Hamburgs öffentliche Fürsorge und die Juden 1933 bis 1939

Uwe Lohalm

In den Darstellungen zur Entrechtung, Ausgrenzung und Verfolgung der Juden im nationalsozialistischen Deutschland hat das Schicksal der jüdischen Unterstützungsempfänger von öffentlicher Wohlfahrt kaum Beachtung gefunden, im Gegensatz zu Untersuchungen über die jüdische Selbsthilfe.[1] So erscheint etwa die entscheidende »Verordnung über die öffentliche Fürsorge der Juden« vom 19. November 1938 nicht in der ausführlichen »Zeittafel zur Judenpolitik des NS-Regimes«, die dem umfassenden Aufsatzband »Die Juden in Deutschland 1933 – 1945« beigegeben ist.[2] Wenn überhaupt, so wird allenfalls auf die Ausgrenzung der Juden aus dem Winterhilfswerk von 1935 an und aus der öffentlichen Fürsorge mit der Novemberverordnung von 1938 hingewiesen, bis zu deren Zeitpunkt Juden im gleichen Umfang Unterstützung aus öffentlichen Mitteln erhalten haben wie Nicht-Juden. In der Tat bedeutete diese Verordnung zusammen mit der »Zehnten Verordnung zum Reichsbürgergesetz« vom 4. Juli 1939,[3] mit der die »Reichsvereinigung der Juden in Deutschland« geschaffen wurde, eine rechtlich grundlegende Veränderung in dem Verhältnis von öffentlicher Fürsorge und Juden. Dieses entwickelte sich jedoch vielgestaltiger und teilweise widersprüchlicher, als es die theoretisch richtige, aber insgesamt zu grobe Unterscheidung in eine Zeit vor und eine nach der Novemberverordnung glauben macht, wie im folgenden am Hamburger Beispiel zu zeigen sein wird.[4] Denn lange vor 1938 sah sich die Hamburger Fürsorgebehörde mit judenfeindlichen Anforderungen konfrontiert und diskriminierte selbst mit eigenen Maßnahmen die Juden, ohne daß deren rechtliche Stellung in der Fürsorge angetastet wurde.[5]

Ausschaltung der jüdischen Mitarbeiter und jüdischen Lieferanten

Da ist in erster Linie das »Gesetz zur Wiederherstellung des Berufsbeamtentums« vom 7. April 1933 anzuführen, das zahlreiche Beamte, Angestellte und Arbeiter zwang, den Staatsdienst zu verlassen.[6] Aber anders als in den meisten anderen Behörden traf dieses Gesetz einen viel weiter gezogenen Kreis, der unmittelbar mit der Ausübung der praktischen Fürsorge verbunden war, nämlich die nebenamtlich Beschäftigten wie die Ärzte in den Staatlichen Wohlfahrtsanstalten

Verfolgung
Vernichtung

und die Vertragsärzte in den einzelnen Wohlfahrtsstellen und vor allem die große Zahl der ehrenamtlichen Pfleger und Pflegerinnen. Die jüdischen Mitglieder unter ihnen sollten möglichst unauffällig dazu gedrängt werden, freiwillig aus ihrem Ehrenamt auszuscheiden.[7] Die meisten gaben dem Druck nach, teilweise auch, wenn sie als ehemalige Frontkämpfer beanspruchen konnten, im Amt belassen zu werden.[8] Nur zwei widersetzten sich ausdrücklich der Aufforderung. In dem Schreiben der Pflegerin Magdalene Hirsch an den Leiter der Wohlfahrtsstelle III vom 1. Mai 1933 heißt es dazu:

»Seit drei Jahren habe ich fast meine ganze Freizeit in den Dienst der Wohlfahrtspflege gestellt und den mir zugewiesenen Kreis nach bestem Vermögen betreut und meine Amtspflichten nach bestem Wissen und Gewissen erfüllt. Wenn heute das neue Beamtengesetz meine Amtsenthebung verlangt, so mag die Behörde mir ihr Vertrauen entziehen und mir den Posten nehmen. Freiwillig gebe ich meinen Aufgabenkreis im Dienst der Hilfsbedürftigen nicht auf«.[9]

Die Behörde reagierte darauf mit einer Entlassung ohne Ausstellung eines Dankesschreibens.

Zum zweiten sah sich die Fürsorgebehörde massiven Pressionen von einzelnen Gewerbetreibenden und wirtschaftlichen Verbänden sowie von Dienststellen der Partei und ihrer Organisationen ausgesetzt, die darauf zielten, jüdische Geschäfte als Lieferanten für Wohlfahrtsleistungen auszuschließen. Die offizielle Reichspolitik war dagegen seit dem Sommer 1933 darauf ausgerichtet, die Wirtschaft von jeglichen antisemitischen Maßnahmen freizuhalten. Sie setzte ihre Prioritäten deutlich auf die Ingangsetzung einer wirtschaftlichen Aufwärtsentwicklung und verbat sich jegliche ideologisch motivierte Beeinträchtigung der freien Wirtschaft.[10] Die Fürsorgebehörde geriet dadurch in eine schwierige Entscheidungslage zwischen öffentlichem Druck und offizieller Politik, zumal auch der Hamburger Senat keine eindeutige Haltung einnahm und intern eine vertrauliche Anweisung ausgab, die der Reichsrichtlinie widersprach.[11] So reagierte denn die Fürsorgebehörde uneinheitlich als Ganzes und in ihren Abteilungen.

Bereits im März 1933 hatte sich der Verein der Schuhwarenhändler Hamburg, Altona und Umgebung an die Behörde gewandt. Er beschwerte sich über die angebliche Bevorzugung der Firma Philipp Jacob bei der Lieferung von orthopädischem Schuhwerk durch die Behörde und stellte der Behörde eine Liste aller leistungsfähigen Firmen in Aussicht.[12] In seiner Antwort verwies der Präsident der Wohlfahrtsbehörde, Oskar Martini, auf den anerkannt guten Ruf dieser Firma und die langjährige, bewährte Zusammenarbeit und verwahrte sich energisch gegen den gemachten Vorwurf. Er übernahm aber dann doch uneingeschränkt die vom Verein der Schuhwarenhändler eingesandte Liste, in der die Firma des Juden Philipp Jacob nicht mehr aufgeführt war, und ließ sie als verbindliches *»Verzeichnis der mit Wirkung vom 1. Juli 1933 zur Lieferung von fertigem orthopädischen Schuhwerk zugelassenen Firmen«* veröffentlichen.[13] Er blieb bei dieser Entscheidung auch, als eine Wohlfahrtsstelle anmahnte, sie könne in ihrem Bereich auf diese Firma nicht verzichten, und verfügte am 21. Juli 1933, daß die Firma *»als nichtarisches Unternehmen künftig nicht mehr von der Wohlfahrtsbehörde in Anspruch zu nehmen ist«*.[14] Wenig später gingen der Behörde die vom Reichskabinett beschlossenen Richtlinien zu mit der Aufforderung des Senats *»zur genauesten Nachachtung«*.[15] Am 12. August 1933 wurden daraufhin die einzelnen Wohlfahrtsstellen angewiesen, es dem Hilfsbedürftigen zu überlassen, wo er die bewilligten Sachmittel kaufen wolle. In Ergänzung dazu stellte ein weiteres Rundschreiben vom 14. November 1933 ausdrücklich fest, daß dem Hilfsbedürftigen der Betrag auch dann zu erstatten sei, *»wenn der Händler Nichtarier ist«*.[16] Im Falle der Firma

Philipp Jacob führte diese neue Rechtslage allerdings nicht dazu, sie wieder unter die Lieferanten der Fürsorgebehörde aufzunehmen. Letztlich gab dafür das Gutachten der Gewerbekammer den Ausschlag. Sie befand auf Nachfrage der Behörde,

»*daß Jacob es vermöge dieser seiner Rasse anhaftenden Eigentümlichkeit verstanden hat, Eingang bei den Behörden zu finden und andere Betriebe zu verdrängen. Es dürfte deshalb unter der jetzigen Einstellung an der Zeit sein, auf die Beteiligung an den Lieferungen durch Jacob zu verzichten und Betriebe, die früher keinen Zugang hatten, zu berücksichtigen*«.[17]

Zur gleichen Zeit sah sich die Behörde verstärkt Anträgen von einzelnen Geschäftsinhabern des Optikergewerbes gegenüber, sie als Lieferanten zuzulassen, da sonst ihre weitere Existenz nicht mehr gewährleistet wäre.[18] Auch hier wurde auf jüdische Konkurrenten verwiesen, deren Weiterführung als Lieferanten der Fürsorgebehörde nicht länger hinzunehmen sei. Zielpunkt dieser Angriffe war vor allem das traditionsreiche Optiker-Geschäft Campbell, dessen jüdischer Inhaber zu Unrecht von der Staatsanwaltschaft wegen Verbrechens gegen die deutsche Volkswirtschaft verfolgt wurde und der ins Ausland geflohen war. So wandte sich am 31. Mai 1934 ein Optiker, der in der Mönckebergstraße ein neues Geschäft eröffnet hatte, an die Behörde und bat um Zulassung mit dem Hinweis, daß die Inhaber der zwei nächstgelegenen Optikergeschäfte Nicht-Arier seien und der eine wegen Landesverrat bekanntlich von der Staatsanwaltschaft steckbrieflich gesucht werde.[19] Ein anderer Geschäftsinhaber pochte auf seine langjährige Mitgliedschaft in der NSDAP, um dann fortzufahren:

»*Es ist eine Karikierung unseres nationalsozialistischen Staates, wenn Juden und Judengenossen in demselben unentwegt weiter liefern dürfen, und ich nach wie vor ausgeschlossen bin*«. Er wolle nicht »*hinter Juden rangieren, deren Minderwertigkeit durch die Flucht und steckbriefliche Verfolgung durch die Staatsanwaltschaft endlich notorisch erwiesen ist*«.[20]

Die Behörde, die 1933 noch etliche Anträge abschlägig beschieden hatte, nahm beide als neue Mitglieder in die Liste der zugelassenen optischen Geschäfte auf, setzte aber die vom damaligen nationalsozialistischen Leiter der Wirtschaftsabteilung Ferdinand Natskow verfügte Streichung der Firma Campbell nicht um.[21] Die Frage der Zulassung nichtarischer Geschäfte blieb vorerst offen und wurde auch in dem zwischen der Behörde und der Innung des Optiker-Handwerks im April 1935 abgeschlossenen Vertrag ausgeklammert. Die Zulassung war darin allein an die Mitgliedschaft in der Innung gebunden, und unter den Innungsmitgliedern befanden sich weiterhin jüdische Gewerbetreibende.[22]

Druck in dieser Frage wurde schließlich auch von der NSDAP und ihren Organisationen auf die Fürsorgebehörde ausgeübt. Im Juli 1935 richtete der Verbindungsreferent der Gauleitung beim Senat, Dr. Hellmuth Becker, eine offizielle Anfrage an die Behörde. Im August desselben Jahres erklärte der Gauamtsleiter der Nationalsozialistischen Volkswohlfahrt und Senator Wilhelm von Allwörden Martini, daß eine Zulassung aller Händler »*ohne Rücksicht auf ihre Rassezugehörigkeit*« nicht länger haltbar sei. Im selben Monat beklagte sich der Leiter einer Wohlfahrtsstelle bei der Hauptgeschäftsstelle, daß ihm von Seiten der Partei und Parteiorganisationen immer wieder vorgeworfen werde, das Fürsorgewesen begleiche Rechnungen, auch wenn diese von jüdischen Geschäften stammten. Er schlug deshalb vor, die Bewilligungsscheine mit einem Zusatz zu versehen: »*Die Auszahlung erfolgt nicht, sofern Sie den Kauf bei einem Juden tätigen*«.[23] Bei der Klärung der Bewilligungspraxis stellte sich heraus, daß die betroffenen Wohlfahrtsstellen in der Regel die von den Unterstützungsempfängern vorgelegten Quittungen im Rahmen der Bewilli-

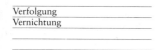

gungen beglichen, auch wenn der Lieferant Jude war. Allerdings wurden die Unterstützungsempfänger in einer Wohlfahrtsstelle darauf hingewiesen, nicht bei Juden zu kaufen, in einer anderen wurden sie ermahnt, daß Quittungen jüdischer Geschäfte im Wiederholungsfalle nicht mehr bezahlt würden.[24] In ihrer grundsätzlichen Stellungnahme stellte die Fürsorgebehörde jedoch fest, daß sie hinsichtlich der Zulassung zu Lieferungen an Unterstützungsempfänger weiterhin gebunden sei an die vom Reichskabinett im Juli 1933 beschlossenen Richtlinien, hielt aber eine grundlegende Klärung der Frage für erforderlich, da »*das Urteil der Öffentlichkeit [...] mit den für die Staatsverwaltung geltenden Vorschriften im Widerspruch*« stehe.[25] Der Senator der Inneren Verwaltung, Alfred Richter, und das Hamburgische Staatsamt machten sich das Anliegen der Fürsorgebehörde zu eigen und suchten eine möglichst reichsweite Klärung herbeizuführen. Dabei bestätigte das Staatsamt im September 1935 noch einmal die vertrauliche Hamburger Regelung, wonach bei der Vergabe von öffentlichen Aufträgen nichtarische Firmen nicht zu berücksichtigen seien.[26] Allerdings mußten beide Ämter ihre Bemühungen mit Rücksicht auf die weiterhin eindeutige Haltung der zuständigen Reichsministerien zunächst zurückstellen. In einer Anordnung vom 4. November 1935 erklärte der Reichswirtschaftsminister unmißverständlich, »*daß bis zu der erfolgenden Neuregelung der Stellung der Juden im Wirtschaftsleben alle Maßnahmen nachgeordneter Stellen gegen jüdische Geschäfte zu unterbleiben haben*«.[27]

Die Frage der Zulassung jüdischer Geschäfte stellte sich erneut 1937 mit den Eingemeindungen im Zuge des Groß-Hamburg-Gesetzes. So trugen die vom Wohlfahrtsamt Harburg-Wilhelmsburg ausgegebenen Bezugsscheine schon seit April 1933 den Vermerk »*Nicht gültig für jüdische Geschäfte, Warenhäuser und Einheitspreisgeschäfte*«, und das Wohlfahrtsamt war nicht gewillt, sich der Hamburger Auffassung anzuschließen, wonach ein solcher Vermerk rechtswidrig sei. Der zuständige Dezernent, Paul Prellwitz, erklärte dazu:

»*Ich bin überzeugt, daß eine solche Auslegung in der Öffentlichkeit von niemandem außer den Juden verstanden werden würde, und bitte daher, die Angelegenheit nachzuprüfen und die Praxis der dortigen Wirtschaftsabteilung der herrschenden Meinung anzupassen*«.[28]

Der Vorgang wurde zur weiteren Behandlung an die Behörde für Handel, Schiffahrt und Gewerbe abgegeben. Diese entschied im Dezember 1937 nach Rücksprache mit dem Reichsstatthalter, daß in Hamburg künftig wie in Harburg verfahren werden solle. Die Hilfsbedürftigen seien zu verständigen, daß Bekleidungsscheine oder ähnliche Warenbezugsscheine der Fürsorgebehörde für jüdische Geschäfte keine Gültigkeit hätten.[29] Von diesem Augenblick an entfaltete die Wirtschaftsabteilung der Fürsorgebehörde eine rege Tätigkeit. Sie wandte sich, um möglichst alle in Frage kommenden jüdischen Lieferanten zu erfassen, an die verschiedenen Handwerks-Innungen, an die Einzelhandelsabteilung der Industrie- und Handelskammer Hamburg, an die Zweckgemeinschaft Gebrauchtwarenhandel. Die angeschriebenen Verbände und Kammerabteilungen stellten nun ihrerseits Erhebungen unter ihren Mitgliedern an und stellten der Fürsorgebehörde Listen über ihre nichtarischen Mitglieder zur Verfügung.[30] Die betroffenen Firmen wurden dann auf Veranlassung der Fürsorgebehörde und der Behörde für Handel, Schiffahrt und Gewerbe durch die Innungs- oder Verbandsvorsitzenden darüber verständigt, daß sie vom 1. März 1938 an von der Belieferung der Fürsorgebehörde ausgeschlossen waren. Rückfragen nach dem Urheber dieser Anordnungen sollten unbeantwortet bleiben.[31] Im Februar 1938 ergingen erste Rundschreiben an alle Dienststellen der Fürsorgebehörde, in denen diese über den

Ausschluß der nichtarischen Firmen informiert wurden. Am 2. März 1938 erhielten die Wohlfahrtsstellen den Auftrag, die Bezugsanweisungen mit einem deutlichen Vermerk zu versehen »*Nicht gültig für jüdische Geschäfte*«.[32] Mit dem 1. April 1938 erschienen die ersten Listen über zugelassene Lieferanten, aus denen alle jüdischen Geschäfte entfernt waren.[33] Die Hamburger Politik war damit der Reichspolitik um einige Wochen vorausgegangen. Erst am 17. März 1938 korrigierte der Reichsfinanzminister in einem geheimen Erlaß die noch immer gültigen Richtlinien des Reichskabinetts vom 14. Juli 1933 und verfügte: »*Bei der Vergebung öffentlicher Aufträge ist nach dem Grundsatz zu verfahren, daß jüdische Firmen nicht zu beteiligen sind*«.[34]

Ausgrenzung der Juden bei Sondermaßnahmen des Reichs

Von den bisher geschilderten antijüdischen Ausgrenzungsmaßnahmen war der eigentliche Kreis der Unterstützungsempfänger direkt noch nicht betroffen. Doch auch hier war der Fürsorgebürokratie die Ausgrenzungspraxis bei ihrer Arbeit schon lange vor dem November 1938 vertraut, wenngleich es sich zunächst um Sondermaßnahmen handelte, an denen die Fürsorgebehörde nur beteiligt war oder die sie als Auftragsverwaltung durchführte. So war die Fürsorgebehörde seit 1933 gutachterlich für die Polizeibehörde tätig bei der Gewährung von Ehestandsdarlehen, ehe sie vom 1. Juli 1937 an für die Prüfung aller Anträge allein zuständig wurde.[35] Diese Darlehen wurden von Anfang an nur an Personen vergeben, die die Gewähr boten, daß sie sich »*rückhaltlos für den nationalen Staat*« einsetzten. Darunter waren nicht-arische Ehegatten nach einer Anordnung des Reichsfinanzministers vom 5. Juli 1933 nicht zu zählen.[36] Der Arierparagraph fand auch Eingang in die Bestimmungen über die Ermäßigung und Befreiung von Rundfunkgebühren, die der Reichspostminister in einer Verfügung vom 25. März 1935 neu regelte. Die Bearbeitung dieser Anträge hatte seit jeher die Fürsorgebehörde im Auftrag der Reichspost übernommen.[37] Von den besonderen staatlichen Zuwendungen des nationalsozialistischen Staates an kinderreiche Familien blieben die jüdischen Mitbürger ebenfalls von vornherein ausgeschlossen. Noch ehe 1935 die Reichsregierung auf diesem Gebiet tätig wurde, hatte in Hamburg bereits der Senator der Inneren Verwaltung, Alfred Richter, am 8. Dezember 1933 die Gewährung von einmaligen Beihilfen verfügt. Sie waren durch das Fürsorgewesen an besonders kinderreiche Familien auszuzahlen, wenn diese erbgesund und arischer Abstammung waren.[38] Ganz ähnliche Feststellungen trafen die Ausführungsbestimmungen des Reichsfinanzministers zur Verordnung über die Gewährung von einmaligen Kinderbeihilfen an kinderreiche Familien vom 26. September 1935. Mit der Durchführung dieser Maßnahme wurde ebenfalls die Fürsorgebehörde beauftragt.[39] Die Verordnung des Reichsfinanzministers vom 24. März 1936 über die Gewährung laufender Kinderbeihilfen schränkte den Bezieherkreis auf die Reichsbürger im Sinne des Reichsbürgergesetzes ein. Wenngleich damit zunächst nur die Finanzämter beauftragt waren, wurde die Fürsorgebehörde später doch mit herangezogen.[40] Stärker noch als die bisher angeführten Maßnahmen griffen die neuen Reichsbestimmungen über die Kleinrentner in die Fürsorgepraxis ein, gehörte doch dieser Personenkreis von Anfang an zu der unmittelbaren Klientel der Fürsorgeverbände. Die Kleinrentner, deren Kreis 1934 noch ohne jede Einschränkung um die Empfänger von Kleinrentnerhilfe erweitert worden war,[41] erhielten von 1936 an zu Weihnachten Sonderzuschüsse vom Reich, die durch die Fürsorgeverbände auszuzahlen waren. Von diesen Sonderzuschüssen waren Juden und sogenannte »Geltungsjuden« nach

Verfolgung
Vernichtung

der Ersten Verordnung zum Reichsbürgergesetz ausdrücklich ausgenommen. Die gleichen Bestimmungen fanden sich dann auch in der generellen Neuregelung der laufenden Reichszuschüsse, die der Reichsarbeitsminister im März 1938 vornahm.[42]

Reduzierung der Unterstützungen und Separierung der Juden

Aber auch in dem eigenen Arbeits- und Verwaltungsbereich verfügte das Hamburger Fürsorgewesen Maßnahmen, die den Juden eine Sonderstellung unter den Unterstützungsempfängern verschafften. Diese Entwicklung ist durch zwei Tendenzen gekennzeichnet: durch die allmähliche Reduzierung öffentlicher Unterstützungsleistungen sowie durch die Absonderung der Juden von den übrigen Unterstützungsempfängern. Erste Maßnahmen lassen sich bereits 1933 und 1934 feststellen, doch brachten die Nürnberger Rassengesetze vom 15. September 1935 in dieser Hinsicht einen deutlichen Entwicklungsschub. Die Hamburger Fürsorge hatte schon früh damit begonnen, sich darauf zurückzuziehen, Juden nur noch die gesetzliche Pflichtleistung zu gewähren und ihnen alle »*Kann-Leistungen der öffentlichen Fürsorge*« nicht mehr zuteil werden zu lassen. Davon betroffen waren zuallererst jüdische Schulkinder, denen schon 1933 Schulspeisung nicht mehr gewährt wurde. Auch erhielten hilfsbedürftige jüdische Jugendliche keine öffentliche Unterstützung mehr für den Besuch einer Höheren Schule oder für die Berufsausbildung.[43] 1935 gingen die Wohlfahrtsstellen verstärkt dazu über, die Zuwendungen der jüdischen Wohlfahrtspflege voll auf die öffentlichen Unterstützungen anzurechnen. Obwohl nach einer Entscheidung des Präsidenten der Gesundheits- und Fürsorgebehörde, Dr. Friedrich Ofterdinger, vom Februar 1935 im Regelfall nur 50% in Anrechnung kommen sollten, bestätigte die Fürsorgeabteilung im August 1935 die neue Praxis als allgemeingültig.[44] Ein Vorstoß der Wohlfahrtskommission der Deutsch-Israelitischen Gemeinde beim Vizepräsidenten Martini, angesichts der schwieriger werdenden wirtschaftlichen Lage der jüdischen Gemeinde und der Zunahme der Unterstützungsfälle den jüdischen Hilfsbedürftigen die gesetzlichen Leistungen voll zukommen zu lassen, die zusätzlichen Zuschüsse durch die Gemeinde wegen der besonderen rituellen Bedürfnisse hinsichtlich der Ernährung und Wohnung außer Acht zu lassen und die Auswanderung durch die Vorwegzahlung der sonst laufend weiter zu gewährenden Unterstützung zu erleichtern, stieß ins Leere. Die Behörde sah keinerlei Anlaß zu einer »*bevorzugten Betreuung*«, sondern stellte fest, daß jüdischen Hilfsbedürftigen nur die Regelleistungen der allgemeinen Fürsorge zu gewähren waren. Sie wertete darüber hinaus die von der jüdischen Gemeinde geleisteten Zuschüsse als eine besondere moralische Pflicht im Sinne der »Reichsgrundsätze über Voraussetzung, Art und Maß der öffentlichen Fürsorge« vom 4. Dezember 1924, so daß diese auch voll auf die öffentliche Unterstützung anzurechnen waren.[45] Damit reduzierte das Hamburger Fürsorgewesen die öffentliche Unterstützung auf die gesetzlich verankerten Grundleistungen.

Sie ging in der Folgezeit sogar dazu über, Sondermaßnahmen in der erweiterten ärztlichen Fürsorge oder in der Heil- und Erholungsfürsorge, die noch in den Bereich der gesetzlichen Pflichtaufgaben gehörten, nur noch zu gewähren, wenn die Deutsch-Israelitische Gemeinde sich mindestens mit der Hälfte oder gar zwei Drittel an den zusätzlichen Kosten beteiligte.[46] Jüdische Wohlfahrtserwerbslose wurden nicht mehr in die entlohnte Fürsorgearbeit vermittelt, die ein regelrechtes Arbeitsverhältnis darstellte, sondern wurden nur noch als Unterstützungsarbeiter in die Pflichtarbeit eingewiesen. Von der äußerst geringen zusätzlichen Prämie, die sie dafür erhielten, wurde bei Juden ein Teil auf die allgemeine Unterstützung angerechnet. Auswärtig beschäftigte jüdische Notstandsarbeiter, die es entgegen der allgemeinen Regelung in Hamburg ab 1938 wieder gab, erhielten im Gegensatz zu ihren deutschen Kollegen durch die Fürsorge keine monatliche Freifahrt zu ihren Familien. Erhöhte Mietebeihilfen wurden ebensowenig mehr an jüdische Hilfsbedürftige gewährt wie den jüdischen Insassen von Alters- und Siechenheimen ein Taschengeld gezahlt wurde.[47] In der Frage der Beihilfen zur Förderung der jüdischen Auswanderung verhielt sich die Fürsorgebehörde weiterhin »*zurückhaltend*« und wurde erst im Oktober 1938 aktiver, nachdem das Reichsinnenministerium sein Interesse an der Auswanderung bekundet hatte. Aber auch jetzt war die Behörde nur bereit, unterstützend einzutreten, wenn die jüdische Gemeinde oder aber die Reichsvertretung sich in gleicher Weise beteiligte.[48]

Mit dem Aussetzen der gehobenen Fürsorge und der Sonderleistungen und mit der Reduzierung der Ausgaben bei gesetzlichen Pflichtleistungen ging in den Jahren 1933 bis 1938 gleichermaßen eine Absonderung der jüdischen von den übrigen Unterstützungsempfängern einher. Diese setzte verstärkt nach der Nürnberger Rassengesetzgebung im Herbst 1935 ein, wurde aber in Teilen schon vorher vorgenommen. So plädierten etwa das Jugendamt und der Ausschuß für Kinderanstalten gegenüber dem Rechnungshof und der Finanzverwaltung im September 1934 dafür, zwei jüdische halboffene Kindertagesheime weiterhin öffentlich zu unterstützen mit dem Argument, daß »*vom völkischen Standpunkt aus*« die »*Unterstützung von zwei jüdischen Anstalten, dagegen aber Reinhaltung der übrigen Kindertagesheime von jüdischen Kindern*« die bessere Lösung darstelle.[49] Mit dem Herbst 1935 setzten dann auf nahezu allen Feldern der Fürsorge, sei es der Familien-, Arbeits- oder Erziehungsfürsorge oder aber bei der Unterbringung in Heimen, Krankenanstalten und bei Pflegeeltern, Maßnahmen ein, die Juden von den übrigen Hilfsbedürftigen abzusondern. Und wo die Separierung nicht vollkommen zu erreichen war, wurde sie doch in Ansätzen versucht.

In die Akten der jüdischen Unterstützungsempfänger wurde ein Vermerk über die »*rassische Zugehörigkeit*« aufgenommen. Einige Wohlfahrtsstellen versahen die entsprechenden Akten mit der Aufschrift »Jude«.[50] Die Arbeitsfürsorge errichtete noch 1935 Extraarbeitsplätze nur für jüdische Unterstützungsarbeiter. Die Männer mußten schwere und schwerste Erdarbeiten verrichten, zunächst auf Waltershof, wo sie auf einem Schlickfeld Sport- und Spielplätze für die Kindertageskolonie und ein Kleingartengelände errichteten; ab Februar 1938 wurden sie mit Graben- und Straßenbauarbeiten in Tiefstack beschäftigt und schließlich 1939 noch in Volksdorf, wo durch ihre Arbeit ein Schießstand entstand. Jüdische Wohlfahrtserwerbslose wurden nahezu »*restlos in Unterstützungsarbeit*« gebracht, so daß durchschnittlich zwischen 60 und 110 von ihnen täglich im Einsatz waren. Die in Unterstützungsarbeit tätigen jüdischen Frauen verblieben zwar in der Nähstube der Arbeitsfürsorge in der Rosenallee, arbeiteten aber abgesondert in abgetrennten Räumen. Es waren durchschnittlich 30 jüdische Frauen beschäftigt. Im Januar 1939 wurden sie dann »*aus arbeitseinsatzpolitischen Gründen*« aus der Nähstube herausgenommen und auf landwirtschaftliche und gärtnerische Arbeiten umgestellt.[51] Bei den von der Arbeitsfürsorge vermittelten Notstandsarbeiten wurden Juden ebenfalls von den übrigen Arbeitern separiert und auf gesonderten Arbeitsplätzen beschäftigt. So beschickte die Arbeitsfürsorge 1938 und 1939 zwei, zeitweilig drei auswärtige Plätze im Bezirk Stade in Niedersachsen ausschließlich mit Juden. In diesen Sonderlagern bei Buxtehude waren bis zu 90 jüdische erwerbslose Unterstützungsempfänger ebenfalls mit schweren Erdarbeiten tätig.[52]

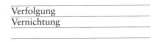

Verfolgung
Vernichtung

Absonderung im zunehmenden Maße fand auch in der geschlossenen Fürsorge statt. Da die Hamburger Fürsorgebehörde trotz der erweiterten Staatlichen Wohlfahrtsanstalten nicht über eine hinreichende Zahl an Heimplätzen für Alte, Sieche und Behinderte verfügte, war sie von jeher angewiesen auf die privaten Alters- und Siechenheime. Seit 1935 erfolgte nun – wie schon vorher bei den Kindern – eine von der Behörde bewußt gesteuerte Belegung.[53] Konfessionelle Anstalten waren dazu übergegangen, mit Rücksicht auf die Ende 1936 geänderte Steuergesetzgebung über mildtätige Stiftungen »Nicht-Arier« nicht mehr aufzunehmen bzw. bereits aufgenommene zu verlegen. So entließen die Alsterdorfer Anstalten seit Anfang 1938 nach und nach alle ihre jüdischen Pfleglinge, die zum größten Teil zunächst vom Versorgungsheim der Staatlichen Wohlfahrtsanstalten aufgenommen wurden.[54] Schwierigkeiten bereitete allerdings die »Entmischung« der Wohnstifte. Eine große Anzahl von ihnen war mit jüdischen Geldern errichtet worden und hatte Personen ohne Ansehen der Konfessionen aufgenommen. Aber auch hier wurde im Oktober 1939 eine Zusammenfassung aller »Nicht-Arier« in einem besonderen Stift ins Auge gefaßt.[55] Das Hamburger Jugendamt begrüßte ausdrücklich die Nürnberger Gesetze und sah sich durch sie in der bisherigen Praxis einer strikten Trennung bei der Unterbringung von Kindern in Heimen oder bei Pflegeeltern bestätigt.[56] Es hatte bis Ende November 1938 fast alle unter seiner Aufsicht stehenden jüdischen Kindern aus den eigenen Anstalten entfernt; ihnen sollten später die sogenannten Mischlinge 1. Grades folgen.[57] Außerdem überprüfte das Jugendamt 1937 alle unter seiner Mitwirkung geschlossenen Adoptionen im Hinblick darauf, ob »arische« Kinder Aufnahme bei jüdischen Eltern gefunden hatten. Es beabsichtigte, auch wenn damit »Härte und menschliche Tragik« verbunden seien, die »*deutschblütigen Kinder von jüdischem Einfluß und jüdischem Namen zu befreien*«, noch ehe hierzu reichsrechtliche Regelungen erfolgten.[58]

Dagegen war in der Familienfürsorge bis 1938 noch keine strikte Trennung vollzogen worden. Die Fürsorgerinnen wußten auch nicht von besonderen Vorkommnissen in den Beratungsstellen zu berichten. Allerdings gab es vereinzelt Zeichen des Erstaunens und des Unmutes in der Bevölkerung. Dazu heißt es in dem Bericht einer Familienfürsorgerin:

»*Die Arbeit bringt es trotz größter Zurückhaltung natürlich mit sich, daß man als Fürsorgerin doch mit den jüdischen Familien sehr oft und in engste Berührung kommt. Aus den Reihen der arischen Kreise des Bezirkes wird immer Erstaunen geäußert, daß die Juden noch unterstützt und ihre Kinder noch betreut werden. Viele sehen es nicht gern, daß man erst mit Juden verhandelt und dann vielleicht in ihr Haus kommt. Oft, wenn es sich so ergibt, daß man mit Juden einmal auf der Straße verhandeln muß, mache ich die Beobachtung, daß mich sehr mißbilligende Blicke treffen und daß man aufpaßt, wie sich die Unterhaltung gestaltet*«.

Auch hier wurde der Wunsch geäußert, möglichst »*eine strenge Teilung*« vorzunehmen, und von der Oberfürsorgerin in der Wohlfahrtsstelle wurde darauf geachtet, daß jüdische Mütter mit ihren Kindern »*möglichst vor oder nach der amtlichen Beratungsstunde*« bestellt wurden.[59]

Als die Hamburger Fürsorgebehörde im Frühjahr 1938 daran ging, ihre bisherigen Bestimmungen und Richtlinien nach einheitlichen Gesichtspunkten zusammenzufassen und auf die Grundauffassungen des Nationalsozialismus hin auszurichten, wurde auch die Stellung der Juden grundlegend neu formuliert. Es wurden vier Gruppen von Unterstützungsempfängern definiert, denen unterschiedliche Fürsorge zuteil werden sollte. Dabei wurden die »Nicht-Arier« zusammen mit den Ausländern der dritten Gruppe, der Allgemeinen Fürsorge, zugeordnet, die für Personen vorgesehen war, die »*nicht als wert-

volle Volksgenossen gelten« konnten, sowie für sozial schwierige Personen, »*die den Willen und die Kraft, sich von der öffentlichen Fürsorge zu lösen, vermissen*« ließen und »*deren Verantwortungsbewußtsein gegenüber dem Volksganzen noch zu entwickeln und zu festigen*« war.⁶⁰

Sowohl die allgemeine Politik und die gesellschaftspolitische Entwicklung wie auch die eigenständigen behördlichen Maßnahmen hatten bis 1938 eine Aussonderung der Juden aus der allgemein gültigen Fürsorge in die Wege geleitet, ihnen das Stigma einer Sondergruppe aufgedrückt, sie in die Nähe von anderen gleichermaßen gering geachteten Minderheiten gerückt, denen öffentliche Leistungen nur in beschränktem Umfang zu gewähren waren. Die praktische Fürsorgepolitik war damit in weiten Teilen einer reichsrechtlichen Regelung vorausgeeilt, deren sie aber letzten Endes doch bedurfte und die sie von der Reichsregierung auch einforderte. Diese erfolgte allerdings erst im November 1938 im Zusammenhang mit der endgültigen Ausschaltung der Juden aus dem Wirtschaftsleben und der Ausplünderung ihrer Vermögen und Einkommen.

Deutsche Juden als Ausländer.
Die Verordnung über die öffentliche Fürsorge für Juden

Initiativen zu einer reichsrechtlichen Regelung waren von einigen Fürsorgeverbänden bereits 1935 an die Reichsregierung herangetragen worden.⁶¹ Die Nordwestdeutsche Arbeitsgemeinschaft für Wohlfahrtspflege, ein Zusammenschluß der Bezirksfürsorgeverbände Norddeutschlands, der der Hamburger Oskar Martini vorstand, beschäftigte sich auf ihrer Tagung im November 1935 auf Anregung des Bremer Wohlfahrtsdezernenten Wilhelm Kayser mit diesem Thema. Das Ergebnis dieser Tagung leitete Martini an den Deutschen Gemeindetag weiter mit der Bitte, beim Reichsinnenministerium die Herausgabe von allgemeinen Richtlinien über die Behandlung von »Nicht-Ariern« in der öffentlichen Fürsorge anzuregen.⁶² Das Reichsinnenministerium gab die Erörterung dieser Frage an den Deutschen Gemeindetag zurück und beauftragte ihn, diese auf der nächsten Sitzung des Wohlfahrtsausschusses des Deutschen Gemeindetages zu diskutieren. Als Referent wurde dann Oskar Martini bestimmt.⁶³ Martinis Ausführungen auf der Tagung am 10. Juni 1937 in Heidelberg stellten zunächst die fürsorgerische Praxis dar, so wie sie sich in den Städten Hamburg, Nürnberg und München entwickelt hatte. Sie zielten am Ende darauf ab, die fürsorgerechtliche Gleichstellung der Juden in Deutschland mit den Ausländern zu fordern. Diesen wurde im Falle der Hilfsbedürftigkeit nur der Lebensunterhalt, nämlich Unterkunft, Nahrung, Kleidung, Pflege und Krankenhilfe sowie Bestattungsaufwand gewährleistet. Von allen darüber hinausgehenden Leistungen wie der Wiederherstellung der Arbeitsfähigkeit, der Erwerbsbefähigung von Minderjährigen und Behinderten, der Wochenfürsorge sowie von der gehobenen und der vorbeugenden Fürsorge sollten die Juden damit ausgeschlossen werden. Sondermaßnahmen für jüdische Unterstützungsempfänger sollten nur greifen, wenn wie bei ansteckenden Krankheiten oder bei drohender Verwahrlosung ein allgemeines Interesse vorlag. Die Hilfsbedürftigkeit von Juden sollte streng geprüft und die laufenden Zuwendungen durch die jüdische Gemeinde sollten voll auf die öffentliche Unterstützung angerechnet werden. In der darauffolgenden Debatte wurde vielfach Zustimmung im Grundsätzlichen laut. Der anwesende Ministerialrat Fritz Ruppert vom Reichsinnenministerium faßte schließlich als einhellige Meinung des Wohlfahrtsausschusses zusammen – er machte sich diesen Standpunkt ausdrücklich zu eigen -

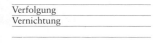
Verfolgung
Vernichtung

daß eine reichsgesetzliche Regelung für notwendig gehalten und eine Gleichstellung der Juden mit den Ausländern hinsichtlich der Art und des Maßes der Unterstützung als das Zweckmäßigste angesehen werde.⁶⁴

Trotz dieser Übereinstimmung zwischen den Wohlfahrtsexperten des Deutschen Gemeindetages und dem zuständigen Beamten im Reichsinnenministerium dauerte es noch über ein Jahr, bis das Ministerium im Juli 1938 einen Entwurf für eine »Verordnung über die öffentliche Fürsorge für Juden« vorlegte, der im wesentlichen bereits alle Bestimmungen der späteren Verordnung enthielt. Diese wurde schließlich am 19. November 1938 gemeinsam vom Reichsinnenminister, Reichsarbeitsminister und Reichsminister der Finanzen herausgegeben.⁶⁵ Entscheidend war, daß sie hilfsbedürftige deutsche und staatenlose Juden sowie sogenannte Geltungsjuden grundsätzlich aus der öffentlichen Fürsorge entließ und sie der jüdischen freien Wohlfahrtspflege überantwortete sowie von den Zuwendungen der Kleinrentnerhilfe ausschloß. Die öffentliche Fürsorge sollte nur noch tätig werden, wenn sich die jüdische Wohlfahrtshilfe überfordert zeigte. Die Verordnung schränkte außerdem, sich dabei an den inhaltlichen Vorgaben des Deutschen Gemeindetages orientierend, den von der Fürsorge zu gewährenden vollen Lebensbedarf erheblich ein. Nur schwerkriegsbeschädigte Juden blieben vorerst von diesen neuen Regelungen ausgespart. Die Politik der Reichsregierung war in der Folgezeit darauf ausgerichtet, das pauperisierte Judentum auf keinen Fall zu einer finanziellen Belastung für die öffentliche Fürsorge werden zu lassen. Sie forderte deshalb mehrfach nachdrücklich, jüdische Wohlfahrtsstellen von der Arisierung auszunehmen und die Auswanderung insbesondere auch der ärmeren Juden vordringlich zu fördern.⁶⁶

Die Ausstoßung aus der öffentlichen Fürsorge

Die Ausstoßung der hilfsbedürftigen Juden aus der öffentlichen Fürsorge erfolgte in dem Augenblick, in dem sich die Ausraubung der jüdischen Mitbürger drastisch verschärfte und den jüdischen Gemeinden wegen der Ausschaltung ihrer Mitglieder aus dem Wirtschaftsleben und der zahlreichen Auswanderungen immer weniger Mittel zur Verfügung standen. Zwar hatte sich die Zahl der in Hamburg lebenden Juden von 1933 bis 1939 halbiert, aber die Zahl der als hilfsbedürftig Anzusehenden unter ihnen veränderte sich kaum. Unterstützungen von der Jüdischen Winterhilfe zum Beispiel erhielten 1936/37 etwa 3.600 Personen, 1937/38 3.900 und 1938/39 3.700; der Anteil der Unterstützten an der gesamten jüdischen Bevölkerung stieg damit von knapp 21% im Winter 1935/36 auf knapp 40% im Winter 1938/39. Die laufenden Ausgaben der jüdischen Gemeinde für Wohlfahrtszwecke verdoppelten sich von 1936 bis 1939; machten sie 1936 40% der Gesamtausgaben aus, so stieg ihr Anteil 1939 auf 60%.⁶⁷ Diese Daten standen damit ganz im Gegensatz zu der allgemeinen Entwicklung in der Fürsorge, wo eine deutliche Entlastung bei den Parteienzahlen und den Aufwendungen festzustellen war. Wer von den jüdischen Hilfsbedürftigen in der Zeit vor 1939 auch von der öffentlichen Fürsorge unterstützt wurde, ließ sich nicht ermitteln. Beim Inkrafttreten der Sonderfürsorgeverordnung für Juden am 1. Januar 1939 unterstützte die Hamburger Sozialverwaltung 608 Parteien laufend in der offenen Fürsorge, was in etwa 860 Personen entsprach. Ihre Zahl verringerte sich in den folgenden Monaten stetig, bei Kriegsausbruch waren es 318, am 1. Dezember 1939 noch 274 Parteien.⁶⁸ Über die Zahl der mit einmaligen und Sonderzuwendungen sowie mit geschlossener Fürsorge unterstützten jüdischen Hilfsbedürftigen liegen keine offiziellen Angaben vor. Geht man von dem allgemeinen Verhältnis der Hauptunterstützungsempfänger zu den sonstigen Unterstützten aus, so muß mit etwa 200 bis 300 weiteren jüdischen Unterstützungsempfängern gerechnet werden, so daß am Ende des Jahres 1938 mehr als tausend Juden in Hamburg Leistungen der öffentlichen Fürsorge erhalten haben.[69]

Für die Hamburger Fürsorgepolitik bedeutete die reichsrechtliche Regelung nur einen weiteren Entwicklungsschub auf dem ohnehin schon eingeschlagenen Pfad, nun allerdings verbunden mit der festen Zielsetzung einer endgültigen Abstoßung der jüdischen Hilfsbedürftigen. Noch bevor die Behörde daran ging, die allgemeinen Reichsrichtlinien auszufüllen, ordnete sie die Trennung der jüdischen von den übrigen Unterstützungsempfängern an, indem sie die Juden nur noch zweimal wöchentlich eine Stunde zu gesonderten Zeiten in den Dienststellen abfertigen ließ, da man es den Volksgenossen nicht zumuten könne, »*mit Juden das Wartezimmer zu teilen*«. Die Höhe der Unterstützung wurde nochmals ausdrücklich auf den erniedrigten Richtsatz der Allgemeinen Fürsorge festgelegt. Das Beschwerderecht für Juden wurde eingeschränkt, indem Einsprüche gegen Widerspruchsbescheide nicht mehr von der allgemeinen Einspruchsstelle entgegengenommen, sondern von der Behördenleitung selbst letztgültig entschieden wurden.[70] Noch Ende November 1938 wurden die Akten der laufend unterstützten Juden einer Revision unterzogen.[71] Im übrigen plante die Behörde, die verschiedenen Fürsorgebereiche stufenweise auf die jüdische freie Wohlfahrtspflege zu übertragen. Den Anfang machte die geschlossene Fürsorge für Alte und Sieche sowie für Zöglinge, danach sollten die ärztliche Versorgung und die Krankenhauspflege überantwortet werden. Die Übertragung der offenen Fürsorge sollte als letztes erfolgen, weil hier noch die Möglichkeit bestand, die Juden »*zu nutzbringender Arbeit anzuhalten*«, und die körperliche Arbeit sie darüber hinaus »*zur Auswanderung aufmuntert*«.[72]

Die am 13. Dezember 1938 stattfindenden Gespräche zwischen der Sozialverwaltung und den Vorständen der jüdischen Wohnstifte hatten die vollkommene Trennung sowohl der Verwaltungen als auch der Bewohner zum Ergebnis. Die Sozialverwaltung überließ dem Jüdischen Religionsverband drei von insgesamt neun Stiften, was zur Zeit der Abmachung das Doppelte des Bedarfs darstellte, und stattete sie mit Stiftungsmitteln aus, die eine längerfristige Finanzierung ermöglichen. Im Gegenzug erklärte der Jüdische Religionsverband, daß damit die Voraussetzungen für eine vollständige Übernahme der geschlossenen Fürsorge gegeben seien.[73] Am 22. Dezember 1938 veröffentlichte die Sozialverwaltung eine Dienstverordnung, die die öffentliche Fürsorge für Juden vom 1. Januar 1939 an im einzelnen regelte. Sie überwies die Anstalts- und Heimpflege für Jugendliche und Erwachsene grundsätzlich der jüdischen freien Wohlfahrtspflege. In der offenen Fürsorge verblieben nur Hilfsbedürftige, denen der Jüdische Religionsverband bescheinigte, daß sie nicht oder nicht ausreichend von der jüdischen Wohlfahrtspflege unterstützt wurden. Für alle mit Ausnahme der Schwerkriegsbeschädigten galten nur noch die niedrigen Richtsätze der Allgemeinen Fürsorge. Darüber hinaus erfolgte eine verschärfte Anrechnung auch von kleinen Vermögen und Einkommen. Jüdische Hilfsbedürftige hatten ohne Ansehen des Alters grundsätzlich Unterstützungsarbeit zu leisten, auch hier erhielten sie eine um etwa ein Fünftel verminderte Prämie. Gesundheitsfürsorgerische, vorbeugende oder andere Sondermaßnahmen wurden überhaupt nicht mehr gewährt, es sei denn, daß ein öffentliches Interesse daran bestand. Auf Grund einer Reichsverordnung wurden Juden am 17. Januar 1939 auch noch von der Gewährung von Mietbeihilfen ausgeschlossen. Ihre Betreuung erfolgte ausschließlich durch berufsamtliche Kräfte, die die jüdischen Hilfsbedürftigen »*über das übliche Maß hinaus*« laufend zu überwachen hatten. Schließlich wurde

Verfolgung
Vernichtung

die Bearbeitung aller jüdischen Unterstützungsfälle auf eine Dienststelle konzentriert. Dazu wurde in einer ehemaligen Nebenstelle der Kreisdienststelle 3a auf St.Pauli eine separate Sonderdienststelle B eingerichtet, die am 6. Februar 1939 ihre Arbeit aufnahm.[74] Zur gleichen Zeit übernahm die jüdische Wohlfahrtspflege wie vereinbart die Unterbringungskosten in Wohnstiften und Wohnheimen.[75]

In weiteren Verhandlungen, an denen auch die Finanzverwaltung, das Arbeitsamt und die Gestapo beteiligt waren, drängte die Sozialverwaltung dann darauf, dem Jüdischen Religionsverband ab 1. April 1939 die gesamte Fürsorge für Juden zu überlassen. Zur Sicherstellung der Finanzierung sollte das Grundstücks- und Stiftungsvermögen herangezogen werden. Demgegenüber machte der Religionsverband geltend, daß eine Übertragung der gesamten Wohlfahrtsarbeit einen so hohen Verwaltungs- und Kapitalaufwand zur Folge hätte, daß das Vermögen binnen weniger Jahre aufgebraucht wäre und damit die Wohlfahrtsaufwendungen langfristig wieder auf den Staat zurückfallen würden. Dieser Argumentation schloß sich die Hamburger Finanzverwaltung an.[76] So verblieb es zunächst bei der bisher erzielten Arbeitsteilung. Allerdings ließ sich die Sozialverwaltung rückwirkend vom 1. April 1939 an alle Ausgaben, die ihr in Ausübung der Fürsorge für Juden entstanden, einschließlich eines zehnprozentigen Aufschlages für die damit verbundenen Verwaltungskosten vom Jüdischen Religionsverband erstatten. Ihre Ansprüche sollten durch die Kaufpreise, die die Hansestadt Hamburg für den Ankauf von Grundstücken des Jüdischen Religionsverbandes aufwendete, sichergestellt werden. Diese kamen damit gar nicht erst zur Auszahlung, sondern wurden mit den Wohlfahrtslasten der Sozialverwaltung verrechnet.[77] Aber auch diese Regelung vom Juni 1939 hatte nicht lange Bestand. Nachdem im Juli 1939 die »Reichsvereinigung der Juden in Deutschland« eingerichtet und zum offiziellen Träger der jüdischen freien Wohlfahrtspflege erklärt worden war,[78] schieden in Hamburg mit dem 30.November 1939 die deutschen, einschließlich der sogenannten Geltungsjuden, und die staatenlosen Juden, nunmehr vermehrt um die Juden aus dem Reichsprotektorat Böhmen und Mähren sowie aus Polen, vollständig aus der öffentlichen Fürsorge aus und fielen dem Jüdischen Religionsverband anheim, lange bevor dies durch einen Runderlaß des Reichsinnen- und des Reichsarbeitsministers vom 21. Dezember 1942 formell endgültig bestimmt wurde.[79] Das betraf in der laufenden offenen Fürsorge 269 Parteien von insgesamt 274, was etwa 380 Personen entsprach. Die Sonderdienststelle B wurde nach nur zehnmonatiger Tätigkeit wieder aufgehoben.[80]

Damit endete kurz nach dem Kriegsausbruch in Hamburg offiziell die fürsorgerische Betreuung der Juden durch die Gemeinde und den Staat. Ausgrenzung und Marginalisierung der jüdischen Hilfsbedürftigen waren nahezu total. Der übriggebliebene Personenkreis und die verbliebenen Reste an öffentlichen Zuwendungen verfielen in der Folgezeit weiteren Einschränkungen; sei es, daß im August 1940 die ausländischen Juden, im August 1941 die jüdischen Witwen oder Frauen arischer Männer aus aufgelösten Ehen dem Jüdischen Religionsverband überantwortet wurden,[81] sei es, daß die ehemalige jüdische Fürsorgeklientel seit Januar 1940 keine Kleiderkarten erhielt oder jüdische Schwerkriegsbeschädigte im Dezember 1941 ihre letzten Vergünstigungen bei der Eisenbahn und den Ämtern verloren.[82] Ein letztes Stadium vor der endgültigen Zerstörung aller Lebensgrundlagen war für die jüdischen Hilfsbedürftigen erreicht. Der Prozeß ihrer allmählichen Ausgrenzung aus dem Kreis der übrigen Hilfsbedürftigen, der allmählichen Reduzierung ihrer Lebensmöglichkeiten lief zwar gleichauf mit der allgemeinen Entwicklung der Ausschaltung der jüdischen Mitbürger aus der Volksgemeinschaft, aber es bedurfte dazu keineswegs immer spezieller Anstöße durch die Reichsregierung oder die Parteileitung, wenngleich von diesen letztendlich die entscheidenden Weichenstellungen ausgingen. Er entwickelte sich aus dem Zusammenwirken von allgemeinen reichsrechtlichen Direktiven von oben, gesellschaftspolitischem Druck von außen und behördlicher Aktivität von innen und eskalierte nahezu kontinuierlich, wobei die Ereignisse der Jahre 1935 und 1938 keine Einschnitte darstellten, sondern nur zusätzliche Schubkräfte erbrachten. In der Frage der Wohlfahrtspflege für Juden handelte Hamburgs öffentliche Fürsorge 1933 bis 1939 durchaus nach Geist und Inhalt des Nationalsozialismus. Und wo sie nicht aus eigenem Antrieb tätig wurde, erfüllte sie doch mit Gewissenhaftigkeit die vorgegebenen Richtlinien. In der Verwaltung, deren vornehmste Aufgabe es war, für die Schwachen und in Not Geratenen einzutreten, erhob sich – soweit feststellbar – kein nennenswerter Protest. Es drückt sich darin ein hohes Maß an Akzeptanz hinsichtlich des antijüdischen Vorurteils und der nationalsozialistischen Zielsetzung einer geschlossenen deutschen Volksgemeinschaft aus.

Anmerkungen

1 Vgl. Adler-Rudel, Jüdische Selbsthilfe; Kramer 1986; Vollnhals 1988.
2 Die Juden in Deutschland, S. 739-754.
3 Vgl. Reichsgesetzblatt 1938 I, S. 1649, und 1939 I, S. 1097-1099 (im folgenden RGBl).
4 Die Untersuchung beruht im wesentlichen auf der Durchsicht des Aktenbestandes der Hamburger Sozialbehörde sowie weiterer Behörden im Staatsarchiv Hamburg.
5 Es sei an dieser Stelle darauf hingewiesen, daß die Behörde in den Jahren 1933 bis 1939 mehrfach Veränderungen in ihrer Behördenstruktur und Bezeichnung erfuhr. Als Wohlfahrtsbehörde bestand sie bis Herbst 1933, wurde dann als Fürsorgewesen in eine Mittelbehörde Gesundheits- und Fürsorgebehörde integriert, bestand vom Herbst 1936 wieder als eigenständige Fürsorgebehörde und nahm im April 1938 die Bezeichnung Sozialverwaltung an.
6 An Stelle der vielen sei hier an Fanny David erinnert, eine der beiden Frauen, die Anfang 1933 die Leitung einer Wohlfahrtsstelle innehatten. Vgl. Jochmann 1984, S. 20-22.
7 Vgl. Präses der Wohlfahrtsbehörde an die Leiter der Wohlfahrtsstellen vom 25. April 1933, StAH Sozialbehörde I, VG 12.13.
8 Vgl. Ergebnis der Rundfrage betr. nichtarische ehrenamtliche Wohlfahrtspfleger vom 30. Mai 1933, StAH Sozialbehörde I: EO 31.16.
9 StAH Sozialbehörde I: EO 31.16.
10 Vgl. die vom Reichskabinett am 14. Juli 1933 beschlossenen »Richtlinien über die Vergebung öffentlicher Aufträge«, die sämtlichen Reichsministern und Landesregierungen mit Schreiben des Reichswirtschaftsministers vom 19. Juli 1933 zugingen. StAH Sozialbehörde I: WA 10.18; vgl. auch die Schreiben des Reichsministers für Volksaufklärung und Propaganda vom 9. Juni 1933 und des Reichswirtschaftsministers vom 8. September 1933 an den Deutschen Industrie- und Handelstag, StAH Finanzdeputation IV, VuO IIA 1be. Zum Problem allgemein vgl. zuletzt Barkai 1988 (2).
11 Vgl. Vertrauliches Schreiben des Regierenden Bürgermeisters an die Senatoren vom 22. Okt. 1934, StAH Senatskanzlei-Präsidialabteilung, 1935.A.35
12 Schreiben vom 20. März 1933, StAH Sozialbehörde II: O21.50 – 11.
13 Schreiben Martinis vom 24. März 1933 und Verzeichnis, ebd.
14 Vgl. Aktenvermerk Meyer vom 11. Juli 1933 und Dunkel vom 21. Juli 1933, ebd.
15 Schreiben des Senats vom 22. Juli 1933, StAH Sozialbehörde I: WA 10.18.
16 Rundschreiben Nr. 44 vom 14. November 1933, ebd.
17 Gewerbekammer an Fürsorgewesen vom 28. Mai 1934, StAH Sozialbehörde II: O21.50-11.
18 Vgl. Anträge 1933/34, StAH Sozialbehörde II: O21.50-3.
19 Schreiben an das Fürsorgeamt vom 31. Mai 1934 und Niederschrift vom 6. Juni 1934, ebd.
20 Schreiben an die Fürsorgebehörde vom 22. Mai und 4. Juli 1934, ebd.
21 Verfügung vom 7. Juni 1934 und Liste der vom Fürsorgewesen zugelassenen optischen Ge-

Verfolgung
Vernichtung

schäfte vom Juli 1934, ebd.
22 Vertrag vom 30. April 1935, ebd.
23 Becker an den Präsidenten der Gesundheits- und Fürsorgebehörde vom 25. Juli 1935; Vermerk Martini vom 19. August 1935 über ein Gespräch mit von Allwörden; Schreiben der Wohlfahrtsstelle VI an die Wirtschaftsabteilung vom 26. Aug. 1935, StAH Sozialbehörde I: WA 10.18.
24 Vgl. Aktenvermerk Gotte vom 23. August 1935 und Niederschrift der Dienstbesprechung der Wohlfahrtsstelle VII vom 28. August 1935, StAH Sozialbehörde I: WA 10.18 und VG 20.10.
25 Schreiben der Gesundheits- und Fürsorgebehörde an den Senator der Inneren Verwaltung vom 21. August 1935, vgl. auch Wirtschaftsabteilung, Büsing, an Becker vom 24. August 1935, StAH Sozialbehörde I: WA 10.18.
26 Staatsamt an Senator der Inneren Verwaltung vom 4. September 1935, StAH Senatskanzlei-Präsidialabteilung, 1935.A.35.
27 StAH Sozialbehörde I: WA 10.18.
28 Prellwitz an Martini vom 16. Oktober 1937; vgl. auch Industrie- und Handelskammer Harburg-Wilhelmsburg an die Behörde für Handel, Schiffahrt und Gewerbe vom 22. April 1937, ebd.
29 Vgl. Aktenvermerke von Martini vom 7. Dezember 1937 und von Büsing vom 9. Dezember 1937, ebd.
30 Vgl. dazu die Korrespondenz der Wirtschaftsabteilung betr. Ausschließung nichtarischer Geschäfte von der Belieferung der Fürsorgebehörde vom Dezember 1937 bis Februar 1938, ebd.
31 Vermerk Büsing vom 25. Februar 1938, ebd.
32 Vgl. Rundschreiben der Verwaltungsabteilung über den Ausschluß nichtarischer Optiker vom 24. Febr. 1938, StAH Sozialbehörde II: 021.50-3, und Vermerk Büsing vom 2. März 1938, StAH Sozialbehörde I: WA 10.18.
33 Vgl. Liste der zugelassenen Lieferanten für Brillen, künstliche Augen und Brillenreparaturen ab 1. April 1938, StAH Sozialbehörde II: 021.50-3.
34 Dieser Erlaß war der Sozialverwaltung erst am 31. Mai 1938 vom Stadtkämmerer mitgeteilt worden, StAH Sozialbehörde I: WA 10.18.
35 Vgl. die Dienstverordnungen über Ehestandsdarlehen vom 7. Juni 1935 und 28. Juni 1937, StAH Sozialbehörde I: EF 30.14.
36 Vgl. Durchführungsverordnung über die Gewährung von Ehestandsdarlehen vom 20. Juni 1933, RGBl 1933 I, S. 377-379, und Adam 1972, S. 74.
37 Vgl. Amtsblatt des Reichspostministeriums 1935, S. 149-152, sowie die Dienstverordnung über die Befreiung von Rundfunkgebühren vom 8. April 1935 und Nachtrag vom 11. August 1936, StAH Sozialbehörde I: AF 11.20.
38 Vgl. Dienstverordnung über Beihilfen an besonders kinderreiche Familien, ebd., StA 27.71.
39 Vgl. Verordnung des Reichsfinanzministers vom 15. September 1935 und Durchführungsbestimmungen vom 26. September 1935, RGBl 1935 I, S. 1160 und S. 1206-1208, sowie Auszug aus dem Protokoll des Senats vom 21. Oktober 1935, StAH Sozialbehörde I: AF 84.25.
40 Vgl. RGBl 1936 I, S. 252-254, und Rundschreiben des Landesfürsorgeamtes an alle Wohlfahrtsstellen vom 2. Juni 1938, StAH Sozialbehörde I: VG 28.67.
41 Vgl. Gesetz über Kleinrentnerhilfe vom 5. Juli 1934, RGBl 1934 I, S. 580-581.
42 Vgl. Erlasse des Reichsarbeitsministers über die Reichssonderzuschüsse für Kleinrentner vom 20. November 1936 und vom 15. November 1937, Reichsarbeitsblatt 1936 I, S. 317, und 1937 I, S. 309, sowie Rundschreiben des Reichsarbeitsministers vom 25. März 1938, StAH Sozialbehörde I: FR 34.20.
43 Vgl. dazu Vermerk Martini vom 21. August 1935 über ein Gespräch mit Vertretern der Deutsch-Israelitischen Gemeinde; und Bericht Dunkel vom 3. Juni 1937, StAH Sozialbehörde I: AF 10.22 und VT 12.25.
44 Vgl. Aktenvermerk der Abteilung II/1 vom 17. Februar 1939 und Bericht der Abteilung II/1 an die Verwaltungsabteilung vom 26. Februar 1939, StAH Sozialbehörde II: 046.00-1.
45 Vgl. Vermerk Martini vom 21. August 1935 über ein Gespräch mit Vertretern der Deutsch-Israelitischen Gemeinde und Stellungnahme der Abteilung II dazu vom 28. August 1935, StAH Sozialbehörde I: AF 10.22.
46 Vgl. Bericht Dunkel vom 3. Juni 1937 und der Ärztlichen Abteilung vom 4. Juni 1937, ebd., VT 12.25.
47 Vgl. Bericht Ruccius vom 3. Juni 1937, ebd.
48 Vgl. Niederschrift über die Leitersitzung am 26. Oktober 1938, ebd., VG 24.36.
49 Vgl. Rechnungshof an Finanzverwaltung vom 5. Oktober 1934 einschließlich Anlage, StAH Finanzdeputation IV, DV VC 21e I.

50 Vgl. Niederschrift über die Dienstbesprechung der Abteilung II am 1. Oktober 1935 und über die Dienstbesprechung der Wohlfahrtsstelle VII am 4. Dezember 1935, StAH Sozialbehörde I: AF 10.22 und VG 20.10.
51 Vgl. die Jahresberichte der Arbeitsfürsorge 1936, 1937 und 1939, StAH Sozialbehörde I: AW 50.83, AW 50.84, AW 50.86.
52 Vgl. Vermerk Reinstorf vom 17. Dezember 1938 und Jahresbericht der Arbeitsfürsorge für 1939, ebd., Sozialbehörde I: AW 40.30 und AW 50.86.
53 Vgl. Bericht Ruccius vom 3. Juni 1937, ebd., VT 12.25.
54 Vgl. Niederschrift über die 30. Amtsleitersitzung vom 30. November 1938 und über die Besprechung in den Staatlichen Wohlfahrtsanstalten am 11. November 1937, ebd., VG 23.01 und VG 23.08; über das Schicksal der jüdischen Pfleglinge aus den Alsterdorfer Anstalten vgl. Wunder/Genkel/Jenner, Auf dieser schiefen Ebene, S. 155-167.
55 Vgl. Niederschrift der Beiratssitzung am 27. Oktober 1938, StAH Sozialbehörde I: StA 26.19b.
56 Vgl. Schreiben des Jugendamtes an die Fürsorgebehörde vom 4. Juni 1937 und Bericht der Jugendamtspflegerin der Wohlfahrtsstelle XIII vom 3. Juni 1937, StAH Sozialbehörde I: VT 12.25.
57 Vgl. Bestandsaufnahme vom 6. Dezember 1938, StAH Jugendbehörde I, 359 c.
58 Schreiben des Jugendamtes an den Landgerichtsdirektor Dr. Matthaei vom 19. Juni 1937, ebd., 244; vgl. Runderlaß des Reichsministers des Innern vom 20. September 1938 über die gerichtliche Aufhebung von Kindesannahmeverhältnissen, in: Ministerialblatt des Reichs- und Preußischen Ministeriums des Inneren 1938, Sp. 1597-1600.
59 Bericht der Familienfürsorgerin und der Oberfürsorgerin der Wohlfahrtsstelle XIII jeweils vom 2. Juni 1937, StAH Sozialbehörde I: VT 12.25.
60 Dienstvorschrift über die Grundsätze der Fürsorge vom 26. März 1938, ebd. AF 10.20.
61 Vgl. Adam 1972, S. 191f.
62 Vgl. Niederschriften über die Sitzungen der Nordwestdeutschen Arbeitsgemeinschaft am 22. November 1935 und am 3. April 1936, StAH Sozialbehörde I: VT 22.90.
63 Vgl. Deutscher Gemeindetag an Martini vom 22. Mai 1937 und Reichs- und Preußisches Ministerium des Inneren, Ruppert, an Martini vom 24. Mai 1937, ebd., VT 12.25.

Lohalm Hamburgs öffentliche Fürsorge und die Juden 1933 bis 1939

64 Vgl. Niederschrift über die Sitzung des Wohlfahrtsausschusses des Deutschen Gemeindetages am 10. Juni 1937, ebd., VT 12.21.
65 RGBl 1938 I, S. 1649.
66 Vgl. die beiden großen Besprechungen über die Judenfrage am 12. November 1938 beim Beauftragten des Vierjahresplans Hermann Göring, (stenographische Niederschrift in: Der Prozeß gegen die Hauptkriegsverbrecher vor dem internationalen Gerichtshof. Bd. 28. Nürnberg 1948, S. 499-540) und am 16. Dezember 1938 beim Reichsinnenminister Wilhelm Frick (Niederschrift in: Archiv der Forschungsstelle für die Geschichte des Nationalsozialismus in Hamburg, 11/K7), sowie die Schreiben Görings an die Reichsminister vom 28. Dezember 1938 und an den Reichsinnenminister vom 24. Januar 1939 (abgedruckt in: Dokumente über die Verfolgung, Bd. 2, 1966, S.83f.und 119f.).
67 Vgl. dazu Leo Lippmann: Ein Beitrag zur Geschichte der Deutsch-Israelitischen Gemeinde in Hamburg (Jüdischer Religionsverband e.V.) in der Zeit vom Herbst 1935 bis zum Mai 1941, in: Archiv der Forschungsstelle für die Geschichte des Nationalsozialismus, 6241; Abrechnung und Revisionsbericht der Deutsch-Israelitischen Gemeinde in Hamburg vom 15. Juli 1938, StAH Finanzdeputation IV, VuO IIC 6c III; Bericht der Abteilung Fürsorge der Reichsvereinigung der Juden in Deutschland vom 19. Juli 1939, abgedruckt in: Ginzel, Jüdischer Alltag, S. 222-225.
68 Vgl. Statistik über Barleistungen im Stadtbezirk Rechnungsjahr 1938, 1.-15.1.1939; Rechnungsjahr 1939, 16.-31.8.1939 und 1.-30.11.1939; StAH Finanzdeputation Sozialbehörde I: Stat. 20.34, und Finanzdeputation IV, VuO IIC 6b VII B.
69 Eine Zusammenstellung über die Belegung der konfessionellen Heime durch die Fürsorgebehörde vom 9. Juli 1937 weist zum Beispiel eine durchschnittliche Belegung von 106 Betten in jüdischen Heimen aus. StAH Sozialbehörde I: AF 10.28.
70 Ausführungen des Leiters des Landesfürsorgeamtes Herbert Völcker auf der Leitersitzung am 30. November 1938, StAH Sozialbehörde I:

VG 24.36; im ähnlichen Sinne äußerte sich Martini am 21. November 1938 auf der Beiratssitzung, ebd., StA 26.19 b; vgl. auch Niederschrift über die 33. Amtsleitersitzung am 1. Dezember 1938, ebd., VG 23.01. Einige Niederschriften über die entsprechenden Beiratssitzungen der Sozialverwaltung sind dokumentiert in: Roth 1984, S. 65-70.

71 Vgl. Bericht über die Tätigkeit des Fürsorgeprüfdienstes im Geschäftsjahr 1938/39 vom 24. Mai 1939, ebd., VG 20.33.

72 Martini auf der Beiratssitzung am 22. Dezember 1938, Niederschrift, StAH Sozialbehörde I: StA 26.19 b.

73 Niederschrift der Besprechung am 13. Dezember 1938, StAH Jugendbehörde I, 359 c.

74 Dienstverordnung über die »Öffentliche Fürsorge für Juden« vom 22. November 1938 und Ergänzung vom 17. Januar 1939, StAH Sozialbehörde I: VG 28.67 und AF 33.21.

75 Vgl. Rundschreiben an alle Dienststellen vom 6. Februar 1939, StAH Sozialbehörde I: StW 31.22.

76 Vgl. Niederschrift einer Besprechung am 22. März 1939 und Schreiben der Kämmerei an die Sozialverwaltung vom 5. April 1939, StAH Finanzdeputation IV, VuO IIC 6c III, vgl. auch Niederschrift der Beiratssitzung am 23. März 1933, StAH Sozialbehörde I: VG 26.19 b.

77 Vgl. Schreiben der Sozialverwaltung an die Behörde für Handel, Schiffahrt und Gewerbe und an den Jüdischen Religionsverband jeweils vom 22. Juni 1939, StAH Finanzdeputation IV, VuO IIC 6c III. Der Senat stellte im Dezember 1938 der Sozialverwaltung den Kaufpreis für den Ankauf der Talmud-Tora-Schule zur Abdeckung der aufgewandten Fürsorgelasten in Aussicht. Niederschrift über die 97. Amtsleitersitzung am 15. Dezember 1939, StAH Sozialbehörde I: VG 23.01.

78 Vgl. Zehnte Verordnung zum Reichsbürgergesetz vom 4. Juli 1939, RGBl 1939 I, S. 1097-1099.

79 Ministerialblatt des Reichs- und Preußischen Ministeriums des Innern.1942, Sp. 2377/8

80 Vgl. Dienstverordnung über die »Geschäftsverteilung« vom 30. November 1939 und über die »Öffentliche Fürsorge für Juden« vom 1. April 1940 sowie Rundschreiben an alle Dienststellen vom 30. November 1939, StAH Sozialbehörde I: StW 31.22.

81 Vgl. Rundschreiben an alle Dienststellen vom 7. August 1940 und Deckblatt zur Dienstverordnung vom 1. April 1942, ebd.

82 Vgl. Niederschrift über die 99. Amtsleitersitzung am 5. Januar 1940 und Nachrichtenblatt der Sozialverwaltung Nr. 3 vom 17. Januar 1942, StAH Sozialbehörde I: VG 23.01 und VG 27.11.

Literatur

Adler-Rudel, Salomon: Jüdische Selbsthilfe unter dem Naziregime 1933-1945 im Spiegel der Berichte der Reichsvertretung der Juden in Deutschland. Tübingen 1974

Das Ausnahmerecht für die Juden in Deutschland 1933-1945, bearbeitet von Bruno Blau. 3. Aufl. Düsseldorf 1965

Deeg, Peter: Die Judengesetze Großdeutschlands. 1.-3. Aufl., Nürnberg 1939

Dokumente über die Verfolgung der jüdischen Bürger in Baden-Württemberg durch das nationalsozialistische Regime 1933-1945, bearbeitet von Paul Sauer. 2 Bde. Stuttgart 1966

Dokumente zur Geschichte der Frankfurter Juden 1933-1945, hrsg. von der Kommission zur Erforschung der Geschichte der Frankfurter Juden. Frankfurt/M. 1963

Ginzel, Günther B.: Jüdischer Alltag in Deutschland 1933-1945. Düsseldorf 1984

Die Juden im nationalsozialistischen Deutschland. The Jews in Nazi Germany 1933-1943. Hg. v. Arnold Paucker. Tübingen 1986

Wunder, Michael / Genkel, Ingrid / Jenner, Harald: Auf dieser schiefen Ebene gibt es kein Halten mehr. Die Alsterdorfer Anstalten im Nationalsozialismus. Hamburg 1987

»Keine jüdische Hautcreme mehr benutzen!«
Die antisemitische Kampagne gegen die Hamburger Firma Beiersdorf 1933/34

Frank Bajohr / Joachim Szodrzynski

Die Geschichte der Verfolgung, Entrechtung und Ermordung von Juden in der NS-Zeit ist häufig aus der Perspektive der »Judenpolitik« beschrieben worden.[1] So gesehen erscheint sie als Folge legislativ-administrativer Maßnahmen des nationalsozialistischen Staates. Eine schematisch-reduktionistische Sicht der Judenverfolgung »von oben«, als bloße Resultante von Gesetzen, Erlassen und Verordnungen unterschlägt jedoch tendenziell die breite gesellschaftliche Akzeptanz des Antisemitismus bereits in der Weimarer Republik und reduziert die Rolle der nicht-jüdischen deutschen Bevölkerung auf die eines unbeteiligten und damit exkulpierten Zuschauers. Ein eindimensionales Verständnis von »Verfolgung«, symbolisiert durch Gestapo und SS, Gefängnis und KZ, läßt die vielfältigen und bisweilen subtilen Formen der Ausgrenzung und Diskriminierung leicht aus dem Blick geraten, die nicht minder wirksam und existentiell in den Alltag der jüdischen Bevölkerung eingriffen.

Entgegen früheren Annahmen der historischen Forschung, die von einer einschneidenden Bedeutung des »Schicksalsjahres 1938« ausgingen, war die ökonomische Ausgrenzung und Ausplünderung der deutschen Juden zu diesem Zeitpunkt schon weit fortgeschritten.[2] Die Maßnahmen hierzu entsprangen einem komplexen Interessen- und Interaktionsgeflecht, das sich nicht auf das Schema von Anordnung und Vollzug reduzieren läßt, – ging doch die Initialzündung judenfeindlicher Aktionen häufig nicht einmal von Partei- und Regierungsstellen aus. Antisemitische Ressentiments, aufgestaute Erwartungshaltungen, »wilder« Terror, ökonomisch-egoistische Motive und Trittbrettfahrertum verbanden sich mit pseudolegalen und administrativen Maßnahmen der NS-Machthaber und bedingten einander.

Wie vielschichtig sich die Interessen der Beteiligten gestalteten, zeigt das Beispiel der antisemitischen Kampagne gegen das Hamburger Unternehmen Paul Beiersdorf & Co.A.-G., mit der die Firma 1933/34 in ihrer Existenz bedroht wurde.

von oben nach unten:
Willy Jacobsohn
Carl Melchior
Hans Gradenwitz

Verfolgung
Vernichtung

Beiersdorf – eine »jüdische« Firma?

Bei Machtantritt der Nationalsozialisten 1933 gehörte die Beiersdorf AG mit über tausend Beschäftigten allein in ihrem Hamburger Stammwerk zu den erfolgreichsten Herstellern pharmazeutischer Produkte in Deutschland. Dieser Erfolg war maßgeblich dem jüdischen Apotheker Dr. Oscar Troplowitz zu verdanken, der 1891 das kleine »Laboratorium dermato-therapeutischer Präparate« des Hamburger Apothekers Paul Beiersdorf als Alleininhaber übernommen hatte.[3] Dank seines umfassenden pharmazeutischen Wissens und unternehmerischen Geschickes, gestützt auf eine Reihe innovativer Entwicklungen, die unter den Namen »Leukoplast«, »Labello« und »Nivea« die Marktführerschaft auf in- und ausländischen Märkten eroberten, entwickelte Troplowitz zusammen mit seinem Schwager Dr. Otto Hanns Mankiewicz das ehemalige Pflasterlaboratorium zu einer bedeutenden chemischen Fabrik. Die florierenden Umsätze erlaubten der Firma eine ausgedehnte »Wohlfahrtspolitik«, die neben einem kostenlosen Mittagstisch je eine betriebliche Hilfs-, Unterstützungs- und Sparkasse sowie einen werkseigenen Gesundheitsdienst, eine Stillstube und eine betriebliche Rentenversorgung umfaßte. Entsprechend prägten sich in der Beiersdorf-Belegschaft schon bald Züge eines werksgemeinschaftlichen Bewußtseins aus, das auf sozialer Privilegierung basierte und politischem Radikalismus eher abgeneigt war. Eine Zelle der Nationalsozialistischen Betriebszellen-Organisation (NSBO) entstand bezeichnenderweise erst Ende April 1933 aufgrund einer Anordnung »von oben«.[4]

Auch nach dem Tode von Troplowitz und Mankiewicz, die in nationalsozialistischer Terminologie als »Nicht-Arier« galten, nahmen Persönlichkeiten des assimilierten jüdischen Bürgertums wichtige Leitungsfunktionen bei Beiersdorf ein; unter ihnen der Vorstandsvorsitzende Dr. Willy Jacobsohn, die Vorstandsmitglieder Dr. Hans Gradenwitz und Dr. Eugen Unna sowie der Aufsichtsratsvorsitzende Dr. Carl Melchior und mehrere jüdische »Rentiers« als Aktionäre. Außerdem verfügte die »jüdische« Hausbank M.M.Warburg dank eines Aktienpaketes mit Mehrfachstimmrecht über eine sichere Mehrheit auf Aktionärsversammlungen.[5]

Bereits diese Tatsachen reichten den Widersachern der Firma aus, um sie mit dem Etikett »jüdisch« zu versehen, obwohl der Anteil jüdischer Werksmitglieder an der Belegschaft im Mai 1933 gerade 1% betrug (12 von 1.138 Personen).[6] Die von jüdischen Weltverschwörungsphantasien und einem verderblichen »jüdischen Einfluß« ausgehenden Antisemiten sahen sich aber gerade durch die Diskrepanz zwischen dem Anteil jüdischer Vorstands- und Belegschaftsmitglieder in ihrer Haltung bestätigt: Nahm doch analog ihrer verzerrten Weltsicht »der Jude« wieder einmal Schlüsselfunktionen in einem Betrieb ein, ohne im eigentlichen Sektor der Produktion tätig zu sein.

Wie stark die Beiersdorf-Vorstandsmitglieder die Gefahren des NS unterschätzten, zeigte sich an ihren Reaktionen auf die Ernennung Hitlers zum Reichskanzler. Zwar bekundete der am 30. Januar 1933 in New York weilende Jacobsohn, daß ihm die Machtübertragung an die Nationalsozialisten *»nicht sehr angenehm«*[7] sei. Seine Befürchtungen bezogen sich jedoch auf eine Verschärfung devisengesetzlicher Bestimmungen und verflüchtigten sich rasch, als Vorstandsmitglied Behrens am 1. Februar 1933 aus Hamburg Entwarnung gab:[8] *»Die Warburger sagen, nachdem die neue Regierung erklärt hat, daß weder wirtschafts- noch währungspolitische Änderungen beabsichtigt seien, daß zunächst keine Bedenken bestehen«*. Auf das Handeln der neuen Regierung fixiert, geriet der Firmenleitung in dieser Situation das Gefahrenpotential »von unten« außer Betracht, das sich schon im Frühjahr 1933 drastisch artikulieren sollte.

Frühjahr 1933: Die Stunde der »nationalen Revolution von unten«?

Der Zeitpunkt für die antisemitische Kampagne gegen die Beiersdorf AG fiel in die Phase des nationalsozialistischen Erfolgsrausches nach den Märzwahlen 1933. War es doch eine der wichtigsten Versprechungen des Nationalsozialismus während seiner »Kampfzeit« gewesen, den jüdischen Einfluß, der angeblich das ökonomische wie das politische Leben der Weimarer Republik dominiert hatte, zu brechen. Mit der Machtübergabe an Hitler war nun erstmals die Situation eingetreten, daß der insbesondere im gewerblichen Mittelstand verbreitete Antisemitismus staatlicherseits nicht nur geduldet, sondern gelenkt werden konnte.

Den Anlaß für die ab Mitte März durch Propagandaminister Dr. Goebbels eingeleitete Kampagne lieferte die angebliche »Greuelhetze« ausländischer Journalisten, die in US-amerikanischen und westeuropäischen Zeitungen über zahlreiche lokale Fälle brutaler Mißhandlungen von Gegnern der NSDAP bzw. von Juden berichtet und damit in diesen Ländern u.a. Boykottmaßnahmen gegen deutsche Waren bewirkt hatten.

Folglich richtete sich diese erste zentral geleitete antijüdische Aktion im Reichsgebiet gegen den »jüdischen Einfluß« in der Wirtschaft: Der sogenannte Wirtschaftsboykott vom 1. April 1933 bildete das erste Glied in einer Kette terroristischer Maßnahmen gegen jüdische Geschäftsinhaber und Unternehmen. Dabei zielten die von den Parteigliederungen eingesetzten Methoden – wie Flugblätter, Sprechchöre, SA-Posten, Personalkontrollen der Kunden – zunächst vor allem auf kleine und mittlere Einzelhandelsgeschäfte oder Warenhäuser mit regem Kundenverkehr. Banken, die aus wirtschaftspolitischen Überlegungen von der Kampagne ausdrücklich ausgenommen waren, oder Fabriken wie Beiersdorf, die mit ihrer Kundschaft – Drogerien und Apotheken – allein über ihre Vertreter Kontakt hielten und keine eigenen Verkaufsfilialen für ihre Produkte betrieben, waren mit derartigen Maßnahmen, die auf die Verunsicherung der Kundschaft und die Einschüchterung der Geschäftsinhaber zielten, nur bedingt zu treffen.

Gleichwohl war im Laufe der Vorbereitung und Durchführung der Boykottaktion ein gesellschaftliches Klima entstanden, in dem auch zahlreiche Anhänger der NSDAP im gewerblichen Mittelstand den Zeitpunkt für gekommen hielten, durch eine Beteiligung an der Kampagne unliebsame jüdische Konkurrenz innerhalb der eigenen Branche nachhaltig zu schädigen und möglichst vom Markt zu verdrängen.

Hierbei verdient die aktive Rolle dieser privatwirtschaftlichen Profiteure der »nationalen Bewegung« besondere Erwähnung. Ihnen bot sich die verlockende Gelegenheit, ihre häufig seit Jahren verdeckt oder offen gehegten politischen Sympathien für die (mittel-)ständischen Ziele des Nationalsozialismus unmittelbar mit dem Vorteil der eigenen Geschäfte zu verknüpfen und sich damit für ihre ideelle Unterstützung der »Bewegung« materiell zu belohnen. Anders als es Avraham Barkai in seiner Charakterisierung des Verhältnisses deutscher Unternehmer zum nationalsozialistischen Herrschaftssystem beschreibt,[9] erschöpfte sich in dieser Übergangsphase des Frühjahrs 1933 die Rolle der Unternehmer offenbar nicht in der eines »stillen Teilhabers«, der die ökonomischen Gewinne aus den politischen Maßnahmen der Nationalsozialisten einstreicht, ohne an deren Vorbereitung und Durchführung beteiligt zu sein. Gerade in Kreisen mittelständischer Unternehmer, die den Parolen der NSDAP von einer künftig ständestaatlichen Verfaßtheit der deutschen Wirtschaft geglaubt hatten, gab es viele, die sich keineswegs als »Trittbrettfahrer« begriffen, sondern mit der »Revolution« – wie sie sie verstanden – nun Ernst machen und sie zu ihrem ökonomischen Nutzen verwirklichen wollten.

Verfolgung
Vernichtung

Demgegenüber standen die führenden Repräsentanten des nun maßgeblich an der staatlichen Macht beteiligten Nationalsozialismus in den ersten Monaten ihrer Regierungstätigkeit vor einem Dilemma, das sie in den vorangegangenen Jahren mit ihrer Propaganda selbst heraufbeschworen hatten: Die in der eigenen Presse und auf Parteiveranstaltungen propagierten antisemitischen Terrorakte konnten – mit der gerade etablierten »nationalen Regierung« direkt in Verbindung gebracht – sowohl im Ausland als auch bei der deutschen Großindustrie oder unter den noch zu gewinnenden, eher bürgerlichen Bevölkerungsschichten Irritation und Ablehnung hervorrufen.

Derartigen Überlegungen stand jedoch die Leidenschaft der eigenen Parteiaktivisten entgegen, die Aufrufe zur Mäßigung, wie sie Hitler am 10. März bzw. Reichsinnenminister Frick am 14. März erließen, indem sie den »gesetzlichen Weg« der »Revolution« beschworen, als taktische Beruhigungsmittel begriffen, – was ihrer Entschlossenheit keinen Abbruch tat, *»mit 'dem Juden' endlich einmal 'abzurechnen' und sich daran nicht durch 'feige Rücksichten' irgendwelcher Art hindern zu lassen«.*[10] Dabei gab es für die Führung der NSDAP noch einen weiteren gravierenden Grund, sich bei ihren ersten praktischen Schritten auf dem Gebiet der Wirtschaftspolitik zunächst eher vorsichtig und ausgleichend zu verhalten und auf keinen Fall der eigenen Propaganda die Zügel schießen zu lassen: Die wirtschafts- und beschäftigungspolitische Situation im Reich. Noch war eine spürbare Konsolidierung der Wirtschaft und eine deutliche Verminderung der Arbeitslosigkeit nicht in Sicht. In dieser Lage den Versuch zu unternehmen, eine den mittelständischen Parteigängern genehme, ständestaatliche Ordnung zu errichten, mußte die Gesamtwirtschaft weiter destabilisieren und hätte die Einlösung eines zentralen Versprechens der Partei gefährdet, die Arbeitslosigkeit umgehend und wirkungsvoll zu vermindern. Infolgedessen kam der Boykottaktion am 1. April 1933 aus der Sicht der (mit-)regierenden NSDAP vor allem eine Ventilfunktion für den von ihr jahrelang geschürten Antisemitismus zu.

Vor dem Hintergrund der hier skizzierten Interessenkonstellation einer um außen- und innenpolitische Reputation bemühten nationalsozialistischen Führung, einer antisemitisch aufgeheizten Parteibasis und einer auf Realisierung der erhofften ständischen Wirtschaftspolitik drängenden mittelständischen Klientel soll nun die Kampagne gegen die Beiersdorf AG beschrieben werden.

Ausschaltung der Konkurrenz belebt das Geschäft

Bereits im März 1933 versuchte die Hamburger Firma Queisser & Co., damals ansässig in der Eimsbütteler Chaussee 69-71 und als Herstellerin der »Lovana-Creme« eine Konkurrentin der – allerdings ungleich bekannteren – »Nivea-Creme« von Beiersdorf, in einem Rundschreiben an ihre »*geehrte Kundschaft*« die vermeintliche Gunst der Stunde für sich zu nutzen. Es hieß dort: »*... Sie werden aber bei der Prüfung feststellen, dass die Lovana-Creme mindestens gleichwertig in Qualität, dennoch günstiger im Preis ist*«.[11] Und im Sinne von Eigenwerbung hieß es in einem weiteren Rundschreiben Ende März:

»Auf Grund zahlreicher Anfragen sehen wir uns der besonderen Zeitumstände halber gezwungen, Ihnen davon Kenntnis zu geben, daß unsere ganze Firma rein arisch und national ist. Unser Chef, Herr Konsul Alfred Queisser, entstammt einem alten Lausitzer Bauerngeschlecht, welches seine Familiengeschichte lückenlos bis 1600 zurückführt. Unsere Firma arbeitet ausschließlich mit dem Kapital der Familie Queisser, Sie werden jetzt vielfach Veranlassung nehmen, anstelle jüdischer Präparate solche nationaler Herkunft zu empfehlen...«.[12]

Bajohr/Szodrzynski
Die antisemitische Kampagne
gegen die Hamburger Firma
Beiersdorf 1933/34

Antisemitische Werbezettel gegen die Firma Beiersdorf

Verfolgung
Vernichtung

Während dieses Rundschreiben an die Kundschaft der Drogerien und Apotheken gerichtet war, fanden sich im April in den »Hamburger Nachrichten« Inserate, die sich an die Verbraucher wandten: »*Keine jüdische Hautcreme mehr benutzen!*« – »*Lovana-Creme ist gleich gut, ist billiger und rein deutsch!*«.[13]

Zwar blieb diese antisemitische Werbestrategie vorerst ohne erkennbare Wirkung auf Produktion und Umsatz der Beiersdorf AG; gleichwohl häuften sich die Anzeichen einer Bedrohung des Unternehmens: Im Zusammenhang mit den Boykottvorbereitungen hatte die Arzneimittel-Kommission im N.S.D.Ärztebund in der »Berliner Aerzte-Correspondenz« einen Aufruf an die deutschen Ärzte gerichtet: »*Meidet die Präparate jüdischer Herkunft, wo es nach gewissenhaftem aerztlichen Ermessen angeht!*«.[14] Auf der anschließend abgedruckten Liste fanden auch zwei Erzeugnisse aus der Beiersdorf-Produktion Erwähnung.

In dieser Situation veröffentlichte die Zeitschrift »Fridericus« am 4. Mai unter der Überschrift »Hamburger Warte« einen Artikel, der im Verlauf der Kampagne eine neue Qualität darstellte: Der Beiersdorf AG wurde vorgeworfen, sich seit der Firmengründung mit dem deutschen Namen des Altonaer Apothekers Beiersdorf getarnt zu haben, in Wahrheit aber immer – und vor allem: immer noch – ein von jüdischen Vorstands- und Aufsichtsratsmitgliedern geführter bzw. kontrollierter Betrieb zu sein. Neben den beiden Firmengründern wurden der bisherige Vorstandsvorsitzende Dr. Willy Jacobsohn und die Vorstandsmitglieder Dr. Hans Gradenwitz und Dr. Eugen Unna namentlich erwähnt und beschuldigt, die am 18. April 1933 – mit der Niederlegung ihrer Vorstandsposten – vollzogene Umstrukturierung der Firma lediglich aus Tarnungsgründen durchgeführt zu haben, um den weiterhin bestehenden jüdischen Einfluß innerhalb des Unternehmens zu verschleiern. Als »Beweis« für »undeutsches« Geschäftsgebaren führte der Verfasser an, Beiersdorf stelle sich in Polen als jüdisches Unternehmen dar und erwecke den Eindruck, als habe sie »*unter dem nationalen Kurs in Deutschland zu leiden*«. Der Artikel gipfelte in der Drohung:

»*... das deutsche Volk wird es sich nicht gefallen lassen, daß jüdische Firmen im Inlande dem deutschen Kaufmann dadurch Konkurrenz machen, daß sie sich deutsch frisieren, während sie im Auslande dadurch den deutschen Geschäftsmann zu verdrängen suchen, daß sie mit krausen Judenlöckchen herumlaufen*«.[15]

Mußte ein solcher Zeitungsbericht für die Firmenleitung der Beiersdorf AG schon alarmierend genug sein, so zeigte sich in den nächsten Tagen, daß dem Artikel von interessierter Seite noch eine weitergehende Bedeutung zugedacht war. Versehen mit der Überschrift »*Das interessiert Sie doch deutscher Geschäftsmann?*« wurden – initiiert von einer »Interessengemeinschaft 'Deutsche Marke' Dresden-Lockwitz« – an Drogisten und Apotheker in verschiedenen Regionen des Reichsgebietes Flugblätter verschickt, auf denen der »Fridericus«-Artikel nachgedruckt war.

Zwei weitere Firmen, die im Laufe der Kampagne in Erscheinung traten, waren die Lohmann AG in Fahr am Rhein und die Wolo-GmbH in Freudenstadt im Schwarzwald: Vertreter beider Unternehmen hatten sich an der Verbreitung der Flugblätter beteiligt und vor dem Erwerb der »jüdischen« Beiersdorf-Produkte gewarnt, wobei die Firma Wolo außerdem durch die Verteilung tausender gelber Klebezettel auffiel, die den Aufdruck »*Wer Nivea-Artikel kauft, unterstützt damit eine Judenfirma!*« trugen. Auch diese Firmen standen – als Hersteller chemischer, pharmazeutischer bzw. kosmetischer Produkte – in Konkurrenz zur Beiersdorf AG. Gleichzeitig gingen bei Beiersdorf Berichte der eigenen Vertreter ein, die aus mehreren Städten meldeten, daß die Vertreter der Firma Queisser diese Flugblätter verteilt oder gezielt auf sie hingewiesen hätten; ein Vertreter in Küstrin-Neustadt habe den »*Hetzzettel*« sogar an die Scheibe seines PKWs geklebt und behauptet, »*alles in dem Schreiben sei Wahrheit und es sei richtig, daß die Kunden auf so etwas aufmerksam gemacht würden*«.[16]

Verunsicherte Drogerieinhaber wandten sich mit der Bitte um Aufklärung an die Hamburger Beiersdorf-Zentrale oder schickten eidesstattliche Erklärungen, in denen sie die Äußerungen der Queisser-Mitarbeiter bezeugten. Ein Drogeriebesitzer aus Berlin wußte sogar zu berichten, der Queisser-Vertreter habe ihm versichert, seine Firma sei »*von einer politischen Organisation beauftragt, eine Haut-Creme herzustellen, die als Ersatz für die jüdische Nivea-Creme zu gelten habe*«.[17]

Derartige Äußerungen ließen die Drogisten und Apotheker vor Ort – häufig genug selbst Mitglieder der NSDAP – nicht unbeeindruckt, so daß die Kampagne anfing, die beabsichtigte Wirkung zu erzielen, was der Brief eines Drogisten aus Donauwörth vom 24.Mai 1933 belegt, in dem der Besuch des Vertreters der Firma Queisser beschrieben wird:

»*... Er teilte mir dann den im Fridericus erschienenen Artikel mit und ich kam auf Grund der Mitteilungen dann zu dem Entschlusse, trotz des Entgegenkommens, das mir die Firma Beiersdorf bis heute gezeigt hatte, von dieser Firma nichts mehr zu kaufen. Ein zufällig in meinem Geschäfte anwesender SS-Führer erhärtete meinen Entschluss*«. Abschließend ersuchte er die Firma Beiersdorf, ihm »*umgehend als tätiges Mitglied der NSDAP die Unterlagen zu verschaffen, dass die von dem Vertreter der Firma Queisser gemachten Mitteilungen nicht den Tatsachen entsprechen*«.[18]

Hier wird das Kalkül der Kampagne deutlich: Da der Antisemitismus von großen Teilen der deutschen Bevölkerung mitgetragen wurde und durch die Boykottaktion vom 1.April noch einmal angestachelt worden war, zog der nationalsozialistische Drogist nicht etwa das Verhalten der Initiatoren der Kampagne in Zweifel, sondern verlagerte die Beweislast auf die angegriffene Firma. Dabei erschien die Akzeptanz eines militanten Antisemitismus im Frühjahr 1933 bereits derart sicher, daß ein sachliches Eingehen auf ein solches Flugblatt kaum noch Beachtung gefunden hätte. Allein der Nachweis, ein »rein arisches« Unternehmen zu sein, konnte der Kampagne ihre Wirkung nehmen; nur dieser Nachweis ermöglichte ein offensives Vorgehen gegen ihre Betreiber vor den staatlichen, gerichtlichen und parteiinternen Instanzen der »nationalen Regierung«.

Mimikry – Die Gegenstrategie der Beiersdorf AG

Im Vorstand und Aufsichtsrat von Beiersdorf hatte man die Machtübergabe an Hitler zunächst gelassen aufgenommen. In der Hamburger Firmenzentrale erhoffte man sich sogar, im Vertrauen auf die Tragfähigkeit des »Einrahmungskonzeptes«, das Hitler von Hugenberg und von Papen flankiert sah und einen maßgeblichen Einfluß der Deutschnationalen in der Regierung prophezeite, aus der veränderten innenpolitischen Machtkonstellation die Lösung eines als lästig empfundenen Problems. In diesem Sinne schrieb das Vorstandsmitglied Behrens am 1.Februar aus Hamburg an Jacobsohn:

»*... Ich glaube, es ist bald der Zeitpunkt gekommen, wo wir uns der Kommunisten im Betrieb entledigen können, man rechnet ja damit, dass ein besonderes Gesetz gegen die Ruhestörer in den nächsten Tagen herauskommen wird*«.[19] Ungeachtet dieses partiell identischen Interesses wurde man sich in den Leitungsgremien der Beiersdorf AG in den Tagen nach dem 1. April der heiklen eigenen Lage bewußt: Hielt man an den jüdischen

Verfolgung
Vernichtung

Vorstands- und Aufsichtsratsmitgliedern fest, so würden die antisemitischen Angriffe zunehmen und den Reaktionsspielraum der Firma auf ein Dementieren der schlimmsten Anschuldigungen reduzieren. Erfüllte man umgekehrt »freiwillig« die formalen Voraussetzungen eines »rein arischen« Unternehmens, so konnte man der Kampagne offensiv begegnen, die Widersprüche des sich »staatstragend« etablierenden Herrschaftssystems des Nationalsozialismus ausnutzen und vielleicht sogar die einzelnen Interessengruppen gegeneinander ausspielen. Allerdings setzte diese zweite Variante das umgehende Ausscheiden der jüdischen Mitglieder aus den Leitungsgremien der Firma voraus. Unter dem Eindruck der Boykottmaßnahmen waren offenbar alle Betroffenen bereit, der erfolgversprechenderen Variante den Vorzug zu geben. Neben den drei erwähnten Vorstandsmitgliedern waren dies das Aufsichtsratsmitglied Leo Alport und der renommierte Finanzexperte, Diplomat und Bankier Dr. Carl Melchior, der als Teilhaber des Bankhauses Warburg den Vorsitz im Aufsichtsrat innehatte.

Telefonische Anfragen am 11. April bei einer Nebenstelle des »Braunen Hauses« in München ergaben, daß innerhalb von 14 Tagen mit einem Gesetzentwurf für Aktiengesellschaften zu rechnen sei und daß bei der künftigen Kategorisierung der Unternehmen als »arische« Betriebe die personelle Besetzung von Aufsichtsrat und Vorstand sowie die Frage der Kapitaleigner ausschlaggebend sein werde.[20] Bereits am 18. April wurde beim Hamburger Amtsgericht eine Änderung des Handelsregisters vorgenommen, in der die Vorstandsmitglieder Jacobsohn, Gradenwitz und Unna die Niederlegung ihrer Ämter bekanntgaben. Daraufhin gab Behrens im Namen der Beiersdorf AG am 24. April eine Erklärung ab, in der das Ausscheiden sämtlicher jüdischer Vorstandsmitglieder mitgeteilt und der Rücktritt der jüdischen Aufsichtsratsmitglieder für die im Juni 1933 durchzuführende Generalversammlung angekündigt wurde. Gleichzeitig versicherte er, die Mehrheit der Firmenaktien befinde sich nach *»bisherigen Feststellungen«* in *»christlichen Händen«*.[21] Darüber hinaus wandte sich die Beiersdorf AG an die Reichsleitung der NSDAP in Berlin und ersuchte den »Kampfbund des gewerblichen Mittelstandes« um die Klassifizierung als »deutsches« Unternehmen; eine Bescheinigung, die dieser – aufgrund der gerade geschaffenen Fakten der Umstrukturierung – am 15. Mai tatsächlich erteilte.[22] Gestützt auf die Bescheinigung des an der »Entjudung« der deutschen Wirtschaft maßgeblich interessierten (und dementsprechend als Referenz besonders hochkarätigen) »Kampfbundes« war es der Beiersdorf AG schon wenige Tage nach dem Auftauchen der ersten »Fridericus«-Flugblätter möglich, mit einer Gegenkampagne an die Öffentlichkeit zu gehen. Noch im Mai wurde ein Rundschreiben *»An unsere Geschäftsfreunde!«* versandt,[23] in dem der Brief der Reichsleitung der NSDAP zitiert und die Behauptungen des »Fridericus« zurückgewiesen wurden. Mit nationalem Unterton kritisierte man den *»Eigennutz«* einer *»gewissen Konkurrenz«*, die ihre Zeit für gekommen halte und glaube, sich mit niedrigen Mitteln jetzt ihre Taschen füllen zu können. Dem setzte Beiersdorf das – angesichts der nach wie vor desolaten ökonomischen Lage des Reiches – starke Argument eines wirtschaftlich prosperierenden Unternehmens entgegen:

»... Um uns zu schädigen und damit zu erreichen, daß 1.500 deutsche Arbeiter und Angestellte ihr tägliches Brot verlieren, verbreitet sie unter unserer Kundschaft, bei den Ärzten und beim Publikum Lügen über unsere Firma. [...] Wir überlassen es dem Gefühl für Sauberkeit und Gerechtigkeit unserer Geschäftsfreunde, das Urteil über solche Machenschaften zu fällen«.[24]

Neben diesem Rundschreiben erwog man aber auch gerichtliche Schritte gegen die Initiatoren der Kampagne. So forderte der von der Beiersdorf AG beauftragte Berliner

Rechtsanwalt Dr. Rüdiger die Firma Queisser am 24. Mai auf, ihre »*unwahren Behauptungen*« zu unterlassen und eine in diesem Sinne verfaßte Absichtserklärung innerhalb von 48 Stunden schriftlich zu übermitteln; andernfalls werde man umgehend gerichtlich vorgehen.[25]

Mit einem derart koordinierten Konzept öffentlichkeitswirksamer, administrativer und juristischer Gegenmaßnahmen hatte man bei Queisser nicht gerechnet. Alfred Queisser, seit Jahren im Gau Hamburg als Parteigenosse geführt, hatte die NSDAP seit langem finanziell unterstützt und nun geglaubt, den verdienten Lohn für sein »nationales« Engagement einstreichen zu können. Allerdings war sein »Feldzug« gegen die jüdische Konkurrenz mehr oder weniger im Alleingang, d.h. ohne Absicherung bei den nationalsozialistischen Dienststellen erfolgt, so daß er jetzt – konfrontiert mit der bei Beiersdorf vollzogenen personellen Umstrukturierung – von seiner Partei nicht nur keine offene Unterstützung erhielt, sondern darüber hinaus auch noch als »Konjunkturnazi« dastand, dem es ausschließlich um den persönlichen Vorteil ging. Als auch noch der Vorstand des »Verbandes deutscher Feinseifen- und Parfümerie-Fabriken e.V.« – als wichtiger ständischer Zusammenschluß der Branche – das Vorgehen der Firma Queisser scharf kritisierte, war endgültig klar, daß die Kampagne ihr Ziel verfehlt hatte.

Alfred Queisser schlüpfte nun selbst in die Rolle des Verleumdeten. Allerdings hatte der Versuch, kurz vor dem Scheitern der Kampagne die Spuren ihrer Betreiber zu verwischen, kaum Aussicht auf Erfolg: Während Queisser seine Urheberschaft bestritt, trafen aus verschiedenen Städten weitere Berichte über das Verhalten seiner Vertreter ein. Fast gleichzeitig, am 31. Mai, fand ein von der Beiersdorf AG mit der Suche nach den Hintermännern der »Interessengemeinschaft 'Deutsche Marke' Dresden-Lockwitz« beauftragtes »Argus-Detectiv-Institut« in Dresden heraus, daß ein Firmenwagen der Frankfurter Firma I.G. Mouson & Co., einer weiteren Konkurrentin auf dem Hautcreme-Markt, am Transport und Versand der »*Fridericus*«-Flugblätter beteiligt gewesen war.[26]

Da neben der Firma Queisser auch die anderen Firmen jegliche Beteiligung an der Kampagne leugneten und darüber hinaus mit erneuten Interventionen bei den nationalsozialistischen Verbänden erfolgreich waren,[27] reichte Dr. Rüdiger am 8. Juni eine Schadensersatzklage in Höhe von zunächst 100.000 RM gegen die Firma Queisser ein und versuchte zugleich, eine einstweilige Verfügung gegen den von derselben Firma verbreiteten Handzettel »*Keine jüdische Hautcreme mehr benutzen!*« zu erwirken. Prozesse gegen die übrigen Kampagnenbetreiber sollten folgen.

Nachdem jedoch die Gerichtstermine auf Ende Juni bzw. Anfang Juli festgelegt waren, zeigten alle am Prozeß direkt oder mittelbar Beteiligten nur noch geringe Neigung, es zur Verhandlung kommen zu lassen: Dem Vorstand der Beiersdorf AG, der den geringen Wert eines gewonnenen Prozesses im Vergleich zum Erwerb des Wohlwollens bzw. der Tolerierung durch den nationalsozialistischen Apparat sehr realistisch einschätzte, ging es primär um die Konsolidierung der Firma unter den Prämissen der »nationalen Regierung«. Seitdem der Druck der »nationalen Revolution von unten« nachließ und sich mit der Gründung der »Deutschen Arbeitsfront« (DAF) auch in der Wirtschaftspolitik die Überführung der nationalsozialistischen »Revolution« in eine staatlich kontrollierte, »evolutionäre« Richtung andeutete, war das Verhalten der »Beiersdorfer« an »vertrauensbildenden Maßnahmen« gegenüber den nationalsozialistischen Führungsinstanzen ausgerichtet, um so – auch unter veränderten politischen Rahmenbedingungen – eine weitgehend repressionsfreie Firmenpolitik betreiben zu können. Den Betreibern der Kampagne, die sich in ihrer Einschätzung der aktuellen Konstellation nationalsozialistischer Herrschaft geirrt hatten und vorerst keinen Erfolg mehr erwarten durften, konnte an einer Verurteilung

durch ein Gericht ebenso wenig gelegen sein wie an einer Diskreditierung innerhalb des eigenen Verbandes.

Die Reichsleitung der NSDAP schließlich wollte vor allem eine Desavouierung ihrer (mittel-)ständischen Verbände vermeiden, deren Mitglieder sich – versteckt hinter dem Pathos der »nationalen Revolution« – als Verfechter kaum verbrämter Konkurrenzkämpfe um Marktanteile entpuppt und damit die Glaubwürdigkeit einer nationalsozialistischen »Ständeordnung«, in der – unter dem Dach der »Volksgemeinschaft« – solche Auseinandersetzungen als obsolet galten, untergraben hatten. Folglich war sie an einer »einvernehmlichen« Regelung ohne das Aufsehen einer Gerichtsverhandlung interessiert, in der sich die Mitglieder der Ständeorganisation eigennützig befehdet hätten.

So kam es – durch die Vermittlung des »Nationalverbandes der deutschen Heilmittelindustrie e.V.« – am 21. Juni zu einem Vergleich, der die Firma Queisser verpflichtete, ihre Behauptungen bezüglich der Beiersdorf AG künftig zu unterlassen, während Beiersdorf seine Klage zurückzog. Ein entsprechender Vergleich wurde auch mit der Firma Mouson geschlossen.

Die Angelegenheit schien also im Sinne Beiersdorfs geregelt. In einem Rundschreiben vom 26. Juni teilte die Firma ihrer Kundschaft das Ergebnis der Vergleichsverhandlungen mit und leitete das Schreiben so ein:

»*Sie werden vielleicht annehmen, dass das, was wir erreicht haben, nur etwas mager ist. Sie können aber davon überzeugt sein, dass wir durch unser entgegenkommendes Verhalten in massgebenden Kreisen Sympathien erworben haben, die uns wertvoller sind*«.[28]

Wie wenig zuverlässig die Strategie der »*vertrauensbildenden Maßnahmen*« gegenüber den »*massgebenden Kreisen*« der neuen Machthaber waren, zeigte sich schon wenige Wochen später: Nicht nur hielt sich Queisser allenfalls sporadisch an die Abmachungen; vielmehr nahm sich – öffentlichkeitswirksam weitaus bedrohlicher – »Der Stürmer« im August 1933 der Kampagne erneut an. Zwar bezweifelte man nicht die Faktizität der Umstellung in der Firmenleitung, jedoch wurde gerade dieser Schritt als besonders unehrliches, in der »Stürmer«-Lesart eben typisch »jüdisches« Täuschungsmanöver denunziert:

»*... Da kam der 30. Januar. Es war nicht mehr ratsam, Juden in so großer Zahl in einer Firma zu haben. Die Nivea-Juden wußten sich zu helfen. Sie schalteten gleich und schalteten um. Die ganzen Juden verschwanden. Die Firma bekam einen soliden deutschen Anstrich. [...] Der 'Stürmer' frißt einen Besen, wenn die eigentlichen Macher in der Firma nicht nach wie vor Juden sind. Juden, die sich getarnt im Hintergrund halten. [...] Die Umschaltung war weiter nichts, wie ein großer Bluff. Das deutsche Volk ist heller als der Jude denkt. Es läßt sich vom Juden nicht mehr hinters Licht führen*«.[29]

Hatte schon die erste, durch den »Fridericus«-Artikel ausgelöste Kampagne eine ernste Bedrohung bedeutet, so wäre eine Neuauflage – lanciert durch den »Stürmer« – einem Frontalangriff gegen die Beiersdorf AG gleichgekommen. Der Abwendung dieser Gefahr diente am 2.September eine Intervention beim Reichswirtschaftsminister, in der Beiersdorf noch einmal auf die »arische« Umstellung des Betriebes verwies und versuchte, sich der erhofften »Sympathien« zu versichern. Dabei kam der Intervention zugute, daß »Der Stürmer« keinerlei neues Material präsentieren konnte, und daß das Wiederaufflackern der Kampagne in eine Zeit offenkundiger Konsolidierung nationalsozialistischer Herrschaft fiel: Der »Nationalsozialistische Deutsche Wirtschaftsbund« war am 8.August gleichgeschaltet worden und Reichswirtschaftsminister Dr. Schmitt verspürte keine Neigung, sich auf der Basis fadenscheiniger Beschuldigungen zum Sachwalter (mittel-)ständischer Interessen zu machen. Stattdessen trat er den Boykottbestrebungen gegen »nicht arische« Firmen in einem Schreiben vom 8. September entgegen:

»... Eine solche Unterscheidung mit dem Zwecke einer Boykottierung nicht arischer Firmen müsste notwendig zu erheblichen Störungen des wirtschaftlichen Wiederaufbaus führen, da ungünstige Rückwirkungen auf den Arbeitsmarkt durch Betriebseinschränkungen der von dem Boykott betroffenen Firmen [...] unvermeidbar wären ...«.[30]

Wirkungen der Kampagne

Nach dem Ende der zweiten Kampagne im September 1933 währte die Atempause für Beiersdorf nur kurz. Aufgrund einer Denunziation durch Konkurrenzunternehmen konfrontierte die Hamburger Wirtschaftsbehörde die Firmenleitung am 8. Februar 1934 mit einem inquisitorischen Fragenkatalog, der der Firma u.a. vorhielt, sich in jüdischen Zeitungen des Auslandes als »nicht deutsches« Unternehmen zu präsentieren, um die Boykottaktionen gegen deutsche Waren zu unterlaufen.[31]

Der »Stürmer« setzte auch in den folgenden Jahren seine publizistischen Attacken verdeckt fort. Insbesondere das Beiersdorf-Auslieferungslager in Frankfurt ortete eine »versteckte Hetze« gegen das Unternehmen und lieferte eine Reihe instruktiver Beispiele für die fortwirkende Assoziation »Nivea=jüdisch« im Bewußtsein der Konsumenten,[32] ohne daß dadurch jedoch die ökonomische Expansion der Firma – auch unter den restriktiven Bedingungen des NS-Staates – aufgehalten worden wäre.

Die Firmenleitung Beiersdorfs versuchte, in ihrer prekären Gesamtsituation die Demonstration »nationaler Zuverlässigkeit« – etwa durch eifrige Beteiligung an der »Adolf-Hitler-Spende der deutschen Wirtschaft« oder an den Sammlungen des Winterhilfswerkes[33] – mit der Loyalität gegenüber den jüdischen Mitarbeitern zu verbinden. Diese Gratwanderung war jedoch mit zunehmender Radikalisierung der nationalsozialistischen Judenpolitik kaum noch durchzuhalten.

Die Schwierigkeiten dieser »Doppelstrategie« offenbarten sich in der Person des »Betriebsführers« Carl Claussen, der im April 1933 die Nachfolge Jacobsohns angetreten hatte: Als Chef eines »wehrwirtschaftlich« bedeutenden Unternehmens mit einer jüdischen Frau verheiratet zu sein, machte ihn aus Sicht der Nationalsozialisten zu einem Risikofaktor, so daß er 1944 auf Anordnung Himmlers seines Postens enthoben wurde.[34] Der Abtransport seiner Frau – einer Nichte des Firmengründers Troplowitz – ins KZ Theresienstadt konnte im Februar 1945 mit Mühe verhindert werden.[35]

Mit Ausnahme Dr. Eugen Unnas, der in der Forschungsabteilung des Hamburger Stammwerkes untergebracht wurde und als »Halbjude« weniger gefährdet war, emigrierten die leitenden jüdischen Mitarbeiter der Firma Beiersdorf ins Ausland und wurden in den dortigen Tochterunternehmen weiterbeschäftigt. Seit Mai 1933 koordinierte Willy Jacobsohn von Amsterdam aus die Auslandsgeschäfte der Firma.[36] Bis zu seiner Emigration in die USA 1938 stand seine Arbeit unter dem permanenten Druck drohender Denunziation.[37]

Welche Risiken Beiersdorf mit der Weiterbeschäftigung jüdischer Mitarbeiter in Kauf nahm, zeigte sich auch im Fall Bernhard Scheer, der als Chef der Beiersdorf-Tochter »Industrie A.G. Pilot« in der lettischen Hauptstadt Riga fungierte. Im Jahre 1940 wurde er vom Einmarsch sowjetischer Truppen überrascht, die das Unternehmen schließlich »nationalisierten«. Obwohl deutsches Eigentum nach den Abmachungen im Zuge des

Verfolgung
Vernichtung

Hitler-Stalin-Paktes von solchen Beschlagnahmungen auszunehmen war, gelang es Beiersdorf nicht, die Nationalisierung rückgängig zu machen. Die Institutionen des nationalsozialistischen Staates versagten der Firma die Unterstützung, wollten sie doch offensichtlich ein Exempel an einem Unternehmen statuieren, das noch im Krieg jüdische Mitarbeiter in leitenden Funktionen zu beschäftigen wagte. Mit unverhohlener Schadenfreude teilte daher Dr. Molsen von der »Außenhandelsstelle für Hamburg und die Nordmark« der Firma am 13. Januar 1941 mit:[38] *»Hier hat sich also doch einmal wieder gezeigt, daß es nicht immer zum Vorteil deutscher Firmen ist, mit einem Juden zu arbeiten und auch in schwierigen Verhältnissen an der Zusammenarbeit mit einem Juden festzuhalten«.*

Anmerkungen

1 Vgl. etwa Adam 1972.
2 Die These vom „recht mäßigen" Erfolg der Nationalsozialisten bei der Ausschaltung von Juden aus dem Wirtschaftsleben bis 1938 findet sich u.a. bei Genschel, Die Verdrängung der Juden; zur Kritik dieser These siehe Barkai 1988 (1), S.94-117; Barkai 1988 (2).
3 100 Jahre Beiersdorf, S.16-33; Kaum, Oscar Troplowitz.
4 Vgl. N.S. Nivea Wacht, Nr.1/1933, Werksarchiv der Paul Beiersdorf & Co. A.-G., Fach 130.
5 Aufstellung der Aktionäre in: Werksarchiv Beiersdorf, Fach 130.
6 „Einiges über die Firma P.Beiersdorf & Co. A.-G.", 12.5.1933, in: Werksarchiv Beiersdorf, Fach 130.
7 Schreiben Jacobsohn an Behrens vom 1.2.1933, in: Werksarchiv Beiersdorf, Fach 122.
8 Schreiben Behrens an Jacobsohn vom 1.2.1933, in: Werksarchiv Beiersdorf, Fach 122.
9 Vgl. Barkai 1977, S.18ff.; Barkai 1989, S.227-247.
10 Zit. nach: Genschel, Die Verdrängung der Juden, S.50.
11 Vgl. Werksarchiv Beiersdorf, Fach 130.
12 Werksarchiv Beiersdorf, Fach 130.
13 Werksarchiv Beiersdorf, Fach 130.
14 Werksarchiv Beiersdorf, Fach 130.
15 Werksarchiv Beiersdorf, Fach 130.
16 Werksarchiv Beiersdorf, Fach 130.
17 Werksarchiv Beiersdorf, Fach 130.
18 Werksarchiv Beiersdorf, Fach 130.
19 Werksarchiv Beiersdorf, Fach 122.
20 Werksarchiv Beiersdorf, Fach 130.
21 Werksarchiv Beiersdorf, Fach 130.
22 Werksarchiv Beiersdorf, Fach 130.
23 Werksarchiv Beiersdorf, Fach 130.
24 Werksarchiv Beiersdorf, Fach 130.
25 Werksarchiv Beiersdorf, Fach 130.
26 Werksarchiv Beiersdorf, Fach 130.
27 So war die Firma I.G. Mouson & Co. – über die erwähnte „Interessengemeinschaft" beim „N.S. Deutschen Wirtschaftsbund" (dem ehemaligen „Kampfbund") vorstellig geworden und hatte erreicht, daß die Reichsleitung der NSDAP der Beiersdorf AG am 8.Juni untersagte, die von ihr am 15.Mai ausgestellte Bescheinigung weiterhin zu verwenden.
28 Werksarchiv Beiersdorf, Fach 130.
29 Werksarchiv Beiersdorf, Fach 130.
30 Werksarchiv Beiersdorf, Fach 130.
31 Werksarchiv Beiersdorf, Fach 130.
32 Werksarchiv Beiersdorf, Fach 130.
33 Werksarchiv Beiersdorf, Fach 192.
34 Vgl. Entnazifizierungsbogen Claussen, Werksarchiv Beiersdorf, Fach 132.
35 Interview mit Georg W. Claussen vom 11.6.1990 (Interviewerin: Beate Meyer), Archiv „Hamburger Lebensläufe – Werkstatt der Erinnerung" in der Forschungsstelle für die Geschichte des Nationalsozialismus in Hamburg.
36 Werksarchiv Beiersdorf, Personalakte Jacobsohn, Fach 152.
37 Vgl. die Denunzierung Jacobsohns durch seinen Mitarbeiter Kutschenreuter bei den niederländischen Nationalsozialisten, Werksarchiv Beiersdorf, Fach 371.
38 Schreiben Molsens an Beiersdorf vom 13.1. 1941, in: Werksarchiv Beiersdorf, Fach 363.

Literatur

100 Jahre Beiersdorf 1882-1982. Hamburg 1982
Genschel, Helmut: Die Verdrängung der Juden aus der Wirtschaft im Dritten Reich. Göttingen 1966
Kaum, Ekkehard: Oscar Troplowitz. Forscher – Unternehmer – Bürger. Hamburg 1982

Schülerschicksale in Hamburg während der NS-Zeit, z.B. Rolf Arno Baruch (1.6.1920 – 1945)

Christiane Pritzlaff

»Das Ziel unseres Bundes ist das gemeinsame Lebensziel aller Menschen, die gut sein wollen: dadurch glücklich zu werden, daß man andere glücklich macht. Das ist das edelste Lebensziel, das ein Mensch sich setzen kann.

Ich stelle mich nicht zum Jugendbund. Ich stehe in ihm. Ich arbeite und lebe für ihn. Er gibt mir Halt. Von ihm aus betrachte ich die Welt.

Für mich ist der Jugendbund ein reiner Erziehungsbund; aber nicht allein die Erziehung, die der Bund dem Menschen gibt, ist ausschlaggebend, sondern diejenige, die der Mensch – durch den Bund angeregt – sich selbst gibt.

Man muß leben, um zu arbeiten, und umgekehrt. Über der Arbeit steht aber das Vertrauen: Der Mensch ist gut – er kann gut sein«.[1]

Diese Aussagen waren das Fazit, das der 15jährige Rolf Baruch in seinem Prüfungsaufsatz zum Abschluß der Realschule (Untersekunda) in der Talmud-Tora-Schule am 29. Januar 1936 zog. Das Thema des Prüfungsaufsatzes lautete: »Meine Stellung zum Jugendbund«. Erfahrung mit dem Jugendbund hatte er bereits drei Jahre, als er dies schrieb. Seine Schwester Helga Arna, die 1936 nach Palästina emigrieren konnte, sagte, daß ihr Bruder 1933 sofort in die zionistische Bewegung gegangen sei.[2] Sein Lebensweg war bis hierher nicht sehr anders als der vieler deutscher Kinder. Am 1. Juni 1920 wurde er als jüngstes Kind des Darm-Maklers Georg Baruch und seiner Ehefrau Irma, geb. Lucas geboren. Auch die beiden älteren Schwestern Helga und Marion kamen hier zur Welt. Die Familie wohnte in Eimsbüttel, in der Wrangelstr. 24. Der Vater, seit 1910 in seinem Beruf selbständig, war Kriegsteilnehmer von 1914 – 1918, zuletzt als Dolmetscher für Englisch und Französisch im Kriegsgefangenenlager in Gießen. Da er sich im Krieg eine schwere Lungenerkrankung zugezogen hatte, zog die Familie nach Hamburg-Hamm in eine Wohnung mit Zentralheizung. Die Schülerkarte des Heinrich-Hertz-Realgymnasiums, in das Rolf am 1. April 1930 in die 6c aufgenommen wurde, gibt den Wohnort mit Hirtenstr. 18 an. Unter bisheriger Vorbildung heißt es: Grundschule Pröbenweg.[3]

Rolf Arno Baruch

Verfolgung
Vernichtung

Pröbenweg und Hirtenstraße liegen in Hamburg-Hamm nahe beieinander. Seine Schwester Helga erzählte, daß er früh fließend lesen konnte, gerne Geschichten schrieb und auch zeichnerisch begabt war. Ein erneuter Umzug führte die Familie nach Eppendorf in die Isestr. 61[III]. Hier, nahe am Isebekkanal, war Rolf viel mit dem Ruderboot auf dem Wasser. Der 12jährige träumte davon, einmal zur See zu fahren. Aus gesundheitlichen Gründen wurde ihm davon abgeraten. Später war dieser Berufswunsch auf Grund der politischen Verhältnisse wohl kaum zu realisieren. Mit 14 Jahren hatte Rolf im Tempel in der Oberstraße – der liberalen jüdischen Gemeinde in Hamburg – bei Rabbiner Italiener seine Bar Mizwa. Die Familie war zwar nicht religiös, aber auf den Wunsch der Mutter wurde Rücksicht genommen.

In diesem Jahr, mit der Machtübernahme der Nationalsozialisten am 30. Januar 1933, veränderte sich die allgemeine Situation an den Hamburger Schulen schnell. Die Schulung der Lehrer und die Abschaffung der demokratischen Selbstverwaltung waren Schritte zur Gleichschaltung der Schulen. Hamburg, das vor 1933 auf eine ansehnliche Reformtradition zurückblicken konnte, traf diese Veränderung empfindlich. Schulleiter durften nicht mehr vom Kollegium gewählt werden, sondern wurden eingesetzt bzw. wurden politisch »unbrauchbare« durch politisch zuverlässige ausgewechselt. Ein »bösartiges Ertüchtigungsprogramm« setzte ein, das – so Thomas Mann – »die radikale und in einem bösartigen Sinn asketische Verleugnung des Geistes« ist, »wenn wir unter diesem Namen die Ideen 'Wahrheit', 'Erkenntnis', 'Gerechtigkeit', also doch wohl die höchsten und reinsten Ziele des Menschentums zusammenfassen«.[4]

Rolfs weiterer Lebensweg unterschied sich von nun an erheblich von dem anderer deutscher Kinder. Da er das Realgymnasium Heinrich-Hertz bereits am 31. Dezember 1933 verließ, »um die Talmud-Tora-Realschule zu besuchen«,[5] wie es auf der Schülerkarte heißt, war er nicht lange dem Erziehungsplan ausgesetzt, der zwischen 1933 und 1945 Menschlichkeit über Bord warf und Unterrichtsinhalte mit kriegerischer Tüchtigkeit und nationalem Vorrang in Beziehung setzte. Den Hitlergruß, erlassen vom Reichsminister des Innern Frick am 13. Juli 1933 und in seiner Ausführung in der Verordnung des Hamburger Senats vom 17. Juli beschrieben, lernte er noch am Heinrich-Hertz-Realgymnasium kennen. Dieser Gruß sei, so forderte ein Schreiben Oberschulrats Oberdörffer an die Schulleitungen vom 11. August 1933, »im Turnunterricht mit den Schülerinnen und Schülern zu üben«.[6] Die Schulatmosphäre kennzeichneten bald Fahnengruß, das Abhalten von nationalen Feiern, der Staatsjugendtag, die Schulpropaganda, ideologisch ausgerichtete Lehrpläne und Schulbücher für alle Fächer und Jugendliche, die in den Organisationen der Partei die politischen Lehren der Nationalsozialisten eingetrichtert bekommen hatten. Demütigungen, Quälereien und Diskriminierungen machte jüdischen Schülern auf nichtjüdischen Schulen das Leben schwer. Die vielen Dinge, an denen sie nicht teilnehmen durften – Schulausflüge, Festlichkeiten aller Art waren von vorneherein ausgeschlossen – ließen diese Kinder vereinsamen. Sie hatten sehr viel freie Zeit, in der sie ins Grübeln gerieten, weil sie nicht dazugehören konnten. Auch in der Freizeit machte sich das bemerkbar. Die letzten Freunde, die noch zu ihnen zu kommen wagten, kamen oft nur nach dem Dunkelwerden. In das Jahr 1933 fielen das »Gesetz gegen die Überfüllung deutscher Schulen und Hochschulen« vom 25. April 1933 sowie die »1. Durchführungsverordnung«[7] vom 4. Mai 1933, die Entbindung jüdischer Schüler vom Schulunterricht am Sonnabend, die Aufhebung der Schulgeldermäßigung für jüdische Schüler. Außerhalb des schulischen Rahmens sind der »eintägige Boykott jüdischer Geschäfte« am 1. April, die Versetzung jüdischer Beamter in den Ruhestand am 7. April (ausgenommen Kriegsteilnehmer), das

Verbot des Schächtens am 21. April und der Ausschluß jüdischer Turner und Sportler (ausgenommen Frontkämpfer oder Hinterbliebene von Gefallenen des Ersten Weltkrieges) zu nennen.

> Pritzlaff
> Schülerschicksale in Hamburg
> während der NS-Zeit,
> z.B. Rolf Arno Baruch
> (1.6.1920 – 1945)

In diesem politischen Umfeld bot die Talmud-Tora-Schule den jüdischen Schülern einen Schutzraum. Der letzte Direktor der letzten jüdischen Schule in Hamburg, Dr. Alberto Jonas, hatte in seinem Aufsatz »Vom Sinn der jüdischen Schule« bereits 1930 gesagt:

> »In der jüdischen Schule findet das jüdische Kind die ihm angemessene Umgebung, den Boden, auf dem es sich entfalten und gedeihen kann. Hier wird ihm sicher sein Recht auf ungestörte Entwicklung, auf Heiterkeit und Freude, Sorglosigkeit und Lebenslust, und es ist sicher, daß das durch die jüdische Schule gegangene, in ihr gekräftigte und gefestigte Kind, von einem natürlichen Selbstgefühl erfüllt, auch sicher und fest im Leben stehen und bestehen wird«.[8]

Dies war ihm um so wichtiger, da es seiner Meinung nach »nicht Sache des Kindes« sei, »sich an Kränkungen und Bitternissen«, wie sie an allgemeinen Schulen mehr oder minder erfahren wurden, »zu stählen«, denn: »Das für die körperliche Erziehung sehr gesunde Prinzip der Abhärtung gilt nicht in gleicher Weise für die seelische Entwicklung des Kindes«.[9]

Arthur Spier, der z. Zt. der Aufnahme von Rolf Baruch auf die Talmud-Tora-Schule ihr Direktor war, betonte in seinem Bericht an die Landesunterrichtsbehörde vom 17. August 1934 als Bildungsaufgabe der Talmud-Tora-Schule die

> »Entfaltung aller im Kind und Jugendlichen schlummernden Kräfte zur Heranbildung des bewußten jüdischen Menschen, dessen Weltanschauung fest verwurzelt ist in der jüdischen Tradition und den jüdischen Kulturgütern, der aber zugleich durch Einführung und Erfassen aller Werte deutscher Kultur und ihrer Beziehungen zu dem europäischen und allgemeinen Bildungsgut die Harmonie der Gesamtpersönlichkeit erstrebt«.[10]

Und er fügte hinzu: »Es braucht nicht besonders erwähnt zu werden, daß unsere Jugend sich innerhalb unserer Schule völlig frei und unbedrückt fühlt, daß sie in einer Atmosphäre aufwächst, wie sie den Wünschen der Eltern durchaus entsprechend ist«.[11]

So konfliktlos, wie sich das hier anhört, war die Situation bald nicht mehr, da unter dem politischen Druck Kinder aus liberalen Kreisen in die Schule strömten. In einem Aktenvermerk der Schulverwaltung vom 24. November 1938 heißt es z.B.:

> »Unter gegenwärtigen Verhältnissen ist die Talmud-Tora-Schule aber bereit, alle Schüler, die in Hamburg als 'Juden' im Sinne der Nürnberger Gesetze von den allgemeinen Schulen ausgeschlossen sind, aufzunehmen, auch wenn sie sich nicht zur jüdischen Religion bekennen. Falls sie z.B. konfessionslos sind, können sie vom jüdischen Religionsunterricht befreit werden«.[12]

Und am Schluß des Aktenvermerks ist hinzugefügt: »Die Talmud-Tora-Schule will jetzt auch christlich getaufte 'Juden' unter Befreiung vom jüdischen Religionsunterricht aufnehmen«.[13] Dr. Max Plaut, der Vorsitzende des Jüdischen Religionsverbandes von Groß-Hamburg von 1938 – 1943, sah Konflikte weniger durch die jüdischen Lehrer der Schule hervorgerufen, die zwar orthodox, aber tolerant waren, so daß sich die Kinder aus liberalen Elternhäusern keineswegs zurückgesetzt fühlten, sondern durch die bestehenden Gegensätze zwischen diesen Elternhäusern und der Schule. Er erinnerte sich daran, daß es während seiner Tätigkeit in der Gemeinde Beschwerden von Eltern gab. Für ein nicht religiös erzogenes Kind

> »ergab sich eine Umstellung deswegen, weil es nicht als Einzelfall in der Klasse marschieren wollte, und wenn die Majorität in der Klasse etwas macht, da will sich kein

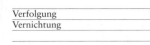

Verfolgung
Vernichtung

Kind absondern. Die Eltern sind natürlich erschreckt, wenn das Kind plötzlich beim Essen sagt: 'Man muß ein Käppchen aufsetzen.' Und das führte wohl dazu, daß die Leute kamen. Ich habe sie zwar immer überzeugt, daß sie ihrem Kinde nichts Gutes tun, wenn sie es als Einzelgänger laufen lassen. Ein Kind braucht die Stütze der Gemeinschaft, um sich behaupten zu können. Und das hat eigentlich auch immer geklappt«.[14]

Rolf Baruch, auch in einem liberalen Elternhaus aufgewachsen, wählte in dieser Zeit der Ausgrenzung der deutschen Juden schon früh den für ihn wohl einzigen Weg von Gemeinschaft außerhalb der Familie, den Eintritt in die zionistische Bewegung. Mit 14 Jahren trat er dem jüdischen Turn- und Sportverein Bar-Kochba bei, der dem »Deutschen Makkabi-Kreis« angehörte. Der Verein hatte eine wesentliche Wurzel im nationaljüdischen Zionismus, »*jüdische Werte geistiger und kultureller Art bilden Fundament und zugleich Erziehungsziel der Bewegung*«.[15] Ziel war es also, bewußt jüdische Menschen zu erziehen. Dies wollte ja auch die Talmud-Tora-Schule, und so war die Schule trotz ihrer orthodox religiösen Ausrichtung nicht völlig fremd. Am 1. Januar 1935 zählte der Bar-Kochba 450 Mitglieder.[16] Rolf engagierte sich nach Aussagen seiner Schwester sehr in diesem Verein, der sein Büro in der Johnsallee 54 hatte. In Erinnerung ist ihr, daß er zu einem Landesjugendtreffen, das in Wilhelminenhöhe stattfand – es muß 1934 oder 1935 gewesen sein –, mit Hilfe von Atlanten Wege ausgearbeitet hat, die die Jugendlichen, die aus ganz Deutschland mit Fahrrädern kamen, so über Landstraßen leiteten, daß sie Hamburg umfahren konnten, um dort nicht aufzufallen. In Blankenese und Rissen gab es drei Vorbereitungslager des Palästina-Amtes Berlin zur Vorbereitung für die Kolonisation Palästinas. Der Unterricht wurde dort in allen Zweigen der Landwirtschaft und der Viehzucht erteilt, ferner in Hebräisch und Palästinakunde.

Beeindruckt hat sie auch, als Rolf ein damals sehr modernes Spielzeug nacharbeitete, eine drehbare Pappscheibe, die die einzelnen deutschen Länder beschrieb, die Hauptstadt, Flüsse und Einwohnerzahl angab; so eine Drehscheibe fertigte er von Palästina an.

Die Talmud-Tora-Schule verließ er nach dem Abschluß der Realschule. Die Situation junger deutscher Juden 1934/35 beschreibt Dr. Otto Neuburger in seinem Aufsatz »Was soll aus uns werden? Zur Berufswahl und Berufsumschichtung von Juden in Deutschland«. Diejenigen, die einen akademischen Beruf gewählt hätten, hätten »*in Auswirkung des Gesetzes gegen die Überfüllung der Hochschulen und der Bestimmungen über die Hochschulreife ihren Akademikertraum ausgeträumt*«, und »*diejenigen, die die Schulen sonst vielleicht länger besucht hätten*«, brächen den Besuch »*bei der Aussichtslosigkeit höherer Schulbildung*«[17] jetzt früher ab. »*Für die große Zahl der Palästinawanderer*« spiele »*auch die Frage eine entscheidende Rolle, welche Berufe dort gebraucht werden und für welche Berufsinhaber Einwanderungserlaubnisse (Zertifikate) erteilt werden*«.[18]

Rolf, der nach Palästina auswandern wollte, begann eine Küferlehre in einem Betrieb am Hafen, die er aber wegen »Arisierung« des Betriebes abbrechen mußte. Bereits vor 1938 ging er auf »Hachschara«, d.h. Berufsumschichtung im Hinblick auf ein Leben im Kibbuz in Palästina, das damals unter englischer Mandatsregierung stand. Eine Zeitlang war er bei einem Bauern in der Nähe von Paderborn, wo der Hechaluz (»Der Pionier«)[19] ein Umschichtungslager hatte. Rolf gehörte dem Makkabi Hazair (»Der junge Makkabäer«) an, dem Jugendbund der Makkabi-Sportbewegung, der Ende 1936 der größte zionistische Jugendbund in Deutschland war. In den 1937 formulierten Zielen des Bundes heißt es: »*Alle Gruppeninteressen sind dem Gesamtinteresse des jüdischen Volkes unterzuordnen*«.[20] Seine betont pfadfinderische Richtung wird hier ebenfalls formuliert, wenn von einer Erziehung »*zu bewußten und wissenden, charakterstarken und aufrichtigen jüdischen*

Männern und Frauen« die Rede ist, *»die als Zofim (Pfadfinder) bereit sind, ihr Leben und ihre ganze Persönlichkeit dem Aufbau ihres Volkes und Landes zu weihen«.*[21] Die nicht einfache geistige und seelische Umstellung auf ein Gemeinschaftsleben in Palästina wird auch in einer der Geschichten deutlich, die Rolf in der Kinderbeilage des »Israelitischen Familienblattes« am 14. April 1938 veröffentlichte. Die Erzählung über die Auswanderung nach Palästina heißt »Die Heimkehr« und spielt auf einem Schiff. Diese »Heimkehr« wühlt die 20 Chawerim (Freunde) auf: *»Und manchem war, als müsse er zurückgreifen und das Bequeme, den Luxus, die Kleinigkeiten, die das Leben ausmachen, festhalten und in der neuen Heimat aufstellen«.*[22] Den 16jährigen Schaul überwältigen seine Gefühle, als er sich Palästina nähert:

| | Pritzlaff Schülerschicksale in Hamburg während der NS-Zeit, z.B. Rolf Arno Baruch (1.6.1920 – 1945) |

»Eine Ergriffenheit packte ihn, die nicht aus dem Augenblick entstand. Da war die Sehnsucht nach der Heimat, die in ihm wohnte, die sich ihm vererbt hatte seit seinen ältesten Vorfahren. Das war Babylon, das war Spanien, das war Ghetto und Chibbat Zijon – aufgespeichert in jüdischen Herzen seit Jahrtausenden, weitergetragen von Vater zu Kind, von Kind zu Enkel – nagend, quälend, suchend«.[23]

Die 15jährige Ester ergreift dagegen eine Furcht, als stehe sie vor einer Prüfung, auf die sie nicht vorbereitet ist. Besonders schwer stellt sie sich das ständige Zusammensein mit den 19 anderen Chawerim vor. Aber auch Schaul, der Ester gegenüber Stärke zeigt, kommen Bedenken:

»Die Jugend wandert heim – aber sie kommt erwachsen in das Land. Land der Jugend heißt man dich, Erez Jisrael? Ja, jung sind deine Menschen – aber ist das noch Jugend, die im jüngsten Alter Gedanken zu formen vermag, die anderen Erwachsenen gar zu denken geben? Kann das Jugend sein, die schon wandert, bevor sie weiß, was Heimat heißt? Schaul war jung – und doch alt genug, um diese inneren Schreie zu hören [...] War es nicht eine Mahnung zur Umkehr ...«[24].

Bei der Ankunft des Schiffes im Hafen ergreift den 18jährigen Autor jedoch jugendlicher Enthusiasmus: *»Juden kommen, Juden! [...] Ja, wir kommen, Heimat wir leben noch, wir wecken dich, heiliges Land – ewig sind wir!«*[25]

Rolf, der gerne Geschichten schrieb, hat das, womit er sich hier auseinandersetzte, nicht mehr erlebt. Aber noch fünf Jahre bereitete er sich in den Landwerken Ahrensdorf und Neuendorf auf diesen Weg vor. Seine Briefe aus Ahrensdorf lassen diesen Ort bei Trebbin, nur wenige Kilometer von Berlin entfernt, und Rolfs Leben dort lebendig werden. Die Umgebung des Jagdhauses, das die Reichsvertretung seit 1936 hier gepachtet hatte, war weitläufig und idyllisch. 1938 lebten in Ahrensdorf 60 Jungen und 20 Mädchen im Alter zwischen 14 und 18 Jahren. Er war wohl eine Woche dort, als er seinem Vater und seiner Schwester Marion am 10. Mai 1938 begeistert nach Hamburg schrieb, daß er schon stolz »unser« Landwerk sage und von »wir« spreche. Seine Gedanken über die Veränderung des Lebens und der Lebenspläne dieser jüdischen deutschen Generation äußerte er in der Schilderung einer *»Aussprache über alle betriebstechnischen Fragen«*, die im Speisezimmer stattfand, wo 35 Jungen und 5 Mädchen *»bunt durcheinander«* auf den Bänken mit »Marmeladenstullen« saßen:

»Die Gesichter der Chawerim habe ich mir während der Unterhaltung betrachtet [...] Und immer wieder konnte ich es kaum begreifen, daß das dieselben Jungen und Mädel sind, die bei anderem Verlauf der Geschehen mehr Interesse für die Tanzdiele und Intellekt gezeigt hätten als für den Umbau eines Stalles [...] Dabei ist das Bedürfnis, die geistigen Fähigkeiten auszunutzen, bei uns wenn nicht ebenso groß, so doch gleich an die zweite Stelle gesetzt«.[26]

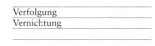
Verfolgung
Vernichtung

Die Freizeit wurde mit Lesen und Lernen ausgefüllt. Zur freiwilligen Leistungsprüfung im Rahmen der Bundesaktion »Wohlgerüstet sollt ihr ausziehen« hatten sich 95 % der Jugendlichen gemeldet. Freiwillige Kurse wurden in den verschiedenen Fächern gebildet, die die jeweils Besten an den freien Nachmittagen leiteten, z.B. in jüdischer und zionistischer Geschichte, in Iwrith, in Landwirtschaftsunterricht. Die Kosten der Ausbildung in Ahrensdorf betrugen monatlich 45 Reichsmark, konnten auf Antrag aber teilweise oder ganz von jüdischen Stellen übernommen werden. Rolf erwähnt in seinem Brief Erkundigungen über die Zuschußzahlungsweise und die Abwicklung der finanziellen Angelegenheiten über Berlin, wo die Reichsvertretung der Juden ihren Sitz hatte.

Ein zweiter Brief an den Vater und die Schwester vom 26. Mai 1938 ist an einem Sabbat geschrieben. Die Art, wie er in Ahrensdorf gefeiert wurde, begeisterte Rolf: *»Alles feiert, alles ist hell gekleidet, die Mädel tragen weiße Kopftücher statt der bunten und die Blumen auf den Tischen sind zahlreicher als Alltags. So ist hier auch der Jüdische Feiertag zu etwas Echtem geworden, und alles Erstarrte der Stadt ist vorbei«.*[27]

Vom Iwrithlernen als Hauptbeschäftigung ist die Rede, von Bücherwünschen zum Geburtstag, die sich alle auf die Arbeit im Landwerk beziehen, von der Arbeit in der Gärtnerei und den beschränkten finanziellen Mitteln. Für 5 RM mußten u.a. Schuhsohlen, Seife, Friseur und Briefmarken bezahlt werden. Da ihm monatlich nur 1,70 RM für Briefmarken zustanden, sein Satz bereits stark überschritten war, sollte der Brief heimlich mit Hilfe des vom Vater beigelegten Rückportos abgesandt werden. Sein Wunsch, noch im Jahr 1938 Imker zu werden, konnte nur vom Leiter der Jugendhachschara, Hawi,[28] erfüllt werden: *»Selbständig darf ich ja nichts unternehmen, und ich habe schon genug gemeckkert«.*[29]

Am 15. Dezember 1938 kam dann ein Brief ganz anderer Art von ihm an seine Schwester Helga und ihren Mann in Palästina. Der Brief wurde in Hamburg in der Klosterallee 11 geschrieben. Rolf hatte sich 10 Tage Urlaub genommen, denn sein Vater war am 9. oder 10. November verhaftet und in das KZ Oranienburg-Sachsenhausen gebracht worden, wo er sechs Wochen gefangen gehalten wurde. Seine Schwester Marion war allein in Hamburg. Der Brief spricht drei Probleme an: den Kampf um die Auswanderung, die Sorge um den Vater und das Wohnungsproblem in Hamburg. Ein Zertifikat, das für die Auswanderung nötig war, wurde erst nach Bestätigung der Anforderung erteilt. Touristenvisa gab es überhaupt nicht mehr. Er schreibt: »*In Berlin stehen vor jedem nur erdenklichen Konsulat Hunderte, mit Nummern ausgerüstet, so daß man bis zur endgültigen Abfertigung Tage braucht. Es gibt nichts anderes als das, was wir seit 2.000 Jahren tun: Abwarten«*[30] Vom Vater hat er Grüße durch einen aus dem KZ Entlassenen erhalten. Hoffnung auf eine baldige Rückkehr des Vaters, Freude über die Verlängerung des Mietverhältnisses wohl bis zum 2. Februar, »*da der neue Mieter rückgängig machen mußte (Jude)«*[31] und tröstende Gedanken über die Zukunft kennzeichneten seine Stimmung. *»Mal sehen, was aus uns wird. Ich denke Ahrensdorf geht geschlossen nach England oder Holland [...]«,*[32] heißt es weiter. Und als Trost an die Schwester: *»Du mußt dich nicht künstlich nervös machen, Liebling, hier ist noch nie jemand aufgefressen worden«.*[33] Damals hat er es wohl noch geglaubt. Am 1. Oktober 1941 wurde das Hachschara-Lager Ahrensdorf aufgelöst. Der ursprüngliche Besitzer übernahm es wieder, und die Jugendlichen kamen in das Umschulungs-Gut Neuendorf bei Fürstenwalde an der Spree. Dieses landwirtschaftliche Lehrgut stand unter der Verwaltung der Reichsvereinigung und war am 15. Juli 1932 vom Arbeitskreis der Hauptstelle für jüdische Wanderfürsorge eröffnet worden. Anneliese-Ora Borinski hat in ihren »Erinnerungen 1940 – 1943« über ihre Zeit in Ahrensdorf und

Neuendorf geschrieben. Wie Rolf kam sie im Oktober 1941 von Ahrensdorf nach Neuendorf. Zu dieser Zeit war keine eigenständige Arbeit des Palästina-Amtes, das bis dahin den Hechaluz legalisiert hatte, mehr möglich. Per Vertrag wurde eine Zusammenarbeit mit der Reichsvereinigung festgelegt. Da die Auflösung der jüdischen Institutionen sich nun recht rasch vollzog, der Reichsvereinigung große finanzielle Beschränkungen auferlegt wurden, konnten die Umschulungsbetriebe nicht aufrecht erhalten werden. Im Sommer 1941 hieß das, daß in Neuendorf ca. 80 Chawerim waren, u.a. die Chawerim der drei Jugend-Alijah Kibbuzim des Makkabi Hazair aus Ahrensdorf, Havelberg und Jessen. Das Lager wurde von der SS bewacht und war zum Zwangsarbeitslager geworden. Man arbeitete in der Landwirtschaft des Gutes, im Haus, z.T. bei Bauern und Gärtnern auf Außenarbeit und in Fabriken der Stadt Fürstenwalde. Im Oktober 1941 wuchsen die Sorgen. Immer mehr Eltern der Chawerim bekamen die Nachricht, sich für die Evakuierung bereitzuhalten. Die meisten wollten zusammen mit ihren Kindern gehen. Dies wurde vom Bund aber nur in Härtefällen gestattet. Der Chawer sollte bei seiner Chewra bleiben, da jeder einzelne eine wichtige Stütze des Ganzen war. Wer gegen den Willen der Chewra mit den Eltern ging, wurde aus dem Bund und dem Hechaluz ausgeschlossen. Diejenigen, die gehen durften, verabschiedete man feierlich. Auch Rolfs Vater und seine Schwester Marion erhielten in diesen Tagen den Evakuierungsbescheid. Die Mutter war bereits am 14. Oktober 1936 gestorben, nur sieben Wochen nach der Auswanderung der Tochter Helga nach Palästina. In einem Telegramm des DRK vom 6. November 1941 teilte der Vater der Tochter in Palästina mit: »*Marion und ich fahren morgen ab Hamburg [...] Sind gesund, hoffen zuversichtlich Wiedersehen*«.[34] Adresse des Absenders: Heinrich-Barth-Str. 8^Ir, eins der sog. »Judenhäuser«, die die Juden auf Anweisung der NS-Behörden beziehen mußten. Auf engstem Raum lebten sie hier zusammen, bis sie in die Vernichtungslager deportiert wurden. Alle Versuche auszuwandern, waren endgültig gescheitert. In einem Telegramm vom 16. November 1938 hatte der Vater die Tochter in Palästina beschworen: »*Dringend anfordern*«.[35] Und die Schwester Marion telegraphierte noch einmal am 28. November 1938: »*Papas einzige hilfe eure anforderung*«.[36] Rolf bestätigte am 17. November 1941 die Deportation in einem Telegramm aus Neuendorf: »*Vati, Marion nach Minsk verzogen. Vorläufig keine Postmöglichkeit. Walli, ich gesund, heiraten bald. Schreibt an uns. Wir denken viel an Euch, glauben fest an Wiedersehen*«.[37] Am 18. November hat der zweite Deportationszug mit 402 Personen Hamburg in Richtung Minsk verlassen. Weder Marion noch ihr Vater überlebten. Über Marions Ermordung 1942 im Ghetto Minsk durch den SS-Kommandanten Rübe berichtet Heinz Rosenberg in seinem Buch »Jahre des Schreckens ... und ich blieb übrig, daß ich Dir's ansage«.[38]

Im Januar 1942 heirateten Rolf und Walli Hirschfeld aus Leipzig. Sie wurden im April 1943 von Neuendorf nach Auschwitz deportiert. Rolf hätte rechtzeitig auswandern können, hatte sich aber zurückstellen lassen, da er für den Iwrithunterricht der Neuankömmlinge gebraucht wurde. In seinem Telegramm an die Schwester in Tel Aviv am 13. März 1943 steht: »*Wir kommen nun auch zur Abwanderung, können vorläufig nicht mehr schreiben, verliert nicht den Mut, bleibt stark, wartet auf uns*«.[39]

Wie diese Zeit zwischen 1941 und 1943 in Neuendorf erlebt wurde, spiegelt sich besonders in der Art, in der die Feste begangen wurden. Chanukka schien mehr denn je ein Fest des Kampfes. Anneliese-Ora Borinski schreibt: »*Wir stellten ein buntes Bilderbuch zusammen, das unter dem Titel 'Kämpfer' Szenen aus der ganzen jüdischen Geschichte zeigte, in denen sich Juden in irgendeiner Weise gegen ihre Umwelt zum Kampf stellten. Am Schluß erhob sich spontan der ganze Saal [...], um die Hatikwa zu singen*«.[40]

Pritzlaff
Schülerschicksale in Hamburg während der NS-Zeit, z.B. Rolf Arno Baruch (1.6.1920 – 1945)

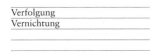

Verfolgung
Vernichtung

Oder von Pessach 1942, als ein Teil der Belegschaft des Gutes deportiert wurde, wird gesagt: *»Grausam nahe ist das Fest für uns geworden«*.[41] Die hohen Feiertage im Herbst 1942 wurden *»ernst, aber mit Inbrunst, wie wohl nie zuvor«*[42] begangen. Dabei glaubten alle, Evakuierung hieße zwar schwerste Arbeit, allerstrengste Entbehrungen, nicht aber fast sichere Vernichtung.

Am 7. April 1943 kamen die Listen, die die letzten Chawerim zum Transport aufforderten. Die Gruppen wurden zusammengestellt, jeder bekam eine Nummer, Geld- und Wertsachen mußten abgegeben werden. Die üblichen Vordrucke mußten unterzeichnet werden: daß man sich staatsfeindlich betätigt hatte, deshalb zur Aussiedlung kam und das gesamte Besitztum in die Hände des deutschen Reiches übergehe. Am letzten Abend in Neuendorf traten noch alle in Blau-Weiß zu einem letzten Mifkad, dem feierlichen Appell, an. In der Nacht wurde noch an den winzigen Kalendern mit deutsch-hebräischen Daten aller großen Gedenktage gearbeitet, den jeder Chawer bei sich haben sollte. Am nächsten Morgen kamen die Lastwagen, brachten sie nach Fürstenwalde, wo sie den Zug bestiegen, der bis Erkner fuhr.

Von dort ging es weiter nach Berlin in die Sammelstelle der Großen Hamburger Straße. Nach 10 Tagen Aufenthalt standen erneut Lastwagen bereit, die zu einem Güterbahnhof fuhren. In drei Viehwagen verteilt, fuhren die Chawerim Richtung Auschwitz. Das Konzentrations- und Vernichtungslager betraten sie am 20. April 1943. Rolf hat die schwere Zeit in diesem Lager überlebt, kam aber wohl während des »Todesmarsches« Anfang 1945, nach der Evakuierung von Auschwitz, um. Jutta Bergt, die mit ihm in der zionistischen Gruppe war, schreibt am 9. Mai 1990 an seine Schwester Helga:

»Ja, der Rolf gehört zu den wenigen Jungen der zionistischen Gruppe, an die ich mich gut erinnern kann. Durch seine Heirat mit Walli hat er mit im Schloß gewohnt, während die anderen in Baracken wohnten. Wenn ich mich recht erinnere, wohnte Walli eine Zeitlang mit mir in einem Zimmer, bis sie dann nach der Hochzeit ein eigenes Zimmer für sich bekommen haben. Walli war ein liebes bescheidenes, recht hübsches Mädchen, und ich glaube, die beiden haben gut zusammengepaßt. Leider gehörte sie mit zu den ersten, die gestorben sind. Ich war da schon nicht mehr mit ihr zusammen, sondern im Stabsgebäude in der SS-Wäscherei. Da bei uns auch die Mädchen und Frauen wohnten, die in der Verwaltung gearbeitet haben, wußten wir immer sehr genau, wer noch lebte und wer nicht. Aber der Tod wurde einfach registriert ohne Angabe der Ursache, [...] Rolf (in Neuendorf nannten ihn alle Rolli) muß wohl den Transport, den sogenannten Todesmarsch, nicht überstanden haben. Denn er stand bis zum Schluß immer noch auf der Liste der Überlebenden«.[43]

Am 17. Januar 1945 war die Evakuierung von Auschwitz und allen Nebenlagern befohlen worden. Die Häftlinge mußten den Marsch nach Westen am 18. Januar in Kolonnen antreten. Einer von diesen 66.020 Menschen war Rolf. Die russischen Truppen, die am 27. Januar 1945 Auschwitz befreiten, fanden 5.000 marschunfähige Häftlinge im Lager vor.

Anmerkungen

1 AHW, Talmud Tora 38: Prüfungsaufsatz vom 29.1.1936 an der Talmud-Tora-Schule von Rolf Baruch. Thema: Meine Stellung zum Jugendbund, Bogen 2.
2 Mein Gespräch mit Helga Arna im Juni 1990.
3 Schülerkarte des Heinrich-Hertz-Realgymnasiums, Schularchiv der Heinrich-Hertz-Schule, Grasweg 72 – 76, 2000 Hamburg 60.
4 Mann, Erika Mann, S. 34.
5 Wie Anm. 3.
6 StAH Oberschulbehörde VI F V t: Landesunterrichtsbehörde, Betrifft: Hitlergruß, 11.8.1933.

7   Von jüdischen Schülern bevorzugte Schulen waren in Hamburg traditionell das Wilhelm-Gymnasium, das Johanneum, das Heinrich-Hertz-Realgymnasium und die Lichtwarkschule. Der Anteil jüdischer Schüler hatte während der Weimarer Republik im Wilhelm-Gymnasium bis zu 25% betragen, und es hatte, obwohl dieser Anteil auf unter 10% sank, weiterhin den Ruf einer liberalen Schule. Für das Schuljahr 1935/36 betrug der Anteil der im Sinne der Nürnberger Gesetze jüdischen Schüler am Johanneum noch 8,01%, am Realgymnasium am rechten Alsterufer, wie sich das ehemalige Heinrich-Hertz-Realgymnasium inzwischen nannte, 11%, an der Lichtwarkschule 6,85% und am Wilhelm-Gymnasium nur noch 1,64%. Die Zahlen zeigen, daß die Zulassungsbeschränkungen also nicht an allen höheren Schulen verwirklicht wurden. Allerdings strebten die zuständigen Stellen eine Zwangsbeschränkung zur Sexta an, um dadurch eine Reduzierung des Anteils an jüdischen Schülern zu erreichen. In Hamburg wurden zu Ostern 1935 nur 40 »geschützte«, d.h. z.B. Kinder von Frontsoldaten, und 10 »ungeschützte Nichtarier« in die neuen Eingangsklassen der höheren staatlichen Schulen aufgenommen. Die Hamburger Schulbehörde wendete die gesetzlich vorgeschriebenen Anteilssätze nicht auf jede einzelne Schule an, sondern bezog sie auf die Gesamtzahl der die höheren Schulen besuchenden bzw. neu aufzunehmenden Schüler. Sie sah in den ersten Jahren für die Abschulung jüdischer Schüler wohl einen längeren Zeitraum vor, womit Unruhe an den Schulen vermieden werden sollte. Die »Nürnberger Gesetze« verschärften vom 15.9.1935 an die Situation allerdings insgesamt. Direktoren-Konferenz-Protokolle zwischen 1935 und 1936 zeigen, daß auf Eltern hinsichtlich der Abschulung kein Druck ausgeübt werden sollte. Es wird von den Schulleitern jedoch erwartet, »nach bestem Wissen« und »ohne besondere Nachfrage bei Lehrern und Erziehungsberechtigten« Zahlen der »Voll-, 3/4- und Halbjuden sowie der nichtarischen Ausländer« mitzuteilen. Vermerke in Klassenlisten aus der Zeit, z.B. der Lichtwarkschule zeigen allerdings, daß die Lehrer darüber nicht nur Bescheid wußten, sondern auch darüber Buch führten. Der Druck wird im übrigen durch das Verhalten von Lehrern und Mitschülern, wie die Dokumente zeigen, häufig zur Abschulung geführt haben.

8   StAH Gemeindeblatt der DIG zu Hamburg, Nr. 10, 6. Jg. 17.10.1930, Dr. Alberto Jonas: Vom Sinn der jüdischen Schule.

Pritzlaff Schülerschicksale in Hamburg während der NS-Zeit, z.B. Rolf Arno Baruch (1.6.1920 – 1945)

9   Ebd.
10 StAH Talmud Tora 63: Spier an die Landesunterrichtsbehörde, 17.8.1934.
11 Ebd.
12 StAH Oberschulbehörde VI, F XVI d 1/2: Schulverwaltung – F I a 1 – Aktenvermerk vom 24.11.1938.
13 Ebd.
14 Gespräch Josef Walk mit Max Plaut. Hamburg 1971, Institut für die Geschichte der deutschen Juden, Hamburg, Walk/Plaut 14-001.
15 Marx 1987, S. 998.
16 AHW/325 Plan der jüdischen Organisationen in Hamburg. – Der Hamburger Verein der Bar Kochba wurde 1910 gegründet.
17 Neuburger 1935, S. 6.
18 Ebd., S. 11.
19 Der deutsche Landesverband des Hechaluz war Anfang der 20er Jahre in Berlin gegründet worden. Er umfaßte 1934 49 Ortsgruppen (Snifim) mit etwa 7.000 Mitgliedern. Auf internationaler Ebene gab es die Bewegung in 19 Ländern mit 45.000 Mitgliedern im Alter von 17 und 35 Jahren. Der Verband faßte junge Menschen zusammen, die sich zum Zionismus bekannten und sich in Palästina ansiedeln wollten. Inhaltlich ging es um berufliche Umschichtung zur körperlichen Arbeit, geistige Schulung, d.h. Erlernen der hebräischen Sprache, Erwerb von Wissen um das Judentum und die jüdische Kulturwelt, erzieherische Vorbereitung und Eingliederung in die organisierte Arbeiterschaft. In Gemeinschaften (Kibbuzim) sollten diese Aufgaben zu einer Einheit zusammengeführt werden.
20 Krüger, Herbert Sonnenfeld, S. 124.
21 Ebd.
22 Baruch, Die Heimkehr.
23 Ebd.
24 Ebd.
25 Ebd.
26 Brief von Rolf Baruch am 10.5.1938 an seinen Vater und seine Schwester Marion, Privatbesitz Helga Arna. Die Jugendlichen wurden in Gärtnerei, Landwirtschaft, Viehzucht und Hauswirtschaft ausgebildet. Obst-, Gemüsegärten, Treibhäuser, Kühe, Ziegen, Pferde zur Feldar-

Verfolgung
Vernichtung

beit, eine Geflügelzucht gehörten zum Landwerk. Die ein- bis zweijährige Ausbildung endete mit einer Abschlußprüfung, über die die Reichsvertretung ein Zeugnis ausstellte. Während der Ausbildungszeit bemühte sich der Makkabi-Hazair, Gruppen zusammenzustellen, die sich in demselben Kibbuz niederließen, einem der Kibbuzim, die vom Makkabi-Hazair in Palästina gegründet waren.

27 Brief Rolf Baruchs an den Vater und die Schwester Marion vom 26.5.1938, Privatbesitz Helga Arna.
28 Hawi, das ist Hans Winter, ehemaliger verantwortlicher Leiter der Jugend-Hachscharot (Vorbereitungslager).
29 Wie Anm. 27.
30 Brief Rolf Baruchs an die Schwester Helga und ihren Mann vom 15.12.1938, Privatbesitz Helga Arna.
31 Ebd.; nach Auskunft des Staatsarchivs Hamburg vom 14.3.1991 hat die Familie bereits ab 1938 in der Heinrich-Barth-Str. 8 bei Zelenzinsky gewohnt und konnte nicht bis Februar in der Klosterallee bleiben.
32 Ebd.
33 Ebd.
34 Telegramm von Georg Baruch an seine Tochter Helga und ihre Familie am 6.11.1941, Privatbesitz Helga Arna.
35 Telegramm von Georg Baruch an Helga Arna am 16.11.1938, Privatbesitz Helga Arna.
36 Telegramm von Marion Baruch an Helga Arna vom 28.11.1938, Privatbesitz Helga Arna
37 Telegramm von Rolf Baruch an Helga Arna am 17.11.1941, Privatbesitz Helga Arna.
38 Rosenberg 1985, S. 43: »Einmal sah Rübe ein schön gemaltes Schild. Als er erfuhr, daß Marion Baruch aus Hamburg es gemalt hatte, befahl er die Künstlerin sofort zu sich. Als Marion kam, sprach er kurz mit ihr, führte sie dann zum Friedhof und erschoß sie – ohne jeden Grund«. Zu Marion Baruch siehe auch den Beitrag von Maike Bruhns in diesem Band.
39 Telegramm von Rolf Baruch an Helga Arna vom 13.3.1943, Privatbesitz Helga Arna.
40 Borinski, Erinnerungen 1940 – 1943, S. 25.
41 Ebd., S. 32.
42 Ebd., S. 35.
43 Brief von Jutta Bergt an Helga Arna am 9.5.1990, Privatbesitz Helga Arna.

Literatur

Baruch, Rolf: Die Heimkehr. In: Unser Familienblatt. Kinderbeilage des Israelitischen Familienblattes, 4. (1938), Nr. 4 vom 14. April 1938

Borinski, Anneliese-Ora: Erinnerungen 1940-1943. Nördlingen 1970

Krüger, Maren: Herbert Sonnenfeld. Ein jüdischer Fotograf in Berlin 1933-1938. Berlin 1990 (Berlin Museum)

Mann, Thomas: Erika Mann: Zehn Millionen Kinder, Geleitwort, in: Politische Schriften und Reden, Bd. 3. Frankfurt/M. 1960 (= Thomas Mann: Werke. Das essayistische Werk, hg. von Hans Bürgin. MK 118, S. 34)

»Euch rufe ich auf, deutsche Männer und Frauen!«
Der einsame Protest des Walter Gutmann

Beatrix Herlemann

Zahlreiche Überlieferungen bezeugen eine unter der deutschen Bevölkerung verbreitete Ablehnung der Reichspogromnacht im November 1938, der von einem braunen Mob angerichteten Verwüstungen, der Zerstörung materieller Werte, des erschreckenden Vandalismus. Selbst einzelne Nationalsozialisten fragten: »*Sind wir noch eine Kulturnation?*«. Die sich seit Ende 1938 formierende Militäropposition mißbilligte die Ausschreitungen scharf, bewertete sie vor allem als außenpolitischen Schaden. Der Dekan der Hedwigskirche in Berlin, Monsignore Bernhard Lichtenberg, veranlaßte seine Gemeinde seit der Pogromnacht, für Juden und Insassen von Konzentrationslagern zu beten. Die Deutschlandberichte der Exil-SPD (Sopade) führten über die Wirkung der Novemberpogrome aus:

»*Wenn irgendwo im Reich, dann hat sich in Hamburg und im angrenzenden Elbgebiet die Empörung über die Judenpogrome mit ihren Brandstiftungen und Plünderungsexzessen ganz offen geäußert ...*«.[1]

Mag auch die verschiedentlich anzutreffende zeitgenössische Schätzung interner Lageberichte, 85 bis 90 % der Bevölkerung hätte die Novemberexzesse verurteilt, zu hoch angesetzt sein, so bleibt doch der deutliche Eindruck mangelnder Breitenakzeptanz dieses maßgeblich von Propagandaminister Goebbels initiierten Spektakels nach der Ermordung des bis zum November 1938 völlig unbekannten Pariser Botschaftsangehörigen Ernst vom Rath.

Fragt man nach dem Verhalten der unmittelbar Betroffenen, der jüdischen Opfer, so trifft man auf Angst, Hilflosigkeit und Verstörtheit sowie auf das Bemühen konformen Verhaltens, d.h. möglichst genauer Einhaltung aller nationalsozialistischen Anordnungen. Im sechsten Jahr der Verfolgung, die von antisemitischen Kampagnen aber auch von Phasen relativer Ruhe geprägt war, im Ganzen jedoch eine stetig zunehmende Rechtlosigkeit und Einengung des Lebensraumes aufwies, lebten noch rund 370.000 Glaubensjuden im Deutschen Reich, waren trotz zunehmender Schikanen und Drangsalierungen erst gut ein Viertel der 1933 in deutschen Grenzen lebenden Staatsbürger jüdischen Glaubens emigriert. Historiker neigen heute dazu, gerade das Beharren der deutschen Juden auf ihrem angestammten Platz im deutschen Vaterland, ihre zum Teil nationalsozialistisch

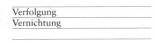

Verfolgung
Vernichtung

erzwungene Rückbesinnung auf die jüdischen Wurzeln, das Aufleben und die intensivierte Pflege des jüdischen Glaubens wie der kulturellen Traditionen als eine Art spezifisch jüdischen Widerstandes in der Verfolgung zu werten. Doch jenseits dieses wie auch immer interpretierten Verhaltens wird man nach Beispielen aktiven, gegen die nationalsozialistische Judenpolitik gerichteten Widerstandes aus den Reihen der deutschen Juden zumeist vergeblich suchen, sieht man einmal ab von den widerständischen Aktivitäten der aus ganz Europa in den Vernichtungslagern des Ostens zusammengetriebenen Juden, und sieht man von den wenigen Einzelaktionen etwa der jüdisch-kommunistischen Jugendgruppe um Herbert Baum oder dem Attentatsversuch der Brüder Laqueur auf ein jüdisches Denunziantenpaar ab.²

Sind diese Widerstandshandlungen aus der extremen Verfolgungssituation der Kriegsjahre erwachsen, als nach nationalsozialistischen Rassenwahnvorstellungen jeder Jude ein Recht auf Leben verloren hatte, so findet sich in Hamburg bereits gegen Ende der sogenannten Friedenszeit der wohl einmalige, unmißverständliche Protest eines Einzelnen gegen die Barbarei des Novemberpogroms.

Dabei hatte sich der Hamburger Kaufmann Walter Gutmann bis zu seiner bemerkenswerten Aktion in einer für das deutsche Bürgertum jüdischen Glaubens durchaus prototypischen Weise verhalten. 1893 als Sohn des Schneiders Hermann Gutmann in Hamburg geboren, absolvierte er nach der Realschule mit dem Einjährigen-Abschluß eine kaufmännische Lehre. 1913/14 in Bologna tätig, kam er nach eigenen Angaben bei Ausbruch des Krieges »*selbstverständlich sofort in die Heimat zurück*«. Nach einer militärischen Ausbildung kam er ab Januar 1915 erst im Osten, dann im Norden zum Fronteinsatz. Im April 1916 geriet er bei Douaumont, dem Panzerfort, das zum Brennpunkt der großen Schlacht um Verdun wurde, in französische Kriegsgefangenschaft. Im Januar 1920 kehrte er, dekoriert mit dem Frontkämpferehrenkreuz, nach Hamburg zurück, während einer seiner Brüder zu den rund 12.000 gefallenen jüdischen deutschen Soldaten zählte. In seiner Fachsparte, dem Samenhandel, war er fortan als Angestellter, teils in leitender Stellung in verschiedenen deutschen Städten tätig, machte sich 1930 als Vertreter für mehrere Firmen in Hamburg selbständig, stellte das Geschäft im Juli 1938 noch auf Großhandel um, mußte es aber im November 1938 erzwungenermaßen aufgeben. Zu diesem Zeitpunkt stand er völlig allein und mittellos da. Seine Überzeugung, als Deutscher in Deutschland seinen Platz zu haben, ließ ihn zurückbleiben, während seine Familie nach und nach emigrierte. Ein Bruder wanderte bereits 1926 aus. Seine betagte Mutter ging 1936 mit zwei seiner Geschwister nach Neuseeland. Seine Frau, von der er 1933 nach zehnjähriger Ehe, »*entfremdet durch wirtschaftliche Schwierigkeiten*«, geschieden wurde, gelangte 1938 mit der gemeinsamen Tochter Hilde in die USA. So beschloß Walter Gutmann Ende 1938, aus dem Leben zu scheiden, nicht ohne jedoch zuvor ein Zeichen des Protestes gegen die schmähliche Behandlung der Juden in Deutschland zu setzen. Er verfaßte eine Flugschrift von 14 Seiten, in der er sich mit der von der NSDAP betriebenen Judenpolitik auseinandersetzte und das deutsche Volk zum Widerstand gegen diese grassierende Kulturschande aufrief. In seiner Firma auf Wachsbogen geschrieben und vervielfältigt, versandte er 300 bis 400 Stück an Empfänger in Hamburg, Bremen und Hannover, ebenfalls 500 bis 800 Exemplare eines verkürzten Auszuges. Die Adressaten waren teils Geschäftspartner, teils aus den Adreßbüchern ausgewählt. Für den erdachten Absender ließ er einen Stempel fertigen. Die Sendungen warf er vor Ort in Hannover, Bremen und Hamburg in Postkästen. Unbewußt ging er nach der gleichen Methode vor wie schon der kommunistische Widerstand. Als Einzelkämpfer handelte er weit systematischer als etwa jener naive

Einzelgänger, der seine handgeschriebenen Postkarten gegen den Krieg in Berliner Hausfluren ablegte.³

> Herlemann
> »Euch rufe ich auf, deutsche Männer und Frauen!«
> Der einsame Protest des Walter Gutmann

Den Titel seiner Flugschrift entlehnte er Zola's flammendem Aufruf in der Dreyfus-Affäre: »J'accuse. Ich klage an!«. Einleitend forderte er das deutsche Volk auf, seine Mißbilligung der nationalsozialistischen Maßnahmen gegen die deutschen Juden zu zeigen:

»... *Die Ausrottung der Juden geschieht angeblich im Namen des deutschen Volkes! Deutsches Volk! Zeige, daß Du damit nicht einverstanden bist und entziehe so den Machthabern dafür den Boden. Diese Schrift geht nicht gegen Deutschland sondern gegen die Nazimethoden, und das ist ganz etwas anderes! Angeklagte sind der Fanatiker Hitler, der Sophist Goebbels, der Harlekin Göring, der Sadist Streicher, Himmler, des Fanatismus rauher Henkersknecht und Genossen«.*

Die nächsten Sätze zeigen, daß Walter Gutmann mit seinem Leben bereits abgeschlossen hatte und daher keine Notwendigkeit mehr sah, seine eigene Person im konspirativen Dunkel zu halten:

»*Ich: Aussehen arischer als mancher Minister. Mein mühselig aufgebautes kleines Geschäft wurde in sechsjähriger tapferer Arbeit von den Nazis zugrunde gerichtet. Da normale Mittel nicht ausreichten, wurde ich verhaftet, der Rassenschande und anderer Verbrechen beschuldigt, mangels jeder strafbaren Handlung nach 11 Tagen wieder freigelassen«.*

Ein »Wir« überschriebener Abschnitt widmete sich der Rassenfrage, führte aus, daß in Deutschland im Gegensatz zu den Juden tausende Engländer, Franzosen, Polen, Russen, Ungarn unbehelligt lebten. »*Wo liegt also der wahre Unterschied? Alle anderen haben Regierungen und mithin Kanonen hinter sich. Die Juden stützen sich nur auf die Macht des Geistes, sie sind wehrlos«.*

Gutmann führt die Zahl der deutschen Juden an, die seit den Befreiungskriegen für Deutschland kämpften und nennt diejenigen Juden und »Halbjuden«, die sich in Wissenschaft und Kunst einen Namen machten. Zur Kriminalität fügt er an, daß der Anteil der Juden von dem der Umwelt nicht abweiche. »*Aber«,* meint er sarkastisch, »*natürlich nicht in Nazideutschland, denn zum Richten gehört Unparteilichkeit«.*

Seine Einschätzung zum Kampf der nationalsozialistischen Staatsführung gegen die Juden lautet:

»*Die Naziführung aber glaubt von all diesem judenfeindlichen Unsinn auch gar kein Atom. Hitler hat viel zu genauen Einblick ins Weltgeschehen, als daß er an eine Herrschaft des Weltjudentums glauben könnte. Bei seinem Beginn hat er die Unzufriedenen gesammelt. Bei Unzufriedenen wirkt Antisemitismus stets belebend. Jeder Parteiführer verspricht den Himmel auf Erden, so auch Hitler. Kein Parteiführer kann als Regierender alle zufrieden stellen. Das demokratische System begnügt sich mit der Mehrheit, schafft ein Ventil, um den Unmut der Unzufriedenen abzureagieren. Hitler benutzt das Vorurteil gegen die Juden dazu. Wollte er die Totalität nicht gefährden, so mußte ein dem System nicht untertaner Faktor gefunden werden, der an notwendig auftauchenden Unzulänglichkeiten Schuld ist und bekämpft werden muß. Hitlers eigentlicher Kampf geht gegen seine eigenen Rassegenossen in anderen Staaten, die ihm, dem einzig Gerechten, viel Unbill zufügen. Eine Vielheit von Feinden kann er nicht gebrauchen. Er sagt in 'Mein Kampf', S. 129* [alle Referenzen beziehen sich auf die 5. Auflage]: *'Überhaupt besteht die Kunst aller großen Volksführer darin, die Aufmerksamkeit des Volkes nicht zu zersplittern. Es gehört zur Genialität eines großen Führers, selbst auseinanderliegende Gegner immer als nur zu einer Kategorie gehörend erscheinen (!) zu lassen, weil die Erkenntnis verschiedener Feinde*

Verfolgung
Vernichtung

bei schwächlichen und unsicheren Charakteren nur zu leicht zum Anfang des Zweifels am eigenen Recht führt.' Juden gibt es in aller Welt, es ist also naheliegend, gerade sie zum schwarzen Mann zu machen. Doch ist es jedem logisch Denkenden offenbar, daß dieser Scheinkampf gegen das 'Weltjudentum' gerade deshalb gewählt wird, weil er nur ein Scheinkampf ist. Würde Hitler zum Objekt seiner maßlosen Angriffe eine wirkliche Macht (Arbeiterschaft, Schwerindustrie, England u.a.) wählen, der Kampf wäre Ernst geworden und Hitlers Macht einer Gefahr ausgesetzt. Die Juden sind eben kein Staat, keine schlagkräftig organisierte Macht, haben auf das Weltgeschehen nur durch Zugehörigkeit zu verschiedenen Staaten noch keinen einprozentigen Einfluß, selbst wenn ihre Interessen untereinander nicht so oft gegensätzlich wären. Gerade der maßlose Kampf gegen das angebliche Weltjudentum bestätigt, daß Hitler genau weiß, er bekämpft einen Gegner, den er seiner Gefolgschaft nur suggeriert. Dieser Kampf macht ihn zum unerschrockenen Helden, rastlosen Kämpfer und doch vergewaltigt er nur eine halbe Million Wehrloser und riskiert gar nichts. – Gleichzeitig ist diese brutale Verfolgung eine Adresse an in- und ausländische Gegner: 'Seht, wie wir mit unseren Feinden verfahren. Hütet Euch vor unserer Feindschaft und Macht!'«.

Das Schlußwort wendet sich zunächst wieder an das deutsche Volk mit der Aufforderung, gegen die Regierung Stellung zu nehmen:

»Euch rufe ich auf, deutsche Männer und Frauen! Ihr seht, wie in Eurem Namen 500.000 Juden mit brutaler Gewalt dem erbarmungswürdigsten Elend überantwortet werden. Sind nicht unsere Kinder wie die Euren mit Schmerzen geboren, unter Opfern großgezogen? Sollen wir uns stumm wie das Vieh zur Schlachtbank führen lassen? Wenigstens eine Stimme soll sich innerhalb unseres Vaterlandes aus dem Kreis der Juden selbst erheben, daß uns Gerechtigkeit widerfahre. Verkriecht Euch nicht feige hinter der Ausflucht, der Einzelne sei machtlos. Die Regierung, die noch nicht einmal gesagt hat, wie die endgültige Regelung der Judenfrage aussehen wird, mißbraucht Euren Namen für ihre Gewalttaten. So zeigt, daß diese gegen Euren Willen geschehen. Es gibt friedliche Mittel innerhalb und außerhalb der Partei, dem Führer den Willen des Volkes zu zeigen. Geflüsterte Sympathien nützen uns nichts. Warum gibt es Schmierfinken und Ansager, die verlogene Meldungen wider ihr besseres Wissen verbreiten? Wann werden Richter und Staatsanwälte ablehnen, nach verbrecherischen Gesetzen zu urteilen; wann wird der Gelehrte aufhören, die Ergebnisse seiner freien Forschung den Wünschen der Politik unterzuordnen? Zeigt alle, die ihr mit den Pogromen nicht einverstanden seid, Euren Willen, indem Ihr freiwillig für wenige Wochen auf das verzichtet, was uns dauernd verboten ist. Ich meine nicht, daß Ihr nicht baden sollt, solch ein Schwein bin ich nicht. Wenn aber alle Gegner der Judenpolitik die für die Juden gesperrten Straßen meiden, in Berlin Unter den Linden, in Hamburg den Dom, wenn alle Autofahrer nur die nächste Woche den Wagen einstellen, wenn alle die Gaststätten gemieden würden, die sich das Judenverbot haben anbringen lassen, wenn man sich alle die Geschäfte merken würde, die Aasgeier den Juden abgeramscht haben, glaubt Ihr nicht, daß sich die dadurch Geschädigten, die genau wie Ihr heute sagen, 'wir können nichts tun', dann sehr schnell auf Mittel und Wege zur Abhilfe besinnen würden? Es wäre demnach finanzieller Zwang nötig, menschlich zu handeln? Pfui, wie 'jüdisch'! Werdet Ihr nicht auch ohne solchen Zwang den Mut zur Wahrheit haben? Werden die Pgs anständiger Gesinnung ihren Austritt aus der Partei mit ihrem Abscheu vor den Regierungsmaßnahmen begründen? Dann könnte die deutsche Nation noch in letzter Stunde ihren Ruf als Kulturnation retten. Sind Euch diese Opfer zu groß, so wundert Euch nicht, wenn das Ausland, das jetzt noch scharf zwischen

Deutschen und Nazis unterscheidet, anfängt, Euch mit der uniformierten Unterwelt zu identifizieren. Ich vertraue jedoch darauf, daß unter 60.000.000 Deutschen, vielen Millionen Pgs sich genug beherzte Männer finden, die durch ein offenes Veto dem Nationalsozialismus die Schmach ersparen, dem Vandalismus vorangestellt zu werden!«

Herlemann
»Euch rufe ich auf, deutsche Männer und Frauen!« Der einsame Protest des Walter Gutmann

Schließlich wendet sich der Aufruf an die *»gesitteten Bewohner des ganzen Erdballs«* mit der Frage: *»Ist das noch Zivilisation, die, wenn nicht tatenlos, so mit unzulänglichen Heilmittelchen duldet, daß eine Handvoll Männer in schamlosester Weise, wider besseren Wissens um des eigenen Vorteils Willen in der ganzen Welt die Dummen, Urteilslosen, Rohen gegen uns Juden aufwiegelt, die gesamte Judenheit in unflätigster Weise beschimpft, verleumdet und die ihrer Gewalt Ausgelieferten in rohester Weise mißhandelt und dem Elend preisgibt?«*[4]

Der aus dieser Protestschrift gefertigte Auszug brachte im wesentlichen die einleitende Aufforderung an das deutsche Volk, die Anklage gegen die führenden Nationalsozialisten und die Schlußaufforderung an das deutsche Volk und die gesitteten Bewohner des ganzen Erdballs. Gutmanns Ausführungen verdeutlichen seine geistige Auseinandersetzung mit dem Antisemitismus, seine Erkenntnisse von der Nutzung und Handhabung dieses völkerverhetzenden Phänomens durch die Nationalsozialisten. Wie nur wenige Deutsche scheint er Hitlers »Mein Kampf« tatsächlich gelesen und Klarheit über Hitlers letzte Absichten mit den Juden gewonnen zu haben. Seine Vorschläge, den antijüdischen Maßnahmen Paroli zu bieten, erscheinen im aufgeklärten Hamburger Klima durchaus nicht unrealistisch, führen doch die durch Sachlichkeit und ein ausgewogenes Urteil bestechenden Deutschlandberichte der SPD im Zusammenhang mit den Wirkungen der Novemberpogrome u.a. aus, die Hamburger seien im allgemeinen keine Antisemiten und selbst die Hamburger Nazis hätten sich mit ihrem Antisemitismus immer sehr zurückgehalten. Reichsstatthalter Kaufmann habe bei Göring und Frick in Berlin am ersten Pogromtag vor *»offenen und allzu scharfen antijüdischen Maßnahmen und Gesetzen«* gewarnt. Gerade die *»hamburgische Eigenwirtschaft«* wäre von solchen Maßnahmen und ihren internationalen Auswirkungen ganz besonders betroffen.

Insgesamt soll nach internen Berichten einzelner Sozialdemokraten an ihre emigrierte Parteiführung in Prag gerade in Hamburg nach dem 9./10. November tiefe Erregung in weiten Teilen der Bevölkerung bis in die Reihen der Partei- und SA-Mitglieder geherrscht haben.[5]

Hätte hinter Walter Gutmann ein Kreis illegaler Aktivisten gestanden – vergleichbar den in den ersten beiden Jahren der braunen Barbarei Widerstand leistenden Untergrundgruppen der zerschlagenen Arbeiterorganisationen – der seinen Aufruf zur Verweigerung der Mitbeteiligung an antisemitischen Handlungen, seine Anleitung zur Solidarisierung mit den Verfolgten in passiver Demonstration an Litfaßsäulen und Häuserwänden geklebt hätte, sie einer breiteren Öffentlichkeit zugänglich gemacht hätte, so hätte man – ohne sich der Gefahr haltloser Spekulationen auszusetzen – doch mit einiger Wahrscheinlichkeit auf ein positives Echo der Hamburger Bevölkerung hoffen dürfen. Es wäre durchaus denkbar gewesen, daß in einer Stadt, in der Naziuniformierte Plünderer zur Rückgabe des gestohlenen Gutes zwangen, wo einzelne Arbeiter räuberischen Nazis das Diebesgut wieder abjagten und es unter dem Beifall und Schutz einer Menschenmenge den Besitzern zurückgaben, wo Schupo-Beamte jüdisches Eigentum schützten und »arische« Angestellte und Arbeiter für ihre jüdischen Kollegen Geldsammlungen veranstalteten, ja wo die Arbeiterschaft nahezu einhellig die Judenverfolgungen verurteilte,[6] daß in einer solchen

Verfolgung
Vernichtung

Stadt Walter Gutmanns Aufruf Wirkung gezeigt hätte. Doch Walter Gutmann stand allein, lebte bereits total isoliert und war nach dem Versand seiner geistigen Konterbande entschlossen, sich das Leben zu nehmen. Die Gestapo kam jedoch seinem Vorhaben, sich mit flüssigem Nikotin zu vergiften, zuvor. Es ist nicht überliefert, ob sie durch ihre allgemeine Postüberwachung auf ihn aufmerksam wurde oder einen Hinweis aus den Reihen der Adressaten erhielt. Letzteres ist durchaus wahrscheinlich, hatten die warnenden Hinweise in der NS-Presse doch nie einen Zweifel daran gelassen, daß Empfänger staatsfeindlichen Materials sich bei Nichtablieferung mitschuldig und somit strafbar machten. Und wer konnte im nationalsozialistischen Überwachungsstaat schon sicher sein, mit einer solch provokanten Zusendung nicht von der Gestapo auf die Probe gestellt zu werden, zumal wenn er vielleicht schon einmal unliebsam aufgefallen und polizeilich erfaßt worden war.

Am 12. Dezember 1938 in Untersuchungshaft genommen, wurde Walter Gutmann am 24. Mai 1939 vor dem Hanseatischen Sondergericht, Kammer I, beim Landgericht Hamburg zu 4 Jahren und 6 Monaten Gefängnis wegen Vergehens gegen das Heimtückegesetz § 2 verurteilt. Dieser Passus des »Gesetzes gegen heimtückische Angriffe auf Staat und Partei und zum Schutze der Parteiuniform« vom 20. Dezember 1934 lautete:

»(1) Wer öffentlich gehässige, hetzerische oder von niedriger Gesinnung zeugende Äußerungen über leitende Persönlichkeiten des Staates oder der NSDAP, über ihre Anordnungen oder die von ihnen geschaffenen Einrichtungen macht, die geeignet sind, das Vertrauen des Volkes zur politischen Führung zu untergraben, wird mit Gefängnis bestraft.

(2) Den öffentlichen Äußerungen stehen nichtöffentliche böswillige Äußerungen gleich, wenn der Täter damit rechnen muß, daß die Äußerungen in die Öffentlichkeit dringen werden«.[7]

Die Anwendung dieses im Kontext nationalsozialistischer Strafjustiz eher harmlos zu wertenden Gesetzes für Bagatellfälle wie Nörgeln, Meckern, Witze erzählen, lästern über NS-Größen, die während der unfriedlichen Friedensjahre vornehmlich vor Sondergerichten verhandelt und mit Strafen von wenigen Monaten bis wenigen Jahren geahndet wurden, hätte für einen Nicht-Juden in diesem Falle fast als glücklicher Umstand gewertet werden können, erhöhte jedoch für einen Juden letztendlich die Überlebenschance auch nicht. Am 23. Mai 1939 zur Strafverbüßung in die Haftanstalt Wolfenbüttel im Lande Braunschweig überstellt, hatte der eher schmächtige Mann – laut Häftlingsunterlage 168 cm groß und 61 kg schwer – hier seine Tage mit Tütenkleben zu verbringen. Trotz der Widrigkeiten des Haftalltages scheint er in dieser Zeit jedoch optimistisch und ungebrochen, wie eine rege Korrespondenz, soweit die Anstaltsvorschriften erlaubten, mit seinen emigrierten Verwandten und einer einzig noch in Hamburg verbliebenen, angeheirateten Cousine erkennen läßt. In allerdings wehmütig gestimmter Erinnerung beginnt er einen wegen einer französisch verschlüsselten Stelle von der Gefängniszensur konfiszierten Brief vom 20. August 1939 mit Erinnerungen an seinen vor 25 Jahren gefallenen Bruder:

» Wie hat sich die Welt seither gewandelt! Damals eilte Otto aus Feindesland, ich aus Italien herbei, Robert meldete sich freiwillig, um dem bedrängten Vaterland zu dienen. Otto ist noch der Glücklichste. Ihm war vergönnt, begraben zu werden wo er gefallen ist, im Bewußtsein erfüllter Pflicht, im Glauben an Deutschlands Sieg, nicht ahnend, daß man uns einmal das Recht, deutsch zu fühlen, würde bestreiten können ...«.

Immer wieder geht es ihm in seinen Briefen nach draußen um die Vorbereitungen einer späteren Auswanderung. Der Bruder in Barcelona, die Geschwister in Neuseeland sollen helfen. Er selbst wendet sich an die Reichsvereinigung der Juden in Deutschland, Abteilung

Wanderung, füllt entsprechende Formulare aus, mahnt, drängt. Allerdings plagen ihn Bedenken, daß der ganze Briefwechsel mit Anwalt und Auswanderungsstellen nichts nutzen werde, da ihm in Deutschland jemand fehle, der mit Interesse seine Angelegenheit vertrete und die fraglichen Stellen immer wieder erinnere. Trotzdem kämpft er zäh um die Nachsendung seiner in der Hamburger U-Haft zurückgebliebenen Spanisch-Lehrbücher.

	Herlemann
	»Euch rufe ich auf, deutsche Männer und Frauen!« Der einsame Protest des Walter Gutmann

»*Jedenfalls muß es eine Möglichkeit geben, mir das Lernen zu ermöglichen. Ich habe jetzt fast vier Jahre Zeit und soll dann mit über fünfzig Jahren mittellos in die Fremde. Da soll man mir wenigstens die Möglichkeit geben, jetzt die Sprache zu erlernen ...«*.

Sein Ziel war Chile. Seine alte Mutter versuchte er noch aus seiner Zelle heraus zu trösten und aufzumuntern, wie ein zweiter, ebenfalls wegen der wiederholten Französisch-Stellen zurückgehaltener Brief zeigt:

»*Du mußt Dich nicht um mich sorgen, liebe Mama, und Dir nicht einbilden, daß ich kopfhängerisch wäre. Was die Freiheit anbetrifft, tröste ich mich mit dem Wolfenbütteler Lessing: Es sind nicht alle frei, die ihrer Ketten spotten! Überhaupt werden die Zellenwände noch nicht oft so viele klassische Verse gehört haben, wie jetzt von mir. Ihr habt uns eine Bildung ermöglicht, die ein guter Schutz gegen Einsamkeit ist ...«*.

Im Juni 1940 trifft ihn ein neuer Schicksalsschlag. Die Röntgenaufnahme seines rechten Fußes zeigt eine schwere Knochenatrophie mit völliger Auflösung des dritten Mittelfußknochens wahrscheinlich infolge Tbc, einer typischen Haftkrankheit. Im Zentrallazarett Hamburg muß ihm der Fuß und halbe Unterschenkel amputiert werden. Die jüdische Gemeinde Hamburg übernimmt nach erwiesener Mittellosigkeit des Häftlings die Kosten für eine Prothese. Auch aus dem Hamburger Haftkrankenhaus betreibt er weiter einen intensiven Schriftwechsel um seine spätere Auswanderung, wie eine penible Verzeichnung aller ein- und ausgehenden Briefe sowie Besuche erkennen läßt. Ein im Februar 1941 mit Hinweis auf sein schweres Schicksal eingereichtes Gnadengesuch wird ebenso wie schon ein von seinem Verteidiger, »Rechtskonsulent« Dr. Hugo Möller, nach dem Urteilsspruch im Sommer 1939 beantragter Gnadenerweis abgelehnt. Begründung: er habe noch nicht einmal die Hälfte der Strafe abgesessen. Das Gericht habe schon Milde walten lassen, als es ein halbes Jahr unter dem Antrag des Staatsanwaltes auf 5 Jahre Gefängnis geblieben sei, weil der Angeklagte zu Beginn des Krieges freiwillig nach Deutschland zurückgekehrt sei und im Krieg seine Pflicht als Soldat erfüllt habe.

Anfang 1942 in die Haftanstalt Wolfenbüttel rücküberstellt, werden ihm die Ereignisse draußen, von denen er einmal schrieb, daß sie ihn stets mit einiger Verspätung erreichten, nicht verborgen geblieben sein, auch nicht die im Februar 1942 verfügte Schließung der jüdischen Auswandererberatungsstellen. Zunehmend befällt ihn – und das ist in seiner Lage kaum verwunderlich – eine wenn auch gefaßte Resignation. So vertraut er im August 1942 seiner Cousine in Hamburg an:

»*Das Leben ist mir nicht mehr der Güter höchstes. Auch werde ich das Unabänderliche mit Gelassenheit zu tragen wissen. Vorher aber ziemt es mir, das äußerste zu versuchen*«.

Im Oktober 1942 verfügt der von Walter Gutmann in seiner Flugschrift als »*des Fanatismus rauher Henkersknecht*« charakterisierte Heinrich Himmler, Reichsführer der SS und Chef der deutschen Polizei, die Konzentrationslager und Haftanstalten »judenfrei« zu machen, jüdische Häftlinge nach Auschwitz zu deportieren. Der Deckel der Häftlingspersonalakte des Walter Gutmann verzeichnet neben den Haftdaten: »*Strafantritt 23.5.1939 und Strafende 14.6.1943*« den Schlußvermerk »*Abgegangen 19.12.1942 infolge Verlegung nach KZ-Lager Auschwitz/Schlesien*«.

543

Verfolgung
Vernichtung

Das Schicksal von Prothesenträgern in Auschwitz ist bekannt. Ohne Ausnahme wurden sie an der Selektionsrampe auf die Seite der sofort ins Gas zu Schickenden gewiesen, zusammen mit Alten, Schwachen, Kranken, Kindern und Müttern mit Kleinkindern auf dem Arm. Walter Gutmann wird das Jahr 1943 kaum noch erlebt haben. Als sein in Barcelona lebender Bruder sich im Juni 1943 bei dem Gefängnisvorstand Wolfenbüttel besorgt nach Verbleib und Gesundheitszustand erkundigt, »*da mir seit geraumer Zeit sowohl direkte als auch indirekte Nachrichten über meinen Bruder Walter Gutmann (1082) fehlen*«, notiert ein Beamter kühl: »*kein Rückporto beigefügt, daher keine Antwort ins Ausland*«.

Anfang 1949 forschte das Jewish Committee for Relief Abroad von Hannover aus nach dem Verbleib Walter Gutmanns. Der Direktor der Haftanstalt Wolfenbüttel antwortete auf eine Anfrage umgehend mit dem Zitat der Schlußnotiz auf der Häftlingsakte Walter Gutmanns, »*... wurde am 19.12.1942 in das KZ-Lager Auschwitz/Schlesien verlegt*«. Damit endet die Spur eines wehrhaften Deutschen jüdischen Glaubens, eines Patrioten aus Hamburg, der nach bestem Wissen und Gewissen im Ersten Weltkrieg gleich vielen Glaubensgenossen sein Vaterland zu verteidigen glaubte und der auch unter schwierigsten Bedingungen in einer ihm feindlich gesonnenen Umwelt sein angestammtes Recht an diesem Vaterland entschlossen zu verteidigen suchte.

Anmerkungen

1. Deutschlandberichte der Sozialdemokratischen Partei Deutschlands (Sopade), 5 (1938), Frankfurt a. M. 1980, S. 1355; siehe auch Kershaw 1979, S. 281ff; Rothfels, Opposition, S. 35; Dipper 1985, S. 598ff.
2. Langbein: »... nicht wie die Schafe zur Schlachtbank«; Kwiet/Eschwege, Selbstbehauptung und Widerstand; Freeden, Vom geistigen Widerstand; weitere Literatur zu dieser Interpretation siehe Kwiet 1980, Anm. 129, S. 191; Laqueur, Jahre auf Abruf.
3. Dieser authentische, vor dem Volksgerichtshof verhandelte Fall diente Hans Fallada als Vorlage für seinen Werkmeister Quangel in: Jeder stirbt für sich allein.
4. Die Zitate der Flugschrift sind dem Urteil entnommen. Die Urteilsschrift wie sämtliche Angaben zur Person und zum Haftverlauf Walter Gutmanns finden sich in seiner Häftlingsakte im Staatsarchiv Wolfenbüttel 43A Neu 4, Zg 47/1984, J. 1983, Nr. 1082 (Pak. 11). Ein vollständiges Exemplar der 14seitigen Flugschrift oder des Auszuges liegt leider nicht bei.
5. Deutschlandberichte der Sozialdemokratischen Partei Deutschlands (Sopade), 5 (1938), Frankfurt/M. 1980, S. 1357.
6. Ebd., S. 1356.
7. Reichsgesetzblatt, T. I, 1934, Nr. 137.

Literatur

Freeden, H.: Vom geistigen Widerstand der deutschen Juden. Ein Kapitel jüdischer Selbstbehauptung in den Jahren 1933/38. Jerusalem 1963

Kwiet, Konrad/Helmut Eschwege: Selbstbehauptung und Widerstand. Hamburg 1984

Langbein, Hermann: »... nicht wie die Schafe zur Schlachtbank«. Widerstand in den nationalsozialistischen Konzentrationslagern. Frankfurt/M. 1980

Laqueur, Walter: Jahre auf Abruf. Stuttgart 1982

Rothfels, H.: Die deutsche Opposition gegen Hitler. Erweiterte Ausgabe. Frankfurt/M. – Hamburg 1969

Jüdische Gefangene in Hamburger Konzentrationslagern

Detlef Garbe / Sabine Homann

Die Shoa, der nationalsozialistische Massenmord an den Juden, war keineswegs ein Geschehen, das sich ausschließlich östlich der Reichsgrenzen in den in Polen und der Sowjetunion von der deutschen Besatzungsmacht errichteten Ghettos und Vernichtungslagern zutrug. Auch vielerorts innerhalb Deutschlands wurden Juden zielstrebig in großer Zahl zu Tode gebracht. Hamburg war an dem Mordprogramm der »Endlösung der Judenfrage« nicht nur mittelbar durch administrative Wegbereitung, Entrechtung, Verfolgung und Deportationen beteiligt, sondern wurde selbst zu einem Schauplatz der Vernichtung. Daß in Hamburger Konzentrationslagern mehrere tausend Juden geschunden und eine große Zahl von ihnen – wenn auch nicht durch Gas – getötet wurde, ist im öffentlichen Gedächtnis kaum gegenwärtig und bleibt zumeist unbeachtet.

Das Schicksal jüdischer Gefangener in den im »Dritten Reich« in Hamburg eingerichteten Konzentrationslagern Fuhlsbüttel, Wittmoor, Neuengamme und den 15 im Stadtgebiet gelegenen Außenlagern des KZ Neuengamme ist nur sehr mangelhaft erforscht; eine monographische Darstellung fehlt ebenso wie gesonderte Untersuchungen dieses Aspektes im Rahmen der vorliegenden Studien zur Geschichte der Hamburger Konzentrationslager.[1] Ursächlich dafür ist nicht nur die schwierige Quellenlage, sondern neben dem insgesamt zu konstatierenden langwährenden Desinteresse der Geschichtswissenschaft an der KZ-Historiographie wohl auch das jeweilige Erkenntnisinteresse, das die Autoren und Autorinnen schwerpunktmäßig zumeist nach der funktionalen Zuordnung der betreffenden Lager im KZ-System fragen ließ oder ihr Augenmerk auf die politischen Gefangenen richtete.

Die folgenden Ausführungen können und sollen kein Ersatz für eine gründliche Aufarbeitung des Schicksals der jüdischen KZ-Gefangenen sein. Sie mögen vielmehr als Versuch gelten, die bisherigen Kenntnisse zusammenzufassen; sie wenden sich darüber hinaus anhand von Berichten Überlebender insbesondere der Frage zu, ob und inwieweit sich die Arbeits- und Lebensbedingungen jüdischer KZ-Gefangener von denen ihrer nicht-jüdischen Mithäftlinge unterschieden.

von oben nach unten:
Erich Kulka
Marco Max Feingold
Fritz Solmitz

| Verfolgung |
| Vernichtung |

»Sie waren vollkommen rechtlos«. Jüdische Gefangene in Hamburger Konzentrationslagern vor Kriegsbeginn

Die Juden, die bereits in den ersten Jahren des NS-Regimes in ein Konzentrationslager eingewiesen wurden, waren in der Regel nicht wegen ihrer Religion oder Herkunft und damit aus sogenannten »rassischen Gründen« verhaftet worden. Vielmehr erfolgte in diesen Fällen die Verhängung der polizeilichen »Schutzhaft« aus einem anderen Grund – zumeist dem der politischen Regimegegnerschaft.

In Hamburg wurden die von der Staatspolizei und der aus SA- und SS-Männern rekrutierten Hilfspolizei verhafteten kommunistischen und sozialdemokratischen Aktivisten in den beiden, bereits wenige Wochen nach der nationalsozialistischen Machtergreifung von der Polizeibehörde eingerichteten Konzentrationslagern Wittmoor (auf dem Gelände einer Torfverwertungsfabrik)[2] und Fuhlsbüttel (in Gebäuden der dortigen Strafanstalten)[3] gefangen gehalten. Unter den inhaftierten Regimegegnern befanden sich nicht wenige Personen jüdischer Herkunft.[4] Die politischen »Schutzhäftlinge« waren verstärkt Willkür und Schikanen ausgeliefert, als auf Weisung des NSDAP-Gauleiters und Hamburger Reichsstatthalters Karl Kaufmann am 4. September 1933 der zunächst improvisierten Unterbringung ihre Einquartierung in das ursprünglich zum Abbruch vorgesehene ehemalige Frauengefängnis Fuhlsbüttel folgte und die Leitung und Bewachung dieses Konzentrationslagers an besonders brutale und skrupellose SS- und SA-Angehörige übertragen wurde: Das im zeitgenössischen Sprachgebrauch als »Kola-Fu« bezeichnete KZ Fuhlsbüttel wurde innerhalb kürzester Zeit zu einem Inbegriff für Grauen, Leiden und Sterben.

Für die SA- und SS-Bewacher bot die jüdische Herkunft bei Gefangenen über den eigentlichen Haftgrund hinaus Anlaß zu mannigfachen Diskriminierungen und Gewalttätigkeiten. Davon zeugt zum Beispiel das Schicksal des Sozialdemokraten Dr. Fritz Solmitz, der als Redakteur des »Lübecker Volksboten« und entschiedener Gegner der Nationalsozialisten am 12. März 1933 in Lübeck verhaftet, anschließend dort öffentlich zur Schau im Rollwagen durch die Stadt gefahren und im Mai 1933 in das KZ Fuhlsbüttel eingewiesen worden war. Nachdem seiner Frau am 29. August vom Lübecker Senat die Haftentlassung gegen eine Kaution von 50.000 Reichsmark in Aussicht gestellt worden war, wurde Solmitz, der bis dato seine Haft in einem Gemeinschaftssaal verbracht hatte, im Anschluß an einen Besuch des Lübecker Polizeipräsidenten in eine Einzelzelle verlegt und im Keller des »Kola-Fu« im Beisein des kurz zuvor als Führer des neuen Wachkommandos ernannten SS-Sturmführers Willi Dusenschön schwer mißhandelt. In seinen Tagebuchnotizen, die von ihm heimlich auf Zigarettenpapier niedergeschrieben und unter dem Deckel seiner Taschenuhr verborgen wurden, berichtet Fritz Solmitz unter dem Datum des 13.9.1933:

»E., der mich vom 1. Tag an mit antisemitischen Schimpfworten verfolgt hatte, trieb mich mit brutalem Schimpfen in die Einzelzelle, ich hatte kaum Zeit, m. Sachen notdürftig zu packen. Ich wurde in den Keller getrieben [...]«.[5]

Schläge mit Hundepeitsche und Ochsenziemer folgten:

»Wie lange die Tortur dauerte, weiß ich nicht. Im Liegen wurde weiter auf mich eingeschlagen, bis die Kopfhaut sprang und das Blut spritzte. Die ersehnte Ohnmacht war noch immer nicht da. Mit Flüchen und Stößen wurde ich hochgetrieben, mußte schwer blutend im Trab in meine Zelle rennen«.

Dem Arzt, der Solmitz am nächsten Tag untersuchte, wurde gesagt, die Verletzungen des Gefangenen stammten von einer Fensterklappe, die ihm auf den Kopf gefallen sei: *»Der Jude hat so eine weiche Birne«.*

Auch in den folgenden Tagen war Fritz Solmitz fortgesetzten Mißhandlungen ausgesetzt – offenbar um zu verhindern, daß er das Lager lebend verlassen konnte. Am 19. September 1933, sechs Tage nach seiner Verlegung in die Einzelzelle, wurde der engagierte Antifaschist tot aufgefunden. Als Todesursache wurde in den vom Strafvollzugsamt geführten Totenlisten wie in ähnlichen Fällen mörderischer Folter lapidar »Selbstmord durch Erhängen« vermerkt.

Nach Erlaß der Nürnberger Rassegesetze von 1935 wies die Kriminalpolizei verstärkt Juden als sogenannte »Rasseschänder« wegen Liebesbeziehungen zu Nicht-Juden in das KZ Fuhlsbüttel ein.[6] Dem Kommandanten Johannes Rode, der dem Konzentrationslager beziehungsweise Polizeigefängnis (wie das »Kola-Fu« ab 1936 »zur Abwehr von Hetz- und Greuelpropaganda« offiziell nur noch bezeichnet werden durfte) vom Juni 1934 bis April 1943 vorstand, waren neben Zuhältern und Homosexuellen die »Rasseschänder« besonders verhaßt. Heinrich Christian Meier, der als politischer Häftling im »Kola-Fu« inhaftiert war, berichtet über die Behandlung von Homosexuellen und Juden, daß ihnen nach der Einlieferung

»sofort das Haar geschoren [wurde], so daß sie kenntlich waren. Fast ausnahmslos wurden sie sofort nach ihrer Einlieferung in ihrer Zelle verprügelt, und beim Antreten oder wenn sie sonst auf den Flur hinaustraten, wurden sie mit 'marsch-marsch' und 'hinlegen, marsch-marsch' über den Flur bzw. den Hof gejagt. Sie waren vollkommen rechtlos«.[7]

Nach der Pogromnacht vom 9. November 1938 wies die Gestapo über 700 Juden in das »Kola-Fu« ein.[8] Eine Augenzeugin, die in einem Wohnhaus direkt neben dem Torhaus der Fuhlsbütteler Strafanstalten aufwuchs, erinnert sich an deren Einlieferung:

»Am selben Tag, abends, in der ganzen Nacht rollten bei uns die Lastwagen nach Anstalt I am Suhrenkamp. Haben wir den ganzen Abend gehört, die ganze Nacht durch, aber wir haben nicht rausgeguckt. Unser Vater hat gesagt: 'Kinder, macht eure Vorhänge zu und guckt nicht raus.' Dann gab es auch wahnsinnig viel Geschrei. Die Männer haben nicht geschrieen, aber die SS [...] hat da rumgetobt mit denen, immer so: 'Schneller laufen, laufen, laufen, laufen!' [...] Und am anderen Morgen, als wir aufstanden und uns zur Schule fertigmachten, da war der ganze Vorplatz unter den Eichen voll von Frauen, jüdischen Frauen, die ganz aufgeregt und unglücklich waren und baten, daß man ihnen sagte, ob ihre Männer da wären [...] Aber die SS kam dann aus dem großen Tor mit Gewehren und schrie: 'Verschwindet hier, ihr Pack!'«.[9]

Die meisten von den nach der Pogromnacht in das »Kola-Fu« Eingelieferten wurden nach kurzer Zeit in andere Konzentrationslager, vor allem nach Sachsenhausen, deportiert. Zu denjenigen, die nach mehreren Wochen Haft aus dem Polizeigefängnis Fuhlsbüttel entlassen wurden, gehörte der Hamburger Jurist Dr. Ludwig Loeffler. Seinem Bericht zufolge waren die jüdischen Gefangenen in Fuhlsbüttel in Gemeinschaftssälen untergebracht und wurden auf mannigfache Weise schikaniert. So bot etwa der nach einem kaum einzuhaltenden peniblen Reglement vorgeschriebene »Bettenbau« den Bewachern ausreichend Gelegenheit, »Verstöße« festzustellen und diese mit Schlägen und anderen Strafen zu ahnden. Die Verpflegung bezeichnete Loeffler als *hundsmiserabel schlecht*. Unter den im Zuge der Pogromnacht Verhafteten habe aufgrund der erlittenen Demütigungen eine sehr niedergeschlagene Stimmung geherrscht; die Frage »auswandern oder nicht« sei Hauptgesprächsgegenstand gewesen. Kurz vor Weihnachten 1938 wurde Dr. Loeffler aus der »Schutzhaft« entlassen. In einer Erklärung mußte er unterschreiben, ordentlich behandelt worden zu sein und niemandem weitere Einzelheiten über den KZ-Aufenthalt zu berichten.[10]

Verfolgung
Vernichtung

Unter den 213 namentlich im »Gedenkbuch Kola-Fu« aufgeführten in- und ausländischen Opfern des Konzentrationslagers und Polizeigefängnisses Fuhlsbüttel, die zumeist an den Folterungen und fortgesetzen Mißhandlungen starben (82 wurden exekutiert, 53 verstarben im Zentrallazarett der Hamburger Strafanstalten oder in Krankenhäusern), waren, soweit bekannt, 26 Gefangene, die aus rassischen Gründen als Juden verfolgt wurden.[11] Zu ihnen gehören die drei Brüder Alfred, Paul und Salomon Belmonte, die der Hamburger »Portugiesisch-Jüdischen Gemeinde« angehörten. Zusammen mit zwei weiteren Brüdern und ihrer im Eppendorfer Weg wohnenden Mutter waren sie in den Tagen vom 26. bis 28. April 1939 von der Gestapo verhaftet worden. Nur einen Tag später, am 29. April, verstarben in Fuhlsbüttel der 43jährige Alfred und sein ein Jahr älterer Bruder Paul, am darauffolgenden Tag der 48jährige Salomon Belmonte. Als Todesursache wurde in allen drei Fällen »Selbstmord« angegeben.[12]

»Systematisch zu Tode gequält«.
Juden im Konzentrationslager Neuengamme 1940-1942

Im Dezember 1938 verlegte die SS ein Außenkommando des KZ Sachsenhausen mit einhundert Gefangenen in eine leerstehende Ziegelei in den 20 km südöstlich der Hamburger Innenstadt gelegenen Ortsteil Neuengamme.[13] Im Frühjahr 1940, als das Außenkommando rasch um mehrere hundert Gefangene verstärkt und Hamburg-Neuengamme als eigenständiges KZ direkt der Inspektion der Konzentrationslager unterstellt wurde, wies die Gestapo die ersten Juden in dieses »reichsdeutsche« Lager ein. Sie bildeten im KZ Neuengamme auch fortan eine vergleichsweise kleine Gruppe: Ihre Zahl wuchs bis 1942 auf mehrere hundert an (Ende 1941 betrug die Belegungsstärke insgesamt 4.500 bis 4.800 Gefangene).[14]

Seit dem zweiten Halbjahr 1940 waren die Juden zusammen mit Bibelforschern[15] (Angehörige der 1933 wegen »Gefährdung des völkischen Gemeinschaftslebens« verbotenen christlichen Glaubensgemeinschaft der »Zeugen Jehovas«) abgesondert von den anderen Gefangenen untergebracht.[16] Vermutlich für einige Monate waren anfangs neben den kriegsdienstverweigernden Zeugen Jehovas und Juden auch Häftlinge der Strafkolonnen und andere Gefangene mit in diesem »Block« einquartiert. Danach bestand die Belegschaft mit Ausnahme des Blockältesten nur noch aus den – von der SS zu jener Zeit ebenfalls wegen ihrer Verweigerungshaltung besonders verhaßten – Bibelforschern und den jüdischen Häftlingen. Die durchschnittlich etwa 100 Zeugen Jehovas belegten auf der rechten Seite den vorderen Teil, die zahlenmäßig größere Gruppe der Juden nahm den hinteren Teil und die linke Seite des Blockes ein.

In den zwei Jahren von 1940 bis 1942 waren verschiedene »Blockälteste« von der SS im »Juden- und Himmelskomiker-Block« (eine bei der SS gebräuchliche Verspottung der Zeugen Jehovas) eingesetzt, so der allgemein geachtete Robert Brink, ein Kommunist und langjähriger politischer KZ-Gefangener aus Mönchengladbach, und ein anderer Gefangener mit dem Spitznamen »Tschiangkaischek«, der ebenfalls den »roten Winkel« der Politischen getragen, aber die Häftlinge wie *ein Verrückter* geschlagen habe.[17]

Nicht selten wurden jüdische Gefangene von einzelnen Mithäftlingen – in der Mehrzahl solchen mit dem »grünen Winkel« der Kriminellen, die Funktionen in der Lagerverwaltung wahrnahmen – schikaniert; zuweilen wurden von ihnen sogar »Schutzgelder« (Nahrungsmittel und andere Tauschgegenstände) erpreßt.[18]

Obgleich das Zusammenleben zwischen den jüdischen Gefangenen, die keine homogene Gruppe bildeten, ganz unterschiedlicher sozialer Herkunft waren und auch in weltanschaulicher Hinsicht divergierende Ansichten vertraten, und den in enger Gemeinschaft lebenden Zeugen Jehovas im allgemeinen auf einem guten Einvernehmen beruhte, kam es zuweilen zu Spannungen, die größtenteils entweder aus dem Missionsdrang der Zeugen Jehovas oder aus der bei jüdischen Gefangenen eher individualisierten Überlebensstrategie resultierten. In den Schilderungen der jüdischen Überlebenden wird nahezu regelmäßig mit Respekt, teilweise sogar mit einer gewissen Bewunderung von den Zeugen Jehovas berichtet; es seien »edle« und »sehr anständige Leute« mit »untadeliger Haltung« gewesen. Zuweilen entstanden zwischen den Juden und den Bibelforscher-Häftlingen auch enge persönliche Freundschaften.[19]

Einen Eindruck von dem Zusammenleben der beiden verschiedenen Gruppen vermittelt ein von dem Journalisten und ehemaligen politischen Gefangenen Edgar Kupfer-Koberwitz berichtetes Gespräch, das jener vermutlich Anfang 1941 im KZ Neuengamme mit einem jungen jüdischen Mithäftling führte, der kurz zuvor aus Dachau überstellt worden war.[20] Dieser tschechische Schneider äußerte sich voll Bewunderung über die gottesfürchtige und solidarische Haltung der Angehörigen der Bibelforscher-Sekte. Über seine erste Begegnung mit ihnen nach seiner Ankunft in Neuengamme berichtete er:

»*Als wir Juden von Dachau in den Block kamen, versteckten die anderen Juden, was sie hatten, um nicht teilen zu müssen. Du schüttelst den Kopf, aber es ist doch so. Draußen haben wir uns gegenseitig geholfen, aber hier, wo es um Leben und Tod geht, will jeder sich zuerst retten und vergißt den anderen. Aber denke dir, was taten die Bibelforscher? Sie müssen zur Zeit schwer arbeiten, irgend eine Reparatur an einer Wasserleitung machen. In diesem kalten Wetter stehen sie den ganzen Tag im Eiswasser. Kein Mensch begreift, wie sie es aushalten. Sie sagen, Jehova gibt ihnen die Kraft dazu. Sie brauchen ihr Brot sehr nötig, denn sie haben Hunger wie wir auch. Aber was taten sie? Sie trugen alles Brot zusammen, das sie hatten, nahmen sich die Hälfte davon und legten die andere Hälfte ihren Brüdern hin, ihren Glaubensbrüdern, die jetzt von Dachau kamen. Und sie bewillkommten sie und küßten sie. Bevor sie aßen, beteten sie, und nachher hatten alle verklärte und glückliche Gesichter. Sie sagten, daß keiner mehr Hunger hatte. Siehst du, da habe ich mir gedacht: Das sind die wahren Christen, so habe ich sie mir immer vorgestellt. Warum können wir nicht so sein? Wie schön wäre es gewesen, unsere Mitbrüder hätten uns einen solchen Empfang bereitet«.*[21]

Die jüdischen KZ-Häftlinge wurden in mehrfacher Weise einer besonderen Behandlung unterworfen. So wurden die Juden – vermutlich im Juni 1942 – in den Block verlegt, in dem isoliert vom übrigen Lager die neugebildete Strafkompanie[22] untergebracht war, und damit wurden sie »*zuletzt noch durch einen besonderen Draht gänzlich von der Außenwelt abgesperrt*«.[23] Funktionen in der Häftlingsverwaltung durften die jüdischen Gefangenen generell nicht bekleiden; der Bezug von Paketen war ihnen ebenso verboten wie – zumindest zeitweise – jeglicher Briefverkehr.

Beim Arbeitseinsatz wurden die Juden vielfach schikaniert und drangsaliert.[24] In dem von Edgar Kupfer-Koberwitz überlieferten Bericht eines jüdischen Häftlings werden die Arbeitsbedingungen des Jahres 1941 wie folgt beschrieben:

»*Wir werden systematisch zu Tode gequält. Die schlechteste Arbeit ist für uns recht und das wenigste und schlechteste Essen gut. Dafür aber bekommen wir die meisten Prügel und haben die größten Schikanen auszuhalten. Zu unseren Wächtern bestellt man Capos und Blockälteste, die wie wilde, gereizte Bestien sind ...«*.[25]

Verfolgung
Vernichtung

Zunächst wurden die jüdischen Gefangenen hauptsächlich im berüchtigten »Kommando Elbe« eingesetzt. Dieses Arbeitskommando, dem von Juli 1940 bis Ende 1941 zeitweise über 1.000 Häftlinge zugeteilt waren, mußte Regulierungsarbeiten an einem nicht schiffbaren Seitenarm der Elbe ausführen, da die SS jene »Dove Elbe« als Wasserweg für den Transport der in dem KZ-eigenen Groß-Klinkerwerk produzierten Ziegelsteine zu nutzen beabsichtigte.[26] In diesem Masseneinsatz zur Verbreiterung und Vertiefung der »Doven Elbe« auf sechs Kilometer Länge herrschten bereits allgemein äußerst schwierige Bedingungen, doch wurden die jüdischen Gefangenen noch zu besonderen Arbeitskolonnen zusammengefaßt, die bei den allerschlechtesten Arbeiten eingesetzt wurden. Unter Bedingungen, die denen der Strafkompanie entsprachen, wurden die Juden beim Ausschachten der neuen Fahrrinne eingesetzt, wobei sie die Erde ausschließlich mit Schaufeln heraufzubefördern hatten – »*eine verdammt gräßliche Schweißarbeit in Dreck und Schlamm*«.[27]

Oftmals war der einzige Zweck der Arbeit die Schikane; bewußt setzte die SS sie als Mittel zur Vernichtung der ihr besonders verhaßten Juden ein. So mußten jüdische Häftlinge im Winter 1940/41, als wegen strengen Frostes die meisten Arbeiten im »Elbe-Kommando« eingestellt werden mußten, weiter mühselige Erdarbeiten verrichten und dies, obgleich unter den gegebenen Umständen kaum etwas zu bewerkstelligen war und die Arbeiten nach Ende des Frostes mit weit weniger Aufwand hätten geleistet werden können.[28]

Der politische Häftling Bogdan Suchowiak aus Polen berichtet aus der Anfangszeit des »Kommandos Elbe«, daß die SS vor jeder Mittagspause den Befehl erteilte: »*Polen, Juden und Zigeuner raustreten!*« Diese Gefangenen haben dann auf die Reste warten müssen, »*die vom Essen der deutschen Häftlinge übrig blieben*«.[29]

Was derartige Arbeitsbedingungen für den einzelnen bedeuteten, verdeutlicht der Bericht von Marco Max Feingold, der beim Bau eines Stichkanals zur »Doven Elbe« eingesetzt war:

»*Auf Bohlen, die wegen der Länge stark wippten, mußten wir Material auf Karren transportieren und ins Wasser kippen. So mancher Karren und Häftling fiel ins Wasser. [...] Schon nach kurzer Zeit bekam ich Phlegmone an der Kniekehle und am Oberschenkel. [...] Ich mußte weiterhin zur Arbeit, es war eine Qual [...] In kurzer Zeit war ich meinem Ende sehr nahe*«.[30]

Innerhalb von Wochen war der 28jährige Feingold auf 39 kg abgemagert und körperlich bereits so erschöpft, daß er keine Nahrung bei sich behalten konnte. Als die Gefangenen zu jener Zeit im Waschraum zum Rasieren antreten mußten, erkannte Feingold sein eigenes Gesicht nicht mehr wieder: »*Als ich vor dem Spiegel stand, glaubte ich, er hängt nicht richtig, es müßte jemand hinter mir sein, aber als ich mich umdrehte, war niemand zu diesem Gesicht passender zu sehen*«.[31]

Die jüdischen Gefangenen, die ebenso wie die Häftlinge der Strafkompanie auch sonntags arbeiten mußten, hatten zahlreiche Quälereien und Schikanen zu erdulden. Dazu zählte die berüchtigte »Todesrunde«, bei der die Häftlinge mit übervollen Karren im Laufschritt – und oftmals unter Prügel – eine oder mehrere Zusatzrunden einlegen mußten. Erich Kulka berichtet, daß sein Freund Adolf Rosenfeld einmal damit bestraft wurde, weil der Hund des stellvertretenden Schutzhaftlagerführers, SS-Untersturmführer Albert Lütkemeyer, vor Rosenfelds Karre geraten war und infolgedessen zu jaulen begann. Lütkemeyer habe die Arbeit sofort einstellen und den »Schuldigen« ermitteln lassen. Mit der Bemerkung »*So, der Jude Rosenfeld*« habe er ihn alleine in die »Todesrunde« gejagt, immer wieder und immer im Laufschritt mit der Karre. Obgleich Rosenfeld öfter zusammengebrochen sei, habe die Quälerei kein Ende genommen. Als glücklicherweise nach einer Weile der Pfiff zu Mittag erscholl, ließ Lütkemeyer von dem fast zu Tode Geschundenen ab.[32]

Die erbärmlichen Arbeitsbedingungen, die fortgesetzten Mißhandlungen, willkürliche Tötungen durch SS und einzelne Kapos sowie jene zeitweilig verfügten Haftverschärfungen, die jüdischen Gefangenen, Häftlingen der Strafkompanie, Bibelforschern und anderen Gruppen das Betreten des Krankenreviers verboten, so daß eine medizinische Behandlung Verletzter und Kranker der genannten Gruppen während dieser Zeit gänzlich unterblieb,[33] führten zu einer sehr großen Zahl von Toten unter den jüdischen Gefangenen des KZ Neuengamme. So starben in neun Monaten, vom Januar bis zum September 1942, nachweislich der erhalten gebliebenen Totenbücher und standesamtlichen Beurkundungen 130 Juden.[34] Dies bedeutet, daß 1942 im KZ Neuengamme etwa jeder dritte bis vierte Häftling dieser Gefangenengruppe getötet worden ist, und dies, obgleich im Laufe jenes Jahres einzelne (deutschsprachige) jüdische Häftlinge aufgrund des zunehmenden Bedarfes an qualifizierten Arbeitskräften in Arbeitskommandos mit besseren Bedingungen kamen, so zum Beispiel als Fachleute bei den Rüstungsfirmen Messap und Jastram.[35]

Die SS macht das KZ Neuengamme »judenfrei«. Der Abstransport der jüdischen Gefangenen 1942 aus Neuengamme

Im Sommer und Herbst 1942 wurden sämtliche mit dem »gelben Winkel« als Juden gekennzeichnete Gefangene aus dem KZ Neuengamme fortgeschafft. Der Abtransport einer Gruppe jüdischer Häftlinge im Juni 1942 ist von dem politischen Gefangenen Heinrich Christian Meier beschrieben worden, der zu dieser Zeit in der Effektenkammer eingesetzt war. Er wurde eines Nachts geweckt, um den Menschen, die zum Abtransport bestimmt waren, ihre Habseligkeiten auszuhändigen. Einige schienen zu ahnen, daß der Transport sie nicht in die Freiheit führen würde. Meier berichtet, daß ihm einer noch etwas aufdrängte,

»eine Goldschmiedearbeit, ein nobel gearbeitetes Rasierzeug, oh Zeuge verblühten Reichtums! Wieviel Leben und Fleiß und Kraft in diesen Bündeln und Koffern stecken mochten. Dumpfe Ahnung stieg in mir auf. Ich gab das Angebotene zurück. Etwas lag in der Geste des Jungen, das ich fortschieben mußte, das mir nicht gefiel. 'Wirst Dich noch hundertmal rasieren müssen, komm, nimm es mit Dir!' 'Brauch es nicht mehr!' hauchte er«.[36]

Die etwa 80 diesem Transport zugeteilten jüdischen Gefangenen wurden in der »Euthanasie«-Anstalt Bernburg/Saale vergast. Der Transport war als »Krankentransport« deklariert.[37]

Die Mehrzahl der in Neuengamme inhaftierten Juden wurde im September 1942 nach Auschwitz deportiert. Lediglich fünf jüdische Gefangene, die als Arbeitskräfte der Motorenfabrik Carl Jastram zugeteilt waren, verblieben noch für einige Wochen im KZ Neuengamme, weil sie – wie Erich Kulka, einer der fünf Betroffenen, berichtet – von dieser Firma, die Häftlinge bei der Reparatur von Bootsmotoren und bei der Teilefertigung für den U-Boot- und den Flugzeugbau beschäftigte, als Fachkräfte reklamiert wurden, bis jene sie durch nicht-jüdische polnische KZ-Häftlinge ersetzen konnten.[38] Ende Oktober 1942 wurden die fünf bei Jastram beschäftigten Juden aus Neuengamme fortgeschafft. Die SS-

Verfolgung
Vernichtung

Männer, die sie begleiteten, gaben zu verstehen, daß es den Juden nunmehr gut gehen werde, denn sie würden im Osten beim Bau jüdischer Siedlungen gebraucht. Sie kamen dann ebenfalls ins KZ Auschwitz.

Im Rückblick urteilt der Holocaust-Überlebende Maurice Passiah über seine Haftzeit in Hamburg:

»*Neuengamme war die Hölle selbst, nicht das naive Inferno eines Dante, sondern eine ins 20. Jahrhundert verlegte Hölle, in der die Kunst der Grausamkeit bis zur Vollkommenheit angewandt und jede teuflische Errungenschaft auf modernem und psychologischem Gebiet angetan war, den Menschen psychisch und geistig zu vernichten*«.[39]

»Nur durch ein Wunder sind wir entkommen«. Zwangsarbeit von jüdischen Gefangenen

Ab Frühjahr 1944 wurden wieder jüdische Gefangene in großer Zahl in die auf dem Boden des Deutschen Reiches gelegenen Konzentrationslager verlegt. Angesichts des gravierenden Arbeitskräftemangels in Deutschland hatte sich die NS-Führung entschlossen, auch aus den in die Vernichtungslager des Ostens deportierten und dort zur Ermordung bestimmten Juden Arbeitskräfte zu rekrutieren. Während Kinder, Alte und Kranke weiterhin in den Gaskammern von Auschwitz und Majdanek ermordet wurden, sollten nunmehr alle noch Arbeitsfähigen in der Kriegswirtschaft zum Einsatz kommen. Obgleich das wirtschaftliche Interesse der SS insbesondere an denjenigen Häftlingen, die sie als Fachkräfte nutzte, deren Überlebenschancen deutlich verbesserte,[40] bedeutete der extensive Arbeitseinsatz zugleich für Hunderttausende von jüdischen und nicht-jüdischen KZ-Gefangenen, die bei völlig unzureichender Verpflegung und unter Auflage härtester Arbeitsbedingungen ausgebeutet wurden, den Tod.

Auch in das KZ Neuengamme wurden im letzten Kriegsjahr erneut Juden, vor allem aus Auschwitz, Groß-Rosen, Majdanek, Riga-Salaspils und auch direkt – ohne Zwischenstation in einem anderen KZ – aus Budapest eingeliefert. Der tschechische Arzt Dr. Adalbert Feher kam im Oktober 1944 mit einer Gruppe von 30 jüdischen Ärzten aus Auschwitz in das Hauptlager Neuengamme. Er berichtet davon, daß im Hauptlager die dort »*nicht zahlreichen*« jüdischen Gefangenen auch zu dieser Zeit von den nicht-jüdischen separiert und in einem sogenannten »Schonungsblock« einquartiert waren.[41] Diejenigen von ihnen, die nicht arbeiteten bzw. nicht mehr arbeiten konnten und auch tagsüber auf dem Block verblieben, seien innerhalb weniger Wochen an Schwäche verstorben. Demgegenüber habe Arbeit das Überleben ermöglicht.

Die 30 Ärzte arbeiteten zunächst in der Gärtnerei, dann im Holzhof-Kommando oder waren als Stubendienst für die Essensverteilung zuständig. Ein schlechteres Los hatten insbesondere die älteren jüdischen Häftlinge: »*Unter der Aufsicht deutscher Kapos [...] mußten sie in Loren Sumpf von einem Ende des Lagers in das andere fahren. Oft wurden die Loren [... zum Entgleisen gebracht] und dann kamen die Schläge*«.[42]

Über die Evakuierung Anfang April 1945 berichtet Feher:

»*Nur durch ein Wunder sind wir dem Desaster entkommen in der Lübecker Bucht mit den 3 Schiffen. An einem Samstagnachmittag [...] hieß es im Lager 'Alle Juden antreten'. Wir haben neue Kleidung bekommen und es hieß, wir gehen auf Transport. Die 'Eingeweihten' wollten wissen, das heißt Erschießung. Ich habe Abschied genommen von meinen Freunden ...*«.[43]

Die Juden wurden einem sehr großen Krankentransport zugeteilt, der aus nicht marschfähigen Gefangenen gebildet worden war. Am 7./8. April wurden sie an der Bahnhofsrampe des KZ Neuengamme in einen Güterzug verladen:

» *Wir wurden einwaggoniert, eigentlich eingepreßt, fast zu 80 in Viehwaggons*«.

Nach Irr- und Umwegen kamen sie im vollkommen überbelegten Kriegsgefangenenlager Sandbostel an, in dem in den letzten Kriegstagen allein 7.000 Häftlinge aus verschiedenen Außenlagern des KZ Neuengamme nahezu ohne Nahrung und unter unbeschreiblichen hygienischen Verhältnissen von der SS ihrem Schicksal überlassen wurden. Zahllose Gefangene gingen an Hunger und Krankheiten zugrunde. Noch Wochen und Monate nach der Befreiung starben Hunderte im Krankenhaus Rotenburg/Wümme und anderen umliegenden Lazaretten.[44]

»Der Hunger, die Kälte und die Verzweifelung haben uns beherrscht«. Zwangsarbeit von Jüdinnen in den Hamburger KZ-Außenlagern

Ab 1942 wurden Häftlinge des KZ Neuengamme als Arbeitskräfte in der Rüstungsfertigung eingesetzt – zunächst in Werkstätten, die auf dem Lagergelände errichtet wurden (Metallwerke Walther, Motorenfabrik Jastram, Deutsche Meßapparate GmbH und die SS-eigenen Deutschen Ausrüstungswerke); später erfolgte die Zuteilung von Häftlingen auf Antrag direkt in die Betriebe.[45] Auf diese Weise waren in den letzten Kriegsjahren bei Rüstungsfirmen in ganz Norddeutschland (z. B. Hermann-Göring-Werke, Volkswagen, Büssing, Continental, Blohm&Voss) Außenlager des KZ Neuengamme entstanden, wobei die Gefangenen oftmals zu Aufräumungsarbeiten nach Luftangriffen und zum Bau von Produktionsstätten eingesetzt wurden. Insgesamt zählten zum KZ Neuengamme im Gebiet zwischen Ems und Elbe und von der dänischen Grenze bis zum Weserbergland mehr als 80 Außenlager, von denen über 20 mit Frauen belegt waren. Im Frühjahr 1945 mußten in den Außenlagern 40.000 Häftlinge, davon fast ein Drittel Frauen, Sklavenarbeit für die Kriegswirtschaft leisten. Zur gleichen Zeit befanden sich bis zu 14.000 Gefangene im vollkommen überbelegten Hauptlager.

Während männliche Gefangene in der Regel erst in das Stammlager kamen, wurden die Frauen direkt in die Außenlager transportiert. Im folgenden soll an ausgewählten Beispielen die Situation von weiblichen jüdischen Häftlingen in den Hamburger KZ-Außenlagern betrachtet werden. Insgesamt gab es 15 Außenlager des KZ Neuengamme im Hamburger Stadtgebiet; berücksichtigt man, daß in denselben Gebäuden zu unterschiedlichen Zeitpunkten verschiedene Lager bestanden, erhöht sich die Zahl auf 21. In zehn dieser Lager waren mehrere tausend Frauen untergebracht; die meisten von ihnen waren Jüdinnen.

Eintausend jüdische Frauen größtenteils tschechischer Nationalität waren Ende Juni 1944 im KZ Auschwitz nach Alter und körperlicher Verfassung ausgesucht worden, um zum Arbeitseinsatz nach Hamburg transportiert zu werden. Anfang Juli wurden sie zusammen mit weiteren 500 Jüdinnen im Freihafen in einem Lagerhaus der Stadt Hamburg am Dessauer Ufer untergebracht. Die Gefangenen dieses KZ-Außenlagers mußten in den großen Mineralölraffinerien der Firmen Rhenania Ossag (Shell), Ebano und Schindler vor allem Aufräumungsarbeiten (Trümmerbeseitigung) leisten. Die jüdische Tschechin Liza Neumannova hat den Tagesablauf beschrieben:

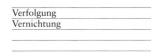
Verfolgung
Vernichtung

»*Täglich mußten wir um 3 Uhr früh aufstehen, bekamen ein wenig sogenannten Kaffee, kaum warm, und um 4 Uhr, nur in leichter Bekleidung (graue Sommerhäftlingskittel) ohne Strümpfe, in Holzpantoffeln, warteten wir bei Wind und Wetter auf den Dampfer, der uns zu unseren Arbeitsplätzen brachte [...] Von 6 Uhr früh bis spät am Nachmittag arbeiteten wir, bis auf die Mittagpause, ununterbrochen. Dann wanderten wir wieder auf den Dampfer zurück, und am Abend kamen wir in unsere Unterkunft, wo wir nach einem spärlichen Nachtmahl schlafen gingen*«.[46]

Bei dem Weg zur Arbeit und bei den verschiedenen Einsatzstellen kamen die Frauen fast regelmäßig mit der Hamburger Zivilbevölkerung in Kontakt. Nach einem Bericht von Zyska Koloszinska wurde ihnen vereinzelt auch geholfen:

»*Wir haben die Leute in Hamburg angesprochen, daß wir Hunger haben, es haben manche Leute was gegeben. Ein Arbeiter in einer Fabrik hat mir geschenkt eine ölige Jacke [...] , [die] hat etwas den Wind zurückgehalten und die Kälte, und der Arbeiter hat sich riesig gefreut, ich war ihm auch sehr dankbar*«.[47]

Unter den Gefangenen des KZ-Außenlagers Dessauer Ufer befand sich auch die 1909 in Hamburg geborene Anita Landsberger. Ein Jahr nach der nationalsozialistischen Machtergreifung war die Kindergärtnerin nach Prag emigriert. Im Februar 1942 wurde sie von der Gestapo nach Theresienstadt verschleppt, im Dezember 1943 ins KZ Auschwitz. Im Juli 1944 kam sie »zur Kriegszwangsarbeit« zurück in ihre Geburtsstadt: »*Ohne Zweifel eine tragische Erfahrung, unter so grausamen Umständen die Stadt Hamburg wiederzusehen*«.[48]

Zum Teil versuchten Jüdinnen auch während der KZ-Haft trotz körperlicher Auszehrung die Gesetzesbestimmungen der jüdischen Religion einzuhalten. Paula Herrmann berichtet, daß eine Gruppe der im KZ-Außenlager Dessauer Ufer gefangengehaltenen Frauen sich fest vorgenommen hatte, am Versöhnungstag Jom Kippur zu fasten und an diesem höchsten jüdischen Festtag auf das lebensnotwendige Stück Brot und die Suppe zu verzichten:

»*Und gerade am Jom Kippur wurde uns mitgeteilt, daß wir in ein neues Lager übersiedeln. Nach einer gründlichen Durchsuchung unserer armen Bündel landeten wir auf den Fußböden von offenen Lastwagen. Kaum hatte die Fahrt begonnen, da fing es an zu regnen und hageln. Wir wurden vollkommen naß, und der Hagel schlug auf unsere Köpfe. Der Hunger, die Kälte und die Verzweiflung haben uns beherrscht. 'Warum, warum werden wir so gestraft an diesem heiligen Tag?' Und alle haben wir bitter geweint*«.[49]

Im September 1944 verlegte die SS die in dem Getreidespeicher am Dessauer Ufer inhaftierten Frauen in Gruppen zu je 500 in die KZ-Außenlager Sasel, Wedel und Neugraben. Dort mußten die Frauen ebenfalls schwerste körperliche Arbeiten verrichten: Aufräumungsarbeiten bei verschiedenen Firmen und Trümmerbeseitigung sowie Bau von Behelfsheimwohnungen (Sasel/Poppenbüttel) und Ausheben von Panzergräben (Wedel).

Die Arbeitsbedingungen in einem der Lager, dem KZ Neugraben, beschreibt Liza Neumannova:

»*Dort arbeitete ich auch bei diesen Firmen bei jedem Wetter. Der Winter 1944/45 schien uns besonders frostig zu sein. Es war meistens schwere Arbeit mit Schaufel und Spitzhacke, [wir gruben] einige Meter tiefe Bunker oder [führten] wieder Planierungsarbeiten [aus]. Zu Mittag gab es keine warme Suppe mehr, nur am Abend, und ein 1/4 Brot mit etwas Marmelade oder Margarine. Am Sonntag mußten wir in den Wald Bäume fällen gehen und Holzvorrat für die Küche für die ganze Woche vorbereiten*«.[50]

Die Mehrzahl der Gefangenen des KZ-Außenlagers Hamburg-Sasel waren jüdische Mädchen und Frauen aus Polen, die zuvor über das Ghetto Lodz in das KZ Auschwitz gekommen waren.[51] Unter ihnen befand sich auch die Hamburgerin Cecilie Landau, die 16jährig im August 1941 zusammen mit ihrer Mutter und Schwester in das Ghetto von Lodz deportiert worden war. Nun kehrte sie drei Jahre später – nachdem sie die Hölle des Ghettos Lodz und Auschwitz hatte überleben können – als KZ-Gefangene in ihre Heimatstadt zurück.[52]

Im Vergleich mit anderen Außenlagern war die Sterblichkeitsrate im KZ Sasel niedriger; bis zur Evakuierung des Lagers Anfang April 1945 starben sechs Frauen infolge von Mißhandlungen und Krankheit. Dabei ist aber zu berücksichtigen, daß nicht mehr arbeitsfähige Frauen aus dem Lager abtransportiert wurden (ihr weiteres Schicksal ist nicht bekannt).

Der Tod einer jüdischen Lehrerin aus Lodz, der 30jährigen Helene Drzymalkowska, ist Theresa Stiland in Erinnerung geblieben:

»An eine kann ich mich erinnern, die Drzymalkowska. Sie hat beim Zurückgehen von der Arbeit gesungen. Sie war in der polnischen sozialistischen Partei. Sie sang ein sozialistisches Lied: 'Wie lange, wie lange noch sollen wir bleiben noch Sklaven [...]' Sie sang es auf jiddisch. Als sie ins Lager kam, ging eine Aufseherin auf sie zu, packte sie an der Brust und hat sie schwer geschlagen, denn sie hat verstanden, was das hieß«.[53]

Fünf Jahre Ghetto und Konzentrationslager hatten Helene Drzymalkowska seelisch zermürbt. Anfang November 1944 erlitt sie einen Nervenzusammenbruch. Sie wurde in das Krankenrevier eingeliefert und mit Medikamenten ruhiggestellt. Der gleichzeitige Essensentzug führte am 12. November zum Tod der Lehrerin.

Bereits im Oktober 1944 transportierte die SS die im KZ-Außenlager Wedel inhaftierten Jüdinnen erneut in ein weiteres Außenlager in Hamburg-Eidelstedt (Bau von Plattenhäusern, Munitions- und Flugzeugproduktion). Die Häftlinge des KZ-Außenlagers Neugraben wurden am 19. Februar 1945 geschlossen in das Außenlager Tiefstack überstellt, wo sie Panzergräben ausheben mußten. Alle drei Gruppen, die Frauen aus Sasel, aus Eidelstedt und aus Tiefstack, wurden am 7. April 1945 in das Todeslager Bergen-Belsen deportiert. Als britische Truppen eine Woche später, am 15. April, das Lager befreiten, bot sich ihnen ein Bild des Schreckens: Auf dem Lagergelände fanden sie 60.000 hungernde und kranke, oftmals vom Tod bereits gezeichnete Gefangene und 13.000 unbeerdigte Leichen vor. Trotz großer medizinischer Anstrengungen verstarb bis Juni 1945 noch etwa jede/r vierte der Befreiten.[54] Wieviele Frauen aus den Hamburger KZ-Außenlagern Bergen-Belsen überlebten, ist nicht bekannt.

Auch in anderen Hamburger Konzentrationslagern waren jüdische Gefangene – teilweise in großer Zahl – inhaftiert. So waren unter den ca. 750 Gefangenen des KZ-Außenlagers Langenhorn (Rüstungsproduktion bei den Hanseatischen Kettenwerken, Gewehr- und Munitionsfabrik Hamburg-Ochsenzoll) allein 500 Jüdinnen, die im KZ Stutthof für den Arbeitseinsatz ausgewählt worden waren. Auch in diesem Fall ist die genaue Anzahl derjenigen Gefangenen nicht feststellbar, die körperlich ausgezehrt an Krankheiten und Hunger starben oder Opfer von Mißhandlungen wurden.

Nicht unerwähnt bleiben sollen die Menschenversuche, die 1944/45 im KZ Neuengamme an Gefangenen vorgenommen wurden. Zu diesem Zweck waren im November 1944 auch zwanzig jüdische Kinder, zehn Jungen und zehn Mädchen im Alter von fünf bis zwölf Jahren, aus dem KZ Auschwitz nach Neuengamme gebracht worden. Der Lungenfacharzt Dr. Kurt Heißmeyer infizierte die Kinder mit Tbc-Bazillen, beobachtete den Krankheitsver-

Verfolgung
Vernichtung

lauf und ließ in chirurgischen Eingriffen die Axillardrüsen entfernen. Um das medizinische Verbrechen zu verbergen, ließ die SS-Führung die Kinder und ihre vier Betreuer wenige Tage vor Kriegsende in ein seit Oktober 1944 als KZ-Außenlager genutztes Schulgebäude im kriegszerstörten Stadtteil Rothenburgsort bringen und dort ermorden. In der Nacht des 20. April 1945 wurden sie im Keller der ehemaligen Schule am Bullenhuser Damm von SS-Männern erhängt.[55] An ihr Schicksal erinnert heute die Gedenkstätte Janusz-Korczak-Schule sowie ein Rosengarten.

In dem Konzentrationslager Neuengamme und den Außenlagern waren insgesamt 106.000 Menschen inhaftiert. Von ihnen waren ca. 13.000 Juden. Ungefähr 55.000 Gefangene kamen ums Leben; die Gesamtzahl der jüdischen Todesopfer ist nicht bekannt. Der geschundenen und zur Zwangsarbeit in die Hansestadt verschleppten Jüdinnen und Juden wird in den Hamburger KZ-Gedenkstätten Neuengamme, Fuhlsbüttel und Plattenhaus Poppenbüttel (mit Ausstellung KZ-Außenlager Sasel) gedacht, die in ständigen Ausstellungen die Verbrechen des NS-Regimes und die Geschichte der KZ-Gefangenen dokumentieren, um dahin zu wirken, daß sich derartiges Unrecht niemals wiederhole.

Anmerkungen

Die mit dem Quellennachweis »ANg« versehenen Briefe, Berichte und Interviews befinden sich unter der Signatur Ng. 2.8. (Häftlingsberichtskartei) im Archiv der KZ-Gedenkstätte Neuengamme; jene mit dem Quellennachweis »FGN/NHS« werden in der Forschungsstelle für die Geschichte des Nationalsozialismus in Hamburg im Nachlaß Hans Schwarz (ehemaliger Generalsekretär der Amicale Internationale de Neuengamme) verwahrt.
Bei Interviews ist außerdem in Klammern der Name des oder der Interviewer/in vermerkt. In maschinenschriftlichen (Abk.: ms) Berichten wurden gegebenenfalls Interpunktion und Orthographie korrigiert.

1 Zu nennen sind hier in erster Linie die Publikationen von Kaienburg, Vernichtung; Johe, Neuengamme; sowie der Ausstellungskatalog »Arbeit und Vernichtung«.
2 Vgl. Klawe, Wittmoor.
3 Vgl. Eiber, »Kola-Fu«; KZ-Gedenkstätte Neuengamme 1987; Timpke 1970.
4 Vgl. Hochmuth/Meyer 1980, S. 206; sowie das in: Bruhns 1984, S. 121f., geschilderte Schicksal von Herrn Tobias, einem jüdischen Bürger Hamburgs, der als Kommunist 1933 im KZ Fuhlsbüttel inhaftiert wurde.
5 Ein Auszug der Tagebuchnotizen ist abgedruckt in: Eiber, »Kola-Fu«, S. 10. Die Notizen entdeckte Caroline Solmitz, als ihr nach dem Tod ihres Mannes die Uhr zusammen mit anderen Habseligkeiten des Verstorbenen ausgehändigt wurden.
6 Zur justitiellen Verfolgung von »Rassenschande«-Delikten, bei der das Hamburger Landgericht durch besondere Härte hervortrat, vgl. Robinsohn, Justiz. Siehe zur Untersuchung Robinsohns auch Kaupen-Haas/Osthaus 1984, S. 93-95.
7 H.C. Meier, So war es, S. 46.
8 Vgl. StAH Justizverwaltung I, Generalakte XVI Bh 7 Vol. 1: Verzeichnis der entstandenen Schutzhaftkosten (Az 451a E Forts. Band 1d), Aufstellung für den Monat November 1938. Diese Zusammenstellung nennt die Namen von insgesamt 766 Personen, die in den auf die Pogromnacht folgenden Tagen von der Gestapo als »Schutzhäftlinge« in das Polizeigefängnis Fuhlsbüttel eingeliefert wurden. Laut Hochmuth/Meyer 1980, S. 214, handelte es sich in 722 Fällen um Hamburger Juden.
9 N.N. (die Identität der Augenzeugin ist den Verf. bekannt), Interview (Sabine Homann), Hamburg 1991 (ANg).
10 Ludwig Loeffler, Interview (Ludwig Eiber und Ursula Randt), Hamburg 1988 (ANg). Loeffler betätigte sich nach seiner Entlassung als Justitiar im jüdischen Religionsverband und versuchte, die noch verbliebenen Handlungsspielräume zugunsten der Verfolgten weitgehendst zu nutzen. Im Juni 1943 wurde er von Hamburg aus nach Theresienstadt deportiert und von dort im September 1944 ins KZ Auschwitz. Gegen Kriegsende konnte er aus einem Außenlager des KZ Groß-Rosen fliehen.
11 Vgl. KZ-Gedenkstätte Neuengamme 1987, S. 15-57.
12 Ebd., S. 15.

13 Zum KZ Neuengamme vgl. außer den in Anm. 1 genannten Veröffentlichungen auch: Bringmann, KZ Neuengamme; Eiber, Neuengamme; Ernst/Jensen, Berichte.
14 Vgl. Eiber, Arbeitssklaven, S. 559 (»ca. 300-500 Juden«); sowie Kaienburg, Vernichtung, S. 210, Anm. 59. Diese Größenordnung wird durch die Angaben in den meisten Erinnerungsberichten, sofern jene sich dazu äußern, gestützt, so von R. Rudolph (»200-300 Juden«), von J. Handelsen und B. Goldberg (»ca. 300-400 Juden«) und von H. C. Meier (»mehr als 400«).
15 Zu den Bibelforscher-Häftlingen in Neuengamme vgl. Garbe, Christenverfolgung, S. 198-207; sowie ders., Zeugen Jehovas, S. 612-633.
16 Vgl. van de Poel, Vorhang, S. 105; Gustav Auschner, Bericht (ms), Krempe 1971 (FGN/NHS, 13-7-0-1); Karl Hanl, Interview (Detlef Garbe), Weil/Oberrhein 1987 (ANg); Richard Rudolph, Interview (Detlef Garbe), Heidelberg 1987 (Privat).
17 Vgl. Marco Max Feingold, Erlebnisse im KZ Neuengamme, Bericht (ms), Salzburg o. J. (ANg); K. Hanl (wie Anm. 16); Erich Kulka, Interview (Ludwig Eiber, Carola Martin, Jürgen Kinter), Hamburg 1988 (ANg).
18 Vgl. Kupfer-Koberwitz, Mächtigen, S. 287. Zum Antisemitismus bei nicht-jüdischen Mithäftlingen vgl. ebd., S. 287, 292f.
19 Vgl. Marco Max Feingold, Interview (Detlef Garbe), Hamburg 1987 (ANg); E. Kulka (wie Anm. 17); sowie ders., Schreiben vom 20.5.1982 (ANg).
20 Vgl. Kupfer-Koberwitz, Mächtigen, S. 285-290. Das Buch von Edgar Kupfer-Koberwitz, der 1940/41 Häftling im KZ Neuengamme war, basiert auf Aufzeichnungen, die er von November 1942 bis April 1945 heimlich im Konzentrationslager Dachau angefertigt hat. Da Kupfer-Koberwitz die Manuskriptpapiere vor Räumung des Lagers einzementierte, konnten sie später weitgehend unzerstört geborgen werden.
21 Ebd., S. 286.
22 Vor Juni 1942 hatte es in Neuengamme keine offizielle Strafkompanie mit spezieller Kennzeichnung und isolierter Unterbringung gegeben, gleichwohl aber besondere Arbeitskolonnen (z. B. die sogenannte »Walze 3« unter den berüchtigten Kapos Holzhüter und Grünewald), deren Einsatz unter Bedingungen erfolgte, die denen in Strafkompanien in keiner Weise nachstanden. Vgl. Kaienburg, Vernichtung, S. 208.
23 H.C. Meier, Die Nacht verschlang sie. Die letzten jüdischen Häftlinge verlassen Neuengamme, Bericht (Ms), Glanz (Kärnten) 1964 (FGN/NHS, 13-7-0-2). [Garbe/Homann, Jüdische Gefangene in Hamburger Konzentrationslagern]
24 Vgl. beispielsweise die eindrucksvollen Schilderungen bei H.C. Meier, Freiheit, S. 26f. und S. 212.
25 Kupfer-Koberwitz, Mächtigen, S. 286.
26 Vgl. Kaienburg, Vernichtung, S. 195f., 199ff.
27 Meier, Die Nacht verschlang sie (siehe Anm. 23). Vgl. auch Meier, So war es, S. 70.
28 Vgl. Kaienburg, Vernichtung, S. 210.
29 Suchowiak, Mai 1945, S. 23. Vgl. auch Kaienburg, Vernichtung, S. 165, der ergänzend darauf hinweist, daß jüdische Gefangene häufig auf Anordnungen von SS-Leuten oder Kapos mit Essensentzug »bestraft« wurden.
30 M. M. Feingold (wie Anm. 19).
31 Ebd. Der 1913 in Österreich geborene Marco Max Feingold, den die SS im Mai 1941 aus Auschwitz ins KZ Neuengamme transportierte, wurde im Juni/Juli 1941 mit einem sogenannten »Invalidentransport« nach Dachau überstellt, wo er wieder ein wenig zu Kräften kam. Anschließend wurde er im KZ Buchenwald inhaftiert, aus dem er 1945 befreit wurde. Sein zwei Jahre älterer Bruder Ernst überlebte hingegen die Strapazen in Neuengamme nicht; er starb laut Eintragung beim (KZ-)Sonderstandesamt Neuengamme am 15.1.1942.
32 Kulka (wie Anm. 17). Zu den fortgesetzten Mißhandlungen, Bestrafungen und Ermordungen von jüdischen Gefangenen im KZ Neuengamme vgl. auch Kaienburg, Vernichtung, S. 186-188.
33 Vgl. Kaienburg, Vernichtung, S. 62, 431; sowie Pingel, Häftlinge, S. 80.
34 Die Angaben beruhen auf der Auswertung der vom (KZ-)Standesamt Neuengamme ausgestellten Sterbeurkunden sowie der für den Zeitraum vom 1.5.42 bis 15.3.45 erhalten gebliebenen »Totennachweise«, die im Krankenrevier des Lagers geführt wurden. Beide Quellen weisen zahlreiche Lücken und Fehler auf, können jedoch für das Stammlager (nicht für die Außenlager, für die sie nur einen Bruchteil aller Toten registrieren) bis zum Herbst 1944 im großen und ganzen (mit gewissen Ausnahmen wie z. B. den Exekutionen) als relativ vollständig gelten.
35 Siehe unten.
36 H.C. Meier, Die Nacht verschlang sie (wie

Verfolgung
Vernichtung

Anm. 23).

37 Zu der Überstellung von Behinderten, Kranken und Juden aus dem KZ Neuengamme zur Tötung in der »Euthanasie«-Anstalt Bernburg vgl. Kaienburg, Vernichtung, S. 179.

38 Kulka, Interview (wie Anm. 17); sowie ders., Schreiben vom 24.3.1981 (ANg). Erich Kulka, der im Juli 1939 in seiner Heimatgemeinde Vsetin (Tschechoslowakei) wegen Verteilung kommunistischer Flugblätter verhaftet und im Januar 1941 aus dem KZ Dachau nach Neuengamme gekommen war, konnte ebenso wie seine vier jüdischen Kameraden auch das KZ Auschwitz überleben. Während eines Evakuierungstransportes gelang ihm im Frühjahr 1945 die Flucht.

39 Maurice Passiah, Bericht (ms), Houston 1981 (ANg.).

40 Vgl. Pingel, Häftlinge, S. 151ff.

41 Vgl. Adalbert Feher: Curriculum Vitae, Bericht (ms), Offenbach 1988 (ANg); sowie ders., Interview (Ludwig Eiber und Jürgen Kinter), Hamburg 1988 (ANg).

42 Feher, Curriculum Vitae (wie Anm. 41)

43 Ebd. Auf den im Text erwähnten drei Schiffen wurden die im Hauptlager Neuengamme verbliebenen über 9.000 KZ-Gefangenen, nachdem sie zuvor nach Lübeck transportiert worden waren, unter katastrophalen Bedingungen zusammengedrängt. Am 3. Mai 1945 griffen britische Jagdbomber die in der Neustädter Bucht liegenden Schiffe an. Die »Thielbek« sank sofort, die »Cap Arcona« geriet in Brand und kenterte. Über 7.000 Häftlinge fanden wenige Stunden vor ihrer möglichen Befreiung den Tod.

44 Vgl. Borgsen/Volland, Sandbostel.

45 Zum 1941/42 eingetretenen Strukturwandel der Konzentrationslager, der auf eine extensive Ausnutzung des KZ- Häftlingsarbeitskräftepotentials zu Rüstungszwecken und anderen kriegswirtschaftlichen oder militärischen Vorhaben zielte und mit einer Anfang März 1942 vollzogenen organisatorischen Umgestaltung der KZ-Verwaltung einherging (Eingliederung der Inspektion der Konzentrationslager in das neugeschaffene Wirtschafts-Verwaltungshauptamt der SS), vgl. Broszat 1982, S. 108ff.

46 Liza Neumannova, Bericht über die Frauen-Außenkommandos des KL Neuengamme (ms), Prag 1964 (FGN/NHS, 13-7-0-3). Der Bericht ist abgedruckt bei Johe, Frauenarbeit, S. 66f.

47 Zyska Koloszinska, Interview (Ludwig Eiber), Hamburg 1981 (ANg). Über Hilfsaktionen durch Zivilarbeiter berichtet beispielsweise auch die tschechische Jüdin Marta Taussig, Bericht (ms), Prag 1964 (ANg).

48 Anita Lobel, Bericht (ms), New York 1981 (ANg).

49 Paula Herrmann, Unvergeßliche Tage in Hamburg, Bericht (ms), Haifa 1990 (ANg). Weitere Beispiele für die Befolgung religiöser Vorschriften durch orthodoxe jüdische Frauen auch hinter Stacheldraht nennt Milton 1987, S. 14-16, die darauf verweist, daß religiöser Gruppenzusammenhalt »sowohl positive als auch negative Implikationen für das Überleben« haben konnte (ebd., S. 15).

50 Neumannova (wie Anm. 46). Vgl. auch Schultz 1988.

51 Vgl. Krause, Poppenbüttel.

52 Vgl. Eichengreen 1991.

53 Theresa Stiland, Interview (Ludwig Eiber), Paris 1986 (ANg).

54 Vgl. Bergen-Belsen (Ausstellungskatalog); sowie Kolb, Bergen-Belsen.

55 Vgl. Bringmann, Kindermord; sowie Schwarberg, SS-Arzt.

Literatur

Arbeit und Vernichtung. Das Konzentrationslager Neuengamme 1938-1945. Katalog zur ständigen Ausstellung im Dokumentenhaus der KZ-Gedenkstätte Neuengamme. Herausgegeben von Ulrich Bauche, Heinz Brüdigam, Ludwig Eiber und Wolfgang Wiedey. Hamburg 1986

Bergen-Belsen. Texte und Bilder der Ausstellung in der zentralen Gedenkstätte des Landes Niedersachsen auf dem Gelände des ehemaligen Konzentrations- und Kriegsgefangenenlagers Bergen-Belsen. Hg. v. d. Niedersächsischen Landeszentrale für politische Bildung. Hameln 1990

Borgsen, Werner/Volland, Klaus: Stalag X B Sandbostel. Zur Geschichte eines Kriegsgefangenen- und KZ-Auffanglagers in Norddeutschland 1939-1945. Bremen 1991 (im Druck)

Bringmann, Fritz: Kindermord am Bullenhuserdamm. SS-Verbrechen in Hamburg 1945: Menschenversuche an Kindern. Frankfurt/M. 1978

Bringmann, Fritz: KZ Neuengamme. Berichte, Erinnerungen, Dokumente. Frankfurt/M. 1981

Eiber, Ludwig: Arbeitssklaven für SS und Kriegswirtschaft. Häftlingsarbeit im KZ Neuengam-

me 1940-1945, in: Herzig/Langewiesche/Sywottek 1983, S. 559-568
Eiber, Ludwig: »Kola-Fu« – Konzentrationslager und Gestapogefängnis Hamburg-Fuhlsbüttel 1933-1945. Hamburg 1983
Eiber, Ludwig: Konzentrationslager Neuengamme 1938-1945. Überarbeitete Neuauflage. Hamburg 1990
Ernst, Christoph/Jensen, Ulrike (Hg.): Als letztes starb die Hoffnung. Berichte von Überlebenden aus dem KZ Neuengamme. Hamburg 1989
Garbe, Detlef: »Gott mehr gehorchen als den Menschen«. Neuzeitliche Christenverfolgung im nationalsozialistischen Hamburg. In: Verachtet – Verfolgt – Vernichtet. Hg. v. d. Projektgruppe für die vergessenen Opfer des NS-Regimes, 2., durchgesehene und aktualisierte Auflage. Hamburg 1988, S. 172-219
Garbe, Detlef: Zwischen Widerstand und Martyrium: Die Zeugen Jehovas im »Dritten Reich«. Phil. Diss. Hamburg 1989
Johe, Werner: Neuengamme. Zur Geschichte der Konzentrationslager in Hamburg, 5. durchgesehene und erweiterte Auflage. Hamburg 1986
Kaienburg, Hermann: »Vernichtung durch Arbeit«. Der Fall Neuengamme. Die Wirtschaftsbestrebungen der SS und ihre Auswirkungen auf die Existenzbedingungen der KZ-Gefangenen. Bonn 1990
Klawe, Willy: »Im übrigen herrscht Zucht und Ordnung ...« Zur Geschichte des Konzentrationslagers Wittmoor. Hamburg 1987
Kolb, Eberhard: Bergen-Belsen. Vom »Aufenthaltlager« zum Konzentrationslager 1943-1945, 2. durchgesehene Auflage. Göttingen 1985
Krause, Thomas: Plattenhaus Poppenbüttel. Geschichte des KZ-Außenlagers Hamburg-Sasel. Hamburg 1990
Kupfer-Koberwitz, Edgar: Die Mächtigen und die Hilflosen. Als Häftling in Dachau, Band 1: Wie es begann. Stuttgart 1957
Meier, Heinrich Christian: Im Frühwind der Freiheit, Roman. Hamburg 1949
Meier, Heinrich Christian: So war es. Das Leben im KZ Neuengamme. Hamburg 1946
Pingel, Falk: Häftlinge unter SS-Herrschaft. Widerstand, Selbstbehauptung und Vernichtung im Konzentrationslager. Hamburg 1978
Poel, Albert van de: Ich sah hinter den Vorhang. Ein Holländer erlebt Neuengamme. Hamburg 1948
Robinsohn, Hans: Justiz als politische Verfolgung: Die Rechtsprechung in »Rassenschandefällen« beim Landgericht Hamburg 1936-1945. Stuttgart 1977
Schwarberg, Günther: Der SS-Arzt und die Kinder. Bericht über den Mord vom Bullenhuser Damm. München 1979
Suchowiak, Bogdan: Mai 1945: Die Tragödie der Häftlinge von Neuengamme. Reinbek b. Hamburg 1985.

Garbe/Homann
Jüdische Gefangene in Hamburger Konzentrationslagern

Stadtteile

Juden in Wandsbek:
Aspekte einer Nachbarschaft

Astrid Louven

Erste Ansiedlung

Wandsbek zählt zu den ältesten jüdischen Wohnsitzen nördlich der Elbe. Die erste Ansiedlung erfolgte um 1600, vermutlich unter der Gutsherrschaft der Grafen von Rantzau.[1] Erstmalig namentlich erwähnt wurden hochdeutsche Juden im Jahre 1621,[2] die sich – angezogen von der nahen Handelsstadt Hamburg, wo der Zuzug von Juden erhebliche Einschränkungen unterworfen war[3] – in Wandsbek niedergelassen hatten. Daß die meisten Wandsbeker Schutzjuden bis ins 19. Jahrhundert hinein schließlich doch in Hamburg wohnten, war die Folge freiheitlicher Wandsbeker Gutsherrenpolitik sowie eine auf die besonderen Verhältnisse zugeschnittene Konstruktion der jüdischen Gemeinden des Hamburger Raumes.

Das zum dänischen Herrschaftsbereich gehörende Lehen vor den Toren der Stadt Hamburg, das Gut Wandsbek, sollte durch die Ansiedlung der wirtschaftlich aktiven Juden gestärkt werden. Ein Arrangement zu allseitigem Nutzen: den Gutsbesitzern bzw. -pächtern kamen die Schutzgelder und Abgaben zugute, die Juden erhielten mit den Schutzbriefen die Garantie eines rechtlich abgesicherten Aufenthaltsstatus in Wandsbek. An dieser Praxis änderte sich auch 1671 mit Gründung der Dreigemeinde Altona, Hamburg und Wandsbek (AHW) nichts, zu der sich die bisher in Einzelgemeinden lebenden Juden unter ein einheitliches Oberrabbinat zusammengeschlossen hatten.[4] Ein gravierender Vorteil bestand für die Gemeindemitglieder in der größeren Freizügigkeit, die sich nun nicht mehr nur auf das Gebiet der Einzel-, sondern der Gesamtgemeinde bezog. Die Folge war, daß es bald in Hamburg und in Wandsbek lebende Juden gab. Beide Gruppierungen blieben weiterhin Schutzjuden in Wandsbek und hatten dort das Schutzgeld zu zahlen.[5] Ebenso waren die in den Privilegien der Wandsbeker Gutsherren festgeschriebenen Rechte und Pflichten für alle Wandsbeker Juden verbindlich.

Im ersten Privileg war bereits 1637 die freie Religionsausübung garantiert.[6] Neben der Verpflichtung, die Schutzgelder und andere Gebühren pünktlich zu zahlen, wurden die Wandsbeker Schutzjuden zu Wohlverhalten aufgefordert, um die christlichen Nachbarn nicht zu stören.[7] Die zu entrichtenden Schutzgelder waren vergleichsweise gering.[8] Sie blieben jedoch eine Sondersteuer. Darüber hinaus enthiel-

Stadtteile

Wandsbek

ten die Privilegien Regelungen zur Erwerbstätigkeit der Juden im Handel und zum Aufenthaltsstatus.

Die wesentlichen Bestandteile einer jüdischen Gemeinde – ein Friedhof und eine Synagoge – wurden während der ersten Phase des jüdischen Zuzugs auch in Wandsbek geschaffen.

Alter jüdischer Friedhof

Eine der letzten noch sichtbaren Spuren jüdischen Lebens in Wandsbek stellt der Friedhof an der damaligen Langen Reihe, heute Königsreihe, dar. 1637 war den Wandsbeker Juden die Erlaubnis erteilt worden, hier einen Begräbnisplatz anzulegen, die auch die Bestattung fremder, nicht in Wandsbek wohnhafter Juden einbezog. Eine wichtige Voraussetzung, um auch den in Hamburg lebenden Juden einen rituell unbedenklichen Begräbnisplatz zur Verfügung zu stellen, auf dem die ewige Ruhe der Toten, also die Unantastbarkeit der Gräber, gewährleistet war.

Bis zu seiner Schließung 1884 wurden auf dem Friedhof etwa 1.200 Beerdigungen durchgeführt.[9] Neben Gemeindevorstehern, Rabbinatsassessoren, Gelehrten sowie Mitgliedern der Familien Delbanco, Warburg und Teixera fanden auch viele ärmere und reisende Juden in Wandsbek ihre letzte Ruhe.[10]

Heute sind noch etwa 850 Grabsteine auszumachen. Obwohl es einen relativ gut erhaltenen Bestand an Barockstelen gibt, befindet sich der Friedhof insgesamt gesehen in einem schlechten Zustand.[11] Die ewige Ruhe der Toten ist zwar garantiert, aber von den Nachfahren der Wandsbeker Gutsbewohner nicht eingehalten worden. Kaum noch eindeutig beantwortet werden kann die Frage, ob die Zerstörungen an den Grabsteinen durch Ausschreitungen in der Pogromnacht 1938, durch Bombenschäden im Zweiten Weltkrieg oder in der Nachkriegszeit verursacht wurden.

Das Friedhofsgelände fiel 1942 – mit anderen Grundstücken, die dem Jüdischen Religionsverband noch gehörten – an die Hansestadt Hamburg, die dort eine Grünanlage vorsah.[12] Der Plan konnte aber während der NS-Zeit nicht mehr ausgeführt werden, denn der Friedhof wurde im Krieg durch Trümmerteile stark beschädigt. Anwohner hatten das Gelände ohnehin als Weg zum nahegelegenen Luftschutzbunker und später als Fundstelle für Heiz- und Baumaterialien genutzt. In der Nachkriegszeit taten spielende Kinder, mutwillige Zerstörungen und eine gleichgültige Verwaltung ein übriges. Das Friedhofsgelände wurde im Rahmen der Rückerstattung jüdischen Eigentums in den 1950er Jahren an die Jüdische Gemeinde in Hamburg übergeben,[13] schließlich eingezäunt und 1960 unter Denkmalschutz gestellt, Restaurierungsarbeiten des Denkmalschutzamtes sind in Vorbereitung.

Neuer jüdischer Friedhof

Nach Schließung des alten Friedhofes und langwierigen Querelen mit dem Magistrat Wandsbek erhielt die jüdische Gemeinde Wandsbek 1886 die Erlaubnis, einen neuen Friedhof an der Jenfelder Straße anzulegen. 1942 fand hier als 136. die letzte Beerdigung statt.[14] Erst nach der NS-Zeit wurde das Gelände neu aufgeteilt und bebaut, Grabsteine wurden zerstört bzw. umgesetzt, später neue Namenstafeln angebracht.[15] Die ewige Ruhe der Toten wurde auch hier nicht mehr respektiert.

Synagoge

*Louven
Juden in Wandsbek:
Aspekte einer Nachbarschaft*

Ebenso wie der alte jüdische Friedhof war auch die Wandsbeker »Schul«, die Synagoge, an der Langen Reihe gelegen.

Bereits im 17. Jahrhundert hatten die Wandsbeker Juden den Neubau einer Synagoge geplant.[16] Der Plan war jedoch nicht ausgeführt worden. Erst nachdem der alte Betsaal 1840 durch Feuer vernichtet worden war, kam es zum Neubau einer Synagoge.[17] Obwohl der jüdische Bevölkerungsteil Wandsbeks zu dieser Zeit – im Gegensatz zum 18. Jahrhundert – stärker angewachsen war,[18] konnte die Gemeinde das Projekt nicht selbst finanzieren. Durch eine Stiftung des Isaak Hartwig von Essen in Höhe von 10.000 Mark Banco wurde der Neubau schließlich realisiert, das Synagogengebäude im Hinterhof Lange Reihe 13 – 15, heute Königsreihe 43, errichtet und am 1. Juli 1840 eingeweiht.[19] Das schlichte Backsteingebäude war in Ost-West-Richtung erbaut und mit Rundbogenfenstern ausgestattet. Es erhielt später ein Säulenportal. Den Innenraum bestimmte ein Tonnengewölbe. Der Synagogenraum bot etwa 120 Personen Platz. Die Frauenempore faßte etwa 50 Plätze. Dem Tora-Schrein an der Ostseite gegenüber lag der Haupteingang. Das Gestühl und der Almemor, von dem aus die Tora-Lesung erfolgte, bestanden aus weißem Holz mit Vergoldungen. Beleuchtet wurde der Raum von einem großen Kerzenkronleuchter, den man der jüdischen Gemeinde in Altona abgekauft hatte.[20]

Am 14. September 1886 fand in der Synagoge die Trauung von Sigmund Freud und Martha Bernays durch den Wandsbeker Rabbiner Hanover statt.[21]

Im Sommer 1938 mußten die regelmäßigen Gottesdienste – wegen der durch die NS-Verfolgungspolitik bedingten Aus- und Abwanderung der Gemeindemitglieder – eingestellt werden. Der Gemeindevorstand verfügte die Schließung des Gebäudes. Am 10. Oktober 1938 führte der Wandsbeker Rabbiner Bamberger den Schlußgottesdienst in der Synagoge durch.[22]

Die Ereignisse in der Pogromnacht am 9./10. November 1938 machten auch vor der Wandsbeker Synagoge nicht halt. Obwohl Einzelheiten durch Archivmaterial nicht dokumentiert sind, konnte durch die Befragung von Zeitzeug(inn)en das Geschehen weitgehend rekonstruiert werden. So blieben größere Zerstörungen – etwa durch Feuer – aus, um umliegende Wohnhäuser nicht zu gefährden, denn das Gebäude befand sich in einem Wohngebiet. SA-Männer drangen jedoch in den Innenraum ein und randalierten dort.[23]

Im Februar 1939 wurde – im Rahmen der »Arisierung des Eigentums« der jüdischen Deutschen – vor dem Amtsgericht Wandsbek der Verkauf des Synagogengrundstücks verhandelt. Als Verkäufer fungierte der von der Gestapo zwangsweise eingesetzte Vertreter, der Geschäftsführer des Jüdischen Religionsverbandes Hamburg, Dr. Max Plaut, Käufer war der Kaufmann Peter August Lorenzen aus Wandsbek, der für das 879 qm große Grundstück mit dem Feuerversicherungswert von 33.000 RM lediglich 9.000 RM zu zahlen hatte.[24] Lorenzen richtete in dem ehemaligen Synagogengebäude und dem angrenzenden Schul- und Büroraum ein Geschäft für Sperrholz und Furniere ein, das er 1940 – hundert Jahre nach Einweihung der Wandsbeker Synagoge – ins Adreßbuch eintragen ließ.[25] 1942 wurde auf einem Teil des Grundstückes durch das Reichssicherheitshauptamt der Hochbunker errichtet, der heute noch in der Von-Hein-Straße steht. Bei den Bombenangriffen im Juli 1943 erlitt das Grundstück schwere Schäden, die ehemalige Synagoge und das Schulgebäude brannten aus.[26]

Infolge eines Rückerstattungsverfahrens kam es 1953 zu einem gerichtlichen Vergleich: die Firma Lorenzen erhielt nun das endgültige Eigentumsrecht an dem ehemaligen

Synagogengrundstück, nachdem sie einen weiteren Betrag an die Jewish Trust Corporation, die die Interessen der ehemaligen jüdischen Gemeinde Wandsbek vertrat, gezahlt hatte.[27]

Die Fassade des ehemaligen Synagogengebäudes war bereits durch Umbaumaßnahmen infolge der Bombenschäden verändert worden. Auf einem Foto aus den 50er Jahren sind die zugemauerten Rundbögen über den Fenstern zu erkennen.[28] In den 60er Jahren erhielt das Gebäude dann eine Fassadenverkleidung. Die Firma Lorenzen nutzte das Grundstück bis 1975.[29] Danach wurde das Gebäude abgerissen und die Wohnhäuser an der Königsreihe errichtet. Die Zerstörung des Synagogengebäudes in der zweiten Generation war damit vollzogen. Nun erinnert ein vom Bezirksamt Wandsbek errichteter Gedenkstein an die Wandsbeker Synagoge.[30]

Gemeindeschule

Die jüdische Gemeindeschule bestand als allgemeinbildende Schule mit einem breiten Spektrum an Unterrichtsfächern. Der Unterricht wurde vom Gemeinderabbiner erteilt. Die Schule stand unter der Aufsicht des Oberrabbinats sowie des Magistrats Wandsbek und wurde von der Schulkommission der jüdischen Gemeinde verwaltet.[31] Während die Gemeindeschule in den 1850er Jahren noch ein konkurrenzloses Angebot darstellte, hatte sich 20 Jahre später die Situation durch die Entwicklung des (öffentlichen) Schulwesens in Wandsbek entscheidend verändert. Mitte der 1870er Jahre stand den Jungen des Bürgertums ein Gymnasium bzw. eine Mittelschule zur Verfügung; für die Mädchen bestand die Wahl zwischen drei privaten »höheren Töchterschulen«.[32] Die Schule der jüdischen Gemeinde konnte mit dieser Entwicklung nicht Schritt halten, da sie den Anforderungen an die allgemeine Schulpflicht in keiner Weise mehr genügte. Ihr wurde der Status der allgemeinbildenden Schule aberkannt.[33] Der Religionsschule, die 1903 von 26 jüdischen Kindern besucht wurde, fiel nun eine wichtige Aufgabe zu, die die staatlichen Schulen nicht erfüllten: jüdische Identität zu prägen. Nachdem der Magistrat Wandsbek 1910 den jährlichen Zuschuß für die Religionsschule eingestellt hatte, wurde die Schule geschlossen.[34] Der Religionsunterricht wurde – bis in die 1930er Jahre hinein – von Rabbiner Bamberger privat erteilt.[35]

Religiöse Betreuung

Die in Wandsbek wohnenden Juden wurden bis Mitte des 19. Jahrhunderts durch Rabbiner bzw. Rabbinatsassessoren, die aus Hamburg oder Altona kamen, religiös betreut. 1858 stellte die jüdische Gemeinde Wandsbek mit Albert Jonas aus Kiel erstmalig einen eigenen Gemeinderabbiner und Lehrer ein.[36] Die Anforderungen an den Rabbinerberuf hatten sich mit dem Emanzipationsprozeß geändert. Nicht mehr der orthodoxe Rabbiner war gefragt, sondern jener, der die Gemeindemitglieder durch seine weltliche Orientierung in ihrem Streben nach bürgerlicher Gleichstellung förderte. Das hatte Konsequenzen auf die Rabbinerausbildung, die nun die Absolvierung eines Rabbinerseminars in einem geordneten Studiengang mit abschließender Promotion vorsah.[37]

Auch die Wandsbeker Gemeinde orientierte sich an diesem Standard. So stellte sie 1864 Dr. phil. David Hanover an, der Lehrer an der Talmud-Tora-Schule in Hamburg gewesen war.[38]

Familie Bamberger

Im Jahre 1902 übernahm Dr. Simon Bamberger das Rabbineramt in Wandsbek. Er stammte aus einer bekannten Würzburger Rabbinerfamilie und hatte das Lehrer- sowie das Rabbinerseminar besucht, war Assistent am Würzburger Rabbinat gewesen und schließlich nach Hohensalza in Posen gegangen, wo er seine Frau Bertha Cohn, kennengelernt hatte.[39] Mit der Wandsbeker Gemeinde übernahm Bamberger eine kleine Gemeinde mit etwa 200 Mitgliedern, die durch eine hohe Fluktuation gekennzeichnet war. Neben seinen Aufgaben als Geistlicher und Lehrer vertrat er die Gemeinde in der Öffentlichkeit und vor den Behörden.[40]

Dabei ging es nicht nur um vergleichsweise angenehme Aufgaben wie die Abhaltung der Festpredigt zum 100jährigen Bestehen des Wandsbeker Husarenregiments.[41] Rabbiner Bamberger mußte, zusammen mit dem Gemeindevorstand Benny Beith, auch gravierenderen Angelegenheiten nachgehen, wie 1913 den antisemitischen Vorfällen am Matthias-Claudius-Gymnasium.[42] Darüber hinaus hatte er die 1916 vom Kriegsministerium angeordnete, antisemitisch motivierte sog. Judenzählung unter den Gemeindemitgliedern durchzuführen.[43]

Obwohl Rabbiner Bamberger bei den Wandsbeker Nachbarn, den Vertretern der christlichen Religion, den Honoratioren und Bürgern der Stadt Wandsbek geschätzt und geachtet war, blieb er doch der Kultusbeamte einer Minderheit, der immer noch vom Magistrat beaufsichtigt wurde.[44] Rabbiner Bamberger bewohnte mit seiner Frau und seinen drei Töchtern Male, Kela und Hella das Obergeschoß eines Zweifamilienhauses in der damaligen Schloßstraße 2 d, heute Schloßstraße 102. Die Nachbarschaft der beiden Familien war durch Toleranz gekennzeichnet. Die Geburtstage der Kinder und soweit möglich, auch die religiösen Feste, wurden gemeinschaftlich gefeiert. Im Garten befand sich die Laubhütte der Familie Bamberger, die anläßlich des Laubhüttenfestes zur Erinnerung an den Auszug des Volkes Israel aus Ägypten aufgestellt wurde.[45] Die Bamberger-Töchter hatten die »Israelitische Höhere Töchterschule« in der Bieberstraße in Hamburg besucht und mit der mittleren Reife verlassen. Sie ergriffen traditionelle Frauenberufe: Male wurde Fürsorgerin, Kela Hauswirtschafterin und Hella (Kinder-) Hortnerin.[46]

Während 1927 an den Feierlichkeiten zum 25jährigen Dienstjubiläum Rabbiner Bambergers noch Mitglieder des Magistrats Wandsbeks teilgenommen hatten, zeigte sich wenig später bereits, daß hinter der vermeintlichen Normalität des Zusammenlebens Haß und Gewalt lauerten. Die Hausfassade in der Schloßstraße 2 d wurde 1930 mit Hakenkreuzen und antisemitischen Parolen gegen die Familie Bamberger beschmiert.[47] Die Töchter des Rabbiners zogen die Konzequenzen und emigrierten nach Palästina, als letzte 1935 die Tochter Hella. Bertha und Simon Bamberger folgten ihren Töchtern 1939, nachdem sie eine Haussuchung durch die Gestapo über sich hatten ergehen lassen müssen, bei der Wertgegenstände einbehalten wurden.[48]

Antisemitismus

Der Antisemitismus war nicht erst mit den Nationalsozialisten aufgekommen, sondern als kleinbürgerliche Erscheinung des ausgehenden 19. Jahrhunderts eng verknüpft mit dem Aufstieg der deutschen Juden zu gleichberechtigten Bürgern – und wirtschaftlichen Konkurrenten. Auch die jüdische Bevölkerung Wandsbeks war dem Antisemitismus in seinen vielfältigen Erscheinungsformen ausgesetzt.

Stadtteile

Wandsbek

Antisemtische Versammlungen

Während der 1890er Jahre wurden in Wandsbek sechs antisemitische Versammlungen abgehalten. Die erste Versammlung mit dem Thema »Die Judenfrage« wurde vom »Deutschen Verein« veranstaltet und fand in der »Harmonie« bei Flachsbarth in der Hamburger Straße (Wandsbeker Marktstraße) statt. Wie der Polizeibericht vermerkt, hatten 600 Personen die Veranstaltung besucht.[49]

Antisemitismus am Matthias-Claudius-Gymnasium (MCG)

Das MCG war seit seiner Gründung im Jahre 1872 auch von den jüdischen Schülern besucht worden, deren Zahl jedoch kontinuierlich zurückgegangen war. 1913 forderte Oberbürgermeister Rodig den Direktor des MCG auf, zu Vorwürfen der jüdischen Gemeinde Stellung zu nehmen, die die antisemitischen Äußerungen einzelner MCG-Lehrer zum Gegenstand hatten, in denen die Gemeinde Bestrebungen sah, jüdischen Zuzug von Wandsbek fernzuhalten. Direktor Petersen äußerte sich keineswegs zu den Vorwürfen, sondern schmetterte den Brief Rodigs als Eingriff in seine Amtsbefugnisse ab,[50] 1914 verließ der letzte jüdische Schüler das renommierte Wandsbeker Gymnasium.[51]

Die »Judenzählung« im Ersten Weltkrieg

Hatte Kaiser Wilhelm II. bei Kriegsbeginn 1914 »*keine Parteien mehr, sondern nur noch Deutsche*« gekannt und auch die deutschen Juden in patriotische Begeisterung versetzt, so verordnete sein Kriegsministerium gerade ihnen zwei Jahre später wieder eine Sonderbehandlung mit der sog. Judenzählung, durch die ermittelt werden sollte, ob sich nicht unverhältnismäßig viele Juden in der Heimat und in der Etappe um den Frontdienst drückten.[52] Das Gegenteil dürfte der Fall gewesen sein, die Studie wurde nie veröffentlicht. Von den etwa 200 jüdischen Wandsbeker Gemeindemitgliedern hatten insgesamt 59 Männer Kriegsdienst geleistet, wobei 14 von ihnen gefallen waren.[53] Von der Familie Haller nahmen vier Söhne am Krieg teil, zwei kehrten nicht zurück. Max Haller wurde für seinen zweijährigen Dienst auf der UC 22 sogar mit der U-Boot-Medaille ausgezeichnet.[54]

Nazis in der Stadtverwaltung

In den 1920er Jahren nahm der Druck auf die jüdische Bevölkerung durch die Nationalsozialisten zu und spitzte sich gefährlich zu. So war es 1930 z.B. möglich, daß der Zeitungskolporteur Stettinski seine Zeitungen mit antisemitischen Hetzreden auf dem Wandsbeker Marktplatz vertrieb. Da Stettinski auch als Hilfsarbeiter bei der Stadtverwaltung tätig war, bat die jüdische Gemeinde Oberbürgermeister Rodig, Stettinskis Treiben zu unterbinden. Rodig erklärte sich jedoch für nicht zuständig und verwies auf die Polizei. Die jüdische Gemeinde mußte schließlich den Instanzenweg bis zum Regierungspräsidenten nach Schleswig gehen, um zu ihrem Recht zu kommen.[55] Stettinski war offenbar nicht der einzige Nazi in der Wandsbeker Stadtverwaltung. Das »Hamburger Echo« behauptete vielmehr, daß diese bei der Einstellung – unter Duldung des Oberbürgermeister Rodig – bevorzugt würden. Rodig wies den Vorwurf zurück und zog sich in seiner Entgegnung auf die formaljuristische Gleichbehandlung aller Bewerber zurück[56] – und begünstigte damit den Aufstieg der Nationalsozialisten.

Emigranten-Familien

Die Machtübernahme durch die NSDAP wirkte sich unmittelbar auf die jüdische Bevölkerung Wandsbeks aus und leitete die erste Phase der Emigration ein. Bis 1935 emigrierten die Freiberufler und die devisenabhängigen Inhaber von Im- und Exportfirmen mit ihren Familien. Die übrigen, meist Firmen- und Geschäftsinhaber, emigrierten bis 1939.[57] Von den etwa 200 jüdischen Gemeindemitgliedern sind etwa 100 Personen emigriert, die übrigen sind deportiert worden.[58]

Zu sechs Wandsbeker Familien, die bis 1935 nach Palästina emigriert sind, habe ich Kontakte knüpfen, Hintergründe und Einzelheiten über die Emigration in Erfahrung bringen können: zu Angehörigen der Familie Adler, Bamberger, de Haas/Seligmann, Haller, Heppner und Victor.[59] Die Gespräche, die ich 1988 in Israel mit den ehemaligen Wandsbekern führte, haben vielerlei vermittelt: die Genugtuung, rechtzeitig emigriert zu sein, Trauer über die Vertreibung aus der Heimat und die Ermordung ihrer Angehörigen in den deutschen Konzentrationslagern, Stolz auf den Aufbau des Staates Israel nach den großen Anfangsschwierigkeiten, Hoffnung, daß die Deutschen aus der Geschichte gelernt hätten. Die Gespräche wurden manchmal von Bitterkeit, niemals von Haß begleitet. Meine Gesprächspartner erinnerten sich scheinbar mühelos an ihre Kindheit und Jugend in Wandsbek, was aber nicht beinhaltete, daß die Folgezeit bedeutungslos geworden wäre. Bahnhöfe in Deutschland können auch heute noch eine assoziative Direkt-Verbindung nach Auschwitz darstellen.[60]

Die Wandsbeker Emigranten-Familien, die Deutschland bis 1935 verlassen haben, zeichneten sich in den 1930er Jahren durch soziographisch übereinstimmende Merkmale aus. Sie gehörten der (oberen) Mittelschicht an, sie hatten mehrheitlich drei Kinder, die Väter waren Kriegsteilnehmer gewesen. Sie waren assimiliert, Mitglied in der Jüdischen Gemeinde Wandsbek, meist zionistisch orientiert – setzten sich also für die Gründung eines jüdischen Staates in Palästina ein.[61] Trotz ihrer ausgeprägten jüdischen Identität traf auf die meisten Familien zu, daß sie ohne den aufkommenden Nationalsozialismus in Deutschland geblieben wären.[62] Erst der Machtantritt der Nationalsozialisten und konkrete Verfolgungserfahrungen, die auf die wirtschaftlichen Grundlagen zielten, führten bei diesen Familien zum Entschluß, Deutschland so schnell wie möglich zu verlassen.

Den Auftakt bildete der staatlich angeordnete sog. Judenboykott gegen die jüdischen Inhaber von Geschäften, Firmen, Arztpraxen und Anwaltskanzleien am 1. April 1933.

Familie Heppner

In Wandsbek, wo 1933 noch sieben jüdische Ärzte praktizierten,[63] fand u.a. vor dem Haus des Arztes Dr. Ernst Heppner in der damaligen Rennbahnstraße, heute Bovestraße 44, eine Boykottaktion statt. SA-Posten stellten ein Schild auf mit der Parole »*Jüdischen Ärzten überlasset nicht deutsche Gesundheit!*«. Nach längeren Diskussionen mit den SA-Männern

Stadtteile

Wandsbek

gelang es Dr. Heppner schließlich, das gegen ihn gerichtete Schild zu fotografieren.[64] In einer gegen die jüdischen Ärzte gerichteten weiteren Maßnahme entzog man ihnen die Zulassung zu den Krankenkassen und damit praktisch die Existenzgrundlage. Ausgenommen von dieser Anordnung waren die Frontkämpfer, zu denen auch Dr. Heppner gehörte. Er hätte vorerst weiterpraktizieren können, verzichtete jedoch ausdrücklich darauf, da er sich von der Nazi-Regierung »*keine Privilegien erteilen lassen wollte*«.[65] Ernst Heppner mußte jedoch bald feststellen, daß seine Praxis ohne die Kassenpatienten schnell in Schwierigkeiten geriet. Das Haus wurde versteigert, die Familie zog nach Hamburg, um die Auswanderung vorzubereiten. Dr. Heppners standhafte Haltung gegenüber dem Nazi-Unrecht führte schließlich zur frühzeitigen Emigration und hat ihm und seiner Familie möglicherweise das Leben gerettet – und ihn in den 1950er Jahren um seine Wiedergutmachungs-Ansprüche gebracht. Die bundesdeutsche Gerichtsbarkeit argumentierte in seiner Angelegenheit auf der Basis der NS-Verfolgungsgesetze, nach denen Dr. Heppner bis zum Berufsverbot für Ärzte im Jahre 1938 hätte weiterpraktizieren können und ging offenbar davon aus, daß er seine Praxis »*freiwillig*« und nicht unter dem Druck der Verfolgung aufgegeben hat.[66] Hilfreich für die Erlangung des zur Auswanderung erforderlichen »Zertifikats«, das die Palästina-Ämter nach einer Quotenregelung in Absprache mit der britischen Mandatsregierung für Palästina erteilten, dürften die schon vor 1933 durchgeführten zionistischen Aktivitäten des Ehepaares Heppner gewesen sein. Ernst Heppner hatte landwirtschaftliche Kenntnisse erworben, seine Frau Irma war in Berufsumschichtungskursen für jüdische Mädchen tätig gewesen.[67] Nach einer ärztlichen Untersuchung wurde die Familie Heppner mit ihren drei Kindern Menachem, Jacob und Sulamith als »*gut geeignet*« eingestuft und reiste Ende 1934 mit einem Arbeiterzertifikat, für das kein Vorzeigegeld erforderlich war, nach Palästina.[68]

Familie Victor

Die Ereignisse am 1. April 1933 hatten auch für die Familie Victor weitreichende Konsequenzen. Der Rechtsanwalt Dr. Willy Victor war SPD-Mitglied, 1920 als unbesoldeter Stadtrat in den Magistrat Wandsbek sowie 1929 und bei den Märzwahlen 1933 zum Stadtverordneten gewählt worden.[69] Als Sozialdemokrat und Jude konnte er das Amt jedoch nicht mehr antreten. Seine Bedrohung und Verfolgung setzte unmittelbar nach Machtantritt der Nationalsozialisten, insbesondere am Boykott-Tag ein. Im »Wandsbeker Boten« erschien ein Hetzartikel über ihn. Schließlich war eine Gruppe von Nazis in sein Büro in der Schloßstraße 38 eingedrungen und hatte sein sofortiges Verschwinden verlangt.[70] Schnelles Handeln war notwendig, da reichsweit bereits viele Juristen dem Nazi-Terror zum Opfer gefallen waren. In Kiel wurden zwei jüdische Rechtsanwälte erschossen,[71] Willy Victor tauchte unter, versteckte sich bei Verwandten. Schließlich konnte er in die Schweiz entkommen, wo er auf seine Familie wartete. Seine Frau Lisbeth und die beiden Kinder Hans und Lotte lösten zwischenzeitlich den Haushalt in der Claudiusstraße 36, heute Ecke Hikeberg, auf und verkauften ihre Sachen zum Schleuderpreis. Mit dem Notwendigsten ihrer Habe trafen sie in der Schweiz ein und emigrierten bald darauf nach Palästina.[72] Willy Victors zionistisches Engagement reichte weit zurück. Seit 1906 hatte er ein Vorstandsamt bei der zionistischen Ortsgruppe Hamburg bekleidet, an Delegiertentagen teilgenommen[73] und in den 20er Jahren mit seiner Frau Palästina besucht. Sein Sohn

Curt hatte im Rahmen der Hachschara ein landwirtschaftliches Praktikum gemacht und den Gärtnerberuf erlernt. Er war bereits 1932 nach Palästina gegangen.[74]

Obwohl in der Rückschau alles darauf hinzudeuten schien, daß die Familie früher oder später nach Palästina ausgewandert wäre, stellte die Emigration vor dem Hintergrund lebensbedrohlicher Verfolgung eine Vertreibung dar und wirkte sich dementsprechend folgenschwer auf das Leben in Palästina aus. Mit seinen Kenntnissen des deutschen Rechts war es für den 57jährigen Willy Victor schwierig, seinen Lebensunterhalt dort selbst zu verdienen. Er arbeitete vorerst an der Integration der Einwanderer aus Deutschland und an einem deutschsprachigen Mitteilungsblatt mit, eröffnete dann ein Maklerbüro und betrieb schließlich eine kleine Landwirtschaft. Seine Kinder konnten sich leichter umstellen. So schlossen sich die Söhne der Kibbuz-Bewegung an, und seine Tochter Lotte war als Grafikerin in Palästina äußerst gefragt. Die Victor-Kinder haben in Palästina, wie andere Emigranten aus Wandsbek auch, ihre deutschen Vornamen geändert.[75]

Unter den Palästina-Emigranten befanden sich auch drei Familien, die ihren Lebensunterhalt im Großhandel verdient hatten.

Familie Adler

Alexander und Erna Adler wohnten mit ihren vier Söhnen in der Bärenallee 47. Die Im- und Exportfirma befand sich am Großen Burstah in Hamburg. 1930 zog die Familie nach Berlin und emigrierte 1935.[76]

Familie Seligmann/de Haas

Der Hausmakler Moritz Seligmann und seine Frau Helene hatten fünf Kinder: vier Töchter und einen Sohn. Die Familie wohnte in der Bärenallee 16. Die genealogische Linie der Familie reicht zu Ruben Renner, einem Wandsbeker Gemeindevorsteher, bis ins 17. Jahrhundert zurück.[77]

Die Tochter Olga Seligmann legte ihr Examen als Lehrerin ab und heiratete 1912 den Tabakgroßhändler Alfons de Haas, der ebenfalls aus einer alten Wandsbeker Familie stammte.[78] Mit Auswanderungsplänen hatte sich die Familie hin und wieder getragen. Ausgeführt wurde dieser Plan jedoch erst 1933. Die älteren Söhne Kurt und Hans hatten sich bereits mit der Fabrikation von Zigarren vertraut gemacht und wanderten 1934 nach Palästina aus, wo sie versuchten, eine neue Firma aufzubauen. Zwischenzeitlich wurde die Hamburger Firma liquidiert und der Haushalt aufgelöst. 1935 folgten die Eltern mit dem jüngsten Sohn Gert nach. Die wirtschaftlichen Schwierigkeiten in Palästina waren sehr groß, so daß die Familie den Entschluß faßte, die Firma durch eine Niederlassung in Amsterdam zu unterstützen.[79]

Familie Haller

Erna Seligmann hatte den Wandsbeker Wilhelm Haller geheiratet, der erst als Hausmakler, später als Tabak-Importeur beschäftigt gewesen war. Das Ehepaar hatte vier Kinder und

Stadtteile

Wandsbek

wohnte in der Hammerstraße 102.[80] Das politische Klima änderte sich spürbar 1933. Harmlose Vergnügungen wie ein Matrosen-Kostüm zum Purim-Fest konnten unter dem Einfluß der politischen Ereignisse mit SA-Uniformen verwechselt werden und alle in Angst und Schrecken versetzen.[81] Wirtschaftlich prekär wurde die Lage jedoch, als Wilhelm Haller die jährliche Devisenzuteilung für die Tabak-Importe verweigert wurde, weil er Jude war. Damit war dem Geschäft die Grundlage entzogen. Die Familie löste den Haushalt auf, auf einer Auktion wurde alles versteigert, was man nicht nach Palästina mitnehmen konnte, wo die Familie Ende 1934 ankam. Auch Wilhelm Haller gelang es nicht, die Import-Firma weiterzuführen. Er wurde später Angestellter beim Zoll. Auch seine Frau war gezwungen, zum Lebensunterhalt der Familie beizutragen.[82]

Der Lebensstandard der Emigranten-Familien erreichte den in Deutschland gewohnten nicht mehr. Das änderte sich auch durch die späteren Wiedergutmachungszahlungen nicht, die keinesfalls für den Sturz aus gutsituierten in bedrängte Verhältnisse entschädigen konnten.[83] Während die Elterngeneration versuchte, an ihre in Deutschland ausgeübten Tätigkeiten anzuknüpfen, orientierte sich die jüngere Generation eher im Sinne der Berufsumschichtung und arbeitete in Kibbuzim oder anderen Branchen zum Aufbau des Staates Israel.[84]

Auswirkungen der »Nürnberger Gesetze«

Mit den 1935 erlassenen »Nürnberger Rasse-Gesetzen« weitete die Nazi-Regierung die Ausgrenzungspolitik weiter aus und setzte mit einem Federstrich die Errungenschaften der Emanzipation und die Bestrebungen um Assimilation außer Kraft. Die Gesetze betrafen nicht mehr allein die berufliche, sondern die politische und menschliche Existenz der Juden und grenzte sie in ihrer Gesamtheit als »rassisch minderwertige« Bürger(inn)en aus. Unter die »Rasse-Gesetze« fielen nun unterschiedslos alle – ob sie gläubige Juden waren, sich vom Judentum abgewandt hatten oder Christen geworden waren. Auf der Grundlage dieser Gesetze wurden ab 1941 die Deportationen durchgeführt.

Als besonders verwirrend stellte sich für die Betroffenen die Einteilung in die Kategorien der »Voll-, Halb- und Vierteljuden« heraus.[85] Viele Ehepaare mußten nun erkennen, daß ihre Verbindung als »Mischehe« galt und ihre Kinder zu »Mischlingen ersten oder zweiten Grades« geworden waren.[86] In diesen Familien war die Bindung ans Judentum kaum noch vorhanden, so daß für sie die Emigration, etwa nach Palästina, keine Alternative darstellte. Die sogenannten »Mischehen« waren verbreitet. So lebten im Wandsbeker Kerngebiet mit Tonndorf und Jenfeld 1939 nur noch 52 Juden, aber noch 120 Menschen, die als »Mischlinge« (1./2. Grades) galten.[87]

Familie Bothmann

Unter die »Rasse-Gesetze« fiel auch die Pastoren-Familie Bothmann.[88] Bernhard Bothmann und seine Frau Emmy waren beide in Wandsbek geboren und getauft worden. Bis zu ihrer Eheschließung im Jahre 1913 hatte Emmy Cohn als Lehrerin an der Privatschule Hübner in Wandsbek gearbeitet. 1925 übernahm Pastor Bothmann die freigewordene Pfarrstelle an der Kreuzkirche in Wandsbek-Hinschenfelde und zog mit seiner Frau und den drei Kindern Ingeborg, Ruth und Heino in das Pfarrhaus an der damaligen Volksdorfer Straße, heute Walddörfer Straße.

Bereits 1933 wirkte sich für die Kinder aus, was mit den »Rasse-Gesetzen« 1935 festgeschrieben wurde: ihre Ausgrenzung wegen der jüdischen Herkunft ihrer Mutter, Ingeborg Bothmann verließ wegen eines Nazi-Lehrers vorzeitig das Charlotte-Paulsen-Gymnasium, Ruth und Heino Bothmann waren an der Wandsbeker Mittelschule Beschimpfungen durch den Schulleiter ausgesetzt.[89]

Der berufliche Werdegang Ingeborg Bothmanns wurde durch die Nürnberger Gesetze weiterhin behindert. So verweigerte man ihr das staatliche Diplom als Krankenschwester: »*Das konnte man einer Halbjüdin nicht geben*«,[90] hat sie in ihren Aufzeichnungen über diese Zeit niedergeschrieben.

Ebenso war es verboten, eine Verbindung mit einem Nicht-Juden, dem »Arier« Carl Lohmann, einzugehen, den sie kurz nach Inkrafttreten der »Rasse-Gesetze« kennengelernt hatte. Beide gingen das hohe Risiko der »Rassenschande« ein, indem sie fast 10 Jahre lang – bis 1945 – eine Beziehung aufrechterhielten, die als verbotene illegitim bleiben mußte, nachdem das Innenministerium ihr Ersuchen um eine Heiratsgenehmigung abschlägig beurteilt hatte.[91] Möglicherweise blieben sie vom Zugriff der Gerichte nur deshalb verschont, weil Ingeborg Bothmann in dieser Zeit drei Kinder zur Welt brachte und Curt Lohmann im Krieg schwer verwundet worden war. Vermutlich auf eine Denunziation hin wurden beide 1943 zur Gestapo vorgeladen, wo man Curt Lohmann unter Druck setzte und ihm zur Auflage machte, aus der Wohnung seiner Familie auszuziehen.[92]

Zu dieser Zeit war Bernhard Bothmann schon längst aus seinem Amt als Pastor entlassen worden und lebte mit seiner Frau in einem Wochenendhaus in einem Heidedorf. Bereits 1933 hatte man kirchlicherseits die »*jüdische Versippung*« Pastor Bothmanns registriert und geplant, ihn in die Provinz nach Siek versetzt, wo NSDAP-Mitglieder jedoch verhinderten, daß er seine Antrittspredigt halten konnte.[93] 1938 wurde Pastor Bothmann von seinem Vorgesetzten, dem Wandsbeker Propst Dührkop, vor die Wahl gestellt: Scheidung von seiner Frau oder zwangsweise Pensionierung. Als Bothmann die Scheidung ablehnte, wurde seine Entfernung aus dem Amt verschärft betrieben. Der Kirchenvorstand in Wandsbek und der Synodalausschuß der Propstei Stormarn wandten sich nun in zahlreichen Schreiben an das Landeskirchenamt in Kiel.[94] Nach dem vergeblichen Versuch, Bothmann dazu zu bringen, selbst das Entlassungsgesuch zu stellen, wurde er mit Wirkung vom 13. März 1939 in den einstweiligen Ruhestand versetzt.[95] Daß das Ehepaar Bothmann das Pfarrhaus räumte, reichte den kirchlichen Vertretern in Wandsbek noch nicht, sie verlangten vielmehr, daß Bothmann seinen zukünftigen Wohnsitz nicht in Wandsbek nehme. Er blieb jedoch bis zur Ausbombung 1943 dort wohnen.

Im Februar 1945 wurde Emmy Bothmann verhaftet. Sie verbrachte vier qualvolle Wochen in einem Lüneburger Gefängnis, in der Annahme, in ein Vernichtungslager deportiert zu werden – bis sie und die anderen Häftlinge durch den couragierten Gefängnisdirektor überraschend vorzeitig entlassen wurden.[96] Am 2. Juni 1945 konnten Curt und Ingeborg Lohmann endlich heiraten. Ihr Hochzeitsdatum wurde um 6 Jahre zurückdatiert und auf den 2. Juni 1939 amtlich umgeschrieben. »*Das alles nannte sich 'Wiedergutmachung'*«, hat Ingeborg Lohmann bitter notiert. Ohne Erklärung oder Entschuldigung wurde auch Bernhard Bothmann im November 1945 nach einer knappen Mitteilung durch das Landeskirchenamt Kiel wieder in sein Amt an der Kreuzkirche eingesetzt. Kurz vorher war Propst Dührkop endlich suspendiert worden.[97]

Stadtteile

Wandsbek

Folgen von »Arisierung« und November-Pogrom 1938

Wie überall in Deutschland sind auch in Wandsbek alle 1933 noch bestehenden Betriebe mit jüdischen Inhabern nach und nach bis Anfang 1939 an nicht-jüdische Interessenten übergeben – »arisiert« – worden, darunter Firmen, Kaufhäuser, Geschäfte, Arzt- und Anwaltspraxen und Hausmaklerbüros. Betroffen waren etwa 80 jüdische Menschen.[98]

»Kauft nicht bei Juden« wurde zum verbindlichen Verhaltenskodex für die deutschen Volksgenossen. Etwa 1936 kursierte in Wandsbek ein NSDAP-Flugblatt mit antisemitischen und vulgär-antikapitalistischen Hetzparolen zur Information der Bevölkerung und der Überschrift: *»Welche jüdischen Unternehmen bestehen in Wandsbek?«*.[99] Aufgelistet waren, nach Berufsgruppen unterteilt, etwa 35 Geschäfte, Firmen und Selbständige mit Namen und Adressen. In einem Rundschreiben warnte Oberbürgermeister Ziegler die städtischen Bediensteten und ihre Angehörigen 1937 unter Androhung von Disziplinarmaßnahmen davor, bei ihren jüdischen Nachbarn zu kaufen, geschweige denn, private Kontakte mit ihnen zu pflegen.[100] Die Kampagnen sollten zweierlei bewirken: niemand konnte sich mehr herausreden, der vielleicht noch bei Juden gekauft hatte. Und: indem man die jüdischen Inhaber im Rahmen einer vorgeblich antikapitalistischen Aktion diskrimierte und namentlich auflistete, hatte man schon den Boden für den November-Pogrom vorbereitet.

Die Ereignisse in der »Kristallnacht« am 9./10. November 1938 in Wandsbek konnten mit Hilfe von Zeitzeugen teilweise erhellt werden. Sie haben die Zerstörung des Bekleidungsgeschäftes »Geschwister Korn« an der Lübecker/Ecke Königstraße beobachtet. Ferner ist das Bekleidungsgeschäft Hermann Semler in der (Wandsbeker) Zollstraße betroffen gewesen. Auf dem jüdischen Friedhof wurden Grabsteine beschädigt, in der Synagoge hat man den Gottesdienstraum demoliert.[101]

Unmittelbar nach dem Pogrom setze die Endphase der »Arisierungen« ein. Alle noch bestehenden selbständigen Erwerbsmöglichkeiten wurden verboten, die »Arisierung« als staatliche Aufgabe definiert, Gewinne aus »Arisierungen« in die Staatskasse umgeleitet, Treuhänder mit der Abwicklung betraut.[102]

Das Bekleidungsgeschäft »Geschwister Korn« mit der Inhaberin Lina Kümmermann war bereits 1939 als »Modenhaus Petersen« unter der neuen Inhaberin im Adreßbuch Wandsbek eingetragen. Lina Kümmermann ist in Auschwitz ermordet worden, ihre Tochter Mary in Ravensbrück.[103]

Familie Beith

Einer der letzten Selbständigen in Wandsbek, der infolge der »Arisierung« zur Geschäftsaufgabe gezwungen wurde, war der Hausmakler und Vorsteher der jüdischen Gemeinde Wandsbek, Benny Beith, Inhaber der Maklerfirma S. und J. Hirsch.[104] Das Ehepaar Selma und Benny Beith hatte mit seinen fünf Kindern das Haus in der damaligen Hamburger Straße 13, heute Wandsbeker Marktstraße zwischen 18 – 26,[105] bewohnt.

1933 wurde die Firma in eine OHG mit dem Sohn Siegfried Beith als persönlichem Gesellschafter umgewandelt, 1937 erfolgte die Umbenennung in Benny Beith & Co. Als Siegfried Beith wegen der bevorstehenden Emigration aus der Firma ausschied, wurde im Oktober 1938 ein Änderungsantrag bei der Industrie- und Handelskammer gestellt, die diesen jedoch ablehnte. Die Kammer berief sich auf die Gewerbeordnung, nach der jüdische Hausmakler nur noch bis zum 1. Oktober 1938 bzw. Ende des Jahres arbeiten durften und forderte die Liquidierung der Firma.[106] Das verhinderte Benny Beith, indem er eine Frist bis Mitte März 1939 erwirkte und die Firma unter Mitwirkung des Treuhänders – und bekannten Wandsbeker Rechtsanwaltes – auflöste.[107]

Louven
Juden in Wandsbek:
Aspekte einer Nachbarschaft

Das mir von der ehemaligen Hausangestellten der Familie Beith zur Verfügung gestellte Foto anläßlich der Hochzeit der Tochter Cora im Jahre 1937 ist vermutlich eines der letzten, das die gesamte Familie beisammen zeigt.[108] Das Ehepaar Beith ist emigriert, ebenso vier der fünf Kinder mit ihren Familien. Der Sohn Josef Beith wurde mit seiner Frau Martha und seinen drei Kindern 1941 nach Lodz deportiert.[109]

Deportierte jüdische Menschen

Mit der Deportation der noch verbliebenen etwa 100 Menschen in die Ghettos, Konzentrations- und Vernichtungslager endete das jüdische Leben in Wandsbek. Nur drei überlebten die Deportation.[110] Vorbereitende Maßnahmen, die der Gestapo einen optimalen Zugriff ermöglichen, waren den Deportationen vorausgegangen.

Nach der Volkszählung von 1939 lebten im damaligen Kreis 10, der dem heutigen Bezirk Wandsbek in etwa entsprach, noch 122 Juden sowie 165 sog. »Mischlinge 1.«, und 158 sog. »Mischlinge 2. Grades«, insgesamt also 445 Personen, die der Verfolgung ausgesetzt waren.[111]

Gemäß der Anordnung, die jüdische Bevölkerung in bestimmten Stadtteilen zu konzentrieren,[112] sind die meisten Wandsbeker Juden aus sog. Judenhäusern im Grindelviertel, rund um die Bundesstraße, am Schäferkamp und an der Rothenbaumchaussee deportiert worden, viele unter ihnen aus Stifts- und Gemeindehäusern des Jüdischen Religionsverbandes.[113] Acht jüdische Menschen haben bis zur Deportation in Wandsbek bzw. Rahlstedt gewohnt.[114] Unter den Deportierten waren auch acht Kinder sowie ein Säugling, die 50 – 80jährigen bildeten jedoch die größte Gruppe, unter ihnen viele selbständige Kaufleute,[115] die aus Altersgründen und nach erfolgter »Arisierung« ihrer Geschäfte nicht mehr in der Lage gewesen waren zu emigrieren. Sechs jüdische Wandsbeker(inn)en haben vor der Deportation Selbstmord begangen.[116] Die meisten jüdischen Menschen aus Wandsbek sind in die Ghettos Lodz, Minsk und Riga sowie nach Theresienstadt deportiert worden,[117] wo sich meist ihre Spur verlor, sie gelten als »verschollen«. Wahrscheinlich wurden sie in Vernichtungslager weiterdeportiert und ermordet.[118]

Zu ihnen gehörten auch Helene Seligmann und ihr Sohn Jacob. Sie hatten versucht, der Verfolgung durch die Emigration nach den Niederlanden zu entkommen, wo sie nach der Besetzung durch die Deutschen ins niederländische KZ Westerbork und von dort nach Auschwitz deportiert wurden.[119]

Familie X.

Einer der drei Überlebenden, der nach Theresienstadt deportiert worden war, war Hans X. Er hatte eine Nichtjüdin geheiratet, mit der er drei Kinder hatte.[120] Seine »privilegierte Mischehe« hatte Hans X. vorerst vor der Deportation geschützt. Ferner gehörte er, da er als Jude nicht zum Kriegsdienst eingezogen wurde, zu den begehrten Arbeitskräften. Er arbeitete als Gelegenheitsarbeiter und Klempner, auch als Zwangsarbeiter für die Firma

Stadtteile

Wandsbek

Hans Franck.[121] Hans X. erlebte in Theresienstadt den Besuch des Internationalen Komitees des Roten Kreuzes, zu dessen Täuschung die Lagerleitung den Häftlingen Sparbücher, Geld- und Bezugsscheine ausgehändigt hatte, um ein »normales Leben« im Lager vorzutäuschen.[122] Nach der Befreiung Theresienstadts am 9. Mai 1945 schlug sich Hans X. nach Hamburg durch, wo er schließlich mit seiner Familie wieder zusammentraf. Das Haus in der (Wandsbeker) Königstraße, das er 1939 an eine Wandsbeker Firma hatte zwangsverkaufen müssen, war noch unversehrt.

Die Familie leitete ein Rückerstattungsverfahren ein und konnte dort schließlich wieder einziehen.[123] Da die X. bis in die 1960er Jahre hinein Post mit antisemitischem Inhalt erhalten haben, wollen sie auch heute noch anonym bleiben.

Anmerkungen

1 Graupe 1973, Bd. I, S. 29.
2 LASH, Abt. 3, Grafschaft Holstein-Schauenburg-Pinneberg Nr. 68 Schreiben vom 9. 1. 1621, Bl. 80f.
3 Marwedel 1976, S. 50.
4 Louven 1989, S. 14f.
5 StAH Jüdische Gemeinden 891: Confirmatio Privilegiorum für die Wandesbeckische Judenschaft sub Dato Rendsburg den 7. Junii 1740, Bl. 18f.
6 StAH Justitiariat für die Güter Wandsbek und Wellingsbüttel, A 1: Hofbuch, Bl. 170.
7 Marwedel 1976, S. 61.
8 Ebd., S. 52f.
9 Louven 1989, S. 50.
10 Ebd., S. 52.
11 Kändler 1990.
12 StAH Oberfinanzpräsident Hamburg 426: Verkauf Friedhof Lange Reihe vom 21.1.42.
13 Kändler 1990, S. 13f.; Grundbuchakte Bd. 137, Bl. 3003, Friedhof Königsreihe.
14 Vgl. Louven 1989, S. 52ff.
15 Ebd., S. 57.
16 StAH Jüdische Gemeinden 891: Confirmatio Privilegiorum (wie Anm. 5), Bl. 22f.
17 Bamberger 1938, 16 c.
18 Vgl. Louven 1989, S. 136ff.
19 Ebd., S. 58f.
20 Ebd., S. 59.
21 Ebd., S. 95ff.
22 Ebd., S. 62.
23 Ebd., S. 64.
24 Grundbuchakte Königsreihe 43.
25 Adreßbuch 1940.
26 Louven 1989, S. 65.
27 Ebd.
28 Ebd., S. 67.
29 Ebd., S. 66.
30 Aufgestellt im Mai 1989 am Dotzauer Weg.
31 Vgl. Louven 1989, S. 66ff.
32 Ebd., S. 69.
33 Ebd., S. 70.
34 Ebd.
35 Ebd., S. 144ff.
36 StAH Jüdische Gemeinde 891: Confirmatio Privilegiorum (wie Anm. 5), Bl. 84ff.
37 Jüdisches Lexikon, S. 1456f.
38 Louven 1989, S. 79f.
39 Ebd., S. 80f.
40 Ebd., S. 81ff.
41 Der Israelit 45 (1904), Nr. 4, S. 66.
42 Louven 1989, S. 117ff.
43 Ebd., S. 126ff.
44 StAH Registratur des Fleckens und des Magistrats der Stadt Wandsbek E I c 9: Protokolle betr. Wahl des Vorstandes der Israelitischen Gemeinde 1919.
45 Louven 1989, S. 79f.
46 Gespräch mit Hella R., geb. Bamberger, April 1988.
47 Gespräch mit Helle G. am 14. 6. 1988, siehe Louven 1989, S. 85.
48 Ebd.
49 StAH Polizeibehörde Wandsbek Ba 8: Führung von Kontrollverzeichnissen über die in das schulpflichtige Alter eintretenden Kinder (Schülerstammlisten), Bericht vom 11. 12. 1913; vgl. Louven 1989, S. 120ff.
51 Louven 1989, S. 122.
52 Krohn 1974, S. 214.
53 Salzberger 1961, S. 63.
54 Information von Chaim Haller 1990.
55 StAH Jüdische Gemeinden 896 a: Briefwechsel hauptsächlich mit staatl. und städt. Behörden, Schreiben vom 14., 15., 17. 11. 1930.
56 Hamburger Echo vom 3. 11./5. 11. 1930.

57 Louven 1989, S. 140ff.
58 Ebd., S. 204ff.
59 Ebd., S. 144ff.
60 Gespräch mit M. u. J. Heppner, April 1988.
61 Louven 1989, S. 141.
62 Gespräch mit Rahel Cegla, geb. Victor, April 1988. Louven 1989, S. 141.
63 Louven 1989, S. 159.
64 Gespräch mit M. u. J. Heppner, April 1988; Dokument in Familienbesitz Heppner.
65 Louven 1989, S. 161ff.
66 Louven 1989, S. 163, 223.
67 Gespräch mit M. und J. Heppner, April 1988; Louven 1989, S. 163.
68 Dokument in Familienbesitz Heppner.
69 Hamburger Echo vom 7. 6. 1920; Fladhammer, SPD Wandsbek, S. 36.
70 Gespräch mit Rahel Cegla, April 1988.
71 Göppinger, Der Nationalsozialismus, S. 23.
72 Gespräch mit Rahel Cegla und Meir Victor.
73 Nach Recherchen von Erika Hirsch.
74 Gespräch mit Rahel Cegla, April 1988.
75 Ebd.
76 Gespräch mit Ephraim Yair, April 1988.
77 Dokument in Familienbesitz Haller.
78 Gespräch mit Gershon de Haas, April 1988.
79 Ebd.
80 Chaim Haller 1990.
81 Ebd.
82 Ebd.
83 Vgl. Louven 1989, S. 223.
84 Ebd., S. 142f.
85 Ebd., S. 169ff.
86 Ebd., S. 170f.
87 Volkszählung 1939: Die Juden und jüdischen Mischlinge in der Hansestadt Hamburg nach Kreisen und Kreisteilen, in: Hamburgs Verwaltung u. Wirtschaft, Sondernummer 5 vom 1.8.1941, S. 18f.
88 Vgl. Louven 1989, S. 169ff; Aufzeichnungen von Ingeborg Lohmann.
89 Ebd.
90 Louven 1989, S. 171.
91 Ebd., S. 169ff.
92 Ebd.
93 Ebd., S. 173ff.
94 Ebd.
95 Ebd., S. 176.
96 Ebd., S. 179.
97 Ebd., S. 181.
98 Ebd., S. 189ff.
99 StAH NSDAP A 8: Rundschreiben, allgemeine Mitteilungen und Dienstpläne der NSDAP-Ortsgruppe Claudius, Flugblatt o. Datum.
100 StAH Registratur des Fleckens und des Magistrats der Stadt Wandsbek J II a 10: Einrichtung eines Blattes »Amtlicher Mitteilungen« der Stadt Wandsbek für alle städtischen Dienststellen und Schulen, Bd. II, Schreiben vom 13. 8. 1937.
101 Vgl. Louven 1989, S. 192.
102 VO/AO zur Ausschaltung der Juden aus dem dt. Wirtschaftsleben vom 12. 11. 1938 und vom 10. 12. 38, in: Walk 1981, S. 265; RGBl 1938 I, S. 1709, VO ü. d. Einsatz jüd. Vermögens vom 3. 12. 1938.
103 Louven 1989, S. 194.
104 Ebd., S. 200ff.
105 Ebd.
106 Ebd.
107 StAH Amtsgericht Wandsbek Ba 63: S. & J. Hirsch, später Benny Beith & Co., Schreiben v. 4.1./21.1.1939.
108 Dokument Privatbesitz Frau E.
109 Gespräch mit Frau E., Januar 1989; Louven 1989, S. 218.
110 Louven 1989, S. 204.
111 Ebd., S. 206.
112 Ebd.
113 Ebd., S. 206f.
114 Ebd., S. 207.
115 Ebd., S. 207f.
116 Ebd., S. 208.
117 Ebd., S. 209ff.
118 Ebd.
119 Ebd., S. 151-222.
120 Ebd., S. 213ff.
121 Ebd.
122 Ebd., S. 215.
123 Ebd., S. 218.

Literatur

Fladhammer, Christa: SPD Wandsbek 1863–1950. Hg. vom SPD-Kreis Wandsbek, Landesorganisation. Hamburg 1988

Göppinger, Horst: Der Nationalsozialismus und die jüdischen Juristen. Villingen 1963

Stadtteile

Die Verfolgung der Juden in Altona nach 1933 in den Berichten der Zeitzeugen

Susanne Goldberg / Ulla Hinnenberg / Erika Hirsch

Abraham Möller zum Beispiel

»Die Grünestraße besteht noch? Damals war die Grünestraße eine enge Straße, und da, an der Ecke, haben sich immer die jüdischen Kinder mit den Straßenjungs gekeilt. Da war starker Antisemitismus. Wenn man da rechts runterging, auf dem Weg zur Papagoyenstraße, in der Kirchenstraße, da haben wir uns gut gekeilt. Auch in der Papagoyenstraße selbst, wenn wir in die Synagoge gegangen sind, haben wir uns oftmals mit den Jungen geschlagen«.

Dr. Abraham Möller erkennt die Heimat seiner Jugend heute kaum noch wieder, vor allem nicht die Gegend, von der er spricht. Grünestraße und Kleine Papagoyenstraße mit der »Großen Synagoge« sind nur noch auf alten Stadtplänen zu finden; die Kirchenstraße durchquert in geändertem Verlauf das nach der Kriegszerstörung neu bebaute Viertel. Hier in Altonas ältestem Kern befand sich früher das Zentrum der Altonaer jüdischen Gemeinde.[1]

Der 1911 geborene Abraham wuchs als ältester Sohn des angesehenen Arztes Dr. Julius Möller auf. Die weitverzweigte Familie gehörte zum Kreis der Alteingesessenen, die den Geist der so patriotischen wie traditionsbewußten Altonaer jüdischen Gemeinde in vorderster Linie repräsentierten. Die Altonaer Gemeinde war eine vergleichsweise kleine Gemeinschaft mit überschaubaren sozialen Beziehungen und einer außerordentlich regen Organisationstätigkeit in Gemeindeeinrichtungen und Vereinigungen privater Art, wie das »Jahrbuch für die jüdischen Gemeinden Schleswig-Holsteins und der Hansestädte« bezeugt. Viele der Personen, die in den Berichten der Zeitzeugen eine Rolle spielen, finden sich dort erwähnt.[2]

Die sich heute erinnern, gehören der nachwachsenden Generation an, deren Schulzeit meist schon von antisemitischen Verletzungen begleitet war. Sie rührten nicht nur von den Schlägereien und Steinwürfen her, die von den vier Brüdern Möller gemeinsam pariert, von anderen aber schutzlos erlitten wurden; Schlimmeres fügten vielleicht die Beleidigungen und Unterstellungen zu – und »das Lied«, dessen man sich in immer anderen Formulierungen entsinnt, in dem *»das Judenblut vom Messer laufen«*, *»das Blut vom Messer runter«* soll.[3]

Erinnerungen lassen aus, fügen auch hinzu und komprimieren.

von oben nach unten:
Schuhhaus Kazet
Gemeindevorstand Altona

Stadtteile

Altona

Manches in den Berichten entzieht sich der Nachprüfbarkeit, entspricht individuell erlebten Bedingungen und eigenen Verhaltensweisen, gibt persönliche Deutungsmuster wieder. Was im folgenden berichtet wird, kann letztlich nur nachzeichnen, wie die Verfolgung der Juden in Altona wahrgenommen und wie mit ihr umgegangen wurde. Es ist ein Versuch, »Subjektivität zu rekonstruieren«.[4]

Anfang 1933: »Der Schnitt in das deutsche Judentum«

Am 30. Januar 1933 war Efraim Alroy, früher Hermann Spiegel, Lehrling in einer Bahrenfelder Baumschule:

»*Ich stand auf der Leiter, da rief jemand herauf: 'Hitler ist zum Reichskanzler ernannt worden!' Da wurde mir natürlich mulmig. Der Geselle, mit dem ich sehr gut stand, fragte: 'Was ist los?' – 'Ich bin Jude!' – 'Unmöglich, das kann doch nicht sein. Komm sofort runter!' Die anderen kamen auch runter. – 'Du siehst doch nicht wie ein Jude aus!' – 'Wie sieht denn ein Jude aus?' – Da stellte sich heraus, daß er noch nie bewußt einen Juden gesehen hatte. Er stellte sich einen Juden vor, wie sie im 'Stürmer' abgebildet waren*«.

Der Lehrling Spiegel verlor am 1. April 1933 seinen Ausbildungsplatz.

Bis heute unverständlich bleibt Gina E. der Vorgang der eigentlichen Machtübergabe. Am 5. März 1933 verfolgte sie gemeinsam mit ihrer Schwester die Ergebnisse der Reichstagswahl. Die 25jährige Sekretärin fand Hitler so wenig attraktiv, mochte kaum glauben, wie viele Menschen ihm ihre Stimme gaben. Ein Jahr später verlor sie ihre Arbeitsstelle.

Der Prozeß wirtschaftlicher und sozialer Ausgrenzung hatte begonnen, Judesein war zum Objekt staatlicher Machtpolitik geworden. Während alltägliche Rangeleien auf der Straße oder in der Schule sich fortsetzten, war plötzlich Gewalttätigkeit in ganz anderem Ausmaß wahrnehmbar. Hedy Winrich beschreibt wie sie im Schuhgeschäft in der Großen Bergstraße, das nach den Initialen des Inhabers Karl Zgnilek den Firmennamen »KaZet« trug, den 1. April 1933 erlebte:

»*Eines frühen Morgens sahen wir raus und da war mit roter Ölfarbe 'Jude' raufgeschrieben aufs Fenster und da stand ein Nazi vor der Tür, der sagte: 'Sie können keine christlichen Kunden mehr reinnehmen, nur ein Jude kann noch bei Ihnen kaufen'. Da haben viele von unseren Kunden angerufen und telefoniert, was sie haben wollten. Die wußten genau die Größe und nannten das Modell, denn ins Fenster konnten sie reingucken, nur nicht reinkommen zum Kaufen*«.

In der Großen Bergstraße befand sich auch das Geschäft »Fleischers billige Ecke«. Was Dr. Miriam Gillis-Carlebach hier am »Boykottsabbat« sah, machte diesen Tag für sie zum »traumatischen Erlebnis«:

»*Ungefähr zwei Wochen vorher hatte eine Tante von mir ein Baby bekommen und da wollte ich für das Baby ein Mützchen häkeln und bin in das Wollgeschäft Fleischer gegangen. Als Rabbinerstochter wurde ich da empfangen wie eine Lady. 'Ja, was willst du denn, du kannst dir etwas aussuchen.' – 'Ich möchte für ein ganz kleines Baby Wolle kaufen.' – Da haben sie mir Angorawolle gegeben, rosa und weiße Angorawolle, da sie so ganz besonders weich ist zum Anfassen. Ich bin nach Hause gegangen und habe angefangen zu häkeln. Das war ein paar Tage vorher gewesen, und dann kam ich an dem Laden am Sabbath vorbei: Die Fensterscheiben waren verschmiert mit brauner Farbe, 'Jude', und alles ganz durcheinander. Zwei große Männer mit so langen Mänteln standen mit*

Gewehren davor«. Miriam Carlebach, damals ein 11jähriges Kind, großgeworden mit dem Empfinden, daß *»Jüdischsein das Schönste im Leben«* sei, bewahrt in ihrem Gedächtnis, was sie ihren Vater, Oberrabbiner Dr. Joseph Carlebach, an diesem Tag sagen hörte. Eine ihrer jüngeren Schwestern hatte plötzlich operiert werden müssen und auf dem Rückweg von der Synagoge gab der Vater jemandem Auskunft über das Befinden der Patientin: *»Er sagte, ich stand direkt daneben: 'Der Schnitt von meiner Judith ist ja nicht so tief wie der Schnitt in das deutsche Judentum'. Das ist ein Wort, das hat sich mir dann sehr eingeprägt«.*[5]

Auf die Ausschreitungen und Boykottmaßnahmen des 1. April folgte wenige Tage später ein erster der legislativen Schritte, die das Judesein im Sinne des Antisemitismus der NSDAP definierten. Das »Gesetz zur Wiederherstellung des Berufsbeamtentums« suspendierte Staatsbedienstete »nicht-arischer« Herkunft.[6] Abraham Juval, 1919 als Alfred Wasserstrum geboren und wie Miriam Carlebach in streng religiösem Milieu aufgewachsen, entnahm aus Mitteilungen seines Vaters:

»Der hat sich aufgehangen und der hat sich aufgehangen bei uns in der Straße, und der hat sich erschossen. Das sind alles Juden gewesen, die sich getauft hatten. Die hatten gemeint, daß sie verschont würden, und dabei waren das die ersten, zu denen man gegangen ist. Hohe Beamte waren das, Regierungsbeamte, Polizeibeamte, getaufte Leute, von denen wir nicht gewußt hatten, daß es Juden waren«.

»Mein Arm war wie Blei«: Wege der Selbstbehauptung

Wer Kind war zu der Zeit, dem blieben die Momente des Erschreckens, der Wahrnehmung, daß sich in der Erwachsenenwelt Schlimmes tat, im Gedächtnis haften. Die etwas Älteren erinnern sich an Situationen alltäglicher Unerträglichkeit, in der sie eine Haltung bezogen, die ihnen ihre Selbstachtung bewahren half.

Herta Grove, Tochter des renommierten Anwalts Dr. Moses Levi, trat in das Stadium der Verweigerung ein, als man ihr den »Deutschen Gruß« abverlangte:

»Ich habe Schwierigkeiten gehabt, weil ich den Herrn Hitler nicht grüßte. Früher sagte man 'Guten Morgen' und der Lehrer sagte 'Guten Morgen, setzen Sie sich!' Jetzt stand man auf und es hieß 'Heil Hitler, setzen!' Ich bin einfach aufgestanden und hab' mich wieder gesetzt. Alle haben das 'übersehen'. In meiner Klasse war ein ganz wichtiges BDM-Mädchen, mit der hatte ich so gar nichts zu tun, hab' in der ganzen Schulzeit kaum ein Wort mit ihr gesprochen bis zu der Zeit, als Hitler kam. Da fing unsere Beziehung an. Ich bin nämlich zu ihr gegangen und hab' gesagt: 'Hör mal, der Hitler würde doch absolut beleidigt sein, wenn ich ihn grüße, so wie das ist.' Und sie sagt: 'Gut, Herta, ich versteh das.' Ich saß in der ersten Reihe, keiner hat Schwierigkeiten gemacht, bis auf einen Morgen, den Morgen mit dieser Lateinstunde. Ich machte wie immer, und der Lehrer kam: 'Herta Levi, grüßen Sie mich!' Die ganze Klasse steht und schweigt. 'Ich hab' gesagt: Grüßen Sie mich!' Er wird ganz puterrot im Gesicht, und er kommt näher und näher, und ich hab das Gefühl, er wird mich erwürgen wollen. Mein Arm war wie Blei; wenn ich auch gewollt hätte, ich hätte ihn nicht hochheben können. Neben mir stand eine von meinen Freundinnen. Da war in der Klasse so ein Spruch, was sie denken, wenn sie grüßen: 'Sooo hoch ist der Dreck', mit hochgehobenen Armen. So, sie stand neben mir und flüsterte 'sooo hoch ist der Dreck', immer geflüstert, damit ich es machen kann. Nichts kam aus mir heraus. Ich habe nur eins gedacht, ich dachte nur eins: 'Du Schwein, du Schwein, du bist ein Klient meines Vaters,

> Sozialdemokrat, Freund meiner Schwestern, ausgerechnet du!' Nach der Stunde machte er so eine Kopfbewegung, ich soll auf den Flur kommen. Da sagte dieser Lehrer, stand vor mir und sagte mit absolut haßerfülltem Gesicht: 'Sind Sie denn derartig dumm, daß Sie überhaupt nicht wissen, was vor sich geht? Sie bringen ja Ihre ganze Familie in die größte Gefahr! Wenn Sie schon an sich nicht denken, denken Sie denn nicht an Ihren Vater?'«

Da es nicht zu den Gewohnheiten der Eltern Levi gehörte, ihren Kindern in Gewissensentscheidungen hineinzureden, führte der Vorfall für Herta Levi zur abrupten Beendigung ihrer Schulzeit im Realgymnasium Allee und damit zum Verzicht auf die angestrebte akademische Berufslaufbahn.

Abraham Möller vollzog einen anderen Bruch:

»*Manchmal natürlich, wenn die SA-Studenten durch die Universität marschiert sind, hat man sich an die Ecke gedrückt, wollte nicht so auffallen. Aber richtige Angstgefühle, das war bei uns weniger, weil wir sicher darin waren, daß wir das Land hier verlassen und daß wir uns eine andere Zukunft aufbauen. So gab es eine gewisse Sicherheit: wir sind das und ihr seid das*«.

Abraham Möller war Zionist geworden. Nach Beendigung seines Studiums begann er seine Tätigkeit für die Jugend-Alijah, organisierte die Auswanderung jüdischer Jugendlicher nach Palästina.

Der Schnitt des »wir sind das und ihr seid das« war in der älteren Generation kaum zu vollziehen, schon gar nicht mit der Konsequenz, in Palästina den Aufbau einer eigenen jüdischen Nation zu betreiben. Die ab 1933 in den Hachschara-Ausbildungsstätten im Raum Altona eintreffenden Jugendlichen, die für sich diese Lebensperspektive gewählt hatten, fanden im Elternhaus oft wenig Verständnis für ihre Pläne. Als Hermann Spiegel nach dem plötzlichen Ende seiner Lehrzeit in der Baumschule das für die Hachschara vorgesehene Grundstück am Tinsdaler Kirchenweg in Rissen von den heimischen Kreuzottern befreite, hörte er von älteren Antizionisten sagen, Palästina sei das Land, »*in dem die Schlangen auf dem Tisch gehen*«. Daheim fand er Verständnis und Unterstützung. Im Hause Baruch dagegen hatte es geheißen »*mein Kind, die Kamele werden dich fressen*«. Helga Arna, geborene Baruch, erinnert sich:

»*Ich habe dann für mich ausgemacht, daß ich instinktiv gemerkt und verstanden habe, ich muß raus. Das war ganz gegen meine Familie, denn mein Vater, der hier ja noch umgekommen ist, hat immer gesagt: 'Ich habe das Hanseatenkreuz zweiter Klasse und ich habe dem Kaiser gedient. Mir tut man nichts'*«.[7]

Der Nationalismus der Elterngeneration, insbesondere der der Väter, blieb an Deutschland gebunden. Die gesetzliche Lage war zunächst dazu angetan, die Illusion zu nähren, daß dem im Ersten Weltkrieg unter Beweis gestellten Patriotismus weiterhin staatliche Anerkennung gezollt würde: Das »Gesetz zur Wiederherstellung des Berufsbeamtentums« nahm »Frontkämpfer« und Hinterbliebene von Gefallenen aus. Im September 1935 indessen wurden die sogenannten Nürnberger Gesetze geltendes Recht. Für Juden hatte die geistige Einstellung keinerlei Einfluß mehr auf den offiziellen Status in der Gesellschaft; was zählte, war endgültig die biologistische Determinante »Rasse«. Es galt, irgendwie mit dem Verlust der bürgerlichen Rechte sowie einem durch das »Gesetz zum Schutze des deutschen Blutes und der deutschen Ehre« ermöglichten etwaigen staatlichen Zugriff auf privateste Lebensbereiche umzugehen.

»Das sollte alles seine Richtigkeit haben«: Nachbarn

Mit der zunehmenden politischen Entrechtung der Juden wurde ihre soziale Isolation vollzogen. In den Aussagen der Zeitzeugen findet der Prozeß meist indirekten Niederschlag. Wo Schilderungen des Alltags aus der Zeit um 1933 noch ein Bild geselligen Miteinanderumgehens vermitteln, überwiegt mit fortschreitender Datierung berichteter Erlebnisse der Eindruck ausschließlich innerjüdischer Kontakte. Dem entspricht die Darstellung aus nicht-jüdischer Sicht. Auf anschauliche Detailerinnerungen an Freunde, Kameraden, Nachbarn folgen Aussagen über plötzliche Abwesenheit; der November 1938 wurde, bei Nachfrage, auffallend häufig außerhalb von Altona verbracht, und über die spätere Zeit fehlt dann angeblich meist jedes Wissen. Zu denen, die sich, obwohl damals noch ein Kind mit entsprechend begrenzter Einsichtsfähigkeit und Handlungsmöglichkeit, mit jener Zeit und der eigenen Rolle darin auseinandersetzen, gehört Werner Flocken.

Werner Flocken war einer der Hitlerjungen, die das Lied vom »Judenblut« gesungen haben; heute versucht er mit Präzision, seine Einbindung in den nationalsozialistischen Ideologieapparat einerseits und seine Beziehung zu einer im selben Haus lebenden jüdischen Familie andererseits zu rekonstruieren. Insbesondere die Persönlichkeit der kultivierten Nachbarin, Frau Margarete Lichtheim, paßte ins offiziell vermittelte Negativbild »vom Juden« nicht hinein:

»Nach 1935 sollten wir nicht mehr mit den Lichtheimjungen spielen. Trotzdem war es selbstverständlich – und das war ja die Schizophrenie – Lichtheims höflich zu grüßen. Das waren Leute, denen man 'Guten Tag' und 'Auf Wiedersehen' sagte und nicht etwa 'Heil Hitler'. Das sollte alles so seine 'Richtigkeit' haben. Da Frau Lichtheim und ich beide Klavier spielten, ergaben sich gelegentlich Gespräche darüber [...] Als ich ihr eines Tages erzählte, daß ich Opernkarten hätte für den Ring des Nibelungen, holte sie mir sogleich Textbuch und Kommentare mit den Leitmotiven. Bei der Rückgabe stellte sie mir die Frage, ob ich den eigentlichen Sinn des Werkes verstanden hätte. Ich vermutete, daß die germanische Sagenwelt wohl auf Heldenverehrung hinausliefe. Außerdem war mir bekannt, daß Hitler ein großer Wagnerverehrer war. Da sagte mir Frau Lichtheim: 'Es geht nicht um Heldentum, sondern um den Fluch von Macht und Geld.' Dies aus dem Munde einer Jüdin zu hören, verblüffte mich zutiefst, denn in meinem Hinterkopf war ja durchaus die Parole von der jüdischen Weltverschwörung von Bolschewismus und Kapitalismus gespeichert. Es wurde mir klar, daß da etwas nicht stimmen konnte«.

Auf einem Schulungsabend der NSDAP sollte der jugendliche Pianist vorspielen, Bachs »Italienisches Konzert«. Ein Parteigenosse des Vaters kündigte das Stück als »Italienische Nacht« an. Werner versuchte, richtigzustellen, wurde aber belehrt: »Unter 'Italienischer Nacht' können sich die Genossen wenigstens was vorstellen!« – für ihn eine »fürchterliche Erfahrung von Vulgärsein«. Gleichwohl waren das nicht seine einzigen Eindrücke damals: »Es war wesentlich schlimmer als man denkt und es war viel weniger schlimm. Beides stimmt. Ich habe ja eine mehr oder weniger unbeschwerte Jugend im Dritten Reich gehabt«.

»Soll ich laufen am Freitagabend?«: Entscheidung zur Flucht

Fliehen zu müssen, weil man Jude war, wurde bisher innerhalb der Altonaer jüdischen Gemeinde aus der Perspektive derjenigen wahrgenommen, die das Refugium anboten:

Stadtteile

Altona

Etwa seit der Jahrhundertwende waren aus Osteuropa Menschen hier angekommen, die Schutz vor Pogromen und elenden rechtlichen und sozialen Lebensbedingungen suchten. Der damalige Gemeindevorsitzende Wolf Möller nannte sie »Ostjuden«, »*die ja in erster Linie die große Stadt Hamburg aufsuchen wollten und, durch die Fremdenpolizei veranlaßt, notgedrungen nach Altona gezogen sind*«, als er sich 1920 an die Nachbargemeinde mit der Bitte um Finanzhilfe gewandt hatte.[8] Viele der Zugezogenen, die bald die Mehrheit in der Gemeinde bildeten[9] und sich wirtschaftlich etablierten, wohnten im nördlichen Stadterweiterungsgebiet um die Wohlers Allee. Hier waren auch Gina E., Alfred Wasserstrum und Hermann Spiegel aufgewachsen.

Während man sich innerhalb der Gemeinde noch um die Bewältigung der Spannungen im alltäglichen Umgang zwischen Alteingesessenen und später Hergekommenen bemühte, galt es nun hier für alle, mit den Folgen gesellschaftlicher Diskriminierung umzugehen. Wo Hermann Spiegel sich ebenso wie Abraham Möller und seine drei Brüder, Wolf Möllers Enkel, frühzeitig entschieden hatten, in Palästina eine neue Heimat aufzubauen, zögerten die meisten solange es ging, endgültige Entscheidungen zu treffen: Stand doch ein Abschied zu einer Zeit, als ein Pogrom »hier« noch jenseits jeder Vorstellung lag, primär im Zeichen des Verlustes der heimatlichen Bindungen und des sozialen Status der Familie. Ein Bewußtsein realer Gefahr war zunächst viel weniger vorhanden.

Karl Zgnilek war bereits seit einem Jahr im Besitz der nötigen Dokumente für eine Auswanderung der Familie in die USA, aber noch immer unentschlossen. 1916 als junger Mann aus Polen hierhergekommen und jetzt Eigentümer eines Schuhgeschäftes, war er nicht bereit, was er sich in zwanzig Jahren in Altona aufgebaut hatte, ohne weiteres hinter sich zu lassen. Die Verhandlungen um den Verkauf seines Hauses dauerten noch an, als durch ein gravierendes Ereignis die Loslösung eine dramatische Beschleunigung erfuhr:

»*Mit einem Mal bekam mein Vater einen Brief vom Gericht, er sollte einen Tag nach Ostern kommen, Mitte April, weil er wegen was beschuldigt worden ist. Mein Vater kannte einen Polizeibeamten, sagte: 'Komm mal rein, ich will dich was fragen. Die Papiere habe ich ja, kann ich abwarten oder werde ich den Prozeß verlieren?' Da sagte er: 'Nein, es ist leider heute schon so, daß man dir als Juden nicht glauben wird. Obwohl der andere lügt, wird er gewinnen'. Und er sagte: 'Wenn du laufen kannst, flüchte so schnell du kannst!'*«

Der Rat zur sofortigen Flucht brachte Karl Zgnilek in Konflikt mit den Sabbatgeboten; er konsultierte daher Oberrabbiner Carlebach: »*'Soll ich laufen am Freitagabend?'* – *'Geht es um Leben und Tod?'* – *'Nein, am Dienstag soll ich erst ins Gericht.'* – *'Na, dann warten Sie bis Samstagabend!'*« Über die Vorbereitung und Durchführung der Flucht berichtet die Tochter Hedy Winrich weiter:

»*So, da war ja gegenüber das Nazicafé, wo immer die Nazis draußen gestanden haben. Da hat der Vater Angst gehabt, daß man uns verhaften wird, wenn wir mit den Koffern rauskommen und wegfahren, und da sagte die Mutti: 'Wir werden bei der Tante schlafen und dann am Sonntag mit dem Taxi wegfahren'. Und der Vater hat gebetet, es soll regnen an dem Samstagabend, denn wenn es regnet, werden die Nazis nicht draußen stehen. Und es hat geregnet, gegossen an dem Samstagabend, und wenn die Straßenbahn um die Ecke kam, sind wir jedesmal einzeln raus mit dem Koffer und zu meiner Tante. Wir hatten fünf Koffer, und die Mutti hatte noch den neun Monate alten Bruder. Wir haben geschlafen bei der Tante, und in der Früh' sind die Mutti und ich vom Altonaer Bahnhof gefahren und der Vati vom Hauptbahnhof. Es sollte nicht zuviel Aufsehen machen, daß wir wegfahren*«.

Die »Polenaktion«

Am 26. Oktober 1938 übertrug das Auswärtige Amt der Gestapo die Aufgabe, die deutschen Juden polnischer Herkunft unverzüglich »loszuwerden«:[10] Die Aktion kam für die Betroffenen plötzlich und unvorhergesehen, obwohl, wie sich Abraham Juval erinnert, *schon zwei, drei Tage vor dem 28. davon geflüstert* wurde, *man hat es aber nicht so ernst genommen*:

»Meine Mutter hat das anscheinend auf die leichte Schulter genommen und außerdem hätte es auch nicht viel geholfen, denn wo sollte sie mich verstecken? Am 28. haben mich dann zwei Polizisten von zu Haus geholt, Freitag in der Früh, und man hat mich auf die Hauptpolizei gebracht in eine Riesenhalle. Die Polizei war sehr entgegenkommend, denn viele Leute durften noch nach Hause gehen und sich Sachen holen. Mir hat man Sachen gebracht«.

Ohne ihre Sachen mußte Gina E. gehen. Sie war noch im Bett liegend, von dem Polizisten »übersehen« worden, der morgens um sechs Uhr ihren Ehemann aus dem Haus geführt hatte. Um Aufklärung über seinen Verbleib bemüht, fand sie ihn schließlich im Verlauf des Tages: *» Wer ist das?« – »Meine Frau«. – »Seit wann?« – »Seit sechs Wochen«. – »Dann kann sie auch gleich hierbleiben«.* Gina E. traf, mit wenigen Ausnahmen, hier alle jüdischen Bekannten aus der Nachbarschaft.

Rudolf Gräber, 1908 in Wien geboren, seit 1911 in Altona zu Hause, hat gemeinsam mit seiner Frau über die Stunden von der Verhaftung bis zur Abfahrt des Zuges ein ausführliches Protokoll angefertigt.[11] Darin legt er dar, wie es der couragierten Gemeindeschwester Recha Ellern gelang, der Polizei zahlreiche »allerletzte Fälle« abzuringen, Menschen, die bleiben durften. Rudolf und Trude Gräber gehörten dazu; Gina E. und Alfred Wasserstrum mußten fahren.

Abraham Juval erzählt über den weiteren Verlauf:

»Man hat uns Freitagabend in die Eisenbahn gesetzt, von der jüdischen Gemeinde hat man uns noch Essen gebracht. Dann sind wir in Zbaszyn gelandet. Dann sind wir schön zu Fuß gegangen, hinter uns die deutsche Polizei. Wie wir angekommen sind an der polnischen Grenze, hat da das polnische Militär gestanden, und die haben auf uns geschossen. Anstatt daß uns die Deutschen umschießen, haben die geschossen! Wer durchgekommen ist, ist durchgekommen; wir sind durchgekommen. Was mich gerettet hat: ich bin in einen Graben gefallen. Ich und die paar, die mit mir gelaufen sind, wir sind da reingefallen, und wie wir raus waren, waren wir hinter der polnischen Grenze. Wie wir drüben waren, haben sie aufgehört zu schießen, die Polen, da war's still. Ob da Tote waren, will ich nicht behaupten; vielleicht haben sie in die Luft geschossen, vielleicht auf die Leute. Nachher ist's still gewesen, wie sie gesehen haben, daß wir alle hinter dem Wald sind, hinter der polnischen Grenze. Am hellen Tag ist das polnische Militär gekommen und hat uns reingebracht in die polnische Stadt Zbaszyn. Schabbes in der Früh' sind wir angekommen«.

Daß diese Fahrt ausgerechnet in der Sabbatnacht stattfinden mußte, wurde allgemein als zusätzliche Schikane begriffen. Die Angekommenen – Tausende aus vielen Städten Deutschlands – wurden zunächst in Viehställen untergebracht. Gina E., ihr Mann und fünf Verwandte verbrachten die erste Nacht in einer einzigen engen Pferdebox. Materielle Hilfe von außen und der Aufbau einer Selbstorganisation erleichterten bald das Leben im Lager. Alfred Wasserstrum fand für sich eine Aufgabe und widmete sich einer Tätigkeit für die Gemeinschaft, die er sogar mit einem Fotodokument belegen kann:

»Das ist die Küche, das ist der Ofen, wo man kocht, und das bin ich. Das Bild hat der berühmte Grynszpan gemacht, dessen Sohn den Staatsrat erschossen hat. Er war mit mir

im Lager, und als ich Küchendienst gemacht habe, hat Grynszpan da gekocht. Die Deutschen haben die Grynszpans gesucht, daraufhin hat man ihm den Namen Sch. gegeben. Ich hab' ihn nachher hier (im Nachbarort) entdeckt. Die Nazis haben ihn nicht gefunden«.

Eines bevorstehenden Krieges, der in Polen anfangen würde, war man sich unter den Internierten anscheinend gewiß. »*Unsere größte Angst war, in Polen steckenzubleiben*«. Der neunzehnjährige Alfred Wasserstrum bekam nach zehn Monaten die Möglichkeit zur Teilnahme an einer von Zionisten organisierten, wenngleich illegalen, Ausreise nach Palästina. Das Ehepaar E. wagte die Flucht aus dem Lager auf eigene Faust und bestieg dann ein illegales Schiff, das es nach wochenlanger Irrfahrt voll Strapazen und Elend am Tag des Kriegsbeginns vor die Küste Palästinas brachte.

»Die Synagoge hat geweint«: Novemberpogrom

Rudolf Gräber und seine (zum Zeitpunkt der »Polenaktion« erst standesamtlich angetraute) Frau waren von der Abschiebung verschont worden, weil sie bereits ein Zertifikat für Palästina beantragt hatten. Für ihre Ausreise mußten sich Recha Ellern und der Gemeindevorsitzende Paul Möller persönlich verbürgen. Rudolf Gräber arbeitete als Jugendbetreuer im jüdischen Kindertagesheim in der Grünestraße, das unter der Leitung Recha Ellerns stand. Seine Hochzeit am 6. November 1938 wurde die letzte in der Großen Synagoge in der Papagoyenstraße. Nach der Rückkehr von der Hochzeitsreise am 10. November erfuhr er, was sich inzwischen hier ereignet hatte:

»*In der Pogromnacht, es war nämlich keine Kristallnacht – das erzählte mir eine Angestellte, die auch in der Grünestraße arbeitete – da konnte sie hören, wie sie am nächsten Morgen die Sitze zerstört, das Holz zerstört haben. Sie hat erzählt, die Synagoge hätte von innen direkt geweint. Sie haben das Silber geraubt und die Torarollen wahrscheinlich geraubt, kein Mensch durfte hineingehen. Der Toraschrein hatte Messingtüren und war in die Mauer eingelassen …*«.

Eine nicht-jüdische Zeitzeugin, Charlotte Bornhold, berichtet über die Ereignisse des 9. November:

»*Ja, natürlich haben wir das mitgekriegt, was in der Nacht los war. Da war ja vorher schon überall die Reklame 'kauft nicht bei Juden'. Die Scheiben waren da überall zerdeppert, fast überall. In der Königstraße waren ja mehrere, und da war auch ein jüdischer Anwalt. Weil ich ja nun beim Anwalt gelernt hatte, mußte ich auch oft Akten zu dem bringen, und der Bürovorsteher war später mein Chef. Und der hat mir erzählt, nach dieser Kristallnacht, da wollten sie auch rauf, die SS- oder SA-Leute, dieses jüdische Büro stürmen. Da hat er sich in Uniform unten vor die Tür gestellt, der war ja Nazi, Sturmbannführer oder so was, und hat gesagt: 'Hier kommt ihr nicht rauf, das erledige ich selbst.' Da haben sie dieses Anwaltsbüro verschont, so hat er das jüdische Büro gerettet. Er hat mir aber auch erzählt, daß sie nachher Selbstmord gemacht haben; ein Rechtsanwalt und ein Notar, zwei, mit den ganzen Familien haben sie sich umgebracht*«.

Tags darauf erfolgte die Verhaftung der meisten Männer und männlichen Jugendlichen, von denen zunächst niemand wußte, wann sie zurückkehren würden. Auch Paul Möller gehörte dazu, erlebte wahrscheinlich, was Helga Arna über ihren Vater erfuhr: »*Vati war sechs Wochen in Oranienburg, kam mit total erfrorenen Gliedmaßen wieder. Haben ja achtzehn Stunden im Appell gestanden […] im November*«.

»Altona judenleer und still«

<small>Goldberg/Hinnenberg/Hirsch
Die Verfolgung der Juden in Altona nach 1933 in den Berichten der Zeitzeugen</small>

Schlagartig machte der Novemberpogrom klar, in welcher Gefahr man war. Die vielen, die sich bisher nicht entscheiden konnten, sahen sich plötzlich vor die Notwendigkeit gestellt, Fluchtwege zu organisieren. Unmittelbare Sorge galt zunächst den Verhafteten, die freigelassen wurden, wenn ein Auswanderungszertifikat vorgelegt werden konnte. Diese Visa waren rar, so rar, daß Recha Ellern es ablehnte, für sich eins in Anspruch zu nehmen. Sie war überzeugt davon, sie werde sich auch so durchschlagen, wie Miriam Gillis-Carlebach später berichtet wurde. Die Gemeindeschwester trug die schwere Bürde letzter Verantwortlichkeit in der Grünestraße.

Das Kindertagesheim wurde zu einem zentralen Schauplatz der Auflösung der Gemeinschaft. Hierher brachte Rudolf Gräber den Inhalt der Gemeindekasse, den er auf Veranlassung seiner Chefin im Gemeindebüro sichergestellt hatte: »*Da haben wir uns reingeschlichen wie die Diebe*«, am 10. November, dem Tag der Verhaftungen. In der Grünestraße stellte Recha Ellern Listen für die »Kindertransporte« zusammen, mußte entscheiden, wer von ihren Schützlingen ins rettende Ausland gebracht werden konnte. Im Dezember war das Ehepaar Gräber bei der Abfahrt einer Gruppe nach England zugegen, traf dort auch Dr. Carlebach, inzwischen Oberrabbiner in Hamburg. In bleibender Erinnerung ist der Gesichtsausdruck des abschiednehmenden Vaters, der zwei seiner Kinder mitschickte. Am 31. Dezember machten sich Rudolf und Trude Gräber selber auf ihren Weg in die neue Heimat. Recha Ellern traf Anfang Januar 1939 in der Grünestraße letzte Anordnungen im Hinblick auf die Vermögensverhältnisse des »Israelitischen Humanitären Frauenvereins«. Verbleibendes Vermögen des zwangsweise aufgelösten Vereins sollte für »Auswanderungszwecke« verwendet werden. Das Protokoll darüber unterzeichnete das Vorstandsmitglied Margarete Lichtheim, auf staatliche Anweisung nunmehr »Margarete Sara Lichtheim«.[12]

Recha Ellern verließ als Begleiterin eines Kindertransportes nach Palästina schließlich auch Deutschland, »schlug« sich tatsächlich »durch«, indem sie sich in Haifa von Bord schmuggelte. Am 20. Februar 1939 hatte sie ihre Abreise angekündigt:

»*Lieber Philipp, die Grünestraße feiert Abschied und wenn wir in Erinnerungen schwelgen, dann denken wir natürlich an Sie. Ruth läßt die alten Melodien von 'Bösen Buben', 'Esterlein', 'Chaluz' u.s.w. wiederkehren. Jetzt wird der Fries vom Purimfest Wahrheit, am 15.III. gehe ich nach Palästina. Die anderen werden Ihnen selbst schreiben, wohin sie gehen. Ich freue mich, daß Sie unsere Kinder wieder betreuen. Lassen Sie es sich gut gehen, lieber Freund. Ihre Recha Ellern*«.[13]

Die Karte war an Philipp Moddel gerichtet, zuvor Lehrer an der inzwischen aufgelösten Altonaer jüdischen Gemeindeschule, der jetzt in England lebte. Im Sommer 1939 besuchte Dr. Carlebach die Stätte seines zehnjährigen Wirkens und schrieb darüber an seine Tochter in England: »*Heute war ich in Altona, judenleer und still. Da dachte ich, wie oft wir durch die Straßen pendelten und wie mein Evalein dort als große Tochter mir zur Seite stand. Es waren doch herrliche Zeiten …*«.[14]

»Wir wissen, was uns bevorsteht«: Die Zurückgebliebenen

Der Kriegsbeginn am 1. September 1939 machte viele Fluchtpläne zunichte. Im Oktober 1941 wurde die Auswanderung für Juden generell verboten. Seit September hatten sie sich

Stadtteile

Altona

durch Anbringung eines vorgeschriebenen Zeichens an ihrer Kleidung öffentlich kenntlich zu machen.

»*Dann kam der Bombenkrieg und dabei gab es die absurde Situation, daß wir mit Lichtheims im Luftschutzkeller unseres Hauses saßen. Ab 41 konnte es vorkommen, daß mein Vater in Uniform und Lichtheims mit dem Judenstern am Mantel sich gegenübersaßen. Man tat aber so, als wären wir ganz normale Nachbarn. Frau Lichtheim zeigte einmal Fotos ihres Bruders, der Marineoffizier im Ersten Weltkrieg war und das EK I hatte, und sagte dabei: 'Wir glaubten, genauso gute Deutsche wie Sie zu sein'*«.

Auch an den letzten Besuch der Nachbarn und an Frau Lichtheims Worte erinnert sich Werner Flocken sehr deutlich:

»*Frau Flocken, es geschehen in Deutschland Dinge, die so ungeheuerlich sind, daß Sie sie mir nicht glauben würden, wenn ich sie Ihnen sagen würde. Wir wissen, was uns bevorsteht. Sie sind uns gute Nachbarn gewesen und deshalb wollten wir uns gerne von Ihnen verabschieden*«.

Margarete Lichtheim und ihr Sohn Walter wurden mit dem ersten Transport am 25. Oktober 1941 nach Lodz deportiert.[15]

Nach Theresienstadt wurde 1942 Johanna Larché gebracht. Über die Umstände berichtet ihre Tochter Edith Marcuson:

»*Eines Tages erreichte sie die Benachrichtigung, daß sie sich zur Deportation in der Schule Schanzenstraße/Altonaerstraße einzufinden habe. Als sie sich etwas gefaßt hatte, rief sie mich im Büro an und bat mich verzweifelt, sofort nach Hause zu kommen. Wie ich von meiner Arbeitsstelle nach Hause gekommen bin, weiß ich nicht mehr. Wir waren beide so deprimiert, daß wir einen Ausweg aus dieser Lage suchten. Ich schlug vor, den Gashahn aufzudrehen. Meine Mutter, die sehr religiös erzogen war, sagte dann aber: 'Wir haben uns das Leben nicht gegeben, wir dürfen es uns auch nicht nehmen und müssen ertragen, was auf uns zukommt.' Am nächsten Tag suchte ich das Büro des Reichsstatthalters Kaufmann auf. Im Vorzimmer sagte man mir, daß ich mich an die Kanzlei des Führers in Berlin wenden solle. Die entsprechende Eingabe habe ich sofort gemacht; bekam dann später, natürlich, eine negative Antwort. Ich konnte mich noch von meiner Mutter ein letztes Mal am Gitter auf dem Schulhof in der Schanzenstraße verabschieden. Bis 3 Uhr frühmorgens blieb ich noch vor dem anderen Tor in der Altonaerstraße stehen. Ich sah ihre Abfahrt mit dem Lastwagen, sie winkte mir noch einmal zu. Eine letzte Karte von meiner Mutter erhielt ich von dem Hannoverschen Bahnhof, von wo der Transport abging. Nachdem ich lange Zeit kein Lebenszeichen von meiner Mutter erhielt, wandte ich mich an das Büro der Gestapo in der Rothenbaumchaussee. Dort wurde mir auf sehr arrogante Weise gesagt: 'Wer einmal in Theresienstadt ist, der kommt nicht mehr zurück. Das ist ein gutes Altersheim.' Und damit war ich dann entlassen*«.

Edith Marcuson bekam ihre Mutter 1945 wieder. Für viele aber waren ein paar Zeilen, eine Abschiedspostkarte, ein Telegramm das letzte Lebenszeichen ihrer Angehörigen; durch Dritte erfuhren sie, wenn überhaupt, vom Schicksal der Verwandten.

»*Die Mutter hat – sie ist gestorben. Und er hat Gift genommen. Es kam ein Brief von einem Freund meines Mannes, der auch dabei war, der gerettet wurde. Ich mach' den Brief auf [...] Das hab' ich meinem Mann nie gesagt, daß seine Eltern so umgekommen sind, ich hab' den Brief weggetan. Es war furchtbar für mich, es immer bei mir zu tragen, ihm nicht sagen zu dürfen, daß es sowas gab*«.

Anmerkungen

1. Siehe auch den Beitrag von Günter Hönicke in diesem Band.
2. Jahrbuch für die jüdischen Gemeinden Schleswig-Holsteins und der Hansestädte, Nr. 1 (1929/30) – Nr. 9 (1937/38).
3. Der korrekte Text ist »wenn das Judenblut vom Messer spritzt«. Die Formulierungen hier von Eliahu Möller und Hedy Winrich.
4. Niethammer 1980, S. 7.
5. Vortrag von Dr. Miriam Gillis-Carlebach, gehalten am 16. 8. 1988 in der Evangelisch-Reformierten Kirche Altona.
6. Zu den gesetzlichen Rahmenbedingungen vgl. Benz 1989, S. 739ff.
7. Vgl. hierzu: Goldberg 1988, S. 145 – 154.
8. Brief vom 5. Mai 1920, abgedruckt bei: Lorenz 1987 (1), S. 957.
9. Vgl. die Zahlenangaben ebd. S. 1230.
10. Zu den Hintergründen vgl. Benz 1989, S. 499ff.
11. Trude und Rudolf Gräber: Bericht der Polenaktion 1938. Der Bericht wurde freundlicherweise von Dr. Ursula Randt zur Verfügung gestellt. Rudolf Gräber galt als Pole, weil sein Vater anläßlich eines auswärtigen Kuraufenthaltes statt eines offenbar schwer zu beschaffenden österreichischen Passes einen polnischen beantragt hatte, vgl. auch Goldberg/Hinnenberg/Hirsch 1988, S. 40 – 47.
12. Protokoll über die Vorstandssitzung am 2. 1. 1939, StAH Altona-Bestand 111, 183 Vereinsregister des Amtsgerichts in Altona.
13. Die Karte wurde freundlicherweise von Dr. Miriam Gillis-Carlebach zur Verfügung gestellt.
14. Brief vermutlich von Anfang Juni 1939, abgedruckt bei: Gillis-Carlebach 1990 (1), S. 62f.
15. Gedenkbuch 1965, S. 8.

Interviews

Efraim Alroy (17. 8. 1989)
Helga Arna (15. 9. 1987)
Charlotte Bornhold (31. 1. 1990)
Ruth C. (22. 6. 1988)
Gina E. (30. 7. 1989), Gesprächsprotokoll
Werner Flocken (12. 12. 1989)
Dr. Miriam Gillis-Carlebach (18. 3. 1988)
Rudolf Gräber (13. 10. 1987, 29. 7. 1989, 10. 10. 1989)
Herta Grove (10. 11. 1989)
Abraham Juval (16. 8. 1989, 21. 8. 1989)
Edith Marcuson (8. 12. 1989)
Dr. Abraham Möller (14. 7. 1990)
Eliahu Möller (4. 9. 1988)
Hedy Winrich (22. 6. 1990)

Sämtliche Interviews sind im Kontext eines Arbeitsprojektes »Die Altonaer jüdische Gemeinde« in der Geschichtswerkstatt Stadtteilarchiv Ottensen e.V. entstanden.

Goldberg/Hinnenberg/Hirsch
Die Verfolgung der Juden in Altona nach 1933 in den Berichten der Zeitzeugen

Stadtteile

Altona

Der Untergang der jüdischen Gemeinde in Altona

Günter Hönicke

Die Ausgangssituation

Die jüdische Gemeinde in Altona – gemeint ist die Hochdeutsche Israeliten-Gemeinde in Altona – lebte 1933 relativ konzentriert im Kern der Altstadt, gruppiert um ihre Synagogen, Klaus-Gebetsräume, Gemeinde-Einrichtungen wie Waisenhaus, Altersheim, Kindergarten und Verwaltung in einem trapezförmigen Areal, im Süden begrenzt durch das Elbufer, im Osten durch die Grenze zu Hamburg, im Norden durch die breit angelegte, in der Mitte mit zwei Baumreihen bestandene Allee (heute Max Brauer-Allee), die im großen und ganzen ebenso erhalten geblieben ist wie die Bahnhofstraße, die das Areal nach Westen begrenzt.[1] Über die Hälfte der Gemeinde (51,8 %) wohnte 1925 entlang der Hamburgischen Grenze.[2] Da in den folgenden Jahren von einem Wohnungswechsel der jüdischen Gemeinde in Altona nicht die Rede ist, dürfte diese Proportionierung auch 1933 noch bestanden haben.

Von dieser Allee und den von Westen nach Osten quer durch dieses Areal verlaufenden Hauptverkehrsadern Königstraße und Große Bergstraße sowie der prächtigen Palmaille abgesehen war die Altstadt, besonders das Viertel zwischen unterer Königstraße und Elbufer mit seinen zahllosen kleinen Straßen und engen Gassen, ein- oder zweistöckigen Fachwerkhäusern aus dem 18. und 19. Jahrhundert, das Quartier einfacher, armer Leute, der kleinen Gewerbe und des Handwerks. Einzelne Gemeindemitglieder (ca. 60) wohnten in den 1927 eingemeindeten westlich gelegenen Elbvororten Blankenese, Nienstedten, Othmarschen, Klein- und Groß-Flottbek, sowie Osdorf, Lurup, Sülldorf und Rissen. Andere (ca. 40) hatten, obwohl Mitglieder der Hochdeutschen Israeliten-Gemeinde Altona, in Hamburg ihren Wohnsitz genommen. Einige wenige wohnten auch außerhalb der beschriebenen Altstadt in den neueren Altonaer Stadtteilen nördlich des Holstenbahnhofs.[3]

Schon diese wenigen Angaben hätten nur spekulativen Wert, wenn nicht in der Hansestadt Hamburg in einer für ganz Deutschland einzigartigen Aktion das Archiv der jüdischen Gemeinde, zu der ab 1. Januar 1938 auch die Altonaer Gemeinde gehörte, vor der Vernichtung gerettet worden wäre. Nur die aktuellen Akten (auch die der Zweigstelle Altona des Synagogenverbandes Altona) sind in der Beneckestraße bei den Bombenangriffen 1943 verbrannt.

Stadtteile

Altona

Die wirtschaftliche Lage der Gemeinde

Die Hochdeutsche Israeliten-Gemeinde in Altona war nicht nur geistig-religiös bedeutend, sondern auch wirtschaftlich sehr gesund, wohlhabend und gut ausgestattet mit Vermächtnissen, Legaten und Stiftungen – bis zum Ersten Weltkrieg 1914. Der Krieg und die sich anschließende, alle Werte verzehrende Inflation machten dem saturierten Status der Gemeinde ein Ende. Dank ihres Grundbesitzes, der von den Folgen der Inflation verschont blieb, ging die Altonaer Gemeinde nicht völlig verarmt aus Weltkrieg und Nachkriegswirren hervor. 1926 besaß sie noch das ansehnliche Vermögen von 351.019,43 RM,[4] das allerdings angegriffen werden mußte, um die jährlichen Haushaltsdefizite auszugleichen. Diese Defizite entstanden aus den ständig steigenden Wohlfahrtslasten infolge der katastrophalen allgemeinen Wirtschaftslage und der Zuwanderung von Ostjuden aus den Nachfolgestaaten der zusammengebrochenen Reiche Rußland (1917) und Österreich-Ungarn (1918). Bei den Fusionsverhandlungen mit der Hamburger Gemeinde gaben die »*Altonaer Herren*« am 30. April 1937 bekannt, daß »*die Gemeinde Altona in den letzten 5 Jahren mit Fehlbeträgen abgeschlossen* [hat], *und zwar*

1932/33	mit 21.500 RM
1933/34	15.000 RM
1934/35	17.500 RM
1935	7.500 RM (Gesch. Jahr v. 9 Monaten)
1936	18.000 RM«.[5]

Das Jahresbudget der Gemeinde lag in Einnahmen und Ausgaben in den Jahren 1932/33 bis 1937 regelmäßig unter 200.000 RM.[6]

Demographie

Betrug die Zahl der Juden in Altona nach der Volkszählung von 1925 zusammen 2.386 oder 1,3 % der Bevölkerung,[7] ging sie bis zur Volkszählung von 1939 auf 708 oder 0,3 % der Bevölkerung zurück.[8] 1933 gab es nach der Volkszählung vom 16. Juni in Altona 2.006 Glaubensjuden oder 0,83 %[9] der damaligen Gesamtbevölkerung. Von den 2.006 Glaubensjuden im Jahre 1933 waren 1.000 männlich, 1.006 weiblich,[10] 876 = 43,7 % waren Einheimische, 1.130 = 56,3 % waren Zugewanderte.[11] 587 = 29,3 % der 2.006 Glaubensjuden in Altona waren in der Zählgemeinde, 1.419 = 70,7 % außerhalb der Zählgemeinde geboren. Sowohl 1925 als auch 1933 lag der Prozentsatz der Juden an der Gesamtbevölkerung über dem Reichsdurchschnitt. 1939 lag dieser Prozentsatz unter dem Reichsdurchschnitt. In dieser Volkszählung von 1939 sind erstmalig im Deutschen Reich die Nürnberger Rassegesetze gegen die Juden auf die Bevölkerungsstatistik angewendet worden. Nach dem Kommentar des Statistischen Amtes Hamburg, der das Ergebnis bewertete, lag 1939 der Anteil der jüdischen »Mischlinge« in Altona über dem Reichsdurchschnitt von 0,14 %, jedoch mit 0,2 % unter dem Durchschnitt der 7 deutschen Großstädte (1939) Wien, Berlin, Frankfurt/Main, Breslau, Hamburg, Köln, München, der mit 0,37 % beziffert wurde.[12] Die Zahlen der Gemeindeangehörigen in den Jahren 1933 bis 1937 hat der Altonaer Vorstand bei den Fusionsverhandlungen mit der Hamburger Gemeinde bekanntgegeben:

1933	ca. 2.000 Seelen	
1934	ca. 1.600 Seelen	
1935	ca. 1.570 Seelen	
1936	ca. 1.519 Seelen	
März 1937	ca. 1.500 Seelen[13]	

Die berufliche Struktur

Die berufliche Struktur der jüdischen Gemeinde Altona, die aus den Steuerrollen und den Adreßbüchern der Jahre 1933 und 1937 ermittelt wurde, unterscheidet sich ganz wesentlich von der Berufsstruktur der Gesamtbevölkerung. Mehr als jede andere Bevölkerungsgruppe war die jüdische Gemeinde in Altona auf sich selbst und die eigene Initiative angewiesen. Mit überwältigender Mehrheit beschäftigten sich die Gemeindemitglieder im Handel jeglicher Art und Größe, in Einzelfällen in einigen, nicht allen, Handwerkszweigen (z.B. Schneider-, Schlachter, Maler-, Bäcker- oder Schuhmacherhandwerk) und minderheitlich in unselbständigen oder Angestellten-Berufen. Arbeiter gab es 1933 ganze 8, 1937 gerade noch 5, akademische Berufe waren 1933 stark, 1937 sehr gemindert vertreten. Sie alle, vor allem die kleinen, mittleren und großen Kaufleute, waren es, die den Kontakt zur übrigen – auch nicht-jüdischen – Bevölkerung hergestellt und gepflegt haben. Da sie als Kaufleute nahezu alles anzubieten hatten, was der Mensch, nicht nur die jüdische Gemeinde, brauchte oder begehrte, sind sie mit unzähligen Menschen fast aller Schichten in Altona in Berührung gekommen. Viele sind auch als Hausierer in der ganzen Stadt herumgekommen, eine zeitgenössische Erscheinung, die im »Dritten Reich« verschwand. Die Bevölkerung muß mit ihnen und ihrem Angebot auch ganz zufrieden gewesen sein, oder auch nur mit einem von beiden, denn die Zahl der Glaubensjuden in Altona ist zwar seit 1925 und dann ab 1933 permanent rückläufig gewesen, doch die berufliche Selbständigkeit der Juden war davon nicht beeinträchtigt, bis auf die von Hitlers Reichsregierung vorsätzlich herbeigeführten beruflichen Einschränkungen bei jüdischen Beamten, Ärzten und Rechtsanwälten. Das Wiederansteigen der Einkünfte aus der Gemeindesteuer nach 1935 bei rückläufiger Mitgliederzahl deutet u.a. auch darauf hin, daß die Gemeindemitglieder in ihren Berufen tüchtig gewesen sind, als Geschäftsleute Anklang gefunden und – was nicht auszuschließen ist in Deutschland – auch den Neid weniger erfolgreicher Nicht-Juden in Altona auf sich gezogen haben. Der hatte sich gegen die jüdischen Beamten, Ärzte und Rechtsanwälte bereits ausgewirkt: jüdische Ärzte durften nur noch Juden behandeln, jüdische Anwälte als Rechtskonsulenten nur noch für Juden tätig werden.

Die gesellschaftliche Stellung

Da die Mehrzahl der jüdischen Gemeindemitglieder den unteren Einkommensschichten angehörte, liegt der Schluß nahe, daß sie gesellschaftlich so gut wie gar keine Rolle in Altona gespielt haben. Ihre Existenz am Rande des Einkommen-Minimums, das sie von der Gemeindesteuer in über der Hälfte der Fälle befreite, verwies sie von vornherein auf die hinteren Plätze der Gesellschaft.[14] Das Renommée der jüdischen Gemeinde in Altona war wohl eher auf ihre ungewöhnlich zahlreichen akademisch gebildeten Mitglieder – proportional weit stärker als in der übrigen Altonaer Bevölkerung vertreten – und vor allem auf die Sanitäts- und Justizräte zurückzuführen,[15] die aus dem Kaiserreich stammten und

Stadtteile

Altona

zur Hautevolée gehört hatten. Das galt auch noch für die Weimarer Republik, in der diese als ehrenvoll angesehenen Titel ihre Gültigkeit behalten hatten. Sie kamen auch dem Ansehen der jüdischen Gemeinde in Altona zugute. Diese der Zahl nach kleine aber einflußreiche Oberschicht war es, die ihre Gemeinde nach außen repräsentierte und auch nicht gezögert hat, in der Gemeinde ehrenamtlich mit großem Arbeits- und Zeitaufwand zu wirken. Diese Oberschicht stand, wie die Einführung des Oberrabbiners Dr. Joseph Carlebach am 12. September 1925[16] bewies, in wohlwollend aufgenommenen Beziehungen zur staatlichen und kommunalen Obrigkeit, die stets wichtiger Teil der tonangebenden Gesellschaft gewesen ist.

Was die politische Orientierung der jüdischen Oberschicht in Altona betrifft, läßt sich vermuten, daß ein großer Teil von ihr in jenen Tagen dem konservativen Element zuzuzählen war, dessen patriotische Grundstimmung im Central-Verein Hamburg-Altona seine gesellschaftliche und politische Heimat fand. Diese konservative, in jedem Falle aber stets defensive Grundhaltung hatte noch einen weiteren Bezugspunkt in der traditionellen staatsbürgerlichen Treue der jüdischen Minderheit, die nie vergaß, was sie in Deutschland der Weimarer Verfassung zu verdanken hatte: die vollständige rechtliche Gleichstellung mit der übrigen Bevölkerung. Käthe Starke, die Augenzeugin jener Jahre, die ihre Deportation nach Theresienstadt überlebte – selbst Mitglied der damaligen jüdischen Oberschicht in Altona —, bezog die Auseinandersetzung mit Hitler, den sie als Studentin in München mehrfach aus der Nähe erlebt hatte, auch auf ihre eigene Person und Familie und entwickelte unter diesem Druck einen persönlichen, lokalen und jüdischen Stolz, als sie schrieb:

»*Es würde sich zeigen, meinten wir, wer den längeren Atem habe, wir, deren Familie seit nachweislich über dreihundert Jahren in Altona ansässig und angesehen war, oder dieser – dieser wirklich hergelaufene Schlawiner mit den schlechten Nerven* [Hitler]. *Wie lange konnte so einer sich denn an der Macht halten?*«[17]

Die Vereinigung der Hochdeutschen Israeliten-Gemeinde in Altona mit der Deutsch-Israelitischen Gemeinde in Hamburg zum Jüdischen Religionsverband Hamburg (1937/38)

Der schon 1935 von der Reichsvertretung der Juden in Berlin geäußerte Gedanke einer Arbeitsgemeinschaft der drei Gemeinden Altona-Hamburg-Wandsbek,[18] der ohne Folge blieb, nahm Gestalt an mit dem Groß-Hamburg-Gesetz vom 26. Januar 1937.[19] Der Gedanke hatte nahe gelegen, war allerdings auch nicht originell. Zum einen wurde die Altonaer Gemeinde alljährlich von der Hamburger Gemeinde bei ihren Wohlfahrtslasten finanziell subsidiert, 1933/34 z.B. mit RM 6.000,[20] 1937 um 1.000 RM weniger;[21] zum andern waren die beiden benachbarten Gemeinden schon einmal (mit Wandsbek) vereint gewesen, konnten also auf eine gemeinsame geschichtliche Tradition zurückblicken, die durch Einwirkung von außen, 1812 durch Napoleon, beendet worden war. Hamburgs Beteiligung an Altonas Wohlfahrtslasten war nun nicht auf eine Erinnerung an alte Zeiten, sondern auf Hamburgs restriktive Wohnungspolitik zurückzuführen, die kaum jüdischen Zuzug nach Hamburg zuließ und die Hauptlast der ostjüdischen Einwanderung nach dem Ersten Weltkrieg automatisch nach Altona lenkte. Ersichtlich war inzwischen, daß die bis 1812 auch für Hamburg maßgebliche Rolle des Altonaer Oberrabbinats[22] von einer Überlegenheit der Hamburger Gemeinde abgelöst worden war. Die künftige Rollenverteilung ergab sich auch aus der Zahl der Gemeindemitglieder: den 16.000 Hamburger Juden standen 1937 in Altona 1.600 gegenüber, das *»Verhältnis der Seelenzahl der Gemeinden Hamburg und Altona* [betrug] *wohl das von 10:1«*.[23]

In den Vertragsverhandlungen, die am 1. April 1937 mit drei schnell aufeinanderfolgenden Entwürfen begannen, wurden alle Probleme zur Sprache gebracht und schließlich, nicht ohne gelegentliche krisenhafte Zuspitzungen, einvernehmlich geregelt: die Vereinheitlichung der orthodoxen Belange, die Aufsicht über das Ritualwesen, die Gründung des Synagogenverbandes Altona, der *»gleichberechtigt und neben ihnen* [den drei alten Hamburgischen Kultusverbänden] *gleich verpflichtet«*[24] war, die Wahrung der Rechte der Beerdigungsbrüderschaft Altona auf dem Friedhof Bornkampsweg und die Vertretung der Altonaer Gemeinde in den Gremien der vereinigten Gemeinde. Eine Verfassungsänderung wurde notwendig: entgegen der bisherigen Hamburger Verfassung wurde jetzt die Fürsorge für den Kultus zu einer der wesentlichsten Aufgaben der Gemeinde bestimmt.[25] Die Reichsministerien in Berlin verlangten, *»daß die Deutsch-Israelitische Gemeinde in Hamburg, deren Name auch die Bezeichnung der neuen Gesamtgemeinde werden sollte, den Namen so änderte, daß weder das Wort 'deutsch', 'israelitisch' noch 'Gemeinde' in ihm enthalten sei«*. Als Gemeinde sollten für die Folge nur noch die unter die Gemeindeordnung fallenden Körperschaften (Städte, Dörfer usw.) bezeichnet werden dürfen. Die nach vielen Verhandlungen schließlich gewählte Bezeichnung »Jüdischer Religionsverband Hamburg« war *»nur eine Änderung der Bezeichnung und des Namens der alten Hamburger Gemeinde«*.[26] Der Vereinigungsvertrag und die Verfassungsänderungen mit den von den Behörden verlangten Abänderungen wurden am 23. Dezember 1937 (zusammen mit den Verträgen mit der Wandsbeker und der Harburger Gemeinde) vom Repräsentanten-Kollegium der Hamburger Gemeinde genehmigt.

Polizei-Aktionen gegen Juden vor der »Reichskristallnacht«

Vor dem Novemberpogrom hatte es 1938 zwei Polizei-Aktionen gegen Juden gegeben, deren eine am 15. Juni,[27] deren andere am 28. Oktober[28] stattfand und die beide nur insoweit miteinander zusammenhingen, als sie nicht von der Geheimen Staatspolizei, sondern von der Kriminal- bzw. Schutzpolizei organisiert und durchgeführt worden sind.[29] Bei der Aktion am 15. Juni 1938 waren alle Juden verhaftet worden, die irgendwann vorbestraft worden waren, mit Geldstrafen von 50 Mark an oder Gefängnisstrafen. Sie wurden in das Konzentrationslager Sachsenhausen (Oranienburg bei Berlin) transportiert, bis nach Schätzung von Dr. Max Plaut, der dort durch seine Intervention zum Ende dieser Aktion beigetragen hat, 50–60.000 Mann zusammengekommen waren. Frauen waren in diese Verhaftungsaktion nicht einbezogen.[30] Plauts Intervention bei Reichskriminaldirektor Nebe in Berlin hatte Erfolg. Innerhalb von 6 Monaten hat er die Hamburger Überlebenden – es gab auch Todesfälle in Sachsenhausen – einzeln freibekommen, alle mit der Auflage der sofortigen Auswanderung, was nach Plaut auch geschehen ist.[31]

Am 28. Oktober 1938 wurden 18.000 der verbliebenen 72.000 polnischen Juden aus Deutschland, Österreich und dem Sudetenland über die polnische Grenze abgeschoben. *»Die Polen nahmen sie am ersten Tag auf, verweigerten ihnen aber danach die Einreise und waren so für die Zwangslage der Vertriebenen, die im Niemandsland zwischen den Grenzen eingeschlossen waren, mitverantwortlich«*.[32] Anlaß waren die neuen polnischen Paßgesetze vom 31. März 1938 und 6. Oktober 1938, nach denen die Pässe der polnischen

Staatsbürger, die sich im Ausland befanden und länger als 5 Jahre dort gelebt hatten, in Polen erneuert werden mußten. Daraufhin wurde in Berlin beschlossen, »*polnische Juden aus dem Reich zu vertreiben*«.[33] An »*diese*[r] *erste*[n] *Massendeportation des Dritten Reiches*«[34] war Groß-Hamburg – also einschließlich Altonas – mit 700 Juden polnischer Staatsangehörigkeit beteiligt.[35]

Wechsel im Amt der Oberrabbiners

Am 30. Juni 1936 endete das Vertragsverhältnis der Hochdeutschen Israeliten-Gemeinde Altona mit Oberrabbiner Dr. Josef Carlebach,[36] der inzwischen zum Oberrabbiner in Hamburg gewählt worden war. Vorstand und Gemeindevertreter-Kollegium beschlossen daraufhin, »*die Stelle des Oberrabbiners kommissarisch zu besetzen und Herrn Rabbiner Dukesz ab 1.7. d. J. zum Rabbinatsverweser zu ernennen*«.[37] Am 5.1.1937 wurde auf der gemeinschaftlichen Sitzung beider Gremien mit 10:2 Stimmen Dr. Theodor Weisz zum neuen Oberrabbiner gewählt. Die Amtseinführung am 14.3.1937 hat auf Wunsch des Vorstandes Oberrabbiner Dr. Carlebach übernommen.[38] Bei dieser Gelegenheit entfaltete die Hochdeutsche Israeliten-Gemeinde in Altona noch einmal in der Großen Synagoge einen der Bedeutung des Ereignisses und des Oberrabbinats Altona entsprechenden festlichen Rahmen.

Dieses letzte Zeugnis traditionell großen Stils dokumentiert in für die deutschen Juden schwerer Zeit die verbindende Kraft ihres Gottesglaubens ebenso wie das kraftvolle Selbstverständnis ihrer maßgeblichen gewählten Repräsentanten in der Altonaer Gemeinde am Vorabend einschneidender Veränderungen im Altonaer Gemeindeleben, die sich schon angekündigt hatten.[39] Ein Vertreter der Kommunalverwaltung, wie am 12. September 1925 bei der Amtseinführung von Oberrabbiner Dr. Carlebach Altonas Oberbürgermeister Max Brauer,[40] war am 14. März 1937 in der Großen Synagoge zu Altona nicht erschienen.

Der Synagogenverband Altona

Die Vereinigung der jüdischen Gemeinde in Altona mit der Hamburger jüdischen Gemeinde zum 1. Januar 1938 ging in Altona einher mit zuvor gezogenen personellen Konsequenzen, die für die Juden in Altona deutlich das bevorstehende Ende einer religiös und administrativ herausragenden Ära ihrer Heimatgemeinde signalisierten. Zuerst war der beliebte und wortgewaltige Oberrabbiner Dr. Josef Carlebach nach elfjähriger Tätigkeit in das Amt des Oberrabbiners der zehnmal größeren Nachbargemeinde in Hamburg übergewechselt. Das war ein Verlust, den der Vorstandsvorsitzende der Altonaer Gemeinde, Sanitätsrat Dr. Louis Franck, in dem Einführungsgottesdienst für Dr. Carlebachs Nachfolger in Altona, Dr. Theodor Weisz, in eindringlichen Formulierungen den in der Altonaer Synagoge Versammelten noch einmal ins Gedächtnis rief. Der zweite personelle Verlust, der die Altonaer Gemeinde traf, war der Vorstandsvorsitzende Dr. Louis Franck selbst. Franck (1868 – 1951 Haifa) war nicht nur der langjährige Vorsitzende, der großes Ansehen genoß, er war auch einer der frühesten Anhänger von Theodor Herzl, Gründer der Misrachi-Bewegung (Vereinigung toratreuer Zionisten),[41] wohlbekannt und hoch respektiert im heimatlichen Altona. Die religiöse und geistige Leitung der Altonaer Gemeinde wurde zunächst dem seit 1891 in Altona wirkenden Rabbiner Eduard Dukesz anvertraut, der sie dann an den neugewählten Oberrabbiner Dr. Theodor Weisz abgab. Beide zusammen, Weisz und Dukesz, mit dem anderen Rabbiner Jacob B. Cohen haben das Oberrabbinat in Altona gebildet. Rabbiner Dukesz, Senior im Oberrabbinat Altona, wurde am 3. August 1868 in Szelepcsany geboren.[42] Oberrabbiner Dr. Theodor Weisz, geboren am 13. September 1908, Schüler des Rabbinerseminars in Berlin und der Jeschiwa Mir,[43] gelang es schnell, das Herz und den Respekt seiner Gemeinde in Altona zu gewinnen.

Konsequenzen der »Reichskristallnacht«

Die Machtergreifung der Nationalsozialisten hatte die Lebensgrundlage der Juden in Deutschland entscheidend verändert. Das Reichspogrom vom 9. November 1938, allgemein als »Reichskristallnacht« bezeichnet, brachte in seiner Folge die endgültige Hinausdrängung der Juden aus dem Wirtschaftsleben.[44] Die abschließende »Arisierung« jüdischer Firmen, Kaufhäuser und Geschäfte erfolgte zum Nachteil der ehemaligen jüdischen Eigentümer. In ganz Deutschland wurden Synagogen in Brand gesteckt oder zerstört, jüdische Männer jeden Alters zu Tausenden von SA und SS verhaftet, jüdische Familien terrorisiert. Ein Pogrom wie man es seit Jahrhunderten in Deutschland nicht gekannt hatte, setzte einen verhängnisvollen Prozeß in Gang, der – durch den bald ausbrechenden Zweiten Weltkrieg überdimensional verstärkt – zur vollkommenen Entrechtung der deutschen Juden, zu ihrer Massen-Deportation, ihrer Ermordung in Osteuropa und zum Untergang aller jüdischen Gemeinden in Deutschland geführt hat.

Was die Zerstörung der Großen Synagoge betrifft, die zwischen Wohnhäusern lag, so kam hier vermutlich die Anordnung Heydrichs vom 10. November 1938 betreffend die »Maßnahmen gegen die Juden in der heutigen Nacht« in Anwendung, die bestimmte, daß »z.B. Synagogenbrände nur, wenn keine Brandgefahr für die Umgebung vorhanden ist« zulässig seien.[45] In einem Interview schildert Dr. Plaut 1973 diesen Vorgang folgendermaßen: Der Gestapochef in Altona, Pelzer, »*hat jedenfalls vor alle jüdischen Einrichtungen am 9. November Posten gestellt und hat sie alle erhalten. Nachher natürlich wurden die Synagogeneinrichtungen auch in Lohnarbeit zerstört. Und dann hat man die Synagoge als solche als Lagerraum der Gestapo [...] benutzt*«.[46]

Ihr weiteres Schicksal ist bekannt:

»*Die Synagoge, die im Dezember 1942 zwangsweise an die Hansestadt Hamburg verkauft werden mußte, wurde an eine Hamburger Werft vermietet. Diese ließ die Synagoge umbauen, um hier 'ausländische Facharbeiter' unterzubringen. Die Arbeiten waren am 21. Juli 1943 beendet. Wahrscheinlich in den anschließenden Bombennächten wurde die Synagoge restlos zerstört*«.[47]

Die »Reichskristallnacht« hatte zahlreiche gesetzliche und administrative Konsequenzen im Gefolge. Der Synagogenverband Altona wurde aufgelöst, die Große Synagoge geschlossen. Die Verfassung des Jüdischen Religionsverbandes Hamburg wurde außer Kraft gesetzt, das Repräsentanten-Kollegium aufgelöst. Ein neuer Vorstand wurde eingesetzt, zugleich der Geheimen Staatspolizei unterstellt, die auch weitgehend die Aufsicht über die Gemeinde übernahm. Die Leitung des Jüdischen Religionsverbandes Hamburg wurde Dr. Plaut übertragen, er wurde auch zum alleinigen Vorstand aller sonstigen jüdischen Organisationen in Hamburg bestellt. Auf dem Verordnungswege wurde der

Hamburger Gemeinde am 4. August 1939 eine neue Verfassung gegeben, *»nach der [...] für die Verwaltung der Gemeinde [...] jetzt das Führerprinzip«* galt. *»Repräsentanten-Kollegium und alle Kommissionen bleiben abgeschafft. Es finden keine regelmäßigen Vorstandssitzungen mehr statt. Jedes Vorstandsmitglied ist verantwortlicher Leiter eines Ressorts«*.[48] Im neuen Vorstand war Altona nicht mehr vertreten. Eine weitere bedeutende Veränderung brachte die Umwandlung der Reichsvertretung, ab 5. Juni 1939 »Reichsvereinigung der Juden in Deutschland«, mit sich. Alle Juden deutscher Staatsangehörigkeit wurden ihre Zwangsmitglieder (mit Ausnahme derer, die in einer »privilegierten Mischehe« lebten). Zweck der Reichsvereinigung war die Förderung der Auswanderung. Weiter wurde sie zum Träger des jüdischen Schulwesens und der freien jüdischen Wohlfahrtspflege bestellt. Jetzt mußten auch die letzten jüdischen Kinder, die noch nicht in jüdischen Schulen unterrichtet wurden, in jüdische Schulen umgeschult werden.[49]

Die 10. Verordnung zum Reichsbürgergesetz vom 4. Juni 1939 hat *»die letzten Reste der Selbständigkeit der alten jüdischen Gemeinde [Hamburg] beseitigt. Wie alle übrigen Kultusvereinigungen des Reichs, soweit sie nicht wegen ihrer geringen Größe aufgelöst wurden, wurde auch der Jüdische Religionsverband Hamburg eine Zweigstelle der Reichsvereinigung und unterliegt als solche ihren Anweisungen«*.[50]

Kriegsausbruch 1939

Der Kriegsausbruch am 1. September 1939 wird als Ereignis in den Archivalien der jüdischen Gemeinde in Hamburg überhaupt nicht erwähnt. Die Beschränkungen, die der deutschen Bevölkerung in puncto Ernährung auferlegt wurden, galten auch für die jüdische Minderheit, wurden für sie aber Zug um Zug verschärft. Die Auswanderung ging weiter, erreichte aber nicht mehr den Umfang der früheren Jahre.

Die Zahl der Juden in Hamburg hatte sich seit 1933 erheblich vermindert. Hatte ihre Zahl 1925 noch 20.000 betragen, war sie 1933 auf etwa 17.000 zurückgegangen. 1935 waren es noch ca. 15.000.[51] Ende 1940 wurden 7.985 Juden in Hamburg (inkl. Altona) gezählt.[52] Einher ging mit diesen rückläufigen Zahlen ein starker Überalterungsprozeß – eine Folge der Auswanderung hauptsächlich jüngerer Gemeindemitglieder.[53]

Die Deportationen

Mit Beginn des Rußlandfeldzuges am 22. Juni 1941 wurde die Auswanderung von Juden verboten.[54] Ihnen standen nun die Deportationen in das Generalgouvernement, die Sowjetunion und die Tschechoslowakei bevor. Von Hamburg gingen 17 Transporte mit Juden aus Groß-Hamburg ab. Der erste fuhr am 25. Oktober 1941 nach Litzmannstadt (Lodz), der letzte am 14. Februar 1945 nach Theresienstadt. Die ersten vier Deportationen im Jahr 1941 nach Lodz, Minsk und Riga verminderten die Zahl der Juden in Hamburg Ende 1941 auf 4.051. Zu den Opfern der Deportation nach Riga am 6. Dezember 1941 gehörte auch der frühere Altonaer Oberrabbiner Dr. Joseph Carlebach mit seiner Frau und drei seiner Kinder. Bei den Zahlen ist auch die 1941 aufgetretene besonders hohe Sterblichkeit unter den Hamburger Juden zu beachten.[55] Die Kosten der Deportationen, insbesondere die Ausrüstung der Deportierten mit Winterbekleidung, Schuhen, und die Versorgung mit Lebensmitteln mußte die Gemeinde tragen. Wieder aufgenommen wurden die Deportationen im Juli 1942. In drei Transporten, einer davon nach Auschwitz und zwei nach Theresienstadt, wurden 1.973 Juden zwangsweise aus Hamburg vertrieben. Ende Dezember 1942 war die Zahl der Juden in Hamburg, auch infolge wiederum erhöhter Sterblichkeit unter ihnen, auf 1.805 zurückgegangen. Mit dieser Zahl enden die aus den Archivalien zu ersehenden exakten Zahlen. Es gibt noch eine Zahl vom 22. Februar 1944, die der Reichsvereinigung der Juden in Deutschland nach Berlin mitgeteilt worden ist. Danach betrug »*die Gesamtzahl* [der Juden in Hamburg] *980 Köpfe. Von 186 Personen ist noch nicht ermittelt, inwieweit sie ums Leben gekommen oder nach auswärts verzogen sind*«.[56]

Die Zahl der Hamburger Opfer der Deportationen, in der die Altonaer Opfer enthalten sind, wird in dem Gedenkbuch für die jüdischen Opfer des Nationalsozialismus mit 5.366 beziffert. Dazu kommen 308 Opfer, die den Freitod im Zusammenhang mit Verfolgungen in Hamburg gewählt haben. Zwei von ihnen sind der langjährige stellvertretende Vorsitzende der Deutsch-Israelitischen Gemeinde in Hamburg und deren Rechtsnachfolger, Dr. Leo Lippmann, und seine Frau.[57] In Altona gehört zu ihnen Professor Dr. Karl Bruck, Hautarzt von 1914 – 1935, wohnhaft in Altona, Elbchaussee 180, bis 1944. Sein Todestag war der 12. Juni 1944.[58] Zu denen, die im Juli 1942 deportiert wurden, gehörten

»*95 Angestellte und 12 ehrenamtliche Mitarbeiter des Jüdischen Religionsverbandes Hamburg und 7 Angestellte und Mitarbeiter der Bezirksstelle Nordwestdeutschland [...]*«, unter ihnen »*Ida Hagenow, die langjährige bewährte Sekretärin der Hochdeutschen Israeliten-Gemeinde Altona*«.[59]

Ende des Jüdischen Religionsverbandes Hamburg 1942

Die Schwächung des Jüdischen Religionsverbandes Hamburg führte am 21.November 1942 zu seiner Eingliederung in die Reichsvereinigung der Juden in Deutschland. Damit hörte der Jüdische Religionsverband Hamburg auf zu bestehen. Informiert wurde deren Vorsitzender darüber durch die Aufsichtsbehörde, die Geheime Staatspolizei, die eine Verfügung des Reichsinnenministers vorlegte, die von Eichmann unterschrieben war.[60] Fortgeführt wurden die Geschäfte von der Bezirksstelle Nordwestdeutschland der Reichsvereinigung der Juden in Deutschland, Hamburg 13, Beneckestraße 2. Der Leiter der Bezirksstelle, Dr. Max Plaut, hat den Jüdischen Religionsverband Hamburg übernommen. Mit den Hamburger wurden auch die Kultusvereinigungen in Breslau und in Frankfurt/Main eingegliedert. Nur die Jüdische Kultusvereinigung Berlin behielt noch ihre Selbständigkeit.[61] 1942 ordnete die Aufsichtsbehörde der Reichsvereinigung in Berlin an,[62] »*daß alle entbehrlichen Grundstücke alsbald zu veräußern seien*«. Käufer war in der Regel die Hansestadt Hamburg. Als Kaufpreis wurde der Einheitswert zugrundegelegt und in der Mehrzahl der Fälle über-, in einigen unterschritten.[63]

Auflösung der Reichsvereinigung

Am 10. Juni 1943 ist auch die »Reichsvereinigung der Juden in Deutschland« aufgelöst worden, und zwar durch Erlaß des Reichssicherheitshauptamtes Berlin. Ihr Vermögen wurde beschlagnahmt. Unter die Beschlagnahme fiel auch das Vermögen ihrer Bezirksstelle Nordwestdeutschland in Hamburg, Beneckestraße 2/4. Der Leiter der Bezirksstelle, Dr.

Stadtteile

Altona

Max Plaut, wurde am 10. Juni 1943 aus der Synagoge geholt, »*um der Schließung der Reichsvereinigung beizuwohnen*«.[64] Ausgenommen von der Verwertung des Vermögens waren die Kultgegenstände und die Archivalien, sowie die dazu benötigten Behältnisse.[65] In der Liste der beschlagnahmten Grundstücke finden sich auch die an die Hansestadt Hamburg im Jahre 1942 zwangsverkauften Grundstücke in Altona mit dem Zusatz: »*Verkauft an Hansestadt Hamburg, noch nicht aufgelassen*«.[66] Vom Oberfinanzpräsidenten angeordnete Zwangsversteigerungen von jüdischem Hausrat mußten teilweise ausfallen. Begründung: »*Sachen nicht abgeliefert, da durch Bombenterror vernichtet. Hamburg, 1. Sept. 1943 gez. Unterschrift*«.[67]

In der Nacht zum 25. Juli 1943 begann mit der »Operation Gomorrha« der britischen Royal Airforce die Zerstörung der Hansestadt Hamburg aus der Luft. Erhalten sind, wenn auch beschädigt, die Friedhöfe an der Königstraße, Bismarckstraße, Bornkampsweg, und, auch nicht vollständig, Archivalien der einstigen Hochdeutschen Israeliten-Gemeinde in Altona.[68]

Einen Monat vor diesen Ereignissen heißt es in dem Bericht der Altonaerin Käthe Starke, geborener Goldschmidt, über ihre Deportation nach Theresienstadt:

»*Die Türen* [der Güterwaggons] *wurden zugeschoben. Der Transport war abgefertigt. Wir merkten, daß wir fuhren. In diesem Augenblick – am 23. Juni 1943 – endete die altehrwürdige Tradition der Hochdeutschen Israeliten-Gemeinde zu Altona, und die der hochangesehenen und reichen Deutsch-Israelitischen Gemeinde in Hamburg*«.[69]

Anmerkungen

1 StAH Jüdische Gemeinden 180: Steuerrollen, Bd. 23 – 28.
2 Lorenz 1987 (1), S. 1228.
3 StAH Jüdische Gemeinden 180 (wie Anm. 1), Bd. 24, 2ff.
4 Lorenz 1987 (1), S. 1272.
5 StAH Jüdische Gemeinden 984: Angliederung der Gemeinden in den ehemaligen preußischen Gebieten 1937, b: Hochdeutsche Israeliten-Gemeinde Altona, S. 1 u.a.
6 StAH Jüdische Gemeinden 165: Spezialakte der Haupt- und Kassenverwaltung, Bd. 41 (1932 – 1935), S. 23, 74, 120, 153, 220; ebd., Bd. 42 (1936), S. 91.
7 Lorenz 1987 (1), S. 1226.
8 Aus Hamburgs Verwaltung und Wirtschaft, Sondernr. 5, S. 18.
9 Statistik des Deutschen Reichs, Bd. 451 (1936): Die Glaubensjuden im Deutschen Reich, S. 34.
10 Ebd.
11 Ebd., S. 15.
12 Aus Hamburgs Verwaltung und Wirtschaft, Sondernr. 5, S. 19.
13 StAH Jüdische Gemeinden 984 (wie Anm. 5), S. 30.
14 StAH Jüdische Gemeinden 180 (wie Anm. 1), Bd. 24 (1932/33), S. 1 – 47, S. 60 – 63.
15 Ebd.
16 Lorenz 1987 (1), S. 1341.
17 Starke, Stadt, S. 18.
18 StAH Jüdische Gemeinden 149: Protokoll für die gemeinschaftlichen Sitzung des Vorstandes und der Gemeindevertretung der Hochdeutschen Israeliten-Gemeinde zu Altona, Bd. 3 (1933 – 1984), S. 140.
19 StAH Jüdische Gemeinden 984 (wie Anm. 5), S. 4.
20 StAH Jüdische Gemeinden 147: Protokolle des Vorstandes der Hochdeutschen Israeliten-Gemeinde zu Altona, Bd. 6 (1932 – 1936), S. 271.
21 Ebd., S. 16 (ad 2f).
22 Siehe dazu den Beitrag von Peter Freimark in diesem Band.
23 StAH Jüdische Gemeinden 984 (wie Anm. 5), S. 34.
24 Ebd., S. 198.
25 StAH Jüdische Gemeinden 991a: Beitrag zur Geschichte der Deutsch-Isrealitischen Gemeinde zu Hamburg (Jüdischer Religionsverband Hamburg e.V.) in der Zeit vom Herbst 1935 bis Mai 1941, verfaßt zum 60. Geburtstag Dr. Leo Lippmanns, S. 25.
26 Ebd., S. 26.
27 StAH Handschriftensammlung 1374: Plaut,

Interview Christel Riecke, 1973, Zeile 611.
28 StAH Kurzbericht Kommando Schutzpolizei – 1 –, vom 5.11.1938, Nr. 18; siehe dazu auch den Beitrag von Susanne Goldberg/Ulla Hinnenberg/Erika Hirsch in diesem Band.
29 StAH Kurzbericht Kommando Schutzpolizei (wie Anm. 28).
30 StAH Handschriftensammlung 1374 (wie Anm. 27), Zeile 611ff.
31 Ebd., Zeile 687.
32 Milton, Menschen, S. 192.
33 Ebd.
34 Schoeps, Einführung, S. 11.
35 StAH Kurzbericht Kommando Schutzpolizei (wie Anm. 28).
36 StAH Jüdische Gemeinden 149: Protokoll für die Gemeinschaftlichen Sitzungen des Vorstandes und der Gemeindevertreter der Hochdeutschen Israeliten-Gemeinde zu Altona, Bd. 3 (1933 – 1938), S. 196.
37 Ebd., S. 198.
38 StAH Jüdische Gemeinden 147 (wie Anm. 20) Bd. 7 (1936 – 1938), S. 25.
39 StAH Jüdische Gemeinden 872: Jüdisches Gemeindeblatt für das Gebiet Hamburg 13 (1937), Nr. 3, S. 2.
40 Lorenz 1987 (1), S. 1341.
41 Ebd., S. 1494; siehe auch den Beitrag von Erika Hirsch in diesem Band.
42 Jüdisches Lexikon, Bd. 2, S. 218.
43 StAH Jüdische Gemeinden 872: Jüdisches Gemeindeblatt für das Gebiet Hamburg 13 (1937), Nr. 1, S. 6.
44 Barkai 1988 (2), S. 80, 119; siehe die Beiträge von Frank Bajohr/Joachim Szodrzynski und Uwe Lohalm in diesem Band.
45 Nürnberger Prozeß, Bd. 1, Dok. 3051-PS, zitiert nach Eschwege 1980, S. 191.
46 StAH Handschriftensammlung 1374 (wie Anm. 27) Zeilen 426 – 439..
47 Stein 1984, S. 129.
48 StAH Jüdische Gemeinden 991a (wie Anm. 25), S. 34.
49 Siehe den Beitrag von Ursula Randt in diesem Band.
50 StAH Jüdische Gemeinden 991a (wie Anm. 25), S. 35.
51 Ebd., S. 3; für den Anteil der Altonaer siehe oben S. 3.
52 StAH Jüdische Gemeinden 991a (wie Anm. 25), S. 4.
53 Ebd.
54 StAH Handschriftensammlung 1374 (wie Anm. 27), Zeile 553.
55 StAH Jüdische Gemeinden 991a (wie Anm. 25), S. 42.
56 StAH Familie Plaut: Dr. Max Plaut unter D38, Buchstabe H.
57 StAH Jüdische Gemeinden 992 k: Gedenkbuch für die Opfer des Nationalsozialismus in Hamburg (Faksimile des Vermessungsamtes Hamburg 1977).
58 Hinweis von Peter Freimark.
59 H. Lamm: Die Jahre des Nieder- und Untergangs, in: StAH Jüdische Gemeinden 992k (wie Anm. 57), S. 122.
60 StAH Jüdische Gemeinden 985c: Sitzungsprotokolle des Vorstandes des Jüdischen Religionsverbandes Hamburg, 23.10.1939 – 21.11.1942, S. 43. PK, S. 43.
61 StAH Jüdische Gemeinden 992: Bericht von Dr. Leo Lippmann vom Januar 1943 betr. die Liquidation der jüdischen Stiftungen und Vereine in Hamburg, S. 2.
62 Ebd., S. 22.
63 StAH Jüdische Gemeinden 992 (wie Anm. 61), S. 23ff.
64 StAH Handschriftensammlung: Familie Plaut (wie Anm. 56), Buchst. E.
65 StAH Oberfinanzpräsident Hamburg: Devisenstelle und Vermögensverwertungsstelle, Arbeitssignatur 31/1, Übergabe des Vermögens an den Oberfinanzpräsidenten durch die Gestapo.
66 Ebd., Arbeitssignatur 31/3, Listen der am 10.6.1943 beschlagnahmten Grundstücke, Hypotheken und Renten.
67 Ebd., Arbeitssignatur 31/2, Bestandsaufnahme, Räumungsberichte und Versteigerungsaufträge für das Inventar des Hauses Beneckestr. 4 (Synagoge) und 6, geplante Abgabe des Inventars der Schusterwerkstatt im Haus Beneckestr. 2 an die Sozialverwaltung 1943.
68 Johe 1986 (2), S. 366ff.
69 Starke, Stadt, S. 26.

Literatur

Milton, Sybil: Menschen zwischen den Grenzen: Die Polenausweisung 1938. In: Menora 1 (1990), S. 184 – 206

Schoeps, Julius H.: Einführung. In: Menora 1 (1990), S. 7 – 14

Starke, Käthe: Der Führer schenkt den Juden eine Stadt. Bilder, Impressionen, Reportagen, Dokumente. Berlin 1975

Stadtteile

Ausgrenzung, Vertreibung und Ermordung der Eimsbütteler Juden

Beate Meyer

In den 12 Jahren seiner Herrschaft erließ das NS-Regime eine Vielzahl von Gesetzen gegen die jüdische Bevölkerung, die schrittweise deren Ausgrenzung aus der Gesellschaft bewirkten, sie in die Emigration trieben und die schließlich die »rechtliche« Grundlage für ihre Ermordung bildeten. Ob die »Endlösung« als von Beginn an intendiertes Ziel dieser Politik anzusehen ist oder sich erst aus der polykratischen, zur permanenten Radikalisierung neigenden inneren Struktur des Regimes entwickelte, ist dabei aus der Perspektive der Betroffenen sekundär. Aus ihrer – retrospektiven – Sicht griffen die Maßnahmen, die zu unterschiedlichen Zeitpunkten auf Teilgruppen angewendet wurden, wenn aus Sicht der Machthaber die Zeit dafür reif schien und die Bürokratie in der Lage war, sie organisatorisch zu bewältigen, so perfekt ineinander, daß es kaum Nischen innerhalb dieses Systems gab. Auch in Hamburg, wo viele Juden den Weg der Assimilation beschritten hatten, vertrauten diese auf die Festigkeit ihrer Integration, von der sie annahmen, daß auch der Nationalsozialismus sie nicht grundsätzlich erschüttern könne. Doch alle Versuche, mit individuellen Strategien die Situation zu bewältigen, scheiterten angesichts der sich steigernden Verfolgungsmaßnahmen. Überleben verhieß allein die Emigration, die formaljuristisch bis 1941, faktisch aber nur bis Kriegsausbruch möglich war. Die Deportationen aus Hamburg begannen im Oktober 1941 und waren 1943 fast abgeschlossen. Angesichts des sich im Kriegsverlauf verstärkenden Arbeitskräftemangels in der Rüstungsindustrie und vor allem bei der Aufrechterhaltung der städtischen Infrastruktur veränderte sich die Situation für die noch verbliebenen rassisch Verfolgten, die »straßenbauend Richtung Osten« getrieben werden sollten: Sie wurden zunächst zur Zwangsarbeit in Hamburg herangezogen, zur geplanten Internierung fehlten die Unterkünfte.[1]

Eine Dokumentation rassischer Verfolgung bezogen auf einen Großraum wie Hamburg hätte sich also nicht nur mit der lokalen Umsetzung von NS-Gesetzen zu beschäftigen, sondern zu versuchen, Spezifika im Vergleich zu anderen Regionen herauszufiltern, dabei aber auch die Perspektive, die Menschen als bloße Objekte der NS-Politik betrachtet, zu verlassen und sich der Subjektseite zuzuwenden, um die erfahrungsgeschichtliche Dimension der Verfolgung in den Blick zu bekommen. Dies kann am besten durch begrenzte Untersuchungen geschehen wie sie bisher für Hamburg kaum vor-

Stadtteile

Eimsbüttel

liegen.² Die Projektgruppe »Juden in Eimsbüttel« hat angesichts der lückenhaften Forschungslage einerseits Materialien zusammengetragen, die Aufschluß über die Lebensbedingungen der jüdischen Bevölkerung ihres Stadtteils³ geben sowie andererseits mittels »oral history« die subjektiv erlebte Verfolgung am Beispiel einzelner Eimsbütteler Familien zu rekonstruieren versucht.

Die von der Projektgruppe zusammengetragenen Daten von ca. 1.500 Personen jüdischer Herkunft beziehen sich sowohl auf Mitglieder der jüdischen Gemeinde und Zwangsmitglieder des »Religionsverbandes« nach 1943 wie auch auf Personen, die als sog. »Nichtarier« oder »Geltungsjuden« von den Nationalsozialisten verfolgt wurden. Es sind Menschen darunter, die kurzzeitig gezwungenermaßen im Stadtteil wohnten oder solche, die bereits vor 1939⁴ dort lebten. Zu ihnen gehören Geschäftsleute, die in Eimsbüttel Läden und Grundstücke besaßen, die sie verkaufen mußten. Von diesen Menschen sind nach unseren Informationen 445 deportiert worden.⁵

Anhand der Schicksale dreier jüdischer Eimsbütteler Familien soll im folgenden exemplifiziert werden, wie die Verfolgungsmaßnahmen ineinandergriffen. Jede dieser Familien repräsentiert – bei allen individuellen Besonderheiten – ein für die Eimsbütteler Juden u.E. typisches Teilmilieu, das sowohl an der Wohngegend wie auch im Verhältnis zum Judentum bzw. dem Grad der Assimilation und im sozialen Status erkennbar wird. Diese Teilmilieus hatten sich seit der Jahrhundertwende schrittweise über drei Generationen herausgebildet:⁶
– die orthodoxe Familie S. lebte nahe dem Grindelviertel, nämlich in der Schlankreye;
– die Familie G. kann als repräsentativ für den liberalen jüdischen Mittelstand in Eimsbüttel-Süd angesehen werden, der an der Eimsbütteler Chaussee beheimatet war;
– die Familie V. entstammt dem sozialdemokratischen Milieu des Arbeiterstadtteils Eimsbüttel-Nord.⁷

Eine orthodoxe jüdische Familie in Grindelnähe

Die erste Generation der Familie S. lebte in der Neustadt. Die zweite Generation, Eltern und die Söhne Leopold und Salomon, zog 1924 in eines der neu errichteten Mietshäuser der Maler-Gesellschaft in der Schlankreye. Ignatz S. war Gewerkschafter, unorganisierter Sozialist und gläubiger Jude. Seine politische Orientierung unterschied ihn von anderen Juden in diesem Wohnbereich, die eher zu nationalkonservativen Positionen neigten, verband ihn aber mit den Gewerkschaftern und Sozialdemokraten in der Nachbarschaft.

Er war Vorbeter, Kasan, bei einer privaten Synagoge in der Hoheluftchaussee 25, die von den orthodoxen Vereinen Kelilath Jofi und Agudath Jescharim getragen wurde. Das Honorar reichte allerdings nicht zum Lebensunterhalt einer vierköpfigen Familie.

»*Er hat außerdem noch allerlei Arbeiten gemacht, er war Buchhalter und dann – das war doch so eine schlechte Zeit damals – hat er mit Zigarren und Zigaretten gehandelt. Und meine Mutter hat eingehütet und saubergemacht und gekocht bei verschiedenen Leuten. Das war 'ne ziemlich schwere Zeit. Aber uns hat es nie gefehlt, weder an Essen noch an Kleidern*«.⁸

Der Sohn Salomon S., Jg. 1925, betont, daß in dieser Umgebung von gewerkschaftlich und sozialdemokratisch orientierten Facharbeitern das Judentum der Familie toleriert war, obwohl sie keine Anstrengungen unternahm, sich zu assimilieren: Insbesondere der Vater zeigte die äußerlichen Attribute eines orthodoxen Juden, die Söhne erhielten hebräische

Vornamen und wurden bewußt als »Juden, die in Deutschland leben« erzogen. Die Familie hielt sich an die Speisegesetze und kaufte in koscheren Läden ein. Salomon wurde 1931 in die Talmud-Tora-Schule eingeschult und besuchte sie mit einer einjährigen Unterbrechung bis Dezember 1939. Weil seine Eltern sich scheiden ließen, schickten sie ihn von 1936 bis 1937 in die Schweiz zu Verwandten. War der Junge auf seinem Schulweg zwischen 1933 und 1936 manchmal von Kindern gehänselt oder gar verprügelt worden, so machte er doch auch viele positive Erfahrungen, die er dieser Zeitspanne zuordnet. Nach seiner Rückkehr empfand er – vermutlich dadurch, daß er in der Schweiz erstmalig eine unbeschwerte Zeit hatte verbringen können – seine persönliche wie die gesellschaftliche Situation der Juden als trostlos:

»1937 war es in der Familie deprimierend, weil meine Eltern geschieden waren. Meine Mutter hat in der Mittelstandsküche gearbeitet und hatte nur ein kleines Zimmer. Die Arbeitslosigkeit hat bei den Juden um sich gegriffen, die Akademiker sind überall rausgeflogen. Die ganze Stimmung war schlechter. Es fing an mit dem Auswandern. Die Leute sind rumgelaufen wie die Ratten ...«.[9]

Die Familie zog in getrennte Wohnungen im Grindelviertel. Antisemitische Vorfälle häuften sich. Materiell ging es der Familie immer schlechter. Kurzzeitig profitierte der Vater zwar von den Auswanderungsvorbereitungen anderer Juden durch bezahlten Sprachunterricht, seine Motivation dafür aber lag in der Religion: *»Mein Vater hat mir immer erklärt, nun kommen assimilierte Juden zu mir, die nichts wissen wollten vom Judentum. Er hat ihnen Hebräisch beigebracht [...] und er hat gesagt, so will Gott das, daß die Juden zum Judentum zurückkehren«.*[10]

Bis mindestens 1940 übernahm er Tätigkeiten in der Synagoge.[11] Beide Elternteile schlossen 1937 neue Ehen: Die Mutter heiratete einen früheren Privatbankier, dem die Existenzgrundlage durch die »Verordnungen gegen Juden im Wirtschaftsleben« genommen worden war und der sich nun mit Homöopathie, die er ausschließlich einer jüdischen Klientel anbieten durfte, den Lebensunterhalt verdiente. Der Vater bekam mit seiner zweiten Frau 1937 und 1938 die Kinder Abraham und Sara.

Das Jahr 1938 markierte den brutalsten Einschnitt durch die organisierten und spontanen Ausschreitungen gegen die jüdische Bevölkerung und die Massenverhaftungen männlicher Juden, die nach kurzer Station im KZ Fuhlsbüttel meist ins KZ Sachsenhausen gebracht wurden. Vater und Söhne S. entgingen – anders als Bekannte – der Verhaftung.

»Einige kamen dann nach 2 bis 3 Wochen zurück. Sie kamen in die Synagoge mit Frostbeulen. Kahlgeschoren. Manche von ihnen kannte ich als lustige Leute, die uns [früher] veräppelt haben [...] Und die Augen, das werd ich nie vergessen: die Augen, die nicht stetig bleiben konnten auf einem Punkt. Die waren ganz anders. [...] die haben nicht gesprochen«.[12]

Der 14jährige Salomon wandelte sich unter diesem Eindruck schlagartig zum radikalen Zionisten. Wie viele junge Juden demonstrierte er mit dieser Gesinnung und der praktischen Vorbereitung auf ein Leben in »Erez Israel« auch ein Stück Rebellion gegen die Eltern, gegen deren Passivität, Demut und Hilflosigkeit. Er absolvierte mit seinem Bruder einen landwirtschaftlichen Vorbereitungskurs in Blankenese,[13] denn die Erlernung eines Handwerks war Voraussetzung, ein Zertifikat für Palästina erlangen zu können.

Der Zufall half: Ein in Palästina lebender Onkel las, daß es noch Zertifikate für Jugendliche bis zu 15 Jahren gäbe, hinterlegte die geforderte Kaution und bekam das Papier – eigentlich für Leopold, der aber inzwischen die Altersgrenze überschritten hatte. So trat an seiner Stelle Salomon im Dezember 1939 mit den als Devisenausfuhr erlaubten 10 RM

Stadtteile

Eimsbüttel

die Reise nach Haifa an. Seine Mutter bat alle im Ausland lebenden Verwandten, ihn finanziell zu unterstützen.[14] Sie drängte Salomon brieflich immer wieder, für sie, den Stiefvater und andere nach Wegen zu suchen, die die Einreise nach Palästina ermöglichen könnten, während ihr Mann Schreiben[15] an Verwandte in den USA wegen eines Affidavits richtete. Er schilderte genau, welche Angaben er benötigte, wohin welche Dokumente geschickt werden müßten und – als dann die Konsulate in Deutschland geschlossen waren – wie von den USA aus um ein Visum ersucht werden konnte. Er bemühte sich, von Dritten Zusagen zur Übernahme der Reisekosten zu bekommen und flehte die Affidavitgeber im August 1941 an, das Geld vorzustrecken. Die Emigrationsbemühungen scheiterten jedoch. Am 8. November 1941 wurden das Ehepaar und eine Tochter aus erster Ehe nach Minsk deportiert. Auch die Hachschara des Bruders Leopold endete mit der Deportation, er wurde mit seinem Vater, dessen zweiter Frau und den Kleinkindern am 6. Dezember 1941 nach Riga[16] deportiert. Nur Salomon überlebte die NS-Zeit. 50 Jahre später besuchte er auf Einladung des Senats Hamburg und suchte nach Spuren seiner Familiengeschichte, um – wie er der Projektgruppe erklärte – »den Kreis zu schließen«.

Ignatz S. hatte keine Integration in die »deutsche« Umgebung gewünscht, er lebte seiner Familie vor, was jüdische Identität für ihn bedeutete und nahm damit eine Isolation in Kauf, die zunächst noch keine bedrohlichen Züge trug. Die freundlich-distanziert-solidarische Haltung des nicht-jüdischen Umfeldes hat aber u.U. bewirkt, daß die Eltern S. erst spät ein Bewußtsein von der Lebensgefahr entwickelten, die ihnen drohte. Obwohl der Vater durch seine linke politische Orientierung durchaus wahrnahm, wie der NS-Staat seine Gegner bekämpfte, obwohl er durch seine Tätigkeit in einer Synagoge Informationen über die Folgen jeder Maßnahme gegen Juden erhielt und intellektuell in der Lage war, beides zu kombinieren, unternahm er keine Anstrengungen, diesem tödlichen System zu entkommen. Auch die Religiosität, die sich in der Abgrenzung vom assimilierten Judentum wie auch gegenüber dem »deutschen« Umfeld ausdrückte, führte nur in der radikalen Transformation zum Zionismus bei den Söhnen – und das ist für die jüngere Generation unter dem Druck der Repression durchaus typisch – zum Gedanken an die Emigration, die nur Salomon verwirklichen konnte.

Der Junge, schon früh gezwungen, die Scheidung und eine begrenzte Trennung zu verkraften, mußte dann während der Pubertät im fremden Land abrupt erwachsen werden, für seinen Lebensunterhalt sorgen und avancierte zur letzten Hoffnung seiner Mutter, ihr Leben retten zu können. Dann hatte er den Verlust von Eltern, Bruder und Halbgeschwistern sowie Heimat im weiteren Sinne psychisch zu verarbeiten. Daß dabei die »innere Uhr«, wie er es benennt, stehengeblieben ist, d.h. daß der dadurch entstandene unermeßliche Schmerz eingekapselt und fortan aus der Lebenskontinuität verbannt wurde, ist eine Folge, die Psychologen auch bei Holocaust-Überlebenden diagnostiziert haben.[17] 50 Jahre später ist Salomon glücklicherweise in der Lage, diesen Faden wieder aufzunehmen.

Eine liberale jüdische Familie im mittelständischen Eimsbüttel-Süd

Die Geschichte der Familie G. ist typisch für jüdische Familien, die um die Jahrhundertwende nach Hamburg kamen. Die Vorfahren lebten in ärmlichen, vormals preußischen, heute polnischen Gebieten, wo sie ihre zumeist kinderreichen Familien durch handwerkliche Berufe oder durch Kleinhandel ernährten. In der Regel waren es die Söhne, die das Risiko auf sich nahmen, die Heimat zu verlassen, um sich in einer Großstadt eine Zukunft aufbauen zu können. Den Brüdern Adolf und Samuel G., die nach Hamburg-Eimsbüttel kamen, gelang der soziale Aufstieg zu erfolgreichen Kaufleuten. Betrieb der Vater noch eine kleine Bäckerei, in der auch seine Söhne dieses Handwerk erlernten, so eröffnete sein Sohn Adolf eine Haus- und Küchengeräte-Großhandlung, konnte seinen Bruder Samuel noch vor dem Ersten Weltkrieg nachholen und bei der Gründung eines Einzelhandelsgeschäftes mit Haushaltswaren unterstützen. Samuel G. heiratete 1913 eine Hamburger Jüdin, sie bekamen zwei Söhne und eine Tochter. Nach dem Ersten Weltkrieg konzentrierte er seine Anstrengungen auf das Geschäft in der Eimsbütteler Chaussee, das bald florierte. Die Söhne Robert und Theodor besuchten das Heinrich-Hertz-Gymnasium, ein Realgymnasium mit relativ hohem Anteil jüdischer Schüler. Ihre Freunde waren die Kinder assimilierter jüdischer, vor allem aber nicht-jüdischer Familien. Diese Freundschaften hielten auch über den Erlaß der Nürnberger Gesetze hinaus. So berichtet Theodor G. von einem Freund, der seine Wehrmachtsuniform bei Kneipentouren trug, um ihn zu schützen und von anderen Nicht-Juden, die noch 1936 mit ihm nach Dänemark in den Urlaub fuhren.[18] Religion spielte in der Familie G. – wie bei vielen anderen liberalen Juden – keine den Alltag bestimmende Rolle. Das Geschäft des Vaters wurde bereits 1933 Opfer des April-Boykotts. Dieser Boykott demonstrierte den deutschen Juden, daß der NS-Staat nicht bei der Propagierung des Antisemitismus stehenbleiben würde.[19] Wenn sich auch die neuen Machthaber danach Zurückhaltung aufgrund der Reaktionen der ausländischen Presse verordneten und die Bevölkerung teilweise in der Folgezeit Solidarität demonstrierte, so hatte dieser doch auf einzelne Geschäfte wie das der Familie G. beträchtliche Auswirkungen: Der Umsatz sank schlagartig, so daß Samuel G. sein Geschäft in den nächsten Jahren in kleinere Läden verlegen mußte. 1936 kam er

»*in Zahlungsschwierigkeiten, meldete Konkurs an, wurde mangels Masse abgewiesen. Ein Vergleich wurde von sämtlichen Gläubigern angenommen, bis auf einen. Konnte diesen Gläubiger nicht befriedigen, wurde von diesem einen Gläubiger gepfändet und mußte mein Geschäft schließen und hinterlasse eine Schuld von 2500 – 3000 Mk. Seit der Zeit lebe ich von der Wohlfahrt ...*«.[20]

Wertgegenstände waren aufgrund der dafür erlassenen Verordnungen längst abgeliefert worden. Die Familie zog 1938 in die Paulinenallee, wo die Mieten niedriger waren, und nahm eine Untermieterin auf. Samuel G., 57 Jahre alt, geschäftlich ruiniert und erwerbslos, wurde vom Fürsorgearzt arbeitsunfähig geschrieben. Seine Frau verdiente gelegentlich Geld als Schneiderin. Die Söhne, bereits emigriert, konnten nicht mehr zum Lebensunterhalt beitragen. Samuel G. verteidigte, nachdem ihm Hab und Gut genommen worden war, als letztes seine Würde. »*Ich heiße nicht Israel*«, wehrte er sich in einem Schreiben an den Oberfinanzpräsidenten – und hatte wahrscheinlich noch Glück, daß dies keine weitere Verfolgung nach sich zog.[21]

Der Sohn Theodor hatte 1934 das Abitur abgelegt und arbeitete bei den Gebrüdern Hirschfeld. In der Pogromnacht 1938 entging er nur durch Zufall seiner Verhaftung, weil die Verfolger die Konfektionshäuser Hirschfeld und Robinsohn verwechselten und er Zeit gewann, zu fliehen und unterzutauchen. Sein Bruder drängte ihn, Deutschland sofort zu verlassen und dazu den »einfachsten« Weg zu wählen, die Emigration nach Shanghai. Die Eltern verboten aus moralischen Gründen, die Schwester Edith mitzunehmen, schätzten auch zu diesem Zeitpunkt die Verfolgung immer noch als ein vorübergehendes Phänomen antijüdischer Politik ein. Erst ein halbes Jahr später unternahmen auch sie einen Auswanderungsversuch. Am 26. Mai 1939 erhielten sie die dafür notwendige »Unbedenklichkeitsbescheinigung«, die bis November verlängert wurde.[22] Der Kriegsausbruch, aber

Stadtteile

Eimsbüttel

auch die Reisekosten, die die G.s nicht aufbringen konnten, verhinderten die Emigration. Samuel, Johanna und Edith G. wurden am 25. Oktober 1941 deportiert[23] und ermordet. Robert und Theodor versuchten unterdessen – wie ca. 14.000 andere jüdische Emigranten – in Shanghai eine Existenz zu gründen. Theodor G. heiratete bald eine Jüdin aus Berlin, mit der er im 1943 von den Japanern unter dem Druck der deutschen Verbündeten errichteten Ghetto lebte. Dieses mußten die jüdischen Flüchtlinge selbst bewachen, sie brauchten Passierscheine, um es zu verlassen, ein Kennzeichen wies sie auch hier als Juden aus.[24] Erst nach Kriegsende erreichten Nachrichten aus Deutschland sie. 1947 immigrierten sie in die USA, und da auch Robert inzwischen geheiratet hatte, ließen sich beide Familien an der Westküste nieder.

In den 50er Jahren stellte Theodor G. Anträge auf Wiedergutmachung, die mit der Begründung, er habe keine seelischen Schäden nachgewiesen, abgelehnt wurden. Ersatz für abgelieferte Wertgegenstände erhielt er nicht. »*Die* [Eltern] *waren gute Mittelstandsleute und haben [...] completely alles verloren, nicht wahr?! Und dann hat man, um uns loszuwerden, 5000 DM angeboten, was wir dann genommen haben...*«.[25]

Theodor G. hat – anders als sein Bruder – Hamburg verschiedentlich besucht und 1990 auch erstmalig seine Tochter mitgebracht. »*Jeder muß wissen, wo seine Wurzeln sind*«, sagt er heute und vergleicht sein Leben mit einem Theaterstück in drei Akten: »*Ich habe drei Leben: Hamburg, Shanghai, Portland*«.

Die Familie G. fand trotz ihrer weitgehenden Assimilation, die mit einem vehementen Aufstiegswillen und daraus resultierendem Wohlstand gekoppelt war, keine weitergehende Hilfe aus dem nicht-jüdischen Umfeld. Allerdings soll hier die Kontinuität der Beziehungen unter Jugendlichen, die den Aktionsradius der Söhne beträchtlich erweiterte und auch erhebliche Nachteile für die »arischen« Freunde hätte mit sich bringen können, nicht unterschätzt werden. Auf ähnliche Solidarität von Kunden und Freunden konnten die Eltern nicht zählen: Die Verarmung der Familie trat fast schlagartig mit der Machtübergabe an die Nationalsozialisten ein und wurde durch keinerlei Unterstützung gemildert. Sie setzte sich sukzessive fort, was sich in dem Wechsel der Läden, aber auch der Wohnungen ausdrückte. Der Vater fand sich nach nur drei Jahren am unteren Ende der sozialen Skala als Fürsorgeempfänger wieder.

Für die Söhne bestand bis 1938 wenigstens die Möglichkeit, bei jüdischen Unternehmern Arbeit zu finden, die noch nicht an den Rand ihrer wirtschaftlichen Existenz gedrängt worden waren und meist in der Innenstadt ihre Geschäfte betrieben. Aber auch diese Form der praktischen Solidarität unter Verfolgten fiel spätestens Ende 1938 mit der Arisierung des Einzelhandels weg.[26] Robert und Theodor G. nahmen die brutalen antijüdischen Maßnahmen des Jahres 1938 ernster als ihr Vater, der nach wie vor auf seine Verdienste als Frontsoldat als Beweis seiner Integration hinwies und sich als Deutscher definierte. Bei ihrer Emigration half ihnen nicht nur ihre gute Ausbildung, sondern auch die Tatsache, daß sie sich durch die gemeinsame Flucht auch in der Person des anderen ein Stück Familie hatten retten können. Dies hat ihnen nach 1945 sicher geholfen, Todesnachrichten und Diskriminierung beim Wiedergutmachungsverfahren zu bewältigen.

Eine christlich-jüdische Familie im Arbeitermilieu Eimsbüttel-Nord

Die Familie V., die Eltern Flora und Semmy sowie drei Söhne und vier Töchter, lebte in Eimsbüttel-Nord. Der Assimilationsprozeß setzte bei der in der Mitte des 19. Jahrhunderts geborenen Generation ein, die ihre Kinder zwar auf die Talmud-Tora- bzw. Israelitische Töchterschule schickte und die jüdischen Feiertage beging, aber z.B. die Speisegesetze schon nicht mehr einhielt. Dieser Prozeß wurde von den Kindern fortgesetzt, die alle Ehen eingingen, die von den Nationalsozialisten später als »Mischehen« bezeichnet wurden. Sie entwickelten eine auffällige Neigung zur Sozialdemokratie als der im Arbeiterstadtteil stärksten Partei, und sie ließen sich taufen bzw. wurden Atheisten. Ihre Kinder wiederum wußten zumeist vor der NS-Zeit gar nicht, daß ein Elternteil der »mosaischen« Religion angehört hatte. Sie erfuhren dies erst, wenn sie einen »Ariernachweis« erbringen mußten.

Der »Tapezier« Semmy V. verkaufte in einem kleinen Altwarenladen aufgearbeitete Möbel. Wie seine wehrfähigen Söhne kämpfte er im Ersten Weltkrieg und fiel 1915. Flora V. zog die jüngeren Kinder allein groß und lebte später in einer kleinen Hinterhofwohnung in der Osterstraße, oft besucht von Kindern und Enkeln, die die belesene alte Frau liebten. 1939 kam sie in das Altenhaus der Deutsch-Israelitischen Gemeinde in der Sedanstraße, weil sie inzwischen gebrechlich und erblindet war. Dort erhielt sie 83jährig den Deportationsbefehl am 24. März 1943 nach Theresienstadt.[27] Am Tag zuvor besuchten sie die Kinder und Enkel, die aufgrund ihrer Verbindungen zum sozialdemokratischen Milieu sehr früh von der Existenz der KZs wußten und daher antizipierten, was der alten Frau bevorstand. Mit Schlaftabletten in der Tasche. Ihre Enkelin berichtet: »*Also, ich hab Schlaftabletten gehabt, weil meine Mutter sie mir gegeben hat. Ich kriegte das aber nicht fertig. Nun gib mal der Großmama die Tabletten!*«.[28] Die alte Frau überlebte zwar den Transport, nicht aber die ersten Wochen im KZ. Eine Krankenschwester ließ der Familie eine verdeckte Nachricht zukommen: »*Unsere liebe Mutter*«, schrieb sie, »*ist ja nun auch entschlafen*«.[29]

Der Sohn John, getauft, als Soldat im Ersten Weltkrieg mit dem EK1 ausgezeichnet, Sozialdemokrat, zog nach seiner Heirat in die Gärtnerstraße. Das Ehepaar bekam einen Sohn und eine Tochter, die ebenfalls getauft wurden. John V. arbeitete als Büroangestellter.

1933 wurden die SPD und ihre Unterorganisationen verboten, die Nürnberger Gesetze schränkten sein Leben weiter ein. Der Kontakt zu alten Freunden riß offensichtlich ab. Wichtig wurde hingegen die Mitgliedschaft in der Jerusalem-Gemeinde,[30] die den »Judenchristen« und ihren Familien nicht nur geistlichen Beistand, sondern auch Geselligkeit bei »nichtarischen Abenden« und Gelegenheit zum Informationsaustausch bot. Auch Auswanderungsüberlegungen konnten hier diskutiert werden. V.s hofften, mit Hilfe der Gemeinde nach Kanada emigrieren zu können, doch die Verhaftung der Pastoren in der Pogromnacht, schließlich die Auflösung der Gemeinde und auch der Kriegsausbruch machten diese wenig konkretisierten Pläne zunichte.

Seine Arbeitstelle verlor John V. als er am 18. Juni 1938 – im Zuge der Aktion »Arbeitsscheue Reich« – verhaftet und nach einigen Tagen Haft im KZ Fuhlsbüttel in das KZ Sachsenhausen[31] gebracht wurde. Neben »Obdachlosen« und »Arbeitsscheuen« standen Juden auf der Verhaftungsliste, die in der Vergangenheit zu einer Strafe von mehr als einem Monat verurteilt worden waren. Eventuell hatte John V. im Zusammenhang mit seiner politischen Tätigkeit eine Vorstrafe.[32] Seine Tochter glaubt sich zu erinnern, daß die Familie keine Fürsorgeunterstützung erhielt, so daß die Mutter den Lebensunterhalt durch Treppenhausreinigungen verdienen mußte. Nur die Kriegsrente von 30 Reichsmark kam jeden Monat pünktlich. Am 18. Februar 1939 wurde John V. entlassen:

»*Glattrasiert mit Sommerjacke: Er ist doch im Sommer abgeholt worden, [...] Dann haben wir Taxi genommen. Sonst waren wir ja immer so sparsam [...] Erst mußte er sich*

Stadtteile

Eimsbüttel

jeden Tag melden [...] Immer konnte er ja gar nicht, er mußte ja Pflichtarbeit machen. Und mußte zur Jüdischen Gemeinde, einen Auswanderungsantrag stellen. Aber da ist der Krieg dazwischengekommen. Er mußte zu Dr. Plaut. Wir hatten ja kein Geld, das wär so gemacht worden, er wäre über Shanghai und von da nach Amerika. [...] Da hat meine Mutter zu uns gesagt, sie geht mit meinem Vater, wir sind alt genug. Die hat so zu ihrem Mann gehalten. Die hätte Papa nicht alleingelassen ...«.[33]

Die mehrfachen Aufforderungen der Gestapo, sich scheiden zu lassen, die an alle nichtjüdischen Partner in sog. »Mischehen« ergingen, ignorierte Frau V.[34]

1939 begann die Zeit der Zwangsarbeit für John V.: Zunächst legte er im Stellinger Moor Wege an, dann kam er zu der Papierfabrik Freisler:

»Das war eine Papieraufbereitungsfabrik. Zuerst waren da mehrere Juden. Später waren die schon alle weg, abgeholt oder so. Er blieb als einziger. Da mußte er alleine essen, er durfte ja nicht mit »Arischen« zusammen essen.[...] Es gibt ja immer nette Menschen. Die Leiterin von der Papierfabrik hat gesagt: 'Ach, Herr V., Sie brauchen nicht immer allein zu sitzen, wenn die anderen essen. Sie können sich dazusetzen.' Er war ja auch so klein. 'Sie können auch Schreibarbeiten machen.' Er brachte dann immer die Gelder zur Bank und so«.[35]

Da John V. Steuererklärungen anfertigen und Bücher führen konnte, wandte man sich an ihn, und er konnte sich kleinere Beträge nebenbei verdienen. Im Wohnumfeld hingegen formierten sich Nachbarn gegen »den Juden«. Bei Luftschutzalarm mußte er mehr als einmal erleben, daß im Keller mit Blick auf ihn laut aus dem »Stürmer« vorgelesen wurde. Jedes kleine Vergehen gegen die Hausordnung wurde an den Vermieter gemeldet.

1943 wurde das Mietshaus in der Gärtnerstraße bei einem Luftangriff zerstört. Die Familie konnte vorübergehend in der Wohnung der Schwester Unterkunft finden und zog dann in ein Notquartier. Im Februar 1945 bekamen John V. und seine Geschwister (ein Bruder war bereits in der Euthanasie-Aktion ermordet worden, ein anderer starb eines natürlichen Todes) – wie auch alle anderen Juden und Jüdinnen, die in »Mischehen« lebten – den Deportationsbefehl nach Theresienstadt. Seine Tochter überredete ihn noch kurz vor der Abfahrt, auf sein Herzleiden hinzuweisen, so daß er wie zwei seiner Schwestern zurückgestellt wurde. Die Älteste überlebte die KZ-Zeit.

Sohn und Tochter John V.s waren in der Terminologie der Nationalsozialisten »Mischlinge ersten Grades« und damit den Gesetzen unterworfen, die für diese Teilgruppe galten. Daß sie nicht in die Massenorganisationen eintreten konnten und später vom Pflichtjahr oder vom Wehrdienst ausgeschlossen waren, kümmerte sie wenig. Schlimmer waren andere Beschränkungen in der Berufsausbildung und im Alltag. Der Sohn, gelernter Klempner und Elektriker, arbeitete bei Blohm & Voss im Flugzeugbau. Er sah weder eine berufliche Zukunft in Deutschland noch hatte er die Hoffnung auf ein persönliches Glück durch eine Ehe, denn seine Freundin war »arisch«. Die Nürnberger Gesetze verboten eine Heirat. Im Sommer 1942 teilte er seinen Eltern mit, er müsse beruflich nach Finkenwerder. Er, der Hamburg vorher nie verlassen hatte, fuhr aber nach Schaffhausen, durchschwamm den Rhein und gelangte so in die Schweiz, wo er nach kurzer Internierungszeit in einem Hotel arbeitete. Eltern und Schwester wurden daraufhin mehrfach zum Gestapoverhör vorgeladen.

Die Schwester hatte eine Lehrstelle als Verkäuferin in Eckerts Bazar, »Galanteriewaren«, an der Eimsbütteler Chaussee gefunden, dessen Besitzer ebenfalls »Mischling ersten Grades« war. Dort arbeitete sie auch nach der Lehrzeit. Sie erinnert sich an sehr solidarische Kolleginnen, die nach Ladenschluß nachsahen, ob die Luft (SA-)rein war, wenn Chef und

Kollegin das Geschäft verließen. Als später die Geschäfte nach Angestellten durchforstet wurden, die dienstverpflichtet werden konnten, gelang es ihrem Arbeitgeber mehrere Male, sie mit Hinweis auf ihre Herkunft davon freistellen zu lassen.

Wie ein Damoklesschwert hing der Tatbestand der »Rassenschande« über ihrer Liebesbeziehung zu einem Soldaten. Verlobt waren sie seit 1934. Sie wußten Ende der 30er Jahre, daß Anträge auf Eheschließung keine Aussicht auf Erfolg hatten, dennoch stellten sie im Herbst 1939 einen solchen, nachdem die Auswanderungspläne der Eltern, denen sie sich angeschlossen hätten, gescheitert waren. Im März 1941 wurde der Antrag förmlich abgelehnt.[36] Der Verlobte wandte sich daraufhin in einem Brief an Rudolf Heß persönlich.[37] Dieses Schreiben zog als einzige Reaktion eine Aufforderung zu einem Verhör der Tochter bei der Gestapo nach sich, bei dem sie unterschreiben mußte, daß sie keinen Geschlechtsverkehr mit einem Deutschen haben würde. Inoffiziell legte ihr der Beamte noch nahe, sich doch zum unehelichen Kind ihrer Mutter erklären zu lassen. Die Liebesbeziehung hielt diesem Druck nicht stand und zerbrach ein Jahr später.

Im Oktober 1944 wurde sie dann doch noch bis April 1945 zur Valvo in die Rüstungsproduktion dienstverpflichtet. In einem zur Notwohnung ausgebauten Stall in Stellingen erlebte die Familie das Kriegsende. Bald darauf kehrte der Bruder nach Hamburg zurück. Später stellte die Familie Anträge auf Wiedergutmachung:

»*Ich hab auch eingereicht, und da hat man gesagt, für seelischen Schaden kriegt man nichts. Mein Bruder ja, weil er ja emigriert ist, und mein Vater auch, weil er im KZ war. Eine einmalige Abfindung und eine Zusatzrente. Und meine Mutter sogar auch. Einmal abgelehnt und beim zweiten Mal anerkannt, weil der Arzt festgestellt hat, daß sie nervlich sehr runter war und daß das dadurch kommt. [...] Das war auch berechtigt, meine Mutter war auch ein Nervenbündel«.*[38]

Die zweite und dritte Generation der Familie V. hat die NS-Zeit lebend in Hamburg überstanden. Geholfen dabei hat ihr nicht die Assimilation vor 1933: Weder die Taufe, noch die Nachbarschaft, auch nicht die Einbindung in ein politisches Milieu, wenngleich aus diesem viele Informationen darüber, wie der NS-Staat seine Gegner bekämpfte, vorhanden waren. Trotzdem bewirkte all das eher eine Desorientierung, denn innerhalb dieser in der Verfolgungssituation bedeutungslos werdenden Instanzen hatte sich besonders bei der dritten Generation die Identitätsbildung vollzogen. Hilfreich hingegen waren die intakten Strukturen der Großfamilie und die Solidarität von Menschen, die in ähnlicher Lage waren, wie z.B. die Unterstützung des Arbeitgebers der Tochter oder – als Hilfe von institutioneller Seite – bis 1938 die Jerusalem-Gemeinde.

Für die Tochter der Familie, die ihrer psychisch und gesundheitlich angegriffenen Mutter in der Fürsorge um den Vater zur Seite stand, trat – wie bei den meisten der sog. »Halbjuden« – die eigene Verfolgung hinter der akuten Bedrohung des als hilflos («klein«) und ausgeliefert empfundenen Vaters zurück. Auch in der Nachkriegszeit wurde die eigene Verfolgung nicht als so bedeutsam empfunden, daß sie im Gespräch mit Freunden oder anderen – bis zum Zeitpunkt der Interviews – aufgearbeitet worden wäre. Einen bildungsmäßigen Aufstieg hätten Sohn und Tochter milieubedingt nicht vor sich gehabt. Für sie bedeutete die Ausgrenzung, die sich in der verweigerten Heiratserlaubnis verkörperte, die einschneidendste Maßnahme des NS-Regimes. Beim Sohn führte sie zur Emigration, auf die er nicht vorbereitet war: Weder kannte er jemanden in der Schweiz noch verfügte er über finanzielle Mittel noch hatte er eine Vorstellung, wie er in der Fremde leben könnte. Bei der Tochter bewirkte die verweigerte Ehegenehmigung eine schwere Depression, als die Verlobung zerbrach.

Stadtteile

Eimsbüttel

Die Familie ahnte, daß der Status der »Mischehe« bzw. des »Halbjuden« nur noch kurze Zeit vor Deportationen schützen würde, sie setzte ihre Hoffnungen zu Recht mehr auf den Kriegsverlauf als auf den Sonderstatus, der ihnen offiziell zuerkannt wurde.

Vergleicht man diese drei Schicksale, so fällt auf, daß sich unabhängig vom Teilmilieu, in dem eine Familie lebte, und unabhängig vom Status, den die Machthaber ihnen zuwiesen, ein sozialer Abstieg bis hin zur völligen Verarmung in den ersten Jahren der NS-Herrschaft vollzog. Trauriger Höhepunkt war sowohl bei Familie S. wie auch bei Familie G., daß die Schiffspassage in die Emigration nicht mehr bezahlt werden konnte. John V. hätte dieses Geld ohnehin nicht aufbringen können. Mit dieser wirtschaftlichen Verarmung ging auch eine soziale Ausgrenzung einher, die nicht so stark empfunden wurde, wenn verwandschaftliche Beziehungen intakt waren und/oder wenn wie bei Familie S. die jüdische Identität stark ausgeprägt und in ein entsprechendes Umfeld eingebettet war. V.s Ersatz war die Jerusalem-Gemeinde, Familie G. hatte einen solchen Ort offensichtlich nicht.

Auch im Arbeiterstadtteil Eimsbüttel, in dem Nachbarschaftszusammenhänge gewachsen waren und auch in der Kriegs- und frühen Nachkriegsphase funktionierten, waren die jüdischen Bewohner ausgeschlossen: Sie konnten zunächst noch auf freundliche Neutralität und kleine solidarische Gesten rechnen, die dann gleichgültigem Verhalten wich, als sich die Verfolgungsmaßnahmen steigerten. Sie mußten antisemitische Anfeindungen im Alltag hinnehmen und sich durch (über-)angepaßtes Verhalten vor potentiellen Gefahren zu schützen suchen.

Vom Grad der Assimilation hing es ab, wann dieser soziale Abstieg nicht als Endpunkt antijüdischer Politik, sondern als Teil eines Prozesses, der bis zur Ermordung führte, realisiert wurde. So ist es sicher kein Zufall gewesen, daß Samuel G. noch nach der Pogromnacht hoffte, die Verfolgungsmaßnahmen würden bald beendet. Wenn vor 1933 ein Kontakt zur Arbeiterbewegung bestanden hatte, relativierten die Erfahrungen dort häufig optimistischere Einschätzungen, die eher bei assimilierten Juden im Mittelstand zu finden waren.

Während die erste Generation, wenn sie ein so hohes Alter wie Flora V. erreichte, schutzlos der Ermordung preisgegeben war, entwickelte die zweite – allerdings sehr spät, nämlich erst nach der Pogromnacht – vage Emigrationspläne. In die Tat umgesetzt wurden diese jedoch nur von Teilen der dritten Generation, nämlich den jungen Söhnen, während ihren Schwestern dieser Weg nicht offenstand. Alle Zurückgebliebenen trafen die Verfolgungsmaßnahmen des NS-Regimes ohne Ausnahme.

Anmerkungen

1 Vgl. zur Situation der sog. »Mischehen« bzw. »Halbjuden« Büttner 1988.
2 Mit Ausnahme von Louven 1989.
3 Untersuchungsgebiet ist Eimsbüttel ohne das Grindelviertel, also der Bereich zwischen Steenwisch, Scheideweg, Grindelallee, Beim Schlump, Kleiner Schäferkamp, Bartelsstraße, Kieler Straße.
4 Das »Gesetz über die Mietverhältnisse mit Juden« von 1939 verbot das Zusammenleben in Mietshäusern; 1941 erfolgte die »Konzentrierung« der Hamburger Juden in »Judenhäusern«, von denen 7 im Untersuchungsgebiet der Gruppe lagen, von diesen Häusern wurden die meisten Hamburger Juden deportiert; 1943 forderte die Gestapo 400 der noch 1.022 von Juden (meist »Mischehen«) bewohnten Unterkünfte, um sie ausgebombten »arischen« Volksgenossen zur Verfügung zu stellen.
5 Diese Zahl setzt sich zusammen aus den Adreßangaben der Deportationslisten der Gestapo; Recherchen über den Verbleib von Personen in [Goldstein,] Die jüdischen Opfer des Nationalsozialismus; Die Ausbürgerung deut-

scher Staatsangehöriger 1933-45 und KZ-Gedenkstätte Neuengamme 1987.
6 Wenn also im folgenden von erster, zweiter und dritter Generation gesprochen wird, sind damit Menschen gemeint, die in der zweiten Hälfte des 19. Jhs. geboren wurden (1. Generation), die um die oder kurz vor der Jahrhundertwende geboren wurden (2. Generation) und die zwischen dem Ersten Weltkrieg und 1933 geboren wurden (3. Generation).
7 Allen Passagen liegen ein- bis dreistündige Interviews sowie weitere Dokumente zugrunde, die hier aus Platzgründen nicht ausführlich wiedergegeben werden können.
8 Interview Salomon S. vom 10.11.1988, Transkript, S. 2.
9 Ebd., Transkript, S. 8.
10 Ebd., Transkript, S. 9.
11 Vgl. Brief Ignatz S. an Salomon S. vom 12.3.1940, Kopie dieses Briefes – wie aller folgenden ohne weiteren Angaben zitierten Briefe – im Besitz der Projektgruppe.
12 Interview Salomon S. vom 10.11.1988, Transkript, S. 10.
13 Ein religiöses Kibbuz am Steubenweg 46.
14 Vgl. Briefe der Mutter, Rela B., an Salomon S. vom 31.1.1940, 19.2.1940, 21.2.1940.
15 Vgl. Brief Max B. an seine Verwandte Toni (ohne Angabe des Nachnamens) vom 16.4.1941 und Brief Max B. an seine Verwandten Toni und Lina (ohne Angabe des Nachnamens) vom 14.8.1941.
16 [Goldstein,] Die jüdischen Opfer, S. 17, 44.
17 Vgl. Hadar, Some theoretical considerations.
18 Vgl. Briefwechsel der Arbeitsgruppe mit Theodor G. von Oktober 1988 und Januar 1989 sowie Transkript der Videoaufzeichnung vom 13.5.1990, S. 13ff.
19 Vgl. zu den Auswirkungen des ersten Boykotts Benz, Herrschaft und Gesellschaft, S. 129ff.
20 Brief Samuel G. an den Oberfinanzpräsidenten Hamburg vom 10.7.1939, eingegangen am 28.11.1939, StAH Oberfinanzpräsident Hamburg Sig. F, pag. 3.
21 Brief Samuel G. an den Oberfinanzpräsidenten Hamburg vom 10.7.1939, eingegangen am 28.11.1939, StAH Oberfinanzpräsident Hamburg Sig. F.
22 »Unbedenklichkeitsbescheinigung für Zwecke der Auswanderung« des Finanzamtes St.Pauli-Eimsbüttel vom 26.5.1939, gültig bis 31.8.1939, StAH Oberfinanzpräsident Hamburg Sig. F., pag. 8, sowie Verlängerung derselben vom 25.8.1939, gültig bis 30.11.39, StAH ebd., ohne pag.
23 Vgl. [Goldstein,] Die jüdischen Opfer, S. 4. Meyer Ausgrenzung, Vertreibung und Ermordung der Eimsbütteler Juden
24 Das Ghetto wurde im Stadtteil Hongkou errichtet, vgl. Institut für Asienkunde, Shanghai, S. 33 und Interview Theodor G., Transkript, S. 17ff.
25 Interview Theodor G., Transkript, S. 12.
26 Das Konfektionshaus Hirschfeld, Arbeitgeber von T.G., wurde von Franz Fahning 1938 »arisiert«, vgl. Ludwig, Boykott, S. 212 – 227.
27 Vgl. [Goldstein,] Die jüdischen Opfer, S. 78; Ludwig, Boykott, S. 211 – 227.
28 Interview B./M., Transkript, S. 1.
29 Ebd., S. 1.
30 Zur Geschichte dieser Gemeinde vgl. u.a. Jerusalem-Brief Nr. 71, Aug./Sept. 1986.
31 Liste der Gefangenen (Geld- und Effektenverwaltung), in der Nationalen Mahn- u. Gedenkstätte Sachsenhausen, Archiv, R 201 M3, S. 79.
32 Vgl. Ayaß 1988, S. 55 weist darauf hin, daß die Haftbedingungen dieser sog. »Asozialen« wesentlich härter als die der politischen Häftlinge waren.
33 Interview B./M., Transkript, S. 3.
34 1942 wurde beschlossen, daß künftig, wenn »arische« Ehefrauen sich nicht scheiden ließen, Ehen zwangsgeschieden werden sollten. Dazu kam es allerdings aufgrund der Kriegsentwicklung nicht mehr.
35 Interview B./M., Transkript, S. 3.
36 Interview B./M., Transkript, S. 3f.
37 Schreiben C. W. an Rudolf Heß vom 20.3.1941.
38 Interview B./M., Transkript, S. 7.

Literatur

Die Ausbürgerung deutscher Staatsangehöriger 1933-45 nach den im Reichsanzeiger veröffentlichten Listen, 3 Bde. München u.a. 1985

Benz, Wolfgang: Herrschaft und Gesellschaft im nationalsozialistischen Staat. Frankfurt/M. 1990

[Goldstein, Harry:] Die jüdischen Opfer des Nationalsozialismus in Hamburg. Hg. vom Staatsarchiv. Hamburg 1982

Hadar, Yossi: Some theoretical considerations regarding holocaust survivors and their offspring. Ms.

Institut für Asienkunde: Shanghai. Hamburg 1986

Ludwig, Johannes: Boykott. Enteignung. Mord. Hamburg-München 1989

Neuanfang nach 1945

Rückkehr in ein normales Leben? Die Lage der Juden in Hamburg in den ersten Nachkriegsjahren

Ursula Büttner

Avraham Barkai
zum 70. Geburtstag

Die Überlebenden des Judenmords

Als britische Truppen am 3. Mai 1945 Hamburg besetzten, lebten in der Stadt nur noch wenige Juden. Sie gehörten zu der kleinen Gruppe derjenigen, die durch die Ehe mit einem nicht-jüdischen Partner vor der Deportation und Ermordung bewahrt worden waren. Dazu kamen einige wenige Juden, die im Untergrund überlebt hatten und nun aus ihren Verstecken auftauchten, auch sie überwiegend Juden aus »Mischehen«, die erst spät, nämlich im Februar 1945, den Deportationsbefehl erhalten und daher die Chance gehabt hatten, die relativ kurze Zeitspanne bis zum Ende des »Dritten Reichs« in der Illegalität zu überstehen. Seit Juni 1945 kamen die wenigen Überlebenden der Konzentrations- und Vernichtungslager zurück, darunter als einzige geschlossene Gruppe die 124 Juden und Jüdinnen des letzten Transports am 14. Februar 1945 nach Theresienstadt, die bis auf vier Leidensgefährten dort bis zur Befreiung hatten durchhalten können. Bei der ersten Volkszählung nach dem Krieg, im Oktober 1946, bekannten sich in Hamburg 953 Menschen zur jüdischen Religion.[1] Das war der Rest der einst blühenden jüdischen Gemeinschaft der Stadt von fast 20.000 Mitgliedern im Jahr 1925. Die Auswirkungen der nationalsozialistischen Verfolgungs- und Vernichtungspolitik werden in den folgenden Zahlen deutlich: Im Juni 1925 gab es in Hamburg 19.904 Glaubensjuden; 1933 waren es aufgrund erster Auswanderungen nur noch 16.963. Bis zum Mai 1939 ging die Zahl auf 8.438 zurück. Nach der nationalsozialistischen Gesetzgebung galten zu dieser Zeit 10.131 Hamburger aufgrund angeblicher »Rassenmerkmale« als »Juden«.[2] Fast 8.000 von ihnen fielen dem Judenmord zum Opfer. Außerdem wurden in Hamburg 4.422 »Jüdische Mischlinge 1. Grades« und 3.356 »Jüdische Mischlinge 2. Grades« ermittelt. Vor allem die erste Gruppe wurde ebenfalls in steigendem Maß verfolgt: durch Berufs- und Ausbildungsverbote, Eheverbote, Ausschluß von höheren Schulen und Universitäten, Zwangsarbeit *unter haftähnlichen Bedingungen«*; nur die Ermor-

Ludwig Loeffler

Neuanfang nach 1945

dung blieb ihnen, da der Krieg vorher zu Ende ging, erspart.[3] Von den 1.693 Hamburgern, die von den Nationalsozialisten zu »Juden« erklärt und 1939 als solche erfaßt worden waren, dürfte eine größere Anzahl das »Dritte Reich« überlebt haben, da die »Mischehe« bei diesen Menschen, die in Wahrheit Christen oder Dissidenten waren, naturgemäß stärker verbreitet war als bei den Juden. Genaue Angaben, wie viele von ihnen gerettet wurden, sind jedoch nicht möglich, da nach dem Ende der NS-Herrschaft wieder nur die Angehörigen der jüdischen Religionsgemeinschaft gezählt wurden. Es waren, wie gesagt, nach den Volkszählungen 1946 953 und 1950 936 Menschen.

Jüdische Statistiken nennen höhere Zahlen. Offenbar wagten viele Juden nach den Erfahrungen der NS-Zeit nicht, sich gegenüber deutschen Behörden zu ihrem Judentum zu bekennen. Eine Untersuchungskommission englischer und amerikanischer Juden, die im März 1946 die Britische Zone Deutschlands bereiste, sprach in ihrem Bericht von 1.509 deutschen Juden in Hamburg, von denen 1.294 auch in Deutschland geboren waren. Dieser Bericht gibt auch Aufschlüsse über Alter und Beruf der Überlebenden der Shoa: Von den 1.509 Juden in Hamburg waren 15 Kinder unter zehn Jahren, 13 Jugendliche im Alter von zehn bis achtzehn Jahren. Diese Zahlen zeigen, daß junge Juden, die noch nicht im heiratsfähigen Alter waren und daher nicht den Schutz eines nicht-jüdischen Ehepartners haben konnten, fast keine Überlebenschance gehabt hatten, zumal sie auch als Arbeitskräfte für die Nationalsozialisten wertlos gewesen waren. Mehr als die Hälfte der erfaßten Juden, 806, waren fünfzig Jahre und älter, 227 neunzehn bis vierunddreißig und 448 fünfunddreißig bis neunundvierzig Jahre alt. Die berufliche Zusammensetzung scheint in etwa der traditionellen Schichtung der deutschen Juden entsprochen zu haben; die Angaben und Kategorien sind allerdings sehr vage. 578 der 1.509 Juden wurden als berufslos bezeichnet, darunter sicher viele der alten Menschen; 167 waren Handwerker, 161 Angestellte, 216 in den freien akademischen Berufen und 324 in anderen Berufen tätig.[4]

Die in den bisher behandelten Statistiken erfaßten Juden waren deutsche Juden. Von den 936 in der amtlichen Statistik von 1950 aufgeführten Juden stammte die Mehrzahl aus Hamburg, 149 waren Heimatvertriebene aus den von Deutschland abgetrennten Gebieten und 28 Flüchtlinge aus der Sowjetischen Besatzungszone und Berlin.[5] Jüdische »Displaced Persons« – aus Osteuropa verschleppte oder vertriebene Juden, die in ihre Heimatländer nicht zurückkehren konnten oder wollten – gab es in Hamburg in den ersten Nachkriegsjahren nur wenige, da ihre Ansiedlung durch das generelle Zuzugsverbot, das über die schwer zerstörte Stadt verhängt war, behindert wurde. Nach dem Bericht der englisch-amerikanischen Kommission vom März 1946 lebten in Hamburg-Blankenese 118 jüdische »DP«s: zehn Kinder unter zehn Jahren, 107 Jugendliche im Alter von zehn bis achtzehn Jahren und ein über fünfzigjähriger Erwachsener. Offenbar handelte es sich um die Bewohner des dortigen Waisenhauses und ihren Betreuer.[6] In einer Aufstellung der britischen Militärregierung vom Juni 1946 wurden für Hamburg 206 in Lagern untergebrachte jüdische »DP«s im Alter von 18 bis 45 Jahren genannt.[7] Überwiegend waren es Polen: Überlebende des Konzentrationslagers Neuengamme und einige aus anderen Lagern befreite Häftlinge, die trotz des Zuzugsverbots »illegal« nach Hamburg gekommen waren. Diese jüdischen »Displaced Persons« betrachteten Hamburg nur als Durchgangsstation auf dem Weg nach Palästina. Wie viele von ihnen schließlich trotzdem in Hamburg blieben, weil sie sich während der langen Zeit des Wartens auf eine Einreiseerlaubnis hier eine Existenz aufgebaut hatten oder zu krank oder zu alt für die Weiterwanderung waren, geht aus den vorliegenden Statistiken nicht hervor. In der Britischen Besatzungszone unterschied sich der rechtliche Status der »Displaced Persons« sehr erheblich von dem der deutschen Juden. Während diese als Teil der deutschen Bevölkerung betrachtet und behandelt wurden, war für die »DP«s die Hilfsorganisation der Vereinten Nationen »United Nations Relief and Rehabilitation Administration« (UNRRA) zuständig. Sie hatten Anspruch auf besondere Versorgungsleistungen und auf die Unterstützung der internationalen Wohlfahrtsorganisationen,[8] mußten aber in Lagern leben und durften sich nicht in die deutsche Gesellschaft integrieren, was sie allerdings damals auch nicht wollten. Die Lebensbedingungen der »heimatlosen« osteuropäischen Juden und der deutschen Juden waren infolgedessen grundverschieden. Da die jüdischen »DP«s in Hamburg zunächst keine große Rolle spielten, beschränke ich meine Darstellung auf die Situation der deutschen Juden.

Nach den Verheerungen des Krieges, der Abtrennung der Gebiete im Osten und der Aufteilung Deutschlands in vier Besatzungszonen war die Lage aller Deutschen schwierig. Die Bedingungen, unter denen die überlebenden Juden die Rückkehr zu einem »normalen« Dasein versuchen und sich wieder eine Existenz aufbauen mußten, waren dennoch unvergleichlich viel schwerer, auch wesentlich schwerer als die Umstände, denen sich andere Verfolgtengruppen gegenübersahen. Während diese wegen ihrer politischen oder weltanschaulichen Gegnerschaft gegen das Regime meistens nur persönlich verfolgt worden waren und nach der Befreiung aus der Haft bei Familien und Freunden Beistand fanden, standen die wenigen aus den Lagern zurückkehrenden Juden oft vor dem Nichts: Erst jetzt erfuhren sie, daß die Nächsten ermordet worden waren; die Hoffnung auf ein Wiedersehen, die sie in den zurückliegenden Schreckensjahren am Leben erhalten hatte, brach zusammen. Freunde und Bekannte waren ebenfalls tot, verschleppt oder in ferne Länder vertrieben, die Heimatstädte verwüstet, die Wohnungen von Fremden besetzt. Die wenigsten dieser Juden konnten sich damals vorstellen, wieder unter Deutschen zu leben. Aber die Auswanderung war nach mehrjähriger unmenschlicher Haft, der Zerstörung der Gesundheit und Arbeitskraft und dem Raub allen Besitzes nicht leichter geworden. In etwas günstigerer Situation befanden sich die Juden, die durch ihre Ehe eng mit der nichtjüdischen deutschen Umwelt verbunden waren, da sie eher auf Verwandte und Nachbarn zurückgreifen konnten. Allerdings hatten diese sich in der Vergangenheit oft wenig um ihr Schicksal gekümmert, so daß eine tiefe Entfremdung entstanden war. Auch die in »Mischehe« lebenden Juden und ihre Partner waren durch die Zeit der Verfolgung schwer gezeichnet, um Beruf, Einkommen und soziale Sicherheit gebracht, verarmt, gesundheitlich oft sehr geschädigt und mit ihren Kräften am Ende. Alle Juden und ihre Angehörigen waren auf öffentliche Hilfe angewiesen, um sich nach dem Ende der Verfolgung eine neue Existenzgrundlage zu schaffen. Die meisten waren aber nach den Erfahrungen in der NS-Zeit verängstigt und kaum in der Lage, ihre Interessen gegenüber den Behörden durchzusetzen. Die Gründung der Organisationen, die sie nach außen vertraten, sie bei der Bewältigung der Alltagsprobleme unterstützten und ihnen vor allem moralischen Beistand leisteten, war deshalb für sie von großer Bedeutung.

Entstehung der Jüdischen Gemeinde und anderer Verfolgtenorganisationen

Der Aufbau dieser Organisationen wurde durch persönliche und sachliche Differenzen, die in der Zerstörung aller traditionellen Strukturen während der Verfolgungszeit ihre Ursache hatten, erschwert. Wer sollte die Überlebenden des Judenmords vertreten? Konnten die

Neuanfang nach 1945

Reste der Reichsvereinigung der Juden in Deutschland, jener Zwangsorganisation unter Gestapo-Aufsicht, der Kristallisationspunkt für die Entstehung einer neuen jüdischen Gemeinde sein? Waren die Funktionäre der Reichsvereinigung durch die erzwungene Zusammenarbeit mit den nationalsozialistischen Behörden zu sehr kompromittiert? Die meisten Opfer der Verfolgung wußten nichts von den zähen Bemühungen der jüdischen Repräsentanten, durch geordnete Durchführung der befohlenen Maßnahmen die Lasten möglichst gleichmäßig zu verteilen und in Einzelfällen Erleichterungen zu erreichen. Sie hatten die Funktionäre der Reichsvereinigung nur als diejenigen wahrgenommen, die ihnen die Anweisungen der »vorgesetzten Behörde« übermittelt, die genaue Beachtung der Vorschriften überwacht, die Umquartierung in die »Judenhäuser« organisiert und schließlich auch bei den Deportationen mitgewirkt hatten. Für die Überlebenden der Lager war es nach allem, was sie durchgemacht hatten, schwer, für die Zwangslage der jüdischen Amtsträger Verständnis zu entwickeln. Und was war mit den Menschen, die sich selbst nicht mehr als Juden verstanden, von den Nationalsozialisten aber als solche verfolgt worden waren? Auch sie hatten, selbst wenn sie in »Mischehe« lebten und vielleicht sogar Christen waren, seit 1943 der Reichsvereinigung angehören müssen, und im Oktober 1944 waren sogar die »Judenmischlinge ersten Grades« – Menschen mit nur einem jüdischen Elternteil, die ausnahmslos christlich getauft waren, weil sie nach der verqueren NS-Definition sonst als »Juden« galten – in sie hineingezwungen worden. Konnte danach eine jüdische Gemeinde, die sich wieder als Glaubensgemeinschaft verstehen wollte, an die Reichsvereinigung anknüpfen? Wer sollte ihre früheren Zwangsmitglieder, die sich nicht zum Judentum bekannten, vertreten, und wie sollte das Vermögen aufgeteilt werden, das der Staat über die Reichsvereinigung den Juden und zu »Juden« erklärten Menschen geraubt hatte? Wo sollten die jüdischen »Displaced Persons« ihre Vertretung finden? Alles dies waren Fragen, die in der ersten Phase des Wiederaufbaus der jüdischen Gemeinden zu schweren Konflikten in ihnen und zwischen ihnen und anderen Verfolgtenorganisationen führten.

Als erste Organisation bildete sich die »Hilfsgemeinschaft der Juden und Halbjuden« unter Leitung des Rechtsanwalts Dr. Max Heinemann, der nach der Deportation der gewählten jüdischen Repräsentanten nach Theresienstadt im Sommer 1943 die Aufgaben des Syndikus der Reichsvereinigung übernommen hatte, sich jetzt aber bewußt von der staatlich gelenkten Zwangsorganisation distanzieren wollte. Es gelang Heinemann, von den Behörden als Vertreter der überlebenden Juden anerkannt zu werden und in unermüdlichen Verhandlungen die dringend nötigen Hilfsmaßnahmen für sie in Gang zu bringen: Bereitstellung von Unterkunft, Gemeinschaftsverpflegung und Krankenfürsorge für die überwiegend älteren Heimkehrer aus Theresienstadt, Versorgung mit Kleidung, Bettwäsche, Hausrat und Möbeln. Trotz seiner unbezweifelbaren Leistungen für die Verfolgten blieb Heinemanns Wirken wegen seiner Funktion in der Rest-Reichsvereinigung umstritten. Im November 1946 wanderte er verbittert in die USA aus.

Durch Heinemann war die Hilfsgemeinschaft an der Wiedergründung der Jüdischen Gemeinde in Hamburg beteiligt. Sie erfolgte im Sommer 1945 mit Unterstützung der Vertreter englischer und amerikanischer jüdischer Hilfsorganisationen. Bei einer ersten Besprechung am 8. Juli 1945 beschlossen die zwölf Anwesenden, einen vorläufigen Arbeitsausschuß und eine Kultuskommission zu bilden. Nach weiteren Vorberatungen fand am 18. September die konstituierende Sitzung statt, an der 72 Personen teilnahmen und einen fünfköpfigen Vorstand wählten. Die Satzung der Gemeinde wurde Anfang Oktober verabschiedet. Von den Vorstandsmitgliedern hatte Dr. Ludwig Loeffler nach seinem erzwungenen Ausscheiden aus dem Staatsdienst seit 1933 in Hamburg in der Finanzabteilung der Jüdischen Gemeinde und später der Reichsvereinigung gearbeitet. Er war 1943 nach Theresienstadt deportiert, von dort 1944 zur Zwangsarbeit nach Auschwitz-Monowitz geschickt, bei Annäherung der Roten Armee in das Lager Groß-Rosen in Schlesien verlegt worden und nach der Befreiung Anfang Juli 1945 nach Hamburg zurückgekehrt. Die Mehrzahl der Gründungsmitglieder der Jüdischen Gemeinde gehörte dagegen wie der Vorsitzende Harry Goldstein und der Justitiar Heinemann zu der Gruppe von Juden, die dank der Ehe mit einer nicht-jüdischen Frau das »Dritte Reich« in Hamburg hatten überstehen können. Die Wirkung der nationalsozialistischen Verfolgung wird darin sehr deutlich: Während 1932 ein Drittel der neuvermählten jüdischen Männer und Frauen christliche Ehepartner geheiratet hatten, lebten 1947 mehr als Zweidrittel, 617 von 831 Gemeindemitgliedern, in »Mischehe«.[9] Die Dankbarkeit für die lebensrettende Solidarität der nicht-jüdischen Ehepartner, die schwerste Nachteile auf sich genommen und dem ständigen Druck der Behörden, sich scheiden zu lassen, widerstanden hatten, war damals stärker als die religiösen Bedenken gegen die »Mischehe«. Erst später führte die Frage, ob Männer, die mit einer Nicht-Jüdin verheiratet und deren Kinder infolgedessen nach dem Religionsgesetz keine Juden waren, die Gemeinde leiten sollten, in Hamburg wie auch in anderen jüdischen Gemeinden zu Spannungen.[10]

Die Zahl der Mitglieder der Jüdischen Gemeinde wuchs rasch. Im März 1947 waren 1.268 Juden bei ihr eingetragen. Das waren 300 Menschen mehr, als sich bei der Volkszählung als Juden bezeichnet hatten. Ein Teil von ihnen waren »Displaced Persons«, die anderen offenbar nichtreligiöse Juden; denn von den 1.268 Gemeindemitgliedern bekannten sich nur 910 zum »mosaischen« Glauben.[11] Die Mitgliedschaft der Gemeinde fluktuierte in den ersten fünfzehn Nachkriegsjahren stark: Viele Gemeindemitglieder wanderten aus, andere kamen durch den Zuzug ausländischer Juden und »Displaced Persons« sowie – in geringerem Umfang und erst in den späteren Jahren – durch eine gewisse Rückwanderung deutscher Emigranten hinzu, so daß sich die Gesamtzahl ungefähr in der gleichen Größenordnung bewegte: Sie belief sich im März 1947 auf 1.268, im Dezember 1952 auf 1.044, im Dezember 1958 auf 1.381 und im April 1960 auf 1.369 Mitglieder. Die Zahl der Kinder nahm zu, aber die Überalterung der Gemeinde, eine Folge der anhaltenden Auswanderung, blieb bestehen: 1947 waren 500 von 1.268, 1960 562 von 1.369 Gemeindemitgliedern älter als 56 Jahre.

Am 6. September 1945 wurde in Anwesenheit von Bürgermeister Rudolf Petersen und Vertretern der Militärregierung in der Kielortallee eine provisorische Synagoge eingeweiht. Sie diente bis zur Fertigstellung der neuen Synagoge im Jahr 1960 als Betraum. Die geistliche Betreuung der Gemeinde blieb noch lange Zeit ein Problem. Infolge der nationalsozialistischen Vernichtungspolitik gab es 1945 in der Britischen Besatzungszone Deutschlands keinen einzigen deutschen Rabbiner mehr. So mußte sich die Gemeinde in den Nachkriegsjahren damit begnügen, daß Rabbiner nur an den hohen Feiertagen oder für eine kürzere oder längere, aber immer begrenzte Zeitspanne nach Hamburg kamen: als erster Dr. Eli Munk (London) im November 1945, dann Dr. Paul Holzer (London) im September 1946, Dr. Alexander Carlebach, Dr. Helfgott (DP-Lager Belsen-Hohne) im Juni 1947, Isi Broch (London) und Dr. Leo Baeck (London) an den hohen Feiertagen 1948. 1948 richtete auch die englische ORT (»Organization for Rehabilitation through Training«), deren Ziel es war, Juden durch handwerkliche Ausbildung neue Berufsfelder und notfalls Auswanderungsmöglichkeiten zu erschließen, Lehrwerkstätten in Hamburg ein. Gleichzeitig begann die Gemeinde mit dem Angebot kultureller Veranstaltungen.

Neuanfang nach 1945

Enge Beziehungen unterhielt sie von Anfang an zu dem einzigen großen Lager für jüdische »Displaced Persons« in der Britischen Zone, dem Lager Belsen-Hohne, mit rund 9.000 Insassen. Mehrere zentrale jüdische Organisationen, die in Belsen oder in Verbindung zu dem Lager entstanden waren, hatten daher anfangs ihren Sitz in Hamburg. So verlegte der spätere Generalsekretär des Zentralrats der Juden in Deutschland, H. G. van Dam, der damals noch für die »Jewish Relief Unit« in Wiedergutmachungsfragen tätig war, 1947 sein Büro von Belsen nach Hamburg, und auch die wiedergegründete »Zentralwohlfahrtsstelle der Juden in Deutschland« residierte bis 1955 in Hamburg. Die engen Beziehungen zu dem DP-Lager Belsen hatten aber auch Nachteile: Sie widersprachen der britischen Politik, alle Kontakte zwischen den deutschen Juden und den jüdischen »Displaced Persons« zu unterbinden, und waren wahrscheinlich der Grund dafür, daß die Hamburger Gemeinde sehr lange auf die Wiederanerkennung als Körperschaft des öffentlichen Rechts warten mußte. Einen entsprechenden Antrag hatte sie schon am 12. Oktober 1945 beim Senat eingereicht, und dieser hatte Anfang 1946 die Militärregierung um Genehmigung gebeten. Obwohl die zuständigen Abteilungen der Kontrollkommission daraufhin im März 1946 die Gleichstellung der Jüdischen Gemeinde mit den christlichen Kirchen befürwortet hatten, wurde ein Gesetz über die Wiedererrichtung der Jüdischen Gemeinde in Hamburg als Körperschaft des öffentlichen Rechts erst im Oktober 1948 von der Bürgerschaft verabschiedet und der Militärregierung genehmigt.[12]

Durch die Entstehung der Jüdischen Gemeinde verlor die »Hilfsgemeinschaft der Juden und Halbjuden« einen Teil ihrer Aufgaben. Für den anderen Teil machte ihr die »Notgemeinschaft der durch die Nürnberger Gesetze Betroffenen« Konkurrenz. Diese Organisation war Ende Mai 1945 gegründet und von der Militärregierung zugelassen worden. Der Plan für den Zusammenschluß war schon in den letzten Wochen des »Dritten Reichs« während der Zwangsarbeit entstanden, zu der die Männer aus den sogenannten »privilegierten Mischehen« und ihre Söhne gepreßt worden waren. Die Notgemeinschaft warb keine Mitglieder, sondern registrierte und vertrat die aus angeblich »rassischen« Gründen Verfolgten. Bis Ende 1948 hatte sie ca. 10.000 Personen erfaßt, darunter 1.700 Menschen mit zwei jüdischen Eltern (sog. »Volljuden«), von denen etwa die Hälfte Christen waren. Die Notgemeinschaft suchte wie die anderen Verfolgtenorganisationen, in Verhandlungen mit den Behörden zunächst einmal der dringendsten aktuellen Not unter den von ihr betreuten Menschen abzuhelfen, später beriet und vertrat sie sie in Wiedergutmachungsangelegenheiten.[13] Darüber hinaus zeichnete sie sich 1945 durch einige besondere Initiativen aus: Die Notgemeinschaft organisierte – teils in Verbindung, teils im Wettstreit mit der »Hilfsgemeinschaft der Juden und Halbjuden« – u. a. die Rückführung der aus Hamburg und dem Umland verschleppten Überlebenden aus dem Ghetto Theresienstadt. Nach umständlichen Verhandlungen mit der englischen, amerikanischen und russischen Militärregierung konnte sie Ende Juni/Anfang Juli 1945 rund 400 Männer und Frauen mit zwei Lastwagenkonvois in ihre Heimat zurückbringen. Am 25. Juli unterbreitete sie der neugeschaffenen staatlichen »Beratungsstelle für Wiedergutmachungsansprüche« einen ersten Richtlinienentwurf für die Anmeldung und Rückerstattung jüdischen Vermögens. Gleichzeitig bemühte sie sich bei der Militärregierung um die Genehmigung, Förderkurse für junge Menschen einrichten zu dürfen, die als sog. »Mischlinge ersten Grades« seit 1942 von den Oberschulen verwiesen worden waren und nun Hilfe brauchten, um das Abitur nachholen zu können. Die Kurse wurden am 10. August genehmigt und bis Anfang November durchgeführt; sie ermöglichten es 78 Kindern, bei Wiedereröffnung der höheren Schulen in sie überzuwechseln.[14] Es gelang der Notgemeinschaft, neben der Jüdischen

Gemeinde und dem »Komitee der ehemaligen politischen Gefangenen« als dritte Verfolgtenorganisation offiziell anerkannt zu werden. Die »Hilfsgemeinschaft der Juden und Halbjuden« löste sich im Herbst 1945 auf.

In Opposition zur Jüdischen Gemeinde entstand im Sommer 1945 eine weitere Verfolgtenorganisation: »Die aus Theresienstadt«. Auch ihre Gründungsmitglieder hatten den Plan für ihren Zusammenschluß schon vor der Befreiung Anfang 1945 in Theresienstadt gefaßt. Anfang August 1945 reichten sie die Statuten ihres Vereins zur Genehmigung bei der Militärregierung ein und ließen ihn, als keine Antwort erfolgte, am 18. Oktober 1945 in das wiedereröffnete deutsche Vereinsregister eintragen. Die öffentliche Gründungsversammlung fand am 29. Oktober 1945 statt; über sie wurde im »Hamburger Nachrichten-Blatt« der Militärregierung kurz berichtet: Der Verein wollte bewußt an die Tradition des assimilierten deutschen Judentums, der »*deutschen Staatsbürger jüdischen Glaubens*«, anknüpfen, und er wollte die in Theresienstadt bewährte Zusammenarbeit zwischen Angehörigen der christlichen Kirchen und der jüdischen Religionsgemeinschaft fortsetzen. Für die Aufnahme von Mitgliedern stellte er zwei Bedingungen, durch die er sich von den anderen Verfolgtenorganisationen unterschied: Zugelassen waren nur »unbescholtene« <u>deutsche</u> Staatsbürger, die selbst in Theresienstadt oder einem anderen Lager inhaftiert gewesen oder Hinterbliebene von dort umgekommenen Menschen waren. Diese Aufnahmebedingung richtete sich zum einen gegen die »Displaced Persons«, die nur Gastrecht in Deutschland haben und nicht für die deutschen Juden sprechen sollten. Zum anderen richtete sie sich gegen die Jüdische Gemeinde, der »Die aus Theresienstadt« vorwarfen, nur eine kleine Gruppe der Hamburger Juden zu repräsentieren und von Männern geleitet zu werden, die nicht deportiert worden waren, wenig gelitten und mit der Gestapo zusammengearbeitet hätten. Am 6. Februar 1946 wurde bei einer Mitgliederversammlung mit 323 Stimmen eine scharfe Resolution gegen die Jüdische Gemeinde verabschiedet. Seinen Anspruch, die deutschen Opfer der Deportationen zu vertreten, konnte der Verein jedoch trotz dieses beachtlichen Rückhalts nicht durchsetzen: Am 25. Februar 1946 sprach ihm das Amt für Wiedergutmachung das Recht zur Vertretung und Betreuung von Verfolgten ab, da für die konfessionell gebundenen Juden die Jüdische Gemeinde, für die anderen die Notgemeinschaft zuständig sei. Am 4. März nahm die Militärregierung ihre Erlaubnis zur Gründung des Vereins zurück und verfügte, daß er »*ab sofort seine gesamte Tätigkeit*« einstellen müsse. Diese Anordnung wurde zwar am 19. August 1947 widerrufen, »Die aus Theresienstadt« erlangten aber keine Bedeutung mehr.[15]

Die Politik der britischen Militärregierung

So sehr sich die Verfolgtenorganisationen um Hilfe bemühten, hing die Lage der Überlebenden des Judenmords primär von zwei Instanzen ab: der britischen Militärregierung und der deutschen Verwaltung. Die Besatzungsmacht hatte anfangs auf allen Gebieten das letzte Wort zu sprechen. In der Britischen Zone erlangten die Deutschen erst am 1. Dezember 1946 wieder das Recht der Gesetzgebung. Auf die Aufgabe, verfolgte <u>Deutsche</u> unter ihren Schutz zu nehmen, waren die alliierten Besatzungstruppen jedoch in keiner Weise vorbereitet. Im Lauf des Krieges war in England und den USA zunehmend die Bereitschaft geschwunden, zwischen »bösen« und »guten« Deutschen, Nationalsozialisten und ihren Gegnern, zu unterscheiden. Die Proklamationen, in denen die Deutschen vor Übergriffen gegen die Zivilbevölkerung und dem Raub fremden Eigentums gewarnt

Neuanfang nach 1945

worden waren, hatten sich immer nur auf die besetzten Länder bezogen, Verbrechen gegen deutsche Untertanen dagegen nicht erwähnt – trotz des Drängens jüdischer Organisationen, auch sie mit Sanktionen zu bedrohen. Selbst nach der Kapitulation des Deutschen Reichs beschränkten sich die Alliierten zunächst darauf, mit dem Gesetz No. 52 unrechtmäßig erworbenen Besitz außerhalb Deutschlands ihrer Kontrolle zu unterstellen. Erst im Juli 1945 dehnten sie den Schutz auf Vermögen aus, das innerhalb der Reichsgrenzen durch staatliche Willkür den wahren Eigentümern geraubt worden war.[16] So wie englische und amerikanische Regierungsstellen die Schrecken der Shoa in ihrem vollen Ausmaß lange Zeit nicht hatten wahrhaben wollen, so wie sie den deutschen Widerstand geringgeschätzt hatten, so verkannten sie zunächst die politische und moralische Bedeutung wie auch die Dringlichkeit der Aufgabe, den Opfern der Gewaltherrschaft zu helfen. Ihren Besatzungstruppen wurde sie erst bewußt, als sie Lager wie Bergen-Belsen befreiten.

In den »Handbüchern« für die Besatzungstruppen kamen die Verfolgten nicht vor. Ohne konkrete Anweisungen mußten die örtlichen Militärregierungen durch Improvisation die Probleme zu lösen versuchen, mit denen sie sich plötzlich konfrontiert sahen: die Versorgung der Überlebenden gewährleisten, die »Displaced Persons« in ihre Heimatländer zurückbefördern, den in Deutschland bleibenden Juden Unterkunft, medizinische Betreuung und den notwendigen Lebensunterhalt sichern. Gemeinsam mit den Resten der deutschen Verwaltung leisteten sie dabei unter den chaotischen Bedingungen der unmittelbaren Nachkriegszeit Bemerkenswertes. Eine generelle Anweisung erhielten sie in der Britischen Zone erst mit der »Zone Policy Instruction No. 20«, die zwar vom 4. Dezember 1945 datierte, aber erst zwei Monate später, nachdem die notwendigen organisatorischen Voraussetzungen geschaffen waren, in Kraft treten konnte.[17] Erwähnenswert ist insbesondere die politische Zielsetzung der Instruktion, denn sie verschwand später zusehends aus den Regelungen der Engländer für die Verfolgten. Es gehe nicht nur um »*humanitäre Hilfe*« für die Opfer der Unterdrückung, so hieß es, »*sondern die Deutschen sollten klar erfahren, daß allen, die wegen ihrer Gegnerschaft zum Nationalsozialismus gelitten hätten, nun Anerkennung und angemessene Entschädigung zuteil würden*«.[18] Aus rassischen, religiösen oder politischen Gründen verfolgte ehemalige Konzentrationslagerhäftlinge erhielten deshalb Anspruch auf »Sonderhilfe«, nämlich erhöhte Lebensmittelrationen nach den Schwerarbeitersätzen, eine Wohnraummindestzuteilung von 7 qm pro Familienmitglied, bevorzugte Berücksichtigung bei der Arbeitsvermittlung und, solange sie erwerbslos waren, für maximal ein Dreivierteljahr um 50 % über den Richtsätzen der »Allgemeinen Fürsorge« liegende Wohlfahrtsunterstützungen.

Die Realität sah freilich schlechter aus. Auch die Schwerarbeiterrationen an Lebensmitteln reichten nicht, um die Folgen jahrelanger Mangel- und Unterernährung während der Haft auszugleichen. Da es keinen Einstellungszwang gab, nutzte der Anspruch auf bevorzugte Arbeitsvermittlung nur wenig. In schwer zerstörten Städten waren zudem die Wohnraumanforderungen nicht zu erfüllen, nicht einmal, wenn – wie in Hamburg – Wohnungen von nationalsozialistischen »Aktivisten« zugunsten der politisch Geschädigten beschlagnahmt wurden.[19] Stellen der Militärregierung scheuten nicht davor zurück, auch Wohnungen von Verfolgten mitsamt dem Mobiliar für ihre Zwecke in Anspruch zu nehmen. Nicht selten kam es vor, daß sie deshalb aus gerade notdürftig eingerichteten Unterkünften wieder verdrängt wurden, manche sogar mehrmals. Erst am 10. Oktober 1946 wurden Verfolgte prinzipiell vor der Beschlagnahme ihres Eigentums geschützt. Zu dieser Zeit war aber das »*Unrecht*« – so die Kritik des Leiters der Wohlfahrtsabteilung der

Hamburger Militärregierung – oft schon geschehen.[20] Zwei Jahre nach dem Ende des »Dritten Reichs«, im Sommer 1947, war es in der Hansestadt noch nicht gelungen, »*den bevorrechtigten Personenkreis restlos mit Wohnraum zu versorgen*«.[21]

Büttner
Rückkehr in ein normales Leben?
Die Lage der Juden in Hamburg
in den ersten Nachkriegsjahren

Die »Zone Policy Instruction No. 20« war auf die Bedürfnisse von Arbeitnehmern ausgerichtet. Rentner, die in den Jahren der Unterdrückung keine Versicherungsbeiträge hatten entrichten können und deshalb nur eine völlig unzureichende Altersversorgung erhielten, wurden ebensowenig entschädigt wie junge Menschen, die ihre Ausbildung hatten abbrechen müssen. Für den Wiederaufbau einer selbständigen Existenz sah die Instruktion keine Hilfe vor. Ihr schwerwiegendster Mangel war jedoch, daß sie den Kreis der Begünstigten allzu stark einengte. Vor allem ließ sie die Hinterbliebenen der Ermordeten und Hingerichteten sowie die vielen unberücksichtigt, die zwar nicht in Lagern inhaftiert, aber doch schwerer Verfolgung ausgesetzt gewesen waren. Entsprechende Korrekturen wurden im Herbst 1946 erörtert, kamen aber nicht zustande. Statt dessen forderte die Zonen-Militärregierung, die Control Commission for Germany, im April 1947 die Länderregierungen auf, durch eine besondere Rentengesetzgebung für die Hinterbliebenen und die gesundheitlich geschädigten Opfer des nationalsozialistischen Terrors zu sorgen. Die Verwirklichung verzögerte sich in langwierigen Verhandlungen zwischen deutschen und britischen Stellen, regionalen und zentralen Abteilungen der Militärregierung jedoch noch viele Monate. In Nordrhein-Westfalen wurde ein entsprechendes Gesetz am 3. Oktober 1947 genehmigt. Ein ihm nachgebildetes Hamburger Gesetz fand sogar erst im Februar 1948 die Zustimmung der Militärregierung. Es wurde am 28. April von der Bürgerschaft verabschiedet und am 24. Mai 1948 schließlich verkündet.

Die Langwierigkeit des Entscheidungsprozesses und die Inkonsequenz der schließlich getroffenen Maßnahmen waren für die britische Politik gegenüber den Verfolgten charakteristisch. Als Gründe dafür lassen sich mehrere Faktoren ausmachen: Die Militärregierung mit ihren zwei Spitzen in Berlin und Westfalen erstarrte seit dem Winter 1945/46 überhaupt zu einem komplizierten, schwerfälligen Apparat. Jede Entscheidung mußte einen langen Instanzenweg durchlaufen; Kompetenzkonflikte zwischen verschiedenen Ministerien und zwischen den Londoner Stellen und der Militärregierung in Deutschland führten zu weiteren Verzögerungen. Oft wurden Beschlüsse mit Rücksicht auf eine erhoffte, aber fast nie erreichte Viermächte-Regelung ausgesetzt. In anderen Fällen wirkte die Sorge hemmend, daß Hilfen für die Verfolgten den Zonenetat zu sehr belasteten. England, dessen Wirtschafts- und Finanzkraft durch den Krieg zerrüttet war, mußte große Summen aufbringen, um die deutsche Bevölkerung in seiner Zone mit den notdürftigen Lebensmitteln zu versorgen. Jede vermeidbare öffentliche Ausgabe sollte deshalb unterbleiben, und das galt auch für die Unterstützung der Verfolgten.

Im Verhältnis zu den Überlebenden der Shoa spielten außerdem Englands weltpolitische Interessen eine Rolle. Hunderttausende von heimatlosen Juden warteten auf die Einwanderung nach Palästina. In der Britischen Zone Deutschlands waren es allein rund 13.000 jüdische »Displaced Persons«, für die erst seit November 1946 300 bis 400 Einreisevisa pro Monat zur Verfügung standen. Um die Probleme mit der arabischen Bevölkerung Palästinas nicht zu vermehren, wollte die englische Regierung den Andrang auf ihr Mandatsgebiet eindämmen. Sie weigerte sich deshalb, eine jüdische Nationalität anzuerkennen, und versuchte, eine scharfe Trennlinie zwischen den osteuropäischen jüdischen »DP«s und den deutschen und österreichischen Juden zu ziehen. Diese sollten in die Gesellschaft ihrer Heimatländer wieder integriert werden. Zur Begründung machte die englische Regierung geltend: Es wäre ein später Triumph Hitlers, wenn Juden nicht mehr als deutsche Staats-

Neuanfang nach 1945

bürger mit besonderer religiöser oder kultureller Tradition, sondern als eine eigene Rasse oder Nation gelten würden, für die es in Europa keinen Platz mehr gebe.[22] So bedenkenswert dieses Argument war, verletzte es, zur politischen Direktive umgemünzt, doch das Recht der Juden, nach der Befreiung endlich wieder selbst über ihr Leben zu entscheiden. Im »Land der Mörder« zu bleiben, war damals auch für viele deutsche Juden ein unerträglicher Gedanke.

Der Grundsatz, die deutschen Juden als Deutsche zu behandeln, hatte weitreichende Konsequenzen: Alle Restriktionen gegen den besiegten Feind galten auch für sie. Als besonders verletzend empfanden die Überlebenden der Shoa – wie auch die nicht-jüdischen Gegner und Opfer des Nationalsozialismus –, daß sie in das Fraternisierungsverbot einbezogen, also mit ihren Peinigern auf eine Stufe gestellt wurden.[23] Außerdem hinderte es jüdische Emigranten, die in amerikanischer oder britischer Uniform nach Deutschland zurückgekehrt waren, unter den aus den Lagern befreiten Menschen nach ihren Angehörigen zu suchen.

Bis zum Inkrafttreten der »Zone Policy Instruction No. 20« Anfang Februar 1946 galten für die deutschen Juden dieselben Bestimmungen wie für die übrige Bevölkerung. Sie mußten, wenn sie hilfsbedürftig waren, von den knappen allgemeinen Wohlfahrtsunterstützungen leben und hatten lediglich auf die regulären, völlig unzureichenden Lebensmittelrationen Anspruch, es sei denn, daß örtliche britische oder deutsche Dienststellen für Sonderregelungen sorgten. Die Zusatzhilfen der amerikanischen und englischen jüdischen Vereinigungen, die zunächst nur im Rahmen der UNRRA in den Westzonen agieren durften, ihre Lebensmittel-, Kleider- und Brennstoffverteilungen, kamen in der Britischen Zone im allgemeinen ausschließlich den »Displaced Persons« zugute, während die deutschen Juden leer ausgingen. Auch die rund 100 Wohlfahrtsarbeiter der Jewish Relief Unit sollten ihre Tätigkeit nach dem Willen der Kontrollkommission auf die heimatlosen Juden im britischen Besatzungsgebiet beschränken. Die inoffizielle Ausdehnung der Arbeit auf die deutschen Glaubensgenossen versuchte die Militärregierung mit aller Kraft zu verhindern. Sie bestand auf der strikten Trennung der beiden Gruppen und übersah dabei, daß die deutschen Juden dringend besondere Unterstützung benötigten, wenn die Politik der Wiedereingliederung in die Gesellschaft ihres Heimatlandes Erfolg haben sollte. Sogar die Wiederaufnahme des religiösen Lebens stieß 1945 wegen des Fehlens von Räumen, Kultusgeräten und Geistlichen auf Schwierigkeiten. Als der englische Rabbiner Moses Cohen deshalb im Frühjahr 1946 zur Betreuung der jüdischen Gemeinde nach Berlin gehen wollte, wurde ihm das bereits erteilte Einreisevisum im letzten Augenblick jedoch wieder entzogen, weil britische Staatsbürger unter <u>Deutschen</u> keine Hilfsarbeit leisten durften.[24] Nach der Einschätzung jüdischer Beobachter befanden sich die deutschen Juden in den ersten Jahren nach der Befreiung in der Britischen Zone in deutlich schlechterer Lage als die »Displaced Persons«. Überall stießen sie auf Hindernisse, die ihre Anstrengungen, wieder *auf die Füße zu kommen*«, zunichte machten.[25]

Prinzipientreue, die der realen Notlage der Juden in Deutschland nicht gerecht wurde, spielte hierbei eine entscheidende Rolle. Die Militärregierung legte Wert auf den Grundsatz, keiner sozialen Gruppe und keiner Glaubensgemeinschaft in Deutschland Vorrechte einzuräumen. Wiederholt ermahnte sie die Offiziere, sich nicht aus Mitleid mit dem Schicksal der Juden zu deren Bevorzugung verleiten zu lassen, denn das würde dem Antisemitismus neuen Auftrieb geben und damit den Interessen der Juden langfristig widersprechen.[26] Die Sorge vor einem Wiederaufleben des Antisemitismus hatte überhaupt großen Einfluß auf die Entscheidungen der Briten: Sie zögerten deshalb zum Beispiel, die

Rückkehr jüdischer Emigranten zu betreiben, und sie planten, die Überlebenden der Shoa in möglichst kleinen Gruppen in Deutschland anzusiedeln, damit sich das Vorurteil nicht auf ein sichtbares Objekt richten könne. Proteste, daß den Juden dann jeder Rückhalt in der Gemeinschaft fehlen würde und sie häufig wegen zu geringer Beteiligung nicht einmal ihre Gottesdienste feiern könnten, vermochten die verantwortlichen Beamten nicht umzustimmen.[27] Die Einschätzung, daß Vergünstigungen für die Juden bei der deutschen Bevölkerung Ressentiments hervorrufen würden, war durchaus richtig, wie der schon bald entstehende Neid auf die wenigen Vorteile der KZ-Entlassenen und auch antijüdische Aktionen, z.B.Friedhofsschändungen im Herbst 1946, zeigten. Vorbeugendes Zurückweichen war aber kaum der geeignete Weg, den Ungeist zu bekämpfen.

Unter diesen Umständen hatten die örtlichen Militärregierungen wenig Spielraum, um den überlebenden deutschen Juden, deren Elend sie aus größerer Nähe beobachteten und genauer kannten als die Kontrollkommission, aus eigener Initiative besser helfen zu können. Am weitesten ging dabei die Hamburger Militärregierung. Der Leiter der Wohlfahrtsabteilung ermöglichte die Ausdehnung der »Zone Policy Instruction No. 20« auch auf jene Verfolgte, die selbst nicht im Konzentrationslager gewesen waren. Die Hinterbliebenen umgekommener Häftlinge sollten die Sonderhilfe grundsätzlich erhalten, Juden aus »privilegierten Mischehen«, die nicht in Haft, durch die Kürzung der Lebensmittelrationen und andere Schikanen aber doch Hunger und Not ausgesetzt gewesen waren, je nach individueller Bedürftigkeit in ihren Genuß kommen.[28] In anderen Fällen verhinderten zentrale Anweisungen mehr Großzügigkeit. Als der Hamburger Senat im Sommer 1945 einen Fonds von einer Million Reichsmark bereitstellen wollte, um Verfolgten durch kleine Darlehen den Abschluß einer Berufsausbildung oder die Grundausstattung eines Betriebes oder Büros zu ermöglichen, wurde die Auszahlung von der Militärregierung untersagt und das Verbot auch im folgenden Jahr wiederholt.[29] Erst 1947 konnte der Fonds durch Beschluß der Bürgerschaft geschaffen werden. Auf Verlangen der Militärregierung mußte der Senat auch eine bereits verkündete Verordnung, durch die die Hinterbliebenen der Ermordeten und die invaliden Überlebenden des Terrors in die Kriegsopferversorgung einbezogen wurden, nach knapp dreimonatiger Geltung wieder aufheben. Auf den verheerenden innenpolitischen Eindruck einer solchen Maßnahme nahmen die Briten dabei keine Rücksicht. Entscheidend war, daß eine Landesregierung über Reichsausgaben verfügt hatte, und das durfte nicht sein.

Angesichts ihrer prekären Lage war es für die überlebenden Juden von großer Bedeutung, daß die Rückerstattung ihres geraubten Eigentums und die Entschädigung für immaterielle Verluste möglichst rasch geregelt wurden. Geld konnte nichts »wiedergutmachen«, aber doch helfen, sich wieder eine Existenzgrundlage zu schaffen. Auch in dieser Hinsicht verlief die Entwicklung in der Britischen Zone jedoch ungünstiger als in den anderen Besatzungszonen. Jüdische Organisationen hatten schon vor der Kapitulation Deutschlands erfolgversprechende Konzepte für die kollektive Entschädigung der Überlebenden des Völkermords vorgelegt. Das rückerstattete jüdische Eigentum sollte einem Fonds zugeführt werden, aus dem der Wiederaufbau der religiösen, kulturellen und sozialen Einrichtungen, der Unterhalt der erwerbsunfähigen oder -behinderten Opfer des Terrors und Beihilfen zur Existenzgründung zu bezahlen waren.[30] Die Verwirklichung dieses Vorschlags hätte den Verfolgten den mühsamen und oft gar nicht mehr zu führenden Einzelnachweis ihrer früheren Vermögensverhältnisse und damit vor allem die quälend langen Wartezeiten bis zur Entscheidung über ihre Ansprüche erspart. Die westlichen alliierten Regierungen griffen den Plan aber nicht auf, sondern entschieden sich für das

Neuanfang nach 1945

langwierige individuelle Entschädigungsverfahren. Mit der gesetzlichen Regelung ließ sich insbesondere die englische Regierung viel Zeit.

Inzwischen wurde eine Maßnahme, die als Schutz für die Verfolgten gedacht war, immer mehr zu einer Belastung für sie. Ehemals jüdisches Eigentum unterstand, wie gesagt, seit Juli 1945 der Kontrolle der Besatzungsmächte. Jede Verfügung darüber war unmöglich. Vorgezogenen Teillösungen, zum Beispiel in Fällen, in denen sich die Vermögensobjekte in öffentlicher Hand befanden oder die früheren und gegenwärtigen Besitzer zu freiwilligen Vergleichen bereit waren, versagten die Briten die Zustimmung, um kein Präjudiz zu schaffen. Selbst wenn Teile des geraubten Besitzes noch existierten und einwandfrei zu identifizieren waren, konnten ihn die überlebenden Juden nicht nutzen, ja nicht einmal Vorschüsse auf ihn erlangen. So konnte es geschehen, daß einzelne auf gesperrten Konten beträchtliche Sparguthaben hatten und von Wohlfahrtsunterstützung leben mußten. Erst im Frühjahr 1946 wurden einmalig bis zu 200 RM freigegeben, außerdem gewisse kleine Abhebungen zur Bezahlung von Arztrechnungen, Schulgeld usw. erlaubt. Den aus den Lagern zurückgekehrten Juden wurden die notwendigsten Möbel zum Teil aus kontrollierten Beständen leihweise zur Verfügung gestellt; obwohl sie eine solche Grundausstattung vor der Deportation doch sicher besessen hatten, mußten sie eine Nutzungsgebühr auf ein Sperrkonto bezahlen. Es kam sogar vor, daß Juden in der eigenen Wohnung Miete entrichten und ebenfalls auf ein Sperrkonto überweisen mußten.[31]

Die Lage wurde zunehmend unhaltbar. Englische jüdische Organisationen drängten die verantwortlichen Politiker, die Rückerstattungsfrage endlich zu regeln – ohne Erfolg: Die britische Regierung bemühte sich lange Zeit, im Alliierten Kontrollrat eine Einigung darüber zustande zu bringen, weigerte sich mit gleicher Hartnäckigkeit aber auch, die nach ihrer Meinung zu weitgehenden Vorschläge der USA zu akzeptieren. Als im Herbst 1947 eine Annäherung der Standpunkte noch immer nicht in Sicht war, entschlossen sich die Amerikaner Anfang November zum Alleingang und erließen für ihre Zone ein Rückerstattungsgesetz. Die Franzosen trafen gleichzeitig eine eigene, für die Verfolgten allerdings weniger günstige Regelung. Die Briten schlossen sich dagegen erst im Mai 1949 dem Vorgehen der Amerikaner an. Bis sie tatsächlich ihr Eigentum oder Kompensationszahlungen erhielten, mußten die überlebenden Juden noch sehr viel länger warten.

Bei der Verzögerung der Rückerstattungsregelung in der Britischen Zone waren wieder Rücksichten auf die englischen Interessen in Palästina mitentscheidend. Die Londoner Regierung hatte Bedenken, das erbenlose jüdische Vermögen einer Treuhandorganisation zur Unterstützung der Überlebenden der Shoa anzuvertrauen, weil sie fürchtete, es könne der illegalen Ansiedlung oder gar dem jüdischen Untergrundkampf in ihrem nahöstlichen Mandatsgebiet zugute kommen. Um das zu verhindern, mußten sich die Juden in der Britischen Zone Deutschlands mit der Verlängerung ihrer prekären finanziellen Situation abfinden. Die deutschen Juden waren in doppelter Hinsicht in einer schlechten Position: Als Deutsche mußten sie deren Lasten mittragen; als Juden wurden sie trotz der britischen Politik, keine jüdische Nationalität anzuerkennen, immer wieder mit den Juden in der Welt und besonders in Palästina in Verbindung gebracht und deshalb benachteiligt.

Im März 1946 gab es für kurze Zeit Hoffnung, daß die englische Regierung größere Anstrengungen unternehmen wolle, um das Los der Juden in ihrer Zone zu erleichtern. Berichte über die Not, die unter ihnen herrschte, hatten zu wachsender Kritik in der Öffentlichkeit des Königreichs geführt. Um ihr zu begegnen, berief die Regierung den führenden englischen Zionisten Robert Bernard Solomon zum »Berater der Kontrollkommission in jüdischen Angelegenheiten« mit direktem Zugang zu ihrem Chef, General

Robertson, und zu dem für Deutschland zuständigen Minister. Solomons Ernennung war einer der wenigen Erfolge der englischen jüdischen Organisationen; die USA hatten in ihrer Zone schon acht Monate früher ein entsprechendes Amt geschaffen. In den durch die offizielle Politik gesetzten Grenzen bemühte sich Solomon nach Kräften, sowohl den deutschen Juden als auch den »Displaced Persons« zu helfen. Durch seine Loyalität und seine Umsicht erwarb er sich in London rasch Anerkennung. Das Mißtrauen der Kontrollkommission gegen »den Zionisten« konnte er dagegen nicht überwinden. Sie ignorierte die meisten seiner Vorschläge und »erledigte« andere, bei denen Solomon auf Zusagen des »Deutschlandministers« verweisen konnte, durch endlose Verzögerungen. Im Juli 1947 trat er resigniert von seinem Amt zurück. Sein Scheitern war symptomatisch für die Schwierigkeiten, mit denen die Überlebenden des Judenmords in der Britischen Zone zu kämpfen hatten. Ihre Situation war hier weit ungünstiger als in der Amerikanischen Zone, und das war den Verantwortlichen in London und an der Spitze der Kontrollkommission auch bewußt.[32]

Die Politik deutscher Stellen

Angesichts der Versäumnisse der Besatzungsmacht war die Haltung der deutschen Behörden und Politiker zu den Nöten der Verfolgten um so wichtiger. Da die Briten die deutschen Juden primär als Deutsche ansahen, überließen sie die Sorge für sie schon bald den Verwaltungsinstanzen ihres Heimatlandes. Nach dem Übergang zur »indirekten Herrschaft« Anfang Dezember 1946 trugen die Deutschen die Hauptverantwortung; die britische Besatzungsmacht beschränkte sich seither auf die Kontrolle, auf Genehmigung oder Verbot der von den Länderregierungen beschlossenen Maßnahmen.

In den ersten Monaten nach der Kapitulation, als die Schreckensbilder aus den Konzentrationslagern noch frisch im Bewußtsein waren und das Elend der Überlebenden unmittelbar sichtbar in Erscheinung trat, herrschten bei den Verantwortlichen und bei vielen Bürgern spontane Hilfsbereitschaft und der Wunsch vor, gutzumachen, was überhaupt gutzumachen war. Dieses Bestreben war mit einem diffusen Schuldgefühl verbunden, das sich schon seit der Katastrophe von Stalingrad im Januar 1943 stärker bemerkbar gemacht hatte. Mit der Befürchtung, den Krieg zu verlieren, war eine kritischere Einstellung zu den Untaten des NS-Regimes entstanden. Die Niederlagen dieses Jahres, nicht zuletzt das verheerende Bombardement Hamburgs von Ende Juli/Anfang August erschienen vielen als gerechte Strafe für den Eroberungskrieg,[33] und auch die Ahnung, daß den Juden Schreckliches widerfuhr, ließ sich nur noch schwer unterdrücken. Angst machte sich breit, von den Siegern für die Verbrechen der Führung zur Rechenschaft gezogen zu werden. Im Dezember 1944 berichteten amerikanische Nachrichtenoffiziere aus dem bereits besetzten Gebiet um Aachen, daß *»ein merkwürdiges Schuldempfinden gegenüber den Juden vorzuherrschen scheine, ein unbehagliches Gefühl und oft das offene Eingeständnis, daß großes Unrecht begangen wurde. Es besteht auch Furcht vor Vergeltung und ein Grauen davor, das Schlimmste zu erfahren; denn so viele Deutsche haben Gerüchte über die Greueltaten gegen die Juden in Polen gehört, daß sie der ganzen Wahrheit einfach nicht ins Auge zu schauen wagen«.* Ihre Entlastungsstrategie sei nun, alle Schuld auf Hitler und die Nationalsozialisten zu wälzen, *»der Welt einen Sündenbock zu präsentieren, der vor kurzem noch ein Halbgott war«*.[34] Zu dieser Distanzierung vom Nationalsozialismus gehörte es, sich nachdrücklich um Hilfe für die Verfolgten zu bemühen.

Neuanfang nach 1945

In Hamburg wies der von der Besatzungsmacht ernannte Bürgermeister Rudolf Petersen, nach den nationalsozialistischen Gesetzen selbst ein »Judenmischling ersten Grades«, die Behörden sofort an, die nichtkriminellen KZ-Häftlinge bei der Rückkehr in ein normales Leben »großzügig« zu unterstützen. In Verbindung mit dem Deutschen Roten Kreuz bemühte sich die Sozialbehörde, Verpflegung, Bekleidung, Unterbringung und medizinische Versorgung dieser Menschen zu organisieren. Es gelang ihr jedoch nicht völlig, Mißbrauch auszuschließen. Im Juni 1945 wurde deshalb bei der Polizeibehörde eine »Zentralbetreuungsstelle für ehemalige KZ-Häftlinge« geschaffen, deren Leitung ein im März 1933 aus dem Amt verdrängter Sozialdemokrat, Oberstleutnant August Haase, übernahm. Sie entschied in enger Zusammenarbeit mit den Verfolgtenorganisationen, wer als »politischer Häftling« anerkannt wurde und den begehrten Ausweis bekam. Darüber hinaus bemühte sie sich in Verhandlungen mit Behörden, Firmen, Wirtschaftskammern und Staatsanwaltschaften (Streichung politischer Vorstrafen), Hindernisse zu beseitigen, die der Wiedereingliederung der Verfolgten ins Arbeitsleben im Wege standen. Wer als »Politischer« den »Betreuungsstempel« erhalten hatte, konnte für acht Wochen Lebensmittelsonderrationen, für drei Monate relativ hohe Barunterstützungen und außerdem einmalig Kleider- und Möbelgeld beanspruchen; er sollte beim Wohnungsamt und bei der Arbeitsvermittlung bevorzugt behandelt werden.[35] Diese zentral zusammengefaßte Hilfstätigkeit galt über Hamburg hinaus als vorbildlich. Die Juden wurden aber offenbar ungewollt benachteiligt, da sie nach den Erfahrungen der Vergangenheit vor der polizeilichen Überprüfung zurückscheuten und zumindest anfangs lieber auf die möglichen Vergünstigungen verzichteten. In einer Sammelunterkunft ehemaliger KZ-Häftlinge besaßen von 60 deutschen Juden nur zwei den »Betreuungsstempel«.

Für den weiteren Kreis der »*Personen, die unter der Herrschaft des Nationalsozialismus wegen ihrer rassischen Abstammung oder ihrer politischen Zugehörigkeit einen Schaden erlitten*« hatten, errichtete der Hamburger Senat nur wenig später, im Juli 1945, beim Rechtsamt eine »Beratungsstelle für Wiedergutmachungsansprüche«. Sie sollte den Betroffenen im Wege des Vergleichs zu ihrem Recht verhelfen, sei es der frühere Arbeitsplatz, seien es Vermögensobjekte, die ihnen gewaltsam genommen worden waren. Hauptziel war die Wiedereingliederung in den Beruf. Über den juristischen Beistand hinaus beauftragte der Senat die Beratungsstelle deshalb, bei der Beschaffung von Wohn- und Geschäftsräumen mitzuwirken und mittellosen Geschädigten durch die Gewährung von Darlehen den Start zu erleichtern.[36] Der dafür bereitgestellte Fonds wurde allerdings, wie erwähnt, von der Militärregierung gesperrt. Auch mit seinen Versuchen, für verschiedene Teilaufgaben aus dem großen Bereich der Wiedergutmachung gesetzliche Regelungen zu finden, kam das Rechtsamt nicht zum Zug. Seine Entwürfe verschwanden in den Akten der Briten, die zu dieser Zeit eine einheitliche Lösung für alle vier Zonen erstrebten.

Mitveranlaßt durch die »Zone Policy Instruction No. 20«, beschloß der Hamburger Senat im Dezember 1945, die verschiedenen Dienststellen zur Betreuung der Verfolgten – wie auch der immer zahlreicher in der Stadt eintreffenden Flüchtlinge – in einem selbständigen »Amt für Wiedergutmachung und Flüchtlingshilfe« zusammenzufassen. Beide Aufgabenbereiche wuchsen so rasch an, daß im Februar 1947 die Flüchtlingshilfe abgetrennt wurde. Leiter des Wiedergutmachungsamts wurde Dr. Ludwig Loeffler, der sich mit seinen Mitarbeitern große Verdienste um die Verfolgten erwarb. Von ihm stammte auch die Vorlage für ein umfassendes Wiedergutmachungsgesetz, die im April 1947 mit wenigen Änderungen und Ergänzungen vom Zonenbeirat verabschiedet, allerdings nie realisiert wurde, weil die Kontrollkommission ihre Zustimmung versagte.[37]

Die berufliche Rehabilitation bereitete beim öffentlichen Dienst die geringsten Schwierigkeiten. Hier bedurfte es nur eines einfachen Verwaltungsaktes, um die Betroffenen in ihre Rechte wiedereinzusetzen. Von den Nationalsozialisten entlassene oder zwangspensionierte Beamte, Angestellte und Arbeiter des Hamburger Staates wurden »nach Maßgabe freier Stellen« in der gleichen Position wie früher wieder beschäftigt, ihre Gehälter, Ruhestandsbezüge und Dienstzeiten rückwirkend vom 1. Mai 1945 an so berechnet, als ob die Zwangspause nicht stattgefunden hätte. Entgangene Beförderungen wurden grundsätzlich nicht nachgeholt, wieder eingestellte Bedienstete bei Bewährung jedoch bevorzugt berücksichtigt.[38]

Härten ergaben sich vor allem für Pensionäre, die diese Chance nicht mehr besaßen, ferner für ehemalige Beamte, die durch die Verfolgung ihre Gesundheit verloren hatten und nun nach dem Beamtenrecht nur als Angestellte übernommen wurden. Trotzdem waren die Hamburger Regelungen für die rund 2.600 Betroffenen günstiger als die Vorschriften anderer deutscher Länder. Gute Aussichten, in ihren Beruf zurückzukehren, hatten insbesondere Akademiker und andere hochqualifizierte Bewerber, weil leitende Stellen durch die Entnazifizierung in großer Zahl freigeworden waren. Unbelastete Juristen wurden gesucht, um beim Aufbau einer demokratischen Verwaltung und Justiz mitzuarbeiten. In den freien Berufen hatten es dagegen auch Akademiker sehr schwer, wieder Fuß zu fassen. Ebenso erging es Arbeitnehmern, die auf ihre früheren Arbeitsplätze in der Privatwirtschaft Anspruch erhoben. 1947 registrierte das Amt für Wiedergutmachung, daß die Bereitschaft, ihnen freiwillig gleichwertige Stellen zu bieten, erheblich nachgelassen habe.[39]

Mit den größten Schwierigkeiten hatten alle zu kämpfen, die einen Handels-, Handwerks- oder Industriebetrieb wiederaufbauen wollten. Das wirtschaftliche Chaos der Nachkriegszeit machte Firmengründungen generell zum Wagnis. Verfolgte erhielten zwar grundsätzlich die Zulassung zu ihrem Gewerbe; um sie zu realisieren, waren aber Startkapital und Geschäftsräume nötig, die nur schwer zu bekommen waren. Jüdische Überlebende des Terrors waren außerdem bei der Waren-, Rohstoff- und Devisenzuteilung benachteiligt, weil sich der Anspruch nach dem Bedarf des Jahres 1937 richtete, als ihre Unternehmen schlecht gingen oder bereits vernichtet waren. Manchmal weigerten sich die zuständigen Wirtschaftsverbände überhaupt, ihnen Kontingente zuzuweisen. Es gehe nicht an, bestehende und erfolgreiche Firmen zugunsten der Verfolgten zu schädigen.[40] Aber auch Behörden trafen gelegentlich Entscheidungen, die eine erschütternde Ignoranz in bezug auf die schleichende wirtschaftliche Vernichtung der Juden im »Dritten Reich« offenbarten. So wurde einer Frau, deren Mann in Auschwitz umgekommen war, die Wiederzulassung zum Großhandel zunächst mit der Begründung verweigert, daß der Verstorbene seit 1935 nicht mehr in diesem Gewerbe, sondern als Handelsvertreter tätig gewesen sei.[41]

Die Hinterbliebenen der Ermordeten – wie diese Frau – und die invaliden Überlebenden des Terrors bildeten die Gruppe der Verfolgten, die in den Nachkriegsjahren die bitterste Not litten. Ein Versuch des Hamburger Senats, sie in die Kriegsopferversorgung einzubeziehen, scheiterte, wie erwähnt, am Widerstand der Kontrollkommission. Erst im Mai 1948 erhielt der betroffene Personenkreis Anspruch auf eine bescheidene »Sonderhilfsrente«. Sie wurde nach einem fiktiven Arbeitsverdienst von 4.200 RM im Jahr berechnet, so daß eine Witwe beispielsweise 140 RM im Monat (nach der Währungsumstellung 140 DM) bekam. Gegenüber dem früheren Zustand stellte die Regelung trotz ihrer Unzulänglichkeit eine Verbesserung dar. Rund 60 % der Hinterbliebenen hatten bis dahin von weniger als 100 RM im Monat leben müssen. Das Elend, das unter ihnen herrschte, war,

Neuanfang nach 1945

wie Sprecher aller Parteien im April 1947 in der Hamburger Bürgerschaft feststellten, ein »*öffentlicher Skandal*«, ein »*Schandfleck der Demokratie*«.[42]

Das Engagement für die Wiedergutmachung des nationalsozialistischen Unrechts hatte im Vergleich zu 1945 merklich nachgelassen. Die wenigen Sondervorschriften zugunsten der Verfolgten waren überwiegend abgelaufen, und die allgemeine Stimmung war ihnen nicht mehr günstig. Bei Behörden und privaten Kontrahenten, z.B. Arbeitgebern oder Erwerbern jüdischen Besitzes, bemerkten die auf diesem Gebiet tätigen Beamten ein deutliches Nachlassen der Bereitschaft, sich vor einer rechtlichen Regelung durch Vergleiche mit den Verfolgten über ihre Ansprüche zu einigen. Politiker ließen sich mit den notwendigen Gesetzen viel Zeit. »*Wiedergutmachungsfragen*« seien »*unbeliebt und unpopulär*«, so stellte der Leiter des Hamburger Amts für Wiedergutmachung im April 1947 fest. Ressentiments bestimmten nach seiner Erfahrung inzwischen die Einstellung zu dieser Aufgabe: Es werde »*eine neue Klasse bevorrechtigter Personen*« geschaffen, so lautete ein häufiger Einwand, die sich auf allen Gebieten Sondervorteile zu sichern versuchten. Von der Wiedergutmachung hätten hauptsächlich Juden und »Marxisten« Nutzen. Besonders dieser Vorwurf zeigt, daß die im »Dritten Reich« als »Volksfeinde« ausgegrenzten und verfolgten Gruppen für viele Deutsche noch immer nicht dazugehörten. Der Beamte hielt es für notwendig, mit Nachdruck an den anfangs weithin akzeptierten, mittlerweile aber vergessenen Grundsatz zu erinnern, daß »*Wiedergutmachung eine Angelegenheit des Rechtes*« sei, daß es nicht um »*Sondervorteile und Fürsorgemaßnahmen*«, sondern um die »*Rechtspflicht*« gehe, »*eine seinerzeit aus politischen, religiösen oder rassischen Gründen begangene Rechtsverletzung [...] wieder auszugleichen*«.[43]

Viel Erfolg hatte er nicht mit seinem Plädoyer. Gesetze zugunsten der Verfolgten, die sie aus ihrer bedrängten Lage hätten befreien können, kamen erst mit großer Verzögerung zustande. Auf das Sonderhilfsrentengesetz vom 24. Mai 1948 folgte endlich am 16. August 1949 ein weiteres Hamburger Gesetz über Haftentschädigung, das den Betroffenen 150 DM für jeden Haftmonat zubilligte. Der größte Teil der Entschädigung wurde nicht bar ausgezahlt, sondern durch staatliche Schuldverschreibungen abgegolten, um eine zu starke augenblickliche Belastung des Etats zu vermeiden.[44] Bis zur Verabschiedung umfassender Wiedergutmachungsgesetze dauerte es noch Jahre. In Hamburg trat ein Allgemeines Wiedergutmachungsgesetz im April 1953 in Kraft; für das Bundesgebiet wurde ein Entschädigungsgesetz im September 1953 und ein Rückerstattungsgesetz sogar erst im Juli 1957 verabschiedet.

Die Tendenz, die Verfolgten mit ihren Problemen zunehmend allein zu lassen, entsprach dem generellen Einstellungswandel in der deutschen Gesellschaft, der sich seit dem Winter 1945/46 bemerkbar machte. Die Ursachen können hier nur angedeutet werden: Allgemein war die Neigung groß, sich auf den eigenen engen Bereich zu beschränken und an den weitergehenden politischen Aufgaben keinen Anteil zu nehmen. Mitleid und Scham über die nationalsozialistischen Verbrechen, die anfangs viele erfüllt hatten, wurden wieder von den persönlichen Nöten überlagert: der Trauer um nächste Angehörige, der Angst um vermißte oder kriegsgefangene Söhne, Männer und Brüder, der alltäglichen Mühsal, in zerbombten Städten trotz Hunger und Kälte zu überleben. Verbitterung über die anhaltende und sogar wachsende Misere zerstörte die Bereitschaft zum Neubeginn, die sich für kurze Zeit aus der Erleichterung über das Ende des Krieges ergeben hatte. Politische Gleichgültigkeit herrschte vor. »*Das Elend ist groß, Hoffnungslosigkeit liegt wie Mehltau auf den Menschen*«, schrieb Ernst Reuter im Dezember 1946 aus Berlin.[45] Auch die Mängel der beginnenden »Entnazifizierung« und die Mißgriffe bei der »Umerziehungspolitik« trugen zu diesem Einstellungswandel bei. Die häufigen »moralischen Belehrungen«, oft unter Hinweis auf die Greuel in den Konzentrationslagern, führten bei vielen zu innerer Abwehr. Sie flüchteten sich in Trotz gegen die Sieger und bestritten pauschal, »etwas gewußt« zu haben, obwohl sie bis zur Deportation der Juden doch Zeugen ihrer Unterdrückung und Not gewesen waren. Negativ wirkte aber auch die andere Erfahrung, daß die Besatzungsmächte die Verfolgten gar nicht so nachdrücklich unter ihren Schutz nahmen, wie man erwartet hatte, sondern 1945 von deutschen Stellen beschlossene Hilfeleistungen für diese Menschen im Gegenteil sogar mehrmals verhinderten. Offenbar hatte die Rehabilitation der NS-Opfer für die Militärregierungen keine hohe Priorität, und so ließ auch der Eifer der Deutschen nach.

Es gab viele Möglichkeiten, eine besondere Verpflichtung gegenüber den Überlebenden der Shoa von sich zu weisen. Dazu gehörte das stereotype Bestreben, die eigenen Leiden gegen die der Verfolgten aufzurechnen. Ehemalige KZ-Häftlinge begegneten immer wieder Vorurteilen, Ressentiments und sogar Neid wegen der bescheidenen Vergünstigungen, die sie genossen. »*Was für eine raffinierte Strafe*«, notierte eine amerikanische Journalistin 1945, »*daß die Menschen, die das Konzentrationslager überlebt hatten und nun rührend kleine Vorrechte genossen, den Hohn und Neid ihrer Nachbarn über sich ergehen lassen*« mußten.[46] Wo immer sie sich zeigten, hatten die Verfolgten das Gefühl, »*ziemlich unerwünscht*« zu sein, als »*Stänkerer*« und Störenfriede zu gelten. »*Es war beinahe so weit*«, berichtete im April 1947 ein Betroffener, »*daß man jemand, der sich als politischer Häftling oder KZ-Mann ausgab, als verbrecherisches Subjekt ansah*«.[47] Mit Abwehrreaktionen mußten auch die heimkehrenden Emigranten rechnen. Konkret geschah wenig, um ihnen die Rückkehr zu ermöglichen. Sie hätten in bequemer Sicherheit gelebt, so wurde ihnen vorgeworfen, während die deutsche Bevölkerung den Bombenkrieg ertragen mußte. Wie es ihnen tatsächlich im Exil ergangen war, interessierte kaum jemanden. Jüdische Emigranten stießen auf das Vorurteil, sie kämen »*Rache heischend*« zurück (so der führende Vertreter der Bekennenden Kirche, Hans Asmussen u.a.).[48] Sogar der Antisemitismus wagte sich 1946 wieder stärker hervor. Durch die illegale Zuwanderung polnischer jüdischer Flüchtlinge erhielt er weiter Auftrieb. Die Schändung jüdischer Friedhöfe, auch in Hamburg, war der sichtbare Ausdruck dieser Entwicklung. Dementsprechend erhob sich Protest gegen Entschädigungsleistungen immer nur bei jüdischen Verfolgten, während solche Zahlungen bei Parteien, Gewerkschaften, Kirchen und anderen Opfern als selbstverständlich galten.

Von seiten der politischen Parteien, der Medien und der Kirchen geschah in den ersten Nachkriegsjahren wenig, um eine Neuorientierung der Bevölkerung zu bewirken. Auch sie ließen sich von den stärker ins Auge springenden aktuellen Problemen gefangennehmen: von dem Massenelend der Vertriebenen, Flüchtlinge und Kriegsheimkehrer, von der Ernährungskrise, der Wohnungsnot und dem Energiemangel. In der Presse erschien fast nichts über Antisemitismus und Judenverfolgung und erst recht nichts über die bedrängte Situation der Überlebenden des Terrors. In den Parteien und den Kirchen wurden ihre Nöte nicht thematisiert.

Das Verhältnis zwischen den verantwortlichen Deutschen in Politik und Verwaltung und der britischen Besatzungsmacht hatte sich, was das Engagement für die Verfolgten betraf, inzwischen umgekehrt: Während anfangs die Deutschen Eifer gezeigt und die Briten gebremst hatten, versuchten diese nun vergeblich, deutsche Regierungen und Parlamente zu energischeren Bemühungen um die Wiedergutmachung des nationalsozialistischen

Neuanfang nach 1945

Unrechts zu drängen. Die Offiziere und Beamten der Besatzungsmacht gerieten durch Interventionen jüdischer Organisationen und kritische Kommentare in der heimischen Presse zunehmend unter Druck. Aber sie konnten nicht mehr viel ausrichten. Die einzigen Einwirkungsmöglichkeiten, die sie nach der Gründung der Bundesrepublik noch hatten, waren moralische Appelle und Warnungen, daß die Alliierten dem westdeutschen Staat keine volle Souveränität gewähren würden, solange der Gesamtkomplex der Wiedergutmachung nicht befriedigend geregelt sei. Das politische Urteil über die Bundesrepublik, so betonte die englische Regierung immer wieder, hänge wesentlich von der Bereitschaft ab, die Opfer des nationalsozialistischen Terrors angemessen zu entschädigen. Trotzdem ließ sich Bundeskanzler Adenauer viel Zeit, Briefe des britischen Hochkommissars in dieser Angelegenheit zu beantworten, und lehnte die Forderung nach Vereinheitlichung und Verbesserung der Wiedergutmachung dann erst einmal ab. Er schien in dieser Hinsicht so wenig kompromißbereit, daß der zuständige Beamte des Hochkommissars resigniert meinte:

»Es ist bereits klar, daß sich unsere Hoffnungen, die alliierte Gesetzgebung durch ein Bundesgesetz ablösen zu können, nicht verwirklichen lassen. Wir laufen Gefahr, daß die Regierung Seiner Majestät in eine unangenehme Position gerät, da ihre Kritiker auf die einigermaßen befriedigende Gesetzgebung in den anderen Zonen und das fast vollständige Vakuum in der Britischen Zone verweisen können«.[49]

Die Versäumnisse in der ersten Nachkriegszeit, als die Besatzungsmacht noch allein die Politik bestimmt hatte, waren nicht mehr auszugleichen. So mußten die Verfolgten, die meisten in bitterer Armut, bis 1953 bzw. 1957 auf zentrale »Wiedergutmachungsgesetze« warten; bis zur tatsächlichen Entscheidung über ihre Ansprüche vergingen viele weitere Jahre, so daß eine große Zahl älterer oder gesundheitlich schwer geschädigter Menschen eine zufriedenstellende Regelung nicht mehr erlebte.

Die lange Verzögerung bis zum Beginn der Entschädigungs- und Rückerstattungszahlungen erschwerte vielen Juden die Wiedereingliederung in die deutsche Gesellschaft, denn sie waren nach der Verfolgung mittellos und auf diese Leistungen angewiesen. Über Jahre hinweg mußte ein großer Teil von ihnen nach dem Krieg fremde Hilfe – der Kommunen oder der jüdischen Wohlfahrtseinrichtungen – in Anspruch nehmen: 40 % waren es 1949 in Deutschland, 60 % noch Ende 1951 in Hamburg.[50] Noch schwerer wogen aber die negativen Erfahrungen mit der nicht-jüdischen deutschen Umwelt. Viele Faktoren machten es den überlebenden Juden schwer, Vertrauen zu der neuen deutschen Demokratie zu gewinnen: das immer erneute Auftauchen des Antisemitismus, der Kampf gegen die Entnazifizierung, die Rückkehr stark belasteter Beamter in hohe öffentliche Positionen, der problematische Ausgang vieler NS-Prozesse und eben auch die verbreitete Abneigung gegen die Wiedergutmachung. Die internationalen jüdischen Organisationen sahen sich dadurch in ihrer Haltung bestärkt, die Ansiedlung von Juden in Deutschland grundsätzlich abzulehnen, wodurch diejenigen, die hier bleiben wollten oder mußten, noch mehr in Zwiespalt gerieten. Das früher selbstverständliche Heimatgefühl, Vertrauen zur nicht-jüdischen Umgebung, Bewußtsein der Zugehörigkeit zum deutschen Volk gewannen viele Juden nicht wieder.[51] Die Aufgabe, durch Wiedereingliederung der Juden in die deutsche Gesellschaft die Folgen des nationalsozialistischen Unrechtsregimes zu überwinden, ist noch nicht gelöst.

Anmerkungen

1. Hamburg in Zahlen, hg. v. Statistischen Landesamt, Jg. 1947 (provisorische Fassung, nur für den Dienstgebrauch), Nr. 3, S. 6.
2. Aus Hamburgs Verwaltung und Wirtschaft, Sondernr. 5, 1. 8. 1941: Weitere Ergebnisse der Volks-, Berufs- und Betriebszählung vom 17. Mai 1939 in der Hansestadt Hamburg, S. 15f; Die Volks-, Berufs- und Betriebszählung in Hamburg am 16. Juni 1933. Nachtrag zum Statistischen Jahrbuch für die Freie und Hansestadt Hamburg, Jg. 1933/34, Hamburg 1935, S. 13.
3. Zur Lage der in »Mischehe« lebenden Juden und der sog. »Judenmischlinge« vgl. Büttner 1988. Als »Judenmischlinge 1. Grades« wurden Menschen mit zwei jüdischen Großeltern, als »Judenmischlinge zweiten Grades« Menschen mit einem Juden unter den Großeltern bezeichnet.
4. A. G. Brotman / H. Viteles, Report: »Survey of Conditions of Jews in the British Zone of Germany in March 1946«, Annexe 1, Public Record Office (künftig: PRO): FO 1049/625.
5. Statistisches Jahrbuch 1952 Freie und Hansestadt Hamburg, hg. v. Statist. Landesamt, Hamburg 1953, S. 30.
6. Brotman/Viteles-Report (wie Anm. 4), Annexe 2.
7. Anlage zu Schreiben des Control Office for Germany and Austria an die Britische Militärregierung in Deutschland (Control Commission) vom 24. 6. 1946, PRO: FO 945/177.
8. Vgl. Büttner 1986 (2).
9. Lamm 1960 (2), S. 134. Die Zahlen von 1932 wurden berechnet nach: Statistisches Jahrbuch für die Freie und Hansestadt Hamburg, Jg. 1933/34, Hamburg 1934, S. 14.
10. Vgl. Asaria (Dr. Helfgott), Die Juden in Köln, S. 416–421.
11. Lamm 1960 (2), S. 140.
12. Der Vorgang ist dokumentiert in den Akten im PRO: FO 1050/102, FO 1049/625 und FO 1049/1316; siehe dazu auch den Beitrag von Lorenz/Berkemann in diesem Band.
13. Hoffmann 1958, S. 37–43.
14. StAH Oberschulbehörde VI, F Ia1/355.
15. Rundfunkrede und Gedenkrede des 1. Vorsitzenden, Dr. Heinz Leopold, am 18. 11. 1947, in: StAH Oberschulbehörde VI, 2-F XIV d 1/2, = Nr. 1092; Neue Hamburger Presse Nr. 66 v. 13.2.1946.
16. Schwarz 1974, S. 25–26.
17. Dazu die Akten im PRO: FO 1014/1014, 1049/22, 1049/1770, 1050/15.
18. Übersetzt nach der engl. Fassung der ZPI 20, in: PRO, FO 1049/1770.
19. Verfügung des Amts für Raumbewirtschaftung vom 30. 6. 1945, StAH Kulturbehörde I, A 34.
20. Militärreg. Hamburg, Public Health (Welfare) an Regional Governmental Office, 2. 1. 1947, PRO: FO 1014/854.
21. Senatsdir. Hans Mestern an Rechtsanw. K. Schroeder, 4. 7. 1947, StAH Senatskanzlei: Verwaltungsbeschwerden, Nr. 216.
22. Z.B. in zwei Telegrammen des Foreign Office an die Botschaft in Washington, 5. 10 und 4. 12. 1945, PRO: FO 1049/81 bzw. FO 1049/195; bei einer Besprechung der verschiedenen Abteilungen der Militärregierung über »The Jewish Problem« am 20. 5. 1946, FO 1049/626; in einer Denkschrift des Chancellors of the Duchy of Lancaster vom 10. 4. 1947, FO 371/64424.
23. Stabschef Gen. Weeks an den Marquess of Reading, 26. 7. 1945, PRO: FO 1049/81.
24. Protokoll einer Besprechung in der Kontrollkommission über »The Jewish Problem« am 20. 5. 1946, S. 2, PRO: FO 1049/626.
25. A. G. Brotman bei der Besprechung des Brotman/Viteles-Berichts (wie Anm. 4) mit Vertretern der Kontrollkommission am 19. 3. 1946, Protokoll, S. 3, PRO: FO 1049/625; ebenso der »Jewish Adviser« Solomon in einem Bericht über die Bereisung der Britischen Zone vom 22. bis 31. Okt. 1947, PRO: FO 1049/891.
26. Z.B. Stellungnahme des Stellv. Leiters der Political Division zum Brotman/Viteles-Bericht (wie Anm. 4) v. 2.5.1946, PRO: FO 1049/625; Anweisung der Religious Affairs Branch von 1945, FO 1014/463.
27. Vermerk des Control Office for Germany and Austria über die Haltung der Kontrollkommission als Material für eine Besprechung mit jüdischen Repräsentanten am 29.7.1947, PRO: FO 945/384.
28. Kurzprotokoll einer Besprechung zwischen Vertretern der Militärregierung und des Senats am 5. 2. 1946, PRO: FO 1014/1014.
29. Schriftwechsel vom Okt. 1945 bis Jan. 1946 im StAH Senatskanzlei II: Nr. 1211; PRO: FO

Büttner
Rückkehr in ein normales Leben?
Die Lage der Juden in Hamburg in den ersten Nachkriegsjahren

1046/298; FO 1014/854.

30 Aufgrund der Eingaben jüdischer Organisationen erarbeitete Denkschrift des Trading with the Enemy Department vom 22. 9. 1944, PRO: FO 1046/136.
31 Brotman/Viteles-Bericht (wie Anm. 4); Protokoll einer Besprechung von Vertretern der Kontrollkommission und jüdischer Organisationen am 1. 4. 1946, PRO: FO 1049/625; RA Willi Gottberg an Bgm. Max Brauer, 14. 8. 1947, StAH Senatskanzlei II, Nr. 1207.
32 Z.B.Schreiben des Foreign Office an die Botschaft in Washington v. 5. 10 u. 4. 12. 1945, PRO: FO 1049/81 bzw. 1049/195; Kontrollkommission an Control Office for Germany and Austria, 17.8.1946, FO 1049/417; Foreign Office an Kontrollkommission, 16. 5. 1947, FO 1049/2106.
33 Genauer dazu Büttner 1991.
34 Supreme Headquarters Allied Expeditionary Force, Psychological Warfare Division, An Impression of Germans in Germany, 20. 12. 1944, PRO: FO 371/46729.
35 August Haase, Bericht: »Überblick über die KZ-Betreuung in der hamburgischen Verwaltung«, 5. 9. 1945, StAH Senatskanzlei II: Nr. 1210.
36 Rechtsamt an die Verwaltungen und Ämter, 6. 7. 1945, StAH Senatskanzlei II: Nr. 1210.
37 Ludwig Loeffler, Entwurf eines Wiedergutmachungsgesetzes vom 26.1.1946; Rundschreiben des Zonenbeirats vom 12.4.1947 mit Anlage, StAH Senatskanzlei II: Nr. 1207.
38 Mitteilung Nr. 54 des Senats an die Bürgerschaft vom 11. 7. 1947, StAH Senatskanzlei II, Nr. 1208.
39 Ebd.
40 Schreiben der Hauptstelle für Milch, Fett und Eier an den Senat vom 26.9.1946, 9.1.1947 und 24.3.1947, StAH Senatskanzlei II: Nr. 1210.
41 Schriftwechsel von Sept. 1946 bis März 1947 in: StAH Senatskanzlei: Verwaltungsbeschwerden, Nr. 217, Bd. 1.
42 Teßloff (SPD) und Heile (FDP) in der 9. Bürgerschaftssitzung am 23.4.1947, Stenographische Berichte über die Verhandlungen der Bürgerschaft, Hamburg 1947, S. 224f.
43 Dr. Franz, Die Bedeutung des Wiedergutmachungsproblems im öffentlichen Leben des neuen Deutschland, Denkschrift vom 14.4.1947, in: StAH Senatskanzlei II: Nr. 1207.
44 Hamburgisches Gesetz- und Verordnungsblatt 1949, S. 165. Die Schuldverschreibungen wurden bis zum 31. 12. 1955 getilgt. Zu den verschiedenen Gesetzen: Die Wiedergutmachung o. J. [1959]; Asmussen, Der kurze Traum von der Gerechtigkeit.
45 Ernst Reuter an seinen Bruder Karl, 25.12.1946, in: Reuter, Schriften, Bd. 3, S. 86.
46 Bourke-White, Deutschland, S. 146.
47 Paul Heile (FDP) in der 9. Bürgerschaftssitzung am 23.4.1947, Stenographische Berichte, S. 225.
48 Hans Asmussen, Referat auf der ersten Tagung der Vorläufigen Gesamtsynode in Rendsburg am 14.8.1945, in: Jürgensen, Stunde der Kirche, Anhang, S. 20.
49 Vertrauliches Schreiben des Political Director, Office of the United Kingdom High Commissioner, an Land Commissioner Hamburg vom 7.4.1951, PRO: FO 1014/595.
50 European Jewry, S. 130.
51 Kuschner, Die jüdische Minderheit, (Befragung von 255, darunter 100 in Deutschland geborenen Juden um 1970).

Literatur

Asaria, Zwi (Dr. Helfgott): Die Juden in Köln. Von den ältesten Zeiten bis zur Gegenwart. Köln 1959

Asmussen, Nils: Der kurze Traum von der Gerechtigkeit. »Wiedergutmachung« und NS-Verfolgte in Hamburg nach 1945. Hamburg 1987

Bourke-White, Margaret: Deutschland April 1945. München 1979

European Jewry Ten Years after the War. New York 1956

Jürgensen, Kurt: Die Stunde der Kirche. Die Evangelisch-Lutherische Landeskirche Schleswig-Holsteins in den ersten Jahren nach dem Zweiten Weltkrieg. Neumünster 1976

Kuschner, Doris: Die jüdische Minderheit in der Bundesrepublik Deutschland. Phil. Diss. Köln 1977

Reuter, Ernst: Schriften, Reden. Hg. von Hans E. Hirschfeld und Hans J. Reichardt. Berlin 1974

Die Wiedergutmachung für die Opfer der nationalsozialistischen Verfolgung in Hamburg. Hamburg o.J. [1959]

Kriegsende und Neubeginn. Zur Entstehung der neuen Jüdischen Gemeinde in Hamburg 1945 – 1948

Ina S. Lorenz / Jörg Berkemann

Auflösung der alten jüdischen Gemeinde

Als sich gegen Ende 1937 die jüdischen Gemeinden in Altona, Hamburg und Wandsbek zu einer neuen jüdischen Gesamtgemeinde »Jüdischer Religionsverband Hamburg« zusammenfanden, entsprach dies zwar dem Willen ihrer Mitglieder, aber eben auch den unverhüllten Zielen der Geheimen Staatspolizei.[1] Eine Zukunft sollte diesem Zusammenschluß nicht beschieden sein. Bereits im März 1938 wurde allen jüdischen Kultusvereinigungen durch Reichsgesetz die Stellung als Körperschaft des öffentlichen Rechts entzogen.[2] Die Hamburger Gemeinde hatte diesen Status stets unwidersprochen für sich in Anspruch genommen, wenngleich es hierfür zu keiner Zeit einen förmlichen Rechtsakt gegeben hatte.[3] Die neue Einheitsgemeinde hatte nunmehr die Rechtsstellung eines Vereins bürgerlichen Rechts. Die Gemeinde verlor damit die Möglichkeit, ihre Mitgliedsbeiträge mit Hilfe der staatlichen Finanzverwaltung zu erheben. Zudem wurde sie selbst steuerpflichtig.

Immerhin blieb die Gemeinde noch unverändert Rechtsträgerin der gemeindlichen Vermögenswerte. Aber auch diese Rechtsstellung sollte sie verlieren. Bereits mit Anordnung vom 2. Dezember 1938 hatte die Gestapo die Gemeindeorgane abgeschafft und durch eine ihren Weisungen unterworfene Leitung ersetzt. Zunehmend galt der Religionsverband der Gestapo nur noch als eine verwaltungsmäßige Zusammenfassung der hamburgischen Juden, die man aus Gründen bürokratischer Zweckmäßigkeit noch rechtsförmlich aufrechterhielt. Nach dem Novemberpogrom 1938 verminderte sich die Zahl der in Hamburg lebenden Juden durch die zunächst noch mögliche Auswanderung, seit Oktober 1941 durch die dann einsetzenden Deportationen.[4] Dem Ziel der endgültigen Liquidation entsprach es, daß am 1. August 1942 der Jüdische Religionsverband Hamburg e.V. verwaltungsmäßig in die Reichsvereinigung der Juden in Deutschland (RVJ) eingegliedert wurde, weil der Gestapo jede weitere Selbständigkeit des Religionsverbandes nunmehr hinderlich erschien.[5] Zu diesem Zeitpunkt lebten in Hamburg 1.792 Juden.

Neuanfang nach 1945

Am 21. November 1942 verlor der Jüdische Religionsverband Hamburg e.V. auch seine rechtliche Selbständigkeit. Ihm wurde an diesem Tage eine Verfügung des Reichsministers des Innern vom 6. November 1942 zugestellt, nach der aufgrund des § 5 der Zehnten Verordnung zum Reichsbürgergesetz vom 4. Juli 1939 (RGBl. I S. 1097) die Eingliederung des Verbandes in die Reichsvereinigung auch in rechtlicher Hinsicht angeordnet wurde.[6] Damit erlosch endgültig jede rechtliche Selbständigkeit der seit Beginn des 17. Jahrhunderts in verschiedenen Rechtsformen bestehenden hamburgischen jüdischen Gemeinden. Die Verwaltung und Betreuung übernahm die »Bezirksstelle Nordwestdeutschland« der Reichsvereinigung. Ebenso verloren die letzten noch bestehenden hamburgischen jüdischen Stiftungen durch Eingliederung in die Reichsvereinigung jede Selbständigkeit. Die jüdische Schule war bereits zum 1. Juli 1942 geschlossen worden.

Die Reichsvereinigung wurde ihrerseits am 10. Juni 1943 aufgelöst. In Hamburg wurde am selben Tage das Gemeindebüro durch die Gestapo besetzt; noch vorhandene Vermögenswerte wurden beschlagnahmt. Zu diesem Zeitpunkt befanden sich noch etwa 1.254, zum überwiegenden Teil in »Mischehe« lebende Juden in Hamburg. Von ihnen wurde ein Teil in das Konzentrationslager Theresienstadt deportiert. Einige ausländische Juden verbrachte man 1944 in die Konzentrationslager Buchenwald und Bergen-Belsen. Tatsächlich ließ die Gestapo in Hamburg eine weitere, allerdings sehr eingeschränkte Tätigkeit der Reichsvereinigung zu.

Kriegsende und Neubeginn (1945)

I. Am 3. Mai 1945 besetzten britische Besatzungstruppen kampflos Hamburg.[7] Wie viele Juden zu dieser Zeit in Hamburg lebten, weil ihnen dies in »privilegierter Mischehe« noch möglich gewesen war, oder weil sie sich im Untergrund versteckt und nur dadurch überlebt hatten oder weil Hamburg als der zentrale Ort der britischen Besatzungszone einen erheblichen Anziehungspunkt von heimatlos gewordenen Juden war, läßt sich heute nicht mehr genau feststellen. Für die unmittelbare Nachkriegszeit geht Ursula Büttner von 1.400 Glaubensjuden und von etwa 7.600 getauften oder religionslosen Juden aus.[8] Adolph G. Brotman, Sekretär des Board of Deputies of British Jews, ermittelte 1946 zusammen mit H. Viteles für Hamburg 1.509 Juden.[9] Der im März 1946 eingesetzte »Berater der Kontrollkommission in jüdischen Angelegenheiten« der britischen Besatzungsmacht, Robert Bernard Solomon, schätzte für Oktober 1947 die Zahl der Glaubensjuden auf 1.400 und ging von insgesamt 9.000 Juden nach den Kriterien der nationalsozialistischen Gesetze aus. Derartige Schätzungen beruhten weitgehend auf Mitteilungen der regionalen jüdischen Hilfsorganisationen. Diese waren ihrerseits auf zunächst kaum nachprüfbare Angaben der sich an sie wendenden Personen angewiesen.

In Hamburg hatte sich ein gewisser organisatorischer Zusammenschluß der Bezirksstelle der Reichsvereinigung erhalten, die ihre Tätigkeit einstweilen als eine Interessenvertretung noch fortzusetzen suchte. Es bildeten sich jedoch rasch zwei jüdische Hilfsorganisationen, die sich vor allem der aus dem Konzentrationslager Theresienstadt zurückkehrenden Juden und auch sogenannten Halbjuden, also auch jener Personen annahmen, die nach Maßgabe der nationalsozialistischen Gesetz- und Verordnungsgebung als Juden anzusehen waren.[10] Dies war zum einen die von Rechtsanwalt Max Heinemann – offenbar noch im Mai 1945 – gegründete »Hilfsgemeinschaft der Juden und Halbjuden«. Heinemann, der in »privilegierter Mischehe« gelebt und als Nachfolger des von der Gestapo eingesetzten

Max Plaut seit 1943 bis Kriegsende faktisch die Belange der in Hamburg noch verbliebenen Juden wahrgenommen hatte, übernahm auch den Vorsitz der »Hilfsgemeinschaft«. Zum anderen wurde unmittelbar nach Kriegsende die »Notgemeinschaft der durch die Nürnberger Gesetze Betroffenen« von Konrad Hoffmann und anderen gegründet.[11] Eine dritte Gruppierung fand sich wenig später unter dem Namen »Die aus Theresienstadt« e.V. zusammen. Alle drei Gruppen begannen in unterschiedlicher Weise Forderungen an die britische Besatzungsmacht und an die deutschen Behörden zu stellen. Eine weitere Tätigkeit der Reichsvereinigung, soweit sie in den ersten Wochen nach der Besetzung in Hamburg überhaupt möglich war, wurde vermutlich noch Juni 1945 von der britischen Besatzungsmacht unterbunden.[12] Nähere Einzelheiten können nach den Quellen, soweit sie den Verfassern derzeit zugänglich sind, nicht ermittelt werden.

II. Am 8. Juli 1945 trafen sich auf Einladung von Chaim Golenzer 12 Personen zu einer Besprechung mit der Absicht, eine »Jüdische Gemeinde in Hamburg« neu zu gründen.[13] Der Niederschrift über diese Versammlung ist zu entnehmen, daß man mit etwa 80 interessierten Juden rechnete, die einer derartigen Gemeinde als Mitglied beitreten wollten. Es wurde in der Besprechung bedauert, daß die »Notgemeinschaft« und die »Hilfsgemeinschaft« der »Rekonstituierung« der jüdischen Gemeinde zuvorgekommen seien. Die Anwesenden beschlossen, sich als vorläufiger Arbeitsausschuß zu konstituieren – ergänzt durch drei weitere Personen, unter ihnen der spätere geschäftsführende Vorsitzende Dr. Ludwig Loeffler – und sich außerdem mit Fragen einer Kultuskommission, des jüdischen Friedhofs in Ohlsdorf, des Gottesdienstes und einer Mazzot-Kommission zu befassen. Damit war in erkennbarem Gegensatz zu den erwähnten Hilfsorganisationen von vornherein eine religionsbezogene Ausrichtung der neuen jüdischen Gemeinde bestimmend. Bei allem Verständnis für die außerordentlich schwierige Notlage der in Hamburg lebenden Juden und für die Notwendigkeit, eine alsbaldige Rückgabe der entzogenen Vermögenswerte und eine wirksame Wiedergutmachung zu erreichen, so wollte man doch auch eine glaubensbezogene Perspektive eröffnen. Diese sah man in den Hilfsorganisationen nicht als gewährleistet an.

Eine weitere Besprechung mit nunmehr 25 Hamburger Juden und den Herren Markowitch und Cohen vom Jewish Committee for Relief Abroad London fand am 22. Juli 1945 statt. In der Zwischenzeit hatte man sich bemüht, die beiden Hilfsorganisationen zusammenzuführen. Als geschäftsführender Vorsitzender der daraus zu bildenden neuen Organisation war Loeffler vorgesehen. Loeffler, der im Juni 1943 zunächst nach Theresienstadt, dann im Oktober 1944 nach Auschwitz deportiert worden war, war in der beim Rechtsamt der Stadt bereits im Juli 1945 eingerichteten »Beratungsstelle für Wiedergutmachungsansprüche« tätig. Die erhoffte Verschmelzung war jedoch nicht gelungen. Die Versammlung kam dennoch nach einer ausführlich geführten Personaldebatte überein, Loeffler möge den Vorsitz für die neu zu bildende jüdische Gemeinde in Hamburg übernehmen. Zugleich beriefen die Anwesenden auf Vorschlag von Loeffler einen neuen geschäftsführenden Ausschuß von 15 Personen, dem die weitere Vorbereitung der Neugründung aufgetragen wurde. Zu diesem Zeitpunkt hatten sich etwa 170 Personen für die Gründung der neuen jüdischen Gemeinde ausgesprochen.

Die Ausschußmitglieder sahen in dem Zusammenschluß der »Hilfsgemeinschaft« und der »Notgemeinschaft« noch Mitte August 1945 eine förderliche Voraussetzung für die Gründung der jüdischen Gemeinde. Das ergibt eine Niederschrift über eine Sitzung des

Neuanfang nach 1945

geschäftsführenden Ausschusses vom 13. August 1945. Nach Auffassung der Ausschußmitglieder stand das Vorhandensein der beiden Hilfsorganisationen jedenfalls einer raschen Gründung der jüdischen Gemeinde entgegen. Über die Gründe wird man heute nur mutmaßen können. Es bestanden unterschiedliche Aufgaben, welche zum einen der zu gründenden Gemeinde zugedacht waren und welche zum anderen die beiden Hilfsorganisationen zu erfüllen hatten oder erfüllen wollten. Das gilt beispielsweise hinsichtlich jener Personen, die aus Gründen jüdischer Religionsgesetze nicht Mitglied der jüdischen Gemeinde werden konnten. Andererseits geht man wohl nicht fehl in der Annahme, daß es auch Gründe gab, die in den Personen lagen, welche die einzelnen Organisationen repräsentierten. Unterschiedliche Erfahrungen und Schicksale der einzelnen hatten zu unterschiedlichen Ansichten darüber geführt, welche Stellung ein deutscher Jude im Nachkriegsdeutschland noch werde einnehmen können. Schließlich war es gewiß auch das Ziel der ausländischen Hilfsorganisationen – etwa des amerikanischen Joint Destribution Committee (JDC) oder des britischen Jewish Committee for Relief Abroad London – alsbald zu einer Zusammenfassung der Kräfte in einer einheitlichen gemeindlichen Organisationsform zu gelangen.

Der 18. September 1945 darf als Datum der eigentlichen Gründungsversammlung der neuen »Jüdischen Gemeinde in Hamburg« gelten. An diesem Tage versammelten sich 72 Personen im früheren Gemeindehaus Rothenbaumchaussee 38 in der Absicht, die jüdische Gemeinde neu erstehen zu lassen. Eine Zusammenführung der beiden Hilfsorganisationen war mißlungen, so daß in der Neugründung der Gemeinde nach den Vorstellungen der Versammlung nicht nur die Anknüpfung an eine große Tradition lag, sondern dies zugleich die Chance bot, in anderer Weise zu einer übergreifenden Organisation der jüdischen Interessen zu gelangen. Die Versammlung verständigte sich zunächst auf folgende Aufgaben der Gemeinde: Selbstverwaltung (Finanzgebarung und Vermögensverwaltung), Kultus, Bestattungswesen, Fürsorge, Bildung und Unterrichtung, Statistik und Archiv. Unter dem Begriff der Fürsorge ließen sich jene Belange der Gemeindemitglieder verstehen, welche auch die regionalen Hilfsorganisationen interessenbezogen vertraten. Dann wählte man einen fünfköpfigen Vorstand und schließlich einen Beirat mit 8 stimmberechtigten und weiteren 8 stellvertretenden Mitgliedern, und zwar auf der Grundlage einer von Loeffler vorbereiteten Kandidatenliste. Mitglieder des Vorstandes wurden Georg Saalfeld, David von Son, Harry Goldstein, Ludwig Loeffler und – nach einer Kampfabstimmung – Max Heinemann, dem gute Kontakte zur Militärregierung nachgesagt wurden, der aber für einen Teil der Wählenden offenkundig als Gründer der »Hilfsgemeinschaft« zu exponiert war, als daß er in der Auseinandersetzung um den gemeindlichen Führungsanspruch die gebotene und erwartete Neutralität aufweisen würde, und zwar auch gegenüber der teilweise konkurrierenden »Notgemeinschaft«. Unter Zustimmung der Versammlung erklärte sich Harry Goldstein bereit, den Vorsitz im Vorstand zu übernehmen. Goldstein, der in »privilegierter Mischehe« in Hamburg den NS-Staat überlebt hatte, verfügte über gute Verbindungen zu britischen Hilfsorganisationen. Die Jewish Trust Corporation berief ihn in die Leitung ihrer Hamburger Agentur.

III. Zwei erste Aufgaben mußten sich der neuen Gemeinde stellen. Es galt, alsbald die behördliche Anerkennung ihrer Rechtsfähigkeit zu erreichen, um dadurch die gemeindlichen Aufgaben wirksamer erfüllen zu können. Des weiteren mußten die innergemeindlichen Strukturen ausgebildet und gefestigt werden. Dazu gehörte nicht nur eine Gemeindeverfassung, sondern ebenso die konkrete Arbeit einer gemeindlichen Verwaltung und einer nachdrücklichen Vertretung der Interessen der verfolgten Mitglieder. Beide Aufgaben standen in einer engen Beziehung zueinander. Eine behördliche Anerkennung war nur erreichbar, wenn den dafür zuständigen deutschen und britischen Stellen die Notwendigkeit einer jüdischen Gemeinde neben den bestehenden Hilfsorganisationen verdeutlicht werden konnte. Das sollte die Aufgabe der kommenden Monate werden. Immerhin gelang es rasch ein jüdisches Altersheim in der Rothenbaumchaussee 217 einzurichten. Bereits am 6. September 1945 konnte in Anwesenheit des Bürgermeisters Rudolf Petersen und Vertretern der Militärregierung im Gebäude Kielortallee 22/24 mit einem Gottesdienst eine vorläufige Synagoge eingeweiht werden.[14]

Mit einem an den Bürgermeister der Stadt gerichteten Schreiben vom 12. Oktober 1945 beantragten Vorstand und Beirat, »*die Jüdische Gemeinde in Hamburg als Körperschaft des öffentlichen Rechts wieder zu genehmigen, die anliegende Verfassung gleichfalls zu genehmigen, soweit erforderlich, die Zustimmung der Militärregierung herbeizuführen*«. Nach Genehmigung dieser Anträge wolle man die Geschäfte der »Hilfsgemeinschaft der Juden und Halbjuden« übernehmen; die Hilfsgemeinschaft werde sich alsdann formell auflösen. In der beigefügten Verfassung wird die Gemeinde als eine Körperschaft des öffentlichen Rechts im Gebiet der Hansestadt Hamburg bezeichnet, welche die Vertretung der jüdischen Gesamtheit in Hamburg sei. Mitglied der Gemeinde könnten »*alle jüdischen Personen mit ständigem Wohnrecht in Hamburg werden, welche nicht einer anderen Religion angehören*«. Der Kultus solle nach den Religionsgesetzen durch eine Jüdische Kultuskommission ausgeübt werden.

Wenige Tage später, am 17. Oktober 1945, fand zwischen Harry Goldstein und Dr. Loeffler einerseits und dem Senatssyndikus Dr. Kurt Sieveking andererseits eine erste Besprechung über den gestellten Antrag statt. Dabei wurde die Zahl der möglichen Gemeindemitglieder mit 900 angegeben. Die Gemeinde brachte zudem die Sprache auf die ehemaligen jüdischen Grundstücke und auf das Israelitische Krankenhaus, das als Stiftung ausgestaltet gewesen war.[15] Ein schriftlicher Bescheid wurde zugesagt; bis dahin dürfe man bereits unter dem Namen »Jüdische Gemeinde in Hamburg« handeln. Einen Tag später, am 18. Oktober 1945, bat die Gemeinde die britische Militärregierung, sie bei der Bildung eines von der Militärregierung zu bestellenden Ratsausschusses, der zur Unterstützung und Überwachung der Zivilverwaltung bestellt werden sollte, zu berücksichtigen. Tatsächlich wurden Harry Goldstein und David von Son zu Mitgliedern der Bürgerschaft bestellt. Die Gemeinde durfte dies zu Recht als eine erste politische Anerkennung ihres Status betrachten. Dagegen stand die benötigte rechtliche Anerkennung einstweilen noch aus. Inzwischen war das Rechtsamt eingeschaltet worden. Dieses kam nach näherer rechtlicher Prüfung – wie eine Besprechung mit der Gemeinde am 25. Oktober 1945 zeigte – zu dem Ergebnis, daß die beabsichtigte Verleihung der Rechte einer Körperschaft des öffentlichen Rechts am besten durch den Erlaß einer Verordnung erfolgen könne. Dem stimmte die Gemeinde zu. Dabei empfahl sie, die neue Gemeinde als Rechtsnachfolgerin des Jüdischen Religionsverbandes e.V. zu bezeichnen, indes die Reichsvereinigung der Juden in Deutschland unerwähnt zu lassen, weil dieser durch die Aufhebung des Reichsbürgergesetzes durch das Gesetz Nr. 1 der Militärregierung ohnehin der Boden entzogen sei. Das war ein nicht recht einleuchtender Grund, da die rückwirkende Aufhebung des Reichsbürgergesetzes vom 15. September 1935 rechtstechnisch nicht unbedingt zur Folge haben mußte, die Eigentumsübertragung auf die Reichsvereinigung für nicht bestehend anzusehen. Man wird wohl eher annehmen dürfen, daß sich Loeffler als ein im öffentlichen Recht bewanderter Jurist

Neuanfang nach 1945

der Problematik der Rechtsnachfolge bereits zu diesem Zeitpunkt bewußt war und von vornherein Komplikationen zu vermeiden suchte.

Jedenfalls nahm die Gemeinde in einem Schreiben vom 29. Oktober 1945 an das Rechtsamt, mit dem sie den ihr überlassenen Entwurf der beabsichtigten Verordnung zurückreichte, diesen Standpunkt ein. Nach den Vorstellungen des Rechtsamtes sollte die der britischen Militärregierung vorzulegende Verordnung in ihrer ursprünglichen Fassung folgenden Wortlaut haben:[16]

Verordnung
über die Gewährung der Rechte einer öffentlich-
rechtlichen Körperschaft an die Jüdische Gemeinde
in Hamburg.

Auf Grund des § 4 des Gesetzes über die Verfassung und Verwaltung der Hansestadt Hamburg vom 9. Dezember 1937 (Reichsgesetzblatt I, Seite 1327) und einer von der Militärregierung am ... 1945 erteilten Ermächtigung – wie durch Stempel der Militärregierung auf der Urschrift dieser Verordnung beglaubigt – wird für die Hansestadt Hamburg verordnet:

§ 1

Der Jüdischen Gemeinde in Hamburg werden die Rechte einer Körperschaft des öffentlichen Rechts gewährt.

§ 2

Die Jüdische Gemeinde in Hamburg ist Rechtsnachfolgerin des jüdischen Religionsverbandes Hamburg e.V.

§ 3

Die Jüdische Gemeinde in Hamburg ordnet und verwaltet ihre Angelegenheiten selbständig innerhalb der Schranken der geltenden Gesetze nach Maßgabe ihrer Verfassung, die anerkannt und in der Anlage veröffentlicht wird.

§ 4

Diese Verordnung tritt am Tage nach ihrer Verkündung in Kraft.

Um das Anliegen der Gemeinde auf Anerkennung zu fördern, fand am 9. November 1945 zwischen Harry Goldstein und Dr. Loeffler auf der einen Seite und Captain Broadbent von der Hamburger Abteilung »Education and Religious Affairs« der Britischen Militärregierung auf der anderen Seite ein Gespräch statt. Dabei wurde dem britischen Offizier ein Antrag vom 6. November 1945 auf Genehmigung der Gemeinde übergeben. Goldstein und Loeffler wurde erklärt, daß es zur Religionsausübung keiner besonderen Genehmigung bedürfe. Allerdings müßten die gemeindlichen Aufgaben der religiösen Erziehung und Wohlfahrt noch näher schriftlich erläutert werden. Das wurde zugesagt. Goldstein und Loeffler benutzten die Gelegenheit des Gespräches, die praktischen Sorgen der Gemeinde vorzutragen. Man benötige Kohlen für den Gottesdienst, der jüdische Friedhof Altona (Königstraße) müsse stärker geschützt werden, der jüdische Friedhof Ohlsdorf müsse hergerichtet werden, für die Beerdigung benötige man entsprechend des jüdischen Religionsgesetzes Holzsärge. Man versprach, sich dieser Fragen anzunehmen. Der Gemeinde war es offensichtlich in den vergangenen Wochen gelungen, die Aufmerksamkeit der britischen Stellen auf die gemeindlichen Aufgaben zu lenken. Neben Captain Broadbent hatte sich auch Major Macc.Olm als Officer der Abteilung »Public Health« dafür interessiert, welche Ziele die Gemeinde verfolge, und wünschte nähere Aufklärung über Zusammensetzung und Arbeit der Gemeinde.

Ein unter dem 13. November 1945 datiertes Schreiben, gerichtet an den Education and Religious Affairs Officer, bat nochmals förmlich *»for permission to reopen the Jewish Congregation in Hamburg«*. Erneut wurde hervorgehoben, daß sich die Aufgaben der Gemeinde auf den Gottesdienst, auf religiöse Erziehung, auf Trauungen in religiöser Form, auf das Begräbniswesen und auf die Vertretung der Gemeinde gegenüber den Behörden beschränkte. Ein Vorstand werde gewählt werden, sobald die Genehmigung vorliege. Senatssyndikus Dr. Sieveking (Bürgermeisteramt) teilte unter dem 17. November 1945 seinerseits der Gemeinde mit, daß der Antrag auf ihre Anerkennung und die vorgesehene Verordnung derzeit ins Englische übersetzt und beide Unterlagen der Militärregierung zur Genehmigung eingereicht würden. Inzwischen hatte man den Satzungsentwurf unter Berücksichtigung einiger Auflagen und Hinweise der Militärregierung und des Rechtsamtes abgeändert. Insbesondere war es das Anliegen der Militärregierung, die Voraussetzungen für eine Gemeindemitgliedschaft zu präzisieren. Offenkundig waren die britischen Stellen in dieser Phase bemüht, die Gemeinde deutlich auf eine betont religiös-kultusbezogene Vereinigung zu beschränken. Das schlug sich übrigens später in der noch zu erörternden Satzungsbestimmung über die Gemeindemitgliedschaft vom 30. Juni 1946 nieder.

Mit Schreiben vom 14. Januar 1946 unterrichtete der Verbindungsreferent (liaison official) des Bürgermeisters Rudolf Petersen zur britischen Militärregierung, Dr. Link, in einem an Rechtsanwalt Heinemann gerichteten Schreiben, er habe von dem zuständigen sachbearbeitenden englischen Offizier erfahren, *»daß der Vorschlag des Bürgermeisters über die Wiedererrichtung der jüdischen Gemeinde an die Control Commission for Germany weitergeleitet wurde«*.[17] Als Grund sei angegeben worden, daß es sich um eine grundsätzliche Frage von Bedeutung (policy matter) handele und eine Wiedererrichtung einer jüdischen Gemeinde nicht nur für Hamburg, sondern für ganz Deutschland in Frage käme. Man habe die Angelegenheit wärmstens befürwortet. Die Entscheidung der Control Commission muß, wenn nicht negativ ergangen, so doch dilatorisch gewesen sein. Zwar ermöglichen die Quellen, soweit sie derzeit zugänglich sind, keine abschließende Beurteilung. Aber die Tatsache, daß der jüdischen Gemeinde erst knapp drei Jahre später durch ein Gesetz der Status einer Körperschaft des öffentlichen Rechts zuerkannt wurde, läßt eine andere Folgerung kaum zu. Ein erster Versuch, den rechtlichen Status der Gemeinde rasch zu sichern, war damit gescheitert. Der Gemeinde war es ferner nicht gelungen, im Wege einer »deutschen Verordnung« die Frage ihrer Rechtsnachfolge zu lösen.

Eine erste Konsolidierung (1946)

I. Das Jahr 1946 war das Jahr einer ersten Konsolidierung der Gemeinde. Das gilt sowohl nach außen als auch nach innen. Nach außen konnte sich die Gemeinde endgültig als die maßgebende Repräsentantin der jüdischen Interessen durchsetzen. Das beruhte in erster Linie auf einer insoweit klaren Haltung der Militärregierung. Am 19. Februar 1946 war im »Hamburger Nachrichtenblatt der Alliierten Militär-Regierung« eine von ihr veranlaßte Veröffentlichung erschienen, nach der die Jüdische Gemeinde die einzig zuständige Behörde für jüdische Angelegenheiten in Hamburg und deshalb vom Hauptquartier der

Militärregierung Hansestadt Hamburg anerkannt worden sei. Um vieles bedeutsamer sollte sich für die Gemeinde und für die von ihr vertretenen Ziele indes eine Anweisung der britischen Militärregierung vom 4. März 1946 erweisen.[18] Die Anweisung betraf zwar formal nur die dritte jüdische Hilfsorganisation, nämlich den von Dr. Heinrich Leopold gegründeten Verein »Die aus Theresienstadt« e.V., der Sache nach richtete sie sich aber im wesentlichen an die Jüdische Gemeinde. Die Gemeinde betrachtete die Anweisung, deren Text nachfolgend wiedergegeben wird, in den nächsten beiden Jahren daher durchaus zu Recht als eine gleichsam bestätigende Gründungsurkunde, aus der sie den Anspruch auf alleinige Vertretung der jüdischen Interessen ableitete:

An den
Bürgermeister der
Hansestadt Hamburg
    Betrifft: »Die aus Theresienstadt«
1. Die von Ihnen erteilte Erlaubnis zur Bildung der obengenannten Organisation ist zurückzuziehen. Die Organisation hat ab sofort ihre gesamte Tätigkeit einzustellen.
2. Die vorhandenen Guthaben sind einzufrieren, bis eine Entscheidung über ihre Verwendung getroffen ist.
3. Alle jüdischen Angelegenheiten sind durch die Jüdische Gemeinde zu bearbeiten.
4. Sie haben die Organisation »Die aus Theresienstadt« zu unterrichten, dass die jüdische Gemeinde die offizielle Organisation für jüdische Angelegenheiten in der Hansestadt Hamburg ist.
5. Sie haben die Jüdische Gemeinde anzuweisen, dass ihre Organisation in einer Weise zu erfolgen hat, dass besondere Abteilungen gebildet werden für
    a) Jüdische Religions-Angelegenheiten
    b) Jüdische Kultur,
    c) Jüdische Fürsorge, die die Betreuung der ehemaligen jüdischen Insassen von Konzentrationslagern umfasst.
6. Die betreffenden Abteilungen der Jüdischen Gemeinde sind für die Interessen aller derer verantwortlich, die berechtigt sind, Mitglieder der Jüdischen Gemeinde zu werden.
7. In Zukunft sind alle Angelegenheiten, die Juden betreffen, d.h. Juden im eigentlichen Sinne des Wortes, an die Jüdische Gemeinde zu verweisen.
8. Für Personen, die Anspruch darauf erheben, jüdischen Blutes zu sein und nach Tradition nicht berechtigt sind, Mitglieder der Gemeinde zu werden, sind durch die Vereinigung der »Notgemeinschaft der durch die Nürnberger Gesetze Betroffenen« zu sorgen.
9. Die Jüdische Gemeinde ist anzuweisen, in Kürze eine Generalversammlung abzuhalten. Bei dieser Versammlung werden die Beamten von den Mitgliedern der Gemeinde durch Abstimmung gewählt werden.

signed: H. ARMYTAGE Brigadier
Comd Mil Gov Hansestadt Hamburg[19]

Mit dieser Anordnung entschied sich die Militärregierung endgültig dafür, eine weitere Zersplitterung jüdischer Interessenvertretungen zu vermeiden. Bereits die Existenz der »Notgemeinschaft« und der »Hilfsgemeinschaft« hatte man kaum wohlwollend, sondern eher als hinderlich angesehen und auf den Erfolg der von der Gemeinde seit Juli 1945 betriebenen Verschmelzung gehofft. Die von den deutschen Behörden bereits gebilligte Erlaubnis einer weiteren Hilfsorganisation, nämlich »Die aus Theresienstadt« e.V., hätte eine erneute Zersplitterung zur Folge gehabt. Ein erheblicher Teil der nach Hamburg zurückkehrenden Juden war in das Konzentrationslager Theresienstadt deportiert worden.[20] Es war also abzusehen, daß dieser Teil der in Hamburg lebenden Juden sowohl in der Gemeinde als auch in dieser dritten Hilfsorganisation eine Repräsentanz ihrer Interessen sehen würde. Daran konnte der Militärregierung dann nicht gelegen sein, wenn es galt, die Stellung der jüdischen Gemeinde insgesamt zu stärken. Zudem hatte der »Verein die aus Theresienstadt« in seiner Satzung keinen Zweifel daran gelassen, daß man seinerseits für alle Juden einen »Alleinvertretungsanspruch« verfolge.[21]

Die hierfür maßgebenden Gründe lassen sich anhand der vorliegenden Quellen allerdings nur unvollkommen aufhellen. Man geht indes nicht fehl in der Annahme, daß die in der Gemeinde vorhandenen persönlichen Verbindungen zu den internationalen jüdischen Organisationen – etwa das American Jewish Joint Distribution Committee – ihren mittelbaren Einfluß auf die Haltung der Militärregierung hatten. In jedem Falle waren es auch bürokratische Gründe, welche es der Militärregierung angezeigt sein ließen, allein mit der jüdischen Gemeinde als der einzigen Interessenvertretung zu verhandeln. Daß man die Gründung der Gemeinde fördern wollte, hatte sich bereits aus der Stellungnahme ergeben, mit der man die Zuerkennung eines öffentlich-rechtlichen Status gegenüber der Control Commission for Germany seinerzeit befürwortet hatte. Erst später kam ein weiterer Grund hinzu. Für die britische Position bestand zunehmend die Notwendigkeit, mit der Möglichkeit des kommunistischen Engagements in den Verfolgtenorganisationen zu rechnen, die ihrerseits einen nicht unbedeutenden Einfluß auf die amtlichen Wiedergutmachungsbehörden hatten. Insgesamt zeichnete sich seit der Jahreswende 1945/46 insoweit eine veränderte Politik der britischen Militärregierung ab, als durch die »Zone Policy Instruction No. 20« vom 4. Dezember 1945 erstmals koordiniert Sondervergünstigungen und finanzielle Unterstützungen für ehemalige Insassen der Konzentrationslager in Aussicht gestellt wurden.[22] Das bedeutete eine Trennung der Soforthilfe und der Wiedergutmachung von jenen Hilfsmaßnahmen, welche die übrige Bevölkerung erhalten konnte. Die große Not der Juden geht aus einem Bericht vom März 1946 hervor, nach dem zu diesem Zeitpunkt etwa 500 Juden auf eine Verpflegung durch die Großküche der Gemeinde angewiesen waren.[23]

In der Konsequenz der sich anbahnenden Änderung der Politik der Militärregierung lag es auch, daß die Anordnung vom 4. März 1946 mit Entschiedenheit die offizielle Repräsentanz der Gemeinde in »*allen Angelegenheiten, die Juden betreffen*« herausstellte. Hierzu zählte die eindeutige Aufforderung an die jüdische Gemeinde, in ihrer Organisation eine besondere Abteilung für »*Jüdische Fürsorge*« zu bilden, welche auch die Betreuung der ehemaligen jüdischen Insassen von Konzentrationslagern zu umfassen habe. Das richtete sich mittelbar gegen die bisherigen Hilfsorganisationen und mußte von der Gemeinde als ein Erfolg in der Durchsetzung ihrer Ziele gewertet werden. Nach Nr. 6 der Anordnung sollte die Zuständigkeit der Gemeinde sogar für diejenigen Juden gelten, die zwar nicht Mitglied der Gemeinde waren, die indes berechtigt waren, dieses zu werden. Das näherte sich der Anerkennung des Parochialprinzips, d.h. der Befugnis, alle Konfessionsangehörigen eines Gebietes kraft Wohnsitzbegründung ipso iure in Anspruch zu nehmen. Stärker konnte man die allgemeingültige Interessenvertretung der Gemeinde kaum betonen. Nur für jene, die zwar »*jüdischen Blutes*«, jedoch »*nach Tradition nicht berechtigt sind, Mitglieder der Gemeinde zu werden*«, sollte auch künftig die »Notgemeinschaft« tätig sein, die dadurch in ihrer Existenz bestätigt wurde. Der Kreis dieser Personen hing damit allerdings von der näheren Ausgestaltung der satzungsmäßigen Regelung der Mitgliedschaft ab. Es war nur folgerichtig, wenn die Militärregierung insoweit eine gegenüber den ersten

Neuanfang nach 1945

Entwürfen abändernde Satzungsbestimmung anordnete. Nach ihren Vorstellungen sollten Mitglied solche Personen werden können, die *»sich nach Maßgabe des jüdischen Religionsgesetzes zum jüdischen Glauben bekennen, sowie alle Personen, mit ständigem Wohnrecht in Hamburg, welche jüdischer Abkunft sind und nicht einer anderen Religion angehören«*. Damit blieb die Notwendigkeit einer Interessenvertretung für solche Personen, die zwar Juden, nicht aber jüdischen Glaubens waren, und solchen Personen, die im NS-Staat zwar als Juden behandelt, dies aber nicht nach jüdischer Tradition waren. Nur diesen Personenkreis sollte also zukünftig die »Notgemeinschaft« noch vertreten dürfen, die damit ihrerseits eine Eingrenzung des von ihr bisher vertretenen Personenkreises hinnehmen mußte. Die fehlende Erwähnung der zweiten Hilfsorganisation, nämlich der »Hilfsgemeinschaft der Juden und Halbjuden«, deutet an, daß diese als überflüssig angesehen wurde. Diese Hilfsorganisation löste sich – wie man nach den Quellen annehmen darf – zugunsten der Gemeinde auf. Damit verschwand auch der von gemeindlicher Seite stets kritisierte Ausdruck »Halbjuden«.

In Nr. 9 der Anweisung ordnete die Militärregierung an, daß die Gemeindeorgane durch Wahlen bestellt würden. Das war nicht nur deutlicher Ausdruck einer Kritik an bislang fehlenden demokratischen Verhaltensweisen. In der Tat hatte die Gemeinde bislang im Stadium der Gründung eher eine Politik begrenzter Kooption betrieben. Das sollte beendet werden. Die Gemeinde bedurfte als eine nunmehr ausdrücklich anerkannte Interessenvertretung der inneren Legitimation ihrer Mitglieder, sollte sie auch nach außen mit jenem Anspruch auftreten, den sie sich selbst und dies bestätigend ihr die Militärregierung zugedacht hatte. Allerdings stellte die Durchführung dieses Teils der Anordnung die Gemeinde vor nicht geringe Schwierigkeiten. Seit der Neugründung am 18. September 1945 war nahezu ein halbes Jahr vergangen. Weitere Juden waren nach Hamburg zurückgekehrt, zugezogen oder reemigriert. Anfang März 1946 rechnete die Gemeinde mit etwa 1.200 Personen, die als Mitglieder in Betracht kämen. Diese Personen sorgsam als Mitglieder zu erfassen und außerdem eine angemessene Wahlvorbereitung zu ermöglichen, die Zufälligkeiten zumindest minderte, erforderte Zeit, Organisation und Helfer.

Anfang März 1946 rief die Gemeinde ihre künftigen Mitglieder zu allgemeinen freien und geheimen Wahlen auf. Mitglied könne jede Person jüdischer Abstammung werden, welche nicht einer anderen Religion angehöre. Ausdrücklich wurde in dem Aufruf erwähnt, daß die Gemeinde von der Militärregierung und vom Bürgermeister der Hansestadt Hamburg anerkannt worden sei. Das blieb freilich zu diesem Zeitpunkt rechtlich dunkel und war wohl eher in übertragenem Sinne gemeint. Immerhin hatte die Anweisung vom 4. März 1946 den inzwischen faktisch eingenommenen Status der Gemeinde bestätigt. Es dauerte noch einen Monat, bis Harry Goldstein als vorläufiger Vorsitzender der Gemeinde am 14. April 1946 in den Kammer-Lichtspielen (Hartungstraße 9/11) die erste Wahlversammlung der Gemeinde nach Kriegsende eröffnen konnte. Nach einem Rückblick auf Leiden und Vernichtung der Hamburger Juden durch den nationalsozialistischen Staat gab er einen Bericht über die bisherige Tätigkeit. Danach hatte man zunächst in einem kleinen Büro in der Bornstraße 22 eine große Zahl von Personen betreuen müssen, die Ausweise über ihre jüdische Abstammung zu erhalten wünschten. Später wurde – so führte Goldstein aus – das alte Gemeindehaus Rothenbaumchaussee 38 *»in einem Handstreich besetzt«*. Die Militärregierung duldete dies, ohne indes das Eigentum formell freizugeben. Wie viele Personen an dieser Wahlversammlung teilnahmen, ist nicht überliefert.

Gegenstand der Gemeindewahlen konnte nach der bisherigen Satzung nur die Wahl eines aus 8 Personen und 4 Stellvertretern bestehenden Beirats sein. Dieser hatte seinerseits den Vorstand zu bestimmen. Die Wahlen wurden am 24. April 1946 auf der Grundlage von Wahllisten durchgeführt, die nach einer erlassenen Wahlordnung mit einem Quorum von mindestens 50 Unterschriften hatten eingereicht werden können. Zu diesem Zeitpunkt verzeichnete die Gemeinde nach eigenen Angaben 1.287 Mitglieder, unter ihnen etwa 200 Juden, welche nicht die deutsche Staatsangehörigkeit hatten. 833 Mitglieder machten von ihrem Wahlrecht Gebrauch. Die vier Kandidatenlisten, deren Namen im einzelnen nicht bekannt sind, erhielten:

Liste 1	348 Stimmen	[42 %]
Liste 2	151 Stimmen	[18 %]
Liste 3	231 Stimmen	[28 %]
Liste 4	95 Stimmen	[11 %]
ungültig	8 Stimmen	[1 %]

Polnische Mitglieder sollen überwiegend die Liste 3 gewählt haben; die Liste 1 soll die Liste der bisherigen Vorstandsmitglieder gewesen sein. Der neue Beirat bestimmte seinerseits am 5. Mai 1946 einen neuen Vorstand, der aus Harry Goldstein, Dr. Ludwig Loeffler, Georg Saalfeld, David von Son und Jehuda Israelski bestand. Nur der letztere war neu gewählt worden. Rechtsanwalt Heinemann wurde mit dem Amt eines Justitiars betraut.

II. Der neue Vorstand bildete Mitte Juni 1946 unter Zustimmung des Beirates einen Finanzausschuß (Harry Goldstein, Bernhard Nathan, Siegfried Katz, Erna Goldschmidt, W. Messow), einen Wohlfahrtsausschuß (David von Son, Josef Gottlieb, Chaim Golenzer, Erna Goldschmidt, Ch. Holländer, Hermann Levy) und einen Wohnungsausschuß (David von Son, Fritz Rosenberg, I. Israel). Die Wohnungsnot war außerordentlich, da alle deportierten Juden ihre Wohnungen hatten aufgeben müssen. Etwa 1/3 der in »privilegierter Mischehe« lebenden Juden hatte durch die schweren Luftangriffe im Juli 1943 ihre Wohnung verloren.

Über die Zusammensetzung und die Tätigkeit der für den Kultus zuständigen Kultuskommissionen ist Näheres nicht bekannt. Seit September 1945 wurden in der Synagoge Kielortallee 22/24 regelmäßig Gottesdienste abgehalten. Eine Teilnahme britischer Soldaten jüdischen Glaubens an dem gemeindlichen Gottesdienst unterblieb wahrscheinlich; die Militärregierung hatte eine hierauf gerichtete Anfrage der Gemeinde im November 1945 ausweichend beantwortet. Es entsprach im allgemeinen der Politik der Militärregierung – jedenfalls in den ersten Monaten nach Kriegsende – eine Fraternisierung strikt zu unterbinden. Da man die deutschen Juden grundsätzlich als Deutsche behandelte, traf das Fraternisierungsverbot auch die Juden. Andererseits wird gerade für Hamburg berichtet, daß hier die Militärbehörden großes Verständnis für die Opfer des nationalsozialistischen Terrors zeigten.[24] Dies mag es verständlich machen, daß die Militärregierung keine Einwendungen dagegen erhob, daß im November 1945 der früher in Berlin tätige, dann nach England emigrierte Rabbiner Dr. Eli Munk – er war immerhin Verbindungsoffizier für jüdische Angelegenheiten – kurzfristig die Aufgaben eines Rabbiners wahrnahm. Im September 1946 folgten ihm Rabbiner Dr. Paul Holzer (London) und um die Jahreswende 1946/47 Rabbiner Dr. Alexander Carlebach. Beide letztgenannten Rabbiner konnten für die Gemeinde nur zeitweise tätig sein. Dr. Holzer war als einer der ersten früheren deutschen Rabbiner nach Hamburg gekommen, um beim Aufbau jüdisch-religiösen

Neuanfang nach 1945

Lebens in der britischen Besatzungszone mitzuwirken.[25] Am 30. Juni 1946 revidierte man die bisherige und als vorläufig betrachtete Verfassung der Gemeinde.[26] Danach war die Gemeinde eine Körperschaft des öffentlichen Rechts im Gebiet der Hansestadt Hamburg. Sie sei *»die Religionsgesellschaft der Juden in Hamburg«*. Nach § 2 Abs.1 der revidierten Verfassung konnten Mitglieder der Gemeinde

»alle Personen mit ständigem Wohnrecht in Hamburg werden, welche entweder sich nach Maßgabe des jüdischen Religionsgesetzes zum jüdischen Glauben bekennen oder jüdischer Abkunft, und sofern Männer, beschnitten sind und nicht einer anderen Religion angehören«.

Die darin liegenden Veränderungen gegenüber der vorläufigen Verfassung von Oktober 1945 waren in ihren Nuancierungen bemerkenswert, weil sie das nunmehrige Selbstverständnis von Vorstand und Beirat akzentuierten. Unverändert war zwar der feststellende Hinweis, daß die Gemeinde eine Körperschaft des öffentlichen Rechts sei. Das gab nicht die rechtlichen Verhältnisse wieder, sondern war – nach Lage der Dinge – eher ein gemeindepolitischer Anspruch, dessen Erfüllung noch ausstand. Daß die Gemeinde die Vertretung der jüdischen Gesamtheit in Hamburg sei – wie es in der Verfassung von Oktober 1945 mit unverkennbarem Blick auf die britische Militärregierung festgelegt worden war -, entsprach im Sommer 1946 um vieles mehr der tatsächlichen Entwicklung als zuvor. Die angestrebte Repräsentanz war inzwischen weitgehend erreicht worden. Gleichwohl hatte man diesen Satzungsbestandteil durch die Wendung ersetzt, daß die Gemeinde die Religionsgesellschaft der Juden in Hamburg sei. Damit war der zunächst betonte Anspruch, eine Interessenvertretung zu sein, durch ein religions- und kultusbezogenes Bekenntnis ersetzt worden. Das mochte die wirklichen Verhältnisse vermutlich kaum verändern. Immerhin ließ diese Änderung im Zusammenhang mit der umfassenderen Regelung der Mitgliedschaft eine gewisse Orthodoxierung der Gemeinde erkennen. Das kam nicht nur in dem Hinweis auf das jüdische Religionsgesetz zum Ausdruck und dem genannten Erfordernis, daß männliche Gemeindemitglieder beschnitten sein müßten. Entscheidend war – und darin lag das Abweichen von der vorläufigen Verfassung -, daß dadurch dem nicht-religiösen Juden eine Aufnahme in die Gemeinde nicht mehr ermöglicht wurde. In der früheren Regelung war jedem Juden die Mitgliedschaft eröffnet, sofern er nicht einer *»anderen Religion«* angehörte. Das bedingte nicht, daß er selbst im Sinne der jüdischen Religionsgesetze religiös war. Verhindert werden sollte nur, daß Juden christlichen Bekenntnisses Mitglied der Gemeinde werden konnten. Der Tradition der hamburgischen Gemeinde hatte es im Hamburger System gerade entsprochen, auch nicht bekenntnisgebundene Juden in die Gemeinde aufzunehmen und es den Kultusverbänden zu überlassen, weitere Voraussetzungen für die Mitgliedschaft in ihren Verbänden festzulegen.[27] So hatte lediglich der orthodoxe Synagogenverband das Gebot des *»religiösen Akts der Beschneidung«* satzungsrechtlich vorgesehen, nicht jedoch der Tempelverband und die Neue Dammtor-Synagoge.[28] In der früheren jüdischen Gemeinde waren daher keineswegs alle männlichen Juden beschnitten gewesen.[29] Es hätte daher eher nahelegen, die Mitgliedschaft in der satzungsrechtlich vorgesehenen und auf die Beachtung der Religionsgesetzen verpflichteten Kultuskommission an die strenge Voraussetzung zu binden. Die religionsbezogene Begrenzung der Mitgliedschaft bedeutete zugleich, daß a-religiöse Juden, die es unverändert gab, eine andere Interessenvertretung benötigten.

Diese »orthodoxe Wende« hatte allerdings in ihrem formalen satzungsrechtlichen Ausdruck nur kurzfristigen Bestand. Bereits in der nächsten Satzungsänderung vom März 1949 gab man diesen Bezug zum Bekenntnis des jüdischen Glaubens auf und verzichtete zudem auf das Erfordernis der Beschneidung. Entscheidend sollte wiederum nur ein, ob man »nach den jüdischen Religionsgesetzen« Jude war. Das ließ zwar angesichts der gewissen Unbestimmtheit dessen, was die Religionsgesetze in Bezug auf die Eigenschaft festlegten, Jude zu sein, einen Interpretationsraum zu. Aber mit dieser satzungsrechtlichen Formulierung war es jedenfalls auch möglich, einen liberalen Standpunkt einzunehmen.

III. Trotz dieser faktischen Konsolidierung gelang es der Gemeinde nicht, eine Anerkennung des erstrebten Status einer Körperschaft des öffentlichen Rechts zu erreichen. Die britische Militärregierung stand der erwähnten Verordnung unverändert ablehnend gegenüber. Das schien im Hinblick auf die seit Anfang des Jahres 1946 klare Politik, der Gemeinde den Anspruch der alleinigen Vertretung zuzuerkennen, ein kaum verständlicher Widerspruch zu sein. Indes befürchtete die Militärregierung, die Gemeinde wolle mit der erstrebten Anerkennung zugleich inhaltliche Fragen der Wiedergutmachung beantwortet wissen. In den kommenden zwei Jahren sollte diese Frage, die wechselseitig nicht frei von Mißverständnissen erörtert wurde, einer Lösung entgegenstehen.

Unter dem 30. April 1946 schlug die Militärregierung in Hamburg zunächst vor, die Rechtsnachfolge im Verordnungstext unerwähnt zu lassen, da »*über die ganze Frage der Wiederherstellung jüdischen Eigentums und der Entschädigung für unter dem Nazi-Regime erlittene Verluste*« noch beraten werde. Auch wurde kritisiert, daß die Gemeinde nach ihrer Satzung die »*Hamburger Juden in ihrer Gesamtheit*« vertrete. Man dürfe die Gründung anderer jüdischer Religionsgesellschaften nicht ausschließen. Außerdem wurde der deutschen Verwaltung auferlegt, den »*Rat einer uninteressierten Person oder Kommission hinsichtlich der Stellung der jüdischen Gemeinde vor 1933*« einzuholen. Dieses Schreiben beantwortete die Gemeinde am 5. Juli 1946, nachdem sie sich zwischenzeitlich mit den deutschen Behörden ersichtlich abgestimmt hatte. Sie sei bereit, sich ausdrücklich der Staatsaufsicht zu unterwerfen, lehne indes jede Änderung des Namens ab, und sie betonte die Kontinuität, in der sie zur früheren Gemeinde stehe. Als Rechtsnachfolgerin müsse sie bei einer künftigen Wiedergutmachungsregelung in der Lage sein, die Rechte und Vermögenswerte der von den Nationalsozialisten zerschlagenen Gemeinde geltend zu machen. Dem diene die erstrebte Regelung der Verordnung. Damit werde über den Inhalt entsprechender Ansprüche nichts präjudiziert. Ferner ermögliche die Gemeindeverfassung volle Freiheit jeder Glaubensrichtung. Allerdings bestehe im Gegensatz zu früher kein Bedürfnis, hierfür verschiedene Kultusverbände zu schaffen. Bürgermeister Petersen konnte diese Stellungnahme zusammen mit dem erbetenen Gutachten, das Oberlandesgerichtsrat i.R. Dr. Paul Wohlwill und Rechtsanwalt und Notarvertreter Dr. Hans Hertz verfaßt hatten, der Militärregierung erst Anfang Oktober 1946 übermitteln. So war ein Jahr ohne sichtbare Fortschritte vergangen.

Das Rechtsgutachten, das sich unter umfangreicher historischer Analyse weitgehend der Auffassung der Gemeinde anschloß, mag die Militärregierung in Hamburg vielleicht unsicher gemacht haben. Jedenfalls holte die britische Seite nunmehr ihrerseits eine Stellungnahme des »Special Legal Advice Bureau« des britischen Hauptquartiers in Herford ein. Die Äußerung vom 26. November 1946 – von einem ersichtlich im deutschen Recht gut bewanderten Juristen verfaßt – bestärkte die Militärregierung in Hamburg (Govermental Group HQ Military Government Hansestadt Hamburg) in ihrer ablehnenden Haltung. Unverändert wurde die Frage der Rechtsnachfolge im Hinblick auf spätere

Neuanfang nach 1945

Wiedergutmachungsansprüche als problematisch bezeichnet. Auch der satzungsrechtlich statuierte »Alleinvertretungsanspruch« der Gemeinde wurde kritisiert. Das alles wich deutlich von der strikten Auffassung der Anordnung vom 4. März 1946 ebenso ab wie der erneute Hinweis, daß die Gemeinde ausschließlich als Religionsgemeinschaft handeln dürfe und dies ihre Tätigkeiten zu bestimmen habe.

Die Gemeinde entgegnete erst drei Monate später in einer an das Rechtsamt der Hansestadt Hamburg gerichteten ausführlichen und zudem abgewogenen Stellungnahme. Sie führte darin rechtliche, tatsächliche und historische Gründe der eigenen Tradition dafür an, daß sie als Rechtsnachfolgerin der früheren jüdischen Gemeinden in Altona, Hamburg und Wandsbek anzuerkennen sei, und bekräftigte ihren Anspruch, »*die Vertretung der Juden in Hamburg*« zu sein. Die Gemeinde vereine alle konfessionellen jüdischen Einwohner Hamburgs. Der Zusammenschluß der früheren Gemeinden als solcher sei keine verwerfliche nationalsozialistische Verfolgungsmaßnahme gewesen, sondern habe in der damaligen Entwicklung gelegen. Lediglich der der Einheitsgemeinde oktroyierte Name habe auf Zwang beruht. Die Mitglieder der Gemeinde wünschten in einer Gesamtgemeinde zu leben. Die rechtliche Bestimmung der jüdischen Gemeinde als Rechtsnachfolgerin des Jüdischen Religionsverbandes bedeute daher nichts anderes als eine der rechtlichen Klarheit halber erforderliche Bestätigung, daß nur die Gemeinde diejenige Rechtspersönlichkeit darstelle, welche bei einer künftigen gesetzlichen Regelung der Wiedergutmachung berechtigt sei, Ansprüche hinsichtlich des Vermögens des Jüdischen Religionsverbandes geltend zu machen.

Das Rechtsamt übermittelte diese Stellungnahme am 31. Mai 1947 der britischen Militärregierung ohne nähere Erläuterung. Seit der ersten Vorlage des Verordnungstextes im Oktober 1945 waren nunmehr bereits 19 Monate vergangen, ohne daß sich eine positive Entscheidung der britischen Seite abzeichnete. In der Politik der Militärregierung hatte es einen für die deutschen Behörden und für die Gemeinde nur schwer erklärbaren Meinungswechsel gegeben. Für beide war unsicher geworden, ob die Militärregierung überhaupt noch bereit war, eine Anerkennung des Status der Gemeinde als einer Körperschaft des öffentlichen Rechts auszusprechen, da man wiederholt einzelne Bestimmungen der Satzung bemängelte. Die Haltung der Gemeinde zur Frage der Rechtsnachfolge war jedenfalls insoweit einleuchtend, als durch eine Anerkennung der materielle Gehalt künftiger Ansprüche auf Wiedergutmachung sowohl im Sinne der Restitution noch vorhandener als auch mit dem Ziel angemessener Entschädigung entzogener Vermögenswerte keineswegs präjudiziert wurde. In diesem Sinne vertrat die Gemeinde in der Tat die Interessen aller Juden. Demgegenüber nahm die britische Militärregierung – und zwar durchaus im Gegensatz zur Zeit unmittelbar nach Kriegsende – nunmehr einen eher formalen Standpunkt ein, der den auch moralischen Fragen der Wiedergutmachung kaum angemessen sein konnte und sich zudem einer kritischen Betrachtung gerade der internationalen jüdischen Hilfsorganisationen auslieferte. Daß jüdische Nachfolgeorganisationen geschaffen werden mußten, war offensichtlich. Die Vernichtungspolitik des nationalsozialistischen Staates war in vielen Fällen so radikal gewesen, daß die üblichen rechtlichen Regelungen versagten, um zu Rechtspositionen aus früheren Rechtslagen zu gelangen.[30] Insoweit war die Haltung der britischen Militärregierung in einem übertragenen Sinne eher von deutscher Formalität, die der Gemeinde eher von britischer Pragmatik.

Mit der Verordnung Nr. 57 der britischen Militärregierung über die Befugnisse der Länder in der britischen Zone vom 1. Dezember 1946 (Military Government Gazette Germany. British Zone of Control, Nr. 15) war allerdings inzwischen eine kompetenzrechtliche Änderung der Rechtslage eingetreten. Nach Art. I in Verbindung mit Anlage D der Verordnung waren die Länder ermächtigt, die Gesetzgebung in kirchlichen Angelegenheiten nunmehr selbst auszuüben, und zwar ohne eine vorherige Genehmigung. Auf diese Änderung hatte des Rechtsamt die Militärregierung hingewiesen, und zwar mutmaßlich mit der Absicht, daß man die Fragestellung zunächst formal für erledigt ansehen wollte. Die Gemeinde gab indes keineswegs ihre Ziele auf. Unter dem 9. Oktober 1947 fragte sie beim Rechtsamt an, wie man dort zu der Frage stehe, den »Jüdischen Religionsverband Hamburg e.V.« in das (amtsgerichtliche) Vereinsregister erneut eintragen zu lassen. Eine derartige Möglichkeit war durch eine Verordnung des Zentraljustizamtes zur Wiederherstellung aufgelöster Vereine vom 15. September 1947 geschaffen worden.[31] Man denke daran, für den so rekonstituierten Verein den Antrag auf Anerkennung als Körperschaft des öffentlichen Rechts zu stellen. Dies war klug, vor allem taktisch gedacht. Das Rechtsamt entgegnete knapp, daß man gegen dieses Vorgehen keine Bedenken habe.

IV. Vor allem materielle Bedürfnisse standen bei der stark überalterten Gemeinde im Vordergrund. Soziale und rechtliche Betreuung der Gemeindemitglieder war angesichts ungeklärter Rechtslage in vielfältiger Hinsicht notwendig. Eine erste deutsche Verordnung über Wiedergutmachung vom Sommer 1945 hatte nicht in Kraft gesetzt werden können, weil die britische Militärregierung eine zoneneinheitliche Regelung anstrebte. Auch die tatsächliche Umsetzung der erwähnten »Zone Policy Instruction No 20« erwies sich als schwierig und scheiterte zunächst. Das beruhte nicht zuletzt auf inneren Widersprüchen der Besatzungspolitik der britischen Militärregierung.[32] Erst im August 1946 glaubte sich der Bürgermeister der Stadt ermächtigt, eine Anordnung zugunsten von Personen zu erlassen, die durch den Nationalsozialismus aus politischen, religiösen oder rassischen Gründen verfolgt worden waren und dabei Körperschäden erlitten hatten, und ihnen finanzielle Unterstützungen zuzusagen. Der Nachweis der Verfolgung war durch eine Bestätigung der Beratungsstelle für Wiedergutmachungsansprüche zu erbringen. Die Militärregierung beanstandete dies im November 1946, so daß die Anordnung aufgehoben werden mußte. Ein gleichzeitig im Sommer 1946 ausgearbeiteter Entwurf eines Wiedergutmachungsgesetzes wurde der Control Commission vorgelegt, blieb dort aber unbearbeitet.
  Anfang 1946 gelang es, von der Oberfinanzdirektion Hamburg das frühere gemeindliche Altenhausgrundstück Sedanstraße 23 zu erhalten. Ein derartiger Erfolg blieb allerdings eine Ausnahme. Die Gemeinde bemühte sich im übrigen vergeblich darum, daß ihr die Grundstücke, die ihr während der NS-Zeit entzogen worden waren, formell zu Eigentum übertragen wurden oder ihr zumindest der Besitz eingeräumt wurde. Man war unverändert etwa auf die Betreuung durch das American Jewish Joint Distribution Committee angewiesen; der Joint umfaßte die Verteilung von Lebensmitteln, Hilfe bei der Emigration in andere Länder und eine Sozialbetreuung. Die Situation der deutschen Juden in der britischen Besatzungszone war nach Kriegsende – wie erwähnt – dadurch außerordentlich erschwert, als man zwar einerseits ihr Recht auf Rehabilitation anerkannte, die Politik der Militärregierung sie andererseits aber als Deutsche behandelte. Die deutschen Juden hatten damit zunächst alle jene Restriktionen hinzunehmen, denen auch die übrigen Deutschen unterworfen waren. Hinzu kam, daß die zentralen Probleme einer Wiedergutmachung innerhalb der vier Besatzungsmächte äußerst umstritten waren und die britische Militärregierung grundsätzlich nicht abgestimmte Entscheidungen scheute. Ihr erschien

Neuanfang
nach 1945

schließlich eine eher kollektive Entschädigung gegenüber der Einzelentschädigung als die bessere Lösung.[33] Das entsprach wohl auch den Überlegungen der internationalen jüdischen Hilfsorganisationen. Gerade dies gab andererseits der Besatzungsmacht Anlaß, die Gemeinde in ihren auf kollektive Lösung gerichteten Anstrengungen zu unterstützen.

Der deutschen Zivilverwaltung Hamburgs war es anfangs nahezu unmöglich, ihrerseits wirksame Hilfsmaßnahmen einzuleiten. Von britischer Seite wollte man jede Belastung des öffentlichen Haushaltes vermeiden. Der Versuch des Hamburger Senats, im Sommer 1945 eine Million RM zur Unterstützung der Verfolgten im Wege einer Soforthilfe bereitzustellen, scheiterte mehrere Jahre am Veto der Militärregierung. Auch dies erklärt das Drängen der Gemeinde, das entzogene Vermögen alsbald freizugeben. Die Militärregierung verwies auf die Notwendigkeit einer näheren gesetzlichen Regelung der Rückerstattung, die aber zunächst unterblieb. Die vielfältigen Versuche des Rechtsamtes der Stadt, die britische Besatzungsmacht zu umfassenden Regelungen der Wiedergutmachung und zu einer Soforthilfe zu bewegen, blieben in diesen ersten Jahren also weitgehend erfolglos. Bezeichnend hierfür ist das im April 1947 gescheiterte Bemühen, für ein Wiedergutmachungsgesetz, das im wesentlichen Dr. Loeffler als Leiter des »Amtes für Wiedergutmachung« ausgearbeitet hatte, die Zustimmung der britischen Militärregierung zu erhalten. Ein erster Anfang war immerhin das hamburgische »Gesetz über Sonderhilfen« vom 24. Mai 1948. Dies konnte indes allenfalls eine erste Maßnahme sein; sie galt drei Jahre nach Kriegsende für viele ohnehin kaum noch als eine »Soforthilfe«. Erst mit dem Gesetz Nr. 59 der Britischen Militärregierung vom 12. Mai 1949 (BrREG) über die Rückerstattung feststellbarer Vermögensgegenstände an Opfer der nationalsozialistischen Unterdrückungsmaßnahmen wurde ein auf die britische Besatzungszone beschränktes Rückerstattungsgesetz erlassen.[34]

Das Anerkennungsgesetz (1948)

I. In einem Gespräch mit Senatssyndikus Dr. Drexelius am 20. November 1947 wiederholte die Gemeinde ihren Antrag, ihr alsbald die Eigenschaft als öffentlich-rechtliche Körperschaft wieder zuzuerkennen und begründete dies wenige Tage später in einem an das Rechtsamt gerichteten Schreiben. Unter Bezugnahme auf das erwähnte Rechtsgutachten von Wohlwill und Hertz, unter ausdrücklichem Hinweis auf Art. 137 der Weimarer Reichsverfassung und unter Darlegung der Entwicklung des Mitgliederbestandes, der mit 1.300 bis 1.400 Personen angegeben wurde, legte die Gemeinde dem Amt den Entwurf eines Gesetzes vor. Darin war auch die Klausel der Rechtsnachfolge aufgenommen worden, allerdings nunmehr als von lediglich deklaratorischer Bedeutung bezeichnet. Das Vorbringen der Gemeinde ließ an der Bestimmtheit des erklärten Anliegens nicht zweifeln. Die Gemeinde formulierte der Sache nach einen Rechtsanspruch auf Anerkennung. Sie wollte es nicht länger hinnehmen, daß ihrem sowohl rechtlich als auch – und wie sie mein-te – moralisch gerechtfertigtem Begehren seit zwei Jahren immer wieder Bedenken in den Weg gestellt wurden.

Drexelius schloß sich dem Antrag der Gemeinde an und legte dem Senat unter dem 4. Dezember 1947 den Entwurf eines Gesetzes vor.[35] Der Entwurf sah vor, der Gemeinde die Rechte einer Körperschaft des öffentlichen Rechts zu gewähren. Außerdem enthielt er die Festlegung der erörterten Rechtsnachfolge. Das bedingte allerdings, daß die Gemeinde ihre Überlegungen, den »Jüdischen Religionsverband Hamburg« in das Vereinsregister eintragen zu lassen, aufgab. In seiner Sitzung vom 9. Dezember 1947 folgte der Senat dem Referentenentwurf nur eingeschränkt. Die umstrittene Klausel der Rechtsnachfolge fand nicht die Billigung des Senates. Ihm schienen die Folgen schwer übersehbar zu sein, so daß besser auf die Bestimmung zu verzichten sei. Auch die vorgeschlagene Anerkennung der Gemeinde als Körperschaft des öffentlichen Rechtes faßte man im Senat anders. Man darf annehmen, daß man hierzu bewußt die später Gesetz gewordene indikative Fassung wählte. Der Text ließ damit unentschieden, ob die Gemeinde seit jeher eine Körperschaft war oder es erst in konstitutiver Weise durch das zu beschließende Gesetz wurde. Das ermöglichte es allen Seiten, diese Frage jedenfalls als interpretationsbedürftig hinzustellen. Mit diesem verbal zu verstehenden Kompromiß war die Gemeinde allerdings nur begrenzt einverstanden. Wenige Tage nach der Beschlußfassung des Senates, über deren Ergebnis sie unterrichtet worden war, regte sie gegenüber dem Rechtsamt an, die gesetzgeberische Feststellung, daß die Gemeinde eine Körperschaft des öffentlichen Recht sei, um ein »*wieder*« zu ergänzen. Außerdem sprach sie die Erwartung aus, daß man in künftigen Regelungen der Wiedergutmachung ihre Legitimation nicht bezweifeln werde, als Rechtsnachfolgerin des ehemaligen Religionsverbandes aufzutreten. Dem Wunsch nach Änderung des Gesetzestextes folgte der Senat indes nicht.

War auch den Ländern der britischen Besatzungszone seit Anfang 1947 die Kompetenz zur Gesetzgebung teilweise zurückgegeben worden, so hatte die Militärregierung doch keineswegs auf eine wirksame Kontrolle verzichtet. Dem diente das informelle Verfahren des Preview, einer Art Vorzensur, das mit der Prüfung verbunden war, ob das spätere Gesetz genehmigt werden könnte. Auch im vorliegenden Falle wurde derart verfahren. Zur gewiß bestürzenden Überraschung der Senatskanzlei und der Gemeinde revidierte die Militärregierung (Governmental Group HQ Hansestadt Hamburg) im Schreiben vom 3. Februar 1949 ihre bis dahin verfolgte Auffassung grundlegend. Die Anweisung vom 4. März 1946 wurde ausdrücklich »*widerrufen*«. Die Notwendigkeit, der Gemeinde ihre alten korporativen Rechte wieder zu gewähren, wurde als nicht zu rechtfertigendes Vorrecht verneint. Es wurde bezweifelt, daß die Gemeinde tatsächlich die große Gemeinschaft der Juden umfasse, und hierfür geeignete Belege verlangt. Die Jüdische Gemeinde müsse eindeutig einen religiösen Charakter haben. Hierfür sollten orthodoxe Juden zu Rate gezogen werden. Es sollten Name und Vorrechte auf eine neue Gesellschaft übertragen werden, die am besten dadurch gegründet werden sollte, daß prominente Juden zu ihrer Bildung aufriefen. Die derzeitige Gemeinde solle allenfalls aus Verwaltungsgründen und nur vorübergehend geduldet werden.

Das Schreiben der Militärregierung kam einer Anordnung der Besatzungsmacht gleich, die jüdische Gemeinde sofort aufzulösen. Hier war kein untergeordneter Offizier tätig geworden, sondern die persönliche Auffassung eines Gouverneurs hatte sich grundlegend geändert. Die hierfür tragenden Motive sind den zugänglichen Quellen nicht zu entnehmen und derzeit kaum sinnvoll zu entschlüsseln. Man kann sich gut vorstellen, daß Senatskanzlei und Gemeinde dieser neuen Entwicklung fast ratlos gegenüberstanden. Welche internen Kontakte nunmehr bemüht wurden, läßt sich nur erahnen. Die offenkundigen fachlichen Mängel, die dem Schreiben vom 3. Februar 1948 zugrunde lagen, deuten an, daß seit der Demobilisierung der aktiven Truppe und der für ihre Aufgaben gut vorbereiteten Offiziere eine zweite Generation als Besatzungsmacht fungierte, die es an der erforderlichen Effizienz, der Sorgfalt der Entscheidung und der politischen Weitsicht ihrer Maßnahmen nicht selten fehlen ließ. Immerhin gelang es, daß die britische Seite ihre Meinung zumindest abschwächte. Unter dem 11. März 1948 schrieb der Regional Governmental Officer der

Neuanfang nach 1945

Senatskanzlei in einem durchaus versöhnlichen Stil, das Schreiben vom 3. Februar 1948, dessen Bestimmungen nicht mehr gültig seien, solle als nicht geschrieben betrachtet werden. Das war für die Haltung einer Besatzungsmacht eine ungewöhnliche Wende. Zwar enthielt das neuerliche Schreiben eine Fülle von weiteren Auflagen und blieb in der Frage der Rechtsnachfolge unverändert skeptisch. Die Gemeinde solle durch eine offene Abstimmung den Nachweis führen, ob sie tatsächlich alle Juden »*aller Abstufungen der Orthodoxie in Hamburg*« vertrete oder ob die Hamburger Juden eine weitere Gemeinde wünschten. Insgesamt sah die Senatskanzlei in dieser geänderten Haltung jedoch zu Recht die erneute Möglichkeit der Verständigung. Weiteres mußte nun auch vom Selbstverständnis der Gemeinde abhängen.

Die Gemeinde antwortete mit einem gemäßigt gehaltenen Schreiben vom 14. April 1948. Sie betonte, daß es in Hamburg keine Person jüdischen Bekenntnisses gebe, die nicht Mitglied der Gemeinde sei. 20 bis 30 Personen, welche aufgrund unrichtiger Angaben oder unvollständiger Unterlagen als Mitglied zugelassen worden seien, habe man später ausgeschlossen. Die Gemeindemitglieder hätten »*nach den fürchterlichen Jahren der nationalsozialistischen Verfolgung nicht mehr den Wunsch, sich nach Graden der Orthodoxie aufzuteilen*«. Die gesamte Tätigkeit der Gemeinde auf religiösem und sozialem Gebiet geschehe einheitlich unter Mitwirkung sowohl der liberalen wie der konservativen Elemente. Es bestehe nur ein jüdisches Gotteshaus mit einheitlichem Gottesdienst. Keiner der Juden in Hamburg wünsche dies zu ändern. Vorstand und Beirat der Gemeinde hatten am 7. April eine entsprechende Resolution gefaßt, die der Militärregierung überreicht wurde. Der derzeit amtierende Beirat sei im Januar nach dem Prinzip der Personenwahl in freier, gleicher und geheimer Wahl gewählt worden. Das Schreiben veranlaßte offensichtlich die britische Militärregierung, ihre Haltung nochmals zu überdenken. Nach knapp drei Monaten erreichte die Senatskanzlei folgendes Schreiben des Regional Governmental Officer, das den Meinungsstreit faktisch zugunsten der deutschen Seite beendete:[36]

»*1. Ich bin nunmehr angewiesen worden, Sie davon zu unterrichten, daß der Regional Commissioner bereit sein würde, dem vorgeschlagenen Gesetzentwurf, wonach der oben genannten Vereinigung körperschaftliche Rechte gewährt werden, seine Zustimmung zu geben, wenn er durch die Bürgerschaft in der der unterzeichneten Dienststelle vorgelegten Form angenommen wird.*

2. Der Regional Commissioner wünscht Klarheit darüber zu schaffen, daß nichts in seiner Zustimmung als Gewährung eines Monopols an die bestehende Gemeinde ausgelegt werden soll. Wenn irgendwelche Juden Hamburgs nachträglich wünschen, sich aus orthodoxen oder irgendwelchen anderen Gründen in mehr als eine Gemeinde aufzuspalten, sollte es ihnen freistehen, solches zu tun, und es sollte Gleichheit vor dem Gesetz für jede besondere Gemeinde bestehen, die auf ordnungsmäßiger konstitutioneller Grundlage gebildet wurde.«

Daraufhin betrachtete der Senat die Angelegenheit als erledigt und beschloß in pleno, das Gesetzesvorhaben fortzusetzen. Seit den ersten Bemühungen der deutschen Seite, der jüdischen Gemeinde den Status einer Körperschaft des öffentlichen Rechtes zuzubilligen, waren inzwischen nahezu drei Jahre vergangen.

II. Am 18. September 1948 legte der Senat der Stadt der Bürgerschaft den Entwurf eines »*Gesetz[es], betreffend die Gewährung der Rechte einer Körperschaft des öffentlichen Rechts an die jüdische Gemeinde in Hamburg*« vor.[37] Der Entwurf hatte folgenden knappen Wortlaut:

§ 1
Die Jüdische Gemeinde in Hamburg ist eine Körperschaft des öffentlichen Rechts.

§ 2
(1) Die Jüdische Gemeinde in Hamburg ordnet und verwaltet ihre Angelegenheiten selbständig innerhalb der Schranken der geltenden Gesetze nach Maßgabe ihrer Verfassung, welche der Genehmigung des Senats bedarf.
(2) Die Jüdische Gemeinde unterliegt der Staatsaufsicht.

In der Gesetzesbegründung wurde angegeben, daß die Gemeinde zur Zeit einen Mitgliederbestand von 1.300 bis 1.400 Köpfe habe, der mit Ausnahme von wenigen neu Zugezogenen aus Mitgliedern der bis 1937 bestehenden Einzelgemeinden bestünde. Ferner heißt es in der Begründung:

»*Jetzt ist die jüdische Gemeinde bemüht, die Eigenschaft als öffentlich-rechtliche Körperschaft wieder zu erlangen, welche sie jahrhundertelang vor dem nationalsozialistischen Eingriff des Jahres 1938 besessen hat. Nach der Verordnung Nr. 57, Befugnisse der Länder in der britischen Zone, Anhang D, fällt die Gesetzgebung in kirchlichen Angelegenheiten unter die Zuständigkeit der gesetzgebenden Körperschaften der Länder, welche verpflichtet sind, in diesen Angelegenheiten die von der Militärregierung niedergelegten Grundsätze zu befolgen*«.

Dem Gesetzesentwurf war als Anlage die bereits erwähnte revidierte Verfassung der Gemeinde vom 30. Juni 1946 beigefügt. Die Bürgerschaft verabschiedete den Entwurf am 13. Oktober 1948 ohne weitere Aussprache.[38] Das Gesetz wurde mit einer Mehrheit von 2/3 beschlossen, so daß es nicht einmal einer zweiten Lesung bedurfte. Diesem parlamentarischen Verfahren lag ersichtlich eine interfraktionelle Absprache zugrunde. Einzelheiten hierüber sind indes nicht bekannt. Der Senat fertigte das Gesetz unter dem 8. November 1948 aus. Den längeren Zeitraum zwischen Beschlußfassung und Ausfertigung darf man auf die Notwendigkeit zurückführen, das Gesetz zunächst der britischen Militärregierung zur abschließenden Prüfung vorlegen zu müssen.

III. Der Status einer Körperschaft des öffentlichen Rechts war als Rechtsform einer Religionsgesellschaft in Art. 137 Abs. 5 der Weimarer Reichsverfassung von 1919 vorgesehen.[39] Nach dieser Verfassungsbestimmung – die gemäß Art. 140 des Grundgesetzes unverändert geltendes Verfassungsrecht ist – bleiben die Religionsgesellschaften Körperschaften des öffentlichen Rechts, soweit sie dies bisher, d.h. bei Inkrafttreten der Weimarer Reichsverfassung, bereits waren. Anderen Religionsgesellschaften sind auf ihren Antrag gleiche Rechte zu gewähren, wenn sie durch ihre Verfassung und die Zahl ihrer Mitglieder die Gewähr der Dauer bieten. Mit dem Status einer Körperschaft des öffentlichen Rechts waren und sind kraft Herkommens zahlreiche Rechte verbunden. Als Körperschaft des öffentlichen Rechts ist eine Religionsgesellschaft befugt, aufgrund der bürgerlichen Steuerlisten Steuern zu erheben. Diese Befugnis ist ihr in Art. 137 Abs. 6 der Weimarer Reichsverfassung verfassungsrechtlich verbürgt. Als Körperschaft des öffentlichen Rechts besitzt die Religionsgesellschaft das bereits erwähnte Parochialrecht; sie hat außerdem die Dienstherrenfähigkeit, d.h. die Dienstverhältnisse ihrer Amtsträger einseitig öffentlich-rechtlich zu regeln,[40] und ferner die Fähigkeit, das kirchliche Kultus- und Vermögensgut zu res sacrae zu widmen und dies mit der Folge, daß diese Sachen nach weltlichem Recht als nicht veräußerbare öffentliche Sachen angesehen werden. Körperschaft des öffentlichen Rechts sind im Steuer-, Gebühren- und Kostenrecht in aller Regel privilegiert.[41] Nimmt eine Religionsgesellschaft derartige Möglichkeiten in Anspruch, unterliegen allerdings ihre Akte einer begrenzten Kontrolle der staatlichen Gerichte.[42]

Das Gesetz läßt den Bezug zu Art. 137 der Weimarer Verfassung unerwähnt. Die in § 1 des Gesetzes gewählte Formulierung läßt sogar offen, ob der Gesetzgeber für die jüdische Gemeinde als einen sog. altkorporierten Verband einen bereits bestehenden Status nur feststellte oder ihn mit dem Gesetz erstmals gewähren wollte. Das mochte – wie erörtert – Absicht sein, um die Beantwortung der durchaus kritischen Frage zu vermeiden, ob die jetzige Gemeinde mit der früheren im rechtlichen Sinne identisch sei oder nur Rechtsnachfolgerin sein könne. Vielleicht wollte die Gemeinde ihrerseits den erwünschten Status auch nur erreichen, um mit den christlichen Großkirchen formal dieselbe Rechtsstellung zu haben. Der Gesetzgeber konnte diese Frage um so eher unentschieden lassen, als die Gemeinde ohne Zweifel die in Art. 137 Abs. 5 Satz 2 der Weimarer Reichsverfassung genannten Voraussetzungen erfüllte. In der Gesetzesbegründung des Senates heißt es insoweit diplomatisch, daß der frühere Zustand wiederhergestellt werde; die Gemeinde stütze sich »*weiter zur Begründung auch auf Artikel 137 der Weimarer Reichsverfassung*«. Es mag heute überraschen, daß die Weimarer Verfassung nach Ende der NS-Herrschaft als geltenden Recht betrachtet wurde. § 2 Abs. 1 des Gesetzes wiederholte fast wörtlich den in Art. 137 Abs. 3 der Weimarer Verfassung gewährleisteten Schutz der kirchlichen Verbandsfreiheit.

IV. Das Gesetz hatte bemerkbare Mängel. Es beantwortete nicht die umstrittene, aber objektiv klärungsbedürftige Frage, ob die neue Gemeinde in einem strikten Sinne Rechtsnachfolgerin der früheren sei. Immerhin hatte die Rechtspraxis der hamburgischen Wiedergutmachungsbehörde dies als Grundsatz verneint, obwohl es in einer Reihe von Einzelfällen eine Rückerstattung an die Gemeinde ausgesprochen hatte. Das war zumeist dann geschehen, wenn die von der Gemeinde in Anspruch genommenen Gebäude der Ausübung des jüdischen Kultus gedient hatten.[43] Demgegenüber hatte sich das erstinstanzliche Landgericht Hamburg für die Annahme der Rechtsnachfolge ausgesprochen und damit vielfältige Überlegungen des Rechtsamtes ausgelöst, die hier nicht näher darzustellen sind. Diese Rechtsfrage sollte später für die Eigentumsverhältnisse der im Staatsarchiv lagernden Archivbestände der jüdischen Gemeinde und jüdischer Einrichtungen eine erhebliche Bedeutung bekommen.

Ein weiterer, allerdings kaum jemals relevant gewordener Mangel bestand in der zweifach statuierten Aufsichtsbefugnis. Zum einen stellt das Gesetz in seinem § 2 Abs. 1 die Satzung der Gemeinde unter den Vorbehalt staatlicher Genehmigung. Das war mit der durch Art. 137 Abs. 3 der Weimarer Reichsverfassung gerade garantierten inneren Verbandsautonomie der Religionsgesellschaften kaum vereinbar. Bereits Ende 1922 hatte sich die Senatskommission der Justizverwaltung gutachterlich dahin geäußert, daß aufgrund und unter ausdrücklichem Bezug auf die veränderte Verfassungslage ein zuvor bestehender Genehmigungsvorbehalt des Staates entfallen sei.[44] Dieser Auffassung schloß sich wenig später die Senatskommission für die Angelegenheiten der Religionsgesellschaften ausdrücklich an.[45] Die Gemeinde hatte daraufhin spätere Änderungen ihrer Satzung nicht mehr dem Senat zur Genehmigung vorgelegt. Insoweit nahm das Gesetz von 1948 einen Standpunkt ein, der Jahrzehnte zuvor zu Recht abgelehnt worden war. Tatsächlich hat der

Senat später wiederholt eine Genehmigung von Satzungsänderungen ausgesprochen. Das gilt beispielsweise für die erneute Satzungsreform vom März 1949, die der Senat ausdrücklich am 31. Mai 1949 in pleno genehmigte.[46] Außerdem legte das Gesetz in seinem § 2 Abs.2 eine Staatsaufsicht fest; das war ein rechtlicher Anachronismus. Zwar unterliegt im Regelfall eine Körperschaft des öffentlichen Rechts als Träger mittelbarer Staatsverwaltung der Aufsicht des Staates, da insoweit die politischen und rechtlichen Verantwortlichkeiten gegenüber dem Parlament gewährleistet werden müssen und die Aufsichtsbefugnis das hierfür gebotene Instrumentarium darstellt. Das gilt aber wiederum nicht für Religionsgesellschaften, soweit sie nicht ausnahmsweise einzelne, ihr ausdrücklich vom Staat übertragene Befugnisse – etwa im Steuerrecht – wahrnehmen. Im übrigen schließt Art.137 Abs.3 der Weimarer Reichsverfassung nach herrschender Auffassung eine spezifische Staatsaufsicht aus.[47] Diese Auffassung galt auch schon vor dem Inkrafttreten des Grundgesetzes. Derartige Rechtsfragen sind in der Praxis nicht in dem Sinne bedeutsam geworden, daß die jüdische Gemeinde in ihrer Tätigkeit an der staatlichen Aufsicht gescheitert sei oder ihr rechtliche Grenzen aufgewiesen wurden.

Ausblick

Die Jüdische Gemeinde in Hamburg hat also die in Art.137 Abs.5 der Weimarer Reichsverfassung vorgesehene Anerkennung der Rechtsstellung als Körperschaft des öffentlichen Rechts erst drei Jahre nach ihrem ersten Antrag erreichen können. Ihren ursprünglichen Zielen war sie dabei nur recht eingeschränkt näher gekommen. Ihre Ende 1945 verständliche Hoffnung, durch die förmliche Anerkennung die verlangte Wiedergutmachung wirksam zu fördern, war am Widerstand der britischen Militärregierung gescheitert. Diese von der Gemeinde selbst betonte Koppelung zwischen der Freigabe des entzogenen und blockierten Eigentums und der Zahlung von Entschädigungen im Rahmen einer Wiedergutmachung einerseits und der formalen Anerkennung andererseits stieß auf das unveränderte Mißtrauen der britischen Seite. Dort fürchtete man, eine großzügige Entschädigung werde möglicherweise Rückwirkungen auf die Förderung der illegalen Ansiedlung in Palästina und den Kampf der jüdischen Untergrundorganisationen haben.[48]

So konnte erst im Oktober 1958 auf der Grundlage der §§ 142 ff. des Bundesgesetzes zur Entschädigung für Opfer der nationalsozialistischen Verfolgung (BEG) vom 29. Juni 1956 (BGBl. I S. 559) eine Lösung gefunden werden. Zwischen der jüdischen Gemeinde, der Zentralwohlfahrtsstelle der Juden in Deutschland, dem Zentralrat der Juden in Deutschland und der Jewish Trust Corporation for Germany einerseits und der Freien und Hansestadt Hamburg andererseits wurde im Wege des Vergleichs eine abschließende Regelung der Schäden wegen der Zerstörung jüdischer Kultstätten getroffen. Die Jewish Trust Corporation, die einen Betrag von 2,4 Millionen DM erhalten sollte, hatte dafür Hamburg von allen Entschädigungsansprüchen freizustellen, die Dritten im Hinblick auf Eigentum der ehemaligen jüdischen Gemeinden in Hamburg oder des ehemaligen Jüdischen Religionsverbandes Hamburg e.V. zustehen sollten. Die Gemeinde selbst erhielt einen Betrag von 1.8 Millionen DM zum Bau einer neuen Synagoge und weitere 800.000 DM zur Deckung ihres sonstigen Bedarfs.

Das Gesetz vom 8. November 1948 wurde 1973 aufgehoben und durch das allgemeine Gesetz über die Verleihung der Rechte einer Körperschaft an Religionsgesellschaften ersetzt.[49] Dieses sieht eine Staatsaufsicht nicht mehr vor. Auf seiner Grundlage wurde 1974

Neuanfang nach 1945

erstmals die geltende Gemeindeverfassung im Amtlichen Anzeiger veröffentlicht. Nach ihr ist die Jüdische Gemeinde »*die Religionsgesellschaft der Juden in Hamburg*«.⁵⁰ Darin drückt sich nicht nur das unveränderte Selbstverständnis der Gemeinde und ihrer Mitglieder aus. Die Anerkennung als Körperschaft des öffentlichen Rechts – von den Hamburger Juden seit Kriegsende als Teil des Neubeginns nachdrücklich erstrebt – ist zugleich sinnvoller Ausdruck jener Normalität, welche ein auf Toleranz ausgerichteter Staat nach deutschem Rechtsverständnis zu vermitteln hat.

Anmerkungen

1 Vgl. Lorenz 1991 (1), S. 112.
2 Gesetz über die Rechtsverhältnisse der jüdischen Kultusvereinigungen vom 28.3.1938 (RGBl. I S. 338).
3 Vgl. Rechtsgutachten der Senatskommission für die Justizverwaltung der Freien und Hansestadt Hamburg vom 30. 12. 1922 und Schreiben der Senatskommission für die Angelegenheiten der Religionsgesellschaften vom 17.1.1923, in: Lorenz 1987 (1), S. 130 ff., S. 135; zur rechtlichen Einordnung vgl. ebd. S. XXXVI ff.
4 Vgl. hierzu den Beitrag von Ina S. Lorenz in diesem Band.
5 Zur »Reichsvereinigung« vgl. Fabian 1970; vgl. auch Kulka 1979; Plum 1988, S. 35-74; Kulka/Hildesheimer 1989.
6 Lippmann [1943], S. 2.
7 Vgl. hierzu Hohlbein, Hamburg 1945, S. 87ff.
8 Vgl. Büttner 1986 (2), S. 387 mit Anm. 47.
9 Adolph G. Brotman/H. Viteles, Survey of Conditions of Jews in the British Zone of Germany in March 1946, in: Public Record Office: Foreign Office 1049/625, S. 7, zitiert nach Büttner 1986 (2), S. 403 Anm. 47.
10 Vgl. hierzu allg. Noakes 1986; Grenville 1986.
11 Die Hilfsorganisation, die noch heute besteht, hatte bis zur Währungsreform (Juni 1948) für rund 8.000 Personen Notgemeinschafts-Ausweise ausgestellt. Ihre Aufgabe lag im wesentlichen in der Hilfe im beruflichen und gewerblichen Bereich, in der Unterstützung zur Befriedigung der Bedürfnisse des täglichen Lebens und in der Vertretung in Angelegenheiten der Wiedergutmachung.
12 Vgl. Bericht über die Organisationen der Juden in Hamburg vor und nach dem Waffenstillstand [o. D.], in: Senatskanzlei Hamburg, Senat der Hansestadt Hamburg 343.00-3, Bd. 1, Bericht Bl. 12, gezeichnet von »Der Leiter der Reichsvereinigung der Juden, Bezirk Hamburg und Leiter des Jüdischen Krankenhauses«.
13 Die nachfolgende Darstellung beruht im wesentlichen auf Dokumenten, welche die Jüdische Gemeinde in Hamburg ausgewählt und den Verfassern dankenswerter Weise zur Verfügung gestellt hat. Vgl. auch die nur als vorläufig zu verstehende Darstellung von Lamm 1960 (2). Vgl. ferner den Bericht des Hamburgers Findling, Ein Überlebender, S. 69ff.
14 Zum ehemaligen Oppenheimer-Stift Kielortallee 22/24 vgl. Stein 1984, S. 114f.
15 Vgl. Lindemann, 140 Jahre Israelitisches Krankenhaus in Hamburg; vgl. ferner Lorenz 1987 (1), S. 498 — 515.
16 Entwurf der Verordnung in: Senatskanzlei Hamburg, Senat der Hansestadt Hamburg 343.00-3, Bd. 1.
17 Link war seinerzeit Hauptmann im Stab des damaligen Kampfkommandanten von Hamburg, Generalmajor Wolz, gewesen, vgl. Hohlbein, Hamburg 1945, S. 92.
18 Kopie in: Archiv der Jüdischen Gemeinde in Hamburg, Gründungsakte.
19 Armytage war seit dem 3.5.1945 von den britischen Streitkräften eingesetzter Militärgouverneur von Hamburg (Military Governor), vgl. hierzu Hohlbein, Hamburg 1945, S. 89 f.; die britische Besatzungsmacht regiere nach dem Prinzip der »indirect rule«, d.h. die deutschen Verwaltungsstellen hatten unter Aufsicht und Anleitung der Besatzungsmacht zu arbeiten.
20 Vgl. Angaben bei Lippmann [1943], S. 8, 17; Gedenkbuch für die jüdischen Opfer des Nationalsozialismus in Hamburg 1965, S. 50-4, 75-83.
21 § 2 Abs. 3 der Satzung des Vereins lautete: »Übernahme der Geschäfte und Aufgaben der Hilfsgemeinschaft der Juden und Halbjuden, der Kultusgemeinde der deutschen Juden, der Notgemeinschaft der durch die Nürnberger Gesetze Betroffenen und sonstiger Organisa-

tionen zum Zwecke der Hilfeleistung und Unterstützung der Juden und Halbjuden, nachdem die Organisationen aufgelöst bzw. übergeleitet sind und die Genehmigung der Militärgierung hierzu erteilt ist« (Senatskanzlei Hamburg, Senat der Hansestadt Hamburg 343.00-3, Bd. 1).

22 Vgl. näher Büttner 1986 (2), S. 382; Abdruck des Textes als Pressemitteilung vom 2.2.1946 (deutsche Übersetzung) in: Büttner, Not, S. 42.

23 Vgl. Lamm 1960 (2), S. 139; zur Notsituation der Juden in der Britischen Besatzungszone vgl. ferner regionalgeschichtlich auch Ginzel 1984.

24 Vgl. Büttner 1986 (2), S. 387.

25 Zur Tätigkeit von Paul Holzer (1892-1975) als Rabbiner der Neuen Dammtor-Synagoge in Hamburg (1923-1938) vgl. Lorenz 1987 (1), S. 696ff.; vgl. auch den Nachruf von E.G. Lowenthal, in: Allgemeine Jüdische Wochenzeitung v. 14.11.1975, S. 9.

26 Der Text ist als Anlage zum Entwurf des »Gesetz[es], betreffend die Gewährung der Rechte einer Körperschaft des öffentlichen Rechts an die jüdische Gemeinde in Hamburg« veröffentlicht, in: Mitteilung des Senats an die Bürgerschaft, Nr. 102, v. 18. 9. 1948 (S. 300 [301 — 304]); vgl. auch Anm. 37.

27 Vgl. zur Struktur des Hamburger Systems Lorenz 1987 (1), S. LXXIX.

28 Vgl. Lorenz 1987 (1), S. CVIIIf.; S. 142 (Gemeindesatzung von 1924, §§ 2, 3), S. 584 (Satzung des Synagogenverbandes von 1873, §§ 5, 6), S. 652 (Satzung des Tempelverbandes von 1924, §§ 3, 5), S. 666 (Satzung des Tempelverbandes von 1929, §§ 3, 6), S. 697 (Satzung der Neuen Dammtor-Synagoge von 1912, §§ 3, 7).

29 Vgl. Lorenz 1987 (1), S. CVIII.

30 Vgl. hierzu auch Sagi 1989.

31 Verordnung zur Wiederherstellung aufgelöster Vereine vom 15. 9. 1947, in: Verordnungsblatt für die Britische Zone. Amtliches Organ zur Verkündung von Rechtsverordnungen der Zentralverwaltungen (VO. Bl. BZ) 1947 S. 125.

32 Scharf/Schröder, Die Deutschlandpolitik Großbritanniens; Foschenpoth/Steininger, Die britische Deutschland- und Besatzungspolitik 1945 – 1949; Schneider, Britische Besatzungspolitik 1945; vgl. ferner Maór, Über den Wiederaufbau der jüdischen Gemeinden in Deutschland.

33 Vgl. Büttner, Not, S. 11 mit Anm. 11.

34 Das Rückerstattungsgesetz Nr. 59 der US-Militärregierung vom 10. 11. 1947 galt hierfür als Vorbild, vgl. hierzu Kreikamp 1989; Biella 1981, S. 73 — 122.

*Lorenz/Berkemann
Kriegsende und Neubeginn.
Zur Entstehung der neuen
Jüdischen Gemeinde in Hamburg
1945 – 1948*

35 Senats-Drucksache Nr. 375, in: Senatskanzlei Hamburg, Senat der Hansestadt Hamburg 343.00-3, Bd. 1, Bl. 48f.

36 Senatskanzlei Hamburg, Senat der Hansestadt Hamburg 343.00-3, Bd. 1.

37 Mitteilungen des Senats an die Bürgerschaft, Nr. 102, v. 18. 9. 1948 (S. 300ff.).

38 19. Bürgerschaftssitzung, 13.10.1948, Sten. Ber., S. 563f.

39 Vgl. auch Weber 1989.

40 Vgl. heute § 121 des Beamtenrechtsrahmengesetzes (BRRG).

41 Vgl. allg. Friesenhahn 1974, S. 545ff. (581ff.); Frank 1981, S. 51ff.; Campenhausen, Das Bonner Grundgesetz, Bd. 14 (Art. 136 bis 146), Art. 140 Rz. 145ff.

42 Vgl. auch Weber, Die Religionsgemeinschaften; Jurina, Der Rechtsstatus der Kirchen und Religionsgemeinschaften; Schmidt-Eichstaedt, Der Begriff der öffentlich-rechtlichen Körperschaft.

43 Vgl. Vermerk des Rechtsamtes vom 20. 8. 1951, in: Senatskanzlei Hamburg, Senat der Freien und Hansestadt Hamburg 343.00-2, Bl. 29.

44 Vgl. I. Lorenz 1987 (1), S. 130 mit S. XL.

45 Ebd., S. 135.

46 Vgl. Senatsakten 343.00-2 Bl. 11 (34. Senatssitzung, Senats-Drucksache Nr. 424).

47 Vgl. Bundesverfassungsgericht, Beschluß vom 17. 2. 1965 – 1 BvR 732/64 – BVerfGE 18, 385 [387]; vgl. ferner Friesenhahn 1974, S. 576 ff.; Preuß 1989, Art. 140 Rz. 53; Campenhausen, Das Bonner Grundgesetz, Art. 140 Rz. 149 mit Anm. 20.

48 Vgl. Büttner 1986 (2), S. 385 mit Anm. 43.

49 § 4 Nr. 16 des Gesetzes über die Verleihung der Rechte einer Körperschaft des öffentlichen Rechts an Religionsgesellschaften und Weltanschauungsvereinigungen vom 15. 10. 1973 (HGVBl. I S. 434).

50 Amtlicher Anzeiger. Teil II des Hamburgischen Gesetz- und Verordnungsblattes, Nr. 150 vom 7. 8. 1974, S. 1125.

Literatur

Büttner, Ursula: Not nach der Befreiung. Sonderdruck der Landeszentrale für politische Bildung Hamburg. Hamburg 1989

Neuanfang
nach 1945

Campenhausen, Axel v.: Das Bonner Grundgesetz. 3. Aufl. 1991, Bd.14.

Findling, Jakob: Ein Überlebender. (Selbstverlag) Israel 1986

Foschenpoth, Josef/Steininger, Rolf (Hg.): Die britische Deutschland- und Besatzungspolitik 1945-1949. Paderborn 1985

Hohlbein, Hartmut: Hamburg 1945. Kriegsende, Not und Neubeginn. Hamburg 1985

Jurina, Josef: Der Rechtsstatus der Kirchen und Religionsgemeinschaften im Bereich ihrer eigenen Angelegenheiten. Berlin 1972

Lindemann, Mary: 140 Jahre Israelitisches Krankenhaus in Hamburg. Vorgeschichte und Entwicklung. Hamburg 1981

Maór, Harry: Über den Wiederaufbau der jüdischen Gemeinden in Deutschland seit 1945. Phil. Diss. Mainz 1961

Scharf, Claus/Schröder, Hans-Jürgen (Hg.): Die Deutschlandpolitik Großbritanniens und die Britische Zone 1945-1949. Wiesbaden 1979

Schmidt-Eichstaedt, Gerd: Der Begriff der öffentlich-rechtlichen Körperschaft und seine Anwendung auf die Kirchen. Jur. Diss. Berlin 1973

Schneider, Ullrich: Britische Besatzungspolitik 1945. Besatzungsmacht, deutsche Exekutive und die Probleme der unmittelbaren Nachkriegszeit, dargestellt am Beispiel des späteren Landes Niedersachsen von April bis Oktober 1945. Phil. Diss. Hannover 1980

Weber, Hermann: Die Religionsgemeinschaften als Körperschaften des öffentlichen Rechts im System des Grundgesetzes. Berlin 1966

Das Budge-Palais. Entziehung jüdischer Vermögen und Rückerstattung in Hamburg[1]

Günter Könke

Überblick

Das alte Gebäude der Hochschule für Musik und darstellende Kunst am Harvestehuder Weg 12 in Hamburg, das früher Budge-Palais genannt wurde, wurde kurz nach der Jahrhundertwende von dem jüdischen Geschäftsmann Henry Budge und seiner Frau Emma erworben. Henry Budge entstammte der Familie eines wohlhabenden Frankfurter Wertpapierhändlers. 1866 war er im Alter von 26 Jahren in die Vereinigten Staaten ausgewandert, wo er in den Folgejahrzehnten zu einem sehr erfolgreichen Finanzierungsfachmann im expandierenden amerikanischen Eisenbahnbau avancierte.[2] Seine Frau Emma, geb. Lazarus, Tochter eines jüdischen Hamburger Kaufmanns, lernte er 1879 anläßlich eines Deutschland-Aufenthaltes kennen. Im Jahre 1882 nahmen beide die amerikanische Staatsbürgerschaft an.[3]

1903 kehrten die Budges, nachdem sich Henry Budge aus dem aktiven Geschäftsleben zurückgezogen hatte, nach Deutschland zurück, wo sie trotz ihrer langen Abwesenheit ihre eigentliche Heimat sahen. Das von ihnen erworbene Haus am Harvestehuder Weg war 1884 von Martin Haller für den Schiffsmakler Ivan Gans errichtet worden. Henry Budge ließ es in den Jahren 1900 bis 1908 nach dem Vorbild eines mittelgroßen französischen Schlosses, ergänzt durch dänisch-klassizistische Einflüsse, grundlegend umbauen und durch einen rückwärtigen Anbau erheblich erweitern.[4] Das aufwendige, aber zurückgezogene Leben, das die Budges in der Folgezeit in Hamburg führten, wurde bestimmt durch die Verwaltung ihrer Vermögenswerte, philanthropisches Engagement sowie vielfältige künstlerische Interessen.

Henry Budge starb 1928; seine Frau, die noch die ersten Jahre nationalsozialistischer Herrschaft erlebte, folgte ihm 1937. Das Budge-Haus wurde noch im selben Jahr – entgegen dem ursprünglichen Willen der Erblasserin – an die Stadt Hamburg verkauft und diente fortan als Sitz des Hamburger Reichsstatthalters und NSDAP-Gauleiters Karl Kaufmann. Das immense Vermögen, das Emma Budge einer Reihe jüdischer Erben hinterlassen hatte, fiel zum größten Teil in die Hände des nationalsozialistischen Staates. Die

Das Budge-Palais

Neuanfang nach 1945

Erben, soweit sie sich in Deutschland aufhielten, wurden verfolgt, erpreßt und zur Abtretung ihrer Anteile gezwungen.

Nach dem Kriege gab es Bemühungen, das in den Jahren 1937 bis 1939 geschehene Unrecht wiedergutzumachen. Ein wegen des Budge-Palais von ehemaligen Testamentsvollstreckern angestrengtes Rückerstattungsverfahren, das ohne Wissen und Beteiligung der Erben stattfand, endete allerdings lediglich mit einer geringen Nachvergütung. Die Stadt Hamburg blieb im Besitz des Hauses; die jüdischen Vorbesitzer, die zweifelhaften Umstände des Kaufgeschäftes von 1937 und die seltsame Rückerstattungsregelung von 1952 gerieten in Vergessenheit.

Der Verkauf des Budge-Palais 1937

Ursprünglich war es die Absicht Emma Budges gewesen, das Anwesen am Harvestehuder Weg der Stadt Hamburg für wohltätige Zwecke zu vererben. Dieses Vorhaben reihte sich ein in eine rege Stiftungstätigkeit, der sich die Budges seit ihrer Rückkehr nach Deutschland gewidmet hatten. Bereits vor dem Ersten Weltkrieg hatte Henry Budge seine Heimatstadt Frankfurt mit großzügigen Spenden für die geplante Universitätsgründung bedacht. Im Juni 1930 wurde dann im Frankfurter Dornbusch ein modernes, funktional gestaltetes Altersheim seiner Bestimmung übergeben, das vor allem aus Stiftungsmitteln der Budges mit einem Gesamtkostenaufwand von 800.000 RM errichtet worden war. In Hamburg wurden zu Beginn der zwanziger Jahre gleich zwei Stiftungen für wohltätige Zwecke ins Leben gerufen. Gedacht war u.a. an Hilfe für in Not geratene Frauen aus bildungsbürgerlichen Kreisen sowie an Unterstützungsmaßnahmen für die Säuglings- und Kinderpflege und die Erziehung und Fortbildung Jugendlicher.

Damit war aber die Absicht Henry und Emma Budges, sich gegenüber der Stadt Hamburg als dankbar zu erweisen, noch nicht erschöpft. Mitte der zwanziger Jahre reifte der Plan des Ehepaares, die umfangreiche kunstgewerbliche Sammlung, die Emma Budge über Jahrzehnte zusammengetragen hatte, dem Hamburger Museum für Kunst und Gewerbe zukommen zu lassen. 1930, zwei Jahre nach dem Tod ihres Mannes, erweiterte Emma Budge diese Schenkungsabsicht dahingehend, nunmehr auch das gesamte Anwesen am Harvestehuder Weg der Stadt für einen gemeinnützigen Zweck zu hinterlassen. Nach längeren Verhandlungen, die sie vor allem mit dem Hamburger Staatsrat Leo Lippmann in dieser Angelegenheit führte, wurde im Frühjahr 1932 eine Einigung erzielt. Danach sollte eine weitere »Emma-Budge-Stiftung« ins Leben gerufen werden, die sowohl den gesamten Grundbesitz am Harvestehuder Weg als auch die im Budge-Palais aufbewahrte Kunstsammlung umfassen und nach dem Tode Emma Budges in die Obhut der Stadt übergehen sollte. Die von Leo Lippmann angesichts der Freude über die getroffene Vereinbarung geäußerte Hoffnung, Emma Budge habe durch die Stiftung ihrem »*Leben ein Denkmal gesetzt, das alle ungünstigen Zeiten überdauern*« werde, sollte sich indes nicht erfüllen.

Die nationalsozialistische Machtergreifung machte die zuvor gefaßten Pläne zunichte. Emma Budge zog ihr Angebot im Herbst 1933 wieder zurück und nahm in der Folgezeit noch mehrfach Änderungen ihres Testaments vor. In einer letztgültigen Verfügung vom November 1935 autorisierte sie schließlich ihre Testamentsvollstrecker, im Falle ihres Todes nach eigenem Ermessen eine Verwertung des Hauses vorzunehmen. Diese Regelung, die ihren ursprünglichen Wünschen zuwiderlief, erschien ihr angesichts der besonderen Zeitumstände und der sich ständig verschärfenden Diskriminierungsmaßnahmen gegenüber den Juden als einzig mögliche Lösung. Für das immense Vermögen der Budges wurden 13 jüdische Verwandte als Erben eingesetzt.

Emma Budge starb am 14. Februar 1937 kurz vor Vollendung ihres 85. Lebensjahres. Die von ihr eingesetzten Testamentsvollstrecker – der Bankier Max Warburg, der Rechtsanwalt Hermann Samson sowie die Budge-Neffen Max Kronheimer und Ludwig Bernstein, alle, wie im Testament vorgeschrieben, dem jüdischen Religionsbekenntnis angehörend – boten daraufhin das Budge-Palais sofort zum Verkauf an. Angesichts der Lage der jüdischen Erben, von denen sich mehrere bereits im Ausland aufhielten, andere ihre Auswanderung vorbereiteten, sahen sie keine andere Verwertungsmöglichkeit. Nachdem ein erster Kontakt zur hamburgischen Finanzverwaltung ergebnislos verlaufen war, machte im Herbst d. J. der Hamburger Reichsstatthalter und Gauleiter der NSDAP, Karl Kaufmann, sein Interesse am Budge-Anwesen geltend. Angesichts des im Dezember 1937 zur Verabschiedung anstehenden Groß-Hamburg-Gesetzes meldete Kaufmann für die hamburgische Staatsverwaltung größeren Raumbedarf an. Das zur Disposition stehende Budge-Palais, das sich in unmittelbarer Nachbarschaft zum bisherigen Verwaltungssitz am Harvestehuder Weg 10 befand, schien ihm als neuer repräsentativer Hauptsitz der Verwaltung geeignet. Am 11. Dezember wurde das Budge-Haus zusammen mit zwei weiteren Gebäuden sowie dem zugehörigen Alstervorland für den Gesamtpreis von 305.000 RM an die Stadt Hamburg veräußert, der Erlös dem Budge-Nachlaßkonto beim Bankhaus M. M. Warburg gutgeschrieben.

| Könke |
| Das Budge-Palais. Entziehung jüdischer Vermögen und Rückerstattung in Hamburg |

Der Griff nach dem Budge-Vermögen 1938/39

Nachdem die Stadt Hamburg durch Kauf in den Besitz des Budge-Palais gelangt war, setzten die hamburgischen Behörden in der Folgezeit alles daran, das umfangreiche Vermögen der Budges in die Hand zu bekommen. Der Umgang mit dem Budge-Erbe kann als Lehrstück dafür gelten, mit welch vielfältigen Methoden sich der nationalsozialistische Staat in den Besitz jüdischer Vermögenswerte zu bringen vermochte. Die dabei angewandten Mittel entsprangen nicht nur der eigens geschaffenen antijüdischen Sondergesetzgebung, sondern auch einer besonders restriktiven Anwendung allgemein geltender Gesetze gegenüber den Juden, etwa der devisenrechtlichen Bestimmungen. Erzielten solche pseudolegalen Methoden nicht die gewünschte Wirkung, so konnten sie jederzeit durch behördliche Willkürakte, die keinerlei rechtliche Grundlage mehr besaßen, ersetzt oder ergänzt werden. Am Ende der Repressionspalette standen, wenn die betroffenen Juden anderweitigem Druck standhielten, offene Gewaltmaßnahmen wie Erpressung, Nötigung, Freiheitsberaubung. Behörden und Gestapo arbeiteten dabei nahtlos zusammen.

Um das Budge-Erbe, das sich auf einen Gesamtwert von mehr als 6 Millionen RM belief, entspann sich in den Jahren 1938/39 eine zähe Auseinandersetzung. Den Großteil des Nachlasses bildete ein Depot mit ausländischen Wertpapieren und einem Dollarguthaben, das bei der Schweizerischen Kreditanstalt in Zürich hinterlegt und damit dem unmittelbaren Zugriff der deutschen Behörden entzogen war. Die Ausgangskonstellation dieser Auseinandersetzung war etwa folgende: Die Testamentsvollstrecker waren an einer zügigen Nachlaßteilung zunächst nicht interessiert, sondern wollten die Auswanderung der sich noch in Deutschland aufhaltenden Erben abwarten, um die Zuschlagung der Nachlaßwerte im sicheren Ausland vornehmen zu können. Die deutschen Behörden hingegen drängten auf eine rasche Teilung des Erbes und anschließende Transferierung der auf die inländischen Erben entfallenden Nachlaßanteile nach Deutschland, um zumindest

Neuanfang nach 1945

auf diese Anteile mit Hilfe der deutschen Devisengesetzgebung die Hand legen zu können. Das im Februar 1935 erlassene Gesetz über die Devisenbewirtschaftung, das in den Folgejahren mehrfach ergänzt wurde, sah eine Anbietungspflicht für ausländischen Wertpapierbesitz vor, der über eine Devisenbank an die Reichsbank abgeliefert werden mußte und durch RM-Beträge vergütet wurde.

Die Behörden versuchten zunächst, den von ihnen verfolgten Zweck durch repressive Maßnahmen zu erzwingen. Die Testamentsvollstrecker Kronheimer und Bernstein, die sich bereits im Ausland aufhielten und die Zustimmung zur Transferierung der Nachlaßanteile nach Deutschland verweigerten, wurden im September 1938 per Sicherungsanordnung der Devisenstelle Hamburg kurzerhand für abgesetzt erklärt. Das Amtsgericht Hamburg sanktionierte diese Maßnahme willfährig mit der zynischen Begründung, die Betroffenen seien als »*Juden und Verwalter eines jüdischen Nachlasses [...] schwerlich geneigt, vom Auslande aus auf die gesamtdeutschen Notwendigkeiten Rücksicht zu nehmen*«.

Auch gegen die inländischen Erben ging die Hamburger Devisenstelle massiv vor, um von ihnen das Einverständnis für die Transferierung ihrer Nachlaßanteile und Abtretungserklärungen hinsichtlich der auf sie entfallenden Wertpapiere zu erzwingen. Da die meisten Inlandserben in Frankfurt ansässig waren, wurde die Devisenstelle Frankfurt um Amtshilfe gebeten. Mit Schreiben vom 28. November 1938 wurde die Frankfurter Behörde von Hamburg aus ersucht, die Ausreise der Miterben »*unter allen Umständen zu verhindern*«; man halte ferner »*schärfste Sicherungsmaßnahmen unbedingt für notwendig*«; gegebenenfalls sei »*zu erwägen, gegen die Betreffenden die Sicherungshaft [...] zu verhängen*«. Die Devisenstelle Frankfurt veranlaßte daraufhin durch Einschaltung der Gestapo, daß einer der Erben sowie der Ehemann einer weiteren Erbin, die beide im KZ Buchenwald inhaftiert waren, dort weiterhin festgehalten wurden und lediglich auf besondere Weisung der Devisenstelle – nach Abgabe der geforderten Erklärungen – entlassen werden sollten. Bei den übrigen Erben wurde nur deshalb von einer Inhaftnahme abgesehen, da wegen ihres hohen Alters eine illegale Ausreise nicht zu befürchten war. Die Pässe waren sämtlichen Erben bereits im September auf Antrag der Hamburger Devisenstelle abgenommen worden.

Doch diese Strategie führte nicht zum Erfolg. Ohne ein Arrangement mit den ins Ausland gelangten Testamentsvollstreckern und Erben war die beabsichtigte Transferierung der Nachlaßwerte nicht zu erreichen. Bei der Anbahnung dieses Arrangements traten nunmehr zwei Personen auf den Plan, die bis dahin kaum in Erscheinung getreten waren, bei der weiteren Abwicklung der Angelegenheit aber eine maßgebliche Rolle spielen sollten: der Hamburger Wirtschaftsprüfer und ehemalige Steuerberater Emma Budges, Gottfried Francke, und der Schweizer Rechtsanwalt Ernst Blum, der als Interessenvertreter einiger ausländischer Erben fungierte. Vor allem Francke, dem nach dem Tode Emma Budges die Rolle eines Nachlaß-Buchhalters zugefallen war, betrieb in der Folgezeit ein doppeltes Spiel: Genoß er einerseits noch das Vertrauen der Erben, so konspirierte er andererseits gleichzeitig mit den Hamburger Behörden und erbot sich, bei der Hereinholung der Nachlaßwerte Hilfestellung zu leisten. Unter maßgeblicher Mitwirkung von Francke und Blum wurde schließlich folgende Regelung gefunden: Die abgelösten Testamentsvollstrecker Kronheimer und Bernstein wurden zunächst – um gegenüber der Schweizerischen Kreditanstalt den Schein der Legitimität zu wahren – wieder ins Amt eingesetzt. Die im Ausland weilenden Erben erhielten ihre Anteile in Devisen ausgehändigt und waren damit abgefunden. Kronheimer und Bernstein erklärten sich daraufhin mit der geplanten Transferaktion einverstanden. Die inländischen Erben hatten keine Wahl.

Um eventuellem Mißtrauen der Schweizer Stellen hinsichtlich der Rechtmäßigkeit der Transferaktion vorzubeugen, entschloß sich die Devisenstelle Hamburg, nicht einen eigenen Vertreter, sondern Francke als Beauftragten in die Schweiz zu entsenden, der dort unverfänglich als Vertrauensmann der Erben auftreten konnte. Ende März 1939 begab sich Francke, versehen mit allen erforderlichen Vollmachten und einem von ihm selbst entworfenen Teilungsplan, nach Zürich, wo es ihm auch gelang, im Einvernehmen mit der Schweizerischen Kreditanstalt den Transfer im gewünschten Sinne abzuschließen. Die den inländischen Erben zugeschlagenen Werte wurden von der Kreditanstalt auf das Nachlaßkonto beim Bankhaus Warburg zur Verfügung Franckes überwiesen. Etwa zwei Drittel der in der Schweiz gelagerten Nachlaßwerte gelangten auf diese Weise nach Deutschland.

Alle Betroffenen hatten zwar letztendlich ihr Einverständnis zu dieser Aktion erteilt, doch von seiten der Erben und Testamentsvollstrecker geschah dabei nichts wirklich freiwillig.

Die inländischen Erben, die den deutschen Behörden als Geiseln dienten, waren in ihrer gänzlich abhängigen und ausweglosen Lage bereit, alle Erklärungen abzugeben, die ihnen abverlangt wurden. Hatten sie schon ohnehin keine Möglichkeit, an ihr reguläres Erbteil zu gelangen, so wollten sie doch zumindest ihre Ausreise sichern. Auch die ausländischen Erben, die aus eigener Kraft nicht in den Besitz ihrer Anteile kommen konnten und außerdem auf die Belange der im Inland Verbliebenen Rücksicht nehmen mußten, waren in ihrer Entscheidung nicht frei. Eine konsequente Verhandlungsverweigerung und Verhinderung der Nachlaßteilung vom Auslande her, wie sie bei geschlossenem Auftreten der ausländischen Erben und Testamentsvollstrecker immerhin möglich gewesen wäre, hätte den Inlandserben nicht genutzt, deren Lage in einem solchen Fall noch prekärer geworden wäre. Nach Abschluß der Nachlaßteilung und Transferierung ihrer Anteile wurde ihnen zumindest die Ausreise gestattet.

Was noch folgte, war die fast vollständige Aneignung der inländischen Nachlaßanteile durch die deutschen Behörden. Um diesen Vorgang reibungslos ablaufen zu lassen, wurden die noch amtierenden jüdischen Testamentsvollstrecker Samson, Warburg und Bernstein zum Rücktritt genötigt und durch Francke und Blum ersetzt. Der vierte Testamentsvollstrecker Kronheimer blieb zwar formell im Amt, hielt sich aber in Südafrika auf und trat in der Folgezeit nicht mehr in Erscheinung.

Bei den Geschehnissen, die der Nachlaßtransferierung folgten und die im einzelnen erst in der Nachkriegszeit aufgeklärt werden konnten, fiel Francke erneut die Schlüsselrolle zu: Schon kurz nach Eintreffen der Wertpapiere beim Bankhaus Warburg veranlaßte Francke deren Veräußerung und die Ablieferung der Devisenerlöse und der gleichfalls aus dem Schweizer Depot stammenden Dollarbeträge an die Reichsbank; die RM-Gegenwerte wurden dem Nachlaßkonto gutgebracht. Aus diesem RM-Guthaben wurden zunächst die auf die inländischen Erben entfallenden diskriminierenden Sonderabgaben bestritten. Dabei handelte es sich vor allem um die Reichsfluchtsteuer und die sogenannte Judenvermögensabgabe. Für zwei Erbinnen sind solche Zahlungen belegt; für die anderen Erben können sie ebenso angenommen werden. Von dem nach Abzug sämtlicher Steuern und Abgaben für die Erben verbliebenen Restguthaben des Nachlasses wurden an einzelne Erben wiederholt Beträge in unterschiedlicher Höhe ausgezahlt. Doch erfolgten diese Auszahlungen, die von der Devisenstelle Hamburg genehmigt werden mußten, ausschließlich auf Sperrkonten, so daß die Berechtigten zu keinem Zeitpunkt frei über die Gelder verfügen konnten.

Neuanfang nach 1945

Mit der Ausreise der Erben kamen die einschlägigen devisenrechtlichen Bestimmungen für den Auswanderungsfall zur Geltung, mit deren Hilfe der Prozeß der Vermögensentziehung vollendet wurde. Diese Bestimmungen galten zwar formal für jedermann, waren aber im Hinblick auf die jüdische Massenauswanderung gezielt erlassen und fortlaufend verschärft worden. Auf Sperrkonten gelegte RM-Guthaben mußten im Falle der Ausreise zum jeweiligen Sperrmarkkurs gegen Devisen getauscht werden, die dann ins Ausland überwiesen wurden. Dieser Kurs, der 1934 noch 60 % betragen hatte, war bis 1939 bereits auf 4 % abgesunken, so daß die inländischen Erben von ihren ursprünglich beträchtlichen Anteilen am Budge-Nachlaß letztendlich so gut wie nichts übrigbehielten.

Rückerstattungsgesetzgebung und Rechtsprechung nach 1945

Mehrere Jahre nach dem Kriege wurden die Ereignisse zwischen 1937 und 1939 in gerichtlichen Verfahren nochmals aufgerollt. Die Handhabe dazu boten spezielle Rückerstattungsgesetze, die von den alliierten Besatzungmächten erlassen worden waren.[5] In der amerikanischen und französischen Besatzungszone galten solche Gesetze bereits seit 1947; die britische Militärregierung zog für ihr Kontrollgebiet am 12. Mai 1949 mit einer entsprechenden gesetzlichen Regelung nach.[6] Zweck des britischen Rückerstattungsgesetzes, das im Falle Budge zur Anwendung gelangte, war, »*die Rückerstattung feststellbarer Vermögensgegenstände*« an Personen zu ermöglichen, denen diese in der Zeit des Nationalsozialismus aus rassischen, religiösen oder politischen Gründen »*unrechtmäßig entzogen*« worden waren. Als »*unrechtmäßig entzogen*« galt eine Sache nicht nur dann, wenn ihr Verlust unmittelbar aus einer nationalsozialistischen Verfolgungsmaßnahme resultierte. Angehörige von Personengruppen, die vom Nationalsozialismus in ihrer Gesamtheit verfolgt wurden – wie insbesondere die Juden –, sollten auch dann Anspruch auf Rückerstattung haben, wenn sie Vermögensgegenstände nach eigenem Ermessen veräußert hatten, um sich durch Auswanderung der Diskriminierung durch das NS-Regime zu entziehen. Auch einen solchen Fall definierte der Gesetzgeber generell als »Entziehung«, die zur Rückerstattung verpflichtete; eine Ausnahme von dieser Regel war nur dann gegeben, wenn der Erwerber den schlüssigen Nachweis erbringen konnte, daß er erstens einen »*angemessenen Kaufpreis*« für das betreffende Objekt entrichtet hatte und zweitens das Kaufgeschäft »*auch ohne die Herrschaft des Nationalsozialismus abgeschlossen worden wäre*«. Beide Nachweise waren selten möglich. Diese Regelung, die als Tatbestand der »Entziehungsvermutung« ins Gesetz einging, bedeutete im Einzelfall: Entschloß sich ein Jude infolge des sich ständig verschärfenden Druckes von seiten des Regimes, sein Geschäft oder seinen Grundbesitz zu veräußern, um Deutschland anschließend zu verlassen, so konnte er nach dem Kriege das Recht auf Rückerstattung in Anspruch nehmen.

Zurückerstattet wurde normalerweise der entzogene Gegenstand (»Naturalrestitution«); der Antragsteller konnte allerdings auch wahlweise Nachzahlung fordern. Ein Umsteigen von Naturalrestitution auf Nachzahlung während des Verfahrens war möglich, der umgekehrte Weg hingegen versperrt.

Wurde die Rückerstattung angeordnet, so mußte der Antragsteller im Gegenzug das Kaufgeld zurückgeben. Sinn des Gesetzes war ja, ein beanstandetes Rechtsgeschäft ungeschehen zu machen. Diese »Rückgewähr« des Kaufgeldes umfaßte aber keineswegs den gesamten Betrag, der nominell als Kaufpreis eingesetzt worden war, sondern lediglich denjenigen Anteil, der dem Veräußerer nach Abzug diverser Abgaben (Judenvermögensabgabe, Reichsfluchtsteuer, Transferkosten etc.) zur freien Verfügung ausgehändigt worden war.

Ein gewichtiges Problem im Zusammenhang mit der Rückgewährpflicht bildete die Frage der Währungsumstellung, die Frage also, wie der in RM entrichtete Kaufpreis im Falle der Rückgabe in DM umzurechnen war. Das Gesetz sah dazu keine Lösung vor. Nach einer Phase der Rechtsunsicherheit und verschiedener Umstellungsvarianten setzte sich in der Spruchpraxis der Umstellungsschlüssel 10:1 durch, der der im Umstellungsgesetz vom 20. Juni 1948 getroffenen Regelung für alte RM-Verbindlichkeiten entsprach. War diese Regelung für den Antragsteller an sich günstig, da lediglich noch ein Zehntel des ehemaligen Kaufpreises in DM zurückgezahlt werden mußte, so barg sie doch auch einen Nachteil in sich: Wurde an Stelle der Naturalrestitution Nachzahlung gefordert, so galt auch für den Nachzahlungsbetrag das Umstellungsverhältnis 10:1.

Das Verfahren zum Budge-Palais

Vom Dezember 1949 bis November 1952 fand zunächst vor dem Wiedergutmachungsamt, anschließend dann vor der Wiedergutmachungskammer des Landgerichts Hamburg ein seltsames Rückerstattungsverfahren statt. Zurückgefordert wurde das Budge-Palais am Harvestehuder Weg 12. Das Seltsame des Verfahrens: Es wurde von Testamentsvollstreckern in Gang gesetzt, die ihre Legitimation durch einen nationalsozialistischen Unrechtsakt erlangt hatten, und fand ohne Billigung und Beteiligung der Budge-Erben statt. Gefunden wurde ein Vergleich, der den Interessen der Erben kraß zuwiderlief. Wie kam es zu diesem Verfahren?

Die Nachlaßsache Budge war mit den Ereignissen von 1939 noch nicht zu einem Ende gelangt. Weder war der endgültige Nachlaßwert ermittelt, noch eine Schlußbilanz über den Verbleib der Nachlaßanteile erstellt worden. Das Amtsgericht Hamburg mahnte den Testamentsvollstrecker Francke spätestens seit 1942 regelmäßig, seine Tätigkeit abzuschließen und eine solche Endabrechnung vorzulegen. Nach Kriegsende lief die Angelegenheit unverändert weiter. Francke verstand es allerdings über Jahre hinweg – bis zu seinem Tode 1956 – die Abrechnung immer weiter hinauszuzögern. Das Amtsgericht gab sich mit seinen hinhaltenden Auskünften zufrieden.

Daß Francke dann 1949 in Sachen Budge-Palais nochmals aktiv wurde, geschah nicht aus eigenem Antrieb, sondern ging auf die Intervention amerikanischer Anwälte zurück, die im Auftrag mehrerer Erben die Rückgabe des Budge-Palais verlangten. Da ein gleichzeitiges Ersuchen beim Amtsgericht Hamburg, die amtierenden Testamentsvollstrecker wegen ihrer zweifelhaften Rolle 1938/39 abzulösen, abgewiesen wurde, mußten sie sich notgedrungen an Francke halten. Francke ließ diesbezügliche Schreiben mehr als ein Jahr lang unbeantwortet. Über das Verfahren, das er dann doch anstrengte, und dessen Verlauf ließ er die Erben bewußt im unklaren. Die Erben und ihre Anwälte, deren Aufmerksamkeit durch anderweitige Rechtsauseinandersetzungen zum Budge-Nachlaß absorbiert wurde, verloren die Angelegenheit schließlich aus dem Blickfeld.

Francke und Blum sowie die von ihnen beauftragten Hamburger Rechtsanwälte Krüger und Klemm hatten im Verfahren von vornherein ein bestimmtes Ziel vor Augen: Die Rückerstattung des Budge-Palais sollte nur zum Schein gefordert, in Wahrheit jedoch auf dem Vergleichswege lediglich Nachzahlung zum 1937 erzielten Kaufpreis verlangt werden.

Neuanfang nach 1945

Die Rechtsvertreter der Stadt Hamburg, die im Verfahren als Antragsgegnerin fungierte, erkannten rasch, daß die Antragsteller ihre Sache nur lustlos und zudem ohne besondere Rechtskenntnis vertraten. Ihre Strategie ging vor allem dahin, den Nachzahlungsbetrag so weit wie möglich herabzudrücken. Zu Hilfe kam dabei ein Verkehrswertgutachten des Hamburger Amtes für Wohnungswesen, Grundstücksverkehr und Schätzung, das vom Landgericht in Auftrag gegeben worden war. Unter Hinweis auf die baulichen Besonderheiten und eingeschränkten Nutzungsmöglichkeiten des Budge-Hauses gelangte das Amt im Juni 1951 zu dem Ergebnis, daß der für das Haus im Jahre 1937 »*erzielbare Barzahlungspreis*« mit lediglich 350.000 RM zu veranschlagen sei. Verhandelt wurde fortan nur noch um die Differenz zum erzielten Kaufpreis (305.000 RM) in Höhe von 45.000 DM.

Daß es den Antragstellern im Verfahren vor allem darum ging, sich die leidige Angelegenheit vom Halse zu schaffen, und sie bereit waren, der Stadt in fast beliebiger Weise entgegenzukommen, zeigt exemplarisch eine Episode vom April 1952: Als die Vertreter der Stadt Hamburg im Verlauf der Verhandlungen eine Weile lang nichts mehr von sich hören ließen, fragten Krüger und Klemm mit unfreiwilliger Selbstironie an, »*zu welchem Preis die Stadt bereit wäre, den gesamten Grundstückskomplex zu behalten*«. Doch der ohnehin niedrige Nachzahlungsbetrag von 45.000 DM war der Stadt noch zu hoch. Unter Hinweis auf ein angebliches »*Prozeßrisiko der Antragsteller*« war die Finanzbehörde lediglich zu einer »*hälftigen Teilung*« dieses Betrages bereit. Auch mit dieser Regelung, die lediglich noch eine Nachzahlung in Höhe von 22.500 DM vorsah, waren Francke und seine Anwälte einverstanden.

Noch in einer weiteren Frage kamen die Antragsteller der Stadt entgegen: Die Stadt fürchtete, mit dem Budge-Palais zum Lastenausgleich herangezogen zu werden, und suchte nach einem Weg, diese Klippe zu umschiffen. Wäre sie im Besitz des Anwesens geblieben, so hätte im ungünstigsten Falle eine Lastenausgleichsabgabe in Höhe von 50 % des Grundstückswertes fällig werden können. Man verfiel auf folgende Lösung: Das Budge-Palais sollte zunächst – im Rahmen des gestellten Rückerstattungsantrages – an die Antragsteller zurückgegeben, sofort anschließend jedoch von der Stadt zum Preis von 22.000 DM erneut gekauft werden. Dem zwischen den Parteien geschlossenen Vergleich konnte auf diese Weise Genüge getan, der Lastenausgleich zugleich umgangen werden.

Die am 1. Oktober 1952 vor der Wiedergutmachungskammer des Landgerichts Hamburg durchgeführte Verhandlung war lediglich noch eine Formsache, mit der der vorher geschlossene Vergleich festgeschrieben wurde. In einem Teilbeschluß vom selben Tage gab das Gericht dem Antrag auf Rückerstattung statt und ordnete die Rückgabe des Gebäudes an. Die Frage der Rückgewähr des Kaufpreises wurde ausgeklammert. Am 10. November d. J. traten die Kontrahenten vor dem Landgericht erneut zusammen. Unter beiderseitigem Verzicht auf Rechtsmittel gegen den Teilbeschluß vom 1. Oktober veräußerten die Antragsteller das Budge-Palais einschließlich der Nebengrundstücke an die Stadt Hamburg für den Gesamtkaufpreis von 22.500 DM. Praktisches Ergebnis dieser Prozedur war also eine Nachzahlung in ebendieser Höhe. Die Erben, die zumindest kurzzeitig in eine Eigentümerstellung eingesetzt worden waren, erfuhren von alledem nichts.

Das Rückerstattungsverfahren zum Budge-Palais stellt sich in der Rückschau als eine Kette von Unzulänglichkeiten, Fehlleistungen und Pflichtverletzungen dar. Der eigentliche Sinn der Rückerstattungsgesetzgebung, Entziehungsakte rechtlich ungeschehen zu machen und die Geschädigten erneut in ihre Rechte einzusetzen, wurde dabei ins Gegenteil verkehrt. Am Ende stand nicht die Rückgabe des Gebäudes, sondern die Festschreibung des

Status quo. Der Ausgang des Verfahrens mutet nicht an als Wiedergutmachung, sondern erscheint vielmehr als Akt nachträglicher Besitzlegitimation, mit dem ein rechtlich zweifelhaftes Eigentumsverhältnis im nachhinein bestätigt wurde.

Ermöglicht wurde diese Entwicklung dadurch, daß die Testamentsvollstrecker Francke und Blum auch nach dem Kriege weiterhin den Interessen der Erben zuwiderhandelten. Obwohl ihnen der Wille der Erben – Rückgabe des Budge-Palais – bekannt war, verfolgten sie im Rückerstattungsverfahren von vornherein das Ziel, das Budge-Haus der Stadt Hamburg gegen eine geringe Nachzahlung zu überlassen. Die Erben wurden über diese Absicht und den Fortgang des Verfahrens bewußt nicht informiert. Francke und Blum handelten damit nicht nur vorsätzlich gegen die Interessen der Erben, sondern führten auch bewußt eine Regelung herbei, die auf eine Schädigung des Nachlasses hinauslief. Sie verletzten damit ihre gesetzlichen Pflichten als Testamentsvollstrecker in mehrfacher und grober Weise. Auch die nachlässige und dilettantische Weise, in der sie das Nachzahlungsanliegen vertraten, kommt einer Verletzung der Sorgfaltspflicht und groben Fahrlässigkeit gleich, durch die die Vermögensinteressen der Erben erheblich geschädigt wurden.

Aber Francke und Blum waren nicht die Alleinverantwortlichen. Sie konnten überhaupt nur tätig werden, weil das Amtsgericht Hamburg sie nach dem Kriege weiter gewähren ließ. Trotz heftiger Interventionen mehrerer Erben lehnte das Gericht die Überprüfung bzw. Amtsenthebung der Testamentsvollstrecker ab. Eine solche Überprüfung wäre rechtlich aber bereits beim Einspruch _eines_ Erben möglich und notwendig gewesen. Aus den eigenen Akten sowie den Akten der ehemaligen Devisenstelle Hamburg hätte das Gericht ohne weiteres ersehen können, unter welch ominösen Umständen Francke und Blum ins Amt gelangt waren und welch eine zweifelhafte Rolle sie während der Nachlaßauseinandersetzung der Jahre 1937 bis 1939 gespielt hatten. Auch die später für das Verfahren Verantwortlichen, Wiedergutmachungsamt und Wiedergutmachungskammer des Landgerichts, waren sich zweifellos darüber im klaren, daß das Verfahren in einer Richtung betrieben wurde, mit der die Erben – hätte man sie gefragt – nicht einverstanden gewesen wären. Die Kammer war sogar maßgeblich am Zustandekommen der am Ende getroffenen Vereinbarung beteiligt. Daß die Kammer mit der Wertbestimmung des Budge-Palais das Amt für Wohnungswesen, eine der Antragsgegnerin (Stadt Hamburg) zugehörige Behörde, beauftragte und die vom Amt vorgelegte, eindeutig parteiische Stellungnahme dann als neutrales Wertgutachten in das Verfahren einführte, zeugt auch nicht gerade davon, daß sich das Gericht den Interessenschutz der Erben angelegen sein ließ. Insgesamt drängt sich der Eindruck auf, daß alle Verfahrensbeteiligten durch den unausgesprochenen Konsens verbunden waren, daß eine Lösung zugunsten der Stadt Hamburg und auf Kosten der Erben gefunden werden sollte.

Der Stadt Hamburg ist _rechtlich_ kein Vorwurf zu machen; als Antragsgegnerin war sie im Verfahren Partei. Das Verhalten der am Verfahren beteiligten städtischen Behörden war allein am Maßstab finanzpolitischer Interessenwahrnehmung ausgerichtet, mit anderen Worten: die Stadt ließ nichts unversucht, um so billig wie möglich davonzukommen. Die städtischen Vertreter verstanden es dabei, die Willfährigkeit und Ahnungslosigkeit ihrer Kontrahenten weidlich auszunutzen. Unter dem politischen Gesichtspunkt der Wiedergutmachung, für deren Durchführung öffentliche Körperschaften eine besondere Verantwortung tragen, wäre eine andere Haltung angemessen und notwendig gewesen. Doch die konkreten städtischen Belange ließen Überlegungen in dieser Richtung gar nicht erst aufkommen. Eine von Finanzsenator Dudek entworfene Mitteilung des Senats an die

Bürgerschaft vom August 1952 macht dies deutlich: »*Im Falle der Durchführung des Verfahrens hätte die Wiedergutmachungskammer die Rückerstattung der Grundstücke angeordnet. Die Rückgabe muß jedoch vermieden werden, weil die Stadt u. a. das Alstervorland für öffentliche Zwecke braucht*«.

Wie hätte nun das Ergebnis eines korrekt durchgeführten und engagiert betriebenen Verfahrens aussehen können? Bei regulärer Durchführung wäre Antrag auf Rückerstattung (Naturalrestitution) gestellt und diesem Antrag, da der Tatbestand der »Entziehung« nicht angezweifelt wurde, auch stattgegeben worden. Das Budge-Palais hätte einschließlich aller zugehörigen Nebengebäude und Grundstücke an den Nachlaß, d.h. die Erben in ihrer Gesamtheit, zurückgegeben werden müssen. Spätestens mit der Restabwicklung des Nachlasses wären die Erben dann in den Besitz des Hauses gelangt. Im Gegenzug hätten die Antragsteller das 1937 empfangene Kaufgeld zurückgeben müssen. Da es sich nach wie vor um ungeteilten Nachlaß handelte, hätte diese Rückgewährpflicht von seiten der Testamentsvollstrecker bestanden und aus dem Nachlaß bestritten werden müssen. Das Rückgewährgeld wäre in jedem Falle im Verhältnis 10:1 umgestellt worden, d.h. selbst bei Zugrundelegung des vollen Kaufpreises von 305.000 RM hätten lediglich 30.500 DM aus der Nachlaßmasse zurückgezahlt werden müssen. Zu ergänzen ist noch, daß die Erben – neben dem Rückerstattungsverfahren zum Budge-Palais – wegen des ihnen seinerzeit vorenthaltenen Kaufgeldes auf dem Entschädigungswege hätten Ersatz fordern können.

Rückerstattungsanträge der Erben

Jahre später, im Herbst 1959, wurde vor dem Landgericht Hamburg nochmals in einem großen Verfahren über die Entziehung des Budge-Vermögens während der dreißiger Jahre und daraus erwachsende Rückerstattungsansprüche verhandelt. Diesmal ging es um die in der Schweiz gelagerten Wertpapiere, die sich die deutschen Behörden größtenteils angeeignet hatten. Antragsteller waren zwei Budge-Erbinnen, die 1939 in die Vereinigten Staaten ausgewandert waren. Als Antragsgegnerin fungierte die Oberfinanzdirektion Hamburg als Vertreterin des Bundes. Die Sache der Antragstellerinnen, die Forderungen in Millionenhöhe geltend machten, wurde von amerikanischen Anwälten und vor Ort hinzugezogenen deutschen Kollegen engagiert und kenntnisreich vertreten. Dennoch führte der Antrag zunächst nicht zum Erfolg. Die Wiedergutmachungskammer des Landgerichts wies ihn mit Beschluß vom 1. Oktober d. J. als unbegründet zurück. In allen wesentlichen Punkten den Argumenten der Antragsgegnerin folgend, vertrat das Gericht den Standpunkt, die seinerzeit gegenüber den Erben erfolgte Anwendung der Devisengesetze sei rechtmäßig, das Verhalten der Testamentsvollstrecker korrekt gewesen.

Die Antragstellerinnen ließen sich nicht entmutigen und legten sofortige Beschwerde beim Hanseatischen Oberlandesgericht ein. Das Oberlandesgericht, für das der im Verfahren »*festgestellte Sachverhalt alle Tatbestandsmerkmale einer Entziehung*« erkennen ließ, gab dem Antrag am 8. April 1960 in vollem Umfang statt. Auch daß Francke »*bei seiner Tätigkeit lediglich die Interessen des Reiches*« wahrgenommen hatte, wurde nunmehr endlich festgestellt.

Anmerkungen

1 Der folgende Aufsatz basiert auf einer größeren, noch unveröffentlichten Studie, die 1988 im Auftrage der Behörde für Wissenschaft und Forschung in Hamburg erstellt wurde. Der

Darstellung der Kapitel »Entziehung« und »Rückerstattung« liegen im wesentlichen folgende Akten zugrunde:
Amtsgericht Hamburg, Nachlaßabteilung: Nachlaßakten Henry Budge: 73 IV 1106/08 und 73 IV 2174/28; Nachlaßakten Emma Budge: 73 IV 1105/08 und 73 IV 556/37;
Landgericht Hamburg: Rückerstattungsverfahren Budge-Nachlaß und Budge-Palais: 1 WiK 420/51; Z 487 – 1 (2 Akten); Rückerstattungsverfahren Feisenberger/Adler: 1 WiK 51/57; Z 487 – 5;
Staatsarchiv Hamburg: Finanzdeputation IV: DV I B 2 g I B 1 a/b; Emma Budge Nachlaß: C-akte ohne Nr.; Emma Budge Testament: R 13/1989/38, Bd. I – IV (Akte der ehemaligen Devisenstelle Hamburg);
Oberfinanzdirektion Hamburg, Bundesvermögensabteilung: Emma Budge, Nachlaß: B 489; Bezirksamt Eimsbüttel, Bezirksliegenschaftsamt: Verwertung des Grundstücks Harvestehuder Weg 12: 92.97 – 302/111.
Auf Einzelnachweise aus den Akten wird aus Platzgründen verzichtet. Angemerkt wird lediglich ergänzende Literatur. Ich danke Herrn Prof. Peter Kahn aus Trumansburg, New York, für wertvolle Hinweise.
2 Zum Milieu der großbürgerlichen jüdischen Familien New Yorks, dem auch die Budges angehörten, vgl. Birmingham, In unseren Kreisen.
3 Zum Leben der Budges vgl. Arnsberg, Henry Budge.
4 Zur Baugeschichte des Budge-Palais vgl. Hamburg und seine Bauten, Bd. 1, S. 578; Hipp, Harvestehude, S. 58f.
5 Vgl. Schwarz 1974.
6 Militärregierung Deutschland. Brit. Kontrollgebiet. Gesetz Nr. 59: Rückerstattung. 1949; vgl. auch van Dam, Rückerstattungs-Gesetz.

Militärregierung Deutschland. Britisches Kontrollgebiet. Gesetz Nr. 59. Rückerstattung feststellbarer Vermögensgegenstände an Opfer der nationalsozialistischen Unterdrückungsmaßnahmen vom 12. Mai 1949. Textausgabe mit Erläuterungen von Bernhard Dammann und Fritz Heitkamp. München 1949

Könke
Das Budge-Palais.
Entziehung jüdischer Vermögen und Rückerstattung
in Hamburg

Literatur

Arnsberg, Paul: Henry Budge. Der »geliebten Vaterstadt – Segen gestiftet«. Frankfurt/Main 1977
Birmingham, Stephen: In unseren Kreisen. Die großen jüdischen Familien New Yorks. Berlin 1969
Dam, Hendrik G. van: Rückerstattungs-Gesetz (Gesetz Nr. 59) für die Britische Zone mit Nebengesetzen, Einführung, Vergleichstabelle zum US-Gesetz und Index. Koblenz 1949
Hipp, Hermann: Harvestehude/Rotherbaum. Hamburg 1976

Neuanfang nach 1945

Synagoge und Gemeindezentrum der neuen Jüdischen Gemeinde in Hamburg

Saskia Rohde

Die Situation 1945

Die ersten provisorischen Beträume und Synagogen nach Kriegsende wurden in den Auffanglagern für die »Displaced Persons« eingerichtet. In einigen Städten konnten die Überlebenden der Shoa alte, im Novemberpogrom 1938 »nur« geschändete Synagogen und Beträume notdürftig wiederherstellen. Möglich war dies in Amberg, Bad Nauheim, Berlin, Frankfurt/Main, Köln, Lübeck, München und in Hamburg. Bereits bevor die neue »Jüdische Gemeinde in Hamburg« sich am 18. September 1945 konstituierte, weihte die kleine Gemeinschaft am 6. September 1945 öffentlich den Betraum im ehemaligen Oppenheimer Stift in der Kielortallee ein.[1]

Die Beträume Kielortallee 22/24 und Sedanstraße 23

Das Oppenheimer Stift mit Freiwohnungen für bedürftige jüdische Familien, 1868 am Krayenkamp 16 – 18 errichtet, bezog 1907/08 infolge der Neustadt-Sanierung einen Neubau in der Kielortallee. Dieser war nach Plänen des Regierungs-Baumeisters Ernst Friedheim errichtet worden. Außer 23 Wohnungen barg der fünfgeschossige Neubau einen öffentlichen Betraum. Er lag im Erdgeschoß, war flach gewölbt und hatte eine flache Apsis an der nach Osten gelegenen Gartenfront. Ein rundes Fenster mit einem deutlich erkennbaren Magen David war der einzige Hinweis auf die Kult-Funktion des Raumes. In einem Gespräch erinnert sich Harry Goldstein 1970: »*Sie befand sich im Rohzustand und faßte etwa 80 Personen. Aber wir schafften es, sie innerhalb von zwölf Tagen notdürftig einzurichten und die Ritualien zu beschaffen*«.[2]

Im wiederhergerichteten Betraum war die Bima direkt vor den Aron Hakodesch gerückt worden. Das Männergestühl stand wie Kirchengestühl in drei Blöcken auf ihn ausgerichtet. Die Empore gegenüber dem Aron Hakodesch wurde wieder für die Frauen hergerichtet. Diesen Betraum benutzte die Gemeinde bis zur Einweihung der neuen Synagoge an der Hohen Weide am 4. September 1960.

Betraum Kielortallee

Synagoge und Gemeindezentrum an der Hohen Weide

Einen zweiten Betraum richtete die Gemeinde im Altenhaus an der Sedanstraße ein, das sie am 31. Dezember 1945 zurückerhielt. Das Altenhaus war 1884/86 von dem Architekten und Bauunternehmer S. Seelig erbaut worden. Es wurde allerdings mehrfach erweitert und umgebaut. Bei der Erweiterung, die 1899/1900 nach Plänen Friedheims vorgenommen wurde, erhielt es einen neuen, vergrößerten Betraum im Anbau. Bekannt ist von ihm nur die Anzahl der Stellen: er hatte 52 Männer- und 41 Frauenstellen.

Rohde
Synagoge und Gemeindezentrum der neuen Jüdischen Gemeinde in Hamburg

Neben dem bald in den Vorstandsakten offenkundigen Problem der geistlichen Betreuung, bestand ein weiteres wegen des fehlenden rituellen Bades. Erst vom Januar 1949 an konnte eine neue Mikwe aufgesucht werden.

Die Planung des Synagogenneubaus an der Hohe Weide/Heymannstraße

Ab 1950 setzte eine erste Phase von Synagogenneubauten in den Städten ein. Sie dauerte bis 1967 und umfaßt damit denselben Zeitraum wie der erste »Bauboom« der christlichen Kirchen, in dem ca. 6.000 kirchliche Neubauten entstanden.[3] Eine Umfrage bei allen jüdischen Gemeinden der damaligen Bundesrepublik und DDR im Jahr 1987 ergab 21 Synagogenneubauten und 5 Synagogenrenovierungen sowie 20 neu eingerichtete und 4 wiederhergestellte Beträume im selben Zeitraum.[4] Mitte der fünfziger Jahre sah es auch die Jüdische Gemeinde in Hamburg, wie es im Geschäftsbericht 1956/58 rückblickend heißt, als »*eine der wichtigsten Aufgaben unserer Gemeinde* [an], *eine würdevolle Synagoge zu errichten*«.[5] Seit Herbst 1955 hatte sich dies in den einschlägigen Kreisen herumgesprochen. Mehrere Architekten richteten im Herbst 1955 Bewerbungsschreiben an die Gemeinde. Mit Schreiben vom 25. Oktober 1955 dankte die Gemeinde dem Recklinghausener Architekten Gerle für sein Angebot, wies aber darauf hin: »*Das Projekt ist jedoch z. Zt. noch nicht spruchreif ...*«.[6] Auch Anfang 1956 waren die Neubau-Pläne für ein Altenhaus und die Synagoge »*bisher in keiner Weise weitergekommen*«.[7] Der Zeitpunkt des Planungsbeginns wurde durch den Verlauf der Wiedergutmachungsverfahren für die Synagogen und die zugehörigen Grundstücke bestimmt. Denn der Neubau sollte »*aus den Entschädigungsansprüchen für die in Hamburg zerstörten Synagogen, die die Gemeinde nach § 142 und 148 BEG hat*«, finanziert werden.[8] Der 1942 berechnete Gesamtkaufpreis für sämtliche zwangsverkauften Grundstücke und Gebäude jüdischer Institutionen hatte 2.133.776 RM betragen. Als Entschädigung erhielt die Gemeinde nach den Wiedergutmachungsverfahren für den Synagogenneubau 1.8 Millionen DM.

Im Frühjahr 1956 hatten sich Stadt und Gemeinde auf das Grundstück Hohe Weide 34 in Eimsbüttel geeinigt. Vor dem Ankauf wurde allerdings der Rat und ein Vorentwurf für die Ankaufsverhandlungen von dem Frankfurter Architekten Hermann Z. Guttmann erbeten.[9] Es folgten langwierige Verhandlungen mit dem Liegenschaftsamt, der Schulbehörde, in deren Verfügung sich das Grundstück befand, und dem Senat. Abgeschlossen waren sie erst im Sommer 1957.

Der Ideenwettbewerb

<u>Die Teilnehmer:</u> Am 7. August 1957 schrieb die Gemeinde einen auf sieben Teilnehmer beschränkten Ideenwettbewerb aus. Beteiligt waren die Hamburger Architektenbüros Puls & Richter, Hans-Hermann Weymar, Karl Koch, Wongel & May sowie Hermann Z.

Neuanfang nach 1945

Guttmann (Frankfurt/Main), Helmut Goldschmidt (Köln) und Karl Gerle (Recklinghausen). Einige waren wenig bekannt, andere genossen bereits Ansehen. Puls & Richter waren seit dem Ende des Ersten Weltkriegs u. a. für Max Warburg, Alexander Levy, Gebr. Robinsohn, Gebr. Hirschfeld, Siegfried Freundlich-Kindermoden, das Bankhaus Solmitz und die Ölwerke J. Schindler in Privat- und Geschäftsaufträgen tätig geworden; sie hatten am Wettbewerb für den Tempel an der Oberstraße teilgenommen und zahlreiche Bauten für die katholische Kirche in Hamburg errichtet. Guttmann, Goldschmidt und Gerle haben die meisten der bundesdeutschen Synagogen nach 1945 erbaut. Zum Zeitpunkt des Wettbewerbs für die neue Synagoge hatte Guttmann bereits die Synagogen in Offenbach (1955/56) und Düsseldorf (1956/58) entworfen, Goldschmidt hatte Beträume in Köln (1949) und Koblenz (1950) eingerichtet und die Synagoge Dortmund (1956) geplant. Gerle konnte u. a. die Beträume in Recklinghausen (1955) und Aachen (1957) vorweisen. Gleichzeitig wurden mit Wongel & May und Weymar Architekten angesprochen, die offenbar noch keine Synagogen-Bauerfahrungen hatten.

Mit dieser Auswahl richtete die Gemeinde sich an Architekten mit sehr unterschiedlichen Auffassungen vom Synagogenbau. Der orthodoxe Guttmann bevorzugt geschwungene, mit Ellipsen und Parabeln den zeitgenössischen Architekturformen entsprechende Räume, in die er das klassische orthodoxe Anlageschema integriert. Goldschmidt rückt in allen seinen Synagogen und Beträumen dem liberalen Ritus entsprechend die Bima unmittelbar vor den Aron Hakodesch und richtet den Raum perspektivisch auf dieses Zentrum aus. Er glaubt damit eine der modernen Art der Predigt gemäße Konzeption gefunden zu haben. Die Predigt sei keine Kanzelrede, sondern ein Gespräch mit der Gemeinde. Damit nimmt er Inhalte der zeitgenössischen sog. Kirchenbaudiskussion auf, die sich u. a. mit der Rolle der Gemeinde im Gottesdienst und den daraus folgenden Konsequenzen für die Anordnung der liturgischen Orte und des Gestühls befaßte.[10] Gerles zu diesem Zeitpunkt bekannte Entwürfe schwanken zwischen Andeutungen historisierender und zeitgenössischer Bauweisen. Als Nicht-Jude setzt er sich intensiv theoretisch mit dem Thema Synagogenbau auseinander.

Die Gutachter: Als Gutachter und Berater hatte die Gemeinde für Architektur- und Städtebaufragen den Oberbaudirektor Prof. Werner Hebebrand und Baudirektor Paul Seitz vom Hochbauamt hinzugezogen; um die religiösen Gutachten bat man Landesrabbiner Dr. Lichtigfeld aus Frankfurt/Main.

Den Abgabetermin für die Vorentwürfe legte die Gemeinde auf den 15. Oktober 1957.

Das Bauprogramm

Das Bauprogramm, das mit dem Lageplan versandt wurde, sagt nichts über ästhetische, soziale oder politische Ansprüche der Gemeinde aus. Es enthält nur ein Raumprogramm, das allerdings mit Geschlechtertrennung, Mikwe und der offengelassenen Entscheidung für synagogale Musik auf die orthodoxe Grundeinstellung des Gemeindevorstands und der zuständigen Bau- und Kultuskommission hinweist:

»*Der Bau soll enthalten: Einen Saal für ca. 400 Personen, je zur Hälfte für Männer und Frauen. Einen Betraum für 60 Personen (40 Männer und 20 Frauen).*
Mikwah.
Rabbinerwohnung: Bestehend aus 3 Zimmer, Küche, Bad, WC und Korridor.
Kantorwohnung: Bestehend aus 3 Zimmer, Küche, Bad, WC und Korridor.

Hausmeisterwohnung: Bestehend aus 2 Zimmer, Küche, Bad und WC.
Saal für Vorträge und Veranstaltungen für ca. 150 Personen. In der Synagoge soll ein Platz für ein eventuell aufzustellendes Harmonium vorgesehen werden«.[11]

Offenbar wurde das Bauprogramm in Gesprächen mit den Teilnehmern präzisiert. Unterlagen darüber sind nicht aufzufinden. In einem der sog. Modell-Erläuterungsberichte findet sich jedoch ein Hinweis auf solche Gespräche. Hans-Hermann Weymar schreibt: *»Der Tempel selbst ist dem Wunsch der Bauherrenschaft nachkommend als Kuppelbau ausgeführt«.*[12]

Einsendungen und Entscheidung

Modelle, Pläne, Aufnahmen der eingesandten Modelle sind zur Zeit nicht auffindbar. Dennoch vermitteln die vorhandenen, teilweise ausführlichen Modell-Erläuterungsberichte einen Eindruck des Spektrums der Entwürfe. Unauffindbar sind auch die Sitzungsprotokolle der Kultus- und Baukommission; begrenzt einsehbar sind die Vorstandsprotokolle, die die Gründe der Entscheidung für den von Wongel & May vorgelegten Entwurf enthalten. Ebenso fehlen die Gutachten der beratenden Architekten Hebebrand und Seitz sowie das des Landesrabbiners Lichtigfeld. Nur durch den Überblick über die Einsendungen ist eine Annäherung an die Intentionen, die die Gemeinde mit dem Neubau verband und offenbar im Entwurf von Wongel & May ausgedrückt fand, möglich.

Die Konzeptionen für Synagoge und Gemeindezentrum nehmen die Hamburger Synagogenbautradition auf. Die typische Hamburger Hinterhof-Situation lebt abgeschwächt in den Entwürfen von Goldschmidt, Koch, Guttmann und Puls & Richter fort. Sie legen alle ein niedriges Gemeindehaus zwischen Straße und Synagoge. Die Tradition des Tempels in der Oberstraße findet sich bei Weymar, der die Anlage auf 1, 40 m über Straßenniveau anhebt und Koch, der zusätzlich zur Anhebung einen Vorhof anlegen möchte. Würde, Monumentalität und Trennung von der Straße, der umgebenden Architektur und dem Bahndamm ist ihr Argument. Der Entwurf von Wongel & May, die in einer Winkelanlage die deutlich hervortretende Synagoge an die Straßenecke legen, erinnert an die Situation der Bornplatz-Synagoge – ohne allerdings deren repräsentativen Charakter zu übernehmen.

Nicht für alle Entwürfe werden Bauweise und (Fassaden-)Material angegeben. Soweit ersichtlich überwiegen Stahlbetonkonstruktionen, die mit verglasten Betonformsteinen oder Glasbausteinen ausgefacht werden sollen (Goldschmidt, Guttmann). Auch die Ausfachung mit Mauerwerk und vorgesetzte Natur- bzw. Kunststeinfassaden werden vorgeschlagen (Koch, Wongel & May).

Die Konzeption des Synagogenraums variiert von streng orthodox (Guttmann, Wongel & May, Weymar, Gerle) bis liberal (Goldschmidt, Koch). Dies betrifft z.B. die Bima, die zentral aufgestellt bzw. an die Ostwand gerückt und dem zeitgenössischen Geschmack gemäß punktförmig durch Oberlichte und entsprechendes Kunstlicht hervorgehoben wird. Entsprechend wird die Geschlechtertrennung gehandhabt: getrennte Außentüren (Puls & Richter) werden ebenso vorgeschlagen wie die Trennung vor der Synagoge (Wongel & May) oder in der Synagoge (Weymar, Goldschmidt, Guttmann).

Selten wird dezidiert auf jüdische Symbole verwiesen. Guttmann sowie Wongel & May setzen auf das Kupferdach ihrer Synagoge einen Magen David. Koch benutzt sie in der Synagoge: hinter oder seitlich des Aron Hakodesch angeordnete *»Mauerscheiben mit grau-*

grünem Marmor verblendet« sollen *»symbolisch die Tafeln mit den 10 Geboten darstellen«*.[13] Guttmann sieht das gesamte Gebäude als Symbol: über einem ellipsenförmigen Grundriß möchte er ein parabelförmiges Gebäude errichten; in die *»Rundung der Parabel [könnte] die Inschrift kommen: [...] Dies ist das Tor für Gott, in welches die Rechtfertigen kommen«*.[14]

Den Zuschlag erhielt das Architektenbüro Wongel & May. Nach einigen Änderungen erteilte der Vorstand am 18. Dezember 1957 den Bauauftrag. Am 16. Januar 1958 wurde das Genehmigungsverfahren eingeleitet. Die Bauarbeiten konnten am 11. August beginnen, so daß am 9. November 1958, dem 20. Jahrestag des November-Pogroms die öffentliche Grundsteinlegung stattfinden konnte. Wie in der Hamburger Synagogen-Baugeschichte üblich, werden auch Synagoge und Gemeindezentrum an der Hohen Weide zu den hohen Feiertagen fertiggestellt: am 4. September 1960 wurde der Einweihungsgottesdienst öffentlich gefeiert.

Synagoge und Gemeindezentrum

Synagoge und Gemeindezentrum bilden eine Dreiflügel-Anlage. Sie ist gegliedert in Wohnbereich (an der Hohen Weide), Ritualbereich (Heymannstraße) und Gemeindebereich (entlang des Bahndamms). Dreh- und Angelpunkt der Anlage ist die Synagoge. Klaus May beschreibt sie:

»Von der Eingangshalle her betritt man den fünfeckigen Raum: ebenerdig für Männer und eine Treppe hoch auf der Empore für Frauen. Die Lage des Heiligen Schreins, des Vorbeterpultes und des Thorapultes ist wie in den alten orthodoxen Synagogen. [...] Gewandelt hat sich nur der architektonische Stil. [...] Der Bau selbst bildet mit ihnen eine stilistische Einheit. Die besonders für diesen Bau entwickelte Bestuhlung ist eine Weiterentwicklung des traditionellen Synagogengestühls. Die Pultklappe ermöglicht durch Verstellung das Lesen im Stehen wie im Sitzen. Die Gestaltung der fünf farbigen Fenster ist von Kunstmaler Herbert Spangenberg. Die Symbole des Davidstern, der Gesetzestafeln, der Thorarolle, des Leuchters und des Gewürzkastens kommen darin zur Darstellung. Entsprechend der Himmelsrichtungen sind die Fenster in helleren bzw. dunkleren Farbtönen gehalten, wobei nach Norden die warmen Farbtöne dominieren. [...] Weiche Teppiche dämpfen die Schritte, so daß absolute Ruhe herrschen kann. Diese trägt zur Sammlung der Betenden ebenso bei wie die Architektur [...] Der kleine Betraum, vom großen nur durch eine Faltwand getrennt, ist für die tägliche Benutzung. Bei besonderen Anlässen, wie z.B. den hohen Feiertagen, werden beide Räume zusammen benutzt.

Im Erdgeschoß befinden sich außer Gemeindesaal für 500 Personen mit Bühne und Bühnennebenraum ein Jugendraum und ein Nebeneingang, der zur Hausmeisterwohnung führt. [...] Alle erdgeschossigen Räume gruppieren sich um das Foyer, welches direkt mit dem stillen Gartenraum in Verbindung steht. Auf den Rasenflächen, die mit Ziegelwegen durchzogen und die durch Wasserbecken mit Pergola nach Westen hin ihren Abschluß finden, wird die Möglichkeit zur Entspannung [und das Laubhüttenfest] geboten.

[Im Keller] befindet sich die Mikwah, ausgestattet mit Regensammelbecken, Tauchbecken und den notwendigen sanitären Einrichtungen. Die rituelle Küche sorgt für Speisen und Getränke zum Gemeindesaal und dessen Emporen. [...] Das Gebäude ist mit großformatigen hellen Kunststeinplatten verkleidet, so daß es ein wetterfestes Äußeres hat, welches auf die Dauer den hellen Eindruck bewahrt. Die gesamte Bedachung ist in Kupfer

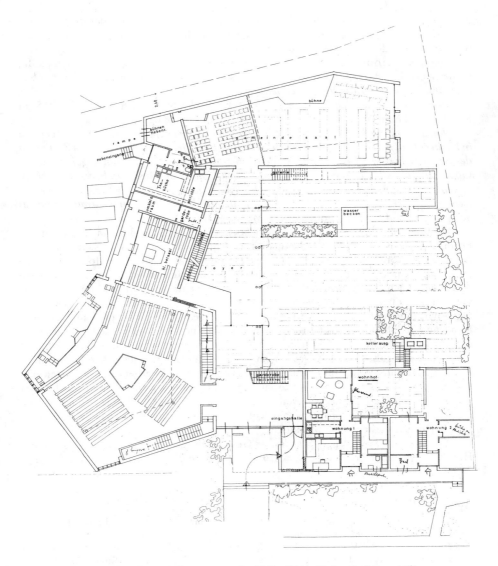

Synagoge und Gemeindezentrum an der Hohen Weide (Erdgeschoß-Grundriß)

ausgeführt und somit von großer Beständigkeit. Die drei den Haupteingang bildenden Türpaare sind nach Entwürfen der Hamburger Künstlerin Frau Traute Beermann in metallischen Formen gestaltet«.[15]

»Schlußstrich unter die Vergangenheit«? Ein nachdenklicher Neuanfang

Aus den Dankesschreiben der zur Einweihung eingeladenen Vertreter der übrigen jüdischen Gemeinden geht immer wieder hervor, daß der Neubau gelungen und ein schönes, würdiges Gebäude entstanden sei, das man mit einer *»würdigen und denkwürdigen Einweihungsfeier«* eröffnet habe. Breit war auch das Echo in der Tagespresse. In den häufig pathetischen Berichten fällt ein Satz auf. Nun sei, so schreibt »Die Welt«, *»zweifelsohne ein Schlußstrich unter die Vergangenheit«* gezogen worden.[16]

Salomon Korn zieht als Fazit seiner Betrachtung des Synagogenbaus nach 1945 im Katalog zur Frankfurter Ausstellung »Architektur der Synagoge«:

»Von den Spuren des Völkermordes und der Synagogenzerstörung ist im Synagogenbau in Deutschland nach 1945 fast nichts zu erkennen. Eine Generation lang mögen die Folgen des unvorstellbaren Massenmordens, die Erinnerung und Ängste der davongekommenen Opfer zu quälend gewesen sein, um ihnen öffentlichen baukünstlerischen Ausdruck zu verleihen. [...] Das mag erklären, warum der Synagogenbau (und jüdische Gemeindezentren) in Deutschland nach 1945 eher eine Architektur der scheinbaren Neutralität und des Schweigens ist als eine der notwendigen Mahnung«.[17]

Obwohl weder der Ausschreibungstext noch einer der Architekten in Worten an die Erfahrung der Shoa erinnert, scheint dies in dem gewählten Entwurf sehr wohl zum Ausdruck zu kommen. Nicht in Form einer Mahnung – wie dies z.B. Salomon Korn 30 Jahre später mit dem geborstenen Gebäude des Frankfurter Gemeindezentrums und den daran angebrachten, zersprungenen Gesetzestafeln augenfällig macht. Anknüpfend an die vor dem Nationalsozialismus erreichte rechtliche und politische Stellung, die die Bornplatz-Synagoge repräsentierte, wird das Leben der Gemeinde wiederaufgenommen. Die Erfahrung der Shoa, die durch die kaum abgeschlossenen Wiedergutmachungsverfahren präsent ist, verhindert, daß sich der Neubau der Gemeinde wie einst die Bornplatz-Synagoge nach außen wendet. Das Gemeindezentrum der neuen jüdischen Gemeinde in Hamburg ist auf den Innenhof konzipiert. Es schirmt sich ab gegen die Außenwelt und öffnet sich mit Glaswänden und -türen zum Hof. Statt einer Mahnung scheint hier Erneuerung aus der Erinnerung gestaltgebend gewesen zu sein. Dies spiegelt sich sowohl in den Ansprachen Levinsons zu den Gedenktagen des Pogroms als auch in der Festschrift zum 25jährigen Bestehen der Synagoge:

»Mit dem Bau der Synagoge wurde dem Geschichtsmosaik der Jüdischen Gemeinde in Hamburg ein neuer Stein der Erneuerung und der Bewahrung der Tradition hinzugefügt«.[18]

Anmerkungen

1 Das Einweihungsdatum wird unterschiedlich angegeben: Lamm 1960 (2), S. 139 nennt den 6.9.1945, Stein 1984, S. 115 gibt den 9.9. und Giordano 1970 den 9. 11. 45 an.

2 Ebd.

3 Rombold, Günter: Kirchenbau kritisch betrachtet, in: Kunst und Kirche 33 (1970), S. 9; Hugo Schnell spricht von »8 – 10.000 wiederhergestellten und neuen Kirchen« (Zur Situation und Krise des deutschen Kirchenbaus in der

Gegenwart, in: Das Münster 20 (1967), S. 9).
4 Vgl. Korn 1988, S. 430 Anm. 13.
5 Jüdische Gemeinde in Hamburg, Geschäftsbericht 1956/58, S. 10.
6 Karl Gerle am 11. 10. 1955, Hermann Guttmann am 19. 1. 1956 und 29. 3. 1956, Jüdische Gemeinde in Hamburg, Akte Synagogenneubau, Mappe Architektenwettbewerb (Gerle), Mappe Guttmann (Guttmann).
7 Jüdische Gemeinde in Hamburg, Akte Synagogenneubau, Mappe Architektenwettbewerb.
8 Jüdische Gemeinde in Hamburg, Geschäftsbericht 1956/58, S. 20; Geschäftsbericht 1959/60, S. 11, hier auch das Zitat.
9 Schreiben vom 3. 5. 1956; Jüdische Gemeinde in Hamburg, Akte Synagogenneubau, Mappe Guttmann.
10 Korn 1988, S. 297; zum zeitgenössischen Kirchenbau vgl. Rohde, Steine des Anstosses.
11 Jüdische Gemeinde in Hamburg, Akte Synagogenneubau, Mappe Architektenwettbewerb.
12 Ebd.
13 Ebd.
14 Ebd. Es dürfte sich hier um den Bericht zu den in Guttmann, Vom Tempel zur Synagoge, S. 125, publizierten Zeichnungen handeln, den die Herausgeber mangels weiterer Unterlagen keinem Wettbewerb zuordnen konnten.
15 May 1960, S. 147f.
16 Die Welt Nr. 205 (Hamburg-Ausgabe) vom 2. 9. 1960.
17 Korn 1988, S. 307.
18 Sternheim-Goral 1985, S. 49.

Literatur

Guttmann, Hermann Zwi: Vom Tempel zum Gemeindezentrum: Synagogen im Nachkriegsdeutschland. Hg. von Sophie Remmlinger / Klaus Hofmann. Frankfurt/M. 1989

Rohde, Saskia: Steine des Anstosses. Auseinandersetzung um theologische, gesellschaftliche und politische Positionen im Kirchenbau am Stadtrand. Phil. Diss. Hamburg 1989

Anhang

Bibliographie

Saskia Rohde

ACKERMANN [1984], Michael: Heinz Liepmanns Roman »Das Vaterland« (1933) in Klasse 7 oder 8. In: Diskussion Deutsch 80 (1984)

ADAM [1972], Uwe Dietrich: Judenpolitik im Dritten Reich. Düsseldorf 1972

ADLER-RUDEL [1959], Salomon: Ostjuden in Deutschland 1880-1940. Tübingen 1959

AHRENS [1982], Gerhard: Von der Franzosenzeit bis zur Verabschiedung der neuen Verfassung 1806-1860. In: JOCHMANN/LOOSE [1982/1986], Bd. 1, S. 415-490

ALEXANDER [1955], Samuel Oscar: California Merchant. In: American Jewish Archives 7 (1955), S. 85-89

AMZALAK [1928], Moses Bensabat: [A Familia Sasportas.] In: Revista de Estudos Hebraicos 1 (1928), S. 57-95

ANDERS [1979], Günter: »Wenn ich verzweifelt bin, was geht's mich an?«. Günter Anders im Gespräch mit Matthias Greffrath. In: Zerstörung einer Zukunft. Gespräche mit emigrierten Sozialwissenschaftlern. Hamburg 1979, S. 19 – 21

ANDERS [1984], Günter: Mein Judentum. In: Das Günter Anders-Lesebuch. 2. Aufl. Zürich 1984, S. 234-251

ANDERSEN [1988], Ulf (Hg.): 250 Jahre Christianeum Festschrift 1738-1988. Hamburg-Altona 1988

ARNSBERG [1991], Gad: Gabriel Riesser als deutsch-jüdischer Intellektueller und liberaler Ideologe. In: Menora 2, Jahrbuch für deutsch-jüdische Geschichte 1991, S. 81-104

ASCHER [1937], Felix: Der neue Tempel. In: ITALIENER [1937], S. 40-45

ASENDORF [1984], Manfred: Der Hamburger Pädagoge und Politiker Anton Rée. Ein Beitrag zum Verhältnis von Emanzipation und Bildung. In: Jahrbuch des Instituts für Deutsche Geschichte (Tel Aviv), Beiheft 6, (1984), S. 257-279

AUCH ETWAS zur Ausrottung der Vorurteile gegen die Juden. In: Hamburg und Altona, Bd. 3, Heft 7 (1802), S. 14-15

AUFGEWECKT [1988]. Frauenalltag in vier Jahrhunderten. Hg. von der Frauengeschichtsgruppe des Stadtteilarchivs Ottensen. Hamburg 1988

AYASS [1988], Wolfgang: »Ein Gebot der nationalen Arbeitsdisziplin«. Die Aktion »Arbeitsscheue Reich« 1938. In: Beiträge zur nationalsozialistischen Gesundheits- und Sozialpolitik. Bd. 6: Feinderklärung und Prävention. Berlin 1988

AZEVEDO [1914/1915], J.L.: Os Judeus portugueses na dispersao. In: Revista Hispanica 1914/1915, S. 106-127

AZEVEDO [1910], Pedro A. d': O Bocarro Francés e os Judeus de Cochem e Hamburgo. In: Arquivo Histórico Portugués 8 (1910), S. 15-20, 185-198

BAASCH [1892], Ernst: Gesetzgebung und Einrichtungen im Interesse des Auswandererwesens in Hamburg. In: PHILIPPOVICH [1892]

BAB [1941], Julius: Das Ende des Kulturbundes. In: Aufbau vom 7.11.1941

BAECK [1937], Leo: Ansprache bei der Amtseinführung von Rabbiner Bruno Italiener (8.1.1928). In: ITALIENER [1937], S. 61-62

BAMBERGER [1938], Simon: Geschichte der Juden in Wandsbek. In: Israelitisches Familienblatt Nr. 41 v. 13.1.1938

BARKAI [1977], Avraham: Das Wirtschaftssystem des Nationalsozialismus. Der historische und ideologische Hintergrund 1933-1936. Köln 1977

BARKAI [1988 (1)], Avraham: »Schicksalsjahr 1938«. Kontinuität und Verschärfung der wirtschaftlichen Ausplünderung der Juden. In: PEHLE [1988], S. 94-117

BARKAI [1988 (2)], Avraham: Vom Boykott zur »Entjudung«. Der wirtschaftliche Existenzkampf der Juden im Dritten Reich 1933-1943. Frankfurt/Main 1988

BARKAI [1988 (3)], Avraham: Das Wirtschaftssystem des Nationalsozialismus. Ideologie, Theorie, Politik 1933 – 1945. Frankfurt/Main 1988

BARKAI [1989], Avraham: Die deutschen Unternehmer und die Judenpolitik im »Dritten Reich«. In: Geschichte und Gesellschaft 15 (1989), S. 227-247

BARKAI [1991], Avraham: Max Warburg im Jahre 1933. Mißglückte Versuche zur Milderung der Judenverfolgung. In: FREIMARK/JANKOWSKI/LORENZ [1991], S. 390- 405

BAUCHE [1989], Ulrich: Max Mendel 1872-1942. In: FREIMARK/HERZIG [1989], S. 299-311.

BAUCHE [1991], Ulrich: Frühe Bilder des Malers David Goldschmidt. In: WAMSER/WEINKE [1991], S. 153-157

BAUMBACH [1989], Sybille: Die Israelitische Freischule von 1815. In: FREIMARK/HERZIG

[1989], S. 214-233
BEHRENS, H./DEUTSCH [1991], W.: Die Tagebücher von Clara und William Stern. In: LÜCK, Helmut E./MILLER, R. (Hg.): Theorien und Methoden psychologiegeschichtlicher Forschung. Göttingen 1991, S. 66-76
BENDEMANN [1964], Ernst von: Meine Mutter Margarete Susman. In: SCHLÖSSER [1964 (1)], S. 19-29
BENZ [1988], Wolfgang (Hg.): Die Juden in Deutschland 1933-1945. Leben unter nationalsozialistischer Herrschaft. München 1988
BENZ [1989], Wolfgang (Hg.): Die Juden in Deutschland 1933-1945. Leben unter nationalsozialistischer Herrschaft. 2. Aufl. München 1989
BENZ [1991], Wolfgang: Die Verfolgung und Vernichtung der Juden im Bewußtsein der Deutschen. In: FREIMARK/ JANKOWSKI/LORENZ [1991], S. 435-449
BERDING [1988], Helmut: Moderner Antisemitismus in Deutschland. Frankfurt/Main 1988
BIALE [1986], David: Childhood, Marriage and the Family in Eastern European Jewish Enlightenment. In: COHEN, Steven M./HYMAN, Paula (Hg.): The Jewish Family: Myths and Reality. New York 1986, S. 45-61
BIELLA [1981], Friedrich: Die Entstehung des Bundesrückerstattungsgesetzes. In: BIELLA, Friedrich u.a.: Das Bundesrückerstattungsgesetz. München 1981, S. 73-122
BILIK [1989], Dorothy: Jewish Women and Yiddish Literature: Gluckel of Hameln. In: Studies on Voltaire and the Eighteenth Century. Bristol 1989, S. 1217-1220
BING [1958], Gertrud: Aby M. Warburg. In: WUTTKE [1980], S. 455-464
BIRNBAUM [1972], Salomo A.: Institutum Ascenezicum. In: Leo Baeck Year Book 17 (1972), S. 243-249
BITTNER, C./DEUTSCH, W. [1990]: William Stern und die Experimentelle Psychologie. In: Psychologie und Geschichte 2 (1990), S. 59-63
BODENHEIMER [1965], Henriette Hannah (Hg.): Im Anfang der zionistischen Bewegung. Eine Dokumentation auf der Grundlage des Briefwechsels zwischen Theodor Herzl und Max Bodenheimer von 1896-1905. Frankfurt/Main 1965
BODENSCHATZ [1748], Johann Christoph Georg: Kirchliche Verfassung der heutigen Juden, sonderlich derer in Deutschland. Frankfurt/Main-Leipzig 1748
BONDY [1961], C.: William Stern. Ein Bild des Psychologen und Hamburger Universitätslehrers. In: Neues Hamburg 14 (1961), S. 41-43

BOTTIN [1991], Angela: Enge Zeit. Spuren Vertriebener und Verfolgter der Hamburger Universität (Ausst.kat.). Hamburg 1991
BRANN [1920], Markus: Aus H.Graetzens Lehr- und Wanderjahren. 4. Artikel. In: Monatsschrift für Geschichte und Wissenschaft des Judentums 64 (1920), S. 143-156
BRAUER [1989], Max: Ansprache zur Grundsteinlegung für die neue Synagoge. In: Landesamt für Politische Bildung (Hg.): Freie und Hansestadt Hamburg: 40 Jahre Bundesland 1949-1989. Hamburg 1989, S. 24
BRAUN, Erich/KOPITZSCH, Franklin (Hg.) [1990]: Zwangsläufig oder abwendbar? 200 Jahre Hamburgische Allgemeine Armenanstalt. Symposium der Patriotischen Gesellschaft von 1765. Hamburg 1990
BRIEGLEB [1989], Klaus: »Jeder Reiche ist ein Judas Ischariot«. Vorläufiges über Heinrich Heine und die Juden in Hamburg. In: FREIMARK/HERZIG [1989], S. 99-128
BRILLING, [1931/1932] Bernhard: Der Streit um den Friedhof zu Ottensen. Ein Beitrag zur Frühgeschichte der Deutsch-Israelitischen Gemeinde in Hamburg. In: Jahrbuch für die jüdischen Gemeinden Schleswig-Holsteins und der Hansestädte 3 (1931/32), S. 45-68
BRILLING [1968], Bernhard: Das erste Gedicht auf einen deutschen Rabbiner aus dem Jahre 1752. In: Bulletin des Leo Baeck Instituts 11 (1968), S. 38-47
BRILLING [1971], Bernhard: Die Privilegien der hebräischen Buchdruckereien in Altona (1726-1836). Ein Beitrag zur Geschichte des hebräischen Buchdruckes in Altona. In: Studies in Bibliography and Booklore 9 (1971), S. 153-166
BRILLING [1976], Bernhard: Zur Geschichte der hebräischen Buchdruckereien in Altona. In: Studies in Bibliography and Booklore 11 (1976), S. 41-56
BRILLING [1980], Bernhard: Der Kampf der Buchdrucker Gebrüder Bonn in Altona gegen die rabbinische Zensur (1805). In: Studies in Bibliography and Booklore 13 (1980), S. 26-35
BRINCKMANN [1898], Justus: Die Sammlung jüdischer Kultgeräte im Hamburgischen Museum für Kunst und Gewerbe. In: Mitteilungen der Gesellschaft für jüdische Volkskunde 1, Heft 2 (1898), S. 86-89
BROSZAT [1982], Martin: Nationalsozialistische Konzentrationslager 1933-1945. In: Anatomie des SS-Staates. Gutachten des Instituts für Zeitgeschichte. Bd. 2, 3. Aufl. München 1982, S. 11-133
BRUHNS [1984], Maike: Deutsche und Juden. An-

tisemitismus in Hamburg. In: BRUHNS, Maike u.a.: »Hier war doch alles nicht so schlimm«. Wie die Nazis in Hamburg den Alltag eroberten. Hamburg 1984, S. 114-135

BRUHNS [1989], Maike: Jüdische Künstler der Hamburgischen Sezession. »Ich kann mich in so einer Welt nie mehr zurecht finden«. Begleitheft zur Ausst. im Altonaer Museum in Hamburg v. 18.10.1989-14.1.1990. Hamburg 1989

BÜTTNER [1986 (1)], Ursula (Hg.): Das Unrechtsregime. Internationale Forschung über den Nationalsozialismus. Festschrift Werner Jochmann zum 65. Geburtstag. Hamburg 1986

BÜTTNER [1986 (2)], Ursula: Not nach der Befreiung. Die Situation der deutschen Juden in der britischen Besatzungszone 1945-1948. In: BÜTTNER [1986 (1)], Bd. 2: Verfolgung - Exil - Belasteter Neubeginn, S. 373-406

BÜTTNER [1988], Ursula: Die Not der Juden teilen. Christlich-jüdische »Mischfamilien« im Dritten Reich. Zeugnis und Beispiel des Schriftstellers Robert Brendel. Hamburg 1988

BÜTTNER [1991], Ursula: Hamburg im Luftkrieg. Die politischen und wirtschaftlichen Folgen des »Unternehmens Gomorrha«. In: HILLER, Marlene P./JÄCKEL, Eberhard/ROHWER, Jürgen (Hg.): Städte im Zweiten Weltkrieg. Ein internationaler Vergleich. Essen 1991, S. 272-298

BURGDÖRFER [1931], Friedrich: Die Wanderungen über die deutschen Reichsgrenzen. In: WILLCOX, Walter Francis (Hg.): International Migrations. Bd. 2: Interpretations. New York 1931, S. 326

BUSCHENDORF [1985], Bernhard: »War ein sehr tüchtiges gegenseitiges Fördern«. Edgar Wind und Aby Warburg. In: Idea 4 (1985), S. 165-209

CARLEBACH [1930], Joseph: Die Geschichte der Juden in Altona (MS 1930). In: CARLEBACH, Joseph: Ausgewählte Schriften. Hg. von Miriam GILLIS-CARLEBACH. Bd. 2. Hildesheim-New York 1982, S. 1299-1333

CARLEBACH [1979], Julius: Deutsche Juden und der Säkularisierungsprozeß in der Erziehung. Kritische Bemerkungen zu einem Problemkreis der jüdischen Emanzipation. In: LIEBESCHÜTZ,Hans/PAUCKER, Arnold (Hg.): Das Judentum in der deutschen Umwelt 1800-1850. Tübingen 1979, S. 55-93

CASSIRER [1920], Ernst: Hermann Cohen. In: Korrespondenzblatt des Vereins zur Gründung und Erhaltung einer Akademie für die Wissenschaft des Judentums 1 (1920), S. 1-10

CASSIRER [1923], Ernst: Der Begriff der symbolischen Form im Aufbau der Geisteswissenschaften. In: Vorträge der Bibliothek Warburg 1921-1922. Leipzig-Berlin 1923, S. 11-39

CASSIRER [1924], Ernst: Eidos und Eidolon. Das Problem des Schönen und der Kunst in Platons Dialogen. In: Vorträge der Bibliothek Warburg 1922-1923. Teil I. Leipzig-Berlin 1924, S. 1-27

CASSIRER [1943], Ernst: Hermann Cohen 1842-1918. In: Social Research 10 (1943), S. 219-232

CASSIRER [1944], Ernst: Judaism andModern Political Myths. In: Contemporary Jewish Record 7 (1944), S. 115-126

CASSIRER [1979 (1)], Ernst: Critical Idealism as a Philosophy of Culture. In: VERENE, Donald (Hg.): Symbol, Myth and Culture. Essays and Lectures of Ernst Cassirer 1933-1945. New Haven-London 1979, S. 64-91

CASSIRER [1979 (2)], Ernst: Worte zur Beisetzung von Professor Dr. Aby Warburg. In: FÜSSEL, S.(Hg.): Mnemosyne. Beiträge von Klaus Berger [u.a.] zum 50. Todestag von Aby M. Warburg. Göttingen 1979, S. 15-22

CASSIRER [1981], Toni: Mein Leben mit Ernst Cassirer. Hildesheim 1981

CASSUTO [1927], Alfonso: Gedenkschrift anläßlich des 275jährigen Bestehens der portugiesisch-jüdischen Gemeinde in Hamburg. Amsterdam 1927

CASSUTO [1930], Alfonso: Die portugiesischen Juden in Glückstadt. In: Jahrbuch der jüdisch-literarischen Gesellschaft 21 (1930), S. 287-317

CASSUTO [1931], Alfonso: Neue Funde zur ältesten Geschichte der portugiesischen Juden in Hamburg. In: Zeitschrift für die Geschichte der Juden in Deutschland 3/4 (1931/32), S. 58-72

CASSUTO [1933 (1)], Alfonso: Livro dos »Pregoems« dos Judeus portugueses de Hamburgo. In: Revista Lusitana 31 (1933), S. 80-98

CASSUTO [1933 (2)], Alfonso: Contribuçao para a história dos judeus portugueses em Hamburgo. In: Biblos (Coimbra) 9 (1933), S. 657-670

CASSUTO [1908-1920], I[saac]: Aus dem ältesten Protokollbuch der portugiesisch-jüdischen Gemeinde in Hamburg. In: Jahrbuch der jüdisch-literarischen Gesellschaft in Hamburg 6 (1908), S. 1-54; 7 (1909), S. 159-201; 8 (1910), S. 227-290; 9 (1911), S.318-366; 10 (1912), S. 225-295; 11 (1916), S. 1-76; 13 (1920), S. 55-118

CECIL [1976], Lamar: Wilhelm II. und die Juden. In: MOSSE/PAUCKER [1976], S. 313-347

COHEN [1929/1930], Martin: Moses Mendelssohn und seine Beziehungen zu Hamburg-Altona. In: Jahrbuch für die jüdischen Gemeinden Schleswig-Holsteins und der Hansestädte 1 (1929/1930), S. 125-131

DAHM [1988], Volker: Kulturelles und geistiges Leben. In: BENZ [1988], S. 75-267

DAXELMÜLLER [1983], Christoph: Jüdische Volkskunde in Deutschland vor 1933. In: BRÜCKNER, Wolfgang/BEITL, Klaus (Hg.): Volkskunde als akademische Disziplin. Studien zur Institutionenbildung. Referate eines wissenschaftsgeschichtlichen Symposiums vom 8.-10.10.1982 in Würzburg. Wien 1983, S. 117-142

DAXELMÜLLER [1985], Christoph: Richard Andree und die »Gesellschaft für jüdische Volkskunde« in Hamburg. In: Volkskunde in Niedersachsen. Berichte - Mitteilungen - Termine 2, Heft 2 (1985), S. 9-11

DAXELMÜLLER [1986 (1)], Christoph: Jewish Popular Culture in the Research Perspective of European Ethnology. In: Ethnologia Europaea (1986), S.97-116

DAXELMÜLLER [1986 (2)], Christoph: Max Grunwald and the Origin and Conditions of Jewish Folklore at Hamburg. In: Proceedings of the Ninth World Congress of Jewish Studies, Division D, Bd. 2: Art, Folklore, Theatre, Music. Jerusalem 1986, S. 73-80

DAXELMÜLLER [1987 (1)], Christoph: Die deutschsprachige Volkskunde und die Juden. Zur Geschichte und den Folgen einer kulturellen Anklammerung. In: Zeitschrift für Volkskunde 83 (1987), S. 1-20

DAXELMÜLLER [1987 (2)], Christoph: Nationalsozialistisches Kulturverständnis und das Ende der jüdischen Volkskunde. In: GERNDT, Helge (Hg.): Volkskunde und Nationalsozialismus. Referate und Diskussionen einer Tagung der Deutschen Gesellschaft für Volkskunde München, 23.-25.10.1986, S. 149-167

DAXELMÜLLER [1987 (3)], Christoph: Wiener Jüdische Volkskunde. In: Österreichische Zeitschrift für Volkskunde 90 (N.S. XLI) (1987), S. 209-230

DAXELMÜLLER [1988 (1)], Christoph: Folklore vor dem Staatsanwalt. Anmerkungen zu antijüdischen Stereotypen und ihren Opfern. In: GERNDT, Helge (Hg.): Stereotypvorstellungen im Alltagsleben. Beiträge zum Themenkreis Fremdbilder - Selbstbilder - Identität. Festschrift für Georg R. Schroubek zum 65. Geburtstag. München 1988, S. 20-32

DAXELMÜLLER [1988 (2)], Christoph: Max Grunwald. In: Enzyklopädie des Märchens. Bd. 6, Lfg. 1. Berlin-New York 1988, S. 271-273

DAXELMÜLLER [1988 (3)], Christoph: Vergessene Geschichte. Die »Gesellschaft für jüdische Volkskunde« in Hamburg. In: LEHMANN, Albrecht/KUNTZ, Andreas (Hg.): Sichtweisen der Volkskunde. Zur Geschichte und Forschungspraxis einer Disziplin. Gerhard Lutz zum 60. Geburtstag. Berlin-Hamburg 1988, S. 11-31

DAXELMÜLLER [1989 (1)], Christoph: Jüdische Museen - Jüdisches in Museen. In: Anzeiger des Germanischen Nationalmuseums und Berichte aus dem Forschungsinstitut für Realienkunde 1989, S. 15-26

DAXELMÜLLER [1989 (2)], Christoph: Volkskultur und nationales Bewußtsein. Jüdische Volkskunde und ihr Einfluß auf die Gesellschaft der Jahrhundertwende. In: Jahrbuch für Volkskunde N.F. 12 (1989), S. 133-146

DAXELMÜLLER [1991], Christoph: Erzähler auf der Kanzel. Das Exemplum in jüdischen Predigten des 19. und 20. Jahrhunderts. In: Fabula. Zeitschrift für Erzählforschung 32 (1991), S. 33-66

DENECKE [1949], Theodor: Die Hamburger Choleraepidemie 1892. In: Zeitschrift des Vereins für Hamburgische Geschichte 40 (1949), S. 124 - 158

DINER [1989], Dan: Austreibung ohne Einwanderung. Zum historischen Ort des »9. November«. In: Babylon. Beiträge zur jüdischen Gegenwart (1989), S. 22-28

DIPPER [1985], Christoph:Der Widerstand und die Juden. In: SCHMÄDEKE, Jürgen/STEINBACH, Peter (Hg.): Der Widerstand gegen den Nationalsozialismus. Die deutsche Gesellschaft und der Widerstand gegen Hitler. München-Zürich 1985, S. 598-616

DOHNANYI [1984], Klaus von: Ansprache. In: JÜDISCHE GEMEINDE IN HAMBURG [1984], S. 5 – 7

DOHNANYI [1985], Klaus von: Ansprache. In: JÜDISCHE GEMEINDE IN HAMBURG [1985], S. 7 – 10

DOMKE [1990], Eliezer: Hamburg's Jewry 1928-1933. A Community at a Time of Crisis. Diss. (MS) Jerusalem 1990 (hebr.; 27 S. summary)

DUBNOW [1971], Simon: Weltgeschichte des jüdischen Volkes. Kurzgefaßte Ausg. 3 Bde. 2. Aufl. Jerusalem 1971

DUCKESZ [1903], Eduard: Iwoh Lemoschaw. Krakau 1903 (hebr. mit kürzeren dt. Eintragungen)

DUCKESZ [1907], Eduard: Zur Biographie des Chacham Isaak Bernays. In: Jahrbuch der Jüdisch-literarischen Gesellschaft 5 (1907), S. 297

DUCKESZ [1937/1938], Eduard: Der Grindelfriedhof. In: Jahrbuch für die jüdischen Gemeinden Schleswig-Holsteins und der Hansestädte 9 (1937/1938), S. 61-75

DUKES [1841], Leopold: Übersicht aller wohlthätigen Anstalten und Vereine sowie auch aller milden Stiftungen der deutsch- und portugiesisch-israelitischen Gemeinde in Hamburg. Hamburg 1841

EBBINGHAUS, Angelika/KAMPEN-HAAS, Heidrun/ROTH,Karl-Heinz (Hg.) [1984]: Heilen und Vernichten im Mustergau Hamburg. Bevölkerungs- und Gesundheitspolitik im Dritten Reich. Hamburg 1984

ECKART [1989], G.: William Stern. Aspekte eines wissenschaftlichen Lebenswerkes. Zum 50. Todestag am 27. März 1988. In: Psychologie für die Praxis 7 (1989), S. 3-27

EHRE [1980], Ida in: Mutter Courage und ihr Theater. 35 Jahre Kammerspiele. Hg. v. d. Vereins- und Westbank. Hamburg 1980

EICHENGREEN, Lucille/CHAMBERLAIN, Harriet [1991]: Rückkehr nach Hamburg 1944. In: WAMSER/WEINKE [1991], S. 235-242

EISLER [1969], Colin: Kunstgeschichte American Style. A Study in Migration. In: FLEMING, Donald/BAILYN, Bernard (Hg.): The Intellectual Migration. Europe and America. Cambridge/Mass. 1969, S. 544-629

ELLERMEYER [1989], Jürgen: Schranken der Freien Reichsstadt gegen Grundeigentum und Wohnungswahl der Hamburger Juden bis ins Zeitalter der Aufklärung. In: FREIMARK/HERZIG [1989], S. 175-213

ELLERMEYER [1990], Jürgen: Die Armenanstalt und die Wohnungsnot Ende des 18. Jahrhunderts: Mit Schwung in die Krise (1788-1795). In: BRAUN/KOPITZSCH [1990], S.46-96

ENCYCLOPAEDIA JUDAICA, 7 Bde. Berlin 1928 – 1930

ENCYCLOPAEDIA JUDAICA, 16 Bde. Jerusalem 1971 - 1972

ENGEL [1991], Eva J.: Das Geburtsjahr Moses Mendelssohns. In: Aschkenas 1 (1991), S. 151-157

ESCHWEGE [1980], Helmut: Die Synagoge in der deutschen Geschichte. Eine Dokumentation. Dresden-Wiesbaden 1980

FABIAN [1970], Hans Erich: Zur Entstehung der Reichsvereinigung der Juden in Deutschland. In: STRAUSS, Herbert A./GROSSMANN, Kurt R.(Hg.): Gegenwart im Rückblick. Festgabe der jüdischen Gemeinde zu Berlin. Heidelberg 1970, S. 165-179

FEHRS, Jörg: Das jüdische Privatschulwesen in Berlin 1778 bis 1850. In: Mitteilungen und Materialien, Arbeitsgruppe Pädagogisches Museum e.V., Heft 13 (1990), S. 93-111

FEILCHENFELD [1898], Alfred: Aus der älteren Geschichte der portugiesisch-israelitischen Gemeinde in Hamburg. Hamburg 1898

FEILCHENFELD [1923/1987], Alfred: Denkwürdigkeiten der Glückel von Hameln. Aus dem Jüdisch-Deutschen [im Auszug] übersetzt [und] mit Erläuterungen versehen. 4.Aufl. Berlin 1923, Nachdr. Darmstadt 1979, Königstein 1980, Frankfurt 1987

FERRARI [1986], Massimo: Ernst Cassirer e la »Bibliothek Warburg«. In: Giornale Critico della Filosofia Italiana 65 (1986), S. 91-130

FRANK [1981], Johann: Kirchlicher Körperschaftsstatus und neuere staatliche Rechtsentwicklung. In: Zeitschrift für evangelisches Kirchenrecht 26 (1981), S. 51-76

FREIMARK [1979], Peter: Juden auf dem Johanneum. In: 450 Jahre Gelehrtenschule des Johanneums zu Hamburg. Hamburg 1979, S. 123-129

FREIMARK [1980], Peter: Sprachverhalten und Assimilation. Die Situation der Juden in Norddeutschland in der 1. Hälfte des 19. Jahrhunderts. In: Saeculum 31 (1980), S. 240-262

FREIMARK [1981], Peter: Jüdische Friedhöfe im Hamburger Raum. In: Zeitschrift des Vereins für Hamb. Geschichte 67 (1981), S. 118-120

FREIMARK [1983 (1)], Peter (Hg.): Juden in Preußen - Juden in Hamburg. Hamburg 1983

FREIMARK [1983 (2)], Peter: Juden in Hamburg. In: FREIMARK [1983 (1)], S. 59-80

FREIMARK [1989 (1)], Peter: Die Dreigemeinde Hamburg-Altona-Wandsbek im 18. Jahrhundert als jüdisches Zentrum in Deutschland. In: HERZIG [1989 (1)], S. 191-208

FREIMARK [1989 (2)], Peter: Die Entwicklung des Rabbinats nach dem Tode von Jonathan Eibenschütz (1764) bis zur Auflösung der Dreigemeinde AHU (1812). In: FREIMARK/HERZIG [1989], S. 9-21

FREIMARK [1991 (1)], Peter: Porträts von Rabbinern der Dreigemeinde Altona-Hamburg-Wandsbek aus dem 18. Jahrhundert. In: FREIMARK/JANKOWSKI/LORENZ [1991], S. 36-57

FREIMARK [1991 (2)], Peter: Vom Hamburger Umgang mit der Geschichte einer Minderheit. Vorgeschichte und Gründung des Instituts für die Geschichte der deutschen Juden. In: FREIMARK/JANKOWSKI/LORENZ [1991], S. 466-477

FREIMARK [1991 (3)], Peter: Promotion Hedwig Klein - Zugleich ein Beitrag zum Seminar für Geschichte und Kultur des Vorderen Orients. In: KRAUSE, Eckart/HUBER, Ludwig/FISCHER, Holger (Hg.): Hochschulalltag im »Dritten Reich«. Die Hamburger Universität 1933 – 1945. Berlin-Hamburg 1991, Bd. 2, S. 851 – 864

FREIMARK, Peter/HERZIG, Arno (Hg.)[1989]: Die Hamburger Juden in der Emanzipationsphase 1780-1870. Hamburg 1989

FREIMARK, Peter/JANKOWSKI, Alice/LORENZ, Ina (Hg.)[1991]: Juden in Deutschland: Emanzipation, Integration, Verfolgung und Vernichtung. 25 Jahre Institut für die Geschichte der deutschen Juden (Hamburg). Hamburg 1991

FREUD [1960], Sigmund: Briefe 1873-1939. Ausgewählt und hg. von Ernst L. Freud. Frankfurt/Main 1960

FRIEDLANDER [1966], Albert (Hg.): The Wohlwill-Moser Correspondence, letter 20. In: Leo Baeck Year Book 11 (1966), S. 296

FRIEDRICH [1988], Martin: Zwischen Abwehr und Bekehrung. Die Stellung der deutschen evangelischen Theologie zum Judentum im 17. Jahrhundert. Tübingen 1988

FRIESENHAHN [1974], Ernst: Die Kirchen und Religionsgemeinschaften als Körperschaften des öffentlichen Rechts. In: Handbuch des Staatskirchenrechts. Bd. 1, 1974 S.545-585

GAWRONSKI [1949], Dimitry: Ernst Cassirer: His Life and his Work. A Biography. In: SCHILPP, Paul A. (Hg.): The Philosophy of Ernst Cassirer. Evanston 1949, S. 1-37

GEDENKBUCH [1965] für die jüdischen Opfer des Nationalsozialismus in Hamburg. Hamburg 1965

GEIGER [1906/1907], Ludwig: Diesterweg und Frau Johanna Goldschmidt. Zur Frauenbewegung vor einem halben Jahrhundert. In: Die Frau 14 (1906/1907), S. 199-211

GEISELER [1979], Thomas: Juan d'Acosta, ein Hofnarr Peters des Großen. In: Hamburger Geschichts- und Heimatblätter 10, Heft 8 (1979), S. 187-189

GERSTNER [1908], F.: Ueber die neue Synagoge in Hamburg. In: Deutsche Bauhütte 12 (1908), S. 418-420

GILLIS-CARLEBACH [1990 (1)], Miriam: Jüdischer Alltag als humaner Widerstand. Dokumente des Hamburger Oberrabbiners Dr. Joseph Carlebach aus den Jahren 1939-1941. Hamburg 1990

GILLIS-CARLEBACH [1990 (2)], Miriam: Der Kleinkinder-Lehrer in der jüdischen Tradition. Eine vergleichende Analyse zweier Epochen: In: Pädagogische Rundschau 44 (1990), S. 451-463

GILLIS-CARLEBACH [1991], Miriam: Aus der Vorgeschichte der Hochdeutschen-Israelitischen Gemeindeschule zu Altona (ca. 1583-1843). In: FREIMARK/JANKOWSKI/LORENZ [1991], S. 15-35

GINZEL [1984], Günther Bernd: Phasen der Etablierung einer Jüdischen Gemeinde in der Kölner Trümmerlandschaft 1945-1949. In: Köln und das rheinische Judentum. Germania Judaica 1959-1984. Köln 1984, S. 445-461

GIORDANO [1970], Egon: Ende und Anfang. Hamburgs jüdisches Leben nach 1945. In: Allg. jüdische Wochenzeitung v. 9.1.1970, S. 24-27

GLANZ [1983], Rudolf: Vanguard to the Russians:The Poseners in America. In: YIVO Annual 18 (1983), S. 1-38

GLÜCKEL VON HAMELN [1923/1987], Denkwürdigkeiten der Glückel v. Hameln. aus dem Jüd.-Dt. übers., mit Erl. vers. und hg. v. Alfred FEILCHENFELD. Frankfurt/Main 1987 (Nachdr. der 4.Aufl. Berlin 1923)

GOLDBERG [1988], Susanne: »Die hatten alle das eine Ziel, tatsächlich Palästina aufzubauen«. In: AUFGEWECKT [1988], S. 145-154

GOLDBERG, Susanne/HINNENBERG, Ulla/HIRSCH, Erika [1988]: Erinnerung an Recha Ellern. Eine jüdische Gemeindeschwester in der Nazizeit. In: Geschichtswerkstatt 15 (Mai 1988), S. 40-47

GOLDSCHMIDT, Alfred/LÖWENSTEIN, Arthur/ROSENFELD, Paul [1933]: Zum 50jährigen Bestehen des Ordens Bne Briss in Deutschland U.O.B.B. Frankfurt/Main 1933

GOLDSCHMIDT [1964], Hermann Levin: Leben und Werk Margarete Susmans. In: SCHLÖSSER [1964 (1)], S. 31-49

GOLDSCHMIDT [1966], Hermann Levin: Margarete Susman zum Gedächtnis. In: Parabeln. Jahrbuch der Freien Akademie der Künste in Hamburg. 1966, S. 24-28

GOMBRICH [1981/1984], Ernst: Aby Warburg. Eine intellektuelle Biographie. Frankfurt/Main 1984

GONSIOROWSKI [1927], Herbert: Die Berufe der Juden Hamburgs von der Einwanderung bis zur Emanzipation. Diss. iur. Hamburg 1927

GORAL-STERNHEIM [1989 (1)], Arie: Jeckepotz. Eine jüdisch-deutsche Jugend 1914-1933. Hamburg 1989

GORAL-STERNHEIM [1989 (2)], Arie: Grindel - einst und jetzt. In: UEKERT-HILBERT [1989], S. 101-106

GRADENWITZ [1991], Peter: Steinheim als musischer Gesellschafter. In: SCHOEPS, Julius (Hg.): »Philo des 19. Jahrhunderts«. Studien zu Salomon Ludwig Steinheim. Hildesheim-New York 1991 [im Druck]

GRAUPE [1969], Heinz Mosche: Die Entstehung des modernen Judentums. Geistesgeschichte der deutschen Juden 1650-1942. Hamburg 1963

GRAUPE [1973], Heinz Mosche: Die Statuten der drei Gemeinden Altona, Hamburg und Wandsbek. Quellen zur jüdischen Gemeindeorganisation im 17. und 18. Jahrhundert. 2 Bde. Hamburg 1973

GRAUPE [1977], Heinz Mosche: Die Entstehung des modernen Judentums. Geistesgeschichte der deutschen Juden 1650-1942. 2. rev. u. erw. Aufl. Hamburg 1977

GRENVILLE [1986], John A.S.: Die »Endlösung« und die »Judenmischlinge« im Dritten Reich. In: BÜTTNER [1986 (1)], Bd. 2, S. 91-121

GROLLE [1991], Joist: »Deutsches Geschlechterbuch« - Ahnenkult und Rassenwahn. In: FREIMARK/JANKOWSKI/LORENZ [1991 (3)], S. 207-228

GRUNWALD [1901], Max: Einiges aus den Memoiren der Glückel von Hameln. In: Mitteilungen der Gesellschaft für jüdische Volkskunde 4 [1901 (1)], S. 1ff.

GRUNWALD [1902 (1)], Max: Portugiesengräber auf deutscher Erde. Hamburg 1902

GRUNWALD [1902 (2)], Max: Juden als Rheder Seefahrer. Berlin 1902

GRUNWALD [1904], Max: Hamburgs deutsche Juden bis zur Auflösung der Dreigemeinden 1811. Hamburg 1904

GRUNWALD [1905], Max: Wie wurde auf dem Altonaer jüdischen Gerichtshof Recht gesprochen? In: Mitteilungen des Vereins für Hamburgische Geschichte 8 (1905), S. 116-128

GRUNWALD [1952], Max: Kapitlekkh fun an Oytobiografiye. In: YIVO Bleter 36 (1952), S. 241-251 [jiddisch]

GUGGENHEIM-GRÜNBERG [1964], Florence: Eduard Hoffmann-Krayer und die jüdische Volkskunde. In: Schweizerisches Archiv für Volkskunde 60 (1964), S. 133-140

HAARBLEICHER [1867], Moses Michael: Zwei Epochen aus der Geschichte der Deutsch-Israelitischen Gemeinde in Hamburg. Hamburg 1867

HAARBLEICHER [1886], Moses Michael: Aus der Geschichte der Deutsch-Israelitischen Gemeinde in Hamburg. 2.Ausg., hg. und mit einem Vorwort versehen v. H.Berger.Hamburg 1886

HAMBURG UND SEINE BAUTEN unter Berücksichtigung der Nachbarstädte Altona und Wandsbek. Hg. v. Architekten- und Ingenieur-Verein Hamburg. Bd. 1: Hamburg 1890; Bd. 2: Hamburg 1914 (2 Teile)

HAMMER-SCHENK [1981], Harold: Synagogen in Deutschland. Geschichte einer Baugattung im 19. und 20.Jahrhundert. 2 Bde. Hamburg 1981

HANS [1990], Jan: »Lieber Gott mach mich stumm, daß ich nicht nach Wittmoor kumm!« Heinz Liepmanns Dokumentarroman aus Nazi-Hamburg. In: STEPHAN, Inge/WINTER,Hans Gerd (Hg.): »Liebe, die im Abgrund Anker wirft.« Autoren und literarisches Feld im Hamburg des 20. Jahrhunderts. Berlin 1990, S. 161-174

HANSEN [1926/27], Marcus Lee: History of Immigration. In: American Historical Review 32 (1926/27), S. 500-518

HAYOUN [1991], Maurice R.: Rabbi Ja'akov Emdens Autobiographie oder der Kämpfer wider die sabbatianische Häresie. In: GRÖZINGER, Karl E. (Hg.): Judentum im deutschen Sprachraum. Frankfurt/Main 1991, S. 222-236

HECKSCHER [1968/1985], William S.: Erwin Panofsky: A Curriculum Vitae. Hannover, 30 March 1892 - Princeton, 14 March 1968. In: VERHEYEN, Egon (Hg.): William S. Heckscher. Art and Literature. Studies in Relationship. Durham N.C.-Baden-Baden 1985, S. 338-362

HECKSCHER [1979], William S.: Die Genesis der Ikonologie (1967). In: KAEMMERLING, Ekkehard (Hg.): Bildende Kunst als Zeichensystem I: Ikonographie und Ikonologie. Theorien, Entwicklung, Probleme. Köln 1979, S. 112-164

HEINE [1972], Heinrich: Sämtliche Schriften. Hg. von Hans KAUFMANN. 10 Bde. Berlin-Weimar 1972

HEITMANN [1988], Andreas: Die portugiesisch-jüdische Gemeinde zu Hamburg. Wissenschaftliche Examensarbeit (MS) [1989]. Hamburg 1988

HERBST, Ludolf/GOSCHLER, Constantin (Hg.): Wiedergutmachung in der Bundesrepublik Deutschland. München 1989

HERZIG [1983 (1)], Arno: Juden in Preußen im 19. Jahrhundert. In: FREIMARK [1983 (1)], S. 32-59

HERZIG [1983 (2)], Arno: Organisationsformen und Bewußtseinsprozesse Hamburger Handwerker und Arbeiter in der Zeit 1790-1848. In: HERZIG/LANGEWIESCHE/SYWOTTEK [1983], S. 95-108

HERZIG [1988], Arno: Das Assimilationsproblem aus jüdischer Sicht (1780-1880). In: HORCH, Hans Otto/DENKLER, Horst (Hg.): Conditio Judaica. Judentum, Antisemitismus und deutschsprachige Literatur vom 18. Jahrhundert bis zum Ersten Weltkrieg. 1. Teil. Tübingen 1988, S. 10-28

HERZIG [1989 (1)], Arno (Hg.): Das alte Hamburg (1500-1848/49). Vergleiche - Beziehungen. Berlin-Hamburg 1989

HERZIG [1989 (2)], Arno: Die Emanzipationspolitik Hamburgs und Preußens im Vergleich. In: FREIMARK/HERZIG [1989], S. 261- 278

HERZIG [1991], Arno: Die erste Emanziptionsphase im Zeitalter Napoleons. In: FREIMARK/ JANKOWSKI/LORENZ [1991], S. 130-147

HERZIG [1992], Arno: Das jüdische Armenwesen im ausgehenden Ancien Régime. In: HEID, Ludger/KNOLL, Joachim H. (Hg.): Deutschjüdische Geschichte im 19. und 20. Jahrhundert. Stuttgart-Bonn 1992 [im Druck]

HERZIG, Arno/LANGEWIESCHE, Dieter/ SYWOTTEK, Arnold (Hg.) [1983]: Arbeiter in Hamburg. Unterschichten, Arbeiter und Arbeiterbewegung seit dem ausgehenden 18. Jahrhundert. Hamburg 1983

HESS [1810], Johann Ludwig von: Hamburg topographisch, politisch und historisch beschrieben. 3 Bde. 2. Aufl. Hamburg 1810.

HILGER, Marie-Elisabeth: Probleme jüdischer Industriearbeiter in Deutschland. In: FREIMARK/ JANKOWSKI/LORENZ [1991], S. 304-326

HINKEL, Hans: Die Judenfrage in unserer Politik. In: Die Bühne (1936), S. 514-515

HINNENBERG, Ulla/HIRSCH, Erika [1988]: »Viel Töchter halten sich tugendsam.« Jüdische Frauen aus Altona in vier Jahrhunderten. In: AUFGEWECKT [1988], S. 111-154

HIRSCH [1991], Erika: Die Henry-Jones-Loge und jüdische Vereine in Hamburg. In: WAMSER/ WEINKE [1991], S. 64-78

HOCHMUTH, Ursel/LORENT, Peter de (Hg.) [1985]: Schule unterm Hakenkreuz. Beiträge der »Hamburger Lehrerzeitung« (Organ der GEW) und der landesgeschichtlichen Kommission der WN (Bund der Antifaschisten). Hamburg 1985

HOCHMUTH, Ursel/MEYER, Gertrud [1980]: Streiflichter aus dem Hamburger Widerstand 1933-1945. Berichte und Dokumente. Frankfurt/Main 1980 (Nachdr. der Ausgabe 1969)

HOFFMANN [1958], Konrad: Der Weg einer Notgemeinschaft. In: LÜTH, Erich (Hg.): Neues Hamburg. Die Überwindung des Vakuums. Bd. 12. Hamburg 1958, S. 37-43

HOMANN [1957], Horst: Die Harburger Schutzjuden 1610 bis 1848. In: Harburger Jahrbuch 7 (1957), S. 43-96

HORCH [1991], Hans Otto: »Haggadisches« Erzählen. Johann Peter Hebels »jüdische« Kalendergeschichten und ihre Deutung durch Walter Benjamin. In: FREIMARK/JANKOWSKI/ LORENZ [1991], S. 252-272

HUDTWALCKER [1851], Martin H. : Des Grafen Galeazzo Gualdo Priorato Beschreibung von Hamburg im Jahre 1663. In: Zeitschrift des Vereins für Hamburgische Geschichte 3 (1851), S. 140-156

ISRAEL [1987], Jonathan I.: Duarte Nunes da Costa (Jacob Curiel) of Hamburg (1585-1664). In: Studia Rosenthaliana 21, Helft 1 (1987), S. 14-34

ITALIENER [1937], Bruno (Hg.): Festschrift zum Bestehen des Israelitischen Tempels in Hamburg. Hamburg 1937

JAACKS [1975], Gisela: Landhausleben. In: Gärten, Landhäuser und Villen des hamburgischen Bürgertums. Ausst.kat. Museum für Hamburgische Geschichte 1975, S. 45-52

JACOBI [1989], Rudolfo: Ein Telefongespräch mit dem KZ Sachsenhausen. In: UECKERT-HILBERT [1989], S. 144-145

JENS [1989], Walter: Die Mutter Courage von der Hartungstraße. In: Die Zeit v. 24.2.1989

JERSCH-WENZEL [1983], Stefi: Die Herausbildung eines »preußischen« Judentums 1671-1815. In: FREIMARK [1983], S. 11-31

JOCHMANN [1976], Werner: Struktur und Funktion des Deutschen Antisemitismus. In: MOSSE/PAUCKER [1976], S. 389-479

JOCHMANN [1984], Werner: Lebensläufe und Dokumentation. Joseph Carlebach - Fanny David - Leo Lippmann - Max Mendel. In: Der Untergang der Hamburger Juden. Gedenkveranstaltung des Senates der Freien und Hansestadt Hamburg, der Jüdischen Gemeinde, dem europäischen B'nai B'rith sowie der Joseph-Carlebach-Loge am 2.Oktober 1983 im Haus der Patriotischen Gesellschaft. Hg. v. d. Staatlichen Pressestelle. Hamburg 1984, S. 16-30

JOCHMANN [1986], Werner: Handelsmetropole des Deutschen Reiches. In: JOCHMANN/ LOOSE [1982/1986], Bd. 2, S. 15-131

JOCHMANN, Werner/LOOSE, Hans Dieter (Hg.) [1982/1986]: Hamburg. Geschichte einer Stadt und ihrer Bewohner. 2 Bde. Bd. 1: LOOSE, Hans Dieter (Hg.): Von den Anfängen bis zur Reichsgründung. Hamburg 1982; Bd. 2: JOCHMANN, Werner (Hg.): Vom Kaiserreich bis zur Gegenwart. Hamburg 1986

JOHE [1986 (1)], Werner: Im Dritten Reich. In: JOCHMANN/ LOOSE [1982/1986], Bd. 2, S. 265-376

JOHE [1986 (2)], Werner: Hamburg im Zweiten Weltkrieg. In: JOCHMANN/LOOSE [1982/ 1986], Bd. 2, S. 352-364

JOHE [1987], Werner: »Frierend, hungrig und todmüde ...« Frauenarbeit im Konzentrationslager Neuengamme. In: BENZ, Wolfgang/ DISTEL, Barbara (Hg.): Frauen - Verfolgung und Widerstand. Dachau 1987, S. 58-76

JÜDISCHE GEMEINDE IN HAMBURG (Hg.) [1969]: Zum Gedenken an den 9.November 1938. Ansprachen der Gedenkfeier 1968.

Hamburg 1969
JÜDISCHE GEMEINDE IN HAMBURG (Hg.) [1974]: 35. Wiederkehr des 9. November 1938. Ansprachen der Gedenkfeier 1973. Hamburg 1974
JÜDISCHE GEMEINDE IN HAMBURG (Hg.) [1979]: 40. Gedenktag des 9. November 1938. Ansprachen der Gedenkfeier 1978. Hamburg 1979.
JÜDISCHE GEMEINDE IN HAMBURG (Hg.) [1984]: Gedenkfeier zum 45. Jahrestag des 9. November 1938 o.O.o.J. [1983]
JÜDISCHE GEMEINDE IN HAMBURG (Hg.) [1985]: 25. Jahrestag der Einweihung der Synagoge in Hamburg 1960-1985. Ansprachen. o.O.o.J. [1985]
JÜDISCHE GEMEINDE IN HAMBURG (Hg.) [1988]: Gedenkfeier zum 50.Jahrestag des 9.November 1938. Ansprachen zur Gedenkfeier 1988. o.O.o.J. [1988]
JÜDISCHES LEXIKON, 5 Bde. Berlin 1927 – 1930
KÄNDLER [1990], Eberhard: Der jüdische Friedhof an der Königsreihe in Hamburg-Wandsbek. Hamburg 1990
KAMPHÖFNER [1984], Walter D.: »Entwurzelt« oder »verpflanzt«? Zur Bedeutung der Kettenwanderung für die Einwandererakkulturation in Amerika. In: BADE, Klaus J.(Hg.): Auswanderer - Wanderarbeiter - Gastarbeiter. Ostfildern 1984, S. 321-349
KAPLAN [1991], Marion A.: Jewish Women in Nazi Germany: Daily Life, Daily Struggles 1933-1939. In: FREIMARK/JANKOWSKI/LORENZ [1991], S. 406-434
KATZ [1986], Jacob: Aus dem Ghetto in die bürgerliche Gesellschaft. Jüdische Emanzipation 1770-1870. Frankfurt/Main 1986
KAUFMANN [1896], David (Hg.): Die Memoiren der Glückel von Hameln (1645-1719). Frankfurt/Main 1896
KAUFMANN [1898], David: Zu den jüdischen Namen. In: Mitteilungen der Gesellschaft für jüdische Volkskunde 1, Heft 1 (1898), S. 116-118
KAUFMANN [1899], David: Urkunden zur jüdischen Cultur- und Sittengeschichte. In: Mitteilungen der Gesellschaft für Jüdische Volkskunde 2, Heft 2, [Heft 4] (1899), S. 94-101
KAUFFMANN [1968], Hans: Nachruf auf Panofsky. in: Kunstchronik 21 (1968), S. 264
KAUPEN-HAAS, Heidrun/OSTHAUS, Carola [1984]: »Rassenschande« beim Landgericht Hamburg. Die Forschung von Hans Robinsohn. In: EBBINGHAUS/KAUPEN-HAAS/ROTH [1984], S. 93-95
KELLENBENZ [1956], Hermann: Dr. Jacob Rosales. In: Zeitschrift für Religions- und Geistesgeschichte 8 (1956), S. 345-354
KELLENBENZ [1958], Hermann: Sephardim an der unteren Elbe. Ihre wirtschaftliche und politische Bedeutung vom Ende des 16. Jahrhunderts bis zum Beginn des 18. Jahrhunderts. Wiesbaden 1958
KELLENBENZ [1989], Hermann: History of the Sephardim in Germany. In: BARNETT, R.D./SCHWAB, W.M.(Hg.): Sephardi Heritage II: Essays on the History and Cultural Contribution of the Jews of Spain and Portugal. Grendon 1989, S. 26-40
KERSHAW [1979], Ian: Antisemitismus und Volksmeinung. Reaktionen auf die Judenverfolgung. In: BROSZAT, Martin/FRÖHLICH, Elke (Hg.): Bayern in der NS-Zeit. Bd. 2. München 1979, S. 281-348
KLEY [1841], Eduard: Geschichtliche Darstellungen der Israelitischen Freischule zu Hamburg bei Gelegenheit der Feier ihres fünfundzwanzigjährigen Bestehens (am 31. Oktober 1841) mitgeteilt. Hamburg 1841
KLOSE [1979], Hans-Ulrich: Ansprache. In: JÜDISCHE GEMEINDE IN HAMBURG [1979], S. 7-13
KLÜBER [1964]; Werner: Die Hamburger Schiffslisten. Wichtige Quelle zur Auswanderung nach Übersee im 19. und 20. Jahrhundert mit einem Auszug aus der Namensliste für das Jahr 1850. In: Archiv für Sippenforschung 14 (1964), S. 386ff.
KNOBLOCH [1990], Heinz: Der langlebige Druckfehler. In: Wochenpost 33 (1990), S. 15
KOJ [1988], Peter: Die ersten Portugiesen in Hamburg. In: Iberoamerikana 12, Heft 2/3 (34/35), S. 69-92
KOPITZSCH [1982 (1)], Franklin: Grundzüge einer Sozialgeschichte der Aufklärung in Hamburg und Altona. Hamburg 1982
KOPITZSCH [1982 (2)], Franklin: Zwischen Hauptrezeß und Franzosenzeit 1712-1806. In: JOCHMANN/LOOSE [1982/1986] Bd. 1, S. 359-490
KOPITZSCH [1988], Franklin: Vom Unterricht im Christianeum vor 200 Jahren. In: ANDERSEN, S. 49-55
KOPITZSCH [1990], Franklin: Grundzüge einer Sozialgeschichte der Aufklärung in Hamburg. 2. erg. Aufl. Hamburg 1990
KORN [1988], Salomon: Synagogenarchitektur in Deutschland nach 1945. In: SCHWARZ, Hans Peter (Hg.): Die Architektur der Synagoge. Frankfurt/Main 1988, S. 287-343 (Ausst.kat. Architekturmuseum Frankfurt).
KRAMER [1986], David: Jewish Welfare Work

under the Impact of Pauperization. In: PAUCKER [1986], S. 173-188

KRAUS [1983], Antje: Unterschichten und Sozialpolitik in Hamburg 1815-1848. In: HERZIG/LANGEWIESCHE/SYWOTTEK [1983], S. 71-77

KRAUS [1984], Antje: Armut und Wohltätigkeit. In: PLAGEMANN, Volker (Hg.): Industriekultur in Hamburg. Des Deutschen Reiches Tor zur Welt. München 1984, S. 185-189

KRAUSE [1985], Eckart: Universität Hamburg. Erschreckend geräuschlose Gleichschaltung. In: HOCHMUTH/LORENT [1985], S. 23-31

KREIKAMP [1989], Hans Dieter: Zur Entstehung des Entschädigungsgesetzes der amerikanischen Besatzungszone. In: HERBST/GOSCHLER [1989], S. 61-75

KROHN [1967], Helga: Die Juden in Hamburg 1800-1850. Ihre soziale, kulturelle und politische Entwicklung während der Emanzipationszeit. Frankfurt/Main 1967

KROHN [1974], Helga: Die Juden in Hamburg. Die politische, soziale und kulturelle Entwicklung einer jüdischen Großstadtgemeinde nach der Emanzipation 1848-1918. Hamburg 1974

KROHN [1991], Helga: »Du sollst Dich niemals beugen«. Henriette Fürth. Frau, Jüdin, Sozialistin. In: FREIMARK/JANKOWSKI/LORENZ [1991], S.327-343

KRUSE [1972], Joseph: Heines Hamburger Zeit. Hamburg 1972

KRUSE [1991], Joseph A.: Heinrich Heine und Steinheim. Assimilation oder jüdisches Selbstbewußtsein. In: SCHOEPS [1991], [im Druck]

KULKA [1979], Otto: The Reichsvereinigung of the Jews of Germany 1938/39-1943. In: Patterns of Historical Conference. April 1977. Jerusalem 1979

KULKA, Otto/HILDESHEIMER, Esriel [1989]: The Central Organization of German Jews in the Third Reich and its Archives (on the completion of the Reconstruction Project). In: Leo Baeck Year Book (1989), S. 187-203

KWIET [1980], Konrad: Zur historiographischen Behandlung der Judenverfolgung im Dritten Reich. In: Militärgeschichtliche Mitteilungen 27, Heft 1 (1980), S. 191ff.

KZ-GEDENKSTÄTTE NEUENGAMME [1987]: Gedenkbuch »Kola-FU«. Für die Opfer aus dem Konzentrationslager, Gestapogefängnis und KZ-Außenlager Fuhlsbüttel. Hamburg 1987

LACHMANN [1976], Olga: Eine Kindheit vor 1914. Erinnerungen von Olga Lachmann geb. Warburg (1898 – 1965). Mitgeteilt von Maria Möring. In: Hamburger Geschichts- und Heimatblätter 9, Heft 2 (1981), S. 25-52

LAMM [1960 (1)], Hans: Die Jahre des Nieder- und Untergangs 1933-1945. In: WOLFSBERG-AVIAD [1960], S. 111-133

LAMM [1960 (2)], Hans: Der Wiederaufbau der Hamburger jüdischen Gemeinde nach 1945. In: WOLFSBERG-AVIAD [1960], S. 134-146

LANDAU [1901], Alfred: Die Sprache der Memoiren Glückels von Hameln. In: Mitteilungen der Gesellschaft für jüdische Volkskunde 4, Heft 1 (1901), S. 27

LANGEWIESCHE [1991], Dieter: Liberalismus und Judenemanzipation im 19.Jahrhundert. In: FREIMARK/JANKOWSKI/LORENZ [1991], S. 148- 163

LEHBERGER [1988], Reiner/PRITZLAFF, Christiane/RANDT, Ursula: Entrechtet - vertrieben - ermordet - vergessen. Jüdische Schüler und Lehrer unterm Hakenkreuz. Hamburg 1988

LEIDIG [1892]: Die preußische Auswanderungspolitik. In: PHILIOPPOVICH [1892], S. 433-479

LEIMDÖRFER [1918 (1)], David: Festschrift zum hundertjährigen Bestehen des Israelitischen Tempels in Hamburg 1818-1918. Hamburg 1918

LEIMDÖRFER [1918 (2)], David: Der Hamburger Tempel und seine ersten Prediger. In: Liberales Judentum 10 (1918), S. 73-76

LERSCH [1989], Thomas: Schlosser schreibt an Vossler. Notizen zu einer Gelehrtenfreundschaft (Teil II). In: Kritische Berichte (1989), S. 39-54

LEVINSON [1979], Nathan Peter: Ansprache. In: JÜDISCHE GEMEINDE IN HAMBURG [1979], S. 15-27

LEVINSON [1983], Nathan Peter: Trauerrede. In: FAHNING, Hans (Hg.): Herbert Weichmann zum Gedächtnis. Hamburg nimmt Abschied von seinem Bürgermeister. Hamburg 1983

LEVINSON [1985], Nathan Peter: Ansprache. In: JÜDISCHE GEMEINDE IN HAMBURG [1985], S. 19-33

LEVY [1933], Hartwig: Die Entwicklung der Rechtsstellung der Hamburger Juden. Hamburg 1933

LIEBESCHÜTZ [1956], Hans: Jewish Thought and its German Background. In: Leo Baeck Year Book 1 (1956), S. 217-236

LIEBESCHÜTZ [1963], Hans: Profile of a Rabbi. In: Leo Baeck Year Book 8 (1963), S. 252-253

LIEBESCHÜTZ [1977], Hans: The Warburg Banking House. In: AJR Information, Juni 1977

LIGETI [1986], György: Mein Judentum. In: SCHULTZ, Hans Jürgen (Hg.): Mein Judentum. München 1986, S. 196-207

LIPPMANN [1941], Leo: Ein Beitrag zur Geschichte der Deutsch-Israelitischen Gemeinde in

Hamburg (Jüdischer Religionsverband Hamburg e.V.) in der Zeit vom Herbst 1935 bis zum Mai 1941. (MS) Hamburg 1941

LIPPMANN {1943], Leo: Der Jüdische Religionsverband Hamburg im Jahre 1942. Die Liquidation der jüdischen Stiftungen und Vereine in Hamburg. (MS) [Hamburg 1943]

LIPPMANN [1964], Leo: Mein Leben und meine amtliche Tätigkeit. Erinnerungen und ein Beitrag zur Finanzgeschichte Hamburgs. Aus dem Nachlaß hg. von Werner JOCHMANN. Hamburg 1964

LOGENHEIM [1904] in Hamburg, Das. Festschrift zur Erinnerung an die Einweihung am Sonntag, den 28.August 1904. Hamburg 1904

LOEWENBERG [1989], Ernst: Aus der Arbeit der Hamburger Jüdischen Gemeinde nach 1933. In: UEKERT-HILBERT [1989], S. 49-58

LOOSE [1982], Hans Dieter: Das Zeitalter der Bürgerunruhen und der großen europäischen Kriege 1618-1712. In: JOCHMANN/LOOSE [1982/1986], Bd. 1, S. 259-350

LOOSE [1991], Hans Dieter: Wünsche Hamburger Juden auf Änderung ihrer Vornamen und der staatliche Umgang damit. Ein Beitrag zur Geschichte des Antisemitismus im Hamburger Alltag 1866-1938. In: FREIMARK/JANKOWSKI/ LORENZ [1991], S. 58-80

LORENZ [1987 (1)], Ina: Die Juden in Hamburg zur Zeit der Weimarer Republik. Eine Dokumentation. 2 Bde. Hamburg 1987

LORENZ [1987 (2)], Ina: »Ahasver geht nach Eppendorf«. Zur Stadtteilkonzentration der Hamburger Juden im 19. und 20. Jahrhundert. In: Deutsches Institut für Urbanistik Heft 1 (1987), S. 23-28

LORENZ [1989], Ina: Zehn Jahre Kampf um das Hamburger System (1864-1873). In: FREIMARK/HERZIG [1989], S. 41-82

LORENZ [1991 (1)], Ina: Die Gründung des »Jüdischen Religionsverbandes Hamburg« 1937 und das Ende der Jüdischen Gemeinden zu Altona, Wandsbek und Harburg-Wilhelmsburg (1937-1938). In: FREIMARK/JANKOWSKI/LORENZ [1991], S. 81-115

LORENZ [1991 (2)], Ina:«Da er Jude war und bleiben wollte...« Isaac Wolffson - Jurist und Politiker in Hamburg. In: STEPHAN, Inge/ WINTER, Hans Gerd (Hg.): Hamburg von der Franzosenzeit bis zum Ende des Kaiserreiches. Politik, Kultur, Literatur. Hamburg 1991 [im Druck]

LOTAN [1959], Giora: The Zentralwohlfahrtsstelle. In: Leo Baeck Year Book 4 (1959), S. 185-207

LOUVEN [1989], Astrid: Die Juden in Wandsbek 1604-1940. Spuren der Erinnerung. Hamburg 1989

LÜCK [1990], Helmut E.: Ein Briefwechsel zwischen William Stern und Alexius Meinong. In: Psychologie und Geschichte 1, Heft 4 (1990), S. 38-54

LÜCK [1991], Helmut E.: »Aber das Schicksal des einzelnen Juden ist wohl immer ... nicht nur ein persönliches Schicksal gewesen.« Kurt Lewin: Ein deutsch-jüdischer Psychologe. In: SCHÖNPFLUG, W. (Hg.): Kurt Lewin - Person, Werk, Umfeld. Frankfurt/Main 1991 [im Druck]

LÜTH [1967], Erich: »Das Buch Hiob« und die Deutschen. In: Profile. Jahrbuch Freie Akademie der Künste in Hamburg 1967, S. 263-270

MALEACHI [1967], Ruben: Hamburger Synagogen. (MS) Tel Aviv 1967

MARETZKI [1907], Louis: Geschichte des Ordens Bnei Briss in Deutschland 1882-1907. Berlin 1907

MARWEDEL [1976], Günter (Hg.): Die Privilegien der Juden in Altona. Hamburg 1976

MARWEDEL [1977], Günter: Zu jiddischen Briefen aus der Zeit und Umwelt Glückels von Hameln. In: MÜLLER, Hermann-Josef/RÖLL, Walter (Hg.): Fragen des älteren Jiddisch. Kolloquium in Trier 1976. Vorträge. Trier 1977, S. 46-56

MARWEDEL [1982], Günter: Geschichte der Juden in Hamburg, Altona und Wandsbek. Hamburg 1982

MARWEDEL [1982/1991], Günter: Juden in Altona. (Druckfassung des am 7.12.1982 im Altonaer Museum gehaltenen Vortrags) In: Jahrbuch des Altonaer Museums in Hamburg 27 (1989) [im Druck]

MARWEDEL [1983], Günter: Glückel von Hameln und ihre Familie in den Steuerkontenbüchern der aschkenasischen Gemeinde in Altona. In: FREIMARK/LORENZ/MARWEDEL [1983], S. 70-97

MARWEDEL [1989], Günter: Zum Bild der Juden in der Altonaer Publizistik der 1770er und 1780er Jahre. In: FREIMARK/HERZIG [1989], S. 129-155

MARX [1987], Edgar: Der 13. jüdische Turntag in Hamburg. In: LORENZ [1987 (1)]. Bd. 2, S. 998-999

MAURER [1991], Trude: Partnersuche und Lebensplanung. Heiratsannoncen als Quelle für die Sozial- und Mentalitätsgeschichte der Juden in Deutschland. In: FREIMARK/JANKOWSKI/LORENZ [1991], S.344-374

MAY [1960], Klaus: Beschreibung der neuen Synagoge. In: WOLFSBERG-AVIAD [1960], S.

147-148

MEMORANDUM zur Erforschung der Geschichte der jüdischen Friedhöfe Hamburgs und ihres Grabstätten-, Grabmal- und Inschriftenbestandes von Eberhard Kändler, Jürgen Sielemann, Gaby Zürn. Hamburg 1991 [im Druck]

MEYER [1971], Gertrud: Nacht über Hamburg. Berichte und Dokumente 1933-1945. Frankfurt/Main 1971

MEYER [1980 (1)], Michael A.: The Establishment of the Hamburg Tempel [hebr.] In: ETKES, E./SALMON, Y. (Hg.): Studies in the History of Jewish Society in the Middle Ages and in the Modern Period. Presented to Prof. Jacob Katz on his 75th Birthday by his Students and Friends. Jerusalem 1980, S. 218-224

MEYER [1980 (2)], Michael A.: The Orthodox and the Enlightened. An unpublished Analysis of Berlin Jewry's Spiritual Condition in Early Nineteenth Century. In: Leo Baeck Year Book 25 (1980), S. 101-130

MEYER [1989],Michael A.: Modernity as a Crisis of the Jews. In: Modern Judaism 9 (1989), S. 151-164

MICHAELIS [1979], Dolf: The Ephraim-Family and their Descendents. Jewish Financiers and Agents to the King of Prussia. In: Leo Baeck Year Book 24 (1979), S. 201-206

MICHAELIS-STERN [1972], Eva : William Stern 1871-1938. The Man and his Achievements. In: Leo Baeck Year Book 17 (1972), S. 143-154

MICHAELIS-STERN [1989], Eva: »Eva: Besonders resistent gegen Suggestionen.« Interview mit Eva Michaelis-Stern, durchgeführt von Angela Graf-Nold. In: Psychologie heute 16 (Juli 1989), S. 60-67

MICHALSKI [1989], Raoul Wenzel: Die Hamburger Presse und die »Judenfrage« 1818-1848. In: FREIMARK/HERZIG [1989], S. 156-174

MILTON [1987], Sybil: Deutsche und deutschjüdische Frauen als Verfolgte des NS-Staats. In: BENZ/DISTEL [1987], S. 3-20

MOLTMANN [1980], Günter: American-German Return Migration in the Nineteenth and Early Twentieth Centuries. In: Central European History 13 (1980)

MOLTMANN [1991], Günter: Auf dem Auswandererschiff. Zur jüdischen Komponente der deutschen Amerikawanderung im 19. Jahrhundert. In: FREIMARK/JANKOWSKI/LORENZ [1991], S. 286-303

MORGENSTERN [1888], Lina: Johanna Goldschmidt. In: MORGENSTERN, Lina: Die Frauen des 19. Jahrhunderts. Bd. 1. Berlin 1888, S. 323-328

MOSER [1988], Jonny: Die Entrechtung der Juden im Dritten Reich. Diskriminierung und Terror durch Gesetze, Verordnungen und Erlasse. In: PEHLE [1988], S. 118- 131

MOSSE, Werner E./PAUCKER, Arnold (Hg.) [1976]: Juden im Wilhelminischen Deutschland 1890-1914. Tübingen 1976

MOSSE, Werner E./PAUCKER, Arnold/RÜRUP, Reinhard(Hg.)[1981]: Revolution and Evolution. 1848 in German Jewish History. Tübingen 1981

MÜLLER [1641], Johannes: Judaismus oder Judenthumb / Das ist Ausführlicher Bericht von des Jüdischen Volkes Unglauben, Blindheit und Verstockung ... Hamburg 1644 [2. Aufl. Hamburg 1707]

MÜLLER-WESEMANN [1991], Barbara: »Seid trotz der schweren Last stets heiter.« Der jüdische Kulturbund Hamburg 1934-1941. In: WAMSER/WEINKE [1991], S. 135-144

NACHMANN [1985], Werner: Ansprache. In: JÜDISCHE GEMEINDE IN HAMBURG [1985], S. 11-18

NEUBURGER [1935], Otto: Was soll aus uns werden? Zur Berufswahl und Berufsumschichtung von Juden in Deutschland. Schriften der Zentralwohlfahrtsstelle der deutschen Juden der Zentralstelle für jüdische Wirtschaftshilfe 9 (April 1935), S. 6

NEWMARK [1974], Helen: A Nineteenth Century Memoir. In: Western States Jewish Historical Quarterly 6 (1974), S.204-219

NIETHAMMER [1980], Lutz: Lebenserfahrung und das kollektive Gedächtnis. Die Praxis der »oral history«. Frankfurt 1980

NOACK [1954], Hermann: Ernst Cassirer. Zur Würdigung seines Werkes anläßlich der 80. Wiederkehr seines Geburtstages am 28.7.1954. In: Zeitschrift für philosophische Forschung 8 (1954), S. 446-455

NOAKES [1986], Jeremy: Wohin gehören die »Judenmischlinge«? Die Entstehung der ersten Durchführungsverordnung zu den Nürnberger Gesetzen. In: BÜTTNER [1986 (1)], S. 69-89

NOY [1980], Dov: Eighty Years of Jewish Folkloristics. In: TALMAGE, Frank (Hg.): Studies in Jewish Folklore. Cambridge/Mass. 1980, S. 1-11

NOY [1982], Dov: Dr. Max Grunwald - The Founder of Jewish Folkloristics. In: Max GRUNWALD (hg. Dov NOY): Tales, Songs & Folkways of Sephardic Jews . Texts and Studies. Jerusalem 1982

OFFENBURG [1933], Benno (d.i.Ophir, Baruch Z.): Das Erwachen des deutschen Nationalbewußtseins in der preußischen Judenheit. Phil.Diss. Hamburg 1933

OLDEN [1965], John: Der Maßstab jener Zeit. In: Mutter Courage und ihre Theater. Ida Ehre und die Hamburger Kammerspiele. Zusammengestellt von Rolf ITALIAANDER. Hamburg 1965, S. 8

OPHIR [1983], Baruch Z.: Zur Geschichte der Hamburger Juden 1919-1939. In: FREIMARK [1983 (1)], S. 81-97

ORNAN PINKUS [1983], B.Z.: Die portugiesische Gemeinde in Hamburg und ihre Führung im 17.Jahrhundert. Magisterarbeit Universität Ramat Gan (Tel Aviv) 1983 (hebr.)

ORNAN PINKUS [1986], B.Z.: Die portugiesische Gemeinde in Hamburg im 17. Jahrhundert. In: Ost und West 5 (1986), S. 7-51

PANOFSKY [1928], Erwin: Nachruf auf Richard Stettiner. In: Richard Stettiner zum Gedächtnis. Trauerfeier für Richard Stettiner im Krematorium zu Ohlsdorf am 21.Dezember 1927. Hamburg 1928

PAUCKER [1976], Arnold: Zur Problematik einer jüdischen Abwehrstrategie in der deutschen Gesellschaft. In: MOSSE/PAUCKER [1976], S. 479-548

PAUCKER [1986], Arnold (Hg.): Die Juden im nationalsozialistischen Deutschland. The Jews in Nazi Germany 1933-1943. Tübingen 1986

PEHLE [1988], Walter H. (Hg.): Der Judenpogrom 1938. Von der »Reichskristallnacht« zum Völkermord. Frankfurt/Main 1988

PHILIPPOVICH [1892]; Eugen von (Hg.): Auswanderung und Auswanderungspolitik in Deutschland. Berichte über die Entwicklung und den gegenwärtigen Zustand des Auswanderungswesens in den Einzelstaaten und im Reich. Leipzig 1892

PITOLLET [1910], Camille: Sur un recueil Hamburgeois de poésies judéo-hispaniques. In: Revista de Archivos, Bibliotecas y Museos 1910, S. 424-443

PITOLLET [1911], Camille: Sur un recueil Hamburgeois de poésies judéo-hispaniques. In: Revista de Archivos, Bibliotecas y Museos 1911, S. 165-176, 360-367, 466-472

PIZA [1872], Joseph: Der portugiesische Friedhof in Altona. In: Reform, V. 9.2.-7.3.1872

PLUM [1988], Günter: Deutsche Juden oder Juden in Deutschland. In: BENZ [1988], S. 35-74

POPPEL [1983], Stephan M.: The Politics of Religious Leadership. The Rabbinate in Nineteenth Century Hamburg. In: Leo Baeck Year Book 28 (1983), S. 439-470

POPPER [1989], Lotte: Auswanderungskontrolle auf westpreußisch. In: UECKERT-HILBERT [1989], S. 78-81

PREUSS [1989], Ulrich: Artikel 140 Grundgesetz. In: Alternativ-Kommentar zum Grundgesetz. 2. Aufl. 1989

RANDT [1984], Ursula: Carolinenstraße 35. Geschichte der Mädchenschule der Deutsch-Israelitischen Gemeinde in Hamburg 1884-1942. Hamburg 1984

RANDT [1985], Ursula: Die Zerschlagung des jüdischen Schulwesens. In: HOCHMUTH/LORENT [1985], S. 60-67

RANDT [1986], Ursula: Die Erinnerungen der Emma Isler. In: Bulletin des Leo Baeck Instituts 75 (1986), S. 55-99

RANDT [1991 (1)], Ursula: Jüdische Schulen am Grindel. In: WAMSER/WEINKE [1991], S. 36-55

RANDT [1991 (2)], Ursula: Die Zerschlagung des jüdischen Schulwesens. Widerstehen in Verfolgung. In: WAMSER/WEINKE [1991], S. 120-130

REDNAK [1983], Dieter: Betriebliche Sozialpolitik im 19. und 20.Jahrhundert am Beispiel der Hamburger Firma H.C.Meyer jr. In: HERZIG/LANGEWIESCHE/SYWOTTEK [1983], S. 299-308

REIF [1981], Heinz: Vagierende Unterschichten, Vagabunden und Bandenkriminalität im Ancien Régime. In: Beiträge zur historischen Sozialkunde 11, Heft 1 (1981), S. 27-37

REILS [1847], Peter David Heinrich: Von den ältesten Niederlassungen der Juden in Hamburg. In: Zeitschrift für Hamburgische Geschichte 2 (1847), S. 157-166, 357-424

REINERT [1980], G.: William Stern. Eine Titelbibliographie seiner Werke. In: Trierer Psychologische Berichte 7 (1908), S. 4

REINHARZ [1991], Jehuda: Zionismus und die österreichische Linke vor dem Ersten Weltkrieg. In: FREIMARK/JANKOWSKI/LORENZ [1991], S. 229-251

REVAH [1957], I.S.: Une famille de nouveaux chrétiens: Les Bocarro Frances. In: Revue des Etudes Juives 116 (1957), S. 73-89

REVAH [1959/1960], I.S.: Les Marranes. In: Revue des des Etudes Juives 118 (1959/1960), S. 29-77

RICHARZ [1976], Monika (Hg.): Jüdisches Leben in Deutschland. Selbstzeugnisse zur Sozialgeschichte. 3 Bde. Stuttgart 1976-1982

RICHTER [1989], Anke: Das jüdische Armenwesen in Hamburg in der ersten Hälfte des 19. Jahrhunderts. In: FREIMARK/HERZIG [1989], S. 234-254.

RIECKE [1973], Christel: Die Juden in Hamburg 1933-1938. Eine Untersuchung nationalsozialistischer Rassenpolitik im Rahmen des Landesgeschichte. Diplomarbeit FHS Hamburg

(MS). Hamburg 1973
RIEHN [1980], Rainer: Das Eigene und das Fremde. Religion und Gesellschaft im Komponieren Mendelssohns. In: Felix Mendelssohn Bartholdy. München 1980
ROSENBAUM [1958], Eduard: Albert Ballin. In: Leo Baeck Year Book 3 (1958), S. 257-299
ROSENBERG [1985], Heinz: Jahre des Schreckens. Ich blieb übrig, daß ich Dirs sage. Göttingen 1985
ROTH [1930], Cecil: Neue Kunde von den Marranen in Hamburg. In: Zeitschrift für die Geschichte der Juden in Deutschland 2, Heft 3 (1930), S. 228-236
ROTH [1931], Cecil: The Religion of the Marranos. In: Jewish Quarterly Review 22 (1931), S. 1-33
ROTH [1959], Cecil: The Role of Spanish in the Marrano Diaspora. In: Hispanic Studies in Honour of Gonzales Umbera. Oxford 1959, S. 299-308
ROTH [1984], Karl Heinz (Hg.): Der Hamburger Weg zur »Endlösung der Judenfrage«. Aussonderung, Enteignung und Deportation der Hamburger Juden. Eine Dokumentation. In: EBBINGHAUS/KAUPEN-HAAS/ROTH [1984], S. 54-79
RUBEN [1972], Margot (Hg.): Karl Wolfskehl - Margarete Susman. Briefe. In: Castrum Peregrini. Amsterdam 1972, S. 20-72
RÜRUP [1987], Reinhard: Emanzipation und Antisemitismus. Studien zur »Judenfrage« der bürgerlichen Gesellschaft. 2. Aufl. Göttingen 1987
SAGI [1989], Nana: Die Rolle der jüdischen Organisationen in den USA und die Claim Conference. In: HERBST/GOSCHLER [1989], S. 99-118
SALOMON [1844], Gotthold: Kurzgefaßte Geschichte des Neuen Israelitischen Tempelvereins. Hamburg 1844
SALOMON [1970], Hermann Prins: The Fidanques. Hidalgo of Faith. In: The American Sephardi 4, Heft 1/2 (1970), S. 15-37
SALZBERGER [1961], Georg: Erinnerungen an meine Jahre als Feldrabbiner im 1. Weltkrieg. In: Paul Lazarus Gedenkbuch. Beiträge zur Würdigung der letzten Rabbinergeneration in Deutschland. Jerusalem 1961
SAMET [1980], Moshe: The Social and Historical Doctrine of R.Nachmann Berlin (hebr.). In: Hevrah ve-historyah 1980, S. 125-135
SAMET [1988], Moshe: The Beginnings of Orthodoxy. In: Modern Judaism 8 (1988), S. 249-269
SAMUEL [1989], Edgar R.: The Trade of the »New Christians« of Portugal. In: BARNETT, R.D./SCHWAB, W.M. [1989] (HG.): SEPHARDI HERITAGE II: Essays on the History and Cultural Contribution of the Jews of Spain and Portugal. Grendon 1989, S. 100-114
SARAIVA [1989], Antonio José: Bocarro-Rosales and the Messianism of the Sixteenth Century. In: KAPLAN, Yosef u.a. (Hg.): Menosseh ben Israel and his World. Leiden 1989, S. 240-241
SAUERLANDT [1928], Max: Nachruf auf Richard Stettiner. In: Richard Stettiner zum Gedächtnis. Trauerfeier für Richard Stettiner im Krematorium zu Ohlsdorf am 21.12.1927. Hamburg 1928
SAXL [1949], Fritz: Ernst Cassirer. In: SCHILPP, Paul A.(Hg.): The Philosophy of Ernst Cassirer. Evanston 1949, S.47-51
SAXL [1984], Fritz: Geschichte der Bibliothek Warburgs. (1886-1944). In: GOMBRICH [1984], S. 433-449
SCHLÖSSER [1964 (1)], Manfred (Hg.): Auf gespaltenem Pfad. Für Margarete Susman. Darmstadt 1964
SCHLÖSSER [1964 (2)], Manfred: Margarete Susman: Sprache der Liebe. In: SCHLÖSSER [1964 (1)], S. 51-56
SCHMIDT [1991], W.: »Sehnsucht nach Weltanschauung«. William Stern um die Jahrhundertwende. In: Psychologie und Geschichte 3, Heft 1-2 (1991) [im Druck]
SCHMIDT-IHMS [1990], M.: William Sterns Briefe an Jonas Cohn (1893-1937). In: SCHORR,A./WEHNER, E.G. (Hg.): Psychologieberichte heute. Göttingen 1990, S. 205-216
SCHOEPS [1991]; Julius H.(Hg.): »Philo des 19. Jahrhunderts«. Studien zu Ludwig Steinheim. Hildesheim-New York 1991 [im Druck]
SCHORSCH [1981], Ismar: Emanciption and the Crisis of Religious Authority. The Emergence of the Modern Rabbinate. In: MOSSE/PAUCKER/RÜRUP [1981], S. 205-247
SCHUDT [1714], Johann Jacob: Jüdische Merckwürdigkeiten. Frankfurt-Leipzig 1714/1717
SCHULTZ [1988], Karl Heinz: Das KZ-Außenlager Neugraben. In: ELLERMEYER, Jürgen/RICHTER, Klaus/STEGEMANN, Dirk (Hg.): Harburg. Von der Burg zur Industriestadt. Beiträge zur Geschichte Harburgs 1288-1938. Hamburg 1988, S. 493-503
SCHULZ [1987], Karin: Der Auswandererbahnhof Ruhleben. In: Die Reise nach Berlin. Hg. von der Berliner Festspiel GmbH im Auftrag des Senates von Berlin zur 750-Jahr-Feier Berlins 1987. Berlin 1987, S. 237-241
SCHULZ [1974], Peter: Ansprache. In: JÜDISCHE GEMEINDE IN HAMBURG [1974], S. 7-13
SCHUMACHER [1949], Fritz: Aby Warburg und seine Bibliothek. In: SCHUMACHER, Fritz:

Selbstgespräche. Erinnerungen und Betrachtungen. Hamburg 1949, S. 301
SCHWARZ [1974], Walter: Rückerstattung nach den Gesetzen der Aliierten Mächte. München 1974
SEARS [1990], Elizabeth: The Life and Work of William S. Heckscher. Some Petites Perceptions. In: Zeitschrift für Kunstgeschichte 53 (1990), S.107-133
SELIGMANN [1918], Caesar: Zur Entstehungsgeschichte des Hamburger Tempels. In: Liberales Judentum 10 (1918), S. 70-73
SELIGMANN [1922], Caesar: Geschichte der jüdischen Reformbewegung. Von Mendelssohn bis zur Gegenwart. Frankfurt/Main 1922
SHOHAM [1989], Chaim: Altona - Hamburg - Wandsbek als Ort der Haskala (1864-1873). In: FREIMARK/HERZIG [1989], S. 22-40
SILBERSTEIN [1931], Siegfried: Moses Mendelssohns Witwe in Neustrelitz. In: Zeitschrift für die Geschichte der Juden in Deutschland 3/4 (1931/32), S. 123-129
SIMON [1988], Hermann: Zwei vorgefundene Kunstwerke des ehemaligen Berliner Jüdischen Museums. In: Katalog der Ausstellung »Und lehrt sie: Gedächtnis!«. Berlin 1988, S. 19ff.
SIMON [1991], Hermann: Vernachlässigte Quellen zur Sozial- und Kulturgeschichte der deutschen Juden. In FREIMARK/JANKOWSKI/LORENZ [1991], S. 273-285
SIMSON [1967/68], Otto von: Nachruf auf Erwin Panofsky. In: Kunstgeschichtliche Gesellschaft zu Berlin, Sitzungsberichte N.F. 16 (1967/1968), S. 9-14
STAATLICHE PRESSESTELLE HAMBURG (Hg.)[1984]: Der Untergang der Hamburger Juden. Gedenkveranstaltung des Senates der Freien und Hansestadt Hamburg, der Jüdischen Gemeinde, dem europäischen B'nai B'rith sowie der Joseph-Carlebach-Loge am 2. Oktober 1983 im Haus der Patriotischen Gesellschaft. Hamburg 1984
STEIN [1984], Irmgard: Jüdische Baudenkmäler in Hamburg. Hamburg 1984
STERN [1919], William: Verjüngung. In: Zeitschrift für pädagogische Psychologie und experimentelle Pädagogik 20 (1919), S. 1-12
STERN [1922], William: Das psychologische Laboratorium der Hamburgischen Universität. In: Zeitschrift für pädagogische Psychologie und experimentelle Pädagogik 23 (1922), S. 161-196
STERN [1927], William: Selbstdarstellung. In: SCHMIDT, R. (Hg.): Die Philosophie der Gegenwart in Selbstdarstellungen. Bd. 6. Leipzig 1927, S. 129-184.

STERN [1931], William: Das Psychologische Institut der Hamburgischen Universität in seiner gegenwärtigen Gestalt. In: Zeitschrift für Angewandte Psychologie 39 (1931), S. 1-52. Auch separat erschienen: Leipzig 1931
STERN-ANDERS [1950], Günter: Bild meines Vaters. In: STERN, William: Allgemeine Psychologie auf personalistischer Grundlage. 2.Aufl. Den Haag 1950, S. XXIII-XXXII
STERN-ANDERS [1971], Günter: Geleitwort zur siebten Auflage. In: STERN, William: Psychologie der frühen Kindheit bis zum sechsten Lebensjahr. 10. Aufl. Heidelberg 1971, S. IX-XVI.
STERNHEIM-GORAL [1985], Walter L. Arie: Festschrift zum 25. Jahrestag der Einweihung der Synagoge in Hamburg. Hamburg 1985
STRAUSS [1991], Herbert A.: Zum zeitgeschichtlichen Hintergrund zionistischer Kulturkritik: Scholem, Weltsch und Jüdische Rundschau. In: FREIMARK/JANKOWSKI/LORENZ [1991], S. 375-389
SÜSS [1989], Cornelia: Der Prozeß der bürgerlichen Gleichstellung der Hamburger Juden 1815-1865. In: FREIMARK/HERZIG [1989], S.279-298
SYAMKEN [1982], Georg: Warburgs Umwege als Hermeneutik More Majorum. In: Jahrbuch der Hamburger Kunstsammlungen 25 (1982), S. 15-26
SYWOTTEK [1991], Arnold: Über die Anfänge der deutsch-israelischen Wirtschaftsbeziehungen. Eine erste Annäherung. In: FREIMARK/JANKOWSKI/LORENZ [1991]; S. 450-465
TIMPKE [1970], Henning: Das KZ-Fuhlsbüttel. In: Studien zur Geschichte der Konzentrationslager. Stuttgart 1970, S. 11-28
TOURY [1991], Jacob: Die bangen Jahre (1871-1891). Juden in Deutschland zwischen Integrationshoffnung und Isolationsfurcht. In: FREIMARK/JANKOWSKI/LORENZ [1991], S. 164-185
TUCH [1904], Gustav in: LOGENHEIM [1904], S. 14
UEKERT-HILBERT [1989], Charlotte (Hg.): Fremd in der eigenen Stadt. Erinnerungen jüdischer Emigranten aus Hamburg. Hamburg 1989
UEKÖTTER [1986], Hans-Jürgen: Der jüdische Kulturbund Hamburg. Ein Beitrag zur deutsch-jüdischen Geschichte im nationalsozialistischen Deutschland. Wissenschaftliche Examensarbeit (MS) Hamburg 1986
URIAS [1937], Siegfried: Zur Geschichte des Tempelneubaus. In: ITALIENER [1937], S. 63-65
VOGEL [1974], Paul O.: Lebenslauf eines Politikers. In: Herbert Weichmann. Bd. 17 der Ham-

burger Biographien, hg. von der Freien Akademie der Künste in Hamburg in Zusammenarbeit mit der Staats- und Universitätsbibliothek. Hamburg 1974
VOLLNHALS [1988], Clemens: Jüdische Selbsthilfe bis 1938. In: BENZ [1988], S. 314-411
VOSCHERAU [1989], Henning: Ansprache. In: JÜDISCHE GEMEINDE IN HAMBURG[1989], S. 5-13
WAGNER [1924], Max Leopold: Os Judeus hispano-portugueses e a sua língua na Oriente, na Holanda e na Alemanha. In: Arquivo de História e Bibliografia (Coimbra) 1 (1924), S. 3-18
WALK [1981], Joseph (Hg.): Das Sonderrecht für die Juden im NS-Staat. Eine Sammlung der gesetzlichen Maßnahmen und Richtlinien. Inhalt und Bedeutung. Heidelberg-Karlsruhe 1981
WALKER [1964], Mack: Germany and the Emigration. 1816-1885. Cambridge 1964
WAMSER, Ursula/WEINKE, Wilfried (Hg.)[1991]: Ehemals in Hamburg zu Hause. Jüdisches Leben am Grindel. Hamburg 1991
WARBURG [1928], Aby: Ernst Cassirer. Warum Hamburg den Philosophen Cassirer nicht verlieren darf. In: Hamburger Fremdenblatt Nr. 173 v. 23.6.1928.
WARBURG, Max M.[1952]: Aus meinen Aufzeichnungen. New York 1952
WARBURG, Eric M.[1967]: Über Max Warburg. In: Max M. Warburg Gedenkfeier. Hamburg 1967, S. 7-23
WARBURG SPINELLI [1990], Ingrid: Die Dringlichkeit des Mitleids und die Einsamkeit, nein zu sagen. Erinnerungen 1910-1989. Hamburg 1990
WASSERMANN [1991], Henry: Hamn, Risches, Judenhaß and Antisemitism. In: FREIMARK/JANKOWSKI/LORENZ [1991], S. 186-195
WEBER [1989], Hermann: Die Verleihung der Korporationsrechte nach Art. 137 Abs. 5 WRV. In: Zeitschrift für ev. Kirchenrecht 34 (1989), S. 337-382
WEGWEISER zu den ehemaligen jüdischen Stätten in Hamburg. Bearb. von W.Mosel. 3 Hefte. Hamburg 1983-1989
WEICHMANN [1969 (1)], Herbert: Ein Brief. In: VOGEL, Paul O. (Hg.): Von Freiheit und Pflicht. Auszüge aus Reden des Bürgermeisters der Freien und Hansestadt Hamburg. Hamburg 1969, S. 3
WEICHMANN [1969 (2)], Herbert: Ein Wort an die Juden. In: VOGEL, Paul O. (Hg.): Von Freiheit und Pflicht. Auszüge aus Reden des Bürgermeisters der Freien und Hansestadt Hamburg. Hamburg 1969, S. 175-177
WEISSENBERG [1907], Samuel: Jüdische Museen und Jüdisches in Museen. In: Mitteilungen zur jüdischen Volkskunde 10 [N.F. 3], Heft 23 (1907), S. 77-88
WESSELIUS [1990], Jan Wim: Werken van David Cohen de Lara verworven door de Bibliotheka Rosenthaliana. In: Studia Rosenthaliana 24, Heft 2, (1990), S. 207-210
WETZEL [1988], Juliane: Auswanderung aus Deutschland. In: BENZ [1988], S. 413-498
WOLF [1900], Albert: Jüdische Medaillen. In: Mitteilungen der Gesellschaft für jüdische Volkskunde 3, Heft 2 [Heft 6] (1900), S. 135-136
WOLF [1902], Albert: Etwas über jüdische Kunst und ältere jüdische Künstler. In: Mitteilungen der Gesellschaft für jüdische volkskunde 5, Heft 1 [Heft 9](1902), S. 12-74
WOLF [1904], Albert: Die Hamburger auf oder von Juden geprägten Medaillen. In: Mitteilungen der Gesellschaft für jüdische volkskunde 7, Heft 1 [Heft 13] (1904), S. 51-62
WOLFSBERG-AVIAD [1960], Oskar u.a.: Die Drei-Gemeinde. München 1960
WULF [1988], Peter: Die Verfolgung der schleswig-holsteinischen Juden im November 1938. In: Landeszentrale für politische Bildung (Hg.): Die Juden in Schleswig-Holstein. Kiel 1988, S. 25-28
WULF [1989], Peter: Isolation - Assimilation - Emanzipation. 300 Jahre jüdisches Leben in Schleswig-Holstein 1584-1863. In: Isolation - Assimilation - Emanzipation. Zur Geschichte der Juden in Schleswig- Holstein 1584-1863. Ausstellung der Schleswig-Holsteinischen Landesbibliothek 17.3.-1.5.1989 Heide/Holstein 1989, S. 7-15
WUTTKE [1980], Dieter (Hg.): Aby M. Warburg. Ausgewählte Schriften und Würdigungen. Baden-Baden 1980
WUTTKE [1984], Dieter: Die Emigration der kulturwissenschaftlichen Bibliothek Warburg und die Anfänge des Universitätsfaches Kunstgeschichte in Großbritannien. In: Berichte zur Wissenschaftsgeschichte 7 (1984), S. 179-194
YAIR [1984], Efraim: Rabbiner Issachar Jacobson,sein Leben und Werk. Aus dem Hebr. übers. v. Zwi Jacobson. In: JACOBSON, BERNHARD SALOMON: Tora und Tradition. Ausgew. Schriften. Zürich 1984
ZACHAU [1988], Monika: Zwangsläufig oder abwendbar? Auffassungen von Armut in Hamburg innerhalb und außerhalb der »Hamburger Gesellschaft zur Beförderung der Künste und nützlichen Gewerbe zwischen 1788 und 1840. o.O.o.J. [Hamburg 1988]
ZIMMELS [1971], H.J.: The Contributions of the Sephardim to the Responsa Literature till the

Beginning of the Sixteenth Century. In: BARNETT, R.D. (HG.): The Sephardi Heritage I. The Jews in Spain and Portugal before and after the Expulsion of 1492. London 1971, S. 367-401

ZIMMERMANN [1961], Erich (Hg.): Erinnerungen des Hamburger Bibliothekars Meyer Isler (1807-1888). In: Zeitschrift des Vereins für Hamburgische Geschichte 47 (1961), S. 47-86

ZIMMERMANN [1979], Mosche: Hamburger Patriotismus und deutscher Nationalismus. Die Emanzipation der Juden in Hamburg 1830-1865. Hamburg 1979

ZIMMERMANN [1986], Mosche: Wilhelm Marr. The Patriarch of Anti-Semitism. New York-Oxford 1986

ZIMMERMANN [1983], Mosche: Antijüdischer Sozialprotest? Proteste von Unter- und Mittelschichten 1819-1835. In: HERZIG/LANGEWIESCHE/SYWOTTEK [1983], S. 89-94

ZIMMERMANN [1990], Mosche: Jewish History and Jewish Historiography: A Challenge to Contemporary German Historiography. In: Leo Baeck Year Book 35 (1990), S.35-52

ZIMMERMANN [1991], Mosche: Antisemitismus im Kaiserreich zwischen Modernität und Antimodernismus. In: FREIMARK/JANKOWSKI/LORENZ [1991], S. 196-206

ZÜRN [1991], Gaby: Die fotografische Dokumentation von Grabinschriften auf dem jüdischen Friedhof Königstraße Altona (1942-1944) und ihr historischer Kontext. In: FREIMARK/JANKOWSKI/LORENZ [1991], S. 116-129

Glossar

Jörg Deventer

Adon Olam
»Herr der Welt«; Anfang eines Hymnus am Beginn des üblichen Gebetsbuchs.

Agudas Jisroel
»Bund Israels«; internationale Organisation der gesetzestreuen Juden zur Vertretung ihrer religiösen Interessen; gegr. 1912 in Kattowitz.

Alija
Bezeichnung für die seit dem Untergang des zweiten jüdischen Staates als religiöse Pflicht geforderte Wanderung der Juden nach Palästina; in neuerer Zeit meint der Begriff die unter dem Einfluß der zionistischen Bewegung stehende Einwanderung von Juden nach Palästina und Israel.

Almemor
Siehe Bima

Amulettenstreit
Die auch als »Altonaer Rabbinerstreit« in die Geschichte eingegangene Auseinandersetzung zwischen dem Altonaer Oberrabbiner Jonathan Eybeschütz und Jakob Emden; 1751 beschuldigte Emden den Rabbiner, Anhänger des → Sabbatianismus zu sein; der Streit erregte Aufsehen in vielen Gemeinden Europas und erschütterte insgesamt Ansehen und Autorität der Rabbiner.

Aron Hakodesch
»Heilige Lade«; Schrein zum Aufbewahren der Torarollen.

Aschkenasim
Von hebr. Aschkenas (»Deutschland«); Bezeichnung für die mittel- und osteuropäischen Juden; durch Herkunft und Tradition durch das deutsche und (nord)französische Judentum bestimmt, die sich nach Vertreibungen v. a. in den Gebieten des alten Königreichs Polen niederließen; hier Entwicklung des sog. Judendeutsch, des Jiddisch.

Bar Kochba
Messianischer Beiname von Simon bar Koseba; Führer des letzten großen Aufstandes der palästinensischen Juden gegen die Römer unter Kaiser Hadrian 132 – 135.

Bar Mizwa
»Sohn der Pflicht«; bei Vollendung des 13. Lebensjahres Verpflichtung des jüdischen Knaben zur Einhaltung der religiösen Gesetze.

Bet Hamidrasch
»Haus des Studiums«; Bethaus neben der Synagoge für erwachsene Personen vor und nach den Gebetszeiten.

Bet olam
»Ewiges Haus«; jüdischer Friedhof.

Bikkur Cholim
Eig.: Krankenbesuch, auch: Krankenpflege als religiöse Pflicht gegenüber Glaubensgenossen und Nicht-Juden.

Bima
Portugies. Teba arab. Almemor (»Kanzel«); eine um höchstens acht Stufen erhöhte Estrade in der Synagoge zur Aufnahme des Tisches, von dem die Tora verlesen wird.

B'nai B'rith
Unabhängiger Orden Bne Briss (»Söhne des Bundes«), abgekürzt U. O. B. B.; internationale Vereinigung jüdischer Logen mit einem der Freimaurer ähnlichen Ritual; gegr. 1843 in den USA; Devise: Wohltätigkeit, Bruderliebe, Eintracht; soziale Hilfstätigkeit im umfassenden Sinne und Förderung von Kunst und Wissenschaft.

Chacham
»Weiser«, »Gelehrter«; Titel des Rabbiners bei den sephardischen Juden.

Chaliza
»Ausziehen« (des Schuhs); rituelle Zeremonie, die das Band der Schwagerehe löst (Deut. 25:5–10).

Chanukka
»Weihe«; Lichtfest, Tempelweihfest; erinnert am 25. Kislew (Nov./Dez.) an die Neuweihe des geschändeten Jerusalemer Tempels im 2. Jahrhundert vor der Zeitwende.

Chasan
Vorbeter in der Synagoge.

Chassidim, Chassidismus
»Fromme«; mystische Bewegungen im Judentum von besonderer religiöser Intensität; entwickelte sich seit der Mitte des 18. Jahrhunderts in Polen, Rumänien und der Ukraine zur herrschenden Form jüdischer Frömmigkeit.

Cheder
»Zimmer«; Lernstube für Kinder vom 4./5. Lebensjahr bis zum Übertritt in die → Talmud-Tora.

Cherem
»Bann«; zur Durchsetzung der Gemeindeautorität vom Rabbiner, Gemeindevorstand oder Gerichtshof gegen Ketzer und Abtrünnige auf begrenzte oder unbegrenzte Zeit verhängter Ausschluß aus der Gemeinde.

Chevra Kaddischa
»Heilige Vereinigung«; im deutschen meist »Beerdigungsbrüderschaft«; ehrenamtliche Vereinigungen in den jüdischen Gemeinden für soziale Hilfe bei Krankheit und Todesfällen.

Dajan
»Richter«; im Volksmund Bezeichnung für den Rabbinatsassessor.

Galut
Wörtl. »Die Wegführung ins Exil«; griech. Diaspora (»Zerstreuung«); bezeichnet die historische Tatsache des Vertriebenseins der Juden aus Palästina; Begriff für alle jüdischen Niederlassungen außerhalb Palästinas.

Ghetto
Judenviertel; zunächst freiwilliges, später aufgezwungenes Zusammenwohnen von Juden in bestimmten Straßen, Gassen oder Stadtvierteln.

Goj (pl. Gojim)
In der Bibel Begriff für »Volk«; im Jiddischen Bezeichnung für die christliche Bevölkerung, bzw. für den Nicht-Juden.

Haavara-Abkommen
1933 geschlossener Vertrag zwischen der Jewish Agency und dem Reichswirtschaftsministerium über den Transfer jüdischen Vermögens von Deutschland nach Palästina; dazu Gründung der »Palästina-Treuhandstelle« (kurz »Paltreu«) in Berlin, an der auch das Hamburger Bankhaus Warburg beteiligt war; bis 1939 ermöglichte das Abkommen rd. 52.000 Juden die Ausreise nach Palästina und den Transfer von 140 Millionen Mark.

Hachnassat Kalla
Die Ausstattung und Verheiratung mittelloser Bräute; Bestandteil der Gemilut Chessed (»Wohltat«), die tätige, mitleidvolle Hilfe, die als Anfang und Ende der Tora bezeichnet wird.

Hachschara
»Tauglichmachung«; Bezeichnung für die von der Hechaluz organisierte landwirtschaftliche bzw. handwerkliche Ausbildung als Vorbereitung auf ein Arbeitsleben in Palästina. (→ Hechaluz)

Haftara
»Abschluß«; der Prophetenabschnitt, der zum Abschluß der Toravorlesung in der Synagoge vorgetragen wird.

Haggada
Die volkstümliche Pessach-Erzählung; wird am Beginn der Familienfeier am 1. und 2. Pessach-Abend vom Hausherrn vorgelesen.

Haskala
»Aufklärung«; Aufklärungsbewegung im Judentum des 18. und 19. Jahrhunderts, die durch das Aufbrechen religiöser Formen eine Vermittlung zwischen jüdischen Traditionen und der Kultur der Umwelt herstellen wollte.

Hechaluz
1917 von Josef Trumpeldor gegr. zionistisch-sozialistische Weltorganisation zur Vorbereitung junger Juden (Chaluzim-»Pioniere«) für die Aufbauarbeit in Palästina.

Hekdesch
»Geweihtes« (den Armen und Kranken); jüdisches Krankenhaus.

Hoffaktoren
Im Zeitalter des Absolutismus die Tätigkeit von Juden als Münzhersteller, Kreditvermittler, Heeres- und Hoflieferanten an den Adels- und Fürstenhöfen; auch mit diplomatischen und politischen Aufgaben betraut.

Jom Kippur
»Versöhnungstag«; höchster Feiertag des religiösen Jahres am 10. Tischri (Sept./Okt.); in der Tora ist der J. K. der große jährliche Sühnetag.

Kabbala
»Überlieferung«; Bezeichnung für die jüdische Mystik; strebt die Annäherung an Gott durch Vertiefung in eine bis in den Ursprung der Menschheit

zurückverlegte geheime Tradition an; innere Konzentration auf gewisse religiöse Inhalte unter Zuhilfenahme besonderer Betrachtungsweisen, heiliger Namen und Schriftsteller.

Klaus
Ursprünglich ein Lehrhaus für Talmud-Lernende, die ihr Leben dem Studium gewidmet haben. Da sie dort auch beteten, wurde das Lehrhaus zur Synagoge.

Magen David
»Schild Davids«; Davidstern; Symbol des Judentums in Form von zwei ineinandergeschlossenen gleichseitigen Dreiecken; im Nationalsozialismus zur Stigmatisierung der Juden mißbraucht, die den »Judenstern« deutlich sichtbar auf der Kleidung tragen mußten.

Mahamad
Bezeichnung für das Kollegium der Vorsteher der sephardischen Gemeinden.

Menora
»Leuchter«; der siebenarmige Leuchter, ältestes Symbol des Judentums; stand im Stiftszelt und im Tempel.

Mikwe
»Ansammlung« (von Wasser); Tauch- oder Ritualbad; für Frauen zur Wiedererlangung der Reinheit nach der Menstruation, vor der Hochzeit oder nach der Geburt eines Kindes; für Männer, die in rituellem Sinn unrein wurden; auch zum Eintauchen neuer Gefäße, die vor dem Gebrauch ein Reinigungsbad haben müssen; das Wasser speist sich aus »lebendigem« Wasser (Regen- oder Quellwasser).

Minhag
»Ritus«, »Brauch«; Minhagbücher sind die in den Gemeinden angelegten Sammlungen mit örtlichen oder regionalen Überlieferungen, v. a. auch zu den Gewohnheiten beim Vollzug des Gottesdienstes.

Minjan
»Zahl«; die für die Abhaltung eines Gottesdienstes notwendige Anzahl von zehn Männern im Mindestalter von 13 Jahren.

Misrachi
1902 in Wilna gegr. Vereinigung toratreuer Zionisten, die auf der Grundlage der traditionellen jüdischen Religionsgesetze das Baseler Programm des 1. Zionistenkongresses von 1897 verwirklichen wollten; leistete in Palästina und Israel einen eigenständigen Beitrag zur Erziehungs- und Kulturarbeit.

Parnass
»Verpfleger«, »Versorger«; Vorsteher der jüdischen Gemeinde.

Pauperismus
Begriff aus dem 19. Jahrhundert zur Bezeichnung von Massenarmut und -verelendung.

Pessach
»Überschreitungsfest«; zu dt. »Passah«; Fest der ungesäuerten Brote (Mazze, pl. Mazzot); abgehalten vom 15. bis 22. Nissan (März/April) erinnert es an den Auszug der Juden aus Ägypten.

Purim
Freudiges Fest am 14. Adar (Febr./März) mit Kostümierung und Aufführung von scherzhaften Possenspielen; erinnert an die Errettung der Juden im persischen Reich durch Esther und Mordechai.

Reformjudentum
Von der Emanzipationsgesetzgebung der europäischen Länder beeinflußte Bewegung, v.a. im deutschen Judentum, die nach 1800 durch Umgestaltung des Gottesdienstes mit Predigt und Gesängen in der Landessprache und Orgelmusik auf eine Angleichung an die Umwelt abzielte; Einrichtung säkularer Schulen.

Sabbat
»Der 7. Tag der Woche«; Samstag; an dem Gott geweihten Ruhetag, der am Vorabend beginnt, ist jede Arbeit verboten.

Sabbatianismus
In ganz Europa verbreitete messianische Bewegung; hervorgerufen durch den Pseudomessias Sabbatai Zwi (1626 – 1676) aus Smyrna, der sich aufgrund kabbalistischer Verheißungen als der erwartete Messias ausgab und die mystische Hoffnung auf nahe Erlösung weckte.

»Schändliches Dekret«
Von Napoleon Bonaparte im Jahre 1808 erlassenes Edikt, daß die Freizügigkeit der Juden in den östlichen Departements des französischen Kaiserreichs erheblich einschränkte; Kreditgeschäfte, Handels- und Gewerbefreiheit wurden begrenzt, die berufliche Tätigkeit der Juden von Leumundszeugnissen abhängig gemacht.

Schawuot
Wochenfest, Erntefest; gefeiert am 6./7. Siwan (Mai/Juni); Fest zur Erinnerung an die Offenbarung am Sinai.

Schulchan Aruch
»Gedeckter Tisch«; autoritativer Ritual- und Rechtskodex des gesetzestreuen Judentums, verfaßt von Josef Karo (1488 – 1575); Erstausgabe Venedig 1564/65.

Schutzjude
Das sog. Schutzjudensystem fand Anwendung seit dem Mittelalter bis ins 19. Jahrhundert: Gewährung eines zeitlich befristeten Niederlassungsrechts für einzelne Juden oder eine jüdische Gemeinde durch vom Kaiser oder Landesherrn ausgestellte »Schutzbriefe«; diese mußten durch ein jährlich zu zahlendes Schutzgeld käuflich erworben werden.

Sephardim
Von hebr. Sefarad (»Spanien«); Nachkommen der spanischen und portugiesischen Juden, die 1391 bzw. 1492 die iberische Halbinsel verließen; Ausbildung eines eigenen Ritus.

Shoa
»Katastrophe«; speziell Bezeichnung für den Völkermord an den Juden unter nationalsozialistischer Herrschaft im 2. Weltkrieg.

Simchat Tora
»Freude über die Tora«, »Gesetzesfreude«; der Tag, an dem der einjährige Zyklus der Toravorlesung mit der Verlesung des letzten Abschnittes der Tora abgeschlossen wird; an diesem Tag Umzüge in den Synagogen mit den Torarollen.

Sukkot
»Hütten«; Laubhüttenfest; zum Gedenken an die Wüstenwanderung der Israeliten, gefeiert vom 15. bis 23. Tischri (Sept./Okt.).

Synagoge
Griech. »Versammlung«; das jüdische Gotteshaus, hebr. Bet Hakenesset (»Haus der Versammelten«); portugies. Esnoga, Snoga.

Takkana
Pl. Takkanot; Statuten der jüdischen Gemeinde zur Regelung ihres sozialen und religiösen Lebens.

Talmud
»Lernen«, »Lehre«; das Hauptwerk des Judentums stellt eine Zusammenfassung der aus mündlicher Überlieferung entstandenen Lehre, Vorschriften und Überlieferungen des nachbiblischen Judentums dar; Entstehungszeitraum vom 6. Jahrhundert v. Chr. bis 5. Jahrhundert n. Chr.; setzt sich zusammen aus Mischna (kanonische Sammlung der jüdischen Gesetze, nach Motiven geordnet, in hebräisch verfaßt) und deren kritische Kommentierung und Erörterung in der Gemara; Unterscheidung des talmudischen Stoffes nach zwei Gattungen: die Halacha (Gesetz und Diskussionen über das Gesetz), die den weitaus größten Teil einnimmt, und die Agada (Belehrung, Unterhaltung, Erbauung, Geschichte und Sagen, Ethik).

Talmud-Tora
Im weiteren Sinne von Tora und Talmud; im engeren Sinne die Toraschule, die jüdische Elementar- und Bürgerschule; später die von der Gemeinde finanzierte und unterhaltene jüdische Gemeindeschule.

Tora
»Lehre«; die fünf Bücher Moses, der Pentateuch, die für den gottesdienstlichen Gebrauch auf eine Pergamentrolle geschriebene → Tora wird in einem einjährigen Zyklus gelesen.

Vergeleitung
In der Rechtsgeschichte bezeichnet »Geleit« allgemein eine Begleitung zum Schutz vor Beraubung oder jeglicher Form der Behinderung; ein → Schutzjude mußte für diese Schutzgewährung an den Kaiser, seit dem 16./17. Jahrhundert an Territorialherren oder städtische Herrschaftsträger Geleitgelder entrichten.

Zĕdaka
Die pflichtmäßige Wohltätigkeit im Sinne ausgleichender sozialer Gerechtigkeit; wird praktiziert durch die Spende von Vermögen und Vermögenswerten zur Unterstützung wirtschaftlich Benachteiligter.

Personenregister

A

Abendana, Jacob 289
Abensur, Jacob 33
Aboab Cardoso, Eliau 24, 286
Abudiente, Moses Gideon 29, 32, 288, 289, 291
Ackermann, Michael 336
Adenauer, Konrad 630
Ader, Rose 316
Adler, Alexander 569
Adler, Erna 569
Adler, Familie 567, 569
Adler, Friedrich 328, 350, 351, 352, 353, 356, 358, 377, 378
Adler, Paul 356
Ahlers-Hestermann, Friedrich 347, 348, 355
Ahlwardt, Hermann 478
Alejchem, Scholem 327
Alexander II., Zar 467
Allport, Gordon 416
Allwörden, Wilhelm von 501
Alport, Leo 384, 522
Alport, Valerie 358
Alroy, Efraim 578. (s.a. Spiegel, Hermann)
Althaus, Theodor 242
Alvares, Manuel 26
Alvensleben, Udo von 390
Amburgho, Moshe Namiaz de 26
Amzalak, Moses Bensabat 288
Anders, Günther (d.i. Günther Stern) 407, 408, 411, 413, 414, 415
Andrade, Isaac 35, 101
Andreas-Salomé, Lou 258
Andree, Richard 370
Anna, Zarin 33
Appel, Kurt 326
Ardrey, Robert 330
Armytage, H. 640
Arna, Helga 527, 580, 584
Arnheim, Rudolf 389
Arnim, Bettina von 65
Aron, Nathan Bar 188
Ascher, Felix 161, 162
Ascher, Isaac 373, 375
Aschkenasi, Zwi 179, 180, 181
Asmussen, Hans 629
Assing, David Artur 63, 425
Assing, Rosa Maria (geb. Varnhagen von Ense) 63, 70, 425
Athias, Isaac 24, 285, 286

Audorf d. Ä., Jakob 65, 66
Auerbach, Johannes 350, 358
Ausländer, Rose 340

B

Bachmann, Ingeborg 272
Baeck, Leo 270, 443, 617
Baiersdorf, Samson 224
Ballin, Albert 105, 422, 431, 435–444, 469
Ballin, Elliah 224
Ballin, Samuel Joel 435
Bamberger, Bertha (geb. Cohn) 565
Bamberger, Familie 567
Bamberger, Hella 565
Bamberger, Kela 565
Bamberger, Male 565
Bamberger, Simon 375, 376, 377, 563, 564, 565
Bandler, Heinrich 304
Bargheer, Eduard 349
Barkai, Avraham 517
Barrios, Daniel Levi de 285
Baruch, Familie 580
Baruch, Georg 527
Baruch, Helga 527
Baruch, Irma 527
Baruch, Marion 328, 351, 356, 358, 527
Baruch, Rolf Arno 527–536
Baschko, Zvi Hirsch 179
Bassan, Jacob de 33
Baum, Herbert 538
Bäumer, Gertrud 411
Bausinger, Hermann 361
Beck, Alice 348, 354, 357
Beck, Max 348
Becker, Hellmuth 501
Becker, Johann Nikolaus 65
Beer, Jakob Herz 198
Beer-Hofmann, Richard 327
Beermann, Traute 676
Beets, Emma Dina 422
Behn, Hermann 313
Behrens, Anna Maria 423
Behrens, Christoph 516, 521
Behrens, Eduard Ludwig 424
Behrens, Kurt 326
Behrens, Levy 419, 439
Behrens, Luise Emma 423
Behrens, Theodor 423
Behrens, Wilhelm Leopold 423
Beiersdorf, Paul 516, 520
Beit, Eduard 421
Beit, Ferdinand 424
Beit, Gebrüder 419
Beit, Benny 565, 572
Beit, Cora 573
Beit, Familie 573
Beit, Josef 573
Beit, Martha 573

Beith, Selma 572
Beith, Siegfried 572
Belinfante, Jacob Coem 287
Belinfante, Moses C. 287, 288
Belmonte, Alfred 548
Belmonte, Paul 548
Belmonte, S[alomon] 288
Belmonte, Salomon 548
Bendemann, Eduard von 266, 267
Bendemann, Erwin von 263, 265, 268
Benezra, David 283, 291
Benscher, Fritz 326
Benveniste, Isaak ben Josef 289
Benyoetz, Elazar 272
Berend, Sara Lea 250
Berendsohn, Walter A. 334
Bergt, Jutta 534
Berkhan, Wilhelm 313
Berlin, Abraham 216
Berlin, Nachmann 201
Berliner, Arnold 313, 314
Bermann, Zülz 233
Bernays, Anna (geb. Freud) 254
Bernays, Berman Isaac 250
Bernays, Egla (Emmeline), (geb. Philipp) 253, 257
Bernays, Eli 250, 251, 254
Bernays, Isaak Ben Jacob 249, 250
Bernays, Isaak 70, 117, 118, 119, 121, 122, 124, 151, 179, 183, 184, 204, 366, 367
Bernays, Jacob 250, 254
Bernays, Martha (s.a. Freud, Martha) 249–261
Bernays, Michael 250
Bernays, Minna 250, 251, 252, 255, 257
Bernhard, Rösele 232
Bernstein, Ludwig 659, 660, 661
Bethmann Hollweg, Theobald von 441
Bieling, Elise 242
Biermann-Ratjen, Hans H. 403
Bing, Gertrud 397, 398, 400, 402, 403
Bing, Jonas 369
Birnbaum, Salomo Ascher 376
Bismarck, Otto von 369, 438, 468
Bittong, Franz 312
Bloch, Ernst 263, 264, 265, 267, 269
Bloch, Joseph Samuel 366
Bloch, Marcus Elieser 233
Block, Ernst 340
Block, Fritz 325
Block, Jürgen 351
Blücher, Conrad Daniel Graf von 422
Blum, Ernst 660, 661, 665
Blumenfeld, Bernhard 424

Blumenfeld, Clara 348, 355, 358
Blumenthal, Harry 326, 328
Blumenthal, Therese 215
Bocarro Francês, Manuel 32
Boch, Ida 350
Böckel, Otto 477, 478
Bode, Johann Joachim Christoph 229
Bodenheimer, Max Isidor 364, 369
Bodenschatz, Johann Christoph Georg 33, 177, 362
Böll, Heinrich 336
Bolten, Johann Adrian 145
Borchert, Wolfgang 330
Borinski, Anneliese-Ora 533
Bornhold, Charlotte 584
Bossard, Johann Michael 351
Bothmann, Bernhard 570
Bothmann, Emmy (geb. Cohn) 570
Bothmann, Familie 570
Bothmann, Heino 570
Bothmann, Ingeborg 570
Bothmann, Ruth 570
Brahms, Johannes 302, 306
Brandão, Rodrigo Pires 22
Brauer, Max 105, 107, 318, 594
Bravo, Familie 33
Bravo, Hector Mendes 22
Brecher, Gustav 315
Brecht, Bertoldt 305
Bresselau, Meyer Israel 196, 197, 198, 203, 204
Breuer, Josef 249
Brill, Erich 328, 348, 349, 352, 353, 356, 358
Brill, Klaus 326
Brinckmann, Justus 370
Brink, Robert 548
Brix, Margarethe 347
Broadbent, Captain 638
Broch, Isi 617
Brotman, Adolph G. 634
Bruck, Karl 597
Buber, Martin 270
Buchthal, Hugo 386, 387, 390
Budge, Emma (geb. Lazarus) 424, 657–666
Budge, Henry 424, 657
Bülow, Hans von 303, 313
Burckhardt, Jacob 386
Burmeister, Werner 388, 390
Burmester, Ingeborg 320
Burmester, Willy 320
Butendorff, Peter Carl Heinrich 215
Buxbaum, Hans 326, 327

C

Calmon, Alfred 424
Campe, Julius 334, 425
Campos, Abraham de 27
Cardoso, Ruy Fernandes 22, 26
Carlebach, Alexander 617, 643
Carlebach, Joseph 35, 89, 90, 99, 108, 122, 124, 349, 579, 582, 585, 592, 594, 596
Carlebach, Miriam (s.a. Gillis-Carlebach, Miriam) 579
Carlos, Diogo (d.i. David Cohen) 22
Carr, Edward 435
Caruso, Enrico 315
Cassell, Sir Ernest 438, 441
Cassirer, Bruno 394
Cassirer, Ernst 393–406, 410, 415
Cassirer, Fritz 394
Cassirer, Paul 394
Cassirer, Richard 394
Cassirer, Toni 393, 399, 415
Cassuto, Alfonso 34, 289
Cassuto, Jehuda 28, 34
Cassuto, Isaac 28, 34, 283, 288, 291
Castro, Benedikt (Baruch Nehemias) de 21
Castro, Isaac Orobio de 284
Castro, Rodrigo (Ruy) de 21, 22, 23
Celan, Paul 272
Chamberlain, Houston Stewart 136, 481
Chamisso, Adelbert von 425
Chapeaurouge, de Familie 424
Charlot, Colonel 65
Chevalley, Heinrich 304, 318
Chorin, Aron 197, 201
Christian IV., König von Dänemark 29, 45, 178, 221
Christian V., König von Dänemark 145, 146
Christian VI., König von Dänemark 181
Christian VII., König von Dänemark 289
Christine, Königin von Schweden 21, 31
Claussen, Carl 525
Cohen Belinfante, Jacob 33
Cohen (de) Lara, David 24, 32
Cohen, Gustav G. 135, 424
Cohen, Hermann 394
Cohen, Jacob B. 595
Cohen, Martin 278, 280
Cohen, Moses 622
Cohen Pimental, Abraham 32
Cohen, Raphael 61, 62, 72, 182, 195, 203
Cohn, Carl 424
Cohn, Jonas 408, 409, 414, 415
Cohn, Liselotte 326
Cohn-Lorenz, Erna 326
Condell, Heinz 326
Cordova, Isaak Chiskia de 289

Cornelius, Hans 399
Costa, Uriel da 288
Coutinho, Francisco 26
Cramer, Ernst 104
Crantz, August Friedrich 62
Crasto de Hamburgo, Daniel de 26
Czeschka, Carl 346

D

D'Acosta, Juan 33
Dahl, Ingolf 305
Dam, Hendrik G. van 618
David, Fanny 511
David, Ferdinand 302
Davidson, Willy 346, 353, 354, 357
Davout, Louis Nicolas, Herzog von Auerstedt, Fürst von Eckmühl 34
Dehn, Bertha 305, 326
del Banco, Alma 345, 346, 353, 357, 358
Delbanco, Familie 562
Delbanco, Ludwig 377
Delmedigo, Yosef Shlomo 285
Dessau, Berend Moses 301
Dessau, Mendel 299
Dessau, Moses (d.i. Moses Mendelssohn) 227
Dessau, Paul 301, 305
Dessoir, Max 393
Deutschländer, Max 361, 368, 372, 373, 374
Devrient, Therese 425
Diesterweg, Friedrich Adolf Wilhelm 238
Dilthey, Wilhelm 408
Dinis, Alvaro (d.i. Samuel Hyac oder Jachia) 22, 26, 27, 29
Dohm, Christian Wilhelm von 62, 148
Dohnanyi, Klaus von 13, 107, 109
Dostojewski, Feodor Michailo-witsch 270
Drexelius, Wilhelm 648
Dreyschock, Alexander 302
Drzymalkowska, Helene 555
Duckesz, Eduard 43, 595
Dudek, Walter 665
Dührkop, Gustav 571
Dusenschön, Fritz 546
Dymov, Ossip 327

E

Ebbinghaus, Hermann 408, 411
Eber, Moritz 346, 355
Eber-Feldberg, Lore 328
Ebert, Friedrich 442
Eckardt, Felix von 384

701

Ehre, Ida 323, 329, 330, 331
Ehrlich, Max 327
Ehrmann, Salomon 366
Eibenschütz, José 304
Eichmann, Adolf 597
Einstein, Albert 334, 383, 394
Eisenmenger, Johann Andreas 362
Eitner, Ernst 345, 347
Elkan, Eduard F. 424
Elkan, Hans Septimus 424
Ellern, Recha 583, 584, 585
Ellmenreich, Franziska 313
Emanuel, Lewin 113
Embden, Adolph 117, 119, 120
Embden, Charlotte 62, 426
Emden, Jakob 56, 62, 179, 180, 181, 182, 372
Engel, Bernd 154
Engel, Johann Jacob 234
Engel, Semmy 154, 159, 160, 161, 324
Ephraim, Veitel Heine 233, 407
Erfurth, Ulrich 330
Ernst III., Graf von Holstein-Schauenburg 23
Ernst, Otto 125
Essen, Isaak Hartwig von 563
Ettlinger, Jakob 184
Eybeschütz, Jonathan 56, 61, 62, 180, 181, 182

F

Fabisch, Erika 351
Faleiro, Andres 26
Faleiro, Antonio 24
Farar̃, Abraham 286
Fechner, Gustav Theodor 409
Federman, Raymond 338
Feher, Adalbert 552
Feilchenfeld, Alfred 225
Feiner, Josef 125
Feingold, Marco Max 550
Feininger, Lyonel 346
Feldberg, Lore 346, 350, 353, 355, 358
Ferdinand II., Kaiser 24
Fernandez Pulido, Angel 283, 291
Festersen, Ruth 326
Fidanque, De Castro David 25
Fließ, Wilhelm 257, 258
Flocken, Werner 581, 586
Floros, Constantin 314
Fonseca, Abraham de 24, 32, 289
Forst, Natanael 188
Förster, Paul 477
Francês, Joseph 288
Francês, Manuel Bocarro 32
Franck, Louis 138, 594
Francke, Gottfried 660, 661, 663, 665
Fränckel, Moses Salomon 419
Fränkel, David 62

Fränkel, Seckel Isaak 196, 197, 198, 199, 203
Frankfurter, Mendel Menachem 115, 124
Frankfurter, Naphtali 72
Frauberger, Heinrich 370
Freud, Anna 249, 256, 257, 259, 260
Freud, Anna (verh. Bernays), (Schwester von Freud, Sigmund) 254
Freud, Martha (geb. Bernays) 249–260, 563
Freud, Martin 258, 260
Freud, Oliver 259
Freud, Sigmund 249–260, 267, 270, 273, 366, 563
Freud, Sophie (verh. Halberstadt) 257, 259
Freund, Lothar 383, 390
Freundlich, Siegfried 305, 672
Frick, Wilhelm 518, 528, 541
Friedeberg, Hans Heinz 326, 327
Friedenheim, Louis 372, 373
Friedheim, Ernst F. 159, 669
Friedheim, Käte 326
Friedrich II., der Große, König von Preußen 407
Friedrich III., Graf von Holstein-Schauenburg 145
Friedrich Wilhelm I., Kurfürst von Brandenburg 224
Fritsch, Theodor 477
Fröbel, Friedrich 238, 239, 240, 241, 245, 246
Fröbel, Johanna 241, 242
Fröbel, Karl 239, 241, 242
Fromm-Michaels, Ilse 305
Fry, Varian 340

G

Gandhi, Mahatma 270
Gans, Ivan 657
Gans, Paula 348, 352, 357, 358
Gans, Richard 348
Gaster, Moses 364
Geiger, Abraham 183
George, Stefan 263, 264, 269
Gerlach, Stephan 21
Gerle, Karl 671, 672, 673
Gerson, Hans 325
Gerstner, F. 159
Gesius, Pastor von St. Nikolai 32
Giese, W. 481
Gilbert, Jean 305
Gillis-Carlebach, Miriam 585. (s.a. Carlebach, Miriam)
Giordano, Ralph 342
Glagau, Jonas 216
Glückel von Hameln 30, 42, 45, 52, 54, 63, 67, 133, 221-225, 428

Gobineau, Joseph Arthur Graf von 481
Goebbels, Joseph Paul 517, 537, 539
Goethe, Johann Wolfgang von 270, 272, 371
Gold, Eugen 351
Gold-Blau, Emma 351, 355, 357
Goldschmidt, Adeline 428
Goldschmidt, Baruch Abraham 117
Goldschmidt, Berthold 305
Goldschmidt, David J. 349, 355, 358
Goldschmidt, Erna 643
Goldschmidt, Familie 424
Goldschmidt, Georges-Arthur 337, 339, 341, 343
Goldschmidt, Helmut 672, 673
Goldschmidt, Henriette 237, 240, 244
Goldschmidt, Hermann Levin 272
Goldschmidt, Isaac 419
Goldschmidt, Johanna 71, 237–246, 275
Goldschmidt, Joseph 122
Goldschmidt, Leon 125
Goldschmidt, Moritz David 237
Goldschmidt, Otto 302
Goldschmidt, Salomon 132, 133
Goldschmied, Richard 305, 326
Goldstein, Arthur 376, 378
Goldstein, Harry 617, 636, 637, 638, 642, 643, 669
Goldstein, Kurt 394, 401
Golenzer, Chaim 635, 643
Gomes, Guiomar (Abigail) 22
Goral-Sternheim, Arie 334, 341
Göring, Hermann 93, 357, 539, 541
Görland, Albert 410
Götting, Friebe 230
Gottlieb, Josef 643
Gowa, Anny 326, 327
Gowa, Ferdinand 326
Gräber, Rudolf 583, 584, 585
Gräber, Trude 583
Gradenwitz, Hans 516, 520, 522
Graetz, Heinrich 364, 365
Grimm, Willem 355
Groethuysen, Bernhard 267, 271
Gröllmann, Otto 330
Grove, Herta (geb. Levi) 579
Gründgens, Gustav 328
Grünewald, M. I. 102
Grunwald, Max 43, 51, 113, 361, 362, 363, 365, 367, 368, 370, 371, 374, 376
Grynszpan, Herschel 583
Güdemann, Moritz 366
Gugenheim, Abraham 228
Gugenheim, Blume 228
Gugenheim, Brendel 228

Gugenheim, Fromet 227–235, 278, 281
Gugenheim, Gitel (=Judith) 228
Gugenheim, Glückche Mirjam 228
Gugenheim, Joseph 228
Gugenheim, Nathan 228
Gugenheim, Recha 228
Gugenheim, Vogel 228
Gumpel, Lazarus 424
Gumpertz, Aron Emmerich 228, 229, 230
Günther, Johann Arnold 63, 66
Gura, Hedy 320
Gurlitt, Karl 61, 63
Gutmann, Hermann 538
Gutmann, Hilde 538
Gutmann, Julius 319
Gutmann, Otto 542
Gutmann, Robert 542
Gutmann, Walter 538–544
Guttmann, Hermann Z. 671, 672, 673, 674
Gutzkow, Karl 63, 239, 243, 425

H

de Haas, Alfons 569
van Holten Senior, Senator 28
Haarbleicher, Moses Michael 43, 132, 133, 148, 149, 184–185
Haas/Seligmann, Familie 567
Haase, August 626
Habilho, Jeoshua 288, 289
Hagen, Willy 327
Hagenow, Ida 597
Halberstadt, Sophie, (geb. Freud) 259
Haldane, Richard Burdon Viscount H. of Cloan 438
Halevy, Isaak 138
Halle, Wolff Elias von 419
Haller, Familie 566, 567, 569
Haller, Martin 423, 657
Haller, Max 566
Haller, Wilhelm 569
Hamann, Hilde 346, 347, 355, 358
Hamann, Paul 346, 347, 355, 358
Hameln, Chajim 222, 224
Hameln, Chajim (Enkel) 225
Hameln, Joseph Chajim 225
Hameln von Baiersdorf, Moses 225
Handke, Peter 337, 339
Hanover, David 256, 563, 564
Hansen, Walter 353
Hardenberg, Karl August Fürst von 69
Hartmann, Erich 349
Hauer, Louise 350
Hauptmann, Ivo 348

Hebbel, Friedrich Christian 425
Hebebrand, Werner 672, 673
Heckscher, Emil 375
Heckscher, Marcus Abraham 419, 424, 431
Heckscher, Marcus Samuel 68
Heckscher, Moritz 72
Heckscher, Paul 373
Heckscher, Samuel Meir 42
Heckscher, William 386, 388, 390
Heilbut, Abraham 419
Heilbut, Israel Heymann 68
Heilbuth, Familie 424
Heine, Betty (Mutter von Heinrich Heine) 367
Heine, Betty, geb. Goldschmidt 433, 434
Heine, Carl 435
Heine, Heinrich 63, 66, 333, 335, 344, 367, 421, 426, 432, 434
Heine, Hermann 432
Heine, Mathe Eva 431
Heine, Salomon 68, 105, 334, 340, 419, 421, 422, 424, 431, 433, 434, 444
Heinemann, Joseph 113
Heinemann, Max 616, 617, 634, 636, 639, 643
Heise, Carl Georg 385, 403
Heißmeyer, Kurt 555
Helfgott (d.i. Asaria, Zwi) 102, 617
Helmlé, Eugen 339
Henle, Paul William 328, 347, 355, 358
Henriques, Familie 33
Heppner, Ernst 567
Heppner, Familie 567
Heppner, Irma 568
Heppner, Jacob 568
Heppner, Menachem 568
Heppner, Sulamith 568
Herrera, Abraham Cohen de (d.i. Rodrigo de Merchena) 285, 289
Herrmann, Paula 554
Herrmann-Neiße, Max 335
Hersslik, Edith 326
Hertz, Adolph Jacob 422
Hertz, David 420
Hertz, Fanny 62, 425
Hertz, Hans 645, 648
Hertz, Isaak 420
Hertz, Jacob 420, 422
Hertz, Lefmann Samson 67
Hertz, Levy 419
Hertz, Moses Isaac 68, 69
Herz, Henriette 62
Herzfelder, Joseph 414
Herzl, Theodor 124, 136, 364, 369, 594
Heß, Jonas Ludwig von 423

Hesse, Hermann 334
Heyde, Bernhard 330
Heydorn, Heinz-Joachim 342
Heydrich, Reinhard 98, 493, 595
Heymann, Berthold 351, 358
Heymann, Menachem 232
Hiller, Ferdinand 302
Himmler, Heinrich 490, 525, 539, 543
Hirsch, Baron Moritz von 468
Hirsch, Magdalene 500
Hirsch, Mordechai Amram 81
Hirsch, Otto 443
Hirsch, Samson Raphael 124
Hirschfeld, Gebr. 672
Hirschfeld, Georg 327
Hirschfeld, Walli 533
Hitler, Adolf 92, 521, 539, 540, 541, 621
Hitz, Dora 346
Hochfeld, Ernst 325
Hoffmann, Konrad 635
Hoffmann-Krayer, Eduard 367
Hofmann, Hans 346
Höger, Fritz 349
Holdheim, Samuel 184
Holländer, Ch. 643
Holstein-Schauenburg, Jobst Hermann, Graf von 177
Holzer, Paul 102, 377, 378, 617, 643
Hübner, Ernst August 478, 479
Hübner, Herbert 306
Hugenberg, Alfred 521
Hutter, Elias 289

I

Illies, Arthur 347
Irrwahn, Fritz 477
Irrwahn, Johannes 480
Isaac Abas, Semuel de 289
Isler, Emma 238, 242, 275
Isler, Meyer 63, 70, 238, 275, 423
Israel, Emma 349, 354, 358
Israel, I. 643
Israel, Menasseh ben 286
Israel, Moses 113
Israelski, Jehuda 643
Italiener, Bruno 377, 378, 528
Itzig, Daniel 280

J

Jachia, Semuel 289
Jacob, Philipp 500, 501
Jacob, Simon 113
Jacobsen, A.M. 480
Jacobsohn, Willy 516, 520, 521, 525
Jacobson, Bernhard Salomon 124
Jacobson, Israel 149, 196
Jacques, Robert 304

Jaffé, Carl Heinz 326
Jänisch, Gottfried Jacob 119
Jarre, Bürgermeister 28
Jastram, Carl 551
Jens, Walter 331
Jessurun, J. 424
Joachim, Joseph 302
Joachimsthal, Frieda 352
Johnson, Alvin 402
Jonas, Albert 564
Jonas, Alberto 123, 529
Jonas, Gebrüder 419
Jonas, Heinrich 368
Jonassohn, H. 424
Joshua, Ludwig 373
Jüdel, Meier 216
Jüssen, Heribert (d.i Carl Schurz) 242
Juval, Abraham 579, 583. (s.a. Wasserstrum, Alfred)

K

Kaemmerer, Gustav 453
Kalter, Sabine 318
Kant, Immanuel 394
Kantorowicz, Alfred 341
Kantorowicz, Gertrud 269, 272
Katz, David 413, 416
Katz, Siegfried 643
Katzenellenbogen, Adolf 390
Katzenellenbogen, Jechezkel Ben Abraham 180, 181
Kaufmann, David 225, 363
Kaufmann, Jakob 326
Kaufmann, Karl 541, 546, 657, 659
Käutner, Helmut 330
Kayser, Wilhelm 507
Keilson, Hans 339
Kempner, Robert W. 105
Kerr, Alfred 334
Kinkel, Gottfried 242
Kipnis, Alexander 316, 317
Kircher, Erwin 267, 268
Kitzinger, Ernst 386
Klees-Wülbern, Johann Hinrich 151
Klein, Hedwig 125
Klein, Helmut 358
Klemm, W. 663
Klemperer, Abraham 314
Klemperer, Ida 314
Klemperer, Nathan 314
Klemperer, Otto 311, 314, 315
Kleve, Elia (d.i. Elia Gomperz) 224
Kley, Eduard 70, 116, 117, 120, 124, 149, 184, 196, 197, 198, 199, 237
Klopstock, Friedrich Gottlieb 62
Klose, Hans-Ulrich 108
Kluth, Karl 355

Knigge, Adolph Freiherr von 68
Kober, August 119
Kobler, Julius 326
Koch, Karl 671, 673
Koloszinska, Zyska 554
König, Arthur 411
Koninski, Max 326
Koppel, Gerda 349
Koppel, Max 149
Korn, Ludwig 572
Korn, Salomon 676
Korngold, Erich Wolfgang 316
Koßmann, Zipora 224
Křenek, Ernst 316
Krauss, Friedrich Salomo 365
Krebs, Josef 489, 490, 495
Krogmann, August 301
Kronheimer, Max 659, 660, 661
Krueger, Felix 411
Krug, Heinrich Gottfried 150
Krüger, F.P. 663
Krumbach, Esther 224
Krumbach, Moses 224
Kruszynski, Willy 326
Kühe, Gotthard 346
Kulka, Erich 550, 551
Külpe, Oswald 409, 412
Kümmermann, Lina 572
Kümmermann, Mary 572
Kupfer-Koberwitz, Edgar 549
Kurz, Michael 347

L

Ladewig, Annamarie 349, 356, 358
Lagarde, Paul Anton de 481
Landau, Alfred 365, 374
Landau, Cecilie 555
Landauer, Fritz 161
Landauer, Gustav 270
Landsberger, Anita 554
Lange, Helene 411
Lansburgh, Werner 343
Laqueur, Brüder 538
Larché, Johanna 586
Lase, Elazar 179
Lasker, Paul 468, 471
Lasker-Schüler, Else 264, 271
Lattmann, L. 482
Laub, Ferdinand 302
Lazarus, Henriette 313
Leander, Zarah 328
Leão, Jacob Jehuda 288
Lederer, Hugo 334
Léger, Fernand 345, 346
Leibowitz, S. 373
Leiser, Helga 349, 358
Leiser, Martha 348
Leon, Semuel de 289
Leopold, Heinrich 640
Lerner, Mayer 137
Lerner, Raphael Joel 215

Lessing, Carl Gotthelf 228, 234
Lessing, Gotthold Ephraim 61, 366, 452, 543
Levi, Moses 579
Levin, Louise 240, 245, 246
Levinsohn, Bernhard 424
Levinson, Nathan P. 104, 106, 108, 109
Levy, Alexander 672
Levy, Benas 376
Levy, Cerf (d.i. Hirtz Levy) 224
Levy, Hermann 643
Levy, Hertz Joseph 450
Levy, Heymann Baruch 372
Lewald, Alfred 376, 378
Lewald, Fanny 245
Lewandowski, Louis 199
Lewin, Kurt 413, 415
Lewin-Funcke, Arthur 347
l'Haut, André 345
Lichtenberg, Bernhard Monsignore 537
Lichtheim, Margarete 581, 585
Liebeneiner, Wolfgang 330
Liebermann, Elieser 201
Liebermann, F. 424
Liebermann, Max 348, 349, 354
Liebermann von Sonnenberg, Max 478, 480, 481
Lieblich, Ursula 326
Liepman, Heinz 336, 337, 343
Lieven, Colonel 329
Ligeti, György 306
Lilien, Ephraim Mose 324
Liliencron, Detlev von 125
Lima, Dom Diogo de 22, 24, 285
Lipmann, Otto 412, 416
Lippmann, Leo 96, 99, 139, 426, 597, 658
Loeb, Nina 440
Loeffler, Ludwig 547, 616, 626, 635, 636, 637, 638, 643, 648
Loewenberg, Ernst 126
Loewenberg, Jakob 82, 123, 125
Loewenberg, Margarete 126
Loewenfeld, Hans 315, 316, 317, 318
Loewenfeld, Max 315
Loewenthal, Abraham 364, 372, 373, 374, 375
Lohmann, Carl 571
Löhr, Friedrich 314
Loison, General 69
Lommer, Horst 329
Lopes Coutinho, Gonsalvo 29
Lorenzen, Peter August 563
Löw, Elieser 201
Löwengard, Kurt 326, 328, 346, 350, 353, 355, 356, 358
Löwenstamm, Abraham 202
Löwenstein, Leopold 370
Löwenstein, Rudolf 245

Lüders, Heinrich Wilhelm 119
Lüders, Peter 353
Lukács, Georg 270
Luksch, Richard 347
Lumbrozo, Abraham 287
Luria, Gabriel 27
Luther, Martin 442
Lütkemeyer, Alfred 550
Lutteroth, Familie 424
Luxemburg, Rosa 270

M

Macc. Olm, Major
Mahler, Bernhard 314
Mahler, Gustav 303, 307, 311, 312, 313, 314, 315, 320
Mahler, Marie 313
Maimon, Salomon 62, 66
Maleachi, Ruben 291
Mandowsky, Erna 390
Mankiewicz, Hans 516
Mann, Klaus 271
Mann, Thomas 334, 528
Mannheimer, Isaak Noah 197
Marcus, Ahron 124, 125
Marcus, Alice Amalie 352, 355, 357
Marcus, Bertha 352
Marcus, Edith 349, 356, 358
Marcus, Elias 352
Marcus, Helene 349
Marcus, Mary 123, 125
Marcus, Paul 349
Marcuson, Edith 586
Marenholtz-Bülow, Baronin von 246
Maretzki, Louis 368
Markon, Isaak 139
Markowitch 635
Marr, Wilhelm 477
Marschalk, Max 303, 313, 314
Martini, Oskar 500, 504, 507
Matisse, Henri 347
Matthies, Frank-Wolf 343
Max von Baden, Prinz 442
May, Klaus 671, 672, 673, 674
May, Zebi Hirsch 450
Mayer, Max 253
Meatob, Abraham 291
Mehring, Walter 342
Meidner, Ludwig 349
Meier, Heinrich Christian 547, 551
Melchior, Carl 440, 442, 443, 516, 522
Melchior, Fritz 326
Meldola, Abraham 287
Meldola, David 199
Melo, Francisco de 31
Mendel, David (s.a. Neander
Mendel, Esther) 62, 63
Mendel, Max 19

Mendelson-Hamburg, Moses 68, 145, 149
Mendelssohn, Abraham 233
Mendelssohn, Albrecht 415
Mendelssohn Bartholdy, Abraham 299, 300, 303
Mendelssohn Bartholdy, Albrecht 300, 301
Mendelssohn Bartholdy, Fanny 300, 301
Mendelssohn Bartholdy, Felix 299, 300, 301, 302, 306
Mendelssohn, Brendel 233
Mendelssohn, Henriette 233, 280
Mendelssohn, Joseph 233
Mendelssohn, Moses 61, 62, 73, 181, 227, 228, 231, 232, 234, 277, 278, 280, 281, 299, 366. (s.a. Dessau, Moses)
Mendelssohn, Nathan 233
Mendelssohn, Rebecca 300
Mendelssohn, Recha (=Reikel) 233
Mendelssohn-Frankfurter, Moses 367
Messina, Antonello da 390
Messow, W. 643
Metzger-Lattermann, Ottilie 318, 320
Meumann, Ernst 409, 412
Meyer, Adolf 348
Meyer, Berend 275
Meyer, Gertrud 356
Meyer, Heinrich Christian (»Stockmeyer«) 237, 275
Meyerbeer, Giacomo 301, 408
Meyn, Robert 329
Meyrowitz, Selmar 316
Meysenbug, Malvida von 241, 242
Miatto, David (d.i. David Meatov oder David de la Motte) 285
Michaelis-Stern, Eva 411, 413, 414
Michahelles, Familie 424
Michal, Robert 330
Milee, Erika 327
Minder, Fritz 164
Moddel, Philipp 585
Modersohn-Becker, Paula 346
Moede 412
Moll, Albert 412
Möller, Abraham 577, 580
Moller, Bürgermeister 28
Möller, Hugo 543
Möller, Jacob 138
Möller, Julius 137, 577
Möller, Paul 584
Möller, Wolf 138
Molsen 526
Mönckeberg, Johann Georg 158
Morgan, J. P. 437, 440

Morgenstern, Lina 240, 244
Moser, Moses 204
Moses, L. 365
Mottl, Felix 303
Muchow, Martha 412, 416
Muck, Karl 304
Müller, Alfred 326
Müller, Johannes 17, 25, 286
Müller, Karl Josef 350, 353, 357, 358
Müller, Wolf 582
Müller-Hartmann, Robert 305, 326
Münch, Franz-Xaver 314
Munk, Eli 617, 643
Münsterberg, Hugo 412
Mussaphia, Benjamin Dyonysius 24, 26, 32, 289

N

Nabel, Ulrich 390
Nachez, Tivadar 302
Nachmann, Werner 107, 108
Napoleon 50, 592
Nathan, Bernhard 643
Nathan, Nathan Max 121, 367, 375, 376, 377, 378
Nathan, Samson Philip 124, 133
Nathan, Solomon 314
Natorp, Paul 394
Natskow, Ferdinand 501
Neander, August 63
Nehemias, Benedict 32
Neu, Ludwig 328, 350
Neuburger, Otto 530
Neumannova, Liza 554
Neumark, Salman Mirels 179
Neumark, Sara 179
Nietzsche, Friedrich 303
Noack, Hermann 398
Nobel, Nehemia Anton 138, 443
Nölken, Franz 347
Norman, Montagu 443
Nunes de Costa, Duarte 26
Nunes, Familie 33
Nunes, Hinrich (Henricke) 28

O

Oberdörffer, Wilhelm 528
Oestreich, Oskar 320
Offenbach, Jacques 316
Ofterdinger, Friedrich 504
Olden, John 329, 330
Oliveyra, David de 27
Oppenheim, Emil 424
Oppenheim, Hirsch David 419
Oppenheim, Jacob 116
Oppenheimer, Familie 421, 424
Oppenheimer, Hirsch Berend 423, 424
Oppenheimer, Jakob 68, 69, 419

705

Oppenheimer, Max Siegfried 376, 378
Oppenheimer, Samuel 224
Osborn, Max 277
Oser, Baruch ben Meier 179
Ossietzky, Carl von 334
O'Swald, Esther 423

P

Panofsky, Erwin 383–390, 397
Papen, Franz von 443, 521
Pappenheim, Bertha 225, 249, 260
Pardo, Herbert 35
Parish, Charles 422
Parish, George 422
Parish, Richard 422
Paul, Jean 425
Pauli, Gustav 384, 385, 390
Paulsen, Charlotte 239, 243
Pelzer, Altonaer Gestapochef 595
Pereira, S. Rodrigues 35
Pereirar, Yzaque 27
Pereiras, S. Rodrigues 164
Peter der Große, Zar 33
Petersen, Emil 566
Petersen, Gustav 423
Petersen, Rudolf 617, 626, 637, 639, 645
Pfohl, Ferdinand 315
Philip, Fanny 123
Philipp, Egla (Emmeline), (verh. Bernays) 250
Philipp, Elias 252, 256
Philipp, Fabian Aron 250
Philipp, Minna geb. Ruben 250
Pickenbach, Ernst Wilhelm 477
Pimentel, Abraham Cohen 289
Pina, Manuel (Jacob) de 29
Pinder, Wilhelm 386
Pinkerle, Löb (d.i. Staden, Löb) 221
Plaut, Max 97, 99, 529, 563, 593, 595, 598, 608, 635
Polgar, Alfred 336
Pollak, Egon 317
Pollini, Bernhard 303, 312, 313
Popert, Familie 419
Popert, Israel Samson 55
Popert, Martin Anton 424
Popert, Meyer Samson 431
Popert, Meyer Wolf 67
Popper, Joseph (d.i. Lynkeus) 366, 367
Popper, Lotte 490
Prellwitz, Paul 502
Priebatsch, Miene 462
Proskauer, Lutz 326
Puls, Alfred 671, 672, 673

Q

Queisser, Alfred 518, 523
Quest, Hans 330

R

Raab, Friedrich 477, 478, 479, 480, 481, 482
Rabener, Gottlieb Wilhelm 229
Radenhausen, Carl 477
Ragaz, Leonard 271
Raphaeli, Leo (d.i. Willy Hagen) 327
Rath, Ernst vom 537
Rathenau, Emil 436
Rauschning, Georg 489
Rauschning, Herrmann 494
Rebenl(e)in 289
Rée, Anita 19, 328, 347, 349, 353, 358
Rée, Anton 71, 72, 105, 120, 121, 124, 242, 244, 314
Reinhardt, Max 315
Reis, Elli 352, 358
Reis, Hermann 352
Reis, Stephanie 352
Renner, Ruben 569
Reuss-Löwenstein, Harry 350, 351, 352, 354, 358
Reuter, Ernst 628
Reventlow, L. Graf zu 481, 482
Reybekiel, Waclaw von 390
Richter, Alfred 502, 503
Richter, Emil 671, 672, 673
Richter, Hans 303
Rieger, Paul 371, 372, 373, 374, 375
Riesser, Gabriel 19, 63, 71, 72, 78, 105, 237, 367, 425
Riesser, Lazarus Jakob 203, 204
Ripa, Cesare 387, 390
Ritter, Else 350
Ritter, Josef 370
Robertson, Brian 625
Robinow, Cäcilie 426
Robinow, Carl 424
Robinow, Familie 420, 424
Robinow, Johannes 424
Robinow, Siegmund 422
Robinsohn, Gebr. 672
Rode, Johannes 547
Rodig, Erich Wasa 566, 567
Rodrigues, Henrique (Samuel Cohen) 22
Rohling, August 366
Rökk, Marika 328
Roller, Alfred 312
Ronge, Johannes 239, 242
Rosales, Jacob 32, 288, 289
Rose, Thomas 289
Rosen, Willy 327
Rosenbaum, Eduard 438

Rosenberg, Fritz 643
Rosenberg, Heinz 533
Rosenfeld, Alfred 550
Rosengarten, Albert 149, 152, 153, 155, 156
Rosenstock, Joseph 304, 326
Rosenthal, Moritz 313
Rosenzweig, Franz 263, 270
Ross, Edgar 72
Rossi, Salomone 301
Rothschild, D. Kalmann 350, 352, 358
Rothschild, Familie 421
Rousseau, Jean Jacques 229
Röver, Valesca 345
Rübe, Adolf 356, 533
Rubinstein, Anton 302, 313
Ruch, Albert 319
Rühmann, Heinz 328
Runge, Philipp Otto 390
Ruppert, Fritz 507
Rzekonsky, William 157

S

Saalfeld, Georg 636, 643
Sabetay, Rephael (s.a. Zwi, Sabbatai) 30
Sachs, Hans 255
Sachse, Leopold 317, 326
Sakom, Jakob 304, 326
Salomon, Gotthold 72, 184, 197, 198, 237
Salomon, Gustav 237
Salomon, Henriette 242
Salomonowicz, Ludwig 102
Salvador, Fernando 27
Salzer, Marcell 371
Samoßt, Zwi Hirsch 115
Samson, Hermann 659, 661
Samson, Rudolf 326
Sanders, Familie 424
Saraiva, Duarte 26
Saraiva, Familie 26
Sartorius, Hermann 358
Sasportas, Jacob 30, 32, 285
Sauerlandt, Max 384, 390
Saxl, Fritz 383, 385, 386, 388, 390, 396, 397, 398, 402, 403
Schacht, Hjalmar 93, 442, 443, 444
Schack, Wilhelm 480, 481, 482
Schäffer, Hans 442
Scheer, Bernhard 525
Scheler, Max 314, 399
Scheye, Hirschel 113
Schiff, Frieda 440
Schiff, Itzig 275
Schiff, Jacob H. 440
Schindler, J. 672
Schindler, Kurt 326
Schlepps, Georg 157

Schlesinger, Bruno. (s.a. Walter, Bruno)
Schlösser, Manfred 266, 341
Schmidt, Arno 334
Schmidt, Ole Jörgen 146
Schmidt-Isserstedt, Hans 320
Schmilinsky, Gabriele 349
Schmitt, Kurt 524
Schnaber, Mordechai 68
Schnaber-Levison, Gumpel 62
Schneider, Karl 346
Schön, Theodor 161
Schönerer, Goerg von 478
Schönfeld, Baruch 362
Schonthal, Ruth 305
Schopenhauer, Arthur 136
Schoppe, Amalie 63
Schuchardt, Wilhelmine 352
Schudt, Johann Jacob 31, 145, 146, 177, 362
Schüler, Irmgard 278
Schumacher, Fritz 384
Schumann, Clara 302
Schumann, Friedrich 411
Schumann, Robert 302
Schuppius, Balthasar 31
Schwabe, Marcus Hertz 237
Schwarz, Karl 277
Schwarz, Paul 319, 326
Schwarz, Vera 316
Schwegerle, Hans 347
Sealtiel, Benjamin 154
Sealtiel, David (Shaltiel) 35
Sealtiel, Joseph 35
Seelig, Siegmund 671
Seitz, Paul 672, 673
Seligmann, Familie 424
Seligmann, Adolf 352
Seligmann, Caesar 135, 136
Seligmann, Elisabeth 351, 355, 357
Seligmann, Erna 569
Seligmann, Gert 569
Seligmann, Hans 569
Seligmann, Helene 569, 573
Seligmann, Ivan Sally 352, 353, 357, 358
Seligmann, Jacob 573
Seligmann, Kurt 569
Seligmann, Moritz 569
Seligmann, Moses 419
Seligmann, Olga 569
Seligmann, Rosa 352
Seligmann, Süssel 215
Seligmann/de Haas, Familie 569
Semler, Hermann 572
Senior, Aron 25
Seybold, Mathilde 242
Shaftesbury, Anthony Ashley Cooper 3rd Earl of 229
Siebelist, Arthur 347
Sieveking, Amalie 239
Sieveking, Kurt 637, 639
Sillem, Richard 423
Simmel, Georg 263, 267, 269
Simon, Carl 424
Simon, Heinrich 268
Simon, Jacques 345
Simonsen, David 365
Simson, Otto von 389
Sinasohn, Max 281
Singer, Edmund 302
Singer, Günter 103, 104
Singer, Werner 327
Slevogt, Max 350
Sloman 424, 435
Smétana, Bedřich 312
Soares, Familie 33
Sokrates 227
Solmitz, Fritz 546, 547
Solmitz, Walter 405
Solomon, Robert Bernard 624, 625, 634
Son, David von 636, 637, 643
Sonderling, Jacob 375
Sondheimer, Hans 326
Sonnenberg, Liebermann von 477, 482
Sonnin, Ernst Georg 148
Spangenberg, Herbert 674
Spiegel, Hermann 578, 580, 582
Spielberg, Hertha 358
Spier, Arthur 122, 529
Spinoza, Baruch 364
Spitzer, Alfred 377, 378
Spitzer, Samuel 82, 90
Spranger, Eduard 246, 413
Springer, Axel 354
Starke, Käthe (geb. Goldschmidt) 592, 598
Stegemann, Heinrich 349
Steifmann, Hermann (d.i. Cerini) 305
Steigner, Wilhelm 477
Stein, Charlotte von 272
Stein, Lorenz von 251
Steinberg, William 304
Steinbrück, Camilla 320
Steindorff, Georg 315
Steinhardt, Menachem Mendel 198
Steinheim, Johanna 63
Steinheim, Salomon Ludwig 19, 63, 70, 71, 73, 425
Steinschneider, Auguste 240
Steinschneider, Moritz 362
Stern, Anschel 81, 82, 121, 122, 124, 460
Stern, Clara (geb. Josephy) 409, 411
Stern, Hilde 411
Stern, Moritz 277, 281
Stern, Rosa 407
Stern, Sigismund 407
Stern, William 407–416
Sternheim, Walter (s.a. Goral-Sternheim, Arie) 138
Stettiner, Richard 384
Stiland, Theresa 555
Stoecker, Adolf 84, 468, 476, 477, 482
Streicher, Julius 539
Stresemann, Gustav 442
Stumpf, Carl 411
Suchowiak, Bogdan 550
Sudermann, Hermann 366, 367
Sulzer, Salomon 199
Susemann, David 66
Susemann, Gelke 66
Süskind Rothenberg, Moses Ben Mordechai 180
Susman, Margarete 263–273, 341

T

Tachau, Ludwig 370
Tannenberg, Jacob 373
Tauber, Richard 319
Tausig, Carl 302
Teixeira de Silva, Antonia 31
Teixeira, Diego Abraham Senior 26, 28, 31
Teixeira, Familie 33, 562
Teixeira, Manuel Ishack Senior 31, 32
Tendlau, Abraham 362
Tettenborn, Friedrich Karl von, Oberst 68
Thilenius, Georg 373
Tietze, Wilhelm 163
Tilly, Johann Tserclaes Graf von 47
Toepke, Lola 351, 357, 358
Tolnay, Charles de 383, 388, 390
Traub, Debora 66
Traun, Bertha 240, 242
Treitschke, Heinrich von 468, 476
Troki, Isaac ben Abraham 286
Troplowitz, Oskar 516, 525
Tschaikowsky, Peter I. 312
Tuch, Ernst 136, 137, 138
Tuch, Gustav 135, 324, 361, 368, 369, 372, 373
Tucholsky, Kurt 335

U

Uexküll, Jakob von 410
Unna, Eugen 516, 520, 522, 525
Unzer, Johann Christian 62
Uziel, Yshac 286

V

Varnhagen, Familie 425
Varnhagen, Rahel 62
Varnhagen von Ense, August 63, 421
Victor, Curt 569

Victor, Familie 567, 568
Victor, Hans 568
Victor, Lisbeth 568
Victor, Lotte 568
Victor, Willy 568
Viteles, H. 634
Vogelstein, Hermann 372
Vogt, Friedrich 365
Volkhausen, Carl 242
Voltaire 225
Volterra, Danielle da 390
Voscherau, Henning 107, 109

W

Wächter, Max 326
Wagner, Cosima 315
Wagner, Max Leopold 288
Wagner, Richard 312
Wahl, Paul 277
Wahle, Fritz 253
Walter, Bruno 311, 312, 313
Warburg, Aby 384, 385, 386, 389, 390, 393–406, 443
Warburg, Aby S. 421
Warburg, Alice 426
Warburg, Bernhardine 452
Warburg, Charlotte 427
Warburg, Daniel Samuel 428
Warburg, Eric M. 402
Warburg, Familie 159, 340, 424, 562
Warburg, Fanny 428
Warburg, Felix 440
Warburg, Fritz 425
Warburg, Genendel 428
Warburg, Gumprich 439
Warburg, Johann Rudolph 451, 452
Warburg, Marcus Samuel 68
Warburg, Max M. 95, 105, 325, 384, 397, 400, 427, 431, 439, 440, 441, 442, 443, 659, 661, 672
Warburg, Moritz 427, 439, 443
Warburg, Moses Marcus 419, 421
Warburg, Paul 440, 443
Warburg, Pius 426
Warburg, Sara 421, 427, 428
Warburg, Siegmund 427, 443
Warburg, Sophie 427
Warburg Spinelli, Ingrid 340, 341, 429
Warburg, Theophile 427
Wasserstrum, Alfred 579, 582, 583
Weichmann, Elsbeth 105
Weichmann, Herbert 104, 105, 107
Weigelt, Georg 239, 242
Weiss, Henriette 352
Weiss, Ignatz 352

Weiss, Max 352, 357, 358
Weiss-Mann, Edith 305
Weisse, Christian Felix 229
Weissenberg, Samuel A. 362, 365
Weisz, Theodor 594, 595
Werner, Cos(s)man 364
Werner, Sidonie 136
Wertheimer, Akiba 183, 184
Wessely, Herz 68
Wessely, Moses 62, 230, 233
Westendarp, Amalie 71, 237, 244, 275
Weymar, Hans-Hermann 671, 672, 673
Wiebel, Karl W. Maximiliam 242
Wieck-Schumann, Clara (s.a. Clara Schumann)
Wienbarg, Ludolf 63, 335, 425
Wieniawski, Heinrich 302
Wieniawski, Joseph 302
Wihl, Ludwig 63
Wilcke, Julius 479
Wilder, Thornton 330
Wilhelm II., Kaiser 85, 436, 437, 441, 442, 566
Willerding, Heinrich Julius 119
Wilhelm von Braunschweig-Lüneburg, Herzog 46
Wind, Edgar 383, 388, 390, 398, 400, 402
Winrich, Hedy 578, 582
Winterfeld, Max 305. Siehe auch Gilbert, Jean
Witzenhausen, Simon Veit 228
Wohlmann-Meyer, Cläre 125
Wohlwill, Anna 244, 428
Wohlwill, Emil 422
Wohlwill, Fanny 428
Wohlwill, Gretchen 328, 347, 353, 356, 358, 452
Wohlwill, Heinrich 452
Wohlwill, Immanuel 125, 244
Wohlwill, Paul 452, 645, 648
Wohlwill, Rudolph 452
Wohlwill, Sophie 452
Wohlwill, Theodor 452
Wolf, Albert 367
Wolf, Moritz S. 138
Wolff, Herbert 350
Wolff, Hermann 302
Wolff-Elkan, Maria 350, 356, 358
Wolffson, Isaak 19, 72, 78
Wolfskehl, Karl 263, 266, 267
Wongel, Karlheinz 671, 672, 673, 674
Wormser, Daniel 134, 468, 470
Wundt, Wilhelm 409, 411
Würtzer, Heinrich 114
Wüstenfeld, Emilie 238, 240, 242, 244

X

Ximenes, Fernando 26, 27

Z

Zeise, Heinrich 63
Zgnilek, Karl 578, 582
Ziegler, Friedrich 572
Zimmermann, Oswald 478, 480, 481
Zunz, Leopold 197
Zwi (Zewi), Sabbatai 30, 179, 224

Orts- und Länderregister

A

Aachen 625
Adrianopel 179
Ägypten 443
Afrika 473
Ahrensdorf 531, 532
Alexandria 319
Altdorf 25
Altona 23, 33, 34, 41, 43, 44, 45, 46, 47, 49, 50, 51, 52, 53, 54, 55, 61, 63, 64, 73, 84, 85, 89, 90, 94, 96, 97, 98, 115, 126, 131, 138, 143, 144, 145, 146, 147, 164, 177, 178, 179, 180, 181, 183, 184, 188, 189, 195, 201, 221, 277, 278, 281, 289, 302, 314, 326, 335, 337, 349, 371, 431, 439, 447, 451, 477, 561, 577, 580, 581, 582, 583, 585, 586, 589–599, 633, 638, 646
Amberg 669
Amsterdam 21, 22, 24, 26, 27, 28, 29, 32, 34, 180, 181, 199, 224, 271, 284, 285, 287, 288, 289, 358, 440, 525, 569
Antwerpen 21, 24, 459, 468, 471
Argentinien 495
Asien 286
Australien 337, 463, 473

B

Bad Liebenstein 238
Bad Nauheim 669
Baden 104, 442
Baden bei Wien 376
Balkan 290
Barbados 26, 27
Barcelona 305, 542, 544
Basel 367
Bayern 243, 342
Bayonne 284
Bayreuth 315, 317, 320
Belfast 436
Belgien 355, 441
Belgrad 179
Berlin 61, 62, 63, 65, 70, 72, 102, 103, 105, 114, 117, 149, 161, 179, 182, 196, 197, 199, 201, 224, 227, 229, 231, 232, 238, 240, 259, 264, 270, 271, 273, 278, 280, 281, 300, 301, 302, 303, 305, 313, 314, 315, 316, 319, 325, 326, 328, 330, 341, 343, 346, 347, 348, 350, 353, 356, 358, 369, 386, 394, 395, 407, 413, 414, 438, 439, 469, 472, 521, 522, 530, 531, 532, 534, 537, 539, 540, 541, 569, 593, 595, 597, 606, 621, 622, 669
Bernburg/Saale 551
Birkenhead 436
Blankenese 340, 356, 530, 589, 603, 614
Bochum 326
Bologna 538
Bonn 330, 388
Bordeaux 284, 286
Brandenburg Preußen 224
Brasilien 26, 356
Braunschweig 370, 372, 375, 411, 542
Braunschweig-Lüneburg 44
Bremen 435, 436, 437, 459, 460, 468, 469, 470, 471, 472, 538
Bremerlohe 237
Breslau 65, 70, 114, 311, 313, 314, 326, 346, 364, 371, 409, 597
Britische Zone 614, 618, 621, 623
Brody 199, 467
Bromberg 346
Brunswick/Maine 402
Brügge 21
Brüssel 318, 319, 320
Budapest 179, 312, 552
Buenos Aires 305, 350
Bukarest 199, 330
Bundesrepublik 102, 109
Buxtehude 505
Böhmen 302

C

Cannes 319
Chile 543
Cuba 356
Curaçao 289
Cuxhaven 441
Czernowitz 330

D

DDR 305, 342
Den Haag 35
Dessau 114, 198, 232
Deutsches Reich 272, 468, 473, 476, 487, 537, 552, 620
Deutschland 44, 61, 101, 102, 103, 104, 105, 106, 107, 109, 134, 195, 263, 270, 271, 286, 304, 305, 306, 328, 334, 335, 336, 337, 338, 339, 340, 341, 342, 343, 349, 355, 356, 357, 422, 428, 429, 439, 440, 442, 443, 444, 469, 472, 478, 480, 481, 482, 483, 487, 488, 490, 492, 494, 516, 520, 542, 552, 567, 570, 580, 583, 585, 586, 593, 595, 603, 604, 606, 608, 614, 622, 657, 658, 659, 660, 661, 662
Donauwörth 521
Douaumont 538
Dresden 240, 314, 326, 346, 350, 362, 367, 373, 374, 523
Duisburg 326
Durham 409
Dänemark 45, 47, 221, 358
Düsseldorf 102, 267, 271, 300, 302, 370

E

Ecuador 355
Eidelstedt 555
Eimsbüttel 451, 602, 604, 605, 606, 610
Elisabethgrad 365
Emden 21, 202
England 245, 286, 299, 305, 315, 334, 355, 356, 435, 438, 443, 462, 472, 473, 494, 532, 619
Eppendorf 326, 453
Erkner 534
Europa 340, 343, 622

F

Fahr am Rhein 520
Fehmarn 349
Ferrara 289
Finkenwerder 356, 608
Florenz 268, 337, 339
Floridsdorf 366
Frankfurt am Main 23, 63, 65, 72, 102, 103, 105, 114, 138, 225, 270, 271, 302, 326, 348, 399, 400, 401, 440, 525, 597, 657, 658, 660, 669, 671, 672, 676
Frankreich 68, 286, 313, 317, 334, 336, 340, 341, 342, 349
Freiburg 386
Freudenstadt/Schwarzwald 520
Freudenthal 131

709

Fürstenwalde 533, 534

G

Glyndebourne 316, 319
Glückstadt 24, 26, 28, 29, 50, 143, 178, 285, 289
Graetz 364
Griechenland 285
Grindelviertel 326, 451, 453, 455, 603
Groß-Flottbek 589
Großbritannien 301, 401, 402
Göteborg 437

H

Haifa 585, 594, 604
Haiti 495
Hameln 133, 222
Hamm 334, 527
Hannover 42, 237, 250, 271, 302, 431, 538
Harburg 41, 43, 44, 46, 49, 50, 52, 55, 96, 593
Harburg-Wilhelmsburg 502
Harvestehude 423, 424, 451, 453
Havelberg 533
Heidelberg 104
Herford 645
Hindenburg 363
Hohensalza 565
Holländisch-Brasilien 26
Holstein 73, 179, 286
Holstein-Schauenburg, Grafschaft 23, 44, 145
Honduras 493

I

Iberische Halbinsel 284, 285, 286, 290
Iran 102
Isle of Man 355
Israel 101, 103, 107, 108, 109, 124, 139, 224, 266, 361, 364, 376, 567, 570
Italien 27, 245, 259, 286, 346, 347, 356, 438

J

Japan 304, 492, 606
Jena 25, 301
Jenfeld 570
Jerusalem 30, 35, 134, 202, 225, 278, 348, 358, 364, 365, 374, 415
Jessen 533
Jütland 435

K

Kairo 319

Kalischt 313
Kanada 358, 463, 607
Kandia 285
Karlsruhe 199, 326
Kassel 482
Kastilien 289
Keilhau 243
Kiel 441, 564, 568, 571
Kiew 467
Klein-Flottbek 589
Kleve 224
Kobe 492
Konstantinopel 30
Kopenhagen 42, 56, 181, 289, 361, 365
Krakau 124, 199
Kreuzlingen 398
Köln 102, 305, 312, 314, 351, 369, 669, 672
Königsberg 65, 330
Küstrin-Neustadt 521

L

Langenfelde 132
Langenhorn 347, 555
Lauenburg 338
Laupheim 351
Le Havre 459
Leipzig 117, 300, 312, 326, 364, 410, 533
Lemberg 180
Lissa 201
Lissabon 21, 22, 27, 288, 319, 356
Litauen 180, 473
Livland 182
Livorno 284, 286, 289
London 30, 34, 180, 242, 260, 283, 284, 286, 287, 289, 300, 305, 318, 319, 336, 355, 356, 357, 364, 383, 385, 402, 415, 438, 440, 443, 617, 621, 625
Lublin 302
Lurup 589
Lübeck 252, 256, 546, 669
Lüneburg 571

M

Madrid 305
Mainz 118, 250, 305
Mannheim 326, 330
Mantua 301
Marburg 365, 394, 403
Marokko 441
Metz 181, 224
Minsk 98, 356, 357, 495, 533, 573, 596, 604
Mosbach 370
Moskau 470
Mähren 179, 181, 255

Mönchengladbach 548
München 102, 225, 267, 269, 271, 314, 339, 341, 346, 347, 351, 364, 386, 507, 592, 669

N

Nantes 300
Neuendorf 531, 532, 533, 534
Neugraben 555
Neuharlingersiel 349
Neuseeland 538, 542
Neustadt (in Hamburg) 54, 144, 149, 157, 250, 251, 350
New York 105, 289, 290, 305, 336, 340, 341, 368, 376, 385, 393, 437, 516
Niederlande 270, 286, 290, 336, 339, 355, 358, 532, 573
Nienstedten 589
Nordafrika 284, 285, 286, 289
Nordbrasilien 26, 27
Norddeutschland 283, 480
Nordrhein-Westfalen 621
Norwegen 304
Nürnberg 105, 507

O

Oberschlesien 326
Ochsenzoll 555
Odessa 470
Österreich 260, 316, 366, 460, 593
Österreich-Ungarn 470
Ohlsdorf 132, 334, 635, 638
Oran 285
Osdorf 589
Osmanisches Reich 137, 284, 285, 286, 289
Osnabrück 336
Osteuropa 30, 135, 361, 595, 614
Othmarschen 589
Ottensen 32, 44, 49, 55, 425, 434
Oxford 301, 383, 402

P

Paderborn 530
Palästina 35, 73, 84, 93, 134, 135, 137, 138, 202, 278, 304, 334, 337, 348, 354, 355, 364, 371, 376, 414, 443, 530, 531, 532, 565, 567, 568, 570, 580, 582, 584, 585, 603, 604, 614, 621, 624
Paris 255, 305, 318, 333, 334, 335, 336, 338, 345, 346, 347, 348, 383, 440
Penevézys/Litauen 304
Pest 302
Pinneberg 44

Polen 27, 102, 187, 245, 286, 460, 473, 520, 545, 555, 582, 583, 584, 593, 625
Portland 606
Porto 288
Portugal 21, 22, 23, 24, 33, 284, 285, 286, 289, 356
Posen 461
Positano 347
Potsdam 372
Prag 65, 285, 302, 312, 314, 317, 319, 348, 366, 541, 554
Prerau/Mähren 330
Preußen 64, 68, 70, 84, 239, 240, 243, 460, 471
Preßburg 302
Princeton 383, 394

Q

Quito 355

R

Recife 26
Rheda 334
Riga 98, 99, 356, 573, 596
Rissen 530, 589
Rom 340, 372
Rostock 320
Rotenburg/Wümme 553
Rothenburgsort 556
Rotherbaum 423, 451, 453
Rotterdam 459, 468, 471
Ruhleben 468, 472
Rumburg 304
Rußland 133, 134, 138, 245, 337, 440, 442, 460, 470, 472, 473
Rüschlikon 271

S

Sachsen 477
Säckingen 270, 271
Salzburg 316
Sandbostel 553
São Paulo 358
Sarajewo 179
Schaffhausen 608
Schauenburg 45, 47, 55
Schleswig 42, 566
Schleswig-Holstein 50, 178
Schweden 31, 343, 393, 437
Schweiz 264, 271, 334, 336, 340, 343, 349, 355, 568, 603, 608, 659, 660, 661, 666
Schöningstedt 338
Seesen 114
Serbien 442
Shanghai 492, 605, 606, 608
Siebenbürgen 306
Siek 571
Skandinavien 440

Sowjetunion 492, 545, 596
Spanien 21, 22, 23, 38, 283, 284, 285, 286, 290, 341, 343, 346
St. Gallen 355
St. Georg 192, 305
St. Pauli 350
St. Petersburg 33
Stalingrad 625
Stellinger Moor 608, 609
Stettin 436, 437
Stormarn 571
Stuttgart 326, 372
Sudetenland 593
Südafrika 661
Südamerika 35, 102, 103, 463, 473
Südfrankreich 21, 348
Sülldorf 589
Surinam 27
Sylt 347, 356, 357
Szelepcsany 595

T

Tasdorf b. Berlin 301
Tel Aviv 272, 356, 533
Tonndorf 570
Toskana 27
Totis 302
Toulon 334
Travemünde 256
Trebbin 531
Tschechoslowakei 596
Tschernigov 467
Türkei 21

U

USA 26, 101, 105, 126, 225, 286, 301, 304, 305, 315, 316, 317, 319, 326, 340, 355, 358, 361, 368, 393, 410, 415, 416, 435, 440, 442, 444, 459, 460, 462, 463, 468, 469, 471, 473, 494, 525, 582, 604, 606, 608, 616, 619, 624, 625, 657, 666
Ulm 326
Ungarn 306, 307, 351, 355
Uppsala 344
Uruguay 337

V

Venedig 22, 285, 286
Verdun 538
Virginia 26

W

Wandsbek 41, 43, 44, 47, 49, 55, 96, 177, 178, 189, 195, 249, 252, 254, 255, 377, 561–575, 593, 633, 646
Warburg 439
Warschau 302
Wedel 555
Weimar 336, 344, 346
Wellingsbüttel 358
Weserbergland 553
Westerbork 573
Westeuropa 284
Westfalen 334, 477
Wien 72, 199, 249, 251, 254, 255, 260, 303, 305, 313, 314, 316, 330, 361, 365, 366, 367, 371, 373, 374, 583
Wilhelmsburg 96
Wladiwostok 492
Wolfenbüttel 114, 228, 370, 542, 543, 544
Worpswede 346, 347
Wychwatinez 302
Württemberg 372
Würzburg 71, 183, 301, 565

Z

Zagorow 305
Zbaszyn 583
Zion 198, 202
Zürich 125, 240, 264, 265, 271, 338, 348, 659, 661
Zypern 356

Sachregister

A

All Souls College/Oxford 402
Allgemeine Armenanstalt 65, 209
Allgemeiner Bildungsverein deutscher Frauen 71, 238, 239
Allgemeiner Deutscher Erziehungsverein 246
Alsterpavillon 71
American Guild of Musical Artists 317
Amt für Wiedergutmachung und Flüchtlingshilfe 626
Amt für Wohnungswesen, Grundstücksverkehr und Schätzung 664
Amtsgericht Hamburg 660
Amtsgericht Wandsbek 563
Anthroposophische Gesellschaft 325
Arbeitsgemeinschaft ehemals verfolgter Sozialdemokraten 104
Archiv für jüdische Familienforschung 365
Army Welfare Service 329
Auswandereragentur Morris & Co. 435
Außenhandelsstelle für Hamburg und die Nordmark 526

B

Bandler-Quartett 304
Bankhaus Abraham Heilbut 419
Bankhaus Heckscher & Co 431
Bankhaus J.Goldschmidt Sohn 428
Bankhaus Kuhn, Loeb & Co. 421, 440
Bankhaus L. Behrens & Söhne 423
Bankhaus Levy Behrens 419
Bankhaus M. M. Warburg & Co. 419, 428, 439, 440, 441, 444, 516, 522
Bankhaus Moses Seligmann 419
Bankhaus Solmitz 672
Bankhaus Speyer (Frankfurt) 421
Bau-Verein Hamburger Anthroposophen 325
Bauhaus 346
Bekennende Kirche 629
Beratungsstelle für Wiedergutmachungsansprüche 618, 626, 635
Berliner Bewegung 476
Bezirksamt Wandsbek 564
Blohm & Voss 436, 440
Budge-Palais 657–666
Bund der Landwirte 481, 482
Bund Deutscher Graphiker (BDG) 352

C

Christlich-Soziale Partei 480, 481, 482
Commeter, Kunsthandlung 353
Control Commission for Germany 621, 639, 641, 647
Conventgarten 326
Courtauld-Institute/London 355

D

Der Caecilien-Verein 302
Der Concert-Verein 302
Deutsch-Hammerbrooker Jünglingsverein 477
Deutsch-Katholiken 239, 242
Deutsch-Soziale Partei 84, 477, 480, 481, 482
Deutsch-Soziale Reformpartei 480, 482
Deutsche Arbeitsfront (DAF) 523
Deutsche Gesellschaft für Psychologie 410
Deutsche Liga für den Völkerbund 301
Deutsche Reformpartei 477, 482
Deutsche Vaterlandspartei 483
Deutsche Volkspartei (DVP) 442
Deutscher Gemeindetag 507
Deutscher Künstlerbund 347, 349
Deutscher Verein 477, 478, 566
Deutsches Rotes Kreuz 626
Deutsches Schauspielhaus Hamburg 324
Deutsches Zentralkomitee für die Russischen Juden 470
Deutschkonservative Partei 477, 480
Deutschnationaler Handlungsgehilfen-Verband 84, 480, 482, 483
Deutschvölkischer Schutz- und Trutzbund 483
Devisenfahndungsamt Hamburg 491
Devisenstelle Frankfurt 660
Devisenstelle Hamburg 489-495, 660, 661
Die Bach-Gesellschaft 302
Die Hamburger Sing-Akademie 302
Die Neuen Abonnements-Concerte 302
DP-Lager Belsen-Hohne 617, 618

E

Emergency Rescue Committee 340
Eppendorfer Universitätskrankenhaus 453
Exil-SPD (Sopade) 537

F

Frauenverein zur Beförderung der Fröbelschen Kindergärten 240
Frauenverein zur Bekämpfung und Ausgleichung religiöser Vorurteile 238
Frauenverein zur Unterstützung der Armenpflege 239, 243
Frauenverein zur Unterstützung der Deutsch-Katholiken 238
Frauenverein zur Unterstützung der Israelitischen Freischule 239
Freischule 114, 117, 118, 120, 121, 124, 125, 196

Friedhöfe

Friedhof Bornkampsweg 593
Friedhof Kohlhöfen 23
Friedhof Königstrasse 23, 32
Friedhof Försterweg 132
Friedhof Jenfelder Straße 562
Friedhof Lange Reihe 562
Grindel Friedhof 67, 192, 367
Ohlsdorfer Friedhof 84, 132, 334

Fürsorgebehörde 499, 502, 503, 504, 505, 506

G

Garantie-Disconto-Verein Salomon Heine & Co. 439
Geheime Staatspolizei 93, 95, 96, 98, 146, 164, 325, 328, 356, 563, 565, 571, 573, 593, 595, 597, 609, 616, 619, 633, 634
Geistliches Ministerium 55

Gemeinde, jüdische

Deutsch-Israelitische Gemeinde 35, 61, 65, 69, 78, 83, 90, 114, 116, 117, 118, 121, 122, 189, 250, 301, 325, 367, 376, 377, 433, 448, 450, 451, 461, 462, 470, 504, 590, 592, 593, 597, 598, 607
Dreigemeinde 49, 50, 56, 61, 64, 65, 68, 69, 177, 179, 180, 181, 182, 190, 195, 561
Jüdische Gemeinde Harburg 593

Hochdeutsche Israeliten-
    Gemeinde in Altona 131,
    138, 189, 277, 278, 281,
    589, 590, 591, 592, 594,
    595, 597, 598
Israelitische Armenanstalt 64, 65,
    70, 210, 213, 216
Israelitisches Vorschuß-Institut
    210
Jüdische Gemeinde Wandsbek
    562, 566, 567
Jüdische Gemeinde in Hamburg
    (Einheitsgemeinde) 101, 102,
    103, 104, 106, 108, 110,
    163, 278, 278, 615, 616, 617,
    618, 619, 633, 635, 636,
    637, 638, 650, 653, 669,
    671
Jüdischer Religionsverband
    Hamburg e.V. 96, 97, 139,
    459, 509, 510, 529, 562,
    563, 573, 592, 593, 595,
    596, 597, 633, 634, 637,
    646, 648
Neuer Israelitischer Tempelverein
    in Hamburg 61, 70, 79, 81,
    82, 87, 89, 90, 117, 119,
    120, 132, 149, 182, 196,
    206, 237, 433
Oberrabbinat 561, 564
Portugiesisch-Jüdische-Gemeinde
    22, 24, 26, 28, 32, 33, 34,
    35, 43, 78, 187, 189
Synagogenverband Altona 593,
    594, 595
Synagogenverband Hamburg 79,
    81, 82, 83, 87, 89, 90, 364
Torf-Verteilungsgesellschaft 65

H

HAPAG 435, 436, 437, 440, 468,
    469, 470, 471, 472, 473
Haftanstalt Wolfenbüttel 542,
    543, 544
Hamburg-New York-Packet-Fahrt
    460
Hamburger Börse 432, 433, 440,
    442
Hamburger Bürgerschaft 22, 47,
    48, 54, 59, 78, 241, 451,
    453, 480, 623, 637, 650,
    651
Hamburger Fröbelverein 243,
    245, 246
Hamburger Gesangverein 300
Hamburger Hochschule für das
    weibliche Geschlecht 71
Hamburger Kammerspiele 305,
    323, 329, 330, 336
Hamburger Musikhochschule 306
Hamburger Planetarium 385
Hamburger Rat 44, 47, 48, 54,

55, 59, 143, 150, 151, 190,
    221
Hamburger Senat 22, 32, 61, 64,
    66, 67, 69, 70, 71, 105, 107,
    200, 222, 334, 451, 453,
    478, 481, 483, 604, 623,
    626, 627 649, 650, 651, 653
Hamburger Stadt-Theater 303,
    305, 316, 317, 318, 319,
    320, 326
Hamburger Volksoper 326
Hamburger deutsch-katholische
    Gemeinde 242
Hamburgische Sezession 345
Hamburgische Staatsoper 317,
    318, 329, 343
Hamburgisches Staatsamt 502
Handelskammer 441
Hanseatisches Oberlandesgericht
    666
Hanseatisches Sondergericht 542
Hauptstelle für jüdische
    Wanderfürsorge 95
Hebrew University Jerusalem 361
Hebräische Sprachenschule Ivriah
    324
Help and Reconstruction
    Committee 444
Hirschel's Hôtel Hamburg 460
Hochschule für Musik und
    darstellende Kunst 657
Hofoper Wien 303, 312
Holland-Amerika Linie 469
Humboldt-Universität 341

I

Industrie- und Handelskammer
    Hamburg 502, 572
Institut für Sozialforschung
    Frankfurt/M. 399
Institut für die Geschichte der
    deutschen Juden 104

J

Jerusalem-Gemeinde 607, 609
Jewish Agency 94, 443
Jewish Committee for Relief
    Abroad 544
Jewish Committee for Relief
    Abroad London 635, 636
Jewish Relief Unit 618, 622
Jewish Trust Corporation for
    Germany 564, 636, 653
Judenhaus 98, 164, 354, 357,
    450, 452, 454, 573
Jüdische Gemeinde Berlin 277
Jüdische Gemeinschaftshaus
    GmbH 325
Jüdische Winterhilfe 508
Jüdisches Gemeinschaftsheim
    324, 325

Jüdisches Waisenhaus 444

K

Kampfbund des gewerblichen
    Mittelstandes 522
Komitee der ehemaligen
    politischen Gefangenen 619

Konzentrationslager
Auschwitz 105, 125, 305, 307,
    320, 356, 376, 533, 534,
    543, 551, 552, 553, 554,
    555, 567, 572, 573, 597,
    627, 635
Auschwitz-Monowitz 617
Bergen-Belsen 307, 555, 620, 634
Buchenwald 634, 660
Dachau 35, 402, 549
Fuhlsbüttel 330, 356, 547, 556,
    603, 607
Groß-Rosen 552, 617
Litzmannstadt (Lodz) 98, 305,
    455, 495, 555, 573, 586,
    596
Majdanek 552
Mauthausen 307
Neuengamme 356, 548, 549, 551,
    552, 553, 555, 614
Oranienburg-Sachsenhausen 532,
    593
Poppenbüttel (Außenlager
    Neuengamme) 556
Ravensbrück 572
Riga-Salapils 525, 552
Riga, Lager Jungfernhof 356
Sachsenhausen 547, 593, 603,
    607
Sandbostel 553
Sasel (Außenlager Neuengamme)
    555, 556
Stellinger Moor 608
Stutthof 555
Theresienstadt 98, 272, 330, 357,
    376, 455, 525, 554, 573,
    592, 597, 607, 608, 613,
    616, 617, 619, 634, 635,
    641
Tiefstack (Außenlager Neuengam-
    me) 555

Krameramt 51, 189

**Krankenhäuser/Altenheime,
    jüdische**
Altenhaus Schäferkampsallee 102
Altenhaus Sedanstraße 102, 671
Israelitisches Hospital Simon v.
    Utrecht-Str. 333, 334, 340,
    433, 637
Israelitisches Krankenhaus
    Alsterkrugchaussee 102

Kreuzlinger Heilanstalt »Bellevue« 396
Kriegsgefangenenlager Gießen 527
Künstlernothilfe in Hamburg 352
Kulturwissenschaftliche Bibliothek Warburg (K.B.W.) 384, 395–406

L

Landgericht Hamburg 542
Litteraria (antisem. Ver. Hbg.) 477
Logenheim 324, 325, 329, 368, 372
Londoner Universität 402

M

Magistrat Wandsbek 564, 565, 568
Metropolitan Opera 317
Mikwe 146, 147, 149, 159, 671, 672
Militärregierung, britische 614, 617, 618, 619, 620, 621, 622, 623, 626, 629

Museen
Altonaer Museum in Hamburg – Norddeutsches Landesmuseum 278
Israel Museum 358
Jüdisches Museum, Berlin 277
Kunsthalle, Hamburg 354, 358, 384, 385, 402, 403
Kunstverein, Hamburg 349, 351
Museum für Hamburgische Geschichte 278
Museum für Kunst und Gewerbe 278, 384
Museum für Völkerkunde 278
Museum für jüdische Volkskunde 361, 362, 367, 369, 373
Suermondt-Museum, Aachen 278

N

Nachrichtenagentur Transocean G.m.b.H 441
Nationaldemokratische Partei Deutschlands (NPD) 106
Nationalsozialistische Betriebszellen-Organisation 516
Nationalsozialistische Deutsche Arbeiterpartei 483
Nationalsozialistische Volkswohlfahrt 501
Nationalsozialistischer Deutscher Wirtschaftsbund 524
Nationalverband der deutschen Heilmittelindustrie 524

New School for Social Research 402
New York City Opera 317
New Yorker Philharmoniker 305
Nordatlantischen-Dampfer-Linien-Verband 469
Norddeutscher Lloyd 435, 436, 469
Norddeutscher Rundfunk 104, 306
Nordische Rundfunk AG (NORAG) 304
Nordwestdeutscher Rundfunk (NWDR) 163
Notgemeinschaft der durch die Nürnberger Gesetze Betroffenen 104, 618, 635, 636, 640, 641, 642
N.S.D.Ärztebund 520
NSDAP 91, 92, 93, 96, 164, 501, 517, 518, 521, 522, 523, 524, 538, 542, 567, 571, 572

O

Organisation für Hilfe und Aufbau 95
Organization for Rehabilitation through Training 617

P

Palästina-Amt 94, 530, 533
Patriotische Gesellschaft 64
Patriotisches Gebäude 371, 372
Pfennigsche Villa 324
Philharmonische Gesellschaft Hamburg 301, 302, 304
Philharmonisches Orchester 304
Preußische Staatsbibliothek 277
Proviant- und Versorgungsstelle 328

R

Rabbinatsgericht Altona 177, 178
Red Star Linie 469
Refugee Economic Corporation 444
Reichsanleihekonsortium 441
Reichsfinanzverwaltung 489
Reichshammerbund 483
Reichskulturkammer 328
Reichspropagandaministerium 325
Reichsschrifttumskammer 354
Reichssicherheitshauptamt (RSHA) 488, 597
Reichszentrale für die jüdische Auswanderung 493
Royal Opera House Covent Garden 318

S

Schlesische Gesellschaft für Volkskunde 365

Schulen
Akademisches Gymnasium 114, 242
Arme-Mädchen-Schule 70
Charlotte-Paulsen-Gymnasium 571
Cheder 113, 146
Christianeum 61, 114
Dr.-Anton-Rée-Realschule 121
Emilie-Wüstenfeld-Schule 347
Heinrich-Hertz-(Real)Gymnasium 527, 528, 535, 605
Israelitische Armenschule Talmud-Tora 115, 120
Israelitische Freischule 70, 114, 116, 117, 118, 120, 121, 124, 125, 196, 242, 433
Israelitische Haushaltungsschule 324
Israelitische Höhere Töchterschule 565
Israelitische Töchterschule 82, 122, 123, 125, 607
Israelitische höhere Mädchenschule 123
Johanneum 21, 61, 63, 114
Johannisschule 301
Jüdische Gemeindeschule 564
Jüdische Mädchenschule Carolinenstraße 305
Kunstgewerbeschule 350, 351
Kunstschule Koppel 346, 349
Landerziehungsheim Salem 340
Landeskunstschule Hamburg 351
Lyzeum Bieberstraße 82
Lyzeum Dr. Loewenberg 82, 123
Matthias-Claudius-Gymnasium 565, 566
Israelitische Mädchen-Realschule 123
Mädchenschule der Deutsch-Israelitischen Gemeinde 123
Paulsenschule 244
Samsonschule Wolfenbüttel 370
Talmud-Tora 22, 115, 116, 119, 120, 121, 122, 124, 132
Talmud-Tora Armenschule 433
Talmud-Tora-Oberrealschule 93, 123
Talmud-Tora-Realschule 89, 122, 468, 528
Talmud-Tora-Schule 70, 82, 90, 117, 119, 121, 122, 124, 126, 250, 350, 527, 564, 603, 607
Talmud-Tora-Schule am Grindelhof 156
Talmud-Tora-Schule an den

Kohlhöfen 152
Unterrichts-Anstalt für arme israelitische Mädchen 122
Würtzersche Schule 114

Hamburgische Sezession 345, 346, 347, 348, 351, 353, 355
Silberscheideanstalt Gebr. Beit 419
Silberscheideanstalt Gebr. Jonas 419
Sing-Akademie 300
Sozialdemokratische Partei 481, 607
Special Legal Advice Bureau 645

Stifte/Stiftungen
Alfred Beit-Stift 453
Daniel Wormser Haus 472
Gustav Kaemmerer-Stift 453
Heimann-Stift 455
Heine-Asyl 455
Hermann Heine'schen Stiftung 433
Hertz Joseph Levy-Stift 450, 451, 452
Hesse Eheleute-Stift 455
J. E. Oppenheim-Stift 453, 669
Julius und Betty Rée-Stift 453, 455
Lazarus Gumpel-Stift 450
Louis Levy-Stift 455
Martin Brunn-Stift 453, 454
Mendelson Israel-Stift 454
M. S. D. Kalker-Stift 455
Samuel Levy-Stift 455
Schillingverein 447, 451, 453
Warburgstift 451, 452, 455

Kirchen
St. Michaelis 148
St. Nikolai 32
St. Petri 25

Synagogen/Beträume
Alte Synagoge (Heidereuterstraße), Berlin 280, 281
Alte und Neue Klaus Peterstraße 18, 132, 144, 152
Alte und Neue Klaus Rutschbahn 160, 164
Berend Cohen-Klaus 147, 148
Betraum Kielortallee 669
Betraum Sedanstraße 23 669, 671
Betraum Alter Wall 25
Betraum Mönkedamm 25
Betraum Herrlichkeit 25
Jacobsonscher Tempel Berlin 70
Neue Dammt(h)or-Synagoge 82, 90, 144, 157, 158, 363
Synagoge 1. Elbstraße 143, 144
Synagoge 2. Marktstrasse (später Markusstraße) 34, 144, 149, 152, 153, 154, 156
Synagoge Alter Wall 34, 144, 151
Synagoge Bornplatz 107, 144, 148, 149, 154, 156, 158, 160, 161
Synagoge Bäckerstraße 34, 144, 146
Synagoge Eißendorfer Straße 144
Synagoge Hohe Weide 102, 108, 671
Synagoge Hoheluftchaussee 160
Synagoge Innocentiastraße 35, 154, 164
Synagoge Kielortallee 102, 617
Synagoge Kleine Papagoyenstraße 42, 144, 145, 277, 281, 594, 595
Synagoge Kohlhöfen 144, 149, 152, 154, 155, 156, 158, 161
Synagoge Königsreihe 144
Synagoge Lange Reihe 563
Synagoge Mühlenstraße 144, 145
Tempel Neuer Steinweg/Brunnenstraße 3 197
Tempel Oberstraße 144, 672
Tempel Poolstraße 144, 149, 151, 162, 165

T
Thalia Theater 329
The Warburg Institute London 402

U
Ufa-Kammerspiele 329
Union-Linie 435
United Nations Relief and Rehabilitation Administration 615, 622
Universität Berlin 407
Universität Frankfurt 399
Universität Hamburg 300, 301, 305, 306, 395, 399, 400, 401, 407, 409, 410, 452

V
Vaterstädtische Stiftung 447, 451, 452, 453, 455
Verband deutscher Feinseifen- und Parfümerie-Fabriken e.V. 523
Verband deutscher Frauenbildungs- und Erwerbverein 246

Verbände/Vereine, jüdische
Agudath Jescharim 602
Agudath Jisroel 138, 154
Ahavas Zion 134
American Jewish Committee 444
American Jewish Joint Distribution Committee 641, 647
Arbeitsgemeinschaft jüdischer Jugendvereine Hamburg 137
Assistentenkollegium 133
Bar Kochba 136, 530
Beerdigungsbrüderschaft Langenfelde e. V. 132
Beratungsstelle Benekestraße 488
Beratungsstelle für jüdische Wirtschaftshilfe 94
Bikkur Cholim 132, 133
B´nai B´rith-Loge (U.O.B.B.) 135, 368, 443, 444
Centralverein deutscher Staatsbürger jüdischen Glaubens 84, 135, 137, 138, 592
Chevra Kaddischa 131, 132
Deutscher Makkabi-Kreis 530
Die aus Theresienstadt e.V. 619, 635, 640
Freie Israelitische Vereinigung 369
Freundschaftszirkel 65, 70
Gesellschaft für jüdische Volkskunde 135, 324, 361–378
Gesellschaft für soziale und politische Interessen der Juden 239
Gesellschaft jüdischer Individuen 65
Hachnassat Kalla 132, 139
Hamburgischer Verein für jüdische Geschichte und Literatur 135, 369, 371
Hechaluz 530, 533
Henry-Jones-Loge (U.O.B.B.) 133-137, 139, 323, 361
Hilfsgemeinschaft der Juden und Halbjuden 616, 618, 619, 634, 635, 636, 637, 640, 642
Hilfsverein der deutschen Juden 95, 443
Israelitisch-humanitärer Frauenverein 135, 136, 324
Israelitische Armenanstalt 210, 213, 216
Israelitischer Jugendbund 135, 369
Israelitischer Unterstützungsverein für Obdachlose 133, 468
Jeschiwa Mir 595
Jüdische Gesellschaft für Kunst und Wissenschaft 304, 326
Jüdische Kultusvereinigung Berlin 597
Jüdische Turnerschaft von 1902 135, 136
Jüdischer Frauenbund 250
Jüdischer Kulturbund in Deutschland e.V. 96, 304, 305, 318, 323, 325, 326,

715

327, 328, 329, 331, 351, 354
Kelilath Jofi 602
Komitee zur Bekämpfung des Mädchenhandels 135
Mekor Chajim 124, 133, 134
Misrachi 135, 137, 138, 594
Nehemia-Nobel-Loge 324
Reichsverband der Jüdischen Kulturbünde 326
Reichsvereinigung der Juden in Deutschland 97, 499, 510, 596, 597, 616, 633, 634, 635, 637
Russenkomitee 133
Seemanns-Hachschara 94
Sozialistisch-zionistische Jugendbewegung 334
Steinthal-Loge 324
Talmud-Tora-Vereinigung 114
Talmudverein 133
Vaterländischer Bund jüdischer Frontsoldaten 138
Verband hiesiger israelitischer Wohltätigkeitsvereine 133
Verein der jungen israelitischen Armenfreunde zur Vertheilung von Brod Suppe 65
Verein ehemaliger Schüler der Talmud-Tora-Schule 135
Verein für Cultur und Wissenschaft der Juden 197
Verein zur Abwehr des Antisemitismus 84
Verein zur Beförderung der nützlichen Gewerbe unter den Israeliten 70
Verein zur Förderung der Bodenkultur unter den Juden 135
Verein zur Speisung armer Reisender am Sabbath 133
Verein zur Unterstützung armer jüdischer obdachloser Handwerker und Durchreisender 133
Women's International Zionist Organization (WIZO) 104
Zentralausschuss für Hilfe und Aufbau 443
Zentralrat der Juden in Deutschland 107, 653
Zentralwohlfahrtsstelle der Juden in Deutschland 618, 653
Zionistische Ortsgruppe Hamburg 135, 136, 137, 568
Zionistische Vereinigung für Deutschland 84, 324

Verein Hamburgischer Musikfreunde 301

W

Weiblicher Verein für Armen- und Krankenpflege 239
Widerstandsgruppe Kampf dem Faschismus (KdF) 356
Wiener Staatsoper 319
Winterhilfswerk des deutschen Volkes 499, 525

Z

Zentralbetreuungsstelle für ehemalige KZ-Häftlinge 626

Kurzbiographien
Summaries

Bajohr, Frank / Joachim Szodrzynski
Die antisemitische Kampagne gegen die Hamburger Firma Beiersdorf AG

Kurzbiographie

Frank Bajohr (geb. 1961), Studium der Geschichte und der Sozialwissenschaften an der Universität Essen. 1987/1988 wissenschaftlicher Mitarbeiter am dortigen Lehrstuhl für Neuere Geschichte, seit 1989 wissenschaftlicher Angestellter der Forschungsstelle für die Geschichte des Nationalsozialismus Hamburg. Wichtigste Veröffentlichungen: Nationalsozialismus, Krieg und Nachkrieg in den Tagebüchern von Sozialdemokraten (1985); Freie Schulen (1986); Die Bergarbeiterbewegung im Dritten Reich und im Exil (1987); Zwischen Krupp und Kommune (1988); Rechtsradikalismus in Deutschland (1990); Die widersprüchlichen Potentiale der Moderne. Detlev Peukert zum Gedenken (1991).

Summary

The relationship between German industrialists and Nazi policies against the Jews (»Judenpolitik«) is often described as being similar to a »secret partner with limited liability« sharing the economic profits of National Socialist political measures without being directly involved in their preparation and enforcement. Especially for the transitional phase in spring 1933, when the activities of the NSDAP were mainly directed against the supposedly Jewish influence on the economy, this description seems doubtful. The analysis of company archives, in our case the records of the Hamburg Beiersdorf AG, facilitates the reconstruction of the active role of business-men in both the economic discrimination against »Jewish« companies and the continuous social implementation of anti-Semitism. The connections between the private pursuit of profit by individual business-men, the almost unanimous anti-Semitic consensus of the vast majority of the population and the role uncertainty of a »nation building« National Socialism freshly in power become apparent. It is just as obvious how limited possibilities were in this situation to defend against competitors who either had or just pretended to have political motives.

Baumbach, Sybille
Die jüdische Gemeinde in Hamburg und ihr Armenwesen

Kurzbiographie

Sybille Baumbach (geb. 1958), M. A., Studium der Mittleren und Neueren Geschichte an der Universität Hamburg. Mitarbeiterin am Institut für die Geschichte der deutschen Juden, Hamburg. Veröffentlichung: Die Israelitische Freischule von 1815 (1989). Vorbereitung einer Dissertation zum Thema »Das jüdische Armen- und Wohlfahrtswesen im Hamburg des 19. Jahrhunderts«.

Summary

The Jewish welfare organization in Hamburg was based upon the same principals as those of the Hamburg General Welfare Institution. In addition, the work of the Israelite Welfare Institution became a means by which the Jewish upper class strove towards the civic and political emancipation of the Jews promised by the Hamburg state. The demand by the state for a change of occupation, and for decrease in Jewish beggars, peddlars, poor people etc., brought with it enormous difficulties for the Jewish community: the legal restrictions on the jobs Jews could occupy made the efforts to comply with this demand, and the social rise of the Jewish lower classes, difficult. As the poor comprised on average at least 50% of the Jewish population, it was important for the community to keep the costs of welfare institutions as low as possible by limiting the number of those entitled to its help. The welfare institution tried to realize its aims through social control and discipline of the poor.

Berkemann, Jörg / Ina S. Lorenz
Zur Entwicklungsgeschichte der Jüdischen Gemeinde in Hamburg

Kurzbiographie

Jörg Berkemann (geb. 1937), Prof. Dr. iur., Dr. phil., Richter am Bundesverwaltungsgericht (Berlin), Honorarprofessor an der Universität Hamburg. Studium der Rechtswissenschaft, Philosophie und Geschichte. Veröffentlichungen auf dem Gebiet des Staats- und Verfassungsrechts, des allgemeinen und besonderen Verwaltungsrechts und auf dem Gebiet der Philosophie (z. B. Studien über Kants Haltung zum Widerstandsrecht (1972)).

Summary

After the dissolution of the Jewish Congregation of greater Hamburg by the Nazi government, the looting and closing down of most synagogues, and after the deportation and extermination of most of its members, former Jewish residents of Hamburg and some hundred survivors of the Shoa tried shortly after the war to reestablish a new Jewish community. This paper gives a precise description – on the solid basis of unpublished documents – of the intricate struggle (1945 – 1949) of those who survived the camps or outlived the war, to obtain the formal and juridical recognition of the German authorities and the British military governmental authorities, which was fundamental for the claim of the restitution and indemnification of their properties.

Böhm, Günter
Die Sephardim in Hamburg

Kurzbiographie

Günter Böhm (geb. 1928, Breslau). Dr. phil., Studium der Geschichte und Kunstgeschichte an der Universität Concapción, Chile. Direktor des Instituts für jüdische Studien an der Staatsuniversität Chiles, Santiago. Professor für Geschichte der Juden in Südamerika; Professor für jüdische Kunst. Mitarbeiter der Encyclopaedia Judaica, Jerusalem und des Biographischen Handbuch der deutschsprachigen Emigration nach 1933, München. Gastprofessor an der Hochschule für Jüdische Studien, Heidelberg, am Historischen Seminar und am Kunstgeschichtlichen Seminar an der Universität Hamburg. Herausgeber der Judaica Iberoamericana, Santiago, seit 1973. Wichtigste Veröffentlichungen (in spanischer Sprache): Die jüdische Thematik im Werk von Rembrandt (1973); Jüdische Künstler in Chile im 19. Jahrhundert (1978); Geschichte der Juden in Chile (Kolonialzeit) (1984); Juden in Peru im 19. Jahrhundert (1985).

Summary

The history of the Jews in Hamburg begins with the arrival in 1590 of the first Sephardim. In the earliest documents they are described as belonging to the »Portugese nation«, of Catholic belief and known to be prosperous business people. A decade later, the Senate and citizens of Hamburg are aware that the newcomers are, in secret and later officially, Jews. Their importance for the city's import-export business is appreciated by the Senate, but high taxes and the ban on the building of a synagogue and the holding of public religious services, as well as riots incited by a few preachers, were the reasons why as early as the end of the seventeenth century the richest and most prominent Sephardim left Hamburg. After that, the »portugese« Jewish community decreased not only in number, but also in significance within the wider circle of Hamburg Jews. At the beginning of this century the tiny community could only just remain independent, and by 1938 the services were held in a rented villa. Almost exactly 350 years after their arrival in Hamburg, the sephardic community was dissolved and the remaining members deported to the death camps.

Bruhns, Maike
Jüdische Künstler im Nationalsozialismus

Kurzbiographie

Maike Bruhns (geb. 1940), Dr. phil., Studium der Germanistik und Kunstgeschichte an den Universitäten München und Hamburg. Z. Zt. beauftragt mit dem Aufbau des Archivs für NS-Verfolgte Kunst in Hamburg. Wichtige Veröffentlichungen: Anita Rée (1986); Grete Krämer-Zschäbitz (1988); Karl Kluth. Hamburgische Lebensbilder Band 3 (1989); Kurt Löwengard (1989); Volker Meier (1989); Gretchen Wohlwill (Hg. 1989); Rolf Nesch »St. Pauli« und »Hamburger Brücken« (Hg. 1989); Jüdische Künstler der Hamburgischen Sezession (Ausst.kat. 1989); Hans Martin Ruwoldt (Hg. 1991).

Summary

In the regional art history of the twentieth century, the 35 Jewish painters, sculptors and graphic artists comprise a relatively small group. Due to the lack of comprehensive information, the biographies, education, important travels, work, persecution, and the location of the oeuvres is documented briefly. For the Jewish members of the Hamburgische Sezession a double persecution generally was apllied, as »decadent« and as Jews. For 11 artists, whose fate is unknown, not one example of their work could be found; only two returned to Hamburg. The effect of the persecution, and the lack of interest in rehabilitation in the post-war years is noticeable until today in a cultural deficit.

Büttner, Ursula
Die Lage der Juden in Hamburg in den ersten Nachkriegsjahren

Kurzbiographie
Ursula Büttner (geb. 1946), Dr. phil., Privatdozentin, seit 1975 Wissenschaftliche Referentin an der Forschungsstelle für die Geschichte des Nationalsozialismus in Hamburg. Zahlreiche Veröffentlichungen zur Geschichte Hamburgs im 20. Jahrhundert, zur politischen Sozialgeschichte der Weimarer Republik, zu Exil und Judenverfolgung sowie zur deutschen Nachkriegsgeschichte.

Summary
The subject of this article is the precarious situation of the surviving Jews in Hamburg after World War II. The community of about 20.000 persons had declined to 953 in 1946. Their struggle for a return to »normal« life was hindered by the restrictive policies of the British Military Government and by the lack of understanding among their German fellow-citizens. The reconstruction of the Jewish Community of Hamburg and the formation of other organizations of those who had been persecuted were therefore of vital importance for the victims of Nazi terror.

Daxelmüller, Christoph
Die Gesellschaft für Jüdische Volkskunde

Kurzbiographie
Christoph Daxelmüller (geb. 1948), seit 1985 Professor für Volkskunde an der Universität Freiburg i. Br., seit 1990 Ordinarius für Volkskunde an der Universität Regensburg. Veröffentlichungen zur barocken lateinischen Traktatliteratur, zur Erzähl-, Aberglaubens-, Magie- und Frömmigkeitsforschung, religiösen Volkskunst, zur Wissenschaftsgeschichte der jüdischen Volkskunde und zur jüdischen Popularkultur und -literatur. Mitherausgeber der »Thematological Encyclopedia of the Literature of the Jewish People«.

Summary
In 1898, after two years preparatory work, the young rabbi Dr. Max (Meir) Grunwald established the »Gesellschaft für jüdische Volkskunde« (Society of Jewish Folkloristics) in Hamburg. Together he founded – by the help of the Henry Jones-Lodge of the B´nai B´rith (U.O.B.B.) – the »Museum für jüdische Volkskunde«, a research library and an archive. After his move to Vienna Grunwald continued editing the journal of the society while his successors in chairmanship, Paul Rieger, Abraham Loewenthal and Nathan Max Nathan emphasised the activities around the collections of the museum. Between 1898 and 1938 the history of the Society of Jewish Folkloristics exactly reflects the political, social and intellectual changes: the assimilation, the anti-Semitism, the World War I and the pre-history of the National Socialism. Being a part of the »Wissenschaft des Judentums« the Jewish folkloristics contributed in apologizing traditional cultural and religious values in order to re-create a Jewish national identity. Some prominent members of the society like Moses Gaster were active in the Zionist movement. After 1933 the Society of Jewish Folkloristics existed on paper only. While Grunwald by emigration to Palestine in 1938 could escape the Nazi terror, other leading persons of the society like Nathan were killed in the German concentration camps. The end of the Jewish culture in Middle and Eastern Europe also became the end of an institutionalized Jewish folkloristics in Germany.

Eigenwald, Rolf
Jüdische Autoren im Exil

Kurzbiographie
Rolf Eigenwald (geb. 1942), Studium in Kiel, Lehrer und Seminarleiter in Hamburg. Publikationen: Essays in »Frankfurter Heften«, »Vorgänge«, »L 80«. Zuletzt: Erinnerungskunst, in: Soll man Dichtung auswendig lernen? Antworten auf die Preisfrage der Deutschen Akademie für Sprache und Dichtung vom Jahr 1985, Heidelberg 1986; Dir, junges Deutschland. Nachempfindungen zum Leben Ludolf Wienbargs, in: 250 Jahre Christianeum, Hamburg 1988.

Summary
The essay »Loblied und Abgesang« names some allusions to Hamburg that Heinrich Heine mentions in his works. Heinz Liepmann's novel »Das Vaterland« is discussed; in it the theme of returning to the completely changed political landscape of Hamburg after the Nazi coming to power in 1933 is emphasized. Scenes of returning home, scenes of departure and childhood memories, all based on Hamburg, are described in the works of Georges-Arthur Goldschmidt, Margarete Susman, Ingrid Warburg Spinelli. Returning home is also interpreted as returning home to the German language. Finally, the role of the city of Hamburg as that of a home regained is shown.

Engel, Eva J.
Fromet Gugenheim

Kurzbiographie
Eva J. Engel (geb. 1919), Dr. phil. Lehrbeauftragte an den Universitäten Cambridge, London, Keele, Sheffield; o. Professor: Boston University, Wellesley College, Marvara. Seit 1972 Bearbeiterin, seit 1987 Generalherausgeberin der Moses Mendelssohn Gesammelte Schriften-Jubiläumsausgabe, Stuttgart.

Summary
During the year of their courtship (May 1761 – May 1762) Moses Mendelssohn sent two letters every week to his future wife. From this correspondence we glean an extraordinarily alive picture of Fromet's character, her every day life, as well as of the difficulties of obtaining the right of residence in Berlin as a »foreign« Jew. We watch how she perfects her French, how she responds to and discusses writings by Shaftesbury and Rousseau in their original language. Her reading in contemporary German literature includes her husband's early writings on aesthetics, metaphysics and literary criticism. Her own extant letters all date from after the wedding im June 1762. They reflect how capabably she copes as wife and mother: so much so that at the age of 10 and 12 respectively, the elder daughters can follow and enjoy spoken French.

Fassmann, Maya
Die Frauenrechtlerin Johanna Goldschmidt

Kurzbiographie
Maya Fassmann (geb. 1955), Dr. phil., Studium der Geschichte und Germanistik in Tübingen; Mitarbeiterin an Ausstellungen zur jüdischen Geschichte in Stuttgart und Ulm (1988); z. Zt. in einem DGF-Projekt im Universitätsarchiv Tübingen beschäftigt. Veröffentlichungen: Artikel über einzelne jüdische Frauen; Dissertation: Jüdinnen in der deutschen Frauenbewegung 1865 – 1919, Tübingen 1990 (Veröffentlichung in: Wissenschaftliche Abhandlungen des Salomon-Ludwig-Steinheim-Instituts für deutsch-jüdische Geschichte, Bd. 6).

Summary
Johanna Goldschmidt, née Schwabe (1806 – 1884), was married to the affluent merchant Moritz David Goldschmidt, whom she bore eight children. In 1847 she published her first novel »Rebekka and Amalia«, in which she promoted the idea of educated women teaching girls of poor families. Together with Amalie Westendarp, who was inspired by the novel, she founded the »Frauenverein zur Bekämpfung und Ausgleichung religiöser Vorurteile« (1848), an association to fight religious prejudice. In 1849 she invited Friedrich Fröbel, the founder of the »kindergarten«, to Hamburg to teach his theory of education. With the financial aid of Charlotte Paulsen she founded and directed a school for poor children. In 1866, when she was forced to resign, she started to manage the »Hamburger Fröbelverein«. She joined the »Verein deutscher Frauenbildungs- und Erwerbvereine«, Berlin, an organization of the German women's movement, and promoted Fröbel's ideas in numerous articles, which were published in the periodical »Frauen-Anwalt«.

Freimark, Peter
Das Oberrabbinat Altona – Hamburg – Wandsbek

Kurzbiographie
Peter Freimark (geb. 1934), Prof. Dr. phil. Seit 1972 Direktor des Instituts für die Geschichte der deutschen Juden, Hamburg, seit 1974 Herausgeber der »Hamburger Beiträge zur Geschichte der deutschen Juden« (bisher 17 Bde.). Zahlreiche Veröffentlichungen zur Judaistik und zur deutsch-jüdischen Geschichte.

Summary
The central theme of this essay is the development of the Chief Rabbinat of the communities of Altona-Hamburg-Wandsbek in the eighteenth century. First, the rabbinical court is explained. This is followed by a list and an assessment of the most important rabbis: Chacham Zwi Aschkenasi, Jechezkel Ben Abraham Katzenellenbogen, Jonathan Eybeschütz, Jacob Emden and Raphael Cohen. Particular attention is paid to the Hamburg rabbis' debate. Finally, the essay looks at the early nineteenth century, with the establishment in Hamburg of reform Judaism.

Garbe, Detlef / Homann, Sabine
Jüdische Gefangene in Hamburger Konzentrationslagern

Kurzbiographie
Detlef Garbe (geb. 1956), Dr. phil., Studium der Ev. Theologie, der Pädagogik und der Geschichtswis-

senschaft, Promotion über die Zeugen Jehovas im »Dritten Reich« (Diss. Hamburg 1989). Leiter der KZ-Gedenkstätte Neuengamme. Wichtigste Veröffentlichungen: Es begann in Hiroshima (1982, zus. mit Brigitte Drescher); Die vergessenen KZs? Gedenkstätten für die Opfer des NS-Terrors in der Bundesrepublik (1983, Herausgeber); Verachtet – verfolgt – vernichtet. Zu den 'vergessenen' Opfern des NS-Regimes (1986, Redaktion u. Beiträge); »In jedem Einzelfall ... bis zur Todesstrafe«. Der Militärstrafrechtler Erich Schwinge – Ein deutsches Juristenleben (1989).

Summary

Whenever at the beginning of the Third Reich Jews were imprisoned, this happened mainly because of political opposition against the Nazis and not because of their faith or origin. In 1938 the concentration camp Hamburg-Neuengamme was established. In the early summer of 1940, Jewish people were confined for the first time in Neuengamme. Before being deported to be killed in summer 1942, there had been several hundred male Jewish prisoners. But a real wave of Jews – male and female alike – came to the Neuengamme concentration camp from spring 1944 onwards. They were forced to work in external camps within Greater-Hamburg. Most of them were deported to Bergen-Belsen in April 1945, where the survivors were liberated. Out of the 106.000 prisoners of the concentration camp Neuengamme 13.000 were Jews. 55.000 people of at least 26 nations were killed in Neuengamme and its external camps.

Goldberg, Susanne / Hinnenberg, Ulla/ Hirsch, Erika
Die Verfolgung der Juden in Altona

Kurzbiographie

Susanne Goldberg (geb. 1959), Diplom-Designerin. Mehrjährige Mitarbeit im Stadtteilarchiv Ottensen. Veröffentlichungen zur Geschichte der Juden in Altona.

Summary

The discrimination of Jewish people in Altona since 1933 and the destruction of their community is being remembered by witnesses. Survivors tell about the increasing deprivation of human rights and means of existence by Nazi state decrees and their impact on their own lives and on those of their families and friends.

Herlemann, Beatrix
Der einsame Protest des Walter Gutmann

Kurzbiographie

Beatrix Herlemann (geb. 1942), Dr. phil. Studium in Berlin (Ost), Konstanz und Bochum, Promotion 1975, seither Forschungen zu Widerstand und Verfolgung in der NS-Zeit. Veröffentlichungen: Kommunalpolitik der KPD im Ruhrgebiet 1924 – 1933, Wuppertal 1977; Die Emigration als Kampfposten, Königstein i. T. 1982; Auf verlorenem Posten. Kommunistischer Widerstand im 2. Weltkrieg. Die Knöchel-Organisation. Bonn 1986; in Vorbereitung: Bäuerliche Verhaltensweisen im Nationalsozialismus am Beispiel Niedersachsens (Arbeitstitel); zahlreiche Aufsätze; Fernsehdokumentationen (u.a. wiss. Beratung der Dokumentation 'Endlösung', die der 'Holocaust'-Serie vorgeschaltet war).

Summary

Walter Gutmann, a business man of Jewish decent born in Hamburg, resisted the pogrom of November 1938 and the entire anti-Semitic regime as an individual. His paper of protest, distributed in about a thousand copies, is at the centre of this essay. His way to Auschwitz is followed to the end.

Herzig, Arno
Die Juden in Hamburg 1780 – 1860

Kurzbiograhie

Arno Herzig (geb. 1937). Von 1964 bis 1975 im Schuldienst. Seit 1977 apl. Professor an der Universität Essen, seit 1979 Professor für Neuere Geschichte, Schwerpunkt: Frühe Neuzeit, an der Universität Hamburg. Veröffentlichungen zur mittelalterlichen Ordensgeschichte, zur Geschichte der Juden in Deutschland, zur deutschen Arbeiterbewegung und zur Rolle der Unterschichten im Übergang von der feudalistischen zur kapitalistischen Gesellschaft.

Summary

Since the »Amuletten-Streit« in the middle of the 18th century in Hamburg the Jewish Community was in an inner crisis. Enlightenment and the »Haskala« had only slight significance. Social contacts between Jews and Non-Jews were on a low level. After the dissolution of the combined communities Altona, Hamburg and Wandsbek, the establishment of the German Israelite Community in 1812 and the »New Israelite Temple Association« in 1817 the

Jewish Community gained social and cultural prosperity. Popular riots against the Jews in 1819, 1830, 1835 and 1848 corresponded with the policy of the Hamburg Senate not to confirm full Civil Rights to the Jews, which were finally granted in 1860, in Altona 1863.

Hinnenberg, Ulla / Goldberg, Susanne / Hirsch, Erika
Die Verfolgung der Juden in Altona

Kurzbiographie
Ulla Hinnenberg (geb. 1938), Diplom-Volkswirtin, Mitglied im Stadtteilarchiv Ottensen e.V., (Mit-)Verfasserin von Buch- und Zeitschriftenbeiträgen zur jüdischen Lokalgeschichte.

Summary see Goldberg

Hirsch, Erika
Jüdische Vereine in Hamburg

Kurzbiographie
Erika Hirsch (geb. 1951), Studium der Geschichte und Germanistik, Dissertation zum jüdischen Vereinswesen in Hamburg bis zum Ersten Weltkrieg (in Arbeit). Mitarbeit im Stadtteilarchiv Ottensen. Veröffentlichungen zur Geschichte der Juden in Altona, pädagogische Betreuung der »Gedenk- und Bildungsstätte Israelitische Töchterschule«.

Summary
Since the beginning of Jewish settlement in Hamburg, associations with inner-Jewish tasks were significant for the religious and social life of the community. Especially about 1900 – reacting to rising anti-Semitism – many associations with a new secular character came into being. Most of them were to exist until 1938/39. This essay deals with various aspects in the long history of the Jewish associations in Hamburg and their various activities.

Hönicke, Günter
Der Untergang der jüdischen Gemeinde in Altona

Kurzbiographie
Günter Hönicke (geb. 1919), M.A., Studium der Geschichte und Germanistik an der Universität Hamburg (1986 – 1990). 1946 – 1985 Politischer Redakteur bei Radio Hamburg, NWDR, NDR. Stellvertretender Chefredakteur Hörfunk, Pressesprecher des ARD-Vorsitzenden.

Summary
This contribution is a shortened version of the M.A.-thesis of the University of Hamburg from 1990, titled: The End of the Jewish Community in Altona (1933 – 1942). It describes the destruction of the High German Israelite Community (Hochdeutsche Israeliten-Gemeinde) in Altona under the national-socialist regime and the various stations of this agony. The extensive quotations from the relevant archives are intended to document the tragic fate of the Jewish Community in Altona as far as possible in the language used by their elected representatives.

Homann, Sabine / Detlef Garbe
Jüdische Gefangene in Hamburger Konzentrationslagern

Kurzbiographie
Sabine Homann (geb. 1967), Studentin der Geschichte und Germanistik an der Universität Hamburg. Z.Zt. studentische Hilfskraft in der KZ-Gedenkstätte Neuengamme. Veröffentlichungen: Gymnasium Curschmannstraße 1928 – 1988 (1988), Das Konzentrationslager Neuengamme. Ein Reader für die alternativen Stadtrundfahrten des Landesjugendrings Hamburg (1990, zus. mit Frank Omland).

Summary see Garbe

Kasischke, Daniela
Die antisemitische Bewegung in Hamburg während des Kaiserreichs

Kurzbiographie
Daniela Kasischke (geb. 1965), M.A., Studium der Geschichte, Kunstgeschichte und der Neueren Deutschen Literatur an der Universität Hamburg. Moderner Antisemitismus im Spiegel der Hamburger Presse 1873 – 1832 (Magisterarbeit Universität Hamburg).

Summary
Because of their traditionally republican convictions and the liberal economic reforms, the liberal bourgeoisie in Hamburg retained political influence for a longer period of time than in other German towns.

This meant that anti-Semitism was not able to gain a foothold here until the end of the eighties. Anti-Semitism did not have mass appeal in Hamburg. Rather, it was supported primarily by middle-class organizations such as »Deutscher Handlungsgehilfen-Verband«, which continued to nurture its ideas and principles even after the anti-Semitic parties were losing voters and followers. In Hamburg, political anti-Semitism also receded at the turn of the century, only to be rekindled after Germany's defeat in World War I.

Könke, Günter
Das Budge-Palais

Kurzbiographie

Günter Könke (geb. 1955), Dr. phil., Studium der Neueren und Mittleren Geschichte, Deutschen Philologie, Deutschen Literaturgeschichte und Allgemeinen Literaturwissenschaft an der Universität Hamburg. Z.Zt. Durchführung eines regionalgeschichtlichen Projektes im Auftrag des Landkreises Harburg. Veröffentlichungen: Organisierter Kapitalismus, Sozialdemokratie und Staat (1987), Aufsätze u.a. zur Wirtschaftsgeschichte Israels (VSWG 1988), Theorie der sozialen Marktwirtschaft (VSWG 1991), ferner Aufsätze zur Geschichte der Arbeiterbewegung.

Summary

In 1900 the Jewish business man Henry Budge and his wife Emma purchased a large dwelling-house in Harvestehuder Weg 12 in Hamburg, today the residence of the Highschool for Music and Representing Art. After the death of the Budges in 1937, the district leader (»Gauleiter«) of the NSDAP in Hamburg, Karl Kaufmann, took an interest in the house and Jewish administrators were forced to sell it to the State of Hamburg. Legally, this was unlawful deprivation. The extensive assets which the Budges had left, were not surrendered to the Jewish legal heirs, but also confiscated by the German authorities. At the end of the World War II, the so-called restitution proceedings for this case took place in Hamburg. The judicial basis was a special restitution law (law Nr. 59), which had been passed by the British Military Government. But the proceedings, which took place without participation of the Jewish heirs, took an uncorrect turn and ended with a strange arrangement: the Budge-House was not given back to the heirs, but remained in possession of the State of Hamburg.

Kromminga, Peter
Schutzjuden und Betteljuden in Hamburg im 17. und 18. Jahrhundert

Kurzbiographie

Peter Kromminga (geb. 1957), Theologe und Sozialarbeiter; Diplomarbeit und Gastvorlesung an der Fachhochschule Ostfriesland zur Entstehung und Funktion protestantischer Diakonie. Von 1989 bis 1991 wissenschaftlicher Mitarbeiter des Ausstellungsprojekts »Vierhundert Jahre Juden in Hamburg« im Museum für Hamburgische Geschichte.

Summary

The toleration of the Jews and their congregations were more threatened in Hamburg than in the absolutistic territories. Relief was given only to poor members of the congregation. By the Hamburg-authorities the sephardic community was assigned with magisterial powers to decide, which Jew should be tolerated or expelled. As at the beginning of the 18th century the failure of immigration-control became obvious and the number of illegal staying poor and non-tax-paying Jews increased, the ashkenazic community under the pressure of the authorities tightened immigration-control by placing guards at the Millerntor and in the streets of the city. These repressive measures of the city authorities and the Jewish congregation worsened the social situation of the lower stratum of the Jewish population and forced them to develop new kinds of legal and illegal survival-techniques. At the end of the 18th century, when a reform of the charity system was discussed in Hamburg, the Jewish congregation in Hamburg introduced, in addition to the existing repressive measures, elements of social welfare into their policy towards the poor fellow Jewish believers.

Lohalm, Uwe
Hamburgs öffentliche Fürsorge und die Juden 1933 – 1939

Kurzbiographie

Uwe Lohalm (geb. 1939), Dr. phil., Wissenschaftlicher Mitarbeiter der Forschungsstelle für die Geschichte des Nationalsozialismus in Hamburg. Veröffentlichungen: Völkischer Radikalismus (1970), Die Weimarer Republik 1918 – 1933. Quellen und Kommentar (1984/89). Aufsätze zur Wohlfahrts-/Fürsorgepolitik in der Weimarer Republik und im Dritten Reich.

Summary

Although until 1938 needy Jewish people fundamentally were just as entitled to public relief support as other Germans, isolated anti-Jewish measures began to appear as early as 1933. A continuous process developed that was typified by a gradual reduction in welfare support payments to Jews, as well as by the increasing isolation of the Jewish recipients of this aid. This was brought about by the general anti-Jewish measures of the National Sozialist Government the political activism of the NSDAP and its organs and, as well, the sociopolitical pressure exerted by the business community and the public and the activities of the Hamburg welfare office (Fürsorgebehörde) itself. At the urging of the association of welfare agencies (Fürsorgeverbände), among others, the National Socialist Government finally handed over all cases involving needy Jews to the Free Jewish Welfare Organisation (Jüdische Freie Wohlfahrtspflege), to take effect on January 1, 1939. In Hamburg this process was completed by November 1939. From that moment on, needy Jews were excluded from the national welfare system, just at the time when the basis of Jewish life in Germany was beeing destroyed once and for all.

Lorenz, Ina S.
Die jüdische Gemeinde Hamburg 1860 – 1943

Kurzbiographie

Ina Lorenz (geb. 1940), Dr. phil., Privatdozentin für Wirtschafts- und Sozialgeschichte an der Universität Hamburg, seit 1981 Wissenschaftliche Mitarbeiterin am Institut für die Geschichte der deutschen Juden. Veröffentlichungen: Eugen Richter. Der entschiedene Liberalismus in Wilhelminischer Zeit 1871 bis 1906 (1981); Die Juden in Hamburg zur Zeit der Weimarer Republik. Eine Dokumentation, 2 Bde. (1987); »Erkennen als Dienst am Menschen«. Einige unveröffentlichte Briefe von Franz Rosenzweig an den Historiker Siegfried A. Kaehler, in: W. Schmied-Kowarzik (Hrsg.): Der Philosoph Franz Rosenzweig, Bd. 1 (1988); u. a.

Summary

After having gained Civil Rights the Jewish community of Hamburg established in the Wilhelmine Era the »Hamburger System«. It can be considered as a tolerant inner-Jewish constitution, which was able to solve the manifold secular and religious tasks of the community. This system was the basis for the widespread integration into social and economic life of the Hanse town. In spite of inner conflicts and times of economic distress, the Jewish community had a period of prosperity during the Republic of Weimar. With the beginning of National Socialism the jews of Hamburg had to suffer from persecution and terror. Many of them could save their lives by emigration, but many members of the community were deported and murdered in the concentration camps.

Louven, Astrid
Martha Freud – ein Lebensbild

Kurzbiographie

Astrid Louven (geb. 1949), Ausbildung und Arbeit als Verwaltungsangestellte und Sekretärin. Abitur, Studium der Politik- und Erziehungswissenschaften. Referendariat. Zweites Staatsexamen als Lehrerin an Volks- und Realschulen für Sozialkunde und Deutsch. Arbeit als Lehrerin in der Jugend- und Erwachsenenbildung. Beginn des Forschungsprojekts »Juden in Wandsbek« am Heimatmuseum Wandsbek (1986). Ausstellung »Juden in Wandsbek 1604 – 1940 Spuren der Erinnerung« (1988). Veröffentlichung der Dokumentation »Die Juden in Wandsbek 1604 – 1940 Spuren der Erinnerung« (1989). Z. Zt. freiberufliche Autorin und Dozentin.

Summary

This picture of Martha Freud's, née Bernays', life shows a traditional Jewish woman's life in the 19th/20th century. It is the life style of a young lady, born in Hamburg, in a respected orthodox family, who – as the wife of Sigmund Freud, the founder of the psychoanalysis – takes, on the task of organizing family life according to her husband's needs. Martha Freud's married life – one of conformity and loyalty – is described and the question of her importance to psychoanalysis is also investigated. The essay also shows Sigmund Freud, the revolutionary scientist, as a typical man and husband.

Louven, Astrid
Juden in Wandsbek

Summary

This is the history of the Jewish people of Wandsbek, starting with their first settlement in about 1600 until their expulsion and deportation under Nazi rule. Special emphasis is put on the historical events from the 1920s to the 1940s. Apart from the history of the cemeteries and the synagogue there are also described the signs of Jewish families. Emigration, Nuremberg Laws, Aryanization, the pogrom of November the 9th and deportation are demonstrated by examples of the fates of the Jewish people of Wandsbek.

Lück, Helmut E.
William Stern und das Psychologische Institut der Universität Hamburg

Kurzbiographie

Helmut E. Lück (geb. 1941), Dr. phil., Studium der Wirtschafts- und Sozialwissenschaften an der Universität zu Köln, z. Zt. Professor für Psychologie, Schwerpunkt: Psychologie sozialer Prozesse, an der Fernuniversität Hagen. Geschäftsführender Herausgeber der Zeitschriften »Gruppendynamik« und »Psychologie und Geschichte«; derzeit Sprecher der Fachgruppe »Geschichte der Psychologie« der Deutschen Gesellschaft für Psychologie. Zahlreiche Veröffentlichungen zu Themen der Sozialpsychologie, der psychologischen Methodenlehre und zur Geschichte der Psychologie.

Summary

Among the initiators of the University of Hamburg the German-Jewish philosopher and psychologist William Stern (1871 – 1938) was one of the eminent figures. Born in Berlin where he grew up in a liberal-Jewish atmosphere, Stern studied philosophy, did experimental studies in psychology of perception, and taught at Breslau University. After Ernst Meumann's death in 1915 William Stern was appointed full professor in Hamburg, where he successfully developed the Psychological Institute into one of the largest and most influential in the years between the World Wars. Stern contributed largely to the field of personal psychology. Stern introduced concepts like Psychotechnik (psychotechnique), Differentielle Psychologie (differential psychology) and he was the first to suggest the I.Q. Stern also contributed to the fields of developmental psychology, educational psychology and psychology of testimony. Stern was a prolific writer, author of several books and many articles, editor of two important journals and several series of publications. In 1931 he was the elected president of the German Psychological Association. Under racist Nazi law Stern lost his positions and was forced into emigration. Stern worked and published in the Netherlands and later in the United States, where he died.

Marwedel, Günter
Die aschkenasischen Juden im Hamburger Raum (bis 1780)

Kurzbiographie

Günter Marwedel (geb 1928), Dr. phil., Studium der Germanistik und Evangelischen Theologie in Hamburg 1963. Erstes Staatsexamen für das Lehramt an Gymnasien. 1971/72 Promotion. Seit November 1971 wissenschaftlicher Mitarbeiter am Institut für die Geschichte der deutschen Juden in Hamburg. Zahlreiche Publikationen zur Geschichte der Juden in Hamburg und Altona.

Summary

After giving explanatory definitions of the keywords in the title of his essay, a short survey of the extant sources, and some remarks on the state and problems of research, four main aspects of the early history of the Ashkenazic Jews in the Hamburg area are discussed: 1. »Die judenrechtlichen Rahmenbedingungen«, i.e. the rules and conditions for Ashkenazic settlement and life in the area set by the Christian authorities. 2. »Gemeindeverfassung und Gemeindegeschichte«, i.e. the constitution and history of the Ashkenazic communities in the area. 3. »Berufs- und Sozialstruktur«, i.e. facts and problems regarding the professional and demographic structures of the Ashkenazic population. 4. »Christen und Juden: ein problematisches Verhältnis«, i.e. the problem-stricken relationship between Jews and Christians which was influenced on the one hand by xenophobia and age-old prejudices, and on the other hand by needs, and facts, and fears connected with the economic sphere.

Meyer, Beate
Ausgrenzung, Vertreibung und Ermordung der Eimsbütteler Juden

Kurzbiographie

Beate Meyer (geb. 1952), Studium der Politik- und Literaturwissenschaft in Hamburg, fünf Jahre Mitarbeit in der Geschichtswerkstatt »Galerie Morgenland«, z.Zt. Wissenschaftliche Mitarbeiterin der Forschungsstelle für die Geschichte des Nationalsozialismus in Hamburg im oral-history-Projekt »Hamburger Lebensläufe – Werkstatt der Erinnerung«.

Summary

Irrespective of how much they were assimilated and independent of their social estate, Jewish families in the Hamburg suburb of Eimsbüttel were afflicted with what the NS-Regime enacted into law. Along with economic decline came social exclusion which was hardly mitigated by steady solidarity of local agencies or social environment. The individual strategies of the people concerned to face these measures of persecution failed to work. Emigration seemed to be the only expedient to save their lives. Watching the fate of three Jewish families the process which led from social exclusion to holocaust will be described from the point of view of these individuals.

Meyer, Michael M.
Die Gründung des Hamburger Tempels

Kurzbiographie
Michael A. Meyer, (geb. 1937 in Berlin), Ph.D., Professor für jüdische Geschichte am Hebrew Union College – Jewish Institute of Religion, Cincinnati. Veröffentlichungen u.a.: The Origins of the modern Jew – Jewish Identity and European Culture in Germany, 1749-1824 (1967); Ideas of Jewish History (1974); Response to Modernity. A History of the Reform Movement in Judaism (1988); zahlreiche Artikel zum Judentum und jüdischer Geschichte. Fellow des Leo Baeck Institute New York und Mitglied seines Executive Committee.

Summary
The temple founded in Hamburg in 1818 was the first modern Jewish house of worship that succeeded in establishing itself permanently. Despite opposition by the traditionalists in the community, it attracted a large number of the more acculturated Jews, who worshipped there on sabbaths and holidays. The religious service included prayers and hymns in German (in addition to those in Hebrew), organ accompaniment, and an edifying sermon given by one of the Temple's two preachers. The members of the Temple Association no longer desired to return to Zion, believing instead that their future lay in Europe. They hoped that a reformed religious service that was in accord with the aesthetic sensibilities of the age would draw back to Judaism the young people who had become estranged from their religion.

Michalski, Raoul Wenzel
Die jüdische Gemeinde in Hamburg

Kurzbiographie
Raoul Wenzel Michalski (geb. 1962), M.A., Journalist, Studium der Mittleren und Neueren Geschichte, der Politikwissenschaft und des Öffentlichen Rechts an den Universitäten Heidelberg und Hamburg. Veröffentlichung: Die Hamburger Presse und die 'Judenfrage' 1819 – 1849 (1989).

Summary
Following the liberation by the Allies, around 1.300 Jews found themselves in Hamburg. Although they included orthodox and liberal Jews, Ashkenazim and Sephardim, they were too few in number to each form their own, separate communities. They founded instead »eine Einheitsgemeinde« – »a unified community«, and agreed on an orthodox-Ashkenazic form of worship. In the immediate post-war years, the community concentrated on establishing an existence in Hamburg. Guest rabbis led the High Holy Day services in a provisional synagogue; meetings and cultural events were held in several rooms, owned by the community. Some members believed that a Jewish life was no longer possible in Germany, and emigrated. In the late fifties, however, the community entered a period of renewal and consolidation. Reparations paid by the German government financed several social projects – the building of an old people's home and a hospital – that culminated in the construction of the new synagogue. Membership rose again, as new immigrants arrived in Hamburg; amongst them were 300 Iranian Jews – Hamburg's new Sephardim. Herbert Weichmann exemplifies the revival of Jewish life in Hamburg – a member of the community, he was Mayor of Hamburg from 1965 – 71. The ignorance of many non-Jewish Germans, the growth of the neo-nazis and the anti-Israeli stance of many on the political left are problems that the Jewish community has had to face until today. The members have therefore been particularly grateful for the public declarations of solidarity from the mayors of Hamburg. Today's Hamburg Jewish community looks to the future with self-confidence and hope.

Michels, Karen
Erwin Panofsky und das Kunsthistorische Seminar in Hamburg

Kurzbiographie
Karen Michels (geb. 1959), Dr. phil., Studium der Kunstgeschichte und Archäologie in Bonn und Hamburg. Forschungsstipendien in Paris und Mün-

chen. 1987 Promotion in Hamburg mit einer Arbeit über Le Corbusier. Seit 1989 wissenschaftliche Mitarbeiterin am Kunstgeschichtlichen Seminar der Universität Hamburg: DFG-Projekt zur Wissenschaftsemigration in der Kunstgeschichte.

Summary
For art historians all over the world, Hamburg's name is linked to a new, revolutionary method of pictorial analysis which was developed and refined during the first half of the century: the iconographical method. It was first applied by Aby Warburg (1856 – 1929), who came from a wealthy (Jewish) Hamburg banking family. His »Kulturwissenschaftliche Bibliothek Warburg« was the centre for a group of important scholars, among them the then young, brilliant Erwin Panofsky (1892 – 1968), at that time professor of art history at the newly founded University. From 1933, he, his collegues and many of their students had to leave Germany, mostly for the United States or England. From there, the ideas first developed in Hamburg were spread universally within the field of art history and, from the Sixties on, transferred back to West Germany.

Misler, Andrea
Glückel (von) Hameln

Kurzbiographie
Andrea Misler (geb. 1956), Studium der Ev. Theologie, Anglistik und Hebraistik in Hamburg und Haifa; Studienrätin in Stade.

Summary
The merchant woman Glückel (von) Hameln records her business and family life at a time determined by pogroms, wars, the plague and delusive Messianic hopes, luxurious weddings and Jewish everyday-life.

Mosse, Werner E.
Drei Juden in der Wirtschaft Hamburgs: Heine – Ballin – Warburg

Kurzbiographie
Werner E. Mosse (geb. 1918, Berlin-Charlottenburg); Besuch von Dorfschule, Mittelschule, Gymnasium bis Obersekunda. 1933 Auswanderung nach England. 1933 – 36 St. Paul's School, London; 1936 – 39 Geschichtsstudium Corpus Christi College, Cambridge; 1939 B.A. (Double First). 1941 – 46 Kriegsdienst in der Britischen Armee. 1946 – 48 Fellow of Corpus Christi College, Cambridge; 1950 Ph.D. (Cantab). 1948 – 52 Lecturer in Russian History, School of Slavonic Studies, London University. 1952 – 64 Senior Lecturer in East European History, University of Glasgow. 1964 – 83 Professor of European History, University of East Anglia, Norwich. 1983 emeritiert. 1967 – 70 Dekan, School of European Studies. 1978/79 Zentrum f. Interdiszipl. Forschung Univ. Bielefeld. 1983/84 Gastprofessor Univ. München. Fellow of the Royal Historical Society Chairman des Leo Baeck Instituts London. Veröffentlichungen u.a. The European Powers and the German Question 1848 – 71 (Cambridge, 1958); Alexander II and the Modernisation of Russia 1855 – 81 (London, 1959); Hrsg. Entscheidungsjahr 1932: Die Judenfrage in der Endphase der Weimarer Republik (Tübingen, 1965); Hrsg. Deutsches Judentum in Krieg und Revolution 1916 – 1923 (Tübingen, 1971); Hrsg. Juden im Wilhelminischen Deutschland 1890 – 1914 (Tübingen, 1976); Liberal Europe: the Age of Bourgeois Realism 1848 – 75 (London, 1974); Jews in the German Economy: The German-Jewish Economic Elite 1820 – 1935 (Oxford, 1987); The German-Jewish Economic Elite 1820 – 1935: A Socio-Cultural Profile (Oxford, 1989); Co-ordinating Editor »Second Chance: Two Centuries of Germanspeaking Jews in the United Kingdom« (Tübingen, 1991).

Summary
Among the relatively small number of Jewish members of the Hamburg business élite, three names stand out: Salomon Heine, Albert Ballin and Max Warburg. Between them, their careers cover and, to some extent, epitomize the evolution of Hamburg (and German) Jewry from the later phases of emancipation to the bitter end. The present study, based partly on printed and partly on documentary materials, traces the careers of the three men as commercial entrepreneurs, as citizens of the Free City, participants in public affairs and last not least as Jews. Salomon Heine, from modest beginnings, became one of the wealthiest Germans of his time. Part of his vast resources he devoted to philanthropic and charitable objects including ongoing financial support for his impecunios nephew Heinrich. – Albert Ballin, from modest middle-class beginnings rose to being, with Emil Rathenau, perhaps the leading entrepreneur of the Wilhelmine Era. By turning the HAPAG from a sleeping hidebound undertaking into the world's most dynamic shipping line, he helped to put Hamburg firmly 'on the map'.

– Max Warburg from an old-established banking family owning a respected house of mainly local importance, converted the paternal firm – thanks largely to new international connections – into a business of world significance. He also came to play a significant role in public affairs in Hamburg and beyond. As a representative figure in German Jewry he took an active part in its activities, most notably during the last critical phase. In the annals of Hamburg and of Hamburg Jewry, Salomon Heine, Albert Ballin and members of the Warburg family occupy an important and honourable place. By their manifold activities both at home and on a wider stage, they contributed not a little to the renown of their native city.

Müller-Wesemann, Barbara
Die jüdische Kulturgeschichte des Hauses Hartungstraße 9–11

Kurzbiographie
Barbara Müller-Wesemann (geb. 1944), Studium der Anglistik und Romanistik an den Universitäten Hamburg, Sussex und Paris. Ausbildung zur Journalistin, Oberstudienrätin, seit 1987 wiss. Mitarbeiterin am Zentrum für Theaterforschung der Universität Hamburg. Ausstellungen: Wolfgang Borchert: Draußen vor der Tür; Seid trotz der schweren Last stets heiter. Der jüdische Kulturbund Hamburg; Mitarbeit an den Ausstellungen Theater der 20-er Jahre; Theaterstadt Hamburg. Veröffentlichung: Marketing am Theater.

Summary
The history of the house in 9/11 Hartungstraße reflects some of the most eminent aspects of Jewish culture in Hamburg right from the beginning of the 20th century. In 1904 this former private villa was chosen to be the residence of the lodge Henry Jones as well as of several Jewish societies and rather quickly developed into a widely frequented centre of cultural and social life. The house had to be sold in 1930; in 1937 it was bought by a society called »Jüdisches Gemeinschaftshaus« and made the home of the »Jüdischer Kulturbund Hamburg«, the only association Jewish artists were allowed to belong to and the only meeting-place for artists and their (Jewish) public. In 1945 the Jewish actress Ida Ehre opened one of the first German avantgarde theatres right here. The »Hamburger Kammerspiele« became known as a theatre of »humanity and good will«.

Naber, Claudia
Zum Hamburger Kreis um Ernst Cassirer und Aby Warburg

Kurzbiographie
Claudia Naber (geb. 1960), M.A., Studium der Philosophie, Germanistik und Geschichte an den Universitäten Göttingen, London und Berlin. 1981 – 1983 Studium und Forschung am Warburg Institute, London (Aby Warburg – Nachlaß). 1986 Magisterarbeit: Aby Warburgs Theorie des sozialen Gedächtnisses; z.Zt. Promotion in Philosophie an der FU Berlin mit einer Arbeit über Warburgs Kunst- und kulturtheoretischen Nachlaß. Forschungsgebiete: Philosophie des 19./20. Jahrhunderts, Kulturtheorie, Ästhetik und Kunsttheorie, Renaissancephilosophie. Veröffentlichungen: Pompeji in Neu-Mexico. Aby Warburgs Bildersammlung zur Geschichte von Sternglaube und Sternkunde (in Vorb.).

Summary
The fact that, after his emigration in May 1933, the philosopher Ernst Cassirer always looked back on his Hamburg years with especially warm feelings is not least due to the circle of mostly Jewish scholars which established around him and the cultural scientist Aby Warburg in the twenties. A salient event from Cassirer's time in Hamburg (1919 – 1933) – his refusal to come to Frankfurt University in 1928 – throws light on the significance of this »Hamburg circle« as a convincing integrative model of German Jewish scholarly history. From previously unpublished sources from Warburg's estate it is possible to reconstruct the motives for Cassirer's decision – concern to continue the work with Warburg and feelings of responsibility towards the entire group of pupils. The particularly interesting point however is that Cassirer himself did not make any decisions – he left that instead to Warburg.

Östreich, Cornelia
Hamburg und die jüdische Auswanderung: Um die Mitte des 19. Jh.

Kurzbiographie
Cornelia Östreich (geb. 1961), Studium der Geschichte und Französisch an der Universität Hamburg, seit 1987 Arbeit an einer Dissertation (Arbeitstitel: Posener nach Amerika. Eine Minderheit im Umbruch und ihre Auswanderung), Referendariat. Veröffentlichung: Süß, Der Prozeß der bürgerlichen Gleichstellung der Hamburger Juden 1815 – 1865 (1989).

Summary

The rise of the Hamburg harbour as a point of emigration took place later than other European port cities, in the middle of the nineteenth century. From that time on, however, Hamburg was frequented by Jewish emigrants to America, who were attracted partly by the presence of a large Jewish community, but mostly by the useful traffic connections, since the majority of the emigrants came from the new kingdom of Poland. Hamburg's shipping business seems to have recognized the new market early on, and to have singlemindedly exploited it; the Hamburg Jewish community was more concerned to repulse the emigrants, especially when it appeared they were going to change their minds and stay in Hamburg. Some Hamburg Jews also joined the rapidly increasing exodus to America, although they had more in mind an educational journey than definite emigration. The proportion of Jews amongst emigrants from Hamburg increased until the mid 1860's to more than 1.000 passengers a year, or 5 % of the total.

Petersen, Peter
Juden im Musikleben Hamburgs

Kurzbiographie

Peter Petersen (geb. 1940), Dr. phil., Professor für Musikwissenschaft an der Universität Hamburg. Arbeitsgebiete: Theorie und Geschichte des Musiktheaters sowie die Musik des 20. Jahrhunderts. Studie über Wozzeck von Alban Berg (1985); Hans Werner Henze. Ein politischer Musiker, 1988. Mitglied des Koordinationskreises »Kulturwissenschaftler für Frieden und Abrüstung in Ost und West«. 1987 Gründung der »Projektgruppe Musik und Nationalsozialismus«, die sich vordringlich um das Schicksal und die Musik von NS-Verfolgten Musikern und Musikerinnen bemüht.

Summary

Since the beginning of the nineteenth century, Jews have played a role in the musical life of Hamburg. One of the most prominent of all Jewish composers – Felix Mendelssohn Bartholdy – is associated with Hamburg through his birth here on 3 February 1809. He and his family are a good example of how, despite christenings and changed names, the consciousness of a Jewish identity remains. In the nineteenth century the integration of Jewish musicians in Hamburg was for the most part unproblematic. Joseph Joachim was the favourite violin virtuoso in Hamburg; Gustav Mahler took the Hamburg Opera House to new heights between the years of 1891 and 1897. Immediately following World War I, anti-Semitic prejudice surfaced in the musical life of Hamburg. In 1933, in the course of the general political developments almost all Jews in orchestras, radio stations and theatres were fired. Only a few, particularly prominent artists, such as Sabine Kalter or José Eibenschütz, were allowed to appear for a few more years before an »aryan« audience. Many Jewish musicians emigrated; we know of four musicians who were deported, and when; their later fate is not known. After 1945, Jewish musicians had to face the question of identity once more. One can see from the example of György Ligeti, who has lived and worked in Hamburg since 1973, the phenomenon of an identity that is defined by the outside world. Ligeti, who is a friend of all cultures and religions, but who is himself a non-believer, considers himself a Jew, because a large part of his family was murdered at Auschwitz and other camps, a fact that affects him until today. To be a Jew means for him, as for many other assimilated Jewish musicians, to belong to a group which was defined by the nazis and fixed by the Holocaust for all time.

Pritzlaff, Christiane
Schülerschicksale in Hamburg während der NS-Zeit, z.B. Rolf Arno Baruch

Kurzbiographie

Christiane Pritzlaff (geb, 1943), Dr. phil., Studium der Germanistik und Ev. Theologie an den Universitäten Bonn, Hamburg und Zürich, Lehrerausbildung in Berlin. Lehrerin seit 1975 in Hamburg. Veröffentlichungen: Rundfunk-Features, Zeitungsartikel, Aufsätze, Unterrichtsmaterialien zu den Stätten des Judentums in Hamburg.

Summary

Rolf Baruch, born 1920 in Hamburg, belonged to the generation of young Jews who went to school during the reign of the Nazis. His life shows the conditions met by Jewish students at non-Jewish schools. Later on he changed over to a Jewish school, he became involved in the Zionist movement and he spent some years of his life in Hachschara-camps. These were experiences of an utmost importance. We learn about the ideals of a young Zionist of the year 1938 who died during the so-called death march from Auschwitz in 1945.

Randt, Ursula
Zur Geschichte des jüdischen Schulwesens in Hamburg (1780 – 1942)

Kurzbiographie

Ursula Randt, geb. Klebe, (geb. 1929) Dr. phil. h.c., Studium der Pädagogik und Sonderpädagogik für Hör- und Sprachbehinderte an der Universität Hamburg. Sprachheillehrerin an einer Hamburger Sprachheilschule. Seit Ende der 70er-Jahre Beiträge zur Geschichte der Juden in Hamburg, besonders zur Geschichte des ehemaligen jüdischen Schul- und Bildungswesens. Veröffentlichungen u.a.: Carolinenstraße 35, Geschichte der Mädchenschule der Deutsch-Israelitischen Gemeinde in Hamburg 1884 – 1942 (1984); Theodor Tuch: An meine Tochter. Aufzeichnungen eines Hamburger Juden 1941/42 (Hg. 1985) und Die Erinnerungen der Emma Isler (Hg. 1986).

Summary

The former Jewish educational system in Hamburg can be traced back to two origins: One of them was characterized by exclusively religious learning (»Talmud Tora«) which belongs to the religious duties of orthodox Jews at all times. Jewish children were taught Hebrew in order to be able to read the Hebrew Bible and the Talmud. The other aimed at general education of a secular character, and arose during the era of Enlightenment. These tendencies manifest themselves in the most important Jewish boys' schools in Hamburg, the »Talmud Tora Schule« founded in 1805 by orthodox Jews, and the »Israelitische Freischule«, founded in 1815 by Jews belonging to the Jewish reform movement. Both the schools were established for the sons of the poor and developed into institutions of higher education. But while the orthodox Jews struggled to preserve Jewish identity, the adherents of the reform movement supported assimilation as far as possible. The »Talmud Tora Schule« succeeded in finding a synthesis between religious learning and general education without losing Jewish identity. The »Israelitische Freischule« followed the way towards assimilation up to losing its special quality as a Jewish school. Central to this report is the development of the schools during the 19th century. The later development and the development of schools for Jewish girls up to the destruction of the Jewish community in Hamburg by the Nazis are summarized.

Rohde, Saskia
Synagogen im Hamburger Raum

Kurzbiographie

Saskia Rohde (geb. 1951), Dr. phil., M. A., Studium der Architektur an der Hochschule für Bildende Künste und der Fachhochschule für Bauwesen in Hamburg, der Kunstgeschichte, Archäologie und Ev. Theologie an der Universität Hamburg. Forschungen zum modernen Kirchenbau sowie zur Kunstgeschichte der Synagogen in Deutschland und ihren Architekten. Veröffentlichungen: Steine des Anstoßes. Auseinandersetzungen um theologische, gesellschaftliche und politische Positionen im Kirchenbau am Stadtrand (1989); Die Synagoge an der Elbstraße und die Synagoge an den Kohlhöfen. Eine Rekonstruktion in Zeichnungen (1991).

Summary

17 ashkenazic and sephardic synagogues in Hamburg and Altona are discussed here. Following the early, wideraching privileges granted to the Jews of Altona, the first synagogues in this area were built there in 1680 and 1771. The first Hamburg synagogue was built on the Elbstraße in 1788 – 1790, despite protests by the »Oberalte« – »High Council«. After the legal and political emancipation of the Jews in 1848/1849, Hamburg experienced a »building boom«. The first representative synagogues were built. With the exception of the Bornplatz synagogue (1906) and the Oberstraße Temple (1931), all the synagogues were located inconspicuously off the street, in the inner courtyard of a house. Almost all the synagogues were damaged in the November pogroms of 1938; one was torn down by the National Socialists, others were partly or completely destroyed in the air raids. Between 1938 and 1942 the synagogues and the land upon which they were built were confiscated and forcibly sold.

Rohde, Saskia
Synagoge und Gemeindezentrum der Jüdischen Gemeinde Hamburg

Summary

On 6. 9. 1945 the new Jewish community in Hamburg opened a provisional prayer room in the former Oppenheimer Foundation in Kielortallee 22/24. In 1958 – 60 a synagogue and community centre was built. The 1950's style three-wing building, designed by the architects Wongel & May, is almost closed on the street side, and opens out in the back onto a courtyard. The architecture of both synagogue and community centre was marked by the experience of the Shoa; the buildings are not however merely a memorial, but home to an active Jewish community.

Schulz, Karin
Hamburg und die jüdische Auswanderung: von 1881 bis 1914

Kurzbiographie
Karin Schulz (geb. 1953), Dipl. Soz., Studium der Soziologie, Politik, Psychologie und Religionswissenschaft an den Universitäten Marburg und Berlin. Z. Zt. wissenschaftliche Mitarbeiterin im Förderverein Deutsches Auswanderermuseum Bremerhaven. Wichtige Veröffentlichungen: Der Auswandererbahnhof Ruhleben (1987); Stationen einer Reise (1987); Zur jüdischen Emigration nach der Pogromnacht, (zus. mit Uwe Weiher 1989); Von Anatevka nach Amerika (1990).

Summary
The year 1881, when Tzar Alexander II was assassinated in Russia, marked a turning point in Jewish history. There were rumors that one-third of all Russian Jews should be baptized, one third should emigrate, and the remainder starve to death. Owing to its geographical proximity and access to the sea, Germany became the transit country for about two million East European Jews travelling to the United States before the First World War. After a cholera epidemic in Hamburg in 1892, Russian Jews had to stay in special emigrant halls outside the city which were operated by the Hamburg-America-Line. This steamship company with Albert Ballin as their manager became one of the most important and wealthy shipping companies at the expense of the Easteuropean emigrants.

Schwarz, Angela
Jüdische Wohnstifte in Hamburg

Kurzbiographie
Angela Schwarz (geb. 1958), M.A., Studium der Sozial- und Wirtschaftsgeschichte, Politischen Wissenschaften und Erwachsenenbildung an der Universität Hamburg; Magisterarbeit: Studien zur Geschichte des 'Volksheims' in Hamburg. Zur Zeit als freie Mitarbeiterin am Museum für Hamburgische Geschichte mit einer Ausstellungsvorbereitung beschäftigt.

Summary
During the period from the first half of the 19th century to the World War I »Wohnstifte« fulfilled an important contribution to the social welfare in Hamburg by supplying rent-free or at least very cheap accomodation. There was a proportionally high share of Jewish founders, resulting from a fruitful merging of the Jewish tradition of religiously motivated charity and a specific Hanseatic tradition of establishing charitable foundations. Most of the buildings still exist today as outward monuments of Jewish life and nocial welfare work.

Simon, Hermann
Ein von M. Mendelssohn gespendeter Toravorhang in der Altonaer Synagoge

Kurzbiographie
Hermann Simon (geb. 1949), Dr. phil., nach dem humanistischen Abitur, Studium an der Humboldt-Universität zu Berlin: Geschichte und Orientalia, anschließend Graduiertenstudium in Prag zur Spezialisierung auf Orientnumismatik. Arbeit auf diesem Gebiet von 1975 bis 1988. 1988 Berufung als Direktor der Stiftung »Neue Synagoge Berlin-Centrum Judaicum«. Leitung der Ausstellung im Berliner Ephraim-Palais zum Gedenken an den Novemberpogrom des Jahres 1938 »Und lehrt sie: Gedächtnis!«. Veröffentlichungen: Die sasanidischen Münzen des Fundes von Babylon – Ein Teil des bei Koldeweys Ausgrabungen im Jahre 1900 gefundenen Münzschatzes, Acta Iranica, Textes et Mémoires V (Varia 1976), Téhéran-Liège 1977, S. 149–337 (Dissertation); Das Berliner Jüdische Museum in der Oranienburger Straße – Geschichte einer zerstörten Kulturstätte (Berlin 1983; 2. erw. Auflage Berlin 1988). Vorwort zum Reprint 1988 von: Ludwig Geiger, Geschichte der Juden in Berlin, Berlin 1871; zahlreiche Aufsätze zur Geschichte der Juden in Deutschland und zu numismatischen Themen.

Summary
Since 1805 there was a torah mantel in the synagogue of the High German-Israelite community in Altona. This torah mantel was funded by Moses Mendelssohn and his wife in the year 5535 (1774/75) and given to the Altona synagogue by his widow. It is not known for whom the torah mantel was originally intended. The torah mantel – which has since been lost – is shown here for the first time in the only existing photograph.

Studemund-Halévy, Michael
Sprachverhalten und Assimilation der portugiesischen Juden in Hamburg

Kurzbiographie
Michael Studemund-Havély (geb. 1948), Studium der Linguistik und Romanistik an den Universitäten Bukarest, Lausanne, Lissabon, Freiburg und Hamburg. Freier Publizist, Übersetzer und Dozent in Hamburg. Veröffentlichungen zur Psycholinguistik, Balkan-Spanisch, sowie Kunstreiseführer u.a. über Israel, Jerusalem, Portugal und Sizilien.

Summary
This study attempts to outline some of the major problems which emerge from a consideration of the linguistic situation of the Portuguese Jewish Community of Hamburg, the use of Portuguese, Spanish and Ladino in printing, liturgy and vernacular and the linguistic and religious background of the community members which is of paramount importance for both the linguistic and cultural understanding of this community. It also has implications for the Western Sephardic communities, since they share analogous problems which require further investigation.

Szodrzynski, Joachim / Frank Bajohr
Die antisemitische Kampagne gegen die Hamburger Firma Beiersdorf AG

Kurzbiographie
Joachim Szodrzynski (geb. 1953), Studium der Philosophie, Politikwissenschaft, Germanistik und Erziehungswissenschaft an der Universität Hamburg, seit 1984 wissenschaftlicher Angestellter der Forschungsstelle für die Geschichte des Nationalsozialismus in Hamburg. Veröffentlichungen zur Geschichte der Arbeiterbewegung und zur Nachkriegsgeschichte in Hamburg.

Summary see Bajohr

Tiggemann, Daniela
Familien der Hamburger jüdischen Oberschicht im 19. Jahrhundert

Kurzbiographie
Daniela Tiggemann (geb. 1961), M.A., Studium der Germanistik, Sozial- und Wirtschaftsgeschichte, Politikwissenschaft und Rhetorik an den Universitäten München, Tübingen und Hamburg. Magisterarbeit: Salons als Orte des Aufbegehrens. Jüdinnen in den Berliner Salons 1780 – 1806. Veröffentlichungen: Katalog zu den Judaica des Altonaer Museums (erscheint demnächst).

Summary
Families of the Jewish upper class rose to striking economic positions in Hamburg due to their particular occupational structure, their remarkable readiness for achievement and their firm family cohesion. As a matter of fact their life style was hardly different from that of the Gentile élite. But the still predominant exclusiveness of the Gentile circles as well as the close Jewish family relations prevented them from merging into one élite in Hamburg society, though both groups had opened up by that time. In the center of the Jewish family an outstanding female character who dominated religious and social family life was often to be found.

Ueckert, Charlotte
Margarete Susman

Kurzbiographie
Charlotte Ueckert (geb. 1944), lebt als Literaturwissenschaftlerin und Autorin in Hamburg. Herausgeberin mehrerer Anthologien, veröffentlichte Lyrik sowie Kurzprosa. Zuletzt erschienen: Den Jaguarschrei üben (Gedichte, 1988); Finnisch singen (Kurzprosa, 1989), Fremd in der eigenen Stadt – Erinnerungen jüdischer Emigranten aus Hamburg (Hrsg. 1989).

Summary
Margarete Susman is today usually mentioned only in connection with the biographies of more important contemporaries: Georg Simmel, Franz Rosenzweig, Ernst Bloch, Stefan George, Karl Wolfskehl, to name but a few. Their philosophical background, however, is also reflected in Susman's work; for example, in her poetry, her academic essays on lyrik poetry, on Goethe and the women of the Romantic movement, in her philosophical and religious writings in which she reflected on the particular situation of the Jews, which she experienced through her own exile. The life of the author, who was born in Hamburg in 1872, is discussed here, based mostly on her extensive correspondence, and observed against the background of her work.

Wulf, Stefan
Jüdische Künstler an der Hamburger Oper

Kurzbiographie
Stefan Wulf (geb. 1958), Dr. phil., Studium der Geschichte, Ägyptologie und Politologie. Wissenschaftlicher Angestellter am Hamburger Tropeninstitut und Lehrbeauftragter am Historischen Seminar der Universität Hamburg. Forschungsschwerpunkte: spätmittelalterliche und frühzeitliche Stadtgeschichte, Medizin- und Operngeschichte des 20. Jahrhunderts.

Summary
Between 1874 and 1933 the Stadt-Theater of Hamburg was almost exclusively under Jewish direction (Bernhard Pollini, Dr. Hans Loewenfeld, Leopold Sachse). Important Jewish conductors (Gustav Mahler, Bruno Walter, Otto Klemperer, Egon Pollak) spent fermative years of their careers at the operahouse in the Dammtorstraße. Here, the Russian bass Alexander Kipnis made first appearance in 1915. And the art of some prominent Jewish singers (Ottilie Metzger-Lattermann, Vera Schwarz, Sabine Kalter, Julius Gutmann, Paul Schwarz) contributed in an authoritative manner to the high standard of the Hamburg Opera. The life of the most of these artists was impressed with social and inner conflicts, which anti-Semitism forced upon them.

Zürn, Gaby
Forcierte Auswanderung und Enteignung 1933 – 1941

Kurzbiographie
Gaby Zürn (geb. 1957), M.A., Studium der Geschichte, Ethnologie, Sozial- und Wirtschaftsgeschichte an den Universitäten Berlin und Hamburg. Mitarbeiterin am Institut für die Geschichte der deutschen Juden. Veröffentlichungen zu gesellschaftlichen Minderheiten und deren Verfolgung in der Zeit des Nationalsozialismus sowie zum jüdischen Friedhof in Altona.

Summary
German Jews emigrated from Germany in the years between 1933 to 1941 to flee from deprivation and persecution. The crucial point for leaving Germany and for the possibility to immigrate into another country were prosperity and valid documents. German foreign exchange control, which affected mainly the Jews, was used by the administration to plunder the emigrants by legal means. In Hamburg the »Devisenbeschaffungsstelle« was the responsible authority execute the currency control regulations. Especially after the so called Reichskristallnacht the German Jews were expelled and most of them up to that point and become so poor that they left Germany with hardly more than their documents. They had to pay for taking some of their possessions with them, for transferring at least some their fortune, to get a passport, and they had to pay special taxes on valuta. Those who were not able to pay for leaving Germany and who could not afford display money, who did not get an affidavit (the immigration countries wanted to make sure that the refugees would not need welfare support) had to stay in Germany and often were murdered in the concentration camps later on.

Bildnachweis

Christie's Amsterdam B.V.: Judaica Books, Manuscripts, Works of Art and Pictures. Amsterdam 1990: 21
Museum für Hamburgische Geschichte: 61 o.
Popular Judaica Library, Germany, Jerusalem 1974: 61 m.
Salomon-Ludwig-Steinheim-Institut für deutsch-jüdische Geschichte an der Universität Duisburg: 61 u.
Staatsarchiv Hamburg: 77 o.
Juden in Preußen – Juden in Hamburg. Hrsg. von Peter Freimark: Hamburg 1985: 77 m.
Staatsarchiv Hamburg: 77 u.
Gedenkfeier zum 45. Jahrestag des 9. November 1939. Hamburg 1983: 101 o.
Herbert Weichmann: Von Freiheit und Pflicht. Hamburg 1969: 101 m.
Fotoalbum der Jüdischen Gemeinde in Hamburg: 101 u.
Privatbesitz Randt: 113 o.
Juden in Preussen. Dortmund 1981: 113 m.
Privatbesitz Randt: 113 u.
Privatbesitz: 131
Die Bau- und Kunstdenkmale der Freien und Hansestadt Hamburg. Band II. Hamburg 1970: 170 o.l.
Institut für die Geschichte der deutschen Juden, Hamburg: 170 o.r.; 171 m.; 172 o.l.; 172 o.r.; 172 u.r.
Eschwege: Die Synagogen in der deutschen Geschichte: 170 u.
Privatbesitz Rohde 171 o.r.
Hammer-Schenk: Synagogen in Deutschland. Geschichte einer Baugattung im 19. und 20. Jahrhundert. Teil II. Hamburg 1981: 171 u.l.; u.r.
Privatbesitz Rohde: 172 u.l.
Staatsarchiv Hamburg: 173; 174 o.; 174 m.
Bezirksamt Eimsbüttel, Bauprüfabteilung: 174 u.l.
Hammer-Schenk: Hamburgs Synagogen des 19. und frühen 20. Jahrhunderts. Hamburg 1978: 174 u.r.
Institut für die Geschichte der deutschen Juden, Hamburg: 177 o.; m.; u.
Museum für Hamburgische Geschichte: 195 o.; m.; u.
Massada Press, Jerusalem: 221
Staatsbibliothek, Stiftung Preußischer Kulturbesitz Berlin, Mendelssohn-Archiv: 227
Staatsarchiv Hamburg: 237
Sigmund Freud Gesellschaft, Wien: 249
Privatbesitz Ueckert: 263
Privatbesitz Randt: 275
Moses Mendelssohn: Gesammelte Schriften Jubiläumsausgabe, Stuttgart, 1972 ff: 277
Privatbesitz Simon: 279
Privatbesitz Studemund-Halévy: 283 m.; o.
Die Welt der Symphonie. Hrsg. von Ursula von Rauchhaupt. Hamburg 1972: 299 o.
Johannes Brahms. Leben und Werk. Hrsg. von Christiane Jacobsen. Wiesbaden 1983: 299 m.
György Ligeti, Mainz 1983: 299 u.
Privatbesitz Wenzel, Hamburg: 311 o.; m.
Privatbesitz Wulf: 311
Hamburger Theatersammlung: 323 m.
Photostelle Universität Hamburg: 323 u.
Georges-Arthur Goldschmidt: Die Absonderung. Zürich 1991: 333 o.
Privatbesitz Ingrid Warburg Spinelli: 333 m.
Hamburg Literarisch. Ein Adreßbuch. Hamburg 1989: 333 u.
Privatbesitz: 345 - 351
Altonaer Museum, Hamburg: 347 o.
Max Grunwald (Hg. Dov NOY): Tales, Songs & Folkways of Sephardic Jews. Texts and Studies. Jerusalem 1982: 361
Kunstgeschichtliches Seminar, Hamburg: 383 m.
Fritz Saxl 1890 – 1948. A Memoir: 383 u.
Bottin: Enge Zeit. Hamburg 1991: 393 o.; 393 u.
Warburg Institute, London: 393 m.
Die Philosophie der Gegenwart in Selbstdarstellungen. Leipzig 1927: 407
Museum für Hamburgische Geschichte: 419 o.; m.; u.
Altonaer Museum: 431 o.
Popular Judaica Library, Germany, Jerusalem 1974: 431 m.
Staatsarchiv Hamburg: 431 u.
Privatbesitz Schwarz: 447
Beiersdorf Werksarchiv: 515 o.; m.; u.; 519
Privatbesitz Arna: 527
KZ-Gedenkstätte Neuengamme: 545 o.; m.; u.
Stadtteilarchiv Ottensen: 577 m., u. (Ausschnitt)
Privatbesitz: 613
Musikhochschulführer, Mainz, 1990: 657
Jüdische Gemeinde in Hamburg: 670 o.
Gedenkfeier zum 45. Jahrestag des 9. November 1938. Hamburg 1983: 670 u.
Bezirksamt Eimsbüttel, Bauprüfabteilung: 675

Ingrid Warburg Spinelli
Die Dringlichkeit des Mitleids und
die Einsamkeit, nein zu sagen.
Erinnerungen 1910 – 1989
Mit einer kleinen Enzyklopädie
des Antifaschismus und des
Widerstands in Europa und Amerika.
1. Auflage 1990
478 S., 144 Abb., geb., DM 48,00
ISBN 3-926174-17-x

»Kein Betroffenheitsbuch, sondern kühl, verhalten, unliterarisch ... Aber ein Bericht über Deutschland. Über das deutsche Judentum. Über Vertreibung und Verlust, die dennoch nie zum Verlust der eigenen kulturellen Identität geführt haben. Der unlarmoyante, karge Rapport über die Treue zu einer zerstörten und verlorenen Kultur.«
ZEITmagazin
»So entsteht ... ein Netz ... der geistigen Elite der Zeit. Man verblättert sich gern in diesem Buch, läßt sich zu historischer Neugier verleiten und gewinnt in dem ganz ausgezeichneten enzyklopädischen Anhang ... solides Wissen und ein lebendiges Bild.«
Dorothee Sölle in der *tageszeitung*
»Ich glaube, daß Sie mit Ihrer Geschichte und der Ihrer Familie die Geschichte aller geschrieben haben ... wie in den großen Romanen ..., in denen mit einem persönlichen Schicksal eine historische Parabel gezeichnet wird; und da das wirkliche Leben viel echter, viel schöner, viel tragischer ist als das von den Romanschriftstellern erdachte, ist Ihr Buch noch ergreifender.«
Claudio Magris an *Ingrid Spinelli*

Saskia Rohde
Die Kohlhöfen-Synagoge und
die Elbstraßen-Synagoge.
Eine Rekonstruktion in Zeichnungen
ca. 80 Seiten, 60 Abb., kart.,
DM 14,80
ISBN 3-926174-34-x

Aby Warburg
Bildersammlung zur Geschichte von
Sternglaube und Sternkunde
im Hamburger Planetarium
Texte von:
Aby Warburg, Uwe Fleckner, Robert
Galitz, Claudia Naber, Herwart Nöldeke
ca. 300 Seiten, 200 Abb., geb.,
DIN A4-Überformat, ca. DM 48,00
ISBN 3-926174-22-6
erscheint Frühjahr 1992

Der Name Warburg ist in Hamburg ein Begriff, steht er doch für eine der bedeutendsten Institutionen, welche die Stadt je zu bieten hatte. Gemeint ist nicht das berühmte Bankhaus, sondern die »Kulturwissenschaftliche Bibliothek Warburg«, deren Aufbau Aby Warburg den größten Teil der Zeit und Energie seines Lebens widmete.
1933 mußte diese Büchersammlung, die eine der wertvollsten der Welt ist, nach London emigrieren. Vor diesem Hintergrund ist es nun besonders erfreulich und beschämend, daß in Hamburg vor kurzem doch noch ein – so Aby Warburg – »wissenschaftlicher Ableger« der Bibliothek ausfindig gemacht werden konnte. Es handelt sich dabei um die bis auf wenige Stücke verloren geglaubte »Bildersammlung zur Geschichte von Sternglaube und Sternkunde«, die Warburg Ende der 20er Jahre für das Planetarium zusammenstellte.

Vierhundert Jahre
Juden in Hamburg
Eine Ausstellung des Museums
für Hamburgische Geschichte
(8.11.1991 bis 29.3.1992)
Katalog. Hrsg. von Ulrich Bauche
560 Seiten, 400 Abb.,
30 in Farbe, 1. Auflage 1991,
DM 48,00
ISBN 3-926174-31-5

Dölling und Galitz Verlag